本书的出版得到
国家重点文物保护专项补助经费资助

淮北烈山窑址

（上）

安徽省文物考古研究所
淮 北 市 文 物 局 编著
淮 北 市 博 物 馆

陈超　解华顶　主　编
朱永德　胡均　王玲玲　副主编

文物出版社

图书在版编目(CIP)数据

淮北烈山窑址 / 安徽省文物考古研究所, 淮北市文物局, 淮北市博物馆编著; 陈超, 解华顶主编; 朱永德, 胡均, 王玲玲副主编. -- 北京: 文物出版社, 2022.8

ISBN 978-7-5010-7743-4

Ⅰ.①淮… Ⅱ.①安… ②淮… ③淮… ④陈… ⑤解… ⑥朱… ⑦胡… ⑧王… Ⅲ.①窑址(考古)—文化遗址—研究—淮北 Ⅳ.①K878.54

中国版本图书馆CIP数据核字(2022)第108029号

淮　北　烈　山　窑　址

编　　著：安徽省文物考古研究所
　　　　　淮北市文物局
　　　　　淮北市博物馆
主　　编：陈超、解华顶
副 主 编：朱永德、胡均、王玲玲

封面设计：秦　彧
责任编辑：秦　彧
责任印制：苏　林

出版发行：文物出版社
社　　址：北京市东城区东直门内北小街 2 号楼
邮　　编：100007
网　　址：http://www.wenwu.com
经　　销：新华书店
印　　刷：北京荣宝艺品印刷有限公司
开　　本：889mm×1194mm　1/16
印　　张：51.75　插页：3
版　　次：2022 年 8 月第 1 版
印　　次：2022 年 8 月第 1 次印刷
书　　号：ISBN 978-7-5010-7743-4
定　　价：1200.00 元（全二册）

Lieshan Kiln Site of Huaibei (I)

by

Anhui Provincial Institute of Cultural Relics and Archaeology
Huaibei Municipal Cultural Heritage Administration
Huaibei Musuem

Chief Editor: Chen Chao, Xie Huading
Vice-chief Editor: Zhu Yongde, Hu Jun, Wang Lingling

Cultural Relics Press

内容简介

烈山窑址位于安徽省淮北市烈山区烈山镇烈山村，处于濉河的支流雷河东岸，时代自唐代末期至元代晚期。2017 年和 2018 年，安徽省文物考古研究所等单位联合对烈山窑址进行了考古发掘，发掘面积约 700 平方米。窑址分为三个区域，Ⅰ区为金元窑址区、Ⅱ区为唐末至北宋窑址区，Ⅲ区为汉代窑址区。发掘共清理各类遗迹 70 余处，有窑炉 6 座、道路 1 条、灰沟 14 条、灰坑 52 个、墓葬 4 座。出土了数以吨计各时期陶瓷器和窑具残片，可复原的遗物标本有 4000 余件，主要产品是生活用具、建筑构件、玩具和各种装烧窑具。比较有特色的是定烧的"公用""黄一郎宅"等瓷器，黄釉印花大砖类建筑构件和刻有"鞏縣"字样素烧瓷。

烈山窑是安徽省首次发现并确认兼烧宋三彩的瓷窑址。窑址发现的几座窑炉属于北方典型的马蹄形馒头窑，窑炉建造技术较高，窑炉形体及装烧量较大，其中 Y4 窑室面积近 24 平方米，火膛又大又深，有 10 平方米左右，窑炉总长达 12 米。烈山窑址并没有发现炉渣，在金元窑炉的火门内发现多层木灰烬，说明烈山窑是采用柴烧。

烈山窑址周围瓷土资源丰富，燃料充足，并且借用雷河、濉河与大运河便利的水系向南北方运输外销瓷器。烈山窑作为通济渠安徽段大运河沿岸的瓷窑址是南北方制瓷技术交流的一个重要中转站。安徽大运河遗址考古发掘过程中出土了大量的贸易瓷器，其中就有烈山窑生产的产品，烈山窑生产的瓷器通过大运河行销国内多地。烈山窑址的发现为大运河瓷器贸易产品来源找到一个重要的坐标点和产地，也为今天构建安徽大运河文化带提供了一处重要的支撑点。

Abstract

Lieshan Kiln is located in Lieshan village, Lieshan Township, Lieshan District, Huaibei City, Anhui Province, on the east bank of Leihe River, a tributary of Suihe River. It dates from the late Tang Dynasty to the late Yuan Dynasty. In 2017 and 2018, Anhui Provincial Institute of Cultural Relics and Archaeology and other organizations jointly carried out several archaeological excavations at Lieshan kiln site, covering an area of about 700 square meters.

The kiln site can be divided into three sections: Section I is dated to the Jin and Yuan, Section II is from the late Tang Dynasty to the Northern Song, and Section III is of Han Dynasty. More than 70 remains of cultural relics were discovered, including six kilns, one path, fourteen waste ditches, fifty-two ash pits and four tombs. Tons of ceramic wares and fragments of kiln furniture of various periods have been unearthed. Among them 4000 items have been restored, including household appliances, building components, toys and various kiln furniture. What feature the objects are custom porcelain wares with inscriptions of "公用" (official use) and " 黄 一 郎 宅 " (Huangyilang's), yellow-glazed stamped big bricks as well as unglazed porcelain wares with inscriptions of "鞏縣" (Gong county).

Tricolor-glazed wares of Song (Song Sancai) were fired at Lieshan Kiln, which is a new discovery in Anhui Province. All the kilns found at this site are horseshoe-shaped, the typical type in north China, showing a high technology of kiln construction. These kilns are huge in body and large in capacity, among which Kiln no.4 (Y4) has an area of nearly twenty-four square meters with the fire chamber covering some ten square meters and the total length of the kiln is about twelve meters. No cinders are discovered here, instead, layers of wood ashes were found in the gate of hearth of the Jin and Yuan kilns, indicating that Lieshan Kiln was fueled by wood.

There were abundant clay resources and fuel in its adjacent area of Lieshan Kiln. Through the convenient water systems of Leihe River, Suihe River and the Grand Canal, the products of this kiln could be exported to the south or the north. Located along the Tongjiqu section of the Grand Canal in the present Anhui, Lieshan Kiln also severed as a key position for porcelain technology exchange between the south and the north. During the archaeological excavation of the sites along the Grand Canal in the present Anhui, a large number of porcelain wares were unearthed, among which there are also products of Lieshan Kiln, indicating that its products were ever transported and traded through the Grand Canal. Thus the discovery of Lieshan kiln site has helped us to identify an important production place of the trade goods on the Grand Canal, but also provides support for the construction of the Grand Canal culture in Anhui province.

目　录

（上册）

（下册）

插图目录

插表目录

彩版目录

第一章 地理位置与历史沿革

第一节 地理位置

烈山窑址位于安徽省淮北市东南部的烈山区烈山镇烈山村，东靠烈山，西临龙岱河（雷河），其中龙岱河从烈山村西部穿过（图1-1）。

淮北市地处淮北平原中部，是山地与平原相结合的城市，地势自西北向东南微倾，除东北部有少量低山外，其余为广阔的平原。山丘、山脉主要分布在北部及中部偏东，系泰山余脉。根据其展布方向及自然组合，可分为东部、中部、西部山脉三部分。东部山脉，东支从萧县皇藏峪开始到宿县符离止，为低山丘陵地貌，并向北延伸出境，山脉北高南低，至符离集骤然消失，海拔200～300米，最高峰老龙脊海拔362米。中部山脉，东从闸河西到沦河，北从蒋程山南至鹰山，为残丘地形，山

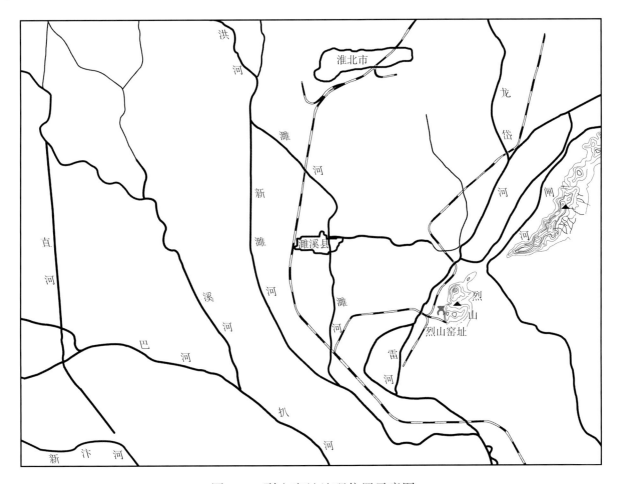

图1-1 烈山窑址地理位置示意图

脉走向近南北断续分布，或呈孤岛状，山势低矮，海拔 60 ～ 90 米，多由灰岩组成。西部山脉，北起萧县龙城镇东北祁村，南止于淮北市渠沟，自东北向西南延伸，主要山峰有义安山、苗山、程蒋山、相山等，最高峰相山海拔 342 米。

烈山窑址在烈山区域，烈山为安徽省淮北市区东南 10 千米处的一座山，从山顶到山底有一条自北向南的大裂沟，宽约数丈，深不可测，所以古人称之"裂山"，后来改成"烈山"。烈山海拔 182 米，南北长 400 余米，山体从中间裂开，分东西两部分，中间宽 20 多米。烈山以盛产煤炭而名，山上有大量的高岭土和石灰岩，现在山上还存有多座石灰窑（彩版 1-1）。

淮北市内除北、东部有少量山脉分布外，余皆为一望无际的平原，海拔 23 ～ 32 米，面积 2354 平方千米，占全市总面积的 85%。以横贯平原中部的古隋堤（今宿永公路）为界，北部为黄泛冲积平原区，南部为古老河湖沉积平原。黄泛冲积平原包括刘桥、相山、杜集、烈山、城关、马桥、百善、四铺、铁佛等地区，为黄泛冲积物覆盖，属冲积成因的堆积地形。古老河湖沉积平原包括双堆、南坪、孙疃、五沟、临涣等地区，为黄土性古河流沉积物覆盖，属剥蚀堆积地形。由于沉积较早，在漫长的成土过程中，沉积之初富含的碳酸钙被淋洗到底层，加上地下水的影响，形成不同形状的砂礓。该区地势较低，地下水位较高，土壤以砂礓黑土为主。

淮北市地层属华北地层区鲁西地层分区。按地层时代，由老到新为元古界、古生界和新生界。仅有上元古界，其形成距今 6 亿～ 10 亿年，是县内最古老的地层，出露于东北部的馒顶山至老龙脊

彩版 1-1　烈山窑址东部烈山

一带。该界的青白口系，岩性以石英岩、硅质灰岩、石灰岩、钙质岩为主。濉溪县绝大多数侵入岩为燕山早期侵入岩。前常家岩体最大，面积 25 平方千米。较大的岩体有邹家楼岩体、石楼岩体、前马场岩体、十里长山岩体等，其同位素年龄在 128 万～174 万年。岩性以闪长岩为主，石英闪长玢岩、闪长岩次之。闪长玢岩呈灰至灰绿色，斑状结构，斑晶成分以中长石为主，少量角闪石、黑云母及石英。中长石呈自形至半自形，具环带状构造和清晰的聚片双晶，粒径一般为 0.5～3 毫米，基质为细晶质结构，矿物成分由中长石、角闪石，钾长石及副矿物组成。闪长玢岩的各种主要矿物含量为中长石 75%～85%、角闪石 5%～20%、石英 0～5%、钾长石 0～20%。其围岩多为寒武系、奥陶系。围岩中常见大理石化、矽卡岩化。

淮北市矿产资源丰富，非金属矿产以煤为主，是全国煤炭储量最丰富的市之一，其次是水泥灰岩。金属矿产以铁为主，铜、金、银、钴等次之。已探明储量煤 60 亿吨，铁 9689.16 万吨，铜 13.59 万吨，金 17.3 吨，银 112.65 吨，硫 33.28 万吨，水泥灰岩 3575.45 万吨，水泥黏土 1010.6 万吨。水泥原料灰岩品位氧化钙量 50%～53.32%，氧化镁含量 0.64%～1.12%。主要分布在赵集至刁山、烈山至蔡里一带[1]。淮北瓷土属于煤矿伴生型的高岭土，我国北方制瓷黏土主要来自煤系地层中的高岭土矿床。这些矿床中的高岭土在外观上有白、灰、紫、黑等不同颜色，在物性上有软质、半软质、半硬质、硬质等不同性质。并且煤系地层中的高岭土矿床，既有沉积形成的，也有风化等不同成因类型[2]。

淮北市内水系发育，沟渠纵横，主干河道有 14 条，分属濉河水系、南沱河水系、新北沱河水系、浍河水系、北淝河水系 5 个水系。河道平直，水量受季节影响，变化较大，夏季河（沟）水骤涨、水流量大、水流急，冬季因降水少、河水变浅，水流缓慢。皖北地区古代有睢、蕲、淝、涡、淮诸水，历代是南北水运要冲，河网密布，也是自然河流与人工运河集中分布区域。

濉河古称睢水，《水经注》"睢水发源于梁郡鄢县，东过睢阳县南，又往东过相县南，屈从城北东流，当萧县南，入于陂"。陈桥驿在译文中说：睢水发源于陈留县西边的浪荡渠，往东北流。后又往东流经雍丘县旧城北面。又往东流，水流积蓄成湖，俗称白羊陂。又往东流经襄邑县老城北面，又往东流经雍丘城北面。又往东流经宁陵县老城南面。又东流经新城（商丘一带）北面。又往东流经睢阳县（商丘）旧城南面，又往东流经谷熟县旧城北面（虞城），又往东流经太丘县旧城北面。又往东流经芒县旧城北边。往东流经相县旧城南边（淮北），睢水又在左边汇合了白沟水，又往东流经彭城郡的灵璧东边，往东南流。又往东流经符离县旧城北边。又往东流经睢陵县旧城（江苏睢宁）北边。又往东流与潼水故渎汇合。睢水往东南流注入泗水，汇流处称为睢口。现在濉河古道在淮北西南部向南流经濉河现场东，穿明清时期东门而过。

雷河（又称龙岱河）是濉河支流，起源于萧县的龙河和岱河，二河在淮北市任圩乡双庄汇流后始称龙岱河，在濉溪县陈路口汇入濉河，全长 14.7 千米，境内长 3.4 千米。1951 年春进行过治理，但标准很低。1958 年开挖新濉河时，将岱河上游及大沙河从瓦子口截入新濉河，又将龙河上游丁里至瓦子口一段也截入新濉河，来水面积由原来的 1018 平方千米减少为 281 平方千米。1959 年冬因烈山煤矿采煤，龙岱河下段改道。改道段自濉符公路烈山桥下至青龙山南仍入老龙岱河（彩版 1-2）。

---

[1]　濉溪县地方志编纂委员会编：《濉溪县志》，上海社会科学院出版社，1989 年。

[2]　陈扬杰：《煤系地层中高岭土矿床的主要成因类型及特征》，《西安矿业学院学报》1988 年第 2 期。

彩版1-2　烈山窑址发掘前地貌（西边远处雷河和南湖）

第二节　历史沿革

　　淮北市于1971年由之前的濉溪市更名而来。濉溪市成立于1960年。淮北原属于"相"，古称"相邑""相城"。《诗·商颂》中描述"相土烈烈，海外有截"。诗中的"相土"就是商三祖之一，为商的祖先，是辅佐大禹治水的功臣。"相土"居于相城，相城即指淮北地区。《元和郡县图志》卷九有宿州符离县条描述"故相城在县西北九十里，盖相土旧都也"。所以商周时期，这一地区就已经是重要中心聚落了。

　　春秋战国时期，这一地区属于宋国，置铚邑，邑址在今临涣集。南朝顾野王《舆地志》云："宋共公自睢阳徙相子城，又还睢阳。"可见相城曾作为春秋时期宋国的国都。到秦嬴政统一中国后，该地区属泗水郡，郡治设在相城，分管相县、铚县、蕲县、符离县四县。《水经注》曰：相县，故宋地也。秦始皇二十三年以为泗水郡。西汉初刘邦改泗水郡为沛郡，县治仍在相城，汉武帝时期改为侯国，后又改为沛郡。《史记》"汉改泗水为沛郡，治相城，故注以沛为小沛也。"《史记·高祖本纪》卷八载王莽时期改沛郡为吾符郡。东汉时期刘秀改吾符郡为沛国。《汉书·列传第四一》卷七一"薛广德字长卿，沛郡相人也。"表明东汉时期淮北仍属于沛郡。

魏晋时期，曹魏迁沛国治所至沛县（今江苏省沛县），本地分属汝阴郡。《三国志·魏书三》卷三"壬寅，分沛国萧、相、竹邑、符离、蕲、铚、龙亢、山桑、洨、虹……十县为汝阴郡。"《晋书·志第四》卷一四载西晋时，沛国治所复迁相城。本地分属豫州汝阴郡沛国之相县、竺邑县、符离县和谯国之铚县、蕲县。

南朝宋永初元年（420年），本地属徐州沛郡之相、竺邑、符离和谯郡之铚、蕲五县；《魏书·志第六》卷一○六载"沛郡故秦泗水郡，汉高帝更名，后汉为国，后改。领县三。萧、沛、相二汉、晋属。有厥城、相城、相山庙、罗山"。梁武帝普通六年（525年）置临涣郡，治铚城，本地分属谯州之临涣郡、蕲城郡。东魏武定五年（547年），析临涣郡置白掸县和涣北县，白掸县治所在今百善南，涣北县治所在今柳孜集南秦古城村。《南齐书·志第六》卷一四载"北徐州，沛郡。相、萧、沛"，说明在南北朝时期本地分属沛郡相县、蕲城郡蕲城县、临涣郡白掸县和涣北县。

隋唐时期，本地属于徐州符离县、蕲县和亳州临涣县。《括地志辑校》载"故相城在徐州符离县西北九十里""相故城在泗州宿豫县西北七十里，秦县"。元和四年（809年），析徐州之符离县、蕲县和泗州虹县置宿州，本地分属宿州符离县、蕲县和亳州临涣县。九年临涣县改属宿州，本地分属宿州之符离县、临涣县、蕲县。据明嘉靖《宿州志》载"宋因之领符离、临涣、虹、祁四县，元丰间以虹县、灵璧镇为灵璧县属本州，靖康后属大金，元属河南路归德府，革符离、临涣、祁三县，拨虹县属泗州止，辖灵璧一县"。南宋时长淮以北沦为金，本地分属今南京路宿州之符离县、临涣县、蕲县。

元朝至元二年（1265年）撤临涣、符离、蕲县三县，辖地并入宿州。本地属于河南行省归德府宿州。

明清时期，本地无县建置，属宿州。1912年改宿州为宿县，本地属之。并且在濉溪发现的明清墓碑中多有记载濉溪的归属地，多是"大明万历年岁次直隶凤阳府宿州……城西蕲泽乡街西居住……""大清国江南凤阳府宿州城西四十里铺……雍正十三年季春谷旦……"说明了濉溪的归属。

第二章 考古工作及编写计划

第一节 既往工作

1999年柳孜运河遗址考古发掘中发现了一批白釉黑（褐）彩瓷器，根据发掘者描述可能是本地烈山窑址的产品，随后开启了烈山窑址的寻找之路，阚绪杭先生前往淮北市烈山区进行调查，但没有任何发现。2012年柳孜运河遗址进行第二次考古发掘时，又出土大量疑是烈山窑址的产品，之后笔者前往烈山区进行调查，由于窑址区多是煤矿塌陷区，也没有发现窑址的线索。直到2017年淮北市新湖路项目施工时在烈山村发现了瓷片堆积区，随后进行了抢救性的发掘，发现了大量瓷器和1座窑炉，确认是一处重要的瓷窑址（彩版2-1）。

2017年发掘点共计2处。一处是烈山村东，原一煤矿厂食堂位置，清理了2个探方，发现瓷片堆积区，清理了几个灰坑，出土大量的窑具和瓷器；窑具有盏形支具、钵形支具、窑柱、工字形间隔具等，瓷器有白瓷盏、白瓷罐、白釉褐彩碗、青瓷盏等。另一处是在第一发掘区的北部230米，

彩版2-1 烈山窑址地貌与远处新建的新湖路

发掘了 1 个探沟，清理了 1 座馒头窑炉和几个灰坑，出土了大量窑具和瓷器，窑具有三叉支托、支钉、托珠、垫砖和窑柱等；瓷器有白瓷碗、白瓷动物瓷塑、素烧三彩枕、建筑构件、黄釉印花大砖、绞胎瓷等。基本确认了此处为烈山窑址所在区域[1]。

2018 年 1 月中旬开始考古勘探工作，勘探面积约 1.5 万平方米，共计探出约 5000 平方米的遗址区及各类遗迹 20 余处。2018 年 3 月，经国家文物局批准（考执字〔2018〕第（331）号），安徽省文物考古研究所组织正式考古发掘工作，发掘面积约 630 平方米，发掘工作至 12 月结束，历时近 10 个月，取得了一系列重要发现。

本次发掘分为 3 个区，Ⅰ区为金元窑址区、Ⅱ区为唐代末期至北宋窑址区、Ⅲ区为汉代窑址区。清理各类遗迹 70 余处，包括窑炉 6 座、灰坑 52 个、道路 1 条、灰沟 14 条、墓葬 4 座，出土了数以吨计的各时期陶瓷器残片，可复原器物达 2000 余件。Ⅰ区遗存是此次发掘最丰富的，发现窑炉 2 座、灰坑 40 余个，道路 1 条、灰沟 10 余条等。出土了大量遗物，Ⅰ区出土瓷器种类较丰富，包括白瓷、白釉黑（褐）瓷、青瓷、黄釉瓷、绿釉瓷、酱釉瓷、黑釉瓷等，除了碗、盘、盏等生活用瓷器，还发现了人物俑、动物俑、围棋子等，有的瓷器上有墨书、刻划或彩绘文字等，可辨识的文字有"祐德观""华严寺""公用""宿""黄一郎宅""北范五公"等。Ⅱ区共清理窑炉 3 座和几个灰坑，Ⅱ区出土产品主要是白瓷、绿釉瓷、黄釉瓷、琉璃器、三彩瓷、素烧瓷等，产品主要有碗、盘、盏、罐、枕、俑、建筑构件等，比较重要的是黄褐釉印花大砖、琉璃建筑构件和三彩瓷器，窑具有窑棒、垫板、垫饼、三叉支托、垫圈等[2]。

第二节　发掘与保护

一　发掘经过

本次发掘由安徽省文物考古研究所承担，由安徽省文物考古研究所、淮北市博物馆、淮北市文化旅游体育局文物科组成了发掘队伍，安徽省文物考古研究所陈超担任领队。领队统一负责，分工协作，责任到人。发掘之前制定科学合理的考古发掘规划，并针对现场情况设置科学的保护预案。例如发掘土方的处理、工地排水、工地安全、工地用水用电、文物存放等问题。2018 年 1 月完成考古勘探工作，3 月开始正式发掘，至 12 月完成野外发掘任务。

参加发掘人员有：安徽省文物考古研究所陈超，淮北市文化旅游体育局文物科朱永德，淮北市博物馆胡均、解华顶、王玲玲，技工李世浩、马广锋、王威、史泽润、韩阳、莫辉敏、李阳磊、李鹏刚、闫艳妮、陈凡、柴梦月、平桑娜（彩版 2-2）。

发掘期间召开了两次会议。一次是专家论证会，讨论了烈山窑址的学术价值和历史价值，认为烈山窑址是北方白瓷向南传播路线的中间线路环节；安徽首次考古发现北宋时期烧造高等级琉璃建筑构件的窑炉；安徽首次考古发掘发现兼烧宋三彩的窑址；北宋窑炉体量最大、构造特殊、高超的烧造技艺；通济渠沿岸的瓷窑址是顺大运河流淌的淮北贸易瓷；可能是文献记载的"宿州窑"。

---

[1] 淮北市文物局、淮北市博物馆：《安徽淮北烈山窑址 2017 年考古发掘简报》，《东南文化》2021 年第 2 期。

[2] 安徽省文物考古研究所：《安徽淮北烈山窑遗址发掘简报》，《中原文物》2020 年第 2 期。

彩版 2-2　烈山窑址发掘部分人员合影

彩版 2-3　淮北烈山窑址考古发现暨北瓷南传线路学术研讨会现场

2018 年 11 月 24 日召开了"淮北烈山窑址考古发现暨北瓷南传线路学术研讨会"，会议就烈山窑址的价值和中国白瓷向南传播的路线做了学术研讨（彩版 2-3、4）。

同时，发掘期间也做了一些公共考古的活动，接受媒体采访、宣传报道，如《安徽日报》、安徽电视台、淮北电视台、《安徽商报》等媒体的报道；同时淮北师范大学历史系学生和淮北市昕昕

彩版 2-4 烈山窑址研讨会专家参观窑址发掘现场

彩版 2-5 淮北师范大学历史系学生参观窑址发掘现场

中学的学生到窑址发掘现场进行了参观（彩版 2-5、6），考古工作者为大家做了公众考古的讲解和互动。

烈山窑址入选 2018 年中国重要考古发现，并且入围"2018 年全国十大考古新发现"初评名单。同时，烈山窑址被列为安徽省重点文物保护单位。

彩版 2-6　淮北市昕昕中学学生参观窑址发掘现场

二　保护工作

烈山窑址的发掘历时近 10 个月，由于发掘区域内地势低洼，前期做好排水引流工程，在周边发掘了排水沟。也购置了抽水机时刻抽取积留的雨水。并且，发掘期间购置简易保护大棚搭建在重要的窑炉区域，防止进一步的破坏。针对瓷片堆积区采取覆盖土工布和沙袋相结合的方式保护探方四壁，防止塌方现象的发生（彩版 2-7）。

发掘工作结束后正值严冬时节，需要对窑址进行现场保护，于是制定简单的保护方案，依次利用沙袋对窑炉本体进行封护加固措施，窑炉上面覆盖两层草苫子保温，其上分别铺盖农膜和彩条布，再用沙袋压实（彩版 2-8、9）。

2019 年淮北市文化旅游体育局、淮北市烈山区文化和旅游局、淮北市重点工程建设管理局以及安徽省文物考古研究所等多家单位协商后，决定对烈山窑址进行原址保护，新湖路建设设计改道。同时制定原址临时保护方案，具体措施如下（彩版 2-10、11）。

第一，根据图纸对窑炉、探沟进行了复测，复测完毕后划线确定好准确位置，然后进行沙袋回填。

第二，支护完成后，窑床、烟囱、火膛内填满河沙，支护沙袋与窑壁之间的空隙用沙填实，窑炉本体全部用沙充填覆盖。

第三，为防止窑址长期雨水侵蚀遭到破坏，根据设计方案要求在底部铺设一层保护性土工布＋土工膜＋土工布。使用的材料为三合一材质。

第四，为做好后期场地不积水，且窑炉本体明确的界限，铺设完毕后，在窑炉上方构筑土台，高度两米，呈覆斗状，底部长宽超出窑炉 1 米，顶部长宽超出窑炉本体 0.4 米，顶部和坡面平整，棱角分明。

彩版 2-7　烈山窑址发掘过程中保护措施

彩版 2-8　烈山窑址发掘结束后越冬保护措施

第五，为方便窑址管理，周边增加围栏，Ⅰ区围栏长 42、宽 36 米，Ⅱ区设计长 36、宽 25 米，护栏采用规格为 1.8 米 ×3 米。两个区设专有防护门。

第六，为加强窑址场地排水，根据方案要求，在紧靠窑址周边开挖了一条宽 2、长 200 米的引水渠。

第七，为加强做好窑址管理，减少破坏，对窑址做了文物标识牌和宣传展板，展板介绍了窑址的发掘过程以及文物保护理念。

彩版 2-9　烈山窑址发掘结束后越冬保护措施

彩版 2-10　烈山窑址回填保护

彩版 2-11　烈山窑址回填性保护与展示

第三节　报告编写

烈山窑址资料整理自 2018 年 12 月陆续开始，首先是对野外发掘的资料复核，遗迹线图、照片检查并进行详细核对，并对遗迹做规范描述。同时对出土遗物进行修复、核对。

第一，对发掘的遗迹图进行检查，并统一了整个发掘区的层位关系，同时制成遗迹电子图。

第二，对出土标本进行核对、统计，查找错误。

第三，对出土标本进行分类统计工作，详细记录瓷片釉色、胎色、器形、数量，同时按探方、层位依次分类统计。

第四，请专业绘图人员绘制标本器物线图并将遗迹图和器物图制作成电子版。

第五，对标本器物进行拍照，同时在上书写编号、命名照片，照片按照单位建档归放。

第六，进行标本器物描述和制作器物电子卡片，并且卡片按照同探方、同层位的等级建档归放。

烈山窑址的发掘经历 2017 年抢救性发掘和 2018 年正式考古发掘，两次发掘的编号体系略不同，并且在地层上统一比较困难。因此，报告编写中两个年度分别撰写，具体章节如下。

第一章：地理位置与历史沿革。主要论述淮北市地质地貌，河流分布、矿产资源情况等，为烈山窑址产生寻找自然资源依据；论述淮北市历史变迁，为烈山窑址的历史寻找归属。

第二章：考古工作及编写计划。介绍烈山窑址发现、发掘及研究过程，同时梳理报告的编写。

第三章：2017 年发掘遗迹。介绍 2017 年抢救性发掘所发现的窑炉等遗迹。

第四章：2018 年发掘遗迹。介绍 2018 年正式发掘所发现的窑炉、灰坑和灰沟等遗迹。

第五章：2017 年Ⅰ区出土遗物。介绍 2017 年Ⅰ区出土遗物。首先是划分地层和遗迹两大部分，其次是按照材质分大类，第三按照瓷器釉色、器形、层位顺序进行叙述，第四无釉器按照器形顺序描述，比如窑具类遗物和素烧器等。

第六章：2017 年 II 区出土遗物。介绍 2017 年 II 区出土遗物，按照釉色、器形标准描述，具体同第五章。

第七章：2018 年 I 区出土遗物。介绍 2018 年 I 区发掘出土遗物，按照釉色、器形标准描述，具体同第五章。

第八章：2018 年 II 区出土遗物。介绍 2018 年 II 区发掘出土遗物，按照釉色、器形标准描述，具体同第五章。

第九章：分期与年代。把主要器形按类型学的方法分型排队。利用地层学的方法把地层和遗迹进行分组，并且结合前期器物类型学的分型排队，划分组别，判断年代，建立烈山窑址遗迹和出土遗物编年。

第一〇章：相关科技分析与研究。主要介绍烈山窑址产品的胎、釉成分，烧成温度和技术来源等问题。

第一一章：结语。总结烈山窑的制瓷技术、装饰技术、烧成技术，论述烈山窑址的历史地位。

第三章　2017年发掘遗迹

淮北烈山窑址是2017年8月在新湖路项目建设施工中发现的，淮北市文化旅游体育委员会随后组织文物工作者进行抢救性清理。清理工作于2017年9月1日开始，至12月结束，主要对新湖路项目占压窑址区已暴露的1座窑炉进行了清理，并选取重点区域进行试掘，以确定该窑址的文化内涵及价值，以便进一步开展保护、研究工作（图3-1）。

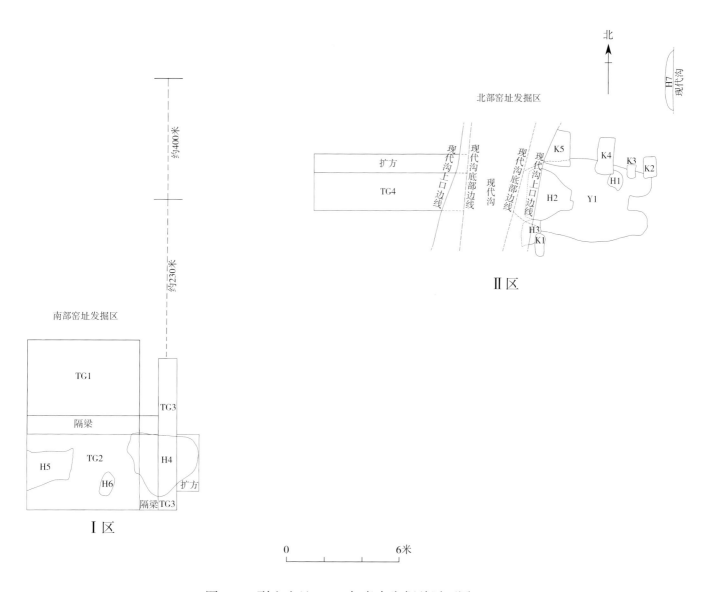

图 3-1　烈山窑址2017年考古发掘总平面图

由淮北市文化旅游体育委员会文物科（淮北市文物事业管理局）、淮北市博物馆共同组成考古发掘队，考古发掘项目现场负责人为解华顶，现场技术人员还有马广锋、杜康、任鹏、邱少贝等，发掘过程中得到安徽省文物考古研究所等单位专家的指导与帮助。探沟面积约70平方米，发掘区分Ⅰ区即南部窑址发掘区、Ⅱ区即北部窑址发掘区2个区。共布探沟4条，清理窑炉1座、灰坑7个、窑上扰坑5个，出土各类可修复文物近千件。

从发掘情况来看，宋金时期该区域都有窑址分布，还有大量的灰坑。下面将两个发掘区的遗迹分别介绍。

第一节　2017 年 Ⅰ 区遗迹

2017年Ⅰ区即南部窑址发掘区，距Ⅱ区北部窑址发掘区约230米。为初步了解窑址堆积情况，共布探沟3条，皆位于窑址区暴露地表瓷片堆积丰富区域，编号17ⅠTG1～TG3，分别为6米×4米、6米×4米、8米×1米，探沟内共发掘灰坑3个，编号17ⅠH4～H6（图3-2；彩版3-1）。3条探沟位于Ⅰ区的核心区，上面原为现代居民的房屋，房屋拆迁后地表留下大量建筑垃圾，因修路建筑垃圾部分被清除，大量金元时期瓷片暴露。为更好地发掘17ⅠTG1、TG2，在17ⅠTG2东部开一条8米×1米的探沟，即17ⅠTG3。17ⅠTG1由于受雨水淹没，2017年仅发掘到第②层就没有再向下发掘，2018年继续发掘。17ⅠTG2发掘至生土层。下面将探沟地层堆积及灰坑介绍如下。

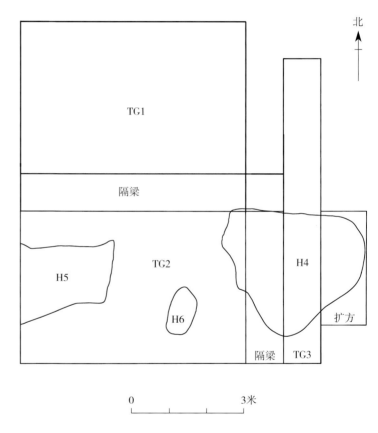

图 3-2　2017 年 Ⅰ 区总平面图

一　地层堆积

17ⅠTG1～TG3地层堆积大致相同，按土质、土色及包含物将层位分为4层，以17ⅠTG2西壁为例介绍（图3-3；彩版3-2）。

第①层：距地表0～0.29、厚0～0.29米。土色灰花，土质松软。夹杂大量草木灰、烧土粒、煤灰、煤渣，包含少量瓦片、砖块、瓷片、窑具。该层混杂大量金元时期瓷片及窑具，可辨器形瓷器有白瓷碗、白瓷盏、白釉黑彩碗、白釉褐彩盆、青黄釉碗、青黄釉盏、青瓷水盂等，窑具有窑柱、钵形支具、

彩版 3-1　17Ⅰ区发掘全景（镜向北）

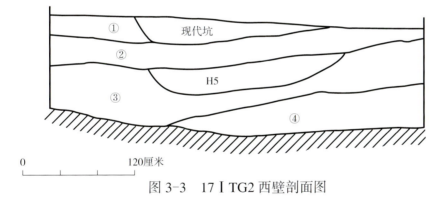

图 3-3　17ⅠTG2 西壁剖面图

彩版 3-2　17ⅠTG2 西壁地层堆积（镜向西）

盏形支具。本层上原有的房屋建筑垃圾清表时已挖走，本层是清表后的表土层，年代为现代。

第②层：距地表 0～0.56、厚 0.11～0.32 米。土色灰褐，土质稍硬。夹杂少量烧土粒、炭粒，瓷片堆积较厚较密集，大堆瓷片叠压一起，伴出大量窑具，有 H5 开口于 TG2 ②层下。出土遗物主要是瓷器和窑具。瓷器可辨器形有白瓷碗、白瓷盏、白瓷盆、白瓷盘、白瓷倒流壶、白瓷罐、白釉黑彩碗、白釉黑彩盆、白釉褐彩器盖、青黄釉碗、青黄釉盏、青瓷器盖、酱釉盘、酱釉碗、酱釉小瓶、茶叶末釉碗、黑白围棋子、瓷球等，以碗类居多；还出土白瓷瓷塑马、鸭等，从出土瓷片标本看，装饰工艺除白釉黑（褐）彩、白瓷划花外，还有粉杠瓷等；窑具可辨器形有钵形支具、盏形支具、喇叭形支具、垫饼、垫圈、耐火砖、匣钵、窑柱、试火棒等。

第③层：距地表 0.11～1.16、厚 0.11～0.60 米。土色红褐，土质较软。夹杂大量红烧土、炭粒、炭块，瓷片堆积较丰富但没有②层密集，伴出大量窑具。出土遗物主要是瓷器和窑具，瓷器可辨器形有白瓷碗、白瓷盏、白瓷盘、白瓷水盂、青瓷壶、青瓷罐、青瓷行炉等，以碗类居多；还出土素烧行炉、素烧碗、铜钱 2 枚；窑具可辨器形有钵形支具、盏形支具、喇叭形支具、垫饼、耐火砖、试火棒等。

第④层：距地表 0.59～1.20、厚 0～0.46 米。土色黄褐，土质较软。夹杂少量炭粒、烧土粒，瓷片堆积较厚。出土遗物主要是瓷器和窑具，瓷器可辨器形有白瓷碗、白瓷盏、白瓷钵、白瓷罐、白瓷水盂、青瓷罐、青瓷碗、青瓷盏、青瓷器盖、黄釉碗、黄釉瓶、行炉、瓷球等；窑具可辨器形有钵形支具、盏形支具、喇叭形支具、试火棒等。

二　灰坑

1. 17Ⅰ H4

开口于 17Ⅰ TG3 ②层下，分布范围跨 17Ⅰ TG2、TG3（图 3-4）。平面呈不规则形，东部边界呈弧形稍规整，西部边界不规整。长 3.78、宽 3.24、深 0.60 米。斜直壁，底较平，南部略深（图 3-5）。土色黄花，夹杂大量烧土粒、炭粒，瓷片及窑具堆积较密集，出土遗物较丰富，主要是窑具和瓷器，以白瓷为主，还有青瓷、青黄釉、黄釉、酱釉瓷。可辨器形白瓷有碗、钵、盏、盘、盆、罐、水盂、倒流壶、器盖等，青瓷有碗、盏、罐、器盖等，黄釉瓷器有碗、罐、瓶等，青黄釉瓷有碗、盏、盂口瓶等，酱釉瓷有碗、瓶、缸；窑具可辨器形有钵形支具、盏形支具、喇叭形支具、垫饼、窑柱、耐火砖、试火棒等。此外还有白釉黑（褐）彩碗、盏、梅瓶、铜钱 1 枚。根据地层关系及出土物判断年代为元代。

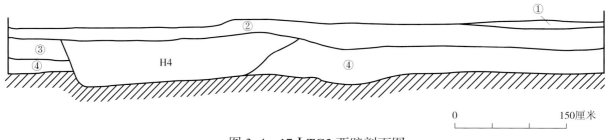

图 3-4　17Ⅰ TG3 西壁剖面图

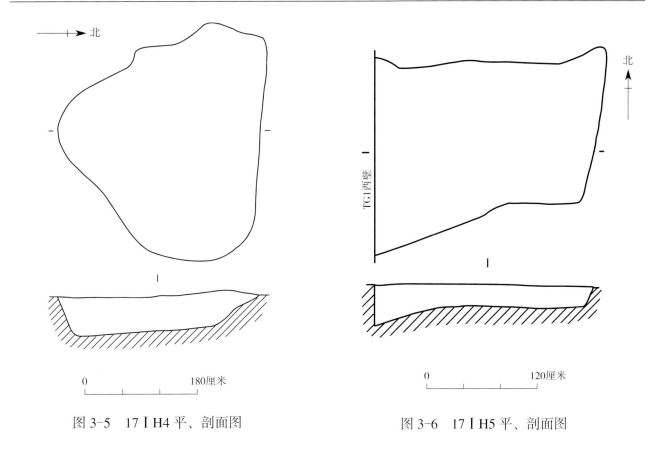

图 3-5　17 Ⅰ H4 平、剖面图　　　　　　　　图 3-6　17 Ⅰ H5 平、剖面图

2. 17 Ⅰ H5

位于 17 Ⅰ TG2 西部，开口于 17 Ⅰ TG2 ②层下，西部有 17 Ⅰ TG2 西隔梁未发掘到边（图 3-6）。平面呈不规则长方形。长 2.50、宽 2.10、深 0.44 米。斜弧壁，底部不平，西部较深，东部稍浅。土色灰花，夹杂大量红烧土颗粒，瓷片堆积较密集，出土大量瓷器、少量窑具。可辨器形白瓷有碗、盏、罐、器盖、枕等（彩版 3-3），青黄釉瓷有盏、盘、罐、盂口瓶等，还有白釉黑彩盆、酱釉出筋纹瓷片。窑具主要有钵形支具、盏形支具、匣钵、窑柱等。根据地层关系及出土物判断年代为元代。

彩版 3-3　17 Ⅰ H5 出土白瓷碗和窑具

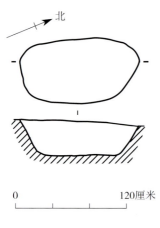

图 3-7　17ⅠH6 平、剖面图

彩版 3-4　17ⅠH6

3. 17ⅠH6

位于 17ⅠTG2 东部，开口于 17ⅠTG2④层下（图 3-7；彩版 3-4）。平面呈椭圆形。长 1.28、宽 0.68、深 0.38 米。斜弧壁，圜底。土色灰褐，土质松软。坑内瓷片堆积较密集。出土瓷器以白瓷为主，可辨器形有碗、钵、盏、盆、罐、器盖等，还出土有白釉褐花碗、青瓷行炉、素烧行炉等。根据地层关系及出土物判断年代为金代晚期。

第二节　2017 年Ⅱ区遗迹

2017 年Ⅱ区即北部窑址区（图 3-8），在烈山西侧惠尔普建筑陶瓷有限公司办公楼西北侧新修新湖路路段，窑址发掘区部分被原丰收路路基占压，新修新湖路挖掉原路基后窑址暴露，在新湖路东侧为铺设公路排水管线开挖的现代沟正好穿过该窑址核心区，所挖沟渠正好破坏了 1 座瓷窑炉的火膛、操作间及西部瓷片堆积区。在现代沟东侧清理出窑炉 1 座，编号 17ⅡY1。由于前期取土窑炉上部地层已消失，17ⅡY1 开口已暴露，且边界较清晰，因此未在 17ⅡY1 位置再布置探沟。在 17ⅡY1 表面同时暴露开口的有宋代灰坑 17ⅡH1 ～ H3 和现代坑 17ⅡK1 ～ K5，皆打破 17ⅡY1。在现代沟西侧瓷片堆积丰富区域布东西向探沟 1 条，编号 17ⅡTG4，探沟宽 2、南边长 8、北边长 8.17 米（彩版 3-5），后期 17ⅡTG4 又向北扩方 1 米。

彩版 3-5　17ⅡTG4、Y1 与现代沟的位置（镜向西）

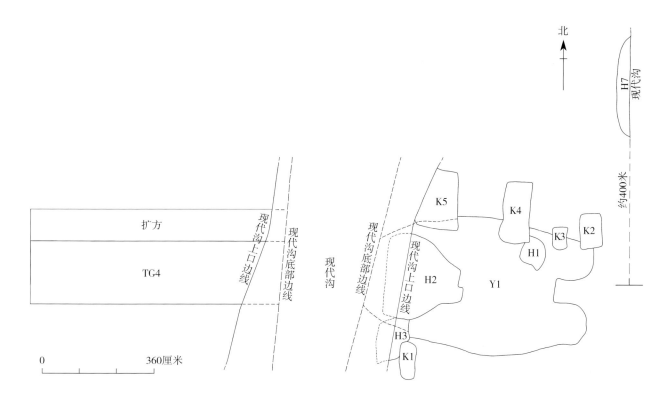

图 3-8　2017 年Ⅱ区总平面图

在 17ⅡY1 向北约 400 米的新湖路西侧开挖现代沟的断面上又发现残灰坑 1 个，编号 17ⅡH7（图 3-8）。

一　17Ⅱ TG4 地层堆积

根据土质、土色及包含物将 TG4 文化层分为 12 层，以 17ⅡTG4 北壁为例介绍（图 3-9；彩版 3-6）。

第①层：表土层。厚 0.22～0.60 米。土色深黄，土质稍硬，为胶泥质黏土。包含物较少，有少量料姜石及混杂灰土。为正修路的垫土层，出土铜盆 1 件。

第②层：原丰收路路基垫土层，分②a、②b、②c、②d 层，土质较坚硬。应为不同阶段原丰收路的路基垫土，修建新湖路时路面已被挖掉。

第②a 层：距地表 0.22～0.44、厚 0～0.28 米。分布于②b 层东侧，呈斜坡状，土色黑灰，土质稍硬。包含大量煤粉灰、少量烧土粒。出土少量瓷片及残匣钵等。该层应为维修路面的垫土。

第②b 层：距地表 0.22～0.60、厚 0～0.60 米。土色灰花，土质坚硬。包含大量矸子石、石块、煤粉灰。发现塑料垃圾袋。该层明显为路基垫土。

第②c 层：距地表 0.58～1.12、厚 0～0.50 米。土色黄褐，土质较硬。包含少量烧土块、炭粒、煤粉灰、树木根系。出土个别白瓷片、窑具残块、耐火砖块等，可辨器形有白瓷碗、三叉支钉、白瓷水盂、垫饼、工字形间隔具等。该层应为从南部金代窑址区搬运来的土，也是路基垫土。

第②d 层：距地表 1.18～1.32、厚 0～0.38 米。土色灰黑，土质坚硬。包含大量煤粉灰、少量

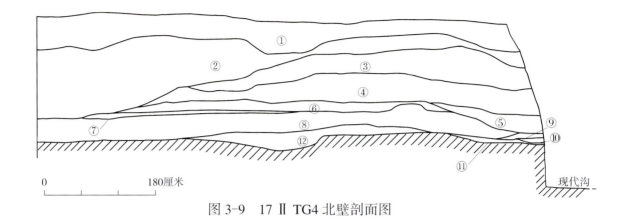

图 3-9　17 Ⅱ TG4 北壁剖面图

彩版 3-6　17 Ⅱ TG4 北壁地层堆积（镜向北）

矸子石。出土青花瓷片、缸残片。该层也是垫土。

　　第③层：距地表 0.42～1.16、厚 0～0.62 米。土色灰花，土质稍硬。包含大量小烧土块、烧土粒、炭粒、耐火砖碎屑。在 20 世纪平整原丰收路路基时挖至该层，然后垫土修路，该层上部稍板结是因垫土碾压所致。出土大量瓷片及窑具，瓷器可辨器形有白瓷碗、白瓷盘、青黄釉盏、酱釉盘、酱釉罐、青瓷罐、酱红釉行炉等；宋三彩器可辨器形有印花枕、绿釉行炉，素烧瓷可辨器形有盘、壶、双系瓶、印花枕、行炉等；窑具可辨器形有垫饼、垫圈、三叉支托、瓷泥支垫、窑柱及腰形垫饼多件；另外出土北宋铜钱咸平元宝 1 枚。

　　第④层：距地表 0.80～1.46、厚 0～0.48 米。土色黄褐，土质较软。包含有大量炭粒、炭块、小烧土块。出土大量瓷片、少量窑具，可辨器形有白瓷碗、白瓷划花罐、白瓷剔划花罐、青黄釉盏、酱釉罐、酱釉壶（彩版 3-7）、绿釉碗；素烧瓷可辨器形有建筑构件鸱吻、筒瓦、行炉、贴塑兽首炉、印花枕、剔花枕等；另外还出土黄釉印花花卉纹瓷砖、琉璃建筑构件鸱吻残块等；窑具可辨器形有垫饼、垫圈、三叉支托、碾轮。

彩版3-7 17ⅡTG4④层出土酱釉壶

彩版3-8 17ⅡTG4⑤层瓷片、窑具堆积

第⑤层：距地表1.32～1.44、厚0～0.29米。土色灰褐，土质较软。包含有大量炭块、草木灰、烧土块，且分布不均匀。瓷片、窑具残块集中成片堆积（彩版3-8），瓷器可辨器形有白瓷碗、黄釉盏；素烧瓷可辨器形有建筑构件、划花盆等；另外还有少量绞胎瓷片；窑具可辨器形有垫饼、三叉支托。

第⑥层：距地表1.27～1.60、厚0～0.19米。土色灰黄，土质稍硬，颗粒较细，该层表面较平。包含有少量炭粒、烧土粒及少量瓷片。出土白瓷碗2件。

第⑦层：距地表1.44～1.64、厚0～0.10

彩版3-9 17ⅡTG4⑧层出土白瓷碗

米。土色灰黑，土质较软，厚度较薄，为灰土层。包含大量草木灰、炭粒、耐火砖碎屑。出土少量垫饼、瓷片。该层仅在探沟中西部局部分布，推测为搬运过来的窑内火膛的灰土。

第⑧层：距地表1.34～1.68、厚0～0.39米。土色黄褐，土质松软，厚度较厚。包含大量瓷片、小烧土块、烧土粒、炭块、炭粒。出土大量瓷器、窑具。瓷器可辨器形有白瓷碗、白釉点绿彩碗、白瓷罐、白瓷划花碗、白瓷枕、白瓷划花枕、白瓷印花枕、白釉褐彩枕、黄釉盏、酱釉盏、酱釉印花枕、印花花卉纹瓷砖等，以白瓷碗最多（彩版3-9）；窑具可辨器形有窑柱、匣钵、垫饼等。

第⑨层：距地表1.72～1.83、厚0～0.10米。土色灰黄，土质稍硬，颗粒较细。包含有少量炭粒、烧土粒。出土少量瓷片。该层表面较平，仅在TG4东部分布。

第⑩层：距地表1.82～1.83、厚0～0.10米。土色红褐，土质较硬。包含有大量烧土块、炭块、草木灰、耐火砖碎屑。该层为烧土堆积层，仅在TG4东部分布。

第⑪层：距地表1.80～1.83、厚0～0.08米。土色灰黑，土质较软，厚度较薄，为灰土层。包含大量草木灰、炭粒，夹杂少量耐火砖碎屑、烧土粒。该灰土层仅在TG4东部分布。

第⑫层：距地表1.62～1.98、厚0～0.29米。土色灰黄，土质稍硬。包含有少量炭粒、烧土粒、石块。出土瓷片、灰陶片。该层仅在TG4中部分布。

根据地层堆积判断，第③～⑫层为文化层。第⑫层以下为生土。TG4 布方位于 Y1 操作间区域。从地层堆积看，Y1 的操作间在废弃后遭到破坏比较严重，成了其他窑的废弃物堆积区，且堆积较厚。其中，TG4 ⑨～⑪层位于探沟东头靠近 Y1 火膛，且深度较深，推断应为 Y1 西部已被现代沟破坏的 Y1 操作间下层的堆积。TG4 ④层和 TG4 ⑧层是 Y1 操作间损毁后形成的两次较为明显的废弃瓷片、窑具堆积层，且堆积较厚，说明当时的生产能力较大。Y1 西部残存操作间情况还有待进一步发掘弄清，本次仅作试掘。

二　窑炉

17 Ⅱ Y1

17 Ⅱ Y1 与 17 Ⅱ TG4 相隔一条因修路铺设管道开挖的现代沟，由于前期取土 17 Ⅱ Y1 直接暴露于地表，17 Ⅱ Y1 被 17 Ⅱ H1 ～ H3 和近现代坑 17 Ⅱ K2 ～ K5 打破（彩版 3-10）。因年代久远，窑体上部结构已坍塌。

17 Ⅱ Y1 依山势而建，为东西方向。窑门位于西部，窑门、操作间已被现代沟破坏，残存火膛、窑床、烟囱等部分。17 Ⅱ Y1 窑体较大，平面呈马蹄形，为典型的马蹄形馒头窑（图 3-10；彩版 3-11）。17 Ⅱ Y1 残长 7.22、宽 4.36、残高 1.92 米（从火膛底至开口最高处）。耐火砖窑壁外烧土厚约0.28 米。

火膛　因西部被现代沟破坏，现存火膛呈半椭圆形（彩版 3-12）。残长 2.20、宽 3.36 米。火膛底部距窑床面高约 1.40 米。火膛的两侧壁是由耐火砖和垫砖砌筑而成，且有较厚的烧结面，有的表

彩版 3-10　17 Ⅱ Y1（镜向东）

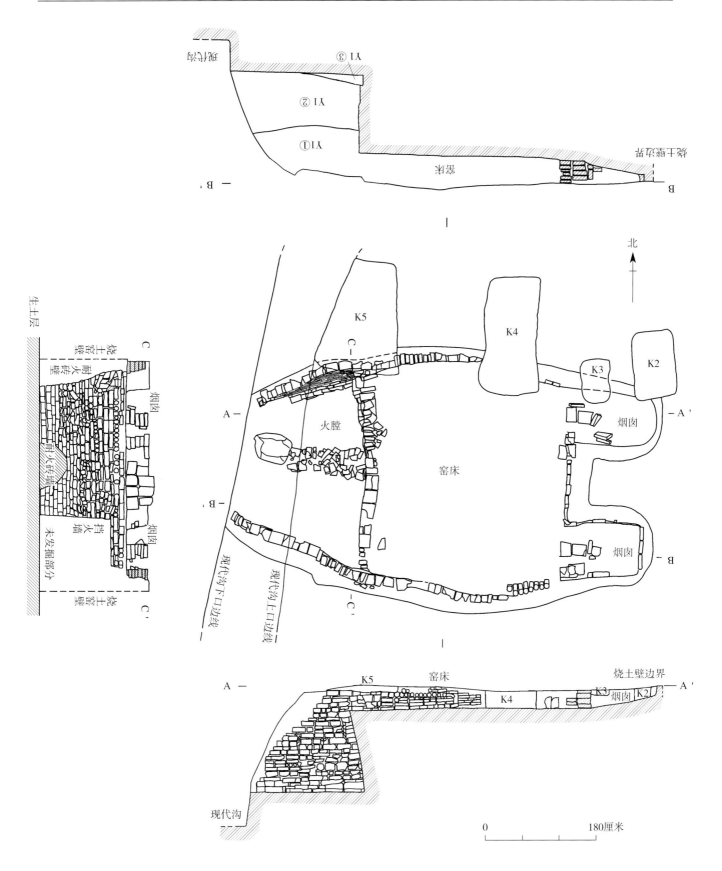

图 3-10　17 Ⅱ Y1 平、剖面图

彩版 3-11　17ⅡY1（镜向西）

彩版 3-12　17ⅡY1 火膛（镜向东）

彩版 3-13　17 Ⅱ火膛北壁及挡火墙明显的修补加固（镜向东北）

面已烧成琉璃质。火膛的迎火立面即挡火墙由窑柱和耐火砖混合砌筑而成，墙壁稍变形。火膛北壁及挡火墙都有明显的修补加固现象，修补加固部分从底部开始砌墙向外凸出，向上逐渐变窄，这种修补加固现象说明了该窑炉重复利用率较高（彩版 3-13）。火膛底部中间有用耐火砖及窑柱堆砌的墙体，砖块及窑柱摆放较凌乱，但整体为一墙体，墙体靠西端垒砌一大石块，该墙体为后期修补窑体所垒砌，对挡火墙具有一定的支撑作用，可能还有其他功用，有待考证。火膛内填土根据土质、土色可分为上、中、下 3 层（彩版 3-14）。上层 17 Ⅱ Y1 ①层与窑室内填土相同，该层为烧土层，土质较下层粗，包含耐火砖、瓷片、窑柱、垫饼、匣钵残块、烧结物较多。中层 17 Ⅱ Y1 ②层土质较上层稍细，包含耐火砖、窑柱、瓷片等较少，未见完整瓷器出土。17 Ⅱ下层 Y1 ③层为火膛底部的草木灰层（彩版 3-15），靠近挡火墙部分草木灰分布较厚，最厚达 16 厘米，从东向西逐渐变薄，火膛底部未见煤灰渣，未见用煤作燃料的痕迹。因保护与展示需要，火膛内堆积留下南部四分之一未发掘，原址保存。

　　窑床　平面略呈腰鼓形，方向 95°，表面较平整，表层铺有耐火砂，从质地可以看出是淘洗制瓷胎土剩下的细渣。窑床长 3.46、宽 3.10～3.82、距开口深 0.48 米，东高西低，略倾斜。窑壁是由耐火砖砌筑而成，部分窑壁用窑柱修补（彩版 3-16），窑壁有大量烧结面（彩版 3-17）。窑床表面为烧结面，较坚硬，由碱石及石英颗粒烧结而成，厚约 3 厘米。第二层为黄色砂粒层，较坚硬，因考虑后期保护并未向下解剖发掘，窑床下部各层深度不详。窑床周围窑壁尚保留有 30～40 厘米高，窑壁由窑柱和耐火砖混合砌筑，表面有厚厚的烧结面，窑壁部分残损，有二次修补现象，部分窑壁用窑柱排成一排作耐火材料修补。窑床内填土与火膛上部填土一样，为 17 Ⅱ Y1 ①层，为烧土层，

彩版 3-14　17ⅡY1 解剖照片（镜向南）

彩版 3-15　17ⅡY1 火膛底部草木灰层（镜向东）

包含耐火砖、瓷片、窑柱、垫饼、匣钵残块（彩版 3-18），烧结物较多，出土遗物有白瓷碗、青瓷盏、素烧划花枕片、素烧建筑构件、素烧瓷塑、垫圈、三叉支托等。

烟道口　4 个，对称分布，烟道口西接窑床，每个烟囱有 2 个烟道口，中间有耐火砖墙隔开（彩版 3-19）。墙体底部基本保存完好，4 个烟道口底部的宽度从北向南分别为 0.26、0.17、0.24、0.18 米。

彩版 3-16 17ⅡY1 窑壁部分用窑柱修补

彩版 3-17 17ⅡY1 窑壁大片烧结面

烟囱 2个，对称分布，西接烟道口，2个烟囱分别位于窑东南角和东北角。开口呈半椭圆形，烟囱内空大体呈长方形，南烟囱内空长约1.10、宽约0.88米。北烟囱内空长0.90、宽0.82米。北烟囱壁面残损严重，北烟囱的东南角紧靠壁面放置两块完整的方形耐火砖，使烟道口变窄（彩版3-20）。顶部最高处距窑床0.50米。底部铺黄色砂粒层，表面黄白色烧结面应是碱石及石英颗粒烧结而成。

彩版 3-18　17Ⅱ Y1 窑床上出土窑柱

烟囱及烟道底部具有较缓的坡度，东高西低，坡度约 11°，这种加大烟囱出口水平位差的做法可以增加烟囱的抽力，便于排烟。

三　灰坑

在 17Ⅱ Y1 表面发现暴露开口的灰坑 3 个，编号 17Ⅱ H1～H3。Y1 向北约 400 米因新湖路铺设管道开挖现代沟的断面上又发现 1 个残灰坑，编号 17Ⅱ H7。

1. 17Ⅱ H1

位于 17Ⅱ Y1 东北部，打破 17Ⅱ Y1，西北角被 17Ⅱ K4 打破（图 3-11；彩版 3-21）。平面呈圆角长方形。长 0.90、宽 0.84、深 0.36 米。坑壁斜直，圜底。土色灰花，土质较软，夹杂大量烧土粒及烧土块、黑色烧结物、石块、青灰等。出土白瓷碗片、耐火砖、匣钵残块。根据出土遗物判断 17Ⅱ H1 为宋代。

彩版 3-19　17Ⅱ Y1 烟道口和烟囱（镜向东）

彩版 3-20　17ⅡY1 北烟囱

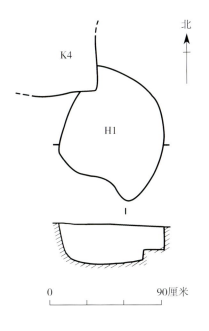

图 3-11　17ⅡH1 平、剖面图

彩版 3-21　17ⅡH1

2. 17ⅡH2

位于 17ⅡY1 西部，打破 17ⅡY1 及 17ⅡH3，西部被现代沟打破，开口呈坡状（图 3-12；彩版 3-22）。平面呈不规则形，西宽东窄。残长 2.72、残宽 2.53、深 0.72 米。斜弧壁，坑底呈坡状，东高西低。土色灰花，夹杂大量烧土粒、少量小烧土块。出土大量瓷片及窑具残块，瓷器可辨器形有白瓷碗、酱釉鸟食罐、素烧印花瓷枕、素烧划花瓷枕、素烧壶、素烧建筑构件鸱吻残块、三彩壶，还出土绞胎瓷片 1 片，白口黑釉碗口沿残片 1 片，出土窑具可辨器形有钵形支具、盏形支具、三叉支托、圆形垫饼、窑柱、匣钵、耐火砖等。根据出土遗物判断 17ⅡH2 为宋代。

3. 17ⅡH3

位于 17ⅡY1 西南部，打破 17ⅡY1，被 17ⅡK1、17ⅡH2 打破（图 3-13）。平面呈不规则形，残长 1.28、残宽 1.05、深 0.54 米。斜弧壁，尖圜底。土色黄花，夹杂大量小烧土块、炭粒、瓷片等，少量耐火砖。瓷器可辨器形有白瓷碗、素烧行炉、素烧印花"鞏縣李"款瓷枕片。根据出土遗物判断 17ⅡH3 为宋代。

4. 17ⅡH7

位于 17ⅡY1 向北约 400 米原濉溪县老瓷厂办公楼门口，为新湖路西侧慢车道占压区域，因铺设公路排水管线开挖的现代沟正好穿过该灰坑，为了解地层堆积情况，首先沿现代沟边沿做一剖面，编号 P1。通过观察剖面发现 17ⅡH7 东部已被现代沟破坏，仅余西部一小部分。P1 地层堆积介绍如下（图 3-14；彩版 3-23）。

P1 ①层：厚 0.12～0.22 米。土色黄灰，因长期踩踏土质坚硬。夹杂少量小石子、黑灰等。年代为现代。

P1 ②层：距地表 0.12～0.22、厚 0.30～0.60 米。土色黄褐，土质较硬。夹杂少量烧土粒、炭粒、陶片、白瓷片。H7 开口于 P1②层下，向下打破 P1③层。年代为宋代。

P1 ③层：距地表 0.42～1.20、厚 0.26～0.68 米。土色灰褐，土质较软。黄土中夹杂大量炭粒、少量烧土粒及灰陶片。年代为汉代。③层下为生土层。

17ⅡH7 开口距地表 0.46～0.72、长约 3.20、残宽 0.45、深 0.54 米。弧壁，圜底（图 3-15）。坑内土色红褐，土质较硬，夹杂大量

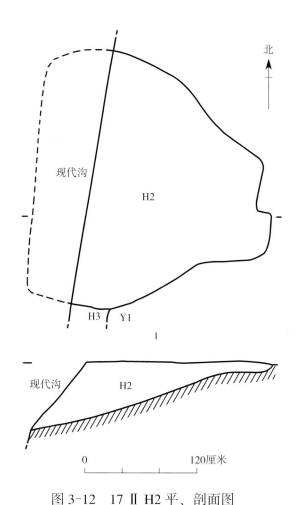

图 3-12　17ⅡH2 平、剖面图

彩版 3-22　17ⅡH2（镜向西）

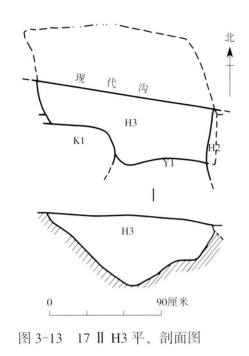

图 3-13 17 Ⅱ H3 平、剖面图

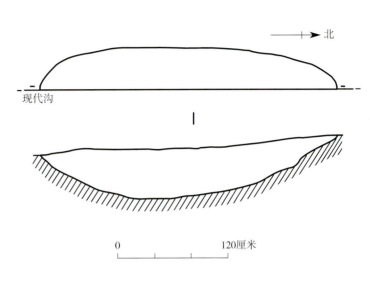

图 3-14 17 Ⅱ H7 平、剖面图

彩版 3-23 17 Ⅱ H7 地层堆积（镜向西）

烧土块。出土大量三彩瓷片、少量印花模具以及三叉形支钉、匣钵残块、垫圈、窑柱等窑具。出土三彩器以盏、罐、水盂、印花枕、行炉、人物塑像为主；出土素烧瓷有行炉、盏等；还出土绞胎枕片。根据堆积性质判断该坑附近应有专门烧造宋三彩的窑址，根据出土遗物及地层关系判断该坑年代为宋代早期，应是宋三彩窑的废弃物堆积坑。

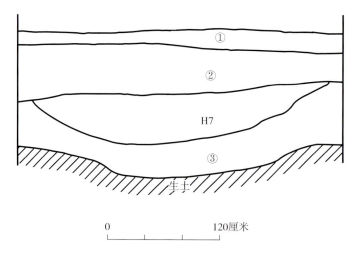

① 　②　 H7 　③ 　生土

0 ——————— 120厘米

图 3-15　P1 剖面图

四　扰坑

沿 17 Ⅱ Y1 边缘发现扰坑 5 个，编号 17 Ⅱ K1 ～ K5（彩版 3-24）。由于前期取土，这些坑开口暴露。除 17 Ⅱ K1 外其余 4 个扰坑均打破 17 Ⅱ Y1 窑壁。该位置在 20 世纪原丰收路修建前就有居民居住，可能是居民生产活动挖到 17 Ⅱ Y1 烧土后，由于窑内烧土较硬不好挖就没有下挖，而选择了在窑体周围土质较软的位置挖坑，所以尽管窑体周围扰坑较多，但窑炉本体保存情况还是较好的。

彩版 3-24　17 Ⅱ Y1 被 17 Ⅱ H1 ～ H3 和 17 Ⅱ K2 ～ K5 打破情况（镜向西）

1. 17ⅡK1

位于 17ⅡY1 西南侧，打破 17ⅡH3。平面呈近圆角长方形。长 1.20、宽 0.53、深 0.48 米。南北壁稍弧，东西壁为直壁，壁面光滑，平底。填土土色黑灰，土质松软。夹杂大量草木灰、炭块、少量烧土粒。出土少量白瓷片、灰陶片、青花瓷片、釉陶盆残片等。为原丰收路修建前当地居民的生活垃圾坑，年代为现代。

2. 17ⅡK2

位于 17ⅡY1 烟道东北部，打破 17ⅡY1 烟道东北角。平面大体呈梯形。长 1.10～1.15、宽 0.72、深 0.37 米。坑壁斜直，坑底较平。填土土色灰花，土质较软。夹杂少量烧土粒、烧土块、石灰末等。年代为近现代，用途不详。

3. 17ⅡK3

位于 17ⅡY1 东北部，打破 17ⅡY1。平面呈圆角长方形。长 0.73、宽 0.49、深 0.20 米。坑壁斜直，坑底不平，中部隆起，南部稍凹。填土土色黄灰，土质较软。夹杂少量烧土粒、石灰末等。年代为近现代，用途不详。

4. 17ⅡK4

位于 17ⅡY1 北部，17ⅡK4 打破 17ⅡY1 及 17ⅡH1。平面近长方形。长 1.96、宽 1.00、深 0.96 米。坑壁较直，坑底较平，南部有二层台阶。填土土色灰花，土质松软。夹杂大量烧土粒，少量炭粒、小石块、白瓷片、釉陶片、灰陶片、残窑具等。可辨器形有白瓷碗、釉陶盆、灰陶罐、耐火砖、窑柱、垫饼、匣钵等。年代为近现代，可能为居民使用的窑，后来废弃。

5. 17ⅡK5

位于 17ⅡY1 西北部，17ⅡK5 打破 17ⅡY1。平面近梯形。长 1.55～1.95、宽 1.40、深 1.12 米。坑壁稍斜较光滑，坑底长方形，略呈台阶状，东北部较深，台阶高 0.12 米，底长 1.54、宽 1.03 米。填土土色黄灰，土质较松软。夹杂大量烧土粒、少量烧土块、小石块、草木灰、石灰末、青砖块、瓷片、釉陶片、灰陶片、残窑具等。可辨器形有白瓷碗、青花碗、釉陶盆、玻璃瓶、耐火砖、窑柱、垫饼等。年代为现代，功用与 17ⅡK4 类似，可能为居民使用的窑，后来废弃。

第四章　2018 年发掘遗迹

2018 年烈山窑址发掘点分 3 个区，I 区和 III 区位于烈山村东南角，原丰收路西侧。I 区和 III 区基本靠近。窑址上原为烈山村的民房，在 20 世纪七八十年代为淮北一煤矿厂区食堂和办公区所在地，并且一条道路也穿过窑址区，对窑址破坏较大，有的地方已经破坏至生土。后来又在此建民房，对窑址再次破坏。新湖路在建设过程中又进行了土地平整，加大了对窑址的破坏，有些地方暴露出瓷片堆积。所幸有的地层堆积较厚，还保留有一些瓷片堆积。根据发掘看，东部为窑址生产区，西部为废品堆积区。II 区位于烈山村外围东部，紧邻惠而浦陶瓷厂西侧，地表为原丰收路，窑址压在该路下面。

根据《田野考古工作规程》要求，按正南北方向布探方和探沟。I 区布 20 个探方（包括 2017 年度发掘范围），规格 5 米 ×5 米，T0101、T0102、T0103 均未发掘，剔除 2017 年发掘的 3 个 5 米 ×5 米的探方，后在 T0404 东侧扩 1 个 5 米 ×4 米探方，小计 I 区发掘面积为 370 平方米。III 区为 1 条探沟，3 米 ×10 米，发掘面积 30 平方米。II 区共布 4 个探方，规格 5 米 ×5 米，发掘面积 100 平方米，2 条探沟，规格为 15 米 ×8 米、1 米 ×8 米，发掘面积 128 平方米，小计 II 区发掘面积 228 平方米。发掘总面积为 628 平方米（图 4-1；彩版 4-1 ～ 3）。

一　地层堆积

（一）I 区地层堆积

I 区的地层厚薄不均，最薄处约 0.5、最深处约 1.8 米。由于地层分布范围大小有别，厚薄不均，主要体现在东部是窑炉区，相关遗迹比较少，地层也比较薄。西部是灰坑和瓷片堆积区，且灰坑分布比较集中，瓷片堆积较厚近 2 米。堆积总体趋势是东薄西厚，所以窑址功能分区比较明确。根据层位学和打破关系判别层位的先后顺序，经过统一层位之后，共划分为 18 层（表 4-1）。下面选几个比较有特点的剖面层位进行介绍。

1. T0104 ～ T0404 北壁

总①层：T0104 ①、T0204 ①、T0304 ①、T0404 ①，表土层（图 4-2）。距地表 0.2 ～ 0.5、厚 0.05 ～ 0.55 米。因原地表是民房和道路，灰褐色土，土质疏松。包含现代垃圾较多，同时有碎砖块、少量瓷片、支具等，以白瓷为主。

总③层：T0304 ②，瓷片堆积层。距地表 0.4 ～ 1.15、厚 0 ～ 0.3 米。内含碎砖块、耐火砖、支具、垫饼、盏形支具、白瓷鸭、瓷球、白瓷碗、瓷足跟、小瓷瓶、黄釉盏、瓷器盖、铜钱、铁灯盏、铁钉。

总④层：T0104 ③、T0204 ③、T0304 ③，灰黄土。距地表 0.5 ～ 0.8、厚 0 ～ 0.45 米。土质较纯、较致密、块状。内含烧土颗粒、少量瓷片、细小石子、沙土。该层包含物较少且较致密，可能属于

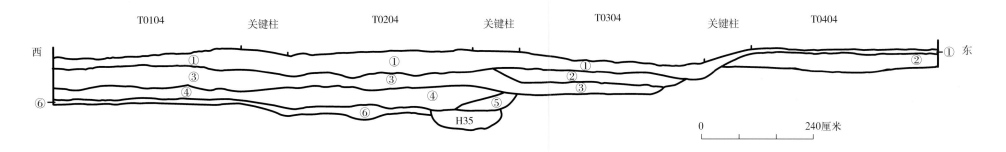

图4-2　T0104～T0404北壁剖面图

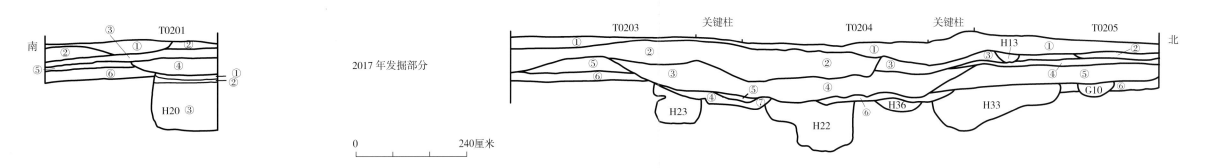

图4-3　T0201～T0205西壁剖面图

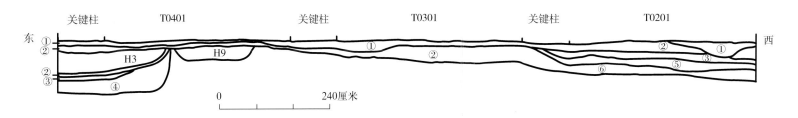

图4-4　T0201～T0401南壁剖面图

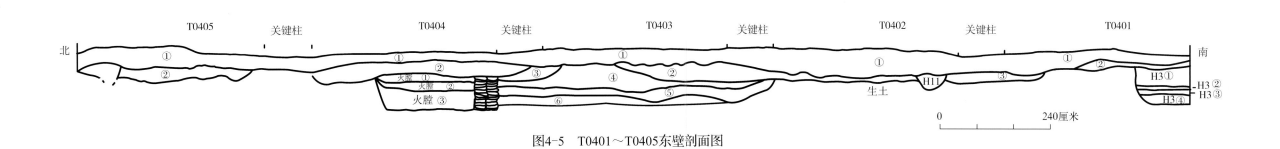

图4-5　T0401～T0405东壁剖面图

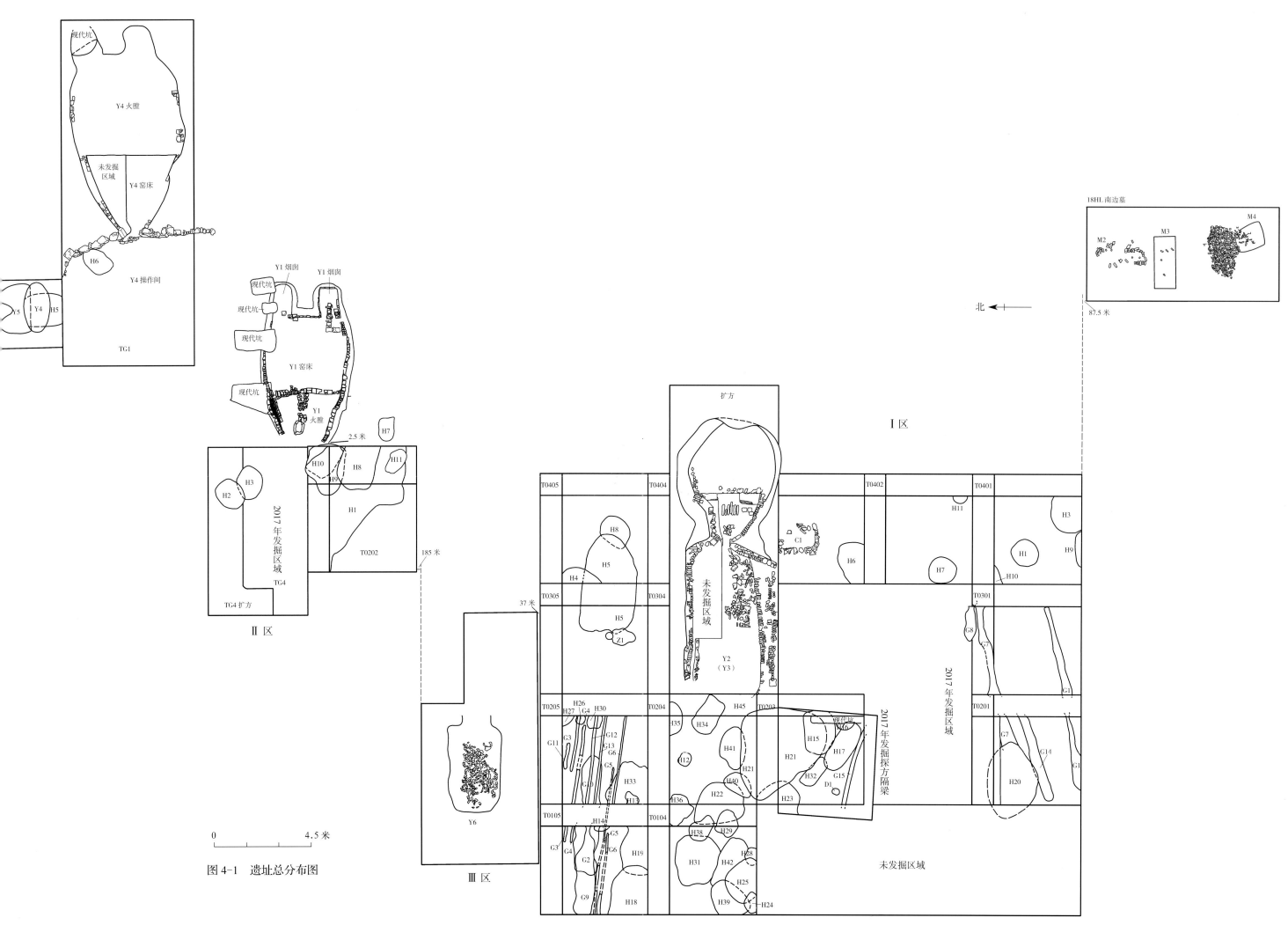

现代坑

Y4 火膛

未发掘
区域

Y4 窑床

H6

Y4 操作间

Y5 Y4 H15

TG1

18HL 南边墓

M2

M3

M4

北

87.5 米

Y1 烟囱 Y1 烟囱

现代坑

现代坑

现代坑

Y1 窑床

现代坑

Y1
火膛

2.5 米

H7

Ⅰ 区

扩方

H10

H8 H11

H3

H9

H2

H1

2017 年发掘区域

H1

185 米

T0202

TG4

TG4 扩方

Ⅱ 区

37 米

T0405 T0404 T0402 T0401

H11

H3

H8

C1

H6

H1 H9

H5

H7

H10

H4

T0305 T0304

T0301

H5

G8

G7

Z1

Y2
（Y3）

2017
年发掘区域

G1

T0205 H26 H30 T0204 H45 T0203

H27 G4

H35 H34

现代坑

H21

H15

G11 G12

H41

H17

T0201

G13 G6

H12

G7

G5 H21 H32

D1 G15

G14

H5 H33

H22 H23

H20 G1

H13

H36

Y6

T0105 T0104

H14

H38 H29

G3 G5

H28

G4 G6 H19

H42

H31

未发掘区域

G2

H25

Ⅲ 区

H9 H18

H39 H24

0 4.5 米

图 4-1 遗址总分布图

未发掘区域

Y6

垫土层。

总⑥层：T0104 ④、T0204 ④，灰黑土，瓷片堆积层。距地表 0.9 ～ 1.25、厚 0 ～ 0.5 米。瓷片堆积比较丰富，内含少量炭粒、砂砾和泥土等。出土遗物主要是石块、窑柱、垫饼、耐火砖、盏形支具、工字形间隔具、小瓷狗、小瓷瓶、青瓷小瓶、黄釉小瓶、围棋子、瓷碗、瓷钵、带字瓷、钧瓷片、铁钉。

彩版 4-1　18 Ⅰ区发掘全景

彩版 4-2　18 Ⅱ区发掘全景

彩版 4-3　18 Ⅲ区发掘全景

表 4-1　烈山窑地层对应表

总	T0105	T0205	T0305	T0405	T0104	T0204	T0304	T0404	T0202	T0203	T0201	T0301	T0401	T0402	T0403	T0404	T0405
①	①	①	①	①	①	①	①	①	①	①	①②	①	①	①	①	①	①
②	②	②															
③			②	②	②	②	②	②		②	②						②
④	③	③			③	③	③				③						
⑤	④	④															
⑥					④	④			③	③	④						
⑦							④	②									
⑧	⑤	⑤	③		⑤	⑤	Y2③	Y2③									
⑨		⑥			⑥	⑥	Y2④	Y2④	④	④							
⑩						⑦											
⑪									⑤	⑤							
⑫									⑥	⑥							
⑬											⑤						
⑭											⑥	②	②	②	②		
⑮												③			③		
⑯															④		
⑰															⑤		
⑱															⑥		

　　总⑦层：T0404②，红烧土层。距地表 0.4～0.45、厚 0.3～0.4 米。土质较松软、块状。分布面积较小，内含大量瓷片和少量窑棒。

　　总⑧层：T0204⑤，灰黄土。距地表 0.85～1.3、厚 0～0.3 米。土质较硬，较致密。内含少量大块窑具、零星瓷片、铁钉、烧土颗粒、少量炭粒。出土遗物可辨器形有瓷碗、窑柱、瓷钵。

　　总⑨层：T0104⑥、T0204⑥，黄褐土。距地表 0.95～1.45、厚 0.1～0.3 米。土质较硬，较致密。内含烧土颗粒、砂粒、盏形支具、少量瓷片、砖块、铁钉。

　　以下为生土。

　　2. T0201～T0205 西壁

　　总①层：T0201①、T0202①（原 TG2）、T0203①、T0204①、T0205①，表土层（图 4-3）。距地表 0.1～0.55、厚 0.1～0.55 米。土质较软、较疏松。包含大量近现代遗物，还有炭屑、炉渣。

　　总②层：T0205②，灰黄土。距地表 0.3～0.6、厚 0～0.15 米。土质较硬、疏松。内含较多瓷片、小石块、窑具。

　　总③层：T0203②、T0204②，瓷片堆积层。距地表 0.25～0.8、厚 0～0.7 米。土质较软、疏松。内含碎砖块、耐火砖、盏形支具、垫饼、瓷器盖、白瓷鸭、瓷球、白瓷碗、瓷足跟、小瓷瓶、黄釉盏、铜钱、铁灯盏、铁钉。

总④层：T0201③、T0204③、T0205③，灰黄土。距地表 0.45～0.6、厚 0.1～0.3 米。土质较软、疏松。内包含少量瓷片、烧土颗粒、细小石子、沙土。

总⑤层：T0205④，灰褐土。距地表 0.45～0.65、厚 0～0.15 米。较致密、较硬、块状。内包含零星小石子、红烧土颗粒烧土、少量瓷片。

总⑥层：T0201④、T0203③、T0204④，灰黄土，瓷片堆积层。距地表 0.45～1.25、厚 0～0.65 米。内含窑柱、石块、垫饼、耐火砖、盏形支具、工字形间隔具、小瓷狗、瓷鸭、青瓷小瓶、黄釉小瓶、围棋子、钧瓷、带字瓷片、褐彩瓷片、瓷碗、瓷钵、铁钉。

总⑧层：T0204⑤、T0205⑤，灰黄土。距地表 0.7～1.25、厚 0～0.5 米。土质较疏松、块状。内含少量大块窑具、零星瓷片、小石块、烧土颗粒。

总⑨层：T0203④、T0204⑥、T0205⑥，黄褐土。距地表 0.7～1.25、厚 0～0.2 米。土质疏松。内含烧土颗粒、砂粒、炭粒、少量瓷片、垫砖块、盏形支具、铁钉。

总⑩层：T0204⑦，黄褐土略偏红。距地表 1.15～1.4、厚 0.1～0.15 米。土质较软、疏松。内含炭条及少量瓷片、瓷钵、瓷盏、钵形支具、铁钉。

总⑪层：T0203⑤，灰花土。距地表 0.7～0.75、厚 0～0.3 米。内含大量烧土颗粒、少量烧土块、瓷片、彩瓷片、瓷塑、围棋子、窑柱、垫饼、耐火砖等。

总⑫层：T0203⑥，灰白土。距地表 1.2～1.3、厚 0～0.15 米。土质较致密。内含少量瓷片、大量砂粒。

总⑬层：T0201⑤，灰黑土。距地表 0.55～0.6、厚 0.08～0.12 米。土质疏松、块状。内含较多炭屑、烧土和少量瓷片。

总⑭层：T0201⑥，灰黄土，瓷片堆积层。距地表 0.75～0.8、厚 0.1～0.25 米。内含少量小石子、大量瓷片、少量陶片、较硬土块，可辨器形有白瓷盏、白瓷碗、瓷钵、白瓷罐、盏形支具、碾轮、瓷炉、喇叭形支具、垫砖、铜钱。

以下为生土。

3. T0201～T0401 南壁

总①层：T0401①、T0301①、T0201①、②层，表土层（图 4-4）。距地表 0.05～0.3、厚 0.05～0.3 米。土质较软、较疏松。包含近现代遗物炭屑、炉渣。

总④层：T0201③，灰黄土。距地表 0.1～0.4、厚 0～0.16 米。土质疏松、块状。内含细小石子、沙土和瓷片。

总⑥层：T0201④，灰黑土，瓷片堆积层。距地表 0.2～0.82、厚 0.28～0.48 米。土质疏松。内含大量瓷片、零星烧土颗粒。出土遗物可辨器形有窑柱、石块、垫饼、耐火砖、盏形支具、工字形间隔具、小瓷狗、小瓷瓶、青瓷小瓶、黄釉小瓶、铁钉、围棋子、钧瓷、带字瓷片、瓷碗、瓷钵。

总⑬层：T0201⑤，灰黄土。距地表 0.1～0.65、厚 0～0.25 米。土质疏松、块状。内含较多炭屑、烧土和少许瓷片。

总⑭层：T0401②、T0301②、T0201⑥，灰黄土，瓷片堆积层。距地表 0.1～0.8、厚 0.05～0.35 米。土质疏松、块状。内含零星小石子、烧土颗粒、大量瓷片、少量陶片、较硬土块。出土遗物可辨器形有白瓷碗、白瓷盏、瓷钵、白瓷器盖、碾轮、瓷炉、白瓷罐、盏形支具、喇叭形支具、垫砖、铜钱。

以下为生土。

4. T0401 ～ T0405 东壁

总①层：T0405 ①、T0404 ①、T0403 ①、T0402 ①、T0401 ①，表土层，灰黑土（图 4-5）。距地表 0.2 ～ 0.4、厚 0.2 ～ 0.4 米。土质较软、疏松。包含近现代杂物，有较多瓷片、石块、窑具。

总③层：T0405 ②，黄褐土，瓷片堆积层。距地表 0.2 ～ 0.4、厚 0.2 ～ 0.4 米。土质较软、疏松。出土遗物可辨器形有砖块、支具、耐火砖、盏形支具、垫饼、瓷盖、白瓷鸭、瓷碗、瓷球、瓷足跟、小瓷瓶、黄釉盏、铜钱、铁灯盏、铁钉。

总⑦层：T0404 ②，红烧土层。距地表 0.45 ～ 0.6、厚 0.25 ～ 0.4 米。土质较软、疏松，红褐色。内含大量瓷片、窑棒、红烧土颗粒。

总⑭层：T0403 ②、T0402 ②、T0401 ②，灰黄土，瓷片堆积层。距地表 0.35 ～ 0.7、厚 0 ～ 0.4 米。土质较软、疏松。内含少量小石子、大量瓷片、少量陶片、较硬土块。出土遗物可辨器形有白瓷碗、白瓷盏、瓷钵、白瓷罐、白瓷器盖、碾轮、瓷炉、盏形支具、喇叭形支具、垫砖、铜钱。

总⑮层：T0403 ③，红烧土层。距地表 0.35 ～ 0.6、厚 0.05 ～ 0.3 米。土质较硬、较致密、块状。内含烧土颗粒、炭屑块状颗粒、石子、少量瓷片、窑具、陶片。

总⑯层：T0403 ④，红褐土。距地表 0.45 ～ 0.9、厚 0.08 ～ 0.5 米。土质较硬、疏松、块状。内包含大量烧土颗粒、炭屑块状颗粒、石子、少量瓷片。

总⑰层：T0403 ⑤，黄褐土。距地表 0.7 ～ 1.15、厚 0.1 ～ 0.3 米。土质较硬、疏松、块状。内含红烧土颗粒、炭屑颗粒、少量瓷片、青瓷双系罐。

总⑱层：T0403 ⑥，黄土层。距地表 0.7 ～ 1.15、厚 0.1 ～ 0.3 米。土质较硬、致密。内含极少瓷片。

以下为生土。

5. T0201 ～ T0203 西壁

总①层：T0201 ①、T0202 ①、T0203 ①，表土层，灰黑土（图 4-6）。距地表 0.08 ～ 0.32、厚 0.08 ～ 0.32 米。土质较软、疏松。内含近现代杂物，有较多瓷片、石块、窑具。

总④层：T0201 ③、T0202 ②、T0203 ②，灰黄土。距地表 0.25 ～ 0.75、厚 0.1 ～ 0.5 米。土质疏松、较软。内含大量瓷片、耐火砖、垫饼和少量石块。

总⑥层：T0201 ④、T0202 ③，灰黄土，瓷片堆积层。距地表 0.5 ～ 1.1、厚 0.15 ～ 0.6 米。土质较软、疏松。内含大量瓷片、零星烧土颗粒，夹杂大量红烧土、炭粒、炭块，伴出大量窑具。瓷器可辨器形有白瓷碗、白瓷盏、白瓷盘、白瓷水盂、青瓷壶、青瓷罐、青瓷行炉等。

总⑨层：T0202 ④、T0203 ④，黄褐色土。距地表 1.1 ～ 1.3、厚 0 ～ 0.15 米。土质疏松。内含砂粒、少量小瓷片、烧土粒、炭粒。

总⑪层：T0203 ⑤，灰花色土。距地表 0.7 ～ 0.8、厚 0 ～ 0.33 米。土质较致密。内含大量烧土粒、少量烧土块、瓷片、窑柱、垫饼、耐火砖、铜钱等。

总⑫层：T0203 ⑥，灰白色土。距地表 0.75 ～ 0.98、厚 0 ～ 0.2 米。土质较致密。内含少量瓷片、大量砂粒。

总⑬层：T0201 ⑤，灰黄土。距地表 0.55 ～ 0.6、厚 0.1 ～ 0.15 米。土质疏松、较硬、块状。内含较多炭屑、烧土、少许瓷片。

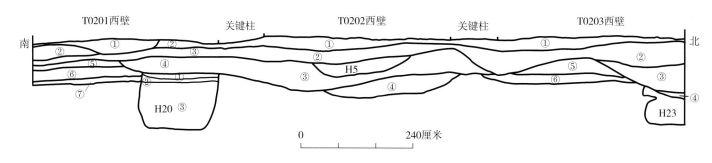

图4-6 T0201～T0203西壁剖面图

总⑭层：T0201⑥，灰黄土。距地表0.75～0.8、厚0.15～0.25米。土质疏松、较硬、块状。内含零星小石子、烧土颗粒、瓷片。

以下为生土。

（二）Ⅱ区地层堆积

Ⅱ区所在位置更靠近烈山。Ⅱ区发掘范围是在2017年17ⅡTG4的两侧布设探方和探沟。在靠近17ⅡY1和17ⅡTG4北部布东西向探沟1条，编号18ⅡTG1。清理窑炉2座和灰坑3个。地层较薄。原丰收路正好通过窑炉位置，地层破坏严重，基本是清理完表土即暴露出遗迹和生土。在17ⅡTG4南侧布设4个探方，编号是ⅡT0101、ⅡT0102、ⅡT0201和ⅡT0202。清理表土后发现，ⅡT0101、ⅡT0102、ⅡT0201三个探方的①层下即是生土，并且也没有文化遗迹，在此不做叙述。ⅡT0202位置正好位于17ⅡY1西边，南半部同样是①层下即生土，但北半部遗迹丰富，且保存较好。同时扩方了原17ⅡTG4清理两侧的地层，并将扩方区改为18ⅡTG4扩。Ⅱ区的遗迹分布特点是东部靠近山体为窑炉分布区，在17ⅡY1西部是灰坑和瓷片堆积区，并且部分瓷片堆积直接压在Y1的操作间。

下面以ⅡT0202东壁和18ⅡTG4扩介绍Ⅱ区地层堆积。

1. 18ⅡTG4扩南壁

18ⅡTG4扩南壁与T0202北壁是同一隔梁的两壁（图4-7）。

第①层：灰黑花土，垫土层。距地表0.44～1.52、厚0.44～1.52米。土质疏松、块状。该土层是修建原丰收路路基时的垫土层，地层东薄西厚。包含物比较丰富，有近现代杂物、砖瓦片、柏油路基、小石子、缸、盆等，有少量支钉、白瓷碗等瓷片、红陶枕、瓷件、腰形垫饼等。

第②层：灰黄色褐土。距地表1.08～1.14、厚0～0.73米。土质疏松、块状。含有红烧土、较多缸、罐等瓷片。出土遗物可辨器形有垫饼、红陶垫圈、喇叭形支具、支托、枕片。

第③层：黑红土。距地表1.1～1.32、厚0～0.26米。土质疏松、块状。西部含瓷片较少，东部含瓷片较多，有缸、罐、支具、垫饼等。

第④层：该壁无此层。

第⑤层：黄褐色土。距地表1.24～1.5、厚0～0.4米。土质疏松、块状。含有红烧土颗粒、炭屑、树根、较多瓷片。出土遗物可辨器形有石块、铜钱、垫饼（腰形垫饼为主）、垫砖、瓷器，瓷器有碗、罐、盏、盆、枕、壶，釉色以白瓷居多，青、酱釉瓷次之。也有少量红陶器。

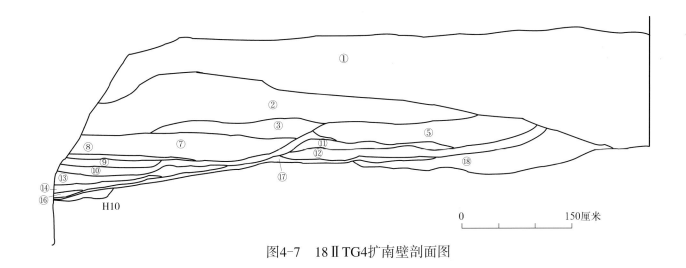

图4-7　18ⅡTG4扩南壁剖面图

第⑥层：该壁无此层。

第⑦层：灰黄色土。距地表1.32～1.62、厚0～0.36米。土质致密、较黏。分布不均匀，在探沟东西两侧，其中西部分在探沟西壁上。内含较多炭屑与少量铜矿渣、大量瓷片，可辨器形有垫饼、垫砖、瓷盘和瓷碗。

第⑧层：灰黄土。距地表1.4～1.62、厚0～0.08米。土质致密、较黏。包含较多炭屑、烧土颗粒、草木灰、少量瓷片。

第⑨层：灰黄土。距地表1.5～1.68、厚0～0.1米。土质疏松、较软。内含黑色颗粒，红烧土颗粒较多，西部较纯净。含较多瓷片、红陶片、垫砖、窑柱、垫饼、匣钵，含炭屑颗粒、红烧土颗粒、植物根茎，瓷器釉色有白、黄、青、黑，可辨器形以碗居多，罐、盆、枕、试火棒，碗底有饼底、圈足。

第⑩层：灰黄土。距地表1.34～1.72、厚0～0.12米。土质较疏松、较软。含细沙、炭屑、红烧土颗粒、植物根茎、瓷片，局部有灰白色瓷泥，厚约0～9厘米，发现黑釉枕片，有窑柱、垫饼、垫砖，瓷器釉色有白、黄、黑、青、黄绿、白釉绿彩，可辨器形有碗、罐，发现黄绿釉印花砖1块。

第⑪层：灰黄土。距地表1.44～1.48、厚0～0.12米。土质较疏松、较软。含粗砂粒、较多炭屑、树根、红烧土颗粒、少量瓷片、窑柱、匣钵、垫砖、垫饼，瓷器釉色有白、黑、青、黄绿，可辨器形有碗、罐、枕、水盂，发现黄绿釉印花砖残块，以白瓷碗居多。

第⑫层：黄褐色土。距地表1.44～1.48、厚0.08～0.16米。土质疏松且软。含细沙、炭屑、红烧土颗粒、瓷片，还有瓷泥、瓷石，瓷器釉色有白、黑、青灰、青绿、黄绿、黄，可辨器形有碗、罐、枕、支钉、托珠，以白瓷碗残片居多，同时还有少量陶片，较多托珠带有灰釉。

第⑬层：红褐色土。距地表1.66～1.8、厚0～0.14米。土质疏松、较硬。含大量红烧土、少量炭屑、细沙、少量瓷片、窑具、素烧瓷片。

第⑭层：灰黄土层。距地表1.72～1.84、厚0～0.1米。土色偏黄，分布于探沟东侧，土质疏松、较软。土中夹杂烧土颗粒、碎石子、少量瓷片、窑具、素烧瓷片。

第⑮层：该壁无此层。

第⑯层：灰黄黑土。距地表1.8～1.9、厚0～0.07米。分布于探沟东侧，土质致密、较软。包含小烧土颗粒、小石子、炭屑、瓷泥、少量瓷片、窑具等。

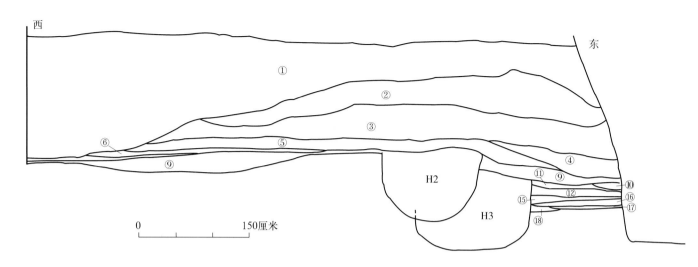

图4-8　18ⅡTG4扩北壁剖面图

第⑰层：黑黄色碳层。距地表1.8～1.9、厚0～0.09米。分布于探沟东侧，土质致密、较软。包含较多炭屑、少量瓷片和瓷泥。

第⑱层：灰黄土。距地表1.54～1.88、厚0～0.5米。分布于探沟西侧，土质致密、较软。内夹杂有少许瓷泥、零星极小块的烧土颗粒、细砂粒、少许炭屑。

以下为生土。

2. 18ⅡTG4扩北壁和西壁

下面以18ⅡTG4扩北壁和西壁为主介绍（图4-8、9）。

第①层：灰黑花土，为垫土层。距地表0.36～1.62、厚0.36～1.62米。土质疏松、块状。该土层与南壁一样为垫土层，地层东薄西厚，包含物比较丰富，有近现代杂物、砖瓦片、柏油路基、小石子、缸、盆等残件较多，有少量支钉、白瓷碗等瓷片、腰形垫饼等。

第②层：灰黄褐色土。距地表0.36～1.62、厚0.36～1.62米。土质疏松、块状、较软。含有红烧土、瓷片等，出土大量匣钵片、三叉支钉、垫饼、罐等。

第③层：黑红土。距地表1.24～1.5、厚0.16～0.48米。土质疏松、较软。西部含瓷片较少，东部含瓷片较多，可辨器形有匣钵、罐、碗、支具、垫饼、枕片等。

第④层：黄褐色土。距地表1.3～1.74、厚0.16～0.3米。土质疏松。含少量红烧土颗粒、炭屑、少量瓷片、砖块、石块，瓷器以碗为主，还有三叉支具、腰形垫饼等。

第⑤层：黄褐色土。距地表1.38～1.62、厚0.12～0.24米。土质疏松、较软。含有红烧土颗粒、树根、较多瓷片、支钉、垫饼、铜钱，

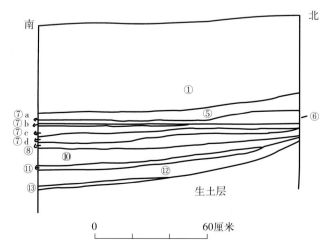

图4-9　18ⅠTG4扩方TG4西壁剖面图

瓷器有碗、罐、盏、盆、枕、壶、石块，釉色以白瓷居多，另有青瓷、酱釉瓷等。

第⑥层：灰黑色，分布在西部，土质较硬，含白色瓷泥、细小砂砾、炭屑、细小植物根系、少量瓷器碎片，颜色以白瓷为主，器形有碗、垫饼、红陶器等。

第⑦层：灰黄土。在西壁分布。又可以细分为 4 小层。

第⑦ a 层：厚约 2 厘米，黄色泛白，含细砂、炭屑。

第⑦ b 层：厚 1 厘米，灰色泛白，含炭屑。

第⑦ c 层：厚 2 ～ 6 厘米，黄色泛红，含红烧土颗粒，瓷器残片，炭屑粗沙粒，瓷器以白色为主，少量白釉绿彩瓷，可辨器形以碗为主。

第⑦ d 层：厚 3 ～ 6 厘米，黄色泛红，含细砂，较纯净，底部分布有少量支钉。

第⑧层：灰黄土。距地表 1.58 ～ 1.62、厚 0 ～ 0.08 米。分布在探方西侧，含大量炭屑及植物根系、红烧土颗粒、少量瓷片，以白瓷碗为主，少量缸胎瓷器。

第⑨层：灰黄土。距地表 1.42 ～ 1.84、厚 0.05 ～ 0.28 米。土质疏松、较软，较纯净。含大量瓷片、红陶片、垫砖、窑柱、垫饼、匣钵，瓷器釉色有白、黄、青、黑，可辨器形以碗居多，还有罐、盆、枕、试火棒。

第⑩层：黄褐色土，含细砂。距地表 1.82 ～ 1.9、厚 0 ～ 0.1 米。包含物有炭屑、红烧土颗粒、植物根系、瓷片，局部有灰白色瓷泥，厚 0 ～ 9 厘米。窑具有窑棒、垫饼、垫砖，瓷器有碗、罐、枕片、擂钵、印花砖，以白瓷碗居多，釉色有白、黄、黑、青、黄绿釉等。

第⑪层：黄褐色土。距地表 1.83 ～ 1.94、厚 0.04 ～ 0.1 米。土质疏松、较软。内含较多粗砂砾、较多炭屑及红烧土颗粒、碳化植物根系、少量瓷片。窑具有窑柱、匣钵、垫砖，瓷器有碗、罐、枕、水盂、黄绿釉印花残砖等，釉色有白、黑、青、黄绿、黄釉等。

第⑫层：黄褐色土。距地表 1.83 ～ 1.94、厚 0.04 ～ 0.1 米。土质疏松。含细砂、炭屑、红烧土颗粒、白色细砂粒和瓷片，较多圆形小托珠带青灰釉。器形有碗、枕、罐、围棋子，以白瓷碗居多，釉色有白、黑、青灰、青绿、黄绿、黄釉等。还有少量罐口沿陶片。

第⑬层：红褐色土，在西壁。距地表 1.6 ～ 1.72、厚 0.04 ～ 0.1 米。土质疏松。含较多红烧土、少量炭屑细砂，出土极少瓷片。

第⑭层：该壁无此层。

第⑮层：灰黄土，分布在东部。距地表 2.02 ～ 2.14、厚 0.05 ～ 0.12 米。土质致密。含较多烧土颗粒、炭屑、砂粒、耐火砖、少量瓷片，可辨器形有碗、罐和匣钵，釉色有白、青、黄釉。

第⑯层：灰黄土。距地表 2.1 ～ 2.16、厚 0.04 ～ 0.1 米。土质致密。含少量细小烧土颗粒、小石子、瓷泥、炭屑、细砂、耐火砖。可辨器形有碗、罐。

第⑰层：黑黄色碳层。距地表 2.14 ～ 2.15、厚 0 ～ 0.06 米。土质致密。有大量炭屑、少量瓷片、细小石子。

第⑱层：灰黄土。距地表 2.14 ～ 2.23、厚 0.04 ～ 0.1 米。土质致密、较黏。夹杂少量炭屑、较多瓷片。

以下为生土。

二　窑炉

2017 年发掘窑炉 1 座，编号 17ⅡY1，2018 年发现的窑炉是延续 17ⅡY1 顺序开始编号。

1. 18ⅠY2

2 号窑，编号 18ⅠY2。位于Ⅰ区东北部（图 4-10；彩版 4-4）。18ⅠY2 与 18ⅠY3 编号问题需要说明一下，这体现了发掘过程对遗迹认知不断调整和清晰的过程。清理过程中在 T0304 内最先暴露出大量瓦片和窑柱，随后操作间的北壁开始暴露出来，便编号 18ⅠY2（实际属于 18ⅠY3 操作间的北壁），接着 18ⅠY2 操作间的南壁暴露出来，当时 18ⅠY3 的南壁压在 T0303 的北隔梁内，尚未意识到是 2 座窑炉。把 18ⅠY2 操作间南壁和实际是 18ⅠY3 操作间的北壁作为一个窑炉单位。随着 T0303 北隔梁被提前打掉后，18ⅠY3 操作间的南壁暴露出来，才认识到属于 2 座重合的窑。但编号 18ⅠY2 已经先存在了，随即把相对较晚的窑编号为 18ⅠY3。即 18ⅠY3 是在 18ⅠY2 的基础上扩建的。

18ⅠY2 由操作间、火门、火膛、窑床组成，全长 12.9 米，烟囱被现代建筑破坏。

窑床　破坏比较严重，呈半圆形，方向 98°。最长 3.4、宽 4.22 米，窑壁被近现代建筑破坏，窑床表面铺有耐火砂（彩版 4-5）。

火膛　呈半椭圆形，挡火墙外宽 3.3、内宽 2.6 米，挡火墙至火门长 2.1 米。用窑柱和耐火砖砌筑而成，且窑算仍保留有几根窑柱。迎火墙处两侧还增筑了两个护墙垛，作用可能是便于收拢火势，提高窑温。堆积层较厚，主要是红烧土、草木灰、窑柱和耐火材料等，大致可以分为 3 层（图 4-11；

彩版 4-4　18ⅠY2、Y3

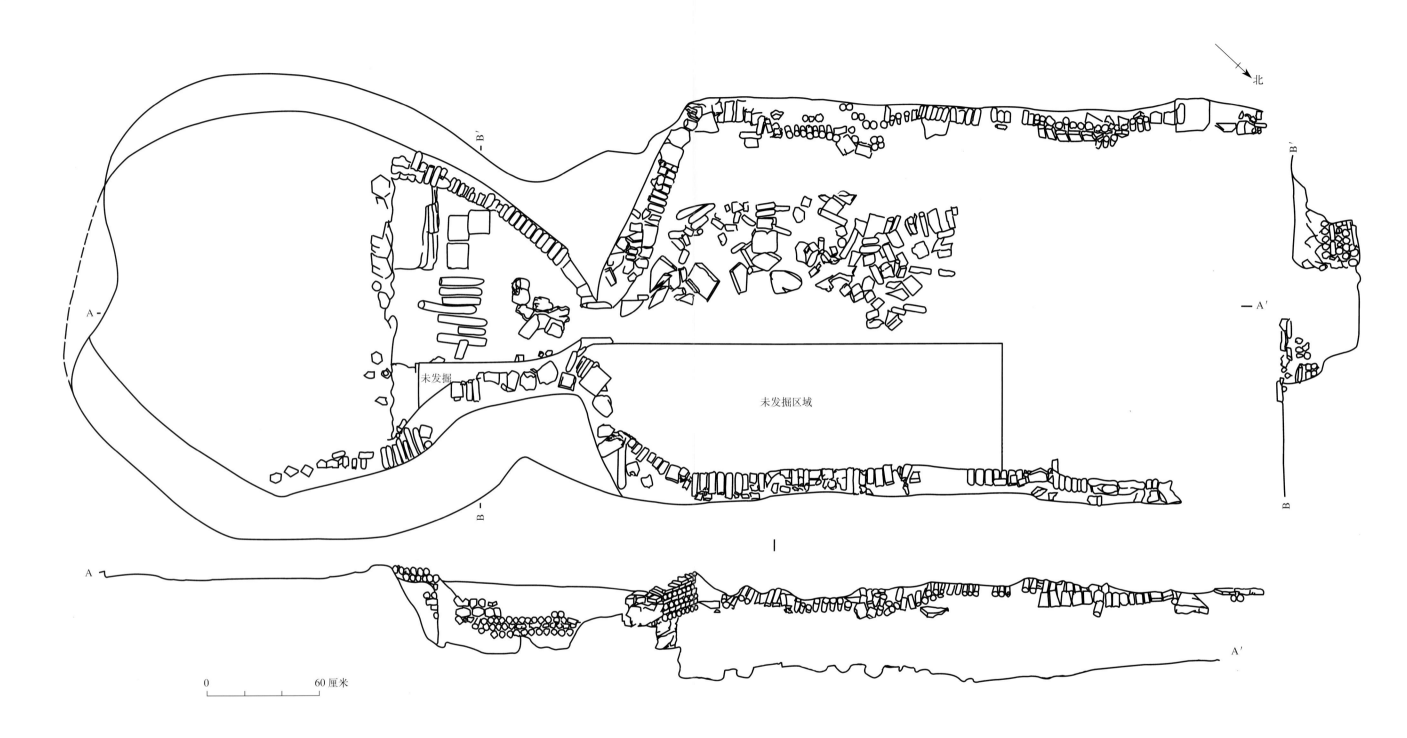

未发掘

未发掘区域

0   60 厘米

图 4-13   18ⅠY3 平、剖面图

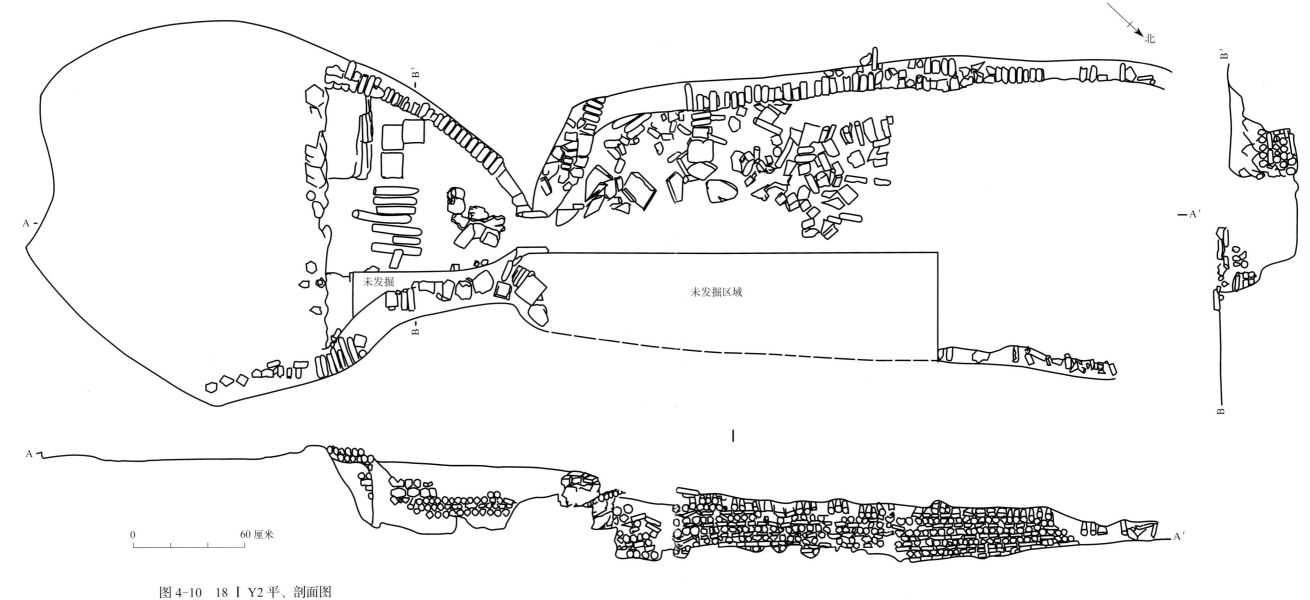

图 4-10　18 I Y2 平、剖面图

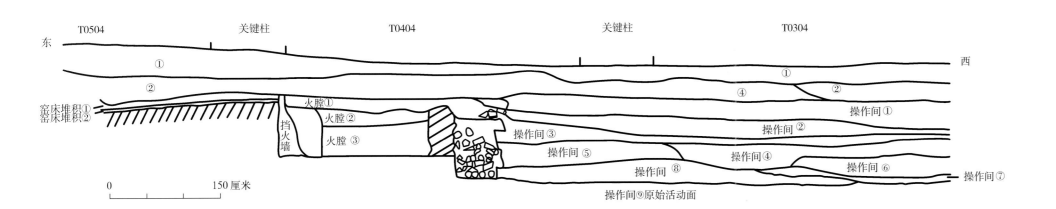

图 4-11　18 I Y2 南壁剖面图

图 4-12　18 I Y2 火门口剖面图

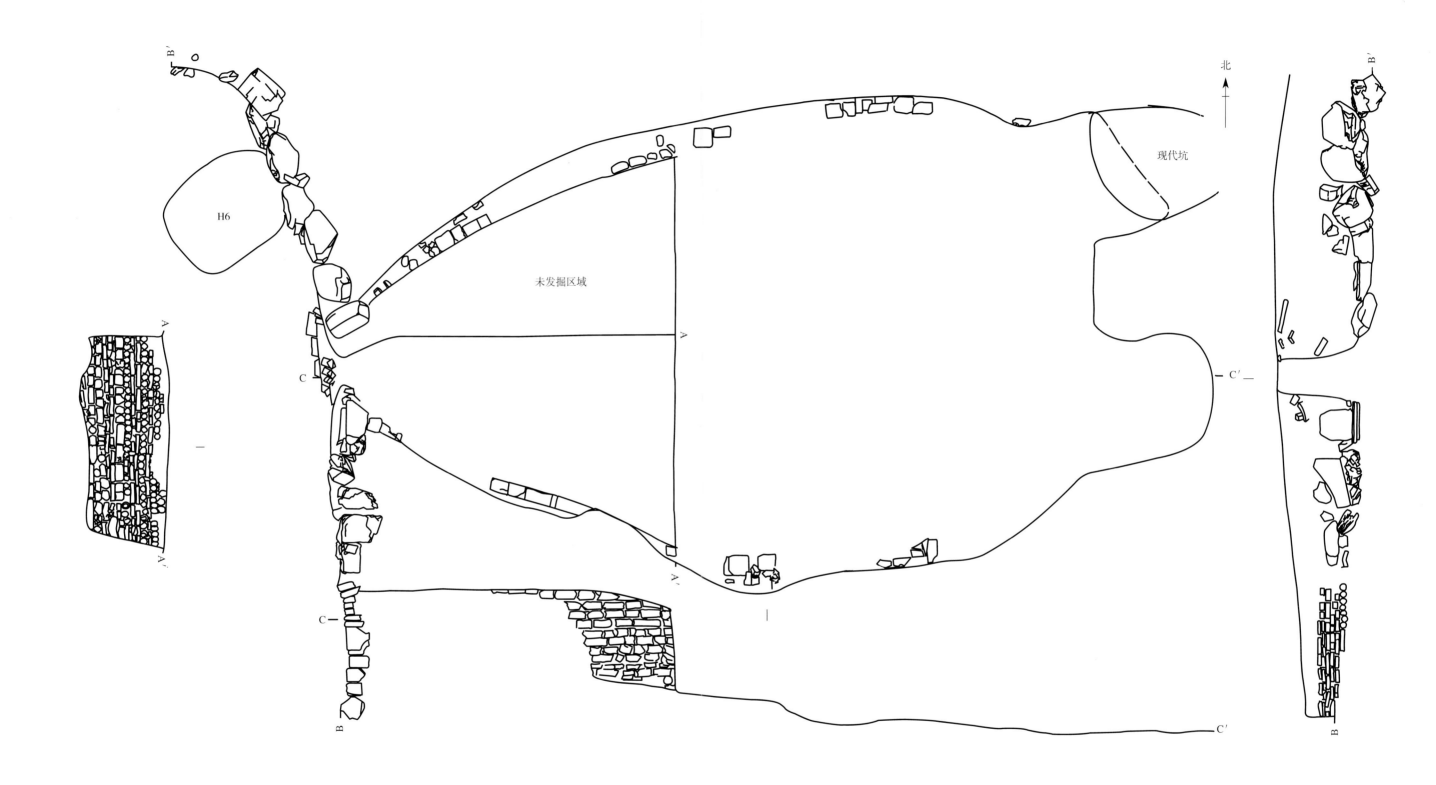

北

现代坑

未发掘区域

H6

0   60 厘米

图 4-15   18 Ⅱ Y4 平、剖面图

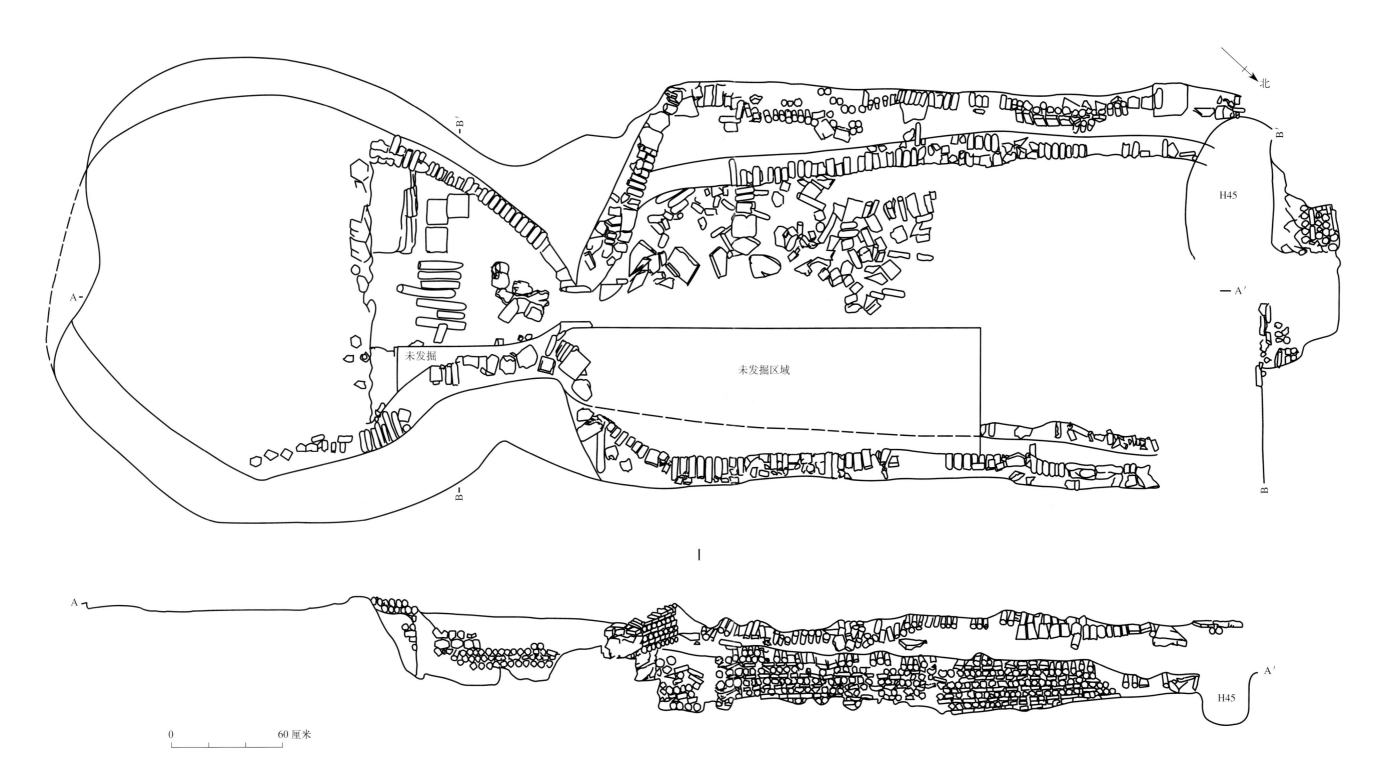

北

H45

未发掘

未发掘区域

H45

0   60 厘米

图 4-14　18Ⅰ Y2、Y3 平、剖面图

彩版 4-5　18ⅠY2、Y3 窑床（镜向西）

彩版 4-6）。

第①层：红烧土。土质较硬、疏松。内含红烧土颗粒、耐火砖、窑棒、瓷片。

第②层：灰红土。土质疏松。夹杂红烧土块，内含炭粒、白石灰、石块、耐火砖、窑棒、瓷片。

第③层：红烧土。土质较软，疏松。夹杂草木白灰，内含炭粒、窑棒、石块、耐火砖。

火门呈长方形，两侧用竖砖砌筑。长 0.4、宽 0.32 米。堆积层较厚，层位明显，可以分为 9 层。主要是烧柴留下的灰烬（图 4-12；彩版 4-7）。

第①层：灰黄土。厚 0～0.07 米。夹杂有大量炭屑。

第②层：草木灰。厚 0～0.07 米。草木灰比较纯，夹杂少量炭屑。

第③层：灰黄土。厚 0～0.01 米。含少量红烧土颗粒。

第④层：炭屑。厚 0～0.02 米。含大量炭屑。

第⑤层：浅灰黄土。厚 0～0.09 米。含大量细腻烧土和少量炭屑。

第⑥层：红烧土。厚 0～0.06 米。含大量红烧土。

第⑦层：灰白土。厚 0.01～0.04 米。含大量灰白草木灰。

第⑧层：黄土。厚 0.02～0.03 米。较纯净。

第⑨层：灰土。厚 0.04～0.06 米。含大量草木灰和少量炭屑。

以下层位是红烧土层，与操作间的第⑤层相连。

操作间　呈长方形，南北两壁用废弃窑柱砌筑墙体。长 6.1、宽 3.6、深 0.7 米。操作间内堆积层较厚，主要是红烧土、窑柱、耐火砖和瓷片等（见图 4-11；彩版 4-8、9）。分为 9 层。

第①层：灰黑土。厚 0.25～0.45 米。夹杂有大量的窑柱和瓦片、少量瓷片。该层可能是操作间

彩版 4-6　18ⅠY2、Y3 火膛（镜向东）

倒塌的堆积，大量瓦片说明操作间是有简单的顶棚设施，且顶棚铺瓦。

第②层：灰土。厚 0～0.3 米。含有瓦片和少量窑柱，并有一些瓷片。可辨器形有碗、罐等。夹杂少量红烧土颗粒。

第③层：灰黄土。厚 0.1～0.25 米。包含有窑柱、瓦片、耐火砖以及瓷片，可辨器形有碗、盘、罐等。釉色有白瓷、青瓷、酱釉瓷等。

第④层：灰褐土。厚 0～0.25 米。包含有大量瓷片、少量窑棒和红烧土颗粒，可辨器形有碗、钵、支具、围棋子等，釉色有白瓷、青瓷等。

第⑤层：红烧土。厚 0～0.35 米。包含有大量红烧土，可辨器形有窑柱、碗、钵等，以白瓷为主。

第⑥层：灰黑土。厚 0.1～0.35 米。包含有许多瓷片，可辨器形有碗、盘等，以白瓷为主，少量白釉褐彩瓷。

第⑦层：灰黑土。厚 0～0.1 米。含少量红烧土和炭屑，出土少量瓷片，可辨器形有碗，以白瓷为主。

第⑧层：窑具堆积。厚 0.05～

彩版 4-7　18ⅠY2、Y3 火门（镜向东）

彩版 4-8　18ⅠY2 操作间南壁（镜向东）

彩版 4-9　18ⅠY2、Y3 操作间南壁（镜向南）

0.3 米。含少量红烧土，出土大量窑柱、耐火砖等，还有少量大石块，并出土一些瓷器，可辨器形有碗、窑具等，以白瓷为主，有少量白釉褐彩瓷。

第⑨层：灰黄土。为操作间的活动面，仅清理操作间的西半部，未出遗物。

以下为生土。

2. 18ⅠY3

3号窑炉，编号18ⅠY3。位于Ⅰ区东北部（图4-13）。18ⅠY3是在原18ⅠY2外围基础上扩建而成，18ⅠY3叠压在18ⅠY2之上，则18ⅠY2时代要早于18ⅠY3。即18ⅠY3是在18ⅠY2的现有基本形态上改造再利用，在空间上大部分结构是重合的（图4-14；彩版4-10、11）。改造最大的部位是操作间和火膛两处。操作间在18ⅠY2没有进一步清理至底部的基础之上修造的，在东壁外围用窑柱等建材扩建。火膛同样未做清理就在外轮廓用窑柱修建一周耐火墙。18ⅠY3的烟囱被破坏。

18ⅠY3全长也是12.9米，窑床是在18ⅠY2基础上扩建的，变大了一些，最宽是4.94、最长3.5米。火膛也变宽了不少，挡火墙宽4.6米，火门至挡火墙长2.1米。在火膛东北角砌筑了一个长约0.94、宽0.5米的垛，一是稳固挡火墙，二是起到控制火势的效果。火门变化较大的是外轮廓，应该是把窑门加宽所致。火门内径大小基本无变化，和18ⅠY2一样。操作间东西两侧均向外加宽了。大致呈人字不出头的"介"形，东西长4.3、南北残宽7.2米。

以下为生土。

彩版4-10　18ⅡY2、Y3操作间（镜向东）

彩版 4-11　18 Ⅱ Y2、Y3（镜向东）

3. 18 Ⅱ Y4

4 号窑炉，编号 18 Ⅱ Y4。位于 Ⅱ 区东北部，直接压在现代路基下面（图 4-15；彩版 4-12 ～ 14）。18 Ⅱ Y4 是这几座窑炉中窑体最大的窑炉，单纯窑室面积就近 24 平方米。保存较好，窑整体长 11.4 米，由操作间、火门、火膛、窑床构成，烟囱被破坏。

窑床　破坏比较严重，呈长半圆形，方向 94°。最长 4.5、最宽 5.3 米。两侧局部保留了几层窑墙，由耐火砖砌筑，残高 0.1 ～ 0.15 米。窑床表面铺了多层耐火砂，推测窑炉使用率比较高（彩版 4-15）。

烟道　破坏比较严重，双烟道，呈长方形，一道仅存底部形状，一道被现代堆积破坏，烟道宽 1.3、长 1.4 米。两道烟道间距 1.1 米。

火膛　清理一半，保留另一半。平面呈圆弧三角形，范围较大。长 3.7、宽 4.44 米，约 10 平方米，内堆满红烧土、耐火砖和耐火砂。火膛底局部是一层青灰色遗迹，是草木灰遗留下来的痕迹，同时也存在红烧土烧结痕迹（彩版 4-16）。火膛内废弃堆积可分 4 层（图 4-16；彩版 4-17）。

第①层：红烧土夹杂灰黄土。厚 0.05 ～ 0.2 米。包含大量瓷片。

第②层：红烧土夹杂零星砖块。厚 0.2 ～ 0.4 米。包含少量瓷片以及砖块。

第③层：红烧土夹杂灰黑土。厚 0.1 ～ 0.3 米。包含少量瓷片。

第④层：红烧土夹杂大量砖块、窑柱，耐火砖。厚 0.2 ～ 0.4 米。火膛底部是一层草木灰。迎火墙保存完好，由窑砖和窑柱砌筑而成，呈三顺一丁式砌筑。

火门　位于火膛及操作间之间，东西向，呈长方形，由两块石头砌成，长 0.6、宽 0.5 米。堆积有较厚的红烧土。

操作间　呈开放式的空间。宽 7、长 1.7 米。在火门两侧形成一排挡墙，前面场地略凹形成一定

彩版 4-12　18ⅡY4

彩版 4-13　18ⅡY4（镜向西）

彩版 4-14　18ⅡY4（镜向东）

彩版 4-15　18ⅡY4 烟道和窑床（镜向西）

彩版 4-16　18ⅡY4 火门和火膛（镜向东）

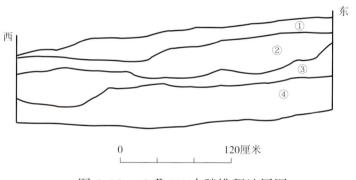

图 4-16　18Ⅱ Y4 火膛堆积地层图

的活动空间。挡墙由窑柱、窑砖和石头砌筑而成（彩版 4-18、19）。共分为 5 层（图 4-17）。

　　第①层：红烧土。厚 0.15～0.2 米。夹杂灰黄土，包含大量瓷片、石块。出土遗物有支钉、垫饼。

　　第②层：红烧土。厚 0.2～0.4 米。包含少量瓷片、垫砖块、窑柱、匣钵片、大量大石块。出土遗物有围棋子、黄釉鸟食罐。

　　第③层：红烧土。厚 0.15～0.2 米。夹杂灰黑土，包含少量瓷片及石块。出土遗物有白瓷碗、垫饼、钵形支具、支托。

　　第④层：红烧土。厚 0.05～0.2 米。夹杂大量垫砖块、窑柱、匣钵片以及少量瓷片。

　　第⑤层：黑土。厚 0.1～0.15 米。夹杂大量瓷片、瓷泥。

　　4. 18Ⅱ Y5

　　5 号窑，编号 18Ⅱ Y5。是规模最小的一座，位于 18Ⅱ TG1 北侧中部，18Ⅱ Y4 操作间的西南部

彩版 4-17　18ⅡY4 火膛废弃堆积（镜向西）

彩版 4-18　18ⅡY4 操作间前堆积

（图 4-18；彩版 4-20、21）。

前部火膛和操作间被灰坑破坏，部分窑室和烟道仅存一个烧结的平面。平面形状呈 M 形，南北长 1.48、东西宽 2.2 米。烧结厚度达 0.1 米。推测可能是烧釉灰的窑炉。

彩版 4-19　18ⅡY4 操作间两侧挡墙（镜向南）

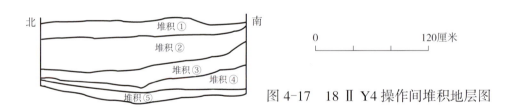

图 4-17　18 Ⅱ Y4 操作间堆积地层图

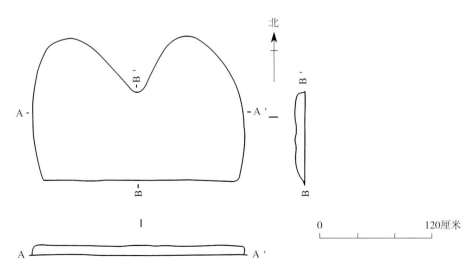

图 4-18　18 Ⅱ Y5 平、剖面图

彩版 4-20　18 Ⅱ Y5 正面（镜向北）

彩版 4-21　18 Ⅱ Y5 侧面（镜向西）

5. 18 Ⅲ Y6

6 号窑，编号 18 Ⅲ Y6。位于Ⅲ区内，遭到一定程度的破坏（图 4-19；彩版 4-22）。

结构比较简单，平面为长方形，由火门和窑室组成。全长 4.2 米，火门宽 1.3、长 0.4、深 0 ～ 0.24 米，窑室长 3.92、宽 2.0 ～ 2.44、深 0.6 ～ 0.8 米。窑室内保留有三层瓦片，主要是布纹瓦、大量砖块，以素面为主，少量砖有太阳放射线纹。推测是东汉时期一座烧制瓦作建筑构件的窑炉。

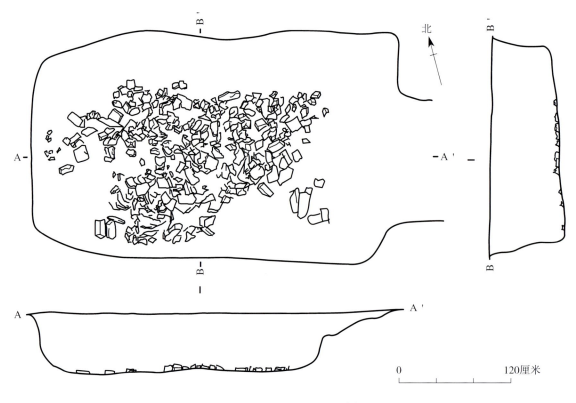

图 4-19　18 Ⅲ Y6 平、剖面图

彩版 4-22　18 Ⅲ Y6 内瓦片堆积（镜向西）

三 灰坑

在Ⅰ区发掘过程中清理出许多灰坑，主要集中在窑炉的西部和西南部，大小不一，深浅不同（彩版4-23）。有的坑是和制瓷作坊相关，有的灰坑是瓷器堆积坑。

彩版4-23 18ⅠT0204内灰坑（镜向南）

1. 18ⅠH1

位于T0401中间偏西北。开口于①层下，打破②层、生土（图4-20）。平面呈圆形。距地表0.97米，坑口长径1.24、短径1.2米，坑底长径1.02、短径0.98、深0.36～0.44米。坑壁陡直，较粗糙，坑底明显。坑内为灰黑色土，土质较疏松。包含有纸杯、钢笔、瓷片、铁丝、烧土颗粒、炭屑。出土小件有白瓷盏1件、白瓷钵1件、茶叶末釉碗1件、盏形支具3件、支钉6件、铁锥1件。为近现代垃圾坑。

2. 18ⅠH3

位于T0401东南角，在18ⅠH1的东南角，部分压在隔梁下。开口于②层下，打破生土（图4-21；彩版4-24）。平面呈圆形。距地表1～1.05米，坑口长径1.48、短径1.32米，坑底长径1.32、短径1.0、深0.6～0.68米。坑壁陡直，较粗糙，坑底明显。坑内包含大量废弃瓷器和瓷片，为瓷片堆积坑。坑内堆积分4层。

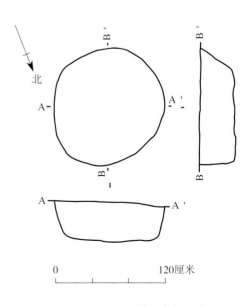

图4-20 18ⅠH1平、剖面图

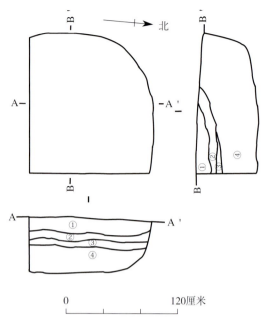

图 4-21   18ⅠH3 平、剖面图   彩版 4-24   18ⅠH3（镜向南）

第①层：黏土。距地表 0.65～0.7、厚 0.35～0.45 米。结构疏松，质地软，土色灰黄。有零星烧土颗粒、瓷片、窑具、炭屑，分布于整个灰坑内。

第②层：黏土。距地表 0.7～0.75、厚 0.06～0.12 米。结构疏松，质地软，土色灰黑。有烧土颗粒、草木灰、瓷片，分布于整个灰坑内。

第③层：黏土。距地表 0.8～0.85、厚 0.07～0.1 米。结构疏松，质地软，土色浅灰黑。有烧土、炭屑、瓷片、窑具，分布于大半个灰坑。

第④层：黏土。距地表 0.95～1.05、厚 0.1～0.2 米。结构疏松，质地软，土色灰黄。有烧土粉末、炭屑、瓷片，分布于整个灰坑内。

出土遗物以支具为主，白瓷次之，有少量黄釉，另有极少量青瓷、绿釉、青黄釉、带黑彩、褐彩、带文字的器物，器形主要有碗、盏、盘、钵、罐等，有白瓷碗 6 件、带字白瓷碗 2 件、白瓷盏 6 件、白釉黑彩碗 2 件、白釉褐彩碗 1 件、白釉黑彩盏 1 件、白瓷钵 1 件、白瓷罐 1 件、青瓷盏 1 件、青黄釉盘 1 件、黄釉碗 4 件、黄釉盏 1 件、黄釉双系罐 1 件、绿釉碗 2 件、绿釉盏 1 件、盏形支具 15 件、钵形支具 6 件。

3. 18ⅠH4

位于 T0405 西北角、18ⅠH5 西部。开口于①层下，打破③层、18ⅠH5（图 4-22）。平面为半椭圆形，距离地表 0.5 米。坑口与坑底较明显，坑口长径 2.1、短径 0.7 米，坑底长 1、宽 0.3、深 0.54 米。坑壁较粗糙，坑底较光滑。坑内堆积土色为灰黑色，土质较疏松。内含有石块、红烧土颗粒、炭屑与瓷片等。出土白瓷碗、盏形支具、瓷盖，含有红烧土颗粒、炭屑和陶片。出土小件有白瓷器盖 1 件、白釉褐彩碗 1 件、盏形支具 1 件。根据灰坑形状以及坑内包含物推测为废弃瓷器堆积坑。

4. 18ⅠH5

位于 T0305 和 T0405 内。开口于②层下，打破③及生土，18ⅠH5 打破 18ⅠZ1 和 18ⅠH8，被 18ⅠH4 打破（图 4-23；彩版 4-25）。平面呈长圆形。距地表 0.88 米，坑口长径 4.3、短径 2.3 米，

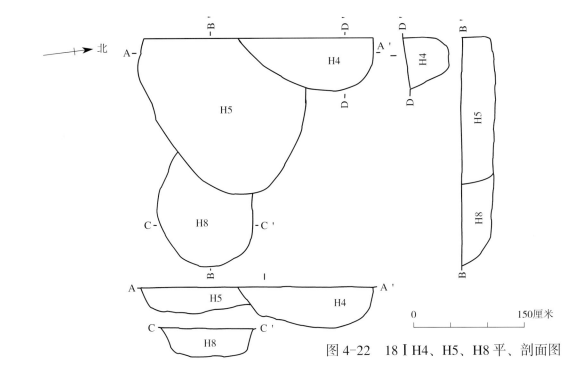

图 4-22　18Ⅰ H4、H5、H8平、剖面图

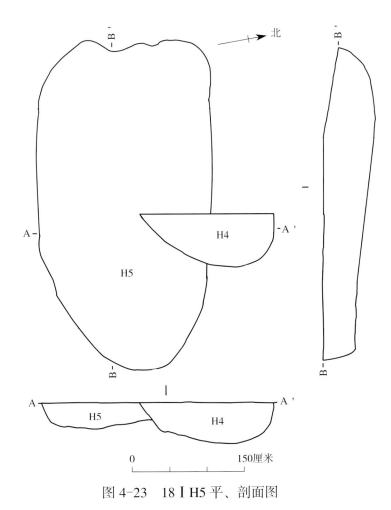

图 4-23　18Ⅰ H5平、剖面图

坑底长径3.15、短径不明、深0.46～0.68米。壁面较陡直，坑底明显，较粗糙。坑内为灰褐色花土，土质疏松。包含有窑具、窑柱、大量瓷片等。有白瓷碗2件、白瓷盏1件、白瓷钵6件、白瓷双系罐1件、白瓷环形三足支架1件、青瓷盏1件、黄釉双系罐1件、黄釉四系瓶1件、"祐德"青瓷罐残片1件、钵形支具7件、盏形支具27件、喇叭形支具2件。有烧土、炭屑，分布于整个灰坑内。坑内包含大量瓷片、残窑具、窑柱，可能是当时废弃的瓷片堆积坑。

5. 18Ⅰ H6

位于T0403西南角，一半压在南壁内。开口于②层下，打破④、⑤层（图4-24；彩版4-26）。平面呈不规则椭圆形。距地表1.15米，坑口长径1.8、短径1.17米，坑底长径1.54、短径0.88、深0.28～0.43米。坑壁陡直，较粗糙，坑底较明显。坑内为灰黑色土，土质较

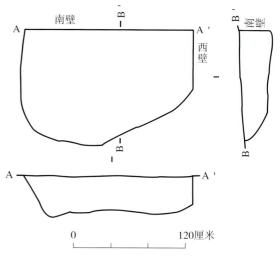

图 4-24　18ⅠH6 平、剖面图

彩版 4-25　18ⅠH5、H8

疏松。包含小石头、大量瓷片、少量窑柱、试火棒、垫饼、支具。为瓷片堆积坑。

6. 18ⅠH7

位于 T0402 西南。开口于②层下，打破生土（图 4-25；彩版 4-27）。平面呈近圆形。距地表 1.03 米，坑口长径 1.30、短径 1.25 米，坑底长径 1、短径 0.75、深 0.26～0.28 米。坑壁北部较缓，南部较陡，较粗糙，坑底明显。坑内黄褐色土，土质较疏松。出土小件有白瓷碗 1 件、行炉 2 件、盏形支具 3 件，少量炭屑、瓷片、砖块，

彩版 4-26　18ⅠH6 近景（镜像南）

有类似白石灰的白色物质。可能是废弃瓷器堆积，且此灰坑位于 Y2 南边不远处。

7. 18ⅠH8

位于 T0405 南部偏中、18ⅠH5 南部。开口于②层下，打破③层，被 18ⅠH5 打破（图 4-26）。平面为半圆形。距地表深 0.75 米，坑口与坑底较明显，坑口长径 1.72、短径 1.06 米，坑底长径 0.96、短径 0.8、深 0.4 米。坑壁较粗糙，较陡，坑底较光滑。坑内为灰黑色土，土质疏松，内含少量陶片。为生活用品废弃堆积坑。根据开口层位、叠压打破关系及对坑内遗物分析，该灰坑为汉代遗存。

8. 18ⅠH9

位于 T0401 南壁中间，大部分压在南壁下，18ⅠH9 在 18ⅠH3 正西、18ⅠH1 正南。开口于②层下，打破生土（图 4-27）。距地表 0.49 米，坑口直径 1.7、坑底直径 1.25、深 0.25～0.3 米。坑壁较缓，较粗糙，坑底明显。坑内为灰黄色土，土质略致密。有零星的小石块、烧土颗粒、瓷片等。

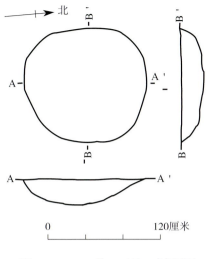

图 4-25　18ⅠH7 平、剖面图

彩版 4-27　18ⅠH7 近景（镜向西）

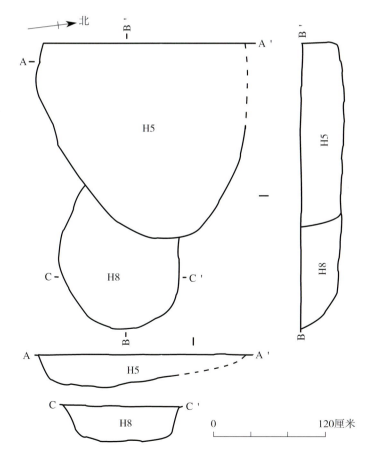

图 4-26　18ⅠH8 平、剖面图

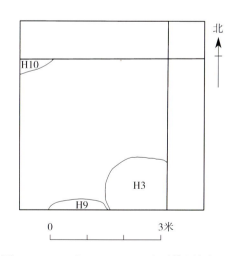

图 4-27　18ⅠH9、H10 平面位置图

9. 18 Ⅰ H10

位于 T0401 西北角，仅暴露出一角。开口于②层下，打破生土（见图 4-27）。距地表 0.6 米，坑口直径 0.85、坑底直径 0.75、深 0.2 米。坑壁较缓，较粗糙，坑底较明显。坑内为灰黄色土，土质较硬。有零星小石块、烧土颗粒和瓷片等。

10. 18 Ⅰ H11

位于 T0402 东南角，大部分压在隔梁下。开口于①层，打破②层及生土（图 4-28）。平面呈半圆形。距地表 0.83 米，坑口长径 0.70、短径 0.35 米，坑底长径 0.14、短径 0.10、深 0.35～0.38 米。坑壁陡直，东壁陡直，南北壁较缓，较粗糙，坑底较明显。坑内为黄褐色土，土质较疏松。内含瓷片、砖块、少量炭屑、烧土，并且有少量疑似烧制残留物分布于坑底北部。推测为瓷器烧制废品堆积，且此灰坑位于 Y2 南边不远处。

11. 18 Ⅰ H12

位于 T0204 北部中心。开口于③层下（图 4-29）。平面呈近圆形。距地表 0.49 米，坑口长径 0.65、短径 0.62 米，坑底长径 0.5、短径 0.4、深 0.14～0.16 米。坑壁较缓，粗糙，坑底较明显。坑内为黑红色土，土质疏松。内含有少量瓷片、烧土颗粒。可能是废弃瓷器堆积，且此灰坑位于窑西边、仅贴于 Y2。

12. 18 Ⅰ H13

位于 T0205 西南角，部分压在西壁下。开口于①层下，打破③层（图 4-30）。平面呈不规则形。距地表 0.4 米，坑口与坑底较明显，坑口长径 0.5、短径 0.37 米，坑底长径 0.2、短径 0.18、深 0.14 米。坑壁与坑底较粗糙。坑内为灰黑色土，土质较致密。含少量炭屑及瓷片。推测为生活用品废弃堆积坑。

13. 18 Ⅰ H14

位于 T0105 东南，在 18 Ⅰ G2 南边，压在东隔梁下。开口于①层下，打破③层、18 Ⅰ G5（图 4-31）。平面呈长半椭圆形。距地表 0.45 米，坑口长径 0.76、短径 0.23 米，坑底长径 0.44、短径 0.16、深 0.12～0.15 米。坑壁较倾斜，较粗糙，坑底较明显。坑内为黑灰土，土质较疏松。包含红烧土颗粒、少量瓷片。可能是瓷片堆积坑。

14. 18 Ⅰ H15

位于 T0203 中间偏东，在 18 Ⅰ H16 北边，小部分压在东隔梁下。开口于②层下，打破

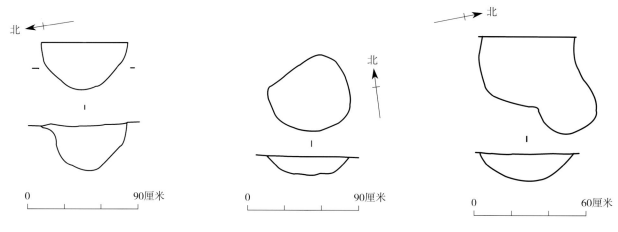

图 4-28　18 Ⅰ H11 平、剖面图　　　图 4-29　18 Ⅰ H12 平、剖面图　　　图 4-30　18 Ⅰ H13 平、剖面图

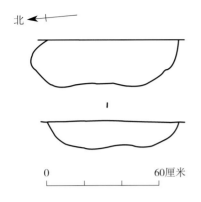

图 4-31 18ⅠH14 平、剖面图

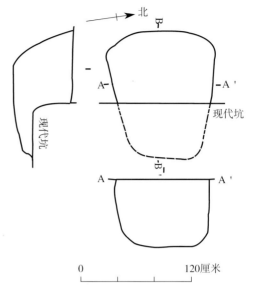

图 4-32 18ⅠH15 平、剖面图

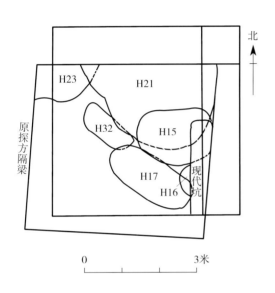

图 4-33 18ⅠH15～H17、H21、
H23、H32 平面位置图

18ⅠH17、18ⅠH21、③、④层及生土，被一现代坑打破（图 4-32～34）。平面呈不规则椭圆形。距地表 1.42 米，坑口长径 1.14、短径 0.76 米，坑底长径 0.6、短径 0.42、深 0.62～0.72 米。壁面陡直，较粗糙，底部较明显。坑内为灰黑色土，土质较疏松。包含有石块、瓷片、窑具。出土小件有 11 件，白瓷碗 1 件、白瓷盏 3 件、白瓷盖 1 件、青瓷盆 1 件、瓷球 1 件、盏形支具 4 件。坑内包含废弃瓷片以及残次品器物，推测可能是废弃堆积坑。

15. 18ⅠH16

位于 T0203 东南，在 18ⅠH15 南边。开口于②层下，打破 18ⅠH17、⑤、⑥层及生土，被现代坑破坏（图 4-35）。平面呈不规则形。距地表 1.37 米，坑口长径 0.73、短径 0.26 米，坑底长径 0.65、短径 0.17、深 0.2～0.32 米。壁面较陡，较粗糙，底部较明显。坑内为灰黄色土，土质疏松。包含物有石块、瓷片、碗、盏、罐、窑具、残片。出土白瓷盏 1 件。

16. 18ⅠH17

位于 T0203 东南角，在 18ⅠG15 北边。开口于⑤层下，被 18ⅠH15、18ⅠH16 打破（图 4-36；彩版 4-28～30）。平面呈圆角长方形。距地表 1.4 米，坑口长径 2.16、短径 0.92 米，坑底长径 2、短径 0.6、深 0.59～0.7 米。壁面陡直，较粗糙，底部明显。坑内为灰黄色土，土质疏松，包含物有红烧土颗粒、炭屑、陶器块、窑具、碗、盏、罐、壶、盆、瓷片。出土小件 196 件，白瓷碗 31 件、白瓷碗带钵形支具 1 件、白瓷盏 150 件、白瓷钵 1 件、白瓷双系罐 3 件、内白外绿釉盆 1 件、青瓷壶 1 件、黄釉碗 1 件、黄釉双系盘口瓶 1 件、盏形支具 1 件、钵形支具 3 件、擂钵 1 件、垫饼 1 件。

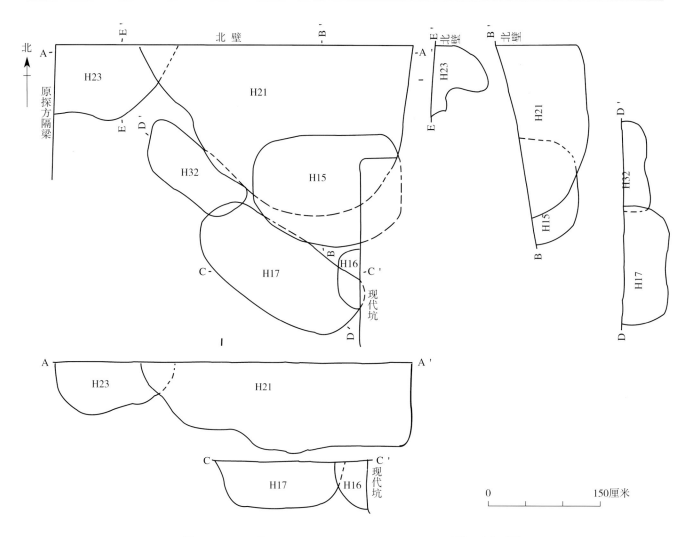

图 4-34　18 Ⅰ H15 ～ H17、H21、H23、H32 平、剖面图

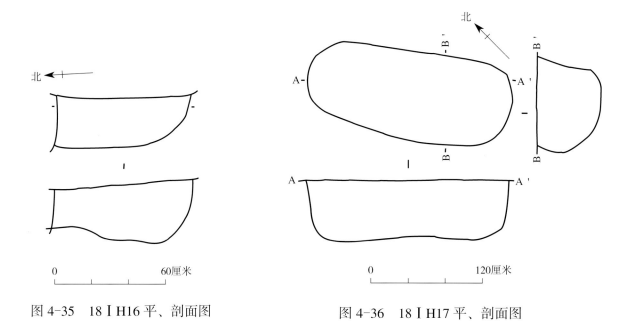

图 4-35　18 Ⅰ H16 平、剖面图　　　　　图 4-36　18 Ⅰ H17 平、剖面图

彩版 4-28　18ⅠH17 内堆积瓷器（镜向西）

彩版 4-29　18ⅠH17 堆积瓷器（镜向西）

彩版 4-30　18ⅠH17 内成摞瓷器

白瓷器较多，大量白瓷涩圈盏占绝对优势，白瓷涩圈碗数量占第二。推测为废弃瓷器堆积坑。

17. 18ⅠH18

位于 T0105 西南角，部分压在探方壁内。开口于⑤层下，打破 18ⅠH19、生土（图 4-37；彩版 4-31）。平面呈半圆形。距地表 1.5 米，坑口长径 2.16、短径 1.12 米，坑底长径 2.06、短径 1.6、深 0.23～0.72 米。坑壁较陡，较粗糙，坑底明显。内包含大量瓷片、红烧土颗粒。可能为瓷片堆积坑。

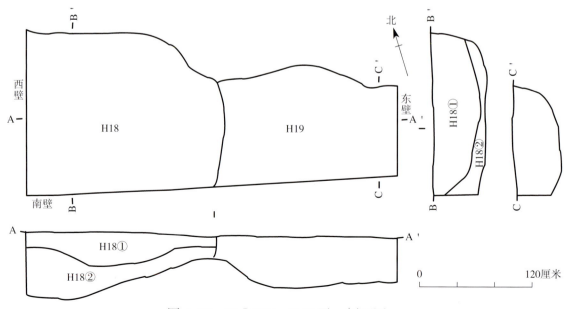

图 4-37　18ⅠH18、H19 平、剖面图

彩版 4-31　18ⅠH18、H19 相对位置（镜向南）

灰坑分 2 层。

第①层：黑灰土。距地表 1.1、厚 0.11～0.5 米。土质较疏松。包含红烧土颗粒、大量瓷片、残窑具、小石块。

第②层：红褐土。距地表 1.1～1.5、厚 0.04～0.5 米。土质较疏松。包含红烧土颗粒，少量瓷片、残窑具、小石块。出土小件 27 件，绿釉瓶 1 件、青黄釉双系瓶 1 件、黄釉盖 1 件、绿釉盖 1 件、酱釉人物俑 1 件、工字形间隔具 12 件、围棋子 3 枚、盏形支具 1 件、钵形支具 2 件、喇叭形支具 1 件、垫饼 1 件、铜钱 1 枚、铁钉 1 枚。工字形间隔具为主，少量钵形支具，喇叭形支具，产品较少。应该是以窑具为主的灰坑。

18. 18ⅠH19

位于 T0105 东南角，部分压在探方壁内。开口于⑤层下，打破生土，被 18ⅠH18 打破（见图 4-37）。平面大致呈长圆形。距地表 1.8 米，坑口长径 1.82、短径 0.96 米，坑底长径 1.96、短径 0.1、深 0.24～0.54 米。坑壁陡直，较粗糙，坑底明显。坑内为灰黑土，土质较疏松。包含少量红烧土颗粒、炭屑、贝壳、小石块，大量瓷片。出土小件 22 件，白瓷盖 1 件、瓷盖 1 件、瓷狗 1 件、青瓷双系瓶 1 件、青瓷盖 1 件、黄釉钵 1 件、黑釉碗 1 件、支钉 2 枚、围棋子 5 枚、钵形支具 2 件、工字形间隔具 2 件、盏形支具 4 件。可能是瓷片堆积坑。

19. 18ⅠH20

位于 T0201 西北角，在 18ⅠG7 正西，部分压在探方壁内。开口于④层下，打破⑤、⑥层及生土（图 4-38；彩版 4-32）。距地表 1.8～1.9 米，坑口长径 2.38、短径 0.32 米，坑底长径 1.8、短径 0.64、深 1.06～1.24 米。袋状坑，坑壁陡直，较粗糙，坑底明显。坑内堆积分 3 层。

第①层：黏土。厚 0.06～0.1 米。结构疏松，质地软，土色灰黄。有较多烧土颗粒、小石子、炉渣，

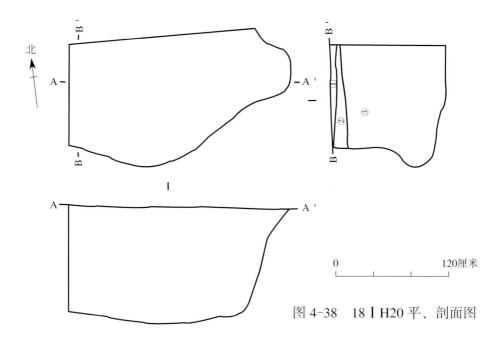

图 4-38　18 I H20 平、剖面图

彩版 4-32　18 I H20（镜向西）

分布于整个灰坑内。出土遗物主要以青瓷为主，白瓷次之，另有极少量黄釉瓷。器形主要有瓶、盏、钵等。青瓷瓶 3 件、白瓷盏 2 件、小瓷瓶 3 件、黄釉钵 1、盏形支具 1 件。

　　第②层：黏土。距地表 0.8 ～ 0.9、厚 0.05 ～ 0.3 米。土质疏松，土色灰黄。有较多烧土颗粒、小石块、瓷土、瓷片，分布于整个灰坑内。出土遗物主要以支具为主，少量白瓷，另有极少量青瓷。器形主要有碗、盏、钵、罐、支托等。有白瓷碗 2 件、白瓷盏 1 件、白釉褐彩盏 1 件、白釉褐彩碗 1 件、青瓷双系罐 1 件、盏形支具 6 件、钵形支具 1 件、支托 1 件。

第③层：黏土。距地表1.85～1.9、厚0.85～1米。结构疏松，质地软，土色灰黄。这一层包含厚厚的次生土，包含物有烧土颗粒、炭屑、大量瓷片、瓷土，分布整个灰坑。出土遗物主要以白瓷为主，青瓷次之，另有极少量的窑具与青铜残块。器形主要有碗、盏、炉、瓶、罐、青铜块及窑具等。有白瓷碗6件、白瓷盏5件、"一郎"带字白瓷碗残片1件、"黄一郎"带字白瓷碗残片1件、白釉褐彩碗1件、白釉褐彩盏1件、青瓷炉1件、青瓷瓶1件、青瓷双系瓷罐1件、盏形支具2件、试火棒1件、青铜块1件。可能是瓷器和瓷片废弃坑。

20. 18ⅠH21

位于T0204南部和T0203北部。开口于T0204⑦层下，打破18ⅠH23、H32、H41、H40、生土，被18ⅠH15打破，且此灰坑紧靠18ⅠY2西边（图4-39、40；彩版4-33）。平面呈不规则椭圆形。距地表2.04米，坑口长径4.2、短径3.96米，坑底长径3.34、短径2.4、深0.38～1.2米。坑壁较陡，较粗糙，坑底较明显。包含物比较丰富，有少量碎砖块、烧土、少量炭屑、骨角、蚌壳、窑柱，有大量瓷片。主要有带字白瓷碗18件、白瓷盏13件、白瓷盘7件、白瓷钵2件、白瓷钵带碗底1件、白瓷盆4件、白瓷水盂1件、白瓷瓶1件、白瓷罐2件、白瓷双系罐4件、白瓷炉1件、擂钵1件、白瓷器盖1件、白釉褐彩碗9件、白釉褐彩盘1件、白釉褐彩钵1件、白釉褐彩盆1件、白釉黑彩盖1件、青瓷碗2件、青瓷碗带围棋子1件、青瓷盏1件、青瓷钵4件、青瓷双系瓶1件、青瓷罐1件、青瓷双系罐2件、青瓷炉1件、青瓷牛1件、青瓷人物俑1件、黄釉碗2件、黄釉盏2件、黄釉双系瓶1件、绿釉炉1件、绿釉瓶2件、绿釉双系罐1件、酱釉洗1件、酱釉双系罐1件、酱釉瓶3件、

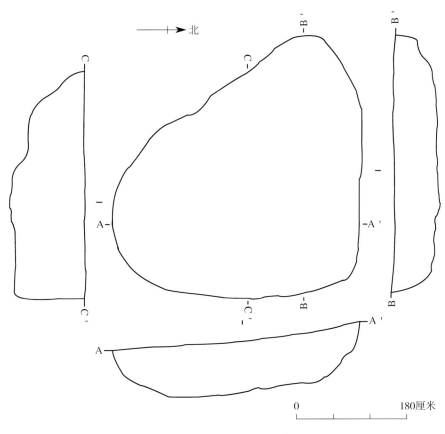

图4-39 18ⅠH21平、剖面图

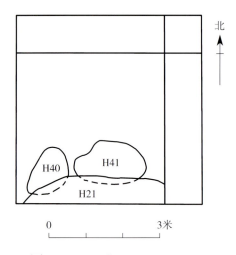

图 4-40　18Ⅰ H21、H40、
H41 平面位置图

彩版 4-33　18Ⅰ H21（镜向南）

酱釉倒流壶 1 件、酱釉盆带支钉 1 件、黑釉洗 1 件、黑釉双系罐 1 件、盏形支具 63 件、钵形支具 38 件、喇叭形支具 4 件、垫饼 10 件、试火棒 2 件、匣钵圈 1 件、铜钱 1 枚、铁钉 1 枚。从包含物可以看出盏形支具绝对数量，推测该坑主要是丢弃窑具的废品堆积坑，并附带着遗弃瓷器。

21. 18Ⅰ H22

位于 T0204 西南，18Ⅰ Y2 西边。一部分在 T0104 东隔梁内。开口于 T0204 ⑦层下，打破18Ⅰ H22、生土，并被 18Ⅰ H38、H29 打破（图 4-41）。平面呈不规则椭圆形。距地表 2.30 米，坑口长径 2.30、短径 1.87 米，坑底长径 0.91、短径 0.46、深 0.98 ～ 1.02 米。坑壁较陡，粗糙，坑底较明显。坑内为灰黑色土，土质较疏松。包含少量炭屑和烧土颗粒、窑柱，有大量瓷片、少量碎砖块。出土有小件 85 件，白瓷碗 11 件、带字白瓷碗 2 件、白瓷盏 6 件、白瓷盘 1 件、白瓷钵 1 件、白瓷双系罐 2 件、白釉黑彩碗 2 件、白釉褐彩碗 8 件、白釉黑彩残片 1 件、器盖 1 件、工字形间隔具 1 件、白釉褐彩盖 1 件、青瓷碗 3 件、青瓷盏 2 件、青瓷双系罐 2 件、黄釉双系罐 1 件、围棋子 1 枚、盏形支具 27 件、钵形支具 9 件、喇叭形支具 1 件、垫饼 2 件。可能是废弃瓷器堆积坑。

22. 18Ⅰ H23

位于 T0203 西北角，18Ⅰ H21 西边，部分在北隔梁内。开口于④层下，打破生土，被 18Ⅰ H21 打破（图 4-42）。平面近似椭圆形。距地表 1.75 米，坑口长径 1.62、短径 0.94 米，坑底长径 1、短径 0.86、深 0.18 ～ 0.72 米。壁面陡直，较粗糙，底部明显。坑内为黑褐色土，土质疏松。包含物有石块、砖块、瓷片、碗、盏、罐、盆、壶、围棋子、窑具。出土小件 25 件，白瓷碗、白瓷碗带白釉黑彩钵 1 件、"清净"白瓷碗底 1 件、白瓷盏 4 件、白瓷盘 1 件、白瓷双系罐 1 件、白瓷瓶 1 件、白釉褐彩碗 3 件、青瓷瓶 1 件、青瓷双系罐 1 件、酱釉盘 1 件、围棋子 1 枚、盏形支具 4 件、钵形支具 2 件、喇叭形支具 1 件、匣钵 1 件，以白瓷较多。可能是废弃瓷片堆积坑。

23. 18Ⅰ H24

位于 T0104 西南角，部分压在南壁内。开口于④层下，打破⑤层、18Ⅰ H25、H39（图 4-43、44）。平面近圆形。距地表 1.55 米，坑口长径 1、短径 0.52 米，坑底长径 0.68、短径 0.34、深 0.22 ～ 0.34米。坑壁较粗糙，较缓，南壁壁面垂直，北壁壁面较缓；坑底明显，较粗糙。坑内黑灰土，土质疏松。

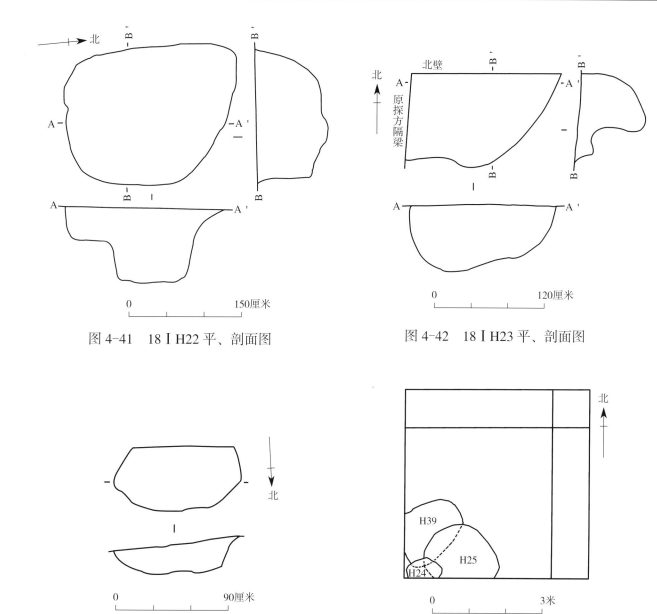

图 4-41　18 I H22 平、剖面图

图 4-42　18 I H23 平、剖面图

图 4-43　18 I H24 平、剖面图

图 4-44　18 I H24、H25、H39 平面位置图

内含烧土、炭屑、少量瓷片。推测为废弃垃圾坑。

24. 18 I H25

位于 T0104 西南，部分压在探方壁内。开口于⑤层下，打破 18 I H39、⑦层及生土，被 18 I H24 打破（图 4-45）。平面近圆形。距地表 1.83 米，坑口长径 1.72、短径 1.08 米，坑底长径 1.63、短径 0.9、深 0.3 ～ 0.42 米。坑北壁面较缓，南壁面垂直。坑底明显，较粗糙。坑内灰褐色土，土质疏松。包含有炭屑，分布于灰坑内。出土大量瓷片。小件有 10 件，白瓷碗 1 件、带字白瓷碗残片 1 件、白瓷盏 1 件、白釉褐彩碗 1 件、黄釉碗 1 件、盏形支具 3 件、钵形支具 1 件、垫饼 1 件。可能是当时废弃的瓷片堆积坑。

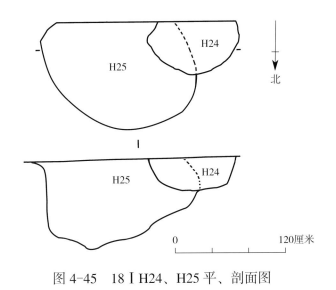

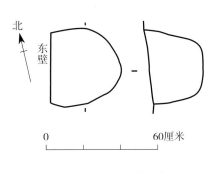

图 4-45　18ⅠH24、H25 平、剖面图　　　　　图 4-46　18ⅠH26 平、剖面图

25. 18ⅠH26

位于 T0205 东隔梁偏北，在 18ⅠH30 北边。开口于④层下，打破⑤、⑥层（图 4-46）。平面呈圆形。距地表 0.95 米，坑口长径 0.41、短径 0.37 米，坑底长径 0.3、短径 0.22、深 0.22～0.3 米。坑壁较倾斜，较粗糙，坑底较明显。坑内为黑灰土，土质较疏松。包含红烧土颗粒、少量瓷片、窑具、少量炭屑。可能是瓷片堆积坑。

26. 18ⅠH27

位于 T0205 东北角，在 18ⅠH26 北边，大部分压在隔梁内。开口于④层下，打破⑤层（图 4-47）。平面呈弧形。距地表 0.9 米，坑口长径 0.54、短径 0.35 米，坑底长径 0.45、短径 0.2、深 0.09～0.14 米。坑壁较倾斜，较粗糙，坑底明显。坑内为灰黄花土，土质较疏松。包含红烧土颗粒、少量瓷片、炭屑。推测为垃圾坑。

27. 18ⅠH28

位于 T0104 东偏南，在 18ⅠH29 西南，部分压在探方壁。开口于⑤层下，打破⑦层和生土，被 18ⅠH25 打破（图 4-48）。平面近方形。距地表 1.45 米，坑口长径 0.8、短径 0.54 米，坑底长径 0.44、短径 0.42、深 0.24～0.39 米。坑壁面较缓，南壁面垂直，北壁面较陡。坑底明显，较粗糙。坑内土

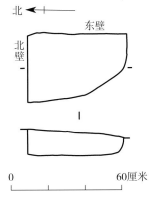

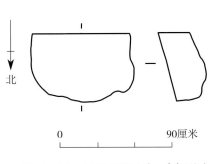

图 4-47　18ⅠH27 平、剖面图　　　　　图 4-48　18ⅠH28 平、剖面图

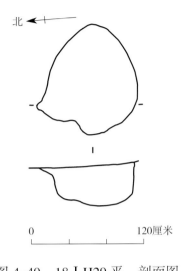

图 4-49　18ⅠH29 平、剖面图

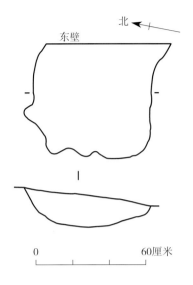

图 4-50　18ⅠH30 平、剖面图

色为灰黑土，土质疏松。内包含瓷片、炭屑，分布于灰坑内。出土有盏形支具 1 件、钵形支具 1 件。可能是当时废弃垃圾坑。

28. 18ⅠH29

位于 T0104 东偏南，一部分在 T0104 东隔梁内。开口于④层下，打破⑤层及生土（图 4-49）。平面呈不规则形。距地表 1.67 米，坑口长径 1.16、短径 1.04 米，坑底长径 0.58、短径 0.5、深 0.12～0.57 米。壁面较陡直，坑底明显，较粗糙。坑内土色为灰褐色土，土质疏松，有烧土小颗粒、少量炭屑。包含出土物大量瓷片、窑具、窑柱。出土小件有 38 件，白瓷碗 1 件、白瓷碗粘连钵形支具 1 件、白瓷盏 9 件、白瓷盘 1 件、白瓷双系罐 1 件、白釉褐彩碗残片 1 件、青瓷碗 1 件、黄釉盏 1 件、黄釉双系罐 1 件、黄釉执壶 1 件、瓷塑残片 1 件、盏形支具 4 件、钵形支具 9 件、喇叭形支具 6 件。可能是当时废弃的瓷片堆积坑。

29. 18ⅠH30

位于 T0205 东隔梁中部，在 18ⅠH26 南边。开口于④层下，打破⑤、⑥层（图 4-50）。平面呈圆形。距地表 1.05 米，坑口长径 0.59、短径 0.5 米，坑底长径 0.3、短径 0.26、深 0.17～0.33 米。坑壁陡直，较粗糙，坑底较明显。坑内为灰黄土，土质疏松。包含红烧土颗粒、少量瓷片、窑具、少量炭屑、炉渣。可能是瓷片堆积坑。

30. 18ⅠH31

位于 T0104 内，在 18ⅠH38 西部。开口于⑥层下，打破⑦层和生土，被 18ⅠH38 打破（图 4-51）。呈椭圆不规则形。距地表 1.7 米，坑口长径 2.38、短径 1.64 米，坑底长径 1.74、短径 1.24、深 0.59～0.61 米。坑壁面较缓，坑底明显，较粗糙。坑内灰褐色花土，土质疏松。包含炭屑、残窑具、小石子，出土大量瓷片。出土小件有 77 件，白瓷碗 5 件、带字白瓷碗 1 件、带字白瓷碗残片 1 件、“凤院”白瓷碗残片 1 件、“清净會”白瓷碗 1 件、白瓷盏 10 件、白瓷盏带青瓷盏 1 件、白瓷盘 1 件、“會”字白瓷盘残片 1 件、白瓷钵 1 件、白瓷双系罐 2 件、白釉褐彩碗 2 件、白釉褐彩盏 1 件、青瓷碗 1 件、青瓷盏 3 件、青瓷盖 1 件、黄釉碗 1 件、黄釉盏 2 件、酱釉龟 1 件、围棋子 1 枚、盏形支具 15 件、

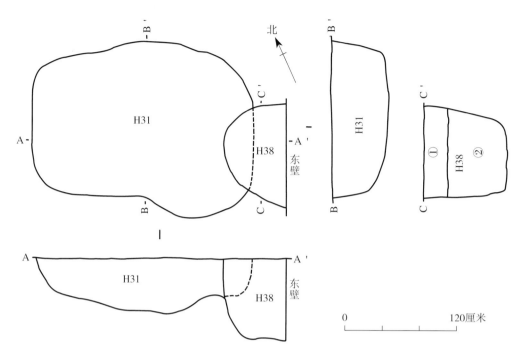

图 4-51　18ⅠH31、H38 平、剖面关系图

钵形支具 21 件、喇叭形支具 3 件、陶工具 1 件。可能是当时废弃的瓷片堆积坑。

31. 18ⅠH32

位于 T0203 中部，在 18ⅠH17 北边。开口于⑤层下，打破生土，被 18ⅠH21 打破（图 4-52）。平面呈不规则长条形。距地表 1.16 米，坑口长径 1.56、短径 0.54 米，坑底长径 1.5、短径 0.5、深 0.18～0.4 米。壁面陡直，较粗糙，底部明显。坑内为灰褐色土，土质疏松。包含物有红烧土颗粒、炭屑、石块、砖块、瓷片，器形有碗、盏、罐、球、壶、垫饼、支钉、窑具。出土小件 9 件，黄釉球 1 件、绿釉碗 1 件、盏形支具 2 件、钵形支具 1 件、垫饼 3 件、支钉 1 枚。推测为废弃的瓷片堆积坑。

32. 18ⅠH33

位于 T0205 西南角，在 18ⅠG10 南边，部分压在探方壁内。开口于⑤层下，打破生土（图 4-53；彩版 4-34）。平面呈不规则形。距地表 2.1 米，坑口长径 2.4、短径 1.9 米，坑底长径 1.5、短径 0.6、深 0.68～0.9 米。坑壁陡直，较粗糙，坑底较明显。坑内堆积分 3 层。

第①层：黏土。距地表 1.05～1.65、厚 0.1～0.45 米。结构疏松，质地软，土色灰褐。包含有少量烧土颗粒、瓷片，分布于整个灰坑内。

第②层：黏土。距地表 1.25～2、厚 0.15～0.45 米。结构疏松，质地软，土色灰黄。基本无烧土，有大量瓷片，分布于整个灰坑内。

第③层：黏土。距地表 2.05～2.1、厚 0.05～0.4 米。

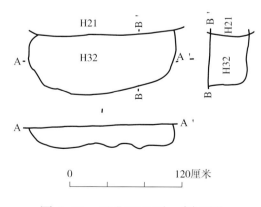

图 4-52　18ⅠH32 平、剖面图

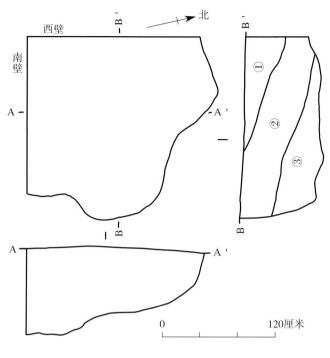

图4-53　18ⅠH33平、剖面图　　　　　　彩版4-34　18ⅠH33（镜向南）

结构疏松，质地软，土色红褐色。有地下水渗出，有零星烧土、少量瓷片，分布大半个灰坑。

出土小件共69件、白瓷狗1件、白釉黑彩碗1件、白釉褐彩碗3件、青瓷碗11件、青瓷盏17件、青瓷盏带白瓷罐1件、2件青瓷盏带1件盏底1件、瓷塑1件、瓷球1件、黄釉双系罐1件、绿釉碗1件、酱釉碗1件、酱釉盏1件、围棋子3枚、花盆1件、盏形支具7件、盏形支具带2件、钵形支具11件、钵形支具带半件垫饼1件、垫饼2件、支钉1枚、元丰通宝1枚、骨篦1件。以青瓷涩圈盏和碗为主，其次是钵形支具、盏形支具。可能是废弃瓷器堆积坑。

33. 18ⅠH34

位于T0204东隔梁中部，靠近18ⅠY2。开口于⑥层下，打破生土（图4-54；彩版4-35）。平

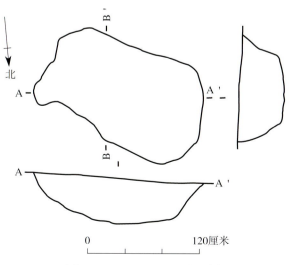

图4-54　18ⅠH34平、剖面图　　　　　　彩版4-35　18ⅠH34（镜向东）

面呈近长方形。距地表 2.10 米，坑口长径 1.80、短径 1.20 米，坑底长径 0.98、短径 0.78、深 0.50～0.54 米。坑壁较陡直，粗糙，坑底较明显。坑内为灰黑色土夹杂大量炭屑和烧土、窑柱，有瓷片、垫饼、捏塑、少量砖块，土质较疏松，内包含有白瓷碗 1 件、工字形间隔具 1 件。可能是废弃瓷器堆积坑。

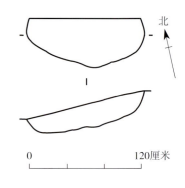

图 4-55　18 I H35 平、剖面图

34. 18 I H35

位于 T0204 东北角，靠近 18 I Y2，部分压在隔梁内。开口于⑤层下，打破⑥层与生土（图 4-55）。平面呈近半圆形。距地表 1.70 米，坑口长径 1.26、短径 0.52 米，坑底长径 0.56、短径 0.36、深 0.44～0.49 米。坑壁较陡直、坑北面垂直，粗糙，坑底较明显。坑内为灰黄色土，土质较疏松。包含少量炭屑和烧土、窑柱，有瓷片、少量碎砖块。出土小件有白瓷水盂 2 件、盏形支具 2 件。可能是废弃瓷器堆积。

35. 18 I H36

位于 T0204 西北角，18 I Y2 西边，部分压在隔梁内。开口于⑥层下，打破生土（图 4-56；彩版 4-36）。平面呈不规则半圆形。距地表 1.60 米，坑口长径 1.12、短径 0.8 米，坑底长径 0.8、短径 0.30、深 0.32～0.35 米。坑壁较陡直、坑北面垂直，较光滑，坑底明显。坑内有大量花白色土，推测是瓷泥，土质较疏松。包含少量炭屑、瓷片、小石块、大量瓷泥、瓷器废料。出土小件 12 件，青瓷碗 1 件、青瓷盏 1 件、青瓷盖 1 件、黄釉盏 1 件、钵形支具带青瓷碗底 1 件、建筑构件 7 件。疑似瓷泥坑废弃后为瓷片废品堆积。

36. 18 I H37

位于 T0205 东南角，在 18 I H33 东边，大部分压在探方壁内。开口于⑤层下，打破生土（图 4-57）。平面呈不规则形。距地表 1.4 米，坑口长径 0.68、短径 0.46 米，坑底长径 0.42、短径 0.4、深 0.14～0.34 米。坑壁较倾斜，较粗糙，坑底明显。坑内为灰黄土，土质较疏松。包含少量瓷片、小石块、残垫饼，出土带字白瓷碗 1 件。可能是瓷片堆积坑。

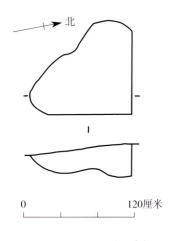

图 4-56　18 I H36 平、剖面图

彩版 4-36　18 I H36（镜向西）

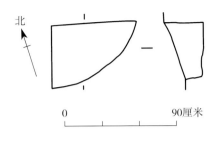

图 4-57　18ⅠH37 平、剖面图

37. 18ⅠH38

位于 T0104 东隔梁中部，在 18ⅠH31 的东部。开口于⑥层下，打破 18ⅠH31、⑦层和生土（图 4-58）。平面近似长圆形。距地表 1.98 米，坑口长径 1.08、短径 0.87 米，坑底长径 0.78、短径 0.64、深 0.87 米。坑西壁面较陡，东壁面垂直。坑底明显，较粗糙。堆积形状为坑状。坑内灰褐色土，土质疏松。坑内包含瓷片，残窑具等。坑内堆积分 2 小层，可能是废弃的瓷片堆积坑。

第①层：红褐色土。包含烧土小颗粒，没有出土小件。

第②层：灰褐色土。夹杂炭屑，出土大量瓷片。小件有 28 件，白瓷盏 1 件、盏形支具 11 件、青瓷盏 1 件、绿釉瓶 1 件、绿釉钵 1 件、钵形支具 3 件、白瓷碗 5 件、白釉褐彩碗 1 件、白釉褐彩片 2 件、白釉褐彩碗腹片 1 件、白釉褐彩盘 1 件。

38. 18ⅠH39

位于 T0104 西南，部分压在西壁。开口于⑤层下，打破⑦层和生土，被 18ⅠH25 打破（图 4-59）。

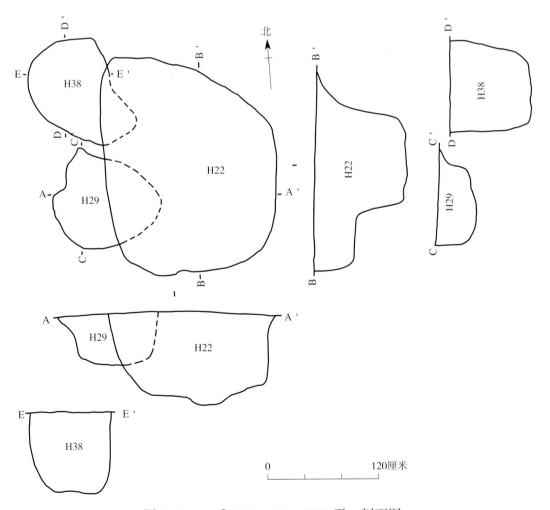

图 4-58　18ⅠH38、H22、H29 平、剖面图

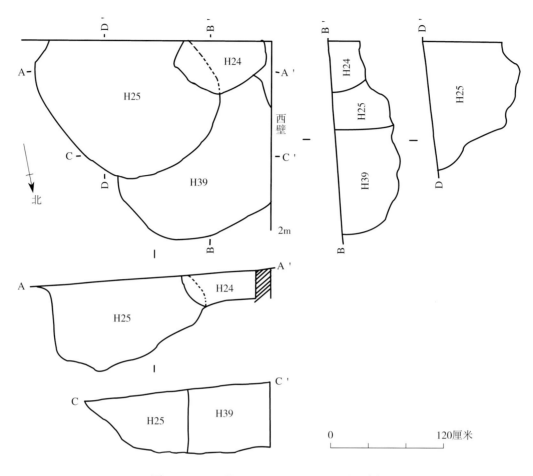

图 4-59　18Ⅰ H39、H24、H25 平、剖面图

平面近长方形。距地表 1.88 米，坑口长径 2、短径 1.46 米，坑底长径 0.99、短径 0.69、深 0.77 米。坑北壁面较陡，西壁面垂直。坑底明显，较粗糙。坑内灰褐色土，土质疏松。包含有少量炭屑，出土大量瓷片。出土小件有 12 件，白瓷碗 1 件、白瓷碗带白瓷钵 1 件、白瓷盏 3 件、白釉褐彩碗 1 件、黄釉盏 1 件、盏形支具 1 件、喇叭形支具 1 件、钵形支具 3 件。可能是当时废弃的瓷片堆积坑。

39. 18Ⅰ H40

位于 T0204 西南角，18Ⅰ Y2 西边。开口于⑦层下，打破 18Ⅰ H40、生土（图 4-60）。平面呈不规则椭圆形。距地表 1.83 米，坑口长径 1.25、短径 0.70 米，坑底长径 0.56、短径 0.54、深 0.48 米。坑壁较陡、光滑，坑底较明显。坑内为灰黑色土，土质较疏松。包含有瓷片、瓷碗、瓷盏、窑柱、砖块。可能是废弃瓷片堆积。

40. 18Ⅰ H41

位于 T0204 东南部，靠近于 18Ⅰ Y2 西边。开口于⑦层下，打破生土，被 H21 打破（图 4-61）。平面呈不规则椭圆形。距地表 1.83 米，坑口长径 1.95、短径 1.25 米，坑底长径 0.82、短径 0.80、深 0.38 米。坑壁较陡、光滑，坑底不明显。坑内为灰黑色土，土质较疏松。包含有瓷片、瓷碗、瓷盏、窑柱、砖块。可能是废弃瓷器堆积。

41. 18Ⅰ H42

位于 T0104 中部偏南，在 18Ⅰ H25、H39 东北角、H31 南边。开口于⑥层下，打破生土，

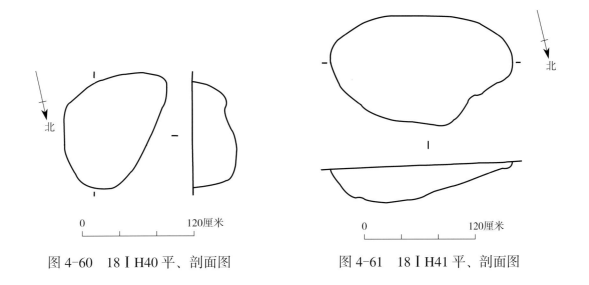

图 4-60 18ⅠH40 平、剖面图   图 4-61 18ⅠH41 平、剖面图

18ⅠH42 被 18ⅠH39、H31、H25 打破（图 4-62）。平面近长方形。距地表 2.03～2.26 米，坑口长径 2.4、短径 1.38 米，坑底长径 0.94、短径 0.8、深 0.63～0.76 米。坑壁陡直，较粗糙，坑底明显。推测为瓷片废弃堆积坑。坑内堆积分 2 层。

第①层：黏土。距地表 1.61～1.7、厚 0.19～0.2 米。结构疏松，质地软，土色灰黑。有少量瓷片、炭屑，分布于整个灰坑内。

第②层：黏土。距地表 2.03～2.26、厚 0.44～0.56 米。结构疏松，质地软，土色灰黄。有大量炭屑、瓷片，分布于整个灰坑内。

出土遗物以支具为主，白瓷次之，另有极少黄釉、绿釉、酱釉、白釉褐彩瓷。器形主要为钵、盏、碗、瓶、支钉、围棋子等，白瓷碗 7 件、白瓷盏 1 件、白瓷钵 1 件、白釉褐彩碗 2 件、黄釉碗 1 件、

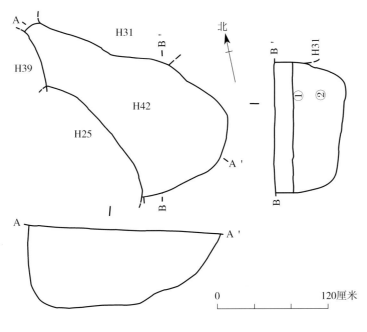

图 4-62 18ⅠH42 平、剖面图

酱釉瓶 1 件、围棋子 1 枚、绿釉盏形支具 1 件、盏形支具 3 件、钵形支具 11 件、支钉 1 枚。

42. 18 Ⅱ H1

位于Ⅱ区 T0202 东北角，18 Ⅱ Y4 正西，范围较大，2017 年发掘的原 17 Ⅱ TG4 位置正好破坏了 18 Ⅱ H1 完整性。开口于①层下，并且 T0202 东半部①层下即是生土（图 4-63、64；彩版 4-37）。结合 18 Ⅱ H1 与 17 Ⅱ Y1 的相对位置以及堆积形态可知，18 Ⅱ H1 的形成过程就是在 17 Ⅱ Y1 废弃之后，开阔的操作间作为废弃堆积坑而存在，所以 18 Ⅱ H1 的形成时间是 17 Ⅱ Y1 废弃后的时间。①层是近现代的垫土层，原始的文化层在修建丰收路时已经被破坏，与其说 18 Ⅱ H1 开口于①层下，不如说开口于建造 17 Ⅱ Y1 的生土层。18 Ⅱ H7 ～ H11 叠压在 18 Ⅱ H1 下，距地表 1.44 米。平面呈不规则形。坑口长径 5.7、短径 0.8 米，坑底长径 3.9、短径 0.7、深 0.6 ～ 1.3 米。坑壁陡直，较粗糙，坑底明显。其坑的东壁与 T0202 隔梁的西壁相对应，坑内堆积共分为 18 层。

第①层：黏土。距地表 0.22 ～ 0.6、厚 0.08 ～ 0.44 米。结构疏松，质地软，土色灰黄。包含大量瓷片，有零星红烧土颗粒，土质略微泛黑。出土遗物以窑具为主，另有极少量白瓷、青瓷、黄釉、

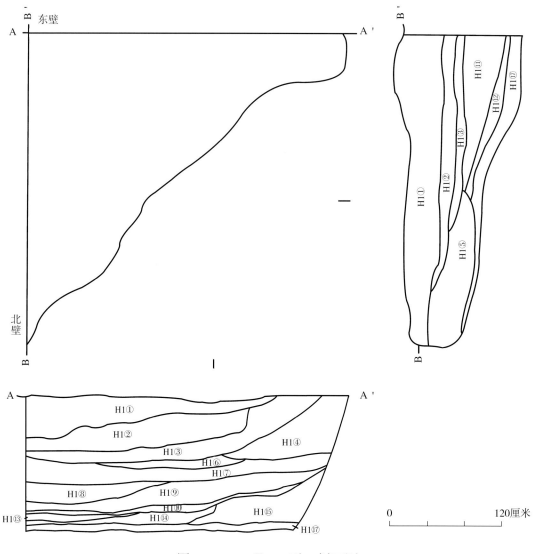

图 4-63　18 Ⅱ H1 平、剖面图

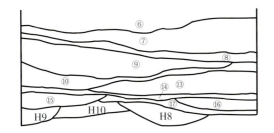

图 4-64　T0202 东隔梁外
侧所留东壁部分剖面图

彩版 4-37　18ⅡH1 及其他灰坑

酱釉，可辨器形有盆 1 件、垫圈 1 件、钵形支具 2 件、托珠 1 件、支钉 1 枚、喇叭形支具 2 件、灰陶缸 1 件、白瓷碗 5 件、支托 8 件、垫饼 13 件、白瓷炉 1 件、青瓷盏 2 件、青瓷杯 1 件、黄釉盏 1 件、黄釉水盂 1 件、黄釉印花砖 1 件、酱釉杯 1 件、瓷塑 2 件、带字瓷片 1 件。

　　第②层：黏土。距地表 0.28 ～ 1.14、厚 0.07 ～ 0.73 米。结构疏松，质地软，土色灰黄偏褐色，土质较为纯净。包含大量瓷片、瓷泥、炭屑。出土遗物以窑具为主，另有极少量黄釉瓷。器形有黄釉盏 1 件、喇叭形支具 1 件、垫饼 3 件、垫块 1 件、支钉 1 枚、垫圈 1 件、螭吻 1 件、陶铃铛 1 件。

　　第③层：黏土。距地表 0.78 ～ 1.34、厚 0.06 ～ 0.26 米。结构疏松，质地软，土色灰黄。包含有少量瓷片。出土遗物以白瓷为主，另有极少量黄釉瓷、支具等。器形有白瓷碗 1 件、瓷碗 1 件、瓷片 2 件、黄釉碗 1 件、喇叭形支具 1 件、托珠 1 件。

　　第④层：黏土。距地表 0.72 ～ 0.8、厚 0.1 ～ 0.62 米。结构疏松，质地软，土色灰黄。包含大量烧土、瓷片、较多小块琉璃器残块，分布于整个灰坑内。出土遗物以支具为主，另有极少量白瓷，青瓷。

彩版 4-38　18ⅡH1 ⑤层出土红陶力士像　　　　彩版 4-39　18ⅡH1 ⑦层瓷泥

器形有白瓷碗 1 件、青瓷盏 1 件、青瓷印花砖 1 块、垫圈 2 件、支托 4 件、支钉 1 枚。

　　第⑤层：黏土。距地表 0.72 ～ 1.48、厚 0.07 ～ 0.38 米。结构疏松，质地软，土色灰黄，瓷片堆积层，有零星烧土颗粒、炭屑，分布于整个灰坑内。出土遗物以白瓷为主，有白瓷碗 3 件、红陶力士像 1 件（彩版 4-38）。

　　第⑥层：黏土。距地表 0.3、厚 0.07 ～ 0.12 米。结构疏松，质地软，土色灰黄。大量炭屑分布于整个灰坑内，另有少量瓷片与烧土颗粒。出土遗物以白瓷为主，有白瓷碗 2 件。

　　第⑦层：黏土。距地表 0.42 ～ 1.16、厚 0.07 ～ 0.36 米。结构疏松，质地软，土色灰黄。有零星烧土颗粒、瓷片、炭屑、瓷泥（彩版 4-39），分布于整个灰坑内。出土遗物有白瓷、酱釉、青黑釉。器形有白瓷碗、青釉印花砖、酱釉杯。

　　第⑧层：黏土。距地表 0.48 ～ 1.62、厚 0.02 ～ 0.21 米。结构疏松，质地软，土色灰黄。包含较多炭屑、瓷片、烧土颗粒，分布于整个灰坑内。出土遗物以白瓷为主，另有 1 块三彩釉。器形有白瓷碗 2 件、白瓷盘 1 件、三彩狮子爪 1 件。

　　第⑨层：黏土。距地表 1.06 ～ 1.56、厚 0.07 ～ 0.26 米。结构疏松，质地软，土色灰黄。包含较少瓷片、零星烧土颗粒、炭屑，分布于整个灰坑内。出土遗物以白瓷为主，白瓷碗 3 件。

　　第⑩层：黏土。距地表 0.72 ～ 1.56、厚 0.02 ～ 0.15 米。质地较酥，土色灰黄，较为纯净。瓷片较少，有零星烧土颗粒、炭屑，分布于整个灰坑内。出土遗物以白瓷为主，器形有白瓷碗 6 件、匣钵 1 件（彩版 4-40）。

　　第⑪层：黏土。距地表 0.82 ～ 1.6、厚 0.02 ～ 0.43 米。结构疏松，质地软，土色灰黄。

彩版 4-40　18ⅡH1 ⑩层匣钵

彩版 4-41　18 Ⅱ H1⑪层瓷泥

包含较多瓷片、瓷泥（彩版 4-41）、炭屑，分布于整个灰坑内。出土遗物以白瓷为主，器形有白瓷碗 2 件。

　　第⑫层：黏土。距地表 1.02 ～ 1.64、厚 0.03 ～ 0.27 米。结构疏松，质地软，土色灰黄，内可分 3 小层，（1）灰黄土，有零星瓷片、烧土颗粒、炭屑。（2）较多草木灰，有零星瓷片、烧土颗粒、炭屑。（3）较多瓷片、炭屑，烧土颗粒分布于整个分层内。出土遗物以白瓷为主，另有少量窑具，1 枚铜钱。器形有碗、砖、铜钱。白瓷碗 2 件、垫圈 1 件、垫砖 1 件、托珠 1 件、至道元宝 1 枚。

　　第⑬层：黏土。距地表 0.72 ～ 1.48、厚 0.02 ～ 0.24 米。结构疏松，质地软，土色灰黄，分布于整个灰坑内。包含较大块烧土，少量炭屑、瓷片。

　　第⑭层：黏土。距地表 0.98 ～ 2、厚 0.02 ～ 0.12 米。质地较酥，土色灰黄，分布于整个灰坑内。有少量瓷片、三彩器。

　　第⑮层：黏土。距地表 1.12 ～ 1.14、厚 0.08 ～ 0.34 米。结构疏松，质地软，土色灰黄，分布于整个灰坑内。内夹杂零星瓷片、烧土颗粒、炭屑。

　　第⑯层：黏土。距地表 2.1、厚 0.03 ～ 0.12 米。结构疏松，质地软，土色灰黄，分布于整个灰坑内。包含细小烧土颗粒、小石子、瓷泥、炭屑、瓷片。出土遗物有托珠 1 个。

　　第⑰层：黏土。距地表 1.61 ～ 2.12、厚 0.02 ～ 0.1 米。结构疏松、较软，分布于整个灰坑内。有细小石子、零星瓷片。

　　第⑱层：黏土。距地表 1.56 ～ 1.86、厚 0.06 ～ 0.5 米。结构疏松、质地较软，土色灰黄，分布于整个分层内。包含较多瓷片、少许炭屑。

　　该灰坑紧邻 Y1 操作间的位置，应该是建造 Y1 的操作间，Y1 开挖时直接挖至生土层后修建。随着 Y1 的废弃，操作间逐渐形成瓷片堆积坑。造成坑内存在大量废弃瓷器和瓷片、三彩器、炭屑层。

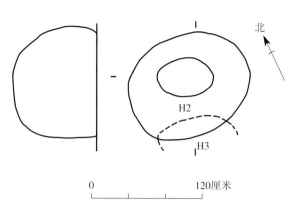

图 4-65　18ⅡH2 平、剖面图

彩版 4-42　18ⅡH2 内窑具堆积（镜向北）

43. 18ⅡH2

位于 TG4 东北，18ⅡH3 北边。开口于⑤层下，打破 18ⅡH3、⑨层（图 4-65；彩版 4-42）。平面呈近椭圆形。距地表 2.5 米，坑口长径 1.32、短径 1.11 米，坑底长径 0.76、短径 0.4、深 0.82～0.9 米。壁面较陡直，坑底明显，较粗糙，底部近似椭圆形，两端较高，中间较低，底部稍平。坑内堆积为黄褐色土，土质疏松，包含丰富的瓷片、窑柱、垫饼、烧火砖、灰色瓷泥、砖坯、红烧土颗粒、炭屑等，出土小件共 51 件，有白瓷碗 7 件、酱釉执壶 1 件、垫饼 40 件、圆形垫饼 3 件。可能是当时废弃的瓷片堆积坑。

44. 18ⅡH3

位于 TG4 东北，在 18ⅡH2 南边。开口于⑨层下，被 18ⅡH2 打破，同时打破⑪、⑫、⑮、⑯、⑱层（图 4-66；彩版 4-43）。平面近似圆形。距地表 2.87 米，坑口长径 1.55、短径 1.36 米，坑底长径 0.7、短径 0.54、深 0.68～1 米。壁面较陡直，坑底明显，较粗糙，底部东高西低，堆积形状为坑状呈"U"字形。坑内堆积为灰黄土，土质疏松。坑内含粗砂粒，有少量红烧土颗粒、炭屑，分布于灰坑内。包含丰富的瓷片、窑柱、垫饼、烧火砖、匣钵。出土小件 20 件，白瓷碗 6 件、垫饼 12 件、圆形垫饼 2 件。推测是废弃的瓷片堆积坑。

45. 18ⅡH4

位于 18ⅡTG1 西南角。开口于①层下，打破 18ⅡH5 与 18ⅡY5（图 4-67）。平面为椭圆形，坑口不明显，坑底较明显。坑口长径 2.04、短径 1.16 米，坑底长 0.5、宽 0.2、深 0.46 米。坑壁较粗糙，坑底较光滑。土色灰黄，土质较疏松。含有少量炭屑、烧土、瓷片、大量匣钵片和其他窑具。出土小件钵形支具 1 件。推测可能为烧制瓷器废弃堆积坑。

46. 18ⅡH5

在Ⅱ区 TG1 的西北角扩方位置，在 18ⅡY5 南边、18ⅡY4 操作间北边。开口于①层下，打破 18ⅡY5、生土，被 18ⅡY4 操作间打破（图 4-68）。平面呈近方形。距地表 0.3 米，坑口长 1.42、宽 1.48 米，坑底长 1.42、宽 1.34、深 0.5 米，弧形平底。坑内堆积分 2 层。

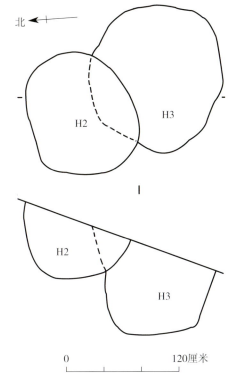

图 4-66 18Ⅱ H2、H3 平、剖面关系图　　　　彩版 4-43 18Ⅱ H2、H3（镜向北）

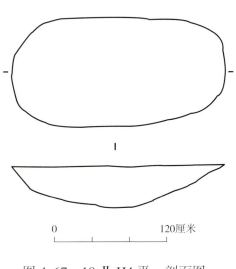

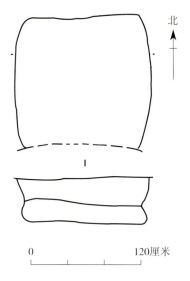

图 4-67 18Ⅱ H4 平、剖面图　　　　图 4-68 18Ⅱ H5 平、剖面图

第①层：红褐色烧土。厚 0.3 米。位于灰坑中央。出土少量匣钵片。

第②层：黄褐色沙土。厚 0.24 米。遍布于②层。出土大量匣钵片、少量瓷片、其他窑具。

根据包含物推测为废弃瓷片堆积坑。

47. 18Ⅱ H6

位于 18Ⅱ TG1 中部，18Ⅱ Y4 操作间东部。开口于⑤层下（图 4-69）。平面呈椭圆形，坑口与

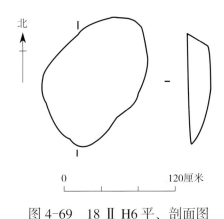

图 4-69　18ⅡH6 平、剖面图

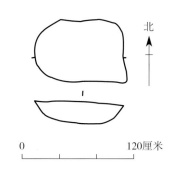

图 4-70　18ⅡH7 平、剖面图

坑底较明显。坑口长径 1.28、短径 0.68 米，坑底长 0.52、宽 0.4、深 0.24 米。坑壁较光滑，坑底较光滑。坑内堆积土色为灰黑色，土质疏松。包含有少量烧土、炭屑与瓷片，出土较多瓷泥。推测可能为废弃瓷片堆积坑。

48. 18ⅡH7

位于 T0202 东隔梁外，在 18ⅡH11 东、H8～H10 东南。开口 18ⅡH1⑮层下，打破 18ⅡH8、生土，18ⅡH7 被现代修路施工及填土所破坏（图 4-70）。平面呈不规则椭圆形。距地表 1.51 米，坑口长径 0.96、短径 0.24 米，坑底长径 0.3、短径 0.12、深 0.2～0.22 米。坑壁陡直，较光滑，坑底明显。坑内堆积为黏土，结构疏松，质地软，土色灰黄。坑内包含有炭屑、瓷泥、烧土颗粒、大量瓷片，分布于整个灰坑内。出土遗物有白瓷碗 1 件。推测为废弃瓷片堆积坑。

49. 18ⅡH8

位于 T0202 东隔梁下，在 18ⅡH11 正北、18ⅡH9、H10 正南。开口于 18ⅡH1⑰层下，打破 18ⅡH9、生土，被 18ⅡH7 打破（图 4-71）。平面呈椭圆形。距地表 1.65 米，坑口残长约 2.4、短径 1.92 米，坑底长径 1.3、短径 1、深 0.28～0.36 米。坑壁斜直，较粗糙，坑底明显，坑内堆积分 3 层。

第①层：黏土。距地表 1.4～1.55、厚 0.06～0.1 米。结构疏松，质地较软，土色灰黄。包含少许炭屑、少许瓷泥、烧土颗粒、瓷片，窑具分布于整个灰坑内。

第②层：黏土。距地表 1.39～1.65、厚 0.02～0.25 米。结构疏松，质地酥软，土色灰黄。包含大量瓷片、较多瓷泥、零星炭屑，窑具分布于整个灰坑内。出土遗物以白瓷为主，另有极少量青瓷。器形主

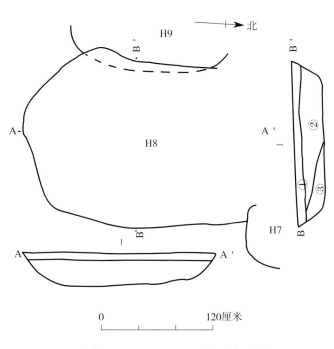

图 4-71　18ⅡH8 平、剖面图

要为碗，印花砖。有白瓷碗 4 件、青瓷印花瓷砖 1 块。

第③层：距地表 1.65、厚 0.02～0.16 米。结构疏松，质地酥软，整层为红烧土粉末，并有一些小颗粒。

推测为废弃窑具、瓷片堆积坑。

50. 18 Ⅱ H9

位于 T0202 东隔梁下，在 18 Ⅱ H8 正北。开口于 18 Ⅱ H1⑰层下，打破 18 Ⅱ H10，被 18 Ⅱ H8 打破（图 4-72）。平面呈不规则形。距地表 1.1 米，坑口长径 2.5、短径 1.8 米，坑底长径 2、短径 0.8、深 0.14～0.22 米。坑壁较缓，较光滑，坑底明显。坑内堆积为黏土，结构疏松，质地较软，土色灰黄，坑内包含有烧土颗粒、炭屑、瓷片、瓷泥、大量窑具。出土小件有黄釉罐、印花瓷砖。为废弃窑具、瓷片堆积坑。

51. 18 Ⅱ H10

位于 T0202 东隔梁下，叠压在 18 Ⅱ H9 下，在 18 Ⅱ H8 正北。开口于 18 Ⅱ H1⑰层下，打破生土，被 18 Ⅱ H9 打破（见图 4-72）。平面呈不规则圆形。距地表 1.6 米，坑口长径 1.8、短径 1.22 米，坑底长径 1.4、短径 0.94、深 0.08～0.14 米。坑壁较缓，较光滑，坑底明显。坑内堆积为黏土，结构疏松，质地较软，土色灰黄。包含有炭屑、瓷泥、较多烧土。为废弃垃圾坑。

52. 18 Ⅱ H11

位于 T0202 东隔梁下，在 18 Ⅱ H7 南、H8～H10 正东。开口于 18 Ⅱ H1⑰层下，打破生土（图 4-73）。平面呈不规则椭圆形。距地表 1.47 米，坑口长径 1.18、短径 0.4 米，坑底长径 0.8、短径 0.22、深 0.18～0.28 米。坑壁陡直，较光滑，坑底明显。坑内堆积为黏土，结构疏松，质地较软，土色灰黄。包含较多炭屑、少许瓷泥、烧土颗粒、较多瓷片分布于整个灰坑内。出土小件以白瓷为主，器形主要为碗，有白瓷碗 4 件。为废弃瓷片堆积坑。

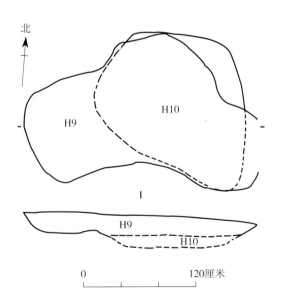

图 4-72 18 Ⅱ H9、H10 平、剖面关系图

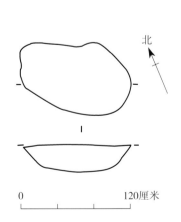

图 4-73 18 Ⅱ H11 平、剖面图

四 灰沟、灶和池子

灰沟分布在Ⅰ区内，且主要分布在发掘区南北两端，主要在ⅠT0201和ⅠT0301，ⅠT0105和ⅠT0205内。尤其是北部比较集中（彩版4-44～46）。这些灰沟宽窄不一，深浅不同，有的类似古代独轮车的车辙，或者是和制瓷相关的遗迹。

彩版4-44　18ⅠT0205内灰沟（镜向西）

彩版4-45　18ⅠT0205内灰沟（镜向南）

彩版 4-46　18ⅠT0205 内灰沟（镜向北）

1. 18ⅠG1

位于 T0301、T0201 南壁侧，横穿 2 个探方（图 4-74、75）。在 T0201 内开口于③层下，打破⑤、⑥层及生土。距地表 0.6～0.72 米，打破了 T0201 东隔梁，T0301 东隔梁。灰沟呈条形沟状，沟口长 7.35、宽 0.55 米，坑底长 7.38、宽 0.2、深 0.06～0.22 米。沟壁较缓，较粗糙，沟底较明显。沟内堆积为黏土，结构较疏松，质地较软，土色灰黑色，分布于整个灰沟内。包含烧土颗粒、瓷片、炭屑、炉渣、砖块。根据灰沟的走势与周围遗迹的相互关系，应该为排水沟。

2. 18ⅠG2

位于 T0105 东北，在 18ⅠG3、G4 南部，在 18ⅠG5、G6、H14 北部（图 4-76、77）。开口于①层下，打破②～⑤层。平面呈不规则条形。距地面 0.72 米，坑口长 2.18、宽 0.56 米，沟底长 2.04、宽 0.68、深 0.34～0.48 米。沟壁倾斜，较粗糙，沟底较明显，为废弃堆积沟。沟内堆积分为 3 层。

第①层：灰黑土。距地表 0.28～0.3、厚 0.08～0.12 米。土质较疏松。包含有较多红烧土颗粒、

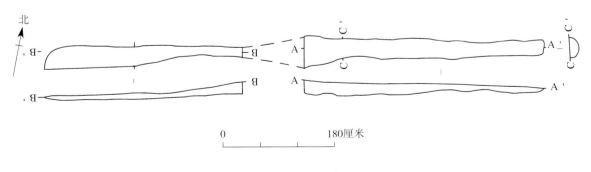

0　　　　　　　　　　180厘米

图 4-74　18ⅠG1 平、剖面图

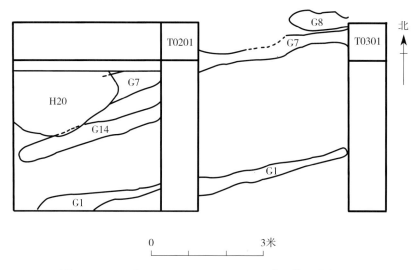

图 4-75　18 I G1、G7、G8、G14 平面位置图

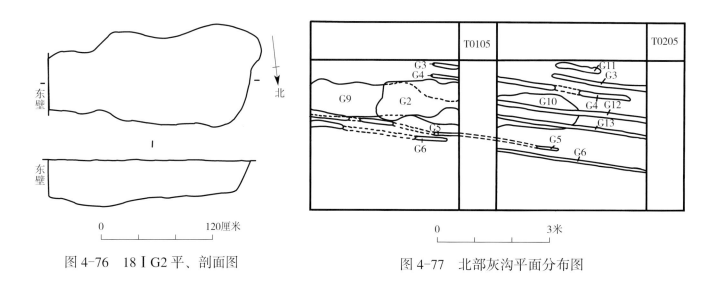

图 4-76　18 I G2 平、剖面图

图 4-77　北部灰沟平面分布图

瓷片、陶片、石块、铜片、铁钉。

　　第②层：灰黄土。距地表 0.45～0.49、厚 0.06～0.88 米。土质较疏松。包含有少量瓷片和红烧土颗粒。

　　第③层：黄褐土。距地表 0.62～0.7、厚 0.15～0.22 米。土质较疏松。包含有极少量红烧土颗粒、铁钉 1 枚。

　　3. 18 I G3

　　位于 T0105 中部偏北和 T0205 内。开口于②层下，打破③层（图 4-78）。平面呈条形。T0205 内 18 I G3 距地表 0.35 米，沟口长 2.36、宽 0.15 米，沟底长 2.16、宽 0.04、深 0.02～0.06 米。沟壁较倾斜、较粗糙，沟底较明显。沟内堆积呈黑色土，沟内填土为灰黄土。红烧土颗粒，土质较疏松。包含少量瓷片，稀疏分布于整个沟内。推测为车辙印。

　　4. 18 I G4

　　位于 T0105 东北角和 T0205 内。开口于②层下，打破③层（图 4-79）。平面呈条形。T0205 内

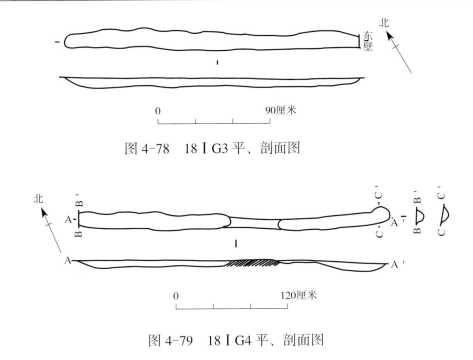

图 4-78　18ⅠG3 平、剖面图

图 4-79　18ⅠG4 平、剖面图

18ⅠG4 距地表 0.4 米，沟口长 3.32、宽 0.16 米，沟底长 0.3、宽 0.06、深 0.04～0.07 米。沟壁较倾斜、较粗糙，沟底较明显。沟内堆积为黑灰土夹红烧土颗粒，土质较疏松，内包含烧土颗粒，分布于整个沟内。推测为车辙印，因深度较浅，在 G4 北边及南边有相似的沟存在，且内含少量瓷片。

5. 18ⅠG5

位于 T0105 中部和 T0205 内。开口于①层下，打破③层，东部被 18ⅠH14 打破一部分（图 4-80）。平面呈条形。T0105 内 18ⅠG5 距地表 0.32 米，沟口长 3.64、宽 0.05 米，沟底长 3.6、宽 0.04、深 0.03～0.17 米。沟壁较粗糙、较倾斜，沟底较明显。沟内堆积为黑灰土夹红烧土颗粒，土质较疏松，内包含烧土颗粒、少量瓷片，分布于整个沟内。推测为车辙印。

6. 18ⅠG6

位于 T0105 中部和 T0205 内。开口于①层下，打破③层（图 4-81）。平面呈条形。T0205 内 18ⅠG6 距地表 0.34 米，沟口长 4、宽 0.08 米，沟底长 4、宽 0.04、深 0.04～0.14 米。沟壁较粗糙、较倾斜，沟底较明显。沟内堆积为黑灰土夹红烧土颗粒，土质较疏松，内包含烧土颗粒、少量瓷片，分布于整个沟内。推测为车辙印。

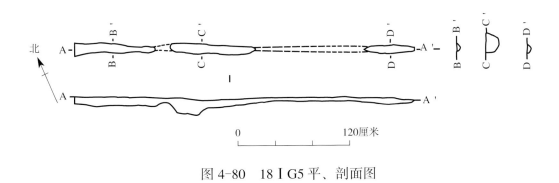

图 4-80　18ⅠG5 平、剖面图

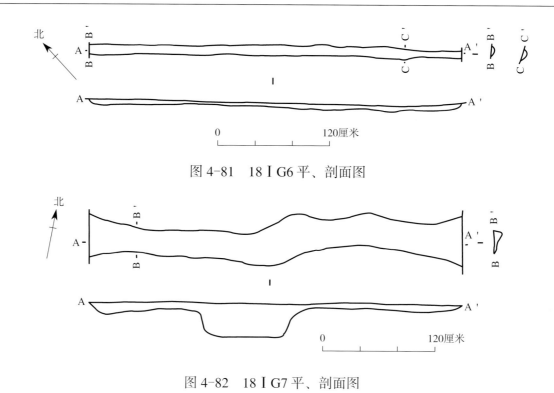

图 4-81　18ⅠG6 平、剖面图

图 4-82　18ⅠG7 平、剖面图

7. 18ⅠG7

位于 T0301、T0201 北壁，横穿 2 个探方。在 T0301 内开口于②层下，打破 18ⅠG8 及生土（图 4-82）。平面呈条形沟状。距地表 0.55～0.6 米，在 T0201 内开口于⑥层下，打破生土，被 H20 打破，距地表 0.6～0.65 米，打破了 T0201 的北隔梁，T0301 的北隔梁。沟口长 5.24、宽 0.26 米，坑底长 4.98、宽 0.04、深 0.02～0.26 米。沟壁较缓，较粗糙，沟底较明显，在 T0301 内中间部位被现代施工所破坏。根据灰沟的走势，与周围遗迹的相互关系，应该为排水用，是排水沟的底部。

8. 18ⅠG8

位于 T0301 北壁，与 G7 相邻，在其北边。在 T0301 内开口于②层下，打破生土，打破 T0302 北隔梁，同时被 18ⅠG7 打破（图 4-83）。平面呈条形沟状。距地表 0.5 米，沟口长 1.4、宽 0.34 米，坑底长 1.09、宽 0.4、深 0.02～0.8 米。沟壁较陡，较粗糙，沟底较明显，在 T0301 北隔梁被现代施工所破坏。沟内堆积为粉沙土，结构疏松，质地较软，土色灰黑色。包含烧土、炭屑、瓷片、石灰、窑砖，分布于整个灰沟内。根据灰沟的走势应该为排水沟。

9. 18ⅠG9

位于 T0105 偏北，在 18ⅠH18 北边。开口于⑤层下，打破生土（图 4-84）。平面呈条形。距地表 1.2 米，沟口长 4、宽 0.82 米，沟底长 4、宽 0.58、深 0.24～0.4 米。沟壁较倾斜，较粗糙，沟底较明显。坑内堆积为灰黑土夹灰黄土，土质较疏松。包含少量红烧土颗粒、炭屑、小石块、瓷片。出土小件 2 件，人物瓷塑 1 件、铜钱 1 枚。

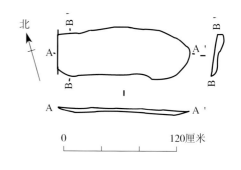

图 4-83　18ⅠG8 平、剖面图

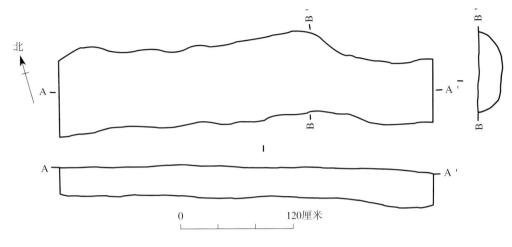

图 4-84　18 I G9 平、剖面图

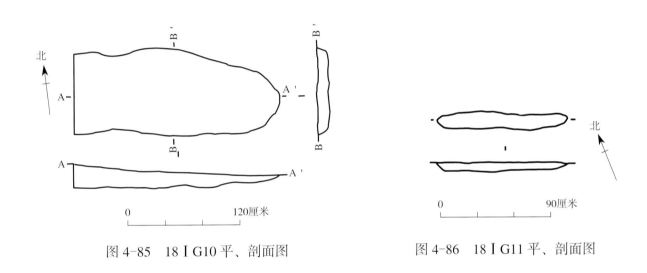

图 4-85　18 I G10 平、剖面图　　　　　　图 4-86　18 I G11 平、剖面图

10. 18 I G10

位于 T0205 西壁，在 18 I G10 正南，18 I H26、H30 在 18 I G10 正东，18 I H27 在 18 I G10 东北角，18 I H37 在 18 I G10 东南角。开口于⑤层下，打破生土（图 4-85）。平面呈条形沟状。距地表 1.2 米，沟口长 2.2、宽 0.34 米，坑底长 2、宽 0.74、深 0.02 ～ 0.24 米。沟壁较缓，较粗糙，沟底较明显。沟内堆积为黏土，结构较疏松，质地软，土色灰黑色。包含少量瓷片、炭屑，分布于整个灰沟内。与 T0105 的 G9 是同一条沟。根据灰沟的走势应该为排水沟。

11. 18 I G11

位于 T0205 北壁，在 18 I G3 北边。开口于①层下，打破③层（图 4-86）。平面呈条形。距地表 0.68 米，沟口长 1.06、宽 0.08 米，沟底长 0.9、宽 0.05、深 0.06 ～ 0.08 米。沟壁较倾斜，较粗糙，沟底较明显。沟内堆积为灰黑土，土质较疏松。包含红烧土颗粒、瓷片、小石子。疑是车辙印。

12. 18 I G12

位于 T0205 中间，在 18 I G13 北边。开口于②层下，打破③层（图 4-87）。平面呈条形。距地表 0.61 米，沟口长 4、宽 0.08 米，沟底长 4、宽 0.06、深 0.02 ～ 0.08 米。沟壁较倾斜，较粗糙，沟底

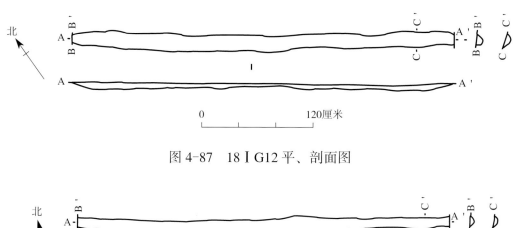

图 4-87　18 I G12 平、剖面图

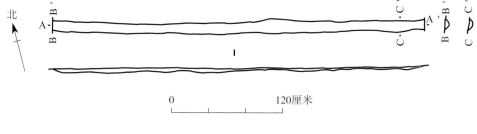

图 4-88　18 I G13 平、剖面图

较明显。沟内堆积为灰黑土，土质较疏松。包含红烧土颗粒、瓷片、小石子。疑是车辙印。

13. 18 I G13

位于 T0205 中间，在 18 I G12 南边。开口于①层下，打破③层（图 4-88）。平面呈条形。距地表 0.46 米，沟口长 4、宽 0.09 米，沟底长 4、宽 0.06、深 0.01～0.06 米。沟壁较倾斜，较粗糙，沟底较明显。沟内堆积为灰黑土，土质较疏松。包含红烧土颗粒、瓷片、小石子。疑是车辙印。

14. 18 I G14

位于 T0201 中间东北—西南方向，18 I G7 在 18 I G14 的东北角，18 I G1 在 18 I G14 的南侧。开口于⑥层下，打破生土（图 4-89）。平面呈条形沟状。沟口长 3.88、宽 0.36 米，坑底长 3.72、宽 0.2、深 0.06～0.16 米。沟壁较缓，较粗糙，沟底较明显。沟内堆积为粉沙土，结构较疏松，质地软，土色灰黄色。包含大量烧土、瓷片、石块、窑具，分布于整个灰沟内。根据灰沟走势应该为排水沟。

15. 18 I G15

位于 T0203 西南，斜穿整个 T0203。开口于⑤层下，打破生土（图 4-90）。平面形状为坑状。距离地表 0.54 米，沟口长 4、宽 0.12 米，坑底长 4、宽 0.1、深 0.05～0.09 米。壁面较直，坑底明显，

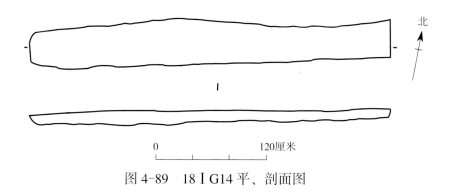

图 4-89　18 I G14 平、剖面图

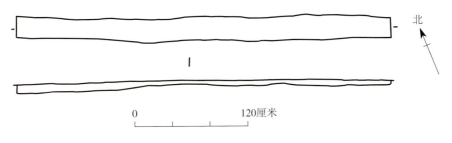

图 4-90 18ⅠG15 平、剖面图

较粗糙。地底部较平。土色为灰白土，土质致密，较硬。包含瓷片、碗残片，出土铜钱 1 枚。

16. 18ⅠZ1

位于 T0305 东偏南，紧贴着18ⅠH5 西部。开口于②层下，打破③及生土（图 4-91；彩版 4-47）。灶呈不规则形，由烟囱、灶坑、烟道组成。灶口长径 1.55、短径 0.8 米，坑底长径0.56、短径 0.4、深 0.12～0.15 米。烟囱口长径 0.32、短径 0.3 米，坑底长径 0.26、短径 0.21、深 0.1～0.2 米。烟道呈袋状，烟道口长径 0.32、短径0.28 米，坑底长径 0.44、短径 0.15、深 0.35～0.43 米。

灶周围一圈由红烧土圈起来，在北部分布有规则的黑土（大量炭）圆圈。烟囱土色为黑土（炭），并且大量碳分布在整个烟囱内，土质疏松。坑内土色明显，可分 2 层：（1）土色为红烧土（橘黄色偏浅）；（2）为红烧土（橘黄色偏深）；坑内土质较致密。红烧土分布于坑内。内含瓷片、白瓷碗 1 件、窑柱（残）、钵形支具 1 件、垫饼（残）、灶砖块。

17. 18ⅠC1

位于 T0403 北部偏中，北半部分压在北隔梁下。破坏严重，方向90°。开口于③层下，打破④层（图

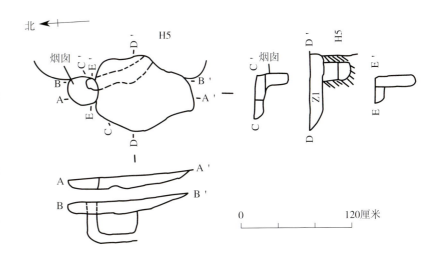

图 4-91 18ⅠZ1 平、剖面图

彩版 4-47 18ⅠZ1 和 H5 的平面关系（镜向西）

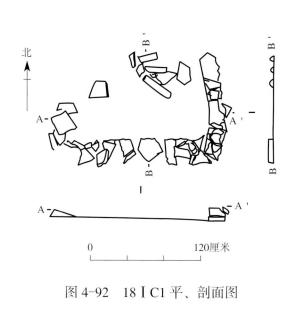

图 4-92　18ⅠC1 平、剖面图

彩版 4-48　18ⅠC1（镜向南）

彩版 4-49　18ⅠC1（镜向西）

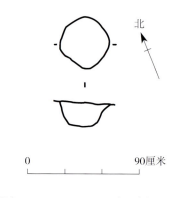

图 4-93　18ⅠD1 平、剖面图

4-92；彩版 4-48、49）。平面呈长方形，长约 1.9、宽 1.16 米。石块、垫砖和窑柱相结合垒筑。池内堆积黄褐色土，土质疏松，较黏软。池内没有遗物。是墓葬还是制瓷相关的设施？具体用途不明。

18. 18ⅠD1

位于 T0203 西偏南，18ⅠD1 在 18ⅠG15 北边。开口于⑤层下，打破生土（图 4-93）。呈正圆形筒状。坑口长径 0.21、短径 0.2 米，坑底长径 0.13、短径 0.11、深 0.1～0.12 米。壁面较陡直，坑底明显，较粗糙，底部较平。洞内土色为黄褐色土，土质疏松。包含窑具、窑柱、碗、罐残片、烧土、炭屑。

五 墓葬

在发掘区外相继发现并清理4座墓葬，18M1是位于Ⅱ区北部，18M2～M4位于Ⅰ区南部（彩版4-50）。

彩版4-50 18M2～M4

1. 18M1

位于Y4北100米，西邻新湖路，因施工被破坏接近至墓底（图4-94）。土坑竖穴墓，平面呈长方形，墓向为4°。墓长2.2、宽0.8、深约0.03米。墓壁被破坏，墓底平底，未发现棺椁。墓内填土基本破坏至墓底，随葬品有2件灰陶罐、1件红陶罐，在人头骨北边，人骨保存状况非常差，头向北。根据墓内随葬品推测为西汉墓。

2. 18M2

位于18ⅠY2、Y3南约300米，惠尔普陶瓷厂西边，因施工被破坏接近至墓底（图4-95；彩版4-51）。土坑竖穴墓，平面呈不规则形，墓向为10°。墓壁由35根长短不一的窑柱呈南北向不规则排列，长2.34、宽1.32、深约0.16米。墓壁被破坏，墓底为平底，未发现棺椁。墓内填土基本破坏至墓底，随葬品有铁钉1枚、铜钱3枚，

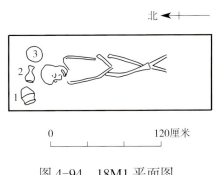

北 ←

图4-94 18M1平面图
1.陶罐 2.陶豆 3.陶片

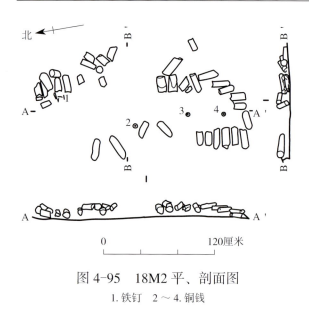

图 4-95　18M2 平、剖面图

1. 铁钉　2~4. 铜钱

彩版 4-51　18M2（镜像东）

未见人骨。根据墓内随葬品推测为北宋墓。

3. 18M3

位于 18ⅠY2、Y3 南约 300 米，在 M2 南 0.3 米处，因施工被破坏接近至墓底（图 4-96; 彩版 4-52）。土坑竖穴墓，平面呈长方形，墓向为 93°。墓长 2.56、宽 1、深约 0.11 米。墓壁被破坏，墓底为平底，未发现棺椁。墓内填土基本破坏至墓底，清理出铁钉 4 枚，未见人骨。根据墓内随葬品推测为北宋墓。

4. 18M4

位于 18ⅠY2、Y3 南约 300 米，在 M3 南 2.85 米处，因施工被破坏接近至墓底（图 4-97; 彩版 4-53）。土坑竖穴墓，平面呈长方形，墓向为 15°。墓长 1.19、宽 1.36、深约 0.08 米。墓壁被破坏，墓底为平底，未发现棺椁。墓内填土基本破坏至墓底，随葬品有铜钱 3 枚、铁钉 15 枚，随葬品分布在人骨周围，人骨仅剩两段腿骨，看不出头向。根据墓内随葬品推测为北宋墓。

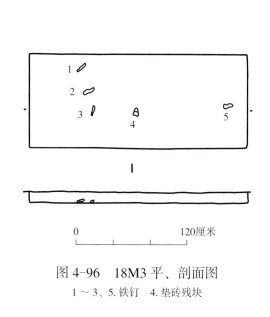

图 4-96　18M3 平、剖面图

1~3、5. 铁钉　4. 垫砖残块

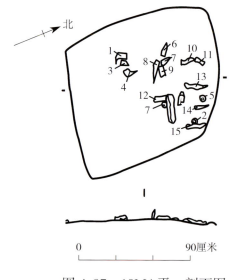

图 4-97　18M4 平、剖面图

1、3、4、6、8~15. 铁钉　2、5、7. 铜钱

彩版 4-52 18M3（镜像北）

彩版 4-53 18M4（镜像南）

第五章　2017年Ⅰ区出土遗物

第一节　探沟出土遗物

一　17ⅠTG1

（一）白瓷

1. 白瓷碗

共7件。

17ⅠTG1①：49，残。敞口，圆唇，弧腹，圈足，挖足过肩。内满施透明釉，有涩圈，宽1.3～1.7厘米，外施釉至腹部，釉下施白色化妆土，化妆土及釉面有小开片，内外均有轮痕，少量土沁。圈足足跟旋削，足脊微斜，外足墙微外撇。浅灰色胎，较致密。口径19.9、底径6.4、通高6.2厘米（图5-1，1）。

17ⅠTG1②：159，残。敞口，圆唇，弧腹，圈足，挖足过肩。内满施透明釉，有涩圈，宽1.3～1.7厘米，外施釉至腹部，釉下施白色化妆土，釉面有小开片，内有少量土沁，外粘有瓷片、轮痕。圈足足跟旋削，足脊微斜，外足墙微外撇。灰色胎，较致密。口径13.6、底径5.2、通高4厘米（图5-1，2）。

17ⅠTG1②：140，2件，划花碗（彩版5-1）。

17ⅠTG1②：140-1，上，残。敞口，圆唇，弧腹，圈足。内满施透明釉，有涩圈，宽1.2厘米，饰划花萱草纹，外施釉至腹部，釉下施白色化妆土，有积釉现象，釉面有小开片，内有少量土沁，外有轮痕。足外墙微外撇。浅灰色胎，较致密。口径19.2、底径6.6、高5.6厘米。

17ⅠTG1②：140-2，下，残。敞口，圆唇，弧腹，圈足，挖足过肩。内施透明釉，外施透明釉至腹部，釉下施白色化妆土，有流釉现象，釉面有小开片，外有少量土沁、轮痕，有窑粘。圈足足跟旋削，足脊微斜，外足墙微外撇。浅灰色胎，较致密。口径19、底径6.6、通高7.2厘米。

17ⅠTG1②：235，带字碗口沿残片。敞口，圆唇，弧腹。内施透明釉，内腹有刻划字"？"，外施透明釉至腹部，有积釉现象，釉面有小开片，外有轮痕。灰色胎，较致密。残长9.7、残宽5.2厘米（图5-1，3；彩版5-2，左）。

17ⅠTG1②：241，残。敞口，圆唇，弧腹，圈足。内满施透明釉，有涩圈，宽1.6～1.9厘米，内釉下有刻划字"朱四叔"，外施透明釉至腹部，釉面有小开片，内外有轮痕，外有土沁，有釉粘。圈足足跟旋削，足脊微斜，外足墙微外撇。灰色胎，较粗糙。口径19.4、底径6、通高6.5厘米（图5-1，4；彩版5-2，右）。

17ⅠTG1②：216，残。弧腹，圈足，挖足过肩。内满施透明釉，有涩圈，宽0.8～1.3厘米，

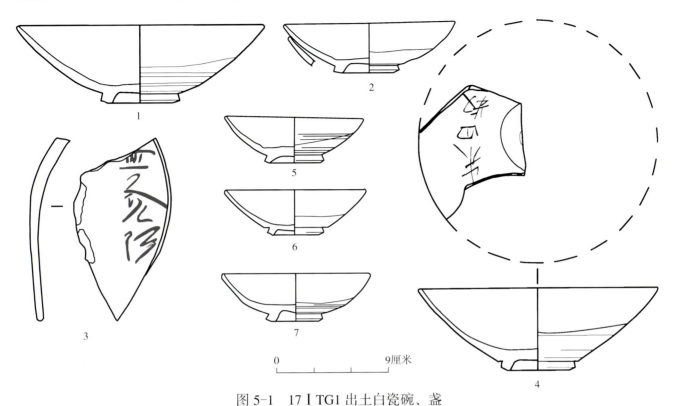

图 5-1　17ⅠTG1 出土白瓷碗、盏

1～4. 白瓷碗17ⅠTG1①：49、17ⅠTG1②：159、235、241　　5～7. 白瓷盏17ⅠTG1①：65、71、17ⅠTG1②：123

彩版 5-1　白瓷碗 17ⅠTG1②：140

内釉下饰划花萱草纹，外施透明釉至下腹，釉下施白色化妆土，釉面有小开片，内外有轮痕，有釉粘，外有土沁。足脊微斜，外足墙微外撇。灰色胎，较致密。残高 4.5 厘米（彩版 5-3）。

2. 白瓷盏

共 3 件。

17ⅠTG1①：65，残。敞口，圆唇，弧腹，圈足。内满施透明釉，有涩圈，宽 0.9～1.5 厘米，外施釉至下腹，釉下施白色化妆土，釉面有小开片，内外都有轮痕，外有少量土沁。圈足足跟旋削，足脊微斜，外足墙微外撇。浅黄色胎，较致密。口径 11.2、底径 4.8、通高 3.7 厘米（图 5-1，5）。

17ⅠTG1①：71，残。敞口，圆唇，弧腹，圈足。内满施透明釉，有涩圈，宽 1.4～1.7 厘米，外施釉至腹部，釉下施白色化妆土，外有轮痕，有釉粘，底部中心微凸。圈足足跟旋削，足脊微斜，外足墙微外撇。浅黄色胎，较致密。

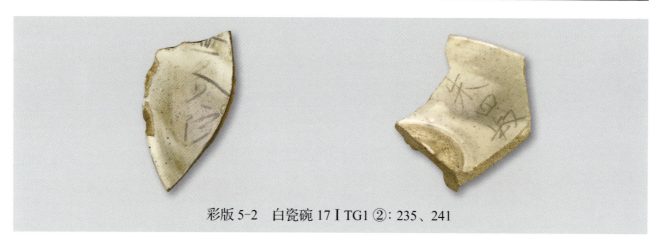

彩版 5-2　白瓷碗 17ⅠTG1 ②：235、241

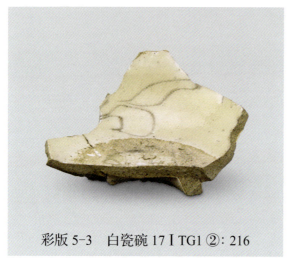

彩版 5-3　白瓷碗 17ⅠTG1 ②：216

口径 11.4、底径 4.5、通高 3.6 厘米（图 5-1，6）。

17ⅠTG1 ②：123，残。敞口，圆唇，弧腹，圈足，挖足过肩。内满施透明釉，有涩圈，宽 1～1.5 厘米，外施釉至腹部，釉下施白色化妆土，施釉不均匀，外有少量土沁、轮痕。圈足足跟旋削，足脊微斜，外足墙微外撇。浅黄色胎，较致密。口径 12、底径 4.5、通高 3.8 厘米（图 5-1，7）。

3. 白瓷盘

共 2 件。

17ⅠTG1 ①：68，残。侈口，圆唇，弧腹微折，圈足，挖足过肩。内满施透明釉，有涩圈，宽 1.2 厘米，外施透明釉至腹部，釉下施白色化妆土，化妆土及釉面有小开片，内有少量土沁，外有轮痕。圈足足跟旋削，足脊微斜，外足墙微外撇。浅黄色胎，较致密。口径 18、底径 7.1、通高 4.8 厘米（图 5-2，1）。

17ⅠTG1 ②：176，残。敞口，圆唇，弧腹折收，平底内凹。内满施透明釉，外施透明釉至腹部，釉下施白色化妆土，釉面有小开片，内有少量土沁，外有轮痕。浅黄色胎，较致密。口径 9.4、底径 4、通高 1.7 厘米（图 5-2，2）。

4. 白瓷钵

共 5 件。

17ⅠTG1 ①：45，敞口，圆唇，口沿下有凸棱，弧腹，圈足，挖足过肩。除口沿内满施透明釉，外施透明釉至下腹，釉下施白色化妆土，有流釉现象，内有窑粘，外有轮痕，少量土沁。圈足足跟旋削，足脊微斜，外足墙微外撇。浅黄色胎，较致密。口径 13、底径 6.1、通高 6 厘米（图 5-2，3；彩版 5-4）。

17ⅠTG1 ①：46，微残。敞口，圆唇，口沿下有凸棱，弧腹，圈足。除口沿内满施透明釉，外施透明釉至下腹，釉下施白色化妆土，釉面有小开片，内外有少量土沁，内有窑粘，外有轮痕。圈足足跟旋削，足脊微斜，外足墙微外撇。浅黄色胎，较致密。口径 11.6、底径 5.6、通高 6 厘米（图 5-2，4；彩版 5-5）。

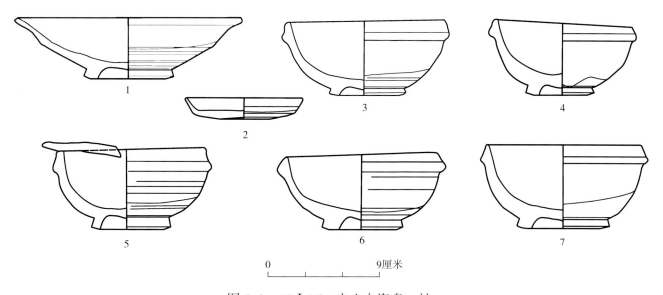

图 5-2　17 I TG1 出土白瓷盘、钵

1、2. 白瓷盘17 I TG1①：68、17 I TG1②：176　3～7. 白瓷钵17 I TG1①：45～48、17 I TG1②：165

17 I TG1①：47，2 件（图 5-2，5；彩版 5-6）。

17 I TG1①：47-1，上，垫饼，残。模制。半圆饼状，平面近半圆形。两面都有裂痕，少量土沁。夹砂浅黄色胎，较粗糙。残直径 6.4、厚 0.8 厘米。

17 I TG1①：47-2，下，白瓷钵，残。敞口，圆唇，口沿下有凸棱，弧腹，圈足，挖足过肩。内满施透明釉，外施透明釉至下腹，釉下施白色化妆土，釉面有小开片，内外有少量土沁，外有轮痕。圈足足跟旋削，足脊微斜，外足墙微外撇。浅黄色胎，较致密。口径 12、底径 6.4、高 6.5、通高 7 厘米。

17 I TG1①：48，敞口，圆唇，口沿下有凸棱，弧腹，圈足，挖足过肩。除口沿内满施透明釉，外施透明釉至下腹，釉下施白色化妆土，釉面有小开片，内有窑粘，外有轮痕，少量土沁。圈足足跟旋削，足脊微斜，外足墙微外撇。浅黄色胎，较致密。口径 12.6、底径 6.5、通高 6.2 厘米（图5-2，6）。

17 I TG1②：165，残。敞口，圆唇，口沿下有凸棱，弧腹，圈足，挖足过肩。除口沿内满施透明釉，外施透明釉至下腹，釉下施白色化妆土，施釉不均匀，外有轮痕，少量土沁、釉粘。圈足足跟旋削，足脊微斜，外足墙微外撇。黄色胎，较致密。口径 12.8、底径 7.6、通高 6.7 厘米（图 5-2，7）。

彩版 5-4　白瓷钵 17 I TG1①：45

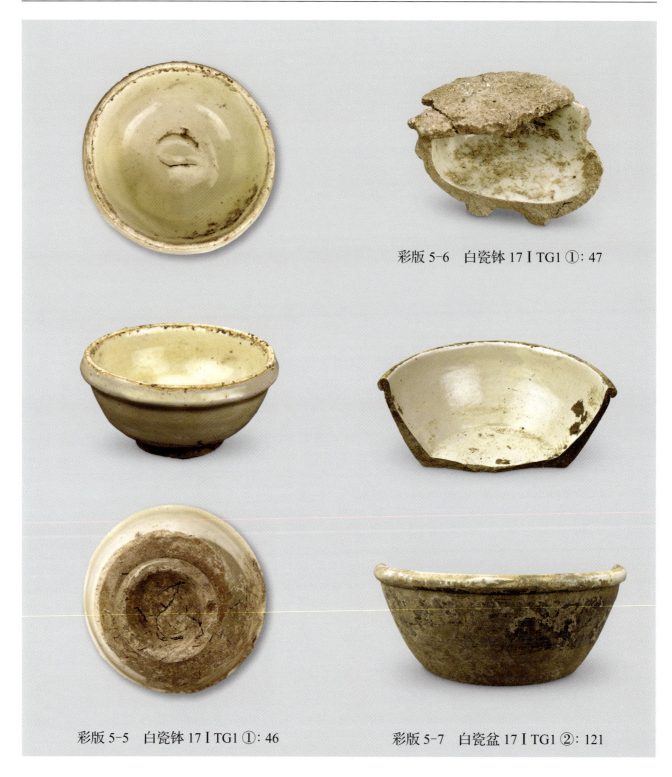

彩版 5-6　白瓷钵 17ⅠTG1①:47

彩版 5-5　白瓷钵 17ⅠTG1①:46

彩版 5-7　白瓷盆 17ⅠTG1②:121

5. 白瓷盆

共 3 件。

17ⅠTG1②:121，残。敞口，圆唇，卷沿，弧腹，平底内凹。除口沿内满施透明釉，釉下满施白色化妆土，外施透明釉至下腹，釉面有小开片，内外有土沁，外有轮痕。黄色胎，较致密。口径30.4、底径 18、通高 12.6 厘米（图 5-3，1；彩版 5-7）。

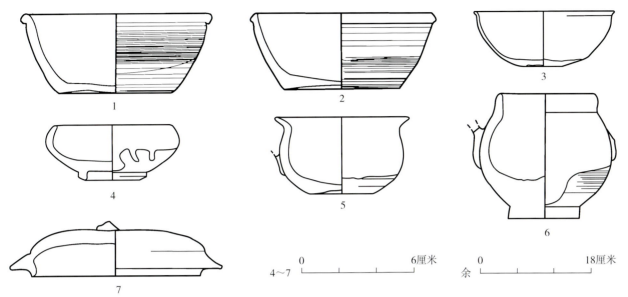

图 5-3　17 I TG1 出土白瓷器

1~3. 白瓷盆 17 I TG1 ②：121、122、244　4. 白瓷水盂 17 I TG1 ①：32　5、6. 白瓷罐 17 I TG1 ①：31、17 I TG1 ②：28　7. 白瓷器盖 17 I TG1 ①：86

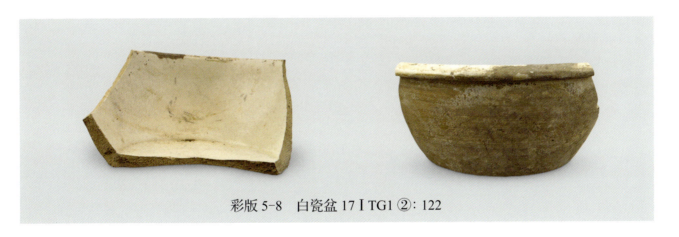

彩版 5-8　白瓷盆 17 I TG1 ②：122

　　17 I TG1 ②：122，残。敞口，圆唇，卷沿，弧腹，平底。除口沿内满施透明釉，釉下满施白色化妆土，外施透明釉至腹部，釉面有小开片，有积釉现象，内外都有少量土沁，外有轮痕。浅灰色胎，较致密。口径 29.4、底径 18.8、通高 12.2 厘米（图 5-3，2；彩版 5-8）。

　　17 I TG1 ②：244，残。侈口，圆唇，弧腹，卧足。内施透明釉，外施透明釉至下腹，口沿上施白色化妆土，釉面有小开片，内外有轮痕，外有土沁，有釉粘，灰色胎，较致密。口径 22.8、底径 6.2、通高 8.8 厘米（图 5-3，3）。

　　6. 白瓷水盂

　　共 1 件。

　　17 I TG1 ①：32，残。口，圆唇，鼓腹，圈足，挖足过肩。除口沿内满施透明釉，外施透明釉至下腹，釉下施白色化妆土，有流釉现象，釉面有小开片，内外有少量土沁，外有轮痕。圈足足跟旋削，足脊微斜，外足墙微外撇。浅黄色胎，较致密。口径 6.4、腹径 7.2、底径 3.9、通高 2.9 厘米（图 5-3，4；彩版 5-9）。

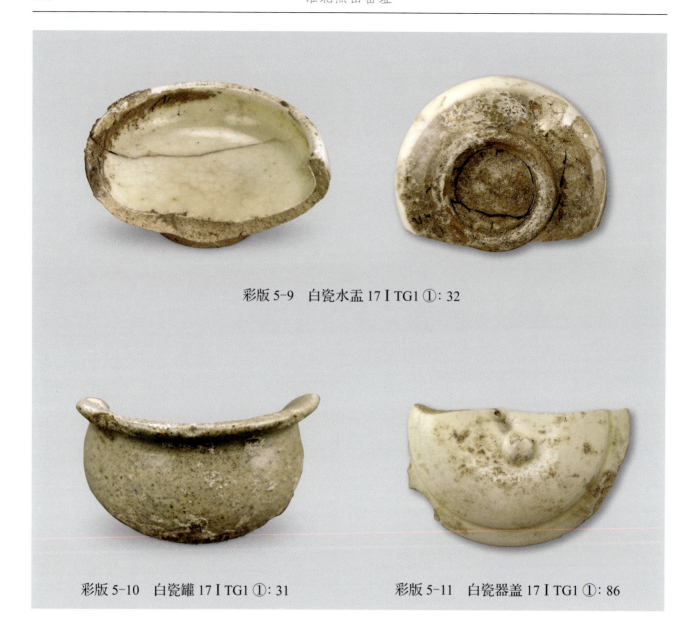

彩版 5-9　白瓷水盂 17ⅠTG1 ①：32

彩版 5-10　白瓷罐 17ⅠTG1 ①：31　　　　　　　彩版 5-11　白瓷器盖 17ⅠTG1 ①：86

7. 白瓷罐

共 2 件。

17ⅠTG1 ①：31，残。侈口，圆唇，矮颈，双系残，鼓腹，平底内凹。内满施透明釉，外施透明釉至下腹，施釉不均匀，有积釉现象，内外都有轮痕，有窑粘，少量土沁。浅黄色胎，较致密。口径 7.2、腹径 6.6、底径 3.5、通高 4 厘米（图 5-3，5；彩版 5-10）。

17ⅠTG1 ②：28，残。敞口，圆唇，矮颈，双系残，弧腹，饼底。除口沿内满施透明釉，外施透明釉至下腹，釉下施白色化妆土。有疑似施釉（疑似施釉是古代制瓷工人在瓷器制作时由于手上沾有釉水而在器物上遗留下的疑似施釉，下同不注），釉面有小开片，内外都有轮痕。浅黄色胎，较致密。口径 5.4、腹径 7.2、底径 3.9、通高 6.7 厘米（图 5-3，6）。

8. 白瓷器盖

共 1 件。

17 I TG1①：86，残。子母口微敛，弧顶，顶部捉手残。内外均施透明釉，盖顶釉下施白色化妆土，釉面有小开片，有轮痕，外有土沁，口沿下有窑粘。灰色胎，较致密。直径 11.3、通高 2.9 厘米（图 5-3，7；彩版 5-11）。

（二）白釉黑（褐）彩瓷

1. 白釉黑（褐）彩碗

共 6 件。

17 I TG1②：170，残。敞口，圆唇，弧腹，圈足，挖足过肩。内满施透明釉，有涩圈，宽 1.4～2.2 厘米，饰褐彩萱草纹，外施透明釉至腹部，有积釉现象，釉下施白色化妆土，化妆土有脱落现象，外有少量土沁、轮痕。圈足足跟旋削，足脊微斜，外足墙微外撇。胎体火石红，黄色胎，较致密。口径 15.2、底径 5.2、通高 5.4 厘米（图 5-4，1）。

17 I TG1②：173，敞口，圆唇，弧腹，圈足，挖足过肩。内满施透明釉，有涩圈，宽 1.3～1.6 厘米，饰褐彩萱草纹，外施透明釉至腹部，釉下施白色化妆土，釉面有小开片，外有少量土沁、轮痕。圈足足跟旋削，足脊微斜，外足墙微外撇。浅黄色胎，较致密。口径 13.8、底径 4.8、通高 4.5 厘米（图 5-4，2；彩版 5-12，上）。

17 I TG1②：175，残。敞口，圆唇，弧腹，圈足，挖足过肩。内满施透明釉，有涩圈，宽 1.6～2 厘米，饰褐彩萱草纹，外施透明釉至上腹部，釉下施白色化妆土，釉面有小开片，外有少量土沁、轮痕。圈足足跟旋削，足脊微斜，外足墙微外撇。浅黄色胎，较致密。口径 14.8、底径 4.8、通高 4.9 厘米（图 5-4，3；彩版 5-12，下）。

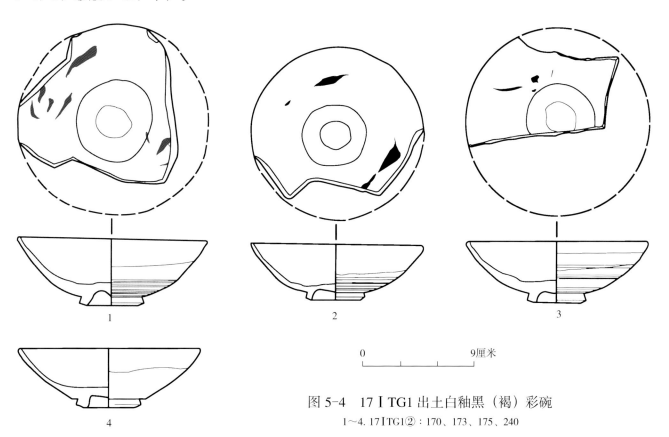

0   9厘米

图 5-4 17 I TG1 出土白釉黑（褐）彩碗

1～4. 17 I TG1②：170、173、175、240

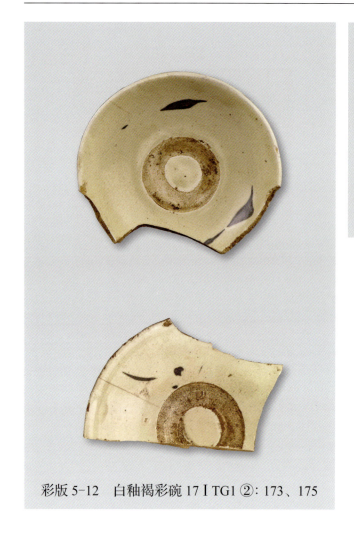

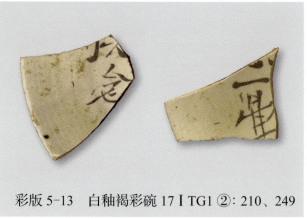

彩版 5-13　白釉褐彩碗 17 I TG1 ②：210、249

彩版 5-12　白釉褐彩碗 17 I TG1 ②：173、175

17 I TG1 ②：240，残。敞口，圆唇，弧腹，圈足。内满施透明釉，有涩圈，宽 0.9～1.7 厘米，内腹饰褐彩萱草纹，外施透明釉至腹部，有积釉现象，釉下施白色化妆土，外有轮痕，有土沁。圈足足跟旋削，足脊微斜，外足墙微外撇。黄色胎，较致密。口径 14.5、底径 5.2、通高 4.7 厘米（图 5-4，4）。

17 I TG1 ②：210，带字碗口沿残片。敞口，圆唇，弧腹。内施透明釉，外施透明釉至腹部，釉面有小开片，内腹有褐彩字"？"。黄色胎，较致密。残长 7.8、残宽 7.15 厘米（彩版 5-13，左）。

17 I TG1 ②：249，带字碗口沿残片。敞口，圆唇，弧腹。内施透明釉，内腹饰褐彩字"？"，外施透明釉至腹部，釉下施白色化妆土，釉面有小开片。浅黄色胎，较致密。残长 8、残宽 5.7 厘米（彩版 5-13，右）。

2. 白釉黑（褐）彩盆

共 2 件。

17 I TG1 ①：85，残。敞口，圆唇，弧腹，卧足。内满施透明釉，有涩圈，宽 2.2～2.5 厘米，内腹饰褐彩萱草纹，外施透明釉至口沿上，施釉不均匀，釉下施白色化妆土，有积釉现象，釉面有小开片，内外有土沁，外有轮痕，有釉粘，外有护胎釉，底部粘有小砂石。浅灰色胎，较粗糙。口径 31.3、底径 18.2、通高 10.1 厘米（图 5-5，1）。

17 I TG1 ②：233，盆腹片，弧腹。内施透明釉，外施透明釉至下腹，外腹饰黑彩萱草纹，釉下施白色化妆土，内外有轮痕，外粘有小瓷片，有窑粘。黄色胎，较致密。残长 12、残宽 8.6 厘米（彩版 5-14）。

3. 白釉黑彩梅瓶

1 件。

17 I TG1 ②：215，梅瓶腹片，弧腹。外施透明釉，外腹饰黑彩萱草纹，内外有轮痕，有土沁。

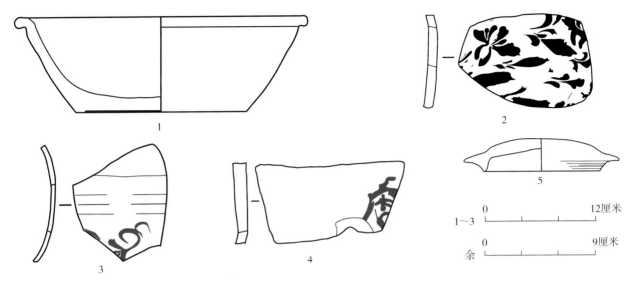

图 5-5　17ⅠTG1 出土白釉黑（褐）彩瓷器

1. 白釉黑（褐）彩盆17ⅠTG1①：85　2. 白釉黑彩梅瓶17ⅠTG1①17ⅠTG1②：215　3、4. 白釉黑（褐）彩罐17ⅠTG1②：247、250　5. 白釉黑（褐）彩器盖17ⅠTG1②：209

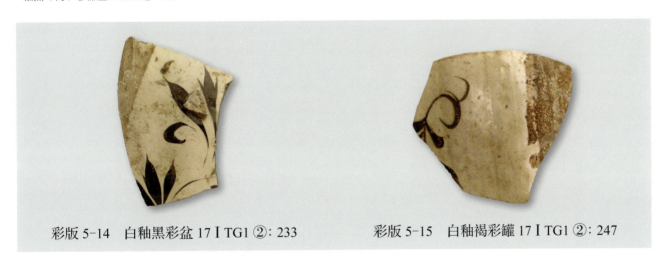

彩版 5-14　白釉黑彩盆 17ⅠTG1②：233　　　彩版 5-15　白釉褐彩罐 17ⅠTG1②：247

灰色胎，较致密。残长 9.7、残宽 14.4 厘米（图 5-5，2）。

4. 白釉黑（褐）彩罐

共 2 件。

17ⅠTG1②：247，腹片，弧腹。内施透明釉，外施透明釉至下腹，外腹饰褐彩萱草纹，釉面有小开片，釉下施白色化妆土，内外有轮痕，外有土沁。黄色胎，较致密。残长 12.3、残宽 10 厘米（图 5-5，3；彩版 5-15）。

17ⅠTG1②：250，腹片，弧腹。内施透明釉，釉面有小开片，外腹饰褐彩字"？"，内外有轮痕，有土沁。浅黄色胎，较粗糙。残长 11.9、残宽 6.45 厘米（图 5-5，4）。

5. 白釉黑（褐）彩器盖

共 2 件。

17ⅠTG1②：208，残。子母口微敛，平沿，弧顶，顶部有捉手。内外均施透明釉，盖顶釉下施白色化妆土，外腹饰黑彩萱草纹，内外有轮痕，内有釉粘。灰色胎，较粗糙。直径 12.4、通高 3.4

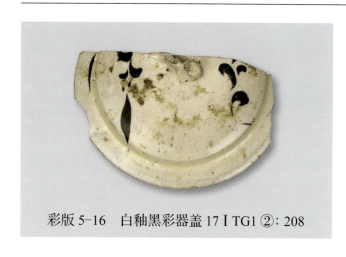

彩版 5-16　白釉黑彩器盖 17ⅠTG1②：208

厘米（彩版 5-16）。

17ⅠTG1②：209，残。子母口微敛，平沿，弧顶。内外均施透明釉，盖顶釉下施白色化妆土，外腹饰黑彩萱草纹，釉面有小开片，内外有轮痕，有土沁，内有釉粘。灰色胎，较粗糙。直径 12.6、通高 2.6 厘米（图 5-5，5）。

（三）青瓷

1. 青瓷碗

共 6 件。

17ⅠTG1①：36，残。敞口，圆唇，弧腹，圈足。内满施青釉，有涩圈，宽 1.3 厘米，外施青釉至腹部，内有少量土沁，外有轮痕。圈足足跟旋削，足脊微斜，外足墙微外撇。浅黄色胎，较致密。口径 15.2、底径 5.6、通高 5 厘米（图 5-6，1）。

17ⅠTG1②：4，残。口沿有变形。敞口，圆唇，弧腹，圈足，挖足过肩。内满施青釉，有涩圈，宽 1.9 厘米，釉下满施白色化妆土，外施青釉至上腹部，釉面有小开片，外有少量土沁、轮痕、釉粘。圈足足跟旋削，足脊微斜，外足墙微外撇。浅黄色胎，较致密。口径 21.6、底径 6.4、通高 6.6 厘米（图 5-6，2；彩版 5-17）。

17ⅠTG1②：14，残。敞口，圆唇，弧腹，圈足，挖足过肩。内满施青釉，有涩圈，宽 1.4～2.3 厘米，外施青釉至腹部，足脊施白色化妆土，施釉不均匀，有窑变现象，外粘有瓷片，少量土沁、轮痕。

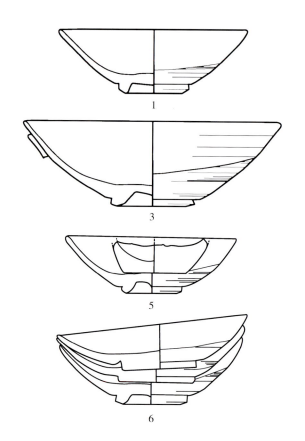

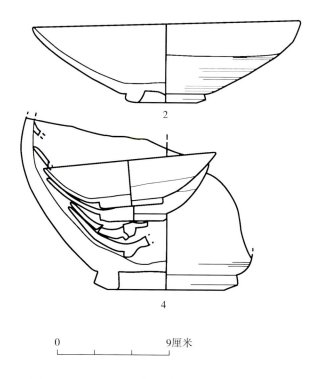

0　　　　　　9厘米

图 5-6　17ⅠTG1 出土青瓷碗

1～6. 17ⅠTG1①：36、17ⅠTG1②：4、14、17、20、23

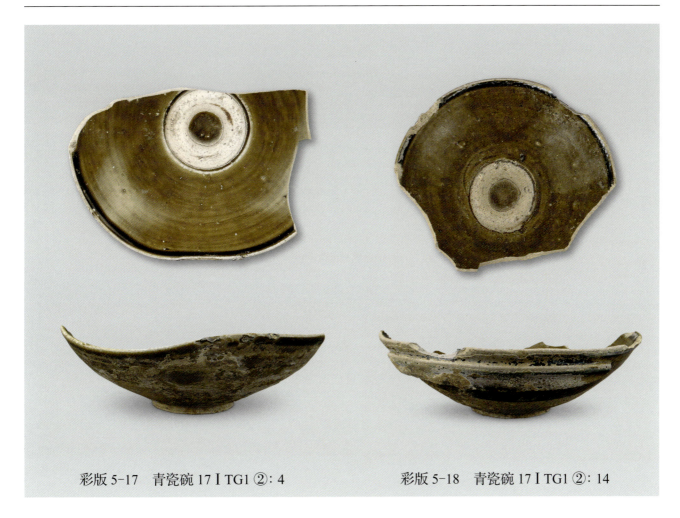

彩版 5-17 青瓷碗 17 I TG1 ②：4　　　　　　　　彩版 5-18 青瓷碗 17 I TG1 ②：14

圈足足跟旋削，足脊微斜，外足墙微外撇。浅灰色胎，较致密。口径 20.9、底径 6.8、通高 6.7 厘米（图 5-6，3；彩版 5-18）。

17 I TG1 ②：17，青瓷碗带青瓷罐。从上到下 5 件（图 5-6，4；彩版 5-19）。

17 I TG1 ②：17-1，青瓷碗，残。敞口，圆唇，弧腹，圈足。内满施青釉，有涩圈，宽 1.3 ～ 1.7 厘米，外施青釉至腹部，釉面有小开片，内外都有少量土沁、轮痕。圈足足跟旋削，外足墙微外撇。浅灰色胎，较致密。口径 14、底径 5.2、高 3.8 厘米。

17 I TG1 ②：17-2，青瓷碗，残。敞口，圆唇，弧腹，圈足。内施青釉，外施青釉至腹部，釉面有小开片，外有轮痕。圈足足跟旋削，足脊微斜，外足墙微外撇。浅灰色胎，较致密。口径 13、底径 5.4、高 4.5 厘米。

17 I TG1 ②：17-3，青瓷碗，残。敞口，圆唇，弧腹，圈足，挖足过肩。内外均施青釉。圈足足跟旋削，外足墙微外撇。浅灰色胎，较致密。高 5 厘米。

17 I TG1 ②：17-4，青瓷碗，残。敞口，圆唇，弧腹，圈足，挖足过肩。内施青釉，外施青釉至腹部。圈足足跟旋削，外足墙微外撇。浅灰色胎，较致密。高 6.4 厘米。

17 I TG1 ②：17-5，青瓷罐，残。弧腹，圈足。内满施青釉，外施青釉至腹部，有窑变现象，内外有窑粘，少量土沁、轮痕。圈足足跟旋削，足脊微斜，外足墙微外撇。浅灰色胎，较致密。底径 11.6、残高 13.6 厘米。

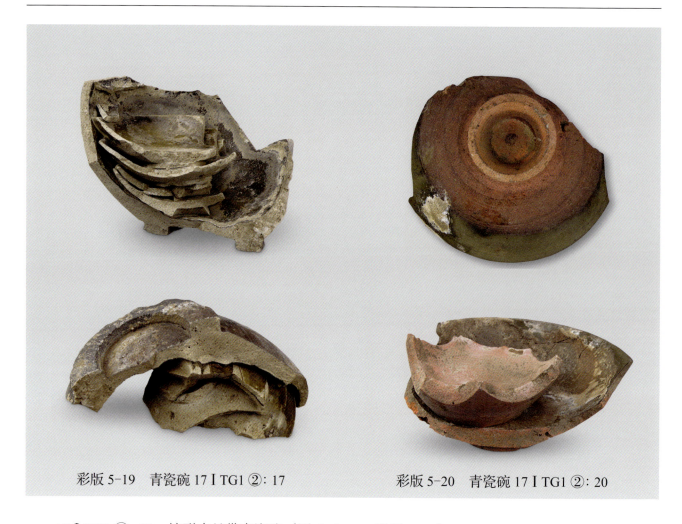

彩版 5-19　青瓷碗 17ⅠTG1②：17　　　　　　彩版 5-20　青瓷碗 17ⅠTG1②：20

　　17ⅠTG1②：20，钵形支具带青瓷碗（图 5-6，5；彩版 5-20）。

　　17ⅠTG1②：20-1，上，钵形支具，残。弧腹。内外都有轮痕，少量土沁。浅砖红色胎，较致密。底径 5、残高 2.8 厘米。

　　17ⅠTG1②：20-2，下，青瓷碗，残。侈口，圆唇，弧腹，圈足，挖足过肩。内满施青釉，外施青釉至腹部，内有少量土沁，外有轮痕。圈足足跟旋削，足脊微斜，外足墙微外撇。砖红色胎，较致密。口径 14、底径 4.8、高 4.6、通高 4.9 厘米。

　　17ⅠTG1②：23，3 件（图 5-6，6）。

　　17ⅠTG1②：23-1，青瓷碗，残。口沿有变形。敞口，圆唇，弧腹，圈足。内满施青釉，有涩圈，宽 1.4～1.7 厘米，外施青釉至腹部，外有少量土沁、轮痕。浅黄色胎，较致密。口径 15.7、底径 6、高 4.4 厘米。

　　17ⅠTG1②：23-2，青瓷碗，残。敞口，圆唇，弧腹，圈足。内施青釉，外施青釉至腹部，外有少量土沁、轮痕。圈足足跟旋削，外足墙微外撇。浅黄色胎，较致密。口径 15.4、底径 6.3、高 4.7 厘米。

　　17ⅠTG1②：23-3，青瓷碗，残。敞口，圆唇，弧腹，圈足，挖足过肩。内施青釉，外施青釉至腹部，施釉不均匀，外有釉粘，少量土沁、轮痕。圈足足跟旋削，足脊微斜，外足墙微外撇。浅黄色胎，较致密。口径 15、底径 5.9、高 5.4、通高 7.2 厘米。

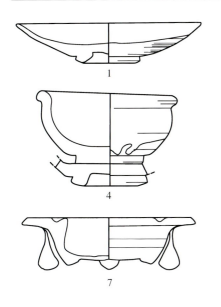

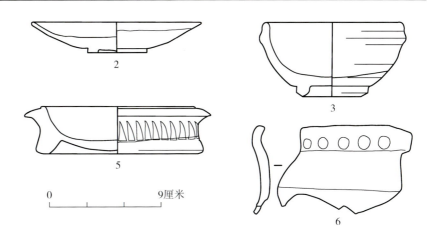

图 5-7　17 I TG1 出土青瓷器

1、2. 青瓷盘 17 I TG1②：26、236　3、4. 青瓷钵 17 I TG1②：7、22　5. 青瓷砚
17 I TG1①：93　6. 青瓷罐 17 I TG1②：232　7. 青瓷炉 17 I TG1②：204

2. 青瓷盘

共 2 件。

17 I TG1②：26，残。撇口，圆唇，弧腹折收，圈足，挖足过肩。内满施青釉，略呈茶叶末色，有涩圈，宽 1.3～1.8 厘米，外施青釉至腹部，有流釉、积釉现象，外有少量土沁、轮痕。圈足足跟旋削，足脊微斜，外足墙微外撇。浅黄色胎，较致密。口径 15.1、底径 5.2、通高 3.2 厘米（图 5-7，1；彩版 5-21）。

17 I TG1②：236，残。撇口，圆唇，弧腹，圈足。内满施青釉，有涩圈，宽 1.1～2.3 厘米，外施青釉至上腹部，有脱釉现象，内有釉粘，内外有轮痕，外有土沁，底部中心微凸。圈足足跟旋削，外足墙微外撇。灰色胎，较致密。口径 13.6、底径 4.75、通高 2.4 厘米（图 5-7，2；彩版 5-22）。

3. 青瓷钵

共 2 件。

17 I TG1②：7，残。敞口，圆唇，口沿下有凸棱，弧腹，圈足。除口沿内满施青釉，外施青釉至下腹，内有窑粘，外有轮痕，少量土沁。圈足足跟旋削，足脊微斜，外足墙微外撇。浅灰色胎，较致密。口径 11.6、底

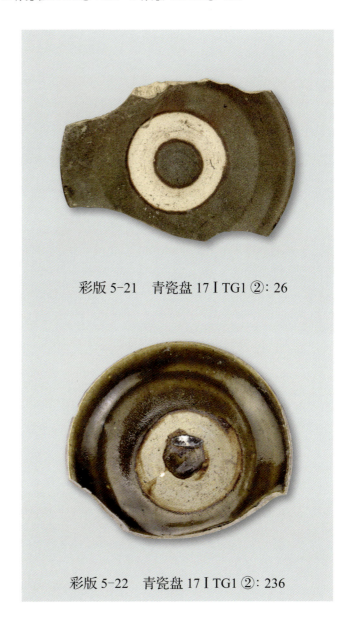

彩版 5-21　青瓷盘 17 I TG1②：26

彩版 5-22　青瓷盘 17 I TG1②：236

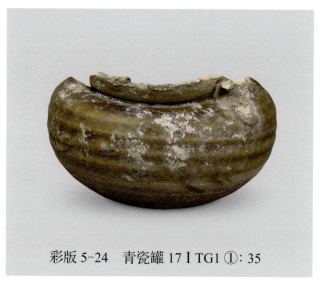

彩版 5-24　青瓷罐 17ⅠTG1 ①：35

彩版 5-23　青瓷砚 17ⅠTG1 ①：93

径 5.8、通高 5.9 厘米（图 5-7，3）。

17ⅠTG1 ②：22，2 件，残（图 5-7，4）。

17ⅠTG1 ②：22-1，上，侈口，圆唇，卷沿，弧腹，圈足。除口沿内满施青釉，外施青釉至下腹，有流釉现象，圈足足跟旋削，外足墙微外撇。底部粘碗底，外有轮痕。黄色胎，较致密。口径 11.4、底径 5.6、高 5.6 厘米。

17ⅠTG1 ②：22-2，下，圈足。圈足足跟旋削，足脊微斜，外足墙微外撇。黄色胎，较致密。底径 6.2、残高 2、通高 7.4 厘米。

4. 青瓷砚

共 1 件。

17ⅠTG1 ①：93，残。敞口，圆唇，斜沿，弧腹内凹，卧足。除口沿内满施青釉，外施青釉至下腹，有脱釉现象，釉面有小开片，外有轮痕，有釉粘，有土沁，砚面有一圆形砚池，外腹有弦纹。灰色胎，粗糙。口径 14.9、底径 13.35、通高 3.75 厘米（图 5-7，5；彩版 5-23）。

5. 青瓷罐

共 2 件。

17ⅠTG1 ①：35，残。肩部有变形。敛口，圆唇，矮颈，双系残，颈部与腹部贴竖条状对称系，鼓腹。内满施青釉，外施青釉至下腹，有流釉现象，内外都有轮痕，外有少量土沁，口部有窑粘。浅黄色胎，较致密。残高 8.8 厘米（彩版 5-24）。

17ⅠTG1 ②：232，罐残片。敞口，圆唇，矮颈，弧腹。内施青釉，外施青釉至腹部，外有轮痕，有土沁，颈部有四个乳突，一个乳突痕迹。灰色胎，致密。残长 10.9、残宽 7 厘米（图 5-7，6）。

6. 青瓷炉

共 1 件。

17 I TG1 ②：204，残。敛口，圆唇，斜平沿，弧腹，卧足。腹部有三足。内施青釉，外施青釉至口沿下，有严重脱釉现象，内外有轮痕，有土沁。灰色胎，较致密。口径 14、底径 6.8、通高 4 厘米（图 5-7，7）。

（四）青黄釉瓷

青黄釉碗

共 1 件。

17 I TG1 ①：37，残。敞口，圆唇，弧腹，圈足，挖足过肩。内满施青黄釉，有涩圈，宽 1.9 厘米，外施青黄釉至腹部，内有少量土沁，外有轮痕。圈足足跟旋削，足脊微斜，外足墙微外撇。浅黄色胎，较致密。口径 15.4、底径 5.6、通高 4.8 厘米（图 5-8，1）。

（五）黄釉瓷

1. 黄釉碗

共 1 件。

17 I TG1 ①：41，残。敞口，圆唇，弧腹，圈足，挖足过肩。内满施黄釉，有涩圈，宽 1.3～1.7 厘米，外施黄釉至腹部，施釉不均匀，有积釉现象，外有少量土沁、轮痕。圈足足跟旋削，足脊微斜，外足墙微外撇。浅黄色胎，较致密。口径 13.8、底径 5.4、通高 5.2 厘米（图 5-8，2）。

2. 黄釉盏

共 2 件。

17 I TG1 ①：39，残。敞口，圆唇，弧腹，圈足，挖足过肩。内满施黄釉，有涩圈，宽 1.2～1.9 厘米，外施黄釉至腹部，内外有土沁，外有轮痕。圈足足跟旋削，足脊微斜，外足墙微外撇。浅黄色胎，较致密。口径 10、底径 4.6、通高 3.2 厘米（图 5-8，3；彩版 5-25）。

17 I TG1 ①：42，残。敞口，圆唇，弧腹，圈足。内满施黄釉，有涩圈，宽 1.2 厘米，外施黄釉

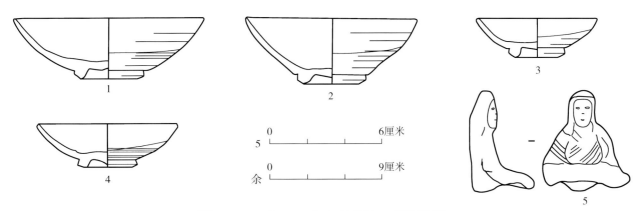

图 5-8　17 I TG1 出土青黄釉、黄釉瓷器

1. 青黄釉碗 17 I TG1 ①：37　2. 黄釉碗 17 I TG1 ①：41　3、4. 黄釉盏 17 I TG1 ①：39、42　5. 黄釉瓷僧塑 17 I TG1 ②：212

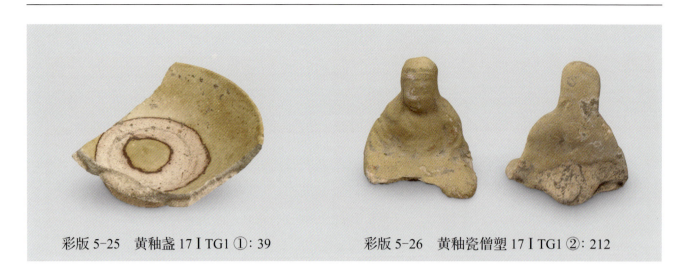

彩版 5-25　黄釉盏 17ⅠTG1 ①：39　　　　　　　　彩版 5-26　黄釉瓷僧塑 17ⅠTG1 ②：212

至腹部，釉面有烧裂现象，外有轮痕。圈足足跟旋削，足脊微斜，外足墙微外撇。浅黄色胎，较致密。口径 11.2、底径 4.8、通高 3.4 厘米（图 5-8，4）。

3. 黄釉瓷僧塑

共 1 件。

17ⅠTG1 ②：212，微残，模制。坐姿，头为椭圆形，头戴头纱，椭圆眼，鼻微凸，小嘴，双手放腿上，左衽，衣衫纹路明显，背部平直，底部直。外施黄釉至腿部，施釉不均匀，釉面无光泽。黄色胎，较致密。长 4.7、宽 3.4、残高 5.3 厘米（图 5-8，5；彩版 5-26）。

（六）酱釉瓷

1. 酱釉碗

共 2 件。

17ⅠTG1 ①：83，残。敞口，圆唇，弧腹，圈足。内施酱釉，外施酱釉至下腹，有脱釉现象，内外有土沁，有积釉现象，外有轮痕，有釉粘。圈足足跟旋削，足脊微斜，外足墙微外撇。灰色胎，较致密。口径 11.2、底径 4.1、通高 5.4 厘米（图 5-9，1）。

17ⅠTG1 ②：248，带字碗底。弧腹，圈足。内施酱釉，内外有轮痕，外有土沁。圈足足跟旋削，足脊微斜，外足墙微外撇，底部有褐彩字"陈"。灰色胎，较致密。底径 7.1、残高 2.1 厘米（图 5-9，2；彩版 5-27）。

2. 酱釉盏

共 2 件。

17ⅠTG1 ②：188，残。敞口，平沿，弧腹，圈足，挖足过肩，底部中心微凸。除口沿内满施酱釉，外施酱釉至腹部，有流釉、积釉现象，外有轮痕，有窑粘，有釉粘。圈足足跟旋削，足脊微斜，外足墙微外撇。灰色胎，致密。口径 9.4、底径 4.6、通高 3.3 厘米（图 5-9，3）。

17ⅠTG1 ②：189，残。敞口，圆唇，弧腹，圈足，挖足过肩。内满施酱釉，有涩圈，宽 1.3 ～ 2.2 厘米，外施酱釉至腹部，施釉不均匀，内有少量土沁，外有轮痕。圈足足跟旋削，足脊微斜，外足墙微外撇。浅灰色胎，较致密。口径 10.8、底径 5、通高 2.9 厘米（图 5-9，4）。

3. 酱釉杯

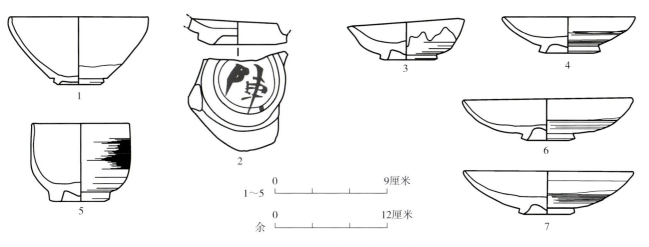

图 5-9　17 I TG1 出土酱釉瓷器

1、2. 酱釉碗 17 I TG1①：83、17 I TG1②：248　3、4. 酱釉盏 17 I TG1②：188、189　5. 酱釉杯 17 I TG1②：206　6、7. 酱釉盘
17 I TG1②：178、179

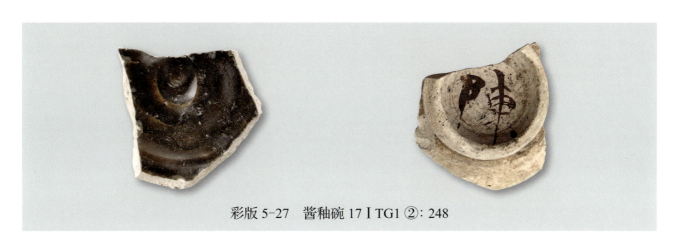

彩版 5-27　酱釉碗 17 I TG1 ②：248

　　共 1 件。

　　17 I TG1 ②：206，残。敞口，圆唇，弧腹，圈足。内施酱釉，外施酱釉至腹部，有严重脱釉现象，内有土沁，内外有轮痕，足脊微斜，外足墙微外撇。灰色胎，较致密。口径 7.8、底径 4.8、通高 6.2 厘米（图 5-9，5）。

　　4. 酱釉盘

　　共 2 件。

　　17 I TG1 ②：178，残。敞口，圆唇，弧腹，圈足，挖足过肩。内满施酱釉，有涩圈，宽 1.3 厘米，外施酱釉至腹部，釉面有小开片，有流釉、积釉现象，内外有少量土沁，内有窑粘，外有轮痕、釉粘。圈足足跟旋削，足脊微斜，外足墙微外撇。浅黄色胎，较致密。口径 18.4、底径 5.8、通高 4.5 厘米（图 5-9，6；彩版 5-28）。

　　17 I TG1 ②：179，残。敞口，圆唇，弧腹，圈足，挖足过肩。内满施酱釉，有涩圈，宽 1.6 厘米，外施酱釉至腹部，施釉不均匀，内外有少量土沁，外有轮痕。圈足足跟旋削，足脊微斜，外足墙微外撇。浅黄色胎，较致密。口径 18.4、底径 6.1、通高 4.6 厘米（图 5-9，7；彩版 5-29）。

　　5. 酱釉瓶

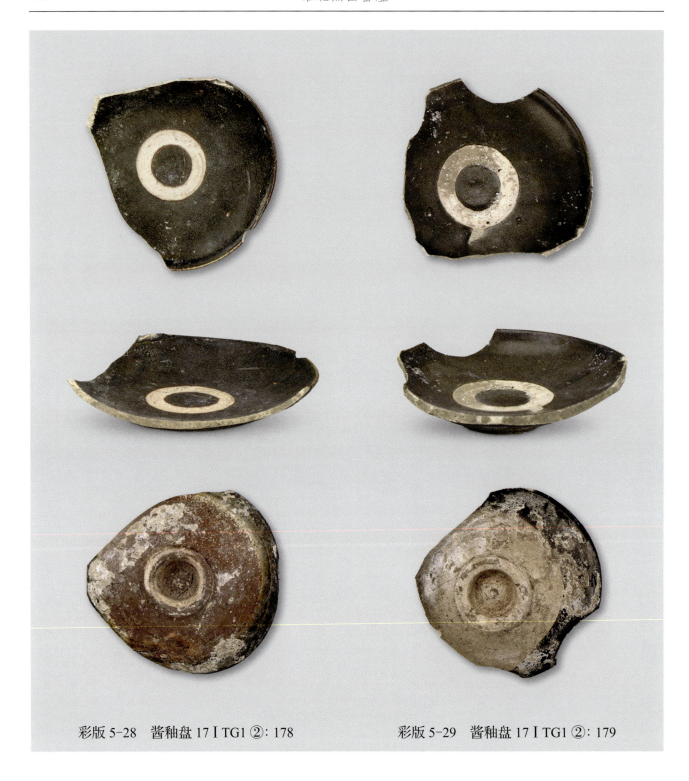

彩版 5-28　酱釉盘 17ⅠTG1 ②：178　　　　　　彩版 5-29　酱釉盘 17ⅠTG1 ②：179

共 2 件。

17ⅠTG1 ①：95，微残。敞口，圆唇，矮颈，折肩，弧腹，平底。内施酱釉，外施酱釉至下腹，有脱釉现象，内外有土沁，外有窑粘。灰色胎，较粗糙。口径 2.8、腹径 3.6、底径 2.7、通高 5.55 厘米（图 5-10，1）。

17ⅠTG1 ②：30，微残。敞口，圆唇，矮颈，折肩，弧腹斜收，平底。内满施酱釉，外施酱釉至腹部，

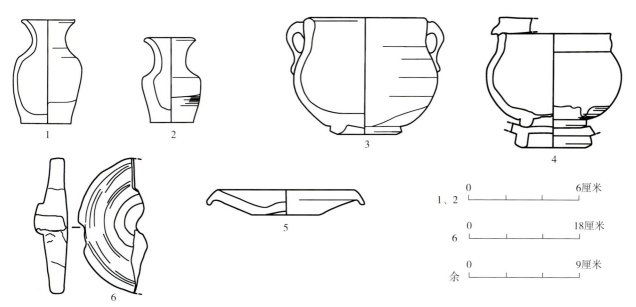

图 5-10　17 I TG1 出土酱釉瓷器

1、2. 酱釉瓶 17 I TG1①：95、17 I TG1②：30　3、4. 酱釉罐 17 I TG1①：33、17 I TG1②：27　5. 酱釉器盖 17 I TG1②：205　6. 酱釉纺轮
17 I TG1①：91

内有少量土沁，外有窑粘、轮痕，底部有釉粘。灰色胎，较致密。口径 2.8、腹径 3.2、底径 2.3、通高 4.5 厘米（图 5-10，2；彩版 5-30）。

6. 酱釉罐

共 2 件。

17 I TG1①：33，残。侈口，圆唇，矮颈，颈部与腹部贴竖条状对称系，鼓腹，圈足，挖足过肩。内满施酱釉，外施酱釉至下腹，有流釉现象，釉面有小开片，内外都有轮痕，少量土沁，口沿有窑粘，外有釉粘。圈足足跟旋削，足脊微斜，外足墙微外撇。浅灰色胎，较致密。口径 10、腹径 11.6、底径 5.9、通高 9.2 厘米（图 5-10，3；彩版 5-31）。

17 I TG1②：27，2 件（图 5-10，4；彩版 5-32）。

17 I TG1②：27-1，上。敞口，圆唇，矮颈，弧腹，圈足。除口沿内满施酱釉，外施酱釉至下腹，有流釉现象。口沿粘残垫饼，厚 1.4 厘米，内外都有轮痕，外有少量土沁。圈足足跟旋削，足脊微斜，外足墙微外撇。浅灰色胎，较致密。口径 9、腹径 11、底径 5.4、高 7.4 厘米。

17 I TG1②：27-2，下，底部粘碗底，圈足。外有少量土沁。圈足足跟旋削，挖足过肩，足脊微斜，外足墙微外撇。浅灰色胎，较致密。

彩版 5-30　酱釉瓶 17 I TG1②：30

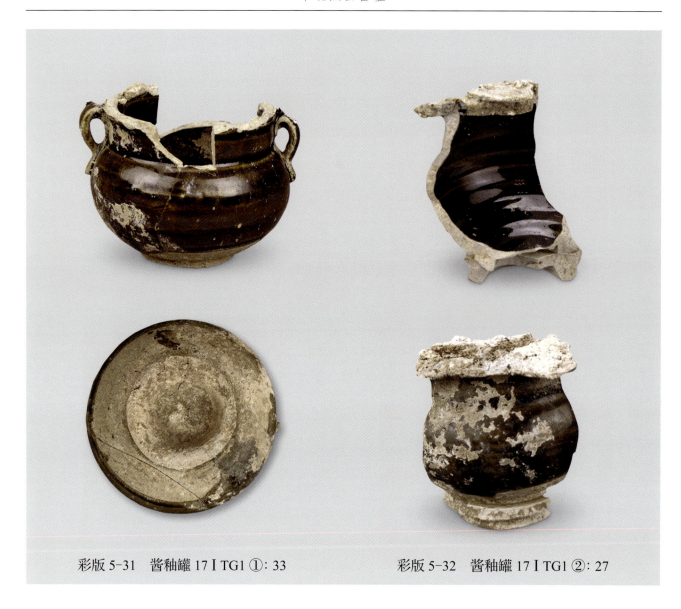

彩版 5-31　酱釉罐 17ⅠTG1 ①：33　　　　　　彩版 5-32　酱釉罐 17ⅠTG1 ②：27

底径 6.2、残高 1.9、通高 10.4 厘米。

7. 酱釉器盖

共 1 件。

17ⅠTG1 ②：205，残。侈口，圆唇，斜沿，弧腹，平底内收。内施酱釉至口沿上，有流釉、窑变现象，釉面有小开片，内外有土沁，有轮痕，外有釉粘。黄色胎，较致密。直径 12.6、底径 5.4、通高 2 厘米（图 5-10，5）。

8. 酱釉纺轮

共 1 件。

17ⅠTG1 ①：91，残，捏制。半圆形。外施酱釉，有脱釉现象，施釉不均匀，釉面有小开片，外有轮痕，有土沁，有釉粘、窑粘。灰色胎，较粗糙。直径 21.4、厚 5.3 厘米（图 5-10，6；彩版 5-33）。

彩版 5-33　酱釉纺轮 17 I TG1 ①：91

（七）素烧瓷

1. 素烧炉

共 1 件。

17 I TG1 ②：237，残。敞口，圆唇，斜平沿，弧腹，喇叭形底。内外有轮痕，有土沁、窑粘。灰色胎，较粗糙。口径 10.7、底径 6.7、通高 8.8 厘米（图 5-11，1；彩版 5-34）。

2. 素烧球

共 2 件。

17 I TG1 ①：89，残，揉制。圆球形。周身有印褐彩萱草纹，有土沁。黄色胎，较粗糙。直径 6.8 厘米（图 5-11，2）。

17 I TG1 ②：207，残，揉制。圆球形。周身有疑似施釉。灰色胎，较致密。直径 6.45 厘米（图 5-11，3）。

3. 素烧围棋子

共 1 组 19 枚（图 5-12；彩版 5-35）。

17 I TG1 ②：213-1，捏制。圆饼状。周身有土沁。白色胎，较致密。直径 1.7、厚 0.5 厘米（图

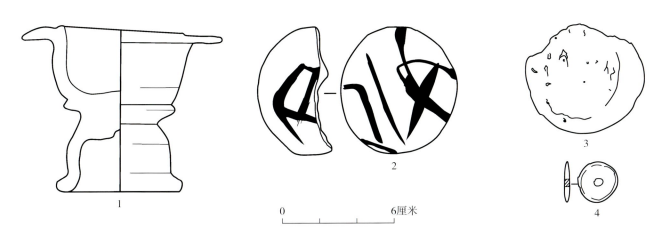

0　　　　　　　　6厘米

图 5-11　17 I TG1 出土素烧瓷

1. 素烧炉 17 I TG1 ②：237　　2、3. 素烧球 17 I TG1 ①：89、17 I TG1 ②：207　　4. 素烧纺轮 17 I TG1 ②：229

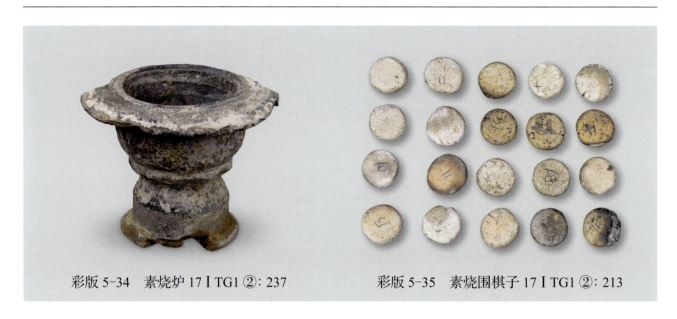

彩版 5-34 素烧炉 17ⅠTG1②：237　　　　彩版 5-35 素烧围棋子 17ⅠTG1②：213

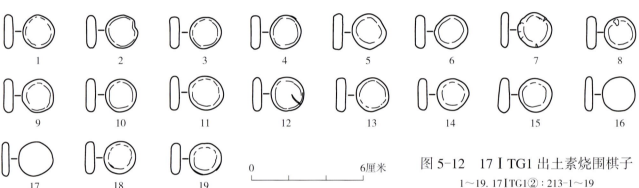

0　　　　　　　　6厘米

图 5-12　17ⅠTG1 出土素烧围棋子
1～19. 17ⅠTG1②：213-1～19

5-12，1）。

　　17ⅠTG1②：213-2，捏制。圆饼状。周身施白色化妆土。灰色胎，较致密。直径 1.7、厚 0.5 厘米（图 5-12，2）。

　　17ⅠTG1②：213-3，捏制。圆饼状。周身有土沁，一面凹。白色胎，较致密。直径 1.7、厚 0.5 厘米（图 5-12，3）。

　　17ⅠTG1②：213-4，捏制。圆饼状。一面施白色化妆土。白色胎，较致密。直径 1.65、厚 0.5 厘米（图 5-12，4）。

　　17ⅠTG1②：213-5，捏制。圆饼状。周身有土沁。白色胎，较致密。直径 1.8、厚 0.5 厘米（图 5-12，5）。

　　17ⅠTG1②：213-6，捏制。圆饼状。侧面有小裂缝。白色胎，较致密。直径 1.75、厚 0.5 厘米（图 5-12，6）。

　　17ⅠTG1②：213-7，捏制。圆饼状。侧面有小裂痕。白色胎，较致密。直径 1.8、厚 0.4 厘米（图 5-12，7）。

　　17ⅠTG1②：213-8，捏制。圆饼状。周身有土沁。黄色胎，较致密。直径 1.7、厚 0.5 厘米（图 5-12，8）。

17 I TG1 ②：213-9，捏制。圆饼状。一面有釉粘。白色胎，较致密。直径 1.7、厚 0.5 厘米（图 5-12，9）。

17 I TG1 ②：213-10，捏制。圆饼状。白色胎，较致密。直径 1.65、厚 0.5 厘米（图 5-12，10）。

17 I TG1 ②：213-11，捏制。圆饼状。灰色胎，较致密。直径 1.9、厚 0.5 厘米（图 5-12，11）。

17 I TG1 ②：213-12，捏制。圆饼状。周身有土沁，一面有釉粘。黄色胎，较致密。直径 1.75、厚 0.5 厘米（图 5-12，12）。

17 I TG1 ②：213-13，捏制。圆饼状。白色胎，较致密。直径 1.7、厚 0.5 厘米（图 5-12，13）。

17 I TG1 ②：213-14，捏制。圆饼状。一面有釉粘。黄色胎，较致密。直径 1.7、厚 0.5 厘米（图 5-12，14）。

17 I TG1 ②：213-15，捏制。圆饼状。周身有土沁，一面有釉粘，灰色胎，较致密。直径 1.75、厚 0.6 厘米（图 5-12，15）。

17 I TG1 ②：213-16，捏制。圆饼状。周身有土沁。灰色胎，较致密。直径 1.75、厚 0.4 厘米（图 5-12，16）。

17 I TG1 ②：213-17，捏制。圆饼状。侧面有小裂缝。浅黄色胎，较致密。直径 1.85、厚 0.4 厘米（图 5-12，17）。

17 I TG1 ②：213-18，捏制。圆饼状。周身有土沁。白色胎，较致密。直径 1.7、厚 0.5 厘米（图 5-12，18）。

17 I TG1 ②：213-19，捏制。圆饼状。灰色胎，较致密。直径 1.7、厚 0.5 厘米（图 5-12，19）。

4. 素烧纺轮

共 1 件。

17 I TG1 ②：229，微残，捏制。环状。一面有釉粘。灰色胎，较致密。直径 2.1、孔径 0.5、厚 0.1～0.3 厘米（图 5-11，4；彩版 5-36）。

（八）窑具

1. 盏形支具

共 7 件。

17 I TG1 ①：2，敞口，方唇，斜平沿，弧腹，平底内凹。内外有土沁，有轮痕，底部有三个指窝印。黄色胎，较致密。口径 9、底径 4.4、通高 2.6 厘米（彩版 5-37）。

17 I TG1 ①：26，敞口，方唇，斜平沿，弧腹，平底内凹。内外有轮痕，有土沁，有釉粘、窑粘，外有护胎釉。胎体火石红，砖红色胎，粗糙。口径 11、底径 5.6、通高 3 厘米（图 5-13，1）。

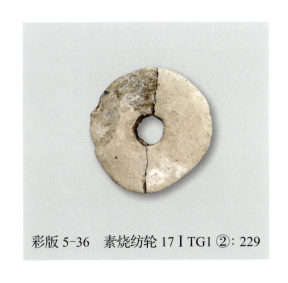

彩版 5-36 素烧纺轮 17 I TG1 ②：229

彩版 5-37 盏形支具 17ⅠTG1①：2

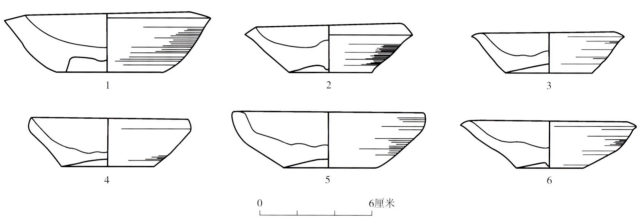

0   6厘米

图 5-13 17ⅠTG1 出土盏形支具

1～6.17ⅠTG1①：26、27、17ⅠTG1②：40～42、48

17ⅠTG1①：27，敛口，方唇，斜沿，弧腹，平底内凹。内粘有小砂石，外有轮痕，有土沁，有釉粘，外有护胎釉。黄色胎，较致密。口径9、底径4.4、通高2.6厘米（图5-13，2）。

17ⅠTG1②：40，敞口，圆唇，斜沿，弧腹，平底内凹。外疑似施釉，腹部因拉坯不均匀导致的泥浆，内外都有轮痕，少量土沁。浅黄色胎，较致密。口径8.3、底径4.6、通高2.2厘米（图5-13，3；彩版5-38）。

17ⅠTG1②：41，残。敞口，方唇，斜沿，弧腹，平底内凹。内外都有轮痕，少量土沁，外有釉粘。浅黄色胎，较致密。口径8.8、底径5、通高2.6厘米（图5-13，4）。

17ⅠTG1②：42，残。侈口，圆唇，平沿，弧腹，平底内凹。外疑似施釉，内外都有轮痕，少量土沁，外有釉粘。浅黄色胎，较致密。口径10.4、底径5、通高3厘米（图5-13，5）。

17ⅠTG1②：48，残。敞口，方唇，斜沿，弧腹，平底内凹。内外都有轮痕，少量土沁，底部有窑粘。浅黄色胎，较致密。口径9.4、底径3.6、通高2.5厘米（图5-13，6）。

2. 钵形支具

共 10 件。

17ⅠTG1①：1，微残。敛口，方唇，斜平沿，弧腹，卧足。内外有轮痕，有土沁，外有釉粘。黄色胎，较粗糙。口径11.6、底径5.7、通高7.2厘米（图5-14，1；彩版5-39）。

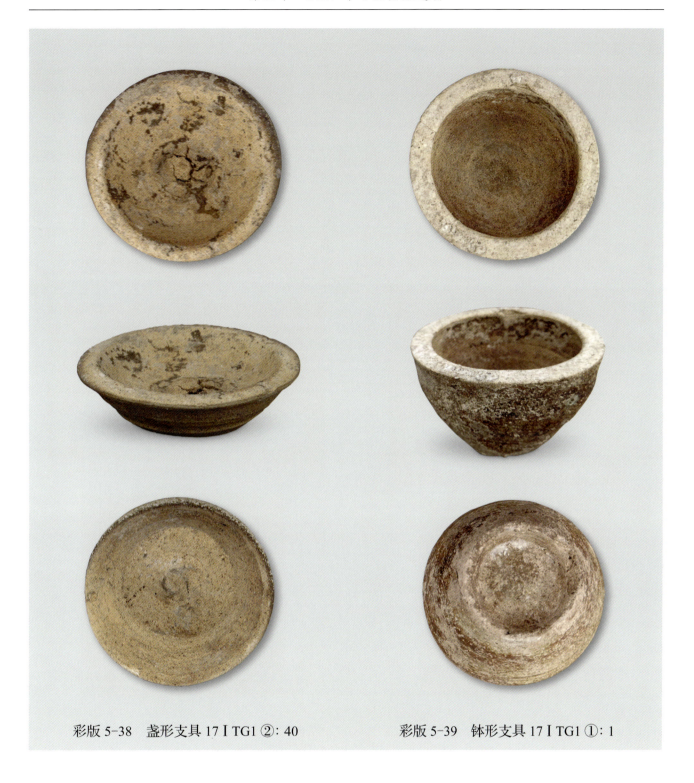

彩版 5-38　盏形支具 17 I TG1 ②：40　　　　彩版 5-39　钵形支具 17 I TG1 ①：1

17 I TG1 ①：10，微残。敞口，圆唇，卷沿，弧腹，卧足。内外有轮痕，有土沁，外有护胎釉。灰色胎，较致密。口径 10.6、底径 5.6、通高 7.2 厘米（图 5-14，2）。

17 I TG1 ①：15，上下叠摞，2 件（图 5-14，3；彩版 5-40）。

17 I TG1 ①：15-1，上，钵形支具，残。敞口，圆唇，卷沿，弧腹。内外有土沁，外有轮痕，有釉粘。黄色胎，粗糙。口径 10、底径 6.2、高 6 厘米。

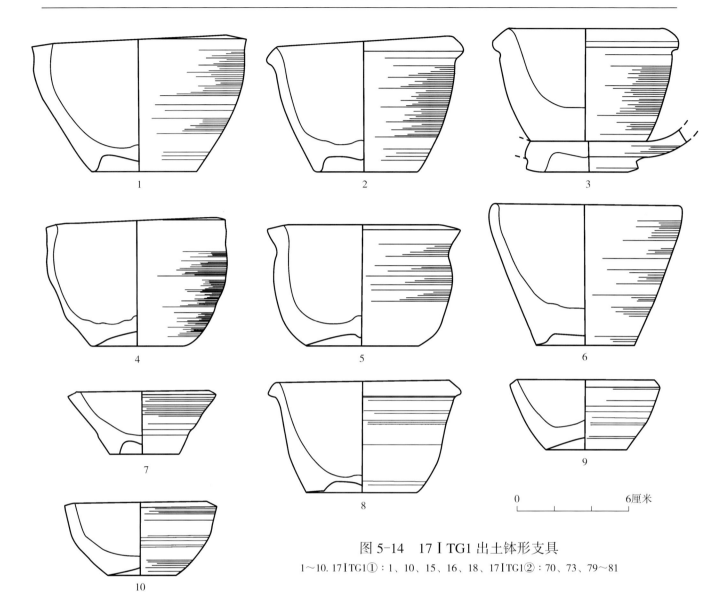

图 5-14　17ⅠTG1 出土钵形支具

1~10. 17ⅠTG1①：1、10、15、16、18、17ⅠTG1②：70、73、79~81

17ⅠTG1①：15-2，下，酱釉碗底，弧腹，圈足，挖足过肩。内施酱釉，外有轮痕，有土沁，有釉粘。圈足，足跟旋削，足脊微斜，外足墙微外撇。灰色胎，粗糙。残长 8.6、底径 6、残高 2.2、通高 7.6 厘米。

17ⅠTG1①：16，残。敞口，方唇，斜平沿，弧腹，平底内凹。内外有轮痕，有土沁。灰色胎，较粗糙。口径 9.8、底径 5、通高 6.8 厘米（图 5-14，4）。

17ⅠTG1①：18，残。敞口，方唇，斜平沿，弧腹，平底内凹。下腹至底部施白色化妆土，内外有轮痕，有土沁。黄色胎，较致密。口径 10.4、底径 6、通高 6.4 厘米（图 5-14，5）。

17ⅠTG1②：70，残。敞口，圆唇，弧腹，卧足。内外都有轮痕，少量土沁。浅黄色胎，较致密。口径 10.4、底径 5.2、通高 7.5 厘米（图 5-14，6）。

17ⅠTG1②：73，残。敞口，方唇，斜沿，弧腹，卧足。外下腹至内足墙施白色化妆土，内外都有轮痕。浅砖红色胎，较致密。口径 8、底径 3.8、通高 3.4 厘米（图 5-14，7）。

17ⅠTG1②：79，残。敞口，圆唇，卷沿，弧腹，卧足。外下腹至底部施白色化妆土，内外都有轮痕，外有少量土沁。浅黄色胎，较致密。口径 10.3、底径 6、通高 5.9 厘米（图 5-14，8；彩版 5-41）。

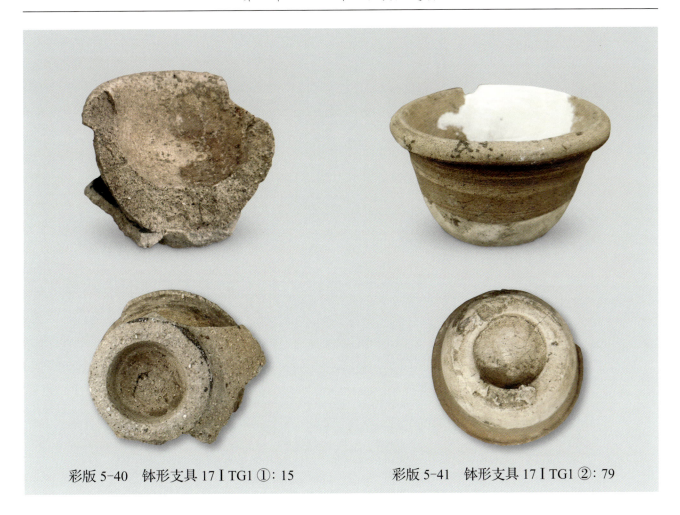

彩版 5-40　钵形支具 17 I TG1 ①：15　　　　　彩版 5-41　钵形支具 17 I TG1 ②：79

　　17 I TG1 ②：80，残。敞口，方唇，斜沿，弧腹，平底内凹。外疑似施釉，内外都有轮痕，少量土沁。浅黄色胎，较致密。口径 8、底径 4.3、通高 3.7 厘米（图 5-14，9；彩版 5-42）。

　　17 I TG1 ②：81，残。敞口，方唇，斜平沿，弧腹，平底内凹。内外都有轮痕。浅砖红色胎，较致密。口径 8、底径 3.7、通高 3.8 厘米（图 5-14，10；彩版 5-43）。

　　3. 喇叭形支具

　　共 3 件。

　　17 I TG1 ②：195，微残。敞口，方唇，斜沿，束颈，弧腹，平底。内外有土沁，有轮痕，外有窑粘，有疑似施釉，有脱釉现象。灰色胎，较致密。口径 7.4、底径 4、通高 5.8 厘米（图 5-15，1；彩版 5-44）。

　　17 I TG1 ②：196，微残。敞口，方唇，斜沿，束颈，弧腹，平底。内外有土沁，外有轮痕，有釉粘，有窑粘。黄色胎，较致密。口径 5.6、底径 3、通高 6 厘米（图 5-15，2）。

　　17 I TG1 ②：197，残。敞口，方唇，斜沿，束颈，弧腹，平底。内外有土沁，有轮痕，外有窑粘。砖红色胎，较致密。口径 6.4、底径 4.4、通高 5.6 厘米（图 5-15，3）。

　　4. 工字形间隔具

　　共 4 件。

　　17 I TG1 ①：3，残，捏制。"工"字状，上底与下底平面呈近圆形。外有釉粘，有土沁。砖红

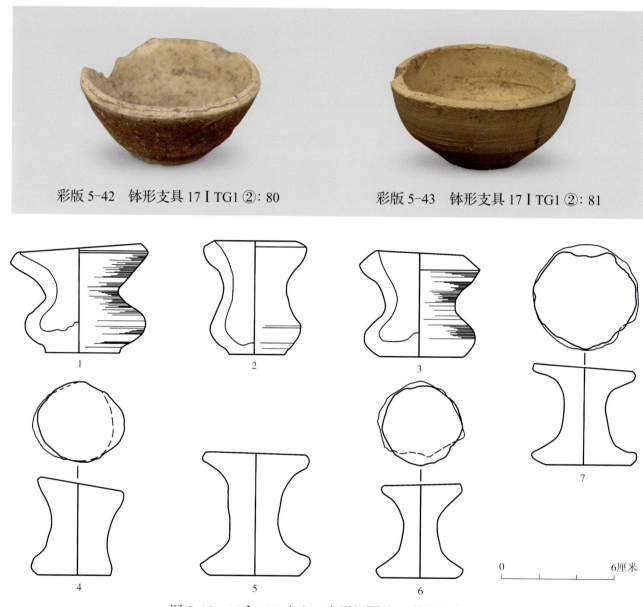

彩版 5-42 钵形支具 17ⅠTG1 ②: 80　　　　彩版 5-43 钵形支具 17ⅠTG1 ②: 81

图 5-15 17ⅠTG1 出土工字形间隔具、喇叭形支具

1～3. 喇叭形支具17ⅠTG1②：195～197　4～7. 工字形间隔具17ⅠTG1①：3、17ⅠTG1②：191、192、194

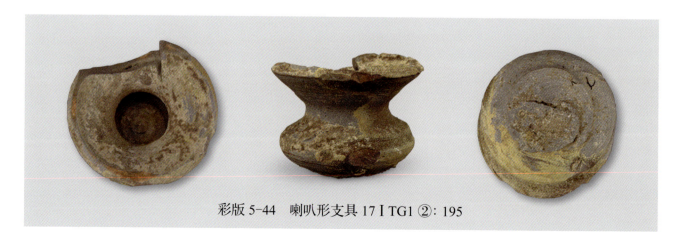

彩版 5-44 喇叭形支具 17ⅠTG1 ②: 195

色胎，较粗糙。直径 5、通高 5.2 厘米（图 5-15，4；彩版 5-45）。

17 I TG1 ②：191，残，捏制。"工"字状，上底与下底平面呈近圆形。周身有土沁，有窑粘，外有疑似施釉。浅灰色胎，较致密。直径 6、通高 6.5 厘米（图 5-15，5）。

17 I TG1 ②：192，残，捏制。"工"字状，上底与下底平面呈近圆形。外有釉粘、窑粘，外有疑似施釉，外施白色化妆土，化妆土有小开片。灰色胎，致密。直径 4.6、通高 5 厘米（图 5-15，6；彩版 5-46）。

17 I TG1 ②：194，残，捏制。"工"字状，上底与下底平面呈近圆形。通体施白色化妆土，化妆土有小开片。灰色胎，较致密。直径 5.6、通高 5.4 厘米（图 5-15，7；彩版 5-47）。

5. 垫饼

共 2 件。

17 I TG1 ②：199，残。圆饼状，平面近圆形。两面都有土沁。夹砂浅黄色胎，粗糙。直径 19、厚 0.9 ～ 1.3 厘米（图 5-16，1；彩版 5-48）。

17 I TG1 ②：200，微残。圆饼状，平面近圆形。一面有划痕，一面有支烧痕迹。夹砂浅黄色胎，粗糙。直径 13、厚 1 ～ 1.4 厘米（图 5-16，2）。

6. 试火棒

共 2 件（组）。

17 I TG1 ①：90，共 3 件（图 5-16，3 ～ 5）。

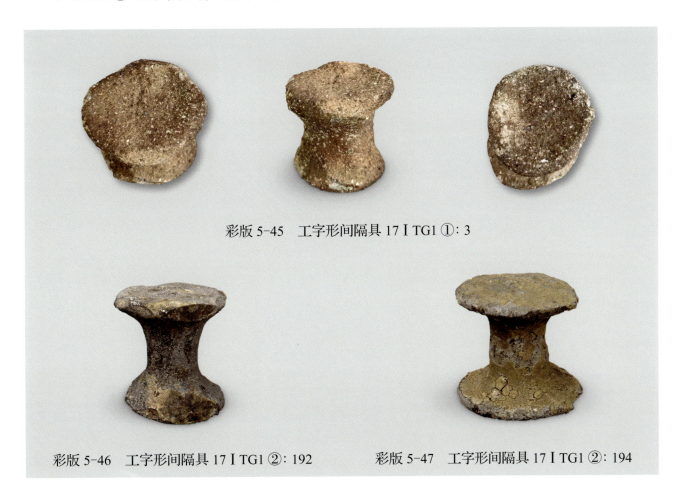

彩版 5-45　工字形间隔具 17 I TG1 ①：3

彩版 5-46　工字形间隔具 17 I TG1 ②：192　　　　彩版 5-47　工字形间隔具 17 I TG1 ②：194

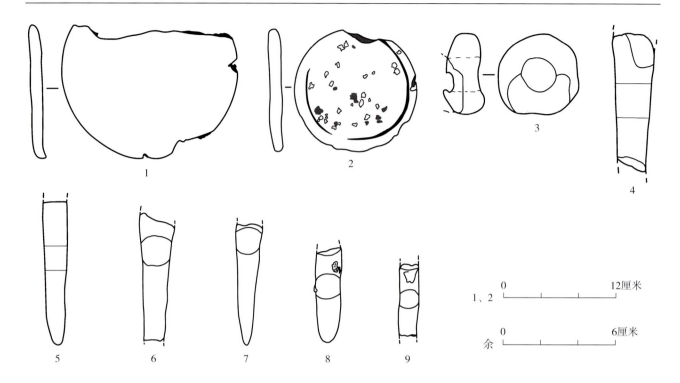

图5-16　17ⅠTG1出土垫饼、试火棒

1、2. 垫饼17ⅠTG1②：199、200　3～9. 试火棒17ⅠTG1①：90-1～3、17ⅠTG1②：211-1～4

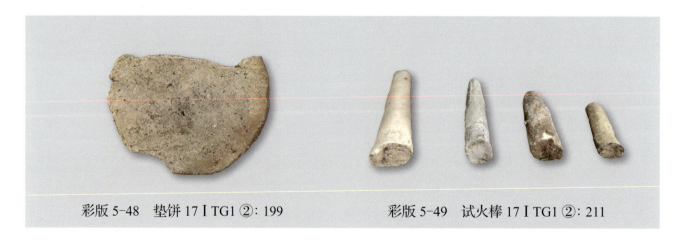

彩版5-48　垫饼17ⅠTG1②：199　　　　彩版5-49　试火棒17ⅠTG1②：211

17ⅠTG1①：90-1，残。环形，捏制。周身有土沁，砖红色胎，致密。直径4.25、孔径1.85、厚2.1厘米。

17ⅠTG1①：90-2，条形，捏制。周身有划痕，有窑粘，有指印。黄色胎，较致密。残长7.3、厚1.8厘米。

17ⅠTG1①：90-3，条形，捏制。外施青釉，有脱釉现象，有窑粘，有土沁。浅灰色胎，较致密。残长7.6、厚1.3厘米。

17ⅠTG1②：211，共4件（图5-16，6～9；彩版5-49）。

17ⅠTG1②：211-1，残。条形，捏制。周身有划痕，有指印，有土沁。浅黄色胎，较致密。残长6.8、厚1.6厘米。

17ⅠTG1②：211-2，残。条形，捏制。周身有划痕，有窑粘，有土沁。灰色胎，较致密。残长6.4、厚1.4厘米。

17ⅠTG1②：211-3，残。条形，捏制。外施青釉，有脱釉现象，有窑粘，有土沁。黄色胎，较粗糙。残长5、厚1.3厘米。

17ⅠTG1②：211-4，残。条形。捏制。外施青釉，有土沁。黄色胎，较致密。残长3.8、厚1厘米。

二　17ⅠTG2

（一）白瓷

1. 白瓷碗

共17件。

17ⅠTG2①：15，残。敞口，圆唇，弧腹，圈足。内满施透明釉，有涩圈，宽1.2～1.9厘米，外施透明釉至腹部，釉面有小开片，釉下满施白色化妆土，内粘有小砂石、少量土沁，外有轮痕。圈足足跟旋削，足脊微斜，外足墙微外撇。灰色胎，较致密。口径19、底径6.4、通高5.4厘米（图5-17，1）。

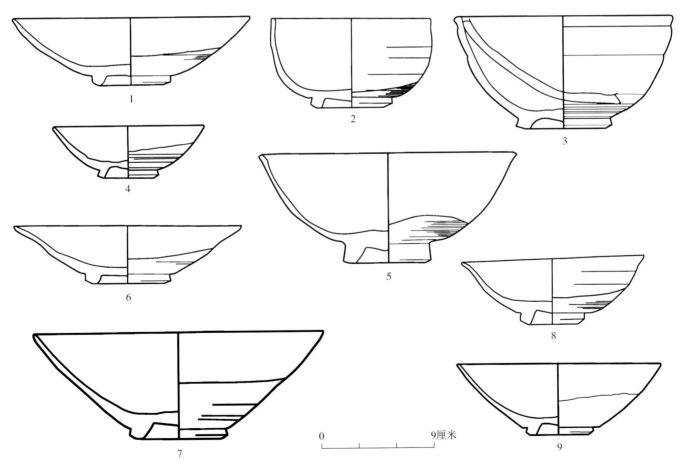

图 5-17　17ⅠTG2 出土白瓷碗

1～9. 17ⅠTG2①：15、17ⅠTG2②：7、115、123、17ⅠTG2③：31、36、44、53、57

17ⅠTG2②：7，残。敞口，圆唇，弧腹，圈足。内满施透明釉，外施透明釉至下腹，内外有少量土沁，外有轮痕。圈足足跟旋削，足脊微斜，外足墙微外撇。浅灰色胎，较致密。口径12.8、底径6.6、通高7.2厘米（图5-17，2）。

17ⅠTG2②：115，残。上斜放残碗。敞口，圆唇，弧腹，圈足。内满施透明釉，有涩圈，宽2.6厘米，外施透明釉至腹部，釉面有小开片，内外有少量土沁，内粘残碗，外有轮痕。圈足足跟旋削，足脊微斜，外足墙微外撇。浅黄色胎，较致密。口径17.8、底径7.8、通高8.9厘米（图5-17，3；彩版5-50）。

17ⅠTG2②：123，微残。敞口，圆唇，弧腹，圈足，挖足过肩。内满施透明釉，有涩圈，宽1.5厘米，外满施透明釉，釉下施白色化妆土，釉面有小开片，内有窑粘，外有轮痕。圈足足跟旋削，足脊微斜，外足墙微外撇。浅黄色胎，较致密。口径12、底径5、通高4.1厘米（图5-17，4；彩版5-51）。

17ⅠTG2③：31，残。侈口，圆唇，弧腹，圈足。内满施透明釉，有涩圈，宽2.1～2.5厘米，外施透明釉至下腹，釉下施白色化妆土，釉面有小开片，外有轮痕、有土沁。圈足足跟有旋削痕迹，足脊微斜，外足墙微外撇。浅灰色胎，较粗糙。口径20.8、底径7、通高8.7厘米（图5-17，5）。

17ⅠTG2③：36，残。撇口，圆唇，弧腹，圈足。内满施透明釉，有涩圈，宽2厘米，外施透明釉至腹部，内外有轮痕，外有窑粘。圈足足跟旋削，足脊微斜，外足墙微外撇。灰色胎，较致密。口径18.2、底径6.8、通高4.6厘米（图5-17，6；彩版5-52）。

17ⅠTG2③：44，残。敞口，圆唇，弧腹，圈足，挖足过肩。内满施透明釉，有涩圈，宽2厘米，

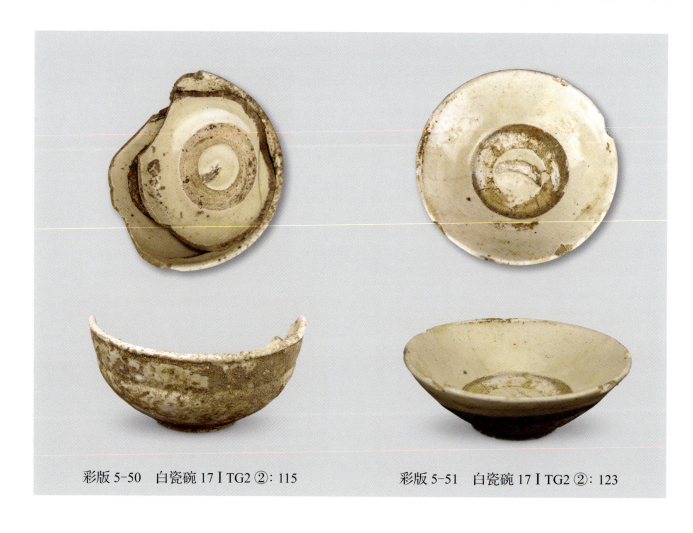

彩版5-50　白瓷碗 17ⅠTG2②：115　　　　　　彩版5-51　白瓷碗 17ⅠTG2②：123

彩版 5-52　白瓷碗 17 I TG2 ③：36

彩版 5-53　白瓷碗 17 I TG2 ③：44

外施透明釉至腹部，釉下满施白色化妆土，内外有少量土沁、轮痕，外有窑粘。圈足足跟旋削，足脊微斜，外足墙微外撇。灰色胎，较致密。口径23.4、底径7.9、通高8.6厘米（图5-17，7；彩版5-53）。

17 I TG2 ③：53，残。侈口，圆唇，弧腹，圈足，挖足过肩。内满施透明釉，有涩圈，宽 1 厘米，外施透明釉至腹部，釉下施白色化妆土，有流釉、积釉现象，内外有少量土沁，外有轮痕、窑粘。圈足足跟旋削，足脊微斜，外足墙微外撇。灰色胎，较致密。口径14.8、底径5.3、通高5.4厘米（图5-17，8）。

17 I TG2 ③：57，残。敞口，圆唇，弧腹，圈足，挖足过肩，底部中心微凸。内满施透明釉，有涩圈，宽 1 ~ 1.3 厘米，外施透明釉至腹部，有脱釉现象，釉下施白色化妆土，釉面有小开片，内外有釉粘，外有轮痕，有土沁。圈足足跟有旋削痕迹，足脊微斜，外足墙微外撇。灰色胎，较致密。口径16.6、底径5.5、通高5.7厘米（图5-17，9）。

17 I TG2 ④：5，钵形支具带白瓷碗，2 件（图5-18，1；彩版5-54）。

17 I TG2 ④：5-1，上，钵形支具。敞口，方唇，平沿，弧腹。内外有轮痕、少量土沁。浅黄色胎，较致密。口径11.6、底径7.4、高6.3厘米。

17 I TG2 ④：5-2，下，白瓷碗，残。敞口，圆唇，弧腹，圈足。内满施透明釉，外施透明釉至腹部，釉下施白色化妆土，釉面有小开片，内外都有少量土沁、轮痕。圈足足跟旋削，足脊微斜，外足墙微外撇。浅黄色胎，较致密。口径18.8、底径6.5、高6.5厘米。

17 I TG2 ④：8，2 件（图5-18，2；彩版5-55）。

17 I TG2 ④：8-1，上，残。侈口，圆唇，弧腹，圈足。内满施透明釉，有涩圈，宽 1.6 ~ 1.9 厘米，

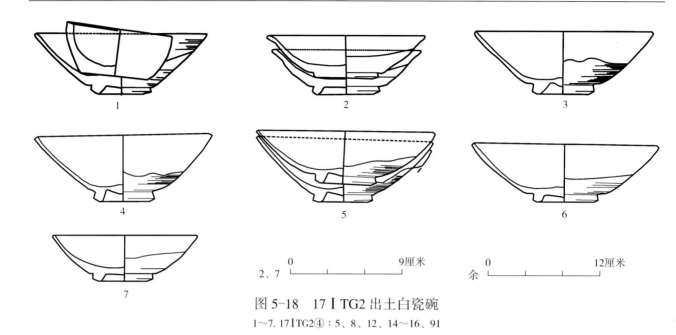

图 5-18　17ⅠTG2 出土白瓷碗
1~7. 17ⅠTG2④：5、8、12、14~16、91

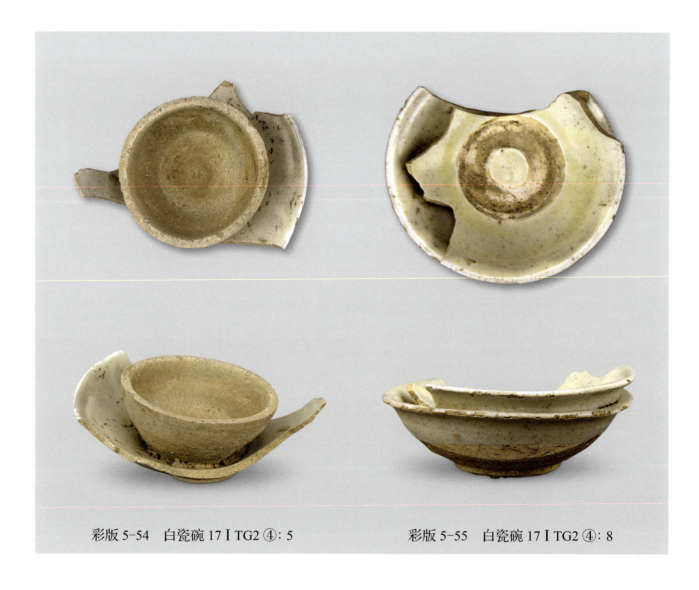

彩版 5-54　白瓷碗 17ⅠTG2④：5　　　　　彩版 5-55　白瓷碗 17ⅠTG2④：8

外施透明釉至腹部，釉面有小开片，釉下施白色化妆土。浅灰色胎，较致密。口径 12.6、底径 5.2、高 3.6 厘米。

17 I TG2 ④：8-2，下，残。敞口，圆唇，弧腹，圈足。内满施透明釉，外施透明釉至腹部，有积釉现象，釉面有小开片，外有少量土沁、轮痕。圈足足跟旋削，足脊微斜，外足墙微外撇。浅灰色胎，较致密。口径 12、底径 5.4、高 3.6 厘米。

17 I TG2 ④：12，残。敞口，圆唇，弧腹，圈足，挖足过肩，底部中心微凸。内满施透明釉，有涩圈，宽 1.3 ～ 1.6 厘米，外施透明釉至腹部，釉下施白色化妆土，釉面有小开片，内有釉粘，外有轮痕，有土沁。圈足足跟旋削痕迹，足脊微斜，外足墙微外撇。黄色胎，较粗糙。口径 19、底径 6.6、通高 6.6 厘米（图 5-18，3）。

17 I TG2 ④：14，残。敞口，圆唇，弧腹，圈足，挖足过肩。内满施透明釉，有涩圈，宽 1.8 ～ 2.2 厘米，外施透明釉至腹部，釉面有小开片，内外有釉粘，外有轮痕，有土沁。圈足足跟有旋削痕迹，足脊微斜，外足墙微外撇。黄色胎，较粗糙。口径 19.2、底径 6.6、通高 7.2 厘米（图 5-18，4）。

17 I TG2 ④：15，2 件（图 5-18，5）。

17 I TG2 ④：15-1，上，残。敞口，圆唇，弧腹，圈足。内满施透明釉，有涩圈，宽 1.8 ～ 2.2 厘米，外施透明釉至腹部，釉下施白色化妆土，釉面有小开片，内有釉粘。灰色胎，较粗糙。口径 19.2、底径 6.6、通高 5.6 厘米。

17 I TG2 ④：15-2，下，残。敞口，圆唇，弧腹，圈足，挖足过肩。内满施透明釉，外施透明釉至腹部，釉下施白色化妆土，釉面有小开片，外有轮痕，有土沁。圈足足跟有旋削痕迹，足脊微斜，外足墙微外撇。灰色胎，较粗糙。口径 19、底径 6.4、通高 7 厘米。

17 I TG2 ④：16，残。敞口，圆唇，弧腹，圈足。内施透明釉，有涩圈，宽 1.4 ～ 1.8 厘米，外施透明釉至腹部，釉下施白色化妆土，釉面有小开片，外有轮痕、釉粘。圈足足跟有旋削痕迹，足脊微斜，外足墙微外撇。灰色胎，较粗糙。口径 20、底径 7、通高 6.2 厘米（图 5-18，6）。

17 I TG2 ④：35，碗腹片，窑变点绿彩瓷片。敞口，圆唇，弧腹，外施透明釉至腹部，有脱釉现象，釉面有小开片，内外有土沁，外有轮痕。浅黄色胎，较致密。残长 10.6、残宽 5.6 厘米（彩版 5-56）。

17 I TG2 ④：91，残。敞口，圆唇，弧腹，圈足。内满施透明釉，有涩圈，宽 1.3 ～ 1.6 厘米，外施透明釉至腹部，釉下施白色化妆土，外有轮痕、土沁。圈足有旋削痕迹，足脊微斜，外足墙微外撇。浅黄色胎，较致密。口径 11.75、底径 4.9、通高 3.65 厘米（图 5-18，7）。

彩版 5-56　白瓷碗 17 I TG2 ④：35

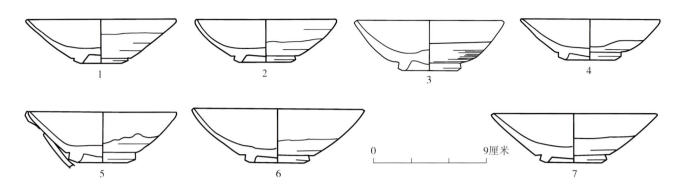

图 5-19   17ⅠTG2 出土白瓷盏

1~7.17ⅠTG2①：41、43、45、17ⅠTG2②：14、17ⅠTG2②：15、17ⅠTG2③：62、17ⅠTG2③：63

2. 白瓷盏

共 7 件。

17ⅠTG2①：41，残。敞口，圆唇，弧腹，圈足，挖足过肩。内满施透明釉，有涩圈，宽 1.6～1.8 厘米，外施透明釉至上腹部，釉下施白色化妆土，釉面有小开片，内外有土沁，外有轮痕。圈足足跟旋削，足脊微斜，外足墙微外撇。灰色胎，较粗糙。口径 12.15、底径 4.4、通高 3.5 厘米（图 5-19，1）。

17ⅠTG2①：43，残。敞口，圆唇，弧腹，圈足，挖足过肩。内满施透明釉，有涩圈，宽 1.1～1.5 厘米，外施透明釉至腹部，釉下施白色化妆土，有流釉、积釉现象，外有轮痕，有土沁。圈足足跟旋削，足脊微斜，外足墙微外撇。浅黄色胎，较致密。口径 11.45、底径 5、通高 3.4 厘米（图 5-19，2；彩版 5-57）。

17ⅠTG2①：45，残。敞口，圆唇，弧腹，圈足，挖足过肩。内满施透明釉，有涩圈，宽 1.1～1.5 厘米，外施透明釉至腹部，釉下施白色化妆土，外有轮痕、釉粘、土沁。圈足足跟旋削，足脊微斜，外足墙微外撇。浅黄色胎，较致密。口径 12、底径 5、通高 4 厘米（图 5-19，3）。

17ⅠTG2②：14，残。敞口，圆唇，弧腹，圈足。内满施透明釉，有涩圈，宽 1.3～1.5 厘米，外施透明釉至下腹，釉下施白色化妆土，有流釉、积釉现象，内外有少量土沁，内有窑粘，外有轮痕。圈足足跟旋削，足脊微斜，外足墙微外撇。浅砖红色胎，较致密。口径 11.2、底径 5、通高 3.2 厘米

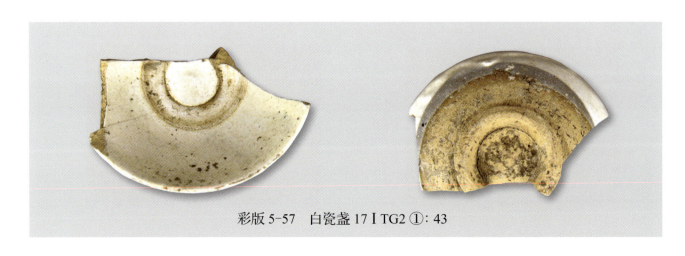

彩版 5-57   白瓷盏 17ⅠTG2①：43

（图 5-19，4）。

　　17ⅠTG2②：15，残。敞口，圆唇，弧腹，圈足。内满施透明釉，有涩圈，宽 1 ～ 1.4 厘米，外施透明釉至下腹，釉下施白色化妆土，有流釉、积釉现象，内外都有少量土沁，外粘有瓷片、轮痕。圈足足跟旋削，足脊微斜，外足墙微外撇。浅黄色胎，较致密。口径 12、底径 5.4、通高 4 厘米（图 5-19，5）。

　　17ⅠTG2③：62，残。敞口，圆唇，弧腹，圈足。内满施透明釉，有涩圈，宽 1.5 ～ 1.7 厘米，外施透明釉至腹部，釉下施白色化妆土，釉面有小开片，内外有土沁，外有轮痕。圈足足跟有旋削痕迹，足脊微斜，外足墙微外撇。浅黄色胎，较致密。口径 14、底径 5.3、通高 4.3 厘米（图 5-19，6）。

　　17ⅠTG2③：63，残。敞口，圆唇，弧腹，圈足。内满施透明釉，有涩圈，宽 1.6 ～ 2.3 厘米，外施透明釉至腹部，釉下施白色化妆土，釉面有小开片，内外有土沁，有釉粘，外有轮痕。圈足足跟旋削，足脊微斜，外足墙微外撇。灰色胎，较致密。口径 13.2、底径 5.3、通高 3.9 厘米（图 5-19，7）。

　　3. 白瓷盘

　　共 5 件。

　　17ⅠTG2②：16，残。侈口，圆唇，斜腹折收，圈足。内满施透明釉，有涩圈，宽 1.6 厘米，外施透明釉至腹部，釉下施白色化妆土，施釉不均匀，釉面有小开片，内有少量土沁，外有轮痕。圈足足跟旋削，足脊微斜，外足墙微外撇。浅黄色胎，较致密。口径 17.4、底径 6.4、通高 4.3 厘米（图 5-20，1）。

　　17ⅠTG2③：65，残。撇口，圆唇，弧腹，圈足。内满施透明釉，有涩圈，宽 2 ～ 2.3 厘米，外施透明釉至腹部，釉下施白色化妆土，釉面有小开片，内外有轮痕，有土沁。圈足足跟有旋削痕迹，足脊微斜，外足墙微外撇。黄色胎，较致密。口径 19.2、底径 6.6、通高 5.3 厘米（图 5-20，2）。

　　17ⅠTG2②：116，敞口，圆唇，弧腹，平底内凹。内满施透明釉，外施透明釉至腹部，有流釉、积釉现象，釉面有小开片，釉下施白色化妆土，外有轮痕。浅黄色胎，较致密。口径 8.5、底径 4.7、通高 1.7 厘米（彩版 5-58）。

　　17ⅠTG2②：151，残。敞口，圆唇，弧腹，圈足，挖足过肩。内满施透明釉，有涩圈，宽 1.7 厘米，外施透明釉至腹部，釉面有小开片，内外有土沁，外有轮痕。圈足足跟旋削，足脊微斜，外足墙微外撇。浅灰色胎，较致密。口径 18.4、底径 6.6、残高 4.2 厘米（图 5-20，3）。

　　17ⅠTG2④：30，残。敞口，圆唇，弧腹，平底内凹。内施透明釉，外施透明釉至下腹，釉下

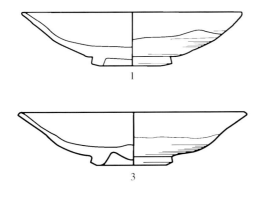

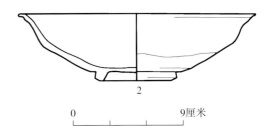

图 5-20　17ⅠTG2 出土白瓷盘

1 ～ 3. 17ⅠTG2②：16、17ⅠTG2③：65、17ⅠTG2②：151

彩版 5-58 白瓷盘 17 I TG2 ②: 116   彩版 5-59 白瓷盘 17 I TG2 ④: 30

施白色化妆土，内外有土沁。浅黄色胎，致密。口径 9.8、底径 5.6、通高 2 厘米（彩版 5-59）。

　　4. 白瓷钵

　　共 8 件。

　　17 I TG2 ①: 12，残。敞口，圆唇，口沿下有凸棱，弧腹，圈足，挖足过肩。内满施透明釉，外施透明釉至下腹，口沿施白色化妆土，釉面有小开片，外有轮痕，少量土沁。圈足足跟旋削，足

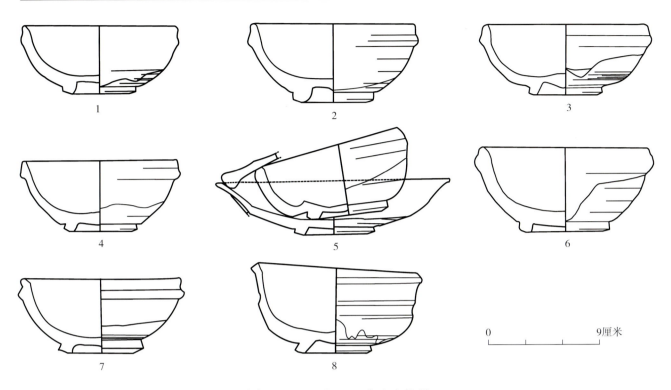

图 5-21　17 I TG2 出土白瓷钵

1～8.17 I TG2①：12、17 I TG2②：8、146、202、17 I TG2④：3、10、61、65

脊微斜，外足墙微外撇。浅黄色胎，较致密。口径 12.6、底径 5.7、通高 5.4 厘米（图 5-21，1）。

　　17 I TG2②：8，残。敞口，圆唇，口沿下有凸棱，弧腹，圈足，挖足过肩。内满施透明釉，外施透明釉至下腹，施釉不均匀，除口沿釉下施白色化妆土，外有轮痕，土沁。圈足足跟旋削，足脊微斜，外足墙微外撇。浅灰色胎，较致密。口径 13.2、底径 6.2、通高 6.3 厘米（图 5-21，2；彩版 5-60）。

　　17 I TG2②：146，残。敞口，圆唇，口沿下有凸棱，弧腹，圈足，挖足过肩。内满施透明釉，外施透明釉至下腹，除口沿釉下施白色化妆土，釉面有小开片，外有轮痕，有土沁。圈足足跟旋削，足脊微斜，外足墙微外撇。灰色胎，较致密。口径 14、底径 6、通高 5.6 厘米（图 5-21，3）。

　　17 I TG2②：202，残。敞口，圆唇，口沿下有凸棱，弧腹，圈足。内满施透明釉，外施透明釉至腹部，有流釉现象，釉面有小开片，除口沿釉下施白色化妆土，外有轮痕，有土沁。圈足足跟旋削，足脊微斜，外足墙微外撇。灰色胎，较致密。口径 12.8、底径 5.8、通高 5.7 厘米（图 5-21，4）。

　　17 I TG2④：3，瓷钵带白瓷碗（图 5-21，

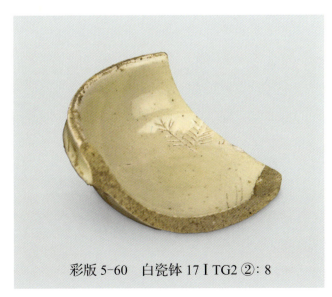

彩版 5-60　白瓷钵 17 I TG2②：8

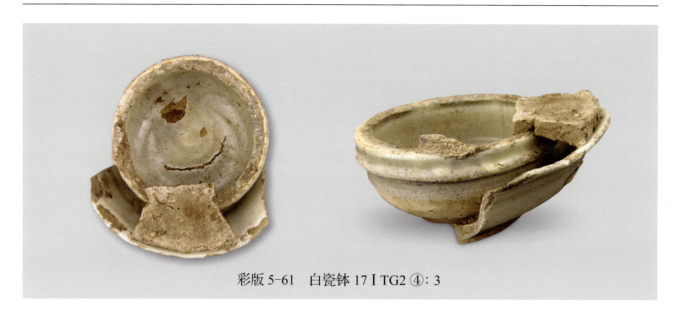

彩版 5-61　白瓷钵 17 I TG2 ④: 3

5；彩版 5-61）。

　　17 I TG2 ④: 3-1，上，白瓷钵。侈口，圆唇，口沿下有凸棱，弧腹，圈足，底部有变形。除口沿内满施透明釉，外施透明釉至腹部，釉下施白色化妆土，施釉不均匀，釉面有小开片。圈足足跟旋削，足脊微斜，外足墙微外撇。口沿粘垫饼、窑粘，外有轮痕。浅黄色胎，较致密。口径 12、底径 6.4、高 7.1 厘米。

　　17 I TG2 ④: 3-2，下，白瓷碗，残。侈口，圆唇，弧腹，圈足，挖足过肩。内除涩圈满施透明釉，外施透明釉至腹部，釉面有小开片。圈足足跟旋削，足脊微斜，外足墙微外撇。口沿粘垫饼，外有少量土沁、轮痕、窑粘。浅灰色胎，较致密。口径 18.8、底径 6.4、高 4.2 厘米。

　　17 I TG2 ④: 10，侈口，圆唇，口沿下有凸棱，弧腹，圈足。内满施透明釉，外施透明釉至下腹，釉下施白色化妆土，有积釉现象，内外都有少量土沁，外有轮痕。圈足足跟旋削，足脊微斜，外足墙微外撇。浅黄色胎，较致密。口径 13.6、底径 7.4、通高 6.8 厘米（图 5-21，6）。

　　17 I TG2 ④: 61，残。侈口，圆唇，口沿下有凸棱，弧腹，圈足。内满施透明釉，外施透明釉至腹部，釉下施白色化妆土，有积釉现象，外有少量土沁、轮痕、釉粘。圈足足跟旋削，足脊微斜，外足墙微外撇。浅黄色胎，较致密。口径 13、底径 6.8、通高 5.9 厘米（图 5-21，7）。

　　17 I TG2 ④: 65，残。侈口，圆唇，斜沿，弧腹，圈足，挖足过肩。内满施透明釉，外施透明釉至下腹，釉下施白色化妆土，施釉不均匀，有流釉、积釉现象，外有少量土沁、轮痕。圈足足跟旋削，足脊微斜，外足墙微外撇。浅黄色胎，较致密。口径 13、底径 6、通高 7.1 厘米（图 5-21，8）。

　　5. 白瓷盆

　　共 2 件。

　　17 I TG2 ②: 59，残。敞口，圆唇，卷沿，弧腹，卧足。内满施透明釉，有涩圈，宽 2.4～2.8 厘米，釉下施白色化妆土，外施透明釉至腹部，有脱釉现象，内有少量土沁，外有轮痕。浅黄色胎，较致密。口径 28.2、底径 18.2、通高 11.7 厘米（图 5-22，1；彩版 5-62）。

　　17 I TG2 ②: 198，残。敞口，圆唇，卷沿，平底。内施透明釉至口沿上，釉下施白色化妆土，有积釉现象，釉面有小开片，内有一个支钉，有釉粘，外有轮痕、土沁，有釉粘。灰色胎，较致密。

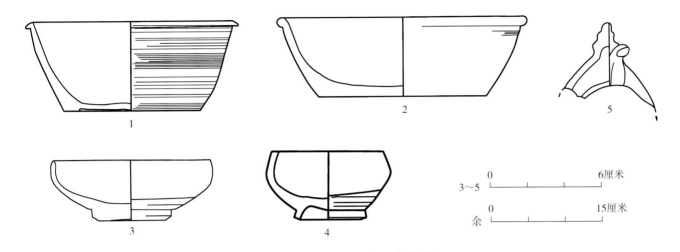

图 5-22　17 I TG2 出土白瓷器
1、2. 白瓷盆 17 I TG2②：59、198　3、4. 白瓷水盂 17 I TG2③：50、17 I TG2④：63　5. 白瓷壶 17 I TG2②：207

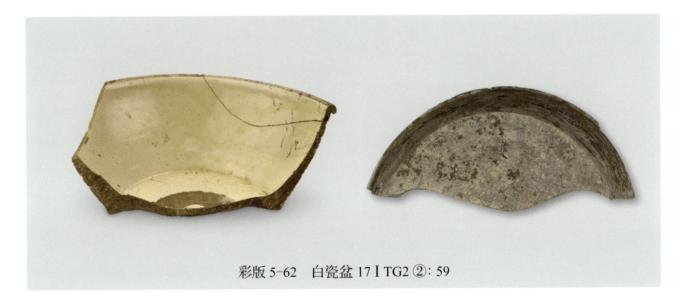

彩版 5-62　白瓷盆 17 I TG2 ②：59

口径 33.4、底径 22.4、通高 10.5 厘米（图 5-22，2）。

6. 白瓷水盂

共 2 件。

17 I TG2 ③：50，残。侈口，圆唇，弧腹，饼底内凹。内满施透明釉，外施透明釉至腹部，施釉不均匀，釉面有小开片，外有轮痕，少量土沁。浅黄色胎，较致密。口径 8.4、底径 4.2、通高 3.2 厘米（图 5-22，3；彩版 5-63）。

17 I TG2 ④：63，残。敛口，圆唇，弧腹，圈足，挖足过肩。内满施透明釉，外施透明釉至下腹，釉下施白色化妆土，釉面有小开片。圈足足跟旋削，足脊微斜，外足墙微外撇，外有轮痕、釉粘。浅黄色胎，较致密。口径 5.9、底径 3.8、腹径 6.6、通高 3.6 厘米（图 5-22，4；彩版 5-64）。

7. 白瓷壶

共 1 件。

17 I TG2 ②：207，倒流壶残片，顶部疑似乳突，颈部有三道凸棱，溜肩弧腹，提手残。内外均

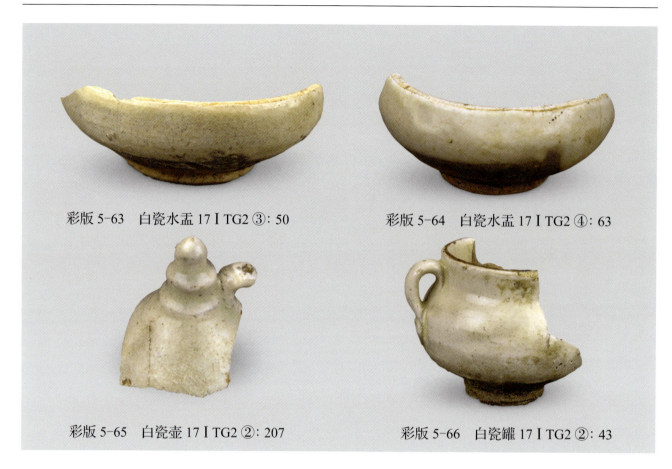

彩版 5-63　白瓷水盂 17ⅠTG2③：50　　　　　彩版 5-64　白瓷水盂 17ⅠTG2④：63

彩版 5-65　白瓷壶 17ⅠTG2②：207　　　　　彩版 5-66　白瓷罐 17ⅠTG2②：43

施透明釉，釉下施白色化妆土，釉面有小开片，内外有轮痕，有土沁，外有窑粘。残高 4.45 厘米（图 5-22，5；彩版 5-65）。

8. 白瓷罐

共 8 件。

17ⅠTG2②：43，残。敞口，圆唇，矮颈，颈部与腹部有一对竖条状对称系，鼓腹，饼底。除口沿内满施透明釉，外施透明釉至下腹，釉下施白色化妆土，施土不均匀，外有轮痕。浅黄色胎，较致密。口径 5.6、腹径 7、底径 3.2、通高 5.8 厘米（彩版 5-66）。

17ⅠTG2②：44，残。敞口，圆唇，矮颈，双系残，弧腹，饼底。内外均满施透明釉，有脱釉现象，釉下施白色化妆土，内外都有轮痕，有少量土沁，外有釉粘。砖红色胎，较致密。口径 5.3、腹径 7、底径 3.7、通高 7 厘米（图 5-23，1）。

17ⅠTG2②：47，残。敞口，圆唇，矮颈，双系残，鼓腹，圜底。内外均满施透明釉，施釉不均匀，内外都有轮痕，有少量土沁，外有釉粘。浅黄色胎，较致密。口径 3.3、腹径 3.8、通高 3.4 厘米（图 5-23，2）。

17ⅠTG2②：132，敞口，圆唇，矮颈，颈部与腹部有一对竖条状对称系，一耳残，弧腹，圈足。内施透明釉，外施透明釉至下腹，有流釉、脱釉现象，釉面有小开片，釉下施白色化妆土，内外都有轮痕，外有土沁，底部有釉粘。圈足足跟旋削，足脊微斜，外足墙微外撇。灰色胎，较致密。口径 10.4、腹径 13.2、底径 7、通高 10.2 厘米（图 5-23，3；彩版 5-67）。

17ⅠTG2③：3，残。侈口，圆唇，矮颈，颈部与腹部有一对竖条状对称系，鼓腹，饼底。内满

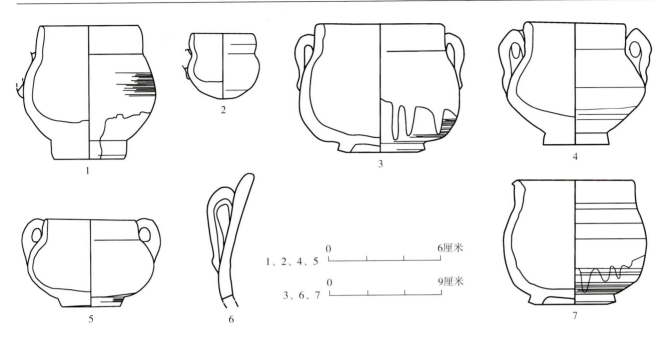

图 5-23　17 I TG2 出土白瓷罐
1～8.17 I TG2②：44、47、132、17 I TG2③：3、17 I TG2④：2、46、62

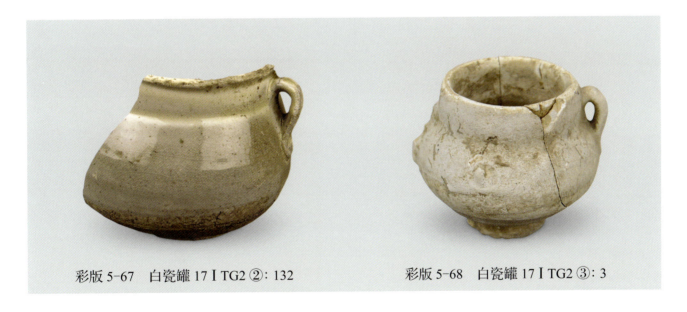

彩版 5-67　白瓷罐 17 I TG2②：132　　　　彩版 5-68　白瓷罐 17 I TG2③：3

施透明釉，外施透明釉至腹部，釉下施白色化妆土，施釉不均匀，有积釉现象，内外都有轮痕，有少量土沁。浅黄色胎，较致密。口径 5.5、腹径 7.5、底径 3.5、通高 6.5 厘米（图 5-23，4；彩版 5-68）。

17 I TG2④：2，残。敞口，圆唇，矮颈，颈部与腹部有一对竖条状对称系，鼓腹，饼底。除口沿内满施透明釉，外施透明釉至足跟，釉下施白色化妆土，施釉不均匀，釉面有小开片，内外都有轮痕、釉粘。浅灰色胎，较致密。口径 4.8、底径 3.2、通高 4.7、腹径 6.7 厘米（图 5-23，5）。

17 I TG2④：46，双系罐腹片。敞口，圆唇，矮颈，颈部与腹部有一对竖条状对称系，鼓腹。除口沿内满施透明釉，外施透明釉，内外都有轮痕，内有窑粘。灰色胎，较致密。残高 10 厘米（图 5-23，6）。

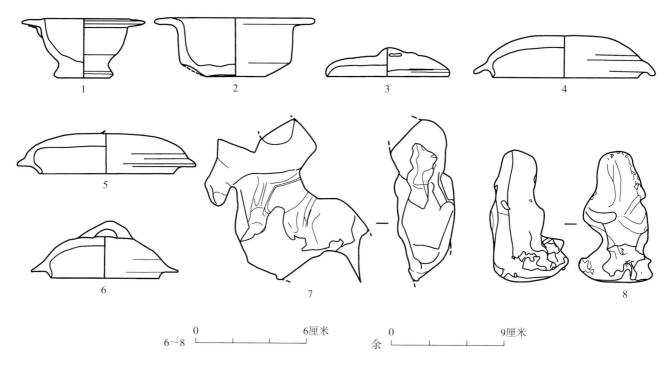

图 5-24　17ⅠTG2 出土白瓷器

1、2.白瓷炉 17ⅠTG2③：6、17ⅠTG2④：7　3～6.白瓷器盖 17ⅠTG2②：42、49、124、17ⅠTG2④：110　7.白瓷骑马人物塑
17ⅠTG2②：50　8.透明釉人物塑 17ⅠTG2③：8

　　17ⅠTG2④：62，残。侈口，圆唇，矮颈，鼓腹，圈足。除口沿内满施透明釉，外施透明釉至下腹，
釉下施白色化妆土，施釉不均匀，有流釉现象，釉面有小开片，外有轮痕、窑粘。圈足足跟旋削，
外足墙微外撇，足脊微斜。浅灰色胎，较致密。口径 9.8、底径 7.1、通高 9.9、腹径 11.6 厘米（图 5-23，
7）。

　　9. 白瓷炉
　　共 2 件。
　　17ⅠTG2③：6，残。直口，圆唇，宽斜沿，弧腹，喇叭形平底。内满施透明釉，外施透明釉至下腹，
施釉不均匀，有脱釉现象，内有轮痕，外有窑粘。灰色胎，较致密。口径 9.9、底径 4.2、通高 4.7 厘米（图
5-24，1）。

　　17ⅠTG2④：7，残。侈口，圆唇，宽平沿，直腹折收，平底内凹，底部疑似有三个足印。内满
施透明釉，外施透明釉至腹部，施釉不均匀，有脱釉现象，内有轮痕，外有少量土沁。灰色胎，较致密。
口径 13、底径 4.9、通高 4.6 厘米（图 5-24，2）。

　　10. 白瓷器盖
　　共 4 件。
　　17ⅠTG2②：42，残。敞口，圆唇，弧顶，顶部有捉手。外施透明釉，内有轮痕，外有土沁。
浅灰色胎，较致密。直径 10、通高 2.3 厘米（图 5-24，3）。

　　17ⅠTG2②：49，残。子母口微敛，斜沿，弧顶。外施透明釉，内口沿施白色化妆土，施土不均匀，
内外有轮痕，少量土沁。灰色胎，较致密。直径 14.6、通高 3.3 厘米（图 5-24，4）。

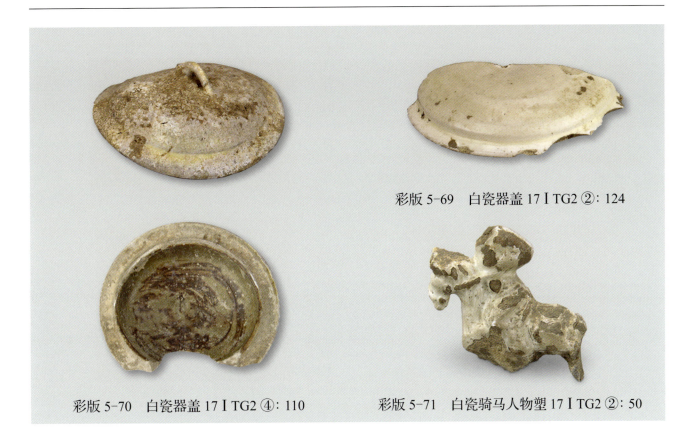

彩版 5-69　白瓷器盖 17ⅠTG2 ②：124

彩版 5-70　白瓷器盖 17ⅠTG2 ④：110　　　　彩版 5-71　白瓷骑马人物塑 17ⅠTG2 ②：50

17ⅠTG2 ②：124，残。子母口微敛，平沿，弧顶，顶部有捉手痕迹。外施透明釉，釉面有小开片，内外有轮痕，有土沁，顶部有釉粘。灰色胎，较致密。直径 14.4、通高 3.2 厘米（图 5-24，5；彩版 5-69）。

17ⅠTG2 ④：110，残。子母口微敛，平沿，弧顶，顶部有捉手。内外均施透明釉，有脱釉现象，内外有轮痕，有土沁，口部有变形现象。浅灰色胎，较致密。直径 7.9～8.7、通高 3 厘米（图 5-24，6；彩版 5-70）。

11. 白瓷骑马人物塑

共 2 件。

17ⅠTG2 ②：50，透明釉骑马人物塑，残，模制。驾马姿势，立马俑。脸无，头向后仰，身体趴在马上，双手抱着马脖，双腿跨于马鞍上，马鞍垂马腹下，马脸较长，马身壮硕，马尾短粗，马下半身残，周身施透明釉。浅黄色胎，较致密。残长 8.8、宽 3.4、高 8.5 厘米（图 5-24，7；彩版 5-71）。

17ⅠTG2 ③：8，透明釉人物塑，站姿，模制。五官模糊，右手搭在左手上，衣衫纹路明显，背部直，通体施透明釉，粘有小砂石、窑粘。灰色胎，较致密。长 3.9、宽 4.2、高 6.9 厘米（图 5-24，8）。

（二）白釉黑（褐）彩瓷

1. 白釉黑（褐）彩碗

共 8 件。

17ⅠTG2 ①：39，残。敞口，圆唇，弧腹，圈足，挖足过肩。内施透明釉，有涩圈，宽 1.7～2.2 厘米，内腹饰点状褐彩，外施透明釉至腹部，釉下施白色化妆土，有积釉现象，釉面有小开片，外有轮痕，有土沁。圈足足跟旋削，足脊微斜，外足墙微外撇。浅黄色胎，较致密。口径 20、底径 6.4、通高 7.2 厘米（图 5-25，1）。

17ⅠTG2①：46，残。敞口，圆唇，弧腹，圈足，挖足过肩。内满施透明釉，有涩圈，宽 1.5 厘米，饰褐彩萱草纹，外施透明釉至腹部，釉下施白色化妆土，有积釉现象，釉面有小开片，内外有少量土沁，外有轮痕。圈足足跟旋削，足脊微斜，外足墙微外撇。浅黄色胎，较致密。口径 13.2、底径 5.4、通高 4.7 厘米（图 5-25，2；彩版 5-72）。

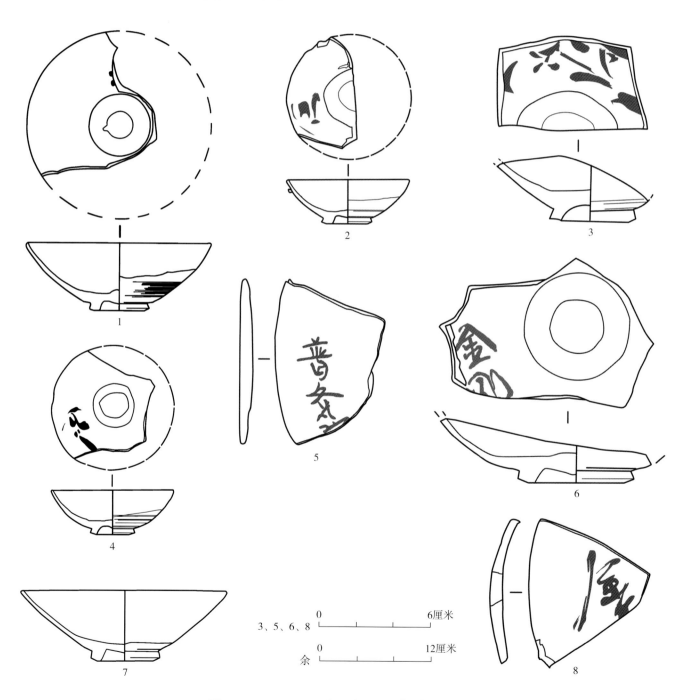

图 5-25　17ⅠTG2 出土白釉黑（褐）彩碗
1～8. 17ⅠTG2①：39、46、47、17ⅠTG2②：114、125、133、140、216

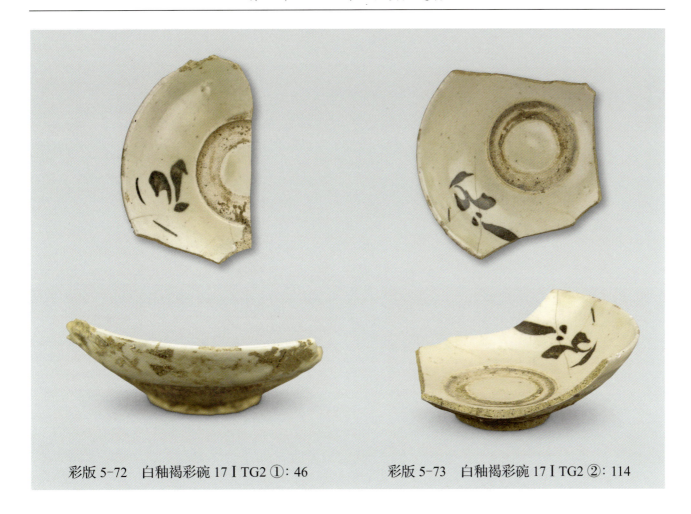

彩版 5-72　白釉褐彩碗 17 I TG2 ①：46　　　　　彩版 5-73　白釉褐彩碗 17 I TG2 ②：114

　　17 I TG2 ①：47，弧腹，圈足，挖足过肩。内满施透明釉，有涩圈，宽 1.2 厘米，饰褐彩萱草纹，外施透明釉至腹部，釉下施白色化妆土，化妆土有小开片，外有轮痕、少量土沁。圈足足跟旋削，足脊微斜，外足墙微外撇。灰色胎，较致密。底径 4.6、残高 3.4 厘米（图 5-25，3）。

　　17 I TG2 ②：114，残。敞口，圆唇，弧腹，圈足，挖足过肩。内满施透明釉，有涩圈，宽 1.2 厘米，饰黑彩萱草纹，外施透明釉至腹部，釉下施白色化妆土，施土不均匀，外有轮痕、少量土沁。圈足足跟旋削，足脊微斜，外足墙微外撇。浅黄色胎，较致密。口径 13.2、底径 4.8、通高 4.7 厘米（图 5-25，4；彩版 5-73）。

　　17 I TG2 ②：125，带字碗口沿残片。敞口，圆唇，弧腹。内施透明釉，外施透明釉至腹部，内腹有褐彩字"普灸"。浅黄色胎，较致密。残长 8.75、残宽 5.9 厘米（图 5-25，5；彩版 5-74）。

　　17 I TG2 ②：133，带字碗底，弧腹，圈足，挖足过肩。内满施透明釉，有涩圈，宽 1.7 厘米，内腹有褐彩字"金刚"，外施透明釉至腹部，釉面有小开片，釉下施白色化妆土，外有轮痕、窑粘。圈足足跟旋削，足脊微斜，外足墙微外撇。黄色胎，较致密。残长 11.4、底径 6.2、残高 3.4 厘米（图 5-25，6；彩版 5-75）。

　　17 I TG2 ②：140，残。敞口，圆唇，弧腹，圈足，挖足过肩。内满施透明釉，有涩圈，宽 1.9～2.5 厘米，内腹饰黑彩萱草纹，外施透明釉至下腹，有脱釉现象，釉面有小开片，釉下施白色化妆土，内外有土沁，有釉粘，外有轮痕。圈足足跟旋削，足脊微斜，外足墙微外撇。浅黄色胎，较致密。

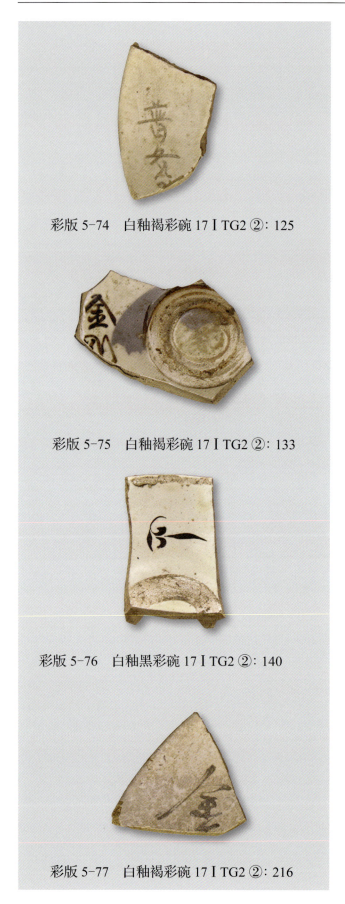

彩版 5-74　　白釉褐彩碗 17ⅠTG2②：125

彩版 5-75　　白釉褐彩碗 17ⅠTG2②：133

彩版 5-76　　白釉黑彩碗 17ⅠTG2②：140

彩版 5-77　　白釉褐彩碗 17ⅠTG2②：216

口径 22.4、底径 7.2、高 7.4 厘米（图 5-25，7；彩版 5-76）。

17ⅠTG2②：216，带字碗口沿残片。敞口，圆唇，弧腹，内施透明釉，内腹有褐彩字"金"，外施透明釉至腹部，釉下施白色化妆土。黄色胎，较致密。残长 7.8、宽 6.5 厘米（图 5-25，8；彩版 5-77）。

2. 白釉黑（褐）彩盆

共 5 件。

17ⅠTG2①：48，盆腹片，弧腹，平底。内满施透明釉，饰两条弦纹中间饰花纹，外施透明釉至腹部，釉下施白色化妆土，内有少量土沁，外有轮痕、窑粘。浅灰色胎，较致密。残长 10.3、残宽 11 厘米（图 5-26，1；彩版 5-78）。

17ⅠTG2②：213，盆口沿残片。敛口，圆唇，卷沿，弧腹。除口沿内施透明釉，内腹饰黑彩萱草纹，有积釉现象，外施透明釉至口沿下，釉下施白色化妆土，施釉不均匀，釉面有小开片，外有轮痕、土沁。灰色胎，较致密。残长 15.9、残宽 10.8 厘米（图 5-26，2；彩版 5-79）。

17ⅠTG2②：214，盆口沿残片。敞口，圆唇，卷沿，弧腹。除口沿内施透明釉，内腹饰黑彩萱草纹，外施透明釉至口沿下，釉下施白色化妆土，釉面有小开片，外有轮痕、土沁。浅黄色胎，较致密。残长 12、残宽 9.8 厘米（图 5-26，3；彩版 5-80）。

17ⅠTG2②：215，盆腹片，弧腹。内施透明釉，内腹饰黑彩萱草纹，有积釉现象，外施透明釉至腹部，釉下施白色化妆土，釉面有小开片，内外有轮痕，外有土沁。灰色胎，较致密。残长 16.2、残宽 10.9 厘米（图 5-26，4；彩版 5-81）。

17ⅠTG2②：217，带字盆底。弧腹，平底。内除涩圈施透明釉，釉下施白色化妆土，内外有土沁，外有轮痕、釉粘，底部有黑彩字"？"。残高 2.6 厘米（图 5-26，5）。

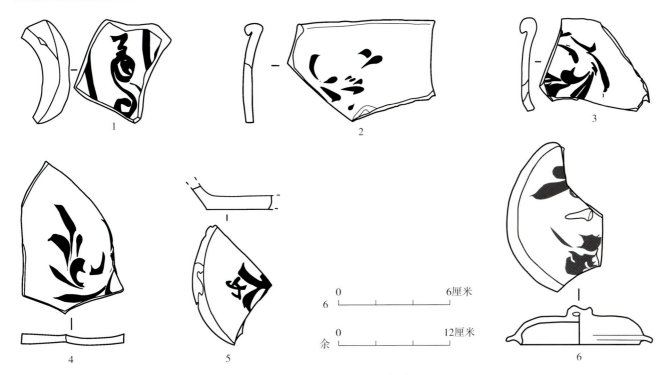

图 5-26　17ⅠTG2 出土白釉黑（褐）彩盆、器盖

1～5.白釉黑（褐）彩盆17ⅠTG2①：48、17ⅠTG2②：213～215、217　6.白釉黑（褐）彩器盖17ⅠTG2②：165

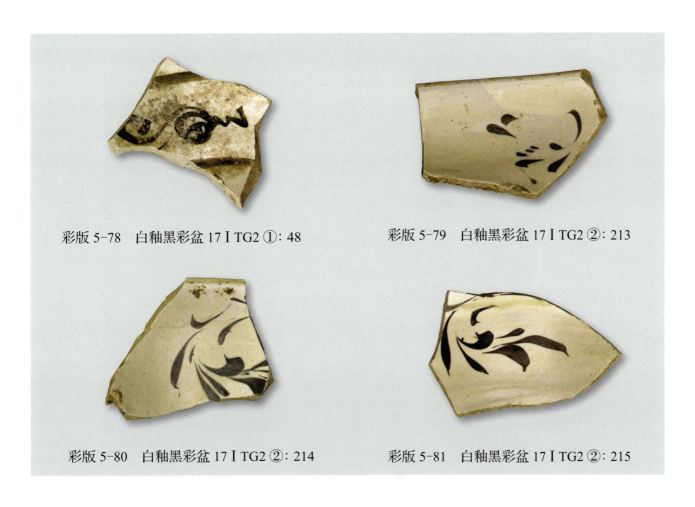

彩版 5-78　白釉黑彩盆 17ⅠTG2 ①：48　　　　　彩版 5-79　白釉黑彩盆 17ⅠTG2 ②：213

彩版 5-80　白釉黑彩盆 17ⅠTG2 ②：214　　　　　彩版 5-81　白釉黑彩盆 17ⅠTG2 ②：215

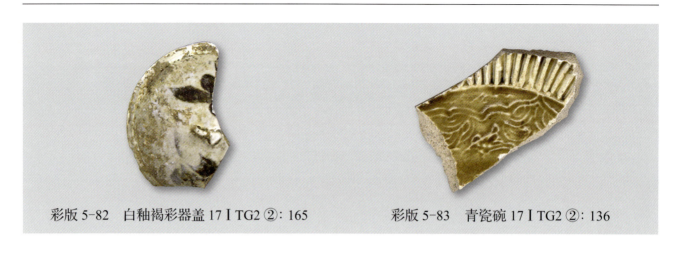

彩版 5-82　白釉褐彩器盖 17ⅠTG2②：165　　　　彩版 5-83　青瓷碗 17ⅠTG2②：136

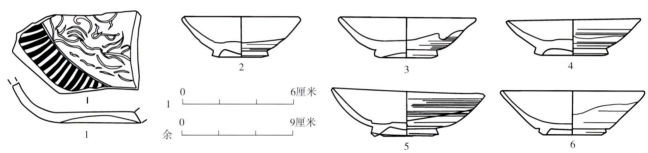

图 5-27　17ⅠTG2 出土青瓷碗、盏
1. 青瓷碗17ⅠTG2②：136　2～6. 青瓷盏17ⅠTG2①：49、17ⅠTG2②：34、117、17ⅠTG2④：58、70

3. 白釉黑（褐）彩器盖

共 1 件。

17ⅠTG2②：165，残。子母口微敛，斜沿，弧顶，顶部有捉手。外施透明釉，盖顶釉下施白色化妆土，饰褐彩萱草纹，内有轮痕，外有少量土沁。浅灰色胎，较致密。直径8、通高2.1厘米（图5-26，6；彩版5-82）。

（三）青瓷

1. 青瓷碗

共 1 件。

17ⅠTG2②：136，划花碗底。弧腹，卧足。内施青釉，外施青釉，有脱釉现象，内有竖条纹和花卉纹，外有土沁。灰色胎，较致密。残长 6.9、残高 2.1 厘米（图5-27，1；彩版5-83）。

2. 青瓷盏

共 5 件。

17ⅠTG2①：49，残。敞口，圆唇，弧腹，圈足，挖足过肩。内满施青釉，有涩圈，宽 1.3 厘米，外施青釉至腹部，内外都有釉粘，外有轮痕、少量土沁。圈足足跟旋削，足脊微斜，外足墙微外撇。砖红色胎，较致密。口径 9.6、底径 4.5、通高 3.2 厘米（图5-27，2；彩版5-84）。

17ⅠTG2②：34，残。敞口，圆唇，弧腹，饼底内凹。内满施青釉，有涩圈，宽 0.9～1.5 厘米，

彩版 5-84　青瓷盏 17 I TG2 ①：49　　　　　　彩版 5-85　青瓷盏 17 I TG2 ②：34

外施青釉至腹部，有流釉、积釉现象，外有轮痕、釉粘。浅黄色胎，较致密。口径 11、底径 5、通高 3.3 厘米（图 5-27，3；彩版 5-85）。

　　17 I TG2 ②：117，残。敞口，圆唇，弧腹，圈足。内满施青釉，有涩圈，宽 1.7 厘米，外施青釉至腹部，外有轮痕、釉粘。圈足足跟旋削，足脊微斜，外足墙微外撇。浅灰色胎，较致密。口径 10.8、底径 5.9、通高 3 厘米（图 5-27，4）。

彩版 5-86　青瓷盏 17ⅠTG2 ④：70　　　　　　　彩版 5-87　青瓷盘 17ⅠTG2 ②：18

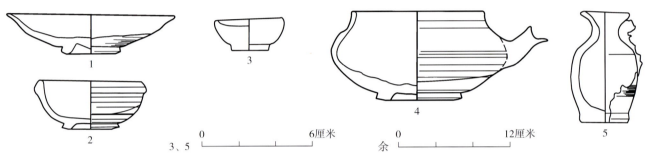

图 5-28　17ⅠTG2 出土青瓷器

1. 青瓷盘17ⅠTG2②：18　2. 青瓷钵17ⅠTG2③：7　3. 青瓷水盂17ⅠTG2①：54　4. 青瓷壶17ⅠTG2③：1　5. 青瓷瓶17ⅠTG2②：48

17ⅠTG2 ④：58，残。敞口，圆唇，弧腹，圈足。内满施青釉，有涩圈，宽 1.8 厘米，外施青釉至下腹，施釉不均匀，内外都有少量土沁、轮痕，外有窑粘。圈足足跟旋削，足脊微斜，外足墙微外撇。灰色胎，较致密。口径 12.2、底径 5.4、通高 3.8 厘米（图 5-27，5）。

17ⅠTG2 ④：70，残。敞口，圆唇，弧腹，圈足。内满施青釉，有涩圈，宽 1.7～2.1 厘米，外施青釉至腹部，釉面有小开片，外有轮痕、土沁。圈足有旋削痕迹，足脊微斜，外足墙微外撇。灰色胎，较致密。口径 11.6、底径 5.4、通高 3.5 厘米（图 5-27，6；彩版 5-86）。

3. 青瓷盘

共 1 件。

17ⅠTG2 ②：18，残。侈口，圆唇，弧腹，内满施青釉，有涩圈，宽 1.8 厘米，外施青釉至腹部，外有窑变现象，内外有轮痕、少量土沁，内有窑粘。圈足足跟旋削，足脊微斜，外足墙微外撇。浅黄色胎，较致密。口径 18.2、底径 6.4、通高 4.3 厘米（图 5-28，1；彩版 5-87）。

4. 青瓷钵

共 1 件。

17ⅠTG2 ③：7，残。敞口，圆唇，口沿下有凸棱，弧腹，圈足。除口沿内满施青釉，外施青釉至下腹，外有轮痕、釉粘。圈足足跟旋削，足脊微斜，外足墙微外撇。浅灰色胎，较致密。口径 11.4、底径 6.2、通高 5.2 厘米（图 5-28，2；彩版 5-88）。

5. 青瓷水盂

共 1 件。

彩版 5-88　青瓷钵 17 I TG2 ③: 7　　　　彩版 5-89　青瓷水盂 17 I TG2 ①: 54

彩版 5-90　青瓷壶 17 I TG2 ③: 1

17 I TG2 ①: 54，残。敞口，圆唇，弧腹，饼足。内施青釉，外施青釉至足部，施釉不均匀，釉下施白色化妆土，釉面有小开片，内外有土沁，外有流釉、积釉现象。浅黄色胎，较致密。口径 3.8、底径 2、通高 1.7 厘米（图 5-28，3；彩版 5-89）。

6. 青瓷壶

共 1 件。

17 I TG2 ③: 1，敞口，圆唇，矮颈，腹部装一长形流，鼓腹，圈足。除口沿内满施青釉，外施青釉至下腹，釉下施白色化妆土，施釉不均匀，有积釉现象，内外都有轮痕、窑粘。浅黄色胎，较致密。口径 14.2、腹径 18.8、底径 9.2、通高 9.4 厘米（图 5-28，4；彩版 5-90）。

7. 青瓷瓶

共 1 件。

17 I TG2 ②: 48，微残。敞口，圆唇，矮颈，折肩，弧腹，平底。内满施青釉，外施青釉至下腹，有积釉现象，外有釉粘、小砂石、少量土沁、窑粘、轮痕。浅灰色胎，较致密。口径 2.6、腹部 3.6、底径 2.5、通高 5.9 厘米（图 5-28，5；彩版 5-91）。

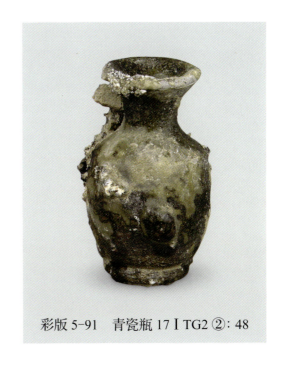

彩版 5-91　青瓷瓶 17 I TG2 ②: 48

8. 青瓷罐

共3件。

17ⅠTG2②：39，双系罐残片。敛口，圆唇，矮颈，颈部与腹部有一对竖条状对称系，鼓腹。内满施青釉，外施青釉至上腹部，釉下施白色化妆土，内外有轮痕，口沿粘有一点垫饼，外有少量土沁、釉粘。浅黄色胎，较致密。残高10厘米（图5-29，1）。

17ⅠTG2③：39，残。侈口，圆唇，矮颈，颈部与腹部有一对竖条状对称系，鼓腹，圈足，挖足过肩。内满施青釉，外施青釉至下腹，有流釉现象，内外有轮痕。圈足足跟旋削，外足墙微外撇，足脊微斜。灰色胎，较致密。口径9.8、腹径11.6、底径6.4、通高9.6厘米（图5-29，2）。

17ⅠTG2④：1，微残。敞口，圆唇，矮颈，颈部与腹部有一对竖条状对称系，鼓腹，圈足。除口沿内满施青釉，外施青釉至下腹，釉下施白色化妆土，施釉不均匀，内外都有轮痕，外有窑粘。圈足足跟旋削，外足墙微外撇，足脊微斜。黄色胎，较致密。口径10、底径6.6、通高10.2、腹径12.2厘米（图5-29，3；彩版5-92）。

9. 青瓷炉

共2件。

17ⅠTG2③：2，残。直口，圆唇，宽斜沿，直腹折收，腹部有三足残，平底。内施青釉至口沿，外满施青釉，施釉不均匀，有流釉现象，内外有少量土沁、轮痕，外有窑粘。浅黄色胎，较致密。口径14.6、底径5.3、残高4.9厘米（图5-29，4；彩版5-93）。

17ⅠTG2③：9，残。直口，圆唇，宽斜沿，直腹折收，喇叭形平底。内满施青釉，外施青釉至下腹，有脱釉现象，施釉不均匀，内外都有少量土沁，外有轮痕、窑粘。灰色胎，较致密。口径8.4、底径4.6、通高5.5厘米（图5-29，5；彩版5-94）。

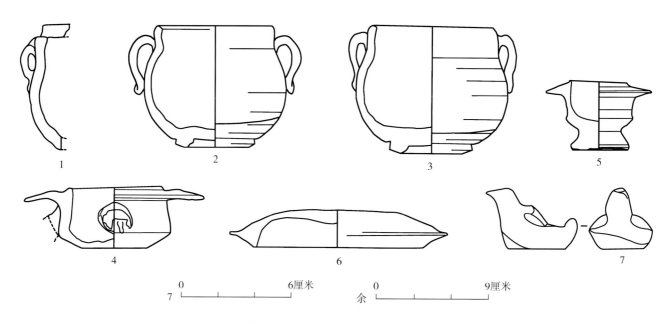

图5-29　17ⅠTG2出土青瓷器

1～3. 青瓷罐17ⅠTG2②：39、17ⅠTG2③：39、17ⅠTG2④：1　4、5. 青瓷炉17ⅠTG2③：2、9　6. 青瓷器盖17ⅠTG2②：218　7. 青瓷瓷塑17ⅠTG2②：51

彩版 5-92 青瓷罐 17ⅠTG2④：1

彩版 5-93 青瓷炉 17ⅠTG2③：2

彩版 5-94 青瓷炉 17ⅠTG2③：9　　　彩版 5-95 青瓷器盖 17ⅠTG2②：218

10. 青瓷器盖

共 1 件。

17ⅠTG2②：218，残。子母口微敛，平沿，弧顶。外施青釉，略呈茶叶末色，内外有轮痕、土沁，内有釉粘。浅灰色胎，较致密。直径 17.6、通高 3 厘米（图 5-29，6；彩版 5-95）。

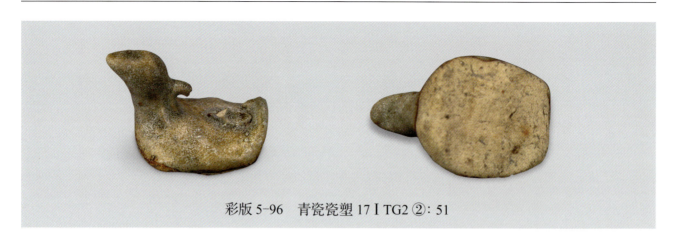

彩版5-96　青瓷瓷塑 17 I TG2 ②：51

11. 青瓷瓷塑

共1件。

17 I TG2 ②：51，鸭形，残，模制。嘴巴扁平，无眼睛，背部有纽，尾巴向上翘起。上面施青釉，底部有细小裂缝。浅黄色胎，较致密。长4.8、宽3.4、高3.2厘米（图5-29，7；彩版5-96）。

（四）青釉褐彩瓷

青釉褐彩碗

共2件。

17 I TG2 ②：126，带字青瓷碗底。弧腹，圈足，挖足过肩，底部中心微凸。内施青釉，有涩圈，宽1.6厘米，内腹有刻"祐德观"，外有轮痕。圈足足跟旋削，足脊微斜，外足墙微外撇。浅砖红色胎，较致密。底径6、残高3.7厘米（图5-30，1；彩版5-97）。

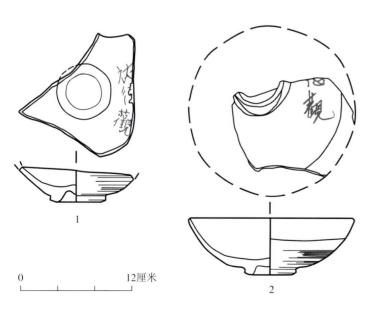

0 ⊢————————————⊣ 12厘米

图5-30　17 I TG2 出土青釉褐彩碗
1、2. 17 I TG2②：126、130

彩版5-97　青釉褐彩碗 17 I TG2 ②：126

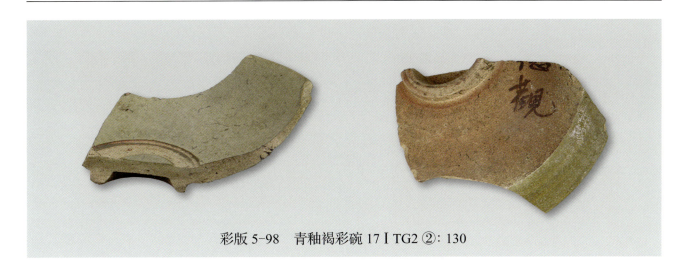

彩版 5-98　青釉褐彩碗 17 I TG2 ②：130

17 I TG2 ②：130，带字碗。敞口，圆唇，弧腹，圈足，挖足过肩。内施青釉，有涩圈，宽 1.5 ～ 1.9 厘米，外施青釉至腹部，外腹有褐彩字"观"，内外有土沁，外有轮痕。圈足足跟旋削，足脊微斜，外足墙微外撇。浅砖红色胎，较致密。口径 18、底径 5.6、残高 6.2 厘米（图 5-30，2；彩版 5-98）。

（五）青黄釉瓷

1. 青黄釉碗

共 2 件。

17 I TG2 ①：53，残。敞口，圆唇，弧腹，圈足，挖足过肩。内满施青黄釉，有涩圈，宽 1.3 ～ 1.7 厘米，外施青黄釉至腹部，内外有土沁，内有窑粘，外有轮痕。圈足足跟旋削，足脊微斜，外足墙微外撇。黄色胎，较致密。口径 15.5、底径 5.6、通高 5.1 厘米（图 5-31，1）。

17 I TG2 ②：196，残。敞口，圆唇，弧腹，圈足，挖足过肩。内满施青黄釉，有涩圈，宽 1.8 厘米，外施青黄釉至腹部，内外有土沁，外有轮痕。圈足足跟旋削，足脊微斜，外足墙微外撇。黄色胎，致密。口径 15.3、底径 5.9、通高 5.6 厘米（图 5-31，2）。

2. 青黄釉盏

共 1 件。

17 I TG2 ①：51，残。敞口，圆唇，弧腹，圈足，挖足过肩。内满施青黄釉，有涩圈，宽 1.1 厘米，外施青黄釉至腹部，内外有土沁，外有轮痕。足脊微斜，外足墙微外撇。黄色胎，较致密。口径 10.95、底径 4.8、通高 3.3 厘米（图 5-31，3）。

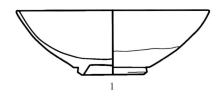
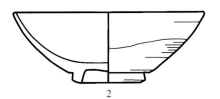
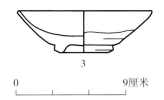

0　　　　　9厘米

图 5-31　17 I TG2 出土青黄釉碗、盏
1、2. 青黄釉碗 17 I TG2①：53、17 I TG2②：196　3. 青黄釉盏 17 I TG2①：51

（六）黄釉瓷

1. 黄釉盏

共 1 件。

17ⅠTG2①：50，残。敞口，圆唇，弧腹，圈足。内满施黄釉，有涩圈，宽 1.3 厘米，外施黄釉至下腹，内外有釉粘，外有轮痕。浅灰色胎，较致密。口径 9.6、底径 4.8、通高 3.2 厘米（图 5-32，1；彩版 5-99）。

2. 黄釉瓶

共 1 件。

17ⅠTG2④：106，瓶残片。敞口，圆唇，斜沿，矮颈，弧腹，颈部与腹部帖塑竖状四系，两耳残。内外均施黄釉，除口沿釉下施白色化妆土，内外有轮痕，有土沁。砖红色胎，较粗糙。口径 11.2、残高 14.9 厘米（图 5-32，2）。

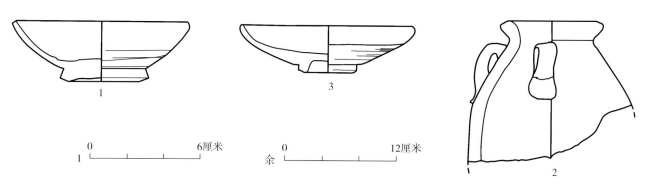

图 5-32　17ⅠTG2 出土黄釉瓷器

1. 黄釉盏17ⅠTG2①：50　2. 黄釉瓶17ⅠTG2④：106　3. 酱釉盘17ⅠTG2②：23

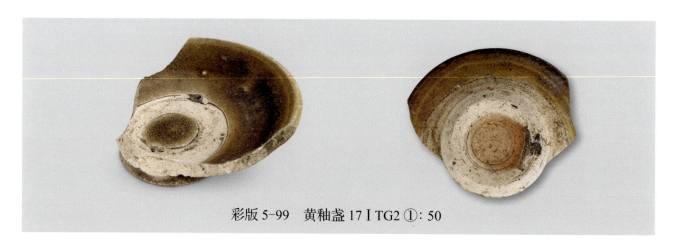

彩版 5-99　黄釉盏 17ⅠTG2①：50

（七）酱釉瓷

酱釉盘

共 1 件。

17ⅠTG2②：23，残。敞口，圆唇，弧腹，圈足，挖足过肩。内满施酱釉，有涩圈，宽 1.6 厘米，

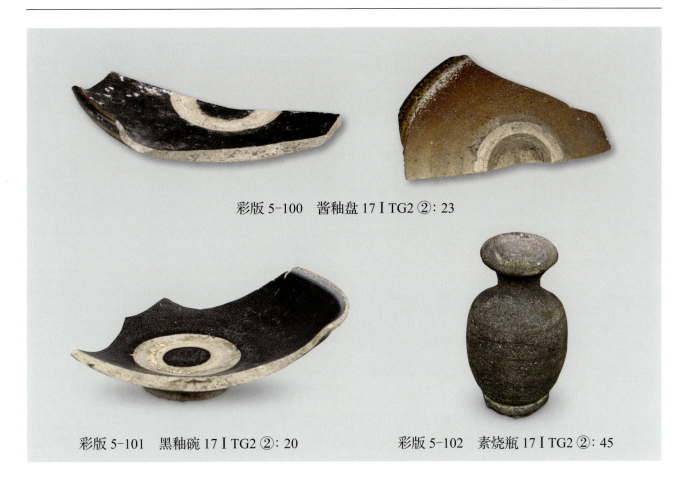

彩版 5-100　酱釉盘 17 I TG2 ②：23

彩版 5-101　黑釉碗 17 I TG2 ②：20

彩版 5-102　素烧瓶 17 I TG2 ②：45

外施酱釉至上腹部，釉下施白色化妆土，内有少量土沁，外有轮痕。圈足足跟旋削，足脊微斜，外足墙微外撇。浅黄色胎，较致密。口径 19.2、底径 6.2、通高 5 厘米（图 5-32，3；彩版 5-100）。

（八）黑釉

黑釉碗

共 1 件。

17 I TG2 ②：20，残。敞口，圆唇，弧腹，圈足，挖足过肩。内满施黑釉，有涩圈，宽 2 厘米，外施黑釉至腹部，有窑变现象，内粘有小砂石，外有轮痕、少量土沁。圈足足跟旋削，足脊微斜，外足墙微外撇。浅灰色胎，较致密。口径 20.8、底径 6、通高 6.3 厘米（彩版 5-101）。

（九）素烧瓷

1. 素烧瓶

共 1 件。

17 I TG2 ②：45，敞口，圆唇，矮颈，折肩，弧腹，平底。外有轮痕。浅灰色胎，较致密。口径 2.7、腹径 3.7、底径 2.2、通高 6.2 厘米（图 5-33，1；彩版 5-102）。

2. 素烧围棋子

共 3 枚。

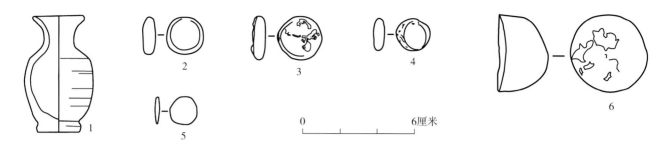

图 5-33　17ⅠTG2 出土素烧瓷

1. 素烧瓶17ⅠTG2②：45　2～5. 素烧围棋子17ⅠTG2②：52-1、2、17ⅠTG2②：53、135　6. 素烧球17ⅠTG2②：54

彩版 5-103　素烧围棋子 17ⅠTG2 ②：52、53

17ⅠTG2 ②：52，2 枚（图 5-33，2、3；彩版 5-103，左）。

17ⅠTG2 ②：52-1，捏制。圆饼状。两面都有少量土沁、轮痕。灰色胎，较致密。直径 2、厚 0.7 厘米。

17ⅠTG2 ②：52-2，捏制。圆饼状。一面有窑粘，一面有少量土沁。灰色胎，较致密。直径 2.4、厚 0.8 厘米。

17ⅠTG2 ②：53，捏制。圆饼状。周身有划痕。白色胎，较致密。直径 1.8、厚 0.6 厘米（图 5-33，4；彩版 5-103，右）。

17ⅠTG2 ②：135，微残，捏制。圆饼状。中心厚边缘薄，周身有指印。白色胎，较粗糙。直径 1.5、厚 1.5 ～ 2 厘米（图 5-33，5）。

3. 素烧球

共 2 件。

17ⅠTG2 ②：54，残半，揉制。圆形。外施白色化妆土，有脱落现象，有少量土沁。浅黄色胎，较致密。直径 4.1 厘米（图 5-33，6；彩版 5-104，左）。

17ⅠTG2 ④：4，微残，揉制。圆形。通体有划痕。浅砖红色胎，较致密。直径 2.7 厘米（彩版 5-104，右）。

4. 垫砖

共 2 件。

17ⅠTG2 ②：111，残，模制。长方形。正面及侧面疑似施釉（图 5-34，1；彩版 5-105，左）。

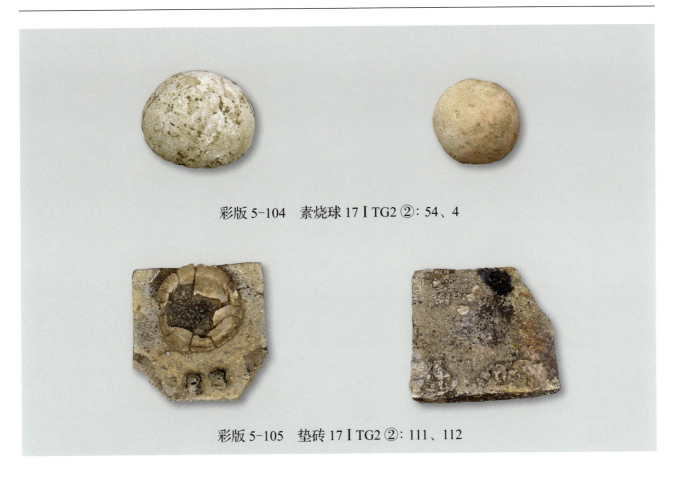

彩版 5-104　素烧球 17 I TG2 ②：54、4

彩版 5-105　垫砖 17 I TG2 ②：111、112

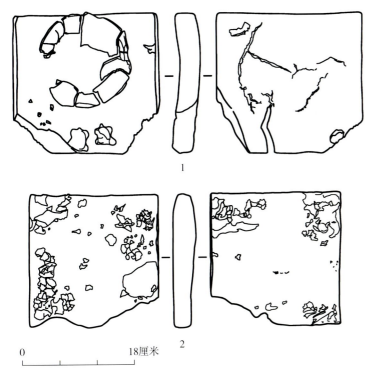

图 5-34　17 I TG2 出土垫砖
1、2. 17 I TG2 ②：111、112

17 I TG2 ②：111-1，一面有裂缝，另一面有残垫饼及两只乌龟。夹砂浅灰色胎，较粗糙。长 23.4、宽 22.4、高 2 厘米。

17 I TG2 ②：111-2，残。一面有裂缝、釉粘。浅黄色胎，较致密。直径 15.2、厚 1.2 厘米。

17 I TG2 ②：111-3，左，青瓷龟，微残，模制。头往前伸，背部有凹痕，龟壳上有龟背纹，四鳍往外伸，尾巴残。通体施青釉，有脱釉现象。浅灰色胎，较致密。残长 3.7、宽 3.4、高 1.8 厘米。

17 I TG2 ②：111-4，右，青瓷龟，残，模制。头往前伸，背部有凹痕，上身残，四鳍往外伸，尾巴残。通体施青釉，有脱釉现象。浅灰色胎，较致密。残长 3.4、宽 3.4、高 1.8 厘米。

17ⅠTG2②：112，残，模制。近似正方体。一面有釉粘，两面都有窑粘，有土沁。夹砂砖红色胎，粗糙。长20.8、宽21、高2.4～3.8厘米（图5-34，2；彩版5-105，右）。

（一○）窑具

1. 盏形支具

共17件。

17ⅠTG2①：10，微残。敞口，方唇，斜沿，弧腹，平底内凹，底部中心有一乳突。内外有轮痕、少量土沁，外疑似施釉。浅黄色胎，较致密。口径8.8、底径4.4、通高2.6厘米（图5-35，1）。

17ⅠTG2①：36，敞口，方唇，斜平沿，弧腹，平底内凹，底部有三个指窝印。内外有轮痕，有土沁，砖红色胎，较致密。口径6.8、底径3.4、通高2.5厘米（彩版5-106）。

17ⅠTG2②：88，微残。敞口，方唇，斜平沿，弧腹，平底内凹。内外有轮痕，少量土沁，外有窑粘。浅灰色胎，较致密。口径9.3、底径4.5、通高2.9厘米（图5-35，2）。

17ⅠTG2②：155，微残。敞口，方唇，斜平沿，弧腹，平底内凹。内外有轮痕，有土沁，外有护胎釉。黄色胎，较致密。口径8.6、底径4.8、通高2.2厘米（图5-35，3；彩版5-107）。

17ⅠTG2②：179，微残。敞口，方唇，斜沿，弧腹，平底内凹。内外有轮痕，有土沁，内有釉粘。黄色胎，较致密。口径9、底径4.5、通高2.35厘米（图5-35，4）。

17ⅠTG2②：192，微残。敞口，方唇，斜沿，弧腹，平底内凹。内外有轮痕，有土沁，底部有釉粘。黄色胎，较致密。口径8.3、底径4.3、通高2.1厘米（图5-35，5；彩版5-108）。

17ⅠTG2②：195，残。敞口，方唇，斜沿，弧腹，平底内凹。内外有轮痕，有土沁。黄色胎，较致密。口径9、底径4.35、通高3厘米（图5-35，6）。

17ⅠTG2③：19，微残。敞口，方唇，斜沿，弧腹，平底内凹。内外有轮痕，有土沁。浅黄色胎，较致密。口径8.2、底径4.6、通高2厘米（图5-35，7）。

17ⅠTG2③：29，微残。敞口，方唇，斜平沿，弧腹，平底内凹。内外有疑似施釉，有脱釉现象，

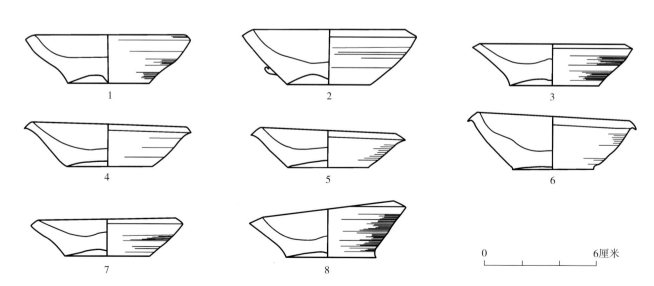

图5-35　17ⅠTG2出土盏形支具

1～8. 17ⅠTG2①：10、17ⅠTG2②：88、155、179、192、195、17ⅠTG2③：19、29

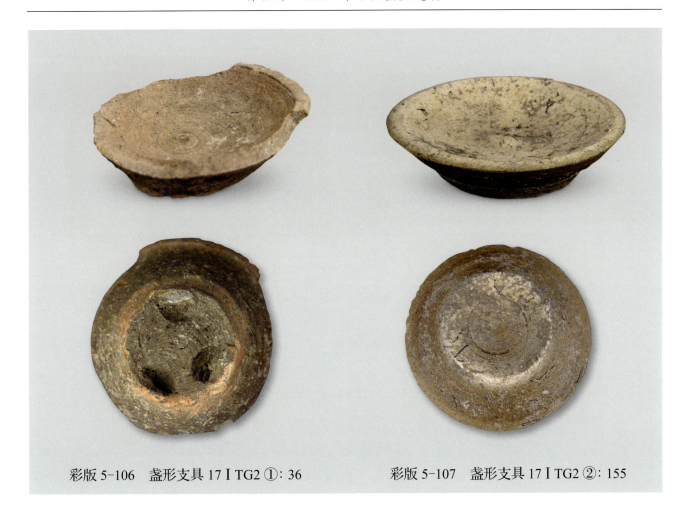

彩版 5-106　盏形支具 17 I TG2 ①：36　　　　彩版 5-107　盏形支具 17 I TG2 ②：155

有轮痕，有土沁，底部有窑粘。灰色胎，较粗糙。口径 8.4、底径 4.8、通高 3 厘米（图 5-35，8）。

　　17 I TG2 ③：51，敞口，方唇，斜沿，弧腹，平底内凹，底部有三个手窝印。内外都有轮痕，少量土沁。胎体火石红，砖红色胎，较致密。口径 9.2、底径 4.6、通高 2.1 厘米（彩版 5-109）。

　　17 I TG2 ③：60，残。敞口，方唇，斜平沿，弧腹，平底内凹。内外有土沁，有轮痕。浅黄色胎，较粗糙。口径 9、底径 4.9、通高 2.2 厘米（图 5-36，1）。

　　17 I TG2 ④：23，微残。敞口，方唇，斜平沿，弧腹，平底内凹。内外有轮痕，有土沁。夹砂灰色胎，粗糙。口径 9.2、底径 5.4、通高 2.4 厘米（图 5-36，2）。

　　17 I TG2 ④：24，微残。敞口，方唇，斜平沿，弧腹，平底内凹。内外有轮痕，外有土沁，有窑粘，外腹有三分之二疑似施釉。一侧胎体有火石红，灰色胎，较致密。口径 10.2、底径 5.7、通高 2.9 厘米（图 5-36，3）。

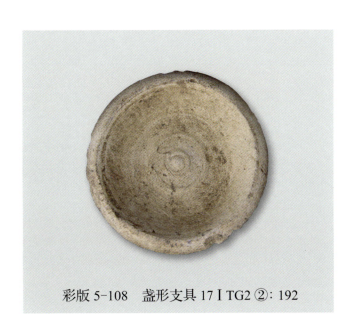

彩版 5-108　盏形支具 17 I TG2 ②：192

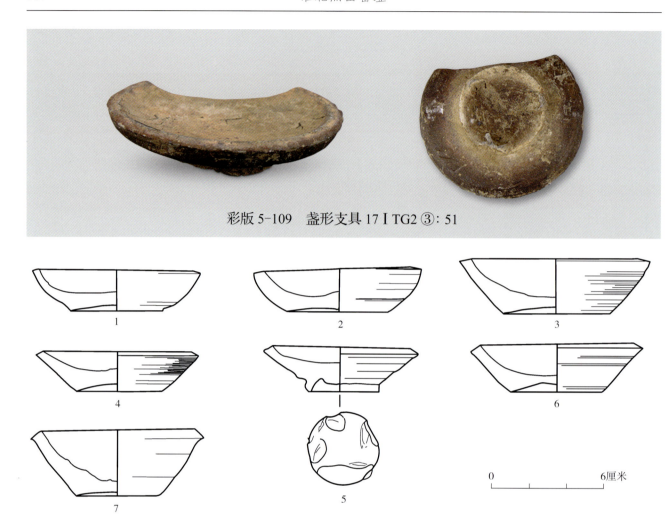

彩版 5-109　盏形支具 17ⅠTG2③：51

图 5-36　17ⅠTG2 出土盏形支具

1～7.17ⅠTG2③：60、17ⅠTG2④：23、24、29、37、67、99

　　17ⅠTG2④：29，微残。敞口，方唇，斜平沿，弧腹，平底内凹。内外有土沁，有轮痕，底部有窑粘。胎体有火石红，黄色胎，较粗糙。口径 8.8、底径 4.6、通高 2.1 厘米（图 5-36，4；彩版 5-110）。

　　17ⅠTG2④：37，残。敞口，方唇，斜沿，弧腹，平底内凹，底部有指窝印。内外都有轮痕，外有少量土沁、窑粘。浅黄色胎，较致密。口径 8.3、底径 3.8、通高 2.4 厘米（图 5-36，5）。

　　17ⅠTG2④：67，残。敞口，方唇，斜平沿，弧腹，平底内凹。内外都有轮痕，少量土沁，内有釉粘。浅黄色胎，较致密。口径 9.2、底径 4.9、通高 2.6 厘米（图 5-36，6）。

　　17ⅠTG2④：99，微残。敞口，方唇，斜沿，弧腹，平底内凹。内外有土沁，有轮痕。黄色胎，较致密。口径 9.3、底径 4.4、通高 3.55 厘米（图 5-36，7；彩版 5-111）。

　　2. 钵形支具

　　共 17 件。

　　17ⅠTG2①：1，残。敞口，方唇，斜沿，弧腹，平底内凹。内外有轮痕，少量土沁。浅黄色胎，较致密。口径 10.4、底径 5.9、通高 6 厘米（图 5-37，1）。

　　17ⅠTG2①：20，残。敛口，圆唇，斜沿，弧腹，平底内凹。内外有轮痕，外有少量土沁、釉粘。

彩版 5-110　盏形支具 17 I TG2 ④：29　　　　彩版 5-111　盏形支具 17 I TG2 ④：99

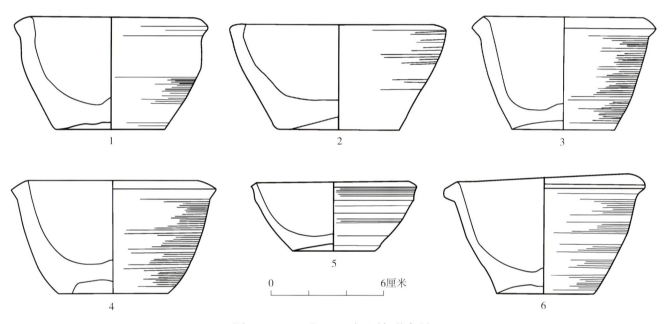

0 ————————— 6厘米

图 5-37　17 I TG2 出土钵形支具

1～6. 17 I TG2①：1、20～22、17 I TG2②：107、156

浅灰色胎，较致密。口径 11.5、底径 6.5、通高 5.6 厘米（图 5-37，2）。

　　17 I TG2①：21，残。敞口，圆唇，斜沿，弧腹，平底内凹。内外有轮痕，有土沁，外有釉粘。浅黄色胎，较致密。口径 10、底径 5.6、通高 6 厘米（图 5-37，3）。

　　17 I TG2①：22，残。敞口，圆唇，斜沿，弧腹，卧足。内外有轮痕，有土沁，外有釉粘。灰色胎，较致密。口径 11、底径 5.8、通高 6 厘米（图 5-37，4）。

　　17 I TG2②：107，微残。敞口，方唇，斜沿，弧腹，平底内凹。内外都有轮痕，土沁。浅黄色胎，较致密。口径 8.8、底径 4.4、通高 3.7 厘米（图 5-37，5；彩版 5-112）。

　　17 I TG2②：156，敞口，圆唇，卷沿，弧腹，平底内凹。内外有轮痕，有土沁，外有护胎釉，有釉粘，底部有窑粘。灰色胎，较致密。口径 11、底径 5.3、通高 6.4 厘米（图 5-37，6）。

　　17 I TG2②：158，残。敞口，方唇，斜平沿，弧腹，卧足。内外有轮痕，有土沁，外有护胎釉。灰色胎，较致密。口径 10、底径 5.4、通高 6.4 厘米。

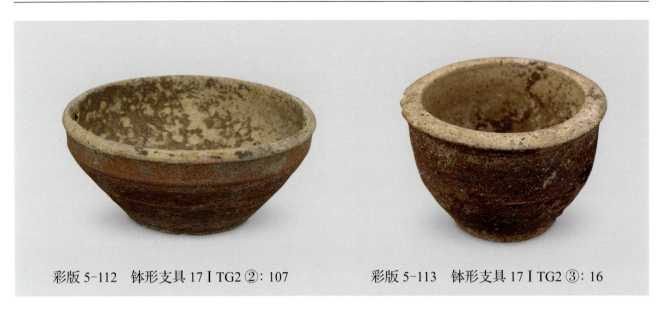

彩版 5-112　钵形支具 17ⅠTG2②：107　　　　　彩版 5-113　钵形支具 17ⅠTG2③：16

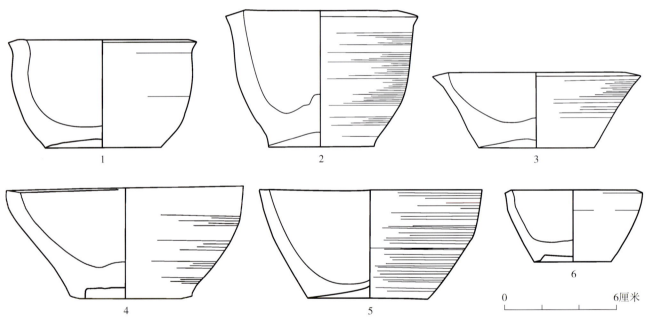

0　　　　　　　6厘米

图 5-38　17ⅠTG2 出土钵形支具

1～6.17ⅠTG2②：185、17ⅠTG2③：16、33、43、59、17ⅠTG2④：53、89

　　17ⅠTG2②：159，残。敛口，方唇，斜平沿，弧腹，平底内凹。内外有轮痕，有土沁。浅黄色胎，较致密。口径 10.4、底径 5.6、通高 7.2 厘米。

　　17ⅠTG2②：185，残。敞口，方唇，斜沿，弧腹，平底内凹。内外有轮痕，有土沁，外有釉粘。灰色胎，较致密。口径 10.2、底径 6.3、通高 5.7 厘米（图 5-38，1）。

　　17ⅠTG2③：16，微残。敞口，方唇，斜平沿，弧腹，平底内凹。内外有轮痕，有土沁。胎体火石红，黄色胎，较粗糙。口径 10.4、底径 5.6、通高 7.2 厘米（图 5-38，2；彩版 5-113）。

　　17ⅠTG2③：33，残。敞口，方唇，斜平沿，弧腹，平底内凹。内外有土沁，有轮痕。黄色胎，较致密。口径 11.2、底径 6.2、通高 4 厘米（图 5-38，3）。

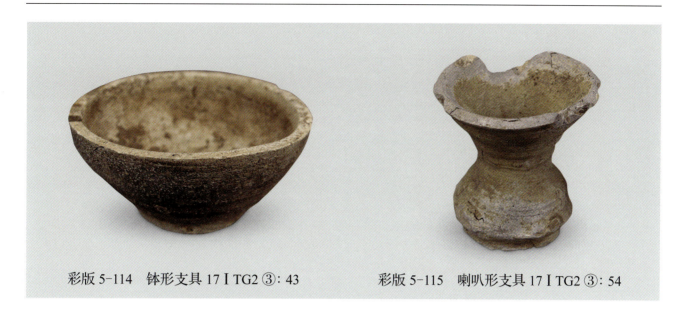

彩版 5-114　钵形支具 17ⅠTG2 ③：43　　　　　彩版 5-115　喇叭形支具 17ⅠTG2 ③：54

17ⅠTG2 ③：43，敞口，方唇，斜平沿，弧腹，卧足。外疑似施釉，内外都有轮痕、少量土沁。浅黄色胎，较致密。口径 12.8、底径 6.6、通高 6 厘米（图 5-38，4；彩版 5-114）。

17ⅠTG2 ③：59，残。敞口，方唇，斜沿，弧腹，平底内凹。内外有土沁，有轮痕，底部有釉粘。黄色胎，较致密。口径 11.5、底径 6.6、通高 5.8 厘米（图 5-38，5）。

17ⅠTG2 ④：53，微残。敞口，方唇，平沿，弧腹，平底内凹。内外都有轮痕，少量土沁。浅黄色胎，较致密。口径 12、底径 6.3、通高 5.8 厘米（图 5-38，6）。

17ⅠTG2 ④：89，残。敞口，方唇，斜平沿，弧腹，卧足。内外有土沁，有轮痕，外有釉粘。黄色胎，较致密。口径 7.3、底径 4.2、通高 3.8 厘米。

3. 喇叭形支具

共 5 件。

17ⅠTG2 ②：161，残。敞口，方唇，斜沿，束径，弧腹，饼底。内外有轮痕，有土沁，有釉粘。灰色胎，较致密。口径 8、底径 4.2、通高 6.7 厘米（图 5-39，1）。

17ⅠTG2 ③：54，微残。敞口，方唇，斜沿，束径，弧腹，平底。内外有疑似施釉，有脱釉现象，有轮痕，有土沁，外有窑粘。灰色胎，较致密。口径 10、底径 6.2、通高 10.2 厘米（图 5-39，2；彩版 5-115）。

17ⅠTG2 ④：64，残。敞口，方唇，斜沿，束径，弧腹，平底。周身有轮痕，有窑粘，有土沁，外部有三分之二疑似施釉。灰色胎，较致密。口径 4.1、底径 3.5、通高 6.1 厘米（图 5-39，3；彩版

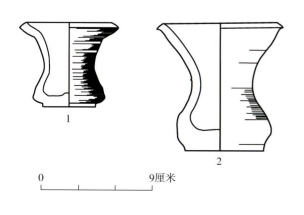

0　　　　　　　9厘米

图 5-39　17ⅠTG2 出土喇叭形支具

1～5. 17ⅠTG2②：161、17ⅠTG2③：54、17ⅠTG2④：64、90、97

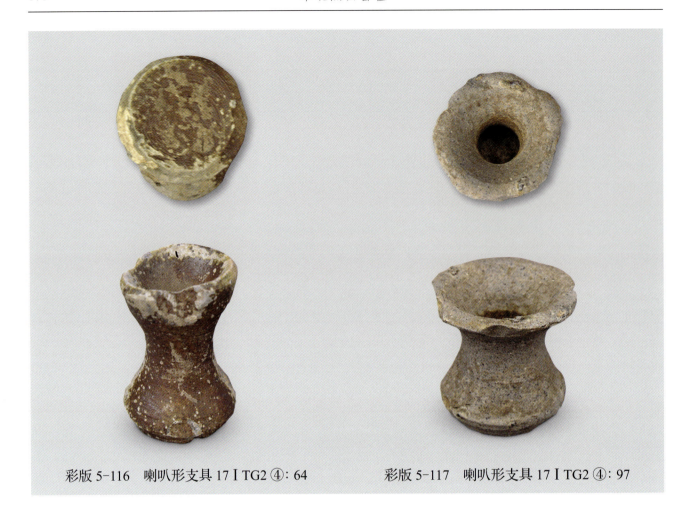

彩版 5-116　喇叭形支具 17ⅠTG2④：64　　　　　彩版 5-117　喇叭形支具 17ⅠTG2④：97

5-116）。

　　17ⅠTG2④：90，残。敞口，方唇，斜沿，束径，弧腹，平底。周身有轮痕，有窑粘，有土沁，有三分之二疑似施釉。黄色胎，较致密。口径7、底径4.3、通高7.4厘米（图5-39，4）。

　　17ⅠTG2④：97，微残。敞口，方唇，斜平沿，束径，弧腹，平底。周身有轮痕、窑粘、土沁。灰色胎，较致密。口径6.3、底径3.75、通高5.8厘米（图5-39，5；彩版5-117）。

　　4. 垫饼

　　共3件。

　　17ⅠTG2②：108，残，捏制。圆形。两面均有少量土沁，一面有窑粘。夹砂黄色胎，较粗糙。直径9.8、厚1厘米（图5-40，1；彩版5-118，左）。

　　17ⅠTG2②：162，残，捏制。圆饼状。平面近圆形，两面均有土沁，有窑粘。夹砂灰色胎，粗糙。直径12.2、厚1～1.4厘米（图5-40，2）。

　　17ⅠTG2②：191，残，捏制。圆饼状。平面近圆形，一面粘有小砂石，两面均有土沁。黄色胎，较粗糙。直径12.6、厚1～1.5厘米（图5-40，3；彩版5-118，右）。

　　5. 垫圈

　　共1件。

　　17ⅠTG2②：194，残，捏制。近似椭圆形，环状。内外有土沁，内呈弧状，一面有釉粘。砖红

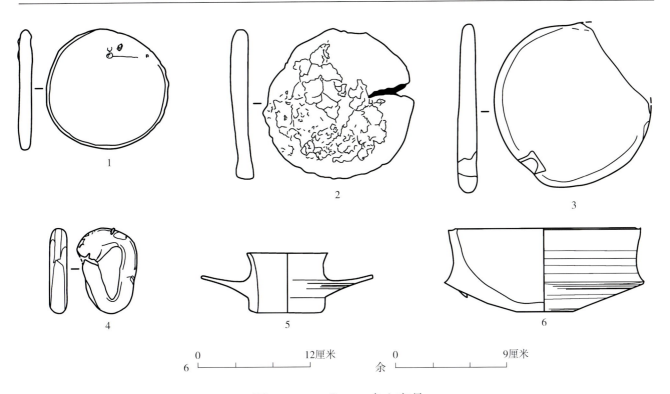

图 5-40　17ⅠTG2 出土窑具

1～3. 垫饼17ⅠTG2②：108、162、191　4. 垫圈17ⅠTG2②：194　5. 底座17ⅠTG2③：13　6. 匣钵17ⅠTG2②：113

彩版 5-118　垫饼 17ⅠTG2 ②：108、191

色胎，较粗糙。直径6.75、孔径1.9～4.2、厚1.4厘米（图5-40，4；彩版5-119）。

6. 底座

共 1 件。

17ⅠTG2③：13，残。托盘为撇口，圆唇，弧腹，内有一托口，圈足中空，与托口相连。器表施青釉，有严重脱釉现象，内外有土沁，外有轮痕。足脊微斜，外足墙微外撇。灰色胎，较粗糙。托径6.6、盘径14、底径6.2、高4.8

彩版 5-119　垫圈 17ⅠTG2 ②：194

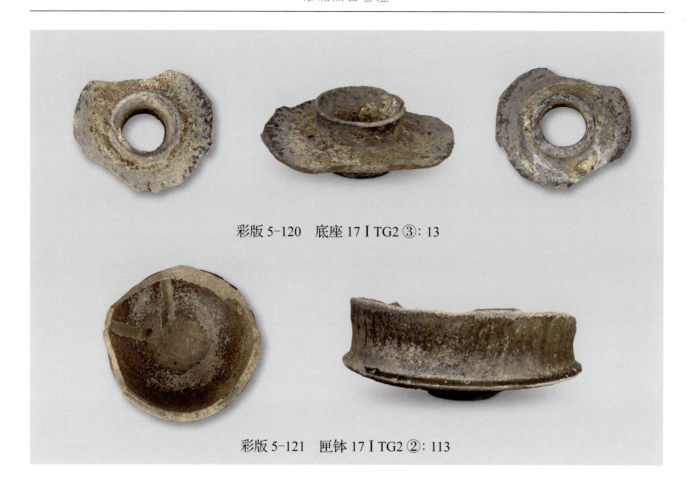

彩版 5-120　底座 17 I TG2 ③: 13

彩版 5-121　匣钵 17 I TG2 ②: 113

厘米（图 5-40，5；彩版 5-120）。

7. 匣钵

共 1 件。

17 I TG2 ②: 113，残。敛口，圆唇，平沿，内弧腹折收，平底。内疑似施釉，外施青釉至腹部，有流釉、积釉现象，内外都有窑粘，少量土沁，外有轮痕。浅灰色胎，较致密。口径 20.8、底径 6.2、通高 8.8 厘米（图 5-40，6；彩版 5-121）。

8. 试火棒

共 5 件。

17 I TG2 ②: 56，残，捏制。锥子形。周身有少量土沁，划痕。浅灰色胎，较致密。孔径 1、直径 4.4、残长 8.1、厚 1.4 厘米（图 5-41，1）。

17 I TG2 ②: 170，残，捏制。锥子形，手柄残，周身有少量土沁，有指印，素面。浅灰色胎，较致密。残长 5.8、厚 2.5 厘米（图 5-41，2）。

17 I TG2 ②: 177，共 2 个（图 5-41，3、4）。

17 I TG2 ②: 177-1，残，捏制。条形。周身有划痕，有釉粘，有土沁。残长 7.2、厚 1.5 厘米。

17 I TG2 ②: 177-2，残，捏制。环形。手柄残，周身有少量土沁，素面。浅黄色胎，较致密。直径 6、孔径 1.8、残长 6.3 厘米。浅黄色胎，较致密。

17 I TG2 ③: 22，残，捏制。锥子形。手柄残，周身有少量土沁。黄色胎，较致密。残长 8、直

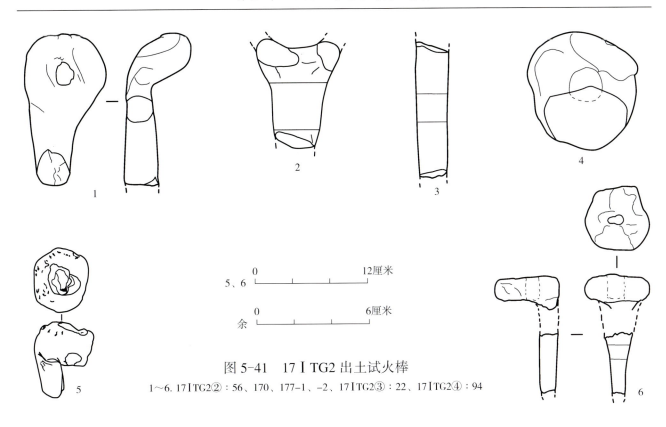

图 5-41　17 I TG2 出土试火棒

1~6. 17 I TG2②：56、170、177-1、-2、17 I TG2③：22、17 I TG2④：94

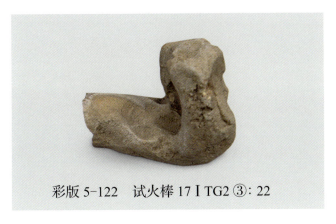

彩版 5-122　试火棒 17 I TG2③：22

径 6.4、厚 2.5 厘米（图 5-41，5；彩版 5-122）。

17 I TG2④：94，残，捏制。锥子形。手柄残，周身有少量土沁，素面。灰色胎，较致密。残长 12.7、直径 6.9、厚 1.5 厘米（图 5-41，6）。

第二节　灰坑出土遗物

一　17 I H3

（一）白瓷

1. 白瓷盏

共 1 件。

17 I H3：5，残。敞口，圆唇，弧腹，圈足。内满施透明釉，外施透明釉至上腹部，腹部有灰釉，有流釉现象，有小开片，周身有轮痕。足脊倾斜，外足墙外撇。灰色胎，较粗糙。口径 11.7、底径 4.8、

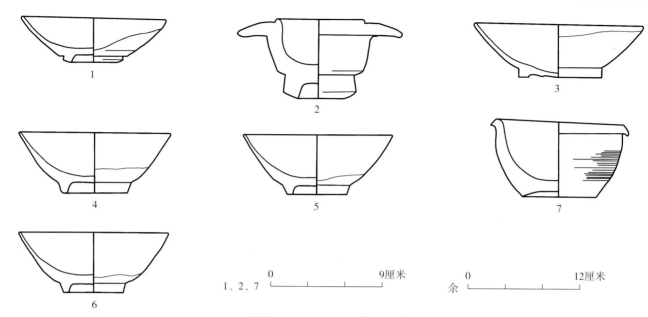

图 5-42　17ⅠH3 出土遗物

1. 白瓷盏17ⅠH3∶5　2. 白瓷行炉17ⅠH3∶7　3. 酱釉碗17ⅠH3∶4　4～6. 黑釉碗17ⅠH3∶1～3　7. 钵形支具17ⅠH3∶6

通高 3.65 厘米（图 5-42，1）。

2. 白瓷行炉

共 1 件。

17ⅠH3∶7，残。敞口，宽斜沿，弧腹微收，喇叭形底。内外均满施透明釉，有脱釉现象，有小开片，内外都有土沁，外有轮痕。浅黄色胎，较致密。口径 13.2、底径 5.8、通高 6.25 厘米（图 5-42，2）。

（二）酱釉瓷

酱釉碗

共 1 件。

17ⅠH3∶4，残。敞口，圆唇，弧腹，圈足。内满施酱釉，外施酱釉至上腹部，内外都有轮痕。足脊倾斜，外足墙外撇。红色胎，较致密。口径 18、底径 8.8、通高 5.7 厘米（图 5-42，3）。

（三）黑釉瓷

黑釉碗

共 3 件。

17ⅠH3∶1，残。敞口，圆唇，弧腹，卧足。内满施黑釉，有流釉现象，外施黑釉至上腹部，外有少量土沁。足脊倾斜，外足墙外撇。黄色胎，较粗糙。口径 16.4、底径 7.1、通高 6.45 厘米（图 5-42，4）。

17ⅠH3∶2，残。敞口，圆唇，弧腹，卧足。内满施黑釉，有流釉现象，底部有少量土沁，有旋削痕迹，外施黑釉至下腹。足脊倾斜，外足墙外撇。黄色胎，较粗糙。口径 16、底径 6.4、通高 6.35 厘米（图 5-42，5）。

17 Ⅰ H3：3，残。敞口，圆唇，弧腹，卧足。内满施黑釉，外施黑釉至下腹，有流釉现象，底部有少量土沁。足脊倾斜，外足墙外撇。黄色胎，较粗糙。口径16.2、底径6.4、通高6.4厘米（图5-42，6）。

（四）窑具

钵形支具

共1件。

17 Ⅰ H3：6，残。敞口，圆唇，斜沿，弧腹，平底内凹。内外都有轮痕，内有土沁，外有釉粘。浅灰色胎，较致密。口径11、底径6、通高6.1厘米（图5-42，7）。

二 17 Ⅰ H4

（一）白瓷

1. 白瓷碗

共6件。

17 Ⅰ H4：11，残。侈口，圆唇，弧腹，圈足。内满施透明釉，有涩圈，宽1.3厘米，外施透明釉至腹部，釉下满施白色化妆土，施土不均匀，内有少量土沁，外有轮痕、窑粘。圈足足跟旋削，足脊微斜，外足墙微外撇。浅黄色胎，较致密。口径13.2、底径5.2、通高4.7厘米（图5-43，1；彩版5-123）。

17 Ⅰ H4：18，残。口沿有变形。侈口，圆唇，弧腹，圈足。内满施透明釉，有涩圈，宽1.4厘米，外施透明釉至腹部，有积釉现象，釉面有小开片，釉下满施白色化妆土，内外都有少量土沁，外有轮痕。圈足足跟旋削，足脊微斜，外足墙微外撇。浅黄色胎，较致密。口径13.6、底径5.4、通高4.6厘米（图5-43，2；彩版5-124）。

17 Ⅰ H4：19，残。侈口，圆唇，弧腹，圈足。内满施透明釉，有涩圈，宽1.4厘米，外施透明

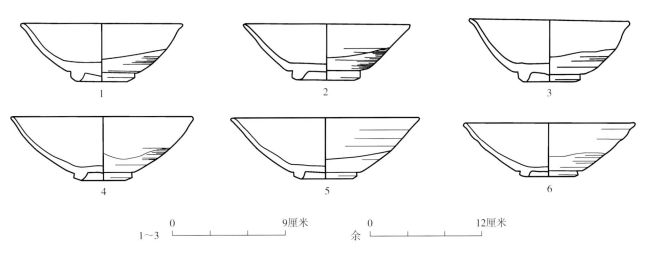

图5-43 17 Ⅰ H4出土白瓷碗

1～6. 17 Ⅰ H4：11、18、19、23、24、188

彩版 5-124　白瓷碗 17ⅠH4：18

彩版 5-125　白瓷碗 17ⅠH4：19

彩版 5-123　白瓷碗 17ⅠH4：11

彩版 5-126　白瓷碗 17ⅠH4：23

釉至腹部，釉下满施白色化妆土，施土不均匀，内有窑粘，外有少量土沁、轮痕。圈足足跟旋削，足脊微斜，外足墙微外撇。浅黄色胎，较致密。口径 13.2、底径 5.2、通高 5 厘米（图 5-43，3；彩版 5-125）。

　　17ⅠH4：23，残。敞口，圆唇，弧腹，圈足。内满施透明釉，有涩圈，宽 1.8 厘米，外施透明釉至腹部，釉下满施白色化妆土，施土不均匀，外有少量土沁、轮痕、窑粘、釉粘。圈足足跟旋削，

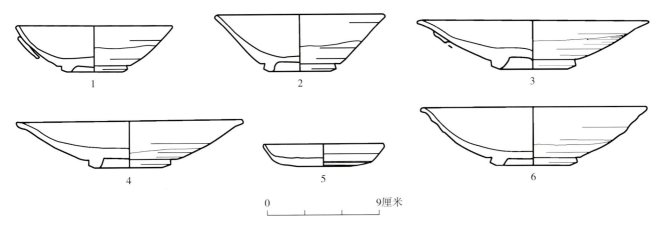

图 5-44　17 I H4 出土白瓷盏、盘

1、2. 白瓷盏 17 I H4∶151、196　3～6. 白瓷盘 17 I H4∶56、57、133、174

足脊微斜，外足墙微外撇。灰色胎，较致密。口径 19.6、底径 6.1、通高 6.8 厘米（图 5-43，4；彩版 5-126）。

　　17 I H4∶24，残。敞口，圆唇，弧腹，圈足。内满施透明釉，有涩圈，宽 1.6 厘米，外施透明釉至腹部，釉下满施白色化妆土，外有少量土沁、轮痕。圈足足跟旋削，足脊微斜，外足墙微外撇。浅黄色胎，较致密。口径 20.2、底径 6.8、通高 6.5 厘米（图 5-43，5；彩版 5-127）。

　　17 I H4∶188，残。敞口，圆唇，弧腹，圈足。内满施透明釉，有涩圈，宽 1.7～2.1 厘米，外施透明釉至腹部，釉面有小开片，釉下满施白色化妆土，内外有土沁，外有轮痕。圈足足跟旋削，足脊微斜，外足墙微外撇。黄色胎，较致密。口径 18.6、底径 6.4、通高 5.7 厘米（图 5-43，6）。

　　2. 白瓷盏

　　共 2 件。

　　17 I H4∶151，敞口，圆唇，弧腹，圈足，底部中心微凸。内满施透明釉，有涩圈，宽 1.4 厘米，外施透明釉至腹部，有积釉现象，釉面有小开片，釉下施白色化妆土，内外有土沁，外有轮痕，粘有小瓷片。圈足足跟旋削，足脊微斜，外足墙微外撇。浅黄色胎，致密。口径 12.5、底径 5.4、通高 3.7 厘米（图 5-44，1；彩版 5-128）。

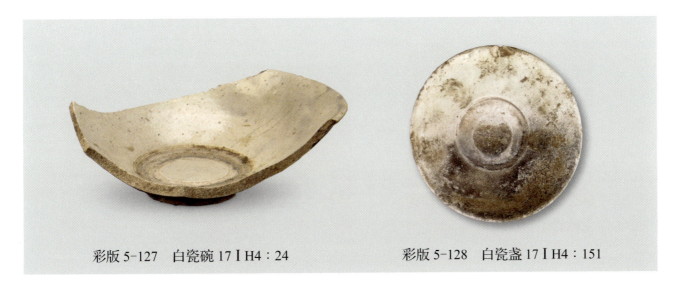

彩版 5-127　白瓷碗 17 I H4∶24　　　　　　彩版 5-128　白瓷盏 17 I H4∶151

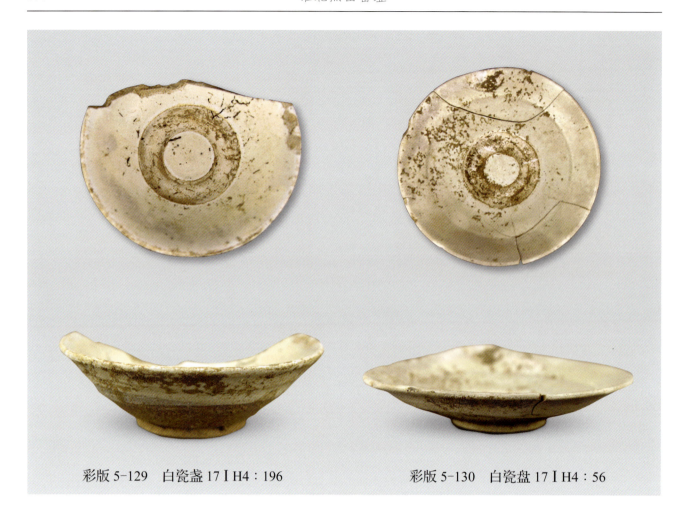

彩版 5-129　　白瓷盏 17Ⅰ H4∶196　　　　　　　彩版 5-130　　白瓷盘 17Ⅰ H4∶56

　　17Ⅰ H4∶196，残。敞口，圆唇，弧腹，圈足，挖足过肩。内满施透明釉，有涩圈，宽 1.6 厘米，外施透明釉至腹部，釉下施白色化妆土，内外有土沁，外有轮痕。圈足足跟旋削，足脊微斜，外足墙微外撇。黄色胎，致密。口径 13.6、底径 5.8、通高 4.5 厘米（图 5-44，2；彩版 5-129）。

　　3. 白瓷盘

　　共 5 件。

　　17Ⅰ H4∶56，残。撇口，圆唇，弧腹，圈足，挖足过肩。内满施透明釉，有涩圈，宽 1.9 ～ 2.1 厘米，外施透明釉至腹部，釉下施白色化妆土，内外都有少量土沁、轮痕、窑粘。圈足足跟旋削，足脊微斜，外足墙微外撇。浅黄色胎，较致密。口径 18.8、底径 6.8、通高 3.8 厘米（图 5-44，3；彩版 5-130）。

　　17Ⅰ H4∶57，残。撇口，圆唇，弧腹，圈足，挖足过肩。内满施透明釉，有涩圈，宽 1.4 ～ 1.8 厘米，外施透明釉至下腹，釉面有小开片，釉下施白色化妆土，内外都有少量土沁、轮痕。圈足足跟旋削，足脊微斜，外足墙微外撇。浅黄色胎，较致密。口径 18.2、底径 6.6、通高 3.7 厘米（图 5-44，4）。

　　17Ⅰ H4∶133，残。敞口，圆唇，弧腹折收，平底。内满施透明釉，外施透明釉至底部，有积釉现象，外有轮痕，有少量土沁。浅黄色胎，较致密。口径 9.7、底径 4.2、通高 1.8 厘米（图 5-44，5；彩版 5-131）。

　　17Ⅰ H4∶136，残。敞口，圆唇，弧腹折收，平底内凹。内满施透明釉，外施透明釉至底部，釉面无光泽，外有轮痕，有少量土沁。浅砖红色胎，较致密。口径 9.1、底径 3.2、通高 1.6 厘米（彩

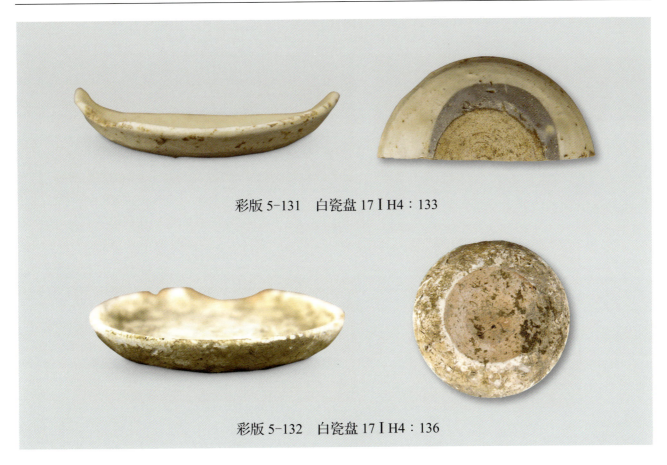

彩版 5-131 白瓷盘 17ⅠH4：133

彩版 5-132 白瓷盘 17ⅠH4：136

版 5-132）。

　　17ⅠH4：174，残。撇口，圆唇，弧腹斜收，圈足。内满施透明釉，有涩圈，宽 1.8 ～ 2.3 厘米，外施透明釉至腹部，釉面有小开片，釉下施白色化妆土，内外都有土沁，外有轮痕、釉粘。圈足足跟旋削，足脊微斜，外足墙微外撇。黄色胎，较粗糙。口径 18.2、底径 7、通高 4.6 厘米（图 5-44，6；彩版 5-133）。

　　4. 白瓷盆

　　共 1 件。

　　17ⅠH4：137，残。敞口，圆唇，卷沿，弧腹，平底。内除口沿满施透明釉，釉下满施白色化妆土，外施透明釉至口沿下，釉下着护胎釉，内有少量土沁，外有轮痕、窑粘、小砂石。浅灰色胎，较致密。口径 30.8、底径 18、通高 10.7 厘米（图 5-45，1）。

　　5. 白瓷倒流壶

　　共 3 件。

　　17ⅠH4：108，残。壶嘴残，一侧有提手残，弧腹，饼底内凹。外施透明釉至下腹，中部有 1

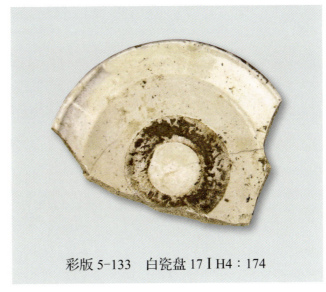

彩版 5-133 白瓷盘 17ⅠH4：174

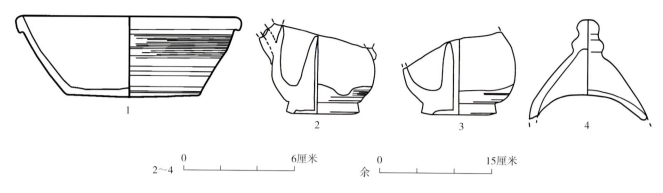

2～4　　0　　　　　　　6厘米
余　　0　　　　　　　15厘米

图 5-45　17ⅠH4 出土白瓷盆、倒流壶
1. 白瓷盆17ⅠH4：137　2～4. 白瓷倒流壶17ⅠH4：108、109、212

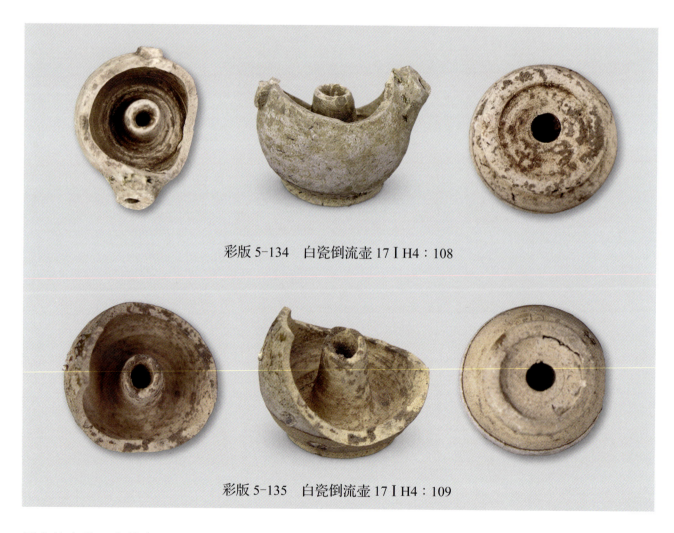

彩版 5-134　白瓷倒流壶 17ⅠH4：108

彩版 5-135　白瓷倒流壶 17ⅠH4：109

厘米的穿孔，内外有土沁，有轮痕，内有窑粘。浅黄色胎，较致密。腹径 5.5、底径 3.9、残高 4.8 厘米（图 5-45，2；彩版 5-134）。

17ⅠH4：109，残。弧腹，饼底内凹。外施透明釉至下腹，中部有 1 厘米的穿孔，内外有土沁，有轮痕，外有釉粘。浅黄色胎，较致密。腹径 6、底径 4、残高 4.4 厘米（图 5-45，3；彩版 5-135）。

17ⅠH4：212，腹片，似梨状。上部饰假壶盖，系虚设，弧腹。外施透明釉，釉面有小开片，

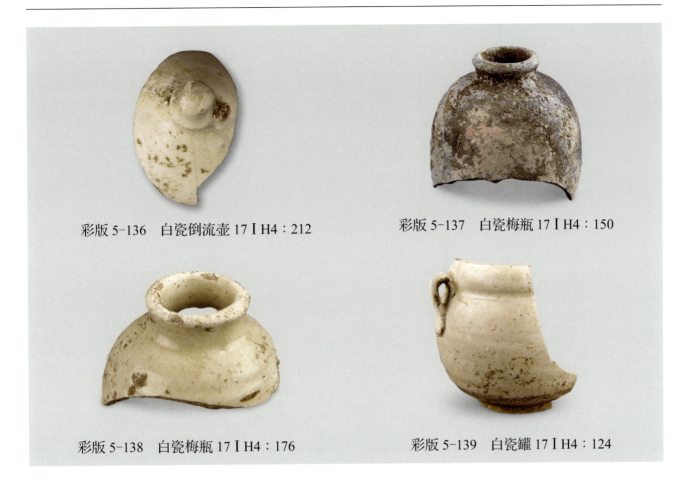

彩版 5-136　白瓷倒流壶 17 I H4：212　　　　彩版 5-137　白瓷梅瓶 17 I H4：150

彩版 5-138　白瓷梅瓶 17 I H4：176　　　　彩版 5-139　白瓷罐 17 I H4：124

内外有土沁。浅黄色胎，较粗糙。残高 5.25 厘米（图 5-45，4；彩版 5-136）。

6. 白瓷梅瓶

共 2 件。

17 I H4：150，残。小口、圆唇，颈细而短，肩部丰满、深弧腹。内外满施透明釉，因火候过高导致釉色变黑，积釉及烧结处可见小气孔，釉下施白色化妆土，有脱釉、积釉现象，有轮痕、大量土沁、釉粘、窑粘。灰色胎，较致密。口径 5.8、残高 11.5 厘米（彩版 5-137）。

17 I H4：176，残。小口、圆唇，颈细而短，肩部丰满、深弧腹。内外满施透明釉，釉下施白色化妆土，釉质肥厚莹润，有积釉现象，釉面有小开片。有轮痕、少量土沁、釉粘、窑粘。浅黄色胎，较致密。口径 6.9、残高 7.6 厘米（彩版 5-138）。

7. 白瓷罐

共 3 件。

17 I H4：124，残。敛口，圆唇，矮颈，颈部与腹部有一对竖条状对称系，一耳残，弧腹斜收，圈足。内施透明釉，外施透明釉至下腹，釉面有小开片，釉下施白色化妆土，内外有轮痕，有土沁。圈足足跟旋削，足脊微斜，外足墙微外撇。浅灰色胎，较粗糙。口径 9.2、腹径 12、底径 6.6、通高 11.6 厘米（图 5-46，1；彩版 5-139）。

17 I H4：125，残。侈口，圆唇，矮颈，颈部与腹部有一对竖条状对称系，弧腹，圈足。内外均满施透明釉，施釉不均匀，内外有轮痕，少量土沁。圈足足跟旋削，外足墙微外撇，足脊微斜。

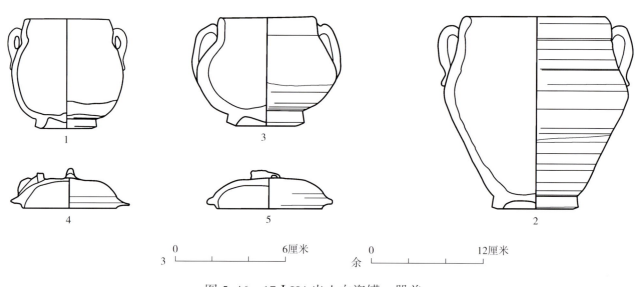

图 5-46　17ⅠH4 出土白瓷罐、器盖

1～3. 白瓷罐17ⅠH4：124、125、145　4、5. 白瓷器盖17ⅠH4：130、160

浅黄色胎，较致密。口径 15.8、腹径 19.6、底径 9.2、通高 20.3 厘米（图 5-46，2；彩版 5-140）。

　　17ⅠH4：145，残。侈口，圆唇，矮颈，颈部与腹部有一对竖条状对称系，鼓腹，圈足。内满施透明釉，外施透明釉至腹部，内外有轮痕，少量土沁，外有釉粘。圈足足跟旋削，外足墙微外撇，足脊微斜。砖红色胎，较致密。口径 5.3、腹径 7.4、底径 4.2、通高 5.8 厘米（图 5-46，3；彩版 5-141）。

　　8. 白瓷器盖

　　共 2 件。

　　17ⅠH4：130，残。子母口微敛，平沿，弧顶，顶部有捉手。外施透明釉。内外有轮痕，外有窑粘、少量土沁。灰色胎，较致密。直径 12.8、通高 4.2 厘米（图 5-46，4）。

　　17ⅠH4：160，残。子母口微敛，平沿，弧顶，顶部有捉手。外施透明釉。内外有轮痕，有土沁，外有釉粘。灰色胎，较致密。直径 13.5、通高 4.1 厘米（图 5-46，5）。

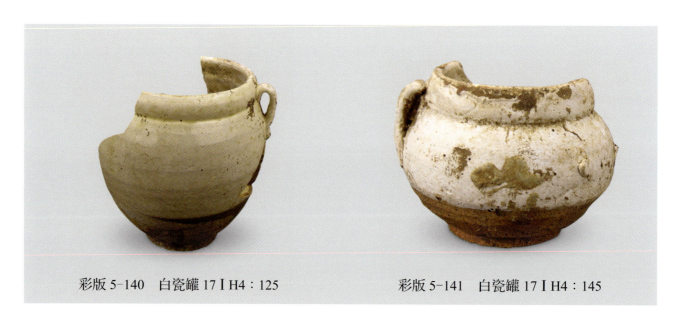

彩版 5-140　白瓷罐 17ⅠH4：125　　　　　　彩版 5-141　白瓷罐 17ⅠH4：145

（二）青瓷

1. 青瓷钵

共 3 件。

17 I H4：61，残。侈口，圆唇，口沿下有凸棱，弧腹，圈足。除口沿内满施青釉，外施青釉至腹部，内有窑粘，外有轮痕、少量土沁。圈足足跟旋削，足脊微斜，外足墙微外撇。浅灰色胎，较致密。口径 11.8、底径 6.2、通高 5.5 厘米（图 5-47，1；彩版 5-142）。

17 I H4：64，残。侈口，圆唇，口沿下有凸棱，弧腹，圈足，挖足过肩。除口沿内满施青釉，外施青釉至下腹，外有轮痕。圈足足跟旋削，足脊微斜，外足墙微外撇。浅灰色胎，较致密。口径 11.6、底径 6.2、通高 6.5 厘米（图 5-47，2；彩版 5-143）。

17 I H4：157，残。侈口，圆唇，口沿下有凸棱，弧腹，圈足。除口沿内满施青釉，外施青釉至下腹，内外有轮痕，有土沁，外有釉粘。圈足足跟旋削，足脊微斜，外足墙微外撇。浅灰色胎，较致密。口径 11.8、底径 6.4、通高 4.2 厘米（图 5-47，3；彩版 5-144）。

2. 青瓷倒流壶

共 1 件。

17 I H4：182，腹片，似梨状。上部饰假壶盖，系虚设，弧腹，壶嘴残。外施青釉至腹部，有脱釉现象，釉面有小开片，内外有土沁，外有釉粘。灰色胎，较粗糙。残高 7.3 厘米（图 5-47，4）。

3. 青瓷罐

共 1 件。

17 I H4：128，残。敞口，圆唇，斜沿，矮颈，颈部与腹部饰对称四系，一耳残，弧腹。内外施青釉，有脱釉现象，釉面有小开片，内外有轮痕，有土沁。灰色胎，较致密。口径 9.6、残高 9.6

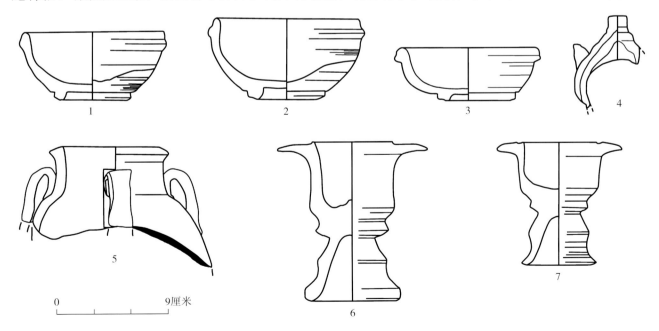

图 5-47　17 I H4 出土青瓷器

1～3. 青瓷钵 17 I H4：61、64、157　4. 青瓷倒流壶 17 I H4：182　5. 青瓷罐 17 I H4：128　6、7. 青瓷行炉 17 I H4：105、106

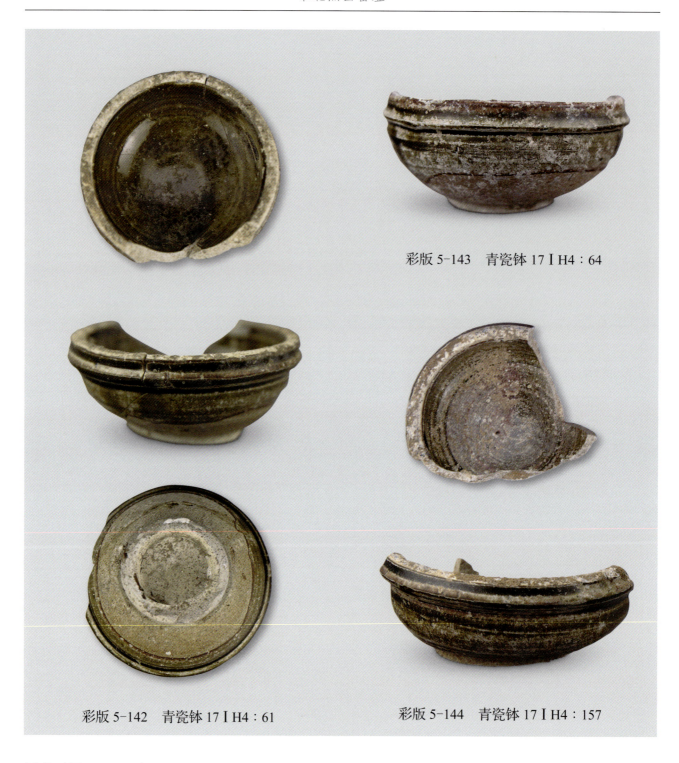

彩版 5-143 青瓷钵 17ⅠH4：64

彩版 5-142 青瓷钵 17ⅠH4：61

彩版 5-144 青瓷钵 17ⅠH4：157

厘米（图 5-47，5）。

4. 青瓷行炉

共 2 件。

17ⅠH4：105，残。敞口，圆唇，宽斜沿，弧腹斜收，喇叭形底。内施青釉，外施青釉至腹部，施釉不均匀，有严重脱釉现象，内外有土沁，有轮痕，外有釉粘。灰色胎，较致密。口径 12、底径 7.6、通高 12.6 厘米（图 5-47，6；彩版 5-145）。

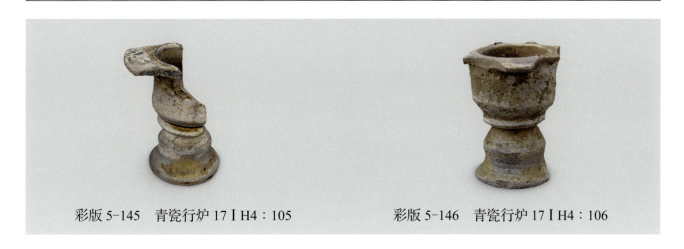

彩版 5-145　青瓷行炉 17ⅠH4：105　　　　　彩版 5-146　青瓷行炉 17ⅠH4：106

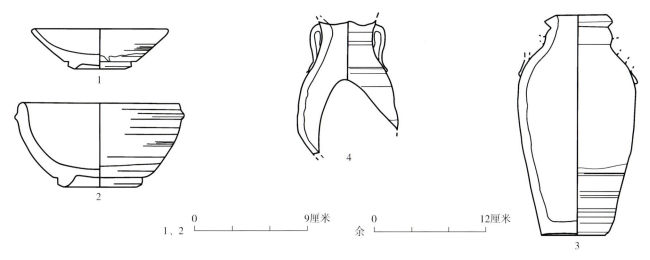

图 5-48　17ⅠH4 出土青黄釉、黄釉瓷器
1. 青黄釉盏17ⅠH4：193　2. 黄釉钵17ⅠH4：60　3、4. 黄釉瓶17ⅠH4：143、147

17ⅠH4：106，残。直口，圆唇，宽斜沿，弧腹斜收，喇叭形底。内外施青釉，施釉不均匀，有严重脱釉现象，内外有土沁，有轮痕，外有釉粘。灰色胎，较致密。口径 10、底径 6、通高 9.6 厘米（图 5-47，7；彩版 5-146）。

（三）青黄釉瓷

青黄釉盏

共 1 件。

17ⅠH4：193，残。敞口，圆唇，弧腹，圈足，底部中心微凸。内满施青黄釉，有涩圈，宽 1.2 ～ 1.5 厘米，外施青黄釉至腹部，有流釉、积釉现象，内外有土沁，外有轮痕。圈足足跟旋削，足脊微斜，外足墙微外撇。黄色胎，致密。口径 10.95、底径 5.1、通高 3.2 厘米（图 5-48，1；彩版 5-147）。

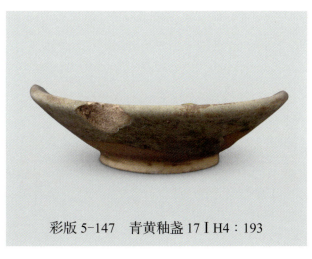

彩版 5-147　青黄釉盏 17ⅠH4：193

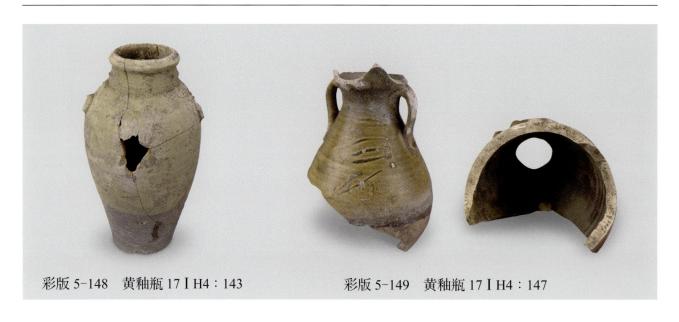

彩版 5-148　黄釉瓶 17ⅠH4：143　　　　　　　　彩版 5-149　黄釉瓶 17ⅠH4：147

（四）黄釉瓷

1. 黄釉钵

共 1 件。

17ⅠH4：60，残。侈口，圆唇，口沿下有凸棱，弧腹，圈足，挖足过肩。除口沿内满施黄釉，外施黄釉至下腹，外有轮痕，少量土沁。圈足足跟旋削，足脊微斜，外足墙微外撇。黄色胎，较致密。口径 13、底径 11、通高 6.8 厘米（图 5-48，2）。

2. 黄釉瓶

共 2 件。

17ⅠH4：143，双系瓶，残。侈口，方唇，斜沿，矮颈，颈部与肩部有一对竖条状对称系，溜肩，长弧腹，平底内凹。内满施黄釉，外施黄釉至腹部，釉面无光泽，内外都有轮痕，少量土沁。砖红色胎，较致密。口径 7.2、腹径 12.8、底径 7、通高 23.3 厘米（图 5-48，3；彩版 5-148）。

17ⅠH4：147，盂口瓶，残。鼓颈，颈部与肩部有一对竖条状对称系，溜肩，鼓腹。内满施透明釉，外施黄釉至腹部，施釉不均匀，内外有轮痕，外有划痕。浅黄色胎，较致密。腹径 10.8、残高 14.4 厘米（图 5-48，4；彩版 5-149）。

（五）酱釉瓷

1. 酱釉钵

共 2 件。

17ⅠH4：112，敞口，圆唇，口沿下有凸棱，弧腹，圈足。除口沿内满施酱釉，外施酱釉至下腹，内外有轮痕，有土沁，内有釉粘。圈足足跟旋削，足脊微斜，外足墙微外撇。浅灰色胎，较致密。口径 13.6、底径 6.8、通高 6.8 厘米（图 5-49，1；彩版 5-150）。

17ⅠH4：113，敞口，圆唇，口沿下有凸棱，弧腹，圈足。除口沿内满施酱釉，外施酱釉至下腹，内外有轮痕，有土沁，内有釉粘。圈足足跟旋削，足脊微斜，外足墙微外撇。浅灰色胎，较致密。口径 12.2、底径 6.8、通高 6.6 厘米（彩版 5-151）。

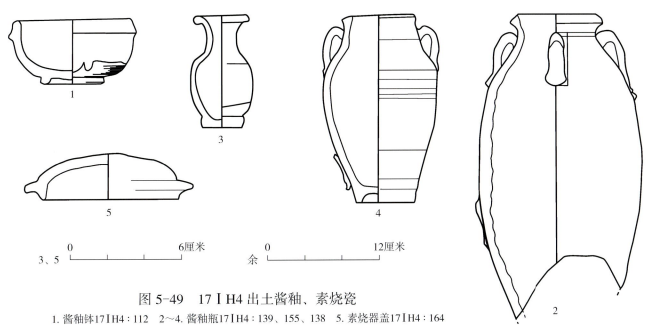

图 5-49　17ⅠH4 出土酱釉、素烧瓷
1. 酱釉钵 17ⅠH4：112　2～4. 酱釉瓶 17ⅠH4：139、155、138　5. 素烧器盖 17ⅠH4：164

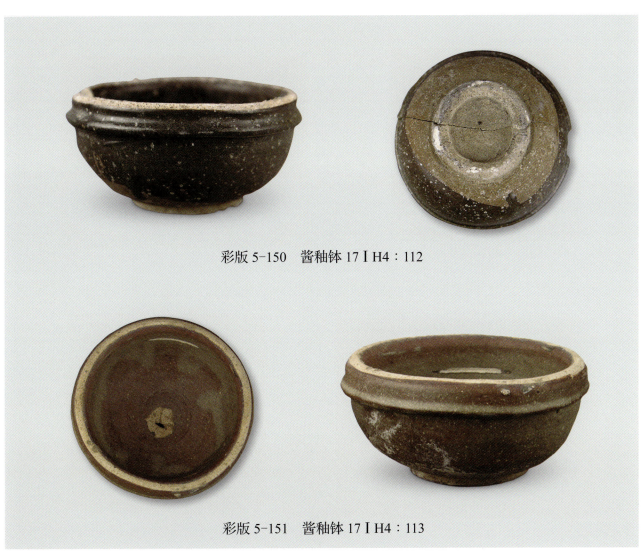

彩版 5-150　酱釉钵 17ⅠH4：112

彩版 5-151　酱釉钵 17ⅠH4：113

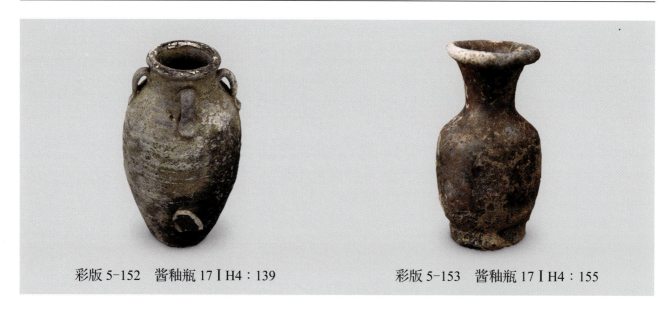

彩版 5-152　酱釉瓶 17ⅠH4：139　　　　　彩版 5-153　酱釉瓶 17ⅠH4：155

2. 酱釉瓶

共 3 件。

17ⅠH4：139，四系瓶，残。敞口，方唇，斜沿，矮颈，颈部与肩部有四对竖条状对称系，溜肩，长弧腹。内外满施酱釉，内外都有轮痕，少量土沁，外粘有瓷片。浅灰色胎，较致密。口径 10、腹径 17.8、残高 32.6 厘米（图 5-49，2；彩版 5-152）。

17ⅠH4：155，微残。敞口，圆唇，矮颈，弧腹，饼底。内施酱釉，外施酱釉至下腹，内外有土沁，外有轮痕。灰色胎，较致密。口径 2.9、腹径 3.3、底径 2.1、通高 6 厘米（图 5-49，3；彩版 5-153）。

17ⅠH4：138，残。敛口，方唇，斜沿，矮颈，颈部与肩部有一对竖条状对称系，溜肩，弧腹，卧足。内外满施酱釉，脱釉严重，内外有轮痕、少量土沁，外粘有瓷片。灰色胎，较致密。口径 7.8、腹径 12.2、底径 6.2、通高 19.9 厘米（图 5-49，4；彩版 5-154）。

（六）素烧瓷

1. 素烧倒流壶

共 1 件。

17ⅠH4：183，残。似梨状。上部饰假壶盖，

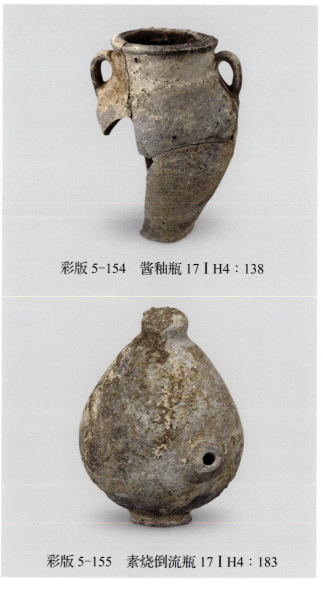

彩版 5-154　酱釉瓶 17ⅠH4：138

彩版 5-155　素烧倒流瓶 17ⅠH4：183

系虚设，弧腹，壶嘴残。内外有土沁，外有釉粘。灰色胎，较致密。残高 8.85 厘米（彩版 5-155）。

2. 素烧器盖

共 1 件。

17Ⅰ H4：164，残。子母口微敛，平沿，弧顶。内外有轮痕，有土沁，外有疑似施釉。灰色胎，较致密。直径 9、通高 2.45 厘米（图 5-49，5）。

（七）窑具

1. 盏形支具

共 5 件。

17Ⅰ H4：68，敞口，方唇，斜沿，弧腹，平底内凹。外疑似施釉，内外有轮痕，少量土沁，外有窑粘。浅黄色胎，较致密。口径 8.4、底径 4.8、通高 2.4 厘米（图 5-50，1；彩版 5-156）。

17Ⅰ H4：87，残。敞口，方唇，斜沿，弧腹，平底内凹，底部有一个指窝印。外疑似施釉，内外有轮痕，少量土沁，外有窑粘。浅灰色胎，较致密。口径 9.2、底径 4.5、通高 1.6 厘米（彩版 5-157）。

17Ⅰ H4：141，残。敞口，方唇，斜沿，弧腹，平底内凹。内外有轮痕，少量土沁、窑粘。浅灰色胎，较致密。口径 9.3、底径 4.6、通高 2.1 厘米（图 5-50，2）。

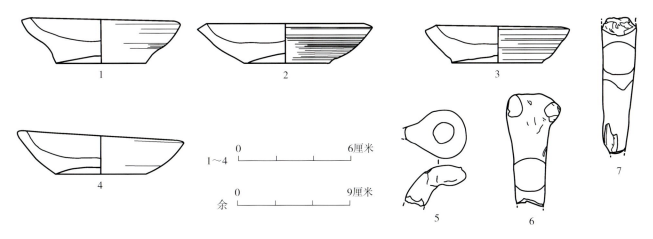

图 5-50　17Ⅰ H4 出土盏形支具、试火棒

1～4. 盏形支具 17Ⅰ H4：68、141、142、214　　5～7. 试火棒 17Ⅰ H4：102、114-1、2

彩版 5-156　盏形支具 17Ⅰ H4：68

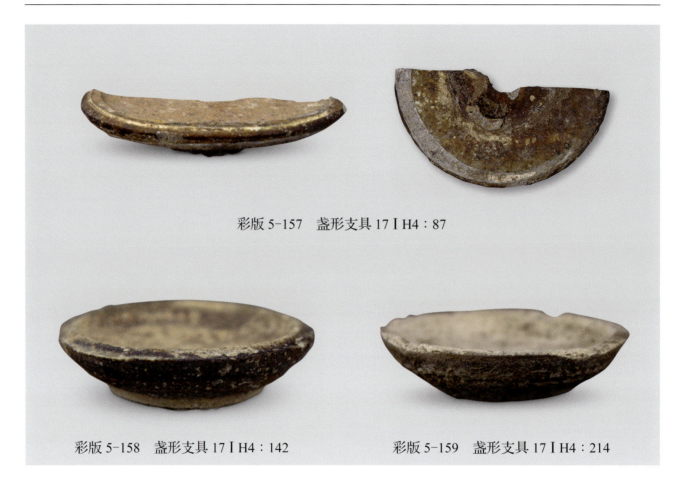

彩版 5-157　盏形支具 17ⅠH4：87

彩版 5-158　盏形支具 17ⅠH4：142　　　　彩版 5-159　盏形支具 17ⅠH4：214

　　17ⅠH4：142，微残。敞口，方唇，斜沿，弧腹，平底内凹。因拉坯不均匀导致外腹有泥浆，内外有轮痕，内有少量土沁，外有釉粘。浅黄色胎，较致密。口径7.8、底径4.9、通高2厘米（图5-50，3；彩版5-158）。

　　17ⅠH4：214，微残。敞口，方唇，斜沿，弧腹，平底内凹。内外有轮痕，有土沁。黄色胎，较致密。口径8.9、底径4.85、通高2.3厘米（图5-50，4；彩版5-159）。

　　2. 喇叭形支具

　　共5件。

　　17ⅠH4：96，残。敞口，方唇，斜沿，束颈，弧腹，平底。周身疑似施釉，外施白色化妆土，化妆土有小开片，内外有轮痕，外有窑粘。灰色胎，较致密。口径7.2、底径4.2、通高6.6厘米（图5-51，1；彩版5-160）。

　　17ⅠH4：98，微残。敞口，方唇，斜沿，束颈，弧腹，平底。内外有土沁，有轮痕，外有釉粘。黄色胎，较致密。口径6.8、底径4、通高5.7厘米（图5-51，2；彩版5-161）。

　　17ⅠH4：100，微残。敞口，方唇，斜沿，束颈，弧腹，平底。内外有土沁，有轮痕，周身有疑似施釉。灰色胎，较致密。口径5.8、底径4.6、通高8.3厘米（图5-51，3；彩版5-162）。

　　17ⅠH4：101，微残。敞口，方唇，斜沿，束颈，弧腹，平底。内外有土沁，有轮痕，周身有疑似施釉。灰色胎，较致密。口径6.2、底径4.3、通高8.2厘米（彩版5-163）。

　　17ⅠH4：204，残。侈口，方唇，斜沿，束颈，弧腹，平底。外有疑似施釉，内外有轮痕、土

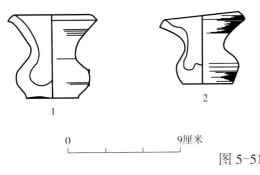
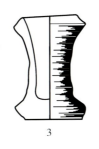

0　　　　　　　9厘米

图 5-51　17 I H4 出土喇叭形支具

1～4. 17 I H4：96、98、100、204

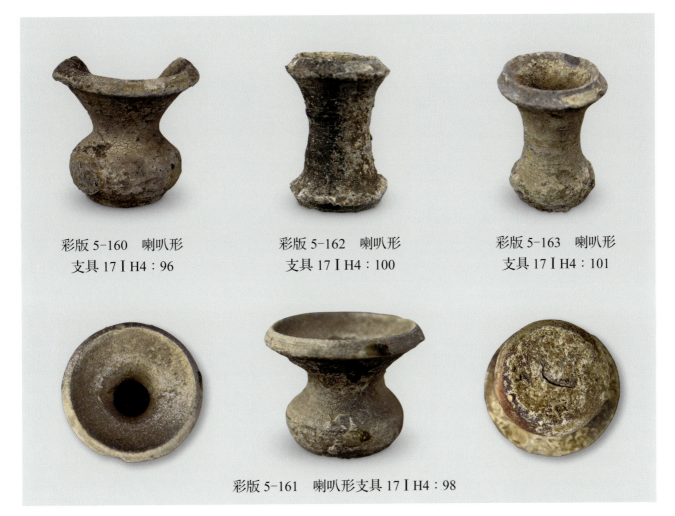

彩版 5-160　喇叭形
支具 17 I H4：96

彩版 5-162　喇叭形
支具 17 I H4：100

彩版 5-163　喇叭形
支具 17 I H4：101

彩版 5-161　喇叭形支具 17 I H4：98

沁，有釉粘、窑粘。灰色胎，较致密。口径 9.2、底径 6、通高 10 厘米（图 5-51，4）。

3. 垫饼

共 1 件。

17 I H4：103，微残，模制。圆饼状。平面近圆形。两面均有裂缝，一面有支烧痕迹。夹砂砖红色胎，较粗糙。直径 13.2、厚 0.7～1.4 厘米（彩版 5-164）。

彩版 5-164　垫饼 17 I H4：103

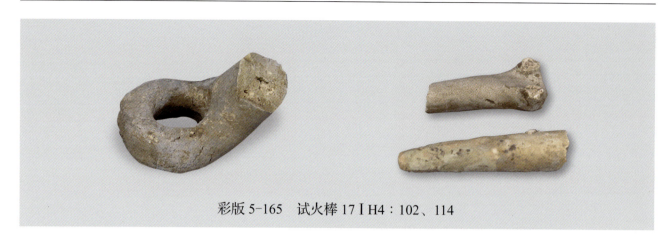

彩版 5-165　　试火棒 17ⅠH4：102、114

4. 试火棒

共 2 件。

17ⅠH4：102，残，捏制。头部呈环形，周身有土沁。灰色胎，致密。头部直径 3.9、孔径 1.7、厚 1.6 厘米（图 5-50，5；彩版 5-165，左）。

17ⅠH4：114，2 个（图 5-50，6、7；彩版 5-165，右）。

17ⅠH4：114-1，残，捏制。锥子形。手柄残，周身有少量土沁、划痕。浅黄色胎，较致密。残长 8.9、厚 2.6 厘米。

17ⅠH4：114-2，残，捏制。条形。周身有划痕、窑粘、釉粘。浅色胎，较致密。残长 10.8、厚 2.6 厘米。

三　17ⅠH5

（一）白瓷

1. 白瓷碗

共 7 件。

17ⅠH5：47，残。敞口，圆唇，弧腹，圈足，挖足过肩，底部中心微凸。内满施透明釉，有涩圈，宽 1.6 厘米，外施透明釉至腹部，釉下施白色化妆土，釉面有小开片，外有轮痕，有釉粘。圈足足跟旋削，足脊微斜，外足墙微外撇。浅黄色胎，较粗糙。口径 18.4、底径 6.4、通高 4.2 厘米（图 5-52，1）。

17ⅠH5：59，微残。敞口，圆唇，弧腹，圈足，挖足过肩。内满施透明釉，有涩圈，宽 0.8～1.1 厘米，有积釉现象，外施透明釉至腹部，釉面有小开片，内外有釉粘，外有轮痕、土沁。圈足足跟旋削，足脊微斜，外足墙微外撇。黄色胎，较粗糙。口径 12、底径 4.8、通高 3.4 厘米（图 5-52，2）。

17ⅠH5：67，残。敞口，圆唇，弧腹，圈足，挖足过肩，底部中心微凸。内施透明釉，外施透明釉至腹部，釉下施白色化妆土，釉面有小开片，内粘有小瓷片，有釉粘，外有轮痕。圈足足跟旋削，足脊微斜，外足墙微外撇。灰色胎，较致密。口径 12.2、底径 5、通高 3.8 厘米（图 5-52，3）。

17ⅠH5：99，残。敞口，圆唇，弧腹，圈足，挖足过肩。内满施透明釉，有涩圈，宽 2 厘米，釉下满施白色化妆土，外施透明釉至下腹，施釉不均匀，釉面有小开片，内外有少量土沁、轮痕，内有窑粘。圈足足跟旋削，足脊微斜，外足墙微外撇。浅黄色胎，较致密。口径 20、底径 7、通高 7.3

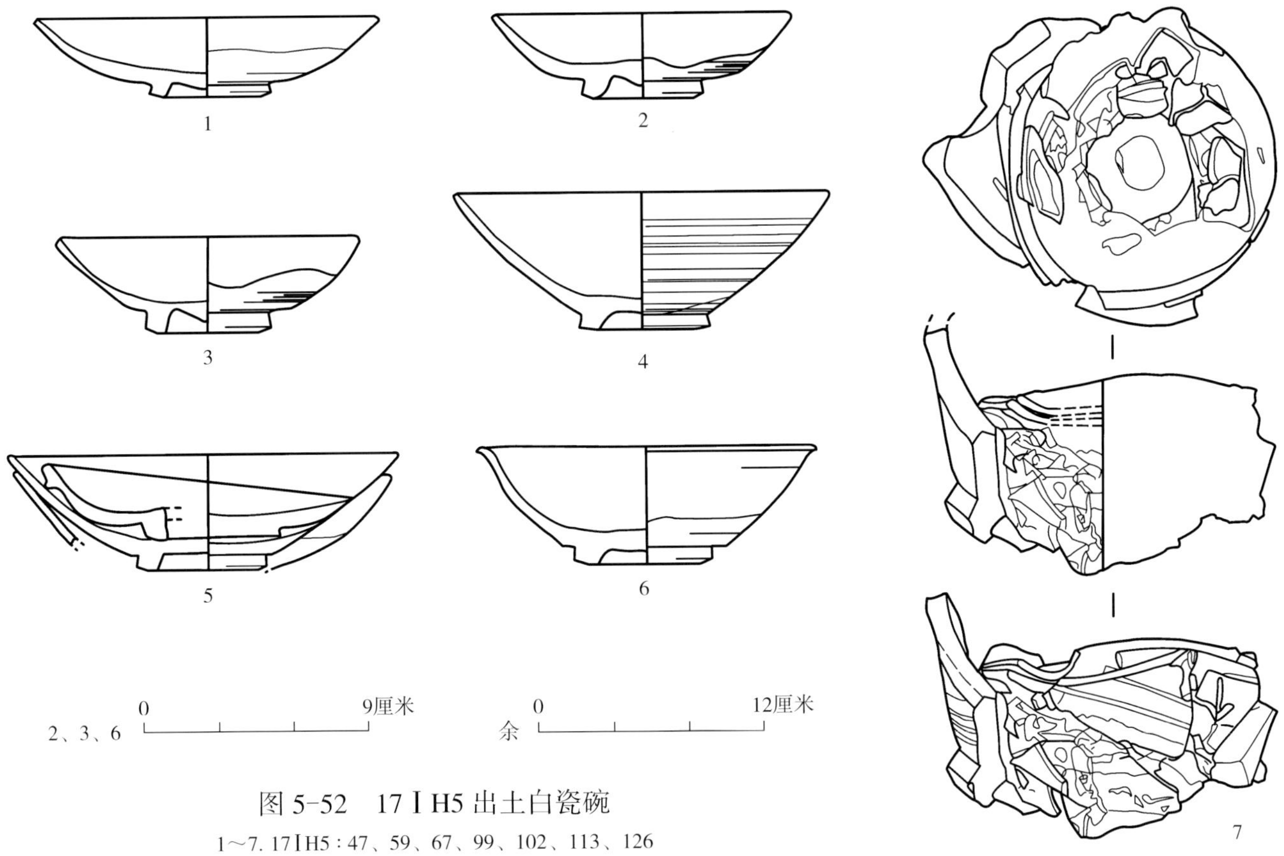

图 5-52　17ⅠH5 出土白瓷碗
1～7. 17ⅠH5：47、59、67、99、102、113、126

厘米（图 5-52，4）。

17ⅠH5：102，青瓷钵带白瓷碗（图 5-52，5）。

17ⅠH5：102-1，上，青瓷钵，残。敞口，圆唇，口沿下有凸棱，弧腹，圈足。除口沿上施白色化妆土外内施青釉，外施青釉至腹部，釉面有小开片，内有窑粘，外有土沁。足脊微斜，外足墙微外撇。黄色胎，较致密。底径 7、高 4.1 厘米。

17ⅠH5：102-2，中，白瓷碗，残。敞口，圆唇，弧腹，圈足，挖足过肩。内满施透明釉，有涩圈，宽 1.6 厘米，外施透明釉至腹部，釉下施白色化妆土，釉面有小开片，外有轮痕，有土沁。圈足足跟旋削，足脊微斜，外足墙微外撇。黄色胎，较致密。口径 20.8、底径 6.8、高 6.1 厘米。

17ⅠH5：102-3，下，白瓷碗口沿残片，粘在白瓷碗腹部外。敞口，圆唇，弧腹。内施透明釉，外施透明釉至腹部，釉面有小开片，外有轮痕、土沁。口径 20.2、残高 5.3 厘米。

17ⅠH5：113，残。侈口，圆唇，弧腹，圈足。内满施透明釉，有涩圈，宽 1.1 厘米，外施透明釉至腹部，有积釉现象，釉面有小开片，釉下施白色化妆土，外有轮痕。圈足足跟旋削，足脊微斜，外足墙微外撇。灰色胎，较粗糙。口径 13.5、底径 5.4、通高 4.7 厘米（图 5-52，6）。

17ⅠH5：126，上下叠摞，4 件（图 5-52，7；彩版 5-166）。

17ⅠH5：126-1，白瓷碗，残。敞口，圆唇，弧腹。内满施透明釉，有涩圈，宽 1.7 厘米，外施透明釉，碗内粘接大量瓷片，有碎垫饼残块，内有土沁。残长 11.5 厘米。

17ⅠH5：126-2，白瓷碗，叠压在第一个白瓷碗下，残。口部有变形。敞口，圆唇，弧腹。内满施透明釉，有涩圈，外施透明釉，碗内粘接大量瓷片，有碎垫饼残块、残缺的碗底，内有土沁。

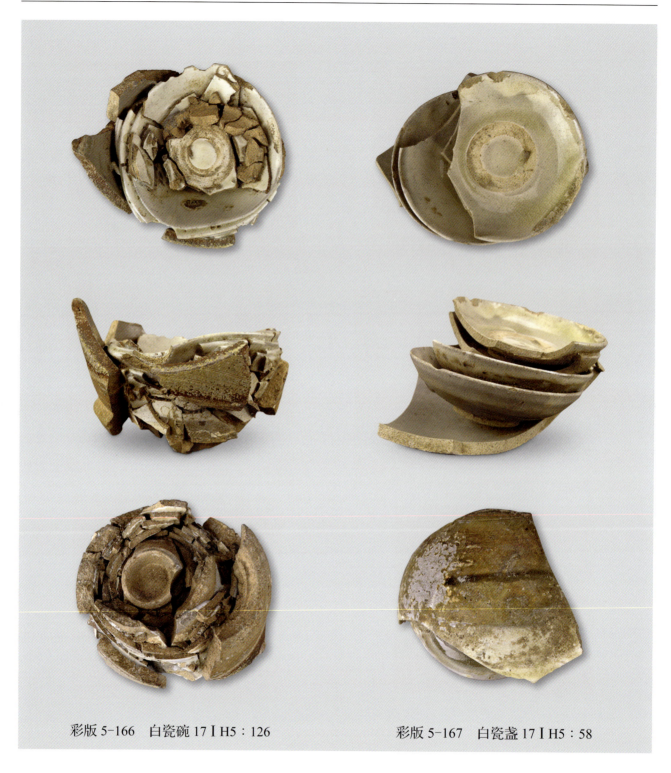

彩版 5-166　白瓷碗 17ⅠH5：126　　　　　　　彩版 5-167　白瓷盏 17ⅠH5：58

浅灰色胎，较粗糙。口径 13.8 厘米。

　　17ⅠH5：126-3，白瓷碗，叠压在第二个碗下，残。口部有变形。敞口，圆唇，弧腹。内外施透明釉，外腹粘接大量白瓷碗瓷片、罐残片。浅灰色胎，较粗糙。口径 14.65 厘米。

　　17ⅠH5：126-4，白瓷罐底粘在最外部，残。弧腹，圈足。内施透明釉，有积釉现象，内外有轮痕，外有土沁。圈足残，足跟旋削，足脊微斜，外足墙微外撇。黄色胎，较粗糙。残高 11.3 厘米。总长

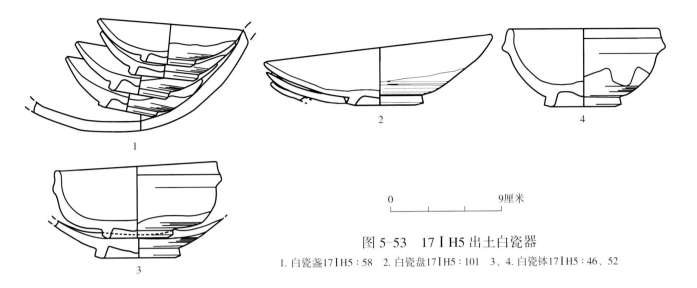

0 ⊢――――――――――⊣ 9厘米

图 5-53　17 I H5 出土白瓷器

1. 白瓷盏 17 I H5：58　2. 白瓷盘 17 I H5：101　3、4. 白瓷钵 17 I H5：46、52

19、通高 13 厘米。

2. 白瓷盏

共 1 件。

17 I H5：58，瓷盏带白瓷罐腹片，5 件（图 5-53，1；彩版 5-167）。

17 I H5：58-1，白瓷盏，残。敞口，圆唇，弧腹，圈足，挖足过肩。内满施透明釉，有涩圈，宽 0.7 ~ 1 厘米，外施透明釉至腹部，釉面有小开片，内有釉粘。圈足足跟旋削，足脊微斜，外足墙微外撇。灰色胎，较致密。口径 11.6、底径 4.2、高 3.2 厘米。

17 I H5：58-2，白瓷盏，残。敞口，圆唇，弧腹，圈足，挖足过肩。内满施透明釉，有涩圈，外施透明釉至腹部，釉面有小开片，内外有土沁。圈足足跟旋削，足脊微斜，外足墙微外撇。灰色胎，较致密。口径 10.8、底径 5.6、高 3.2 厘米。

17 I H5：58-3，白瓷盏，残。敞口，圆唇，弧腹，圈足，挖足过肩。内满施透明釉，有涩圈，外施透明釉至腹部，釉面有小开片，内外有土沁，外有轮痕。圈足足跟旋削，足脊微斜，外足墙微外撇。灰色胎，较致密。口径 11.4、底径 4.6、高 3.4 厘米。

17 I H5：58-4，白瓷盏，残。敞口，圆唇，弧腹，圈足，挖足过肩。内满施透明釉，有涩圈，外施透明釉至腹部，有流釉、积釉现象，釉面有小开片，内有釉粘，外有轮痕。圈足足跟旋削，足脊微斜，外足墙微外撇。灰色胎，较致密。口径 11、底径 4.6、高 3.5 厘米。

17 I H5：58-5，白瓷罐腹片，弧腹。内外施透明釉，有脱釉现象，釉面有小开片，外有轮痕，有土沁，有积釉现象。灰色胎，较粗糙。残长 17.2、残高 8、通高 9 厘米。

3. 白瓷盘

共 1 件。

17 I H5：101，残。敞口，圆唇，弧腹，圈足，挖足过肩。内满施透明釉，有涩圈，宽 1.3 厘米，外施透明釉至腹部，釉下满施白色化妆土，化妆土及釉面有小开片，内有釉粘，外粘有瓷片，少量土沁、轮痕。圈足足跟旋削，足脊微斜，外足墙微外撇。浅黄色胎，较致密。口径 18.4、底径 6.2、通高 5.6 厘米（图 5-53，2）。

4. 白瓷钵

共2件。

17ⅠH5：46，白瓷钵带白瓷碗底，2件（图5-53，3）。

17ⅠH5：46-1，上，白瓷钵，弧腹，圆唇，口沿下有凸棱，弧腹，圈足。除口沿上施白色化妆土外内施透明釉，外施透明釉至下腹，釉下施白色化妆土，釉面有小开片，外有轮痕，有土沁。圈足足跟旋削，外足墙微外撇。灰色胎，较致密。口径13、底径5.6、高6厘米。

17ⅠH5：46-2，下，白瓷碗底，弧腹，圈足，挖足过肩。内施透明釉，外施透明釉至腹部，釉面有小开片，外有轮痕、土沁。圈足足跟旋削，足脊微斜，外足墙微外撇。灰色胎，较致密。底径6.8、残高3.8厘米。

17ⅠH5：52，残。敞口，圆唇，口沿下有凸棱，弧腹，圈足，挖足过肩。除口沿上施白色化妆土外内施透明釉，外施透明釉至腹部，釉下施白色化妆土，釉面有小开片，外有轮痕，有土沁。圈足足跟旋削，足脊微斜，外足墙微外撇。黄色胎，较粗糙。口径12.4、底径6.2、通高6.2厘米（图5-53，4）。

5. 白瓷水盂

共1件。

17ⅠH5：88，残。敞口，圆唇，弧腹，饼底。内满施透明釉，外施透明釉至口沿，釉下施白色化妆土至足跟，釉面有小开片，外有轮痕。黄色胎，较致密。口径4.3、底径2.1、通高1.8厘米（图5-54，1；彩版5-168）。

6. 白瓷罐

共1件。

17ⅠH5：87，残。侈口，圆唇，矮颈，颈部至腹部有一对竖条状对称系，一耳残。弧腹。除口沿内满施透明釉，外施透明釉至腹部，釉下施白色化妆土，有积釉现象，内外都有轮痕、少量土沁。黄色胎，较致密。口径9.2、腹径12、残高8厘米（图5-54，2）。

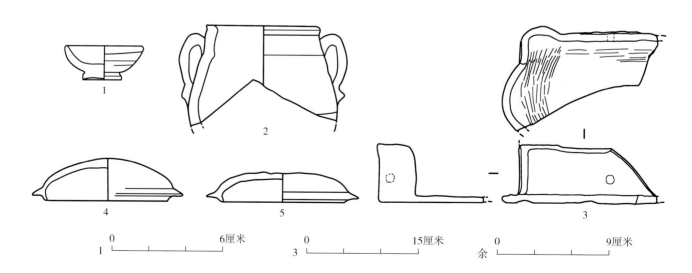

图5-54　17ⅠH5出土白瓷器

1. 白瓷水盂17ⅠH5：88　2. 白瓷罐17ⅠH5：87　3. 白瓷枕17ⅠH5：115　4、5. 白瓷器盖17ⅠH5：84、93

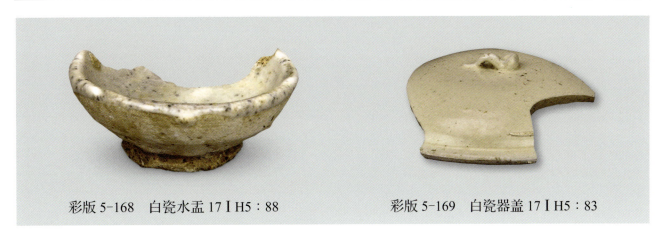

彩版 5-168　白瓷水盂 17ⅠH5：88　　　　　彩版 5-169　白瓷器盖 17ⅠH5：83

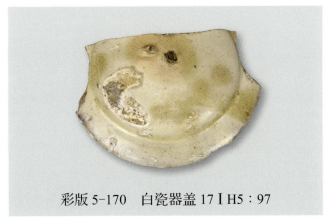

彩版 5-170　白瓷器盖 17ⅠH5：97

7. 白瓷枕

共 1 件。

17ⅠH5：115，残。长方体，泥片贴筑。外施透明釉至腹部，釉下施白色化妆土，釉面有小开片，前面有 1 厘米小孔，内外有轮痕，有土沁，内有窑粘，外有釉粘。灰色胎，较致密。残长 20.6、宽 13.8、残高 7.7 厘米（图 5-54，3）。

8. 白瓷器盖

共 4 件。

17ⅠH5：83，残。子母口微敛，平沿，弧顶，顶部有捉手。外施透明釉，釉下施白色化妆土，釉面有小开片，内外有轮痕，有土沁，外有釉粘。浅灰色胎，较致密。直径 19.2、通高 3.8 厘米（彩版 5-169）。

17ⅠH5：84，残。子母口微敛，平沿，弧顶，顶部捉手残。外施透明釉，釉下施白色化妆土，内外有轮痕，有土沁。灰色胎，较致密。直径 12.2、通高 3.4 厘米（图 5-54，4）。

17ⅠH5：93，残。子母口微敛，平沿，弧顶。外施透明釉，内外有轮痕，外有窑粘。浅灰色胎，较致密。直径 12.4、通高 2.4 厘米（图 5-54，5）。

17ⅠH5：97，残。子母口微敛，宽斜沿，弧顶，顶部有捉手。盖顶施透明釉，内外有轮痕，外有窑粘。浅灰色胎，较致密。直径 16.8、通高 3.2 厘米（彩版 5-170）。

（二）白釉黑（褐）彩瓷

白釉黑彩盆

共 2 件。

17ⅠH5：80，残。敞口，圆唇，弧腹，卧足。内满施透明釉，饰黑彩花卉纹，外施透明釉至下腹，内有少量土沁、四个支钉、窑粘，底部有一个支钉、四个支钉痕，外有轮痕。灰色胎，较致密。口径 24.8、底径 9.3、通高 8.2 厘米（图 5-55，1）。

17ⅠH5：81，褐彩碗带白瓷盆底，2 件（彩版 5-171）。

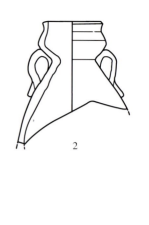

图 5-55　17ⅠH5 出土白釉黑彩盆、青黄釉瓶
1. 白釉黑彩盆 17ⅠH5：80　2. 青黄釉瓶 17ⅠH5：89

彩版 5-171　白釉褐彩盆 17ⅠH5：81

共 2 件。

17ⅠH5：37，残。敞口，圆唇，弧腹，圈足，挖足过肩。内满施青釉，有涩圈，宽 1.9 厘米，外施青釉至腹部，施釉不均匀，釉面有小开片，外有少量土沁、轮痕、窑粘。圈足足跟旋削，足脊微斜，外足墙微外撇。浅灰色胎，较致密。口径 11、底径 4.8、通高 3.7 厘米（图 5-56，1）。

17ⅠH5：38，残。敞口，圆唇，弧腹，圈足，挖足过肩。内满施青釉，有涩圈，宽 1.7 厘米，外施青釉至腹部，施釉不均匀，釉面有小开片，内外都有少量土沁、轮痕、窑粘。圈足足跟旋削，足脊微斜，外足墙微外撇。浅黄色胎，较致密。口径 11.6、底径 5、通高 3.8 厘米（图 5-56，2）。

2. 青瓷盘

共 2 件。

17ⅠH5：42，残。敞口，圆唇，弧腹折收，圈足。内满施青釉，有涩圈，宽 1.4 厘米，外施青

17ⅠH5：81-1，上，白釉褐彩碗，残。敞口，圆唇，弧腹。内外均施透明釉，有土沁，内腹有褐彩萱草纹。高 7.5 厘米。

17ⅠH5：81-2，下，白瓷盆底。弧腹，平底。内施透明釉，内外有土沁，有窑粘，外有护胎釉，有釉粘、轮痕。灰色胎，较粗糙。残高 9.3、通高 9.3 厘米。

（三）青瓷

1. 青瓷盏

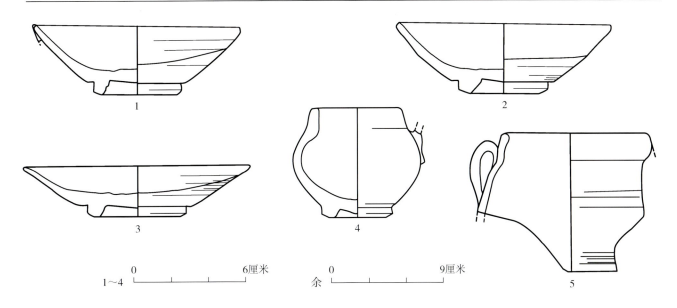

图 5-56　17ⅠH5 出土青瓷器

1、2.青瓷盏17ⅠH5：37、38　3.青瓷盘17ⅠH5：42　4、5.青瓷罐17ⅠH5：82、86

釉至腹部，外有少量土沁、轮痕。圈足足跟旋削，足脊微斜，外足墙微外撇。浅黄色胎，较致密。口径 12.2、底径 5.2、通高 2.7 厘米（图 5-56，3）。

17ⅠH5：43，残。敞口，圆唇，弧腹折收，圈足，挖足过肩。内满施青釉，有涩圈，宽 1.4 厘米，外施青釉至腹部，内有少量土沁，外有轮痕。圈足足跟旋削，足脊微斜，外足墙微外撇。浅黄色胎，较致密。口径 12.2、底径 5.2、通高 2.7 厘米（彩版 5-172）。

3. 青瓷罐

共 2 件。

17ⅠH5：82，残。直口，圆唇，矮颈，两耳残，弧腹，圈足。内施青釉，外施青釉至腹部，有脱釉现象，施釉不均匀，釉面有小开片，内外有轮痕，有土沁，足脊微斜，外足墙微外撇。灰色胎，较粗糙。口径 4.8、腹径 6.8、底径 3.8、通高 5.8 厘米（图 5-56，4）。

17ⅠH5：86，双系罐，残。侈口，圆唇，矮颈，颈部至腹部有一对竖条状对称系，一耳残，鼓腹。除口沿内满施青釉，外施青釉，内外有轮痕，外有少量土沁。浅黄色胎，较致密。口径 11.8、残高 11 厘米（图 5-56，5）。

（四）青黄釉瓷

青黄釉瓶

共 1 件。

17ⅠH5：89，双系盉口瓶，残。敞口，鼓颈，颈部与肩部有一对竖条状对称系，一耳残，溜肩，弧腹。内外施青黄釉，施釉不均匀，内外有轮痕、少量土沁。黄色胎，较

彩版 5-172　青瓷盘 17ⅠH5：43

致密。口径 6.4、残高 13 厘米（图 5-55，2；彩版 5-173）。

（五）酱釉瓷

酱釉罐

共 1 件。

17ⅠH5：105，出筋罐残片，弧腹。内外均施酱釉，内外有土沁，外腹有金色竖条纹。灰色胎，较致密。残长 9.9、残宽 9.25 厘米（图 5-57，1；彩版 5-174）。

（六）素烧瓷

素烧壶

共 1 件。

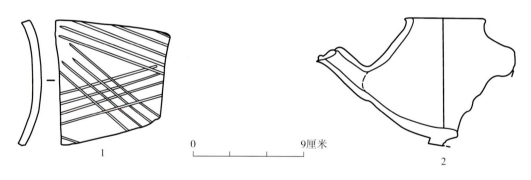

彩版 5-173　青黄釉瓶 17ⅠH5：89

17ⅠH5：85，残。侈口，圆唇，腹部装一长形流，鼓腹，圈足，挖足过肩。内疑似施釉，内外都有轮痕，内有少量土沁。灰色胎，较致密。口径 6.4、通高 10.2 厘米（图 5-57，2）。

图 5-57　17ⅠH5 出土酱釉罐、素烧壶

1. 酱釉罐 17ⅠH5：105　2. 素烧壶 17ⅠH5：85

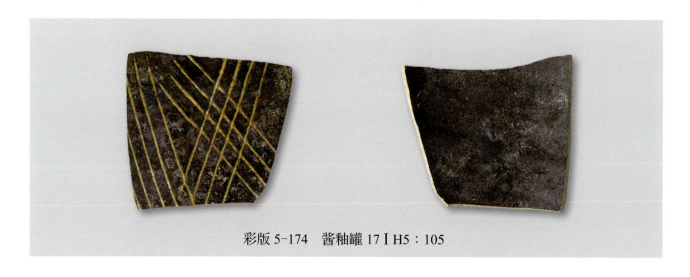

彩版 5-174　酱釉罐 17ⅠH5：105

（七）窑具

1. 盏形支具

共 4 件。

17 I H5：20，敞口，方唇，斜沿，弧腹，平底内凹。内外都有轮痕，少量土沁，内有窑粘，外有釉粘。浅黄色胎，较致密。口径 8.4、底径 4.3、通高 2.1 厘米（图 5-58，1）。

17 I H5：22，敞口，方唇，斜沿，弧腹，平底内凹。内外都有轮痕，少量土沁，外有釉粘。浅黄色胎，较致密。口径 10、底径 4.8、通高 2.7 厘米（图 5-58，2）。

17 I H5：112，敛口，方唇，斜沿，弧腹，平底内凹。内外有轮痕、土沁，有窑粘，外有护胎釉。胎体火石红，黄色胎，较致密。口径 9.8、底径 4.4、通高 2.6 厘米（图 5-58，3）。

17 I H5：120，敞口，方唇，斜沿，弧腹，卧足。内外有轮痕，有土沁，外有釉粘。砖红色胎，较粗糙。口径 8.8、底径 4、通高 2.45 厘米（图 5-58，4）。

2. 钵形支具

共 6 件。

17 I H5：2，敞口，方唇，平沿，弧腹，平底内凹。内疑似施釉，内外都有轮痕，少量土沁。灰色胎，较致密。口径 10.2、底径 4.6、通高 5.7 厘米（图 5-58，5）。

17 I H5：9，侈口，圆唇，卷沿，弧腹，平底内凹。内外都有轮痕，少量土沁，外有釉粘。浅黄色胎，较致密。口径 10、底径 5.6、通高 7 厘米（图 5-58，6；彩版 5-175）。

17 I H5：14，敞口，方唇，斜沿，弧腹，平底内凹。内外都有轮痕，少量土沁，外有护胎釉、窑粘。灰色胎，较致密。口径 10.2、底径 5.5、通高 6.2 厘米。

17 I H5：104，微残。敞口，方唇，斜平沿，弧腹，平底内凹。内外有轮痕，有土沁，外有釉粘。黄色胎，较致密。口径 7.75、底径 4.7、通高 2.7 厘米（彩版 5-176）。

17 I H5：116，残。敞口，圆唇，弧腹，平底内凹。内外有疑似施釉，内外有轮痕，有土沁、釉粘。

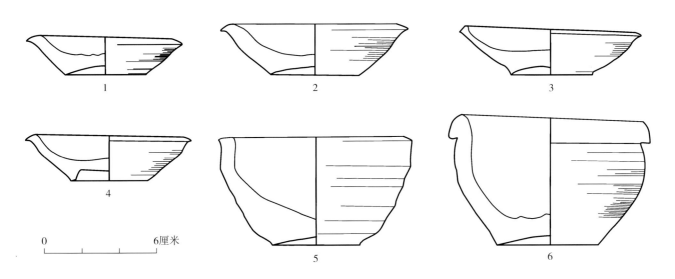

0　　　　　　6厘米

图 5-58　17 I H5 出土盏形、钵形支具

1～4. 盏形支具 17 I H5：20、22、112、120　5、6. 钵形支具 17 I H5：2、9

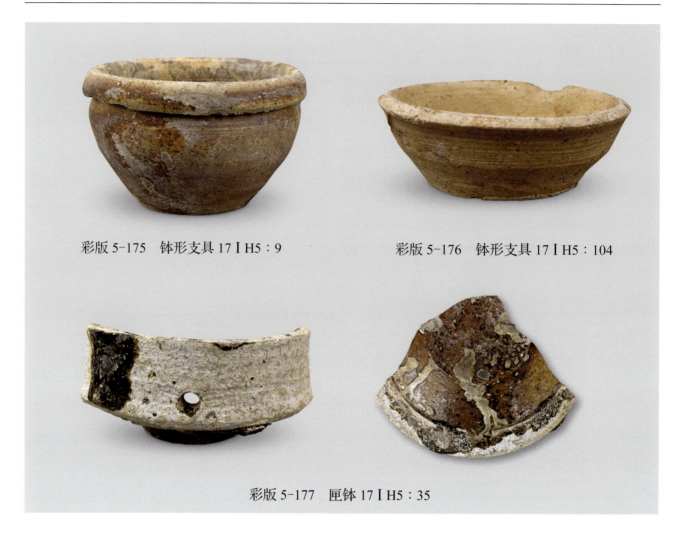

彩版 5-175　钵形支具 17ⅠH5：9　　　　　彩版 5-176　钵形支具 17ⅠH5：104

彩版 5-177　匣钵 17ⅠH5：35

灰色胎，较致密。口径 12.3、底径 6、通高 6.4 厘米。

17ⅠH5：119，微残。敞口，圆唇，弧腹，平底内凹。内外有轮痕，有土沁、釉粘。胎体火石红，灰色胎，较致密。口径 10.6、底径 6、通高 6.8 厘米。

3. 匣钵

共 1 件。

17ⅠH5：35，残。侈口，圆唇，平沿，斜腹折收，平底。内外有护胎釉，外施青釉至腹部，有流釉、积釉、脱釉现象，内有少量土沁，外有轮痕、窑粘、釉粘。浅灰色胎，较致密。口径 17.6、底径 7.8、通高 9 厘米（彩版 5-177）。

四　17ⅠH6

（一）白瓷

1. 白瓷碗

共 9 件。

17ⅠH6：5，残。敞口，圆唇，弧腹，圈足，挖足过肩。内满施透明釉，有涩圈，宽 1.9 厘米，外施透明釉至腹部，釉下满施白色化妆土，化妆土及釉面有小开片，外有轮痕。圈足足跟旋削，足脊微斜，外足墙微外撇。浅黄色胎，较致密。口径 18.8、底径 6.6、通高 7.5 厘米（图 5-59，1）。

17 I H6：10，残。敞口，圆唇，弧腹，圈足，挖足过肩。内满施透明釉，有涩圈，宽 1.7 厘米，外施透明釉至腹部，釉下满施白色化妆土，内有窑粘，外有少量土沁、轮痕。圈足足跟旋削，足脊微斜，外足墙微外撇。浅灰色胎，较致密。口径 18.2、底径 6.6、通高 7.9 厘米（图 5-59，2）。

17 I H6：12，残。敞口，圆唇，弧腹，圈足，挖足过肩。内满施透明釉，有涩圈，宽 1.1～2 厘米，外施透明釉至腹部，釉下满施白色化妆土，化妆土及釉面有小开片，外有少量土沁、轮痕。圈足足跟旋削，足脊微斜，外足墙微外撇。浅黄色胎，较致密。口径 19.6、底径 6、通高 6 厘米（图 5-59，3）。

17 I H6：23，残。敞口，圆唇，弧腹，圈足。内满施透明釉，有涩圈，宽 2.5～2.7 厘米，外施透明釉至腹部，釉下施白色化妆土，有流釉、积釉现象，内有釉粘，外有少量土沁、轮痕。圈足足跟旋削，足脊微斜，外足墙微外撇。浅灰色胎，较致密。口径 25.2、底径 10、通高 11.1 厘米（图 5-59，4；彩版 5-178）。

17 I H6：32，残。敞口，圆唇，弧腹，圈足，挖足过肩。内满施透明釉，有涩圈，宽 1.3 厘米，外施透明釉至腹部，釉下施白色化妆土，化妆土及釉面有小开片，内外都有少量土沁、釉粘，外有轮痕。圈足足跟旋削，足脊微斜，外足墙微外撇。浅灰色胎，较致密。口径 12.4、底径 4.8、通高 4 厘米（图 5-59，5）。

17 I H6：33，残。敞口，圆唇，弧腹，圈足，底部中心微凸。内满施透明釉，有涩圈，宽 0.7～1.2

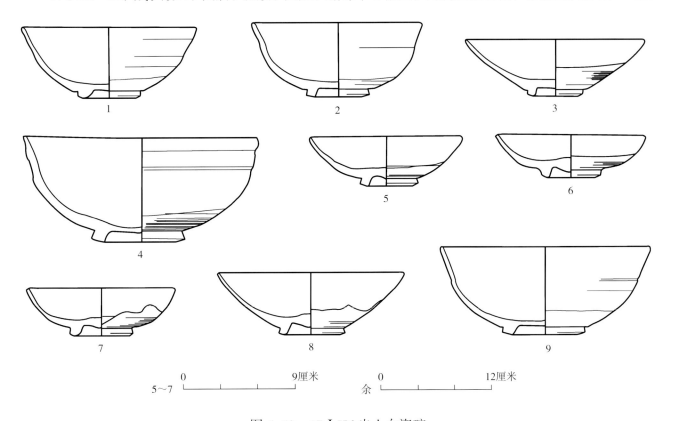

图 5-59　17 I H6 出土白瓷碗

1～9.17 I H6：5、10、12、23、32、33、36、37、39

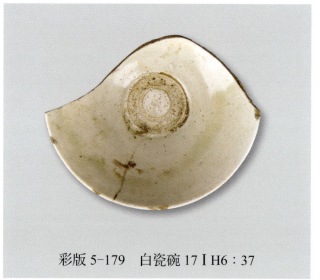

彩版 5-179　白瓷碗 17ⅠH6：37

彩版 5-178　白瓷碗 17ⅠH6：23

厘米，外施透明釉至腹部，釉下施白色化妆土，釉面有小开片，内外有釉粘，有土沁，外有轮痕，粘有小瓷片。圈足足跟旋削，足脊微斜，外足墙微外撇。灰色胎，较致密。口径 12.4、底径 4.8、通高 3.5 厘米（图 5-59，6）。

17ⅠH6：36，残。敞口，圆唇，弧腹，圈足，挖足过肩。内满施透明釉，有涩圈，宽 1.2 ～ 1.7 厘米，外施透明釉至下腹，施釉不均匀，釉下施白色化妆土，釉面有小开片，内外有釉粘，有土沁，外有轮痕。圈足足跟旋削，足脊微斜，外足墙微外撇。黄色胎，较致密。口径 12、底径 5、通高 3.8 厘米（图 5-59，7）。

17ⅠH6：37，残。敞口，圆唇，弧腹，圈足，挖足过肩。内满施透明釉，有涩圈，宽 1.5 ～ 1.8 厘米，外施透明釉至腹部，有流釉现象，釉面有小开片，内外有釉粘，有土沁，外有轮痕。圈足足跟旋削，足脊微斜，外足墙微外撇。黄色胎，较致密。口径 20、底径 7、通高 6.6 厘米（图 5-59，8；彩版 5-179）。

17ⅠH6：39，残。敞口，圆唇，弧腹，圈足，挖足过肩。内满施透明釉，有涩圈，宽 2 厘米，外施透明釉至腹部，有流釉现象，釉面有小开片，内外有釉粘，有土沁，外有轮痕。圈足足跟旋削，足脊微斜，外足墙微外撇。浅灰色胎，较致密。口径 22.7、底径 8.8、通高 9.3 厘米（图 5-59，9）。

2. 白瓷盏

共 1 件。

17 I H6：14，残。敞口，圆唇，弧腹，圈足。内满施透明釉，有涩圈，宽 1.6 厘米，外施透明釉至腹部，釉面有小开片，釉下满施白色化妆土，施土不均匀，内有窑粘，外有少量土沁、轮痕。圈足足跟旋削，足脊微斜，外足墙微外撇。浅黄色胎，较致密。口径 12.6、底径 5.4、通高 3.4 厘米（图 5-60，1）。

3. 白瓷盆

共 1 件。

17 I H6：41，残。敞口，圆唇，弧腹，卧足。内施透明釉，外施透明釉至下腹，有积釉现象，釉下施白色化妆土，釉面有小开片，内有三个支钉痕，外有轮痕，有土沁，底部有四个支钉。黄色胎，较致密。口径 21.2、底径 9.9、通高 9.4 厘米（图 5-60，2；彩版 5-180）。

4. 白瓷罐

共 1 件。

17 I H6：40，残。弧腹，圈足。内施透明釉，外施透明釉至下腹，有脱釉现象，釉下施白色化妆土。内外有轮痕，有土沁，内有釉粘，有窑粘。圈足足跟旋削，足脊微斜，外足墙微外撇。浅灰色胎，较致密。腹径 29.8、底径 12.8、残高 20.5 厘米（图 5-60，3）。

5. 白瓷行炉

共 1 件。

17 I H6：28，微残。敞口，圆唇，宽平沿，弧腹斜收，平底。内施透明釉至口沿，外施透明釉至腹部，釉下施白色化妆土，有脱落现象，内外都有少量土沁、轮痕，外有窑粘。浅灰色胎，较致密。口径 10.8、底径 4.5、通高 5.1 厘米（图 5-60，4）。

6. 白瓷器盖

共 1 件。

17 I H6：31，字母口微敛，圆唇，弧顶，顶部有提手。外施透明釉，内有轮痕，少量土沁。浅

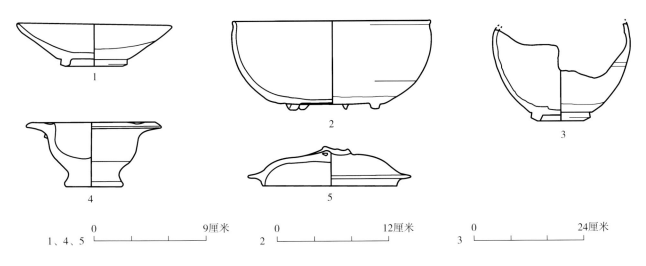

0   9厘米   0   12厘米   0   24厘米
1、4、5   2   3

图 5-60 17 I H6 出土白瓷器

1. 白瓷盏 17 I H6：14 2. 白瓷盆 17 I H6：41 3. 白瓷罐 17 I H6：40 4. 白瓷行炉 17 I H6：28 5. 白瓷器盖 17 I H6：31

彩版 5-181　　白釉褐彩碗 17ⅠH6：38

紫色胎，较致密。直径 13.2、通高 3.2 厘米（图 5-60，5）。

（二）白釉褐彩瓷

白釉褐彩碗

共 2 件。

17ⅠH6：34，残。敞口，圆唇，弧腹，圈足，挖足过肩。内满施透明釉，有涩圈，宽 1.6～2 厘米，外施透明釉至腹部，釉下施白色化妆土，内腹有褐彩萱草纹，外有轮痕，有土沁。圈足有旋削痕迹，足脊微斜，外足墙微外撇。黄色胎，较粗糙。口径 22.4、底径 7、通高 7.8 厘米（图 5-61，1）。

17ⅠH6：38，残。敞口，圆唇，弧腹，圈足，挖足过肩。内满施透明釉，有涩圈，宽 1.7～2.2 厘米，外施透明釉至腹部，釉下施白色化妆土，釉面有小开片，内腹有褐彩萱草纹，外有轮痕，有土沁。圈足有旋削痕迹，足脊微斜，外足墙微外撇。黄色胎，较粗糙。口径 21.6、底径 6.6、通高 7.6 厘米（彩版 5-181）。

彩版 5-180　　白瓷盆 17ⅠH6：41

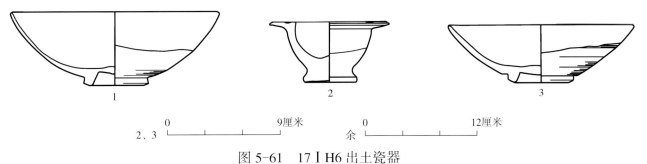

图 5-61　17 I H6 出土瓷器

1. 白釉褐彩碗17 I H6：34　2. 青瓷行炉17 I H6：27　3. 黄釉碗17 I H6：17

（三）青瓷

青瓷行炉

共1件。

17 I H6：27，残。敞口，圆唇，宽平沿，弧腹斜收，平底。内施青釉至口沿下，外施青釉至腹部，釉下施白色化妆土，施土不均匀，内外都有少量土沁、轮痕。砖红色胎，较致密。口径9.6、底径4.1、通高4.8厘米（图5-61，2）。

（四）黄釉瓷

黄釉碗

共1件。

17 I H6：17，残。敞口，圆唇，弧腹，圈足，挖足过肩。内满施黄釉，有涩圈，宽1.7～2.2厘米，外施黄釉至腹部，釉面有小开片，内外都有少量土沁、轮痕。圈足足跟旋削，足脊微斜，外足墙微外撇。浅黄色胎，较致密。口径15.4、底径5.4、通高4.6厘米（图5-61，3）。

第六章 2017 年 Ⅱ 区出土遗物

第一节 探沟出土遗物

一 17 Ⅱ TG4

（一）白瓷

1. 白瓷碗

共 63 件。

17 Ⅱ TG4 ②：1，残。侈口，圆唇，弧腹，圈足。内满施透明釉，外施透明釉至腹部，釉面有小开片，施釉不均匀，釉下施白色化妆土，内有三个支钉痕，外有轮痕、釉粘，少量土沁。圈足足跟旋削，足脊微斜，外足墙微外撇。黄色胎，较粗糙。口径 20.8、底径 8.2、通高 6.3 厘米（彩版 6-1）。

17 Ⅱ TG4 ②：2，残。敞口，圆唇，弧腹，圈足。内满施透明釉，外施透明釉至下腹，釉下施白色化妆土，釉面有小开片，外有轮痕、釉粘、少量土沁。圈足足跟旋削，足脊微斜，外足墙微外撇。浅黄色胎，较粗糙。口径 21.2、底径 10.2、通高 5 厘米（图 6-1，1）。

17 Ⅱ TG4 ②：3，残。敞口，圆唇，弧腹，玉璧底。内满施透明釉，外施透明釉至腹部，釉下施白色化妆土，化妆土及釉面有小开片，内有两个支钉，少量土沁，外有轮痕。足脊微斜，足脊有一个支钉，外足墙微外撇。浅黄色胎，较粗糙。口径 18.8、底径 8、高 5.5、通高 5.8 厘米（图 6-1，2）。

17 Ⅱ TG4 ②：4，残。敞口，圆唇，弧腹，圈足。内满施透明釉，外施透明釉至下腹，釉下施白色化妆土，釉面有小开片，内有三个支钉，外有轮痕。足脊微斜，足脊有一个支钉，外足墙微外撇。浅黄色胎，较粗糙。口径 16.8、底径 6.6、高 5.1、通高 5.5 厘米（图 6-1，3）。

17 Ⅱ TG4 ②：5，残。敞口，圆唇，弧腹，饼底内凹。内满施透明釉，外施透明釉至腹部，釉下施白色化妆土，有流釉、积釉现象，内有一个支钉，少量土沁，外有轮痕。黄色胎，较粗糙。口径 16.4、底径 7、通高 4.8 厘米（图 6-1，4）。

17 Ⅱ TG4 ②：6，残。敞口，圆唇，弧腹，圈足。内满施透明釉，外施透明釉至腹部，釉下施白色化妆土，化妆土及釉面有小开片，内有五个支钉痕，外有轮痕。足脊微斜，外足墙微外撇。黄色胎，较粗糙。口径 17.6、底径 8.4、

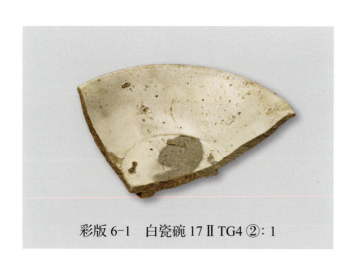

彩版 6-1 白瓷碗 17 Ⅱ TG4 ②：1

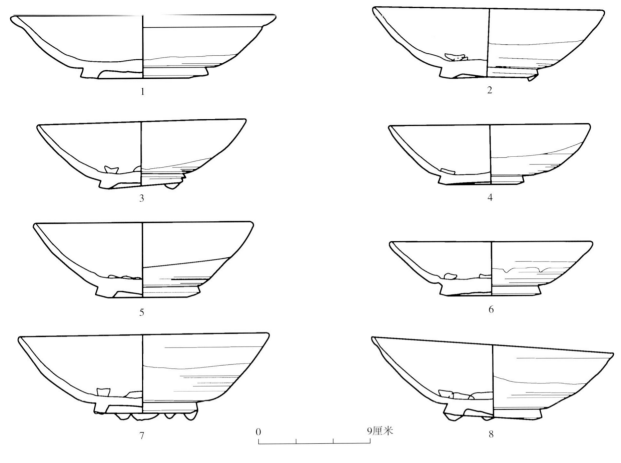

图 6-1　17 Ⅱ TG4 出土白瓷碗

1～8. 17ⅡTG4② : 2～6、17ⅡTG4③ : 46、47、49

通高 6 厘米（图 6-1，5）。

17 Ⅱ TG4 ③ : 46，残。敞口，圆唇，弧腹，饼底内凹。内满施透明釉，外施透明釉至腹部，釉下施白色化妆土，化妆土及釉面有小开片，有流釉、积釉现象，内有两个支钉，外有轮痕。黄色胎，较粗糙。口径 16.4、底径 8.2、通高 4.3 厘米（图 6-1，6）。

17 Ⅱ TG4 ③ : 47，残。敞口，圆唇，弧腹，圈足。内满施透明釉，外施透明釉至腹部，釉下施白色化妆土，化妆土及釉面有小开片，有积釉现象，内有两个支钉、两个支钉痕，外有轮痕。圈足足跟旋削，足脊微斜，足脊有四个支钉、一个支钉痕，外足墙微外撇。浅黄色胎，较致密。口径 20、底径 8.4、高 6.3、通高 6.9 厘米（图 6-1，7；彩版 6-2）。

17 Ⅱ TG4 ③ : 48，残。敞口，圆唇，弧腹，圈足。内满施透明釉，外施透明釉至腹部，釉下施白色化妆土，施釉不均匀，化妆土及釉面有小开片，有积釉现象，内有三个支钉、两个支钉痕，外有轮痕。圈足足跟旋削，足脊微斜，足脊有三个支钉，外足墙微外撇。黄色胎，较致密。口径 20.2、底径 8、高 6.1、通高 6.5 厘米（彩版 6-3）。

17 Ⅱ TG4 ③ : 49，残。敞口，圆唇，弧腹，圈足。内满施透明釉，外施透明釉至腹部，釉面有小开片，有流釉、积釉现象，内有三个支钉、两个支钉痕，外有轮痕。圈足足跟旋削，足脊微斜，足脊有两个支钉、三个支钉痕，外足墙微外撇。黄色胎，较致密。口径 19.5、底径 8、高 5.7、通高 6.3 厘米（图

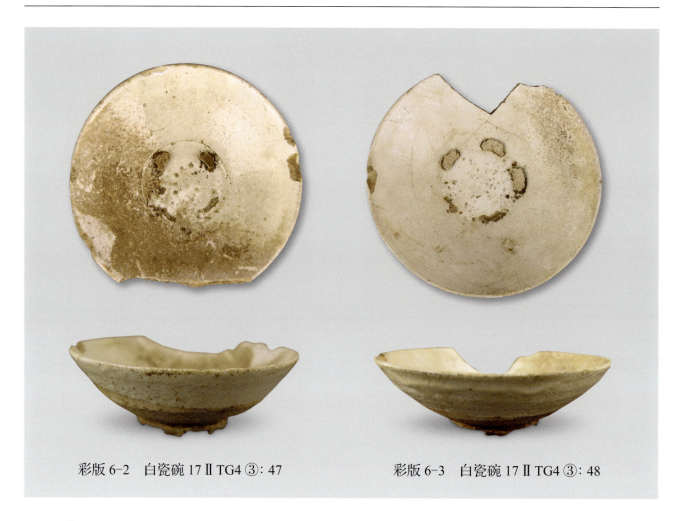

彩版 6-2　白瓷碗 17ⅡTG4 ③：47　　　　　彩版 6-3　白瓷碗 17ⅡTG4 ③：48

6-1，8）。

　　17ⅡTG4 ③：50，微残。侈口，圆唇，弧腹，圈足。内满施透明釉，外施透明釉至腹部，釉下施白色化妆土，内外都有土沁，外有轮痕。圈足足跟旋削，足脊微斜，外足墙微外撇。砖红色胎，较粗糙。口径 19.4、底径 8.2、通高 6.3 厘米。

　　17ⅡTG4 ③：51，残。敞口，圆唇，弧腹，圈足。内满施透明釉，外施透明釉至腹部，釉下施白色化妆土，施釉不均匀，化妆土及釉面有小开片，有积釉现象，内有五个支钉，外有轮痕，少量土沁。圈足足跟旋削，足脊微斜，足脊有三个支钉，外足墙微外撇。浅黄色胎，较致密。口径 21、底径 8.4、高 6.8、通高 7.2 厘米（图 6-2，1）。

　　17ⅡTG4 ③：52，残。侈口，圆唇，弧腹，圈足。内满施透明釉，外施透明釉至腹部，釉下施白色化妆土，施土不均匀，化妆土及釉面有小开片，内有釉粘，外粘瓷片，有轮痕。圈足足跟旋削，足脊微斜，外足墙微外撇。浅灰色胎，较致密。口径 18.4、底径 7.6、通高 5.8 厘米（图 6-2，2）。

　　17ⅡTG4 ③：53，残。敞口，圆唇，弧腹，饼底内凹。内满施透明釉，外施透明釉至腹部，釉下施白色化妆土，化妆土及釉面有小开片，有流釉、积釉现象，内有四个支钉，外有轮痕，底部有四个支钉。黄色胎，较致密。口径 15.6、底径 7.2、高 5、通高 5.2 厘米（彩版 6-4）。

　　17ⅡTG4 ③：54，残。敞口，圆唇，弧腹，圈足。内满施透明釉，外施透明釉至腹部，釉下施白色化妆土，化妆土有小开片，内有五个支钉，外有轮痕。圈足足跟旋削，足脊微斜，外足墙微外撇。

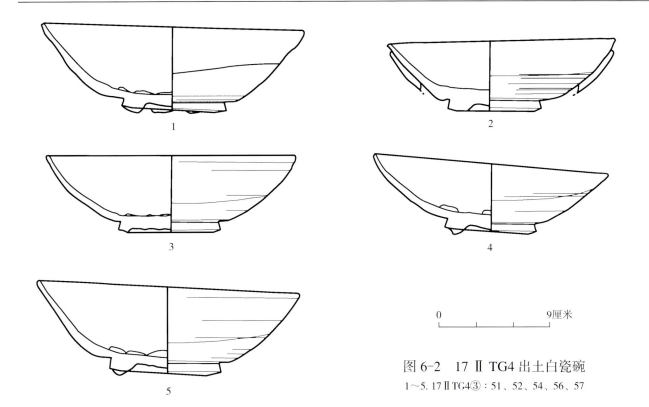

图 6-2　17 Ⅱ TG4 出土白瓷碗

1～5. 17 Ⅱ TG4③：51、52、54、56、57

黄色胎，较致密。口径 20、底径 8.2、通高 6.1 厘米（图 6-2，3）。

　　17 Ⅱ TG4③：55，残。敞口，圆唇，弧腹，圈足。内满施透明釉，外施透明釉至腹部，釉下施白色化妆土，化妆土及釉面有小开片，有积釉现象，外粘瓷片，有轮痕。圈足足跟旋削，足脊微斜，外足墙微外撇。黄色胎，较致密。口径 17.6、底径 7、通高 5.8 厘米（彩版 6-5）。

　　17 Ⅱ TG4③：56，残。敞口，圆唇，弧腹，玉璧底。内满施透明釉，外施透明釉至腹部，釉下施白色化妆土，化妆土及釉面有小开片，内有四个支钉，外有轮痕，底部有一个支钉、三个支钉痕。黄色胎，较致密。口径 19、底径 7.4、高 6、通高 6.4 厘米（图 6-2，4）。

　　17 Ⅱ TG4③：57，残。敞口，圆唇，弧腹，圈足。内满施透明釉，外施透明釉至腹部，釉下施

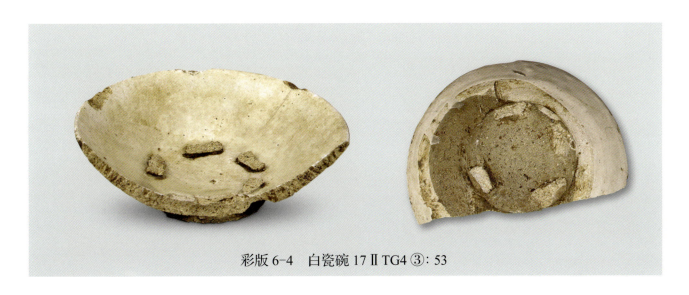

彩版 6-4　白瓷碗 17 Ⅱ TG4③：53

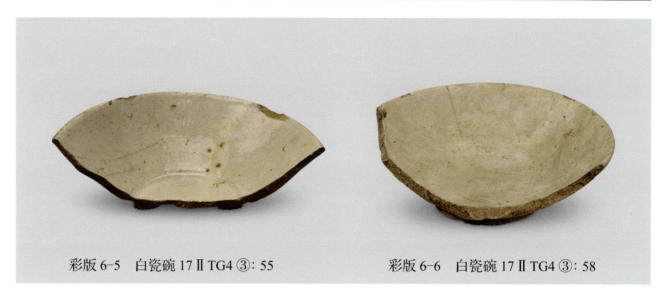

彩版 6-5　白瓷碗 17ⅡTG4 ③：55　　　　　彩版 6-6　白瓷碗 17ⅡTG4 ③：58

彩版 6-7　白瓷碗 17ⅡTG4 ④：23

白色化妆土，施釉不均匀，化妆土及釉面有小开片，内有五个支钉，外有轮痕。圈足足跟旋削，足脊微斜，足脊有一个支钉，外足墙微外撇。浅黄色胎，较致密。口径 21、底径 9、高 7.2、通高 7.6 厘米（图 6-2，5）。

17ⅡTG4 ③：58，残。敞口，圆唇，弧腹，饼底。内满施透明釉，外施透明釉至腹部，釉下施白色化妆土，外有轮痕，底部有一个支钉。浅黄色胎，较致密。口径 15.2、底径 6.7、高 4.8、通高 5.2 厘米（彩版 6-6）。

17ⅡTG4 ③：59，残。敞口，圆唇，弧腹，玉璧底。内满施透明釉，外施透明釉至腹部，釉下施白色化妆土，化妆土及釉面有小开片，内有窑粘，外有轮痕，底部有一个支钉。黄色胎，较致密。口径 19.8、底径 8、高 6、通高 6.4 厘米。

17ⅡTG4 ④：23，残。敞口，圆唇，弧腹，圈足。内满施透明釉，内底有四个支钉，外施透明釉至上腹部，外有轮痕。圈足足跟旋削，足脊倾斜，足脊有三个支钉、两个支钉痕，外足墙外撇。黄色胎，较粗糙。口径 19.5、底径 8、高 6.6、通高 7 厘米（彩版 6-7）。

17ⅡTG4 ④：24，残。敞口，圆唇，弧腹，圈足。内满施透明釉，内底有四个支钉，外施透明釉至上腹部，釉下施白色化妆土，外有轮痕。圈足足跟旋削，足脊倾斜，足脊有四个支钉痕，外足墙外撇。黄色胎，较粗糙。口径 18.8、底径 7.5、通高 3.7 厘米（彩版 6-8）。

17ⅡTG4④：25，残。敞口，圆唇，弧腹，圈足。内满施透明釉，粘有残片，外施透明釉至上腹部，釉下施白色化妆土，外有轮痕。圈足足跟旋削，足脊倾斜，外足墙外撇。黄色胎，较粗糙。口径11.8、底径4.8、通高3.7厘米。

17ⅡTG4④：26，残。敞口，圆唇，弧腹，圈足。内满施透明釉，外施透明釉至上腹部，外有土沁、轮痕。圈足足跟旋削，足脊倾斜，足脊有一个支钉，外足墙外撇。黄色胎，较粗糙。口径12.8、底径6、高3.7、通高3.9厘米。

彩版6-8　白瓷碗17ⅡTG4④：24

17ⅡTG4④：27，残。敞口，圆唇，弧腹，圈足。内满施透明釉，外施透明釉至腹部，釉下施白色化妆土，外有轮痕。圈足足跟旋削，足脊倾斜，足脊有一个支钉，外足墙外撇。黄色胎，较粗糙。口径18.4、底径7、高6.2、通高6.6厘米（图6-3，1）。

17ⅡTG4④：28，残。敞口，圆唇，弧腹，圈足。内满施透明釉，外施透明釉至腹部，釉下施白色化妆土，外有轮痕。圈足足跟旋削，足脊倾斜，足脊有一个支钉，外足墙外撇。黄色胎，较粗糙。口径19、底径7.3、高6.3、通高6.6（图6-3，2）。

17ⅡTG4④：29，残。敞口，圆唇，弧腹，圈足。内满施透明釉，外施透明釉至腹部，釉下施白色化妆土，外有轮痕。圈足足跟旋削，足脊倾斜，足脊有两个支钉，外足墙外撇。黄色胎，较粗糙。口径19.7、底径7.5、高5.4、通高6.2厘米（图6-3，3）。

17ⅡTG4④：30，上下叠摞，3件（图6-3，4；彩版6-9）。

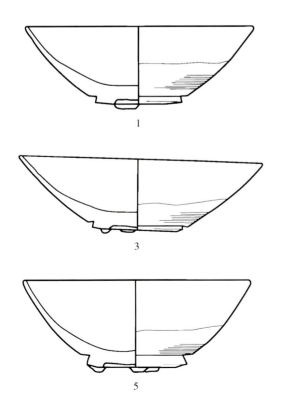

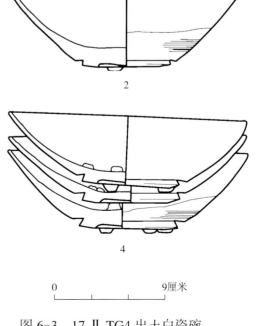

0　　　　　　9厘米

图6-3　17ⅡTG4出土白瓷碗

1～5.17ⅡTG4④：27～31

彩版6-9　白瓷碗 17ⅡTG4④：30

17ⅡTG4④：30-1，上，残。敞口，圆唇，弧腹，圈足。内施透明釉，外施透明釉至下腹，釉面有小开片，釉下施白色化妆土，内底有三个支钉。足脊有两个支钉。黄色胎，较粗糙。口径19.5、底径8、高6.1厘米。

17ⅡTG4④：30-2，中，残。敞口，圆唇，弧腹，圈足。内施透明釉，外施透明釉至中腹，釉面有小开片，釉下施白色化妆土，内腹有窑粘。黄色胎，较粗糙。口径19.3、底径8、高5.5厘米。

17ⅡTG4④：30-3，下，残。敞口，圆唇，弧腹，圈足。内施透明釉，外施透明釉至下腹，釉面有小开片，釉下施白色化妆土，内底有一个支钉，内外有土沁，外腹粘有残片，有轮痕。圈足足跟旋削，足脊微斜，足脊有三个支钉，外足墙外撇。黄色胎，较粗糙。口径19.6、底径8.1、高6.4、通高9.7厘米。

17ⅡTG4④：31，残。敞口，圆唇，弧腹，圈足。内施透明釉，外施透明釉至下腹，釉面有开片，釉下施白色化妆土，内外有土沁，外有轮痕。圈足足跟旋削，足脊微斜，足脊有三个支钉，外足墙外撇。黄色胎，较粗糙。口径18.4、底径8.1、高7、通高7.4厘米（图6-3，5）。

17ⅡTG4④：32，残。敞口，圆唇，弧腹，圈足。内施透明釉，外施透明釉至腹部，釉下施白色化妆土，内外有土沁，有轮痕。圈足足跟旋削，足脊微斜，足脊有两个支钉，外足墙外撇。黄色胎，较粗糙。口径18.4、底径8.4、高5.9、通高6.2厘米。

17ⅡTG4④：33，残。敞口，圆唇，弧腹，圈足。内施透明釉，外施透明釉至下腹，釉面有开片，釉下施白色化妆土，内底粘有三个支钉痕，内外有少量土沁。圈足足跟旋削，足脊微斜，外足墙外撇。黄色胎，较粗糙。口径19.6、底径8.6、通高6.7厘米。

17ⅡTG4④：34，残。敞口，圆唇，弧腹，圈足。内施透明釉，外施透明釉至下腹，釉面有开片，釉下施白色化妆土，内外有土沁，内底粘有四个支钉痕，外有轮痕。圈足足跟旋削，足脊微斜，外足墙外撇。黄色胎，较粗糙。口径19、底径8.2、通高6.9厘米。

17ⅡTG4④：35，残。敞口，圆唇，弧腹，圈足。内施透明釉，外施透明釉至下腹，釉面有开片，釉下施白色化妆土，内外有土沁，内底粘有四个支钉痕，外腹粘有残片，外有轮痕。圈足足跟旋削，足脊微斜，外足墙外撇。黄色胎，较粗糙。口径15.1、底径6.6、通高4.4厘米。

17ⅡTG4④：36，残。敞口，圆唇，弧腹，圈足。内施透明釉，外施透明釉至下腹，釉面有开片，釉下施白色化妆土，内外有土沁，外有轮痕。圈足足跟旋削，足脊微斜，足脊有三个支钉，外足墙外撇。黄色胎，较粗糙。口径17.4、底径7.1、高5.7、通高5.9厘米（图6-4，1）。

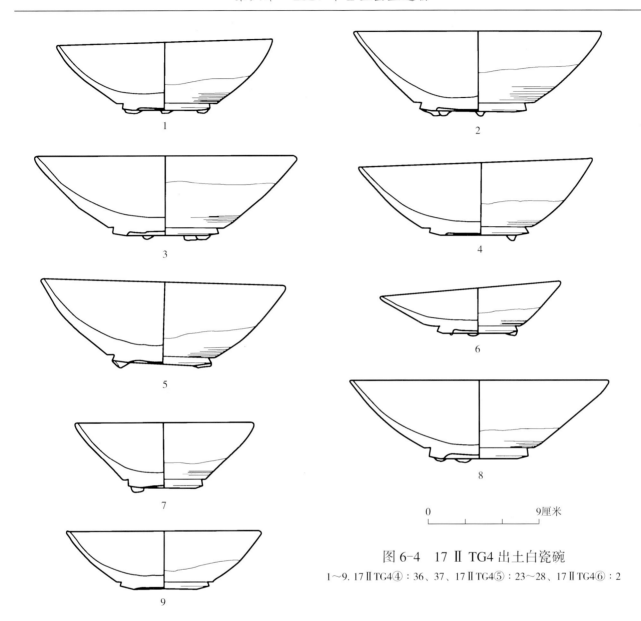

图 6-4 17 Ⅱ TG4 出土白瓷碗
1～9.17 Ⅱ TG4④：36、37、17 Ⅱ TG4⑤：23～28、17 Ⅱ TG4⑥：2

17 Ⅱ TG4④：37，残。敞口，圆唇，弧腹，玉璧底。内施透明釉，外施透明釉至腹部，有脱釉现象，釉下施白色化妆土，内外有土沁，内底有三个支钉痕，外有轮痕。底部有三个支钉。黄色胎，较粗糙。口径 20.1、底径 8.7、高 6.5、通高 6.8 厘米（图 6-4，2）。

17 Ⅱ TG4⑤：23，残。敞口，圆唇，弧腹，圈足。内施透明釉，外施透明釉至上腹部，釉下施白色化妆土，内外有土沁，内底有窑粘，外有轮痕。圈足足跟旋削，足脊微斜，足脊有三个支钉、一个支钉痕，外足墙外撇。黄色胎，较粗糙。口径 21、底径 8.6、高 6.4、通高 6.8 厘米（图 6-4，3）。

17 Ⅱ TG4⑤：24，残。敞口，圆唇，弧腹，圈足。内施透明釉，外施透明釉至腹部，釉面有小开片，有大量裂痕，釉下施白色化妆土，内外有土沁，口沿粘有残片，内底有四个支钉，外有轮痕。圈足足跟旋削，足脊倾斜，足脊有一个支钉，外足墙微外撇。黄色胎，较粗糙。口径 18.9、底径 8、高 6.1、通高 6.5 厘米（图 6-4，4）。

17 Ⅱ TG4⑤：25，残。敞口，圆唇，弧腹，圈足。内施透明釉，外施透明釉至下腹，脱釉较严

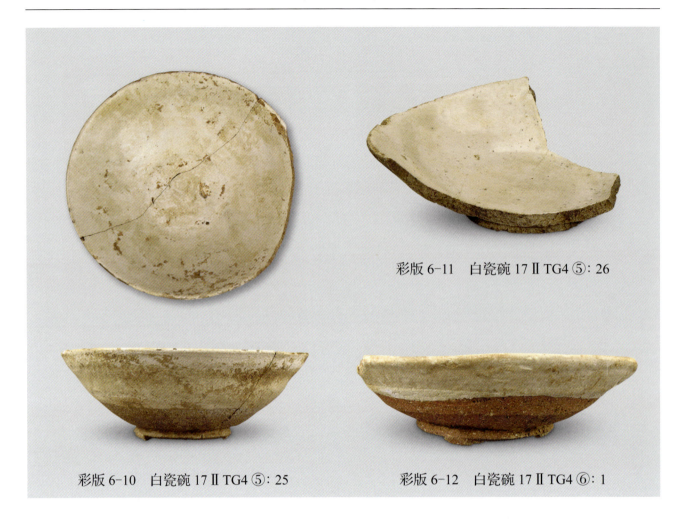

彩版 6-10　白瓷碗 17ⅡTG4⑤：25　　　　　彩版 6-12　白瓷碗 17ⅡTG4⑥：1

重，釉下施白色化妆土，内外有土沁，内口沿粘有残片，外有轮痕，外底中间有凸起。圈足足跟旋削，足脊微斜，足脊有两个支钉、一个支钉痕，外足墙外撇。黄色胎，较粗糙。口径 19.5、底径 8、高 6.6、通高 6.9 厘米（图 6-4，5；彩版 6-10）。

17ⅡTG4⑤：26，残。敞口，圆唇，弧腹，圈足。内施透明釉，外施透明釉至腹部，釉面有小开片，釉下施白色化妆土，外腹有窑粘和釉粘、轮痕。圈足足跟旋削，足脊微斜，足脊有两个支钉，外足墙外撇。灰色胎，较粗糙。口径 14.6、底径 6.4、高 4.2、通高 4.4 厘米（图 6-4，6；彩版 6-11）。

17ⅡTG4⑤：27，残。敞口，圆唇，弧腹，玉璧底。内施透明釉，外施透明釉至腹部，釉面有小开片，釉下施白色化妆土，内外有土沁，外有轮痕，底部粘有一个支钉和一个支钉痕，有轮痕。浅黄色胎，较粗糙。口径 14.4、底径 6、高 5.2、通高 5.5 厘米（图 6-4，7）。

17ⅡTG4⑤：28，残。敞口，圆唇，弧腹，圈足。内施透明釉，外施透明釉至下腹，釉脱釉严重，釉下施白色化妆土，内外有土沁，有轮痕。圈足足跟旋削，足脊微斜，足脊有两个支钉，外足墙外撇。黄色胎，较粗糙。口径 20.9、底径 8、高 6.3、通高 6.6 厘米（图 6-4，8）。

17ⅡTG4⑥：1，残。敞口，圆唇，弧腹，圈足。内满施透明釉，外施透明釉至上腹部，釉下施白色化妆土，外有轮痕。圈足足跟旋削，足脊微斜，足脊有四个支钉，外足墙外撇。黄色胎，较粗糙。口径 14.2、底径 7、通高 5.2 厘米（彩版 6-12）。

17ⅡTG4⑥：2，残。敞口，圆唇，弧腹，圈足。内满施透明釉，内底有四个支钉痕，外施透明釉至下腹，釉下施白色化妆土，外有轮痕。圈足足跟旋削，足脊倾斜，足脊有轮痕，外足墙外撇。黄色胎，较粗糙。口径 15.6、底径 7.1、通高 4.6 厘米（图 6-4，9）。

17ⅡTG4⑧：25，上下叠摞，2 件（图 6-5，1）。

17ⅡTG4⑧：25-1，上，残，口部有变形。敞口，圆唇，弧腹，饼底内凹。内满施透明釉，外施透明釉至腹部，釉面有小开片，釉下施白色化妆土，底部有三个支钉，外有轮痕。灰色胎，较致密。口径 19.5、底径 7.2、高 4.8、通高 5.2 厘米。

17ⅡTG4⑧：25-2，下，残。敞口，圆唇，弧腹，饼底内凹。内满施透明釉，外施透明釉至腹部，釉面有小开片，釉下施白色化妆土，外有轮痕，底部有三个支钉。灰色胎，较致密。口径 19.2、底径 7.2、高 6.2、通高 6.6 厘米。

17ⅡTG4⑧：26，残。敞口，圆唇，弧腹，饼底内凹。内满施透明釉，外施透明釉至腹部，有流釉现象，釉下施白色化妆土，外有轮痕，底部有一个支钉、三个支钉痕。浅黄色胎，较致密。口径 15.8、底径 7.6、高 5、通高 5.4 厘米（图 6-5，2）。

17ⅡTG4⑧：27，残，口部有变形。敞口，圆唇，弧腹，饼底内凹。内满施透明釉，外施透明釉至腹部，釉面有小开片，釉下施白色化妆土，内有三个支钉，小砂石，外有轮痕、窑粘，底部有四个支钉痕。浅黄色胎，较粗糙。口径 15.6、底径 6.6、通高 5.3 厘米（图 6-5，3）。

17ⅡTG4⑧：28，残。敞口，圆唇，弧腹，饼底内凹。内满施透明釉，外施透明釉至下腹，釉面有小开片，釉下施白色化妆土，内有四个支钉痕、窑粘，外有轮痕，底部有三个支钉。浅灰色胎，较粗糙。口径 19.6、底径 8、高 6.5、通高 7 厘米（图 6-5，4）。

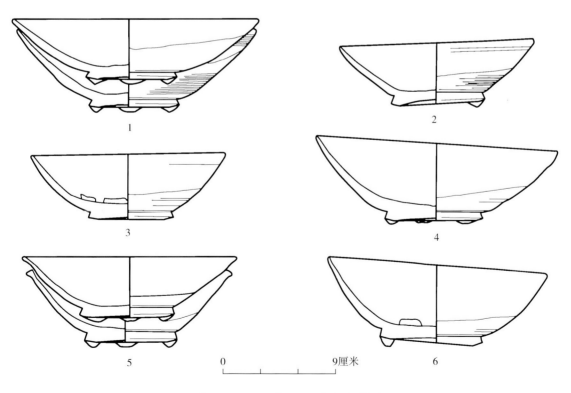

图 6-5　17ⅡTG4 出土白瓷碗

1～6. 17ⅡTG4⑧：25～30

彩版6-13　白瓷碗　17ⅡTG4⑧∶29

17ⅡTG4⑧∶29，上下叠摞，2件（图6-5，5；彩版6-13）。

17ⅡTG4⑧∶29-1，上，残。侈口，圆唇，弧腹，饼底。内满施透明釉，外施透明釉至下腹，釉面有小开片，釉下施白色化妆土，外有轮痕，底部有三个支钉。浅黄色胎，较粗糙。口径17.2、底径7.4、高4.8、通高5.2厘米。

17ⅡTG4⑧∶29-2，下，残。侈口，圆唇，弧腹，饼底内凹。内满施透明釉，外施透明釉至下腹，釉面有小开片，釉下施白色化妆土，外有轮痕，底部有两个支钉、两个支钉痕。浅黄色胎，较粗糙。口径16.4、底径7.4、高5.8、通高6.2厘米。

17ⅡTG4⑧∶30，残。敞口，圆唇，弧腹，饼底内凹。内满施透明釉，外施透明釉至腹部，釉下施白色化妆土，釉面无光泽，内有一个支钉，外有轮痕，少量土沁，底部有一个支钉。浅灰色胎，较致密。口径17.8、底径8.4、高6.5、通高7.1厘米（图6-5，6）。

17ⅡTG4⑧∶31，微残。敞口，圆唇，弧腹，饼底内凹。内满施透明釉，外施透明釉至腹部，釉下施白色化妆土，内有一个支钉，外有轮痕，少量土沁，底部有三个支钉痕。浅黄色胎，较致密。口径15、底径6.6、通高5厘米。

17ⅡTG4⑧∶32，残。敞口，圆唇，弧腹，饼底内凹。内满施透明釉，外施透明釉至腹部，釉下施白色化妆土，外有轮痕，底部有三个支钉痕。黄色胎，较粗糙。口径16.4、底径6.2、通高5.6厘米。

17ⅡTG4⑧∶33，残。敞口，圆唇，弧腹，饼底内凹。内满施透明釉，外施透明釉至腹部，釉下施白色化妆土，釉面有小开片，内有四个支钉痕，外粘有瓷片、轮痕，底部有一个支钉、三个支钉痕。浅灰色胎，较粗糙。口径15.2、底径7、高5.7、通高6.1厘米（彩版6-14）。

17ⅡTG4⑧∶34，残。敞口，圆唇，弧腹，饼底内凹。内满施透明釉，外施透明釉至下腹，釉面有小开片，釉下施白色化妆土，内有四个支钉、窑粘，外有轮痕，底部有四个支钉痕。黄色胎，较粗糙。口径14.4、底径6.8、通高5.2厘米（图6-6，1）。

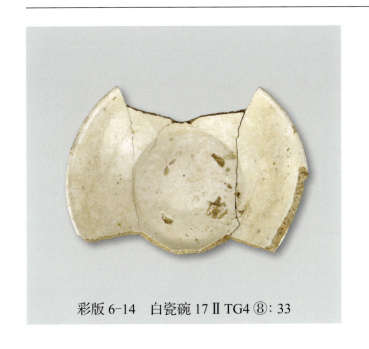

彩版6-14　白瓷碗17ⅡTG4⑧：33

17ⅡTG4⑧：35，残，口部有变形。敞口，圆唇，弧腹，圈足。内外满施透明釉，外施透明釉至下腹，釉下施白色化妆土，内有三个支钉、三个支钉痕、釉粘，外有轮痕、窑粘。圈足足跟旋削，足脊微斜，外足墙微外撇。浅灰色胎，较粗糙。口径19.6、底径7.8、通高6.6厘米（图6-6，2）。

17ⅡTG4⑧：36，残。敞口，圆唇，弧腹，圈足。内满施透明釉，外施透明釉至下腹，釉下满施白色化妆土，釉面有小开片，内有三个支钉、一个支钉痕，外有轮痕、釉粘。圈足足跟旋削，足脊微斜，足脊有四个支钉痕，外足墙微外撇。浅灰色胎，较致密。

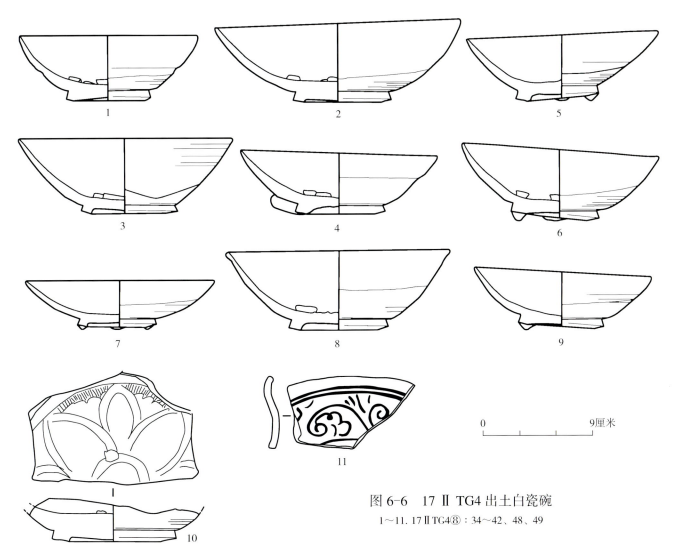

图6-6　17ⅡTG4出土白瓷碗
1～11. 17ⅡTG4⑧：34～42、48、49

口径 17.2、底径 7.8、通高 6 厘米（图 6-6，3）。

17ⅡTG4⑧：37，敞口，圆唇，弧腹，圈足。内外满施透明釉，施釉不均匀，内有四个支钉，外有轮痕、窑粘。圈足足跟旋削，足脊微斜，外足墙微外撇。浅黄色胎，较致密。口径 15.8、底径 7.2、通高 5.1 厘米（图 6-6，4；彩版 6-15）。

17ⅡTG4⑧：38，残。敞口，圆唇，弧腹，圈足。内满施透明釉，外施透明釉至腹部，釉下施白色化妆土，化妆土及釉面有小开片，内有三个支钉痕、小砂石，外有轮痕。圈足足跟旋削，足脊微斜，足脊有三个支钉、一个支钉痕，外足墙微外撇。浅灰色胎，较粗糙。口径 15.6、底径 6.8、高 5.1、通高 5.5 厘米（图 6-6，5）。

17ⅡTG4⑧：39，残。敞口，圆唇，弧腹，饼底内凹。内满施透明釉，外施透明釉至腹部，釉下施白色化妆土，内有两个支钉，外有轮痕，少量土沁，底部有三个支钉、一个支钉痕。浅黄色胎，较粗糙。口径 16、底径 7.2、高 5.6、通高 6.2 厘米（图 6-6，6）。

17ⅡTG4⑧：40，残。敞口，圆唇，弧腹，圈足。内满施透明釉，外施透明釉至腹部，釉面无光泽，外有轮痕，少量土沁。圈足足跟旋削，足脊微斜，足脊有三个支钉，外足墙微外撇。黄色胎，较粗糙。口径 15.2、底径 6.4、高 3.7、通高 3.9 厘米（图 6-6，7）。

17ⅡTG4⑧：41，残。侈口，圆唇，弧腹，圈足。内满施透明釉，外施透明釉至腹部，釉下施白色化妆土，化妆土及釉面有小开片，内粘有瓷片，外有轮痕，少量土沁。圈足足跟旋削，足脊微斜，足脊有三个支钉痕，外足墙微外撇。浅黄色胎，较粗糙。口径 18、底径 8、通高 6.4 厘米（图 6-6，8）。

17ⅡTG4⑧：42，透明釉点绿釉碗，残。敞口，圆唇，弧腹，饼底内凹。内满施透明釉，外施透明釉点绿釉至腹部，有脱釉现象，内有窑粘，外有轮痕，底部有一个支钉、三个支钉痕。黄色胎，较粗糙。口径 14.4、底径 7、高 4.2、通高 5 厘米（图 6-6，9；彩版 6-16）。

17ⅡTG4⑧：48，碗底，弧腹，玉璧底。内满施透明釉，饰花瓣纹，斜线纹，外施透明釉至腹部，釉下施白色化妆土，内有窑粘，外有轮痕。黄色胎，较粗糙。底径 10、残高 3.4 厘米（图 6-6，10；彩版 6-17）。

17ⅡTG4⑧：49，碗口沿。侈口，圆唇，弧腹。内外施透明釉，内饰花卉纹。浅灰色胎，较致密。残长 10.2、残宽 5.8 厘米（图 6-6，11）。

2. 白瓷盘

共 1 件。

17ⅡTG4③：60，残。撇口，圆唇，弧

彩版 6-15　白瓷碗 17ⅡTG4⑧：37

彩版6-16　白瓷碗17ⅡTG4⑧：42　　　　彩版6-17　白瓷碗17ⅡTG4⑧：48

腹折收，圈足。内满施透明釉，外施透明釉至腹部，釉下施白色化妆土，化妆土及釉面有小开片，内有两个支钉、两个支钉痕，外有轮痕。圈足足跟旋削，足脊微斜，足脊有一个支钉，外足墙微外撇。浅黄色胎，较致密。口径16.8、底径8、高4.5、通高4.7厘米（图6-7，1）。

3. 白瓷水盂
共1件。

彩版6-18　白瓷水盂17ⅡTG4②：14

17ⅡTG4②：14，敞口，圆唇，弧腹，饼底。内满施透明釉，外施透明釉至下腹，釉面有小开片，釉下施白色化妆土，内外都有轮痕、窑粘。胎体火石红，浅灰色胎，较致密。口径3.8、底径4.2、通高4.2厘米（彩版6-18）。

4. 白瓷罐
共16件。

17ⅡTG4④：22，罐底，弧腹，圈足。内满施透明釉，外腹满施透明釉，有大量脱釉现象，内有四个支钉，底部有轮痕。灰色胎，较致密。底径11.5、残高2.9厘米（图6-7，2）。

17ⅡTG4⑧：47，瓜棱罐底，弧腹，圈足。内满施透明釉，外施透明釉至下腹，釉下满施白色化妆土，内外都有窑粘、轮痕。圈足足跟旋削，足脊微斜，外足墙微外撇。浅黄色胎，较致密。底径4.6、残高6.6厘米（彩版6-19）。

17ⅡTG4②：12，弧腹微折。内外施透明釉，釉下施白色化妆土，外有九个鼓钉纹，内外有轮痕。浅灰色胎，较致密。残长12.9、残宽8.8厘米（图6-7，3；彩版6-20）。

17ⅡTG4④：48，敞口，圆唇，弧腹，圈足。内满施透明釉，釉面有小开片和土沁，外腹满施透明釉，釉面有小开片，釉下施白色化妆土。周身有划花纹饰，底部有窑粘。黄色胎，较粗糙。口径11.6、腹径11.4、底径5.4、通高8.2厘米（彩版6-21）。

17ⅡTG4④：49，罐腹片。敞口，圆唇，弧腹。内外均满施透明釉，釉下施白色化妆土。腹部有划花纹饰。黄色胎，较粗糙。残长9.7、残宽7.3厘米（图6-7，4；彩版6-22）。

17ⅡTG4④：50，罐口沿。敞口，圆唇，弧腹。内满施透明釉，有小开片，外满施透明釉，釉

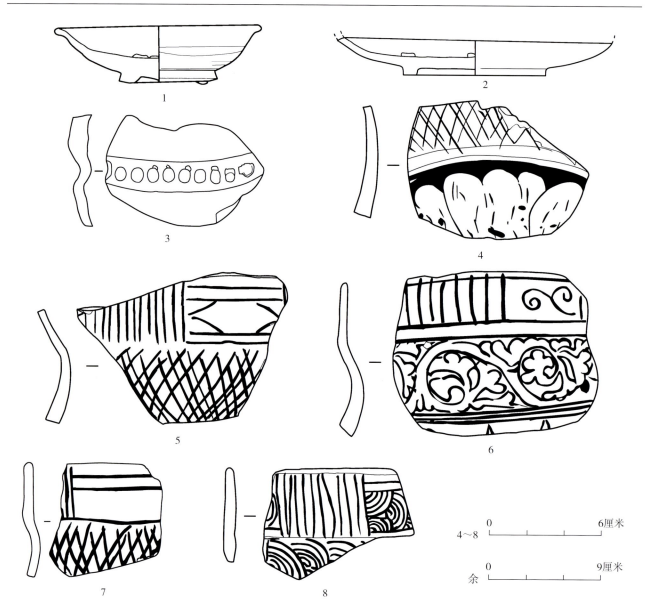

图 6-7　17ⅡTG4 出土白瓷盘、罐

1. 白瓷盘17ⅡTG4③：60　2～8. 白瓷罐17ⅡTG4④：22、17ⅡTG4②：12、17ⅡTG4④：49～53

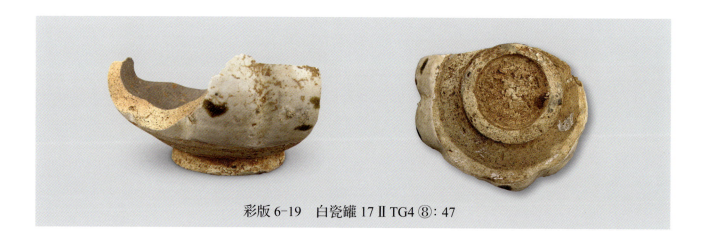

彩版 6-19　白瓷罐 17ⅡTG4 ⑧：47

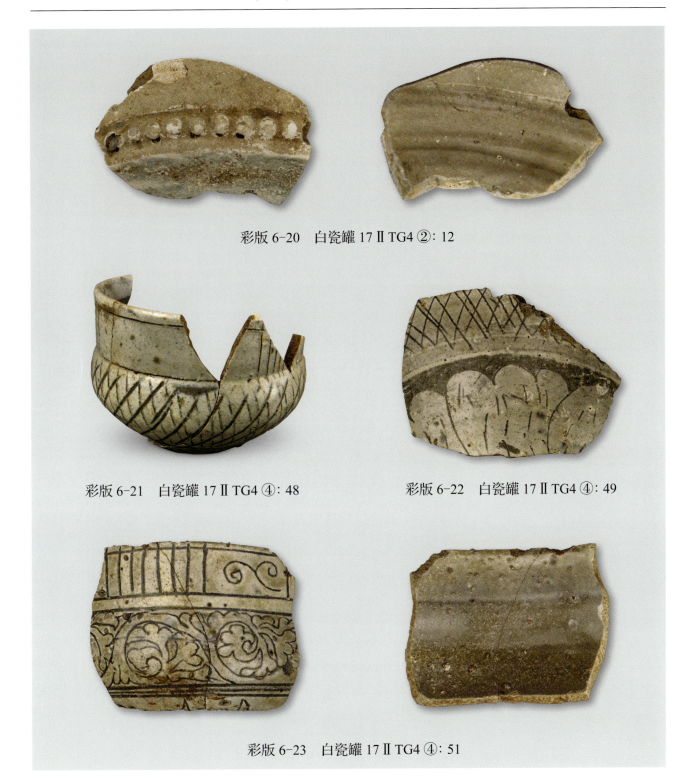

彩版 6-20　白瓷罐 17ⅡTG4 ②：12

彩版 6-21　白瓷罐 17ⅡTG4 ④：48　　　　　彩版 6-22　白瓷罐 17ⅡTG4 ④：49

彩版 6-23　白瓷罐 17ⅡTG4 ④：51

下施白色化妆土。周身有划花纹饰。灰色胎，较致密。残长 11.35、残宽 8 厘米（图 6-7，5）。

　　17ⅡTG4 ④：51，罐口沿。敞口，圆唇，弧腹。内外均满施透明釉，釉下施白色化妆土，内有窑粘，腹部有划花纹饰和土沁。黄色胎，较粗糙。残长 11、残宽 8.7 厘米（图 6-7，6；彩版 6-23）。

　　17ⅡTG4 ④：52，罐口沿。敞口，圆唇，弧腹。内外均满施透明釉，釉下施白色化妆土，内有土沁，周身有划花纹饰。黄色胎，较粗糙。残长 5.9、残宽 5.9 厘米（图 6-7，7）。

17ⅡTG4④：53，罐口沿。直口，圆唇，矮颈，弧腹。内外均满施透明釉，釉面有小开片，釉下施白色化妆土，内外有轮痕，外有釉粘，外腹有线条纹和弧形纹。黄色胎，较粗糙。残长8.1、残宽5.9厘米（图6-7，8；彩版6-24）。

17ⅡTG4④：54，罐口沿。敞口，圆唇，弧腹。内外均满施透明釉，釉下施白色化妆土，内部有土沁，周身有划花纹饰。黄色胎，较粗糙。残长8.05、残宽5.35厘米（图6-8，1）。

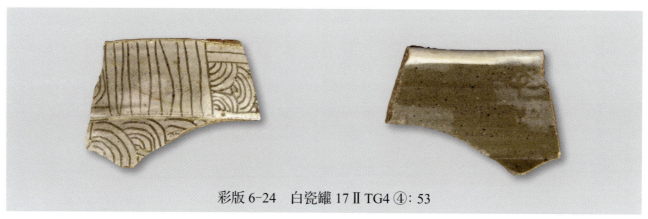

彩版6-24　白瓷罐 17ⅡTG4④：53

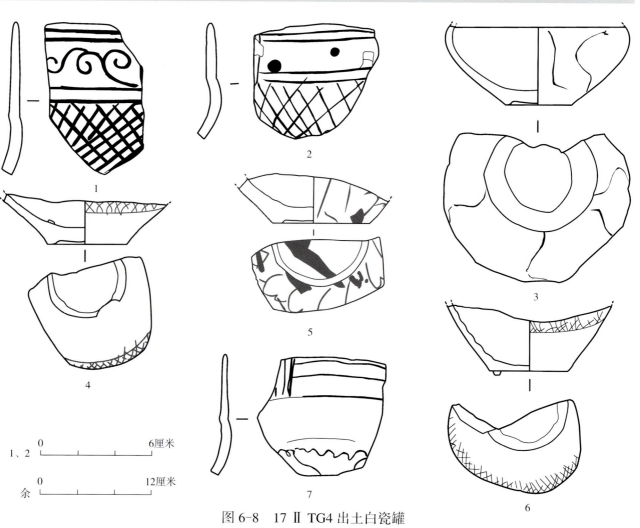

图6-8　17 Ⅱ TG4 出土白瓷罐
1～7.17ⅡTG4④：54～60

17ⅡTG4④：55，罐口沿。敞口，圆唇，弧腹。内外均满施透明釉，釉面有小开片，釉下施白色化妆土。周身有划花纹饰和窑粘。黄色胎，较粗糙。残长 6.7、残宽 6.1 厘米（图 6-8，2）。

17ⅡTG4④：56，罐底，弧腹，卧足。内外均满施透明釉，釉下施白色化妆土，内粘残片，周身有划花纹饰。黄色胎，较粗糙。腹径 19.6、底径 7.1、残高 8.3 厘米（图 6-8，3）。

17ⅡTG4④：57，罐底，弧腹，卧足。内外均满施透明釉，内腹有小开片，釉下施白色化妆土，内有三个支钉，腹部有划花纹饰。黄色胎，较致密。底径 8.4、残高 5.3 厘米（图 6-8，4）。

17ⅡTG4④：58，罐底，弧腹，卧足。内外均满施透明釉，有小开片，釉下施白色化妆土，内有一个支钉，腹部有划花纹饰，底部有窑粘。黄色胎，较致密。底径 10.5、残高 5.2 厘米（图 6-8，5；彩版 6-25）。

17ⅡTG4④：59，罐底，弧腹，平底。内外均满施透明釉，釉下施白色化妆土，内外有窑粘，腹部周身有划花纹饰。黄色胎，较粗糙。底径 8.4、残高 6.95、通高 7.4 厘米（图 6-8，6）。

17ⅡTG4④：60，罐口沿。敞口，圆唇，弧腹。内外均满施透明釉，釉下施白色化妆土。周身有划花纹饰。灰色胎，较粗糙。残长 13.8、残宽 12.6 厘米（图 6-8，7）。

5. 白瓷枕

共 6 件。

17ⅡTG4⑧：55，枕残片，呈长方体，泥片贴筑。通体施透明釉，釉下施白色化妆土。正面中心有一小孔、窑粘，侧面有窑粘。反面有轮痕。浅灰色胎，较致密。残长 6.8、残宽 11.6、残高 4.6 厘米（图 6-9，1）。

17ⅡTG4⑧：56，枕残片，呈长方体，"亚"腰形，泥片贴筑。通体施透明釉，釉面有小开片，釉下施白色化妆土，正面有两个支钉，反面有刻槽纹。浅灰色胎，较致密。残长 12.4、残宽 11.8、残高 12 厘米（彩版 6-26）。

17ⅡTG4⑧：50，枕残片，呈长方体，泥片贴筑。正面施透明釉，釉面有小开片，釉下施白色化妆土，饰云纹、斜线纹。反面有划痕。浅灰色胎，较致密。残长 9.7、残宽 8、厚 0.8 厘米（图 6-9，2）。

17ⅡTG4⑧：51，枕残片，呈长方体，泥片贴筑。正面施透明釉，釉下施白色化妆土，饰两圈凹棱。反面有划痕。浅灰色胎，较致密。残长 8、残宽 9.1、厚 0.8 厘米（彩版 6-27）。

17ⅡTG4⑧：52，枕残片，呈长方体，泥片贴筑。正面施透明釉，釉下施白色化妆土，饰波浪纹。反面有划痕。浅灰色胎，较致密。残长 8.4、残宽 4.8、厚 0.7 厘米（图 6-9，3）。

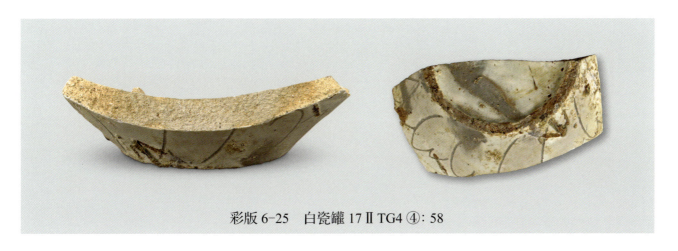

彩版 6-25　白瓷罐 17ⅡTG4④：58

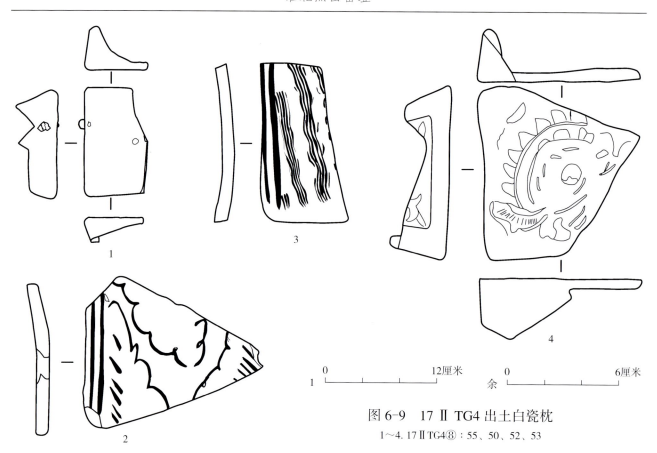

图 6-9　17 Ⅱ TG4 出土白瓷枕

1～4. 17 Ⅱ TG4⑧：55、50、52、53

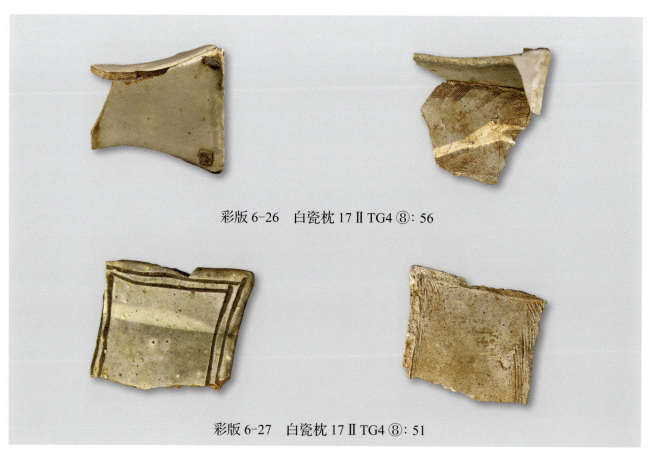

彩版 6-26　白瓷枕 17 Ⅱ TG4 ⑧：56

彩版 6-27　白瓷枕 17 Ⅱ TG4 ⑧：51

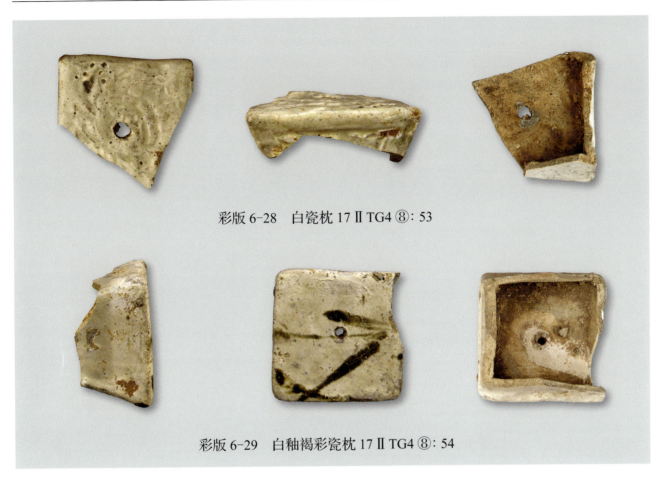

彩版 6-28　白瓷枕 17 Ⅱ TG4 ⑧：53

彩版 6-29　白釉褐彩瓷枕 17 Ⅱ TG4 ⑧：54

17 Ⅱ TG4 ⑧：53，枕残片，呈长方体，泥片贴筑。通体施透明釉，釉下施白色化妆土，正面饰菊花纹，中心有一小孔。反面有轮痕。灰色胎，较致密。长 8.7、宽 9.2、残高 3.2 厘米（图 6-9，4；彩版 6-28）。

（二）白釉褐彩瓷

白釉褐彩瓷枕

共 1 件。

17 Ⅱ TG4 ⑧：54，枕残片，呈长方体，泥片贴筑。通体施透明釉，釉下施白色化妆土，正面有褐彩萱草纹，中心有一小孔。反面有轮痕。浅灰色胎，较致密。长 9.9、宽 9.7、残高 5.3 厘米（彩版 6-29）。

（三）青瓷

1. 青瓷盏

共 1 件。

17 Ⅱ TG4 ③：78，残。敞口，圆唇，弧腹，饼底。内满施青釉，外施青釉至腹部，内外都有轮痕，少量土沁。浅灰色胎，较致密。口径 10、底径 4.4、通高 3.7 厘米（彩版 6-30）。

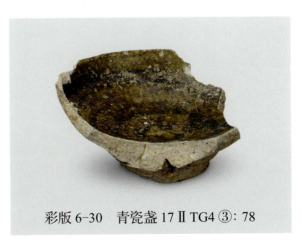

彩版 6-30　青瓷盏 17 Ⅱ TG4 ③：78

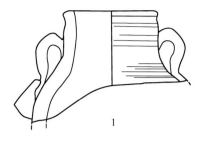
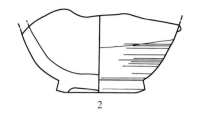

图 6-10　17 Ⅱ TG4 出土青瓷瓶、罐
1. 青瓷瓶17 Ⅱ TG4③：81　2. 青瓷罐17 Ⅱ TG4③：82

彩版 6-31　青瓷砖 17 Ⅱ TG4 ⑧：3

彩版 6-32　青瓷砖 17 Ⅱ TG4 ⑧：5

2. 青瓷瓶

共 1 件。

17 Ⅱ TG4③：81，双系瓶口。敞口、圆唇、长颈，颈部与腹部有一对竖条状对称系，弧腹。内施青釉，外施青釉至腹部，施釉不均匀，有窑变现象，内外都有轮痕、窑粘，外腹粘有耐火材料烧成的废料，小砂石。夹砂黄色胎，较粗糙。口径 7.6、腹径 12.8、残高 8.8 厘米（图6-10，1）。

3. 青瓷罐

共 1 件。

17 Ⅱ TG4③：82，罐底，弧腹，圈足。内满施青釉，外施青釉至腹部，内外都有小砂石，内有耐火材料烧成的废料，外有轮痕、窑粘。圈足足跟旋削，足脊微斜，外足墙微外撇。底径 6.6、残高 7.2 厘米（图6-10，2）。

4. 青瓷砖

共 2 件。

17 Ⅱ TG4⑧：3，残，模制。平面呈长方形。正面施青釉，饰花卉纹，两面都有耐火材料烧成的废料、窑粘。砖红色胎，较粗糙。残长 18、残宽 20、高 5.7、通高 7 厘米（彩版 6-31）。

17 Ⅱ TG4⑧：5，残，模制。平面呈长方形。正面施青釉，饰花卉纹，两面都粘有残砖块。砖红色胎，较粗糙。残长 22.4、残宽 19、高 5.2、通高 13.4 厘米（彩版 6-32）。

（四）青黄釉瓷

青黄釉盏

共7件。

17ⅡTG4③：75，残。敞口，圆唇，弧腹，饼底。内满施青黄釉，外施青黄釉至腹部，釉面有小开片，釉下施白色化妆土，腹及底部有因拉坯不均匀导致的泥浆，内外都有少量土沁、轮痕、釉粘、窑粘。浅黄色胎，较致密。口径11.6、底径4.8、通高5厘米（彩版6-33）。

17ⅡTG4③：76，残。敞口，圆唇，弧腹，饼底。内满施青黄釉，外施青黄釉至腹部，釉面有小开片，釉下施白色化妆土，内外都有轮痕，外有少量土沁、窑粘。浅黄色胎，较致密。口径11.6、底径4.6、通高4.3厘米（图6-11，1）。

17ⅡTG4③：77，残。敞口，圆唇，弧腹，饼底。内满施青黄釉，外施青黄釉至腹部，釉面有小开片，有流釉、积釉现象，釉下施白色化妆土，内外都有轮痕、窑粘。浅黄色胎，较致密。口径11.6、底径4.6、通高4.3厘米（彩版6-34）。

17ⅡTG4③：79，残。敞口，圆唇，弧腹，饼底。内满施青黄釉，外施青黄釉至腹部，釉下施白色化妆土，釉面有小开片，有流釉、积釉现象，外有轮痕。砖红色胎，较致密。口径10.8、底径4.8、通高4.1厘米（图6-11，2）。

17ⅡTG4④：41，残。敞口，圆唇，弧腹，饼底。内施青黄釉，外施青黄釉至上腹部，有积釉现象，

彩版6-33　青黄釉盏　17ⅡTG4③：75

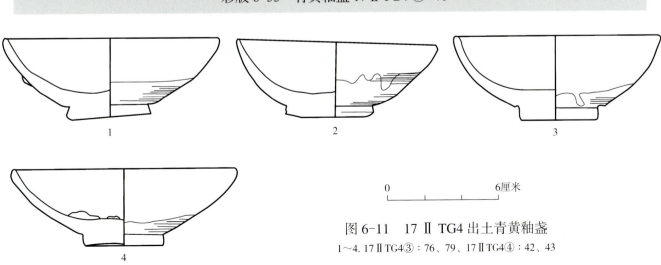

图6-11　17ⅡTG4出土青黄釉盏

1~4.17ⅡTG4③：76、79、17ⅡTG4④：42、43

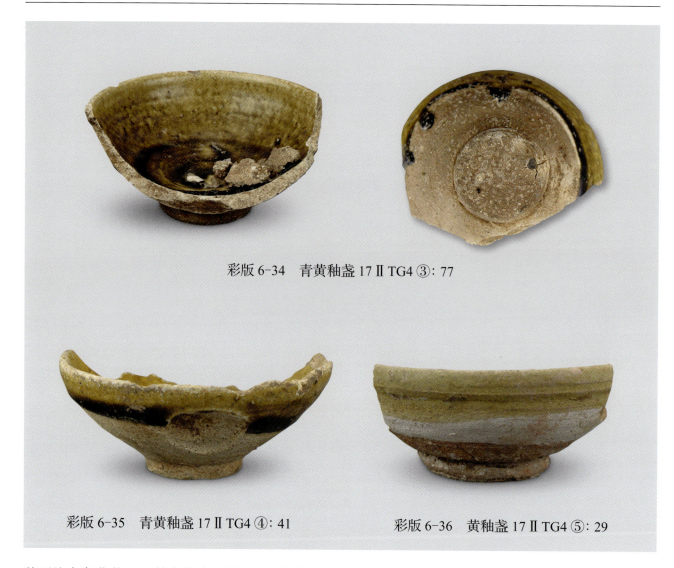

彩版 6-34　青黄釉盏 17ⅡTG4 ③: 77

彩版 6-35　青黄釉盏 17ⅡTG4 ④: 41　　　　　　彩版 6-36　黄釉盏 17ⅡTG4 ⑤: 29

釉下施白色化妆土，外有轮痕。黄色胎，较粗糙。口径 10.9、底径 4、通高 4.8 厘米（彩版 6-35）。

　　17ⅡTG4 ④: 42，残。敞口，圆唇，弧腹，饼底。内满施青黄釉，外施青黄釉至下腹，有流釉现象，釉下施白色化妆土，外有轮痕。黄色胎，较粗糙。口径 11.24、底径 4.3、通高 4.5 厘米（图 6-11，3）。

　　17ⅡTG4 ④: 43，残。敞口，圆唇，弧腹，饼底内凹。内施青黄釉，外施青黄釉至下腹，有脱釉现象，内有土沁和窑粘，外有轮痕。灰色胎，较粗糙。口径 12.1、底径 4.3、通高 4.05 厘米（图 6-11，4）。

（五）黄釉瓷

1. 黄釉盏

共 4 件。

　　17ⅡTG4 ⑤: 29，残。敞口，圆唇，弧腹，饼底。内施黄釉，外施黄釉至腹部，釉下施白色化妆土，内底中心凸起，内外有土沁，有轮痕。黄色胎，较粗糙。口径 10.85、底径 4.5、通高 4.4 厘米（彩版 6-36）。

　　17ⅡTG4 ⑤: 30，残。敞口，圆唇，弧腹，饼底内凹。内施黄釉，外施黄釉至上腹部，有脱釉现象，釉下施白色化妆土，内外有土沁，有轮痕。灰色胎，较粗糙。口径 11、底径 5.2、高 4.4、通高 4.55 厘米（图 6-12，1）。

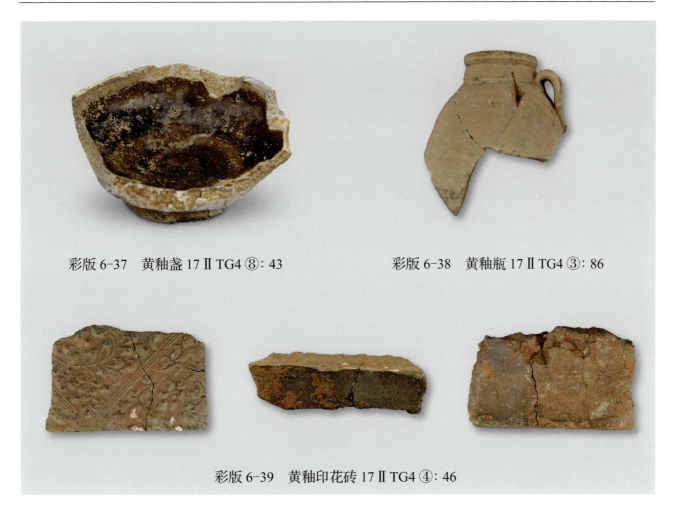

彩版 6-37　黄釉盏 17ⅡTG4 ⑧：43　　　　彩版 6-38　黄釉瓶 17ⅡTG4 ③：86

彩版 6-39　黄釉印花砖 17ⅡTG4 ④：46

　　17ⅡTG4 ⑧：43，残。敛口，圆唇，弧腹，饼底。内满施黄釉，外施黄釉至腹部，腹及底部有因拉坯不均匀导致的泥浆，外有轮痕。浅黄色胎，较致密。口径 8、底径 4.4、通高 4 厘米（彩版 6-37）。

　　17ⅡTG4 ⑧：44，残。敞口，圆唇，弧腹，饼底内凹。内满施黄釉，外施黄釉至腹部，釉下施白色化妆土至下腹，内外都有轮痕、窑粘。浅黄色胎，较致密。口径 7.6、底径 4.2、通高 4.4 厘米（图 6-12，2）。

　　2. 黄釉瓶

　　共 1 件。

　　17ⅡTG4 ③：86，瓶口。敞口，圆唇，矮颈，弧腹。颈部与腹部有一对竖条状双耳，内施黄釉至口沿下，外施黄釉至腹部，有流釉现象，釉面无光泽。内外都有轮痕。夹砂黄色胎，较粗糙。口径 7.3、残高 14 厘米（彩版 6-38）。

　　3. 黄釉印花砖

　　共 2 件。

　　17ⅡTG4 ④：46，残，模制。近似正方体。两面均有土沁，裂缝，一面有疑似施釉，有花卉纹，有窑粘。灰色胎，较粗糙。残长 21.5、残宽 14.1、高 5.5 厘米（彩版 6-39）。

　　17ⅡTG4 ⑧：4，残，模制。平面呈长方形。一面施黄釉，饰花卉纹，另一面有土沁。砖红色胎，较粗糙。残长 15.8、残宽 19.8、高 5.9 厘米（彩版 6-40）。

（六）绿釉瓷

1. 绿釉碗

共 1 件。

17ⅡTG4④：78，碗底，弧腹，饼底。内施绿釉，外施绿釉至下腹，有脱釉现象，釉面有窑变现象，釉下施白色化妆土，内外有土沁，外有轮痕，有釉粘。浅黄色胎，较致密。底径4.2、残高 3.1 厘米（图 6-12，3）。

彩版 6-40　黄釉印花砖 17ⅡTG4⑧：4

2. 绿釉行炉

共 1 件。

17ⅡTG4③：88，炉残片。侈口，宽斜平沿，弧腹。外满施绿釉，内外都有轮痕。浅黄色胎，较致密。残高 8.8 厘米（彩版 6-41）。

3. 绿釉耐火砖

共 1 件。

17ⅡTG4③：84，残，模制。长方形。一面施绿釉，施绿釉不均匀，有窑粘，侧面疑似施釉，另一面施少量绿釉，施釉不均匀，有釉粘，少量土沁。浅黄色胎，较致密。残长 18、残宽 17.6、残高 3.6 厘米（彩版 6-42）。

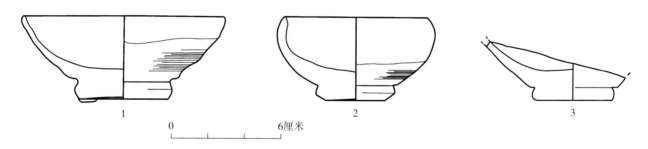

1　　　　　　　　　　　2　　　　　　　　　　　3

0　　　　　　6厘米

图 6-12　17ⅡTG4 出土黄釉、绿釉瓷器

1、2. 黄釉盏 17ⅡTG4⑤：30、17ⅡTG4⑧：44　3. 绿釉碗 17ⅡTG4④：78

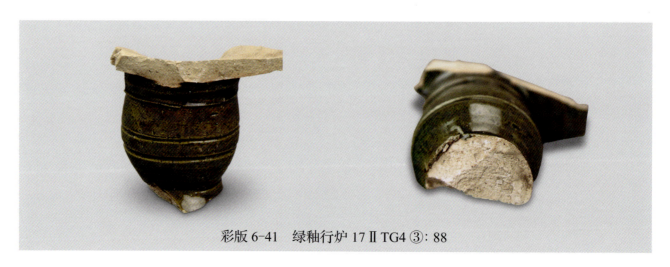

彩版 6-41　绿釉行炉 17ⅡTG4③：88

彩版 6-42　绿釉耐火砖 17 Ⅱ TG4 ③：84

（七）酱釉瓷

1. 酱釉盏

共 2 件。

17 Ⅱ TG4 ⑧：45，残。敞口，圆唇，弧腹，饼底内凹。内满施酱釉，外施酱釉至腹部，底部有一个支钉痕，内有釉粘，外有轮痕。浅灰色胎，较致密。口径 10.4、底径 4.6、通高 3.7 厘米（图 6-13，1）。

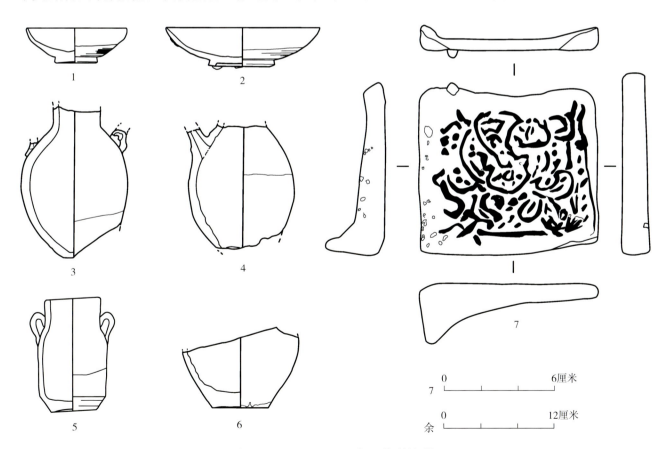

图 6-13　17 Ⅱ TG4 出土酱釉瓷器

1. 酱釉盏 17 Ⅱ TG4 ⑧：45　2. 酱釉盘 17 Ⅱ TG4 ③：80　3、4. 酱釉壶 17 Ⅱ TG4 ④：39、44　5、6. 酱釉罐 17 Ⅱ TG4 ③：83、17 Ⅱ TG4 ④：38
7. 酱釉枕 17 Ⅱ TG4 ⑧：57

17ⅡTG4⑧：46，残。敞口，圆唇，弧腹，饼底。内满施酱釉，外施酱釉至下腹，内外都有轮痕，外有窑粘。浅灰色胎，较致密。口径12、底径5.6、高3.8、通高4厘米（彩版6-43）。

2. 酱釉盘

共1件。

17ⅡTG4③：80，残。敞口，圆唇，弧腹，圈足。内满施酱釉，外施酱釉至腹部，外有轮痕、釉粘。圈足足跟旋削，足脊微斜，外足墙微外撇。浅灰色胎，较致密。口径16.4、底径7、通高4.4厘米（图6-13，2；彩版6-44）。

3. 酱釉壶

共3件。

17ⅡTG4④：39，残。束颈，内腹施酱釉，外施酱釉至下腹，外有轮痕、土沁，腹部有较多窑粘和土沁，壶口、壶嘴、壶把均已残缺，有若干釉点。灰色胎，较致密。腹径11.4、残高16厘米（图6-13，3）。

17ⅡTG4④：40，残。敞口，圆唇，弧腹，卧足。内施酱釉，外施酱釉至下腹，外有轮痕，内外有窑粘，有土沁，外腹有小开片，壶嘴和壶把已残缺。灰色胎，较致密。口径5.6、腹径11.5、底径7.4、通高19.6厘米（彩版6-45）。

17ⅡTG4④：44，残，壶口残缺，弧腹。内外均满施酱釉，局部有窑变现象和流釉现象，内外有土沁、轮痕，外有窑粘，底残缺。灰色胎，较粗糙。腹径11.4、残高13厘米（图6-13，4）。

4. 酱釉罐

共2件。

17ⅡTG4③：83，残。直口，圆唇，长颈，颈部与腹部有一对竖条状对称系，直腹折收，平底内凹。内满施酱釉，外施酱釉至下腹，有窑变现象，内外都有轮痕，少量土沁，底部有窑粘。浅灰色胎，较致密。口径6、腹径7.2、底径4.7、通高12.2厘米（图6-13，5；彩版6-46）。

17ⅡTG4④：38，罐底，弧腹，平底内凹。内外均满施酱釉，有流釉现象，腹部粘有残片，外有轮痕、土沁。黄色胎，较致密。底径6、残高8.8厘米（图6-13，6）。

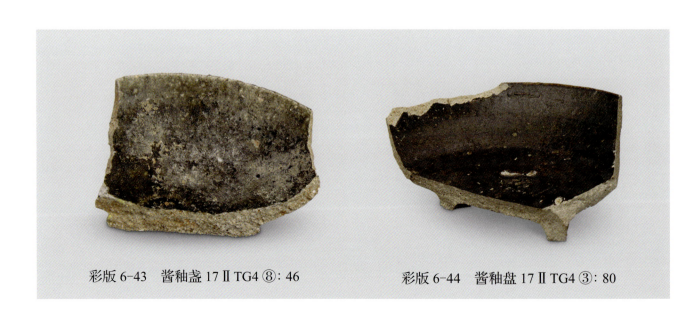

彩版6-43　酱釉盏17ⅡTG4⑧：46　　　　彩版6-44　酱釉盘17ⅡTG4③：80

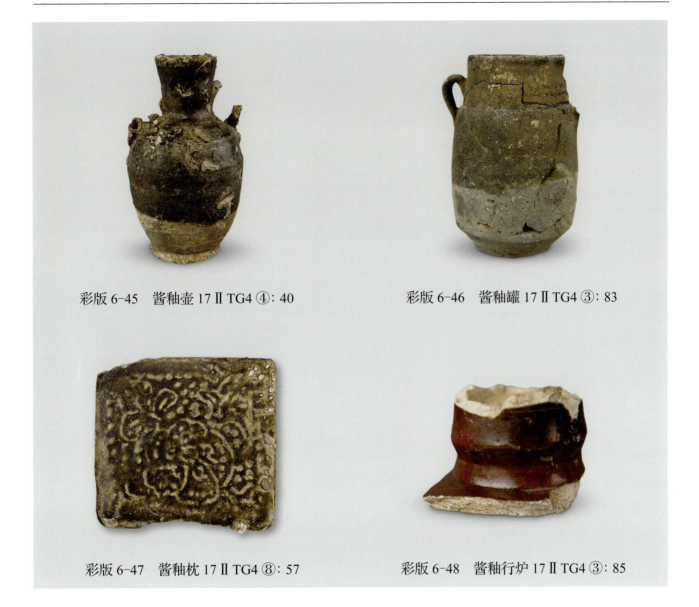

彩版 6-45　酱釉壶 17 Ⅱ TG4 ④：40　　　　　　彩版 6-46　酱釉罐 17 Ⅱ TG4 ③：83

彩版 6-47　酱釉枕 17 Ⅱ TG4 ⑧：57　　　　　　彩版 6-48　酱釉行炉 17 Ⅱ TG4 ③：85

5. 酱釉枕

共 1 件。

17 Ⅱ TG4 ⑧：57，枕残片，呈长方体，泥片贴筑。通体施酱釉，饰蝶恋花纹，正面有窑粘、小砂石，反面有轮痕，少量土沁。浅灰色胎，较致密。长 9.7、宽 9.1、残高 3.2 厘米（图 6-13，7；彩版 6-47）。

6. 酱釉行炉

共 1 件。

17 Ⅱ TG4 ③：85，残，弧腹，喇叭形底。外满施酱红釉，内外都有轮痕。浅黄色胎，较致密。残高 4 厘米（彩版 6-48）。

7. 酱釉瓷片

共 1 件。

17 Ⅱ TG4 ④：45，乳钉纹残片。敞口，平沿，弧腹。内腹有土沁，外腹满施酱釉，外腹上有若干乳钉。黄色胎，较粗糙。残长 7.7、残宽 4.9 厘米（彩版 6-49）。

彩版 6-49　酱釉瓷片 17ⅡTG4 ④：45

（八）三彩釉瓷

1. 三彩印花枕

共 8 件。

17ⅡTG4 ③：61，枕片，呈长方体，亚字形，泥片贴筑。正面施三彩釉，有两道宽棱包围鱼纹，有轮痕。浅灰色胎，较致密。长 12.2、残宽 8.7、厚 0.5 厘米（图 6-14，1）。

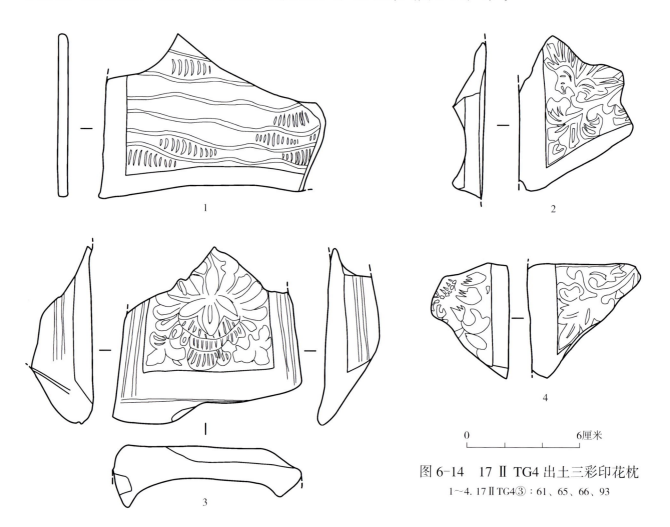

0　　　　　　　6厘米

图 6-14　17 ⅡTG4 出土三彩印花枕

1～4. 17ⅡTG4③：61、65、66、93

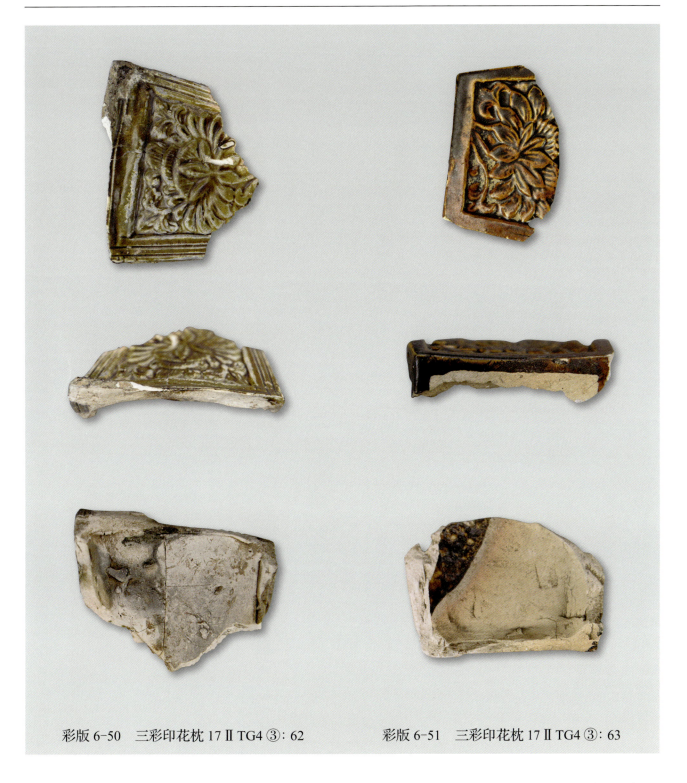

彩版 6-50　三彩印花枕 17 II TG4 ③：62　　　　　　彩版 6-51　三彩印花枕 17 II TG4 ③：63

17 II TG4 ③：62，枕片，呈长方体，泥片贴筑。正面施三彩釉，有两道凹棱包围水波纹，侧面两道宽棱包围菊花纹，有轮痕。黄色胎，较致密。残长 10.8、残宽 7.3、残高 3.2 厘米（彩版 6-50）。

17 II TG4 ③：63，枕片，呈长方体，泥片贴筑。正面施三彩釉，有三道宽棱包围菊花纹，侧面一道宽棱，有轮痕。浅黄色胎，较致密。残长 9.2、残宽 6.3、残高 1.8 厘米（彩版 6-51）。

17 II TG4 ③：64，枕片，呈长方体，泥片贴筑。正面施三彩釉，有两道宽棱包围菊花纹，侧面

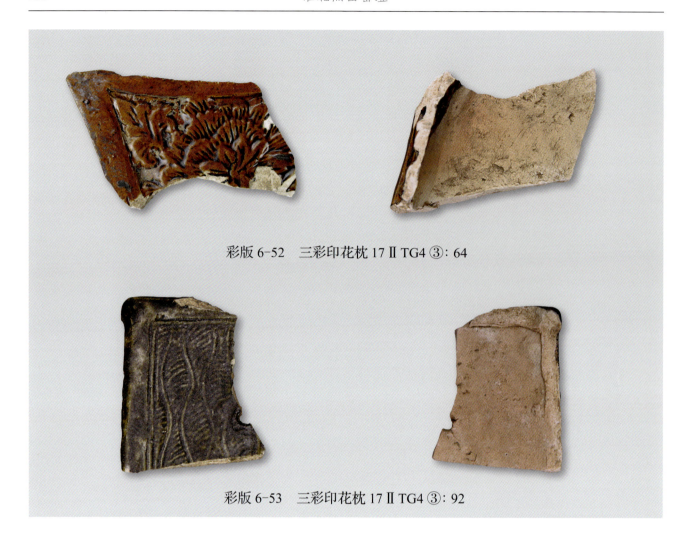

彩版 6-52　三彩印花枕 17 Ⅱ TG4 ③：64

彩版 6-53　三彩印花枕 17 Ⅱ TG4 ③：92

一道宽棱包围菊花纹，有轮痕。浅黄色胎，较致密。残长 9.7、残宽 6.7、残高 2.4 厘米（彩版 6-52）。

17 Ⅱ TG4 ③：65，枕片，呈长方体，泥片贴筑。正面施三彩釉，有两道宽棱包围菊花纹，侧面有一道宽棱，有轮痕。浅黄色胎，较致密。残长 6.1、残宽 8.2、残高 1.8 厘米（图 6-14，2）。

17 Ⅱ TG4 ③：66，枕片，呈长方体，泥片贴筑。正面施三彩釉，有三道宽棱及刻痕包围菊花纹，侧面有一道宽棱，有轮痕、釉粘。浅灰色胎，较致密。残长 10.2、残宽 9.4、残高 3.3 厘米（图 6-14，3）。

17 Ⅱ TG4 ③：92，枕片，呈长方体，泥片贴筑。正面施三彩釉，有一凹棱包围鱼纹，有轮痕。浅黄色胎，较致密。残长 6.9、残宽 5.7、残高 1.4 厘米（彩版 6-53）。

17 Ⅱ TG4 ③：93，枕片，呈长方体，泥片贴筑。正面施三彩釉，有一道宽棱包围菊花纹，侧面有一道宽棱包围菊花纹，有轮痕。浅黄色胎，较致密。残长 6.1、残宽 6.1、残高 4.1 厘米（图 6-14，4）。

2. 三彩纺轮

共 1 件。

17 Ⅱ TG4 ③：90，残，模制。疑似瓷纺轮。中间有一圆穿孔，中间厚周边薄。正面印花卉纹，通体施三彩釉，有窑变现象。浅黄色胎，较致密。残长 6.5、残宽 4.5、厚 0.4 ～ 1.2 厘米（彩版 6-54）。

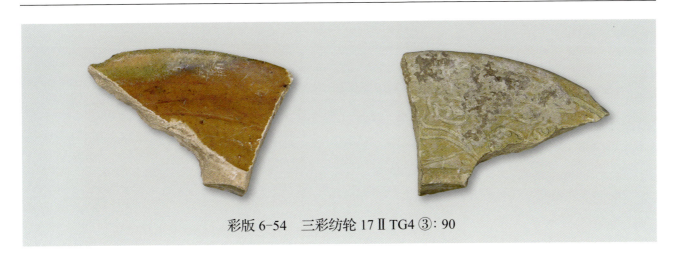

彩版6-54　三彩纺轮17ⅡTG4③：90

（九）素烧瓷

1. 素烧盘

共1件。

17ⅡTG4③：74，残。撇口，圆唇，弧腹斜收，圈足。外有轮痕。圈足足跟旋削，足脊微斜，外足墙微外撇。砖红色胎，较粗糙。口径11.2、底径5.2、通高2.2厘米（图6-15，1）。

2. 素烧盆

共3件。

17ⅡTG4⑤：17，盆腹片，弧腹。内外有波浪纹和线条纹。浅黄色胎，较致密。残长8.9、残宽8.1厘米（彩版6-55）。

17ⅡTG4⑤：18，口沿残片。敞口，方唇，弧腹，内外有波浪纹和线条纹。黄色胎，较致密。残长9、残宽5.7厘米（图6-15，2）。

17ⅡTG4⑤：19，口沿残片。敞口，方唇，弧腹，内外有波浪纹和线条纹。黄色胎，较致密。残长6.9、残宽4.8厘米（彩版6-56）。

3. 素烧壶

共1件。

17ⅡTG4③：89，壶口。敛口，圆唇，矮颈，弧腹。肩部有一长条流。内外有轮痕，外有少量土沁。砖红色胎，较致密。残长12.1、残宽9.6厘米（彩版6-57）。

4. 素烧枕片

共10件。

17ⅡTG4③：67，呈长方体，泥片贴筑。正面饰菊花纹，有轮痕。浅黄色胎，较致密。残长7.6、残宽9、厚0.8厘米（图6-15，3）。

17ⅡTG4③：68，呈长方体，泥片贴筑。正面有两道宽棱包围菊花纹，有轮痕。浅黄色胎，较致密。残长6、残宽8.2、残高1.9厘米（图6-15，4）。

17ⅡTG4③：69，呈长方体，泥片贴筑。正面及侧面饰花卉纹，有轮痕。黄色胎，较致密。残长10.5、残宽7.8、残高2.3厘米（图6-15，5）。

17ⅡTG4③：70，呈长方体，泥片贴筑。正面及侧面有两道宽棱包围菊花纹，有轮痕。浅黄色胎，

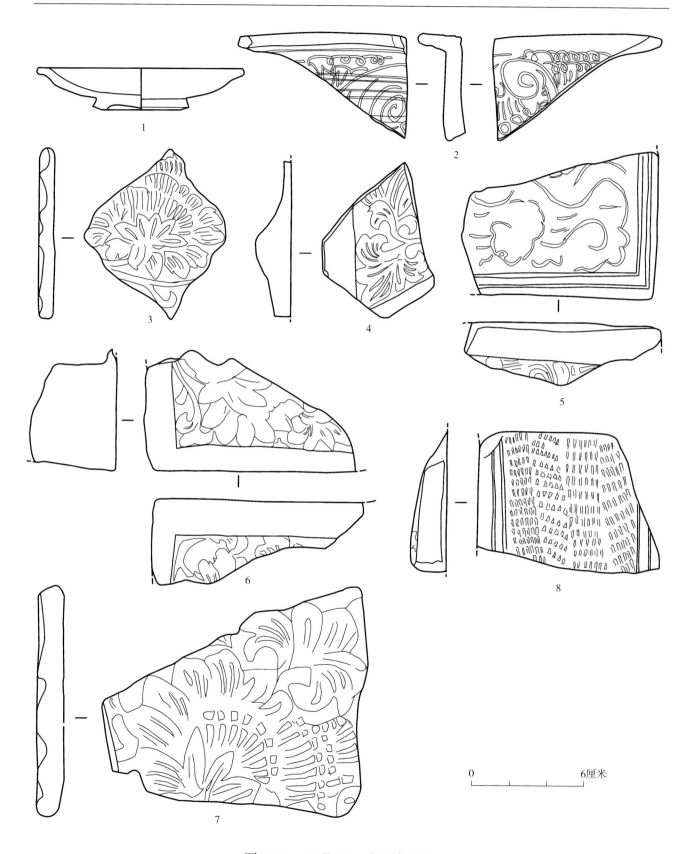

图 6-15　17 Ⅱ TG4 出土素烧瓷

1. 素烧盘17ⅡTG4③：74　　2. 素烧盆17ⅡTG4⑤：18　　3～8. 素烧枕片17ⅡTG4③：67～72

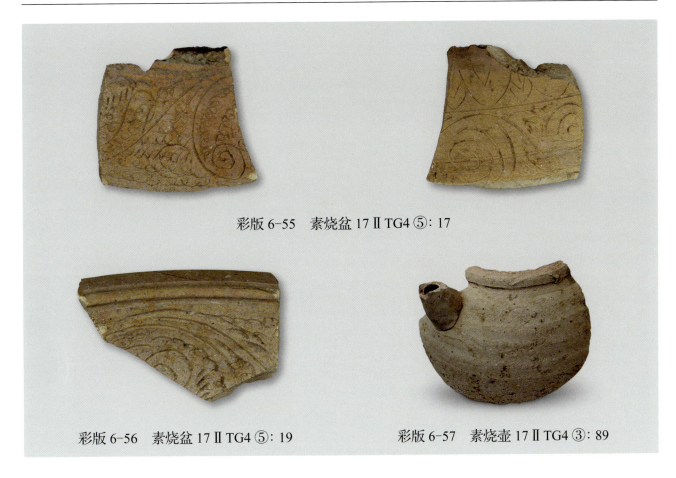

彩版 6-55 素烧盆 17ⅡTG4 ⑤ : 17

彩版 6-56 素烧盆 17ⅡTG4 ⑤ : 19

彩版 6-57 素烧壶 17ⅡTG4 ③ : 89

较致密。残长 11.4、残宽 6.4、残高 4.6 厘米（图 6-15，6）。

17ⅡTG4 ③ : 71，呈长方体，泥片贴筑。正面饰菊花纹，有轮痕。浅黄色胎，较致密。残长 14.2、残宽 12.2、厚 1.4 厘米（图 6-15，7）。

17ⅡTG4 ③ : 72，呈长方体，泥片贴筑。正面上下各两条刻痕包围似雨滴图案，侧面有一道宽棱，有轮痕。浅黄色胎，较致密。残长 9.7、残宽 7.5、残高 1.9 厘米（图 6-15，8）。

17ⅡTG4 ③ : 73，呈正方体，泥片贴筑。正面有一圈外大圈内小圈围成的正方形及交叉成的图形，四个似太阳形图案位于交叉成的图形内部，侧面有两条凹棱。黄色胎，较致密。残长 7.6、残宽 7.5、残高 1.2 厘米（彩版 6-58）。

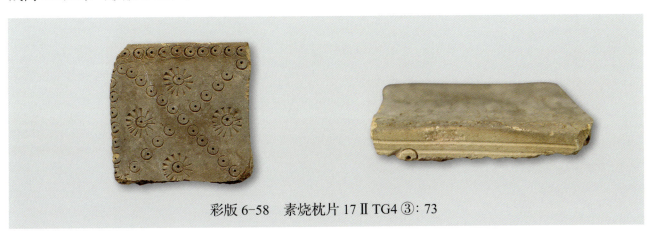

彩版 6-58 素烧枕片 17ⅡTG4 ③ : 73

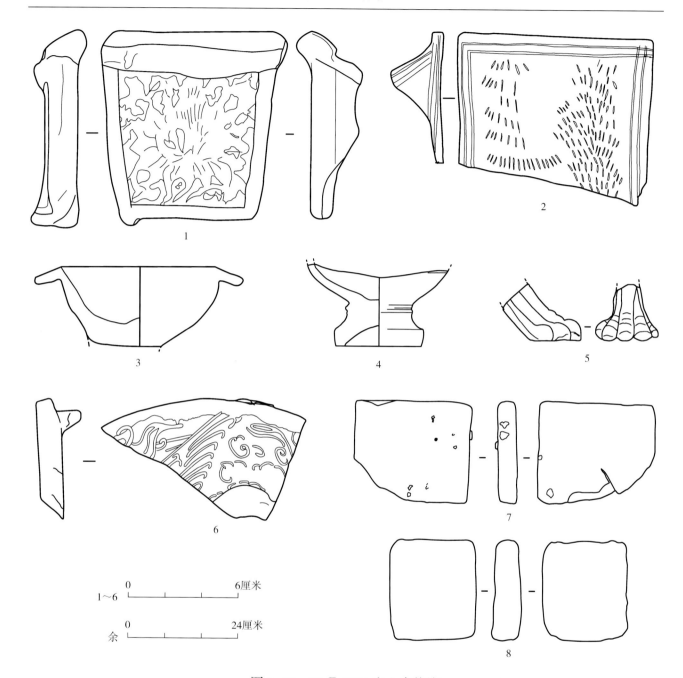

图 6-16　17 Ⅱ TG4 出土素烧瓷

1、2. 素烧枕片 17 Ⅱ TG4④：81、83　3、4. 素烧行炉 17 Ⅱ TG4③：87、17 Ⅱ TG4④：79　5. 素烧狮爪 17 Ⅱ TG4④：66　6. 素烧划花器底
17 Ⅱ TG4⑤：16　7、8. 垫砖 17 Ⅱ TG4⑧：9、10

　　17 Ⅱ TG4④：81，呈长方体，泥片贴筑。正面有一圈宽棱包围的花卉纹，内外有土沁，有轮痕。
黄色胎，较粗糙。残长 9.8、残宽 9.4、残高 3.5 厘米（图 6-16，1）。

　　17 Ⅱ TG4④：82，呈长方体，泥片贴筑。正面有三道宽棱包围的花卉纹，在花卉纹的花瓣中有
一小圆形孔，内外有土沁，有轮痕，内有指印。浅黄色胎，较粗糙。残长 12.2、残宽 9.2、残高 3.4
厘米（彩版 6-59）。

　　17 Ⅱ TG4④：83，呈长方体，泥片贴筑。正面有三道宽棱包围的划花纹，内外有土沁，有轮痕。

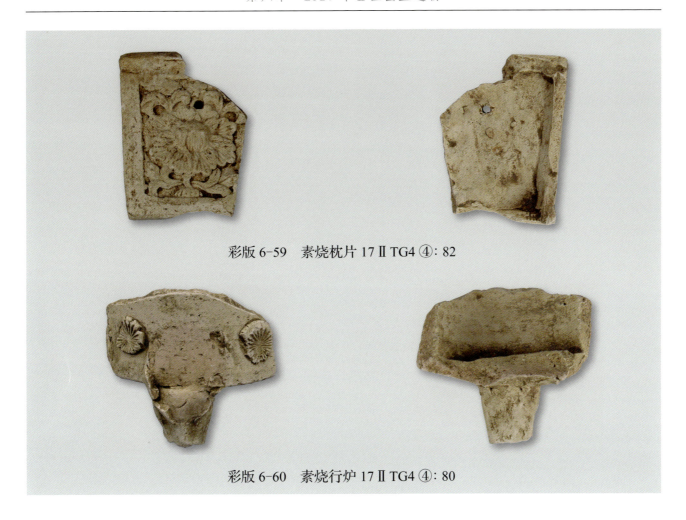

彩版 6-59　素烧枕片 17 Ⅱ TG4 ④：82

彩版 6-60　素烧行炉 17 Ⅱ TG4 ④：80

黄色胎，较致密。残长 10.45、残宽 9.1、残高 2.8 厘米（图 6-16，2）。

5. 素烧行炉

共 4 件。

17 Ⅱ TG4 ③：87，残。敞口，圆唇，宽斜沿，弧腹折收。内有轮痕。浅黄色胎，较致密。口径 11.2、残高 4.2 厘米（图 6-16，3）。

17 Ⅱ TG4 ④：79，行炉底，弧腹斜收，喇叭形底。内外有土沁，有轮痕。浅黄色胎，较致密。底径 4.8、残高 4.3 厘米（图 6-16，4）。

17 Ⅱ TG4 ④：80，贴塑炉足残块，素烧炉足。直腹，一足残。外腹有两个花瓣状贴筑，内外有土沁，有轮痕。黄色胎，较致密。残长 7.8、残宽 3.95、残高 7 厘米（彩版 6-60）。

17 Ⅱ TG4 ④：84，贴塑兽首炉，残。敞口，方唇，斜平沿，弧腹。内外有轮痕，有土沁，外腹有两个由圆形小孔包围的花瓣状贴筑，有两个疑似兽首贴筑。黄色胎，较粗糙。残长 15.6、残宽 6.9 厘米（彩版 6-61）。

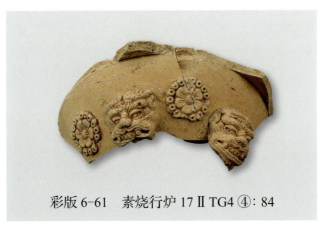

彩版 6-61　素烧行炉 17 Ⅱ TG4 ④：84

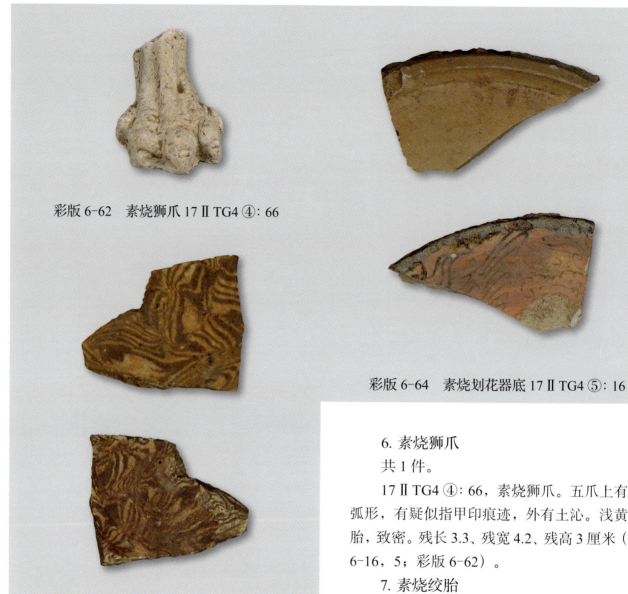

彩版 6-62　素烧狮爪 17Ⅱ TG4 ④：66

彩版 6-64　素烧划花器底 17Ⅱ TG4 ⑤：16

彩版 6-63　素烧绞胎 17Ⅱ TG4 ⑤：21

6. 素烧狮爪

共 1 件。

17Ⅱ TG4 ④：66，素烧狮爪。五爪上有圆弧形，有疑似指甲印痕迹，外有土沁。浅黄色胎，致密。残长 3.3、残宽 4.2、残高 3 厘米（图 6-16，5；彩版 6-62）。

7. 素烧绞胎

共 1 件。

17Ⅱ TG4 ⑤：21，绞胎残片，泥片贴筑。褐、黄色绞胎，边缘有凹痕，底部有纹饰。黄色胎，较致密。残长 4.5、残宽 3.8 厘米（彩版 6-63）。

8. 素烧划花器底

共 1 件。

17Ⅱ TG4 ⑤：16，敞口，方唇，口沿下有凸棱，直腹。外有轮痕，内腹有凤纹，外有釉粘。黄色胎，较致密。残长 11、残宽 6.4 厘米（图 6-16，6；彩版 6-64）。

9. 素烧建筑构件

共 16 件。

17Ⅱ TG4 ④：61，琉璃鸱吻残块，泥片贴筑。一面平，一面有两道凸棱，有釉粘、窑粘。浅黄色胎，较致密。残长 14.4、残宽 9.6、厚 1.5 ~ 3.6 厘米（彩版 6-65）。

17Ⅱ TG4 ④：63，素烧鸱吻残块，呈杯状，束腰。泥片贴筑。一端呈方形榫，周身有土沁。浅黄色胎，

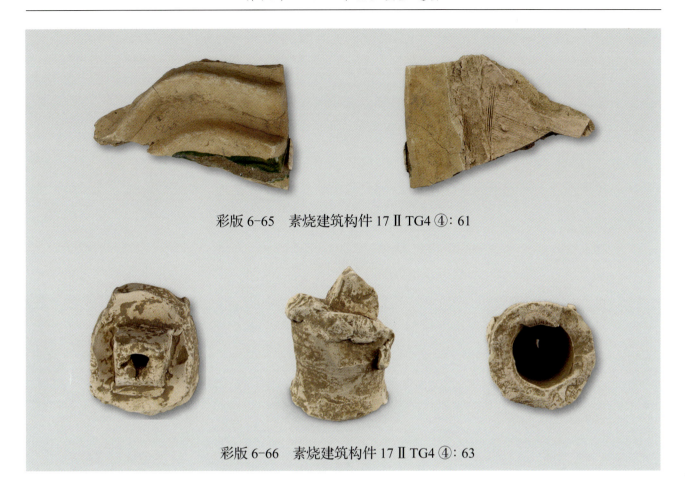

彩版 6-65　素烧建筑构件 17 II TG4 ④：61

彩版 6-66　素烧建筑构件 17 II TG4 ④：63

较致密。长 7.5、宽 8.7、残高 10.4 厘米（彩版 6-66）。

17 II TG4 ④：64，素烧残块，泥片贴筑。一面平，一面有刻十道宽棱纹，有一个长方形穿孔，内外有土沁，有指痕。浅砖红色胎，较致密。残长 13、残宽 12.6、厚 2.2～3.4 厘米（图 6-17，1）。

17 II TG4 ④：65，素烧鸱吻残块，泥片贴筑。一面平，一面有四道凸棱，内外有土沁。黄色胎，较致密。残长 13.2、残宽 10、厚 1.4～2.6 厘米（图 6-17，2）。

17 II TG4 ④：67，素烧残块，呈长方体，泥片贴筑。一面有刻线条纹，内外有轮痕，周身有指印。浅砖红色胎，致密。残长 5.9、残宽 5.8、残高 4.1 厘米（图 6-17，3）。

17 II TG4 ④：68，素烧鸱吻残块，泥片贴筑。一面平，一面有龙须纹，周身有土沁。浅黄色胎，较致密。残长 12、残宽 3.15、残高 3 厘米（彩版 6-67）。

17 II TG4 ④：69，素烧鸱吻残块，泥片贴筑。一面凹，一面有刻线条纹，有划痕，周身有土沁。浅黄色胎，较致密。残长 12.3、残宽 7.3、残高 1.5 厘米（图 6-17，4）。

17 II TG4 ④：70，素烧鸱吻残块，泥片贴筑。一面凹，一面有刻线条纹，有龙须纹，有龙鳞纹，周身有土沁。浅黄色胎，较致密。残长 23.6、残宽 13.2、残高 6.2 厘米（彩版 6-68）。

17 II TG4 ④：71，素烧鸱吻残块，泥片贴筑。一面凹，一面有刻线条纹，有一个宽棱，周身有土沁。浅黄色胎，较致密。残长 8.8、残宽 6.7、残高 2.2 厘米（彩版 6-69，左）。

17 II TG4 ④：72，素烧残块，泥片贴筑。一面凹，一面有刻线条纹，有四道宽棱，内外有轮痕，有土沁，内有指痕。浅黄色胎，较致密。残长 12.3、残宽 10.3、残高 5.8 厘米（彩版 6-69，中）。

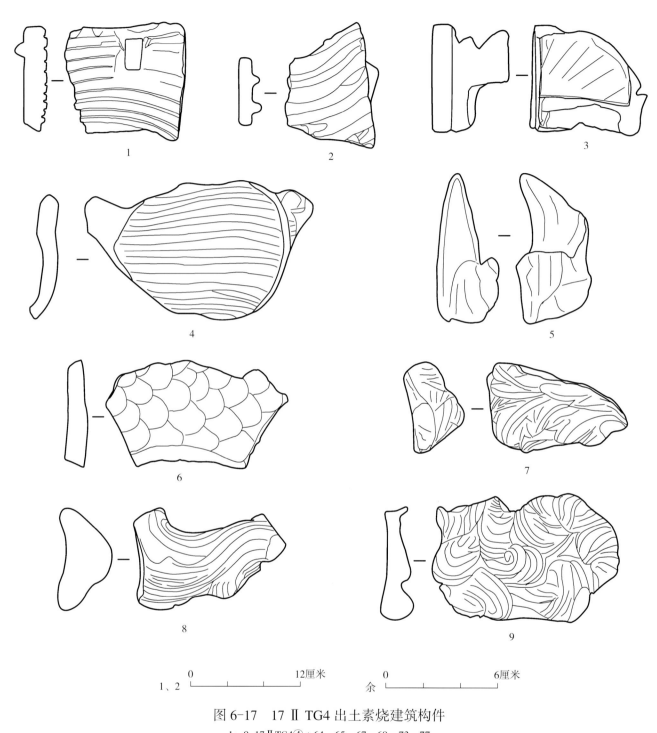

图 6-17　17 Ⅱ TG4 出土素烧建筑构件

1～9.17 Ⅱ TG4④：64、65、67、69、73～77

17 Ⅱ TG4④：73，素烧鸱吻残块，泥片贴筑。一端有施白色化妆土不均匀，周身有土沁。黄色胎，较致密。残长 4、残宽 3.3、残高 7.9 厘米（图 6-17，5）。

17 Ⅱ TG4④：74，素烧鸱吻残块，泥片贴筑。一面微凹，一面有刻龙鳞纹，内外有土沁。浅黄色胎，较致密。残长 9.9、残宽 5.7、厚 1.1 厘米（图 6-17，6）。

17 Ⅱ TG4④：75，素烧鸱吻残块，泥片贴筑。一面微凹，一面刻有龙须纹，内外有土沁。浅黄色胎，

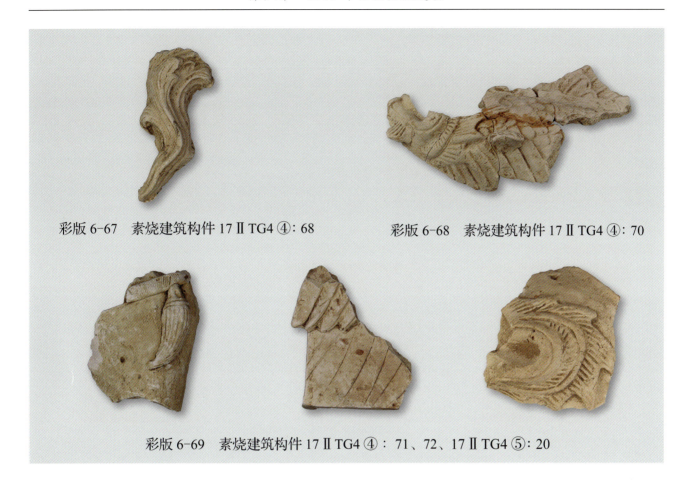

彩版 6-67　素烧建筑构件 17ⅡTG4 ④：68　　　　彩版 6-68　素烧建筑构件 17ⅡTG4 ④：70

彩版 6-69　素烧建筑构件 17ⅡTG4 ④：71、72、17ⅡTG4 ⑤：20

较致密。残长 7.5、残宽 4.75、残高 3.2 厘米（图 6-17，7）。

17ⅡTG4 ④：76，素烧残块，呈长方体，泥片贴筑。外腹刻有龙纹，内外有土沁。黄色胎，较致密。残长 8.3、残宽 5.4、残高 2.9 厘米（图 6-17，8）。

17ⅡTG4 ④：77，素烧鸱吻残块，泥片贴筑。一面微凹，一面刻有龙须纹，内外有土沁，内有窑粘，有指痕。浅黄色胎，较致密。残长 10、残宽 6.8、厚 1.8 厘米（图 6-17，9）。

17ⅡTG4 ⑤：20，素烧残块，呈长方体，泥片贴筑。外腹刻有龙眼，内外有土沁，外有轮痕。黄色胎，较致密。残长 9.9、残宽 8 厘米（彩版 6-69，右）。

10. 板瓦

共 1 件。

17ⅡTG4 ④：62，残，整体呈弧形。背面有布纹，顶面光滑，周身有土沁，瓦头窄，瓦尾宽。灰色胎，较致密。残长 23.2、宽 10.6、厚 1.8 厘米（彩版 6-70）。

11. 垫砖

共 4 件。

17ⅡTG4 ③：34，残，长方形。两面疑似施釉，一面有刻痕，另一面有窑粘，都有土沁。灰色胎，较致密。残长 24.4、残宽 12.4、高 4.2 厘米（彩版 6-71）。

17ⅡTG4 ⑧：8，正方形。一面有支烧痕迹，疑似施釉，两面都有少量土沁。浅黄色胎，较致密。长 25.5、宽 23.6、高 4 厘米（彩版 6-72）。

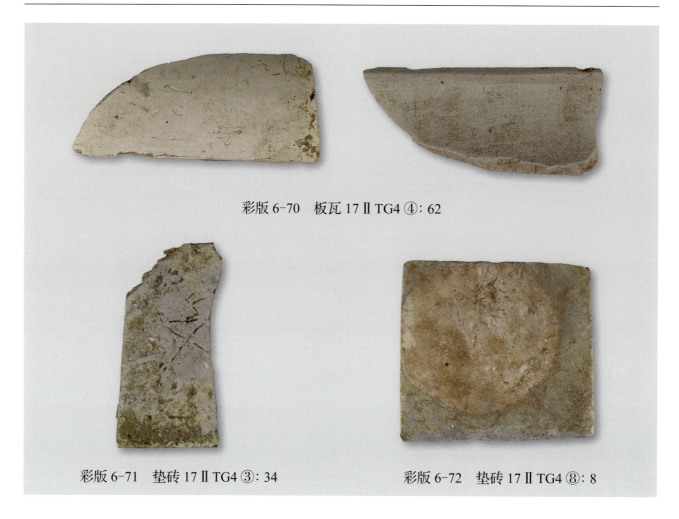

彩版 6-70　板瓦 17ⅡTG4 ④：62

彩版 6-71　垫砖 17ⅡTG4 ③：34

彩版 6-72　垫砖 17ⅡTG4 ⑧：8

17ⅡTG4 ⑧：9，残，正方形。一面疑似施釉，两面都有少量土沁、小砂石、釉粘、窑粘。夹砂黄色胎，较粗糙。长 25、宽 21.7、高 4、通高 4.5 厘米（图 6-16，7）。

17ⅡTG4 ⑧：10，模制。正方形。侧面疑似施釉，两面有窑粘，侧面有釉粘。夹砂黄色胎，较粗糙。长 18.2、宽 21.4、高 6.5 厘米（图 6-16，8）。

（一〇）窑具

1. 喇叭形支具

共 1 件。

17ⅡTG4 ②：16，残。侈口，方唇，束颈，弧腹，平底。内外有轮痕、划痕、少量土沁。黄色胎，较致密。口径 5.8、底径 5.1、通高 7.4 厘米（图 6-18，1；彩版 6-73）。

2. 三叉支托

共 33 件。

（1）素烧三叉支托

21 件。

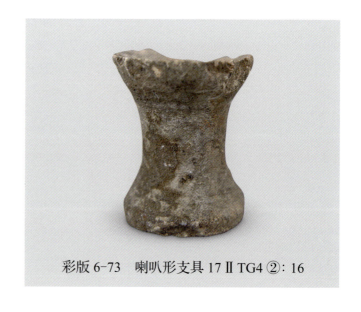

彩版 6-73　喇叭形支具 17ⅡTG4 ②：16

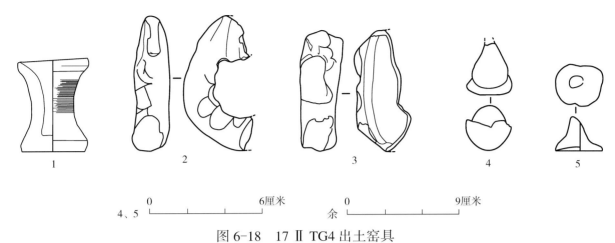

图 6-18　17 Ⅱ TG4 出土窑具

1. 喇叭形支具17 Ⅱ TG4②：16　2、3. 瓷泥支垫17 Ⅱ TG4③：44、45　4、5. 支钉17 Ⅱ TG4②：15、17 Ⅱ TG4④：21

17 Ⅱ TG4②：7，残。三叉形，扁平。三叉延伸处各有一条支腿，支腿顶端下面各有一足，一足残。周身有裂缝，足尖有釉粘，一足下有窑粘。浅砖红色胎，较致密。长 7.1、残宽 4.6、高 2.3、通高 2.7 厘米（图 6-19，1）。

17 Ⅱ TG4②：8，残。三叉形，扁平。三叉延伸处各有一条支腿，支腿顶端下面各有一足，一足残。周身有裂缝。浅黄色胎，较致密。长 7.6、残宽 6.8、通高 2.5 厘米（图 6-19，2）。

17 Ⅱ TG4②：11，三叉形，扁平。三叉延伸处各有一条支腿，支腿顶端下面各有一足。周身有裂缝。浅黄色胎，较致密。长 6.8、宽 6、通高 2 厘米（图 6-19，3；彩版 6-74）。

17 Ⅱ TG4③：22，三叉形，扁平。三叉延伸处各有一条支腿，支腿顶端下面各有一足。周身有裂缝，三足有三彩釉粘。砖红色胎，较致密。长 7、宽 5.9、高 2 厘米（图 6-19，4；彩版 6-75）。

17 Ⅱ TG4③：23，微残，三叉形，扁平。三叉延伸处各有一条支腿，支腿顶端下面各有一足，一足微残。周身有裂缝，指纹印。砖红色胎，较致密。长 7.2、宽 6.6、高 2.5 厘米（图 6-19，5；彩版 6-76）。

17 Ⅱ TG4③：26，微残，三叉形，扁平。三叉延伸处各有一条支腿，支腿顶端下面各有一足。周身有裂缝，指纹印。浅砖红色胎，较致密。长 7.2、宽 6.5、高 4.2 厘米（图 6-19，6；彩版 6-77）。

17 Ⅱ TG4③：28，三叉形，扁平。三叉延伸处各有一条支腿，支腿顶端下面各有一足。周身有裂缝，指纹印，一足有三彩釉粘。浅砖红色胎，较致密。长 7.8、宽 6.9、高 2.6 厘米（图 6-19，7；彩版 6-78）。

17 Ⅱ TG4③：33，残。三叉形。三叉延伸处各有一条支腿，腿上有凸棱，中间凹，一腿残。有裂缝，指纹印。砖红色胎，较致密。长 8.4、残宽 4.9、残高 1.9 厘米（图 6-19，8）。

17 Ⅱ TG4④：16，三叉形，扁平，三叉延伸。三足残，中间凹，足上有凸棱，周身有土沁，有指印。砖红色胎，较致密。长 6.7、宽 6.65、通高 2 厘米（图 6-19，9）。

17 Ⅱ TG4④：20，三叉形，扁平，三叉延伸。三足微残，足上有凸棱，外有土沁，有指印。浅砖红色胎，较致密。长 7.3、宽 6.65、通高 2.1 厘米（图 6-19，10）。

17 Ⅱ TG4⑤：5，残，三叉形，三叉延伸。足上有凸棱，施有三彩釉，施釉不均匀。砖红色胎，较致密。长 7.7、宽 6.8、残高 1.9 厘米（彩版 6-79）。

17 Ⅱ TG4⑤：6，残，三叉形，三叉延伸。一足残缺，足上有凸棱，施有三彩釉，施釉不均匀，

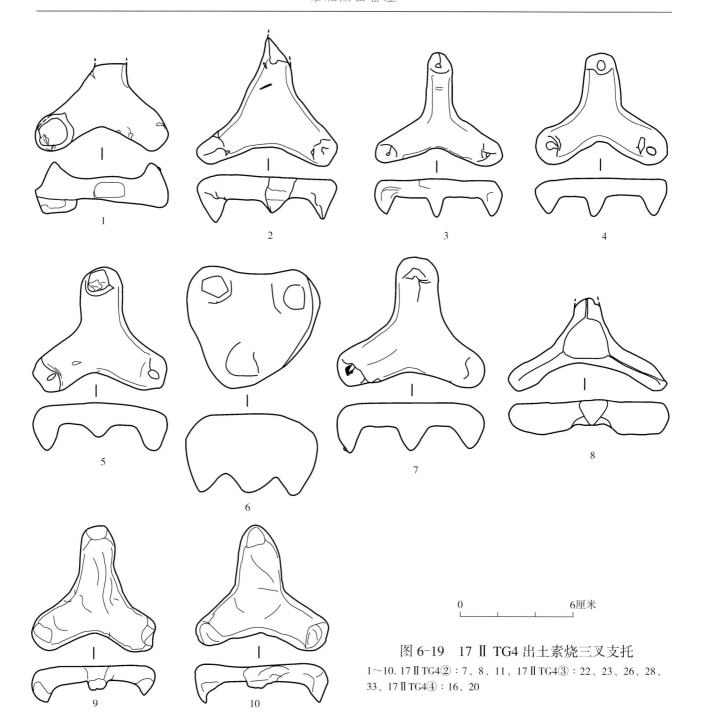

图6-19　17ⅡTG4出土素烧三叉支托
1～10. 17ⅡTG4②：7、8、11、17ⅡTG4③：22、23、26、28、
33、17ⅡTG4④：16、20

有多处指纹痕。黄色胎，较致密。长6.9、宽6.2、残高2厘米（彩版6-80）。

　　17ⅡTG4⑤：7，残，三叉形，三叉延伸。三足微残，足上有凸棱，施有三彩釉，施釉不均匀，有多处指纹痕。黄色胎，较致密。长6.4、宽5.9、残高1.9厘米（图6-20，1）。

　　17ⅡTG4⑤：8，残，三叉形，三叉延伸。一足残缺，足上有凸棱，施有三彩釉，施釉不均匀，有多处指纹痕。黄色胎，较致密。长7、宽6.2、残高1.8厘米（图6-20，2；彩版6-81）。

　　17ⅡTG4⑤：9，残，三叉形，三叉延伸。一足残缺，足上有凸棱，施有三彩釉，施釉不均匀，底部有窑粘。黄色胎，较致密。长8、残宽5.15、残高1.7、通高2.7厘米（图6-20，3；彩版6-82）。

彩版 6-74　素烧三叉支托 17 II TG4 ②: 11

彩版 6-75　素烧三叉支托 17 II TG4 ③: 22

彩版 6-76　素烧三叉支托 17 II TG4 ③: 23　　　彩版 6-77　素烧三叉支托 17 II TG4 ③: 26

彩版 6-78　素烧三叉支托 17 II TG4 ③: 28　　　彩版 6-79　素烧三叉支托 17 II TG4 ⑤: 5

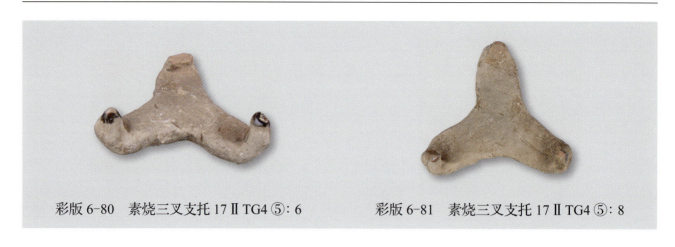

彩版6-80　素烧三叉支托 17ⅡTG4⑤：6　　　　　　彩版6-81　素烧三叉支托 17ⅡTG4⑤：8

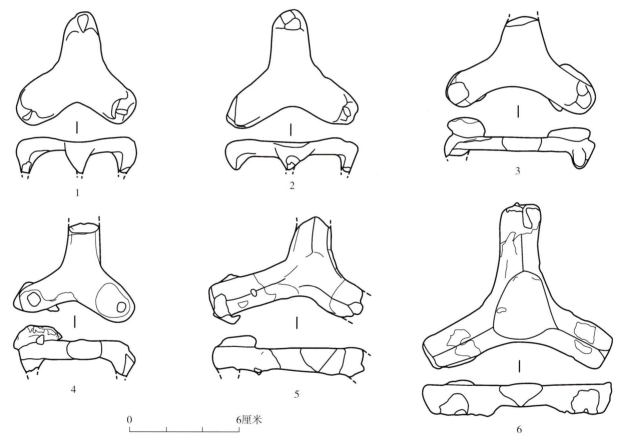

图6-20　17ⅡTG4出土素烧三叉支托

1～6.17ⅡTG4⑤：7～12

17ⅡTG4⑤：10，残，三叉形，三叉延伸。一足残缺，足上有凸棱，施有三彩釉，施釉不均匀，底部有窑粘。砖红色胎，较致密。长6.2、残宽5.25、残高1.9、通高2.65厘米（图6-20，4）。

17ⅡTG4⑤：11，残，三叉形，三叉延伸。二足残缺，施有三彩釉，施釉不均匀，有多处指纹痕。砖红色胎，较致密。残长8.2、残宽5.7、残高1.55、通高2.15厘米（图6-20，5）。

17ⅡTG4⑤：12，残，三叉形，三叉延伸。三叉延伸处各有一条支腿，腿上有凸棱。施有三彩釉，施釉不均匀，有多处指纹痕。黄色胎，较致密。长10.1、宽8.8、残高1.75、通高1.9厘米（图6-20，

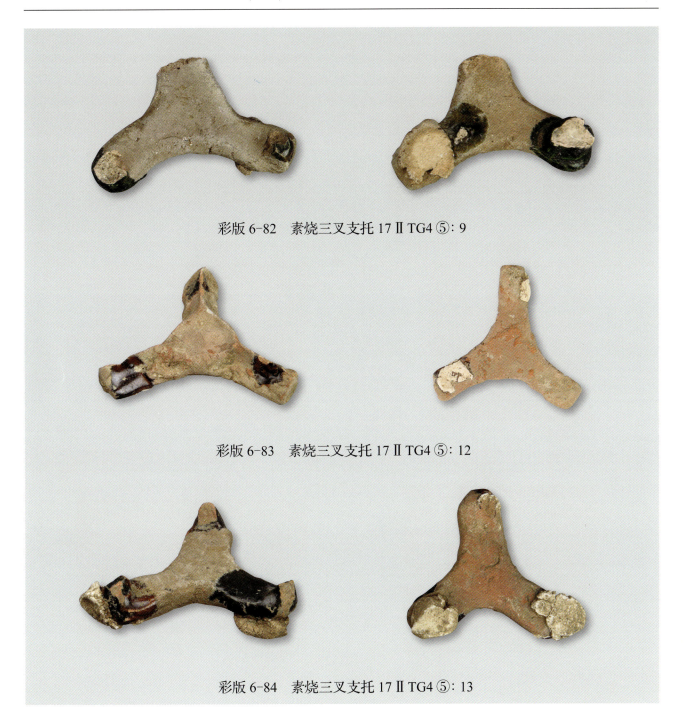

彩版 6-82 素烧三叉支托 17 II TG4 ⑤: 9

彩版 6-83 素烧三叉支托 17 II TG4 ⑤: 12

彩版 6-84 素烧三叉支托 17 II TG4 ⑤: 13

6；彩版 6-83）。

17 II TG4 ⑤: 13，残，三叉形，三叉延伸。三足微残，足上有凸棱，施有三彩釉，施釉不均匀，有多处指纹痕，底部有窑粘。黄色胎，较致密。长 7.7、宽 7.4、残高 1.6、通高 2.5 厘米（彩版 6-84）。

17 II TG4 ⑤: 14，残，三叉形，三叉延伸。一足残缺，足上有凸棱，施有三彩釉，施釉不均匀，有多处指纹痕。黄色胎，较致密。长 8.2、宽 7.25、通高 2.35 厘米。

17 II TG4 ⑤: 15，残，三叉形，三叉延伸。一足残缺，足上有凸棱，施有三彩釉，施釉不均匀，底部有窑粘。黄色胎，较致密。长 7.4、残宽 4.45、残高 1.7、通高 2.4 厘米。

（2）三彩三叉支托

12件。

17ⅡTG4②：9，三叉形。三叉延伸处各有一条支腿，腿上有凸棱，中间凹，两条支腿施有少许三彩釉，施釉不均匀。周身有指纹印、窑粘、釉粘。浅砖红色胎，较致密。长7.1、宽5.8、通高1.8厘米（图6-21，1）。

17ⅡTG4②：10，三叉形。三叉延伸处各有一条支腿，腿上有凸棱，中间凹，一腿残，两条支腿施有少许三彩釉，施釉不均匀。周身有窑粘、裂缝。浅黄色胎，较致密。长7.3、残宽4.2、通高1.8厘米（图6-21，2）。

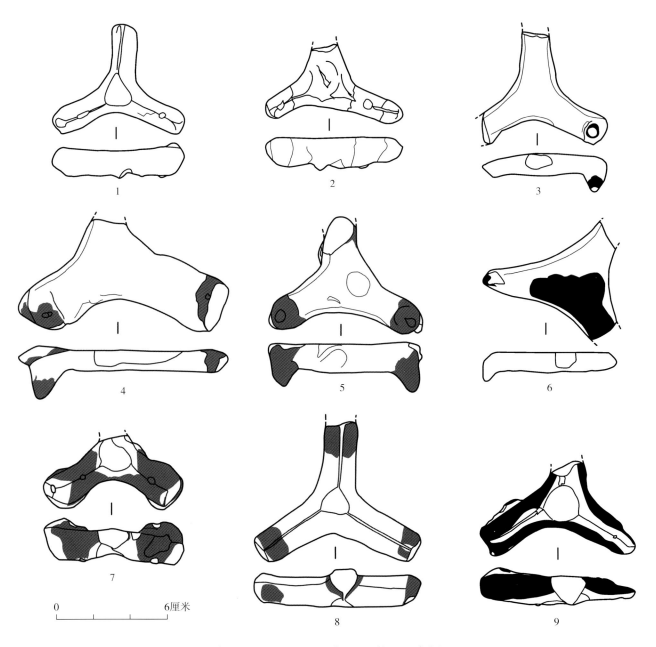

0   6厘米

图6-21 17ⅡTG4出土三彩三叉支托

1～9. 17ⅡTG4②：9、10、17ⅡTG4③：24、25、27、29～32

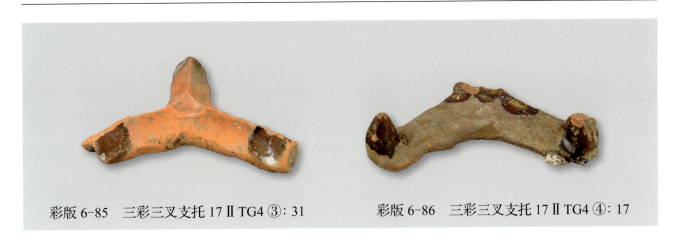

彩版 6-85　三彩三叉支托 17 II TG4 ③：31　　　　彩版 6-86　三彩三叉支托 17 II TG4 ④：17

17 II TG4 ③：24，三叉形，扁平。三叉延伸处各有一条支腿，支腿顶端下面各有一足，两足残。周身有少量土沁，三足有三彩釉。砖红色胎，较致密。残长 6.6、残宽 5.8、残高 2 厘米（图 6-21，3）。

17 II TG4 ③：25，三叉形，扁平。三叉延伸处各有一条支腿，支腿顶端下面各有一足，两足残。周身有指纹印、窑粘，三足有三彩釉。砖红色胎，较致密。长 11.2、残宽 5.8、残高 2.8 厘米（图 6-21，4）。

17 II TG4 ③：27，残。三叉形，扁平。三叉延伸处各有一条支腿，支腿顶端下面各有一足，一足残。周身有指纹印、窑粘，三足有三彩釉。黄色胎，较粗糙。长 8.2、残宽 6.2、高 2.6 厘米（图 6-21，5）。

17 II TG4 ③：29，残。三叉形，扁平。三叉延伸处各有一条支腿，支腿顶端下面各有一足，两足残。周身有指纹印，三足及足底面有三彩釉，施釉不均匀。浅砖红色胎，较致密。残长 7.1、残宽 6.2、残高 1.6 厘米（图 6-21，6）。

17 II TG4 ③：30，残。三叉形。三叉延伸处各有一条支腿，腿上有凸棱，中间凹，一腿残，腿下有窑粘，通体施有三彩釉，施釉不均匀。周身有窑粘。砖红色胎，较致密。长 7.5、残宽 3.9、残高 2.5 厘米（图 6-21，7）。

17 II TG4 ③：31，微残，捏制。三叉形。三叉延伸处各有一条支腿，腿上有凸棱，中间凹，一腿微残，顶部施有三彩釉，施釉不均匀。周身有裂缝、指纹印。砖红色胎，较致密。长 8.9、残宽 7.4、高 2 厘米（图 6-21，8；彩版 6-85）。

17 II TG4 ③：32，残。三叉形。三叉延伸处各有一条支腿，腿上有凸棱，中间凹，一腿残，通体施有三彩釉，施釉不均匀。周身有窑粘、指纹印。砖红色胎，较致密。长 8.2、残宽 5、残高 2 厘米（图 6-21，9）。

17 II TG4 ④：17，残，三叉形，扁平。两叉延伸处各有一条支腿，一足微残，足上施有三彩釉，施釉不均匀，釉面有小开片。一足上有窑粘，通体有土沁。砖红色胎，较致密。长 8.4、残宽 4.4、通高 2.4 厘米（彩版 6-86）。

17 II TG4 ④：18，残，三叉形，扁平，两叉延伸。两足微残，足上有凸棱，其上施有三彩釉，施釉不均匀，釉面有小开片。两足上有窑粘，有土沁。砖红色胎，较粗糙。长 7.1、残宽 4.7、残高 1.6、通高 1.9 厘米（彩版 6-87）。

17 II TG4 ④：19，残，三叉形，扁平，三叉延伸。中间凹，周身施有三彩釉，施釉不均匀，釉面有小开片，外有窑粘，有指印。砖红色胎，较粗糙。长 7.1、宽 6.35、高 1.4、通高 1.6 厘米（彩版 6-88）。

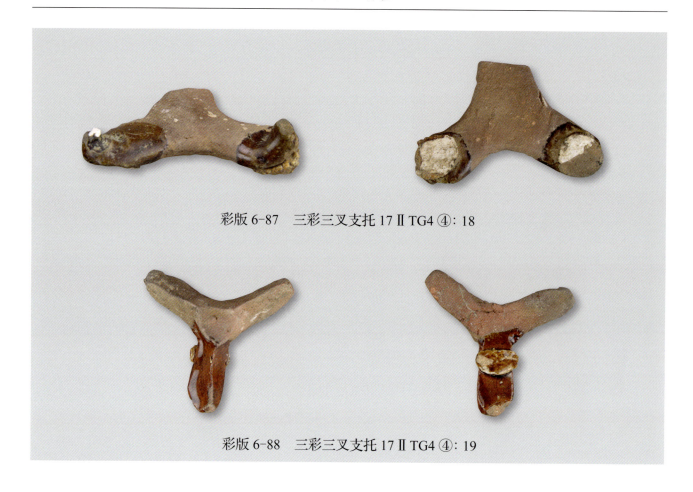

彩版 6-87　　三彩三叉支托 17ⅡTG4④：18

彩版 6-88　　三彩三叉支托 17ⅡTG4④：19

3. 瓷泥支垫

共 2 件。

17ⅡTG4③：44，残，圆形，环状。中间有凹槽，有手窝印、指纹印，底部有裂缝、凹痕。浅黄色胎，较致密。直径 10.7、孔径 4.6、厚 2.8 厘米（图 6-18，2）。

17ⅡTG4③：45，残，圆形，环状。从四周向中间低，侧面有两个凹槽，有手窝印、指纹印，周围有裂缝、轮痕。黄色胎，较粗糙。直径 9.6、厚 3.3 厘米（图 6-18，3）。

4. 支钉

共 2 件。

17ⅡTG4②：15，三角形，通体施三彩釉，施釉不均匀。浅黄色胎，较致密。直径 2.5、高 2.8 厘米（图 6-18，4）。

17ⅡTG4④：21，残，锥子形。外有施青黄釉，有脱釉现象，釉面有小开片，有窑粘，有土沁。浅黄色胎，较致密。直径 2.6、通高 1.8 厘米（图 6-18，5）。

5. 垫饼

共 61 件。

（1）腰形垫饼

55 件。

17ⅡTG4②：13，残，腰形状，平面近腰形。一面有条纹痕迹，侧面有裂缝，另一面有少量土沁。

夹砂黄色胎，较粗糙。长8.6、宽6.1、厚2～2.8厘米（图6-22，1）。

　　17ⅡTG4③：1，腰形状，平面近腰形。一面有窑粘，侧面有裂缝。夹砂浅黄色胎，较粗糙。长10.1、宽6.6、厚1.2～2.4厘米（图6-22，2）。

　　17ⅡTG4③：2，腰形状，平面近腰形。两面都有条纹痕迹，侧面有裂缝。夹砂黄色胎，较粗糙。长9.6、宽6.7、厚1.1～1.8厘米（彩版6-89）。

　　17ⅡTG4③：3，腰形状，平面近腰形。一面有支烧痕迹。夹砂浅黄色胎，较粗糙。长10.3、宽6.4、厚1.2～2.2厘米（图6-22，3）。

　　17ⅡTG4③：4，腰形状，平面近腰形。一面有支烧痕迹。夹砂浅黄色胎，较粗糙。长9.6、宽5.4、厚1.1～2.2厘米（彩版6-90）。

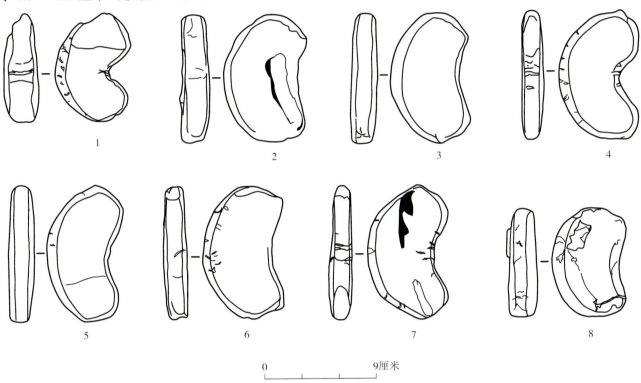

0　　　　　　　　9厘米

图6-22　17ⅡTG4出土腰形垫饼

1～8. 17ⅡTG4②：13、17ⅡTG4③：1、3、5～8、10

彩版6-89　腰形垫饼17ⅡTG4③：2　　　　彩版6-90　腰形垫饼17ⅡTG4③：4

17ⅡTG4③：5，残，腰形状，平面近腰形。两面及侧面都施有少量绿釉、窑粘，侧面有裂缝。夹砂浅灰色胎，较粗糙。长10.2、宽6.4、厚1.3～1.8厘米（图6-22，4）。

17ⅡTG4③：6，腰形状，平面近腰形。一面有条纹痕迹，侧面有裂缝，另一面有釉粘。夹砂黄色胎，较粗糙。长10.8、宽6.1、厚1.1～2.1厘米（图6-22，5）。

17ⅡTG4③：7，腰形状，平面近腰形。两面及侧面有裂缝。夹砂黄色胎，较粗糙。长10.5、宽6.4、厚1.2～1.9厘米（图6-22，6）。

17ⅡTG4③：8，腰形状，平面近腰形。两面都有条纹痕迹、釉粘，侧面有裂缝。黄色胎，较致密。长10.7、宽6.4、厚1.3～1.9厘米（图6-22，7）。

17ⅡTG4③：9，腰形状，平面近腰形。一面有条纹痕迹，侧面有裂缝。夹砂黄色胎，较粗糙。长9.7、宽6.2、厚1.3～1.8厘米（彩版6-91）。

17ⅡTG4③：10，腰形状，平面近腰形。一面有条纹痕迹、窑粘，侧面有裂缝。夹砂黄色胎，较粗糙。长8.6、宽5.9、厚1～2.4厘米（图6-22，8）。

17ⅡTG4③：11，腰形状，平面近腰形。一面有釉粘，少量土沁，侧面有裂缝。浅黄色胎，较致密。长11.7、宽6.1、厚1.1～1.9厘米。

17ⅡTG4③：12，腰形状，平面近腰形。一面有条纹痕迹，侧面有裂缝，另一面有土沁。夹砂黄色胎，较粗糙。长8.8、宽6.5、厚1.3～2厘米。

17ⅡTG4③：13，腰形状，平面近腰形。两面都有条纹痕迹，侧面有裂缝，疑似施釉。夹砂黄色胎，较粗糙。长9.4、宽5.5、厚1.1～1.7厘米。

17ⅡTG4③：14，腰形状，平面近腰形。两面都有条纹痕迹，侧面有裂缝。夹砂黄色胎，较粗糙。长9.6、宽6.6、厚1.4～2.2厘米（图6-23，1）。

17ⅡTG4③：15，腰形状，平面近腰形。一面有划痕，侧面有裂缝，另一面有釉粘，少量土沁。夹砂浅黄色胎，较粗糙。长8.3、宽5.9、厚1.1～1.9厘米（图6-23，2）。

17ⅡTG4③：16，腰形状，平面近腰形。一面有条纹痕迹，侧面有裂缝，另一面有土沁。夹砂黄色胎，较粗糙。长9.9、宽6.9、厚1.3～1.7厘米（彩版6-92）。

17ⅡTG4③：17，腰形状，平面近腰形。一面有条纹痕迹，侧面有裂缝，另一面有少量土沁。夹砂浅黄色胎，较粗糙。长11.9、宽6.5、厚1～1.5厘米（彩版6-93）。

17ⅡTG4③：18，腰形状，平面近腰形。两面都有条纹痕迹，侧面有裂缝。夹砂黄色胎，较粗糙。

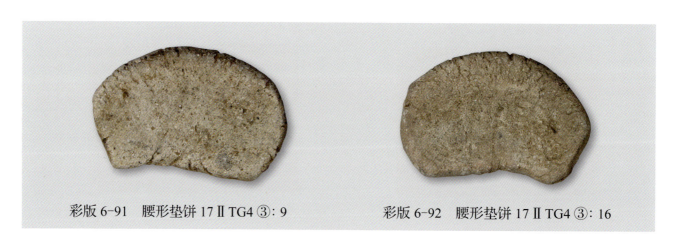

彩版6-91　腰形垫饼17ⅡTG4③：9　　　　　　彩版6-92　腰形垫饼17ⅡTG4③：16

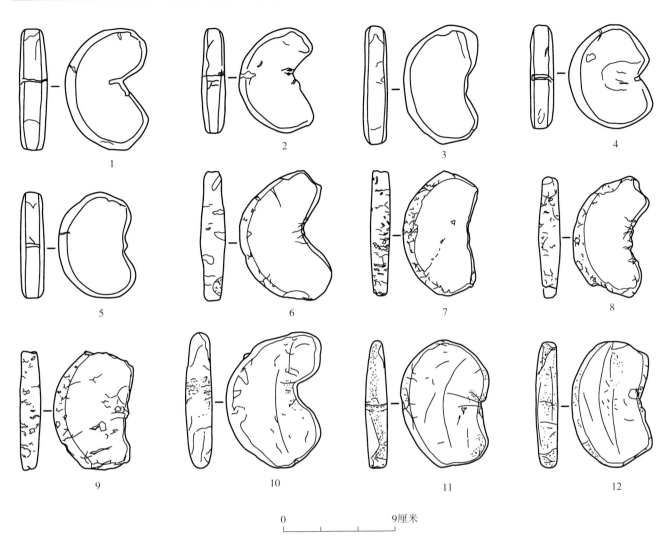

图 6-23　17 Ⅱ TG4 出土腰形垫饼

1～12. 17 Ⅱ TG4③：14、15、19～21，17 Ⅱ TG4④：1、3、4、6～9

长 9、宽 6.8 厘米、厚 1.4～2 厘米（彩版 6-94）。

　　17 Ⅱ TG4③：19，腰形状，平面近腰形。一面有条纹痕迹。夹砂黄色胎，较粗糙。长 9.4、宽 5.9、厚 1.5～1.9 厘米（图 6-23，3）。

　　17 Ⅱ TG4③：20，腰形状，平面近腰形。两面都有条纹痕迹，侧面有裂缝，疑似施釉。浅黄色胎，较粗糙。长 8.2、宽 6.8、厚 1.2～1.9 厘米（图 6-23，4；彩版 6-95）。

　　17 Ⅱ TG4③：21，腰形状，平面近腰形。一面有条纹痕迹，侧面有裂缝。夹砂黄色胎，较粗糙。长 8.4、宽 6.2、厚 1.1～1.9 厘米（图 6-23，5）。

　　17 Ⅱ TG4④：1，微残，腰形状，平面近腰形。一面有支烧形成的痕迹，整体有土沁。夹砂灰色胎，较粗糙。长 10.1、宽 7.2、厚 1～2 厘米（图 6-23，6）。

　　17 Ⅱ TG4④：2，微残，腰形状，平面近腰形。整体有土沁，外有釉粘。黄色胎，较粗糙。长 9.7、宽 5.4、厚 1～1.8 厘米（彩版 6-96）。

彩版 6-93　腰形垫饼 17ⅡTG4 ③：17　　　　　　彩版 6-94　腰形垫饼 17ⅡTG4 ③：18

彩版 6-95　腰形垫饼 17ⅡTG4 ③：20　　　　　　彩版 6-96　腰形垫饼 17ⅡTG4 ④：2

彩版 6-97　腰形垫饼 17ⅡTG4 ④：4　　　　　　彩版 6-98　腰形垫饼 17ⅡTG4 ④：5

　　17ⅡTG4 ④：3，腰形状，平面近腰形。一面有支烧形成的痕迹，整体有土沁。夹砂黄色胎，较粗糙。长 9.9、宽 6、厚 1.1～1.6 厘米（图 6-23，7）。

　　17ⅡTG4 ④：4，腰形状，平面近腰形。一面有支烧形成的痕迹，整体有土沁。夹砂黄色胎，粗糙。长 9.6、宽 6.1、厚 1～1.8 厘米（图 6-23，8；彩版 6-97）。

　　17ⅡTG4 ④：5，腰形状，平面近腰形。整体有土沁。夹砂砖红色胎，粗糙。长 10.6、宽 7.9、厚 1～2 厘米（彩版 6-98）。

　　17ⅡTG4 ④：6，腰形状，平面近腰形。整体有土沁，外侧有火石红。黄色胎，较粗糙。长 9.4、宽 6.4、厚 1～1.6 厘米（图 6-23，9）。

17 Ⅱ TG4 ④：7，腰形状，平面近腰形。一面有支烧形成的痕迹，外有窑粘，整体有土沁。灰色胎，较粗糙。长 10.75、宽 7.55、厚 1 ～ 2.1 厘米（图 6-23，10）。

17 Ⅱ TG4 ④：8，腰形状，平面近腰形。一面有支烧形成的痕迹，整体有土沁。黄色胎，较粗糙。长 10.15、宽 7.1、厚 1 ～ 1.75 厘米（图 6-23，11）。

17 Ⅱ TG4 ④：9，残，模制。腰形状，平面近腰形。一面有支烧形成的痕迹，有釉粘，整体有土沁。灰色胎，较粗糙。长 9.95、宽 6.5、厚 1 ～ 1.75 厘米（图 6-23，12）。

17 Ⅱ TG4 ④：10，上下叠摞，2 件。模制（图 6-24，1）。

17 Ⅱ TG4 ④：10-1，上，微残，腰形状，平面近腰形。外有土沁。黄色胎，较粗糙。长 8.5、宽 7.6、厚 0.5 ～ 1 厘米。

17 Ⅱ TG4 ④：10-2，下，微残，腰形状，平面近腰形。一面有支烧形成的痕迹，外有土沁，外侧有火石红。夹砂黄色胎，粗糙。长 9.3、宽 8.2、厚 0.6 ～ 1.4 厘米。

17 Ⅱ TG4 ④：11，腰形状，平面近腰形。一面有支烧形成的痕迹，整体有土沁。夹砂黄色胎，粗糙。长 9.6、宽 7.4、厚 1.4 ～ 1.9 厘米（图 6-24，2）。

17 Ⅱ TG4 ④：12，腰形状，平面近腰形。整体有土沁。夹砂黄色胎，粗糙。长 9.3、宽 6.75、厚 1 ～ 1.75 厘米（彩版 6-99）。

17 Ⅱ TG4 ⑤：1，微残，腰形状，平面近腰形。整体有土沁，外侧有火石红，两侧有捏痕。夹砂黄色胎，较粗糙。长 9.7、宽 6.05、厚 1.1 ～ 2.3 厘米（图 6-24，3；彩版 6-100）。

17 Ⅱ TG4 ⑤：2，腰形状，平面近腰形。整体有土沁，一面有釉粘。夹砂黄色胎，较粗糙。长 8.45、宽 7.35、厚 0.9 ～ 2 厘米（彩版 6-101）。

17 Ⅱ TG4 ⑤：3，腰形状，平面近腰形。整体有土沁，一面有窑粘，边缘有釉粘。夹砂黄色胎，

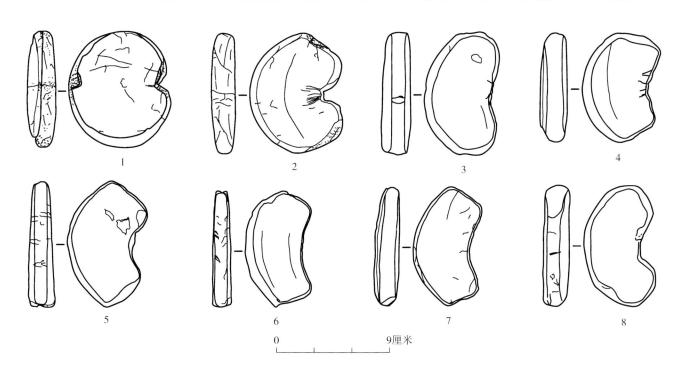

图 6-24　17 Ⅱ TG4 出土腰形垫饼

1～8. 17 Ⅱ TG4 ④：10、11、17 Ⅱ TG4 ⑤：1、3、17 Ⅱ TG4 ⑦：1～3、17 Ⅱ TG4 ⑧：12

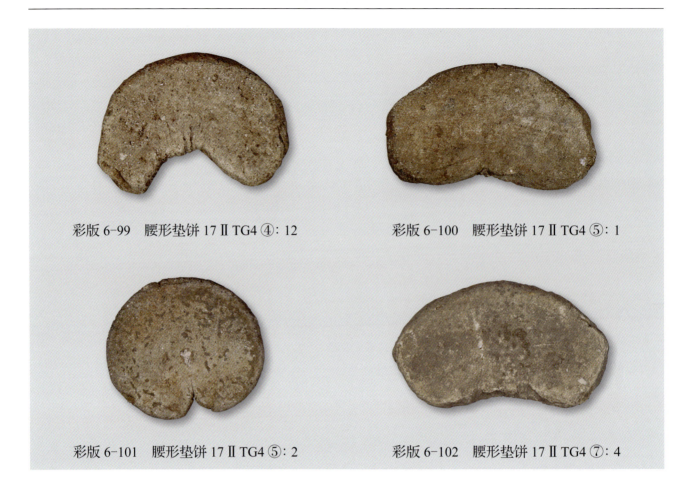

彩版 6-99　腰形垫饼 17Ⅱ TG4 ④：12　　　　彩版 6-100　腰形垫饼 17Ⅱ TG4 ⑤：1

彩版 6-101　腰形垫饼 17Ⅱ TG4 ⑤：2　　　　彩版 6-102　腰形垫饼 17Ⅱ TG4 ⑦：4

较粗糙。长 8.6、宽 6.35、厚 1.2～2 厘米（图 6-24，4）。

　　17Ⅱ TG4 ⑦：1，腰形状，平面近腰形。夹砂浅黄色胎，较粗糙。长 10、宽 6.35、厚 1～2.1 厘米（图 6-24，5）。

　　17Ⅱ TG4 ⑦：2，腰形状，平面近腰形。夹砂浅黄色胎，较粗糙。长 9.2、宽 5.3、厚 1～1.5 厘米（图 6-24，6）。

　　17Ⅱ TG4 ⑦：3，腰形状，平面近腰形。夹砂浅黄色胎，较粗糙。长 9.4、宽 5.55、厚 1～1.7 厘米（图 6-24，7）。

　　17Ⅱ TG4 ⑦：4，腰形状，平面近腰形。夹砂浅黄色胎，较粗糙。长 9.2、宽 5.6、厚 0.9～2 厘米（彩版 6-102）。

　　17Ⅱ TG4 ⑧：11，微残，腰形状，平面近腰形。一面有条纹痕迹，侧面有裂缝，另一面有支烧痕迹。夹砂黄色胎，较粗糙。长 10.3、宽 7、厚 1.4～2.1 厘米（彩版 6-103）。

　　17Ⅱ TG4 ⑧：12，腰形状，平面近腰形。两面都有条纹痕迹，侧面有裂缝，另一面有少量土沁。夹砂黄色胎，较粗糙。长 9.6、宽 5.8、厚 1.3～2.1 厘米（图 6-24，8）。

　　17Ⅱ TG4 ⑧：13，腰形状，平面近腰形。一面有条纹痕迹，侧面有裂缝，另一面有疑似施釉、支烧痕迹、窑粘。夹砂黄色胎，较粗糙。长 8.5、宽 6.5、厚 1.1～2.1 厘米（彩版 6-104）。

　　17Ⅱ TG4 ⑧：14，腰形状，平面近腰形。一面有条纹痕迹，侧面有裂缝，另一面有疑似施釉。夹砂黄色胎，较粗糙。长 9.2、宽 6、厚 1.3～1.8 厘米。

彩版 6-103 腰形垫饼 17ⅡTG4⑧：11　　　彩版 6-104 腰形垫饼 17ⅡTG4⑧：13

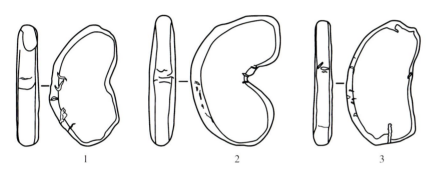

1　　　　　　　　2　　　　　　　　3

0　　　　　　　　9厘米

图 6-25 17ⅡTG4 出土腰形垫饼
1～3. 17ⅡTG4⑧：19～21

17ⅡTG4⑧：15，微残，腰形状，平面近腰形。两面都有条纹痕迹，侧面有裂缝，另一面有少量土沁。浅砖红色胎，较粗糙。长 10.1、宽 7.3、厚 1.4～2.1 厘米（彩版 6-105）。

17ⅡTG4⑧：16，微残，腰形状，平面近腰形。两面都有条纹痕迹，侧面有裂缝，另一面有疑似施釉。夹砂黄色胎，较粗糙。长 8、宽 6.2、厚 1.7～2.1 厘米。

17ⅡTG4⑧：17，腰形状，平面近腰形。一面有条纹痕迹，侧面有裂缝。夹砂黄色胎，较粗糙。长 9.9、宽 5.9、厚 1.3～1.8 厘米。

17ⅡTG4⑧：18，腰形状，平面近腰形。一面有条纹痕迹，少量土沁，侧面有裂缝。夹砂黄色胎，较粗糙。长 12.4、宽 6、厚 1.3～1.9 厘米。

17ⅡTG4⑧：19，腰形状，平面近腰形。一面有条纹痕迹，侧面有裂缝。夹砂黄色胎，较粗糙。长 9.6、宽 5.6、厚 1.4～1.8 厘米（图 6-25，1）。

17ⅡTG4⑧：20，腰形状，平面近腰形。两面都有条纹痕迹，侧面有裂缝。夹砂黄色胎，较粗糙。长 10.3、宽 7.1、厚 1.1～2.1 厘米（图 6-25，2）。

17ⅡTG4⑧：21，残，腰形状，平面近腰形。一面有支烧痕迹、窑粘，侧面有裂缝，另一面有少量土沁。夹砂黄色胎，较粗糙。长 9.9、宽 5.8、厚 1.2～1.5 厘米（图 6-25，3）。

17ⅡTG4⑧：22，腰形状，平面近腰形。一面有条纹痕迹，侧面有裂缝，另一面有支烧痕迹。夹砂黄色胎，较粗糙。长 10、宽 6.7、厚 1.6～1.9 厘米。

17ⅡTG4⑧：23，微残，腰形状，平面近腰形。一面有条纹痕迹，侧面有裂缝，另一面有少量土沁。夹砂黄色胎，较粗糙。长 10.1、宽 6.5、厚 1.5～1.9 厘米。

17ⅡTG4⑧：24，微残，腰形状，平面近腰形。一面有疑似施釉，有支烧痕迹、划痕，侧面有裂缝。

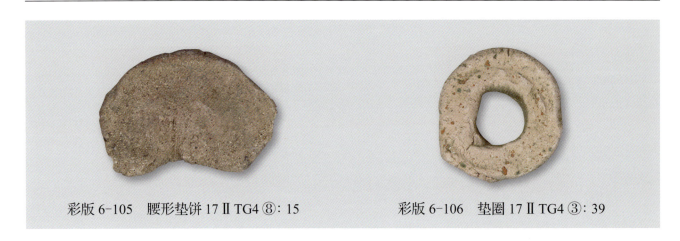

彩版 6-105　腰形垫饼 17 Ⅱ TG4 ⑧：15　　　　　　彩版 6-106　垫圈 17 Ⅱ TG4 ③：39

夹砂黄色胎，较粗糙。长 11.6、宽 6、厚 1.5 ～ 1.7 厘米。

（2）圆形垫饼

6 件。

17 Ⅱ TG4 ③：35，圆饼状，平面近圆形。两面外圈疑似施釉，一面有釉粘、窑粘，另一面有划痕。浅灰色胎，较致密。直径 21.6、厚 2.4 厘米（图 6-26，1）。

17 Ⅱ TG4 ③：36，圆饼状，平面近圆形。一面外圈疑似施釉，一面有釉粘、窑粘、划痕，另一面有小裂缝。浅黄色胎，较致密。直径 22.8、厚 1.4 厘米（图 6-26，2）。

17 Ⅱ TG4 ③：37，圆饼状，平面近圆形。两面外圈疑似施釉，两面都有釉粘、窑粘。浅灰色胎，

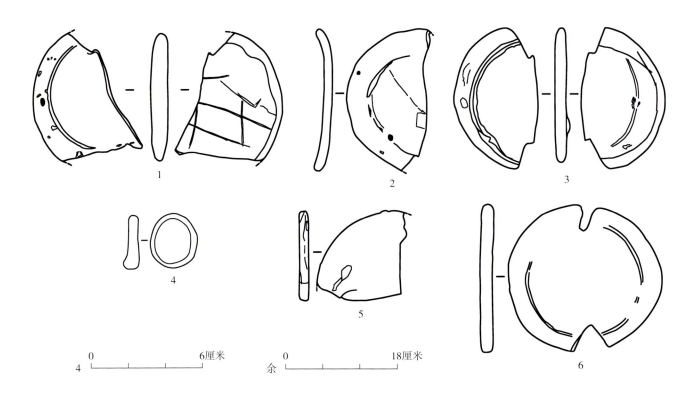

图 6-26　17 Ⅱ TG4 出土圆形垫饼

1～6. 17 Ⅱ TG4③：35～38、17 Ⅱ TG4⑤：4、17 Ⅱ TG4⑧：7

较致密。直径22.2、厚1.8厘米（图6-26，3）。

17ⅡTG4③：38，圆饼状，平面近椭圆形。两边高中间底，周围有裂缝。浅砖红色胎，较致密。直径2.9、厚0.9厘米（图6-26，4）。

17ⅡTG4⑤：4，残，圆饼状，平面近圆形。一面有釉粘，粘有残片。夹砂浅黄色胎，粗糙。直径14.4、厚1.5～1.7厘米（图6-26，5）。

17ⅡTG4⑧：7，圆饼状，平面近圆形，周边有两个缺口。一面有支烧痕迹、窑粘，侧面有裂痕。夹砂黄色胎，较粗糙。直径24.6、厚2厘米（图6-26，6）。

6. 垫圈

共8件。

17ⅡTG4③：39，圆形，环状。中心有凹槽，侧面有裂缝。浅砖红色胎，较致密。直径6.5、孔径2.4、厚1.4厘米（图6-27，1；彩版6-106）。

17ⅡTG4③：40，圆形，环状。正面周围高中间低，反面高低不同，中心有凹槽，侧面有裂缝。浅黄色胎，较致密。直径7.2、孔径1、厚2.4厘米（图6-27，2；彩版6-107）。

17ⅡTG4③：41，残，圆形，环状。正面四周高中间低，中心有凹槽，周身有裂缝，指纹印。浅砖红色胎，较致密。直径5.4、孔径1.8、厚1.7厘米（图6-27，3）。

17ⅡTG4③：42，残，圆形，环状。四周及中心高中间低，周身有裂缝。黄色胎，较粗糙。直径10.9、厚2.3厘米（图6-27，4；彩版6-108）。

17ⅡTG4③：43，残，圆形，环状。从四周向中间低，因拉坯不均匀导致周围有裂缝。浅砖红色胎，较致密。直径9.6、厚2厘米（图6-27，5）。

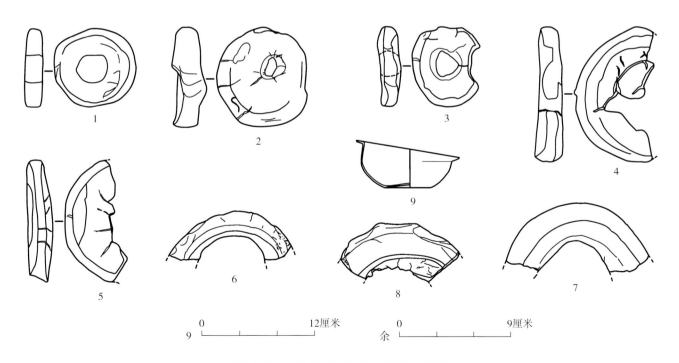

图6-27　17Ⅱ TG4 出土垫圈、铜盆

1～8. 垫圈17ⅡTG4③：39～43、17ⅡTG4④：13～15　9. 铜盆17ⅡTG4①：1

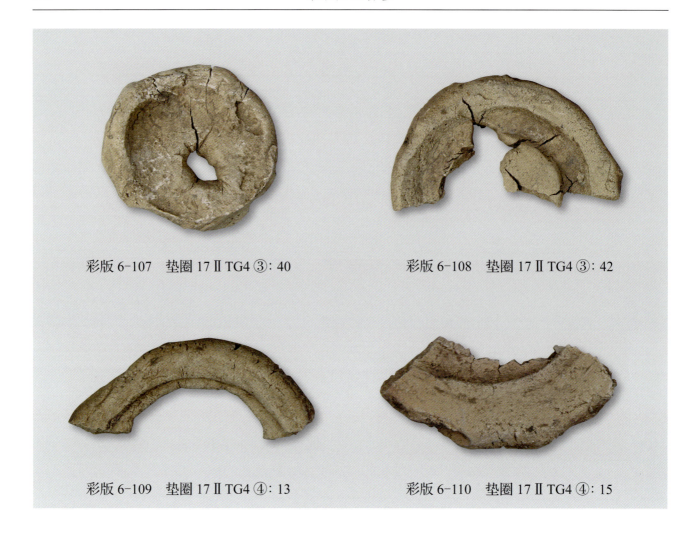

彩版 6-107　垫圈 17ⅡTG4③:40　　　　　　　　彩版 6-108　垫圈 17ⅡTG4③:42

彩版 6-109　垫圈 17ⅡTG4④:13　　　　　　　　彩版 6-110　垫圈 17ⅡTG4④:15

17ⅡTG4④:13，残，近似圆形，环状。内呈弧状，内有一凹槽，内外有土沁，外有指窝印、有指痕，侧面有裂缝。黄色胎，较粗糙。残长 9.7、残宽 3.9、厚 2.4 厘米（图 6-27，6；彩版 6-109）。

17ⅡTG4④:14，残，近似圆形，环状。内呈弧状，一面有凹槽，内外有土沁，侧面有裂缝。浅黄色胎，较粗糙。残长 11.4、残宽 2.7、厚 1.8 厘米（图 6-27，7）。

17ⅡTG4④:15，残，近似圆形，环状。内呈弧状，一面有凹槽，内外有土沁，外有指窝印、有指痕，侧面有裂缝。黄色胎，较粗糙。残长 9.5、残宽 4.7、厚 3.3 厘米（图 6-27，8；彩版 6-110）。

（一一）铜器

1. 铜盆

共 1 件。

17ⅡTG4①:1，残。敞口，圆唇，斜沿，弧腹，平底内凹。铜锈青绿色，内外有土沁。口径 11.2、底径 4.8、通高 4 厘米（图 6-27，9）。

2. 铜钱

共 1 枚（图 6-29，10）。

17ⅡTG4③:91，咸平元宝，1 枚，楷书。重 3.88 克，直径 2.47、孔径 0.6、厚 0.15 厘米。

第二节　窑炉出土遗物

（一）白瓷

1. 白瓷碗

共 18 件。

17ⅡY1 ①：9，残。敞口，圆唇，弧腹，饼底内凹。内满施透明釉，外施透明釉至腹部，釉下施白色化妆土，内有三个支钉、三个支钉痕，粘有瓷片，外有轮痕，少量土沁，底部有四个支钉。黄色胎，较致密。口径 17.2、底径 6.4、高 4.8、通高 5.2 厘米（图 6-28，1）。

17ⅡY1 ①：10，残。敞口，圆唇，弧腹，圈足。内满施透明釉，外施透明釉至腹部，釉下施白色化妆土，釉面无光泽，外有轮痕。圈足足跟旋削，足脊微斜，足脊有两个支钉，外足墙微外撇。

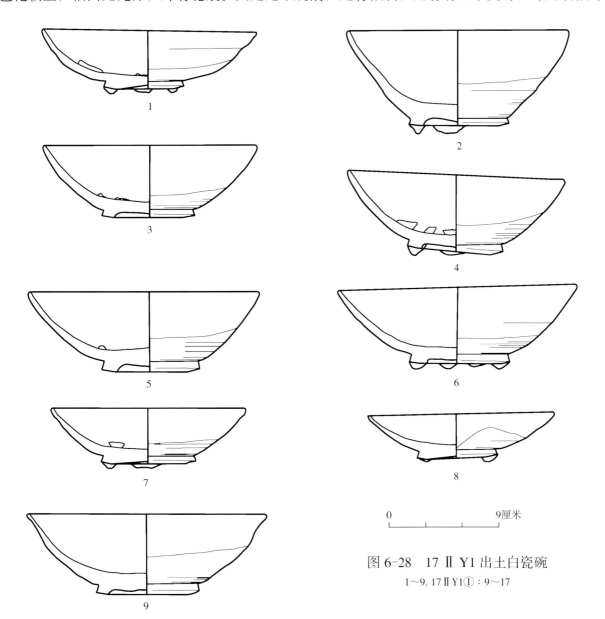

0　　　　　　　　　　9厘米

图 6-28　17ⅡY1 出土白瓷碗

1～9.17ⅡY1①：9～17

黄色胎，较致密。口径 18、底径 8.2、高 7.6、通高 8.2 厘米（图 6-28，2）。

17 II Y1 ①：11，残。敞口，圆唇，弧腹，圈足。内满施透明釉，外施透明釉至腹部，内有五个支钉痕，外有轮痕，少量土沁，粘有小砂石。圈足足跟旋削，足脊微斜，外足墙微外撇。浅灰色胎，较粗糙。口径 17.2、底径 7.4、通高 5.8 厘米（图 6-28，3）。

17 II Y1 ①：12，残。敞口，圆唇，弧腹，圈足。内满施透明釉，外施透明釉至腹部，釉下施白色化妆土，化妆土及釉面有小开片，内有四个支钉、窑粘，外粘瓷片，有轮痕。圈足足跟旋削，足脊微斜，足脊有两个支钉、两个支钉痕，外足墙微外撇。浅黄色胎，较致密。口径 17.6、底径 7.8、高 6.2、通高 6.8 厘米（图 6-28，4）。

17 II Y1 ①：13，残。敞口，圆唇，弧腹，圈足。内满施透明釉，外施透明釉至腹部，釉下施白色化妆土，釉面无光泽，内有三个支钉痕，外有轮痕，少量土沁。圈足足跟旋削，足脊微斜，外足墙微外撇。黄色胎，较致密。口径 18.6、底径 7.8、通高 6.4 厘米（图 6-28，5）。

17 II Y1 ①：14，残。敞口，圆唇，弧腹，玉璧底。内满施透明釉，外施透明釉至腹部，施釉不均匀，釉面无光泽，内外都有少量土沁，内有三个支钉，底部有五个支钉。黄色胎，较致密。口径 19.4、底径 8.2、高 6、通高 6.8 厘米（图 6-28，6）。

17 II Y1 ①：15，残。敞口，圆唇，弧腹，饼底内凹。内满施透明釉，外施透明釉至腹部，釉下施白色化妆土，釉面无光泽，内有两个支钉，外有轮痕，底部有两个支钉。黄色胎，较粗糙。口径 15.6、底径 7.6、高 4.4、通高 4.8 厘米（图 6-28，7）。

17 II Y1 ①：16，残。敞口，圆唇，弧腹，饼底内凹。内满施透明釉，外施透明釉至足跟，釉下施白色化妆土，施釉不均匀，釉面无光泽，内外都有少量土沁，外有轮痕，底部有一个支钉、两个支钉痕。黄色胎，较致密。口径 15.2、底径 6.6、高 3.6、通高 3.9 厘米（图 6-28，8）。

17 II Y1 ①：17，残。敞口，圆唇，弧腹，玉璧底。内满施透明釉，外施透明釉至腹部，釉下施白色化妆土，施釉不均匀，釉面无光泽，内外都有少量土沁，内有三个支钉痕，底部有五个支钉痕。黄色胎，较致密。口径 19.2、底径 8、通高 6.4 厘米（图 6-28，9）。

17 II Y1 ①：18，残。敞口，圆唇，弧腹，饼底内凹。内满施透明釉，外施透明釉至腹部，釉下施白色化妆土，有积釉现象，釉面无光泽，内外都有少量土沁，外有轮痕，底部有两个支钉、一个支钉痕。浅黄色胎，较致密。口径 15.8、底径 7、高 4.6、通高 5 厘米（图 6-29，1）。

17 II Y1 ①：27，残。敞口，圆唇，弧腹，玉璧底。内满施透明釉，外施透明釉至上腹部，釉下施白色化妆土，施釉不均匀，釉面无光泽，内有三个支钉，底部有四个支钉。黄色胎，较致密。口径 9.9、底径 3.9、高 3、通高 3.3 厘米（图 6-29，2）。

17 II Y1 ①：28，残。敞口，圆唇，弧腹，圈足。内满施透明釉，外施透明釉至下腹，釉下施白色化妆土，有流釉、积釉现象，内有一个支钉，外有轮痕。圈足足跟旋削，足脊微斜，足脊有一个支钉，外足墙微外撇。浅灰色胎，较致密。口径 17.6、底径 7.8、高 5.8、通高 6.2 厘米（图 6-29，3）。

17 II Y1 ①：29，残，弧腹，圈足。内满施透明釉，釉面有小开片。圈足足跟旋削，足脊微斜，足脊有一个支钉，外足墙微外撇。浅黄色胎，较致密。底径 15、残高 6 厘米。圈足下粘垫饼，垫饼有裂缝，内有三个支钉痕，外有轮痕。浅黄色胎，较粗糙。直径 20.4、厚 3.6 厘米（图 6-29，4）。

17 II Y1 ①：30，残。敞口，圆唇，弧腹，圈足。内满施透明釉，外施透明釉至下腹，釉下施白色化妆土，釉面无光泽，外有少量土沁、轮痕。圈足足跟旋削，足脊微斜，足脊有四个支钉，外足

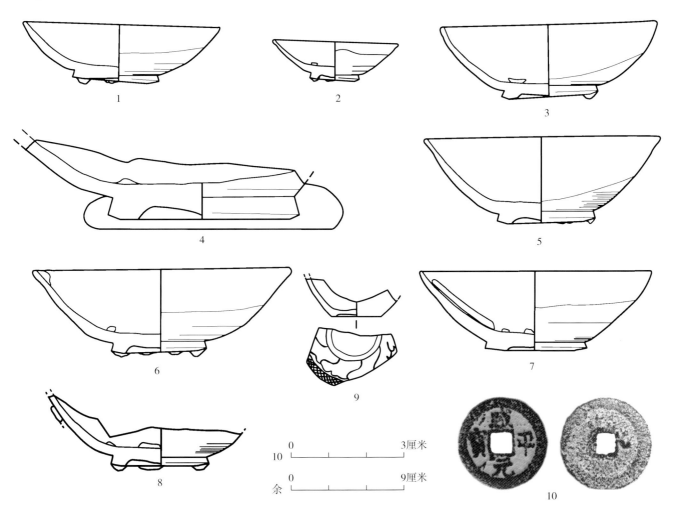

图 6-29　17 Ⅱ Y1、17 Ⅱ TG4 出土白瓷碗、罐、铜钱

1～8. 白瓷碗 17 Ⅱ Y1①：18、27～33　9. 白瓷罐 17 Ⅱ Y1①：23　10. 铜钱 17 Ⅱ TG4③：91

墙微外撇。浅黄色胎，较致密。口径 19.2、底径 8、高 6.8、通高 6.9 厘米（图 6-29，5）。

　　17 Ⅱ Y1①：31，残。敞口，圆唇，弧腹，玉璧底。内满施透明釉，外施透明釉至腹部，釉下施白色化妆土，釉面无光泽，内有两个支钉、窑粘，外有少量土沁、轮痕，底部有四个支钉。黄色胎，较致密。口径 20.8、底径 7.6、高 6.6、通高 7 厘米（图 6-29，6；彩版 6-111）。

　　17 Ⅱ Y1①：32，残。敞口，圆唇，弧腹，圈足。内满施透明釉，外施透明釉至腹部，釉下满施白色化妆土，化妆土及釉面有小开片，内粘有瓷片，两个支钉、窑粘，外有轮痕。圈足足跟旋削，足脊微斜，外足墙微外撇。灰色胎，较粗糙。口径 18.6、底径 8.2、通高 6.3 厘米（图 6-29，7）。

　　17 Ⅱ Y1①：33，残，弧腹，圈足。内满施透明釉，外施透明釉至腹部，釉面有小开片，内有三个支钉、釉粘，外粘瓷片，少量土沁、轮痕。圈足足跟旋削，足脊微斜，足脊有四个支钉，外足墙微外撇。浅灰色胎，较致密。底径 7.8、残高 5.6、残通高 6 厘米（图 6-29，8）。

　　17 Ⅱ Y1①：34，残。敞口，圆唇，弧腹，圈足。内满施透明釉，外施透明釉至腹部，釉下施白色化妆土，有流釉、积釉现象，釉面无光泽，内外都有少量土沁，内有四个支钉，外有轮痕。圈足足跟旋削，足脊微斜，外足墙微外撇。浅黄色胎，较致密。口径 19.8、底径 8.4、通高 6.3 厘米（彩

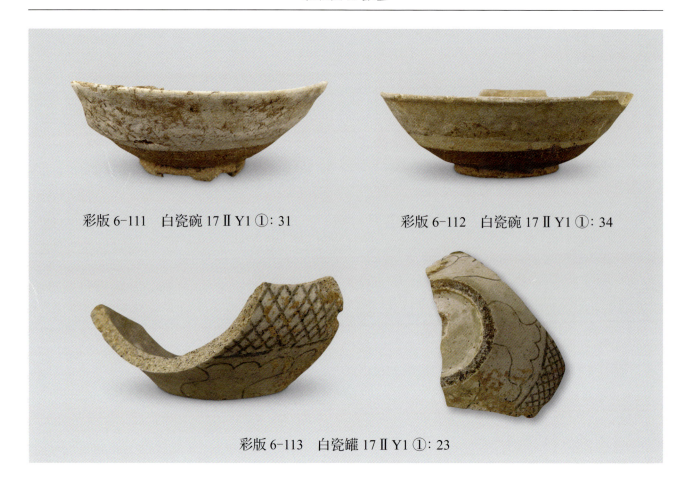

彩版 6-111　白瓷碗 17ⅡY1①：31　　　　彩版 6-112　白瓷碗 17ⅡY1①：34

彩版 6-113　白瓷罐 17ⅡY1①：23

版 6-112）。

　　2. 白瓷罐

　　共 1 件。

　　17ⅡY1①：23，罐底，弧腹，卧足。内外满施透明釉，外饰方棱纹、线条纹、花卉纹，釉面有小开片。灰色胎，较粗糙。底径 3.9、残高 3 厘米（图 6-29，9；彩版 6-113）。

（二）青瓷

　　青瓷盏

　　共 3 件。

　　17ⅡY1①：19，残，口沿有变形。敞口，圆唇，弧腹，饼底内凹。内满施青釉，外施青釉至腹部，有流釉、积釉现象，外有少量土沁、轮痕、釉粘、窑粘。灰色胎，较致密。口径 11.4、底径 4.7、通高 3.5 厘米（图 6-30，1）。

　　17ⅡY1①：20，残。敞口，圆唇，弧腹，饼底内凹。内满施青釉，外施青釉至腹部，腹及底部因拉坯不均匀导致的泥浆，内有耐火材料烧成的废料，外有少量土沁、轮痕、釉粘、窑粘。浅黄色胎，较致密。口径 11.2、底径 4.2、通高 4.2 厘米（图 6-30，2；彩版 6-114）。

　　17ⅡY1①：21，残。敞口，圆唇，弧腹，饼底。内满施青釉，外施青釉至腹部，外有轮痕。浅黄色胎，较致密。口径 11.2、底径 4.8、通高 3.7 厘米（图 6-30，3）。

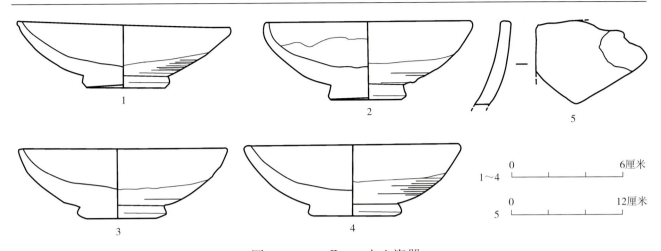

图 6-30　17 Ⅱ Y1 出土瓷器

1～3. 青瓷盏17ⅡY1①：19～21　4. 青黄釉盏17ⅡY1①：22　5. 三彩板瓦17ⅡY1①：62

彩版 6-114　青瓷盏 17 Ⅱ Y1 ①：20

（三）青黄釉瓷

青黄釉盏

共 1 件。

17 Ⅱ Y1 ①：22，残。敞口，圆唇，弧腹，饼底。内满施青黄釉，外施青黄釉至腹部，釉下施白色化妆土，釉面无光泽，腹及底部因拉坯不均匀导致的泥浆，外有少量土沁、轮痕、釉粘。浅黄色胎，较致密。口径 11.6、底径 5、通高 3.8 厘米（图 6-30，4）。

（四）三彩釉瓷

三彩板瓦

共 1 件。

彩版 6-115　三彩板瓦 17 Ⅱ Y1 ①：62

17 Ⅱ Y1 ①：62，残片，正面施三彩釉，釉面有小开片，有少量土沁，背面饰绳纹，有划痕。浅黄色胎，较致密。残长 11.8、残宽 8.7 厘米（图 6-30，5；彩版 6-115）。

（五）素烧瓷

1. 素烧盆

共 1 件。

17ⅡY1①：41，枕片，呈长方形。正面饰凤纹。反面饰荷花纹。浅黄色胎，较致密。残长 9.9、残宽 7.3 厘米（彩版 6-116）。

2. 素烧划花枕

共 7 件。

17ⅡY1①：24，枕片，呈长方形，泥片贴筑。正面饰两道凹棱，花卉纹，背部有轮痕。浅黄色胎，较致密。残长 7.3、残宽 4.5 厘米（图 6-31，1）。36、39 疑似一个器物，37、40 疑似一个器物，38、41、42、43 疑似一个器物。

17ⅡY1①：36、39，文字枕片，呈长方形。反面有"鞏縣朱"，有轮痕。正面饰凤纹。浅黄色胎，较致密。残长 14、残宽 10.9 厘米（彩版 6-117）。

17ⅡY1①：37，枕片，呈长方形。正面饰凤纹。浅黄色胎，较致密。残长 11.2、残宽 7.2 厘米（图6-31，2）。

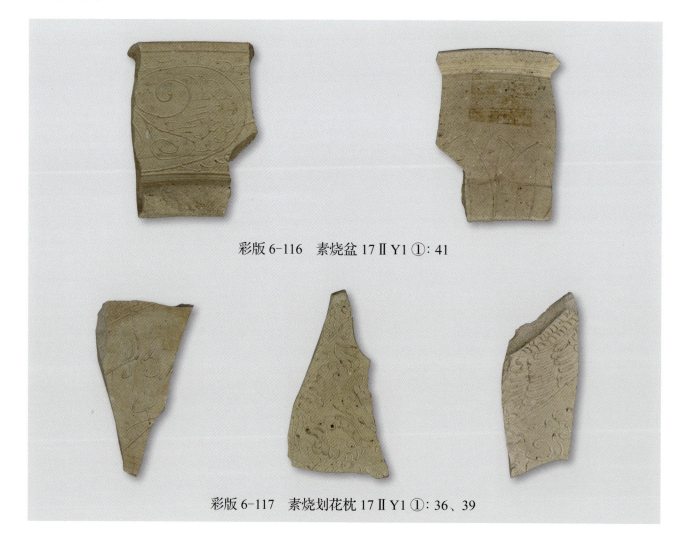

彩版 6-116　素烧盆 17ⅡY1①：41

彩版 6-117　素烧划花枕 17ⅡY1①：36、39

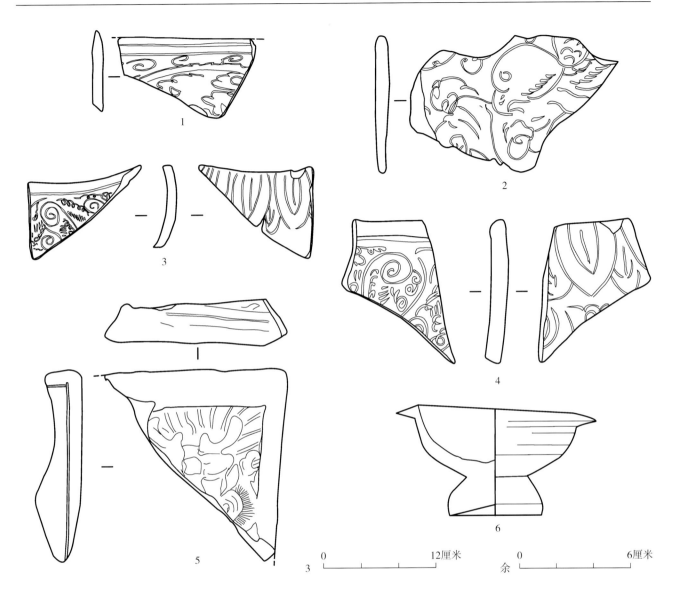

图6-31　17ⅡY1出土素烧划花枕、行炉

1～5. 素烧划花枕17ⅡY1①：24、37、38、42～44　6. 素烧行炉17ⅡY1①：35

17ⅡY1①：38、42，枕片，呈长方形。正面饰凤纹。反面饰荷花纹。浅黄色胎，较致密。残长12.2、残宽10厘米（图6-31，3）。

17ⅡY1①：40，枕片，呈长方形。正面饰凤纹。浅黄色胎，较致密。残长10、残宽5.1厘米（彩版6-118）。

17ⅡY1①：43，枕片，呈长方形。正面饰凤纹。反面饰荷花纹。浅黄色胎，较致密。残长7.6、残宽6厘米（图6-31，4）。

17ⅡY1①：44，枕片，呈长方体，泥片贴筑。正面有两道宽棱包围兽神，上面有两道凹棱。侧面有三道凹棱，有轮痕。浅黄色胎，较致密。残长9.7、残宽10.2、残高2.4厘米（图6-31，5）。

3. 素烧行炉

共1件。

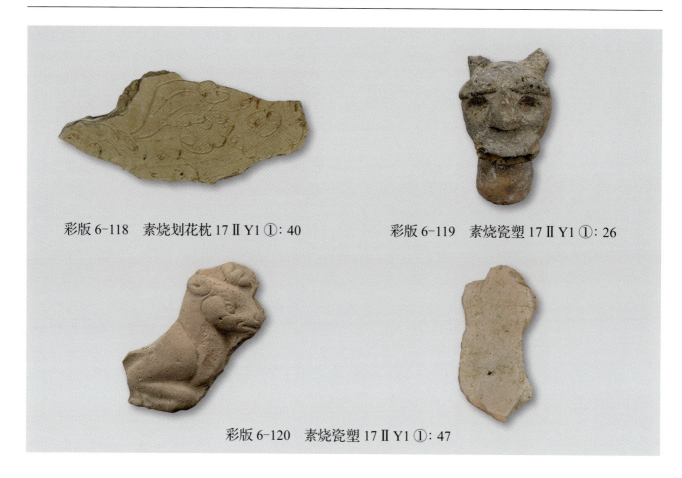

彩版 6-118　素烧划花枕 17 Ⅱ Y1 ①：40　　　　　彩版 6-119　素烧瓷塑 17 Ⅱ Y1 ①：26

彩版 6-120　素烧瓷塑 17 Ⅱ Y1 ①：47

　　17 Ⅱ Y1 ①：35，微残，口沿有变形。敞口，圆唇，宽斜沿，直腹斜收，喇叭形底。内外都有轮痕，少量土沁，内腹因拉坯不均匀导致的泥浆。灰色胎，较致密。口径 10.8、底径 5.2、通高 5.9 厘米（图 6-31，6）。

　　4. 素烧瓷塑
　　共 2 件。
　　17 Ⅱ Y1 ①：26，瓷兽首，模制。站姿。头上有两角，脸圆，眉毛较粗，眼睛大，鼻梁较高，嘴巴张开扁大，头在木桩上。有少量土沁。砖红色胎，较致密。残长 3、残宽 3.5、残高 5 厘米（彩版 6-119）。

　　17 Ⅱ Y1 ①：47，瓷塑，残，模制。卧姿。头上有头冠，右边有角，头偏左，椭圆形脸，嘴巴微张，眼睛大，身体往左偏，腿部弯曲，背部直。红陶，浅砖红色胎，较致密。残长 3.5、残宽 7、高 1.5 厘米（彩版 6-120）。

　　5. 素烧铃铛
　　共 1 件。
　　17 Ⅱ Y1 ①：46，残，模制。仅存铃体。内空，上部捏有一条系，中有一近圆形孔，下腹有一道竖弦纹，锥状突起。有少量土沁、划痕。浅黄色胎，较致密。残长 6.2、残宽 7.7 厘米（彩版 6-121）。

　　6. 素烧建筑构件
　　共 1 件。
　　17 Ⅱ Y1 ①：45，残，模制。呈长方形。正面饰龙须，反面有轮痕。浅黄色胎，较致密。残长 8.6、残宽 9.7、高 3.6 厘米（彩版 6-122）。

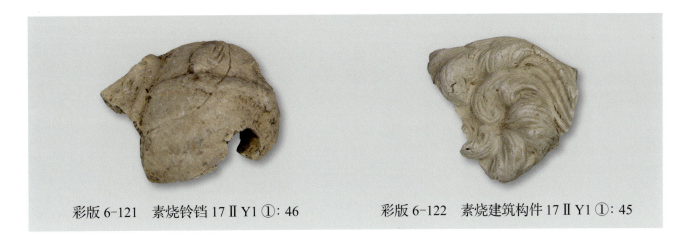

彩版 6-121　素烧铃铛 17 II Y1 ①：46　　　　彩版 6-122　素烧建筑构件 17 II Y1 ①：45

（六）窑具

1. 窑柱

共 4 件。

17 II Y1 ①：59，残，圆柱体，实心。外疑似施釉，有棱角、轮痕、窑粘。夹砂浅黄色胎，较粗糙。直径 6.6、残高 23.6 厘米（图 6-32，1）。

17 II Y1 ①：63，残，圆柱体，实心。外疑似施釉，下部有耐火材料做成的填料。有少量土沁、轮痕、窑粘。夹砂灰色胎，较粗糙。直径 7.2、残高 32.2 厘米（图 6-32，2；彩版 6-123）。

17 II Y1 ①：64，残，圆柱体，实心。外疑似施釉，下部有耐火材料做成的填料。有少量土沁、轮痕、窑粘。灰色胎，较粗糙。直径 6.8、残高 29.4 厘米（图 6-32，3）。

17 II Y1 ①：65，残，圆柱体，实心。外疑似施釉，有少量土沁、划痕、窑粘。灰色胎，较粗糙。直径 6.4、残高 27.8 厘米（彩版 6-124）。

2. 三叉支托

共 8 件。

（1）素烧三叉支托

1 件。

17 II Y1 ①：58，残。三叉形，扁平。三叉延伸处各有一条支腿，支腿顶端下面各有

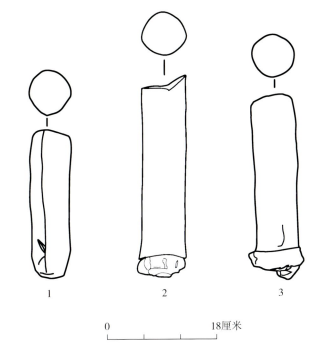

0 ——————— 18厘米

图 6-32　17 II Y1 出土窑柱
1～3. 17 II Y1 ①：59、63、64

彩版 6-123　窑柱 17 II Y1 ①：63

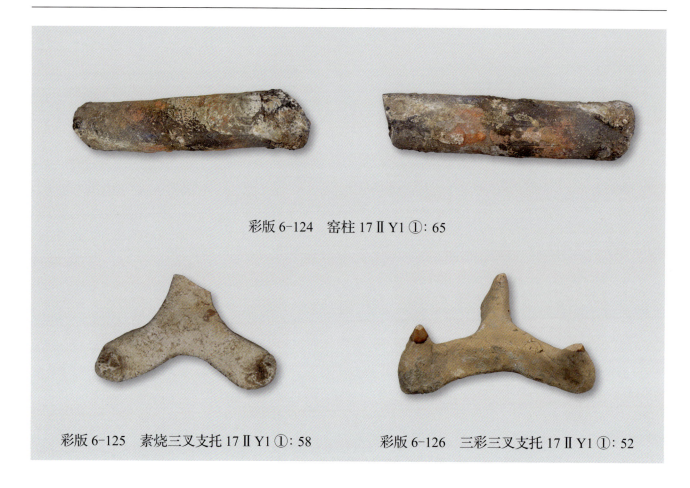

彩版 6-124　窑柱 17ⅡY1①: 65

彩版 6-125　素烧三叉支托 17ⅡY1①: 58　　　　彩版 6-126　三彩三叉支托 17ⅡY1①: 52

一足。一腿残，周身有指纹印、划痕、裂缝。浅黄色胎，较致密。长 7.6、残宽 4.8、残高 1.7 厘米（图 6-33，1；彩版 6-125）。

（2）三彩三叉支托

7 件。

17ⅡY1①: 25，残。三叉形。三叉延伸处各有一条支腿，腿上有凸棱，中间凹，一腿残。通体施三彩釉，施釉不均匀。支腿下端粘窑粘。砖红色胎，较致密。长 7.8、残宽 4.7、高 1.7、通高 2 厘米（图 6-33，2）。

17ⅡY1①: 52，三叉形，扁平。三叉延伸处各有一条支腿，支腿顶端下面各有一足。足有三彩釉粘。周身有指纹印、指窝印、划痕，少量土沁。浅黄色胎，较致密。长 7.9、宽 6.8、通高 2.9 厘米（彩版 6-126）。

17ⅡY1①: 53，残。三叉形，扁平。三叉延伸处各有一条支腿，支腿顶端下面各有一足。一腿残，一足下有窑粘，足有三彩釉。周身有指纹印、划痕、少量土沁。砖红色胎，较致密。长 7.1、残宽 2.8、残高 2.8、残通高 3.4 厘米（图 6-33，3）。

17ⅡY1①: 54，残。三叉形。三叉延伸处各有一条支腿，腿上有凸棱，中间凹，两腿残。通体有指纹印，有窑粘、釉粘。砖红色胎，较致密。残长 6.8、残宽 3.8、残高 1.4 厘米（图 6-33，4）。

17ⅡY1①: 55，残。三叉形，扁平。三叉延伸处各有一条支腿，支腿顶端下面各有一足。两足残，足有三彩釉。周身有指纹印、划痕、少量土沁。浅砖红色胎，较致密。长 7.1、残宽 5.5、残高 2.6 厘米（图 6-33，5）。

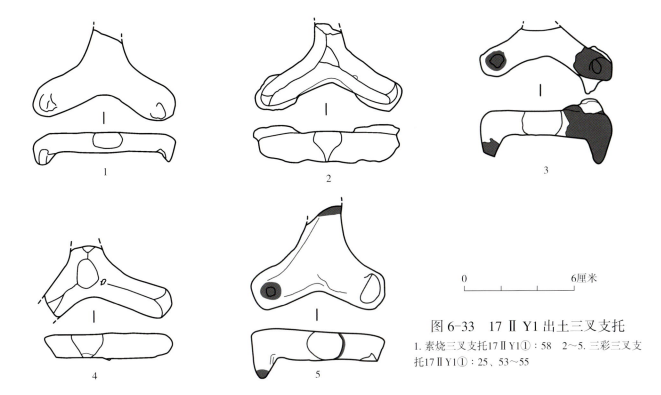

图 6-33　17 Ⅱ Y1 出土三叉支托

1. 素烧三叉支托 17 Ⅱ Y1 ①：58　2～5. 三彩三叉支托 17 Ⅱ Y1 ①：25、53～55

17 Ⅱ Y1 ①：56，残。三叉形，扁平。三叉延伸处各有一条支腿，支腿顶端下面各有一足，腿上有凸棱，中间凹。一腿残，周身有裂缝、指纹印，足有三彩釉。浅砖红色胎，较致密。长 9、残宽 5.3、残高 2.9 厘米（彩版 6-127）。

17 Ⅱ Y1 ①：57，残。三叉形，扁平。三叉延伸处各有一条支腿，支腿顶端下面各有一足。一腿残，一足下有窑粘，足有三彩釉。周身有指纹印、划痕、少量土沁。浅砖红色胎，较致密。长 7.4、残宽 4.8、残高 1.4、残通高 1.9 厘米。

3. 垫饼

共 10 件。

（1）腰形垫饼

8 件。

17 Ⅱ Y1 ①：1，腰形状，平面近腰形。一面有条纹痕迹，侧面有裂缝。夹砂浅黄色胎，较粗糙。长 9.9、宽 6.7、厚 1.5～2 厘米（图 6-34，1）。

17 Ⅱ Y1 ①：2，腰形状，平面近腰形。两面有条纹痕迹，侧面有裂缝。夹砂浅黄色胎，较粗糙。长 9.2、宽 6.1、厚 1.4～2 厘米（图 6-34，2）。

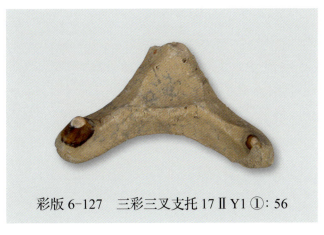

彩版 6-127　三彩三叉支托 17 Ⅱ Y1 ①：56

17 Ⅱ Y1 ①：3，腰形状，平面近腰形。一面有条纹痕迹，侧面有裂缝。夹砂浅黄色胎，较粗糙。长 9.5、宽 5.9、厚 1.3～2 厘米（图 6-34，3）。

17 Ⅱ Y1 ①：4，腰形状，平面近腰形。一面有条纹痕迹、划痕、支烧痕迹，侧面有裂缝，一面

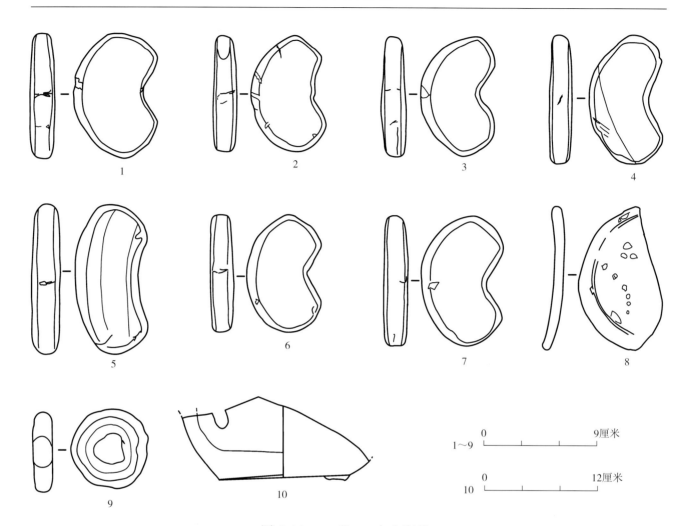

图 6-34　17ⅡY1 出土窑具

1～7. 腰形垫饼17ⅡY1①：1～7　8. 圆形垫饼17ⅡY1①：50　9. 垫圈17ⅡY1①：48　10. 匣钵17ⅡY1①：61

有少量土沁。夹砂浅黄色胎，较粗糙。长 10.2、宽 5.9、厚 1.2 ～ 1.8 厘米（图 6-34，4）。

17ⅡY1①：5，腰形状，平面近腰形。一面有条纹痕迹，侧面有裂缝，一面有支烧痕迹。夹砂浅黄色胎，较粗糙。长 11.9、宽 5.8、厚 1.4 ～ 2.3 厘米（图 6-34，5）。

17ⅡY1①：6，腰形状，平面近腰形。一面有条纹痕迹，侧面有裂缝。夹砂浅黄色胎，较粗糙。长 9.3、宽 6、厚 1.3 ～ 1.9 厘米（图 6-34，6）。

17ⅡY1①：7，腰形状，平面近腰形。一面有条纹痕迹，侧面有裂缝。夹砂浅黄色胎，较粗糙。长 10.3、宽 6.5、厚 1.3 ～ 1.9 厘米（图 6-34，7）。

17ⅡY1①：8，腰形状，平面近腰形。一面有划痕，侧面有裂缝。夹砂浅黄色胎，较粗糙。长 10.8、宽 6.9、厚 1.4 ～ 2 厘米（彩版 6-128）。

（2）圆形垫饼

2 件。

17ⅡY1①：50，残，模制。圆饼状，平面近圆形。两面外圈疑似施釉，一面有釉粘、支烧痕迹，另一面有划痕。浅灰色胎，较致密。直径 11.4、厚 0.9 厘米（图 6-34，8）。

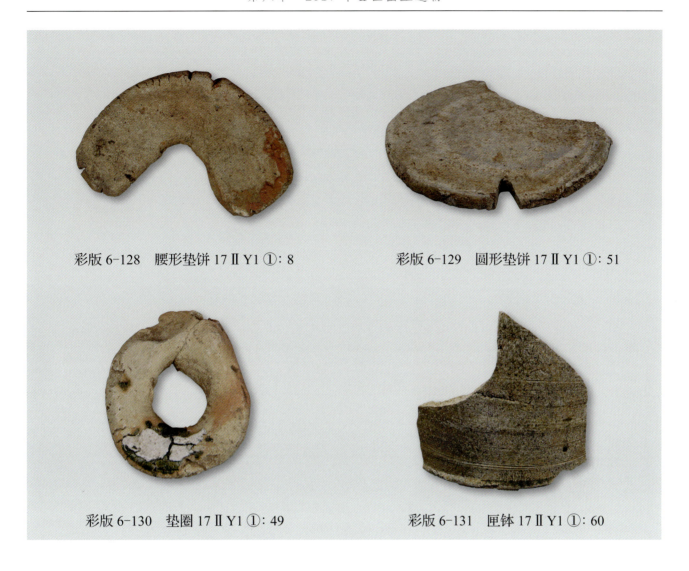

彩版 6-128　腰形垫饼 17 Ⅱ Y1 ①：8　　　　　彩版 6-129　圆形垫饼 17 Ⅱ Y1 ①：51

彩版 6-130　垫圈 17 Ⅱ Y1 ①：49　　　　　彩版 6-131　匣钵 17 Ⅱ Y1 ①：60

　　17 Ⅱ Y1 ①：51，残，模制。圆饼状，平面近圆形，周边有一个缺口。一面外圈疑似施釉，另一面有划痕。浅黄色胎，较粗糙。直径 22.2、厚 1.6 厘米（彩版 6-129）。

　　4. 垫圈

　　共 2 件。

　　17 Ⅱ Y1 ①：48，残，圆形，环状。正面有一圈凹痕，四面低中间高，中心有凹槽，周身有裂缝、指纹印。砖红色胎，较致密。直径 6.2、孔径 2.4、厚 1.6 厘米（图 6-34，9）。

　　17 Ⅱ Y1 ①：49，残，圆形，环状。正面有一圈凹痕，四面低中间高，中心有凹槽，周身有裂缝、指纹印，底部有釉粘、窑粘。浅砖红色胎，较致密。直径 5.2、孔径 1.6 ～ 2、厚 1.5 厘米（彩版 6-130）。

　　5. 匣钵

　　共 2 件。

　　17 Ⅱ Y1 ①：60，残。敞口，圆唇，微弧腹。外疑似施釉，内外都有轮痕，口沿有窑粘。浅灰色胎，较致密。口径 26.4、残高 16.4 厘米（彩版 6-131）。

　　17 Ⅱ Y1 ①：61，残。弧腹，平底。外疑似施釉，内外都有轮痕，内底粘有小砂石，外有窑粘。浅灰色胎，较致密。底径 14、残高 9 厘米（图 6-34，10）。

第三节 灰坑出土遗物

一 17ⅡH2

（一）白瓷

白瓷碗

共9件。

17ⅡH2：18，残。敞口，圆唇，弧腹，玉璧底。内施透明釉，外施透明釉至腹部，釉下施白色化妆土，内外有土沁，内底部有四个支钉痕，外有轮痕，足跟微内凹，外足墙外撇。黄色胎，较粗糙。口径19、底径7.6、通高6厘米（图6-35，1）。

17ⅡH2：19，残。敞口，圆唇，弧腹，圈足。内施透明釉，外施透明釉至腹部，釉面有小开片，釉下施白色化妆土，内底有四个支钉痕，外腹有轮痕。圈足足跟旋削，足脊微斜，足脊粘有两个支

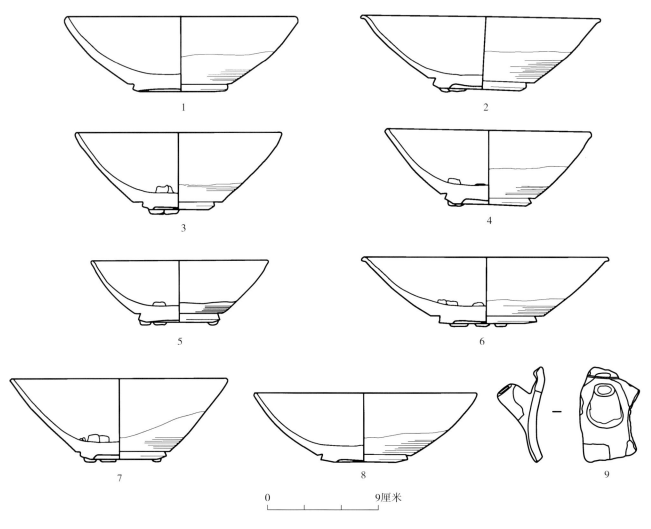

图6-35 17ⅡH2出土白瓷碗、三彩壶

1~8. 白瓷碗17ⅡH2：18~24、26 9. 三彩壶17ⅡH2：28

钉和两个支钉痕，外足墙外撇。黄色胎，较粗糙。口径 19.2、底径 7.5、高 5.7、通高 6 厘米（图 6-35，2）。

17 Ⅱ H2：20，残。敞口，圆唇，弧腹，圈足。内施透明釉，外施透明釉至下腹，釉下施白色化妆土，内外有土沁，内底粘有一个支钉，外腹有轮痕。圈足足跟旋削，足跟微内凹，足脊微斜，足脊粘有两个支钉，外足墙外撇。灰色胎，较粗糙。口径 16.8、底径 5.8、高 6.1、通高 6.5 厘米（图 6-35，3）。

17 Ⅱ H2：21，残。敞口，圆唇，弧腹，圈足。内施透明釉，外施透明釉至腹部，釉面有小开片，釉下施白色化妆土，内底有三个支钉痕，外腹有土沁，有轮痕。圈足足跟旋削，足跟微内凹，足脊微斜，足脊粘有一个支钉，外足墙外撇。灰色胎，较粗糙。口径 16.5、底径 7、高 5.9、通高 6.1 厘米（图 6-35，4）。

17 Ⅱ H2：22，残。敞口，圆唇，弧腹，饼底内凹。内施透明釉，外施透明釉至下腹，釉下施白色化妆土，内外有土沁，有脱釉现象，内腹有窑粘，内底粘有两个支钉和两个支钉痕，外腹有轮痕，底部粘有三个支钉，有轮痕。灰色胎，较粗糙。口径 14.4、底径 6.6、高 4.7、通高 5.1 厘米（图 6-35，5）。

17 Ⅱ H2：23，残。侈口，圆唇，弧腹，圈足。内施透明釉，外施透明釉至腹部，有积釉现象，釉下施白色化妆土，釉面有小开片，内有五个支钉，内外有土沁，外有轮痕。圈足足跟旋削，足脊微斜，足脊有三个支钉，外足墙微外撇。灰色胎，较粗糙。口径 19.8、底径 7.8、高 5.3、通高 5.5 厘米（图 6-35，6）。

17 Ⅱ H2：24，残。敞口，圆唇，弧腹，圈足。内施透明釉，外施透明釉至下腹，釉面有小开片，釉下施白色化妆土，内外有土沁，内底有窑粘。圈足足跟旋削，足跟微内凹，足脊微斜，外足墙外撇，足脊有三个支钉。口径 17.7、底径 7.1、高 6.4、通高 6.6 厘米（图 6-35，7）。

17 Ⅱ H2：25，上下叠摞，2 件（彩版 6-132）。

17 Ⅱ H2：25-1，上，残。敞口，圆唇，弧腹，圈足。内施透明釉，外施透明釉至腹部，釉面有小开片，釉下施白色化妆土，外有土沁，黄色胎，较粗糙。口径 16.6、底径 6.7、高 6.2 厘米。

17 Ⅱ H2：25-2，下，残。敞口，圆唇，弧腹，圈足。内施透明釉，外施透明釉至下腹，釉下施白色化妆土，外腹有土沁。圈足足跟旋削，足跟微内凹，足脊倾斜，足脊有四个支钉，外足墙外撇。黄色胎，较粗糙。口径 16.5、底径 7、高 6、通高 8.1 厘米。

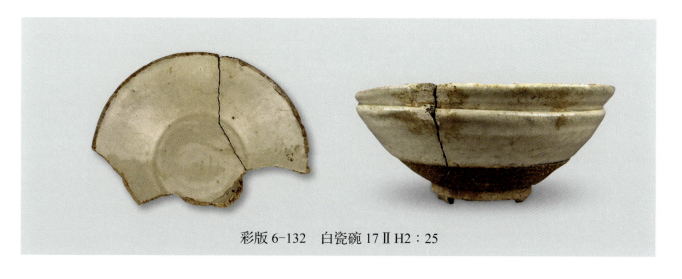

彩版 6-132　白瓷碗 17 Ⅱ H2：25

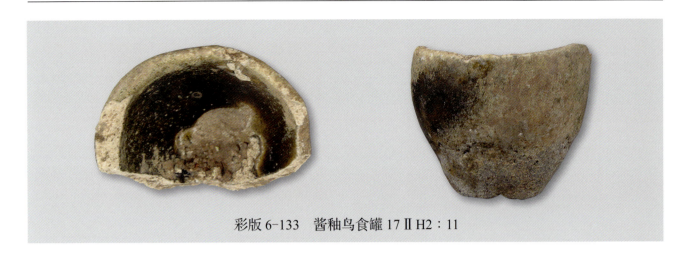

彩版 6-133　酱釉鸟食罐 17 Ⅱ H2：11

17 Ⅱ H2：26，残。敞口，圆唇，弧腹，圈足。内施透明釉，外施透明釉至下腹，釉下施白色化妆土，内外有土沁，内有窑粘。圈足足跟旋削，足跟微内凹，足脊倾斜，外足墙外撇。黄色胎，较粗糙。口径 17.9、底径 6.9、通高 5.5 厘米（图 6-35，8）。

（二）酱釉瓷

酱釉鸟食罐

共 1 件。

17 Ⅱ H2：11，残。直口，圆唇，弧腹，平底内凹。内施酱釉，外施酱釉至腹部，有脱釉现象，施釉不均匀，釉面有小开片，内有窑粘。黄色胎，较致密。口径 5.1、底径 3、通高 5.3 厘米（彩版 6-133）。

（三）三彩釉瓷

三彩壶

共 1 件。

17 Ⅱ H2：28，仅存壶嘴，弧腹。外施三彩釉，有脱釉现象，施釉不均匀，釉面有小开片，内外有轮痕。黄色胎，较致密。残长 7.5、残宽 4.77 厘米（图 6-35，9）。

（四）素烧瓷

1. 素烧壶

共 1 件。

17 Ⅱ H2：27，壶口。敛口，圆唇，矮颈，弧腹。壶口残缺，内外有轮痕，有土沁，内有窑粘，壶口有一个指捏痕。黄色胎，较粗糙。残长 10.2、残宽 9.65 厘米（图 6-36，1）。

2. 素烧枕

共 3 件。

17 Ⅱ H2：15，印花枕残片，呈长方体，泥片贴筑。一圈有宽棱包围的花卉纹，有两个小孔，内外有土沁，内有轮痕。黄色胎，较致密。残长 10.2、残宽 9.5、残高 2.6 厘米（彩版 6-134）。

17 Ⅱ H2：31，划花瓷枕片，呈长方体，泥片贴筑。正面刻有曲线纹，内有划痕，内外有土沁。

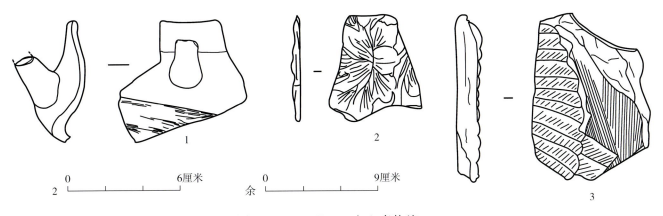

图 6-36　17ⅡH2 出土素烧瓷

1. 素烧壶17ⅡH2：27　2. 素烧枕17ⅡH2：32　3. 素烧建筑构件17ⅡH2：13

彩版 6-134　素烧枕 17ⅡH2：15

黄色胎，较致密。残长 8.6、残宽 6.5 厘米（彩版 6-135）。

17ⅡH2：32，印花瓷枕片，呈长方体，泥片贴筑。正面刻花纹，内有指纹痕，内外有土沁。黄色胎，较致密。残长 5.65、残宽 5 厘米（图 6-36，2）。

3. 素烧建筑构件

共 3 件。

17ⅡH2：12，鸱吻残块，模制。一面较平，一面有四道凸棱，有轮痕，有指印。黄色胎，较致密。残长 18.5、残宽 15 厘米（彩版 6-136）。

17ⅡH2：13，鸱吻残块，模制。一面平，一面有十二道凸棱，有划痕，内外有土沁。黄色胎，较致密。残长 13.2、残宽 9.6 厘米（图 6-36，3）。

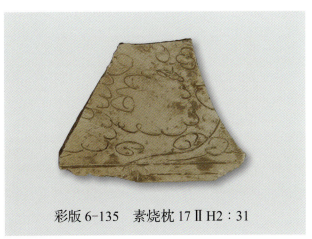

彩版 6-135　素烧枕 17ⅡH2：31

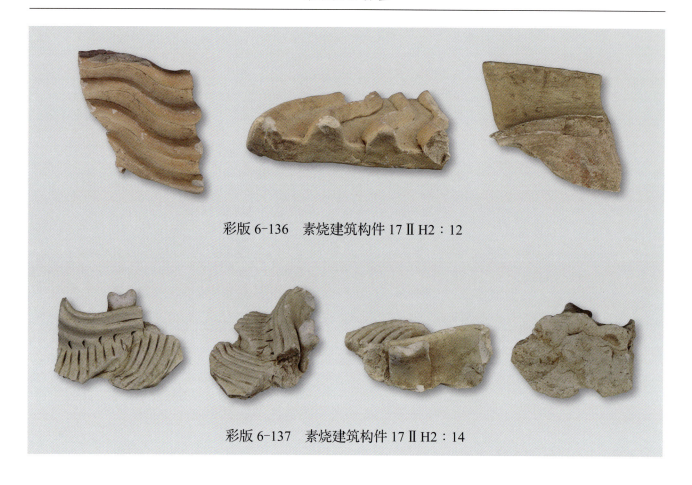

彩版 6-136　素烧建筑构件 17ⅡH2：12

彩版 6-137　素烧建筑构件 17ⅡH2：14

17ⅡH2：14，鸱吻残块，模制。一面平，一面有十四道宽棱，有划痕，有一个"V"型贴筑，内外有土沁。黄色胎，较致密。残长 12.6、残宽 9.7 厘米（彩版 6-137）。

（五）窑具

1. 盏形支具

共 1 件。

17ⅡH2：30，残。敞口，圆唇，弧腹，平底内凹。内外有大量土沁和轮痕，底部有四个支钉痕，有轮痕。夹砂黄色胎，较粗糙。口径 13.2、底径 6.5、通高 6.5 厘米（彩版 6-138）。

2. 钵形支具

共 1 件。

17ⅡH2：29，残。敞口，圆唇，弧腹，平底微内凹。内外有土沁，外腹有轮痕，有釉粘，底部有轮痕。夹砂黄色胎，较粗糙。口径 13.8、底径 7.1、通高 6.2 厘米（彩版 6-139）。

3. 三叉支托

共 4 件。

17ⅡH2：33，残，三叉形，三叉延伸。二足残缺，足上有凸棱，整体有土沁。砖红胎，较致密。残长 8.6、残宽 4.2、残高 2 厘米（图 6-37，1）。

17ⅡH2：34，残，三叉形，三叉延伸。施有三彩釉，施釉不均匀，整体有土沁，有多个指纹痕。

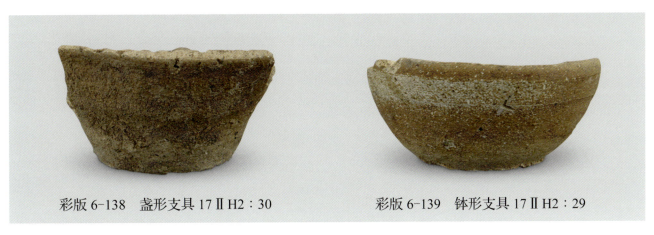

彩版 6-138　盏形支具 17ⅡH2：30　　　　　彩版 6-139　钵形支具 17ⅡH2：29

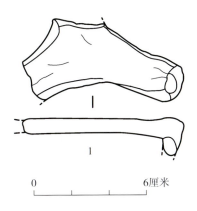
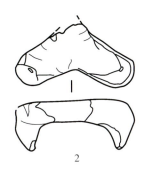
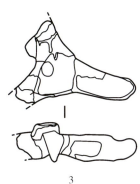

0　　　　　　　6厘米

图 6-37　17 Ⅱ H2 出土三叉支托

1～3. 17ⅡH2：33、35、36

砖红胎，较致密。残长 8.9、残宽 5.2、残高 1.4 厘米（彩版 6-140）。

17ⅡH2：35，残，三叉形，三叉延伸。一足残缺，足上有凸棱，整体有土沁。砖红胎，较致密。残长 6.3、残宽 3.4、通高 2.6 厘米（图 6-37，2）。

17ⅡH2：36，残，三叉形，三叉延伸。二足残缺，整体有土沁，施有三彩釉，施釉不均匀，有窑粘。灰色胎，较粗糙。残长 6.5、残宽 4.4、高 1.4、通高 2.1 厘米（图 6-37，3；彩版 6-141）。

4. 垫饼

共 13 件。

（1）腰形垫饼

10 件。

17ⅡH2：1，微残，腰形状，平面近腰形。周身有土沁。灰色胎，粗糙。长 9.25、宽 6.8、厚 1.2～1.85 厘米（图 6-38，1）。

17ⅡH2：2，微残，腰形状，平面近腰形。整体有土沁，有两个捏痕。夹砂黄色胎，较粗糙。长 8.85、宽 6.25、厚 1.4～1.8 厘米（图 6-38，2）。

17ⅡH2：3，微残，腰形状，平面近腰形。一面有支烧形成的痕迹，有窑粘，一面有指窝印，有釉粘，周身有土沁。浅砖红色胎，较粗糙。长 9.7、宽 6.85、厚 1.7～2.3 厘米（图 6-38，3）。

17ⅡH2：4，残，腰形状，平面近腰形。整体有土沁。夹砂黄色胎，较粗糙。长 10.25、宽 6.3、厚 1.7～2.1 厘米（图 6-38，4）。

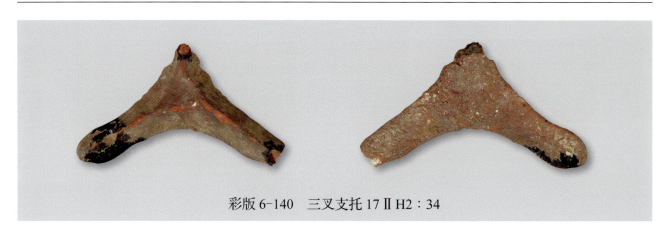

彩版 6-140 三叉支托 17ⅡH2：34

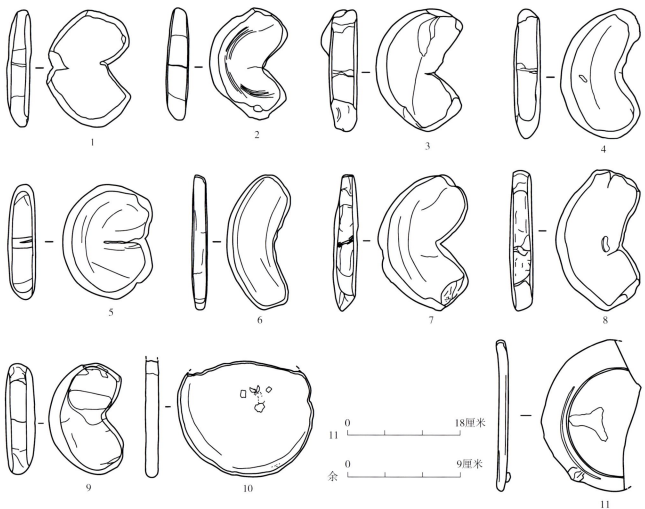

图 6-38 17Ⅱ H2 出土垫饼

1~9. 腰形垫饼17ⅡH2：1~4、6~10 10、11. 圆形垫饼17ⅡH2：16、37

17ⅡH2：5，微残，腰形状，平面近腰形。整体有土沁，有一个指纹痕。夹砂黄色胎，较粗糙。长 10.2、宽 6、厚 1.4～2.2 厘米（彩版 6-142）。

17ⅡH2：6，微残，腰形状，平面近腰形。周身有土沁，一面有窑粘。黄色胎，较粗糙。长 9、

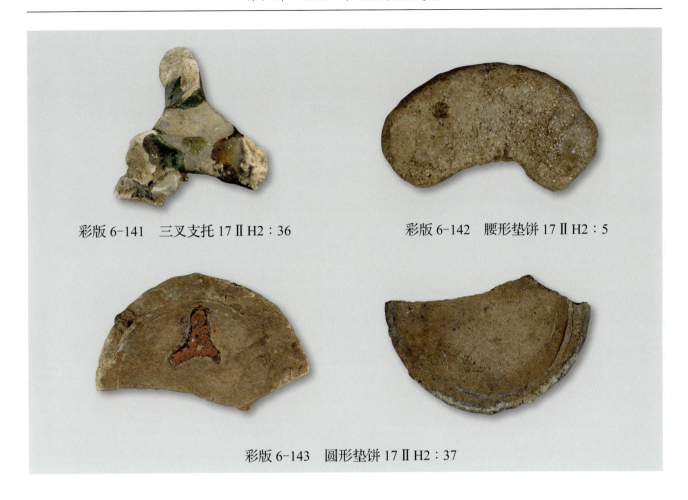

彩版 6-141　三叉支托 17 Ⅱ H2：36　　　　彩版 6-142　腰形垫饼 17 Ⅱ H2：5

彩版 6-143　圆形垫饼 17 Ⅱ H2：37

宽 7.2、厚 1.6～2.25 厘米（图 6-38，5）。

　　17 Ⅱ H2：7，微残，腰形状，平面近腰形。一面有支烧形成的痕迹，周身有土沁。夹砂黄色胎，粗糙。长 10.7、宽 5.1、厚 1.1～1.25 厘米（图 6-38，6）。

　　17 Ⅱ H2：8，微残，腰形状，平面近腰形。整体有土沁，胎体火石红。夹砂黄色胎，较粗糙。长 10.7、宽 7.2、厚 1.3～2 厘米（图 6-38，7）。

　　17 Ⅱ H2：9，微残，腰形状，平面近腰形。周身有土沁，有釉粘。黄色胎，较粗糙。长 11.1、宽 6.7、厚 1.4～1.9 厘米（图 6-38，8）。

　　17 Ⅱ H2：10，微残，腰形状，平面近腰形。整体有土沁，部分范围施有酱釉，有窑粘。夹砂黄色胎，较粗糙。长 8.8、宽 6.1、厚 1.2～2.3 厘米（图 6-38，9）。

　　（2）圆形垫饼

　　3 件。

　　17 Ⅱ H2：16，残，圆饼状，平面近圆形。整体有土沁，边缘有火石红。夹砂黄色胎，较粗糙。直径 11、厚 1 厘米（图 6-38，10）。

　　17 Ⅱ H2：17，残，圆饼状，平面近圆形。整体有土沁，边缘有火石红。夹砂黄色胎，较粗糙。直径 11.1、厚 1 厘米。

　　17 Ⅱ H2：37，残，圆饼状，平面近圆形。整体有土沁，有窑粘和釉粘，有支烧痕迹，一面有三叉支托痕迹。灰色胎，较粗糙。直径 24、厚 1.6 厘米（图 6-38，11；彩版 6-143）。

二　17 Ⅱ H3

（一）白瓷

白瓷碗

共 2 件。

17 Ⅱ H3：1，残。敞口，圆唇，弧腹，圈足。内满施透明釉，外施透明釉至上腹部，釉下施白色化妆土，内底有五个支钉，有窑粘。圈足足跟旋削，周身和足底有轮痕，足脊倾斜，足脊有一个支钉、四个支钉痕，外足墙外撇。黄色胎，较粗糙。口径 19.5、底径 7.7、通高 5.95 厘米（彩版 6-144）。

17 Ⅱ H3：2，残。敞口，圆唇，弧腹，圈足，内满施透明釉，外施透明釉至腹部，有流釉现象，釉下施白色化妆土。周身有土沁。圈足足跟旋削，足脊倾斜，外足墙外撇。灰色胎，较粗糙。口径 15.3、底径 6.6、通高 4.8 厘米（图 6-39，1）。

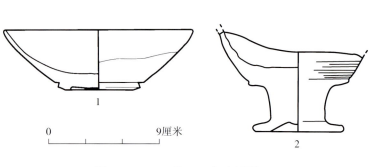

图 6-39　17 Ⅱ H3 出土遗物
1. 白瓷碗17 Ⅱ H3：2　2. 素烧行炉17 Ⅱ H3：5

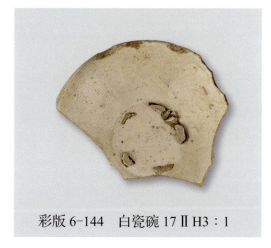

彩版 6-144　白瓷碗 17 Ⅱ H3：1

（二）素烧瓷

1. 素烧行炉

共 2 件。

17 Ⅱ H3：3，残，口沿残，弧腹，内外有轮痕，喇叭形底，底部内凹，有轮痕。浅黄色胎，较致密。底径 4.95、残高 5.9 厘米（彩版 6-145）。

17 Ⅱ H3：5，残，口沿残缺，弧腹，内腹有轮痕，内底微凸，外腹有轮痕，平底内凹，底部有轮痕。浅黄色胎，较致密。底径 7.3、残高 7.9 厘米（图 6-39，2）。

2. 素烧建筑构件

共 1 件。

17 Ⅱ H3：4，印花"鞏縣李"款瓷，残，呈长方体，内外都有土沁、轮痕，正面有一道宽棱包围的花卉纹，底部有刻"鞏縣李"字。黄色胎，较致密。残长 7、残宽 11.1、残高 2.5 厘米（彩版 6-146）。

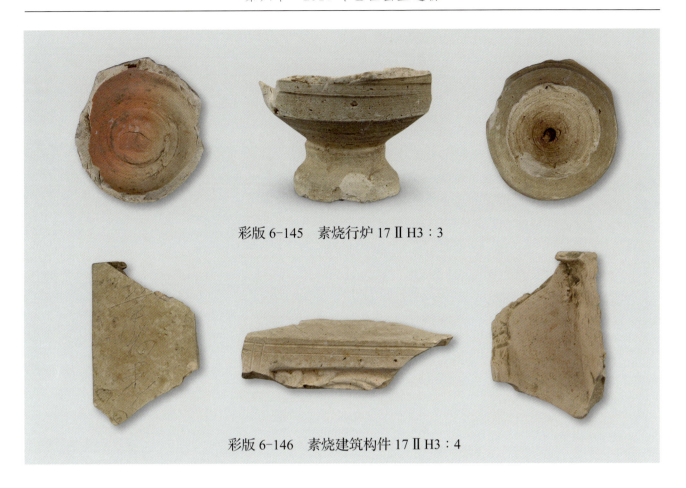

彩版6-145　素烧行炉 17 Ⅱ H3：3

彩版6-146　素烧建筑构件 17 Ⅱ H3：4

三　17 Ⅱ H7

（一）白瓷

白瓷罐

共1件。

17 Ⅱ H7：51，罐腹片，弧腹。内外均施透明釉，釉面有小开片，外有轮痕，有土沁，外腹有菱形纹。浅黄色胎，粗糙。残长4.7、残宽4.2厘米（图6-40，1）。

（二）绿釉瓷

绿釉行炉

共1件。

17 Ⅱ H7：13，残。敞口，斜沿，弧腹斜收，饼底。口沿施绿釉，有脱釉现象，内外有土沁，外有轮痕。浅砖红色胎，较致密。口径7.8、底径4.1、通高3.9厘米（图6-40，2；彩版6-147）。

（三）三彩釉瓷

1. 三彩盏

共8件。

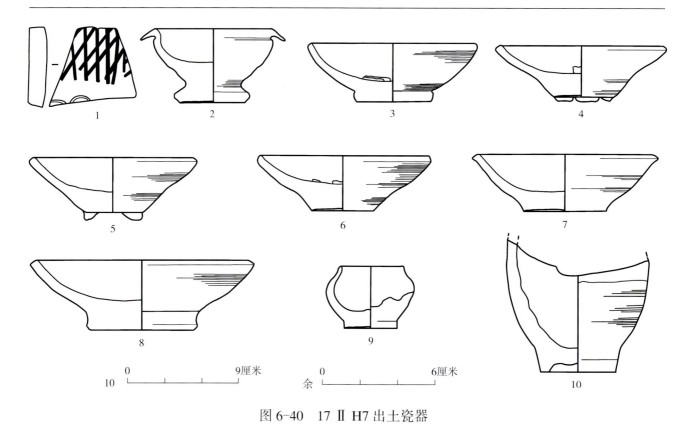

图 6-40　17ⅡH7 出土瓷器

1. 白瓷罐17ⅡH7：51　2. 绿釉行炉17ⅡH7：13　3～8. 三彩盏17ⅡH7：2～6、49　9. 三彩水盂17ⅡH7：9　10. 三彩瓶17ⅡH7：28

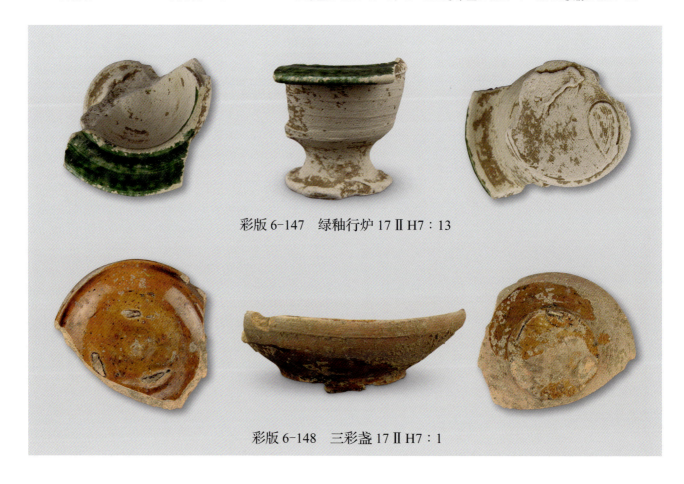

彩版 6-147　绿釉行炉 17ⅡH7：13

彩版 6-148　三彩盏 17ⅡH7：1

17ⅡH7：1，残。敞口，圆唇，弧腹，平底。内施三彩釉，外施三彩釉，有脱釉现象，釉面有小开片，内有三个支钉痕，内外有土沁，外有轮痕，底部有一个支钉。浅砖红色胎，较致密。口径 8.65、底径 4、通高 2.8 厘米（彩版 6-148）。

17ⅡH7：2，残。敞口，圆唇，弧腹，饼底。内施三彩釉，外施三彩釉，有脱釉现象，釉面有小开片，内有三个支钉，内外有土沁，外有轮痕。浅黄色胎，较致密。口径 9、底径 4.2、通高 3.1 厘米（图 6-40，3；彩版 6-149）。

17ⅡH7：3，残。敞口，圆唇，弧腹，平底内凹。内施三彩釉，外施三彩釉，有脱釉现象，釉面有小开片，内外有土沁，外有轮痕，内有一个支钉、一个支钉痕，底部有三个支钉。浅黄色胎，较致密。口径 9.1、底径 3.2、高 2.7、通高 2.9 厘米（图 6-40，4）。

17ⅡH7：4，残。敞口，圆唇，弧腹，平底。内施三彩釉，外施釉，有脱釉现象，釉面有小开片，内外有土沁，外有轮痕，内有窑粘，底部有两个支钉。黄色胎，较致密。口径 9、底径 3、高 2.9、通高 3.3 厘米（图 6-40，5）。

17ⅡH7：5，残。敞口，圆唇，弧腹，平底内凹。内施三彩釉，外施三彩釉，有脱釉现象，釉面有小开片，内有两个支钉，有窑粘，内外有土沁，外有轮痕。黄色胎，较致密。口径 9.3、底径 3.3、通高 2.9 厘米（图 6-40，6）。

17ⅡH7：6，残。敞口，圆唇，弧腹，平底内凹。内施三彩釉，外施三彩釉，有脱釉现象，釉面有小开片，内有窑粘，内外有土沁，外有轮痕。浅黄色胎，较致密。口径 9.9、底径 4.4、通高 3 厘米（图 6-40，7）。

17ⅡH7：48，残。敞口，圆唇，弧腹，平底内凹。内施三彩釉，有脱釉现象，外施三彩釉，施釉不均匀，内外有轮痕。灰色胎，致密。口径 11.4、底径 4.1、通高 5.2 厘米（彩版 6-150）。

17ⅡH7：49，残。敞口，圆唇，弧腹，饼底。内外有轮痕，有土沁，底部有釉粘。黄色胎，较致密。口径 12、底径 5.95、通高 3.7 厘米（图 6-40，8）。

2. 三彩水盂

共 1 件。

17ⅡH7：9，残。敞口，圆唇，矮颈，弧腹斜收，饼底。内施三彩釉，外施三彩釉至腹部有流釉现象，釉面有小开片，内外有轮痕，有土沁，外有窑粘。浅黄色胎，较致密。口径 3.3、腹径 4.65、底径 2.8、通高 3.3 厘米（图 6-40，9；彩版 6-151）。

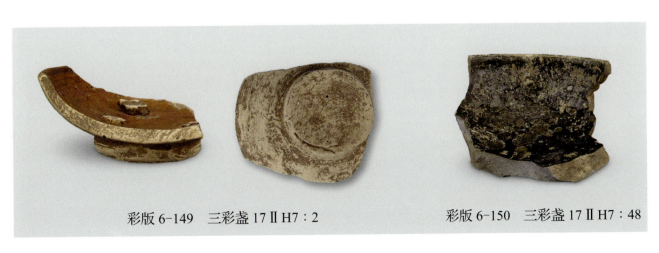

彩版 6-149　三彩盏 17ⅡH7：2　　　　彩版 6-150　三彩盏 17ⅡH7：48

3. 三彩瓶

共 1 件。

17ⅡH7：28，瓶底，弧腹，卧足。外施三彩釉至腹部，釉面有小开片，内外有轮痕，有土沁。浅砖红色胎，较致密。腹径 11.4、底径 6、残高 10.5 厘米（图 6-40，10）。

4. 三彩罐

共 9 件。

17ⅡH7：7，残。敞口，圆唇，矮颈，弧腹斜收，平底。内施三彩釉，外施三彩釉至腹部，施釉不均匀，釉面有小开片，内外有轮痕，有土沁。浅砖红色胎，较致密。口径 3.5、腹径 4.7、底径 3、通高 3.1 厘米（图 6-41，1）。

17ⅡH7：8，残。敞口，圆唇，矮颈，颈部与腹部饰对称双系，一耳残，弧腹斜收，饼底。内施三彩釉，外施三彩釉至腹部，有脱釉现象，釉面有小开片，内外有轮痕，有土沁。浅黄色胎，较致密。口径 4.2、腹径 5.5、底径 3.2、通高 5.3 厘米（图 6-41，2）。

17ⅡH7：10，残。敞口，圆唇，矮颈，颈部与腹部饰对称双系，一耳残，弧腹斜收，饼底。内施三彩釉，外施三彩釉至腹部有流釉现象，釉面有小开片，内外有轮痕，有土沁。黄色胎，较致密。口径 3.8、腹径 5、底径 3.2、通高 5.4 厘米（图 6-41，3）。

17ⅡH7：11，残。敞口，圆唇，矮颈，弧腹斜收，饼底。内施三彩釉，外施三彩釉至腹部有流釉现象，施釉不均匀，釉面有小开片，内有窑粘，内外有轮痕，有土沁。黄色胎，较致密。口径 4.9、腹径 5.9、底径 3.1、通高 4.9 厘米（彩版 6-152）。

17ⅡH7：27，罐口。敛口，圆唇，矮颈，一耳残，弧腹。内施三彩釉，外施三彩釉至腹部有流釉现象，釉面有小开片，颈部与腹部饰对称双系，内外有轮痕，有土沁。浅砖红色胎，较致密。口径 7、腹径 9.4、残高 6.55 厘米（图 6-41，4）。

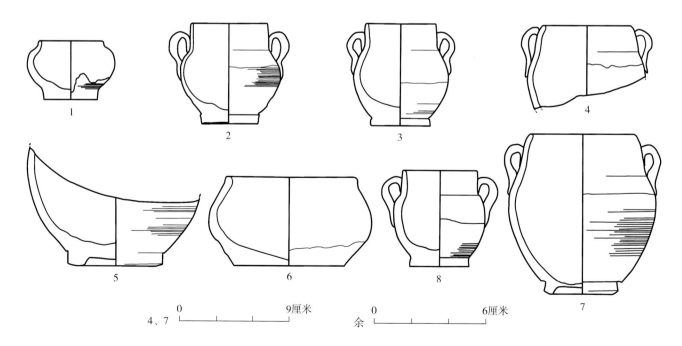

图 6-41　17ⅡH7 出土三彩罐

1～8. 17ⅡH7：7、8、10、27、29～32

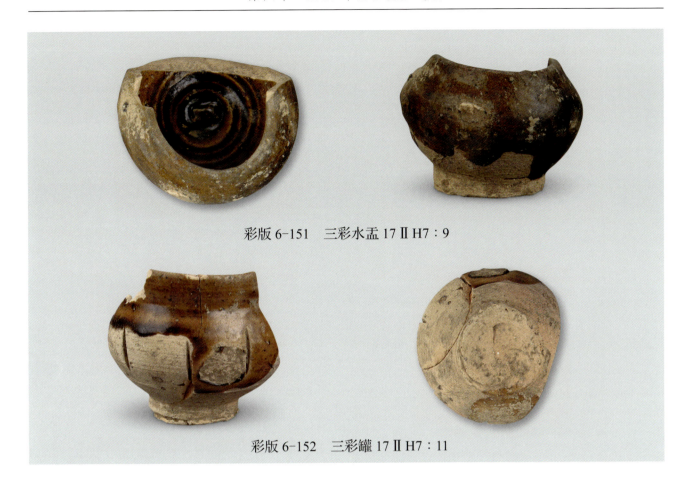

彩版 6-151　三彩水盂 17 Ⅱ H7：9

彩版 6-152　三彩罐 17 Ⅱ H7：11

17 Ⅱ H7：29，罐底，弧腹，圈足。内施三彩釉，外有流釉现象，釉面有小开片，内外有轮痕，有土沁。圈足足跟有旋削痕迹，足脊微斜，外足墙微外撇。黄色胎，较致密。底径5.1、残高6.2厘米（图6-41，5）。

17 Ⅱ H7：30，侈口，圆唇，矮颈，弧腹，平底内凹。内施三彩釉，外施釉至下腹，有流釉现象，内外有轮痕，有土沁。浅黄色胎，较致密。口径7、腹径8.8、底径5.9、通高4.7厘米（图6-41，6）。

17 Ⅱ H7：31，残。敛口，圆唇，矮颈，一耳残，弧腹，圈足。内施三彩釉，外施釉至腹部，有流釉现象，釉面有小开片，颈部与腹部饰对称双系，内外有轮痕，有土沁。圈足足跟有旋削痕迹，足脊微斜，外足墙微外撇。黄色胎，较致密。口径8.4、腹径11.9、底径5.9、通高12.7厘米（图6-41，7；彩版6-153）。

17 Ⅱ H7：32，残。直口，圆唇，矮颈，一耳残，弧腹，饼底。内施三彩釉，外施釉至腹部，有流釉现象，釉面有小开片，颈部与腹部饰对称双系，内外有轮痕，有土沁。浅砖红色胎，较致密。口径4、腹径4.9、底径3.2、通高5.1厘米（图6-41，8；彩版6-154）。

5. 三彩枕

共13件。

17 Ⅱ H7：33，印花枕片，呈长方体，泥片贴筑。外施三彩釉，有脱釉现象，釉面有小开片，正面有两道宽棱包围的模糊印记，疑似方格纹，印记模糊，左侧有三道宽棱包围的五个菱形，前面有两道宽棱包围的两个菱形，内外有轮痕，外有土沁。黄色胎，较致密。长9.5、残宽10.6、残高7.9

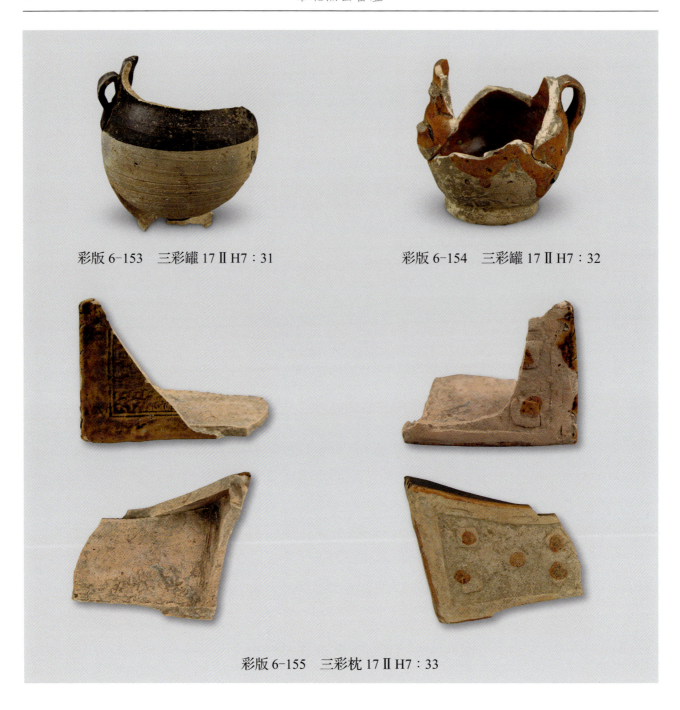

彩版 6-153　三彩罐 17ⅡH7：31　　　　　　彩版 6-154　三彩罐 17ⅡH7：32

彩版 6-155　三彩枕 17ⅡH7：33

厘米（彩版 6-155）。

　　17ⅡH7：34，印花枕片，呈长方体，泥片贴筑。外施三彩釉，有脱釉现象，釉面有小开片，正面有一圈宽棱包围的五个菱形，右侧有两道宽棱包围的一个菱形，内有轮痕，外有土沁。黄色胎，较致密。长 8.3、残宽 9.1、残高 4.4 厘米（图 6-42，1）。

　　17ⅡH7：35，印花枕片，呈长方体，泥片贴筑。外施三彩釉，有脱釉现象，釉面有小开片，正面疑似方格纹，印记模糊，左侧有两道宽棱包围的四个菱形，前面有两道宽棱包围的一个菱形，内外有轮痕，外有土沁，有窑粘。黄色胎，较致密。残长 8、残宽 9.2、残高 7.2 厘米（彩版 6-156）。

　　17ⅡH7：36，枕片，呈长方体，泥片贴筑。外施三彩釉，有脱釉现象，釉面有小开片，内外有

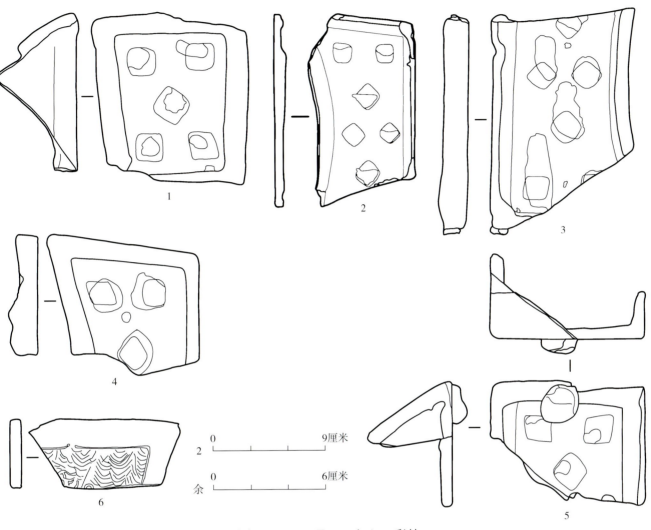

图 6-42　17 Ⅱ H7 出土三彩枕

1~6. 17 Ⅱ H7：34、37~40、44

彩版 6-156　三彩枕 17 Ⅱ H7：35

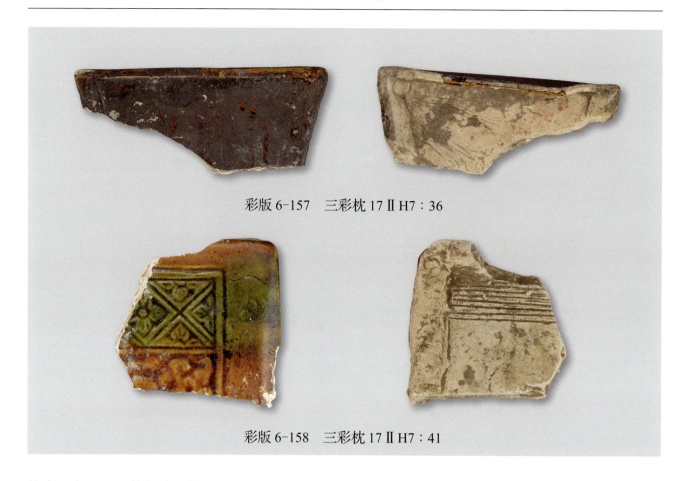

彩版 6-157　三彩枕 17ⅡH7：36

彩版 6-158　三彩枕 17ⅡH7：41

轮痕，有土沁。黄色胎，较致密。长 11.9、残宽 4.9、残高 2 厘米（彩版 6-157）。

17ⅡH7：37，枕片，呈长方体，泥片贴筑。外施三彩釉，有脱釉现象，釉面有小开片，正面有三道宽棱包围的六个菱形，内有轮痕，有土沁。黄色胎，较致密。残长 15.3、残宽 8.4、厚 0.85 厘米（图 6-42，2）。

17ⅡH7：38，印花枕片，呈长方体，泥片贴筑。外施三彩釉，有脱釉现象，釉面有小开片，正面有两道宽棱包围的五个菱形，内有轮痕，有土沁，外有窑粘。黄色胎，较致密。残长 11.9、残宽 7.7、残高 1.6 厘米（图 6-42，3）。

17ⅡH7：39，印花枕片，呈长方体，泥片贴筑。外施三彩釉，有脱釉现象，釉面有小开片，正面有一道宽棱包围的三个菱形，内有轮痕，有土沁。浅黄色胎，较致密。残长 8.2、残宽 7.4、残高 1.5 厘米（图 6-42，4）。

17ⅡH7：40，印花枕片，呈长方体，泥片贴筑。外施三彩釉，有脱釉现象，釉面有小开片，正面有两道宽棱包围的三个菱形，外有一个支钉，内有轮痕，有土沁。浅砖红色胎，较致密。残长 8.3、残宽 6.2、残高 4.5 厘米（图 6-42，5）。

17ⅡH7：41，印花枕片，呈长方体，泥片贴筑。外施三彩釉，有脱釉现象，釉面有小开片，正面有一道宽棱包围的几何纹，内有轮痕，有土沁。浅黄色胎，较致密。残长 5、残宽 5、残高 1.6 厘米（彩版 6-158）。

17ⅡH7：42，印花枕片，呈长方体，泥片贴筑。外施三彩釉，有脱釉现象，釉面有小开片，正面中心疑似十字，外为圆形包围的纹饰，内有指纹印，有土沁。浅砖红色胎，较致密。残长 5.4、残

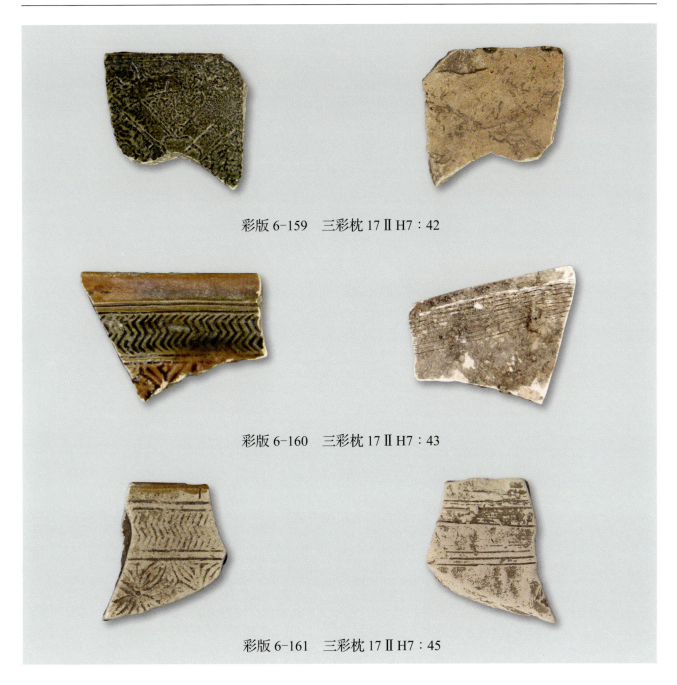

彩版 6-159　三彩枕 17 Ⅱ H7：42

彩版 6-160　三彩枕 17 Ⅱ H7：43

彩版 6-161　三彩枕 17 Ⅱ H7：45

宽 5.75、残高 0.7 厘米（彩版 6-159）。

　　17 Ⅱ H7：43，印花枕片，呈长方体，泥片贴筑。外施三彩釉，釉面有小开片，正面有一道宽棱包围的波浪纹，内有轮痕，有土沁。浅砖红色胎，较致密。残长 7.1、残宽 4.9、厚 0.6 厘米（彩版 6-160）。

　　17 Ⅱ H7：44，印花枕片，呈长方体，泥片贴筑。外施三彩釉，釉面有小开片，正面有一道宽棱包围的弧线纹，内有轮痕，有土沁。浅黄色胎，较致密。残长 8.1、残宽 3.7、厚 0.6 厘米（图 6-42，6）。

　　17 Ⅱ H7：45，印花枕片，呈长方体，泥片贴筑。外施三彩釉，有脱釉，釉面有小开片，正面有一道宽棱包围的波浪纹和花卉纹，内有轮痕，有土沁。浅黄色胎，较致密。残长 4.35、残宽 4.65、厚 0.6 厘米（彩版 6-161）。

6. 三彩行炉

共 2 件。

17ⅡH7：14，残。敞口，方唇，宽斜沿，弧腹斜收，平底。口沿施三彩釉，有脱釉现象，外有轮痕，有土沁。白色胎，致密。口径 7.55、底径 4.35、通高 5.1 厘米（图 6-43，1）。

17ⅡH7：15，残。敞口，方唇，斜沿，弧腹斜收，平底。口沿施三彩釉，有脱釉现象，外有轮痕，有土沁。浅砖红色胎，致密。口径 8.7、底径 3.8、通高 4.4 厘米（图 6-43，2；彩版 6-162）。

7. 三彩灯

共 1 件。

17ⅡH7：17，灯残块。敞口，方唇，斜沿，弧腹斜收，提手残。内外施三彩釉，有脱釉现象，内外有轮痕，底部有疑似动物的头部雕塑。口径 7.5、残高 7.1 厘米（图 6-43，3；彩版 6-163）。

8. 三彩瓷塑

共 2 件。

17ⅡH7：16，人物塑，残，坐姿。有基座，背部平直，头无，双手交叉放在膝盖上，衣较长，衣衫纹路明显，通体施三彩釉至腿部，施釉不均匀。灰色胎，较致密。长 5.5、宽 6.3、残高 9.6 厘米（图 6-43，4；彩版 6-164）。

17ⅡH7：46，人物塑，头无，右臂和下半身残缺，衣衫纹路明显，外有土沁，通体施三彩釉，釉面有小开片，外有土沁。浅砖红色胎，较致密。残长 4.2、残宽 1、残高 4.55 厘米（图 6-43，5；

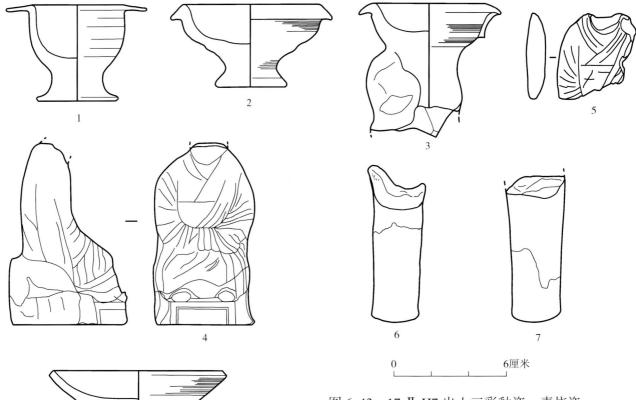

图 6-43 17ⅡH7 出土三彩釉瓷、素烧瓷

1、2. 三彩行炉17ⅡH7：14、15 3. 三彩灯17ⅡH7：17 4、5. 三彩瓷塑
17ⅡH7：16、46 6、7. 三彩器足17ⅡH7：52、68 8. 素烧盏17ⅡH7：50

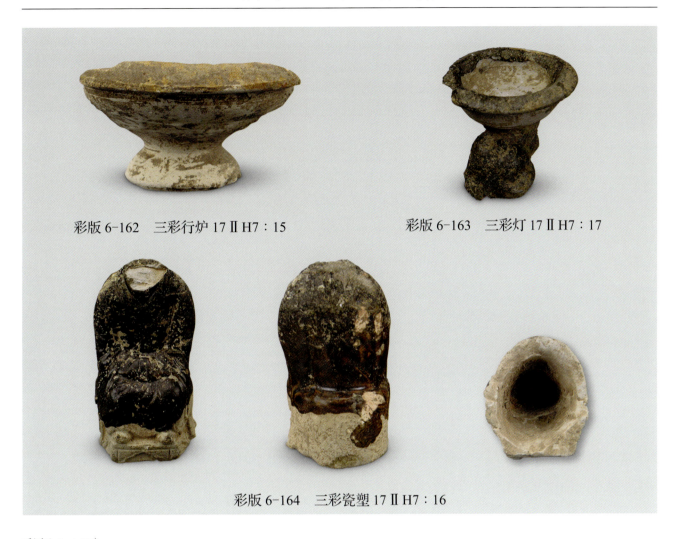

彩版 6-162 三彩行炉 17ⅡH7：15　　　　彩版 6-163 三彩灯 17ⅡH7：17

彩版 6-164 三彩瓷塑 17ⅡH7：16

彩版 6-165）。

9. 三彩球

共 1 件。

17ⅡH7：12，残，揉制。半圆形。周身施三彩釉，有两个支钉、一个支钉痕。浅黄色胎，致密。直径 4.15 厘米（彩版 6-166）。

10. 三彩器足

共 2 件。

17ⅡH7：52，器足，呈圆柱体。外施三彩釉，有脱釉现象，釉面有小开片，外有土沁，有釉粘。黄色胎，较致密。直径 2.5、残高 8.3 厘米（图 6-43，6）。

17ⅡH7：68，器足，呈圆柱体。外施三彩釉，有脱釉现象，釉面有小开片，外有土沁，有窑粘。黄色胎，较致密。直径 3.1、残高 7.7 厘米（图

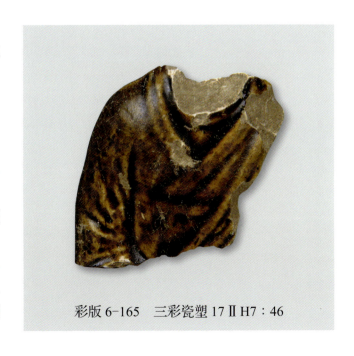

彩版 6-165 三彩瓷塑 17ⅡH7：46

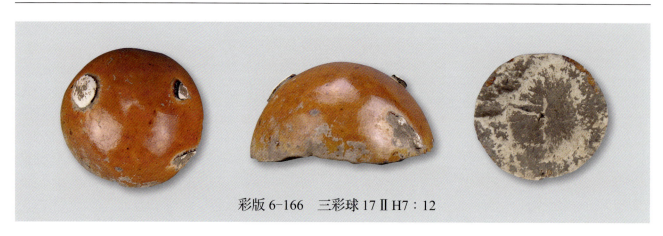

彩版 6-166　三彩球 17ⅡH7：12

彩版 6-167　三彩器足 17ⅡH7：68

6-43，7；彩版 6-167）。

（四）素烧瓷

素烧盏

共 1 件。

17ⅡH7：50，残。敞口，圆唇，弧腹，饼底。内外有轮痕，有土沁，底部有一个支钉。浅黄色胎，较致密。口径 9.6、底径 4.5、通高 2.85 厘米（图 6-43，8）。

（五）窑具

1. 三叉支托

共 13 件。

（1）素烧三叉支托

2 件。

17ⅡH7：56，残，三叉形，三叉延伸。一足微残，两足残，中间凹，足上有凸棱，一足上有釉粘，有指窝印。灰色胎，较致密。残长 6.3、残宽 3.4、通高 1.8 厘米（图 6-44，8）。

17ⅡH7：65，微残，三叉形，三叉延伸。一足微残，中间凹，足上有凸棱，足上有釉粘，有窑粘。灰色胎，较致密。长 8.7、残宽 7.1、通高 1.4 厘米（图 6-44，9）。

（2）三彩三叉支托

11 件。

17ⅡH7：53，残，三叉形，扁平，三叉延伸。两足残，中间凹，足上有凸棱，其上施有三彩釉，施釉不均匀，釉面有小开片，三足上有窑粘、土沁。灰色胎，较致密。残长 8.9、残宽 6.2、通高 1.1 厘米（图 6-44，1）。

17ⅡH7：54，微残，三叉形，三叉延伸。一足微残，中间凹，足上有凸棱，其上施有三彩釉，施釉不均匀，釉面有小开片，三足上有窑粘。灰色胎，较致密。长 8.7、宽 6.8、通高 1.6 厘米（彩版 6-168）。

17ⅡH7：55，残，三叉形，三叉延伸。一足残，中间凹，足上有凸棱，其上施有三彩釉，施

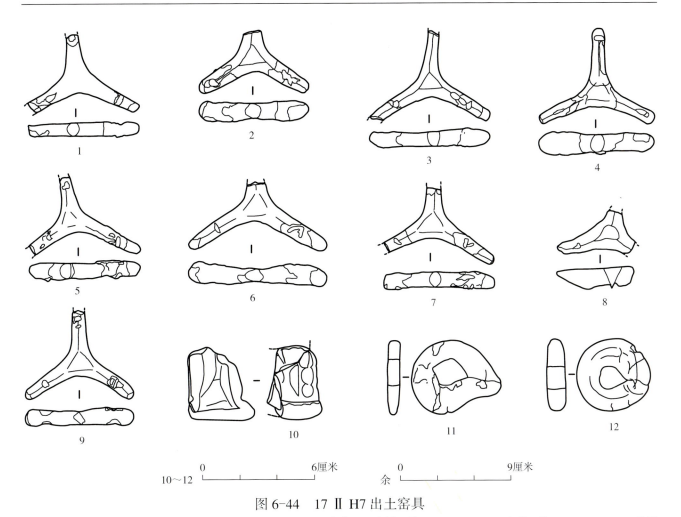

0　　　　　　6厘米
10～12

0　　　　　　9厘米
余

图 6-44　17 Ⅱ H7 出土窑具

1～7. 三彩三叉支托17 Ⅱ H7：53、55、57、61、62～64　8、9. 素烧三叉支托17 Ⅱ H7：56、65　10. 支座17 Ⅱ H7：47　11、12. 垫圈17 Ⅱ H7：66、67

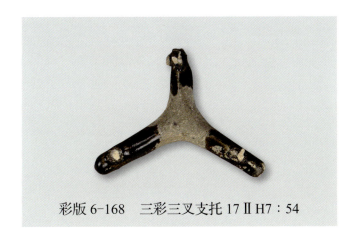

彩版 6-168　三彩三叉支托 17 Ⅱ H7：54

釉不均匀，釉面有小开片，两足上有窑粘。浅砖红色胎，较致密。长 8.8、残宽 5、通高 1.6 厘米（图 6-44，2）。

17 Ⅱ H7：57，残，三叉形，三叉延伸。两足微残，中间凹，足上有凸棱，其上施有三彩釉，施釉不均匀，釉面有小开片，三足上有窑粘。灰色胎，较致密。残长 9.7、残宽 7.2、通高 1.45 厘米（图 6-44，3）。

17 Ⅱ H7：58，残，三叉形，三叉延伸。一足微残，中间凹，足上有凸棱，其上施有三彩釉，有脱釉现象，施釉不均匀，釉面有小开片，三足上有窑粘。灰色胎，较致密。长 8.1、残宽 7.1、高 1.3、通高 1.45 厘米（彩版 6-169）。

17 Ⅱ H7：59，三叉形，三叉延伸。中间凹，足上有凸棱，其上施有三彩釉，有脱釉现象，施釉不均匀，三足上有窑粘。灰色胎，较致密。长 8.7、宽 7.8、通高 1.2 厘米（彩版 6-170）。

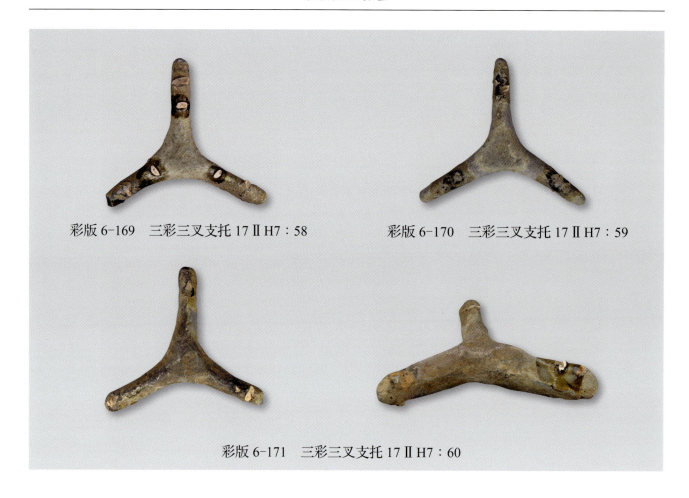

彩版 6-169　三彩三叉支托 17ⅡH7：58　　　　彩版 6-170　三彩三叉支托 17ⅡH7：59

彩版 6-171　三彩三叉支托 17ⅡH7：60

　　17ⅡH7：60，三叉形，三叉延伸。中间凹，足上有凸棱，其上施有三彩釉，有脱釉现象，施釉不均匀，三足上有窑粘。灰色胎，较致密。长 8.9、宽 8.3、通高 1.8 厘米（彩版 6-171）。

　　17ⅡH7：61，三叉形，三叉延伸。中间凹，足上有凸棱，其上施有三彩釉，施釉不均匀，釉面有小开片，三足上有窑粘。浅灰色胎，较致密。长 9.35、宽 7.6、通高 1.85 厘米（图 6-44，4）。

　　17ⅡH7：62，残，三叉形，三叉延伸。两足残，中间凹，足上有凸棱，其上施有三彩釉，有脱釉现象，施釉不均匀，釉面有小开片，三足上有窑粘。灰色胎，较致密。残长 8.9、残宽 6.05、通高 1.55 厘米（图 6-44，5）。

　　17ⅡH7：63，残，三叉形，三叉延伸。一足残，中间凹，足上有凸棱，其上施有三彩釉，有脱釉现象，施釉不均匀，釉面有小开片，两足上有窑粘。浅灰色胎，较致密。长 11、残宽 5.5、通高 2 厘米（图 6-44，6）。

　　17ⅡH7：64，残，三叉形，三叉延伸。两足残，中间凹，足上有凸棱，其上施有三彩釉，有脱釉现象，施釉不均匀，釉面有小开片，两足上有窑粘。浅灰色胎，较致密。残长 8.9、残宽 6.05、通高 1.35 厘米（图 6-44，7）。

　　2. 支座

　　共 1 件。

　　17ⅡH7：47，残，模制。上半身无，除底部外施三彩釉，有脱釉现象，施釉不均匀，釉面有小开片，正面有凸棱，外有轮痕。浅砖红色胎，较致密。残长 2.9、宽 3.6、残高 3.9 厘米（图 6-44，10）。

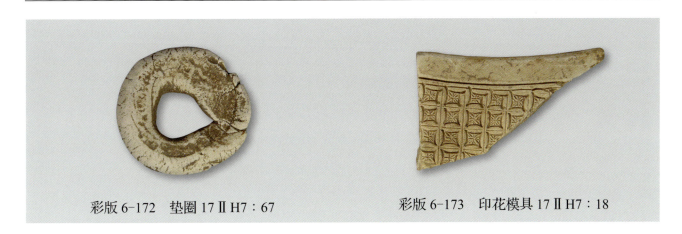

彩版 6-172　垫圈 17 Ⅱ H7：67　　　　　彩版 6-173　印花模具 17 Ⅱ H7：18

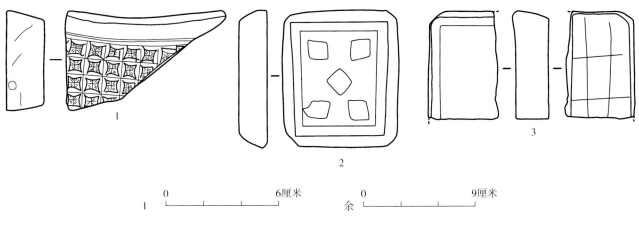

图 6-45　17 Ⅱ H7 出土印花模具

1～3. 17 Ⅱ H7：18、22、25

3. 垫圈

共 2 件。

17 Ⅱ H7：66，微残，近似圆形，环状。内外有土沁，内呈弧状，外有釉粘、窑粘、指痕，侧面有裂缝。黄色胎，较粗糙。直径 4.8、孔径 1.7、厚 0.65 厘米（图 6-44，11）。

17 Ⅱ H7：67，微残，近似圆形，环状。内外有土沁，内呈弧状，外有釉粘、指痕，侧面有裂缝。黄色胎，较粗糙。直径 4、孔径 1.4、厚 1 厘米（图 6-44，12；彩版 6-172）。

4. 印花模具

共 9 件。

17 Ⅱ H7：18，残，长方体，泥片贴筑。正面一道有宽棱包围的刻花方形花瓣纹。黄色胎，较致密。残长 8、残宽 4.8、厚 2 厘米（图 6-45，1；彩版 6-173）。

17 Ⅱ H7：19，残，正方体，泥片贴筑。正面一道有宽棱包围的花卉纹。黄色胎，较致密。残长 7.3、残宽 8.05、厚 1.5 厘米（彩版 6-174）。

17 Ⅱ H7：20，残。敞口，斜平沿，弧腹折收。内外有土沁、轮痕，外有宽棱包围的线条纹、鱼纹和龙纹。浅黄色胎，较致密。残长 10.65、残宽 5.8、高 1.65 厘米（彩版 6-175）。

17 Ⅱ H7：21，残，长方体，泥片贴筑。内外有土沁，正面一道有宽棱包围的波浪纹，底部有釉

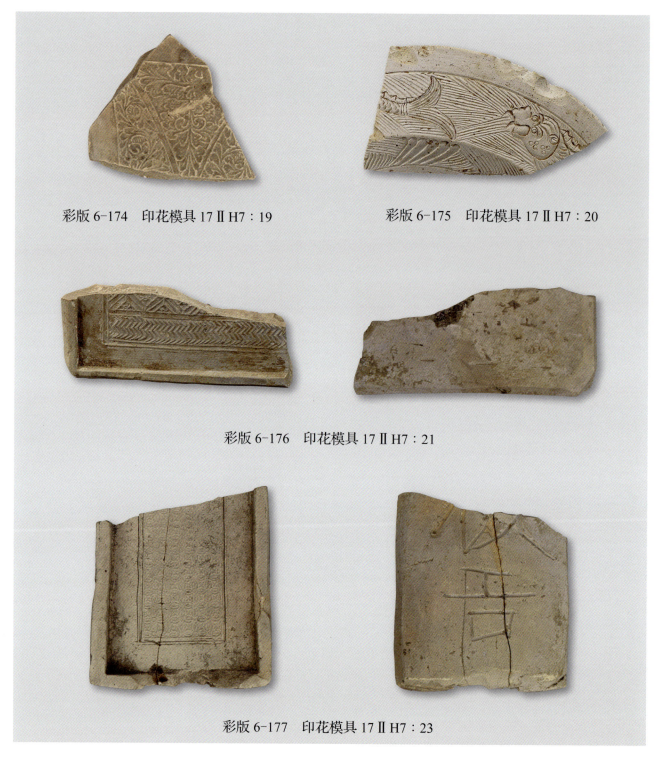

彩版 6-174　印花模具 17 Ⅱ H7∶19　　　　　彩版 6-175　印花模具 17 Ⅱ H7∶20

彩版 6-176　印花模具 17 Ⅱ H7∶21

彩版 6-177　印花模具 17 Ⅱ H7∶23

粘。灰色胎，较致密。残长 6.2、残宽 14.8、高 1.9 厘米（彩版 6-176）。

　　17 Ⅱ H7∶22，微残，长方体，泥片贴筑。内外有土沁，正面一圈有宽棱包围的五个菱形。浅黄色胎，较致密。残长 8.7、宽 10.2、高 2.25 厘米（图 6-45，2）。

　　17 Ⅱ H7∶23，残，长方体，泥片贴筑。内外有土沁，正面三道有宽棱包围的几何纹，底部刻有两字，模糊不清。浅黄色胎，较致密。长 10.6、残宽 12.2、高 2.4 厘米（彩版 6-177）。

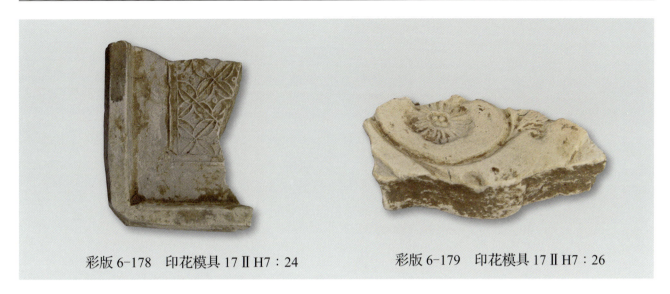

彩版 6-178　印花模具 17 II H7：24　　　　彩版 6-179　印花模具 17 II H7：26

17 II H7：24，残，长方体，泥片贴筑。内外有土沁，正面有两道宽棱包围的四叶草纹。浅灰色胎，较致密。残长 7.7、残宽 6.5、高 2 厘米（彩版 6-178）。

17 II H7：25，残，长方体，泥片贴筑。内外有土沁，底部有划痕、釉粘。浅黄色胎，较致密。残长 5.1、残宽 7.8、高 2.95 厘米（图 6-45，3）。

17 II H7：26，残，长方体，泥片贴筑。内外有土沁，正面有包围的花卉纹。浅黄色胎，较致密。残长 5.35、宽 7.7、厚 1.6 厘米（彩版 6-179）。

第四节　采集

（一）白瓷

白瓷碗

共 1 件。

17 II 采集：3，残。敞口，圆唇，弧腹，圈足。内施透明釉，有脱釉现象，外施透明釉至腹部，釉下施白色化妆土，釉面有小开片，内有一个支钉，外有轮痕，有窑粘，有积釉现象。圈足足跟旋削，足脊微斜，外足墙微外撇。夹砂黄色胎，较粗糙。口径 15.1、底径 6.6、通高 4 厘米（图 6-46，1；

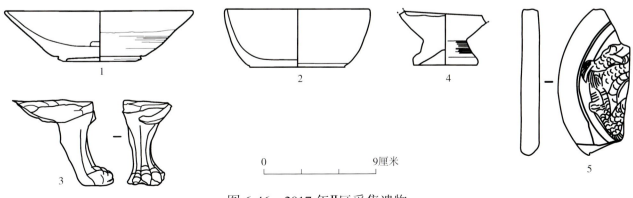

图 6-46　2017 年 II 区采集遗物

1. 白瓷碗 17 II 采集：3　2. 外黑内青釉白唇钵 17 II 采集：5　3. 三彩兽足 17 II 采集：1　4. 素烧行炉 17 II 采集：4　5. 瓦当 17 II 采集：6

彩版 6-180　白瓷碗 17Ⅱ采集：3

彩版 6-180）。

（二）酱釉瓷

酱釉行炉

共 1 件。

17Ⅱ采集：2，口沿。敞口，斜沿，弧腹。内施酱釉，施釉不均，外施酱釉，釉面有小开片，外有轮痕。黄色胎，较致密。残长 9.3、残宽 3.55 厘米（彩版 6-181）。

（三）黑釉瓷

外黑内青釉白唇钵

共 1 件。

17Ⅱ采集：5，残。敞口，圆唇，弧腹，平底。内施青釉，唇部内外施透明釉，外施黑釉至下腹，釉面有小开片，内有窑粘，有积釉现象，外有轮痕。灰色胎，较致密。口径 11.6、底径 7.6、通高 4.6 厘米（图 6-46，2；彩版 6-182）。

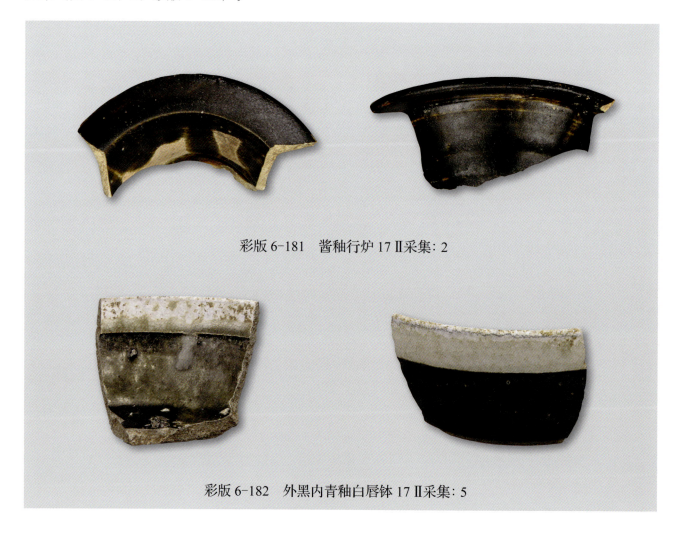

彩版 6-181　酱釉行炉 17Ⅱ采集：2

彩版 6-182　外黑内青釉白唇钵 17Ⅱ采集：5

（四）三彩釉瓷

三彩兽足

共 1 件。

17 Ⅱ 采集：1，模制。外施三彩釉，有脱釉现象，釉面有小开片，有五爪残缺上有圆弧形，有疑似指甲印痕迹，外有窑粘。黄色胎，较致密。残长 6.6、残宽 4、残高 6.8 厘米（图 6-46，3；彩版 6-183）。

（五）素烧瓷

1. 素烧行炉

共 1 件。

17 Ⅱ 采集：4，炉底，弧腹，喇叭形底座。内外有轮痕，有土沁，有釉粘。黄色胎，较粗糙。底径 5.2、残高 4.25 厘米（图 6-46，4）。

2. 瓦当

共 1 件。

17 Ⅱ 采集：6，残。模制。圆形，一面平，一面有宽棱包围的动物纹饰，外有轮痕。砖红色胎，较致密。残长 11.6、残宽 5.8 厘米（图 6-46，5；彩版 6-184）。

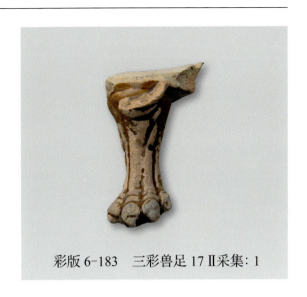

彩版 6-183　三彩兽足 17 Ⅱ 采集：1

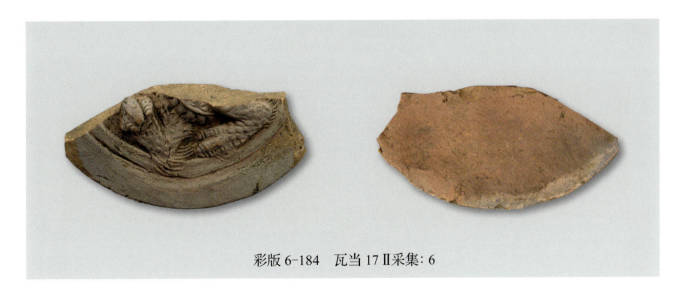

彩版 6-184　瓦当 17 Ⅱ 采集：6

第七章　2018年I区出土遗物

第一节　地层出土遗物

（一）白瓷

1. 白瓷碗

共 38 件。T0104 ④ 2 件，T0104 ⑥ 1 件，T0201 ② 1 件，T0201 ③ 1 件，T0202 ⑤ 2 件，T0202 ⑥ 1 件，T0203 ② 16 件，T0203 ⑤ 1 件，T0204 ② 2 件，T0204 ⑥ 1 件，T0303 ② 1 件，T0402 ② 1 件，T0403 ① 5 件，T0403 ④ 1 件，T0404 ② 1 件，T0503 ② 1 件。

T0104 ④：95，敞口，圆唇，弧腹，圈足。内满施透明釉，有涩圈，宽 1.9～2 厘米，满施白色化妆土，有土沁，外施透明釉至中腹，釉面有小开片，外有轮痕。足脊旋削，外足墙外撇，足跟微内凹。浅黄色胎，较致密。口径 22、底径 6.6、通高 7 厘米（图 7-1，1；彩版 7-1）。

T0202 ⑤：8，残。敞口，圆唇，弧腹，圈足。内满施透明釉，有涩圈，宽 1.8～2 厘米，外施透明釉至上腹部，釉面有小开片，釉下施白色化妆土，外有轮痕、土沁，内部有少量土沁。足跟旋削，足脊微斜，外足墙微外撇。胎体火石红，灰色胎，较致密。口径 20.2、底径 6.6、通高 7.6 厘米（图 7-1，2）。

T0202 ⑤：9，残。侈口，圆唇，弧腹，圈足。内满施透明釉，有涩圈，宽 1.8 厘米，满施白色化妆土，外施透明釉至外足墙，有小开片，外腹有口沿残片。足跟旋削，足脊微斜，外足墙微外撇，内外有少量土沁。浅黄色胎，较致密。口径 18.2、底径 6.6、通高 7.4 厘米（图 7-1，3；彩版 7-2）。

T0203 ②：32，微残。敞口，圆唇，弧腹，圈足，挖足过肩。内满施透明釉，有涩圈，宽 1.4～1.6 厘米，施白色化妆土，外施透明釉至上腹部，施白色化妆土至腹部，外有土沁，下腹有轮痕。足跟旋削，足脊微斜，外足墙微外撇。灰色胎，较致密。口径 18.4、底径 6.4、通高 5.4 厘米（图 7-1，4；彩版 7-3）。

T0203 ②：55，盏形支具粘连白瓷碗。盏形支具，敞口，斜沿，弧腹，平底内凹。内有土沁，外有釉粘，少量土沁，内外有轮痕。灰色胎，较致密。口径 12、底径 4.8、高 2.4 厘米。白瓷碗，残。敞口，圆唇，弧腹，圈足，内满施透明釉，有涩圈，宽 1.3 厘米，外施透明釉至上腹部，釉下施白色化妆土，内外有少量土沁。足跟旋削，足脊微斜，外足墙微外撇。胎体火石红，灰色胎，较致密。口径 14、底径 4.4、高 4.2、通高 4.2 厘米。盏形支具粘在白瓷碗涩圈之上（图 7-1，5；彩版 7-4）。

T0203 ②：172，微残。敞口，圆唇，弧腹，圈足，挖足过肩。内满施透明釉，有涩圈，宽 1.5～2 厘米，外施透明釉至腹部，有流釉现象，釉面无光泽，釉下施白色化妆土，内外有轮痕，少量土沁。足跟旋削，足脊微斜，外足墙微外撇。浅砖红色胎，较致密。口径 20、底径 6.6、通高 6.2 厘米（图

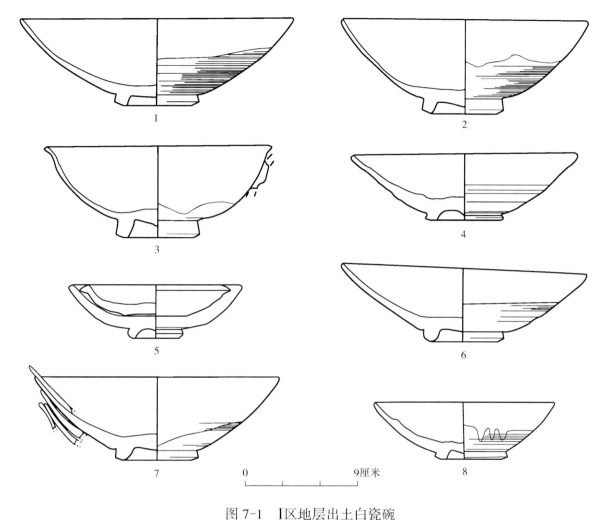

图 7-1 I 区地层出土白瓷碗

1～8. T0104④：95、T0202⑤：8、9、T0203②：32、55、172、175、T0204⑥：4

7-1，6）。

T0203②：175，微残。敞口，圆唇，弧腹，圈足，挖足过肩。内满施透明釉，有涩圈，宽 1.3 ～ 1.8 厘米，外施透明釉至下腹，有流釉、积釉现象，釉下施白色化妆土。口沿内粘有一个口沿残片，口沿下粘有三个口沿残片，外有轮痕，内外有少量土沁。足跟旋削，足脊微斜，外足墙微外撇。黄色胎，较致密。口径 19.6、底径 6.6、通高 6.6 厘米（图 7-1，7；彩版 7-5）。

T0204⑥：4，残。侈口，圆唇，弧腹，圈足，挖足过肩。内满施透明釉，有涩圈，宽 1.5 厘米，外施透明釉至上腹，有流釉、积釉现象，脱釉严重，外有轮痕，少量土沁，内部有土沁。足跟旋削，足脊微斜，外足墙微外撇。灰色胎，较致密。口径 14.8、底径 6、通高 4.5 厘米（图 7-1，8）。

2. 白瓷盏

共 25 件。T0104② 1 件，T0201④ 7 件，T0202② 1 件，T0202⑤ 1 件，T0203② 5 件，T0203③ 1 件，T0204② 1 件，T0204⑥ 2 件，T0303① 1 件，T0303② 1 件，T0304② 1 件，T0402② 1 件，T0403② 1 件，T0403③ 1 件。

T0104②：52，敛口，圆唇，弧腹，圈足。内满施透明釉，有涩圈，宽 0.8 ～ 1.3 厘米，外施透明釉至下腹，外有轮痕，有土沁。圈足足跟旋削，足脊微斜，外足墙微外撇。浅黄色胎，较致密。

彩版 7-1　白瓷碗 T0104 ④：95　　　　　　彩版 7-2　白瓷碗 T0202 ⑤：9

口径 9.1、底径 5、通高 3.1 厘米（图 7-2，1）。

　　T0201 ④：6，残。敞口，圆唇，弧腹，圈足。内满施透明釉，有涩圈，宽 1.4～1.9 厘米，外施透明釉至上腹部，施釉不均匀，釉下施白色化妆土至足底心，釉面有小开片，有积釉现象。圈足足跟旋削，足脊微斜，外足墙微外撇。浅黄色胎，较致密。口径 11、底径 4.4、通高 3.2 厘米（图 7-2，2；彩版 7-6）。

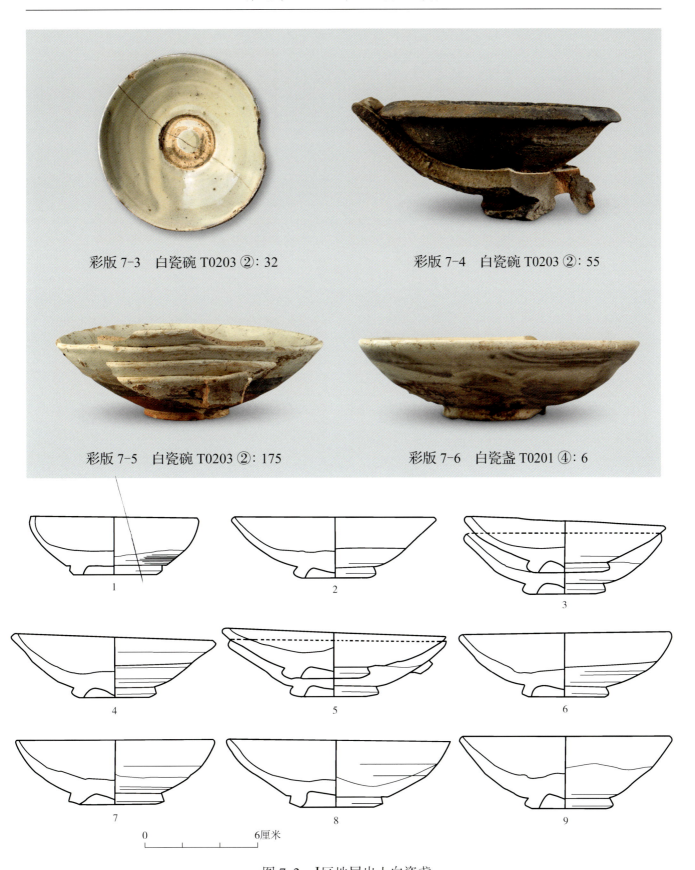

彩版 7-3　白瓷碗 T0203 ② : 32

彩版 7-4　白瓷碗 T0203 ② : 55

彩版 7-5　白瓷碗 T0203 ② : 175

彩版 7-6　白瓷盏 T0201 ④ : 6

0　　　　　6厘米

图 7-2　I 区地层出土白瓷盏

1～9. T0104②：52、T0201④：6～9、12、13、T0203②：164、T0203③：4

T0201 ④：7，2件。微残（图 7-2，3；彩版 7-7）。

T0201 ④：7-1，上，敞口，圆唇，弧腹，圈足。内满施透明釉，有涩圈，宽 1.1～1.3 厘米，釉下施白色化妆土，底粘有一个瓷盏。浅黄色胎，较致密。口径 11、底径 4.6、高 3 厘米。

T0201 ④：7-2，下，敞口，圆唇，弧腹，圈足。内施透明釉，外施透明釉至上腹，釉面有小开片，有积釉现象。圈足足跟旋削，足脊微斜，外足墙微外撇，足底心有一道裂缝。浅黄色胎，较致密。口径 10.8、底径 4.6、高 3.2、通高 4.2 厘米。

彩版 7-7　白瓷盏 T0201 ④：7　　　　　　　彩版 7-8　白瓷盏 T0201 ④：8

T0201 ④：8，微残。敞口，圆唇，弧腹，圈足。内满施透明釉，有涩圈，宽 0.8 ～ 1.3 厘米，外施透明釉至上腹，釉下施白色化妆土，施釉不均匀，釉面有小开片，有积釉现象。圈足足跟旋削，足脊微斜，外足墙微外撇。浅黄色胎，较致密。口径 11、底径 4.6、通高 3.4 厘米（图 7-2，4；彩版 7-8）。

T0201 ④：9，残，2 件（图 7-2，5；彩版 7-9）。

T0201 ④：9-1，上，腹与底部断开并错位，有裂隙。敞口，圆唇，弧腹，圈足。内满施透明釉，有涩圈，宽 1.1 ～ 1.5 厘米，釉下满施白色化妆土，底部粘有一个瓷盏。浅黄色胎，较致密。口径 12、底径 4.7、高 2.6 厘米。

T0201 ④：9-2，下，口沿至腹部有缺口，上粘有残瓷盏一个。敞口，圆唇，弧腹，圈足。内施透明釉，外施透明釉至上腹部，釉下施白色化妆土，釉面有小开片，腹部粘有小瓷片一个。浅黄色胎，较致密。口径 11.6、底径 4.8、高 3、通高 3.6 厘米。

T0201 ④：12，残。敞口，圆唇，弧腹，圈足。内满施透明釉，有涩圈，宽 0.4 ～ 1 厘米，外施透明釉至上腹部，釉下施白色化妆土，釉面有小开片，有流釉、积釉现象。圈足足跟旋削，足脊微斜，外足墙微外撇，外底有釉粘。浅黄色胎，较粗糙。口径 11.6、底径 4.8、通高 3.4 厘米（图 7-2，6）。

T0201 ④：13，残。敞口，圆唇，弧腹，圈足。内满施透明釉，有涩圈，宽 1.5 厘米，外施透明釉至上腹部，釉下施白色化妆土，釉面有小开片，有积釉现象。圈足足跟旋削，足脊微斜，外足墙微外撇，足脊上施一点白色化妆土。浅灰色胎，较致密。口径 10.7、底径 5.1、通高 3.4 厘米（图 7-2，7）。

T0202 ⑤：12，白瓷盏底带小围棋子。残，圈足。足跟旋削，足脊微斜，外足墙微外撇。外下腹有轮痕和少量土沁，内部有少量土沁。内满施透明釉，外施透明釉至中腹，有小开片现象，釉下满施白色化妆土，有小开片，内部有釉粘和 7 枚围棋子，为黄色胎，较致密，底径 4.6、残高 2.9 厘米（彩版 7-10）。

T0203 ②：160，微残。敞口，圆唇，弧腹，圈足，挖足过肩。内满施透明釉，有涩圈，宽 1.7 ～ 1.8 厘米，外施透明釉至下腹，釉下施白色化妆土，有流釉、积釉现象，釉面有小开片，外有釉粘、窑粘、少量土沁，内外有轮痕。圈足足跟旋削，足脊微斜，外足墙微外撇。浅黄色胎，较致密。口径

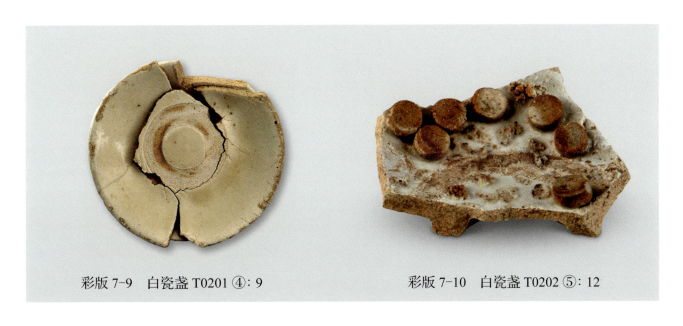

彩版 7-9　白瓷盏 T0201 ④：9　　　　　　　　彩版 7-10　白瓷盏 T0202 ⑤：12

11.8、底径 4.8、通高 3.5 厘米（彩版 7-11）。

T0203②：164，微残。敞口，圆唇，弧腹，圈足，挖足过肩。内满施透明釉，有涩圈，宽 1.1～1.5 厘米，外施透明釉至下腹，釉下施白色化妆土，釉面有小开片，有流釉、积釉现象，釉面有小开片，内外有轮痕、窑粘，少量土沁。圈足足跟旋削，足脊微斜，外足墙微外撇。黄色胎，较致密。口径 12、底径 5、通高 3.6 厘米（图 7-2，8）。

T0203②：166，残。敞口，圆唇，弧腹，圈足，挖足过肩。内满施透明釉，有涩圈，宽 0.8～1.4 厘米，外施透明釉至足脊，釉下施白色化妆土，施釉不均匀，有流釉、积釉现象，外有釉粘，内外有轮痕，少量土沁。圈足足跟旋削，足脊微斜，外足墙微外撇。黄色胎，较致密。口径 12.2、底径 5、通高 3.8 厘米（彩版 7-12）。

T0203③：4，残。敞口，圆唇，弧腹，圈足，挖足过肩。内满施透明釉，有涩圈，宽 0.9～1.3 厘米，外施透明釉至上腹部，釉下施白色化妆土，施釉不均匀，有积釉现象，内外都有少量土沁，内有釉粘，外有轮痕。圈足足跟旋削，足脊微斜，外足墙微外撇。黄色胎，较致密。口径 11.6、底径 4.8、通高 3.8 厘米（图 7-2，9）。

T0204②：26，残。敞口，圆唇，弧腹，圈足。内满施透明釉，外施透明釉至下腹，釉下施白色化妆土，釉面有小开片，有脱釉现象，内外有土沁，足脊有窑粘。圈足足跟旋削，足脊微斜，外足墙微外撇。灰色胎，较致密。口径 8.6、底径 4.2、通高 2.2 厘米（图 7-3，1）。

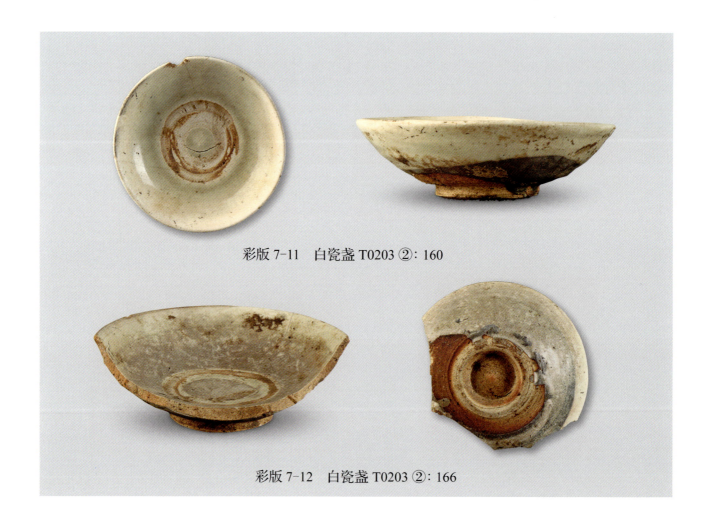

彩版 7-11　白瓷盏 T0203②：160

彩版 7-12　白瓷盏 T0203②：166

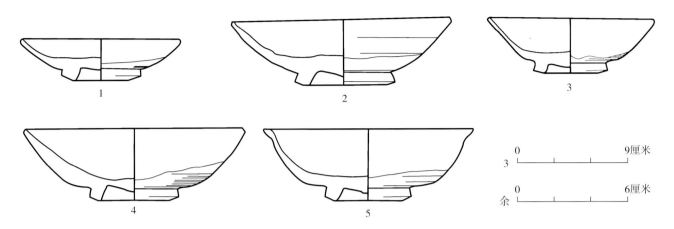

图 7-3　Ⅰ区地层出土白瓷盏
1~5. T0204②：26、T0204⑥：12、T0303②：24、T0304②：7、T0402②：32

T0204⑥：12，残。敞口，圆唇，弧腹，圈足，挖足过肩。内满施透明釉，有涩圈，宽 1.7~2.3 厘米，外施透明釉至中下腹，釉下施白色化妆土，外有轮痕，内有土沁。圈足足跟旋削，足脊微斜，外足墙微外撇。砖红色胎，较致密。口径 11.8、底径 5.4、通高 3.6 厘米（图 7-3，2）。

T0303②：24，残。敞口，圆唇，弧腹，圈足。内满施透明釉，外施透明釉至下腹，釉下施白色化妆土，有流釉现象，外有轮痕。圈足足跟旋削，足脊微斜，外足墙微外撇。浅黄色胎，较致密。口径 13.6、底径 6、通高 4.4 厘米（图 7-3，3）。

T0304②：7，微残。敞口，圆唇，弧腹，圈足，挖足过肩。内满施透明釉，有涩圈，宽 1.1~1.5 厘米，釉下满施白色化妆土，外施透明釉至腹部，施釉不均匀，内外都少量土沁，外有轮痕。圈足足跟旋削，足脊微斜，外足墙微外撇。黄色胎，较致密。口径 11.8、底径 4.8、通高 3.8 厘米（图 7-3，4）。

T0402②：32，残。侈口，圆唇，斜弧腹，圈足。内满施透明釉，有涩圈，宽 1.1 厘米，外施透明釉至腹部，釉下施白色化妆土，外有土沁、轮痕。圈足足跟有旋削痕迹，足脊微斜，外足墙微外撇。灰色胎，较致密。口径 11.2、底径 4.7、通高 3.8 厘米（图 7-3，5）。

3. 白瓷盘

共 7 件。T0203② 1 件，T0205⑥ 1 件，T0303② 1 件，T0401③ 2 件，T0402② 1 件，T0403① 1 件。

T0203②：64，残。撇口，圆唇，弧腹折收，圈足。内满施透明釉，有涩圈，宽 1.8~2.3 厘米，外施透明釉至腹部，有小开片，釉下满施白色化妆土，施化妆土不均匀，有小开片，内外有土沁，有轮痕，底部有窑粘。圈足足跟旋削，足脊微斜，外足墙微外撇。胎体火石红，黄色胎，较致密。口径 17.2、底径 7、通高 3.2 厘米（图 7-4，1；彩版 7-13）。

T0205⑥：21，残。敞口，圆唇，弧腹折收，平底内凹。内满施透明釉，外施透明釉至腹部，釉下施白色化妆土，釉面有小开片，外有轮痕，少量土沁。浅黄色胎，较致密。口径 9.2、底径 4、通高 1.7 厘米（图 7-4，2）。

T0303②：20，微残。敞口，圆唇，弧腹，平底。内满施透明釉，外施透明釉至下腹，内有土沁、釉粘，外有轮痕。浅白色胎，较致密。口径 10、底径 4.6、通高 2.3 厘米（图 7-4，3）。

T0401③：4，微残。敞口，圆唇，弧腹，平底内凹。内施透明釉，外施透明釉至下腹，釉面有小开片，

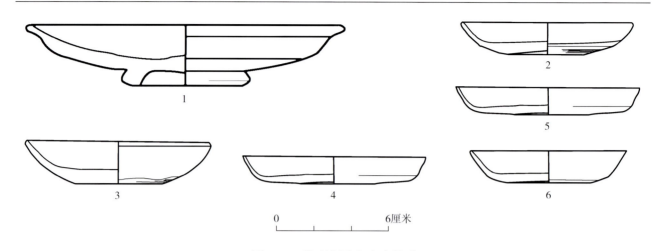

图 7-4　Ⅰ区地层出土白瓷盘

1～6. T0203②：64、T0205⑥：21、T0303②：20、T0401③：4、5、T0402②：1

彩版 7-13　白瓷盘 T0203②：64

彩版 7-14　白瓷盘 T0402②：1

底部有土沁。灰色胎，较致密。口径 9.8、底径 3.9、高 1.5 厘米（图 7-4，4）。

　　T0401③：5，残。敞口，圆唇，弧腹，平底内凹。内施透明釉，外施透明釉至下腹，釉面有小开片，底部有少量土沁。黄色胎，较致密。口径 9.8、底径 3.9、高 1.49 厘米（图 7-4，5）。

　　T0402②：1，残。敞口，圆唇，弧腹，平底内凹。内满施透明釉，外施透明釉至腹部，外有轮痕，有土沁。灰色胎，较致密。口径 8.4、底径 4.6、通高 1.7 厘米（图 7-4，6；彩版 7-14）。

4. 白瓷钵

共 10 件。T0104 ⑤ 1 件，T0202 ② 2 件，T0203 ② 1 件，T0303 ② 2 件，T0403 ① 3 件，T0403 ② 1 件。

T0104 ⑤：1，敞口，圆唇，口沿下有凸棱，弧腹，圈足，挖足过肩。除口沿外内满施透明釉，外施透明釉至下腹，釉下施白色化妆土，化妆土有小开片，内有釉粘，外有轮痕。圈足足跟旋削，足脊微斜，外足墙微外撇。灰色胎，较致密。口径 11.8、底径 5.7、通高 6.2 厘米（图 7-5，1；彩版 7-15）。

T0303 ②：19，残。侈口，圆唇，口沿下有凸棱，弧腹，圈足。除口沿外内满施透明釉，腹部有半圈釉粘，外施透明釉至下腹，釉下满施白色化妆土，釉面有小开片，外有轮痕。圈足足跟旋削，足脊微斜，外足墙微外撇。浅灰色胎，较粗糙。口径 12.8、底径 6.7、通高 6.8 厘米（图 7-5，2）。

T0403 ①：4，残。侈口，圆唇，口沿下有凸棱，弧腹，圈足，挖足过肩。除口沿外内满施透明釉，外施透明釉至圈足，釉下施满白色化妆土，内外有土沁。圈足足跟旋削，足脊微斜，外足墙微外撇。浅黄色胎，较致密。口径 12、底径 6.6、通高 5.4 厘米（图 7-5，3；彩版 7-16）。

T0403 ①：21，敞口，圆唇，口沿下有凸棱，弧腹，圈足，挖足过肩。除口沿外内满施透明釉，外施透明釉至中腹，内外有土沁，外有轮痕。圈足足跟旋削，足脊微斜，外足墙微外撇。浅黄色胎，较致密。口径 12.3、底径 6.6、通高 6.2 厘米（图 7-5，4）。

T0403 ①：25，敞口，圆唇，口沿下有凸棱，弧腹，圈足，挖足过肩。除口沿外内满施透明釉，外施透明釉至中腹，外有轮痕。圈足足跟旋削，足脊微斜，外足墙微外撇。浅灰色胎，较粗糙。口径 13.6、底径 5.9、通高 7.35 厘米（图 7-5，5；彩版 7-17）。

T0403 ②：3，残。侈口，圆唇，斜沿，口沿下部有凸棱，弧腹，圈足，挖足过肩。除口沿外内满施透明釉，外施透明釉至下腹，有流釉现象，唇部有土沁，外有釉粘、轮痕。圈足足跟旋削，足脊微斜，外足墙微外撇。黄色胎，较粗糙。口径 13.3、底径 6.3、通高 6.4 厘米（图 7-5，6）。

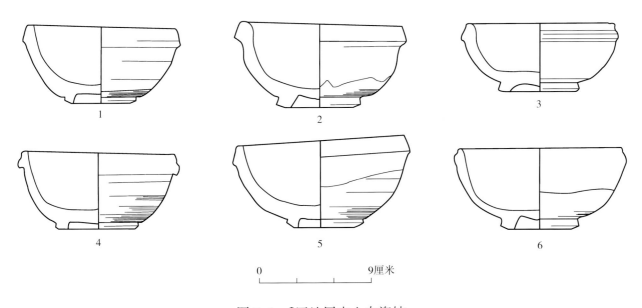

图 7-5 Ⅰ区地层出土白瓷钵

1～6. T0104⑤：1、T0303②：19、T0403①：4、21、25、T0403②：3

彩版 7-15　白瓷钵 T0104 ⑤: 1

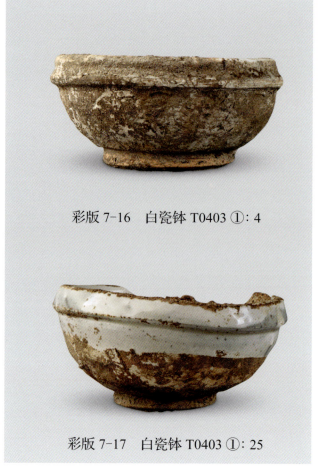

彩版 7-16　白瓷钵 T0403 ①: 4

彩版 7-17　白瓷钵 T0403 ①: 25

5. 白瓷水盂

共 8 件。T0202 ⑤ 1 件，T0203 ② 1 件，T0301 ② 1 件，T0303 ② 1 件，T0402 ② 1 件，T0403 ① 2 件，T0404 ① 1 件。

T0202 ⑤: 1，残。敛口，圆唇，鼓腹，圈足，挖足过肩。内满施透明釉，外施釉至外足墙，釉下施白色化妆土有小开片，内有釉粘，外有土沁，有轮痕。足跟旋削，足脊微斜，外足墙微外撇。浅灰色胎，较致密。口径 6.2、腹径 7、底径 3.7、通高 3.3 厘米（图 7-6，1；彩版 7-18）。

T0203 ②: 214，微残。侈口，圆唇，弧腹，饼底。内满施透明釉，外施透明釉至中下腹，有积釉现象，釉面无光泽。腹部因拉坯不均匀导致的泥浆，外有轮痕，内外有土沁。口径 4、腹径 6.4、底径 2.7、通高 4.7 厘米（图 7-6，2；彩版 7-19）。

T0301 ②: 1，敞口，圆唇，弧腹，饼底。内满施透明釉，外施透明釉至上腹部，釉面无光泽，下腹与外底施白色化妆土，有脱落现象，外有轮痕，有土沁。浅黄色胎，较致密。口径 4.4、底径 2.4、通高 1.8 厘米（图 7-6，3）。

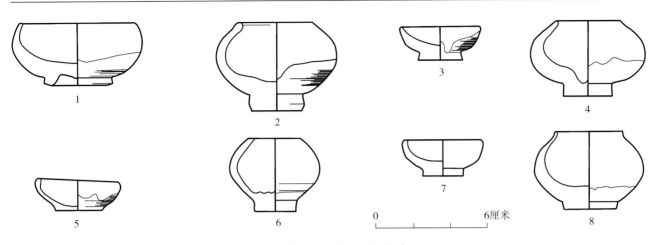

图 7-6　Ⅰ区地层出土白瓷水盂

1~8. T0202⑤：1、T0203②：214、T0301②：1、T0303②：1、T0402②：27、T0403①：7、10、T0404①：29

彩版 7-18　白瓷水盂 T0202 ⑤：1　　　　彩版 7-19　白瓷水盂 T0203 ②：214

彩版 7-20　白瓷水盂 T0402 ②：27

　　T0303 ②：1，残。侈口，圆唇，鼓腹，饼底。内施透明釉，外施透明釉至腹部，釉下施白色化妆土，有流釉现象，腹部有一个小孔，内外有土沁。浅灰色胎，较致密。口径 3.4、腹径 6.2、底径 2.6、通高 4 厘米（图 7-6，4）。

　　T0402 ②：27，敞口，圆唇，弧腹，平底。内满施透明釉，外施透明釉至腹部，釉面无光泽，内外有土沁，有轮痕。黄色胎，较致密。口径 4.6、底径 2.5、通高 1.7 厘米（图 7-6，5；彩版 7-20）。

　　T0403 ①：7，敛口，圆唇，鼓腹，饼底。内满施透明釉，外施透明釉至下腹，外有流釉现象，

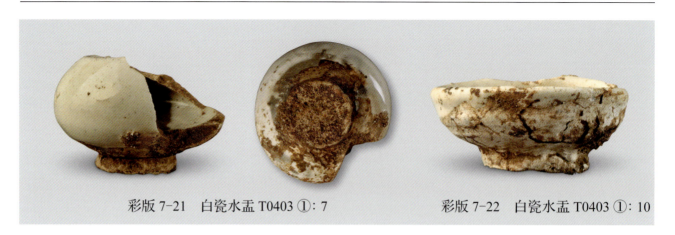

彩版 7-21　白瓷水盂 T0403 ①：7　　　　　　　　彩版 7-22　白瓷水盂 T0403 ①：10

内外有土沁，有轮痕。浅黄色胎，较致密。口径 2.8、腹径 4.8、底径 2.2、通高 3.9 厘米（图 7-6，6；彩版 7-21）。

　　T0403 ①：10，敛口，圆唇，鼓腹，饼底。内满施透明釉，外施透明釉至下腹，釉下施白色化妆土，内外有土沁。浅黄色胎，较致密。口径 4.4、底径 2.2、通高 1.9 厘米（图 7-6，7；彩版 7-22）。

　　T0404 ①：29，残。侈口，圆唇，弧腹，饼底。内满施透明釉，外施透明釉至腹部，釉面无光泽，内外有土沁。浅黄色胎，较致密。口径 3.6、腹径 5.85、底径 3、通高 4.1 厘米（图 7-6，8）。

　　6. 白瓷罐

　　共 8 件。T0104 ② 2 件，T0202 ⑤ 1 件，T0203 ② 1 件，T0204 ④ 1 件，T0402 ② 1 件，T0403 ① 1 件，T0405 ② 1 件。

　　T0104 ②：19，敛口，圆唇，矮颈，溜肩，肩部至腹部竖装对称条形系，一耳残，鼓腹，圈足。内满施透明釉，外施透明釉至下腹，釉下施白色化妆土，有脱釉现象，内外有土沁，有轮痕。圈足足跟旋削，足脊微斜，外足墙微外撇。浅黄色胎，较致密。口径 5.6、底径 4.3、腹径 7.8、通高 6 厘米（图 7-7，1；彩版 7-23）。

　　T0104 ②：63，残。敞口，圆唇，矮颈，溜肩，肩部至腹部竖装对称条形系，一耳残，鼓腹，饼底。内满施透明釉，外施透明釉至中腹，外有轮痕，有土沁。浅黄色胎，较致密。口径 4.4、腹径 6.5、底径 2.85、通高 5.4 厘米（图 7-7，2；彩版 7-24）。

　　T0202 ⑤：5，残。敛口，圆唇，矮颈，溜肩，肩部至腹部竖装对称条形系，鼓腹，饼底。除口沿外内满施透明釉，外施透明釉至中腹，有积釉、脱釉现象，釉下施白色化妆土，外有轮痕，内外

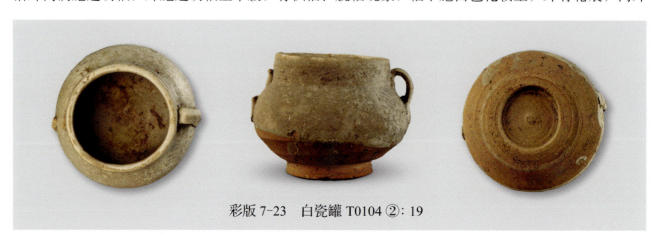

彩版 7-23　白瓷罐 T0104 ②：19

有土沁。黄色胎，较致密。口径5、腹径7.4、底径2.5、通高6.3厘米（图7-7，3；彩版7-25）。

T0203②：195，残。侈口，圆唇，矮颈，溜肩，肩部至腹部竖装对称条形系，一耳残，鼓腹，饼底。内除口沿外满施透明釉，外施透明釉至腹部，釉下施白色化妆土，有流釉、积釉现象，脱釉现象严重，内有少量土沁，腹部因拉坯不均匀导致的泥浆。黄色胎，较致密。口径5.2、腹径8、底径4、通高6厘米（图7-7，4；彩版7-26）。

T0303①：10，残。侈口，圆唇，矮颈，溜肩，肩部至腹部竖装对称条形系，双耳残，鼓腹，饼底。内施透明釉，底部有粘接，外施透明釉至足底，釉下施白色化妆土，釉面有小开片，有流釉现象。浅黄色胎，较致密。口径3.7、腹径5.9、底径2.7、通高4.3厘米（图7-7，5）。

T0402②：34，残。敞口，圆唇，矮颈，溜肩，肩部至腹部竖装对称条形系，一耳残，弧腹，圈足。

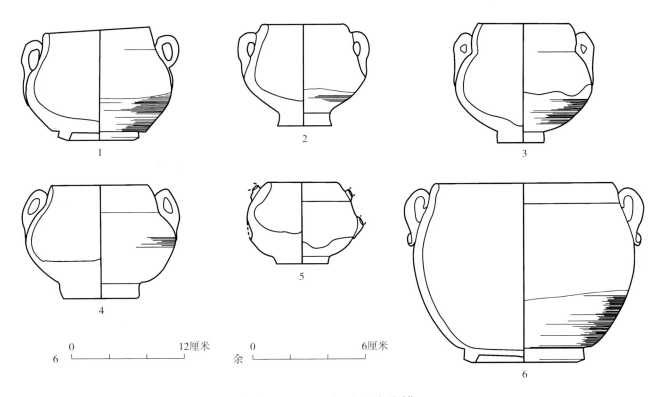

图 7-7　I区地层出土白瓷罐

1～6. T0104②：19、63、T0202⑤：5、T0203②：195、T0303①：10、T0402②：34

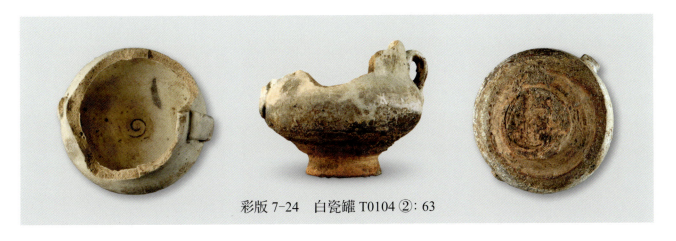

彩版 7-24　白瓷罐 T0104②：63

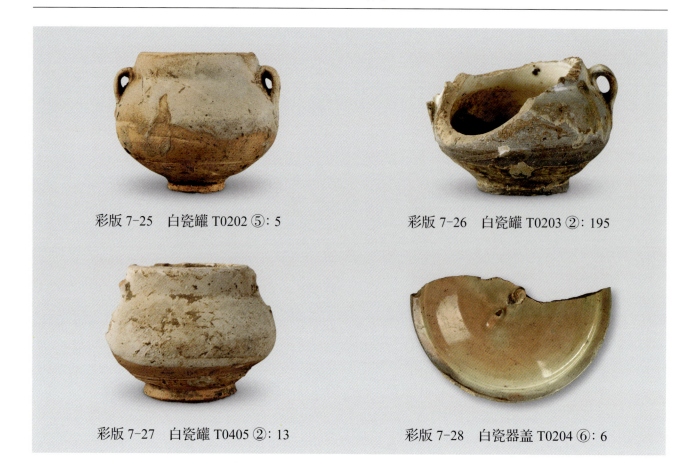

彩版 7-25　白瓷罐 T0202 ⑤：5　　　　　　　　彩版 7-26　白瓷罐 T0203 ②：195

彩版 7-27　白瓷罐 T0405 ②：13　　　　　　　彩版 7-28　白瓷器盖 T0204 ⑥：6

内施透明釉，外施透明釉至腹部，内外有土沁、轮痕。圈足足跟旋削，足脊微斜，外足墙微外撇。灰色胎，较致密。口径 19.2、腹径 23.8、底径 13、通高 18.9 厘米（图 7-7，6）。

T0405 ②：13，残。敞口，圆唇，矮颈，溜肩，肩部至腹部竖装对称条形系，双耳残，圈足。内施透明釉，外施透明釉至腹部，釉下施化妆土，釉面无光泽，外有轮痕。圈足足跟斜削，外足墙微外撇，足脊微斜。黄色胎，较致密。口径 6、腹径 8.1、底径 4.1、通高 5.5 厘米（彩版 7-27）。

7. 白瓷器盖

共 3 件。T0204 ⑥ 1 件，T0304 ③ 1 件，T0402 ② 1 件。

T0204 ⑥：6，残。子母口微敛，宽平沿，弧顶，顶部捉手残。内无釉，外满施透明釉。黄色胎，较致密。直径 17.1、通高 4.4 厘米（图 7-8，1；彩版 7-28）。

T0304 ③：7，子母口微敛，宽平沿，圆唇，弧顶，捉手残。内无釉，有釉粘，外满施透明釉，釉面有小气泡，有脱釉现象。黄色胎，较致密。直径 10.8、通高 2 厘米（图 7-8，2；彩版 7-29）。

8. 白瓷瓷塑

共 5 件。T0104 ② 1 件，T0203 ④ 1 件，T0204 ④ 1 件，T0305 ① 1 件，T0404 ① 1 件。

T0203 ④：1，人物俑，残，模制。坐姿。背部倾斜，底部微平。椭圆形脸，脸部残，身穿长衫，右手持一物，左手搭左膝，盘腿，衣衫纹路不明显。左侧不明显。正面与侧面满施透明釉，底部一半施透明釉，有小开片，脱落严重，釉下施白色化妆土，有土沁，底部有釉粘。灰色胎，较致密。长 5.4、宽 4.1、通高 7.2 厘米（图 7-8，3；彩版 7-30）。

T0204 ④：5，瓷狗，模制。站姿。头微向上仰，双耳下耷，没有眼睛、唇，狗尾向右翘起搭在

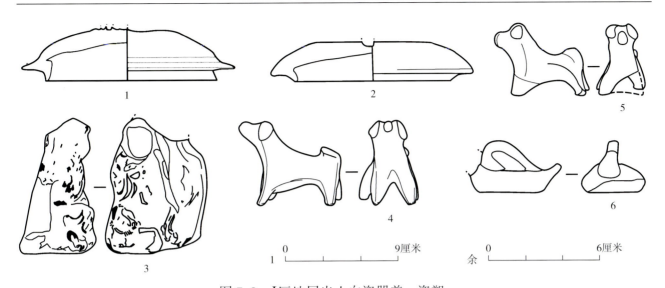

图 7-8 I区地层出土白瓷器盖、瓷塑

1、2. 白瓷器盖 T0204⑥：6、T0304③：7 3～6. 白瓷瓷塑 T0203④：1、T0204④：5、T0305①：2、T0404①：26

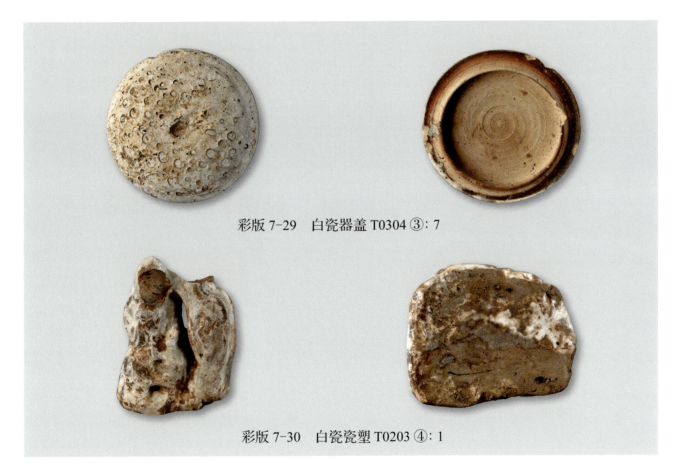

彩版 7-29 白瓷器盖 T0304 ③：7

彩版 7-30 白瓷瓷塑 T0203 ④：1

臀部，四肢下部呈锥状直立，通体施透明釉。黄色胎，较致密。长 5.4、宽 3.2、高 4.4 厘米（图 7-8，4；彩版 7-31）。

T0305①：2，瓷狗，微残，模制。站姿。耳朵下垂，长吻，没有鼻及眼睛，颈部较粗，颈部有釉粘，尾巴上翘，两条前腿残，两条后腿脚掌有窑粘，施透明釉至腿部及下腹，釉下施白色化妆土。灰色胎，

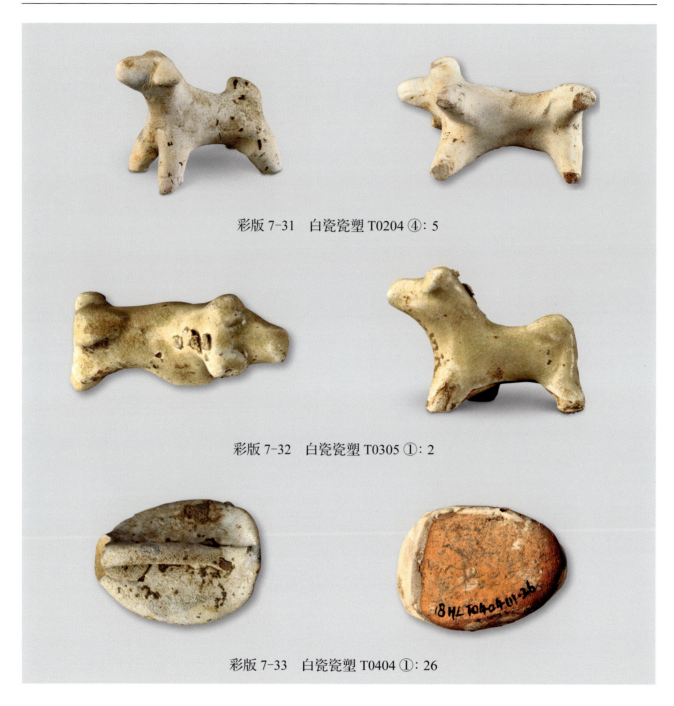

彩版 7-31　白瓷瓷塑 T0204 ④ : 5

彩版 7-32　白瓷瓷塑 T0305 ① : 2

彩版 7-33　白瓷瓷塑 T0404 ① : 26

较致密。长 5.1、宽 2.4、高 3.8 厘米（图 7-8，5；彩版 7-32）。

T0404 ① : 26，瓷鸭，残，模制。鸭形。头无，背部上纽，尾巴向上翘起。通体施透明釉至底部，釉下施白色化妆土，有土沁。黄色胎，较致密。残长 4.9、宽 3.5、通高 2.7 厘米（图 7-8，6；彩版 7-33）。

（二）白釉黑（褐）彩瓷

1. 白釉黑（褐）彩碗

共 51 件。T0104 ② 3 件，T0104 ④ 5 件，T0104 ⑥ 2 件，T0201 ② 2 件，T0201 ④ 10 件，T0202 ② 7 件，T0203 ① 1 件，T0203 ② 14 件，T0203 ③ 3 件，T0203 ④ 1 件，T0204 ④ 1 件，

T0404 ① 2 件。

T0104 ②：50，带字碗。敞口，圆唇，弧腹，圈足，挖足过肩。内施透明釉有涩圈，宽 1.5～2 厘米，内满施白色化妆土，内饰褐彩"九"字，外施透明釉至中腹，釉面有小开片，内外有土沁，有轮痕。足脊有旋削，外足墙外撇，内足墙倾斜。浅黄色胎，较致密。口径 22.4、底径 6.4、通高 6.8 厘米（图 7-9，1；彩版 7-34）。

T0104 ②：62，带字碗腹片。施透明釉，有黑彩"？"字。浅黄色胎，较致密。残长 5.85、残宽 3.25 厘米（图 7-9，2；彩版 7-35）。

T0104 ④：3，敞口，圆唇，弧腹，圈足，挖足过肩。内施透明釉，有涩圈，宽 1.4～2.2 厘米，腹部饰黑彩萱草纹，内部有两处釉下未施化妆土，外施透明釉至中腹，釉面有小开片，有土沁，下腹有轮痕。足脊旋削，外足墙外撇，有轮痕。浅黄色胎，较致密。口径 22.45、底径 7.2、通高 8 厘

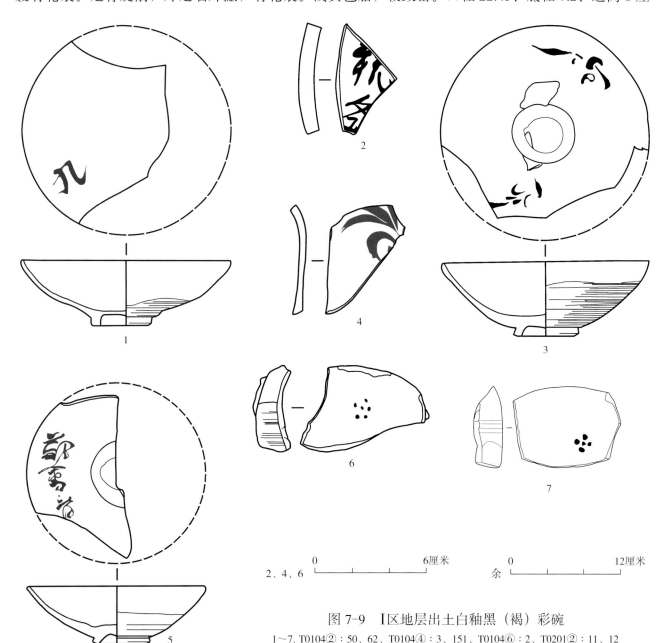

图 7-9　I 区地层出土白釉黑（褐）彩碗

1～7. T0104②：50、62、T0104④：3、151、T0104⑥：2、T0201②：11、12

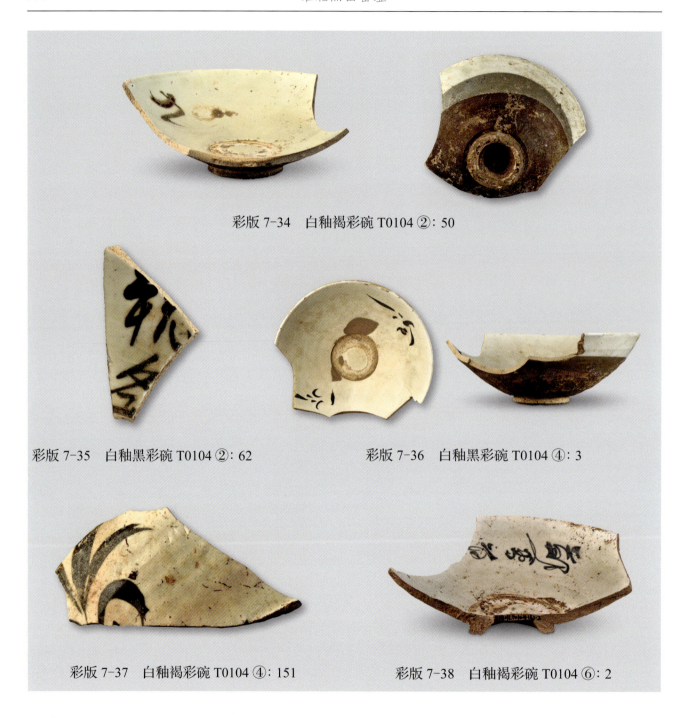

彩版 7-34　白釉褐彩碗 T0104 ②: 50

彩版 7-35　白釉黑彩碗 T0104 ②: 62

彩版 7-36　白釉黑彩碗 T0104 ④: 3

彩版 7-37　白釉褐彩碗 T0104 ④: 151

彩版 7-38　白釉褐彩碗 T0104 ⑥: 2

米（图 7-9，3；彩版 7-36）。

　　T0104 ④: 151，碗腹片。内外施透明釉，外腹有褐彩萱草纹，外有轮痕。灰色胎，较致密。残长 5.8、残宽 4.3 厘米（图 7-9，4；彩版 7-37）。

　　T0104 ⑥: 2，带字碗，残。敞口，圆唇，弧腹，圈足，挖足过肩。内满施透明釉，有涩圈，宽 1.1 ～ 1.8 厘米，腹部上写褐彩"郑雪？"，外施透明釉至上腹部，釉下施白色化妆土，内外都有少量土沁、釉粘，外有轮痕。圈足足跟旋削，足脊微斜，足脊有窑粘及釉粘，外足墙微外撇。浅黄色胎，较致密。口径 19.2、底径 6.2、通高 6.1 厘米（图 7-9，5；彩版 7-38）。

　　T0201 ②: 11，碗残片。敞口，圆唇，弧腹。内施透明釉，腹饰黑彩梅花纹，外施透明釉至腹部，釉下施白色化妆土，化妆土有小开片，内有釉粘，外沾有瓷片，少量土沁、轮痕。浅黄色胎，较致密。残长 6.9、残宽 4.6 厘米（图 7-9，6；彩版 7-39）。

T0201②：12，碗残片。敞口，圆唇，弧腹。内施透明釉，腹部饰黑彩梅花纹，外施透明釉至腹部，釉面有小开片，施釉不均匀，外有轮痕。浅黄色胎，较致密。残长 11.7、残宽 8.6 厘米（图 7-9，7；彩版 7-40）。

T0201④：5，残。敞口，圆唇，弧腹，圈足，挖足过肩。内施透明釉，有涩圈，宽 1.5～1.9 厘米，腹部有褐彩萱草纹，有零星小孔，外施透明釉至上腹部，釉下施白色化妆土，釉面有小开片，有流釉、积釉现象。圈足足跟旋削，足脊微斜，外足墙微外撇。浅黄色胎，较致密。口径 14.4、底径 5.6、通高 5.2 厘米（图 7-10，1；彩版 7-41）。

T0201④：18，碗残片。敞口，圆唇，弧腹。内满施透明釉，腹部饰黑彩梅花纹，外施透明釉至腹部，釉面有小开片，外有少量土沁、轮痕。浅黄色胎，较致密。残长 9.3、残宽 8.9 厘米（图 7-10，2；彩版 7-42）。

T0201④：19，残。侈口，圆唇，弧腹，圈足，挖足过肩。内满施透明釉，有涩圈，宽 1.5～1.8 厘米，釉下满施白色化妆土，腹部饰褐彩萱草纹，外施透明釉至腹部，釉下施白色化妆土，化妆土有小开片，有积釉现象，内外有少量土沁，外有轮痕。圈足足跟旋削，足脊微斜，足脊有釉粘，外足墙微外撇。浅黄色胎，较致密。口径 13.6、底径 5.3、通高 5.9 厘米（图 7-10，3；彩版 7-43）。

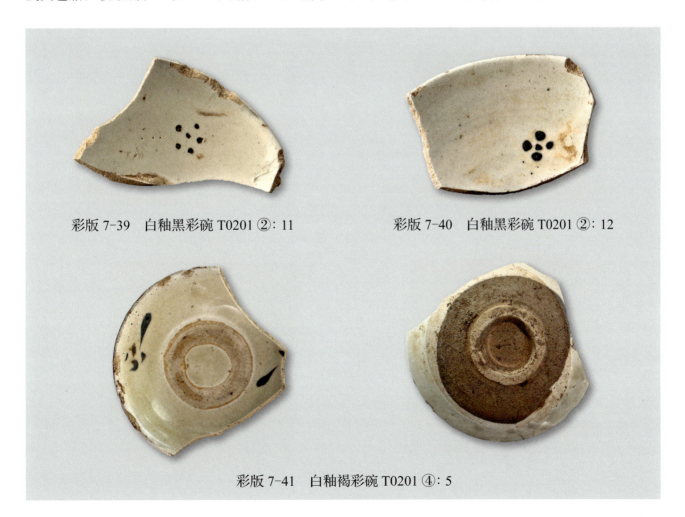

彩版 7-39　白釉黑彩碗 T0201②：11　　　　彩版 7-40　白釉黑彩碗 T0201②：12

彩版 7-41　白釉褐彩碗 T0201④：5

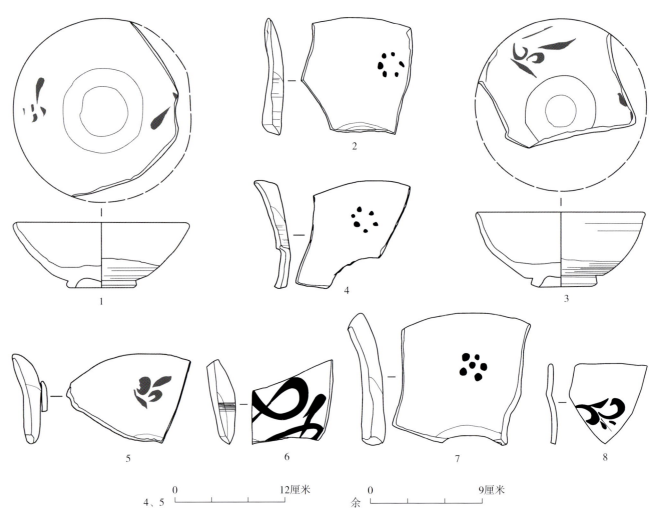

4、5 0_____12厘米

余 0_____9厘米

图 7-10 Ⅰ区地层出土白釉黑（褐）彩碗
1～8. T0201④：5、18、19、21、23、24、26、T0202②：12

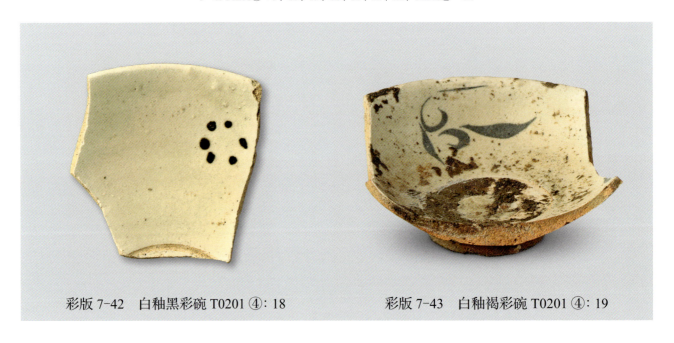

彩版 7-42 白釉黑彩碗 T0201④：18　　　　彩版 7-43 白釉褐彩碗 T0201④：19

T0201④：21，碗腹片。敞口，圆唇，弧腹。内施透明釉，腹部饰黑彩梅花纹，外施透明釉至上腹部，釉下施白色化妆土至腹部，化妆土有小开片，外有少量土沁、轮痕。浅黄色胎，较致密。残长12.2、残宽11.4厘米（图7-10，4；彩版7-44）。

T0201④：23，碗腹片。敞口，圆唇，弧腹。内满施透明釉，有涩圈，腹部饰褐彩萱草纹，外施透明釉至上腹部，釉面有小开片，施釉不均匀，外粘有瓷片，有土沁。浅黄色胎，较致密。残长13.3、残宽9.5厘米（图7-10，5；彩版7-45）。

T0201④：24，碗腹片。内施透明釉，腹部饰黑彩萱草纹，外施透明釉至腹部，外有轮痕。浅黄色胎，较致密。残长6.7、残宽6.5厘米（图7-10，6；彩版7-46）。

T0201④：26，碗腹片。敞口，圆唇，弧腹。内满施透明釉，有涩圈，腹部饰褐彩梅花纹，外施透明釉至腹部，釉面有小开片，内外都有少量土沁，外有轮痕。浅黄色胎，较致密。残长11、残宽10.5厘米（图7-10，7；彩版7-47）。

T0202②：12，碗残片。敞口，圆唇，弧腹。内外施透明釉，釉面有小开片，釉下施白色化妆土，外腹饰黑彩萱草纹，外有土沁。灰色胎，较粗糙。残长6.4、残宽6.3厘米（图7-10，8；彩版7-48）。

T0202②：13，残。敞口，圆唇，弧腹，圈足，挖足过肩。内满施透明釉，有涩圈，宽1.4～1.7厘米，内腹饰黑彩萱草纹，外施透明釉至下腹，外有轮痕，有窑粘。圈足足跟旋削，足脊微斜，外足墙微外撇。灰色胎，较致密。口径13.4、底径5.3、通高5.3厘米（图7-11，1；彩版7-49）。

T0202②：14，碗残片。敞口，圆唇，弧腹。内施透明釉，外施透明釉，釉面有小开片，内腹

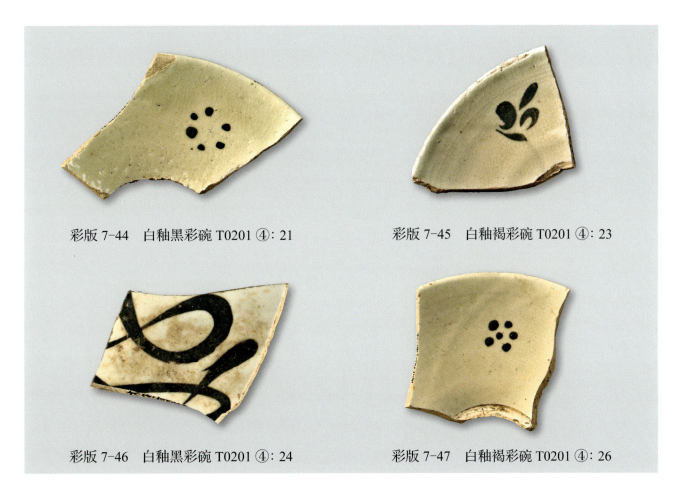

彩版7-44　白釉黑彩碗 T0201④：21　　　　彩版7-45　白釉褐彩碗 T0201④：23

彩版7-46　白釉黑彩碗 T0201④：24　　　　彩版7-47　白釉褐彩碗 T0201④：26

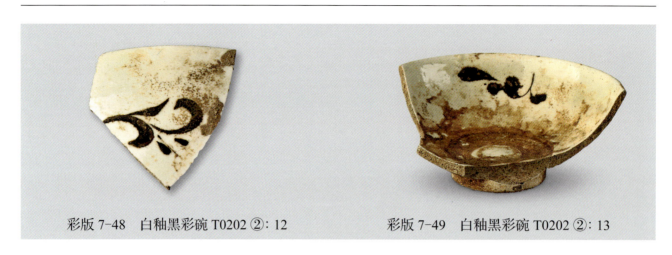

彩版 7-48　白釉黑彩碗 T0202 ②: 12　　　　　　彩版 7-49　白釉黑彩碗 T0202 ②: 13

饰黑彩萱草纹，外有轮痕。浅灰色胎，较致密。残长 6.55、残宽 6.4 厘米（图 7-11，2；彩版 7-50，左上）。

　　T0202 ②: 16，碗腹片。敞口，圆唇，弧腹。内施透明釉，有积釉现象，外施透明釉，釉面有小开片，内腹饰黑彩萱草纹，内外有窑粘，外有土沁。灰色胎，较致密。残长 9.8、残宽 8.1 厘米（图 7-11，3；彩版 7-50，右上）。

　　T0202 ②: 18，碗残片。敞口，圆唇，弧腹。内满施透明釉，有涩圈，内腹有褐彩萱草纹，外施透明釉至腹部，釉下施白色化妆土，釉面有小开片，内外有轮痕，土沁。浅黄色胎，较粗糙。残长 11.6、残宽 8.45 厘米（图 7-11，4；彩版 7-50，左下）。

　　T0202 ②: 19，碗腹片。敞口，圆唇，弧腹。内施透明釉，有脱釉现象，外施透明釉，釉下施

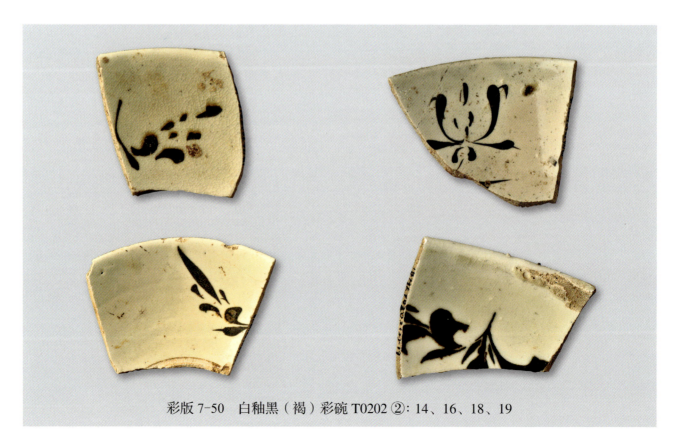

彩版 7-50　白釉黑（褐）彩碗 T0202 ②: 14、16、18、19

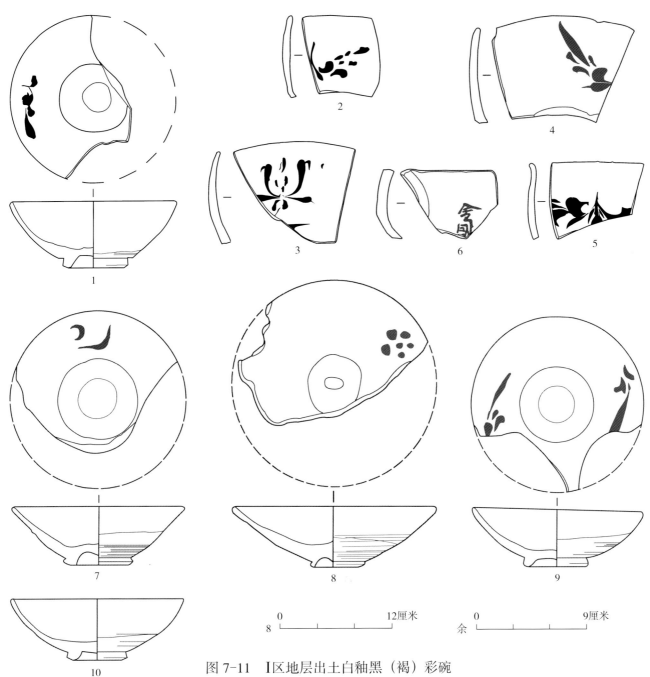

图 7-11　I 区地层出土白釉黑（褐）彩碗

1～10. T0202②：13、14、16、18、19、T0203①：1、T0203②：19、30、159、193

白色化妆土，内腹饰黑彩萱草纹，内外有窑粘。灰色胎，较致密。残长 7.6、残宽 6.15 厘米（图 7-11，5；彩版 7-50，右下）。

　　T0203 ①：1，带字碗腹片。弧腹。内满施透明釉，有涩圈，外施透明釉至腹部，釉面有小开片，釉下施白色化妆土，内腹有褐彩字"金刚"。浅黄色胎，较致密。残长 7.9、残宽 5.5 厘米（图 7-11，6；彩版 7-51）。

　　T0203 ②：19，残。敞口，圆唇，弧腹，圈足，挖足过肩。内满施透明釉，有涩圈，宽 1.4～1.5 厘米，内腹饰褐彩萱草纹，外施透明釉至腹部，釉下施白色化妆土，有小开片，内有窑粘，外有少量土沁，

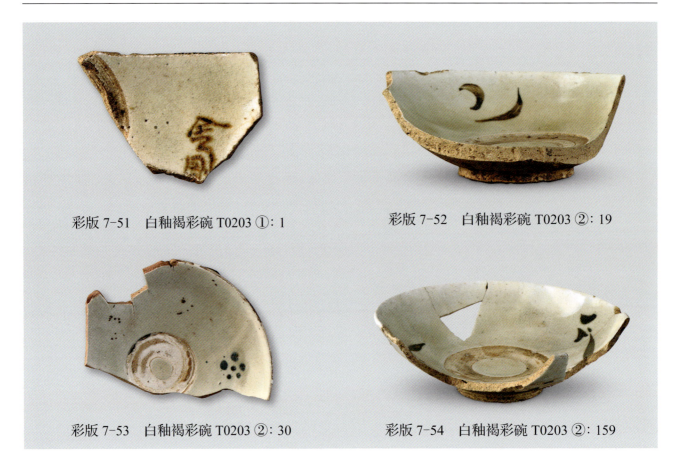

彩版 7-51　白釉褐彩碗 T0203 ①：1　　　　　　彩版 7-52　白釉褐彩碗 T0203 ②：19

彩版 7-53　白釉褐彩碗 T0203 ②：30　　　　　　彩版 7-54　白釉褐彩碗 T0203 ②：159

内外有轮痕。足跟旋削，足脊微斜，外足墙微外撇。黄色胎，较致密。口径 14、底径 5.6、通高 4.6 厘米（图 7-11，7；彩版 7-52）。

　　T0203 ②：30，残。敞口，圆唇，弧腹，圈足，挖足过肩。内满施透明釉，有涩圈，宽 2.1～2.5 厘米，内腹饰褐彩梅花纹，外施透明釉至中上腹部，有积釉现象，釉下施白色化妆土，有小开片，内有窑粘，外有轮痕，内外有土沁。足跟旋削，足脊微斜，外足墙微外撇。黄色胎，较致密。口径 22、底径 6、通高 6.4 厘米（图 7-11，8；彩版 7-53）。

　　T0203 ②：159，残。敞口，圆唇，弧腹，圈足。内满施透明釉，有涩圈，宽 1.3～1.5 厘米，内腹中部饰褐彩萱草纹，外施透明釉至上腹部，有积釉现象，釉下施白色化妆土，外有轮痕，土沁。足跟旋削，足脊微斜，外足墙微外撇。黄色胎，较致密。口径 14、底径 5.2、通高 4.8 厘米（图 7-11，9；彩版 7-54）。

　　T0203 ②：193，残。敞口，圆唇，弧腹，圈足。内满施透明釉，有涩圈，宽 1.5～2.1 厘米，内腹中上部饰褐彩萱草纹，外施透明釉至腹部，有积釉现象，釉下施白色化妆土，内外有轮痕，少量土沁。足跟旋削，足脊微斜，外足墙微外撇。黄色胎，较致密。口径 14、底径 4.9、通高 4.9 厘米（图 7-11，10；彩版 7-55）。

　　T0203 ②：248，残。敞口，圆唇，弧腹，圈足，挖足过肩。内满施透明釉，有涩圈，宽 1.7～1.9 厘米，内腹饰黑彩萱草纹，外腹有手指印，外施透明釉至上腹部，釉面有小开片，釉下施白色化妆土，化妆土有小开片，内外有窑粘、轮痕，少量土沁。足跟旋削，足脊微斜，外足墙微外撇。灰色胎，较致密。口径 21.2、底径 6.7、通高 6.7 厘米（图 7-12，1；彩版 7-56）。

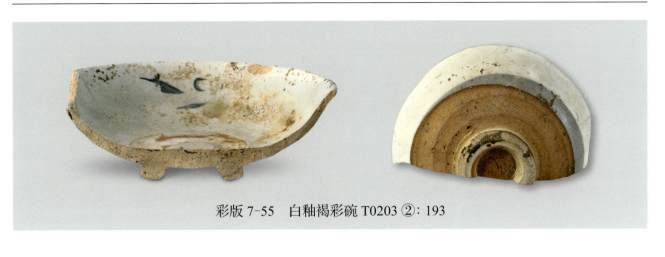

彩版 7-55 白釉褐彩碗 T0203 ②：193

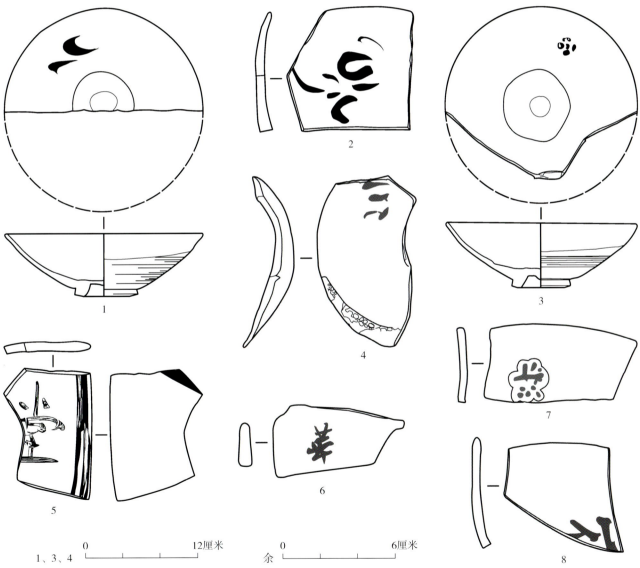

图 7-12 I 区地层出土白釉黑（褐）彩碗

1～8. T0203②：248、255、T0203③：7、21、T0204④：33、T0303②：7、T0404①：1、6

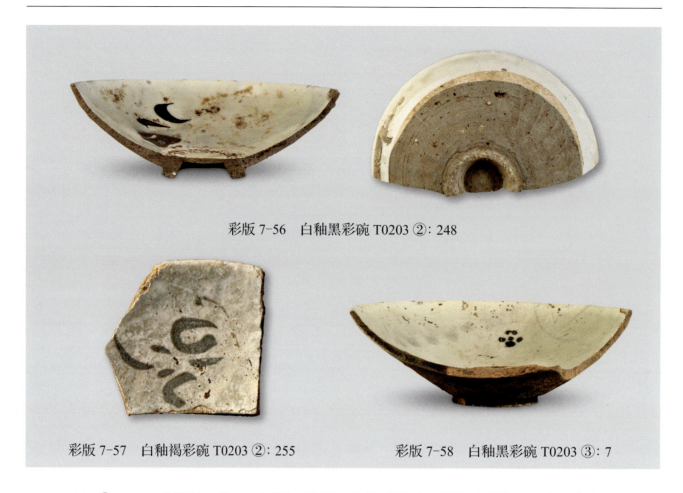

彩版 7-56　白釉黑彩碗 T0203 ②：248

彩版 7-57　白釉褐彩碗 T0203 ②：255　　　　　　彩版 7-58　白釉黑彩碗 T0203 ③：7

　　T0203 ②：255，碗腹片。敞口，圆唇，弧腹。内施透明釉，外施透明釉至上腹，有积釉现象，釉下施白色化妆土，内腹饰褐彩萱草纹，内有少量土沁，外有土沁。黄色胎，较致密。残长 6.7、残宽 6.55 厘米（图 7-12，2；彩版 7-57）。

　　T0203 ③：7，残。敞口，圆唇，弧腹，圈足，挖足过肩。内满施透明釉，有涩圈，宽 2.3～2.8 厘米，釉下施白色化妆土，化妆土有小开片，有积釉现象，内腹饰黑彩梅花纹，外施透明釉至上腹，釉下施白色化妆土。足跟旋削，足脊微斜，外足墙微外撇，内外都有土沁，有轮痕。黄色胎，较致密。口径 20.8、底径 6.3、通高 6.9 厘米（图 7-12，3；彩版 7-58）。

　　T0203 ③：21，碗腹片。敞口，圆唇，弧腹。内施透明釉，釉下满施白色化妆土，腹部上饰褐彩萱草纹，有釉粘，釉面有小开片，外施透明釉至上腹，有轮痕，有土沁。黄色胎，较致密。残长 10.5、残宽 18.1 厘米（图 7-12，4）。

　　T0204 ④：33，"堂"字碗残片。敞口，圆唇，弧腹。内外均施透明釉，有小开片，内腹黑彩"堂"字，口沿下有若干圈弦纹，外腹饰黑彩萱草纹，外有少量土沁。黄色胎，较致密。残长 6.9、残宽 4.7 厘米（图 7-12，5；彩版 7-59）。

　　T0303 ②：7，带字碗腹片。饰褐彩"華"字。浅黄色胎，较致密。残长 7、残宽 3.8 厘米（图 7-12，6）。

　　T0404 ①：1，碗腹片。敞口，圆唇，弧腹。内施透明釉，外施透明釉，外腹饰褐彩疑似花有晕染现象，内外有土沁。黄色胎，较致密。残长 8.3、残宽 4.2 厘米（图 7-12，7）。

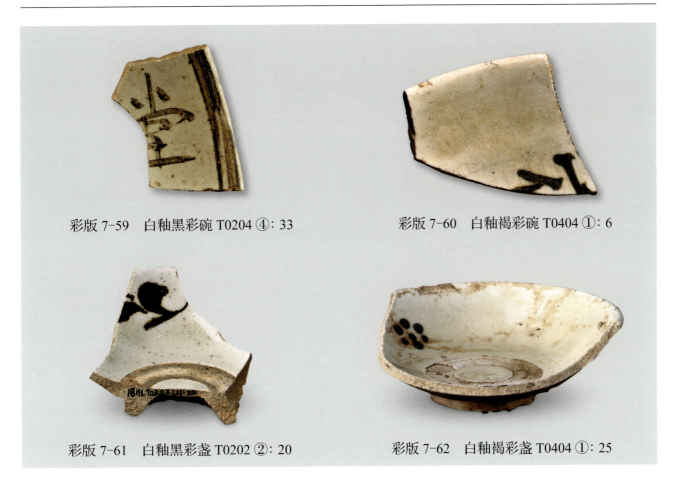

彩版 7-59 白釉黑彩碗 T0204④：33　　　　彩版 7-60 白釉褐彩碗 T0404①：6

彩版 7-61 白釉黑彩盏 T0202②：20　　　　彩版 7-62 白釉褐彩盏 T0404①：25

T0404①：6，带字碗腹片。敞口，圆唇，弧腹。内施透明釉，外施透明釉至腹部，釉下施白色化妆土，内腹有褐彩"宿"字。浅黄色胎，较致密。残长 6.4、残宽 5.8 厘米（图 7-12，8；彩版 7-60）。

2. 白釉黑（褐）彩盏

共 2 件。T0202② 1 件，T0404① 1 件。

T0202②：20，残。敞口，圆唇，弧腹，圈足，挖足过肩。内满施透明釉，有涩圈，宽 1.5 厘米，内腹有黑彩萱草纹，外施透明釉至腹部，釉下施白色化妆土，釉面有小开片，内外有土沁，外有轮痕。圈足足跟旋削，外足墙微外撇，足脊微斜。浅灰色胎，较粗糙。口径 13、底径 5.2、通高 5.4 厘米（图 7-13，1；彩版 7-61）。

T0404①：25，残。敞口，圆唇，弧腹，圈足。内满施透明釉，有涩圈，宽 1.2～1.4 厘米，外施透明釉至腹部，釉下施白色化妆土，内腹有褐彩梅花纹，内外有窑粘，外有轮痕，有土沁，有积釉现象。圈足足跟旋削，足脊微斜，外足墙外撇。浅黄色胎，较致密。口径 13.3、底径 5、通高 4.2 厘米（图 7-13，2；彩版 7-62）。

3. 白釉黑（褐）彩盘

共 4 件。T0202② 1 件，T0203⑤ 1 件，T0204④ 1 件，T0204⑥ 1 件。

T0202②：15，"王"字瓷盘腹片。撇口，圆唇，弧腹。内施透明釉，外施透明釉至腹部，釉面有小开片，釉下施白色化妆土，外有土沁，内腹饰黑彩"王"字。黄色胎，较致密。残长 7、残宽 4 厘米（图 7-13，3；彩版 7-63）。

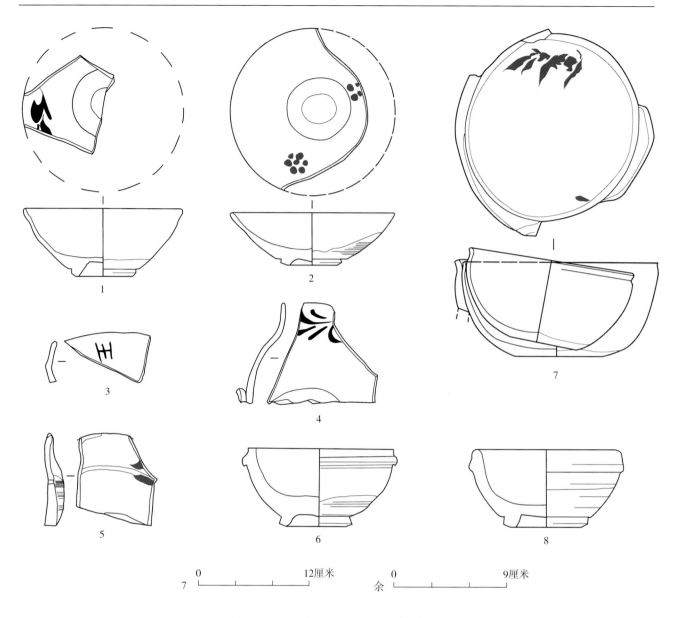

图 7-13　Ⅰ区地层出土白釉黑（褐）彩瓷

1、2. 白釉黑（褐）彩盏 T0202②：20、T0404①：25　3～5. 白釉黑（褐）彩盘 T0202②：15、T0203⑤：19、T0204⑥：16　6～8. 白釉黑
（褐）彩钵 T0201③：24、T0202②：3、T0203②：161

T0203⑤：19，盘腹片，撇口，圆唇，弧腹微折，圈足。内满施透明釉，有涩圈，内腹饰黑彩萱草纹，外满施透明釉，有小开片，釉下施白色化妆土。足跟旋削，足脊微斜，外足墙微外撇，外下腹有轮痕和少量土沁，内有土沁。黄色胎，较致密。残长 9、残宽 8 厘米（图 7-13，4）。

T0204⑥：16，盘腹片。撇口，圆唇，弧腹折收。内满施透明釉，有涩圈，釉下施白色化妆土，腹饰褐彩萱草纹，外施透明釉至上腹，釉下施白色化妆土，外有轮痕，少量土沁。浅黄色胎，较致密。残长 7.3、残宽 6.6 厘米（图 7-13，5；彩版 7-64）。

4. 白釉黑（褐）彩钵

共 3 件。T0201③1 件，T0202②1 件，T0203②1 件。

T0201③：24，残。敞口，圆唇，卷沿，弧腹，圈足，挖足过肩。内除口沿满施透明釉，内腹

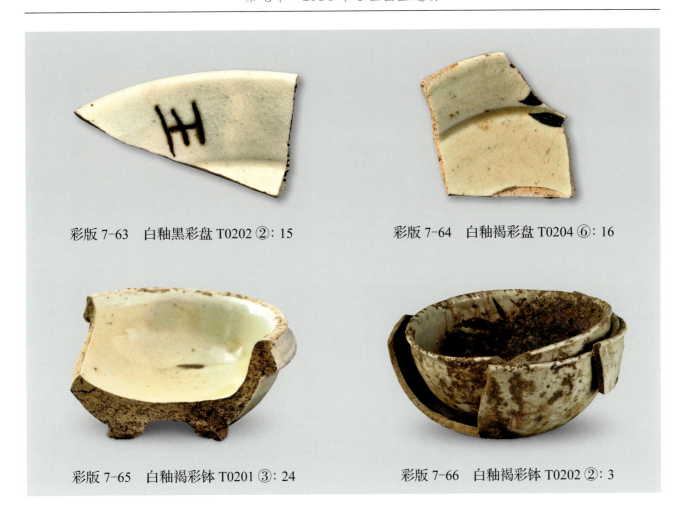

彩版 7-63　白釉黑彩盘 T0202 ②: 15　　　　彩版 7-64　白釉褐彩盘 T0204 ⑥: 16

彩版 7-65　白釉褐彩钵 T0201 ③: 24　　　　彩版 7-66　白釉褐彩钵 T0202 ②: 3

饰褐彩萱草纹，外施透明釉至下腹，釉下施白色化妆土，釉面有小开片，外有土沁。圈足足跟旋削，足脊微斜，外足墙微外撇。浅黄色胎，较致密。口径 11.8、底径 6、通高 6.2 厘米（图 7-13，6；彩版 7-65）。

T0202 ②: 3，2 件，微残（图 7-13，7；彩版 7-66）。

T0202 ②: 3-1，侈口，圆唇，弧腹，平底。内除口沿施透明釉，内腹饰褐彩萱草纹，外施透明釉至下腹，釉下施白色化妆土，釉面有小开片，内有窑粘，内外有土沁。口径 17.8、底径 7.2、高 10.8 厘米。

T0202 ②: 3-2，外，侈口，圆唇，弧腹，平底。外满施透明釉，外施透明釉至底部，釉面有小开片，外有少量土沁，外口沿粘残片。灰色胎，较致密。口径 20.2、底径 9.2、高 10、通高 11.4 厘米。

T0203 ②: 161，残。侈口，圆唇，斜沿，口沿下部有凸棱，弧腹，圈足，挖足过肩。内除口沿满施透明釉，内腹饰褐彩萱草纹，外施透明釉至腹部，釉面有小开片，釉下施白色化妆土，口沿有少量土沁，底部有釉粘，外有轮痕、少量土沁。圈足足跟旋削，足脊微斜，外足墙微外撇。黄色胎，较致密。口径 12、底径 6.8、通高 6.2 厘米（图 7-13，8；彩版 7-67）。

5. 白釉黑（褐）彩盆

共 10 件。T0104 ④ 4 件，T0202 ② 1 件，T0203 ③ 2 件，T0204 ② 1 件，T0204 ④ 1 件，T0404 ① 1 件。

彩版 7-67　白釉褐彩钵 T0203 ②：161

T0104④：109，残盆。弧腹，平底。内腹和内底饰黑彩萱草纹，外有轮痕，内外有土沁。黄色胎，较致密。底径 24.4、残高 9.2 厘米（图 7-14，1）。

T0104④：146，残。敞口，圆唇，卷沿，弧腹，平底。内施透明釉至口沿下，有涩圈，宽 1.1～1.8 厘米，饰褐彩萱草纹，外施透明釉，施釉不均匀，釉面有小开片，有积釉现象，内外有土沁，外有轮痕。浅黄色胎，较粗糙。口径 26.4、底径 16.1、通高 9.2 厘米（图 7-14，

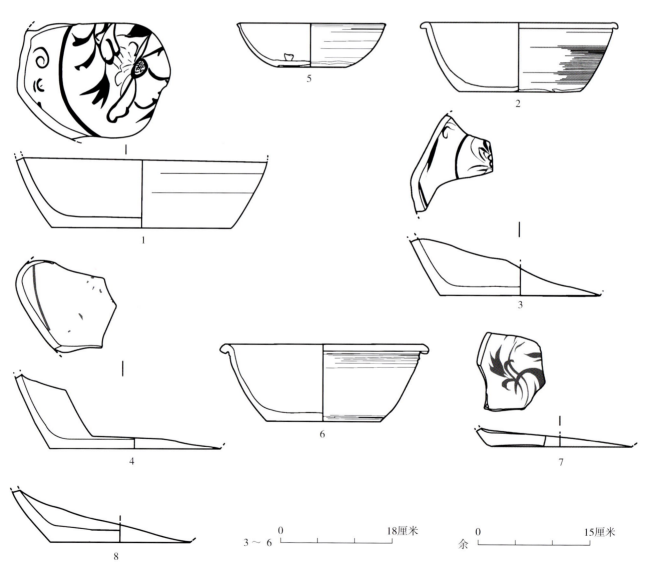

	0	18厘米
3～6		

	0	15厘米
余		

图 7-14　I区地层出土白釉黑（褐）彩盆
1～8. T0104④：109、146、147、153、T0202②：5、T0203③：14、T0204②：27、T0204④：35

2；彩版 7-68）。

T0104 ④：147，盆底。弧腹，平底。内施透明釉，饰褐彩萱草纹，外施透明釉，外有轮痕。黄色胎，较致密。底径 25.6、通高 8.9 厘米（图 7-14，3；彩版 7-69）。

T0104 ④：153，盆底。弧腹，平底。内施透明釉，有脱釉现象，看不清楚纹饰，外施透明釉，外有轮痕，有土沁。黄色胎，较致密。底径 27.6、残高 11.8 厘米（图 7-14，4）。

T0202 ②：5，残。侈口，圆唇，弧腹，平底。内满施透明釉，外施透明釉至下腹，内腹饰黑彩萱草纹，釉下施白色化妆土，有开片现象，内有土沁，内底有一个支钉，外有少量土沁，有轮痕。浅灰色胎，较致密。口径 24、底径 11.2、通高 7 厘米（图 7-14，5；彩版 7-70，左上）。

T0203 ③：14，残。侈口，圆唇，卷沿、弧腹，平底。内除口沿满施透明釉，腹饰黑彩萱草纹，釉下施白色化妆土，化妆土有小开片，外施透明釉至下腹，底部施白色化妆土，内外都有少量土沁，外有轮痕。黄色胎，较致密。口径 33.8、底径 18.3、通高 12.3 厘米（图 7-14，6；彩版 7-70，右上）。

T0203 ③：15，盆腹片。敛口，圆唇，平沿，弧腹。内除口沿施透明釉，釉下施白色化妆土，饰黑彩萱草纹，外有护胎釉，有轮痕、少量土沁。黄色胎，较致密。残长 9.6、残宽 8.8 厘米（彩版 7-70，左下）。

T0204 ②：27，盆底。平底内凹。内满施透明釉，釉下施白色化妆土，内底饰褐彩萱草纹，底部有刮痕，外有轮痕，少量土沁。胎体火石红，灰色胎，较致密。底径 18.4、残高 2.4 厘米（图 7-14，7）。

T0204 ④：35，盆底。平底。内施透明釉，有小开片，内底饰黑彩萱草纹，釉下施白色化妆土，外施透明釉，有脱釉现象，有疑似施釉，外有轮痕，内外有窑粘。灰色胎，较致密。底径 19、残高 6.8 厘米（图 7-14，8；彩版 7-70，右下）。

T0404 ①：33，盆底带腹片。第一层为透明釉褐彩盆底，弧腹，内施透明釉，饰褐彩萱草纹，外施透明釉到腹部，外有轮痕，有土沁。灰色胎，较致密。残长 18.2、残宽 9.4 厘米。第二层为腹片，粘接在透明釉褐彩盆底内，弧腹，内外施透明釉，腹片饰褐彩萱草纹。灰色胎，较致密。残长 18.2、残宽 7.8 厘米（彩版 7-71）。

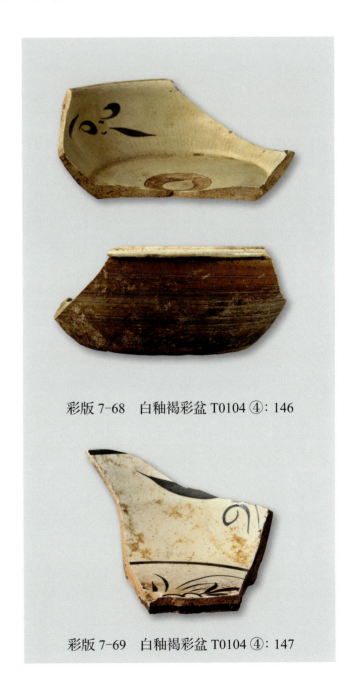

彩版 7-68　白釉褐彩盆 T0104 ④：146

彩版 7-69　白釉褐彩盆 T0104 ④：147

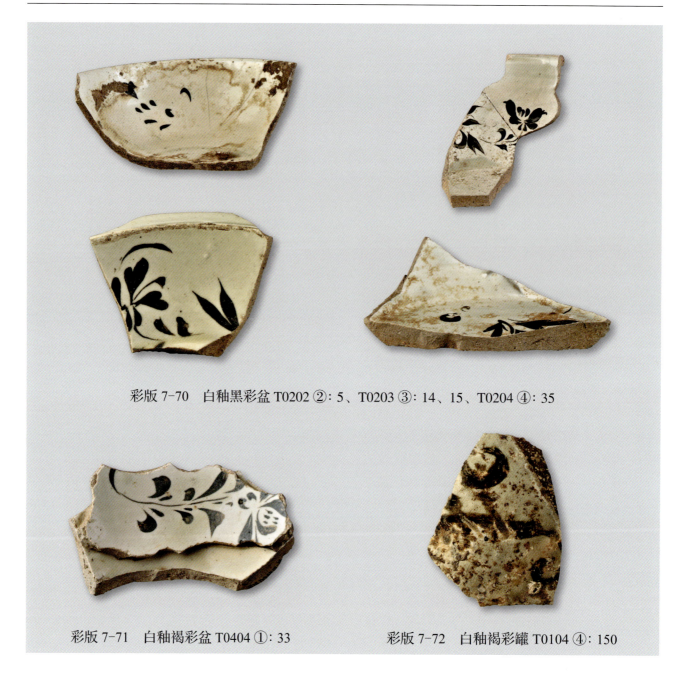

彩版 7-70　白釉黑彩盆 T0202 ②：5、T0203 ③：14、15、T0204 ④：35

彩版 7-71　白釉褐彩盆 T0404 ①：33

彩版 7-72　白釉褐彩罐 T0104 ④：150

6. 白釉黑（褐）彩罐

共 17 件。T0104 ④ 5 件，T0201 ② 1 件，T0201 ④ 2 件，T0203 ⑤ 1 件，T0204 ② 1 件，T0204 ④ 2 件，T0204 ⑤ 1 件，T0205 ⑤ 1 件，T0404 ① 3 件。

T0104 ④：78，罐口沿残片。敞口，圆唇。内外施透明釉，饰黑彩萱草纹，釉面有小开片。黄色胎，较致密。残长 10.2、残宽 8.25 厘米（图 7-15，1）。

T0104 ④：94，罐残片。内饰透明釉，腹饰黑彩萱草纹，釉面有小开片。浅黄色胎，较致密。残长 8.5、残宽 7.7 厘米（图 7-15，2）。

T0104 ④：98，带字罐口沿残片。敞口，圆唇。外施透明釉，黑彩带"野"字，有一系，有土沁，内有轮痕。浅黄色胎，较致密。残长 10.3、残宽 9.05 厘米（图 7-15，3）。

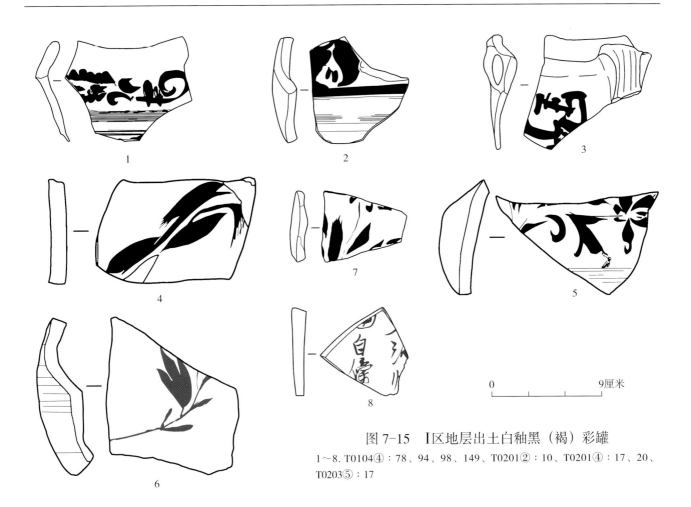

图 7-15　Ⅰ区地层出土白釉黑（褐）彩罐

1~8. T0104④：78、94、98、149、T0201②：10、T0201④：17、20、
T0203⑤：17

　　T0104④：149，罐腹片。弧腹，外施透明釉，有脱釉现象，釉下施白色化妆土，外腹有黑彩萱草纹，内有土沁，外有窑粘。灰色胎，较致密。残长 12.8、残宽 8.4 厘米（图 7-15，4）。

　　T0104④：150，罐腹片。弧腹，内施黑釉，外施透明釉，外有积釉现象，外腹有褐彩萱草纹，有窑粘。灰色胎，较致密。残长 9.8、残宽 7.4 厘米（彩版 7-72）。

　　T0201②：10，罐腹片。内外施透明釉，外腹饰黑彩萱草花纹，釉面有小开片，内有窑粘，外有少量土沁、轮痕。浅灰色胎，较致密。残长 13.2、残宽 8.1 厘米（图 7-15，5；彩版 7-73）。

　　T0201④：17，罐腹片。内施透明釉，外施透明釉至腹部，外腹饰褐彩萱草纹，釉面有小开片，外有少量土沁，有轮痕。灰色胎，较致密。残长 12.5、残宽 10.6 厘米（图 7-15，6；彩版 7-74）。

　　T0201④：20，罐腹片。内外施透明釉，外腹饰黑彩萱草纹，化妆土有小开片，外有少量土沁。浅黄色胎，较致密。残长 6.8、残宽 5.6 厘米（图 7-15，7；彩版 7-75）。

　　T0203⑤：17，罐底“自修”残片。内施透明釉，釉下施一层白色化妆土，釉面上有褐彩“自傍”字，外有少量土沁，有轮痕。黄色胎，较致密。残长 7.1、残宽 7.1 厘米（图 7-15，8；彩版 7-76）。

　　T0204②：28，带字罐底。圈足，挖足过肩。内满施透明釉，有黑彩字，疑是“龍”字，外施透明釉至下腹，釉面有小开片，釉下施白色化妆土，内有窑粘，外有釉粘，内外有轮痕，有少量土沁。足跟旋削，足脊微斜，外足墙微外撇。黄色胎，较致密。底径 6.5、残高 4.4 厘米（图 7-16，1）。

　　T0204④：18，带字瓷片（3 个），罐口残片（彩版 7-77）。

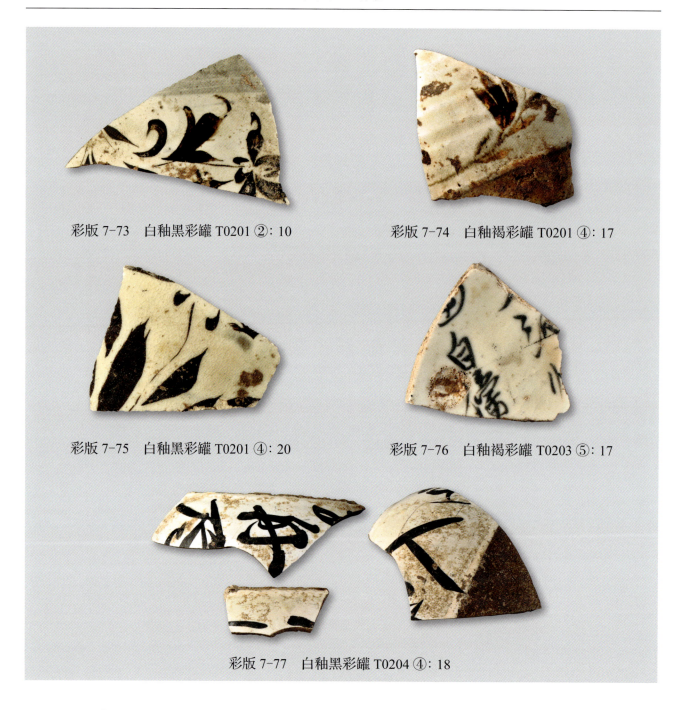

彩版 7-73　白釉黑彩罐 T0201 ②：10

彩版 7-74　白釉褐彩罐 T0201 ④：17

彩版 7-75　白釉黑彩罐 T0201 ④：20

彩版 7-76　白釉褐彩罐 T0203 ⑤：17

彩版 7-77　白釉黑彩罐 T0204 ④：18

　　T0204 ④：18-1，罐腹片。外施透明釉，釉下施白色化妆土，饰黑彩"人"字，有流釉、土沁，内有轮痕。灰色胎，较致密。残长 12.4、残宽 11.6 厘米。

　　T0204 ④：18-2，敛口，圆唇，短颈。内外均施透明釉，饰黑彩"？"，内外有少量土沁。灰色胎，较致密。残长 11.6、残宽 2 厘米。

　　T0204 ④：18-3，罐腹片。外施透明釉，釉下施白色化妆土，釉面上饰黑彩"舟尽"字，有流釉现象，外有土沁，内有轮痕。灰色胎，较致密。残长 18、残宽 10.1 厘米。

　　T0204 ④：36，罐腹片。内外施透明釉，外腹釉下饰黑彩萱草纹，釉下施白色化妆土，内外有轮痕，少量土沁。黄色胎，较致密。残长 9.8、残宽 9.6 厘米（彩版 7-78）。

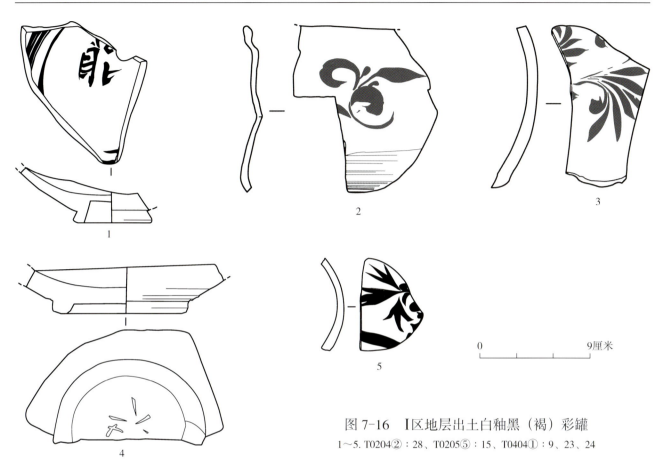

图7-16 I 区地层出土白釉黑（褐）彩罐
1～5. T0204②：28、T0205⑤：15、T0404①：9、23、24

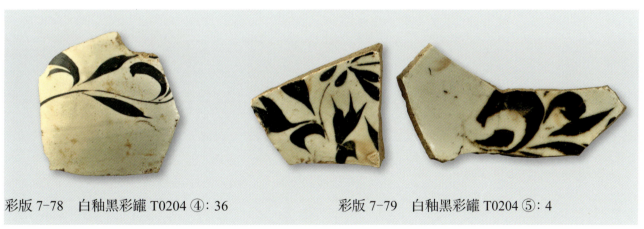

彩版7-78 白釉黑彩罐 T0204④：36　　　　彩版7-79 白釉黑彩罐 T0204⑤：4

T0204⑤：4，罐残片2片（彩版7-79）。

T0204⑤：4-1，罐腹片。内外均施透明釉，釉面有小开片，内饰黑彩萱草纹。灰色胎，较致密。残长12.5、残宽6.2厘米。

T0204⑤：4-2，盆底片。内施透明釉，内饰黑彩萱草纹。灰色胎，较致密。残长7.2、残宽6.7厘米。

T0205⑤：15，罐残片。敞口，圆唇，矮径，弧腹。除口沿外内施透明釉，外施透明釉至腹部，外腹饰褐彩萱草纹，外有轮痕，少量土沁。黄色胎，较致密。残长11.5、残宽13.2厘米（图7-16，2；彩版7-80，左）。

T0404①：9，罐残片。弧腹。内外施透明釉，釉面有小开片，釉下施白色化妆土，外腹饰褐彩萱草纹，内外有土沁。灰色胎，较致密。残长12.8、残宽7.9厘米（图7-16，3；彩版7-80，右）。

T0404①：23，带字罐底。弧腹，圈足，内施透明釉，有积釉现象，釉面有小开片，外有轮痕、釉粘，内有窑粘。圈足足跟旋削，足脊微斜，外足墙微外撇，底部有疑似文字压印或符号。浅黄色胎，较粗糙。底径10.8、残高3.9厘米（图7-16，4；彩版7-81）。

T0404①：24，罐腹片。弧腹。内施透明釉，有釉粘现象，外施透明釉，釉面有小开片，外腹有黑彩萱草纹，内外有轮痕。浅黄色胎，致密。残长7.3、残宽5厘米（图7-16，5；彩版7-82）。

7. 白釉黑（褐）彩瓷塑

共13件。T0104②1件，T0104④2件，T0201②1件，T0201③4件，T0203②1件，T0203③1件，T0205⑤1件，T0204②1件，T0303②1件。

T0104④：6，瓷狗，残，模制。嘴残，头和背部饰褐彩斑点，腿以上施透明釉，背有土沁，腿有残缺。浅黄色胎，较致密。残长4.6、宽2.35、通高3.9厘米（图7-17，1；彩版7-83）。

T0104④：74，瓷狗，模制。站姿。腿部残，除四只脚外施有透明釉，背有褐彩斑点，嘴有脱釉，有土沁。浅黄色胎，较致密。长6.1、宽3、通高4.1厘米（图7-17，2；彩版7-84）。

T0201②：6，瓷狗，微残，模制。耳朵与前右腿有残。身体站立，颈项前伸，四腿向外微撇，尾巴卷曲。通体施透明釉，嘴与脊背施褐彩斑点，肚子下方施白色化妆土。浅黄色胎，较致密。长6.6、宽3、通高3.5厘米（图7-17，3）。

T0201③：8，瓷鸭，残，模制。鸭嘴残，尾部残，身体缺失约三分之一左右。通体施透明釉，

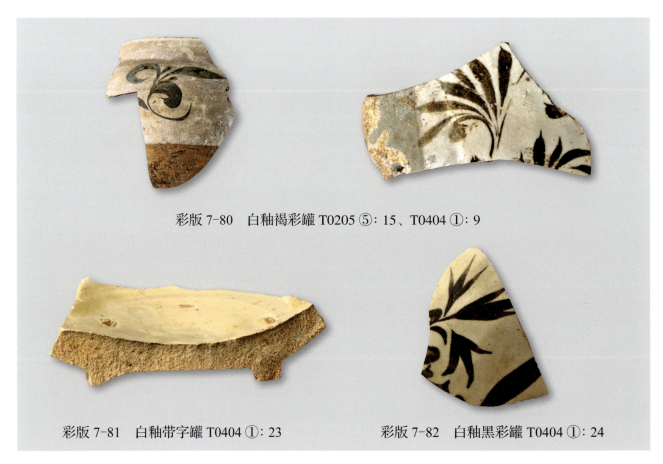

彩版7-80　白釉褐彩罐 T0205⑤：15、T0404①：9

彩版7-81　白釉带字罐 T0404①：23　　　　　彩版7-82　白釉黑彩罐 T0404①：24

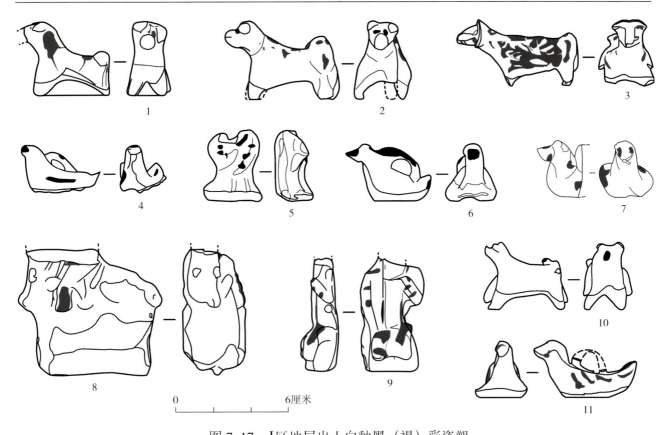

图 7-17 Ⅰ区地层出土白釉黑（褐）彩瓷塑

1～11. T0104④：6、74、T0201②：6、T0201③：8、15、16、18、T0203③：16、T0203②：197、T0205⑤：13、T0303②：17

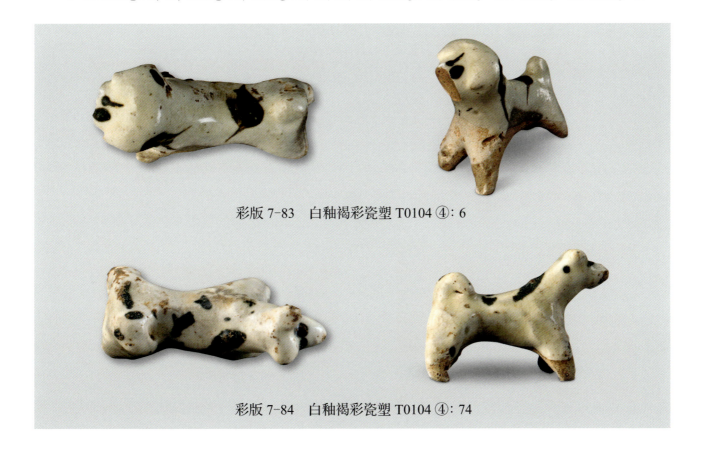

彩版 7-83 白釉褐彩瓷塑 T0104 ④：6

彩版 7-84 白釉褐彩瓷塑 T0104 ④：74

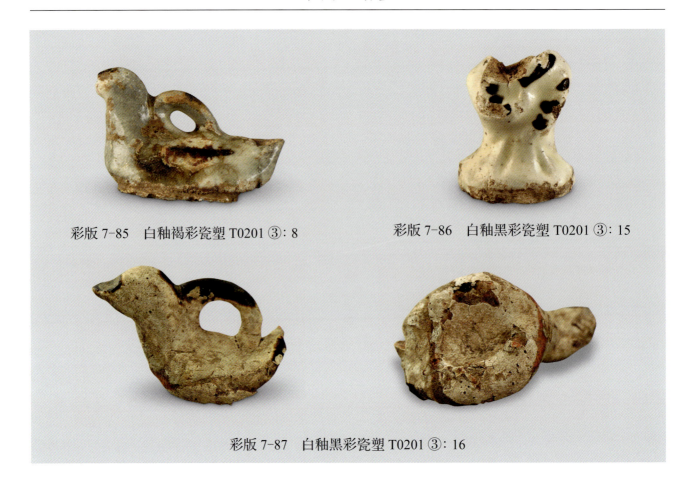

彩版 7-85　白釉褐彩瓷塑 T0201 ③：8　　　　　　彩版 7-86　白釉黑彩瓷塑 T0201 ③：15

彩版 7-87　白釉黑彩瓷塑 T0201 ③：16

釉面有小开片，鸭嘴、纽部、颈、身体上分别点缀一点褐彩。黄色胎，较致密。长 4.2、宽 2.5、通高 2.5 厘米（图 7-17，4；彩版 7-85）。

T0201 ③：15，瓷人物俑，残，模制。无头颅。人物坐像，一手弯曲执于胸前，一手放于腹部。通体施透明釉，胸前与手臂点缀有黑彩斑点。浅黄色胎，较致密。长 3.1、宽 2、残高 3.7 厘米（图 7-17，5；彩版 7-86）。

T0201 ③：16，瓷鸭，模制。鸭嘴扁平，颈略微前伸，颈到背部连接有一纽，尾巴上翘，腹部内收。通体施透明釉，局部有脱釉。鸭嘴、背上的纽、鸭尾施黑彩斑点。纽与鸭尾处有裂隙。砖红色胎，较致密。长 4.6、宽 2.8、高 3 厘米（图 7-17，6；彩版 7-87）。

T0201 ③：18，瓷鸭，残，模制。背部中间往后缺失，颈部连接的纽缺失。通体透明釉，双眼分别施两点褐彩斑点，颈部与背部施有四点褐彩斑点。浅黄色胎，较致密。残长 2.4、宽 2.9、残高 3 厘米（图 7-17，7）。

T0203 ③：16，瓷骑马人物俑，残，模制。站姿，立马俑。脖子及人像残无，双腿跨于马鞍上，脚部穿褐彩斑点靴子，马鞍垂马腹下，马胸前系有攀胸，马身壮硕，马尾短粗，四姿站立于方形基座上，通体施透明釉。浅黄色胎，较致密。残长 7.7、宽 3.3、残高 6.7 厘米（图 7-17，8）。

T0203 ②：197，瓷人物俑，微残，模制。坐姿。背部微弧，底部微平。头部残，左手放于胸上前，右手放于腿上。除背部外满施透明釉，有脱釉现象，釉下施白色化妆土，施土不均匀。正面少量土沁，背部有釉粘、窑粘。浅黄色胎，较致密。长 3.4、宽 2、残高 6 厘米（图 7-17，9）。

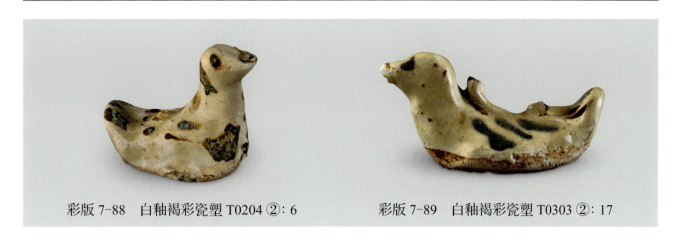

彩版 7-88　白釉褐彩瓷塑 T0204 ②：6　　　　彩版 7-89　白釉褐彩瓷塑 T0303 ②：17

T0204 ②：6，瓷鸭，微残，模制。鸭形。背部上的纽残，嘴巴扁平，尾巴向上翘起。除底部外均施透明釉，釉上有褐彩斑点。有开片。底部施白色化妆土，釉面有小开片，有脱釉现象。黄色胎，较致密。长 5、宽 3.2、通高 3.8 厘米（彩版 7-88）。

T0205 ⑤：13，瓷狗，模制。站立。耳朵下垂，长吻，没有鼻及眼睛，颈部较粗，尾巴上翘在腹部，脚掌有窑粘，透明釉施至腿及下腹，釉下施白色化妆土，有少量土沁。浅黄色胎，较致密。长 4.4、宽 2.6、通高 3.6 厘米（图 7-17，10）。

T0303 ②：17，瓷鸭，残，模制。纽残，颈项前伸，身体扁平，尾巴上翘。身体施透明釉至腹部，头部与尾部施一点褐彩斑点，身体两侧分别有三撇褐彩斑点，釉下施白色化妆土。浅白色胎，较致密。长 5.5、宽 2.8、高 3 厘米（图 7-17，11；彩版 7-89）。

（三）青瓷

1. 青瓷碗

共 20 件。T0104 ④ 3 件，T0203 ② 14 件，T0203 ③ 2 件，T0204 ② 1 件。

T0104 ④：2，敞口，圆唇，弧腹，圈足。内满施青釉，有涩圈，宽 1.3～1.7 厘米，外施青釉至下腹。足脊旋削，外足墙外撇，有轮痕。浅黄色胎，较致密。口径 10.1、底径 4.3、通高 3.2 厘米（图 7-18，1；彩版 7-90）。

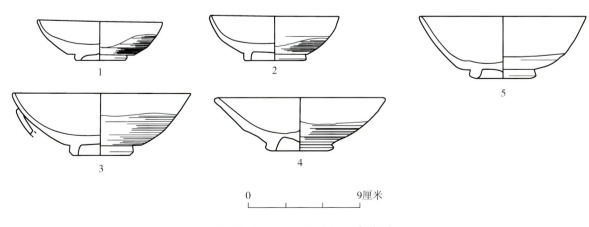

0　　　　　　　9厘米

图 7-18　Ⅰ区地层出土青瓷碗

1～5. T0104④：2、5、59，T0203②：5、185

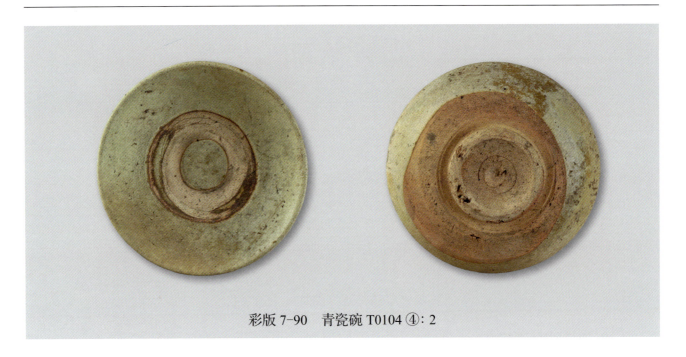

彩版 7-90　青瓷碗 T0104 ④：2

　　T0104 ④：5，敞口，圆唇，弧腹，圈足，挖足过肩。内满施青釉，有涩圈，宽 1.4 ～ 1.6 厘米，外施青釉至下腹。足跟旋削，足脊微斜，外足墙微外撇。灰色胎，较粗糙。口径 10.35、底径 5、通高 3.6 厘米（图 7-18，2）。

　　T0104 ④：59，敞口，圆唇，弧腹，圈足，挖足过肩。内满施青釉，有涩圈，宽 1.6 厘米，外施青釉至中腹，釉面有小开片，有积釉，上腹部粘有残片，内外有土沁，有轮痕，底部粘有残片。足脊有旋削，足脊微斜，外足墙外撇。浅黄色胎，较粗糙。口径 14.35、底径 5.16、通高 4.95 厘米（图 7-18，3）。

　　T0203 ②：5，残。敞口，圆唇，弧腹，圈足，挖足过肩，底部中心微凸。内满施青釉，有涩圈，宽 1.7 ～ 1.8 厘米，外施青釉至腹部，有流釉、积釉现象，内有釉粘，内外有轮痕，有土沁，底部有釉粘。足跟旋削，足脊微斜，外足墙微外撇。浅灰色胎，较致密。口径 13.6、底径 5.6、通高 4.2 厘米（图 7-18，4）。

　　T0203 ②：185，残。侈口，圆唇，弧腹，圈足，挖足过肩。内除口沿满施青釉，外施青釉至中下腹。内外有土沁，外有轮痕，底部有窑粘。足跟旋削，足脊微斜，外足墙微外撇。黄色胎，较致密。口径 13.8、底径 5.4、通高 5 厘米（图 7-18，5）。

　　T0203 ②：221，残。敞口，圆唇，弧腹，圈足，挖足过肩。内满施青釉，有涩圈，宽 1.4 ～ 2 厘米，外施青釉至中上腹，有流釉、积釉现象，外有窑粘，土沁，内外有轮痕。足跟旋削，足脊微斜，外足墙微外撇。黄色胎，较致密。口径 21.6、底径 6.9、通高 7.5 厘米（图 7-19，1）。

　　T0203 ②：237，微残。敞口，圆唇，弧腹，圈足，挖足过肩。内满施青釉，有涩圈，宽 1.8 ～ 2.1 厘米，外施青釉至腹部，内外有土沁、轮痕。足跟旋削，足脊微斜，外足墙微外撇。浅黄色胎，较致密。口径 21.9、底径 6.8、通高 7.6 厘米（图 7-19，2）。

　　T0203 ③：19，微残。敞口，圆唇，弧腹，圈足，挖足过肩。内满施青釉，有涩圈，宽 1.4 厘米，釉下满施白色化妆土，外施青釉至腹部，内有釉粘、土沁，外有轮痕。圈足足跟旋削，足脊微斜，

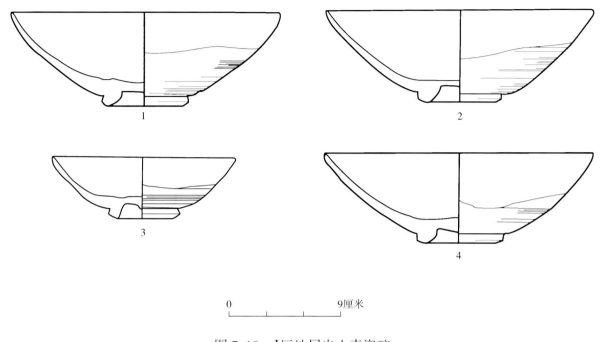

图 7-19　Ⅰ区地层出土青瓷碗
1～4. T0203②：221、237、T0203③：19、T0204②：7

外足墙微外撇。浅黄色胎，较致密。口径 14.8、底径 5.8、通高 4.9 厘米（图 7-19，3）。

T0204②：7，微残。敞口，圆唇，弧腹，圈足，挖足过肩。内满施青釉，有涩圈，宽 1.5～1.8 厘米，外施青釉至上腹部，釉面有小开片现象，外有轮痕，内外有土沁，底部有窑粘。足跟旋削，足脊微斜，外足墙微外撇。灰色胎，较致密。口径 21.8、底径 7、通高 7.2 厘米（图 7-19，4）。

2. 青瓷盏

共 17 件。T0104 ② 1 件，T0201 ② 1 件，T0201 ④ 1 件，T0202 ② 1 件，T0203 ② 9 件，T0203 ③ 2 件，T0204 ② 2 件。

T0104②：26，敞口，圆唇，弧腹，圈足，挖足过肩。内满施青釉，有涩圈，宽 1.1～1.6 厘米，外施青釉至下腹，外有土沁。圈足足跟旋削，足脊微斜，外足墙微外撇。灰色胎，较粗糙。口径 10.7、底径 4.55、通高 3.4 厘米（图 7-20，1）。

T0201②：9，残。敞口，圆唇，弧腹，圈足。内满施青釉，有涩圈，宽 1.4～2 厘米，施釉不均，釉有烧裂现象，外有轮痕。圈足足跟旋削，外足墙微外撇，足脊微斜。黄色胎，较致密。口径 11.2、底径 5、通高 3 厘米（图 7-20，2）。

T0202②：4，残。敞口，圆唇，弧腹，饼底内凹。内满施青釉，有涩圈，宽 1 厘米，外施青釉至中腹，有流釉、积釉现象，釉面有小开片，釉下施白色化妆土，内粘有残片，外有轮痕，内外有土沁。圈足足跟旋削，足脊微斜，外足墙微外撇。灰色胎，较致密。口径 11.6、底径 4.6、通高 3.8 厘米（图 7-20，3；彩版 7-91）。

T0203②：11，残。敞口，圆唇，弧腹，圈足，挖足过肩。内满施青釉，有涩圈，宽 1.5～1.6 厘米，外施青釉至腹部，有流釉、积釉现象，内有窑粘，内外有土沁，有轮痕。足跟旋削，足脊微斜，外足墙微外撇。灰色胎，较致密。口径 14.4、底径 5.6、通高 4.2 厘米（图 7-20，4）。

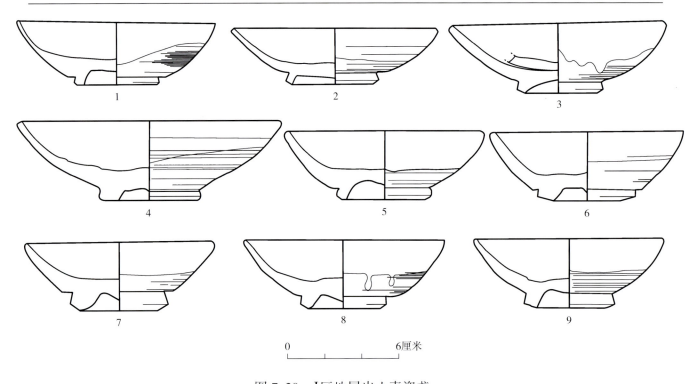

图 7-20　Ⅰ区地层出土青瓷盏

1～9. T0104②：26、T0201②：9、T0202②：4、T0203②：11、93、102、119、232、T0203③：37

彩版 7-91　青瓷盏 T0202 ②：4

　　T0203 ②：93，残。敞口，圆唇，弧腹，圈足，挖足过肩。内满施青釉，外施青釉至中下腹，有流釉、积釉现象，内外有土沁，有轮痕，外有釉粘。圈足足跟旋削，足脊微斜，外足墙微外撇。黄色胎，较致密。口径 11、底径 5.1、通高 3.5 厘米（图 7-20，5）。

　　T0203 ②：102，微残。敞口，圆唇，弧腹，圈足，挖足过肩。内满施青釉，外施青釉至上腹部，有脱釉现象，外有土沁，内外有轮痕。圈足足跟旋削，足脊微斜，外足墙微外撇。黄色胎，较致密。

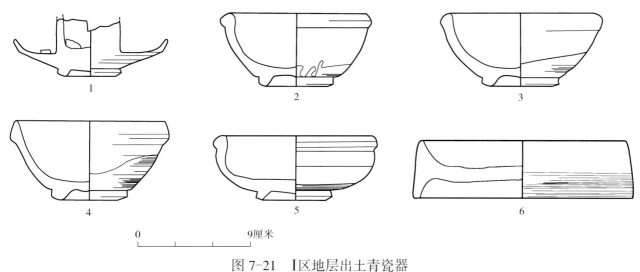

图 7-21 Ⅰ区地层出土青瓷器

1. 青瓷盏托T0404①：34 2~5. 青瓷钵T0203②：101、176、179、T0203③：38 6. 青瓷洗T0203③：32

口径10.4、底径5.2、通高3.7厘米（图7-20，6）。

T0203②：119，敞口，圆唇，弧腹，圈足。内施青釉，外施青釉至腹部，有流釉、积釉现象，外有土沁，有轮痕，内外有窑粘。圈足足跟有旋削，足脊微斜，外足墙微外撇。浅黄色胎，较致密。口径10.2、底径5.2、通高3.6厘米（图7-20，7）。

T0203②：232，残。敞口，圆唇，弧腹，圈足，挖足过肩，底部中心微凸。内满施青釉，有涩圈，宽1.2~1.5厘米，外施青釉至腹部，施釉不均匀，有流釉、积釉现象，釉面有小开片，底部有釉粘，内外有轮痕，有少量土沁。圈足足跟旋削，足脊微斜，外足墙微外撇。浅黄色胎，较致密。口径10.8、底径4.5、通高3.6厘米（图7-20，8）。

T0203③：37，残。敞口，圆唇，弧腹，圈足，挖足过肩，底部中心微凸。内满施青釉，有涩圈，宽1.2厘米，外施青釉至腹部，釉下满施白色化妆土，内外有少量土沁，外有轮痕。圈足足跟旋削，足脊微斜，外足墙微外撇。灰色胎，较致密。口径10.2、底径5、通高3.7厘米（图7-20，9）。

3. 青瓷盏托

共1件。T0404①1件。

T0404①：34，残。托盘为敞口，圆唇，弧腹，内有一托口，圈足中空，与托口相连。器表施青釉，有严重脱釉现象，内粘有小瓷片，内外有土沁，外有轮痕。足脊微斜，外足墙微外撇。灰色胎，较致密。托径5.1、盘径12.4、底径5.1、通高4.55厘米（图7-21，1；彩版7-92）。

4. 青瓷盘

共2件。T0202⑤1件，T0203②1件。

T0202⑤：2，微残。圆盘状。敞口，圆唇，弧腹，平底内凹。外满施青釉，有流釉、积釉现象，内有土沁和窑粘，外有土沁，底部有釉粘和窑粘。灰色胎，较粗糙。口径15、底径9.4、通高3.2厘米（彩版7-93）。

T0203②：199，残。撇口，圆唇，弧腹，平底。内满施青釉，有脱釉现象，有小开片，内有窑粘，小砂石，外有釉粘，划痕，少量土沁，内外有轮痕。黄色胎，较致密。口径13、底径8、通高1.2厘米（彩版7-94）。

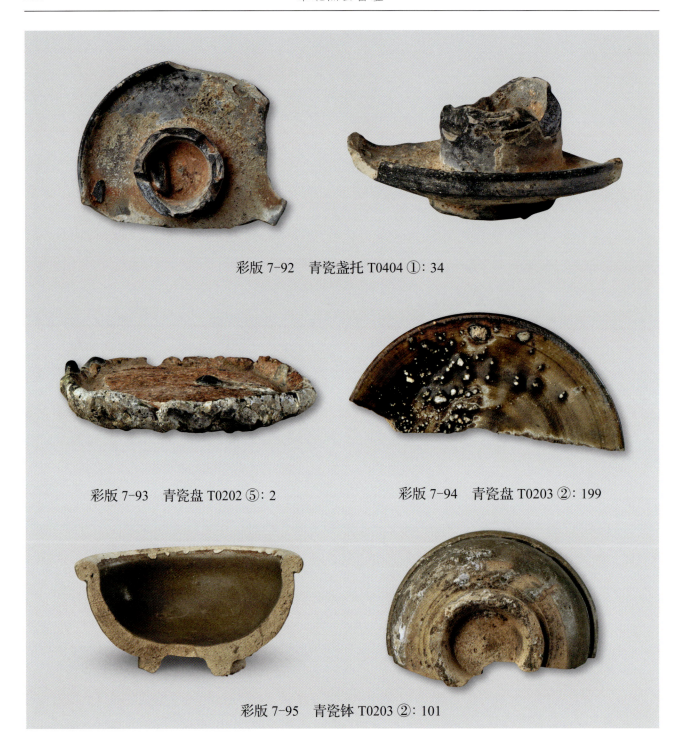

彩版 7-92　青瓷盏托 T0404 ①：34

彩版 7-93　青瓷盘 T0202 ⑤：2

彩版 7-94　青瓷盘 T0203 ②：199

彩版 7-95　青瓷钵 T0203 ②：101

5. 青瓷钵

共 5 件。T0203 ② 3 件，T0203 ③ 1 件，T0301 ③ 1 件。

T0203 ②：101，残。侈口，圆唇，卷沿，弧腹，圈足，挖足过肩。除口沿内满施青釉，外施青釉至下腹，有流釉、积釉现象，釉下施白色化妆土，釉面有小开片，外有窑粘，有土沁，有釉粘，有轮痕。圈足足跟旋削，足脊微斜，外足墙微外撇。黄色胎，较致密。口径 12、底径 6、通高 5.8 厘米（图 7-21，2；彩版 7-95）。

T0203②：176，残。侈口，圆唇，卷沿，弧腹，圈足，挖足过肩。内除口沿满施青釉，外施青釉至中下腹，内有少量土沁，口沿有釉粘、窑粘，底部有釉粘，外有土沁、轮痕。圈足足跟旋削，足脊微斜，外足墙微外撇。浅灰色胎，较致密。口径 13、底径 6.4、通高 5.8 厘米（图 7-21，3）。

T0203②：179，微残。侈口，圆唇，斜沿，口沿下部有凸棱，弧腹，圈足，挖足过肩。内除口沿满施青釉，外施青釉至中下腹，有流釉现象，内有少量土沁，口沿有釉粘，底部有釉粘、窑粘，外有土沁、轮痕。圈足足跟旋削，足脊微斜，外足墙微外撇。黄色胎，较致密。口径 12、底径 6.1、通高 6.3 厘米（图 7-21，4；彩版 7-96）。

T0203③：38，残。敛口，圆唇，卷沿，鼓腹，圈足，挖足过肩，底部中心微凸。内除口沿满施青釉，釉下施白色化妆土，外施青釉至下腹。圈足上施有白色化妆土，施化妆土不均匀，内外有少量土沁，外有轮痕。圈足足跟旋削，足脊微斜，外足墙微外撇。黄色胎，较致密。口径 13.2、底径 6.1、通高 5.1 厘米（图 7-21，5；彩版 7-97）。

6. 青瓷洗

共 1 件。T0203③ 1 件。

T0203③：32，残。敞口，圆唇，直腹卧足。内外满施青釉，施釉不均匀，外有流釉、积釉、窑变现象，内有釉粘，外有轮痕，有少量土沁，有窑粘。灰色胎，较致密。口径 17、底径 17.8、通高 4.6 厘米（图 7-21，6；彩版 7-98）。

彩版 7-96　青瓷钵 T0203②：179

彩版 7-97　青瓷钵 T0203③：38

彩版 7-98　青瓷洗 T0203③：32

7. 青瓷瓶

共 18 件。T0104②2 件，T0104④3 件，T0104⑤1 件，T0201②1 件，T0203②2 件，T0203③1 件，T0204④3 件，T0204⑥1 件，T0205⑤1 件，T0301①1 件，T0301②1 件，T0405②1 件。

T0104②：22，敞口，圆唇，矮颈，溜肩，弧腹，平底。内满施青釉，外施青釉至中腹，有积釉现象，釉面有小开片，内部脱釉较严重，内外有土沁，有轮痕，底部有窑粘。浅黄色胎，较粗糙。口径 2.3、腹径 2.7、底径 1.9、通高 4.4 厘米（图 7-22，1）。

T0104②：34，敞口，圆唇，矮颈，溜肩，弧腹，平底。内满施青釉，外施青釉至中腹，有脱釉现象，腹有窑粘，底有轮痕。灰色胎，较粗糙。口径 2.6、腹径 3.2、底径 2.5、通高 5.2 厘米（图 7-22，2）。

T0104④：19，敞口，圆唇，矮颈，溜肩，弧腹，平底。内满施青釉，外施青釉至中腹，有流釉现象，外有轮痕，有破损。浅黄色胎，较致密。口径 2.1、腹径 2.2、底径 1.75、通高 3.45 厘米（图 7-22，3）。

T0104④：60，敞口，圆唇，矮颈，溜肩，弧腹，平底。内满施青釉，外施青釉至下腹，有脱釉现象，内外有土沁，底部有釉粘。浅黄色胎，较粗糙。口径 2.4、腹径 3.1、底径 2.7、通高 4.9 厘米（图 7-22，4）。

T0104⑤：7，微残。口部变形。敞口，圆唇，矮颈，折肩，腹弧，平底。内满施青釉，外施青釉至腹部，釉下施白色化妆土，化妆土不均匀，内有少量土沁，外有窑粘，有釉粘，有轮痕。浅灰色胎，较致密。口径 2.45、腹径 3、底径 2.2、通高 5.53 厘米（图 7-22，5；彩版 7-99）。

T0201②：2，残。敞口，圆唇，矮颈，溜肩，弧腹，平底。内满施青釉，外施青釉至腹部，下腹局部有白色化妆土。口沿内有粘接物，通体覆盖零星的土沁。浅灰色胎，较致密。口径 2.6、腹径 3.35、底径 2.3、通高 4.9 厘米（图 7-22，6）。

T0203③：29，微残。口部有轻微变形。侈口，圆唇，矮颈，溜肩，弧腹，平底。内满施青釉，

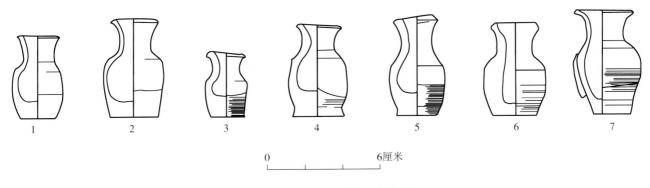

0　　　　　　　6厘米

图 7-22　Ⅰ区地层出土青瓷瓶

1～7. T0104②：22、34、T0104④：19、60、T0104⑤：7、T0201②：2、T0203③：29

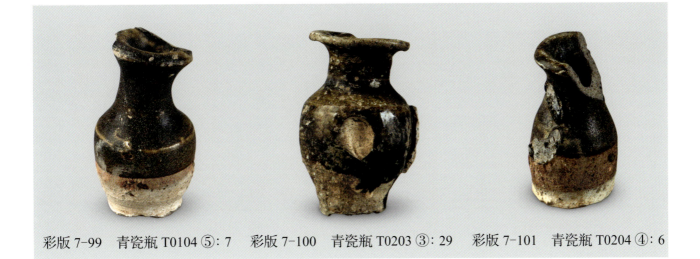

彩版 7-99　青瓷瓶 T0104 ⑤：7　　彩版 7-100　青瓷瓶 T0203 ③：29　　彩版 7-101　青瓷瓶 T0204 ④：6

外施青釉至腹，有流釉现象，腹及底部因拉坯不均匀导致有泥浆，内外有少量土沁，外有窑粘、轮痕。黄色胎，较致密。口径 3.2、腹部 3.7、底径 2、通高 5.5 厘米（图 7-22，7；彩版 7-100）。

T0204 ④：6，微残。敞口，圆唇，矮颈，溜肩，弧腹，平底。内满施青釉，外施青釉至中腹，底部满施白色化妆土，有开片现象，外有釉粘，有窑粘，有轮痕。灰色胎，较致密。口径 2、腹径 2.4、底径 2.2、通高 4.1 厘米（图 7-23，1；彩版 7-101）。

T0204 ④：7，微残。敞口，圆唇，矮颈，溜肩，弧腹，平底。内满施青釉，外施青釉至中腹，底部满施白色化妆土，釉面有小开片。腹部有釉粘与窑粘。灰色胎，较致密。口径 2.2、腹径 2.5、底径 2.2、通高 3.9 厘米（图 7-23，2）。

T0204 ④：9，微残。侈口，圆唇，矮颈，溜肩，弧腹，平底。内满施青釉，外施青釉至中腹，底部满施白色化妆土，釉面有小开片，底部有窑粘。灰色胎，较致密。口径 1.8、腹径 2.6、底径 2.1、通高 4.4 厘米（图 7-23，3）。

T0204 ⑥：5，残。敞口，圆唇，矮颈，丰肩，弧腹，平底。内满施青釉，外施青釉至下腹，有流釉现象，脱釉严重，底部有窑粘，外有轮痕。灰色胎，较致密。口径 2.8、腹径 3.4、底径 2.1、通高 4.8 厘米（图 7-23，4；彩版 7-102）。

T0205 ⑤：5，微残。侈口，圆唇，矮颈，溜肩，弧腹，平底。内满施青釉，外施青釉至腹部，

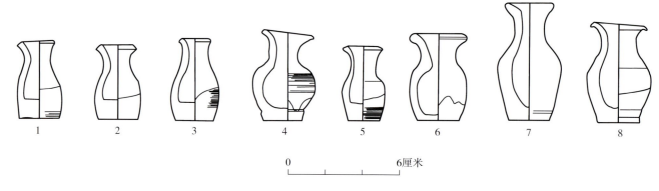

图 7-23　Ⅰ区地层出土青瓷瓶

1～8. T0204④∶6、7、9、T0204⑥∶5、T0205⑤∶5、T0301①∶8、T0301②∶2、T0405②∶8

彩版 7-102　青瓷瓶 T0204⑥∶5　　　　　　　彩版 7-103　青瓷罐 T0305①∶3

有流釉现象，底部施白色化妆土，外腹因拉坯不均匀导致有泥浆，有轮痕。浅黄色胎，较致密。口径 2.1、腹部 2.3、底径 1.7、通高 3.9 厘米（图 7-23，5）。

T0301①∶8，微残。侈口，圆唇，矮颈，折肩，弧腹，平底。内满施青釉，外施青釉至腹部，有脱釉、流釉、积釉、窑变现象，下腹和底部施白色化妆土，外有土沁。灰色胎，较致密。口径 3、腹径 3、底径 2.2、通高 4.6 厘米（图 7-23，6）。

T0301②∶2，微残。侈口，圆唇，矮颈，折肩，弧腹，平底。内外施青釉，有严重脱釉现象，外有土沁，有釉粘。灰色胎，较粗糙。口径 2.6、腹径 3.4、底径 2.2、通高 6.2 厘米（图 7-23，7）。

T0405②∶8，侈口，圆唇，矮颈，折肩，弧腹，平底。内满施青釉，外施青釉至腹部，施釉不均匀，底部施有白色化妆土，外有少量土沁。灰色胎，较致密。口径 3、腹径 3.4、底径 2.3、通高 5.3 厘米（图 7-23，8）。

8. 青瓷罐

共 2 件。T0203② 1 件，T0305① 1 件。

T0305①∶3，残。敞口，圆唇，矮颈，双系残，弧腹，圈足。内满施青釉，外施青釉至腹部，有流釉现象，口沿有釉粘，外有轮痕。圈足足跟斜削，外足墙微外撇，足脊微斜。黄色胎，较致密。口径 9.2、腹径 12.8、底径 5.8、通高 10.4 厘米（彩版 7-103）。

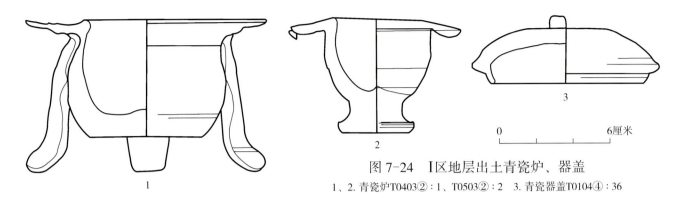

图7-24 Ⅰ区地层出土青瓷炉、器盖
1、2.青瓷炉T0403②：1、T0503②：2 3.青瓷器盖T0104④：36

彩版7-104 青瓷炉 T0104④：148

彩版7-105 青瓷炉 T0403②：1

9. 青瓷炉

共3件。T0104④1件，T0403②1件，T0503②1件。

T0104④：148，炉足。外施青釉，足底施有白色化妆土，足上有疑似花苞。内有土沁，内外有轮痕。灰色胎，较致密。长5.6、宽5.5厘米（彩版7-104）。

T0403②：1，残。侈口，圆唇，宽斜沿，直腹折收，3足，足微外撇，平底内凹。内外满施青釉，有窑变现象，内外都有轮痕，有土

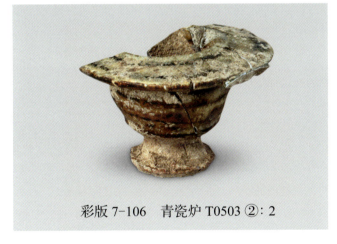

彩版7-106 青瓷炉 T0503②：2

沁。灰色胎，较粗糙。口径12.8、底径6、通高8厘米（图7-24，1；彩版7-105）。

T0503②：2，残。侈口，宽斜平沿，弧腹，腹下束腰，饼底。内施青釉，有脱釉现象，外施釉至下腹。口沿粘有瓷片，内外有土沁，外有轮痕，底部有窑粘。灰色胎，较粗糙。口径9.1、底径4、通高6.1厘米（图7-24，2；彩版7-106）。

10. 青瓷器盖

共1件。T0104④1件。

T0104④：36，平沿，弧顶，顶帽。内无釉，外施青釉，脱釉严重，有土沁。浅黄色胎，较粗糙。直径10.1、通高3.55厘米（图7-24，3）。

11. 青瓷瓷塑

共 15 件。T0104 ④ 2 件，T0201 ⑤ 1 件，T0203 ② 3 件，T0203 ③ 3 件，T0203 ⑤ 2 件，T0205 ⑥ 1 件，T0404 ① 2 件，T0404 ② 1 件。

T0104 ④：46，瓷狗，残，模制。站姿。嘴微残，耳朵下垂，四肢微残。除腹部以上施有青釉，脱釉严重，口部有窑变。有土沁。长 6.1、宽 2.6、通高 3.7 厘米（图 7-25，1）。

T0104 ④：57，瓷狗，模制。站姿。圆嘴，一个耳上仰，一耳下垂，双眼有神，一腿残，尾巴上卷。除腹部以外均施青釉，头部釉脱落。背部有窑粘。黄色胎，较致密。长 5.65、宽 2.6、通高 4.2 厘米（彩版 7-107）。

T0201 ⑤：7，瓷塑，残，模制。背部后方残缺。通体呈卧状，腹部为空心，施青釉，局部有脱釉。浅灰色胎，较致密。长 11、宽 6.2、高 5.6 厘米（彩版 7-108）。

T0203 ②：25，观音坐俑，模制。坐姿。整体向后倾斜，底部平直。头戴风帽，椭圆形脸，双目微闭，鼻子微挺，双手放于腿上，衣衫纹路不明显。除底部外满施青釉，有脱釉现象，头、背部有窑粘，

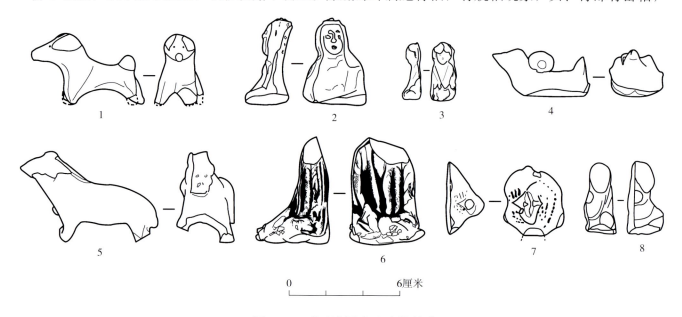

1   2   3   4   5   6   7   8

0   6厘米

图 7-25 I区地层出土青瓷瓷塑

1～8. T0104④：46、T0203②：25、167、T0203③：10、18、T0203⑤：14、T0205⑤：10、T0404①：27

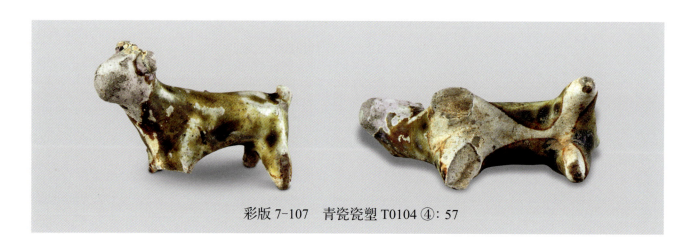

彩版 7-107 青瓷瓷塑 T0104 ④：57

底部有土沁。黄色胎，较致密。长 3.4、宽 2.3、高 4.6 厘米（图 7-25，2）。

　　T0203 ②：76，瓷狗，残，模制。后半段残，站姿。大嘴，双耳残，一肢下部呈锥状直立。腹部以上施青釉，有脱釉现象。黄色胎，较致密。长 4.7、宽 2.2、高 4 厘米（彩版 7-109）。

　　T0203 ②：167，瓷人物俑，微残，模制。坐姿，身体微前倾，凹凸不平，底部微弧。同心髻，椭圆形脸，细长眼，鼻子微挺，双手放于腿上，身穿长衣。除背部外满施青釉，有流釉现象，腿部有窑粘。浅黄色胎，较致密。长 1.3、宽 1、高 3.05 厘米（图 7-25，3）。

　　T0203 ③：10，瓷鸭，模制。鸭形。嘴巴扁平，无眼睛，背部有纽，尾巴向上翘起。通体施青釉，底部施白色化妆土。底部因拉坯不均匀导致的泥浆，有少量土沁。灰色胎，较致密。长 5.2、宽 2.9、高 2.5 厘米（图 7-25，4）。

　　T0203 ③：18，瓷塑，残，模制。头残，颈部较长，较粗，头部与颈部疑是捏有鬃毛，四腿残，尾巴下搭。通体施青釉，釉下施白色化妆土，化妆土有小开片，有积釉现象，有少量土沁。灰色胎，较致密。长 7.4、宽 3.1、高 4.8 厘米（图 7-25，5；彩版 7-110）。

　　T0203 ③：39，瓷塑，模制。站立。疑似瓷狗，无前半身，尾巴上翘，后腿较宽，肌肉比较发达，腿短。周身施青釉，有脱釉现象，粘有小砂石。浅黄色胎，较致密。残长 5、残宽 4.8、高 4.8 厘米（彩版 7-111）。

　　T0203 ⑤：14，瓷人物俑，残，模制。坐姿。背部微弧，底部平。头部残，身穿长衫，双手搭于双膝，盘腿，衣衫纹路略明显。除底部满施青釉，有小开片，底部有少量土沁和窑粘，周身有釉粘。黄色胎，较致密。长 4、宽 4、残高 5.6 厘米（图 7-25，6）。

彩版 7-108　青瓷瓷塑 T0201 ⑤：7

彩版 7-109　青瓷瓷塑 T0203 ②：76

彩版 7-110　青瓷瓷塑 T0203 ③：18

彩版 7-111　青瓷瓷塑 T0203 ③：39

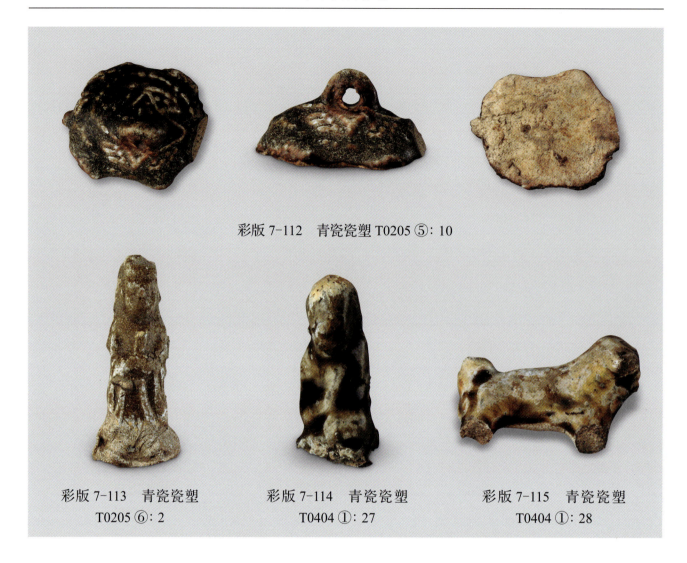

彩版 7-112　青瓷瓷塑 T0205 ⑤：10

彩版 7-113　青瓷瓷塑
T0205 ⑥：2

彩版 7-114　青瓷瓷塑
T0404 ①：27

彩版 7-115　青瓷瓷塑
T0404 ①：28

T0205 ⑤：10，瓷龟，微残，模制。头残，背部有纽，纽下菱形纹，龟壳外侧龟背纹，四鳍往外伸，尾巴残。施青釉至下腹，底部有釉粘。黄色胎，较致密。长 3.2、宽 2、残高 3.7 厘米（图 7-25，7；彩版 7-112）。

T0205 ⑥：2，瓷人物塑，模制。站立状。椭圆形脸，眉和眼睛不明显，鼻子微挺，身穿朝服，右手在左手上，右手持手版，背立直，施青釉至下腹。周身有窑粘，有划痕。浅黄色胎，较致密。长 2.8、宽 1.3、高 6.4 厘米（彩版 7-113）。

T0404 ①：27，瓷人物塑，微残，模制。坐姿。脸椭圆形，左手放于膝盖上，右手在胸前，左衽，衣衫纹路微明显，满施青釉，有脱釉现象，背部平直，底部直有釉粘。灰色胎，较致密。长 1.7、宽 1.9、残高 3.75 厘米（图 7-25，8；彩版 7-114）。

T0404 ①：28，瓷狗，残，模制。站姿。头微向左倾，双耳下耷，无眼，无嘴，狗尾向上翘起搭在背上，四肢残，通体施青釉至腹部，有脱釉现象，釉面有小开片。黄色胎，较致密。残长 4.5、宽 2.2、通高 2.7 厘米（彩版 7-115）。

T0404 ②：6，瓷龟，微残，模制。头残，背部有纽，龟壳上有龟背纹，四鳍往外伸，尾巴往左倾。上部施青釉，底部有手捏印。黄色胎，较致密。长 3.7、宽 3.7、残高 4.6 厘米（彩版 7-116）。

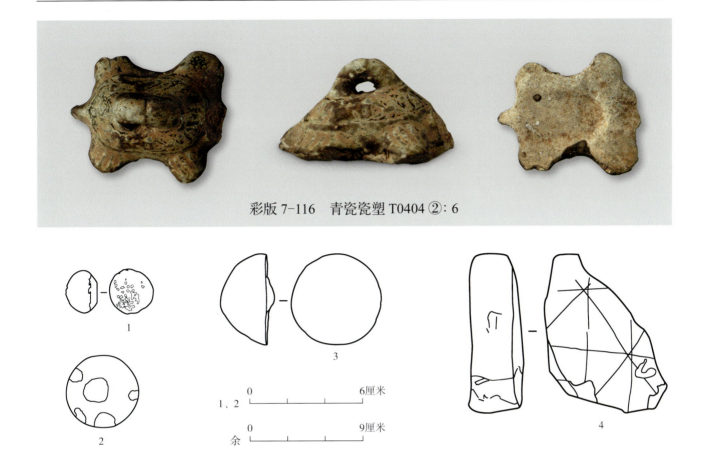

彩版 7-116 青瓷瓷塑 T0404 ②: 6

图 7-26 I区地层出土青瓷球、棋盘

1~3. 青瓷球T0203②: 114、T0301②: 3、T0404①: 30 4. 青瓷棋盘T0201⑤: 9

彩版 7-117 青瓷球 T0203 ②: 114

12. 青瓷球

共 3 件。T0203 ② 1 件，T0301 ② 1 件，T0404 ① 1 件。

T0203②: 114，灰瓷，馒头状，捏制。弧顶，平底。施青釉至下腹，顶部有若干凹坑，釉上少量土沁，下腹有釉粘。灰色胎，较致密。直径 2.4、厚 1.7 厘米（图 7-26，1；彩版 7-117）。

T0301②: 3，微残，揉制。圆球状。外有三分之一施青釉，面上有小缺口。灰色胎，较粗糙。直径 3.8 厘米（图 7-26，2）。

彩版 7-118　青瓷球 T0404 ①：30　　　　　　彩版 7-119　青瓷棋盘 T0201 ⑤：9

T0404 ①：30，残，揉制。圆球形。通体施青釉，有脱釉现象。灰色胎，较粗糙。直径 7.1 厘米（图 7-26，3；彩版 7-118）。

13. 青瓷棋盘

共 1 件。T0201 ⑤ 1 件。

T0201 ⑤：9，残。正面施青釉，局部有脱釉，上刻有棋盘纹路，背面烧制成浅褐色。浅灰色胎，较致密。残长 10、残宽 12.6、高 4.2 厘米（图 7-26，4；彩版 7-119）。

（四）青釉黑（褐）彩瓷

1. 青釉黑（褐）彩碗

共 2 件。T0203 ② 1 件，T0203 ③ 1 件。

T0203 ②：211，瓷碗底。弧腹，圈足，挖足过肩。内满施青釉，有涩圈，宽 1.5～2 厘米，内有釉粘，外下腹有"祐德观"三字，底部有窑粘，内外有轮痕，少量土沁。足跟旋削，足脊微斜，外足墙微外撇。黄色胎，较致密。底径 6.2、残高 3 厘米（图 7-27，1）。

T0203 ③：40，碗底。弧腹，圈足，挖足过肩。内满施青釉，有涩圈，宽 1.7～2 厘米，出筋至涩圈之上，内有釉粘，小砂石，外有轮痕，少量土沁。圈足足跟旋削，足脊微斜，足脊有釉粘，外足墙微外撇。浅灰色胎，较致密。底径 6.4、残高 3 厘米（图 7-27，2；彩版 7-120）。

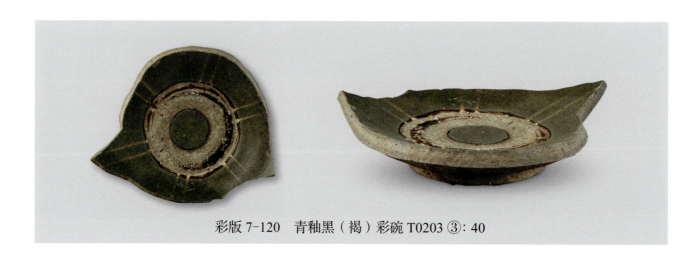

彩版 7-120　青釉黑（褐）彩碗 T0203 ③：40

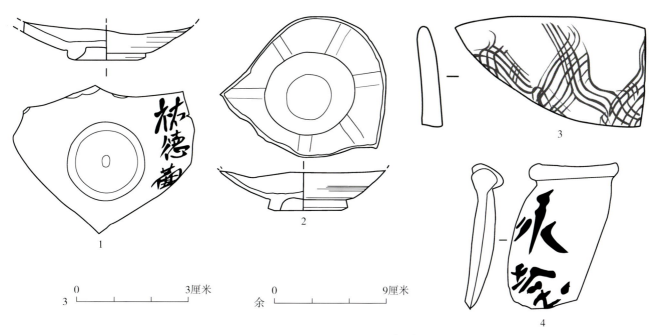

图 7-27　I区地层出土青釉黑（褐）彩瓷

1、2. 青釉黑（褐）彩碗T0203②：211、T0203③：40　3. 青釉黑（褐）彩盘T0204④：37　4. 青釉黑（褐）彩罐T0404①：31

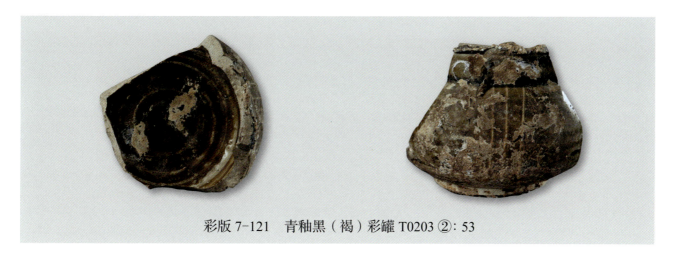

彩版 7-121　青釉黑（褐）彩罐 T0203 ②：53

2. 青釉黑（褐）彩盘

共 1 件。T0204 ④ 1 件。

T0204 ④：37，盘残片。敞口，圆唇，弧腹。内外施青釉，口沿有脱釉现象，有小开片，外腹饰划花曲线纹，内外有少量土沁。灰色胎，较致密。残长 5.2、残宽 2.9 厘米（图 7-27，3）。

3. 青釉黑（褐）彩罐

共 3 件。T0203 ② 1 件，T0205 ⑥ 1 件，T0404 ① 1 件。

T0203 ②：53，残。敞口，圆唇，矮颈，弧腹，圈足，挖足过肩，底部中心微凸。内除口沿满施青釉，外施釉至中下腹，足脊至底部施白色化妆土，化妆土不均匀，釉面有小开片，腹部至圈足有 3 道出筋，内外有土沁，外有釉粘，内外有轮痕，有窑粘。足跟旋削，足脊微斜，外足墙微外撇。灰色胎，较致密。口径 8、腹径 10、底径 6.4、通高 8.2 厘米（彩版 7-121）。

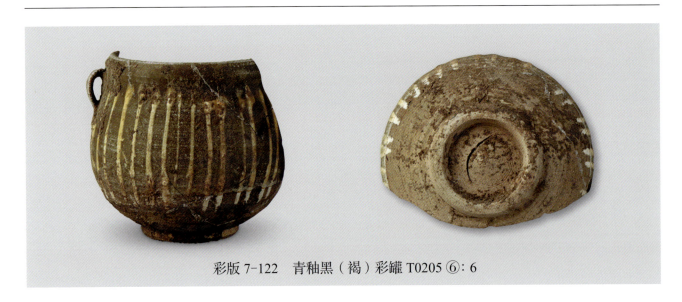

彩版 7-122　青釉黑（褐）彩罐 T0205 ⑥：6

T0205 ⑥：6，残。敛口，圆唇，矮径，颈部与肩部饰对称竖条状系，一耳残，弧腹斜收，圈足。内满施青釉，外施釉至腹部，釉下有竖条状纹饰，内外有轮痕，外有釉粘，土沁。圈足足跟斜削，外足墙微外撇，足脊微斜。黄色胎，较致密。口径 6.8、腹径 8.7、底径 4.2、通高 7.6 厘米（彩版 7-122）。

T0404 ①：31，罐残片。敞口，圆唇，卷沿，弧腹。除口沿上施白色化妆土外内外施青釉，外腹有黑彩"永城"。浅灰色胎，较致密。残长 11.5、残宽 8.8 厘米（图 7-27，4）。

（五）黄釉瓷

1. 黄釉碗

共 7 件。T0104 ④ 2 件，T0203 ② 4 件，T0404 ① 1 件。

T0104 ④：1，敞口，圆唇，弧腹，圈足，挖足过肩。内满施黄釉，有涩圈，宽 0.7～1.3 厘米，外施黄釉至下腹，有脱釉现象，外有土沁，有轮痕。足脊旋削，足脊微斜，外足墙外撇。浅黄色胎，较致密。口径 10.3、底径 4.65、通高 3.6 厘米（图 7-28，1）。

T0104 ④：9，敞口，圆唇，弧腹，圈足，挖足过肩。内满施黄釉，有涩圈，宽 1～1.5 厘米，外施黄釉至中腹，有积釉现象，内外有土沁，外有轮痕。足脊旋削，足脊微斜，外足墙外撇。黄色胎，

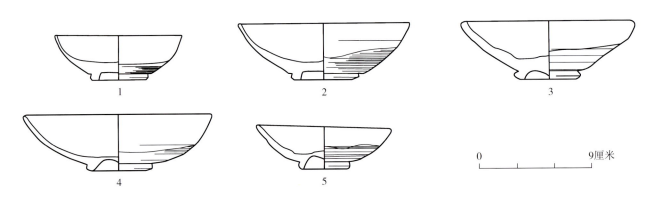

图 7-28　I 区地层出土黄釉碗、盏
1～4. 黄釉碗 T0104 ④：1、9、T0203 ② ：57、187　5. 黄釉盏 T0203 ② ：96

较致密。口径 13.8、底径 5.4、通高 4.5 厘米（图 7-28，2）。

T0203②：57，残。敞口，圆唇，弧腹，圈足，挖足过肩，底部中心微凸。内满施黄釉，有涩圈，宽 1.5～1.7 厘米，外施黄釉至腹部。上腹部有窑粘，内外有轮痕，少量土沁。足跟旋削，足脊微斜，外足墙微外撇。黄色胎，较致密。口径 14、底径 5.4、通高 4.6 厘米（图 7-28，3）。

T0203②：187，残。敞口，圆唇，弧腹，圈足，挖足过肩。内满施黄釉，有涩圈，宽 1.5～1.6 厘米，口沿有窑变现象，外施黄釉至腹部，内有土沁，口沿有窑粘，外有釉粘。足跟旋削，足脊微斜，外足墙微外撇。浅黄色胎，较致密。口径 15.3、底径 5.3、通高 4.4 厘米（图 7-28，4）。

T0404①：13，残。敞口，圆唇，弧腹，圈足。内满施黄釉，有涩圈，宽 1.8～2 厘米，外施黄釉至腹部，有流釉现象，内外有土沁。圈足足跟旋削，足脊微斜，外足墙微外撇。浅黄色胎，较致密。口径 15.45、底径 7.2、通高 5.7 厘米（彩版 7-123）。

2. 黄釉盏

共 5 件。T0203② 5 件。

T0203②：96，残。敞口，圆唇，弧腹，圈足，挖足过肩，底部中心微凸。内满施黄釉，有涩圈，宽 1.2～1.4 厘米，外施黄釉至中下腹，有窑变、流釉、积釉现象，内有窑粘，内外有轮痕，少量土沁。圈足足跟旋削，足脊微斜，外足墙微外撇。黄色胎，较致密。口径 11、底径 4.2、通高 3.5 厘米（图 7-28，5）。

3. 黄釉钵

共 3 件。T0203③ 1 件，T0403① 2 件。

T0403①：22，敞口，圆唇，弧腹，口沿下有凸棱，圈足，挖足过肩。内满施黄釉，外施黄釉至下腹，外有轮痕。圈足足跟旋削，足脊微斜，外足墙微外撇。浅黄色胎，较致密。口径 11.2、底径 6.1、通高 6.2 厘米（图 7-29，1）。

T0403①：28，敞口，圆唇，弧腹，口沿下有凸棱，圈足。内施黄釉，外部施釉至中腹，内外有土沁，有轮痕。圈足足跟旋削，足脊微斜，外足墙微外撇。浅黄色胎，较致密。口径 11.8、底径 6.6、通高 5.5 厘米（彩版 7-124）。

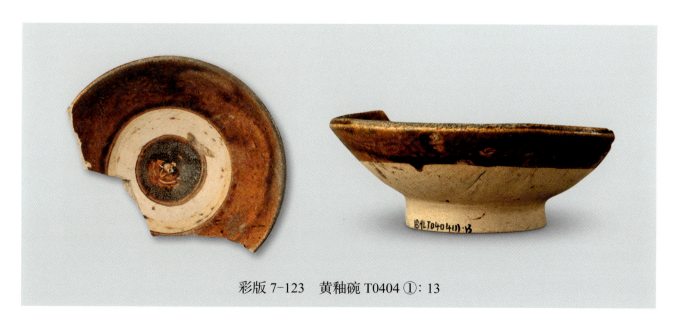

彩版 7-123　黄釉碗 T0404①：13

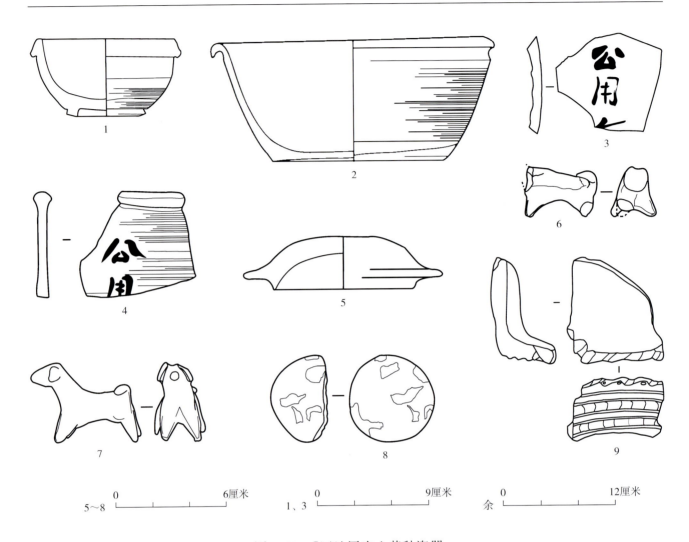

图 7-29　Ⅰ区地层出土黄釉瓷器

1. 黄釉钵 T0403①：22　2. 黄釉盆 T0203②：184　3、4. 黄釉罐 T0204②：19、T0304③：10　5. 黄釉器盖 T0204②：4　6、7. 黄釉瓷塑 T0104④：45、T0204④：1　8. 黄釉球 T0404①：15　9. 黄釉瓦 T0304②：9

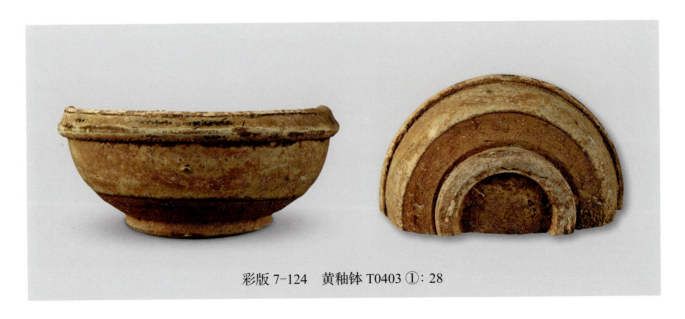

彩版 7-124　黄釉钵 T0403①：28

4. 黄釉盆

共 1 件。T0203②1 件。

T0203②：184，残。侈口，卷沿，弧腹，平底内凹。内满施黄釉，釉面有小开片，釉下施白色化妆土，外着护胎釉，内有釉粘，有窑粘，外有轮痕，内外有少量土沁。灰色胎，较致密。口径 30.4、底径 18.4、通高 13 厘米（图 7-29，2）。

5. 黄釉罐

共 3 件。T0203②1 件，T0204②1 件，T0304③1 件。

T0204②：19，带字腹片。外施黄釉，釉下施白色化妆土，釉面上有黑"公用"字，有流釉现象，内有少量土沁，有轮痕。黄色胎，较致密。残长 8.4、残宽 7.8 厘米（图 7-29，3）。

T0304③：10，带字罐腹片。罐腹片黑彩"公用"字，内外施黄釉，有轮痕。黄色胎，较粗糙。残长 12.4、残宽 11.2 厘米（图 7-29，4；彩版 7-125）。

6. 黄釉器盖

共 1 件。T0204②1 件。

T0204②：4，微残。子母口微敛，斜平沿，弧顶。内无釉，外满施黄釉，釉面有小开片，内有少量土沁、有轮痕。浅黄色胎，较致密。直径 10.8、通高 2.8 厘米（图 7-29，5；彩版 7-126）。

7. 黄釉瓷狗

共 2 件。T0104④1 件，T0204④1 件。

T0104④：45，残，模制。站姿。头部残，腿部残，腿部以上施有黄釉。砖红色胎，较致密。残长 3.85、宽 2.4、残高 2.6 厘米（图 7-29，6；彩版 7-127）。

T0204④：1，模制。站姿。头微向右倾，双耳下耷，无双眼，无唇，狗尾向右翘起搭在臀部，四肢下部呈锥状直立，通体施黄釉至大腿部。黄色胎，较致密。长 5.85、宽 2.75、高 4.2 厘米（图 7-29，7；彩版 7-128）。

8. 黄釉球

共 1 件。T0404①1 件。

T0404①：15，残，揉制。圆球形。通体施黄釉，有严重脱釉现象，釉面无光泽。浅砖

彩版 7-125　黄釉罐 T0304③：10

彩版 7-126　黄釉器盖 T0204②：4

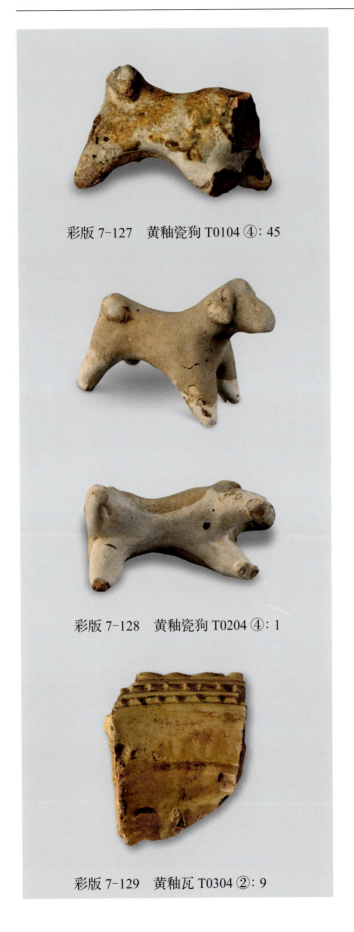

彩版 7-127　黄釉瓷狗 T0104 ④：45

彩版 7-128　黄釉瓷狗 T0204 ④：1

彩版 7-129　黄釉瓦 T0304 ②：9

红色胎，较粗糙。直径 4.6 厘米（图 7-29，8）。

9. 黄釉瓦

共 1 件。T0304 ② 1 件。

T0304 ②：9，残，整体呈弧形。外施黄釉，有脱釉，背面有轮痕，有窑粘，顶面光滑，正面有两道凸棱，有两排的疑似指窝印，周身有土沁，瓦头窄，瓦尾宽。灰色胎，较致密。残长 10.25、残宽 11.25、通高 6.5 厘米（图 7-29，9；彩版 7-129）。

（六）绿釉瓷

1. 绿釉碗

共 4 件。T0203 ② 1 件，T0304 ③ 1 件，T0403 ① 1 件，T0404 ② 1 件。

T0304 ③：5，微残。敞口，圆唇，弧腹，圈足，挖足过肩。内满施绿釉，有涩圈，宽 1.5 厘米，外施绿釉至腹部，釉面无光泽，有积釉现象，内有少量土沁，外有轮痕。黄色胎，较致密。口径 12.2、底径 5.4、通高 3.4 厘米（图 7-30，1）。

T0403 ①：19，侈口，圆唇，弧腹，圈足。内满施绿釉，外部施绿釉至下腹，内有土沁，外有轮痕。足跟旋削，足脊微斜，外足墙外撇。浅黄色胎，较致密。口径 12、底径 5.4、通高 5.6 厘米（图 7-30，2；彩版 7-130）。

2. 绿釉钵

共 1 件。T0204 ④ 1 件。

T0204 ④：19，残。侈口，圆唇，卷沿，弧腹，圈足，挖足过肩。内除口沿满施绿釉，外施绿釉至下腹，外底部施有白色化妆土，外有轮痕，内外有土沁。圈足足跟旋削，足脊微斜，外足墙微外撇。黄色胎，较致密。口径 12、底径 6.1、通高 6.3 厘米（图 7-30，3）。

3. 绿釉罐

共 3 件。T0203 ② 1 件，T0303 ① 1 件，T0404 ② 1 件。

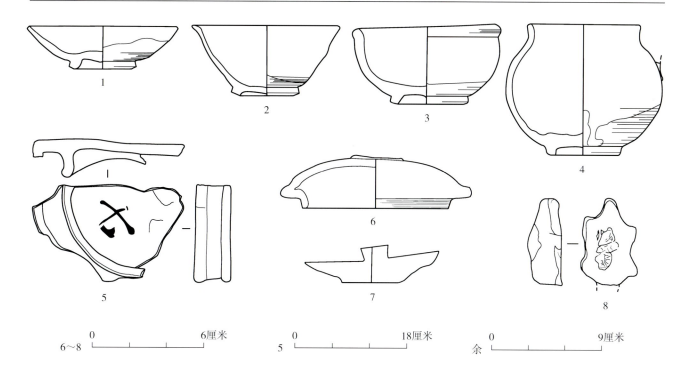

图 7-30　Ⅰ区地层出土绿釉瓷器

1、2. 绿釉碗 T0304③：5、T0403①：19　3. 绿釉钵 T0203④：19　4. 绿釉罐 T0305①：3　5～7. 绿釉器盖 T0104④：69、143、T0404②：23
8. 绿釉瓷塑 T0205⑥：20

彩版 7-130　绿釉碗 T0403 ①：19

彩版 7-131　绿釉罐 T0305 ①：3

　　T0305 ①：3，残。敞口，圆唇，矮径，弧腹，圈足。内除口沿满施绿釉，外施绿釉至中下腹，有流釉、积釉现象，釉下有用白色化妆土描绘的菱形纹，外有少量土沁，内外有轮痕。足跟旋削，足脊微斜，外足墙微外撇。黄色胎，较致密。口径 9.2、腹径 12.6、底径 5.8、通高10.5 厘米（图 7-30，4；彩版 7-131）。

　　4. 绿釉器盖

　　共 3 件。T0104 ④ 2 件，T0404 ② 1 件。

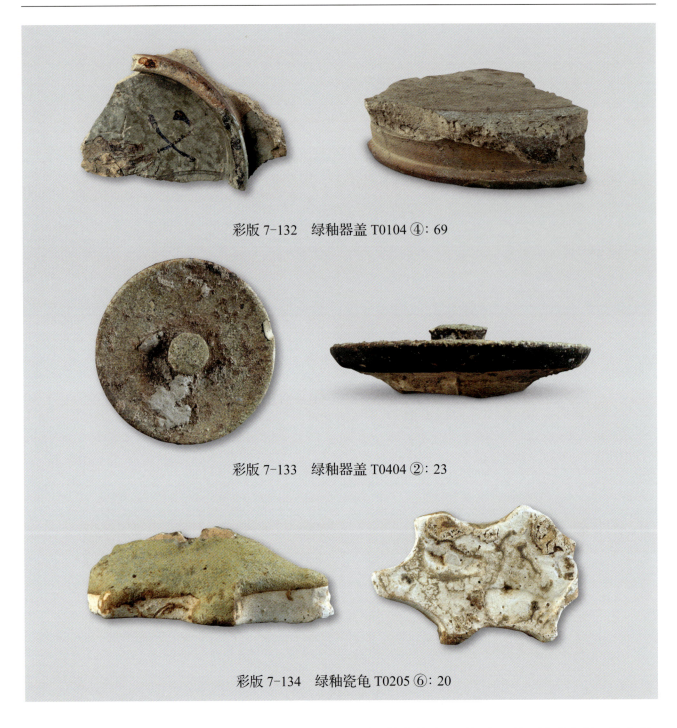

彩版 7-132　绿釉器盖 T0104 ④：69

彩版 7-133　绿釉器盖 T0404 ②：23

彩版 7-134　绿釉瓷龟 T0205 ⑥：20

　　T0104 ④：69，盖残片。敞口，圆唇，弧腹。内施绿釉，外有轮痕，顶部有土沁。浅黄色胎，较致密。直径 24.4、通高 6 厘米（图 7-30，5；彩版 7-132）。

　　T0104 ④：143，子母口微敛，斜平沿，弧顶，饼状捉手。内无釉，外满施绿釉，外有土沁，有轮痕，有粘釉。浅黄色胎，较粗糙。直径 10.2、通高 2.8 厘米（图 7-30，6）。

　　T0404 ②：23，微残，弧腹，顶部有捉手，平底。内满施绿釉，外施绿釉至腹部，釉有窑变，内有窑粘、少量土沁，外有轮痕，腹部因拉坯不均匀导致外有泥浆，底部有削过痕迹。浅黄色胎，较致密。直径 7.2、通高 2 厘米（图 7-30，7；彩版 7-133）。

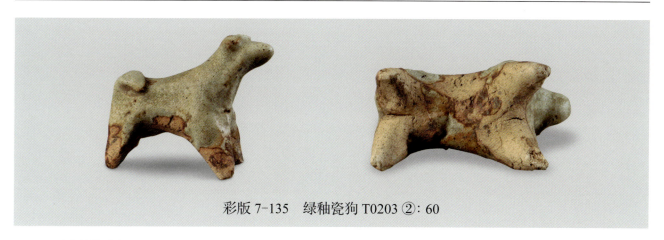

彩版 7-135　绿釉瓷狗 T0203 ②：60

5. 绿釉瓷塑

共 2 件。T0205 ⑥ 1 件，T0203 ② 1 件。

T0205 ⑥：20，瓷龟，微残，模制。头残，背部有纽残，四鳍往外伸，尾巴向右倾，施绿釉至腹部，釉下有化妆土至底部，釉面无光泽，底部有釉粘，少量土沁。黄色胎，较致密。长 2.9、宽 1.8、残高 4.6 厘米（图 7-30，8；彩版 7-134）。

T0203 ②：60，瓷狗，微残，模制。站姿。大嘴，双耳下耷，尾巴上卷，四肢下部呈锥状直立。四肢上部以上施黄釉，有流釉、积釉现象，下部少量土沁。黄色胎，较致密。长 4.5、宽 2.7、通高 4 厘米（彩版 7-135）。

（七）酱釉瓷

1. 酱釉碗

共 3 件。T0104 ④ 1 件，T0203 ② 1 件，T0204 ⑥ 1 件。

T0104 ④：71，敞口，圆唇，弧腹，圈足，挖足过肩。内满施酱釉，有涩圈，宽 1.4～1.7 厘米，外施酱釉至中腹，内外有土沁，外有轮痕。足脊有旋削，外足墙外撇，足跟微内凹。浅黄色胎，较致密。口径 13.5、底径 5.6、通高 4.3 厘米（图 7-31，1）。

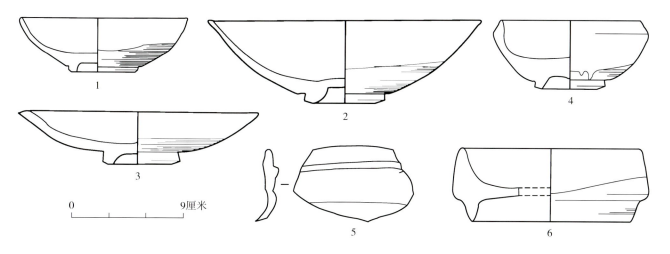

图 7-31　Ⅰ区地层出土酱釉瓷器

1、2. 酱釉碗 T0104④：71、T0203②：249　3. 酱釉盘 T0104②：4　4、5. 酱釉钵 T0204④：28、T0402②：35　6. 酱釉洗 T0204④：34

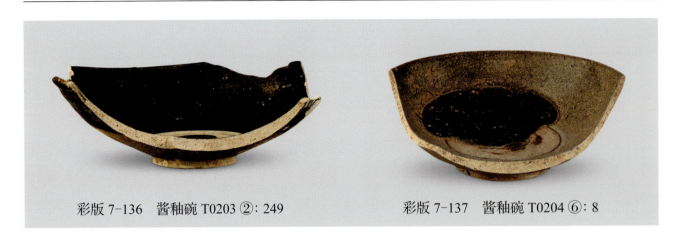

彩版 7-136　酱釉碗 T0203 ②: 249　　　　　　　彩版 7-137　酱釉碗 T0204 ⑥: 8

T0203 ②: 249，残。侈口，圆唇，弧腹，圈足，挖足过肩。内满施酱釉，有涩圈，宽 1.9～2.1 厘米，外施酱釉至腹部，足脊至内足墙施白色化妆土，有小开片，内有窑粘，少量土沁，外有土沁，内外有轮痕、釉粘。足跟旋削，足脊微斜，外足墙微外撇。灰色胎，较致密。口径 22、底径 6.4、通高 6.7 厘米（图 7-31，2；彩版 7-136）。

T0204 ⑥: 8，残。敞口，圆唇，弧腹，圈足，挖足过肩。内满施酱釉，有涩圈，宽 1.9 厘米，外施釉至中腹，有积釉现象，内外有土沁，外有轮痕。足跟旋削，足脊微斜，外足墙微外撇。黄色胎，较致密。口径 16、底径 5.4、通高 4.8 厘米（彩版 7-137）。

2. 酱釉盘

共 1 件。T0104 ② 1 件。

T0104 ②: 4，残。撇口，圆唇，腹部折收，圈足。内满施酱釉，有涩圈，宽 1.6～2.1 厘米，外施酱釉至中腹，脱釉现象，内部涩圈外圈有叠压痕迹，外腹有土沁，有轮痕，圈足施有白色化妆土。外足墙外撇，足脊有旋削，足跟微内凹。浅灰色胎，较致密。口径 19.2、底径 6.3、通高 4.2 厘米（图 7-31，3；彩版 7-138）。

3. 酱釉钵

共 2 件。T0204 ④ 1 件，T0402 ② 1 件。

T0204 ④: 28，残。敞口，圆唇，口沿下部有凸棱，弧腹，圈足，挖足过肩。除口沿内满施酱釉，外施酱釉至下腹，有流釉现象，内外有土沁，外有轮痕，外底部有釉粘。圈足足跟旋削，足脊微斜，外足墙微外撇。灰色胎，较致密。口径 11.6、底径 5.7、通高 5.4 厘米（图 7-31，4；彩版 7-139）。

T0402 ②: 35，钵残片。敞口，圆唇，口沿下有一道凸棱，弧腹。内施酱釉，外施酱釉至腹部，内外有土沁，外有窑粘，有轮痕。灰色胎，较致密。残长 9.6、残宽 6 厘米（图 7-31，5）。

4. 酱釉洗

共 1 件。T0204 ④ 1 件。

T0204 ④: 34，残。敞口，圆唇，直腹，卧足。内除口沿满施酱釉，外施酱釉至腹部。腹部因拉坯不均匀导致变形，外有釉粘，有窑粘，有轮痕，内外有少量土沁。圈足足跟旋削，足脊微斜，外足墙微外撇。灰色胎，较致密。口径 14.8、底径 13、通高 5.9 厘米（图 7-31，6）。

5. 酱釉瓶

共 21 件。T0104 ① 1 件，T0104 ④ 8 件，T0105 ⑤ 1 件，T0203 ② 1 件，T0204 ② 1 件，

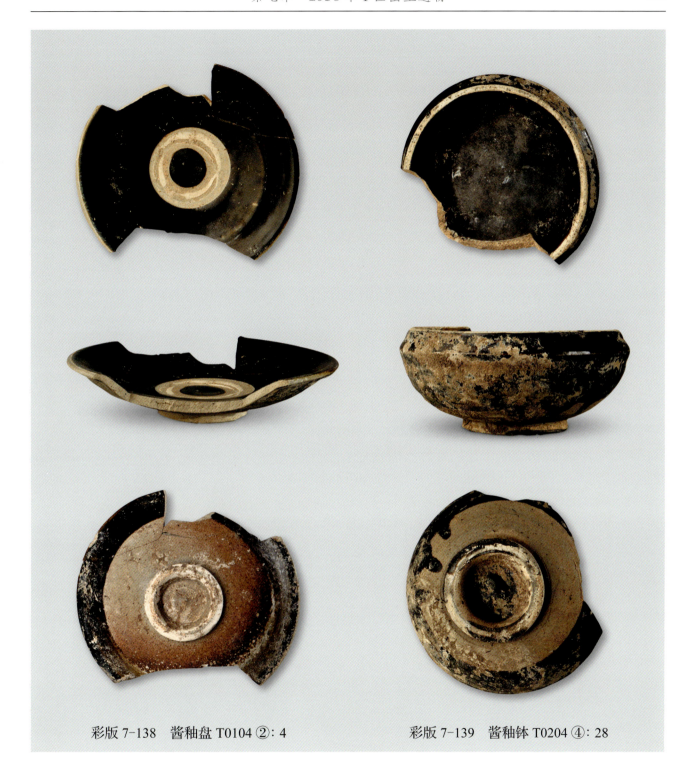

彩版 7-138　酱釉盘 T0104 ②：4　　　　　　彩版 7-139　酱釉钵 T0204 ④：28

T0204 ④ 1 件，T0205 ⑥ 2 件，T0303 ② 1 件，T0305 ② 2 件，T0404 ① 1 件，T0405 ② 1 件，T0504 ② 1 件。

　　T0104 ④：34，敞口，圆唇，束颈，腹折收，平底。内施酱釉，外施酱釉至下腹，外有土沁，有窑粘，口部粘有残片，有轮痕。浅黄色胎，较致密。口径 2.7、腹径 3.3、底径 2.8、通高 4.3 厘米（彩版 7-140）。

　　T0104 ④：38，敞口，圆唇，矮颈，腹部折收，弧腹，平底。口部粘有残片，内施酱釉，外施

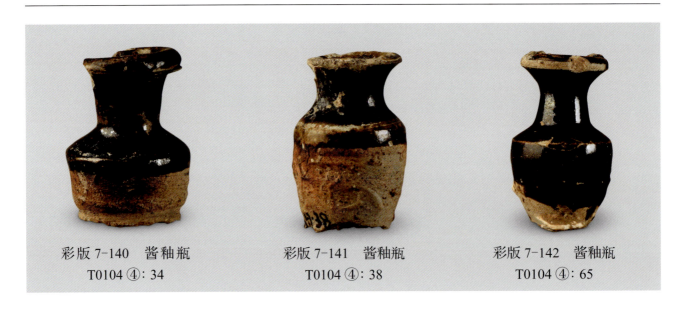

彩版 7-140　酱釉瓶　　　　彩版 7-141　酱釉瓶　　　　彩版 7-142　酱釉瓶
T0104 ④：34　　　　　　　T0104 ④：38　　　　　　　T0104 ④：65

酱釉至上腹部，外有轮痕，有土沁，底部有破损，粘有白色化妆土。浅黄色胎，较致密。口径 2.2、腹径 2.4、底径 1.85、通高 3.6 厘米（彩版 7-141）。

T0104 ④：40，敞口，圆唇，矮颈，腹部折收，弧腹，平底。内施酱釉，外施酱釉至中腹，外有土沁，有流釉，口部有窑粘，底部施有白色化妆土，有残缺。浅黄色胎，较致密。口径 2.5、腹径 2.8、底径 1.85、通高 3.8 厘米（图 7-32，1）。

T0104 ④：65，敞口，圆唇，束颈，腹部折收，弧腹，平底。内满施酱釉，外施酱釉至下腹，有脱釉现象，内有土沁，外口部粘有残片，底部有窑粘。浅黄色胎，较致密。口径 2.5、腹径 2.9、底径 1.7、通高 5.2 厘米（图 7-32，2；彩版 7-142）。

T0203 ②：229，微残。敞口，圆唇，束颈，折肩，弧腹，平底。内满施酱釉，外施酱釉至腹部，腹下至底部施白色化妆土，有脱釉现象，釉面有小开片，外有釉粘、窑粘、轮痕，少量土沁。浅灰色胎，较致密。口径 2.7、腹径 3、底径 2.5、通高 4.8 厘米（图 7-32，3；彩版 7-143）。

T0204 ②：18，敞口，圆唇，束颈，溜肩，弧腹，平底。内满施酱釉，外施酱釉至中腹，有脱釉现象，外有轮痕，底部满施白色化妆土，有少量土沁。灰色胎，较致密。口径 2.3、腹径 2.6、底径 2、通高 4.3

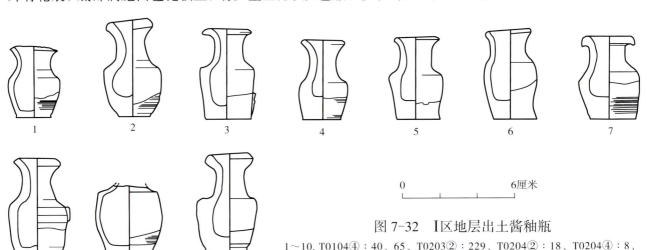

1　　　　2　　　　3　　　　4　　　　5　　　　6　　　　7

8　　　　9　　　　10

0 ————————— 6厘米

图 7-32　Ⅰ区地层出土酱釉瓶
1~10. T0104④：40、65、T0203②：229、T0204②：18、T0204④：8、
T0205⑥：11、12、T0303②：18、T0305②：8、T0405②：3

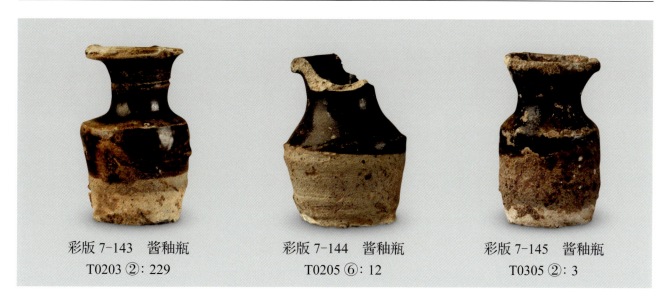

彩版 7-143　酱釉瓶　　　　　　　彩版 7-144　酱釉瓶　　　　　　　彩版 7-145　酱釉瓶
T0203 ②：229　　　　　　　　　T0205 ⑥：12　　　　　　　　　T0305 ②：3

厘米（图 7-32，4）。

T0204 ④：8，敞口，圆唇，束颈，折肩，弧腹，平底。内满施酱釉，外施酱釉至中腹，底部满施白色化妆土，釉面有小开片，有脱釉现象，底部有少量土沁。灰色胎，较致密。口径 2.4、腹径 2.9、底径 2.4、通高 4.35 厘米（图 7-32，5）。

T0205 ⑥：11，侈口，圆唇，矮颈，溜肩，弧腹，平底。口部有釉粘，内满施酱釉，外施酱釉至腹部，有流釉、积釉、窑变现象，周身粘有小砂石，少量土沁，底部施白色化妆土，有窑粘。灰色胎，较致密。口径 2.4、腹部 2.8、底径 2.3、通高 4.8 厘米（图 7-32，6）。

T0205 ⑥：12，微残。侈口，圆唇，卷沿，矮颈，折肩，弧腹，平底。内满施酱釉，外施酱釉至肩部，底部施白色化妆土，化妆土有小开片，外腹因拉坯不均匀导致有泥浆，有轮痕。灰色胎，较致密。口径 2.8、腹部 3.3、底径 2.5、通高 4.4 厘米（图 7-32，7；彩版 7-144）。

T0303 ②：18，微残。敞口，圆唇，束颈，折肩，直腹，平底。内满施酱釉，外施酱釉至腹部，釉下施白色化妆土。肩部有一点釉粘，腹部覆盖较少土沁。浅黄色胎，较致密。口径 2.55、腹径 3.2、底径 2.3、通高 5.2 厘米（图 7-32，8）。

T0305 ②：3，侈口，圆唇，矮颈，折肩，直腹，平底。内满施酱釉，外施酱釉至腹部，底部施白色化妆土，腹有轮痕，底部有 2 个小孔。灰色胎，较致密。口径 2.5、腹部 2.8、底径 2.1、通高 4.05 厘米（彩版 7-145）。

T0305 ②：8，残。折肩，弧腹，平底。内满施酱釉，外施酱釉至腹部，底部施白色化妆土，有脱釉现象，外有轮痕。黄色胎，较致密。腹径 3.6、底径 2.3、残高 3.8 厘米（图 7-32，9）。

T0405 ②：3，微残。敞口，圆唇，束颈，折肩，弧腹，平底。内满施酱釉，外施酱釉至腹部，有积釉现象，颈部及腹部有釉粘，腹部有轮痕。灰色胎，较致密。口径 2.6、腹径 3.3、底径 2.3、通高 5.5 厘米（图 7-32，10；彩版 7-146）。

6. 酱釉罐

共 2 件。T0202 ② 1 件，T0203 ② 1 件。

T0202 ②：11，残。敛口，圆唇，短颈，颈部至腹部竖装对称条形系，一耳残，溜肩，鼓腹，圈足。内除口沿满施酱釉，外施酱釉至外足墙，内有少量土沁，外有土沁，有窑粘，有釉粘。足跟旋削，

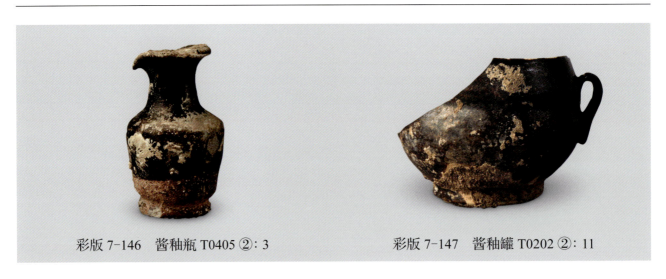

彩版 7-146　酱釉瓶 T0405②:3　　　　　　彩版 7-147　酱釉罐 T0202②:11

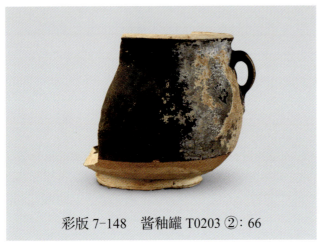

彩版 7-148　酱釉罐 T0203②:66

足脊微斜，外足墙微弧。浅黄色胎，较致密。口径 5.3、腹径 6.2、底径 3.8、通高 5 厘米（彩版 7-147）。

　　T0203②:66，残。侈口，圆唇，矮颈，颈部至腹部竖装对称条形系，一耳残，弧腹，圈足，挖足过肩。内除口沿外满施酱釉，外施酱釉至中下腹，腹下至底部施白色化妆土，外有窑粘，内外有轮痕，有土沁。足跟旋削，足脊微斜，外足墙微外撇，底部中心微凸。黄色胎，较致密。口径 11、腹径 12、底径 6.6、通高 9 厘米（图 7-33，1；彩版 7-148）。

　　7. 酱釉器盖

　　共 1 件。T0203② 1 件。

　　T0203②:42，残。子母口微敛，平沿，弧顶，顶部捉手残。内无釉，外施酱釉。口沿有窑粘，外有土沁。黄色胎，较致密。直径 10.8、通高 3.4 厘米（彩版 7-149）。

　　8. 酱釉瓷塑

　　共 9 件。T0104④ 3 件，T0201③ 1 件，T0203② 1 件，T0205④ 1 件，T0401② 1 件，T0405② 2 件。

　　T0104④:42，瓷狗，残，模制。站姿。两耳下垂，长吻，两眼有神，颈部较粗，腿部残，腿部以上施有酱釉，嘴部有脱釉，背部有土沁。浅黄色胎，较致密。长 5.1、宽 2.3、残高 3.75 厘米（图 7-33，2）。

　　T0104④:83，瓷鸭，模制。头部残，除底部施酱釉，背部有弧形把纽，底部有内凹，有粘釉，尾巴朝上。黄色胎，较致密。长 4.4、宽 2.4、高 3 厘米（图 7-33，3；彩版 7-150）。

　　T0104④:152，瓷马，残，模制。站姿，立马俑。头部及脖子残无，马鞍垂马腹下，马尾长粗，四姿站立于方形基座上，通体施酱釉至腿部，外有土沁。灰色胎，较致密。残长 4.65、宽 2.2、通高 6.25 厘米（彩版 7-151）。

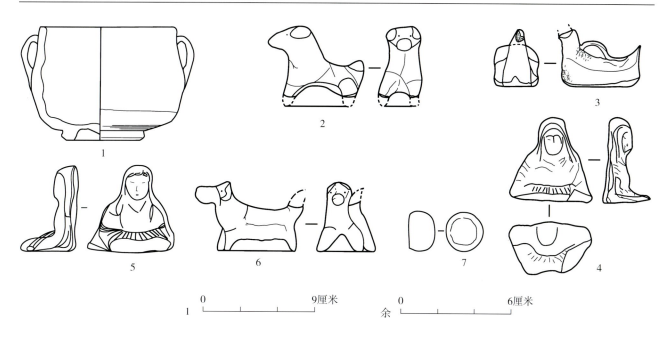

图 7-33　I区地层出土酱釉瓷器

1. 酱釉罐T0203②：66　2～6. 酱釉瓷塑T0104④：42、83、T0201③：14、T0203②：198、T0401②：1　7. 酱釉球T0104②：54

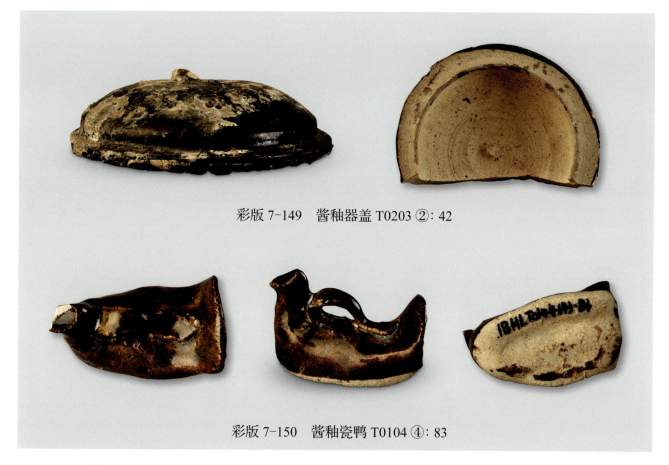

彩版 7-149　酱釉器盖 T0203 ②：42

彩版 7-150　酱釉瓷鸭 T0104 ④：83

　　T0201③：14，瓷人物塑，微残，模制。坐姿。人物左腿处微残。人物盘腿而坐，双手放于腿前，呈打坐姿势。正面施酱釉，背面烧制成浅褐色。浅灰色胎，较致密。长4.4、宽2.6、高4.5厘米（图

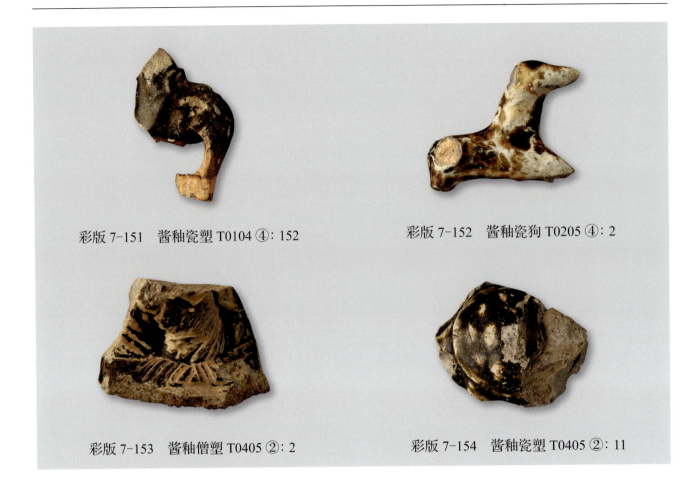

彩版 7-151　酱釉瓷塑 T0104 ④: 152　　　　　　彩版 7-152　酱釉瓷狗 T0205 ④: 2

彩版 7-153　酱釉僧塑 T0405 ②: 2　　　　　　彩版 7-154　酱釉瓷塑 T0405 ②: 11

7-33，4）。

T0203 ②: 198，瓷僧塑，模制。坐姿，背部歪斜，底部平直。头戴风帽，椭圆形脸，五官不清晰，身穿斜襟长衣，双手放于腿上，左衽，衣衫纹路明显。除底部外满施酱釉，有流釉、积釉现象，底部有釉粘、窑粘。灰色胎，较致密。长 4.6、宽 3.1、通高 4.6 厘米（图 7-33，5）。

T0205 ④: 2，瓷狗，微残，模制。站立。头向右倾斜，一耳下垂，一只耳朵残，长吻，没有鼻及眼睛，有釉粘，颈部较粗，颈部有釉粘，尾巴残，两条腿残。施酱釉至腹部，釉下施白色化妆土。黄色胎，较致密。长 3.5、宽 2.3、高 4.4 厘米（彩版 7-152）。

T0401 ②: 1，瓷狗，微残，模制。站姿。头微向左倾，双耳下垂，两眼有神，长嘴，尾残，四肢下部呈锥状直立，通体施酱釉至腹部，腿部外侧也有施酱釉。灰色胎，较致密。长 5.8、宽 3.1、高 3.65 厘米（图 7-33，6）。

T0405 ②: 2，瓷僧塑，残，模制。坐姿。上半身无，双手交叉腿前，左衽，衣衫纹路明显，背部平直，有釉粘，底部直，满施酱釉。灰色胎，较致密。长 4.4、宽 2.7、残高 3 厘米（彩版 7-153）。

T0405 ②: 11，瓷龟，残，模制。背部高，背部有白点尾巴偏右摆，四鳍往外伸。上部施酱釉，底部施白色化妆土。有少量土沁。灰色胎，较致密。长 3.3、宽 2.1、残高 3.9 厘米（彩版 7-154）。

9. 酱釉球

共 1 件。T0104 ② 1 件。

T0104 ②: 54，揉制。半圆状。外施酱釉。灰色胎，较致密。直径 2.05 厘米（图 7-33，7）。

淮北烈山窑址

（下）

安徽省文物考古研究所
淮 北 市 文 物 局　编著
淮 北 市 博 物 馆

　　陈超　解华顶　主　编
朱永德　胡均　王玲玲　副主编

文物出版社

Lieshan Kiln Site of Huaibei (II)

by

Anhui Provincial Institute of Cultural Relics and Archaeology
Huaibei Municipal Cultural Heritage Administration
Huaibei Musuem

Chief Editor: Chen Chao, Xie Huading
Vice-chief Editor: Zhu Yongde, Hu Jun, Wang Lingling

Cultural Relics Press

（八）黑釉瓷

1. 黑釉碗

共 8 件。T0203 ② 5 件，T0203 ③ 1 件，T0204 ④ 1 件，T0305 ② 1 件。

T0203 ②：206，残。敞口，圆唇，弧腹，圈足，挖足过肩。内满施黑釉，有涩圈，宽 1.5 ～ 1.7 厘米，外施黑釉至中上腹，外有窑粘，内外有轮痕，有少量土沁。足跟旋削，足脊微斜，外足墙微外撤。灰色胎，较致密。口径 22、底径 6.2、通高 6.7 厘米（图 7-34，1；彩版 7-155）。

T0203 ③：22，残。敞口，圆唇，弧腹，圈足，挖足过肩。内满施黑釉，有涩圈，宽 2 ～ 2.2 厘米，外施黑釉至腹部，内有釉粘，外有轮痕，少量土沁。圈足足跟旋削，足脊微斜，足脊有白色化妆土及釉粘，外足墙微外撤。灰色胎，较致密。口径 21.6、底径 6.6、通高 7.2 厘米（图 7-34，2；彩版 7-156）。

T0204 ④：29，残。敞口，圆唇，弧腹，圈足，挖足过肩。内满施黑釉，有涩圈，宽 2.1 ～ 2.4 厘米，外部施黑釉至中腹，有窑变和脱釉现象，外有轮痕，有土沁。足跟旋削，足脊微斜，外足墙微外撤。灰色胎，较致密。口径 20、底径 6.9、通高 7.4 厘米（图 7-34，3）。

T0203 ②：94，2 件，残（彩版 7-157）。

T0203 ②：94-1，敞口，圆唇，弧腹，圈足，挖足过肩，底部中心微凸。内满施黑釉，有涩圈，口沿有窑变，外施黑釉至腹部。足跟旋削，足脊微斜，外足墙微外撤。口径 21.2、底径 6、高 6.8 厘米。

T0203 ②：94-2，内底有一青瓷碗底置于涩圈之上。外有土沁、轮痕。黄色胎，较致密。碗底底径 7、残高 2、通高 6.8 厘米。

T0203 ②：105，残。敞口，圆唇，弧腹，圈足。内满施黑釉，有涩圈，宽 1.3 ～ 1.8 厘米，口沿有窑变，积釉现象，外施满釉，有脱釉现象，内外有少量土沁，外有轮痕。足跟旋削，足脊微斜，外足墙微外撤。浅灰色胎，较致密。口径 18、底径 5.8、通高 5.6 厘米（彩版 7-158）。

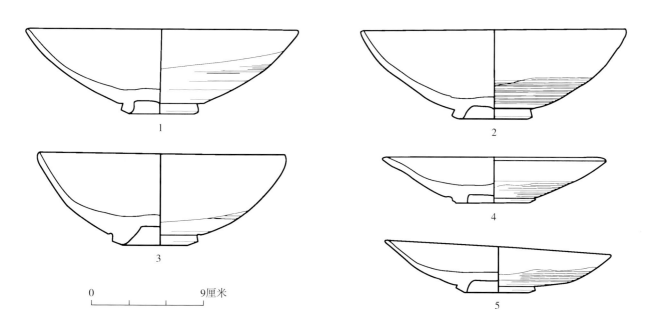

0　　　　　　　　9厘米

图 7-34　Ⅰ区地层出土黑釉碗、盘

1～3. 黑釉碗 T0203②：206、T0203③：22、T0204④：29　4、5. 黑釉盘 T0104②：23、T0104④：91

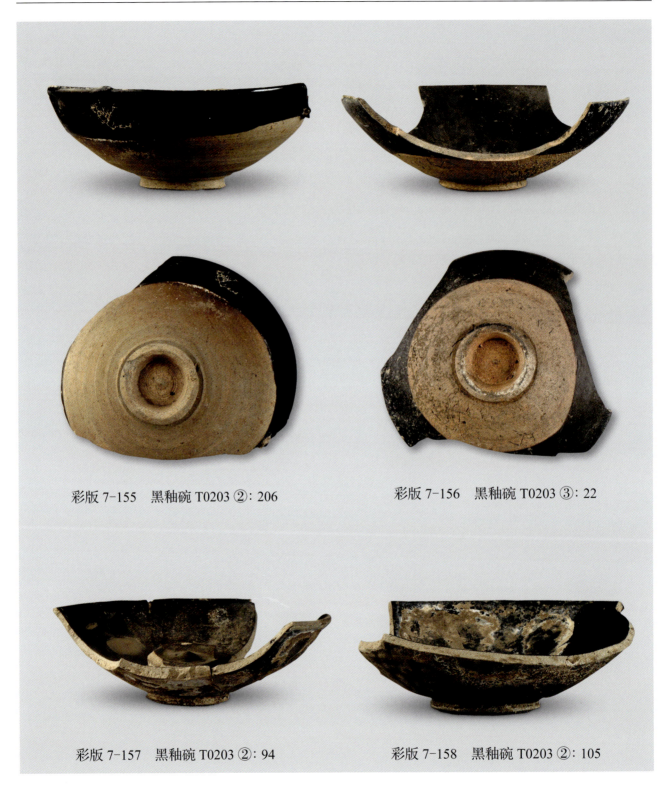

彩版 7-155　黑釉碗 T0203 ②：206　　　　彩版 7-156　黑釉碗 T0203 ③：22

彩版 7-157　黑釉碗 T0203 ②：94　　　　彩版 7-158　黑釉碗 T0203 ②：105

　　T0203 ②：241，残。敞口，圆唇，弧腹，圈足，挖足过肩。内满施黑釉，有涩圈，宽 1.5～1.7
厘米，外施黑釉至上腹部，有流釉、积釉现象，足脊至内足墙施白色化妆土，釉面有小开片。口沿
下粘有口沿残片，外有釉粘、窑粘、少量土沁，内外有轮痕。足跟旋削，足脊微斜，外足墙微外撇。
黄色胎，较致密。口径 21.8、底径 7、通高 6.9 厘米（彩版 7-159）。

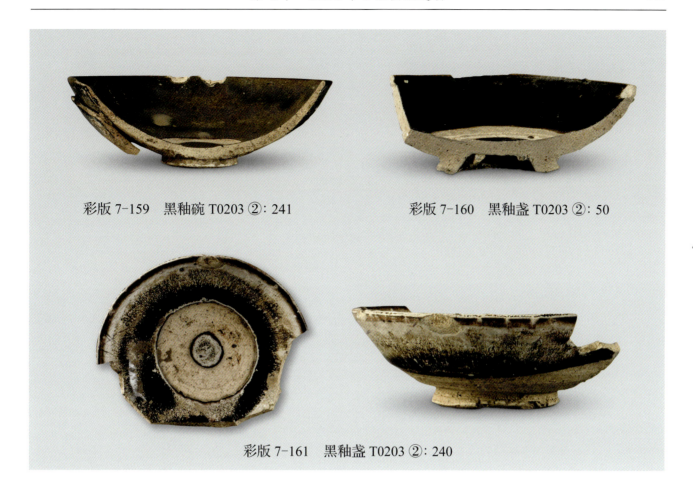

彩版 7-159　黑釉碗 T0203 ②：241　　　　彩版 7-160　黑釉盏 T0203 ②：50

彩版 7-161　黑釉盏 T0203 ②：240

2. 黑釉盏

2 件。T0203 ② 2 件。

T0203 ②：50，残。敞口，圆唇，弧腹，圈足，挖足过肩。内满施黑釉，有涩圈，宽 1.2 ～ 1.4 厘米，外施釉至足底，有脱釉现象，外有少量土沁，底部有窑粘，内外有轮痕。圈足足跟旋削，足脊微斜，外足墙微外撇。灰色胎，较致密。口径 8.8、底径 4.2、通高 3 厘米（彩版 7-160）。

T0203 ②：240，残。敞口，圆唇，弧腹，圈足，挖足过肩，底部中心微凸。内满施黑釉，有涩圈，宽 1.4 ～ 1.6 厘米，外施釉至中下腹，有脱釉、流釉、积釉现象，外有釉粘，内外有轮痕，少量土沁。圈足足跟旋削，足脊微斜，外足墙微外撇。浅黄色胎，较致密。口径 9.2、底径 4.2、通高 3 厘米（彩版 7-161）。

3. 黑釉盘

共 2 件。T0104 ② 1 件，T0104 ④ 1 件。

T0104 ②：23，撇口，圆唇，腹部，圈足，挖足过肩。内满施黑釉，有涩圈，宽 1.6 ～ 2.1 厘米，外施黑釉至下腹，釉面有小开片，内底有土沁，外腹有轮痕，有釉粘，外足墙外撇，足脊旋削，足跟微内凹。浅黄色胎，较致密。口径 18.2、底径 6.8、通高 3.7 厘米（图 7-34，4；彩版 7-162）。

T0104 ④：91，敞口，圆唇，弧腹，圈足，挖足过肩。内满施黑釉，有涩圈，宽 1.4 ～ 2.1 厘米，外施黑釉至中腹，内有窑粘，有土沁，外有窑粘，内外有轮痕。足脊旋削，外足墙外撇，足跟微内凹。浅黄色胎，较致密。口径 18.4、底径 6.4、通高 4.05 厘米（图 7-34，5）。

彩版 7-162　黑釉盘 T0104 ②：23

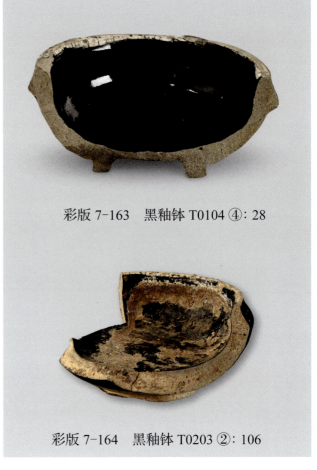

彩版 7-163　黑釉钵 T0104 ④：28

彩版 7-164　黑釉钵 T0203 ②：106

4. 黑釉钵

共 4 件。T0104 ④ 1 件，T0203 ② 3 件。

T0104 ④：28，残。敞口，圆唇，斜沿，口沿下有凸棱，弧腹，圈足，挖足过肩。内满施黑釉，外施黑釉至下腹，外有土沁，口沿粘有残片，圈足上施有白色化妆土。圈足足跟旋削，足脊微斜，外足墙微外撇。浅灰色胎，较粗糙。口径 12、底径 6.1、通高 6.5 厘米（图 7-35，1；彩版 7-163）。

T0203 ②：106，残。侈口，圆唇，斜沿，口沿下有凸棱，弧腹，圈足，挖足过肩。内除口沿满施黑釉，釉下满施白色化妆土，外施黑釉至中下腹，有流釉现象，釉面有小开片，内有土沁，口沿有窑粘，底部有釉粘，外有轮痕。圈足足跟旋削，足脊微斜，外足墙微外撇。黄色胎，较致密。口径 10.5、底径 6.2、通高 5.8 厘米（图 7-35，2；彩版 7-164）。

T0203 ②：121，残。侈口，圆唇，斜沿，口沿下部有凸棱，弧腹，圈足，挖足过肩。内除口沿满施黑釉，釉下满施白色化妆土，外施黑釉至中下腹，有流釉现象，釉面有小开片，内有少量土沁，

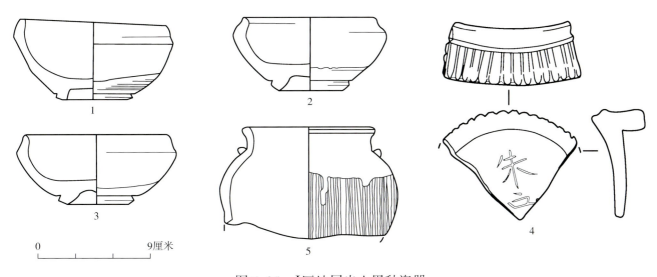

图 7-35　Ⅰ区地层出土黑釉瓷器

1～3. 黑釉钵 T0104④：28、T0203②：106、121　4. 黑釉洗 T0203⑤：7　5. 黑釉罐 T0104⑥：1

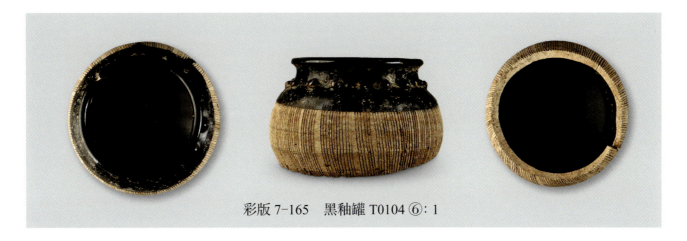

彩版 7-165　黑釉罐 T0104⑥：1

口沿有釉粘，底部有窑粘，外有土沁，有轮痕。圈足足跟旋削，足脊微斜，外足墙微外撇。黄色胎，较致密。口径 11.6、底径 6、通高 5.5 厘米（图 7-35，3）。

5. 黑釉洗

共 1 件。T0203⑤ 1 件。

T0203⑤：7，"朱"字洗，残。敞口，圆唇，直腹微外撇，卧足。内除口沿满施黑釉，外施黑釉至腹下，施釉不均匀，足脊未施釉，内足墙满施黑釉。底部写"朱?"字，外有釉粘，有少量土沁，底部有轮痕。圈足足跟旋削，足脊微斜，外足墙微外撇。浅黄色胎，较致密。残长 11、宽 5.3、厚 0.8～1.5 厘米（图 7-35，4）。

6. 黑釉罐

共 1 件。T0104⑥ 1 件。

T0104⑥：1，残。侈口，圆唇，卷沿，矮颈，鼓腹。内满施黑釉，外施黑釉至上腹部，有流釉、积釉现象，肩部有 16 个乳钉，乳钉下有刻槽纹，内外有少量土沁，外有轮痕。浅黄色胎，较致密。口径 10.6、腹径 14.2、残高 8.8 厘米（图 7-35，5；彩版 7-165）。

（九）其他釉色

1. 碗

共2件。T0203②2件。

T0203②：95，残。敞口，圆唇，弧腹，圈足，挖足过肩。内满施柿釉，有涩圈，宽2.1～2.2厘米，外施柿釉至中上腹，施釉不均匀，内有窑粘，内外有轮痕，有土沁。足跟旋削，足脊微斜，外足墙微外撇。黄色胎，较致密。口径20.8、底径6.2、通高7.6厘米（图7-36，1；彩版7-166）。

T0203②：99，残。敞口，圆唇，弧腹，圈足，挖足过肩。内满施黄绿釉，有涩圈，宽1.5～2厘米，外施黄绿釉至中下腹，有流釉、积釉现象，内外有轮痕，少量土沁。足跟旋削，足脊微斜，外足墙微外撇。黄色胎，较致密。口径20.8、底径6.4、通高7.4厘米（图7-36，2）。

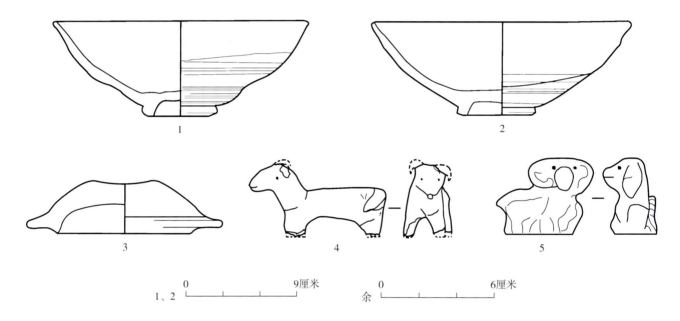

图7-36　I区地层出土其他釉色瓷器

1、2. 碗T0203②：95、99　3. 器盖T0204②：10　4、5. 瓷塑T0401③：6、T0404①：7

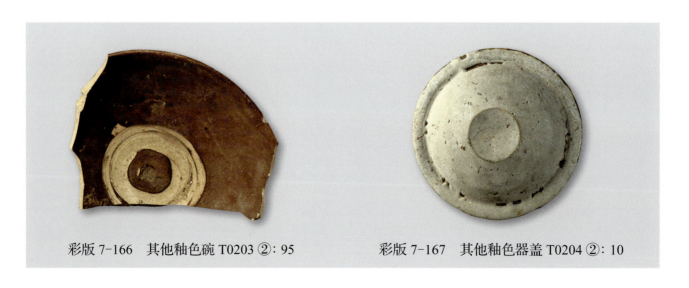

彩版7-166　其他釉色碗 T0203②：95　　　　彩版7-167　其他釉色器盖 T0204②：10

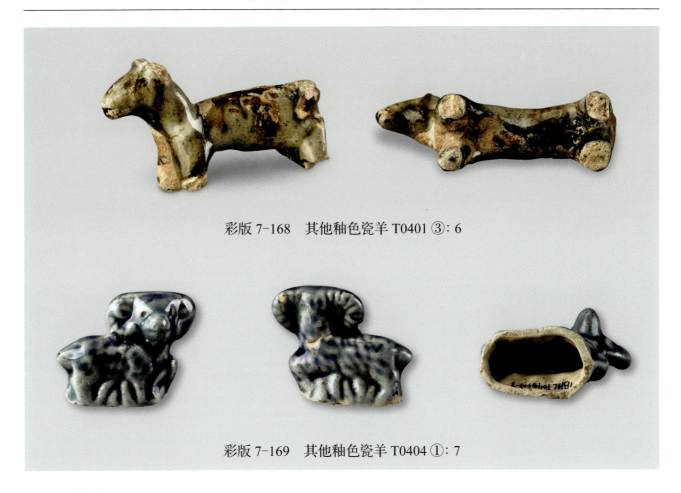

彩版 7-168　其他釉色瓷羊 T0401 ③：6

彩版 7-169　其他釉色瓷羊 T0404 ①：7

2. 器盖

共 1 件。T0204 ② 1 件。

T0204 ②：10，子母口微敛，斜平沿，弧顶。内无釉，外满施浅青釉，顶部微凹，内有土沁。黄色胎，较致密。直径 10.6、通高 2.8 厘米（图 7-36，3；彩版 7-167）。

3. 瓷塑

共 2 件。T0401 ③ 1 件，T0404 ① 1 件。

T0401 ③：6，残，模制。站姿。头微向左倾，双耳残，有眼睛，有唇，狗尾向左翘起搭在臀部，四肢下部呈锥状直立，通体施浅青釉，下腹施青釉不均匀。黄色胎，较致密。长 7.4、宽 2.55、高 3.85 厘米（图 7-36，4；彩版 7-168）。

T0404 ①：7，微残，模制。站立状。头部椭圆形，有眼、黑色，额部突出，嘴巴长，羊角基粗大，向前弯曲，有鬃，尾巴短，四肢站立，通体青花瓷。白色胎，较致密。长 5.2、宽 2.85、高 4 厘米（图 7-36，5；彩版 7-169）。

（一〇）素烧瓷

1. 素烧杯

共 1 件。T0304 ③ 1 件。

T0304 ③：1，微残，捏制。敞口，圆唇，弧腹，圜底。内有土沁。黄色胎，较致密。口径 1.4、底径 0.4、通高 1 厘米（彩版 7-170）。

2. 素烧钵

共 2 件。T0202 ⑤ 1 件，T0402 ② 1 件。

T0202 ⑤：3，微残。侈口，圆唇，口沿下有凸棱，弧腹，圈足。内外有少量土沁，有轮痕，足脊施有白色化妆土，有脱落现象。圈足足跟旋削，足脊微斜，外足墙微外撇。黄色胎，较粗糙。口径 13.2、底径 6.2、通高 6.6 厘米（图 7-37，1）。

T0402 ②：23，残。侈口，圆唇，斜沿，口沿下部有凸棱，弧腹，圈足，挖足过肩。内外有土沁，有轮痕。足跟旋削，足脊微斜，外足墙微外撇。灰色胎，较致密。口径 12.3、底径 6.5、通高 6.4 厘米（图 7-37，2）。

3. 素烧盆

共 1 件。T0403 ② 1 件。

T0403 ②：2，残。敛口，圆唇，卷沿、斜弧沿，弧腹，平底内凹。内外都有少量土沁，都有轮痕。灰色胎，较致密。口径 37.6、底径 24.6、通高 11.5 厘米（图 7-37，3）。

4. 素烧水盂

共 1 件。T0203 ③ 1 件。

T0203 ③：41，残。弧腹，饼底。内满施白色化妆土，外施白色化妆土至上腹部，内外有轮痕。

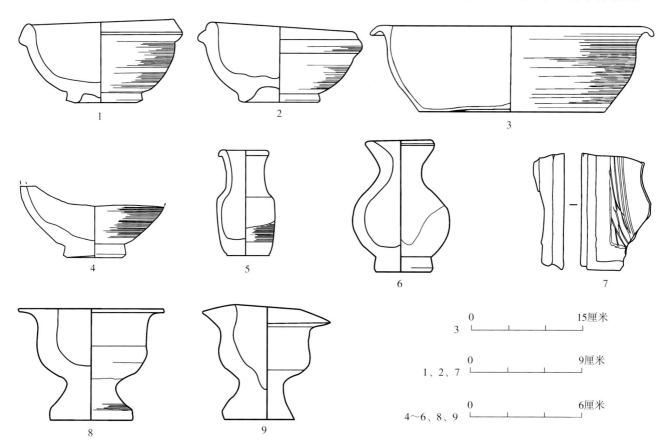

图 7-37　Ⅰ区地层出土素烧瓷

1、2. 素烧钵 T0202⑤：3、T0402②：23　3. 素烧盆 T0403②：2　4. 素烧水盂 T0203③：41　5. 素烧小瓷瓶 T0104④：8　6. 素烧壶 T0404②：7　7. 素烧枕 T0204②：25　8、9. 素烧行炉 T0401③：1、T0503②：3

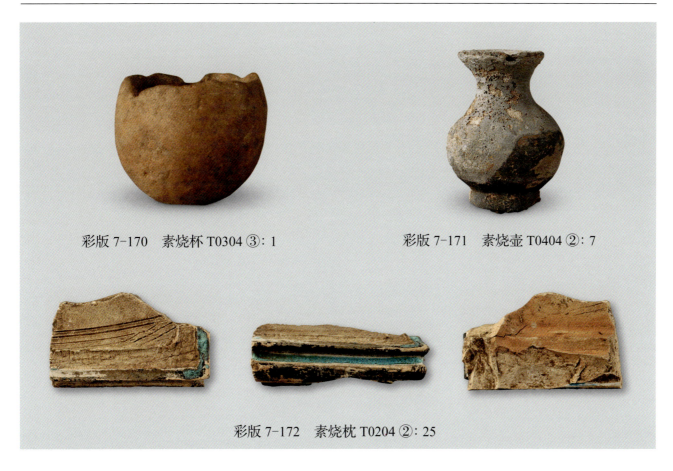

彩版 7-170 素烧杯 T0304 ③：1

彩版 7-171 素烧壶 T0404 ②：7

彩版 7-172 素烧枕 T0204 ②：25

浅砖红色胎，较致密。底径 3.4、残高 3.8 厘米（图 7-37，4）。

5. 素烧小瓷瓶

共 6 件。T0104 ④ 5 件，T0305 ② 1 件。

T0104 ④：8，敞口，圆唇，束颈，折收，微弧腹，平底。外施灰色化妆土至下腹，化妆土有脱落现象，外有土沁。黄色胎，较致密。口径 2.7、腹径 3.1、底径 2.3、通高 5.6 厘米（图 7-37，5）。

6. 素烧壶

共 2 件。T0203 ② 1 件，T0404 ② 1 件。

T0404 ②：7，微残。侈口，圆唇，束颈，溜肩，鼓腹，饼底。内满施白色化妆土，外施化妆土至下腹，有脱釉现象，外有轮痕，有少量土沁。深灰色胎，较粗糙。口径 3.7、腹径 5.2、底径 3.1、通高 6.95 厘米（图 7-37，6；彩版 7-171）。

7. 素烧枕

共 1 件。T0204 ② 1 件。

T0204 ②：25，残。呈长方形，泥片贴筑。正面有划痕，正面绕一周 0.7 厘米的绿色釉边，有二层，侧边有折进去再凸出来。内有土沁。浅黄色胎，较致密。长 9.3、宽 5.6、厚 2.5 厘米（图 7-37，7；彩版 7-172）。

8. 素烧行炉

共 2 件。T0104 ③ 1 件，T0503 ② 1 件。

T0401 ③：1，残。敞口，宽平沿，微弧腹，腹下内收，喇叭形底。内有土沁，内外施白色化妆土至下腹，外有轮痕。黄色胎，较致密。口径 7.9、底径 4.5、通高 5.9 厘米（图 7-37，8）。

T0503②：3，残。侈口，宽平沿，微弧腹，腹下内收，喇叭形底。内外有土沁，外有窑粘。黄色胎，较致密。口径 7、底径 3.8、通高 6.1 厘米（图 7-37，9）。

9. 素烧瓷塑

共 4 件。T0201③ 1 件，T0203② 2 件，T0405② 1 件。

T0201③：5，人物俑头像，残，模制。只余头部，发髻处微残。头发梳理整齐有致，两个发髻冲天，面部圆润，双耳外张。通体施白色化妆土。浅砖红色胎，较致密。长 2.1、宽 1.5、残高 2.5 厘米（图 7-38，1）。

T0203②：98，红陶人物塑，残，模制。站姿。背部平直，头部残，右手持一鸟，衣较长，周身施白色化妆土。浅红色胎，较致密。长 3.4、宽 1.7、残高 5.3 厘米（彩版 7-173）。

T0203②：212，人物俑，微残，模制。站姿，身体微前倾，凹凸不平，底部微弧。头部残，左手放于胸前，右手持一物，身穿短褐，背部有指纹印，一插孔。浅黄色胎，较致密。长 3.75、宽 2.1、残高 5.9 厘米（图 7-38，2）。

T0405②：10，瓷牛，残，模制。站姿，疑似矮牛。头部下垂至腹部，耳朵竖立，眼睛凸，鼻唇不明显，口吻宽，颈部短。施白色化妆土。黄色胎，较致密。残长 6.6、宽 2.5、残高 3.9 厘米（图 7-38，3）。

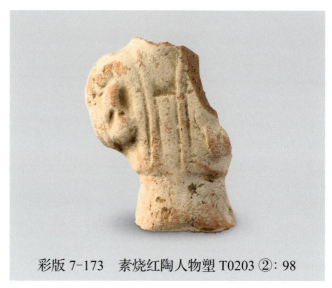

彩版 7-173　素烧红陶人物塑 T0203②：98

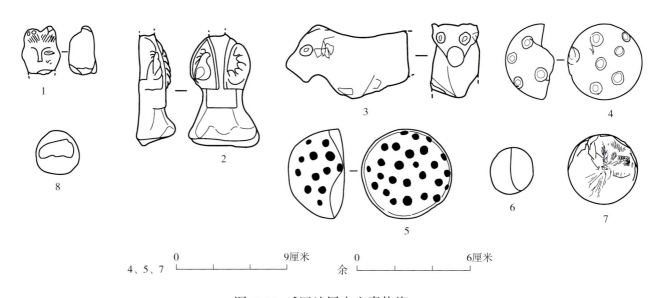

图 7-38　Ⅰ区地层出土素烧瓷

1~3. 素烧瓷塑 T0201③：5、T0203②：212、T0405②：10　4~8. 素烧球 T0104②：3、T0104④：73、T0201③：31、T0203②：117、T0405②：7

10. 素烧球

共7件。T0104②1件，T0104④1件，T0201③1件，T0203②1件，T0204②1件，T0303③1件，T0405②1件。

T0104②：3，残，揉制。仅存半球形，有圆花纹。黄色胎，较粗糙。直径5.9厘米（图7-38，4）。

T0104④：73，揉制。仅存半球形，有圆花纹，有土沁。黄色胎，较粗糙。直径7.1厘米（图7-38，5）。

T0201③：31，揉制。浅灰色胎，较致密。直径2.3厘米（图7-38，6）。

T0203②：117，残，揉制。呈圆形状。周身有疑似施釉，少量土沁，断面有裂缝。灰色胎，较致密。直径5.5厘米（图7-38，7）。

T0405②：7，瓷球，揉制。圆球状。周身疑似施釉，有脱釉现象，有少量土沁及釉粘。灰色胎，较致密。直径2.3厘米（图7-38，8）。

11. 素烧围棋子

共190枚。T0104②层33枚，T0104④层54枚，T0104⑥层2枚，T0105③层1枚，T0201③层8枚，T0201⑤层1枚，T0201⑥层1枚，T0203②层40枚，T0203③层1枚，T0203⑤层1枚，T0203⑥层1枚，T0204②层1枚，T0204④层1枚，T0204⑤层3枚，T0204⑥层7枚，T0205⑤层4枚，T0205⑥层7枚，T0301①层4枚，T0303②层4枚，T0304②层1枚，T0304④层2枚，T0305②层4枚，T0403③层1枚，T0404①层2枚，T0404②层5枚，T0405②层1枚。

T0104②：11，模制。圆饼状。黄色胎，较粗糙。直径1.8、厚0.5厘米（图7-39，1）。

T0104②：14，模制。圆饼状。浅灰色胎，较致密。直径1.9、厚0.6厘米（图7-39，2）。

T0104②：17，模制。圆饼状。白色胎，较致密。直径1.9、厚0.4厘米（图7-39，3）。

T0104②：35，模制。圆饼状。白色胎，较致密。直径1.9、厚0.5厘米（图7-39，4）。

T0104②：36，模制。圆饼状。上下面施有白色化妆土，浅黄色胎，较致密。直径1.9、厚0.5厘米（图7-39，5）。

T0104②：38，模制。圆饼状。一面施有白色化妆土，一面化妆土脱落严重。浅黄色胎，较致密。直径1.85、厚0.5厘米（图7-39，6）。

T0104②：47，模制。圆饼状。白色胎，较致密。直径1.71、厚0.4厘米（图7-39，7）。

T0104②：59，模制。圆饼状。浅灰色胎。较致密。直径1.9、厚0.5厘米（图7-39，8）。

T0104④：7，模制。圆饼状。白色胎，较致密。直径2.05、厚0.5厘米（图7-39，9）。

T0104④：13，模制。圆饼状。一面烧制变红。浅砖红色胎，较致密。直径1.65、厚0.3厘米（图

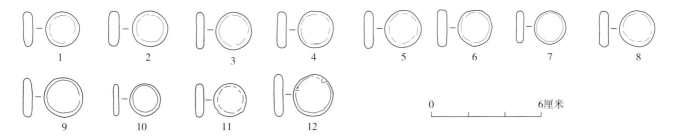

图7-39　I区地层出土素烧围棋子

1～12. T0104②：11、14、17、35、36、38、47、59、T0104④：7、13、61、84

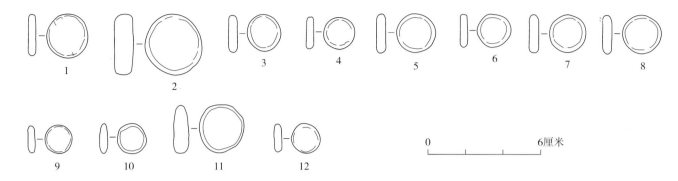

图 7-40　Ⅰ区地层出土素烧围棋子

1～12. T0104④：87、96、111、113、126、128、130、131、145、T0201③：23、T0203②：71、110

7-39，10）。

　　T0104④：61，模制。圆饼状。外有土沁，边缘有裂痕。浅砖红色胎，较致密。直径 1.66、厚 0.45 厘米（图 7-39，11）。

　　T0104④：84，模制。圆饼状。有土沁，边缘有裂痕。浅灰色胎，较致密。直径 2.1、厚 0.5 厘米（图 7-39，12）。

　　T0104④：87，模制。圆饼状。灰色胎，较致密。直径 2.25、厚 0.4 厘米（图 7-40，1）。

　　T0104④：88，模制。圆饼状。一面粘有残片，粘有釉粘，粘有一个指纹，边缘有裂痕。白色胎，较致密。直径 2、厚 0.5 厘米（彩版 7-174）。

　　T0104④：96，模制。圆饼状。一面有釉粘，边缘有残缺。灰色胎，较致密。长 3.1、厚 1 厘米（图 7-40，2）。

　　T0104④：111，模制。圆饼状。有土沁。灰色胎，较致密。直径 1.85、厚 0.5 厘米（图 7-40，3）。

　　T0104④：113，模制。圆饼状。有土沁。浅灰色胎，较致密。直径 1.65、厚 0.4 厘米（图 7-40，4）。

　　T0104④：126，模制。圆饼状。灰色胎，较致密。直径 2.1、厚 0.5 厘米（图 7-40，5）。

　　T0104④：128，模制。圆饼状。有窑粘，有土沁。浅黄色胎，较致密。直径 1.8、厚 0.4 厘米（图 7-40，6）。

　　T0104④：130，模制。圆饼状。有土沁。浅灰色胎，较致密。直径 1.95、厚 0.5 厘米（图 7-40，7）。

彩版 7-174　素烧围棋子 T0104④：88

T0104④：131，模制。圆饼状。灰色胎，较致密。直径2.05、厚0.5厘米（图7-40，8）。

T0104④：145，模制。圆饼状。灰色胎，较致密。直径1.5、厚0.4厘米（图7-40，9）。

T0201③：23，模制。圆饼状。白色胎，较致密。直径1.5、厚0.4厘米（图7-40，10）。

T0203②：71，模制。圆饼状。一面边缘有疑似施釉，侧面有旋削痕迹。砖红色胎，较致密。直径2.4、厚0.8厘米（图7-40，11）。

T0203②：110，捏制。圆饼状。侧面有裂缝。浅黄色胎，较致密。直径1.5、厚0.4厘米（图7-40，12）。

T0203②：113，捏制。圆饼状。一面有裂缝。白色胎，较致密。直径1.6、厚0.5厘米（图7-41，1）。

T0203②：124，捏制。圆饼状。侧面有裂缝，少量土沁，另一面有釉粘，少量土沁。浅黄色胎，较致密。直径1.7、厚0.45厘米（图7-41，2）。

T0203②：127，二次加工而成。圆饼状。一面有少量土沁，侧面少量土沁。灰色胎，较致密。直径1.8、厚0.4～0.5厘米（图7-41，3）。

T0203②：128，捏制。圆饼状。一面有小凹坑。浅黄色胎，较致密。直径1.9、厚0.4～0.5厘米（图7-41，4）。

T0203②：133，微残。捏制。圆饼状。一面有窑粘、土沁，侧面少量土沁，另一面有釉粘，少量土沁。砖红色胎，较致密。直径2.05、厚0.7厘米（彩版7-175）。

T0203②：135，二次加工而成。圆饼状。一面少量土沁，侧面有裂缝，少量土沁，另一面少量土沁。

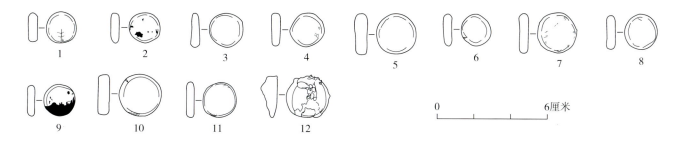

图7-41　Ⅰ区地层出土素烧围棋子

1～12. T0203②：113、124、127、128、135、143、153、155、156、162、186、189

彩版7-175　素烧围棋子 T0203②：133

灰色胎，较致密。直径 2.1、厚 0.7 厘米（图 7-41，5）。

T0203②：143，捏制。圆饼状。一面有白色化妆土，侧面有裂缝。浅黄色胎，较致密。直径 1.75、厚 0.5 厘米（图 7-41，6）。

T0203②：153，捏制。圆饼状。一面有裂缝，侧面至另一面施白色化妆土，侧面有釉粘，少量土沁，另一面少量土沁。浅黄色胎，较致密。直径 2.15、厚 0.4～0.5 厘米（图 7-41，7）。

T0203②：155，捏制。圆饼状。一面少量土沁，侧面有裂缝。浅灰色胎，较致密。直径 1.85、厚 0.5 厘米（图 7-41，8）。

T0203②：156，捏制。圆饼状。两面均有釉粘，少量土沁，侧面有釉粘。砖红色胎，较致密。直径 1.7、厚 0.4 厘米（图 7-41，9）。

T0203②：162，二次加工而成。圆饼状。侧面有裂缝。灰色胎，较致密。直径 2.25、厚 0.6 厘米（图 7-41，10）。

T0203②：186，捏制。圆饼状。一面有裂缝，侧面有裂缝，另一面有划痕。砖红色胎，较致密。直径 1.8、厚 0.4 厘米（图 7-41，11）。

T0203②：189，微残，捏制。圆饼状。一面有窑粘，侧面有窑粘，另一面有釉粘，少量土沁。灰色胎，较致密。直径 2.35、厚 0.2～0.6 厘米（图 7-41，12）。

T0203②：234，捏制。圆饼状。一面边缘有小凹坑，侧面有少量土沁。灰色胎，较致密。直径 2.1、厚 0.4 厘米（图 7-42，1）。

T0204⑤：5，捏制。近圆形。两面都有少量土沁，四周有土沁，一面有划痕，侧边有釉粘。白色胎，较致密。直径 2、厚 0.5 厘米（图 7-42，2）。

T0204⑤：8，捏制。近圆形。两面都有少量土沁，四周有窑粘。灰色胎，较致密。直径 2.2、厚 0.55 厘米（图 7-42，3）。

T0204⑥：13，捏制。圆饼状。同一面有施釉与窑粘，侧面有窑粘。灰色胎，较致密。直径 1.9、厚 0.8 厘米（图 7-42，4）。

T0205④：1，模制。圆饼状。四周有少量土沁。砖红色胎，较致密。直径 1.9、厚 0.6 厘米（图 7-42，5）。

T0205⑥：3，模制。圆饼状。一面少量土沁，另一面和四周有裂缝。浅灰色胎，较致密。直径 2、厚 0.6 厘米（图 7-42，6）。

T0303②：11，模制。圆饼状。侧面有釉粘。灰色胎，较致密。横向直径 2.1、纵向直径 2、厚 0.5～0.6 厘米（彩版 7-176）。

12. 素烧模具

共 4 件。T0201③ 1 件，T0203② 2 件，T0104④ 1 件。

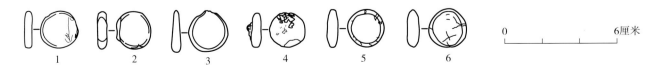

图 7-42　Ⅰ区地层出土素烧围棋子

1～6. T0203②：234、T0204⑤：5、8、T0204⑥：13、T0205④：1、T0205⑥：3

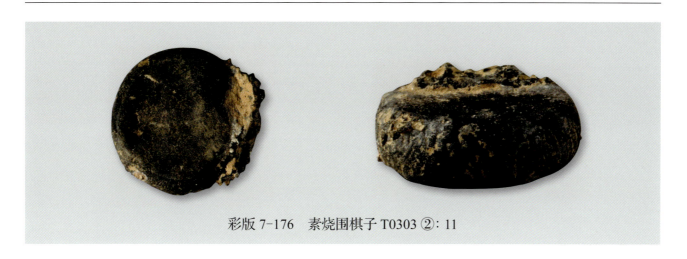

彩版 7-176　素烧围棋子 T0303 ②: 11

　　T0201 ③: 26，青蛙模具残块，缺损严重。模制。烧制成浅黄色，底部局部有砖红色，施黄釉。上方有较多小孔，呈某种形状排列。底部有三排小孔排列，旁边有两个青蛙爪印。浅黄色胎，较致密。残长 9、残宽 4.4、通高 3.8 厘米（图 7-43，1；彩版 7-177）。

　　T0203 ②: 3，残。模制。侈口，平沿，弧腹，平底。内部依次有 7 个凹坑，12 个连珠纹，1 条凹槽，3 个树叶纹，外着护胎釉，外有窑粘、釉粘、断面有釉粘。灰色胎，较致密。口径 15.4、底径 6.8、通高 3.7 厘米（图 7-43，2；彩版 7-178）。

　　T0203 ②: 242，残。模制。敛口，斜沿，弧腹，平底。内部依次为 4 个相对凹坑，2 个树叶纹，内外有少量土沁。黄色胎，较致密。长 7.4、宽 6.4、厚 2.8 厘米（图 7-43，3）。

　　13. 素烧骰子

　　共 1 枚。T0203 ②层 1 枚。

　　T0203 ②: 200，模制。正方体。六面分别以 1 ~ 6 个数字凹窝饰 1 ~ 6 个数字。白色胎，较致密。长 1、宽 1、厚 1 厘米（图 7-43，4）。

　　14. 素烧牌九

　　共 1 枚。T0201 ④层 1 枚。

　　T0201 ④: 16，模制。长方形。一面微鼓，一面有六个内凹的小圆圈，分为三个相连。长 2.2、宽 3.3、厚 0.7 厘米（图 7-43，5）。

　　15. 素烧纺轮

　　共 4 件。T0104 ② 1 件，T0104 ④ 1 件，T0402 ② 1 件，T0405 ② 1 件。

　　T0104 ②: 49，模制。打磨，钻孔。平面近圆形。中间有一圆形穿孔，有缺口。灰色胎，较粗糙。直径 2.3、孔径 0.5、厚 0.6 厘米（图 7-43，6）。

　　T0104 ④: 51，模制。打磨，钻孔。平面圆形。中间有一圆形穿孔。白色胎，较致密。直径 4.75、口径 0.7、厚 2.12 厘米（图 7-43，7）。

　　T0402 ②: 12，捏制。打磨，钻孔。平面呈不规则圆形，中间一圆形穿孔。一面内凹，整体有土沁。灰色胎，较致密。直径 4.3、孔径 0.6、厚 1.7 ~ 2.6 厘米（图 7-43，8）。

　　T0405 ②: 1，残，模制。打磨，钻孔。圆形。中间有一圆穿孔，中间厚周边薄。一面有划痕，少量土沁，一面疑似釉，有脱釉现象。黄色胎，较致密。直径 7.4、孔径 1.3、厚 2.7 厘米（图 7-43，9）。

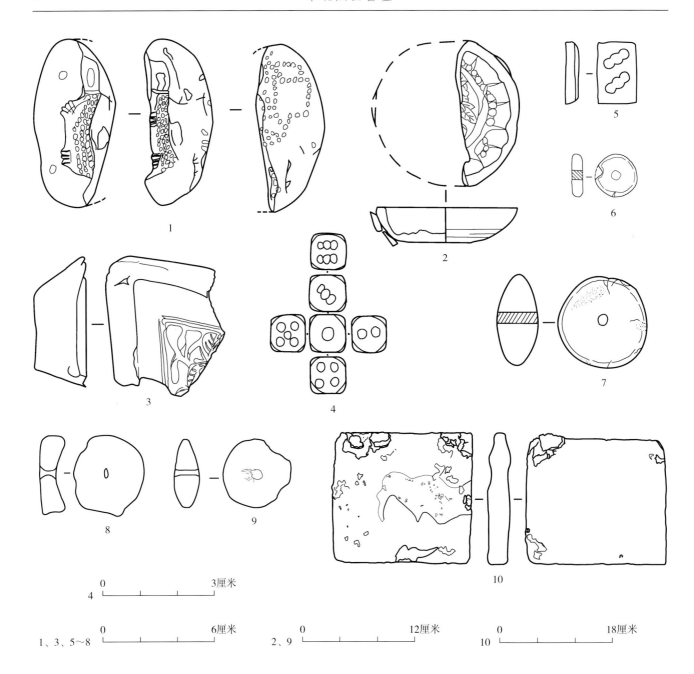

图 7-43 Ⅰ区地层出土素烧瓷

1~3. 素烧模具T0201③：26、T0203②：3、242 4. 素烧骰子T0203②：200 5. 素烧牌九T0201④：16 6~9. 素烧纺轮T0104②：49、
T0104④：51、T0402②：12、T0405②：1 10. 垫砖T0402②：33

16. 素烧锥形器

共 1 件。T0203 ② 1 件。

T0203 ②：191，捏制。锥子形。上下平面均呈近圆形，周身少量土沁，整体施白色化妆土，下底平面少量土沁。黄色胎，较致密。直径 2.4、通高 3.4 厘米（彩版 7-179）。

17. 素烧瓷足跟

共 1 件。T0204 ② 1 件。

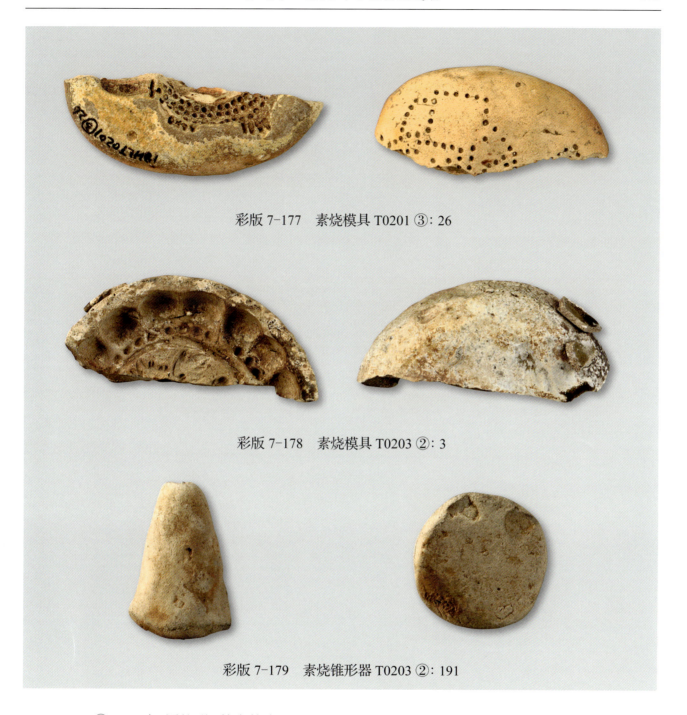

彩版 7-177　素烧模具 T0201 ③: 26

彩版 7-178　素烧模具 T0203 ②: 3

彩版 7-179　素烧锥形器 T0203 ②: 191

　　T0204 ②: 15，残。圆柱形。外有轮痕和少量土沁，有釉粘，底部有轮痕。灰色胎，较致密。直径 2.7、残高 1.9 厘米（彩版 7-180）。

　　18. 素烧瓦

　　共 1 件。T0104 ④ 1 件。

　　T0104 ④: 79，2 件特殊带花纹瓦片（彩版 7-181）。

　　T0104 ④: 79-1，呈长方形。正面有两个相对的三个圆包围的木字，正反面都有轮痕。灰色胎，较致密。残长 10.2、残宽 10.1、厚 1.05 厘米。

　　T0104 ④: 79-2，呈长方形。正面有四个相对的三个圆包围的木字，正反面都有轮痕。灰色胎，

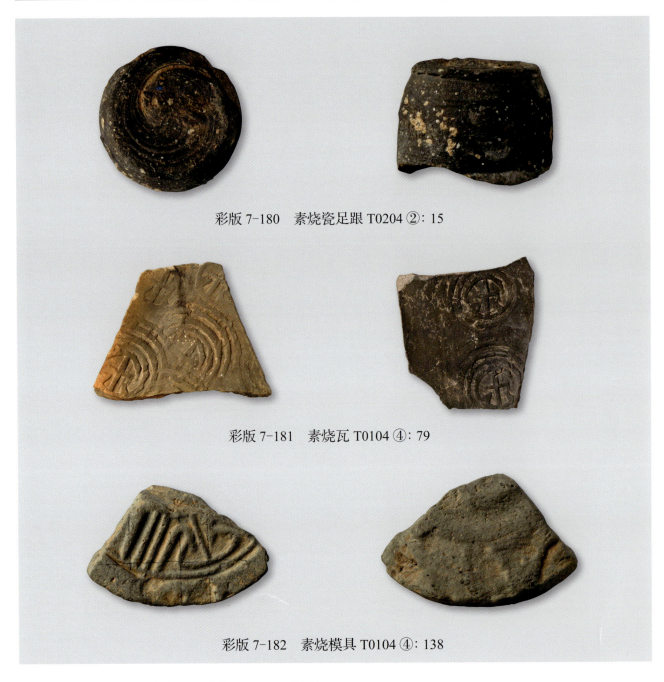

彩版 7-180　素烧瓷足跟 T0204 ②：15

彩版 7-181　素烧瓦 T0104 ④：79

彩版 7-182　素烧模具 T0104 ④：138

较致密。残长 12.3、残宽 9.5、厚 0.9 ～ 1.5 厘米。

　　T0104 ④：138，残。模制。近似圆形。正面有一圈弦纹包围的竖条纹及曲线纹。灰色胎，较致密。残长 11.3、残宽 7.5、高 2.8 厘米（彩版 7-182）。

　　19. 垫砖和支具

　　共 1 件。T0402 ② 1 件。

　　T0402 ②：33，微残，模制。近似正方体。一面有疑似施釉，两面都有窑粘，有土沁。夹砂灰色胎，较粗糙。长 22.6、宽 20.8、厚 1.8 ～ 3.4 厘米（图 7-43，10）。

　　T0405 ②：12，微残，捏制。三足棋，平面近圆形，三足，底部中间凹，有少量土沁。黄色胎，较致密。直径 2.5、高 2 厘米（彩版 7-183）。

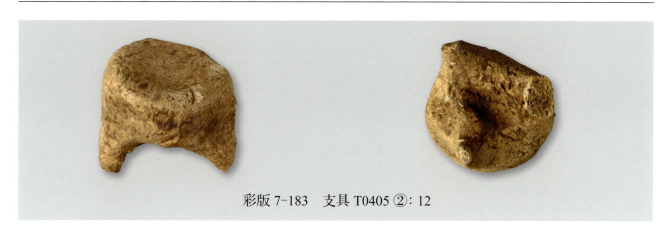

彩版 7-183　支具 T0405 ②：12

（一）窑具

1. 盏形支具

192 件。T0104 ② 5 件，T0104 ④ 17 件，T0104 ⑤ 6 件，T0104 ⑥ 1 件，T0201 ② 2 件，T0201 ③ 4 件，T0201 ④ 3 件，T0201 ⑤ 1 件，T0201 ⑥ 1 件，T0202 ② 3 件，T0202 ⑤ 3 件，T0202 ⑥ 1 件，T0203 ② 30 件，T0203 ③ 9 件，T0203 ⑤ 7 件，T0204 ② 1 件，T0204 ④ 4 件，T0204 ⑤ 2 件，T0204 ⑥ 4 件，T0205 ⑤ 1 件，T0301 ① 2 件，T0301 ② 1 件，T0301 ③ 1 件，T0302 ① 1 件，T0303 ① 4 件，T0303 ② 13 件，T0304 ② 1 件，T0304 ③ 2 件，T0305 ② 9 件，T0401 ② 3 件，T0402 ② 17 件，T0403 ① 16 件，T0403 ② 5 件，T0404 ① 3 件，T0404 ② 7 件，T0405 ② 2 件。

T0104②：21，敞口，方唇，斜平沿，平底内凹。外施白色化妆土，化妆土脱落较严重，外腹有土沁，有轮痕，内底有轮痕，底部有土沁，外底中间有一道裂痕。浅黄色胎，较粗糙。口径 9.2、底径 4.8、通高 2.7 厘米（图 7-44，1；彩版 7-184）。

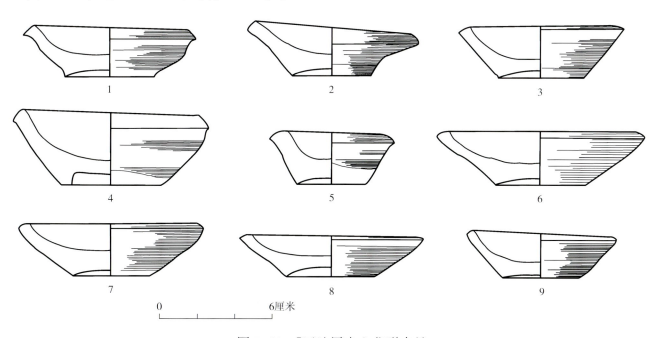

0　　　　　　6厘米

图 7-44　 I 区地层出土盏形支具

1～9. T0104②：21、51、53、56、T0104④：20、27、43、49、52

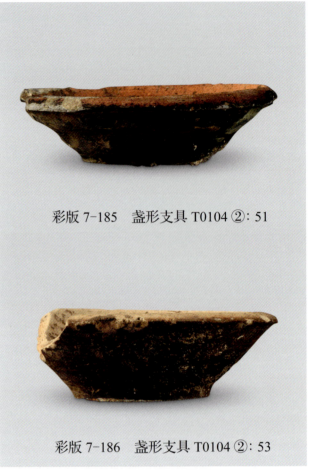

彩版 7-185　盏形支具 T0104 ②：51

彩版 7-184　盏形支具 T0104 ②：21

彩版 7-186　盏形支具 T0104 ②：53

　　T0104 ②：51，敞口，方唇，弧腹，斜沿，平底内凹。内有轮痕，土沁，外有釉粘、轮痕，底部有窑粘。外有疑似釉。灰色胎，较粗糙。口径 9.1、底径 4.25、通高 2.9 厘米（图 7-44，2；彩版 7-185）。

　　T0104 ②：53，敞口，方唇，弧腹，斜沿，平底内凹。内外有土沁，有轮痕，底部有窑粘和轮痕。胎体火石红，浅黄色胎，较粗糙。口径 9、底径 4.65、通高 2.8 厘米（图 7-44，3；彩版 7-186）。

　　T0104 ②：56，敞口，方唇，斜平沿，弧腹，卧足，底部中间微凸。下腹和底部施有白色化妆土，化妆土有一块滑落到口部。内腹有轮痕。黄色胎，较粗糙。直径 10.45、底径 5.3、通高 4 厘米（图 7-44，4）。

　　T0104 ④：20，敞口，方唇，斜平沿，微弧腹，平底内凹。口沿粘有残片，外下腹和底部施白色化妆土，有窑粘，有土沁，内有釉粘，外底部施有白色化妆土，有土沁，有粘釉。灰色胎，较粗糙。口径 6.7、底径 3.7、通高 2.8 厘米（图 7-44，5；彩版 7-187）。

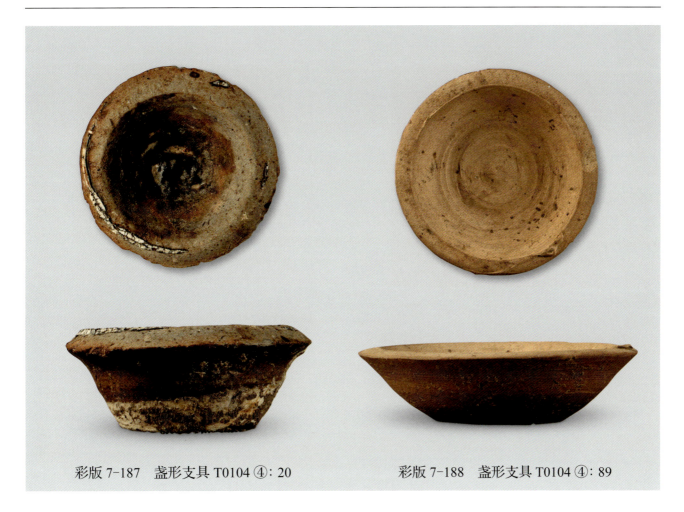

彩版 7-187　盏形支具 T0104 ④：20　　　　　　彩版 7-188　盏形支具 T0104 ④：89

　　T0104 ④：27，残。敞口，圆唇，斜沿，弧腹，平底内凹。外有粘釉，内外有轮痕，有土沁，底部有窑粘。口径 11.3、底径 5、通高 2.8 厘米（图 7-44，6）。

　　T0104 ④：43，敞口，圆唇，弧腹，斜沿，平底内凹。外有釉粘，内外有轮痕，有土沁，底部有窑粘。黄色胎，较粗糙。口径 9.9、底径 4.1、通高 2.8 厘米（图 7-44，7）。

　　T0104 ④：49，敞口，方唇，斜平沿，弧腹，平底内凹。内外有土沁，有轮痕，外有釉粘。浅黄色胎，较粗糙。口径 9.8、底径 4.7、通高 2.2 厘米（图 7-44，8）。

　　T0104 ④：52，敞口，方唇，斜沿，弧腹，平底内凹。内外有轮痕，有土沁，底部有釉粘。黄色胎，较粗糙。口径 8.1、底径 4.15、通高 2.5 厘米（图 7-44，9）。

　　T0104 ④：89，敞口，方唇，斜平沿，弧腹，卧足。内外有轮痕，有土沁，外有窑粘。浅黄色胎，较粗糙。口径 10、底径 4.5、通高 2.7 厘米（图 7-45，1；彩版 7-188）。

　　T0104 ④：97，敞口，方唇，卷沿，弧腹，平底内凹，内底中间有凸起。口沿有窑粘，内外有轮痕，有土沁。浅黄色胎，较粗糙。口径 9.5、底径 4、通高 2.6 厘米（图 7-45，2；彩版 7-189）。

　　T0104 ⑤：3，微残。敞口，圆唇，斜沿，弧腹，平底内凹。内外都有轮痕，少量土沁。浅黄色胎，较致密。口径 8.5、底径 4.55、通高 2.3 厘米（图 7-45，3）。

　　T0104 ⑤：9，微残。敞口，方唇，斜平沿，弧腹，平底内凹。口沿及内上腹部，外下腹至底部施白色化妆土，施化妆土不均匀。口沿有窑粘，内外都有轮痕。浅黄色胎，较致密。口径 9.4、底径

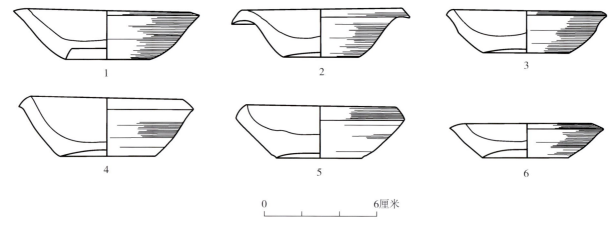

图 7-45　Ⅰ区地层出土盏形支具
1~6. T0104④：89、97、T0104⑤：3、9、10、11

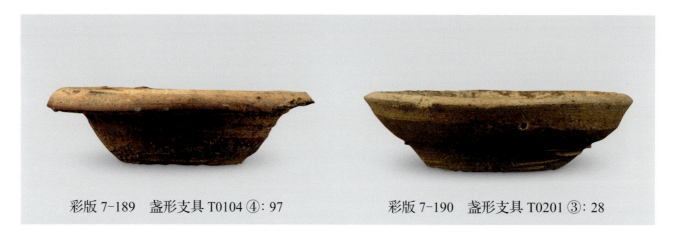

彩版 7-189　盏形支具 T0104 ④：97　　　　　　彩版 7-190　盏形支具 T0201 ③：28

5.1、通高 3.2 厘米（图 7-45，4）。

　　T0104 ⑤：10，微残。敛口，方唇，斜沿，弧腹，平底内凹。内外都有轮痕，少量土沁。浅黄胎，较致密。口径 9、底径 4.55、通高 2.8 厘米（图 7-45，5）。

　　T0104 ⑤：11，微残。敞口，方唇，斜平沿，弧腹，平底内凹。内外都有轮痕，少量土沁，内有窑粘，腹部因拉坯不均匀导致的泥浆。浅黄色胎，较致密。口径 8.2、底径 4.55、通高 1.8 厘米（图 7-45，6）。

　　T0201 ③：20，微残。敞口，方唇，斜沿，弧腹，平底内凹。内覆盖较多土沁，内外有轮痕，内外有釉粘。浅黄色胎，较致密。口径 9.7、底径 3.7、通高 2.6 厘米（图 7-46，1）。

　　T0201 ③：28，敞口，方唇，斜沿，弧腹，平底内凹。内底有一乳突。腹部有轮痕，口沿下有一圈旋削，腹部有一点刮削。浅黄色胎，较致密。口径 8.1、底径 3.8、通高 2.2 厘米（图 7-46，2；彩版 7-190）。

　　T0201 ④：15，微残。敞口，方唇，斜平沿，弧腹，平底内凹。内外有轮痕，外上腹部有旋削，外有较多土沁。浅黄色胎，较致密。口径 9.6、底径 4.5、通高 2.8 厘米（图 7-46，3）。

　　T0201 ⑤：8，敞口，方唇，斜沿，弧腹，平底内凹。内覆盖有较多土沁，内外有轮痕。浅黄色胎，较致密。口径 9.5、底径 4.2、通高 2.8 厘米（图 7-46，4）。

　　T0202 ②：9，微残。敞口，方唇，斜沿，弧腹，平底内凹。内外有土沁，有轮痕，内底中心微

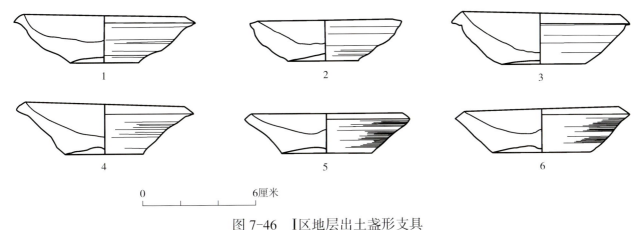

图 7-46　I 区地层出土盏形支具

1～6. T0201③：20、28、T0201④：15、T0201⑤：8、T0202②：9、T0202⑤：4

彩版 7-191　盏形支具 T0203②：35

凸，胎体火石红。浅黄色胎，较致密。口径 8.8、底径 4.8、通高 2.1 厘米（图 7-46，5）。

T0202⑤：4，微残。敞口，方唇，斜沿，弧腹，平底内凹。内外都有轮痕，内外有土沁。浅黄色胎，较致密。口径 9.4、底径 5.3、通高 2.4 厘米（图 7-46，6）。

T0203②：35，微残。敞口，方唇，斜沿，弧腹，卧足。内有土沁，下腹至底部施白色化妆土，外有少量土沁，内外有轮痕，胎体火石红。灰色胎，较致密。口径 9.4、底径 4.4、通高 3 厘米（彩版 7-191）。

T0203②：219，微残。敞口，方唇，斜沿，弧腹，平底内凹。内外均施白色化妆土，施土不均匀。有小开片，内有土沁、轮痕，外有釉粘、窑粘。浅黄色胎，较致密。口径 9.6、底径 5.3、通高 3 厘米（图 7-47，1）。

T0203②：233，微残。敞口，方唇，斜沿，弧腹，卧足。内外有轮痕，有土沁，底部有窑粘，底部中心有一孔。黄色胎，较致密。口径 9.4、底径 4.5、通高 3 厘米（图 7-47，2）。

T0203③：5，微残。敞口，方唇，斜平沿，弧腹，平底内凹。内外有轮痕，有少量土沁，周身有施疑似施釉，外底部有窑粘。灰色胎，较致密。口径 8.2、底径 4.4、通高 3 厘米（图 7-47，3）。

T0203③：6，微残。敛口，方唇，斜沿，弧腹，平底内凹。内外有轮痕，内有少量土沁，外有釉粘，底部有窑粘。灰色胎，较致密。口径 7.6、底径 4、通高 2.1 厘米（图 7-47，4）。

T0203⑤：3，残。敞口，斜沿，圆唇，弧腹，平底内凹。内外都有轮痕，有土沁，外底有 3 个手窝印。黄色胎，较致密。口径 10.2、底径 5.2、通高 3.3 厘米（图 7-47，5；彩版 7-192）。

T0203⑤：10，残。敞口，平沿，方唇，弧腹，平底内凹。内外都有轮痕，有少量土沁，内底微凸，外腹有釉粘、窑粘，底有四个指窝印、轮痕。灰色胎，较致密。口径 8.6、底径 4.5、通高 1.6 厘米（图 7-47，6；彩版 7-193）。

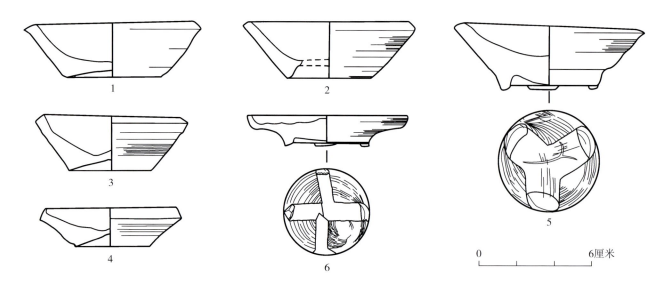

图 7-47　Ⅰ区地层出土盏形支具

1～6. T0203②：219、233、T0203③：5、6、T0203⑤：3、10

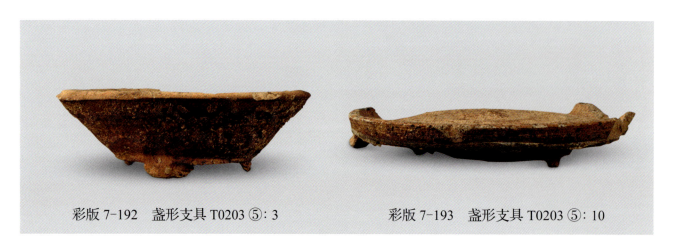

彩版 7-192　盏形支具 T0203 ⑤：3　　　　彩版 7-193　盏形支具 T0203 ⑤：10

T0204 ④：4，残。敞口，方唇，斜沿，弧腹，平底。内外有轮痕，内底微凸，内有大量土沁，外底部粘有耐火材料与釉粘。黄色胎，较致密。口径 8.2、底径 4.5、高 2.6、通高 3.4 厘米（彩版 7-194）。

T0204 ⑤：3，微残。敞口，圆唇，弧腹，饼底内凹。内有土沁，有轮痕。浅黄色胎，较致密。口径 10.3、底径 4.5、通高 3.2 厘米（图 7-48，1；彩版 7-195）。

T0204 ⑤：7，敛口，方唇，斜平沿，弧腹，平底内凹。内底中心微凸，内外有轮痕，有土沁。黄色胎，较致密。口径 8.3、底径 4.6、通高 2.1 厘米（图 7-48，2；彩版 7-196）。

T0204 ⑥：11，残。敛口，斜沿，方唇，弧腹，平底内凹。内外有轮痕，有土沁，外腹有疑似釉，唇、外腹与底部都有窑粘。黄色胎，较致密。口径 10.4、底径 4.6、通高 2.6 厘米（图 7-48，3）。

T0204 ⑥：15，残。敞口，斜沿，方唇，弧腹，平底内凹。内外有轮痕，有少量土沁，内部有窑粘，下腹与底部均施白色化妆土。胎体火石红，黄色胎，较致密。口径 11、底径 4.7、通高 3.8 厘米（图 7-48，4；彩版 7-197）。

T0205 ⑤：14，微残。敞口，方唇，斜沿，弧腹，平底内凹。内外有轮痕，内有少量土沁、釉粘，

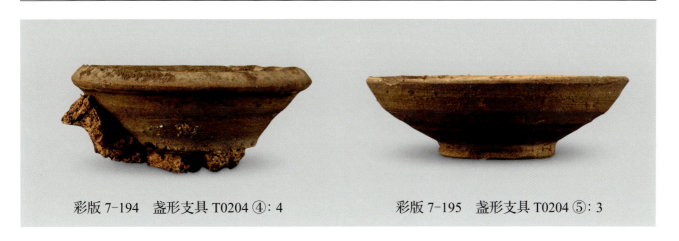

彩版 7-194　盏形支具 T0204 ④：4　　　　　彩版 7-195　盏形支具 T0204 ⑤：3

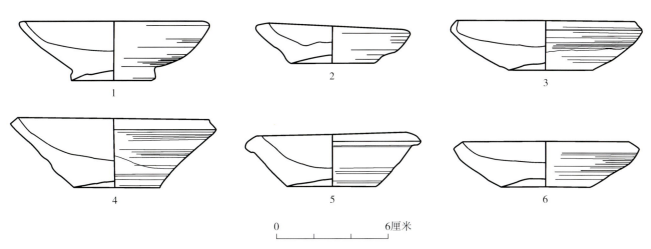

0　　　　　　　　　6厘米

图 7-48　I区地层出土盏形支具

1～6. T0204⑤：3、7、T0204⑥：11、15、T0205⑤：14、T0301①：9

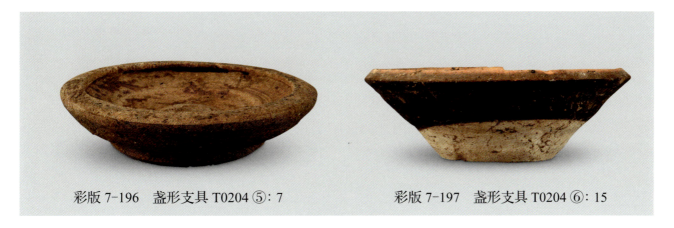

彩版 7-196　盏形支具 T0204 ⑤：7　　　　　彩版 7-197　盏形支具 T0204 ⑥：15

外底部有釉粘。黄色胎，较粗糙。口径 9.4、底径 4.7、通高 2.9 厘米（图 7-48，5）。

　　T0301 ①：9，微残。敞口，方唇，斜平沿，弧腹折收，平底内凹。外有轮痕。黄色胎，较粗糙。口径 10、底径 4.8、通高 2.4 厘米（图 7-48，6）。

　　T0302 ①：2，微残。敞口，方唇，斜平沿，弧腹，平底内凹。内外有土沁，外有轮痕。黄色胎，较致密。口径 9、底径 4.6、通高 2.2 厘米（图 7-49，1）。

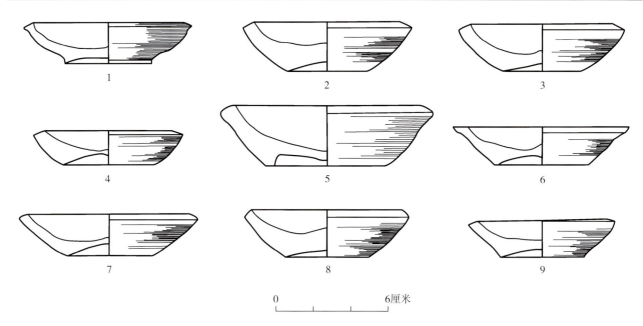

图 7-49　Ⅰ区地层出土盏形支具

1～9. T0302①：2、T0303①：1～3、6、T0303②：2、4、6、21

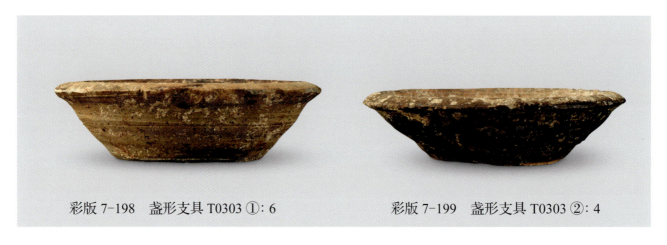

彩版 7-198　盏形支具 T0303①：6　　　　彩版 7-199　盏形支具 T0303②：4

　　T0303①：1，微残。敞口，方唇，斜平沿，弧腹，平底内凹。内有轮痕，足底上有釉粘。浅灰色胎，较致密。口径9、底径4.2、通高2.6厘米（图7-49，2）。

　　T0303①：2，敞口，方唇，平沿，弧腹，平底内凹。内有窑粘，口沿上有釉粘，外有土沁，腹部有一圈粘接痕迹。浅灰色胎，较致密。口径8.8、底径4.3、通高2.6厘米（图7-49，3）。

　　T0303①：3，敞口，方唇，斜平沿，弧腹，平底内凹。内外有轮痕，有土沁。浅黄色胎，较致密。口径8、底径4.8、通高1.8厘米（图7-49，4）。

　　T0303①：6，微残。敞口，方唇，斜沿，弧腹，卧足。内有轮痕，少量土沁，足底上有釉粘。浅灰色胎，较致密。口径11.4、底径6.6、通高3.2厘米（图7-49，5；彩版7-198）。

　　T0303②：2，微残。敞口，方唇，平沿，弧腹，平底内凹。内有轮痕，有一道裂缝。足底上有釉粘。浅灰色胎，较致密。口径9.4、底径5、通高2厘米（图7-49，6）。

　　T0303②：4，微残。敞口，方唇，斜沿，弧腹，平底内凹。内有釉粘，土沁，外足底上有釉粘。浅灰色胎，较致密。口径9.6、底径4.6、通高2.2厘米（图7-49，7；彩版7-199）。

T0303 ②：6，微残。敞口，方唇，斜沿，弧腹，平底内凹。内外有轮痕，内划痕，外有土沁。浅黄色胎，较致密。口径 8.8、底径 4.4、通高 2.5 厘米（图 7-49，8）。

T0303 ②：21，敞口，方唇，斜沿，弧腹，平底内凹。内外有轮痕，有土沁。浅灰色胎，较致密。口径 7.8、底径 4.6、通高 2.3 厘米（图 7-49，9）。

T0303 ②：22，敞口，方唇，斜沿，弧腹，平底内凹。内外有土沁，足底上有少量釉粘。浅灰色胎，较致密。口径 9.4、底径 4.5、通高 2.8 厘米（图 7-50，1）。

T0303 ②：23，微残。敞口，方唇，斜平沿，弧腹折收，平底内凹。内有轮痕。上腹部有粘接痕迹，足底上有釉粘。浅灰色胎，较致密。口径 9.8、底径 5、通高 2.4 厘米（图 7-50，2）。

T0303 ②：29，残。敞口，方唇，平沿，弧腹，平底。内外有轮痕，有土沁，外腹有釉粘，足底有三叉支托的压痕。浅灰色胎，较致密。口径 9.2、底径 5.1、通高 2.5 厘米（彩版 7-200）。

T0303 ②：30，微残。敞口，方唇，斜平沿，弧腹，平底内凹。内有轮痕，内外有土沁，外有釉粘。浅黄色胎，较致密。口径 9、底径 5、通高 2 厘米（图 7-50，3）。

T0304 ②：1，微残。敞口，方唇，斜平沿，弧腹，平底内凹。内外有轮痕，内有少量土沁，内底中心微凸，外底有窑粘，胎体火石红。黄色胎，较致密。口径 8.2、底径 4.8、通高 2 厘米（图 7-50，4）。

T0304 ③：6，敞口，方唇，斜沿，弧腹，卧足。内底中心凸起，凸起部分有开裂现象，内外有少量土沁、轮痕。灰色胎，较致密。口径 12.2、底径 6.2、通高 2.6 厘米（图 7-50，5）。

T0305 ②：5，微残。侈口，方唇，斜沿，弧腹，卧足。内外有轮痕，外有少量土沁，底部到下腹施白色化妆土，外底中心有一小乳突，胎体火石红。黄色胎，较致密。口径 10.4、底径 4.5、通高 3 厘米（图 7-50，6）。

T0305 ②：9，侈口，方唇，斜平沿，弧腹，卧足。内外都有轮痕，底部有釉粘。胎体火石红，灰色胎，较致密。口径 10.4、底径 5.1、通高 3.2 厘米（彩版 7-201）。

T0305 ②：15，微残。侈口，方唇，斜平沿，弧腹，平底内凹。内外都有轮痕，外有大量土沁，底部中心有一孔。黄色胎，较致密。口径 9.45、底径 4.8、通高 2.6 厘米（彩版 7-202）。

T0305 ②：16，微残。敞口，方唇，斜平沿，弧腹，平底内凹。内外都有轮痕，内有大量土沁，底部有釉粘。浅灰色胎，较致密。口径 8.4、底径 4.4、通高 2.8 厘米（图 7-51，1）。

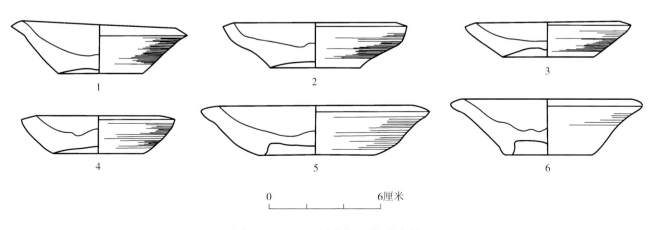

0　　　　　　　6厘米

图 7-50　I 区地层出土盏形支具

1～6. T0303②：22、23、30、T0304②：1、T0304③：6、T0305②：5

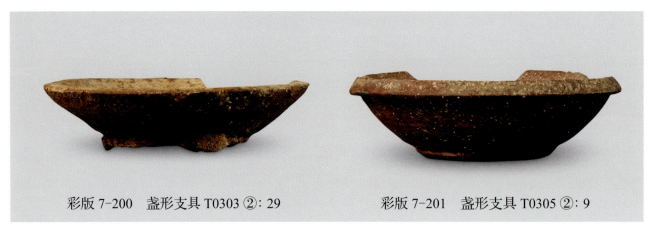

彩版 7-200　盏形支具 T0303 ②: 29　　　　彩版 7-201　盏形支具 T0305 ②: 9

彩版 7-202　盏形支具 T0305 ②: 15

T0305 ②: 17，微残。敞口，方唇，斜沿，弧腹，卧足。内外都有轮痕，底部有釉粘。浅黄色胎，较致密。口径 11.2、底径 5.8、通高 3.4 厘米（图 7-51，2）。

T0305 ②: 18，微残。敛口，方唇，斜沿，弧腹，平底内凹。内外都有轮痕，底部有釉粘，少量土沁。灰色胎，较致密。口径 9.3、底径 4.5、通高 2.1 厘米（图 7-51，3）。

T0401 ②: 2，微残。敞口，方唇，斜平沿，弧腹，平底内凹。内有土沁，外有轮痕，腹部有白色化妆土小点点。灰色胎，较致密。口径 8.2、底径 4.2、通高 2.2 厘米（图 7-51，4）。

T0401 ②: 4，微残。敞口，方唇，斜沿，弧腹，平底内凹。内外有土沁，外有轮痕，有少量白色化妆土小点点。灰色胎，较致密。口径 8.8、底径 5、通高 2.9 厘米（图 7-51，5）。

T0402 ②: 10，微残。敞口，方唇，斜沿，弧腹，平底内凹。内外有土沁、轮痕，腹部因拉坯不均匀导致的泥浆。浅黄色胎，较致密。口径 8、底径 4、通高 2.2 厘米（图 7-51，6）。

T0402 ②: 13，微残。敛口，方唇，斜沿，弧腹，平底内凹。内外有土沁、轮痕。灰色胎，较致密。口径 8.6、底径 4.8、通高 2.1 厘米（图 7-51，7）。

T0402 ②: 14，残。侈口，方唇，斜沿，弧腹，平底内凹。内外有土沁、轮痕。黄色胎，较致密。口径 8.8、底径 4.8、通高 2.1 厘米（图 7-51，8）。

T0402 ②: 16，敞口，方唇，斜沿，弧腹，平底内凹。内外有土沁、轮痕，外有窑粘，底部中心有一孔。浅黄色胎，较致密。口径 8、底径 4.5、通高 2.6 厘米（图 7-51，9）。

T0402 ②: 19，敞口，圆唇，斜沿，弧腹，平底内凹。内外有土沁、轮痕，底部有釉粘。黄色胎，较致密。口径 8.4、底径 4.4、通高 2 厘米（图 7-52，1）。

T0402 ②: 22，敞口，圆唇，斜沿，弧腹，平底内凹。内外有土沁、轮痕，外有釉粘。灰色胎，较致密。口径 9、底径 5.1、通高 1.9 厘米（图 7-52，2）。

T0402 ②: 25，敛口，方唇，斜沿，弧腹，平底内凹。内外有土沁，有轮痕，内有窑粘。黄色胎，

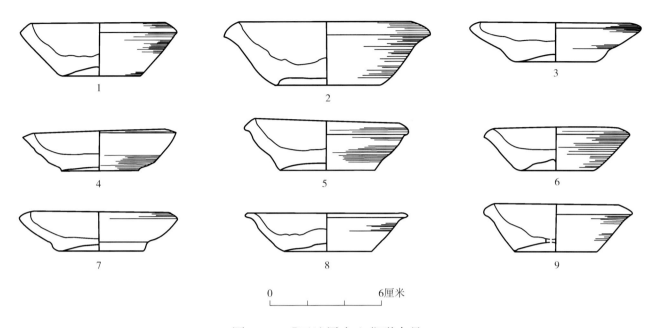

0   6厘米

图 7-51 Ⅰ区地层出土盏形支具

1～9. T0305②：16～18、T0401②：2、4、T0402②：10、13、14、16

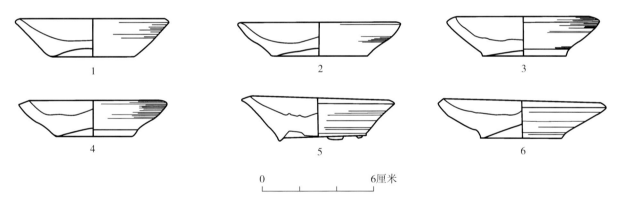

0   6厘米

图 7-52 Ⅰ区地层出土盏形支具

1～6. T0402②：19、22、25、26、T0403①：5、13

较致密。口径 8.4、底径 4.6、通高 2.1 厘米（图 7-52，3）。

T0402②：26，敞口，方唇，斜沿，弧腹，平底内凹。内外有土沁、轮痕。灰色胎，较致密。口径 8、底径 4.2、通高 1.9 厘米（图 7-52，4）。

T0403①：5，敞口，斜沿，方唇，弧腹，平底内凹。内外有土沁，内有轮痕，外底有 3 个手窝印。浅黄色胎，较致密。口径 8.2、底径 4.8、通高 2.2 厘米（图 7-52，5）。

T0403①：13，敞口，方唇，弧腹，平底内凹。内外有土沁，外有窑粘，底部粘有残片。浅黄色胎，较致密。口径 9.2、底径 4.7、通高 1.9 厘米（图 7-52，6）。

T0403①：17，敞口，斜沿，方唇，弧腹，平底内凹。内外有土沁、轮痕。浅黄色胎，较致密。口径 8.8、底径 4、通高 2.8 厘米（图 7-53，1）。

T0403①：20，敞口，方唇，斜沿，弧腹，饼底。内有土沁，外有轮痕，足底有 4 道手窝印。黄色胎，

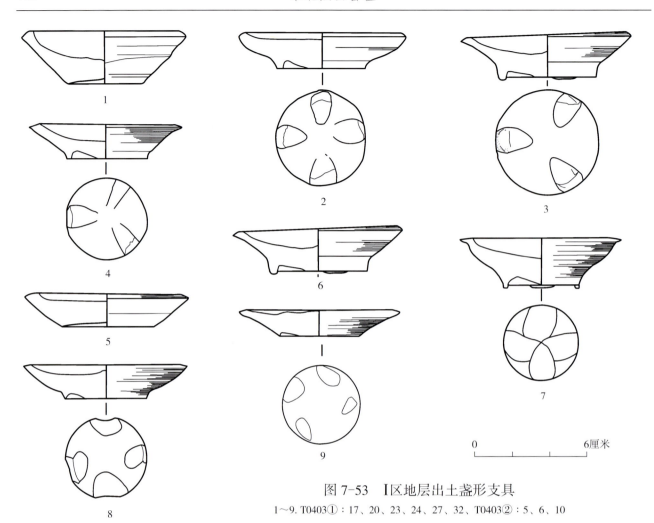

图 7-53　Ⅰ区地层出土盏形支具

1～9. T0403①：17、20、23、24、27、32、T0403②：5、6、10

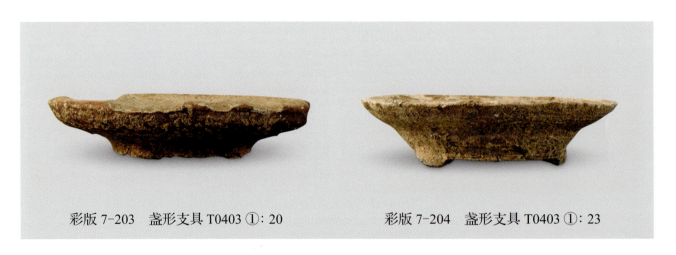

彩版 7-203　盏形支具 T0403①：20　　　　　　彩版 7-204　盏形支具 T0403①：23

较致密。口径 9、底径 4.75、通高 2 厘米（图 7-53，2；彩版 7-203）。

　　T0403①：23，敞口，方唇，平沿，弧腹，平底内凹。内外有土沁，有轮痕，内底微凸，外底有三个手窝印。浅黄色胎，较粗糙。口径 9.4、底径 5.5、通高 2.3 厘米（图 7-53，3；彩版 7-204）。

　　T0403①：24，敞口，方唇，斜平沿，弧腹，平底内凹。内有土沁，外有土沁，有轮痕，底部有釉粘，外底有三个手窝印。浅黄色胎，较致密。口径 8.3、底径 4.5、通高 2 厘米（图 7-53，4）。

T0403①：26，敞口，方唇，斜沿，弧腹，平底内凹。内外有土沁，底部有釉粘。浅黄色胎，较致密。口径 8.2、底径 4.4、通高 2 厘米。

T0403①：27，敞口，方唇，弧腹，斜沿，平底内凹。内外有土沁，内有轮痕。黄色胎，较粗糙。口径 8.8、底径 4.9、通高 1.8 厘米（图 7-53，5）。

T0403①：32，敞口，尖唇，弧腹，平底。内外有土沁，内底微凸，外有轮痕，外底有三个手窝印。黄色胎，较粗糙。口径 9.1、底径 5.2、通高 2.4 厘米（图 7-53，6）。

T0403②：5，微残。敞口，圆唇，斜沿，弧腹，平底内凹。内外有轮痕，少量土沁，外有釉粘，底部有窑粘，底部有四个指窝印。灰色胎，较粗糙。口径 8.8、底径 4、通高 2.5 厘米（图 7-53，7）。

T0403②：6，微残。敞口，圆唇，斜沿，弧腹，平底内凹。内外有轮痕，少量土沁，外底部有四个指窝印。灰色胎，较粗糙。口径 8.8、底径 4.4、通高 1.8 厘米（图 7-53，8）。

T0403②：8，微残。敛口，圆唇，斜沿，弧腹，平底内凹。内外有轮痕，土沁，外有釉粘，底部有三个指窝印。灰色胎，较粗糙。口径 8.8、底径 4.8、通高 2.3 厘米（彩版 7-205）。

T0403②：10，微残。撇口，圆唇，斜沿，弧腹，平底内凹。内外有轮痕，少量土沁，外有釉粘，外底部有四个指窝印。灰色胎，较粗糙。口径 8.6、底径 4.2、通高 1.4 厘米（图 7-53，9）。

2. 钵形支具

共 86 件。T0104②5 件，T0104④6 件，T0104⑤2 件，T0105⑤1 件，T0201②1 件，T0201④3 件，T0202⑤2 件，T0202⑥2 件，T0203②24 件，T0203③2 件，T0203⑤3 件，T0204②1 件，T0204⑤1 件，T0204⑥1 件，T0204⑦2 件，T0301①3 件，T0301②2 件，T0303①3 件，T0303②1 件，T0303③1 件，T0304③1 件，T0305②2 件，T0401③3 件，T0402②2 件，T0403①1 件，T0404①6 件，T0404②5 件。

T0104②：25，侈口，圆唇，弧腹，卧足。内底有白色化妆土，有轮痕和土沁，外有少量土沁，有轮痕，底部有旋削。浅黄色胎，较粗糙。口径 10、底径 5.9、通高 5.8 厘米（图 7-54，1）。

T0104②：46，敞口，方唇，弧腹，卧足。外下腹和底部有白色化妆土，腹部有轮痕，有土沁，内有轮痕，底部有裂痕，有旋削。浅黄色胎，较粗糙。口径 10.7、底径 5.7、通高 6.4 厘米（图 7-54，2）。

T0104②：48，残。敞口，方唇，卷沿，弧腹，底部残缺。周身疑似施釉，内外有土沁、轮痕。浅黄色胎，较粗糙。口径 11、底径 6.8、通高 6.4 厘米（图 7-54，3；彩版 7-206）。

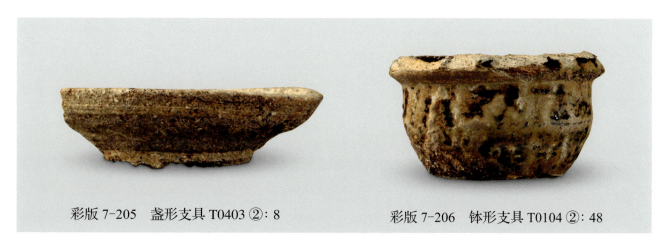

彩版 7-205　盏形支具 T0403②：8　　　　彩版 7-206　钵形支具 T0104②：48

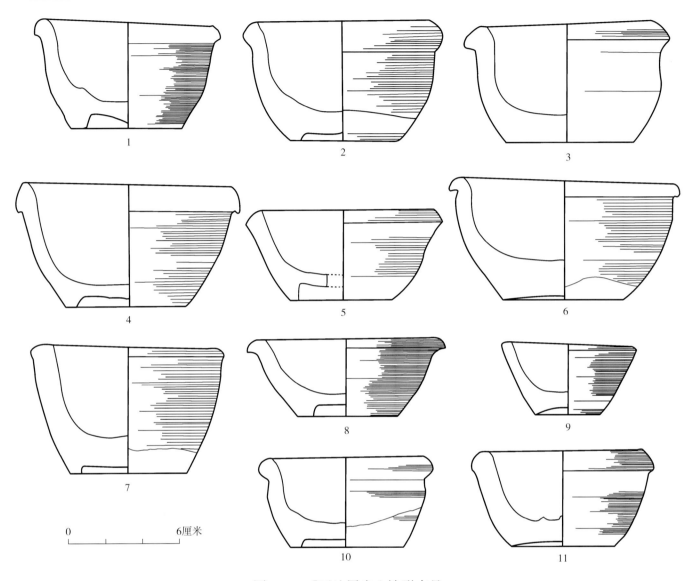

图 7-54　Ⅰ区地层出土钵形支具
1～11. T0104②：25、46、48、55、60、T0104④：25、32、58、82、90、T0104⑤：4

　　T0104②：55，敞口，方唇，卷沿，弧腹，卧足。内外有轮痕，有土沁。黄色胎，较粗糙。口径 12.1、底径 6.4、通高 6.6 厘米（图 7-54，4）。

　　T0104②：60，敞口，方唇，斜沿，卧足。口沿有土沁，外下腹和底部施有白色化妆土，内外有轮痕，底部中心有一小孔，外底有釉粘。黄色胎，较粗糙。口径 10.6、底径 5.5、通高 4.8 厘米（图 7-54，5；彩版 7-207）。

　　T0104④：25，敞口，圆唇，卷沿，弧腹，平底内凹。外下腹施有白色化妆土，有土沁，内外有轮痕，内底有乳突。底部施有化妆土，有土沁。浅黄色，较粗糙。口径 12.3、底径 6.5、通高 6.5 厘米（图 7-54，6）。

　　T0104④：32，敞口，圆唇，斜沿，弧腹，卧足。外下腹施有白色化妆土，内外有轮痕，有土沁。浅黄色胎，较粗糙。口径 10.4、底径 6.15、通高 6.8 厘米（图 7-54，7；彩版 7-208）。

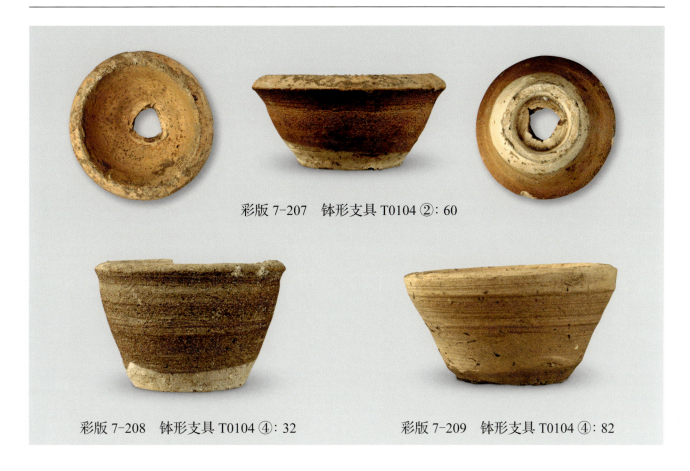

彩版 7-207 钵形支具 T0104 ②: 60

彩版 7-208 钵形支具 T0104 ④: 32   彩版 7-209 钵形支具 T0104 ④: 82

　　T0104 ④: 58，方唇，卷沿，弧腹，卧足。内外有轮痕，内有土沁，底部施白色化妆土，有窑粘，浅黄色胎，较粗糙。口径 10.65、底径 5.4、通高 4.15 厘米（图 7-54，8）。

　　T0104 ④: 82，敞口，圆唇，平沿，弧腹，平底内凹。内外有轮痕，有土沁，底部有窑粘。浅黄色胎，较粗糙。口径 7.15、底径 3.4、通高 3.85 厘米（图 7-54，9；彩版 7-209）。

　　T0104 ④: 90，敞口，圆唇，卷沿，弧腹，卧足。口沿有土沁。内腹粘有白色化妆土，内外有轮痕，有土沁，下腹和底部施有白色化妆土。浅黄色胎，较粗糙。口径 9.4、底径 6.1、通高 4.8 厘米（图 7-54，10）。

　　T0104 ⑤: 4，敞口，圆唇，卷沿，弧腹，平底内凹。内外满施白色化妆土，化妆土小有开片，内外有轮痕，外有釉粘。浅黄色胎，较致密。口径 9.8、底径 5.5、通高 5.1 厘米（图 7-54，11）。

　　T0104 ⑤: 8，敞口，圆唇，斜沿，弧腹，平底内凹。内外有轮痕，少量土沁，外有护胎釉，底部有白色化妆土，化妆土有小开片，有窑粘。浅黄色胎，较致密。口径 8.9、底径 4.9、通高 4.7 厘米（图 7-55，1）。

　　T0105 ⑤: 1，残。敞口，圆唇，卷沿，弧腹，卧足。内外有轮痕，下腹与外底施白色化妆土。黄色胎，较粗糙。口径 7.4、底径 4、通高 3.2 厘米（图 7-55，2；彩版 7-210）。

　　T0201 ④: 1，残。敞口，厚唇，弧腹，平底。外施白色化妆土下腹至底部，内有轮痕，土沁，外底有釉粘。浅黄色胎，较粗糙。口径 10、底径 5.8、通高 5 厘米（图 7-55，3；彩版 7-211）。

　　T0201 ④: 11，敛口，方唇，斜沿，弧腹，平底内凹。内有土沁，内外有轮痕。浅灰色胎，较致密。口径 8.8、底径 4.4、通高 3.2 厘米（图 7-55，4；彩版 7-212）。

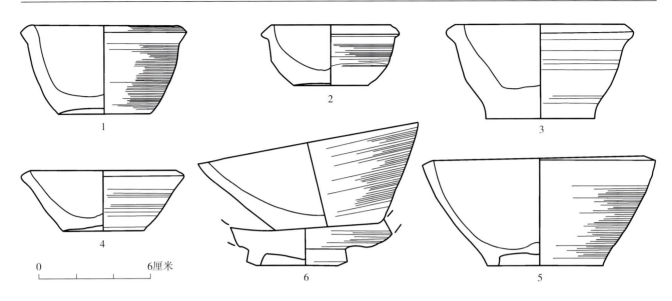

图 7-55 I区地层出土钵形支具

1~6. T0104⑤：8、T0105⑤：1、T0201④：1、11、T0202⑤：10、T0202⑥：1

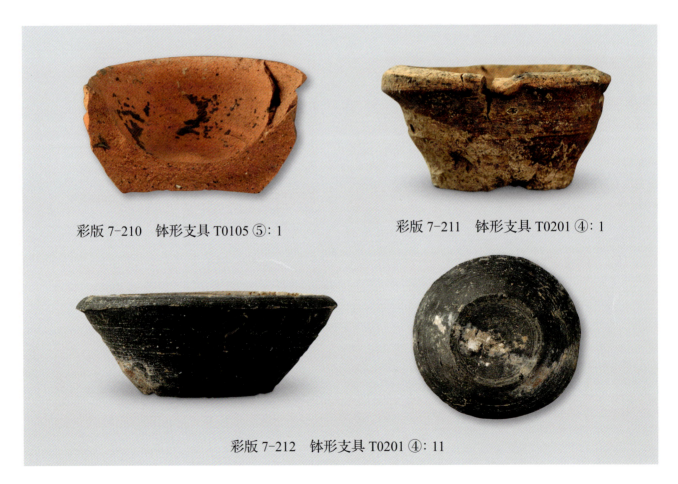

彩版 7-210 钵形支具 T0105⑤：1　　　　彩版 7-211 钵形支具 T0201④：1

彩版 7-212 钵形支具 T0201④：11

T0202⑤：10，残。敞口，斜沿，方唇，弧腹，卧足。内外都有轮痕，内底微凸，外腹因拉坯不均匀导致有泥浆，内外有土沁。浅黄色胎，较致密。口径12.4、底径6.2、通高5.8厘米（图7-55，5）。

T0202⑥：1，钵形支具粘连白瓷碗底，2件，微残（图7-55，6；彩版7-213）。

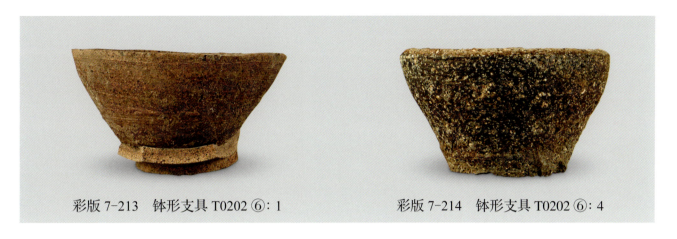

彩版 7-213　钵形支具 T0202 ⑥：1　　　　　彩版 7-214　钵形支具 T0202 ⑥：4

T0202 ⑥：1-1，上层为钵形支具，敞口，方唇，平沿，弧腹。口沿部有一条裂缝，内外都有轮痕，内外有土沁，底部有一小孔，外腹有窑粘。黄色胎，较致密。口径 12、底径 5.6、高 5.8 厘米。

T0202 ⑥：1-2，下层碗底，圈足。外有轮痕，土沁。足跟旋削，足脊微斜，外足墙微外撇。黄色胎，较致密。底径 5.4、残高 2.5、通高 7.6 厘米。

T0202 ⑥：4，残。敞口，方唇，斜沿，弧腹，平底内凹。内外有轮痕，有土沁，外腹有护胎釉，内外都有白色的小孔，底部有釉粘。灰色胎，较粗糙。口径 11.4、底径 6.2、通高 6.6 厘米（彩版 7-214）。

T0203 ②：86，微残。敞口，圆唇，卷沿，弧腹，卧足。上腹周身有疑似施釉，下腹至底部施白色化妆土，底部有釉粘、窑粘，内外有轮痕，少量土沁。黄色胎，较致密。口径 9.8、底径 5.2、通高 6.3 厘米。

T0203 ②：203，微残。敞口，方唇，斜沿，弧腹，平底内凹。上腹周身有疑似施釉，底部有釉粘、窑粘，内外有轮痕，少量土沁，底部中心有一孔。黄色胎，较致密。口径 11.6、底径 6、通高 5.1 厘米（图 7-56，1）。

T0203 ②：209，残。侈口，方唇，卷沿，弧腹，平底内凹。内有轮痕，少量土沁，外有窑粘，土沁，腹下至底部施白色化妆土，化妆土有小开片。灰色胎，较致密。口径 10.2、底径 5.5、通高 6.3 厘米（图 7-56，2）。

T0203 ②：223，微残。敞口，方唇，斜沿，弧腹，卧足。内外均施白色化妆土，化妆土有小开片，外有轮痕，底部有窑粘，内外有少量土沁，底部中心有一孔。黄色胎，较致密。口径 8.4、底径 5.9、通高 5.8 厘米（图 7-56，3）。

T0203 ②：225，侈口，方唇，斜沿，弧腹，平底内凹。腹部微洒白色化妆土，内外有轮痕，少量土沁。灰色胎，较致密。口径 7.1、底径 3.6、通高 3.4 厘米（图 7-56，4）。

T0203 ③：23，微残。侈口，圆唇，卷沿，弧腹，卧足。内外有轮痕，内有釉粘、窑粘，少量土沁，外有护胎釉，下腹至底部施有白色化妆土，底部中心裂缝，有釉粘。灰色胎，较致密。口径 9.9、底径 5.4、通高 5.7 厘米（图 7-56，5；彩版 7-215）。

T0203 ③：33，微残。侈口，方唇，斜沿，弧腹，卧足，外底部中心微凸。内外都有轮痕，内有少量土沁，底部有施少许白色化妆土。黄色胎，较致密。口径 10.1、底径 5.7、通高 6 厘米（图 7-56，6）。

T0203 ⑤：1，残。敞口，斜沿，方唇，弧腹，平底内凹。内外有轮痕，土沁，外腹疑似有一个手窝印，

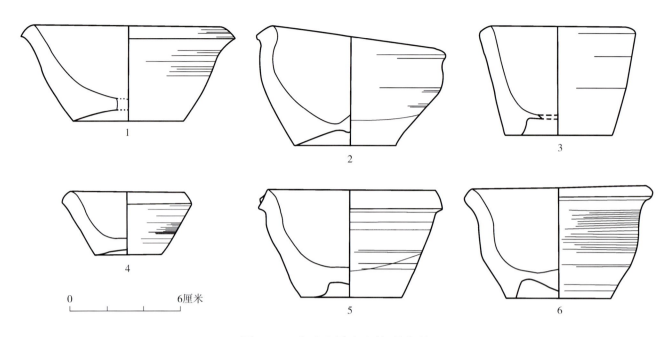

图 7-56　Ⅰ区地层出土钵形支具
1～6. T0203②：203、209、223、225、T0203③：23、33

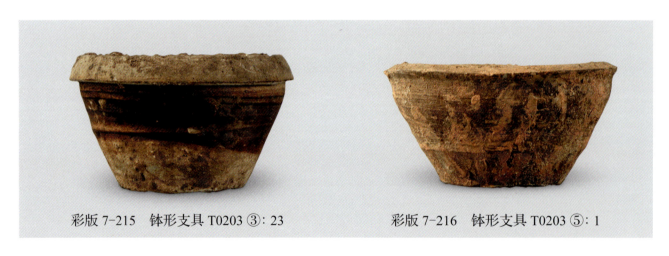

彩版 7-215　钵形支具 T0203③：23　　　　　彩版 7-216　钵形支具 T0203⑤：1

底部有釉粘、窑粘。黄色胎，较致密。口径 11.6、底径 5.8、通高 6.2 厘米（彩版 7-216）。

　　T0204⑥：1，微残。敞口，圆唇，卷沿，弧腹，卧足，内外底部中心均微凸。内外有轮痕，有少量土沁。唇部有窑粘，外腹周身着疑似釉。黄色胎，较致密。口径 10、底径 5.6、通高 6 厘米（图 7-57，1）。

　　T0204⑦：3，残。侈口，圆唇，卷沿，弧腹，卧足。内外有轮痕，内有少量土沁，底部中心有一小孔，外腹有划痕，有窑粘。浅黄色胎，较致密。口径 10.5、底径 5.4、通高 6.6 厘米（图 7-57，2）。

　　T0301①：3，微残。敞口，方唇，斜沿，弧腹，卧足，底部中心微凸。内外有土沁、轮痕，有窑粘，内外有窑粘。浅黄色胎，较粗糙。口径 10.2、底径 5.4、通高 6 厘米（图 7-57，3）。

　　T0301①：4，微残。敞口，圆唇，卷沿，弧腹，卧足。内外有轮痕，底部有釉粘，胎体火石红。灰色胎，较粗糙。口径 11、底径 6.4、通高 7.2 厘米（图 7-57，4）。

　　T0301①：7，微残。敞口，圆唇，卷沿，弧腹，卧足，底部中心微凸。内外有轮痕。浅黄色胎，

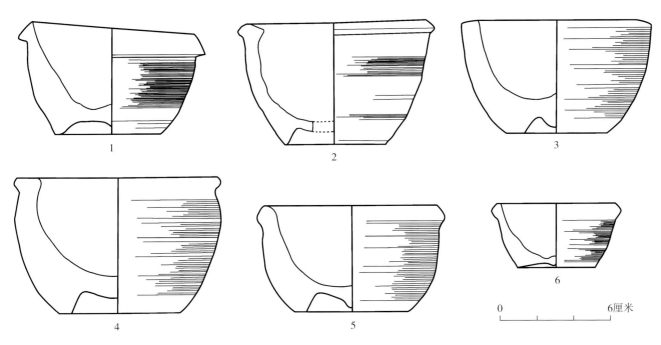

图 7-57　I区地层出土钵形支具

1～6. T0204⑥：1、T0204⑦：3、T0301①：3、4、7、T0301②：5

较粗糙。口径 10、底径 6、通高 5.6 厘米（图 7-57，5；彩版 7-217）。

T0301②：5，微残。敞口，圆唇，卷沿，平底内凹。外有土沁、轮痕。浅黄色胎，较致密。口径 7、底径 4.2、通高 3.4 厘米（图 7-57，6）。

T0303①：8，残。敞口，方唇，斜沿，弧腹，平底内凹。内外有轮痕，土沁，外底部釉粘。胎体火石红，浅黄色胎，较致密。口径 12.6、底径 6、通高 7.3 厘米（图 7-58，1）。

T0303②：8，残。敞口，方唇，斜平沿，弧腹，卧足。内有轮痕，外有少量土沁，胎体火石红。浅黄色胎，较致密。口径 11.4、底径 5.9、通高 5.5 厘米（图 7-58，2）。

T0304③：9，敞口，圆唇，卷沿，弧腹斜收，卧足。内外都有轮痕，少量土沁，外有釉粘。黄色胎，较致密。口径 11.4、底径 5.6、通高 6.4 厘米（图 7-58，3）。

T0305②：22，微残。侈口，圆唇，卷沿，弧腹，平底内凹。内外都有轮痕，内少量土沁，底部至下腹施白色化妆土，底部有釉粘，少量土沁。浅黄色胎，较致密。口径 10.3、底径 6.5、通高 6.6 厘米（图 7-58，4）。

T0402②：29，残。侈口，方唇，斜沿，弧腹，平底内凹。内外有土沁、轮痕，外有釉粘。灰色胎，较致密。口径 12.6、底径 5.6、通高 6.6 厘米。

T0403①：29，敛口，方唇，平沿，弧腹，平底内凹。内外有土沁、轮痕，内底微凸，外有碳化物。黄色胎，较致密。口径 11.3、底径 5.6、通高 4.8 厘米。

T0404①：17，敞口，方唇，斜平沿，弧腹，卧足。内外有轮痕，有土沁，底部有釉粘。浅黄色胎，较致密。口径 11.1、底径 6、通高 6.1 厘米（图 7-59，1）。

T0404①：20，残。敞口，方唇，斜沿，弧腹，平底内凹。内外有轮痕，有土沁，底部有釉粘。浅黄色胎，较致密。口径 12.1、底径 6.25、通高 6.2 厘米（图 7-59，2）。

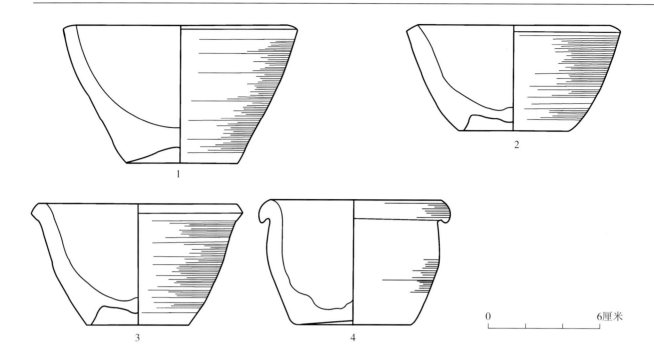

图 7-58　Ⅰ区地层出土钵形支具
1～4. T0303①∶8、T0303②∶8、T0304③∶9、T0305②∶22

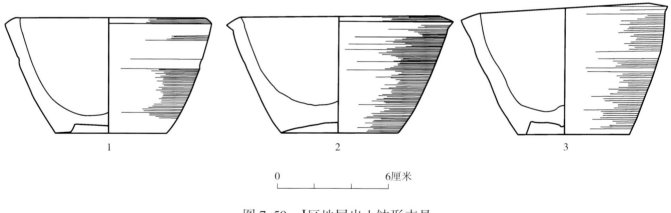

图 7-59　Ⅰ区地层出土钵形支具
1～3. T0404①∶17、20、T0404②∶8

　　T0404②∶8，微残。敞口，方唇，斜平沿，弧腹，卧足。内外有少量土沁、轮痕，外底部有窑粘。浅黄色胎，较致密。口径 11、底径 6、通高 7 厘米（图 7-59，3）。

　　T0404②∶9，微残。敞口，方唇，斜平沿，弧腹，平底内凹。口部有变形，外底至下腹施有白色化妆土，化妆土有小开片，内外有轮痕，内有少量土沁，腹部因拉坯不均匀导致有泥浆，底部有釉粘。黄色胎，较致密。口径 11.6、底径 5.6、通高 6.2 厘米（彩版 7-218）。

　　3. 喇叭形支具

　　共 12 件。T0201 ② 1 件，T0203 ② 2 件，T0303 ② 1 件，T0304 ③ 1 件，T0305 ② 1 件，T0402 ② 3 件，T0404 ② 2 件，T0405 ② 1 件。

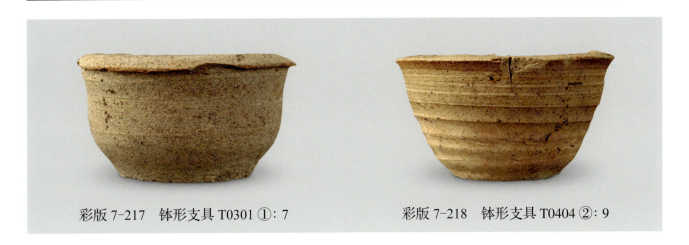

彩版 7-217　钵形支具 T0301 ①：7　　　　　　彩版 7-218　钵形支具 T0404 ②：9

T0201 ②：3，微残。敞口，方唇，斜沿，束颈，平底。外施白色化妆土至下腹，局部为浅砖红色，下腹至足底为褐色，有轮痕。浅灰色胎，较致密。口径 5.8、底径 3.4、通高 6.2 厘米（图 7-60，1）。

T0305 ②：6，微残。侈口，方唇，束颈，斜沿，平底。有三分之二疑似施釉，外有轮痕，口部及底部有釉粘。灰色胎，较致密。口径 4.2、底径 3.7、通高 6 厘米（图 7-60，2；彩版 7-219）。

T0402 ②：30，残。敞口，方唇，束颈，斜沿，平底。内外有土沁、轮痕。灰色胎，较致密。口径 10、底径 6、通高 11 厘米（图 7-60，3；彩版 7-220）。

T0404 ②：22，微残。敞口，方唇，斜沿，束颈，平底。周身疑似施釉，有脱釉现象，内外有轮痕，外沿和腹部有窑粘。浅黄色胎，较致密。口径 6.6、底径 4.2、通高 6.8 厘米（图 7-60，4）。

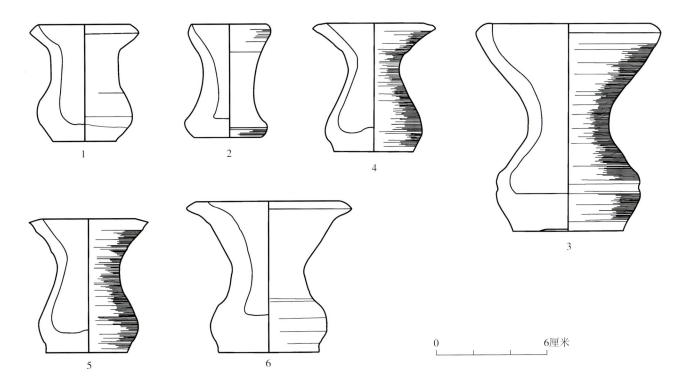

图 7-60　I 区地层出土喇叭形支具

1～6. T0201②：3、T0305②：6、T0402②：30、T0404②：22、26、T0405②：5

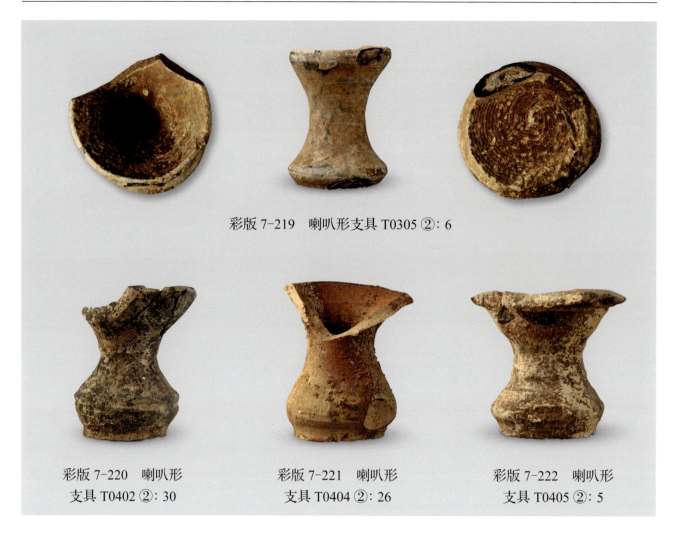

彩版 7-219　喇叭形支具 T0305 ②：6

彩版 7-220　喇叭形
支具 T0402 ②：30

彩版 7-221　喇叭形
支具 T0404 ②：26

彩版 7-222　喇叭形
支具 T0405 ②：5

T0404 ②：26，残。敞口，方唇，斜平沿，束颈，平底。周身疑似施釉，内外有轮痕，外有窑粘，有少量土沁。浅黄色胎，较致密。口径 6.3、底径 4.3、通高 7.1 厘米（图 7-60，5；彩版 7-221）。

T0405 ②：5，微残。侈口，圆唇，斜沿，束颈，鼓腹斜收，平底。周身疑似釉，有脱釉现象，有轮痕，少量土沁。黄色胎，较致密。口径 8.8、底径 5.3、高 8 厘米（图 7-60，6；彩版 7-222）。

4. 窑柱

共 2 件。T0402 ① 1 件，T0404 ① 1 件。

T0402 ①：1，残，圆柱体。实心。表面有大量土沁，上部直径略大于下部，上下有指窝，窑柱一侧贯穿有凹槽。灰色胎，较粗糙。直径 9、残高 23 厘米（图 7-61，1；彩版 7-223）。

T0404 ①：35，残，圆柱体，实心。表面有大量土沁，一面为两端凸中间凹，一面为断面较平，有疑似施釉。黄色胎，较粗糙。直径 9.1、残高 7 厘米（图 7-61，2）。

5. 工字形间隔具

共 30 件。T0104 ② 1 件，T0104 ④ 3 件，T0201 ⑥ 1 件，T0203 ② 4 件，T0203 ③ 4 件，T0204 ④ 4 件，T0204 ⑥ 1 件，T0301 ① 3 件，T0302 ① 1 件，T0303 ② 1 件，T0304 ④ 1 件，T0305 ① 2 件，T0305 ② 3 件，T0404 ① 1 件。

T0104 ②：57，捏制。"工"状。上底与下底平面都呈近圆形，上底有划痕，下底有残缺，腹部内收，

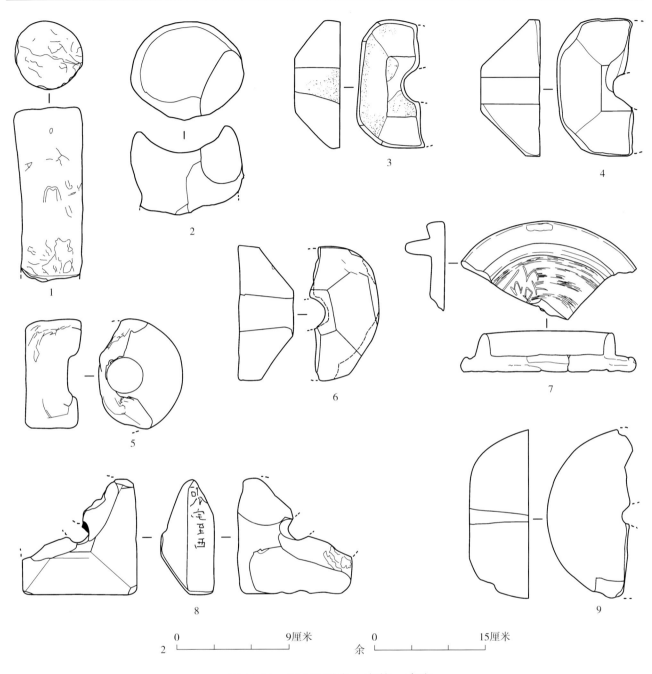

图 7-61　Ⅰ区地层出土窑柱、支座

1、2. 窑柱T0402①：1、T0404①：35　3～9. 支座T0104④：75、99、T0204②：14、17、T0204④：30、T0304②：8、T0404①：36

腹部有土沁。黄色胎，较粗糙。直径4.5、通高5.5厘米（图7-62，1；彩版7-224）。

　　T0104④：139，捏制。"工"状。上底与下底平面都呈近圆形，下底有残缺，腹部内收，腹部有土沁。灰色胎，较粗糙。直径4.1、通高5.7厘米（图7-62，2）。

　　T0104④：140，捏制。"工"状。上底与下底平面都呈近圆形，上底有窑粘，下底有指纹痕，腹部内收，腹部有土沁。黄色胎，较粗糙。直径3.7、通高4.1厘米（图7-62，3；彩版7-225）。

　　T0203②：215，残，捏制。"工"字状。上底残，下底平面呈近圆形，短柄，束腰。有疑似施釉，脱釉现象严重，下底有砂石。灰色胎，较粗糙。直径11.1、残高9厘米（图7-62，4；彩版7-226）。

彩版 7-223　窑柱 T0402 ①：1

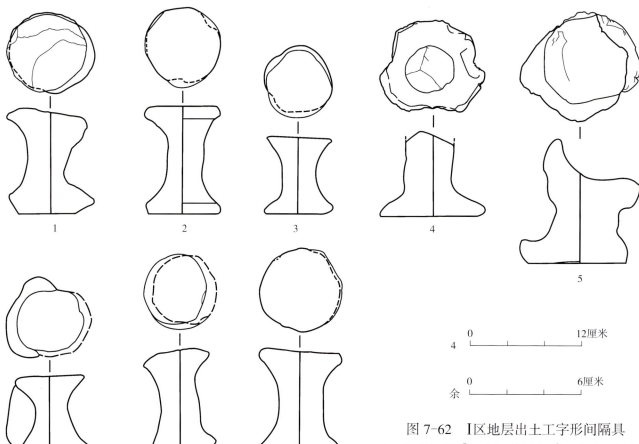

图 7-62　Ⅰ区地层出土工字形间隔具

1～8. T0104②：57、T0104④：139、140、T0203②：215、235、T0203③：17、36、T0204④：21

　　T0203②：235，残，捏制。"工"字状。上底平面呈椭圆形，下底平面呈近圆形，短柄，束腰。捏制较随意，有疑似施釉，脱釉现象严重，下底有釉粘、窑粘。黄色胎，较粗糙。直径 5.8、通高 6.6 厘米（图 7-62，5；彩版 7-227）。

　　T0203③：17，微残，捏制。"工"字状。上底与下底平面都呈近圆形，短柄，束腰。腰部粘有耐火材料做成的填料，周身疑似施釉，有脱釉现象。黄色胎，较粗糙。直径 3.8、通高 4.3 厘米（图 7-62，6；彩版 7-228）。

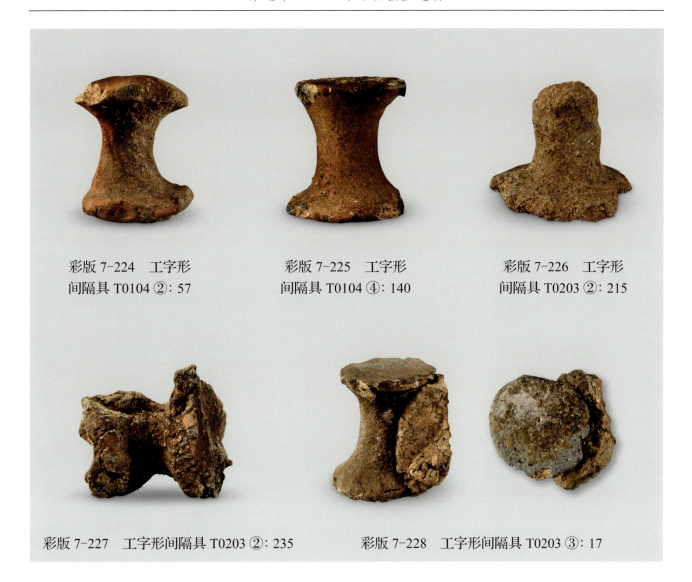

彩版 7-224　工字形
间隔具 T0104②：57

彩版 7-225　工字形
间隔具 T0104④：140

彩版 7-226　工字形
间隔具 T0203②：215

彩版 7-227　工字形间隔具 T0203②：235

彩版 7-228　工字形间隔具 T0203③：17

T0203③：36，微残，捏制。"工"字状。上底与下底平面都呈近圆形，短柄，束腰。周身施疑似施釉，有脱釉现象，有釉粘、窑粘，有少量土沁。黄色胎，较致密。直径3.6、通高5.7厘米（图7-62，7）。

T0204④：21，捏制。"工"字状。上底与下底平面都呈近圆形，上下底微残，短柄，束腰。有疑似施釉，脱釉现象严重，有土沁。灰色胎，较致密。直径4.5、通高5.75厘米（图7-62，8；彩版7-229）。

T0302①：1，微残，捏制。"工"字状。上底与下底平面呈近圆形，上面中心处有凹坑，有疑似施釉。灰色胎，较粗糙。直径6.8、通高7.45厘米（彩版7-230）。

T0303②：16，微残，捏制。"工"字状。上底与下底平面呈近圆形，上底有土沁，下底有碳化物。浅砖红色胎，较致密。直径4、通高5.2厘米（彩版7-231）。

T0304④：4，微残，捏制。"工"字状，上底与下底平面都呈近圆形，短柄，束腰。周身疑似施釉，有脱釉现象，有指纹印。颈部有指窝印，有粘小沙石。黄色胎，较粗糙。残直径8.7、通高11厘米（彩版7-232）。

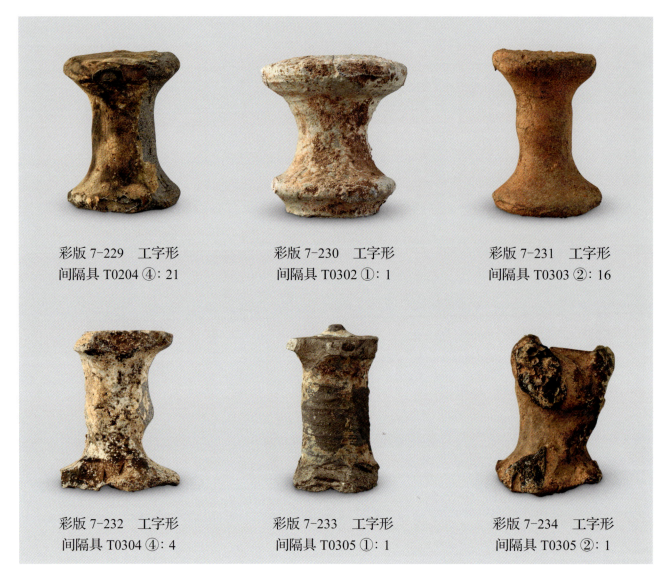

彩版 7-229　工字形
间隔具 T0204 ④: 21

彩版 7-230　工字形
间隔具 T0302 ①: 1

彩版 7-231　工字形
间隔具 T0303 ②: 16

彩版 7-232　工字形
间隔具 T0304 ④: 4

彩版 7-233　工字形
间隔具 T0305 ①: 1

彩版 7-234　工字形
间隔具 T0305 ②: 1

　　T0305 ①: 1，微残，捏制。"工"字状。上底与下底平面
呈近圆形，短柄，束腰。上面有一乳突，周身疑似施釉。灰色胎，
较致密。残直径 4.4、通高 7.65 厘米（彩版 7-233）。

　　T0305 ②: 1，捏制。"工"字状，上底与下底平面都呈近圆形，
短柄，束腰上下两面都有指窝印，有釉粘，有三分之一疑似施釉。
黄色胎，较粗糙。直径 3.3、通高 5 厘米（彩版 7-234）。

　　T0305 ②: 2，捏制。"工"字状，上底与下底平面都呈近圆形，
短柄，束腰，都有指窝印，有三分之一疑似施釉。黄色胎，较粗糙。
直径 5.35、通高 6.5 厘米（彩版 7-235）。

　　6. 支座

　　共 8 件。T0104 ④ 2 件，T0201 ③ 1 件，T0204 ② 2 件，
T0204 ④ 1 件，T0304 ② 1 件，T0404 ① 1 件。

　　T0104 ④: 75，残。平面近梯形，中间有一圆孔，有土沁，

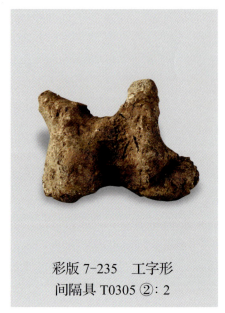

彩版 7-235　工字形
间隔具 T0305 ②: 2

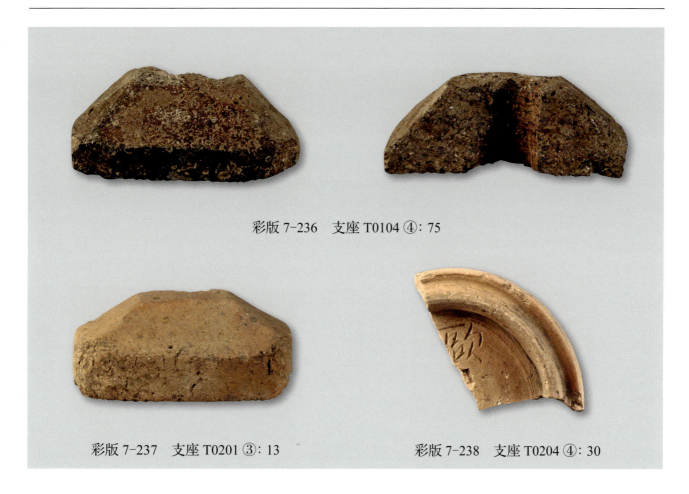

彩版 7-236 支座 T0104 ④：75

彩版 7-237 支座 T0201 ③：13

彩版 7-238 支座 T0204 ④：30

底部施有青釉。黄色胎，较粗糙。长 16.8、残宽 7.6、孔径 4.5、通高 6 厘米（图 7-61，3；彩版 7-236）。

T0104 ④：99，残。平面近梯形，中间有一圆孔，除底部外满施护胎釉，黄色胎，较粗糙。长 18.1、残宽 10.5、孔径 3.5、通高 8 厘米（图 7-61，4）。

T0201 ③：13，残，通体残缺一半。烧制成浅砖红色，顶部平整，有圆孔，其余三面呈斜坡。夹砂浅黄色胎，较粗糙。长 18.1、残宽 10.4、孔径 2.8、通高 7.4 厘米（彩版 7-237）。

T0204 ②：14，残。圆形，四面微内收，平面向中间微斜，平底。四面和平面施有较薄的护胎釉，平面上有釉粘，四面有窑粘和釉粘，还有划痕，底部有釉粘。灰色胎，较粗糙。直径 14.4、厚 7.4 厘米（图 7-61，5）。

T0204 ②：17，残。基座正方形，四面坡，中空，平底。四面坡与顶部处施有较薄的护胎釉，底部有流釉现象。灰色胎，较粗糙。长 17.8、残宽 9.2、孔直径 3.8、通高 7.4 厘米（图 7-61，6）。

T0204 ④：30，残。圆盘状基座，较厚。高圈足，外足墙微内敛，足底有"歌"字的刻字。黄色胎，较粗糙。残长 23.8、残宽 13、通高 5.4 厘米（图 7-61，7；彩版 7-238）。

T0304 ②：8，残。基座正方形，四面坡，中空，平底。基座一侧刻"东至宅西"四字，四面坡处施有较薄的护胎釉。黄色胎，较粗糙。长 15.2、宽 15.2、孔直径 2.6、通高 7.2 厘米（图 7-61，8；彩版 7-239）。

T0404 ①：36，残。穹庐形，四面弧，中空，平底。外有土沁。灰色胎，较粗糙。长 22.2、残宽 11.6、孔径 2、通高 8 厘米（图 7-61，9）。

7. 三叉支托

共 3 件。T0104 ④ 1 件，T0201 ③ 1 件，T0404 ① 1 件。

T0104 ④：55，捏制。近似鸭形，一端尖，有捏痕。黄色胎，较粗糙。长 6.8、宽 2.5、厚 2.6 厘米（图 7-63，1；彩版 7-240）。

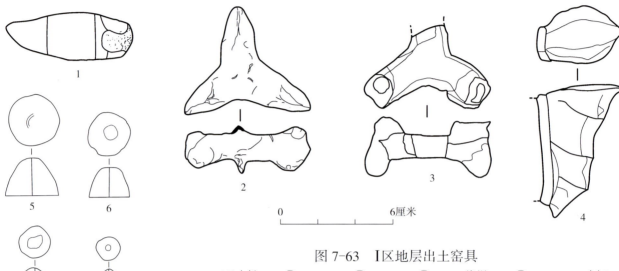

图 7-63　Ⅰ区地层出土窑具

1～3. 三叉支托 T0104④：55、T0201③：1、T0404①：5　4. 瓷泥 T0404①：14　5～8. 支钉
T0105③：1、T0201③：6、T0201⑤：4、T0205⑤：4

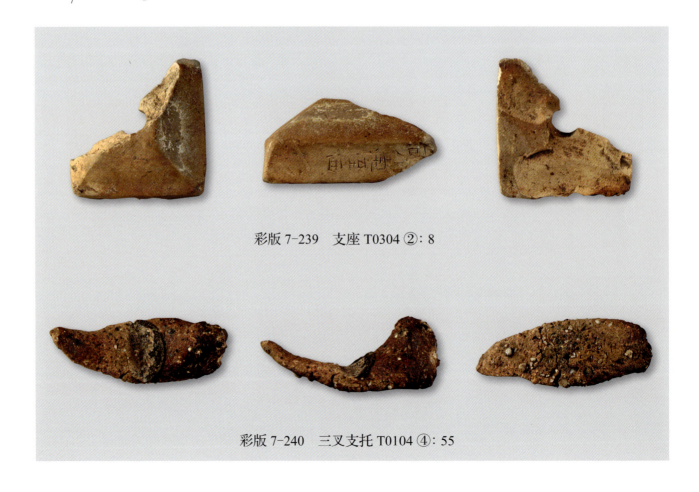

彩版 7-239　支座 T0304 ②：8

彩版 7-240　三叉支托 T0104 ④：55

T0201 ③：1，微残，捏制。一条支腿微残。通体呈三叉形，三个顶端凸起，用手捏制而成，一条支腿施有一点酱釉，中间部位施有一部分酱釉。灰色胎，较致密。长 6.8、宽 5.7、通高 2.5 厘米（图 7-63，2）。

T0404 ①：5，残，捏制。三叉形。两叉延伸处各有一条支腿，两足微残，其上施有三彩釉，两足上有窑粘，通体有土沁。砖红色胎，较致密。长 6.75、宽 4.4、通高 3.25 厘米（图 7-63，3；彩版 7-241）。

8. 瓷泥

共 1 件。T0404 ① 1 件。

T0404 ①：14，残。有疑似施釉，一侧有手窝，有指窝，有粘接瓷片。灰色胎，较粗糙。残长 4.5、宽 3、通高 7 厘米（图 7-63，4；彩版 7-242）。

9. 支钉

共 4 件。T0105 ③ 1 件，T0201 ③ 1 件，T0201 ⑤ 1 件，T0205 ⑤ 1 件。

T0105 ③：1，捏制。近似梯形。平底，底部面呈近圆形。白色胎，较粗糙。直径 2.7、通高 2 厘米（图 7-63，5）。

T0201 ③：6，捏制。锥形。顶部圆润，顶部有釉粘，腹部有较少化妆土。浅白色胎，较致密。直径 2.2、通高 1.6 厘米（图 7-63，6；彩版 7-243）。

T0201 ⑤：4，微残，捏制。锥形。顶部微磕。顶端有釉粘。浅黄色胎，较致密。直径 1.7、通高 1.1 厘米（图 7-63，7）。

T0205 ⑤：4，捏制。三角形。底部有裂缝。灰色胎，较致密。直径 1.3、高 0.9 厘米（图 7-63，8；彩版 7-244）。

10. 垫饼

共 28 件。T0104 ④ 1 件，T0104 ⑤ 1 件，T0105 ④ 1 件，T0203 ② 17 件，T0203 ③ 2 件，T0203 ⑤ 2 件，T0204 ④ 2 件，T0303 ② 1 件，T0403 ① 1 件。

T0104 ④：62，微残，模制。圆饼状。平面近圆形。一面凹下去，一面凸起。边缘有破损，夹砂黄色胎，较粗糙。直径 12.65、厚 1.2 厘米（图 7-64，1）。

T0203 ②：12，残，模制。圆饼状，平面近圆形。一面有支烧形成的痕迹，边缘一周有红褐色，有小砂石，裂缝，少量土沁，侧面有裂缝，另一面有砂石，土沁，裂缝。夹砂黄色胎，较粗糙。直

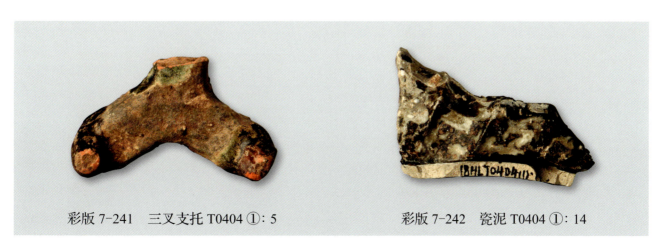

彩版 7-241　三叉支托 T0404 ①：5　　　　彩版 7-242　瓷泥 T0404 ①：14

彩版 7-243　支钉 T0201 ③：6　　　　　　彩版 7-244　支钉 T0205 ⑤：4

6、10　0 ——————— 6厘米

9、11、12　0 ——————— 18厘米

余　0 ——————— 12厘米

图 7-64　Ⅰ区地层出土垫饼

1~12. T0104④：62、T0203②：12、26、41、48、49、61、75、T0203③：30、T0204④：13、22、T0403①：3

径 13.2、厚 2.8 厘米（图 7-64，2；彩版 7-245）。

　　T0203 ②：26，微残，模制。圆饼状，平面近圆形。一面有支烧形成的痕迹，有裂缝，脱落痕迹、边缘有窑粘、釉粘，侧面有缺口，裂缝，另一面有土沁，两面均有砂石。黄色胎，较粗糙。直径 12.4、厚 1.8 厘米（图 7-64，3；彩版 7-246）。

　　T0203 ②：41，微残，模制。圆饼状，平面近圆形。一面有支烧形成的痕迹，有裂缝，少量土沁，边缘有 2 个手窝印，侧面有小凹坑，裂缝，另一面有凹坑，两面均有小砂石。夹砂黄色胎，较粗糙。直径 12、厚 2.2 厘米（图 7-64，4；彩版 7-247）。

　　T0203 ②：48，残，模制。圆饼状，平面近圆形。一面边缘有釉粘，侧面有釉粘，小裂缝，另一面有凹坑，两面均有小砂石，少量土沁。夹砂浅砖红色胎，较粗糙。直径 11.5、厚 1.4 ～ 2.4 厘米（图 7-64，5）。

　　T0203 ②：49，残，模制。圆饼状，平面近圆形。侧面有旋削痕迹，另一面有裂缝，两面均有划痕。灰色胎，较致密。直径 2.8、厚 1.7 厘米（图 7-64，6；彩版 7-248）。

　　T0203 ②：61，微残，模制。圆饼状，平面近圆形。一面有裂缝，划痕，边缘有一周红褐色，侧面有裂缝，缺口，另一面有凹坑，少量土沁，划痕，两面均有小砂石。黄色胎，较粗糙。直径 7.8、厚 0.9 厘米（图 7-64，7）。

　　T0203 ②：75，残，模制。圆饼状，平面近圆形。一面有划痕，侧面有缺口，另一面有少量土沁，

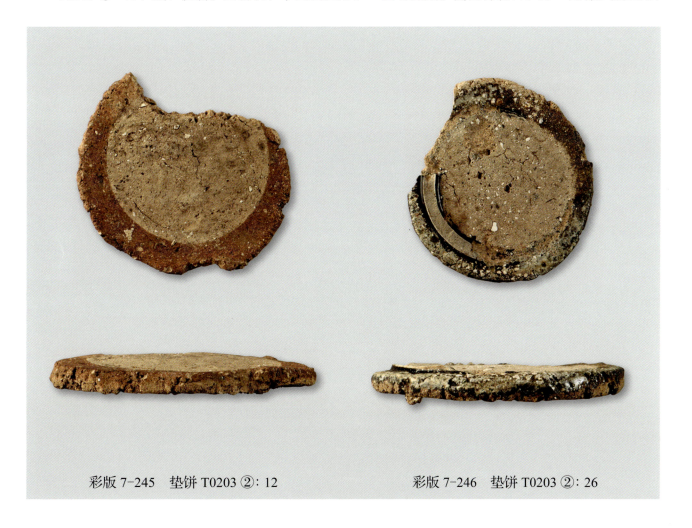

彩版 7-245　垫饼 T0203 ②：12　　　　　　　　彩版 7-246　垫饼 T0203 ②：26

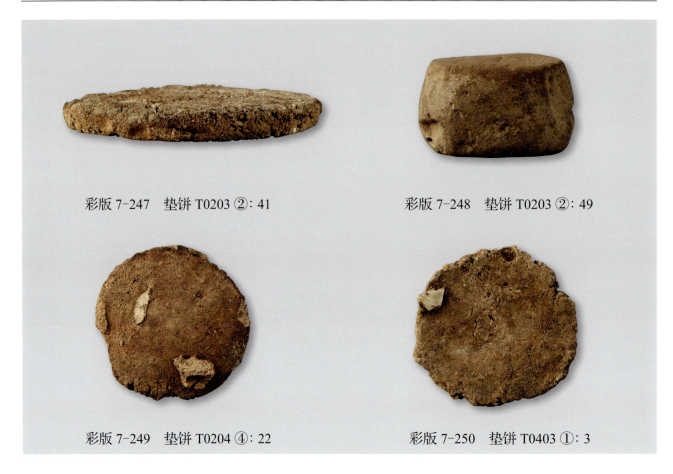

彩版 7-247　垫饼 T0203 ②：41　　　　　　彩版 7-248　垫饼 T0203 ②：49

彩版 7-249　垫饼 T0204 ④：22　　　　　　彩版 7-250　垫饼 T0403 ①：3

两面均有小砂石。夹砂黄色胎，较粗糙。直径 11.6、厚 1.2 厘米（图 7-64，8）。

　　T0203 ③：30，微残，模制。圆饼状，平面近圆形。两面及周围都有裂缝，两面都有小砂石，都有少量土沁。黄色胎，较粗糙。直径 22.2、厚 2.5 ～ 3 厘米（图 7-64，9）。

　　T0204 ④：13，微残，模制。圆饼状，平面近圆形。一面上有支烧形成的痕迹，另一面有窑粘和小砂石，四周有裂缝。夹砂黄色胎，粗糙。直径 12.8、厚 1.2 ～ 1.4 厘米（图 7-64，10）。

　　T0204 ④：22，微残，模制。圆饼状，平面近圆形。一面上粘有耐火材料与窑粘还有小砂石和少量土沁，另一面有土沁和小砂石，四周有裂缝。夹砂黄色胎，较粗糙。直径 18.7、厚 1.6 ～ 2 厘米（图 7-64，11；彩版 7-249）。

　　T0403 ①：3，微残，模制。平面近圆形。一面有土沁，粘有残片。浅黄色胎，较致密。直径 15.2、厚 1.6 厘米（图 7-64，12；彩版 7-250）。

　　11. 垫圈

　　共 1 件。T0303 ③ 1 件。

　　T0303 ③：1，捏制。不规则圆形。有少量釉粘，有滴釉现象。浅黄色胎，较致密。直径 4.5、孔径 2.5、厚 1.1 厘米（彩版 7-251）。

　　12. 匣钵

　　共 1 件。T0203 ② 1 件。

　　T0203 ②：245，残。敞口，圆唇，斜沿，斜弧腹，弧顶。内局部着护胎釉，外满施青釉，脱釉现象严重，内有少量土沁，外有窑粘、轮痕。灰色胎，较粗糙。残高 6、通高 7 厘米（图 7-65，1；

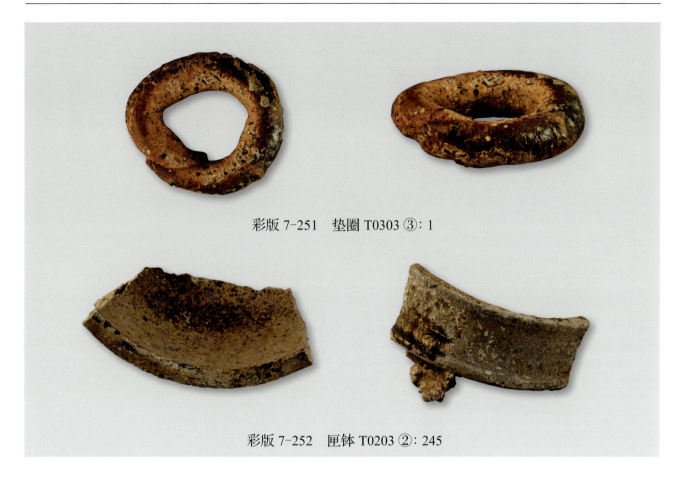

彩版 7-251　垫圈 T0303 ③：1

彩版 7-252　匣钵 T0203 ②：245

彩版 7-252）。

13. 擂钵

共 1 件。T0203 ② 1 件。

T0203 ②：33，残。侈口，圆唇，卷沿，弧腹，卧足。内部布满刻槽，口沿少量土沁，外施青釉至底部，有脱釉、窑粘、轮痕。灰色胎，较致密。口径 22、底径 8.4、通高 10 厘米（图 7-65，2；彩版 7-253）。

14. 瓷杵

共 1 件。T0203 ② 1 件。

T0203 ②：246，残。直腹外撇，弧底。有疑似施釉，腹部有旋削痕迹，外有少量土沁。灰色胎，较致密。底径 3.2、残高 5.1 厘米（图 7-65，3；彩版 7-254）。

15. 试火棒

共 10 件。T0104 ④ 1 件，T0203 ② 7 件，T0404 ② 1 件，T0405 ② 1 件。

T0104 ④：92，捏制。锥子形。手柄处有裂缝。由粗到细，手柄捏有圆环，有多处指纹痕。浅黄色胎，较致密。残长 9.7、直径 4.5、厚 1.9 厘米（图 7-65，4）。

T0203 ②：58，残，捏制。锥子形。手柄处有裂缝。黄色胎，较致密。残长 5.1、直径 1.7、孔直径 2.2 厘米（图 7-65，5；彩版 7-255）。

T0203 ②：85，残，捏制。锥子形。上端残，周身施黄釉，釉面无光泽，釉上少量土沁，周身因捏制不均匀导致的泥浆。灰色胎，较致密。残长 7.3、直径 1.4 厘米（图 7-65，6）。

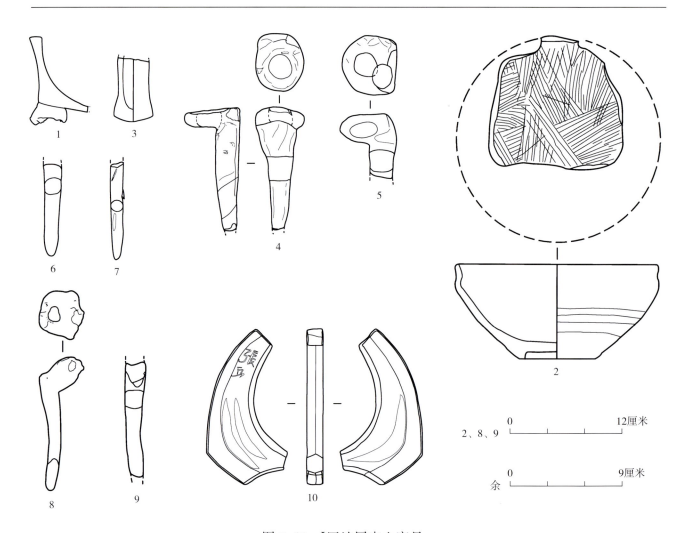

图 7-65　I区地层出土窑具

1. 匣钵T0203②：245　2. 擂钵T0203②：33　3. 瓷杵T0203②：246　4~9. 试火棒T0104④：92、T0203②：58、85、129、T0404②：28、T0405②：9　10. 试釉器T0104④：144

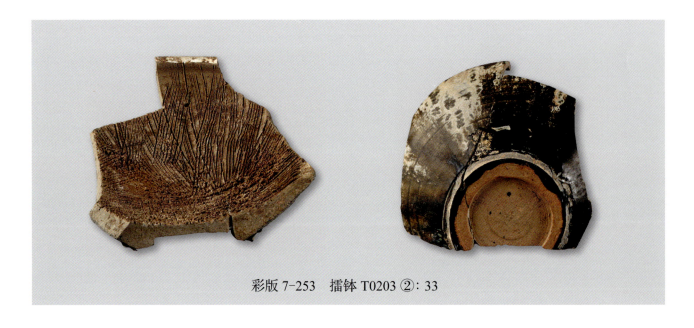

彩版 7-253　擂钵 T0203 ②：33

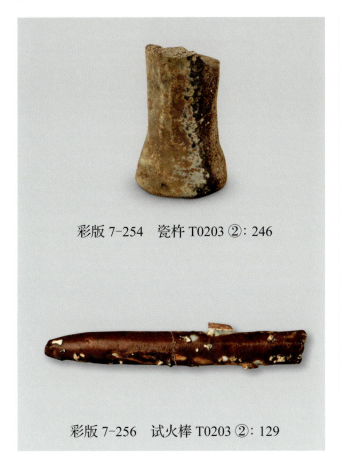

彩版 7-254　瓷杵 T0203 ②: 246

彩版 7-256　试火棒 T0203 ②: 129

彩版 7-255　试火棒 T0203 ②: 58

彩版 7-257　试釉器 T0104 ④: 144

T0203 ②: 129，残，捏制。锥子形。柿釉，周身有窑粘和釉粘。浅黄色胎，较致密。残长 7.8、直径 1 厘米（图 7-65，7；彩版 7-256）。

T0404 ②: 28，残，模制。锥子形。手柄中间有圆形孔，手柄处有裂缝，少量土沁。黄色胎，较致密。长 14.1、直径 4.8、孔直径 1.2～1.6 厘米（图 7-65，8）。

T0405 ②: 9，残，模制。锥子形。有少量土沁。灰色胎，较致密。残长 12、厚 2 厘米（图 7-65，9）。

16. 试釉器

共 1 件。T0104 ④ 1 件。

T0104 ④: 144，微残。一面三分之一处施酱釉至另一面三分之一处，内呈弧状，一面有一个凹槽，另一面有两个凹槽，有写"张？"，两面有土沁。灰色胎，较致密。长 12.3、宽 6.6、厚 1.3 厘米（图 7-65，10；彩版 7-257）。

（一二）铜器

1. 铜刀

共 1 件。T0204 ⑦ 1 件。

T0204 ⑦：2，铸造，锈蚀，长条形。长 8.55、宽 2、厚 1 厘米（图 7-66，32）。

2. 铜镞

共 1 件。T0201 ⑤ 1 件。

T0201 ⑤：3，残。通体呈三菱形。一头尖，一头粗，肩部有磕碰。上腹部较多绿铜锈。长 0.9、宽 0.9、通高 2.5 厘米（图 7-66，33；彩版 7-258，左）。

3. 铜条

共 2 件。T0201 ③ 1 件，T0304 ② 1 件。

T0201 ③：4，残。残缺为两半。长条圆柱形，略微弯曲，上有点点绿锈，局部露出铜胎。长 9.8、宽 0.4、厚 0.2 厘米（图 7-66，34）。

T0304 ②：3，残，铸造，条形，一头弯，有土沁。残长 11.6 厘米（彩版 7-258，右）。

4. 铜钱

共 31 枚。T0104 ② 1 枚，T0104 ④ 3 枚，T0201 ⑤ 2 枚，T0202 ② 1 枚，T0203 ⑥ 2 枚，T0204 ② 4 枚，T0205 ② 1 枚，T0205 ⑤ 1 枚，T0205 ⑥ 5 枚，T0304 ② 3 枚，T0304 ④ 1 枚，T0401 ① 1 枚，T0401 ③ 1 枚，T0402 ② 1 枚，T0403 ② 1 枚，T0404 ② 2 枚，T0504 ② 1 枚。

T0104 ②：6，至道元宝，1 枚，楷书。重 3.3 克，直径 2.5、孔径 0.6、厚 0.1 厘米（图 7-66，1）。

T0104 ④：18，熙宁元宝，1 枚，篆书。重 4.1 克，直径 2.5、孔径 0.65、厚 0.1 厘米（图 7-66，2）。

T0104 ④：26，景德元宝，1 枚，楷书。重 4.3 克，直径 2.4、孔径 0.6、厚 0.1 厘米（图 7-66，3）。

T0104 ④：47，崇宁重宝，1 枚，楷书。重 2.4 克，直径 2.75、孔径 0.7、厚 0.1 厘米（图 7-66，4）。

T0201 ⑤：1，元丰通宝，1 枚，行书。重 4.1 克，直径 2.5、孔径 0.65、厚 0.1 厘米（图 7-66，5）。

T0201 ⑤：2，天禧通宝，1 枚，楷书。重 4.0 克，直径 2.6、孔径 0.6、厚 0.1 厘米（图 7-66，6）。

T0202 ②：1，开元通宝，1 枚，楷书。重 2.8 克，直径 2.4、孔径 0.7、厚 0.1 厘米（图 7-66，7）。

T0203 ⑥：1，元符通宝，1 枚，行书。重 3.7 克，直径 2.4、孔径 0.7、厚 0.1 厘米（图 7-66，8）。

T0203 ⑥：4，祥符通宝，1 枚，楷书。重 4.8 克，直径 2.6、孔径 0.65、厚 0.15 厘米（图 7-66，9）。

T0204 ②：1，景德元宝，1 枚，楷书。重 3.9 克，直径 25、孔径 0.55、厚 0.1 厘米（图 7-66，10）。

彩版 7-258　铜镞 T0201 ⑤：3、铜条 T0304 ②：3

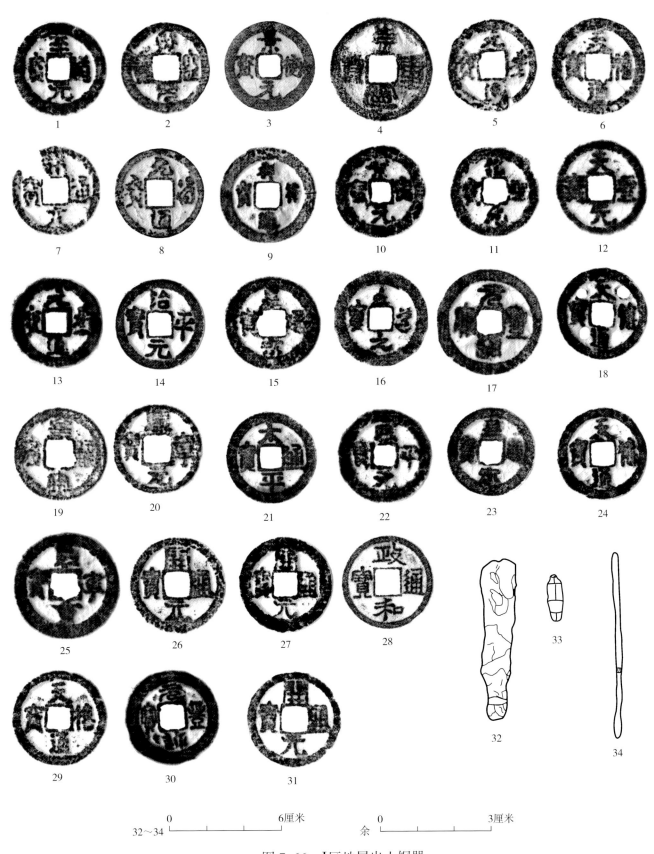

图 7-66 I 区地层出土铜器

1～31. 铜钱 32. 铜刀T0204⑦：2 33. 铜镞T0201⑤：3 34. T0201③：4

T0204②：2，绍圣元宝，1枚，楷书。重 3.9 克，直径 2.4、孔径 0.65、厚 0.1 厘米（图 7-66，11）。

T0204②：3，天圣元宝，1枚，楷书。重 3.5 克，直径 2.5、孔径 0.65、厚 0.1 厘米（图 7-66，12）。

T0204②：24，元丰通宝，1枚，行书。重 3.3 克，直径 2.4、孔径 0.55、厚 0.1 厘米（图 7-66，13）。

T0205②：2，治平元宝，1枚，楷书。重 3.9 克，直径 2.4、孔径 0.6、厚 0.1 厘米（图 7-66，14）。

T0205⑤：12，皇宋通宝，1枚，楷书。重 3.1 克，直径 2.5、孔径 0.7、厚 0.1 厘米（图 7-66，15）。

T0205⑥：1，至道通宝，1枚，行书。重 3.9 克，直径 2.5、孔径 0.6、厚 0.1 厘米（图 7-66，16）。

T0205⑥：9，元丰通宝，1枚，篆书。重 8.3 克，直径 2.9、孔径 0.6、厚 0.15 厘米（图 7-66，17）。

T0205⑥：10，天禧通宝，1枚，楷书。重 8.3 克，直径 2.5、孔径 0.6、厚 0.1 厘米（图 7-66，18）。

T0205⑥：13，皇宋通宝，1枚，篆书。重 3.3 克，直径 2.5、孔径 0.7、厚 0.1 厘米（图 7-66，19）。

T0205⑥：19，熙宁元宝，1枚，楷书。重 3.7 克，直径 2.4、孔径 0.7、厚 0.1 厘米（图 7-66，20）。

T0304②：2，太平通宝，1枚，楷书。重 3.0 克，直径 2.4、孔径 0.6、厚 0.1 厘米（图 7-66，21）。

T0304②：4，咸平元宝，1枚，楷书。重 4.3 克，直径 2.5、孔径 0.6、厚 0.1 厘米（图 7-66，22）。

T0304②：5，皇宋通宝，1枚，楷书。重 3.7 克，直径 2.4、孔径 0.6、厚 0.1 厘米（图 7-66，23）。

T0304④：3，天禧通宝，1枚，楷书。重 3.7 克，直径 2.5、孔径 0.6、厚 0.1 厘米（图 7-66，24）。

T0401①：1，熙宁重宝，1枚，楷书。重 7.4 克，直径 2.9、孔径 0.6、厚 0.2 厘米（图 7-66，25）。

T0401③：3，开元通宝，1枚，楷书。重 3.7 克，直径 2.6、孔径 0.7、厚 0.1 厘米（图 7-66，26）。

T0402②：5，开元通宝，1枚，楷书。重 4.0 克，直径 2.55、孔径 0.6、厚 0.1 厘米（图 7-66，27）。

T0403②：9，政和通宝，1枚，隶书。重 4.0 克，直径 2.5、孔径 0.6、厚 0.1 厘米（图 7-66，28）。

T0404②：1，天禧通宝，1枚，楷书。重 3.8 克，直径 2.6、孔径 0.55、厚 0.1 厘米（图 7-66，29）。

T0404②：4，元丰通宝，1枚，篆书。重 3.6 克，直径 2.5、孔径 0.7、厚 0.1 厘米（图 7-66，30）。

T0504②：2，开元通宝，1枚，楷书。重 4.0 克，直径 2.55、孔径 0.7、厚 0.1 厘米（图 7-66，31）。

（一三）铁器

1. 铁灯盏

共 1 件。T0204② 1 件。

T0204②：9，锈蚀严重。敞口，圆唇，弧腹，平底。内腹有锈蚀和土沁，唇部与底部有锈蚀。口径 6.6、底径 5.4、通高 1.7 厘米（图 7-67，1；彩版 7-259）。

2. 铁钉

共 28 枚。T0104 ② 3 件，T0104 ④ 7 件，T0105 ④ 4 件，T0105 ⑤ 1 件，T0204 ② 1 件，T0204 ④ 7 件，T0204 ⑤ 1 件，T0205 ⑤ 1 件，T0205 ⑥ 2 件，T0304 ③ 1 件。

T0104 ②：27，铸造，锈蚀。一端尖一端粗。长 6.7、宽 1.4、厚 0.7 厘米（图 7-67，2；彩版 7-260，左）。

T0104 ②：42，铸造，锈蚀。一端尖一端粗。长 4.95、宽 2.1、厚 1.1 厘米（图 7-67，3）。

T0104 ②：45，铸造，锈蚀。一端尖一端粗，表面粘有石块。长 7.6、宽 1.3、厚 0.75 厘米（图 7-67，4）。

T0104 ④：10，铸造，锈蚀。一端尖一端粗。长 8.95、宽 0.9、厚 0.6 厘米（图 7-67，5）。

T0104 ④：63，铸造，锈蚀。一端尖一端粗。长 7.25、宽 1.6、厚 0.8 厘米（图 7-67，6）。

T0104 ④：66，铸造，锈蚀。一端尖一段粗。长 5.2、宽 1.35、厚 1.2 厘米（图 7-67，7）。

T0104 ④：67，铸造，锈蚀。一端尖一段略粗，弯曲。长 8.9、宽 1.5、厚 0.9 厘米（图 7-67，8）。

T0104 ④：106，铸造，锈蚀。一端粗一端尖。长 6.45、宽 1.75、厚 0.7 厘米（图 7-67，9）。

T0104 ④：107，铸造，锈蚀。一端粗一端尖。长 5.7、宽 2.05、厚 0.6 厘米（图 7-67，10）。

T0104 ④：108，铸造，锈蚀。一端粗一端尖。长 6.55、宽 1.2、厚 0.6 厘米（图 7-67，11）。

T0105 ④：1，铸造，锈蚀。一头圆，一头尖。长 6、宽 1.6、厚 0.6 厘米（图 7-68，1）。

T0105 ④：2，铸造，锈蚀。一头圆，一头尖。长 4.6、宽 2.3、厚 1.1 厘米（图 7-68，2）。

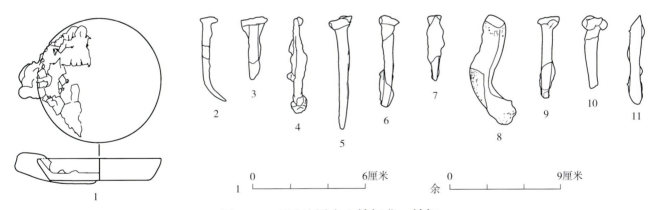

图 7-67　Ⅰ区地层出土铁灯盏、铁钉

1. 铁灯盏 T0204②：9　2～11. 铁钉 T0104②：27、42、45、T0104④：10、63、66、67、106、107、108

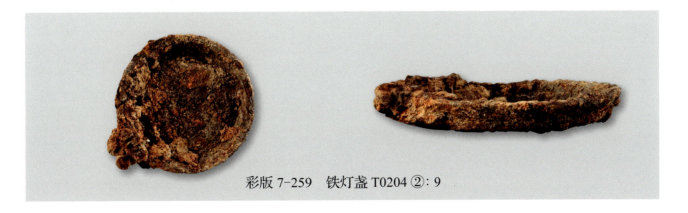

彩版 7-259　铁灯盏 T0204 ②：9

彩版 7-260　铁钉 T0104 ②：27、T0204 ④：26

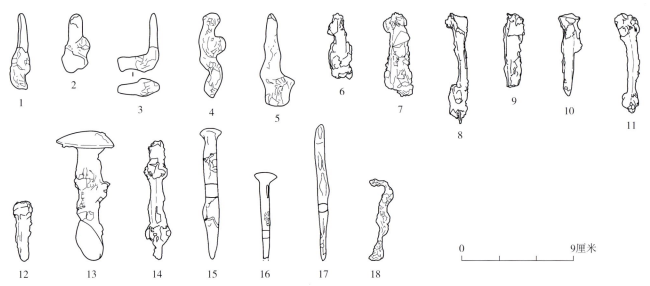

图 7-68　Ⅰ区地层出土铁钉

1～18. T0105④：1～4、T0105⑤：3、T0204②：16、T0204④：10、T0204④：16、20、23～26、T0204⑤：1、T0205⑤：11、T0205⑥：14、15、T0304③：3

　　T0105 ④：3，铸造，"L"形。锈蚀。一头圆，一头尖。长 4.6、宽 3.3、厚 0.8 厘米（图 7-68，3）。

　　T0105 ④：4，铸造，锈蚀。一头圆，一头尖。长 6.7、宽 2.2、厚 1 厘米（图 7-68，4）。

　　T0105 ⑤：3，铸造，锈蚀。一头圆，一头尖。长 7.3、宽 2.8、厚 0.8 厘米（图 7-68，5）。

　　T0204 ②：16，铸造，锈蚀。一头圆一头稍尖。长 5.2、宽 1.9、厚 1.4 厘米（图 7-68，6）。

　　T0204 ④：10，铸造，锈蚀，长条状。长 6.7、宽 2.3、厚 2 厘米（图 7-68，7）。

　　T0204 ④：16，铸造，锈蚀，长条状。长 8.8、宽 1.7、厚 1.7 厘米（图 7-68，8）。

　　T0204 ④：20，铸造，锈蚀，长条状。长 5.9、宽 1.7、厚 1.2 厘米（图 7-68，9）。

　　T0204 ④：23，铸造，锈蚀，一头圆一头尖。长 6.5、宽 1.7、厚 1 厘米（图 7-68，10）。

　　T0204 ④：24，铸造，锈蚀，长条形。长 7.9、宽 1.9、厚 1.4 厘米（图 7-68，11）。

　　T0204 ④：25，铸造，锈蚀，一头圆一头稍尖。长 4.7、宽 1.6、厚 1 厘米（图 7-68，12）。

　　T0204 ④：26，铸造，锈蚀严重。圆形钉帽，钉呈四方体锥形。长 10.3、宽 4.6、厚 4.6 厘米（图 7-68，13；彩版 7-260，右）。

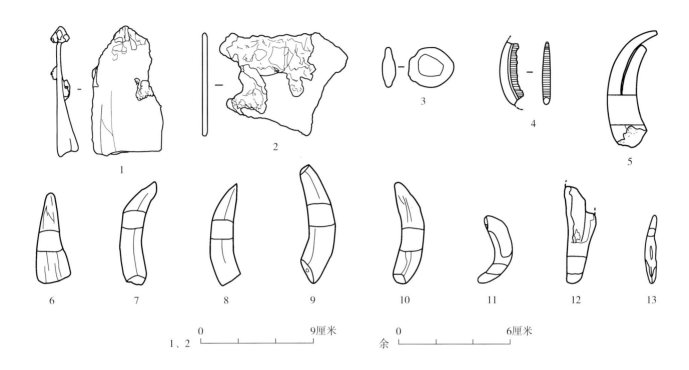

图 7-69　I区地层出土遗物

1. 农用工具T0203②：217　2. 铁片T0304③：2　3. 戒指T0303②：13　4. 骨篦T0404①：8　5~13. 动物牙齿T0104④：72、T0105④：7、T0201③：9~12、T0205②：4、T0205⑤：2、8

T0204⑤：1，铸造，锈蚀。一头圆一头尖。长9.4、宽1、厚0.8厘米（图7-68，14）。

T0205⑤：11，铸造，腐蚀，长条状。一端平，另一端尖。长10.4、宽1.7、厚1厘米（图7-68，15）。

T0205⑥：14，铸造，腐蚀，长条状。一端平，另一端微尖。长6.8、宽1.8、厚0.6厘米（图7-68，16）。

T0205⑥：15，铸造，腐蚀，长条状。一头圆，一头尖。长10.9、宽1.2、厚0.8厘米（图7-68，17）。

T0304③：3，铸造，锈蚀严重，变形，长条状，尾部弯折。长6.4、宽1.8、厚1.2厘米（图7-68，18）。

3. 农用工具

共1件。T0203②1件。

T0203②：217，微残，铸造，锈蚀。平面呈近长方形，一端厚，一段薄，一面少量土沁。长10.4、宽5.7厘米（图7-69，1）。

4. 铁片

共1件。T0304③1件。

T0304③：2，残，铸造，锈蚀严重。铁釜的残片，不规则形，腐蚀的地方有小石块。长10.2、宽8.15、厚0.4厘米（图7-69，2；彩版7-261）。

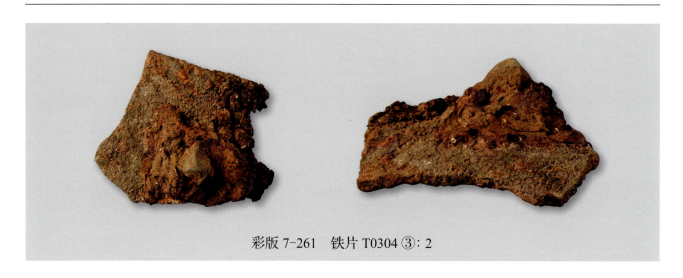

彩版 7-261　铁片 T0304 ③: 2

（一四）其他

1. 戒指

共 1 件。T0303 ② 1 件。

T0303 ②: 13，捏制。圆圈状，粗细不一。浅黄色胎，较粗糙。纵向直径 2.1、横外圈直径 2.45、纵外圈直径 2.1 厘米。横向直径 2.45、横内圈直径 1.4、纵内圈直径 1.15、厚 0.4 ~ 0.7 厘米（图 7-69，3）。

2. 骨篦

共 1 件。T0404 ① 1 件。

T0404 ①: 8，残，雕刻、打磨，骨质。长方形圆角弧顶。篦齿间距稠密。残长 3.35、宽 1.25、高 0.4 厘米（图 7-69，4）。

3. 动物牙齿

共 9 件。T0104 ④ 1 件，T0105 ④ 1 件，T0201 ③ 4 件，T0205 ② 1 件，T0205 ⑤ 2 件。

T0104 ④: 72，打磨，骨质。弧形，一头尖，一头粗。2 件，长 6.2、厚 1.6 厘米（图 7-69，5）。

T0105 ④: 7，残，门齿，骨质。牙根磨损严重，牙端微腐蚀。长 4.7、宽 1.7、厚 1.1 厘米（图 7-69，6）。

T0201 ③: 9，残，弧形，骨质。一头尖，一头粗。长 5.4、宽 1.2、厚 0.9 厘米（图 7-69，7）。

T0201 ③: 10，弧形，骨质。一头尖，一头粗。长 5.4、宽 1.3、厚 1 厘米（图 7-69，8）。

T0201 ③: 11，残，弧形，骨质。一头尖，尖部有损，一头粗，有五道裂缝。长 6.3、宽 1.2、厚 0.9 厘米（图 7-69，9）。

T0201 ③: 12，残，弧形，骨质。一头尖，一头粗。长 5.2、宽 1.3、厚 1.2 厘米（图 7-69，10）。

T0205 ②: 4，残，犬齿，弧形。齿根较尖，齿冠扁尖形，有白色牙釉质。长 3.6、宽 1.1、厚 0.5 厘米（图 7-69，11）。

T0205 ⑤: 2，残，门齿，弧形。齿根扁平形，齿冠残，不规则形，有裂缝，有白色牙釉质。长 5.1、宽 1.6、厚 0.9 厘米（图 7-69，12）。

T0205 ⑤: 8，残，疑是老鼠的牙齿，臼齿，弧形。齿根较尖，齿冠较平，有白色牙釉质。长 3.6、宽 0.6、厚 0.4 厘米（图 7-69，13）。

第二节　18 I Y2 堆积和火膛出土遗物

一　18 I Y2 堆积出土遗物

（一）白瓷

1. 白瓷盘

共 2 件。③层 1 件，④层 1 件。

18 I Y2 堆积③：8，残。撇口，圆唇，弧腹，圈足，挖足过肩，底部中心微凸。内满施透明釉，有涩圈，宽 1.4～2 厘米，外施透明釉至腹部，釉面有小开片，外有轮痕，有土沁。圈足足跟旋削，足脊微斜，外足墙微外撇。浅黄色胎，较致密。口径 17.6、底径 6.6、通高 3.5 厘米（图 7-70，1）。

18 I Y2 堆积④：17，残。撇口，圆唇，弧腹折收，圈足，挖足过肩。内满施透明釉，有涩圈，宽 1.5～1.9 厘米，釉下满施白色化妆土，外施透明釉至腹部，外有轮痕，有土沁。圈足足跟旋削，足脊微斜，外足墙微外撇。浅黄色胎，较致密。口径 18.6、底径 6.3、通高 3.4 厘米（彩版 7-262）。

2. 白瓷钵

共 1 件。④层 1 件。

18 I Y2 堆积④：4，残。侈口，圆唇，口沿下有凸棱，弧腹，圈足，挖足过肩。内满施透明釉，外施透明釉至腹部，有流釉、积釉现象，釉面有小开片，釉下施有白色化妆土，外有土沁，有轮痕，底部有釉粘，有窑粘。圈足足跟旋削，足脊微斜，外足墙微外撇。灰色胎，较致密。口径 12.2、底径 6、通高 6 厘米（图 7-70，2）。

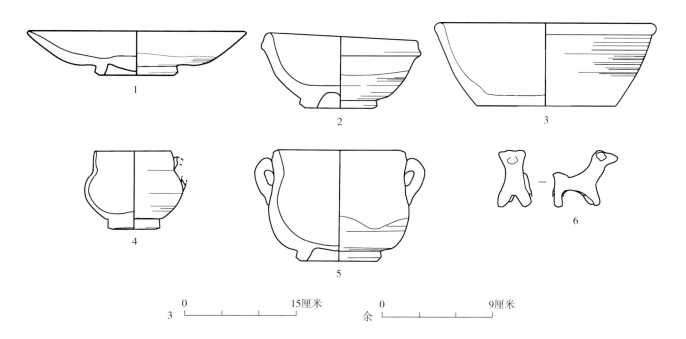

图 7-70　18 I Y2 堆积出土白瓷器

1. 白瓷盘18 I Y2堆积③：8　2. 白瓷钵18 I Y2堆积④：4　3. 白瓷盆18 I Y2堆积④：18　4、5. 白瓷罐18 I Y2堆积②：16、Y2堆积⑤：12　6. 白瓷瓷塑18 I Y2堆积③：7

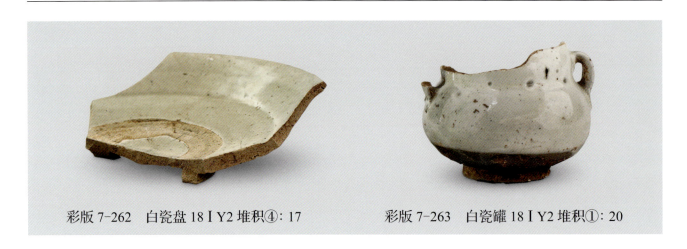

彩版 7-262　白瓷盘 18ⅠY2 堆积④：17　　　　　　彩版 7-263　白瓷罐 18ⅠY2 堆积①：20

3. 白瓷盆

共 1 件。④层 1 件。

18ⅠY2 堆积④：18，残。侈口，圆唇，卷沿，弧腹，平底。内施透明釉，有涩圈，宽 2.2 厘米，外施透明釉至口沿，釉面有小开片，内外都有土沁，外有轮痕。圈足足跟旋削，足脊微斜，外足墙微外撇。黄色胎，较致密。口径 30.3、底径 18.8、通高 11 厘米（图 7-70，3）。

4. 白瓷罐

共 3 件。①层 1 件，②层 1 件，⑤层 1 件。

18ⅠY2 堆积①：20，残。敞口，圆唇，矮颈，颈部至上腹部贴对称竖装条形系，一耳残，弧腹，饼底内凹。内满施透明釉，外施透明釉至腹部，有流釉现象，釉面有小开片，外有轮痕。黄色胎，较致密。口径 5.2、腹径 7.2、底径 3.8、通高 5.8 厘米（彩版 7-263）。

18ⅠY2 堆积②：16，残。侈口，圆唇，矮颈，颈部至腹部贴对称竖装条形系，双耳残，弧腹，饼底。内满施透明釉，外施透明釉至上腹部，内外有轮痕，外有釉粘，底部有窑粘。灰色胎，较致密。口径 6.2、腹径 7.8、底径 3.4、通高 6.2 厘米（图 7-70，4）。

18ⅠY2 堆积⑤：12，残。敞口，圆唇，矮颈，颈部与上腹部饰对称双系，弧腹，圈足。内满施透明釉，外施透明釉至中腹，釉面有小开片，有流釉现象，外有轮痕，有土沁。灰色胎，较致密。口径 10.2、腹径 11.2、底径 6.8、通高 8.8 厘米（图 7-70，5）。

5. 白瓷瓷塑

共 1 件。③层 1 件。

18ⅠY2 堆积③：7，瓷狗，残，模制。站姿。头微向左倾，双耳下耷，无眼，无嘴，狗尾向上翘起搭在背上，四肢下部呈锥状直立，通体施透明釉至腹部。黄色胎，较致密。长 5.2、宽 2.7、高 4.5 厘米（图 7-70，6）。

（二）白釉黑（褐）彩瓷

1. 白釉黑（褐）彩碗

共 9 件。②层 1 件，④层 2 件，⑤层 5 件，⑥层 1 件。

18ⅠY2 堆积②：2，带字碗残片。敞口，圆唇，弧腹。内施透明釉，外施透明釉至中腹，有积釉现象，釉面有小开片，釉下施白色化妆土，外有轮痕，有土沁，内腹有褐彩"？"字。黄色胎，较致密。残长 10.4、残宽 10.2 厘米（图 7-71，1）。

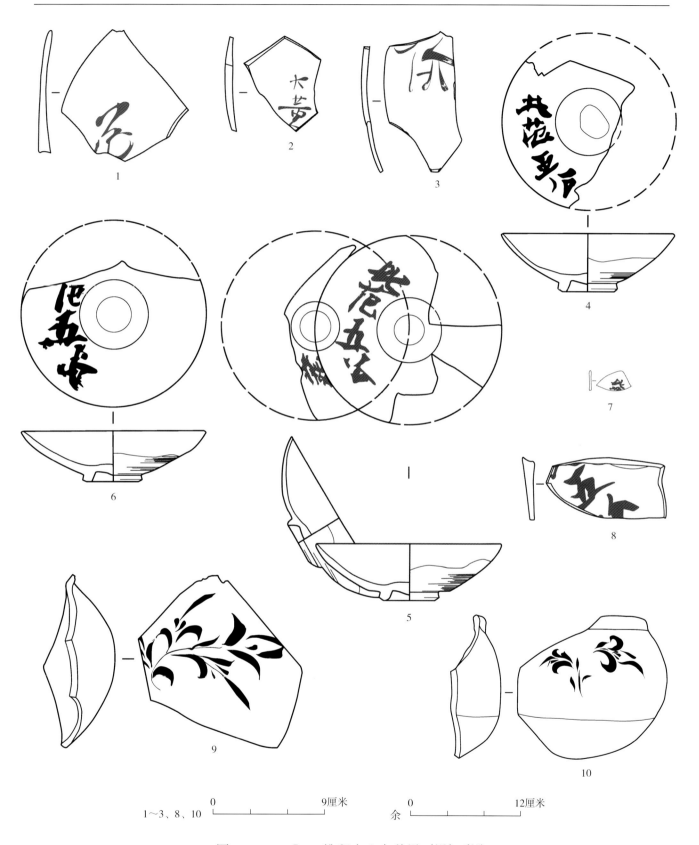

图 7-71　18ⅠY2 堆积出土白釉黑（褐）彩瓷

1~8. 白釉黑（褐）彩碗 18ⅠY2 堆积②：2、Y2 堆积④：27、28、Y2 堆积⑤：1、2、4、3、Y2 堆积⑥：2　9、10. 白釉黑（褐）彩罐 18ⅠY2 堆积①：22、23

18 I Y2 堆积④：27，带字碗残片。内外施透明釉，外有轮痕，内腹饰褐彩"大黄"字。胎体火石红，灰色胎，较致密。残长 7.5、残宽 6.2 厘米（图 7-71，2；彩版 7-264）。

18 I Y2 堆积④：28，带字碗残片。敞口，圆唇，弧腹。内外施透明釉，釉下施化妆土，有流釉、积釉现象，外有轮痕，内外都有土沁，内腹釉下有褐彩"？"。浅黄色胎，较致密。残长 11.1、残宽 6.3 厘米（图 7-71，3；彩版 7-265）。

18 I Y2 堆积⑤：1，带字碗，残。敞口，圆唇，弧腹，圈足，挖足过肩。内腹有黑彩"北范五公"字，涩圈宽 1.7～1.9 厘米，内施透明釉，釉下施白色化妆土，外施透明釉至上腹部，釉面有小开片，有积釉现象，施土不均匀，内外有窑粘，有轮痕。圈足有旋削痕迹，足脊微斜，外足墙微外撇。灰色胎，较致密。口径 18.8、底径 6.4、通高 6.2 厘米（图 7-71，4；彩版 7-266）。

18 I Y2 堆积⑤：2，带字碗，2 个粘在一起（图 7-71，5）。

18 I Y2 堆积⑤：2-1，正残。敞口，圆唇，弧腹，圈足，挖足过肩。内施透明釉，有涩圈，宽 1.6～2 厘米，内腹有褐彩"北范五公"字，外施透明釉至上腹部，有脱釉现象，釉面有小开片，内外都有土沁，外有轮痕。圈足有旋削痕迹，足脊微斜，外足墙微外撇。灰色胎，较致密。口径 20、底径 6.4、高 6 厘米。

18 I Y2 堆积⑤：2-2，侧残。敞口，圆唇，弧腹，圈足，挖足过肩。内施透明釉，有涩圈，宽 1.8～2.4 厘米，内腹有褐彩"北范五公"字，外施透明釉至上腹部，有脱釉、积釉现象，釉面有小开片，内外都有土沁，有轮痕。圈足有旋削痕迹，足脊微斜，外足墙微外撇。灰色胎，较致密。口径 20、底

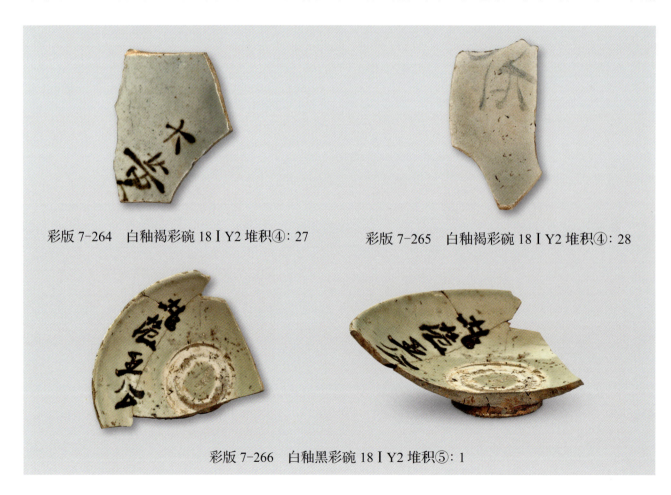

彩版 7-264　白釉褐彩碗 18 I Y2 堆积④：27　　　　彩版 7-265　白釉褐彩碗 18 I Y2 堆积④：28

彩版 7-266　白釉黑彩碗 18 I Y2 堆积⑤：1

径 6.4、高 5.2、通高 17.3 厘米。

18 Ⅰ Y2 堆积⑤：4，残。敞口，圆唇，弧腹，圈足，挖足过肩。内施透明釉，有涩圈，宽 1.5～2.25 厘米，内腹有黑彩"范五公"字，外施透明釉至腹部，釉面有小开片，有积釉现象，内外都有窑粘，外有轮痕。圈足有旋削痕迹，足脊微斜，外足墙微外撇。灰色胎，较致密。口径 19.8、底径 6.4、通高 5.4 厘米（图7-71，6）。

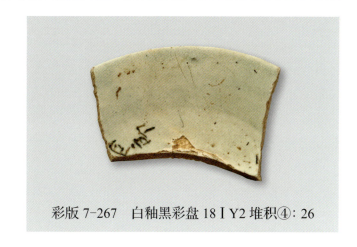

彩版 7-267　白釉黑彩盘 18 Ⅰ Y2 堆积④：26

18 Ⅰ Y2 堆积⑤：3，带字碗残片。敞口，圆唇，弧腹。内施透明釉，内腹有褐彩"北"字，外施透明釉至腹部，有脱釉现象，釉面有小开片，釉下施白色化妆土，内外都有土沁，外有釉粘，有轮痕。灰色胎，较致密。残长 11.3、残宽 6.4 厘米（图7-71，7）。

18 Ⅰ Y2 堆积⑥：2，带字残片。内满施透明釉，有涩圈，内腹有褐彩"五公"字，内外都有土沁，外有轮痕，有釉粘。灰色胎，较致密。残长 9.8、残宽 4.8 厘米（图 7-71，8）。

2. 白釉黑（褐）彩盘

共 1 件。④层 1 件。

18 Ⅰ Y2 堆积④：26，带字盘残片。侈口，圆唇，弧腹。内外施透明釉至上腹部，釉下施白色化妆土，内腹有黑彩"四郎"字，内外有土沁，有轮痕。黄色胎，较致密。残长 10.3、残宽 7.4 厘米（彩版 7-267）。

3. 白釉黑（褐）彩罐

共 2 件。①层 2 件。

18 Ⅰ Y2 堆积①：22，罐腹片。内外均施透明釉，有积釉、脱釉现象，釉面有小开片，釉下施白色化妆土，外有少量土沁，外腹饰黑彩萱草纹。黄色胎，较致密。残长 18.2、残宽 17.5 厘米（图 7-71，9）。

18 Ⅰ Y2 堆积①：23，罐残片。敛口，圆唇，矮颈，弧腹。除口沿外内施透明釉，外腹饰黑彩萱草纹，外施透明釉至腹部，釉面有小开片，釉下施白色化妆土，外着护胎釉，外有少量土沁，内外有轮痕。灰色胎，较致密。残长 12、残宽 11.5 厘米（图 7-71，10）。

（三）青瓷

1. 青瓷瓶

共 1 件。④层 1 件。

18 Ⅰ Y2 堆积④：8，口沿残。敞口，长弧腹，平底。内外施青釉至腹部，有积釉、窑变、流釉现象，外有窑粘、轮痕、土沁。浅黄色胎，较致密。腹径 16.8、底径 9.6、残高 24.8 厘米（图 7-72，1）。

2. 青瓷瓷塑

共 2 件。④层 1 件，⑥层 1 件。

18 Ⅰ Y2 堆积④：14，人物塑，模制。坐姿。椭圆形脸，中分发髻，面部不清晰，双手持一物放两骨上，衣衫纹路不明显，背部平直，底部直，施青釉至底座处，有窑粘，背部釉面有小开片。黄色胎，较致密。

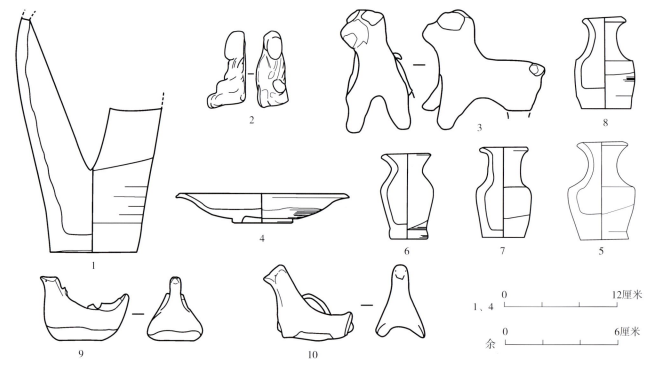

图 7-72　18ⅠY2 堆积出土瓷器

1. 青瓷瓶18ⅠY2堆积④：8　2. 青瓷瓷塑18ⅠY2堆积⑥：8　3. 黄釉瓷塑18ⅠY2堆积③：1　4. 酱釉盘18ⅠY2堆积⑤：16　5～8. 酱釉瓶18ⅠY2
堆积①：17、Y2堆积④：22、Y2堆积⑥：3、Y2堆积①：3　9、10. 酱釉瓷塑18ⅠY2堆积①：15、Y2堆积②：10

长 2.3、宽 1.5、残高 4.45 厘米（彩版 7-268）。

18ⅠY2 堆积⑥：8，人物塑，模制。坐姿。椭圆形脸，右手持一物，左手搭左膝上，左腿往右偏，衣衫纹路明显，背部平直，有釉粘，底部直，满施青釉。灰色胎，较致密。长 1.75、宽 2.1、残高 4.05 厘米（图 7-72，2）。

（四）黄釉瓷

黄釉瓷塑

共 1 件。③层 1 件。

18ⅠY2 堆积③：1，瓷狗，残，模制。站姿。头微向右倾，双耳下耷，无眼，有唇，狗尾向左翘起搭在臀部，四肢下部呈锥状直立，通体施黄釉至腹部。黄色胎，较致密。长 6.6、宽 3.8、高 6.3 厘米（图 7-72，3；彩版 7-269）。

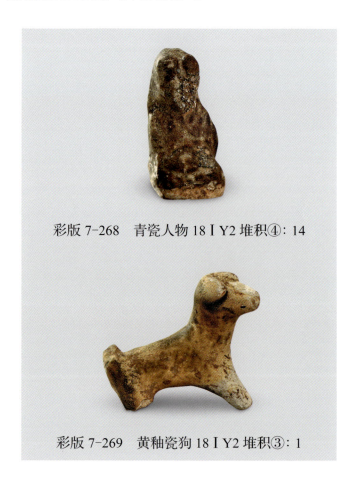

彩版 7-268　青瓷人物 18ⅠY2 堆积④：14

彩版 7-269　黄釉瓷狗 18ⅠY2 堆积③：1

彩版 7-270　绿釉盏 18 Ⅰ Y2 堆积④：23

（五）绿釉瓷

绿釉盏

共 1 件。④层 1 件。

18 Ⅰ Y2 堆积④：23，微残。敞口，圆唇，弧腹，圈足，挖足过肩。内施绿釉，有涩圈，宽 1.6 厘米，外施绿釉至腹部，有流釉现象，内有土沁，外有轮痕。圈足足跟旋削，足脊微斜，外足墙微外撇。浅黄色胎，较致密。口径 10.8、底径 4.7、通高 3.9 厘米（彩版 7-270）。

（六）酱釉瓷

1. 酱釉盘

共 1 件。

18 Ⅰ Y2 堆积⑤：16，残。撇口，圆唇，弧腹，圈足，挖足过肩。内施酱釉，有涩圈，宽 1.9～2.1 厘米，外施酱釉至腹部，有窑变现象，外有轮痕，有土沁。圈足足跟有旋削痕迹，足脊微斜，外足墙微外撇。灰色胎，较致密。口径 18.7、底径 6.6、通高 3.1 厘米（图 7-72，4）。

2. 酱釉瓶

共 6 件。①层 1 件，②层 1 件，④层 2 件，⑤层 1 件，⑥层 1 件。

18 Ⅰ Y2 堆积①：17，微残。侈口，圆唇，矮颈，溜肩，弧腹，平底。内满施酱釉，外施酱釉至腹部，外有土沁，有窑粘。砖红色胎，较致密。口径 2.7、腹径 3.6、底径 2.6、通高 5.2 厘米（图 7-72，5）。

18 Ⅰ Y2 堆积④：22，微残。侈口，圆唇，矮颈，折肩，弧腹，平底。内外施酱釉至下腹，有窑变现象，外有轮痕，有土沁，底部有窑粘。灰色胎，较致密。口径 2.7、腹径 2.8、底径 2、通高 4.5 厘米（图 7-72，6）。

18 Ⅰ Y2 堆积⑥：3，残。侈口，圆唇，矮颈，折肩，弧腹，平底。内满施酱釉，外施酱釉至下腹，下腹至底部施化妆土，有流釉、脱釉、窑变现象，外有土沁，有窑粘。灰色胎，较致密。口径 2.6、腹径 3、底径 2.3、通高 4.8 厘米（图 7-72，7）。

18 Ⅰ Y2 堆积①：3，微残。侈口，圆唇，矮颈，折肩，弧腹，平底。内满施柿釉，外施柿釉至上腹，外腹有土沁。浅黄色胎，较致密。口径 2.3、腹径 3.2、底径 2.6、通高 4.9 厘米（图 7-72，8）。

3. 酱釉瓷塑

共 2 件。①层 1 件，②层 1 件。

18 Ⅰ Y2 堆积①：15，瓷鸭，微残，模制。鸭形。背部上纽残，有窑粘，嘴巴扁平，尾巴向上翘起。通体施酱釉至下腹，釉面有小开片，周身有土沁，底部施白色化妆土。黄色胎，较致密。长 4.8、宽 3、高 3.4 厘米（图 7-72，9）。

18 Ⅰ Y2 堆积②：10，瓷鸭，模制。鸭形。背部上纽残，嘴巴扁平，有眼睛，尾巴向上翘起。通体施酱釉至底部有土沁，釉面小开片，底部有凹槽。灰色胎，较致密。长 4.8、宽 2.6、高 4 厘米（图

7-72，10）。

（七）黑釉瓷

黑釉碗

共1件。①层1件。

18ⅠY2堆积①：8，2件瓷碗粘连，残（图7-73，1）。

18ⅠY2堆积①：8-1，上，敞口，圆唇，斜弧腹。内施黑釉，有涩圈，宽1.75～2.1厘米，外施黑釉至腹部，有窑变现象。灰色胎，较致密。口径21.4、底径6.4、高7.5厘米。

18ⅠY2堆积①：8-2，下，敞口，圆唇，斜弧腹，圈足，挖足过肩。内满施黑釉，外施黑釉至腹部，外有窑变，外有土沁，有轮痕。圈足有旋削痕迹，足脊微斜，外足墙外撇。灰色胎，较致密。口径21.6、底径6.6、高7.5、通高9.5厘米。

（八）素烧瓷

1. 素烧瓷龟

共1件。③层1件。

18ⅠY2堆积③：5，瓷龟，残，模制。后壳残，背部有捉手，四鳍往外伸，尾巴向下微倾，整

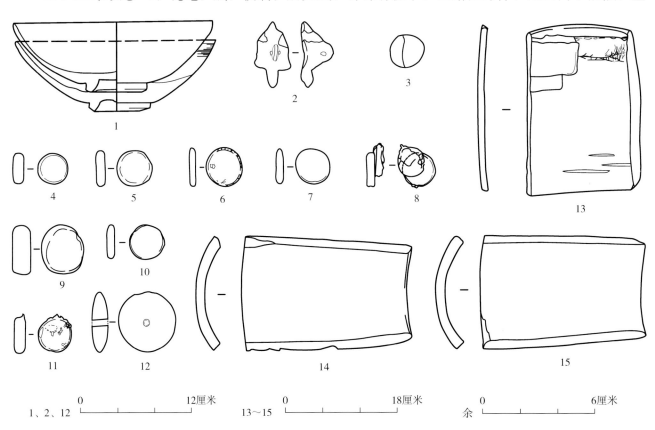

图7-73　18ⅠY2堆积出土瓷器

1. 黑釉碗18ⅠY2堆积①：8　2. 素烧瓷塑18ⅠY2堆积③：5　3. 素烧球18ⅠY2堆积⑤：9　4～11. 素烧围棋子18ⅠY2堆积①：14、Y2堆积②：11、13、Y2堆积③：4、Y2堆积④：11、20、Y2堆积⑤：10、Y2堆积⑥：7　12. 素烧纺轮18ⅠY2堆积④：25　13～15. 素烧瓦18ⅠY2堆积①：4、Y2堆积②：20、21

体有土沁，通体施白色化妆土，有脱落现象。灰色胎，较致密。长 7、宽 4、残高 3.5 厘米（图 7-73，2；彩版 7-271）。

2. 素烧球

共 1 件。⑤层 1 件。

18 I Y2 堆积⑤：9，揉制。圆球形。周身有疑似施釉。灰色胎，较致密。直径 1.9 厘米（图 7-73，3）。

3. 素烧围棋子

共 10 枚。①层 1 枚，②层 2 枚，③层 1 枚，④层 4 枚，⑤层 1 枚，⑥层 1 枚。

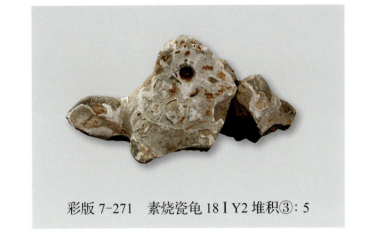

彩版 7-271　素烧瓷龟 18 I Y2 堆积③：5

18 I Y2 堆积①：14，模制。圆饼状。灰色胎，较致密。直径 1.65、厚 0.6 厘米（图 7-73，4）。

18 I Y2 堆积②：11，微残，模制。圆饼状。侧面有小缺痕。灰色胎，较致密。直径 1.8、厚 0.5 厘米（图 7-73，5）。

18 I Y2 堆积②：13，微残，模制。圆饼状。侧面有小裂痕。白色胎，较致密。直径 2、厚 0.35 厘米（图 7-73，6；彩版 7-272）。

18 I Y2 堆积③：4，模制。圆饼状。两面都有土沁。灰色胎，较致密。直径 1.8、厚 0.4 厘米（图 7-73，7）。

18 I Y2 堆积④：11，2 个粘在一起，可分两层。第一层，灰瓷，圆饼状，模制。通体满施青釉。一面和侧面有窑粘，另一面与下面棋子粘接在一起。灰色胎，较致密。直径 1.5、厚 0.4 厘米。第二层，灰瓷，圆饼状，模制。通体满施青釉。侧面有窑粘，另一面与上面棋子粘接在一起。灰色胎，较致密。直径 1.7、厚 0.5 厘米（图 7-73，8；彩版 7-273）。

18 I Y2 堆积④：20，微残，模制。二次加工而成。近椭圆形。边部不规则，有小凹窝。灰色胎，较致密。直径 2.6、厚 1 厘米（图 7-73，9）。

18 I Y2 堆积⑤：10，微残，模制。圆饼状。侧面有釉粘和缺痕，一面有窑粘，另一面有土沁。灰色胎，较致密。直径 1.9、厚 0.4 厘米（图 7-73，10）。

18 I Y2 堆积⑥：7，模制。圆饼状。两面有窑粘。灰色胎，较致密。直径 1.8、厚 0.6 厘米（图

彩版 7-272　素烧围棋子 18 I Y2 堆积②：13　　　　彩版 7-273　素烧围棋子 18 I Y2 堆积④：11

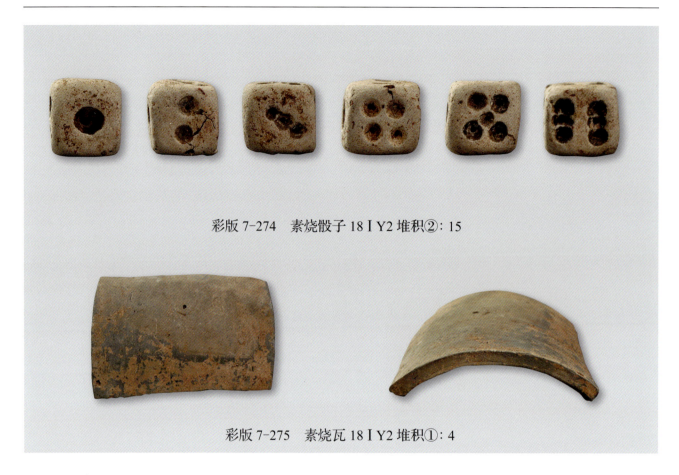

彩版 7-274　素烧骰子 18ⅠY2 堆积②: 15

彩版 7-275　素烧瓦 18ⅠY2 堆积①: 4

7-73，11）。

4. 素烧骰子

共 1 枚。②层 1 枚。

18ⅠY2 堆积②: 15，模制。正方体。以 1～6 个凹窝在六面分别饰 1～6 个数字。白色胎，较致密。长 0.65、宽 0.65、厚 0.65 厘米（彩版 7-274）。

5. 素烧纺轮

共 1 件。④层 1 件。

18ⅠY2 堆积④: 25，微残，模制。圆形，中间有一圆穿孔，中间厚周边薄，两个面都有小缺痕。黑色胎，较致密。直径 6.2、孔径 0.7、厚 1.75 厘米（图 7-73，12）。

6. 素烧瓦

共 3 件。①层 1 件，②层 2 件。

18ⅠY2 堆积①: 4，板瓦。整体呈弧形。背面有布纹，顶面光滑，瓦头窄，瓦尾宽。灰色胎，较致密。长 26.5、宽 18.6、厚 1.2 厘米（图 7-73，13；彩版 7-275）。

18ⅠY2 堆积②: 20，微残。平面近矩形，侧面呈拱形。边缘有脱落痕迹，另一面有土沁，划痕。灰色胎，较致密。长 27.4、宽 18.2、厚 1.4～1.8 厘米（图 7-73，14）。

18ⅠY2 堆积②: 21，微残。平面近矩形，侧面呈拱形。一面有因拉坯不均匀导致的泥浆，边缘有脱落痕迹，另一面有土沁，划痕。灰色胎，较致密。长 26.6、宽 18、厚 1～1.7 厘米（图 7-73，15）。

（九）窑具

1. 盏形支具

共15件。①层1件，②层5件，③层1件，④层4件，⑤层2件，⑥层2件。

18ⅠY2堆积①：12，微残。敞口，方唇，弧腹，平底内凹。内粘有细小石子，外有轮痕，有土沁。灰色胎，较粗糙。口径9.4、底径5、通高2.6厘米（图7-74，1；彩版7-276）。

18ⅠY2堆积②：3，微残。敞口，方唇，斜沿，弧腹，平底内凹。内外有土沁，外有轮痕。浅黄色胎，较致密。口径8.9、底径4.2、通高2.8厘米（图7-74，2；彩版7-277）。

18ⅠY2堆积②：4，微残。敞口，方唇，斜沿，弧腹，平底内凹。内外都有轮痕，土沁。浅黄色胎，较致密。口径9、底径4.8、通高2.9厘米（图7-74，3）。

18ⅠY2堆积②：5，微残。敞口，方唇，斜沿，弧腹，平底内凹。内外有轮痕，有土沁。灰色胎，较致密。口径8.4、底径3.8、通高1.8厘米（图7-74，4）。

18ⅠY2堆积②：8，微残。敞口，圆唇，弧腹，平底内凹。内外有土沁，外有轮痕，底部有釉粘。灰色胎，较致密。口径9.2、底径4.4、通高2.1厘米（图7-74，5）。

18ⅠY2堆积③：2，微残。敞口，方唇，斜沿，弧腹，平底内凹。外腹有轮痕，内外有土沁，底部有釉粘。灰色胎，较致密。口径8.4、底径3.6、通高1.8厘米（图7-74，6）。

18ⅠY2堆积④：1，敞口，方唇，斜沿，弧腹，平底内凹。口沿因拉坯不均匀导致的泥浆，内外有轮痕，有土沁，底部有窑粘。灰色胎，较致密。口径8.2、底径4.2、通高2.5厘米（图7-74，7）。

18ⅠY2堆积④：3，侈口，圆唇，斜沿，弧腹，平底内凹。内底有凹窝，外轮有凹槽，下腹有疑似因拉坯不均匀导致的泥浆。黄色胎，较致密。口径8.5、底径4.4、通高2.4厘米（图7-74，8）。

18ⅠY2堆积④：13，微残。敞口，方唇，斜沿，弧腹，平底内凹。内外有轮痕，有土沁，底部有釉粘，

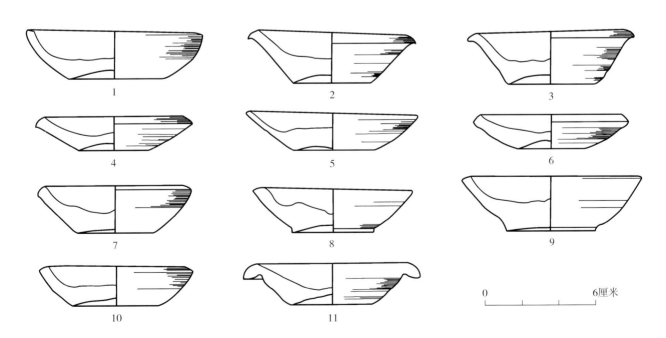

图7-74　18ⅠY2堆积出土盏形支具

1~11. 18ⅠY2堆积①：12、Y2堆积②：3~5、8、Y2堆积③：2、Y2堆积④：1、3、13、24、Y2堆积⑤：11

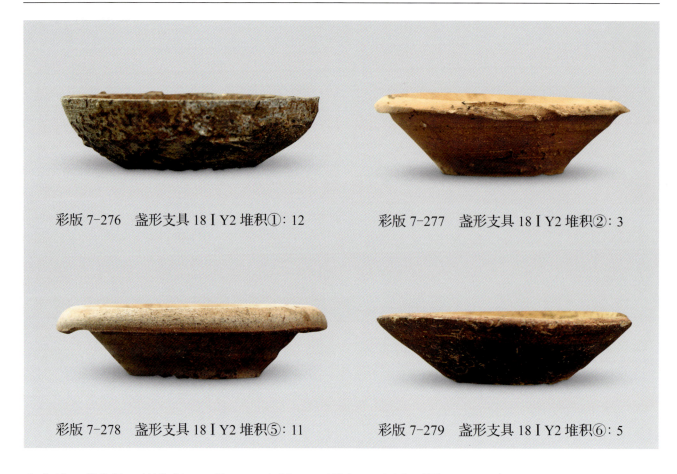

彩版 7-276　盏形支具 18ⅠY2 堆积①：12　　　　彩版 7-277　盏形支具 18ⅠY2 堆积②：3

彩版 7-278　盏形支具 18ⅠY2 堆积⑤：11　　　　彩版 7-279　盏形支具 18ⅠY2 堆积⑥：5

有窑粘。黄色胎，较致密。口径 9.7、底径 4.8、通高 2.9 厘米（图 7-74，9）。

　　18ⅠY2 堆积④：24，微残。敞口，方唇，斜沿，弧腹，平底内凹。内外都有轮痕，有少量土沁。黄色胎，较致密。口径 8.2、底径 4.7、通高 2.1 厘米（图 7-74，10）。

　　18ⅠY2 堆积⑤：11，微残。敞口，方唇，卷沿，弧腹，平底内凹。内外有轮痕，底部有窑粘。黄色胎，较致密。口径 9.4、底径 4.3、通高 2.2 厘米（图 7-74，11；彩版 7-278）。

　　18ⅠY2 堆积⑥：5，微残。敞口，圆唇，斜沿，弧腹，平底内凹。内外都有轮痕，有土沁。胎体火石红，黄色胎，较粗糙。口径 10.8、底径 4.7、通高 2.8 厘米（彩版 7-279）。

　　2. 钵形支具

　　共 9 件。②层 1 件，③层 2 件，④层 4 件，⑥层 2 件。

　　18ⅠY2 堆积②：12，残。敞口，圆唇，弧腹，卷沿，卧足。内外有轮痕，有土沁，有釉粘，口沿有窑粘。灰色胎，较致密。口径 11.8、底径 6、通高 5.9 厘米（图 7-75，1）。

　　18ⅠY2 堆积③：11，残。敞口，圆唇，弧腹，卷沿，卧足，底部中心有一孔。外有轮痕，下腹至底部施化妆土，内外有土沁，外有釉粘。浅黄色胎，较致密。口径 9.8、底径 5、通高 3.7 厘米（彩版 7-280）。

　　18ⅠY2 堆积③：12，微残。侈口，圆唇，弧腹，卷沿，平底内凹。内外有轮痕，有土沁，外有釉粘。浅黄色胎，较致密。口径 8.6、底径 5.1、通高 4.8 厘米（图 7-75，2）。

　　18ⅠY2 堆积④：5，残。侈口，圆唇，卷沿，弧腹，卧足。内外有土沁，有轮痕，外施有护胎釉。胎体火石红，黄色胎，较致密。口径 11.4、底径 6.4、通高 8.4 厘米（图 7-75，3）。

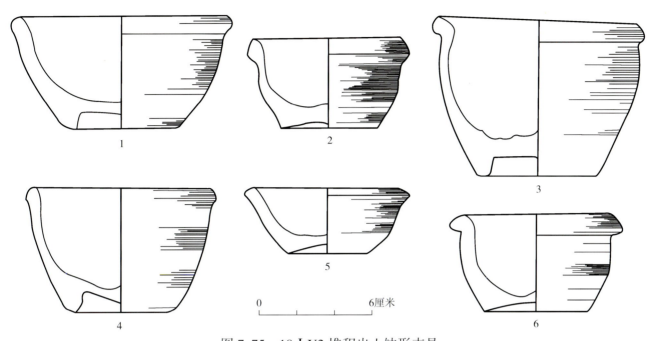

图 7-75 18ⅠY2 堆积出土钵形支具

1～6.18ⅠY2堆积②：12、Y2堆积③：12、Y2堆积④：5、9、16、Y2堆积⑥：9

18ⅠY2 堆积④：9，微残。敞口，圆唇，卷沿，弧腹，卧足，底部中心微凸。内底有乳突，内外都有土沁，有轮痕。黄色胎，较致密。口径10.2、底径5.5、通高6.6厘米（图7-75，4）。

18ⅠY2 堆积④：16，微残。敞口，方唇，斜沿，弧腹，平底内凹。内外有土沁，有轮痕。黄色胎，较致密。口径8.8、底径4.3、通高3.5厘米（图7-75，5）。

彩版 7-280 钵形支具 18ⅠY2 堆积③：11

18ⅠY2 堆积⑥：9，残。敞口，圆唇，弧腹，卷沿，平底内凹。外有轮痕，有土沁，口沿有釉粘。黄色胎，较致密。口径9.3、底径5.6、通高5.2厘米（图7-75，6）。

3. 喇叭形支具

共1件。①层1件。

18ⅠY2 堆积①：21，微残。敞口，方唇，斜沿，束颈，平底。周身有轮痕，有釉粘，有三分之二疑似施釉。胎体火石红，灰色胎，较致密。口径5.8、底径4、通高6.4厘米（图7-76，1）。

4. 窑柱

共2件。①层2件。

18ⅠY2 堆积①：6，残。圆柱体，实心。表面有大量土沁，上部直径略大于下部，下部有耐火材料做成的填料，上下有指窝，窑柱一侧贯穿有凹槽，上端有烧结物。夹砂黄色胎，较粗糙。直径8、

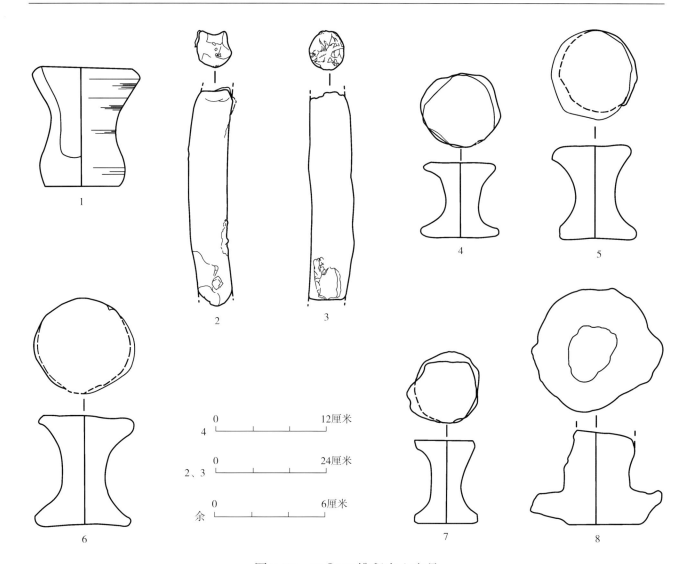

图 7-76　18ⅠY2 堆积出土窑具

1. 喇叭形支具18ⅠY2堆积①：21　2、3. 窑柱18ⅠY2堆积①：6、19　4～8. 工字形间隔具18ⅠY2堆积①：9、11、13、Y2堆积②：9、Y2堆积③：6

高 46.2 厘米（图 7-76，2）。

18ⅠY2 堆积①：19，残。圆柱体，实心。表面有大量土沁，上部直径略大于下部，下部有耐火材料做成的填料，上下有指窝，窑柱一侧贯穿有凹槽，上端有烧结物。夹砂黄色胎，较粗糙。直径 8.4、高 44 厘米（图 7-76，3）。

5. 工字形间隔具

共 8 件。①层 6 件，②层 1 件，③层 1 件。

18ⅠY2 堆积①：9，残，捏制。"工"字状。上底与下底平面呈近圆形，短柄，束腰。整体有土沁，有疑似施釉。灰色胎，较致密。直径 8.5、通高 7.9 厘米（图 7-76，4）。

18ⅠY2 堆积①：11，残，捏制。"工"字状。上底与下底平面呈近圆形，短柄，束腰。上下底有釉粘，整体有土沁和施有化妆土，化妆土有开裂、脱落现象。灰色胎，较致密。直径 4.7、通高 5 厘米（图7-76，5）。

18ⅠY2堆积①：13，微残，捏制。"工"字状。上底与下底平面呈近圆形，短柄，束腰。整体有土沁，有疑似施釉。灰色胎，较致密。直径5.2、通高5.8厘米（图7-76，6）。

18ⅠY2堆积②：9，微残，模制。"工"字状。上底与下底平面呈近圆形，短柄，束腰。整体有少量土沁，有疑似施釉。灰色胎，较致密。直径3.35、通高4.4厘米（图7-76，7）。

18ⅠY2堆积③：6，残，捏制。"T"字状。上底呈近圆形。整体有土沁，短柄，束腰。浅黄色胎，较粗糙。直径7、残高5厘米（图7-76，8）。

6 支圈

共1件。④层1件。

18ⅠY2堆积④：21，残，捏制。环状。内呈弧状，外轮廓有凹槽。浅黄色胎，较致密。直径13.6、厚2.4厘米（彩版7-281）。

7. 垫饼

共4件。①层2件，④层1件，⑤层1件。

18ⅠY2堆积①：1，微残，模制。圆饼状，平面近圆形。平面有夹杂砂石和土沁。黄色胎，较粗糙。直径12.4、厚1厘米（图7-77，1）。

18ⅠY2堆积①：18，微残，模制。圆饼状，平面近圆形。两个面都有夹杂砂石，有土沁。黄色胎，较粗糙。直径12.4、厚0.9～1厘米（图7-77，2）。

18ⅠY2堆积⑤：8，微残，模制。圆饼状，平面近圆形。一面有划花，另一面有划痕，周围疑似施釉，两个面均有土沁。黄色胎，较粗糙。直径16.4、厚0.8～1.6厘米（彩版7-282）。

8. 窑具

共1件。②层1件。

18ⅠY2堆积②：6，窑具和围棋子，残。可分四层。第二层钵底，内外施青釉，有脱釉现象，外有窑变。灰色胎，较致密。器内有粘结22枚白色棋子，较完整棋子有14枚，残缺棋子4枚，小碎块棋子4枚。第三、四层为残缺的不规则方形垫砖，为耐火材质做成的垫砖，施青釉，有脱釉现象。夹砂灰色胎，较粗糙。残长20、残宽16.4、通高12.8厘米（彩版7-283）。

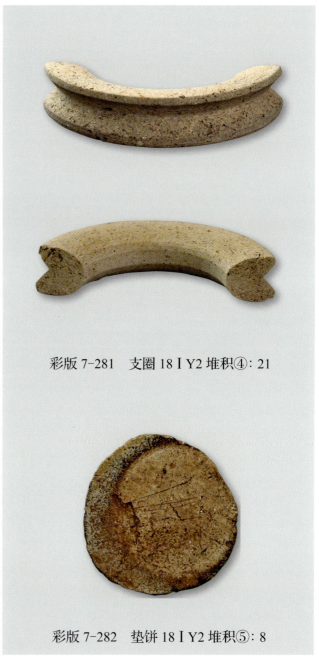

彩版7-281　支圈18ⅠY2堆积④：21

彩版7-282　垫饼18ⅠY2堆积⑤：8

彩版 7-283　窑具和围棋子 18ⅠY2 堆积②：6

彩版 7-284　碾轮 18ⅠY2 堆积⑥：1

9. 匣钵

共 1 件。④层 1 件。

18ⅠY2 堆积④：29，匣钵内有白瓷碗，残。敞口，圆唇，斜腹，平底。呈 M 状。夹砂灰色胎，较粗糙。口径 20.2、底径 9.4、高 6.5 厘米。白瓷碗底，内满施青釉，内有窑粘。白色胎，较致密（图 7-77，3）。

10. 碾轮

共 1 件。⑥层 1 件。

18ⅠY2 堆积⑥：1，残，模制。打磨。平面近圆形。两面都有土沁，一面有烧裂现象。中间有圆形穿孔。灰色胎，较致密。直径 9.5、孔径 1.5、厚 2 厘米（彩版 7-284）。

（一〇）铜器

铜钱

共 6 枚。①层 1 件，②层 4 件，③层 1 件。

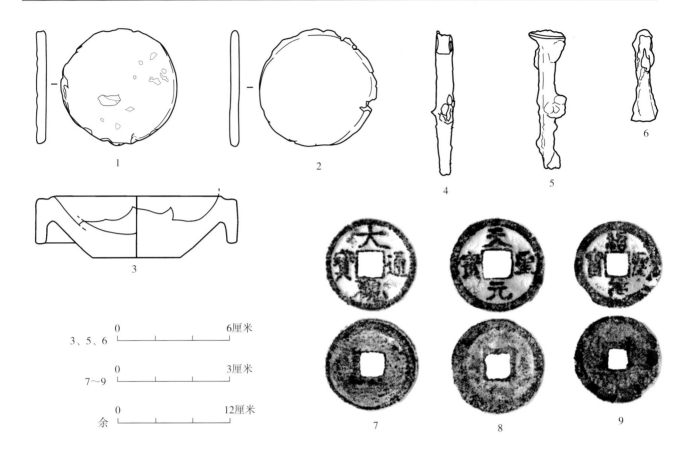

图 7-77　18ⅠY2 堆积出土窑具、铜器与铁器

1、2. 垫饼18ⅠY2堆积①：1、18　3. 匣钵18ⅠY2堆积④：29　4～6. 铁钉18ⅠY2堆积①：7、Y2堆积②：14、17　7～9. 铜钱18ⅠY2堆积①：10、Y2堆积③：9、13

　　18ⅠY2 堆积①：10，大观通宝，1 枚，楷书。重 3.3 克，直径 2.5、孔径 0.7、厚 0.1 厘米（图 7-77，7）。

　　18ⅠY2 堆积③：9，天圣元宝，1 枚，楷书。重 4.3 克，直径 2.6、孔径 0.7、厚 0.1 厘米（图 7-77，8）。

　　18ⅠY2 堆积③：10，绍圣元宝，1 枚，篆书。重 3.4 克，直径 2.4、孔径 0.6、厚 0.1 厘米（图 7-77，9）。

（一）铁器

铁钉

共 3 枚。①层 1 件，②层 2 件。

　　18ⅠY2 堆积①：7，铸造，锈蚀。一头折收成圆形，一头尖。长 14.8、宽 2.2、厚 1.8 厘米（图 7-77，4）。

　　18ⅠY2 堆积②：14，铸造，锈蚀。一头平，一头尖。长 7.3、宽 1.9、厚 1 厘米（图 7-77，5）。

　　18ⅠY2 堆积②：17，铸造。锈蚀。一头大，一头小。长 4.8、宽 1.8、厚 1.4 厘米（图 7-77，6）。

二　18Ⅰ Y2 火膛出土遗物

窑具

1. 盏形支具

共1件。①层1件。

18ⅠY2火膛①：1，微残。敞口，圆唇，斜沿，弧腹，平底内凹。内外都有轮痕，少量土沁，外有釉粘。灰色胎，较致密。口径8、底径4.9、通高2厘米（图7-78，1）。

2. 工字形间隔具

共2件。②层1件，⑥层1件。

18ⅠY2火膛②：1，微残，捏制。"工"字状，上底与下底平面都呈近圆形，短柄，束腰。周身疑似施釉，有脱釉现象，有少量土沁、釉粘、窑粘、手窝印。黄色胎，较粗糙。直径6.4、通高6厘米（图7-78，2）。

图 7-78　18Ⅰ Y2 火膛出土窑具

1. 盏形支具18ⅠY2火膛①：1　2. 工字形间隔具18ⅠY2火膛②：1

第三节　灰坑出土遗物

一　18Ⅰ H3

（一）白瓷

1. 白瓷碗

共7件。

18ⅠH3：23，残。敞口，圆唇，弧腹，圈足。内满施透明釉，有涩圈，宽1.7厘米，外施透明釉至腹部，釉下施白色化妆土，内有土沁，外有轮痕。圈足足跟旋削，外足墙外撇，足脊倾斜。黄色胎，较粗糙。口径11.2、底径5、通高3.5厘米（图7-79，1）。

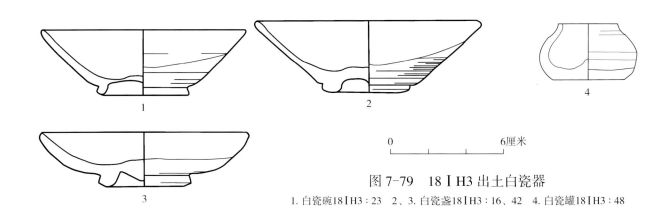

图 7-79　18Ⅰ H3 出土白瓷器

1. 白瓷碗18ⅠH3：23　2、3. 白瓷盏18ⅠH3：16、42　4. 白瓷罐18ⅠH3：48

2. 白瓷盏

共 6 件。

18ⅠH3：16，敞口，圆唇，弧腹，圈足。内满施透明釉，有涩圈，宽1.6厘米，外施透明釉至上腹部，釉下施白色化妆土，釉面有小开片，内有土沁，外有轮痕。圈足足跟旋削，外足墙外撇，足脊倾斜。黄色胎，较粗糙。口径12.3、底径4.81、通高3.8厘米（图7-79，2）。

18ⅠH3：35，残。敞口，圆唇，弧腹，圈足。内满施透明釉，有涩圈，宽1.3～1.6厘米，外施透明釉至上腹部，釉下施白色化妆土，釉面有小开片，内有土沁，外有窑粘，有轮痕。圈足足跟旋削，外足墙外撇，足脊倾斜。黄色胎，较粗糙。口径12、底径4.8、通高3.4厘米（彩版7-285）。

18ⅠH3：42，敞口，圆唇，弧腹，圈足。内满施透明釉，有涩圈，宽1.4～1.9厘米，外施透明釉至下腹，釉下施白色化妆土，釉面有小开片，内有土沁，外有轮痕，有积釉现象。圈足足跟旋削，外足墙外撇，足脊倾斜。黄色胎，较粗糙。口径11.4、底径5、通高2.9厘米（图7-79，3）。

3. 白瓷钵

共 1 件。

18ⅠH3：33，敞口，圆唇，弧腹，口沿下有一凸棱，圈足。内满施透明釉，外满施透明釉，釉下施白色化妆土，釉面有小开片，圈足高低不一，烧制时残缺。口沿有窑粘，外有轮痕。圈足足跟旋削，外足墙外撇，足脊倾斜。灰色胎，较粗糙。口径11.8、底径5.6、通高6厘米（彩版7-286）。

彩版 7-285　白瓷盏 18ⅠH3：35　　　　彩版 7-286　白瓷钵 18ⅠH3：33

4. 白瓷罐

共 1 件。

18ⅠH3：48，残。敞口，圆唇，短颈，溜肩，鼓腹，平底。内满施透明釉，釉下施白色化妆土，外施透明釉至下腹，外有土沁，内外有轮痕。灰色胎，较粗糙。口径 3.2、腹径 5.2、底径 3.8、通高 3 厘米（图 7-79，4；彩版 7-287）。

彩版 7-287　白瓷罐 18ⅠH3：48

（二）白釉黑（褐）彩瓷

1. 白釉黑（褐）彩碗

共 5 件。

18ⅠH3：14，残。敞口，圆唇，弧腹，圈足。内满施透明釉，有涩圈，宽 1.7 厘米，内腹饰褐彩萱草纹，外施透明釉至腹部，釉下施白色化妆土，外有土沁，有轮痕。圈足足跟旋削，外足墙外撇，足脊倾斜。黄色胎，较粗糙。口径 21、底径 6.8、通高 7.6 厘米（图 7-80，1）。

18ⅠH3：29，残。敞口，圆唇，弧腹，圈足。内满施透明釉，有涩圈，宽 1.8～2 厘米，内腹饰褐彩萱草纹，外施透明釉至腹部，釉下施白色化妆土，外有土沁，外有轮痕。圈足足跟旋削，外足墙外撇，足脊倾斜。黄色胎，较粗糙。口径 21.1、底径 6.7、通高 7.2 厘米（图 7-80，2）。

18ⅠH3：51，残。敞口，圆唇，弧腹，圈足。内满施透明釉，有涩圈，宽 1.5～1.8 厘米，内腹有褐彩带"院"字，残缺，外施透明釉至上腹部，釉下施白色化妆土，内有土沁，外有轮痕。圈足足跟旋削，外足墙外撇，足脊倾斜。黄色胎，较粗糙。口径 19.6、底径 6.8、通高 6 厘米（彩版 7-288）。

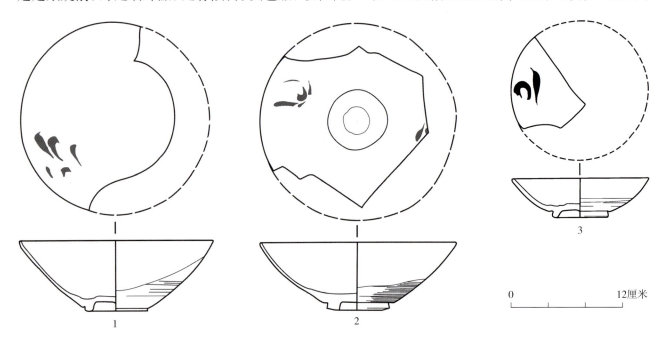

图 7-80　18ⅠH3 出土白釉黑（褐）彩瓷

1、2. 白釉黑（褐）彩碗18ⅠH3：14、29　3. 白釉黑（褐）彩盏18ⅠH3：13

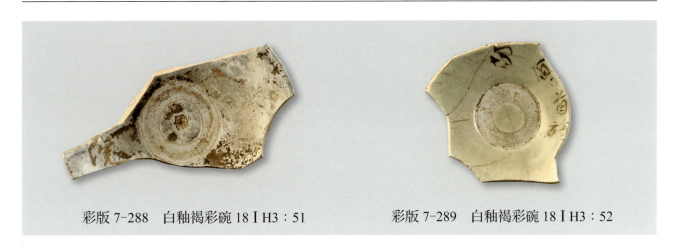

彩版 7-288　白釉褐彩碗 18 I H3：51　　　　彩版 7-289　白釉褐彩碗 18 I H3：52

18 I H3：52，残。弧腹，圈足。内满施透明釉，有涩圈，宽 1.8～2.2 厘米，内腹有褐彩"邵會首施"字，外施透明釉至腹部，釉下施白色化妆土，釉面有小开片，外有土沁，有轮痕。圈足足跟旋削，外足墙外撇，足脊倾斜。黄色胎，较粗糙。残长 15.4、底径 6.6、通高 3.3 厘米（彩版 7-289）。

2. 白釉黑（褐）彩盏

共 1 件。

18 I H3：13，残。敞口，圆唇，弧腹，圈足。内满施透明釉，有涩圈，宽 1.5 厘米，内腹饰黑彩萱草纹，外施透明釉至上腹部，釉下施白色化妆土，釉面有小开片，外有轮痕，有釉粘。圈足足跟旋削，外足墙外撇，足脊倾斜。黄色胎，较粗糙。口径 14.8、底径 6、通高 4.2 厘米（图 7-80，3）。

（三）青黄釉瓷

青黄釉盘

共 1 件。

18 I H3：24，残。敞口，圆唇，弧腹，平底。内满施青黄釉，外施青黄釉至下腹，釉面有小开片，口沿上有脱釉现象，内有土沁，外有轮痕。灰色胎，较粗糙。口径 14、底径 4、通高 1.8 厘米（图 7-81，1）。

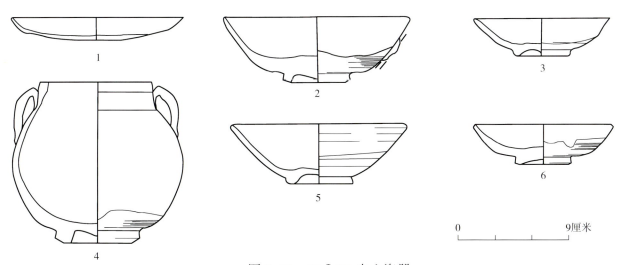

0　　　　　　　　　9 厘米

图 7-81　18 I H3 出土瓷器

1. 青黄釉盘 18 I H3：24　2. 黄釉碗 18 I H3：38　3. 黄釉盏 18 I H3：2　4. 黄釉罐 18 I H3：46　5、6. 绿釉盏 18 I H3：12、47

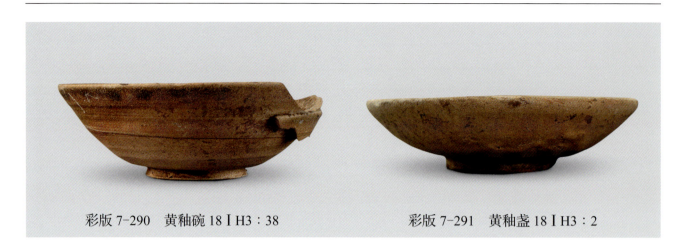

彩版 7-290　黄釉碗 18ⅠH3：38　　　　　　彩版 7-291　黄釉盏 18ⅠH3：2

（四）黄釉瓷

1. 黄釉碗

共 4 件。

18ⅠH3：38，残。敞口，圆唇，弧腹，圈足。内满施黄釉，有涩圈，宽 1.9 厘米，外施黄釉至上腹部，外腹粘有其他残片，内有少量土沁，外有轮痕。圈足足跟旋削，外足墙外撇，足脊倾斜。黄色胎，较粗糙。口径 15、底径 5.4、通高 5.2 厘米（图 7-81，2；彩版 7-290）。

2. 黄釉盏

共 1 件。

18ⅠH3：2，敞口，圆唇，弧腹，圈足。内满施黄釉，有涩圈，宽 1.5 厘米，外施黄釉，釉面无光泽，内外腹有较多凸起，有土沁。圈足足跟旋削，外足墙外撇，足脊倾斜。黄色胎，较粗糙。口径 11.2、底径 4.6、通高 3 厘米（图 7-81，3；彩版 7-291）。

3. 黄釉罐

共 1 件。

18ⅠH3：46，残。敛口，平唇，短颈，溜肩，颈部至腹部竖装对称条形系，鼓腹，圈足。内满施化妆土，外施黄釉至下腹，内外腹均有少量龟裂纹、有土沁，外有轮痕。圈足足跟旋削，外足墙外撇，足脊倾斜。砖红胎，较致密。口径 8.8、底径 6.8、腹径 13.6、通高 12.8 厘米（图 7-81，4）。

（五）绿釉瓷

绿釉盏

共 2 件。

18ⅠH3：12，残。敞口，圆唇，弧腹，圈足。内满施绿釉，有涩圈，宽 1.6～2 厘米，外施绿釉至上腹部，有积釉现象，内外有少量土沁，外有轮痕。圈足足跟旋削，外足墙外撇，足脊倾斜。黄色胎，较致密。口径 14.2、底径 5.4、通高 4.8 厘米（图 7-81，5；彩版 7-292）。

18ⅠH3：47，残。敞口，圆唇，弧腹，圈足。内满施绿釉，有涩圈，宽 1.6 厘米，外施绿釉至上腹部，有流釉现象，外有轮痕，有少量土沁。圈足足跟旋削，外足墙外撇，足脊倾斜。黄色胎，较粗糙。口径 11.4、底径 4.6、通高 3.2 厘米（图 7-81，6）。

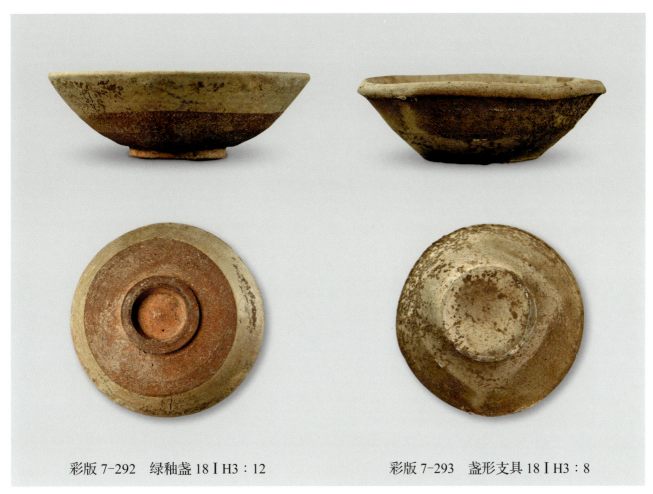

彩版 7-292　绿釉盏 18 I H3：12　　　　彩版 7-293　盏形支具 18 I H3：8

（六）窑具

1. 盏形支具

共 15 件。

18 I H3：8，敞口，方唇，斜沿，弧腹，平底内凹。内外有轮痕，外有土沁，外底有釉粘。黄色胎，较粗糙。口径 10.2、底径 4.6、通高 3.3 厘米（彩版 7-293）。

18 I H3：9，残。敞口，方唇，斜沿，弧腹，卧足。内外有轮痕、有土沁，底部有一残缺孔洞，外底有窑粘。黄色胎，较粗糙。口径 9.4、底径 4.2、通高 2.4 厘米（彩版 7-294）。

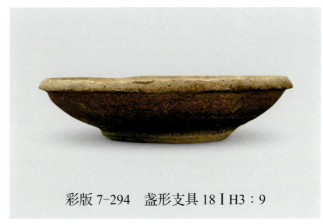

彩版 7-294　盏形支具 18 I H3：9

18 I H3：19，残。敞口，圆唇，弧腹，平底内凹。内外有轮痕，外腹有四个微凹疑似刻划痕，内呈红褐色，外腹有部分施黄釉，内外有白色斑点。砖红色胎，较粗糙。口径 11.6、底径 5.4、通高 3.8 厘米（图 7-82，1）。

18 I H3：20，残。敞口，方唇，斜平沿，弧腹，平底内凹。内外有轮痕，外有土沁。黄色胎，较致密。口径 10.4、底径 4.9、通高 3.3 厘米（图 7-82，2）。

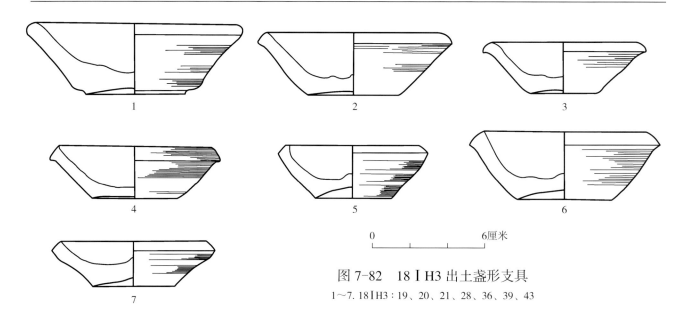

图 7-82　18 I H3 出土盏形支具
1~7. 18 I H3：19、20、21、28、36、39、43

18 I H3：21，残。敞口，方唇，斜弧沿，弧腹，平底内凹。外有轮痕，内有土沁，外底有釉粘。黄色胎，较粗糙。口径 8.8、底径 3.9、通高 2.7 厘米（图 7-82，3）。

18 I H3：28，残。直口，方唇，斜平沿，弧腹，平底内凹。底部有一孔洞残缺，外有轮痕，外有土沁，外底有釉粘。黄色胎，较粗糙。口径 9.2、底径 4.6、通高 2.8 厘米（图 7-82，4）。

18 I H3：36，直口，方唇，斜沿，弧腹，平底内凹。内外有轮痕，外有土沁。砖红色胎，较粗糙。口径 8、底径 4.1、通高 2.8 厘米（图 7-82，5）。

18 I H3：37，残。侈口，圆唇，斜弧沿，斜直腹，腹部折收，平底内凹。内有土沁，外有弦纹，外底有釉粘。黄色胎，较粗糙。口径 11、底径 5、通高 2.8 厘米（彩版 7-295）。

18 I H3：39，残。敞口，方唇，斜弧沿，弧腹，平底内凹。内外有轮痕，内有少量土沁，外下腹与外底施白色化妆土。黄色胎，较粗糙。口径 10.2、底径 5、通高 3.6 厘米（图 7-82，6）。

18 I H3：43，残。敞口，方唇，斜弧沿，弧腹，平底内凹。内外有轮痕，外底有少量釉粘。黄色胎，较粗糙。口径 8.8、底径 4.6、通高 2.2 厘米（图 7-82，7）。

2. 钵形支具

共 6 件。

18 I H3：7，钵形支具带 2 个白瓷碗底（图 7-83，1）。

18 I H3：7-1，上，钵形支具，残。敞口，圆唇，斜平沿，弧腹，底残。内有釉粘、窑粘，内外有土沁、有轮痕，底部中心有孔。浅黄色胎，较致密。口径 11.2、底径 6.3、高 6.6 厘米。

18 I H3：7-2，下，白瓷碗底，残。弧腹，圈足，挖足过肩。内除涩圈满施透明釉，釉面有小开片，外有轮痕、有土沁、有釉粘。圈足足跟旋削，外足墙外撇，足脊倾斜。浅黄色胎，较致密。底径 6.9、残高 3.3、通高 8.2 厘米。

18 I H3：15，敞口，圆唇，卷沿，弧腹，平底内凹。内外有轮痕，口沿有少量土沁，外有釉粘。黄色胎，较粗糙。口径 11、底径 5.9、通高 6 厘米（图 7-83，2）。

18 I H3：18，残。敞口，方唇，斜沿，弧腹，平底内凹。内有土沁，内外有轮痕，口沿与外底有釉粘。黄色胎，较粗糙。口径 9.2、底径 4.7、通高 3.6 厘米（图 7-83，3；彩版 7-296）。

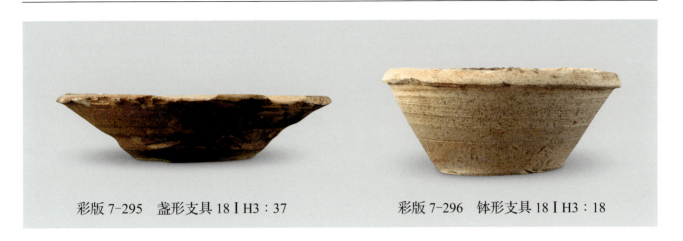

彩版 7-295　盏形支具 18 I H3：37　　　　　彩版 7-296　钵形支具 18 I H3：18

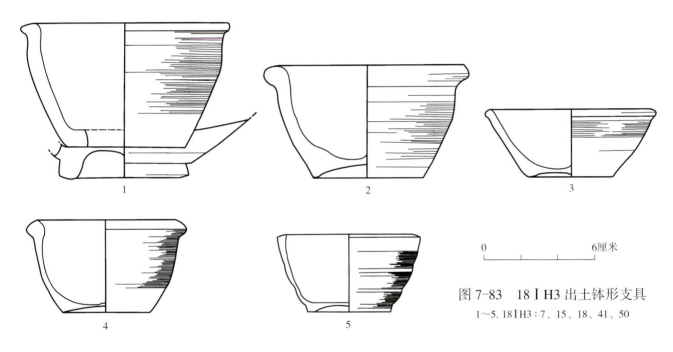

1　　　　　　　　2　　　　　　　　3

4　　　　　　　　5

0　　　　　　　　6厘米

图 7-83　18 I H3 出土钵形支具
1～5. 18 I H3：7、15、18、41、50

18 I H3：41，敞口，尖唇，斜弧沿，弧腹，平底内凹。内有土沁，外有轮痕，外下腹与外底施白色化妆土。黄色胎，较粗糙。口径 8.6、底径 4.6、通高 4.9 厘米（图 7-83，4）。

18 I H3：50，敞口，方唇，斜平沿，弧腹，平底内凹。内有窑粘，内外有轮痕，有土沁，外底有釉粘。黄色胎，较粗糙。口径 7.6、底径 4.4、通高 4.1 厘米（图 7-83，5；彩版 7-297）。

彩版 7-297　钵形支具 18 I H3：50

二　18ⅠH4

（一）白釉褐彩瓷

白釉褐彩碗

共 1 件。

18ⅠH4：1，残。敞口，圆唇，弧腹，圈足，挖足过肩。内满施透明釉，有涩圈，宽 1.5～1.7 厘米，外施透明釉至中腹，釉下施白色化妆土，内腹饰褐彩萱草纹，外有轮痕。圈足足跟旋削，外足墙外撇，足脊倾斜。灰色胎，致密。口径 17.5、底径 5.2、通高 6 厘米（彩版 7-298）。

（二）窑具

盏形支具

共 1 件。

18ⅠH4：2，残。敞口，方唇，平沿，弧腹，平底内凹。内外有轮痕，外底有工人捏制而成的指窝印。黄色胎，较致密。口径 7.5、底径 4、通高 2.4 厘米（彩版 7-299）。

三　18ⅠH5

（一）白瓷

1. 白瓷碗

共 4 件。

18ⅠH5：11，敞口，圆唇，弧腹，圈足，挖足过肩。内满施透明釉，有涩圈，宽 1.6 厘米，外施透明釉至腹部，釉面有小开片，外有轮痕。圈足足跟旋削，外足墙外撇，足脊倾斜。浅黄色胎，较致密。口径 12.9、底径 5、通高 4.5 厘米（图 7-84，1）。

18ⅠH5：76，残。敞口，圆唇，弧腹，圈足。内满施透明釉，有涩圈，宽 1.8～2.3 厘米，外施透明釉至腹部，釉面无光泽，外有轮痕。圈足足跟旋削，外足墙外撇，足脊倾斜。黄色胎，较致密。口径 19.9、底径 6.7、通高 7.3 厘米（彩版 7-300）。

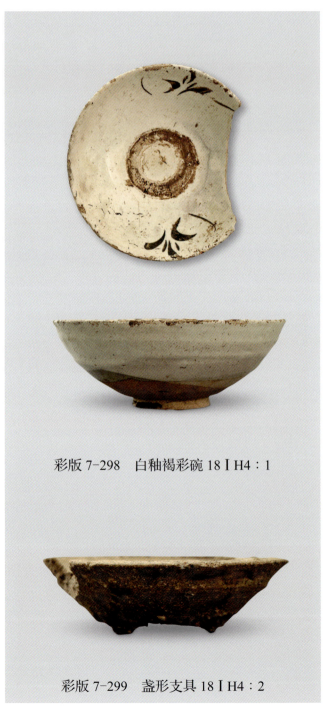

彩版 7-298　白釉褐彩碗 18ⅠH4：1

彩版 7-299　盏形支具 18ⅠH4：2

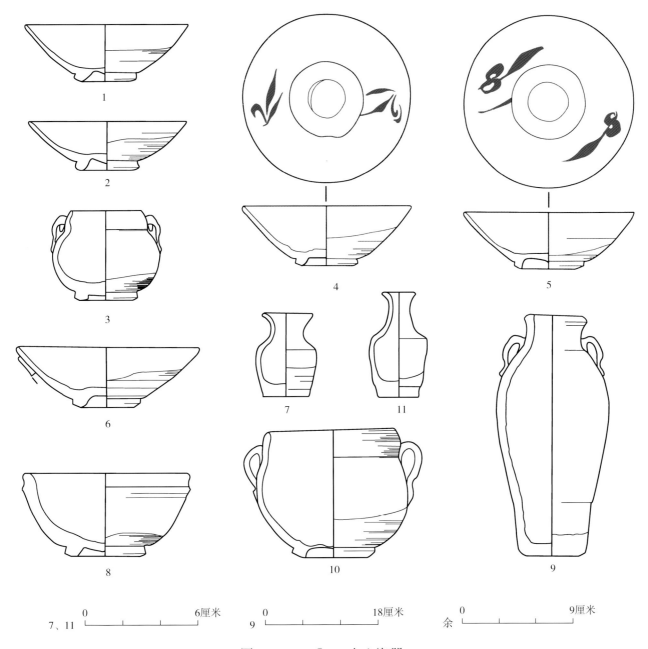

图 7-84　18 I H5 出土瓷器

1. 白瓷碗 18 I H5：11　2. 白瓷盏 18 I H5：2　3. 白瓷罐 18 I H5：42　4、5. 白釉褐彩碗 18 I H5：6、21　6. 青瓷碗 18 I H5：17　7. 青瓷瓶 18 I H5：10　8. 黄釉钵 18 I H5：30　9. 黄釉瓶 18 I H5：79　10. 黄釉罐 18 I H5：25　11. 酱釉瓶 18 I H5：3

2. 白瓷盏

共 5 件。

18 I H5：2，残。敞口，圆唇，弧腹，圈足，挖足过肩。内满施透明釉，有涩圈，宽 1.2 厘米，外施透明釉至中腹，釉下施白色化妆土，釉面有小开片，外有轮痕。圈足足跟旋削，外足墙外撇，足脊倾斜。浅黄色胎，较致密。口径 12.8、底径 5.1、通高 3.9 厘米（图 7-84，2）。

18 I H5：8，残。敞口，圆唇，弧腹，圈足，挖足过肩。内满施透明釉，有涩圈，宽 1.6 厘米，外施透明釉至腹部，釉面有小开片，外有轮痕。圈足足跟旋削，外足墙外撇，足脊倾斜。浅黄色胎，

彩版 7-300　白瓷碗 18 I H5：76　　　　　　彩版 7-301　白瓷盏 18 I H5：8

彩版 7-302　白瓷钵 18 I H5：33　　　　　　彩版 7-303　白瓷罐 18 I H5：42

较致密。口径 12、底径 4.2、通高 3.5 厘米（彩版 7-301）。

3. 白瓷钵

共 5 件。

18 I H5：33，残。侈口，圆唇，口沿下有一凸棱，弧腹，圈足。除口沿上内满施透明釉，外施透明釉至下腹，釉下施白色化妆土，釉面有小开片，有窑粘，内外有釉粘，外有轮痕，有土沁。圈足足跟旋削，外足墙外撇，足脊倾斜。灰色胎，较致密。口径 11.8、底径 6.6、通高 6 厘米（彩版 7-302）。

4. 白瓷罐

共 2 件。

18 I H5：42，残。敛口，圆唇，短颈，溜肩，颈部与肩部有一对竖条状对称系，弧腹，圈足。内满施透明釉，外施透明釉至下腹，釉面有小开片，釉下施白色化妆土，内腹有一小片釉脱落，内外有轮痕，有少量土沁，外有釉粘、窑粘。圈足足跟旋削，外足墙外撇，足脊倾斜。浅黄色胎，较致密。口径 5.6、腹径 8.6、底径 5、通高 7.1 厘米（图 7-84，3；彩版 7-303）。

5. 白瓷瓷塑

共 1 件。

18 I H5：1，瓷羊，残，模制。两耳耸立，四肢残，口微张，肚子部分未施透明釉，除肚子部分其余部分施透明釉。浅灰色胎，较致密。长 8.7、宽 2.8、高 5.5 厘米（彩版 7-304）。

（二）白釉褐彩瓷

1. 白釉褐彩碗

共3件。

18ⅠH5：6，残。敞口，圆唇，弧腹，圈足，挖足过肩。内满施透明釉，有涩圈，宽1.5～1.8厘米，外施透明釉至腹部，釉下施白色化妆土，釉面有小开片，内腹有褐彩萱草纹，外有轮痕。圈足足跟旋削，外足墙外撇，足脊倾斜。浅黄色胎，较致密。口径13.4、底径5、通高4.8厘米（图7-84，4）。

18ⅠH5：20，残。敞口，圆唇，弧腹，圈足。内满施透明釉，有涩圈，宽1.4厘米，外施透明釉至腹部，釉下施白色化妆土，内腹有饰褐彩萱草纹，外有轮痕。圈足足跟旋削，外足墙外撇，足脊倾斜。浅灰色胎，较致密。口径14.2、底径5.4、通高5厘米（彩版7-305）。

18ⅠH5：21，残。敞口，圆唇，弧腹，圈足。内满施透明釉，有涩圈，宽1.7厘米，外施透明釉至上腹部，釉下施白色化妆土，釉面有小开片，内腹有饰褐彩萱草纹，外有轮痕。圈足足跟旋削，外足墙外撇，足脊倾斜。黄色胎，较致密。口径13.9、底径5.5、通高4.5厘米（图7-84，5）。

2. 白釉褐彩钵

共1件。

18ⅠH5：35，敛口，圆唇，口沿下有一凸棱，弧腹，圈足，挖足过肩。内满施透明釉，唇部有脱落现象，外施透明釉至下腹，釉面有小开片，釉下施白色化妆土，内有饰褐彩萱草纹，外有轮痕，内外有土沁，外底有釉粘。圈足足跟旋削，外足墙外撇，足脊倾斜。浅黄色胎，较致密。口径12.4、底径6.4、通高6.4厘米（彩版7-306）。

（三）青瓷

1. 青瓷碗

共2件。

18ⅠH5：17，敞口，圆唇，弧腹，圈足，

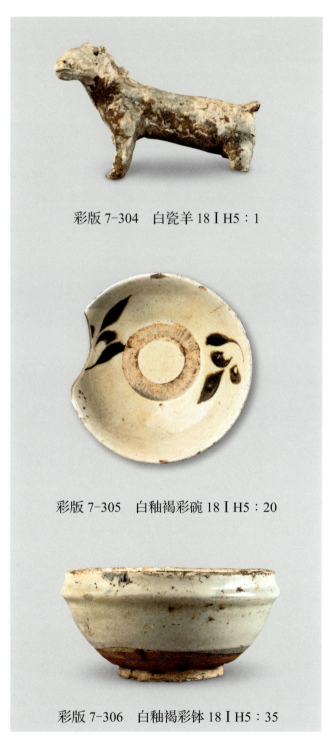

彩版7-304　白瓷羊 18ⅠH5：1

彩版7-305　白釉褐彩碗 18ⅠH5：20

彩版7-306　白釉褐彩钵 18ⅠH5：35

挖足过肩。内满施青釉，有涩圈，宽1.2～1.8厘米，外施青釉至上腹部，外粘有瓷片，内外有轮痕，足底施一圈化妆土。浅砖红色胎，较致密。口径14.8、底径5.4、通高4.8厘米（图7-84，6；彩版7-307）。

18ⅠH5∶54，残。碗底，弧腹，圈足。内满施青釉，有涩圈，宽0.7厘米，釉面有小开片，外施青釉至腹部，外腹书"祐德观"字，外有轮痕。圈足足跟旋削，外足墙外撇，足脊倾斜。浅黄色胎，较致密。底径5.5、残高3.5厘米（彩版7-308）。

2. 青瓷瓶

共1件。

18ⅠH5∶10，敞口，圆唇，束颈，丰肩折收，弧腹，平底内凹。内满施青釉，外施青釉至中腹，外有轮痕。灰色胎，较粗糙。口径2.8、腹径3.2、底径2.5、通高4.45厘米（图7-84，7；彩版7-309）。

（四）黄釉瓷

1. 黄釉盏

共1件。

18ⅠH5∶48，敞口，圆唇，口沿变形，弧腹，圈足，挖足过肩。内满施黄釉，有涩圈，宽1.1～1.3厘米，外施黄釉至下腹，内外有土沁，有轮痕。圈足足跟旋削，外足墙外撇，足脊倾斜。浅黄色胎，较致密。口径11.2、底径5、通高3.2厘米（彩版7-310）。

2. 黄釉钵

共1件。

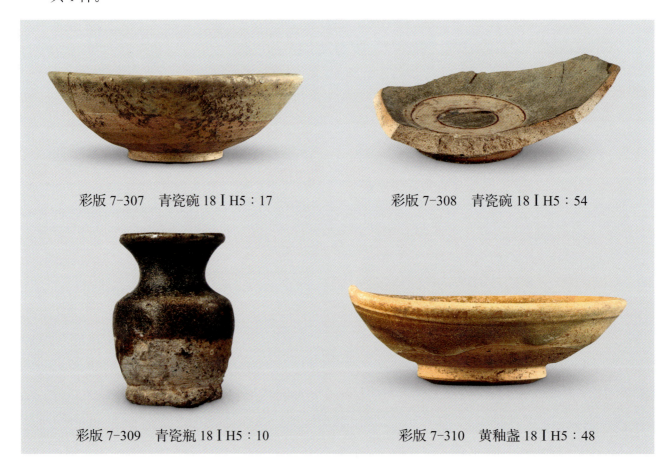

彩版7-307　青瓷碗 18ⅠH5∶17　　　　彩版7-308　青瓷碗 18ⅠH5∶54

彩版7-309　青瓷瓶 18ⅠH5∶10　　　　彩版7-310　黄釉盏 18ⅠH5∶48

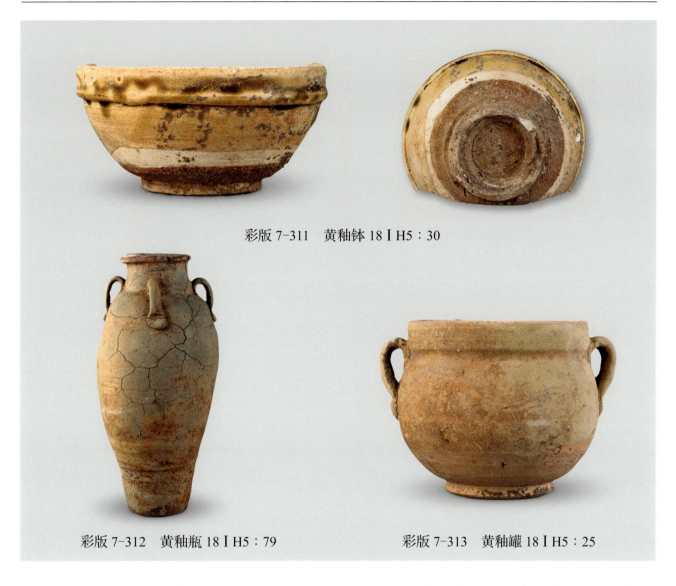

彩版 7-311　黄釉钵 18 I H5：30

彩版 7-312　黄釉瓶 18 I H5：79

彩版 7-313　黄釉罐 18 I H5：25

18 I H5：30，残。敞口，圆唇，弧腹，圈足。内无釉，外施黄釉至下腹，釉下施白色化妆土，釉面有小开片，外有轮痕。圈足足跟旋削，外足墙外撇，足脊倾斜。浅黄色胎，较致密。口径 13.5、底径 6.5、通高 6.6 厘米（图 7-84，8；彩版 7-311）。

3　黄釉瓶

共 1 件。

18 I H5：79，残。敛口，圆唇，矮颈，颈部至肩部有竖装对称条状四系，一耳残缺，长弧腹，平底。外满施黄釉，外腹有裂痕。黄色胎，较致密。口径 10.2、腹径 18.2、底径 8.4、通高 38.4 厘米（图 7-84，9；彩版 7-312）。

4. 黄釉罐

共 2 件。

18 I H5：25，敞口，圆唇，弧腹，颈部至腹部竖装对称条形系，圈足。内施黄釉，外施黄釉至腹部，内外有轮痕，釉面有小开片，外有轮痕。圈足足跟旋削，外足墙外撇，足脊倾斜。黄色胎，较致密。口径 10、腹径 12、底径 6.6、通高 10.3 厘米（图 7-84，10；彩版 7-313）。

（五）酱釉瓷

酱釉瓶

共 1 件。

18 I H5：3，残。敞口，圆唇，束颈，丰肩折收，斜直腹，平底。内满施酱釉，外施酱釉至下腹，有脱釉现象。黄色胎，较致密。口径 2、腹径 3.1、底径 2.2、通高 5.6 厘米（图 7-84，11）。

（六）窑具

1. 盏形支具

共 33 件。

18 I H5：15，敞口，卷沿，弧腹，平底内凹。内外有轮痕，外底施一圈白色化妆土。浅黄色胎，较致密。口径 8.9、底径 4.4、通高 3 厘米（图 7-85，1）。

18 I H5：18，敞口，方唇，斜沿，弧腹，平底内凹。内外有轮痕，外有少量土沁、窑粘，足底施一圈白色化妆土。浅黄色胎，较致密。口径 9.9、底径 4.5、通高 2.6 厘米（图 7-85，2）。

18 I H5：19，敞口，尖圆唇，斜沿，弧腹，卧足。外施一圈化妆土至上腹部，施化妆土不均匀，内外有轮痕，有土沁。浅灰色胎，较致密。口径 11.8、底径 5.2、通高 3.9 厘米（图 7-85，3；彩版 7-314）。

18 I H5：26，敞口，圆唇，弧腹，平底内凹。内外都有轮痕，圈足向内凹，足脊略倾斜，足底施一圈化妆土。浅黄色胎，较致密。口径 8.6、底径 4.5、通高 3.9 厘米（图 7-85，4）。

18 I H5：27，残。敞口，方唇，斜沿，弧腹，平底内凹。内外有轮痕、有土沁，有白色的点状小坑洞。浅黄色胎，较致密。口径 8.6、底径 4.7、通高 2.7 厘米（图 7-85，5）。

18 I H5：29，残。敞口，方唇，斜平沿，弧腹微折，平底内凹。内外有轮痕，有土沁，内部中

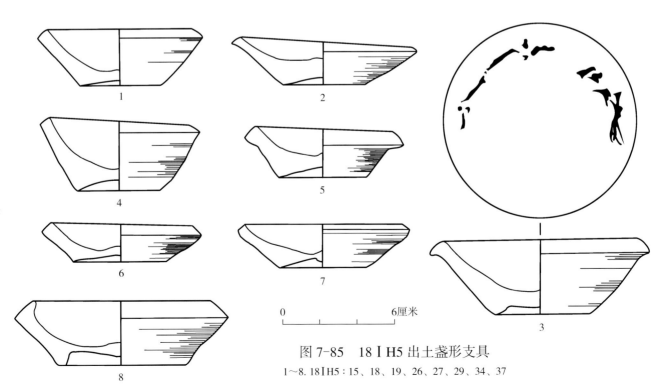

图 7-85　18 I H5 出土盏形支具
1～8. 18 I H5：15、18、19、26、27、29、34、37

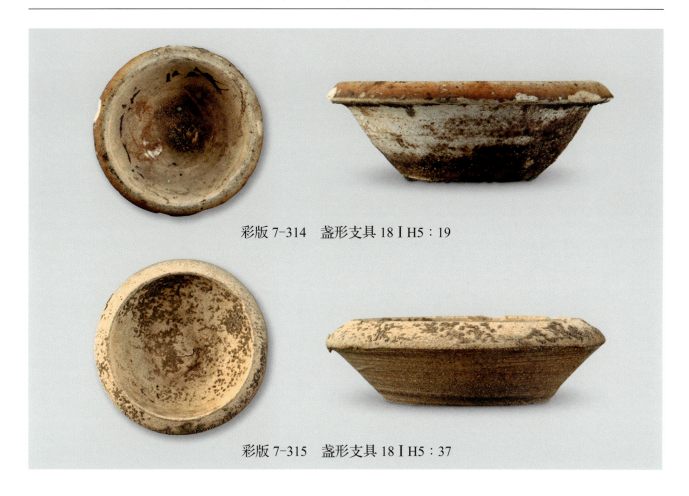

彩版 7-314　盏形支具 18 I H5：19

彩版 7-315　盏形支具 18 I H5：37

心有一小洞。浅黄色胎，较致密。口径 8.6、底径 5、通高 2.1 厘米（图 7-85，6）。

18 I H5：34，敞口，方唇，斜平沿，弧腹内收，平底内凹。内外有轮痕，有土沁，外有窑粘。浅黄色胎，较致密。口径 9.2、底径 4.6、通高 2.3 厘米（图 7-85，7）。

18 I H5：37，敛口，方唇，斜平沿，弧腹折收，卧足。口沿上有一处窑粘，内外有土沁、有轮痕。浅黄色胎，较致密。口径 11.6、底径 6.8、通高 3.4 厘米（图 7-85，8；彩版 7-315）。

18 I H5：39，残。敞口，方唇，斜沿，弧腹，平底内凹。内外有轮痕，有土沁，内有窑粘。浅黄色胎，较致密。口径 10.6、底径 5.6、通高 3.4 厘米（图 7-86，1）。

18 I H5：45，残。敞口，方唇，斜平沿，弧腹，平底内凹。内外有轮痕，有土沁，内有白色小斑点化妆土，外底有釉粘，外施有白色化妆土不均匀，有脱落现象，整体烧制为红褐色，外有火石红。灰色胎，较粗糙。口径 10、底径 5.2、通高 2.8 厘米（图 7-86，2；彩版 7-316）。

18 I H5：51，残。敞口，尖圆唇，斜沿，弧腹，平底内凹。内外有轮痕、土沁。浅黄色胎，较致密。口径 8、底径 4.4、通高 2.7 厘米（图 7-86，3）。

18 I H5：53，敞口，方唇，斜沿，弧腹，平底内凹。内外有轮痕，外底一圈施白色化妆土。黄色胎，较致密。口径 7.6、底径 4.3、通高 1.8 厘米（图 7-86，4）。

18 I H5：65，残。敞口，尖圆唇，斜沿，弧腹，平底内凹。内外有轮痕，底部有一孔。浅黄色胎，较致密。口径 8.8、底径 4.8、通高 2.5 厘米（图 7-86，5）。

18 I H5：66，敞口，方唇，斜沿，弧腹，平底内凹。内外有轮痕，外底一圈施釉且有少量化妆土。

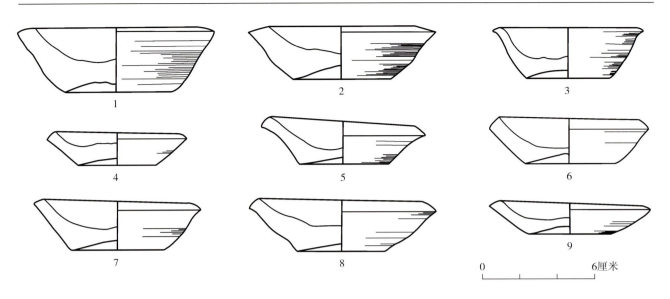

图 7-86　18ⅠH5 出土盏形支具

1～9.18ⅠH5：39、45、51、53、65、66、67、71、72

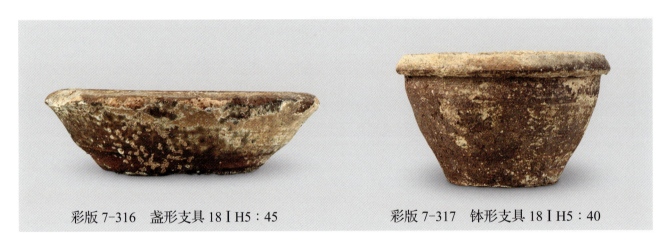

彩版 7-316　盏形支具 18ⅠH5：45　　　　　彩版 7-317　钵形支具 18ⅠH5：40

灰色胎，较致密。口径 8.5、底径 4.8、通高 2.4 厘米（图 7-86，6）。

　　18ⅠH5：67，敞口，方唇，斜沿，弧腹，平底内凹。内外有轮痕，外有大量土沁。浅黄色胎，较致密。口径 9、底径 5、通高 2.7 厘米（图 7-86，7）。

　　18ⅠH5：71，敞口，方唇，弧腹，平底内凹。内外有轮痕，外有土沁，外底施一圈白色化妆土。浅黄色胎，较致密。口径 10、底径 4.8、通高 2.8 厘米（图 7-86，8）。

　　18ⅠH5：72，残。敞口，尖圆唇，弧腹，平底内凹。内外有轮痕，内底有凸起裂痕，外底施一圈白色化妆土，外有土沁。浅黄色胎，较致密。口径 8.6、底径 4.4、通高 1.7 厘米（图 7-86，9）。

　　2. 钵形支具

　　共 12 件。

　　18ⅠH5：7，残。敛口，方唇，弧腹，平底内凹。外有轮痕，底部有一孔。浅黄色胎，较致密。口径 7.6、底径 4.4、通高 4.8 厘米（图 7-87，1）。

　　18ⅠH5：14，残。侈口，圆唇，斜沿，弧腹，平底内凹。内外有少量土沁、轮痕、釉粘、窑粘，外有疑似施釉。浅黄色胎，较致密。口径 11.8、底径 5.6、通高 7.3 厘米（图 7-87，2）。

　　18ⅠH5：40，敞口，方唇，卷沿，弧腹，卧足。内外有轮痕，有土沁。圈足足跟旋削，外足墙外撇，足脊倾斜。灰色胎，较致密。口径11.2、底径5.8、通高6.6厘米（彩版7-317）。

　　18ⅠH5：43，残。敞口，方唇，平沿，弧腹，平底内凹。内外有轮痕，有土沁，外腹有疑似指痕。浅黄色胎，较致密。口径8.2、底径4.4、通高3.6厘米（图7-87，3）。

　　18ⅠH5：52，敞口，方唇，斜沿，弧腹，平底内凹。内外有轮痕，外底施一圈白色化妆土。浅灰色胎，较致密。口径10.4、底径5.8、通高6.2厘米（图7-87，4）。

　　3. 喇叭形支具

　　共3件。

　　18ⅠH5：46，残。敞口，方唇，斜平沿，束颈，鼓腹，平底。底部有线切割痕，外有轮痕，有土沁。浅黄色胎，较致密。口径6.2、底径4.1、通高7.3厘米（图7-87，5；彩版7-318）。

　　18ⅠH5：47，残。敞口，方唇，斜平沿，短颈，鼓腹，平底。外有疑似施釉，底部有线切割痕。外有轮痕，有窑粘，有土沁。浅黄色胎，较致密。口径7.6、底径5.2、通高7.6厘米（彩版7-319）。

　　18ⅠH5：55，残。敞口，方唇，斜沿，短颈，鼓腹，平底。内外有轮痕，外腹上有颗粒化妆土。浅黄色胎，较致密。口径8.6、底径5.3、通高7厘米（图7-87，6）。

　　4. 三足支架

　　共1件。

　　18ⅠH5：69，捏制。通体满施透明釉，有土沁、窑粘，烧制不均匀。黄色胎，较致密。直径2.8、

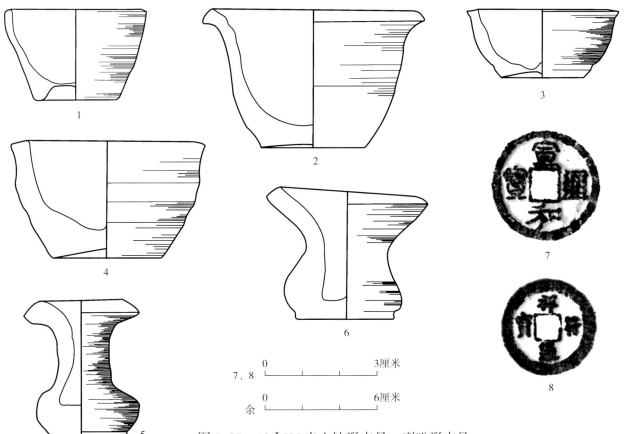

0　　　　　　　3厘米
7、8

0　　　　　　　6厘米
余

图7-87　18ⅠH5出土钵形支具、喇叭形支具

1~4.钵形支具18ⅠH5：7、14、43、52　5、6.喇叭形支具18ⅠH5：46、55　7、8.铜钱18ⅠH5：36、50

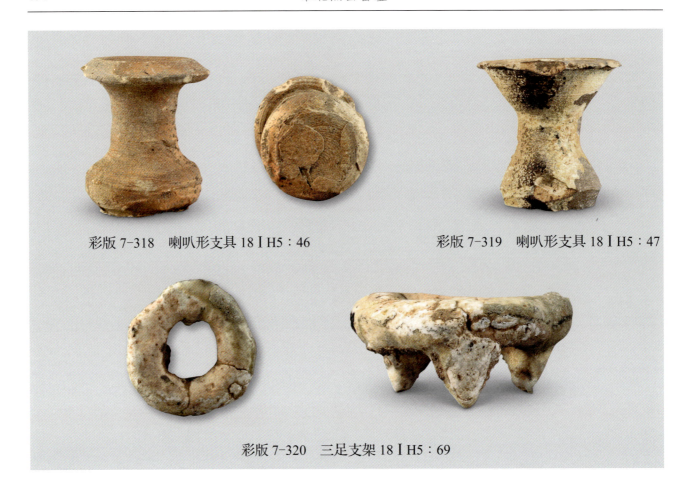

彩版 7-318　喇叭形支具 18ⅠH5：46　　　　　彩版 7-319　喇叭形支具 18ⅠH5：47

彩版 7-320　三足支架 18ⅠH5：69

厚 0.6 厘米（彩版 7-320）。

（七）铜器

铜钱

共 2 枚。

18ⅠH5：36，宣和通宝，1 枚，楷书。重 6.6 克，直径 3.0、孔径 0.7、厚 0.1 厘米（图 7-87，7）。

18ⅠH5：50，祥符通宝，1 枚，楷书。重 4.0 克，直径 2.6、孔径 0.6、厚 0.1 厘米（图 7-87，8）。

四　18ⅠH7

（一）白瓷

1. 白瓷碗

共 1 件。

18ⅠH7：1，残。敞口，圆唇，弧腹，圈足，挖足过肩。内满施透明釉，有涩圈，宽 2.3 厘米，外施透明釉至下腹，外有积釉、有流釉现象。圈足足跟旋削，外足墙外撇，足脊倾斜。黄色胎，较粗糙。口径 13.4、底径 5.8、通高 4.2 厘米（图 7-88，1）。

2. 白瓷行炉

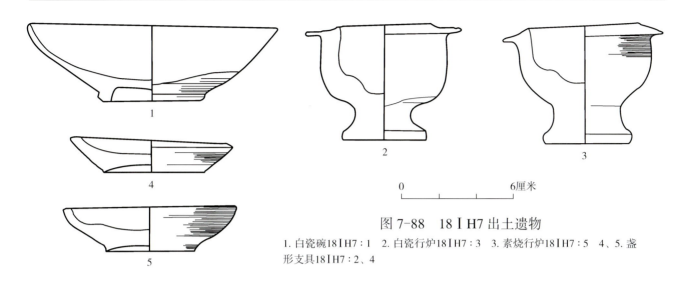

图 7-88　18ⅠH7 出土遗物

1. 白瓷碗18ⅠH7∶1　2. 白瓷行炉18ⅠH7∶3　3. 素烧行炉18ⅠH7∶5　4、5. 盏
形支具18ⅠH7∶2、4

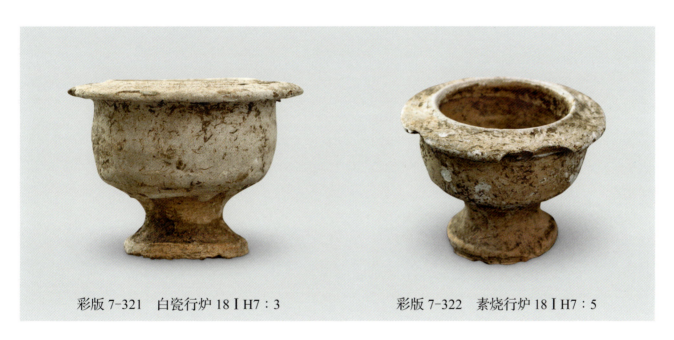

彩版 7-321　白瓷行炉 18ⅠH7∶3　　　　　彩版 7-322　素烧行炉 18ⅠH7∶5

共 1 件。

18ⅠH7∶3，直口，尖圆唇，宽平沿，浅弧腹，束腰，平底外撇。内施透明釉至中腹，外施透明釉至下腹，外有指痕、捏痕、轮痕。黄色胎，较致密。口径 5、底径 4.4、通高 6.1 厘米（图 7-88，2；彩版 7-321）。

（二）素烧瓷

素烧行炉

共 1 件。

18ⅠH7∶5，残。直口，尖圆唇，宽平沿，浅弧腹，束腰，平底外撇。内施白色化妆土至中腹，外施白色化妆土至下腹，外有捏痕、轮痕，底部有指纹痕。黄色胎，较致密。口径 5.8、底径 5、通高 6.25 厘米（图 7-88，3；彩版 7-322）。

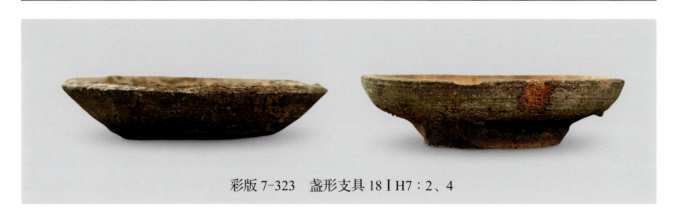

彩版 7-323　盏形支具 18ⅠH7：2、4

（三）窑具

盏形支具

共 3 件。

18ⅠH7：2，敞口，方唇，弧腹，平底内凹。外有轮痕。黄色胎，较粗糙。口径 8.6、底径 5.4、通高 1.7 厘米（图 7-88，4；彩版 7-323，左）。

18ⅠH7：4，残。敞口，方唇，平沿，弧腹，平底内凹。外施有轮痕。黄色胎，较粗糙。口径 8.3、底径 4.7、通高 2.3 厘米（图 7-88，5；彩版 7-323，右）。

五　18ⅠH15

（一）白瓷

1. 白瓷碗

共 1 件。

18ⅠH15：8，残。敞口，圆唇，弧腹，挖足过肩。内满施透明釉，有涩圈，宽 1.9 厘米，外施透明釉至上腹部，釉下施白色化妆土，釉面有小开片，有流釉、积釉现象，外有轮痕。圈足足跟旋削，外足墙外撇，足脊倾斜。浅黄色胎，较致密。口径 19、底径 6、通高 6 厘米（图 7-89，1）。

2. 白瓷盏

共 3 件。

18ⅠH15：7，残。敞口，圆唇，弧腹，圈足，挖足过肩。内满施透明釉，有涩圈，宽 1.3～1.5 厘米，外施透明釉至上腹部，釉下满施白色化妆土，釉面有小开片，内外有窑粘，外有轮痕。圈足足跟旋削，外足墙外撇，足脊倾斜。浅白色胎，较粗糙。口径 12、底径 4.8、通高 3.7 厘米（图 7-89，2）。

3. 白瓷器盖

共 1 件。

18ⅠH15：2，残。子母口微敛，斜沿，弧顶，纽残。内无釉，外满施透明釉，有积釉现象，釉面有小开片，内有轮痕。浅黄色胎，较粗糙。直径 10、残高 2.3 厘米（图 7-89，3）。

（二）青瓷

青瓷盆

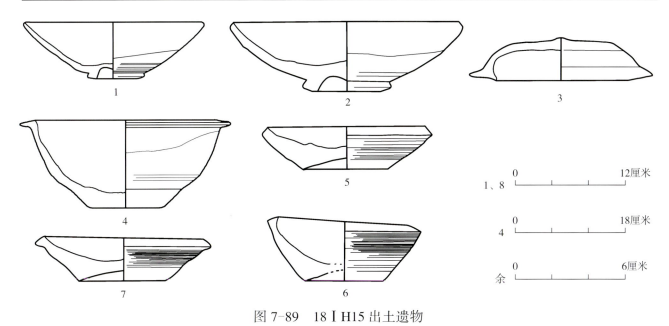

图 7-89　18ⅠH15 出土遗物

1. 白瓷碗18ⅠH15：8　2. 白瓷盏18ⅠH15：7　3. 白瓷器盖18ⅠH15：2　4. 青瓷盆18ⅠH15：11　5～7. 盏形支具18ⅠH15：3、5、9

彩版 7-324　青瓷盆 18ⅠH15：11　　　　　　彩版 7-325　素烧球 18ⅠH15：1

共 1 件。

18ⅠH15：11，残。敞口，圆唇，宽斜沿，弧腹，饼底。内施青釉中腹至底部，外满施青釉，口沿向下有流釉现象，内底有三个支钉痕。内外有轮痕，外底有粘接痕。夹砂白色胎，较粗糙。口径 33.8、底径 12、通高 14 厘米（图 7 89，4；彩版 7-324）。

（三）素烧瓷

素烧球

共 1 件。

18ⅠH15：1，揉制。圆球形。周身有指纹印，少量土沁，烧制不均匀。浅黄色胎，较致密。直径 2.3 厘米（彩版 7-325）。

（四）窑具

盏形支具

共 4 件。

18ⅠH15：3，残。敞口，方唇，斜沿，弧腹，平底内凹。外烧制成浅褐色。内外有轮痕，底部粘有瓷片。浅白色胎，较致密。口径 9.1、底径 4.5、通高 2.2 厘米（图 7-89，5）。

18ⅠH15：5，盏底残。敛口，方唇，斜沿，弧腹，平底内凹。外烧制成浅褐色，烧制不均匀。内外有轮痕，外有窑粘，底部中心有一孔洞。浅黄色胎，较致密。口径 8.2、底径 4.2、通高 3.4 厘米（图 7-89，6）。

18ⅠH15：9，残。侈口，方唇，斜沿，弧腹，平底内凹。外烧制成浅褐色，内外有轮痕，底部粘有瓷片。浅色胎，较粗糙。口径 9.4、底径 4.7、通高 2.3 厘米（图 7-89，7）。

六　18ⅠH16

白瓷

白瓷盏

共 1 件。

18ⅠH16：1，残。敞口，圆唇，弧腹，圈足，挖足过肩。内满施透明釉，有涩圈，宽 1.3 厘米，外施透明釉至中腹，外有窑粘。圈足足跟旋削，外足墙外撇，足脊倾斜。黄色胎，较致密。口径 12、底径 4、通高 3.4 厘米（彩版 7-326）。

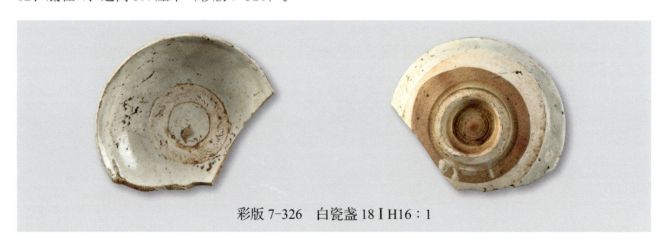

彩版 7-326　白瓷盏 18ⅠH16：1

七　18ⅠH17

（一）白瓷

1. 白瓷碗

共 31 件。

18ⅠH17：9，敞口，圆唇，弧腹，圈足，挖足过肩。内满施透明釉，有涩圈，宽 1.5 厘米，外施透明釉至腹部，有流釉、积釉现象，外有轮痕，少量土沁。圈足足跟旋削，外足墙外撇，足脊倾斜。黄色胎，较致密。口径 19、底径 6、通高 5.6 厘米（图 7-90，1）。

18ⅠH17：11，敞口，圆唇，弧腹，圈足，挖足过肩。内满施透明釉，有涩圈，宽 1.4～1.8 厘

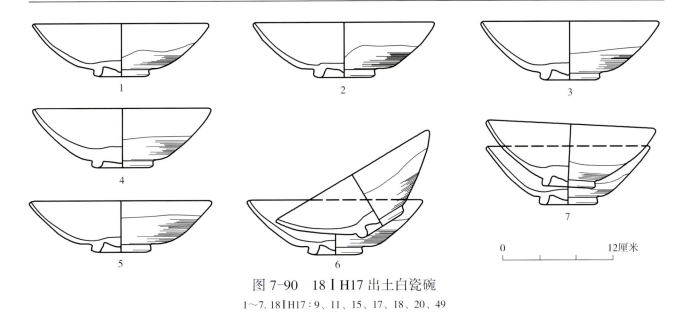

图 7-90　18 I H17 出土白瓷碗
1~7.18 I H17：9、11、15、17、18、20、49

米，外施透明釉至中腹，有流釉、积釉现象，釉下施白色化妆土，内有土沁，外粘有瓷片，有轮痕。圈足足跟旋削，外足墙外撇，足脊倾斜。浅黄色胎，较致密。口径 19.4、底径 6.6、通高 5.8 厘米（图7-90，2）。

　　18 I H17：15，敞口，圆唇，弧腹，圈足，挖足过肩。内满施透明釉，有涩圈，宽 1.5～1.9 厘米，外施透明釉至中腹，有流釉、积釉现象，釉下施白色化妆土，内有碳化物、窑粘，外有轮痕。圈足足跟旋削，外足墙外撇，足脊倾斜。黄色胎，较致密。口径 19.4、底径 6.6、通高 6.2 厘米（图 7-90，3）。

　　18 I H17：17，敞口，圆唇，弧腹，圈足，挖足过肩。内满施透明釉，有涩圈，宽 1.6 厘米，外施透明釉至中腹，有流釉、积釉现象，釉下施化妆土，外有土沁、轮痕。圈足足跟旋削，外足墙外撇，足脊倾斜。浅黄色胎，较致密。口径 19.2、底径 6.6、通高 6.2 厘米（图 7-90，4）。

　　18 I H17：18，敞口，圆唇，弧腹，圈足，挖足过肩。内满施透明釉，有涩圈，宽 1.4 厘米，外施透明釉至腹部，有积釉现象，釉下施白色化妆土，内有土沁、窑粘，外有轮痕。圈足足跟旋削，外足墙外撇，足脊倾斜。浅黄色胎，较致密。口径 19.6、底径 6.4、通高 5.4 厘米（图 7-90，5）。

　　18 I H17：20，2 件连体，残（图 7-90，6；彩版 7-327）。

彩版 7-327　白瓷碗 18 I H17：20

18ⅠH17：20-1，上，敞口，圆唇，弧腹，圈足。内满施透明釉，有涩圈，宽1.7厘米，釉下施白色化妆土，外施透明釉至腹部，有流釉、积釉现象，外有轮痕，少量土沁。圈足足跟旋削，外足墙外撇，足脊倾斜。黄色胎，较致密。口径19、底径5.6、高11.3厘米。

18ⅠH17：20-2，下，敞口，圆唇，弧腹，圈足，挖足过肩。内施透明釉，外施透明釉至腹部，有流釉、积釉现象，外有轮痕，少量土沁。圈足足跟旋削，外足墙外撇，足脊倾斜。黄色胎，较致密。口径18.8、底径5.8、高5.8、通高13.3厘米。

彩版 7-328　　白瓷碗 18ⅠH17：21

18ⅠH17：21，敞口，圆唇，弧腹，圈足，挖足过肩。内满施透明釉，有涩圈，宽1.5～2厘米，釉面有小开片，外部施透明釉至上腹部，有流釉、积釉现象，釉下施白色化妆土，内有土沁，外有轮痕。圈足足跟旋削，外足墙外撇，足脊倾斜。黄色胎，较致密。口径19.2、底径6.4、通高5.7厘米（彩版 7-328）。

18ⅠH17：49，上下叠摞，残，2件（图7-90，7）。

18ⅠH17：49-1，上，敞口，圆唇，弧腹，圈足。内满施透明釉，有涩圈，宽1.7厘米，釉下施白色化妆土，外施透明釉至腹部，釉面有小开片，有流釉现象，内有窑粘，外有轮痕，土沁。圈足足跟旋削，外足墙外撇，足脊倾斜。黄色胎，较致密。口径18.4、底径5.9、高7.3厘米。

18ⅠH17：49-2，下，敞口，圆唇，弧腹，圈足，挖足过肩。内满施透明釉，釉下施白色化妆土，外施透明釉至中腹，有流釉、积釉现象，釉面有小开片，外有轮痕，有土沁，有窑粘，有粘接瓷片。圈足足跟旋削，外足墙外撇，足脊倾斜。黄色胎，较致密。口径17.8、底径6.4、高6.2、通高9厘米。

18ⅠH17：50，残。敞口，圆唇，弧腹，圈足，挖足过肩。内满施透明釉，有涩圈，宽1.5～1.9厘米，釉下施白色化妆土，釉面有小开片，外施透明釉至中腹，有流釉、积釉现象，内有窑粘，外有轮痕。圈足足跟旋削，外足墙外撇，足脊倾斜。黄色胎，较致密。口径19.2、底径6.4、通高5.6厘米（图7-91，1）。

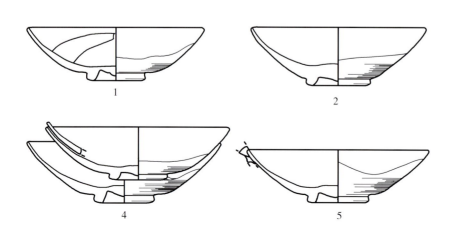

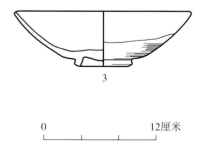

0　　　　　　　　12厘米

图 7-91　18ⅠH17 出土白瓷碗
1～5. 18ⅠH17：50、60、120、134、142

18ⅠH17：60，敞口，圆唇，弧腹，圈足，挖足过肩。内满施透明釉，有涩圈，宽0.9～1.8厘米，釉下施白色化妆土，外施透明釉至中腹，外有土沁、轮痕、窑粘。圈足足跟旋削，外足墙外撇，足脊倾斜。浅黄色胎，较致密。口径19、底径7、通高6.1厘米（图7-91，2）。

18ⅠH17：120，残。敞口，圆唇，弧腹，圈足，挖足过肩。内满施透明釉，有涩圈，宽1.5～1.8厘米，外施透明釉至下腹，釉下施白色化妆土，有流釉、积釉现象，内粘有小瓷片，外有窑粘，有轮痕。圈足足跟旋削，外足墙外撇，足脊倾斜。黄色胎，较致密。口径19、底径6.2、通高5.8厘米（图7-91，3）。

18ⅠH17：134，2件碗相叠压，残（图7-91，4）。

18ⅠH17：134-1，上，敞口，圆唇，弧腹，圈足，挖足过肩。内满施透明釉，有涩圈，宽2厘米，釉下施白色化妆土，外施透明釉至下腹，内粘有瓷片，外有轮痕。圈足足跟旋削，外足墙外撇，足脊倾斜。黄色胎，较致密。口径20、底径6.4、高5.6厘米。

18ⅠH17：134-2，下，敞口，圆唇，弧腹，圈足，挖足过肩。内满施透明釉，有涩圈，宽1.6～2厘米，釉下施白色化妆土，外施透明釉至下腹，外有轮痕。圈足足跟旋削，外足墙外撇，足脊倾斜。较致密。口径21、底径6.6、高6.4、通高8.5厘米。

18ⅠH17：142，微残。敞口，圆唇，弧腹，圈足，挖足过肩。内满施透明釉，有涩圈，宽1.6～3厘米，外施透明釉至中腹，釉下施白色化妆土，有积釉现象，内外有土沁，

彩版7-329　白瓷碗 18ⅠH17：151

有窑粘，外有轮痕，外口沿有两片其他器物残片。圈足足跟旋削，外足墙外撇，足脊倾斜。黄色胎，较致密。口径19.6、底径6.6、通高5.6厘米（图7-91，5）。

18ⅠH17：151，白瓷碗带钵形支具（2个），钵形支具呈倒扣状置于白瓷碗内腹（彩版7-329）。

18ⅠH17：151-1，白瓷碗，残。敞口，圆唇，弧腹，圈足。内满施透明釉，有涩圈，宽1.2～1.5厘米，釉下施白色化妆土，外施透明釉至腹部，釉面有小开片，内外有窑粘、土沁、轮痕。圈足足

跟旋削，外足墙外撇，足脊倾斜。黄色胎，较致密。口径 19、底径 6.2、高 6 厘米。

18 I H17：151-2，钵形支具，残。敞口，方唇，弧腹，平底内凹。内外施透明釉，有脱釉现象，外有轮痕，土沁。灰色胎，较致密。口径 9.4、底径 4.8、高 5.8、通高 8 厘米。

18 I H17：173，白瓷碗 2 个相叠压，残（彩版 7-330）。

18 I H17：173-1，上，敞口，圆唇，弧腹，圈足。内满施透明釉，有涩圈，宽 1.2～1.5 厘米，釉下施白色化妆土，外施透明釉至腹部，釉面有小开片，有流釉现象，内有窑粘，外有轮痕，土沁。黄色胎，较致密。口径 19.2、底径 6.6、高 6.3 厘米。

18 I H17：173-2，下，敞口，圆唇，弧腹，圈足，挖足过肩。内满施透明釉，釉下施白色化妆土，外施透明釉至中腹，有流釉、积釉现象，釉面有小开片，内外有窑粘，外有轮痕，有土沁。圈足足跟旋削，外足墙外撇，足脊倾斜。黄色胎，较致密。口径 19.8、底径 6.5、高 5.8、通高 8.9 厘米。

2. 白瓷盏

共 151 件。

18 I H17：7，敞口，圆唇，弧腹，圈足，挖足过肩。内满施透明釉，有涩圈，宽 1～1.3 厘米，有脱釉现象，有土沁，外施透明釉至腹部，有流釉、积釉现象，外有轮痕。圈足足跟旋削，外足墙外撇，足脊倾斜。黄色胎，较致密。口径 11.8、底径 4.8、通高 3.5 厘米（图 7-92，1）。

18 I H17：8，敞口，口部变形，圆唇，弧腹，圈足，挖足过肩。内满施透明釉，有涩圈，宽 1.1～1.8 厘米，釉下施白色化妆土，外施透明釉至腹部，有流釉、积釉现象，内有窑粘，外有轮痕，外底粘有瓷片。圈足足跟旋削，外足墙外撇，足脊倾斜。黄色胎，较致密。口径 11.8、底径 5、通高 4.4 厘米（彩版 7-331）。

18 I H17：13，2 件盏上下叠摞，残（图 7-92，2；彩版 7-332）。

18 I H17：13-1，上，敞口，圆唇，弧腹，圈足。内满施透明釉，有涩圈，宽 1.3 厘米，釉下施白色化妆土，外施透明釉至腹部，釉面有小开片，外有轮痕、土沁、窑粘。圈足足跟旋削，外足墙外撇，足脊倾斜。黄色胎，较致密。口径 12.4、底径 4.2、高 3.6 厘米。

18 I H17：13-2，下，敞口，圆唇，弧腹，圈足。内满施透明釉，外施透明釉至腹部，釉面有小开片，有流釉、积釉现象，外有轮痕，土沁。圈足足跟旋削，外足墙外撇，足脊倾斜。黄色胎，较致密。口径 12、底径 4.8、高 4、通高 5.8 厘米。

18 I H17：14，敞口，圆唇，弧腹，圈足，挖足过肩。内满施透明釉，有涩圈，宽 1.4 厘米，釉下施白色化妆土，外施透明釉至腹部，有流釉现象，釉下施化妆土，外有轮痕。圈足足跟旋削，外足墙外撇，足脊倾斜。黄色胎，较致密。口径 11.8、底径 4、通高 3.5 厘米（图 7-92，3）。

18 I H17：24，敞口，圆唇，弧腹，圈足，挖足过肩。内满施透明釉，有涩圈，宽 1.2～1.5 厘米，釉下施白色化妆土，外施透明釉至上腹部，釉下施白色化妆土，有流釉、积釉现象，内有碳化物，有粘接瓷片，外有轮痕。圈足足跟旋削，外足墙外撇，足脊倾斜。黄色胎，较致密。口径 11.8、底径 4.8、通高 3.4 厘米（图 7-92，4）。

18 I H17：25，2 件盏上下叠摞（图 7-92，5；彩版 7-333）。

18 I H17：25-1，上，敞口，圆唇，弧腹，圈足。内满施透明釉，有涩圈，宽 1.2 厘米，釉下施白色化妆土，外施透明釉至腹部，外有轮痕，内有窑粘。浅黄色胎，较致密。口径 11.8、底径 4.8、高 3.2 厘米。

彩版 7-330　白瓷碗 18ⅠH17：173　　　　彩版 7-331　白瓷盏 18ⅠH17：8

18ⅠH17：25-2，下，敞口，圆唇，弧腹，圈足。内满施透明釉，外施透明釉至腹部，外有轮痕、土沁，有窑粘。圈足足跟旋削，外足墙外撇，足脊倾斜。黄色胎，较致密。口径 11.6、底径 4.8、高3.6、通高 4.8 厘米。

18ⅠH17：32，残。敞口，圆唇，弧腹，圈足，挖足过肩。内满施透明釉，有涩圈，宽 0.8～1.2 厘米，外施透明釉至中腹，有流釉、积釉现象，内有窑粘，土沁，外有轮痕。圈足足跟旋削，外足墙外撇，

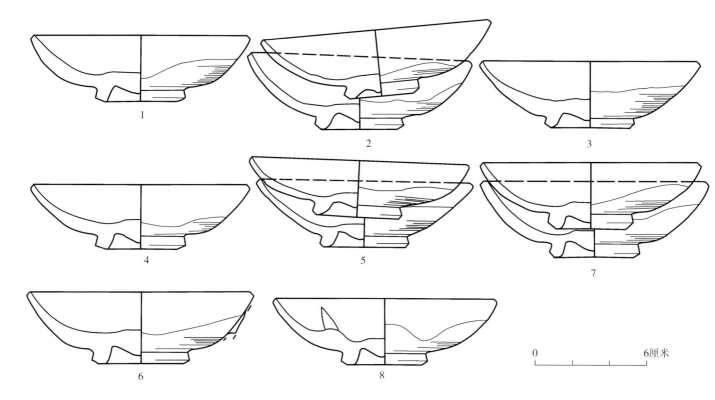

图 7-92　18 I H17 出土白瓷盏

1～8. 18 I H17：7、13、14、24、25、32、36、41

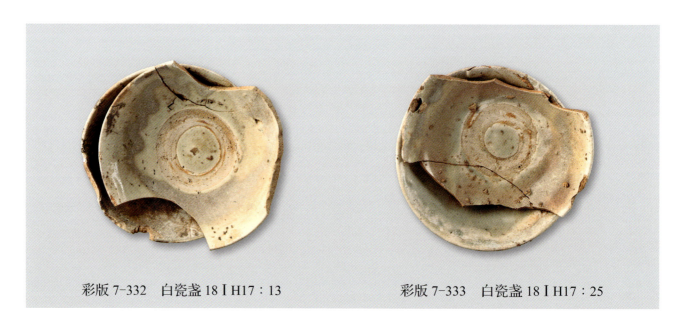

彩版 7-332　白瓷盏 18 I H17：13　　　　　　彩版 7-333　白瓷盏 18 I H17：25

足脊倾斜。黄色胎，较致密。口径 12.2、底径 5.2、通高 3.8 厘米（图 7-92，6）。

18 I H17：36，2 件盏上下叠摞，残（图 7-92，7）。

18 I H17：36-1，上，敞口，圆唇，弧腹。内满施透明釉，有涩圈，宽 1～1.5 厘米，釉下施白色化妆土，内有土沁，外施透明釉至中腹，内外有土沁、轮痕。浅黄色胎，较致密。口径 11.8、底径 4.6、高 3.5 厘米。

18ⅠH17：36-2，下，敞口，圆唇，弧腹，圈足。内满施透明釉，釉下施白色化妆土，内有土沁，外施透明釉至中腹，内外有土沁、轮痕，外有流釉、积釉现象。圈足足跟旋削，外足墙外撇，足脊倾斜。浅黄色胎，较致密。口径12.2、底径4.8、高4、通高5厘米。

18ⅠH17：41，敞口，圆唇，弧腹，圈足，挖足过肩。内满施透明釉，有涩圈，宽0.9～1.1厘米，釉下施白色化妆土，外施透明釉至腹部，内粘有瓷片，有土沁，外有轮痕。圈足足跟旋削，外足墙外撇，足脊倾斜。黄色胎，较致密。口径12、底径4.6、通高3.5厘米（图7-92，8）。

18ⅠH17：42，敞口，圆唇，弧腹，圈足，挖足过肩。内满施透明釉，有涩圈，宽1.1厘米，釉下施白色化妆土，外施透明釉至下腹，内粘有瓷片，有土沁，外有轮痕。圈足足跟旋削，外足墙外撇，足脊倾斜。浅黄色胎，较致密。口径11.6、底径5、通高3.6厘米（图7-93，1；彩版7-334）。

18ⅠH17：44，3件盏叠摞粘连，残（图7-93，2；彩版7-335）。

18ⅠH17：44-1，上，敞口，圆唇，弧腹，圈足。内满施透明釉，有涩圈，宽1.4厘米，釉下施白色化妆土，外施透明釉至腹部，外有轮痕。浅黄色胎，较致密。口径12.2、底径4.5、高3.4厘米。

18ⅠH17：44-2，中，敞口，圆唇，弧腹，圈足。内满施透明釉，釉下施白色化妆土，外施透

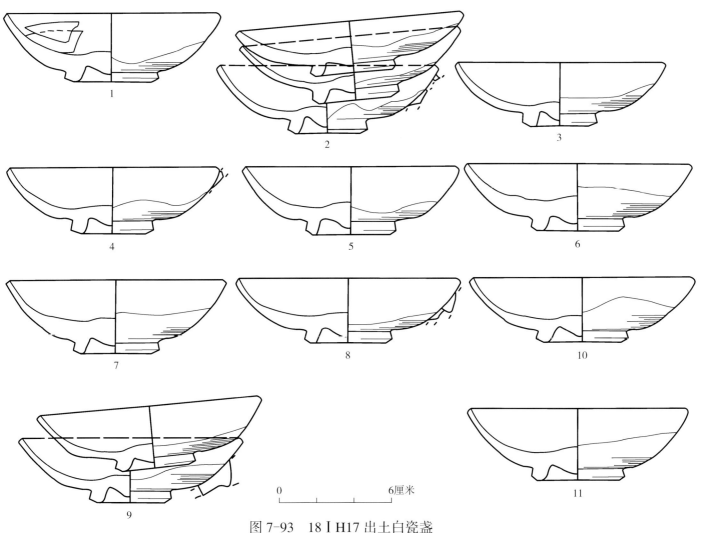

0　　　　　　6厘米

图7-93　18ⅠH17出土白瓷盏

1～11. 18ⅠH17：42、44～46、48、62～65、67、68

彩版 7-334　白瓷盏 18 I H17：42　　　　　　彩版 7-335　白瓷盏 18 I H17：44

明釉至腹部，有流釉、积釉现象，外有轮痕，土沁，黄色胎，较致密。口径 11.8、底径 4.6、高 4 厘米。

18 I H17：44-3，下，敞口，圆唇，弧腹，圈足。内满施透明釉，外施釉至腹部，有粘接瓷片，外有轮痕，土沁。圈足足跟旋削，外足墙外撇，足脊倾斜。黄色胎，较致密。口径 11.8、底径 4.2、高 3.6、通高 6.4 厘米。

18 I H17：45，敞口，圆唇，弧腹，圈足，挖足过肩。内满施透明釉，有涩圈，宽 0.8 ～ 1.1 厘米，釉下施白色化妆土，外施透明釉至中腹，内外有流釉、积釉现象，外有轮痕、有窑粘。圈足足跟旋削，外足墙外撇，足脊倾斜。黄色胎，较致密。口径 11.4、底径 4、通高 3.4 厘米（图 7-93，3）。

18 I H17：46，敞口，圆唇，弧腹，圈足，挖足过肩。内满施透明釉，有涩圈，宽 1.1 ～ 1.3 厘米，釉下施白色化妆土，外施透明釉至中腹，有流釉、积釉现象，内有土沁、窑粘，外有轮痕。圈足足跟旋削，外足墙外撇，足脊倾斜。黄色胎，较致密。口径 11.4、底径 4.4、通高 3.5 厘米（图 7-93，4）。

18 I H17：48，敞口，圆唇，弧腹，圈足，挖足过肩。内满施透明釉，有涩圈，宽 1 ～ 1.4 厘米，釉下施白色化妆土，外施透明釉至中腹，内有土沁，外有轮痕，有窑粘。圈足足跟旋削，外足墙外撇，足脊倾斜。黄色胎，较致密。口径 11.6、底径 4.8、通高 3.6 厘米（图 7-93，5）。

18 I H17：62，敞口，圆唇，弧腹，圈足，挖足过肩。内满施透明釉，有涩圈，宽 1.4 厘米，釉下施白色化妆土，外施透明釉至中腹，有脱釉现象，内有土沁，外有轮痕。圈足足跟旋削，外足墙外撇，足脊倾斜。浅黄色胎，较致密。口径 12.4、底径 5、通高 3.5 厘米（图 7-93，6）。

18 I H17：63，敞口，圆唇，弧腹，圈足，挖足过肩。内满施透明釉，有涩圈，宽 0.9 ～ 1.3 厘米，釉下施白色化妆土，外施透明釉至中腹，有流釉、积釉、脱釉现象，内有土沁，外有轮痕。圈足足跟旋削，外足墙外撇，足脊倾斜。浅黄色胎，较致密。口径 11.8、底径 4.6、通高 3.9 厘米（图 7-93，7）。

18 I H17：64，敞口，圆唇，弧腹，圈足，挖足过肩。内满施透明釉，有涩圈，宽 1 ～ 1.2 厘米，釉下施白色化妆土，外施透明釉至中腹，有粘接小瓷片，釉面有小开片，有流釉、积釉、脱釉现象，外有轮痕。圈足足跟旋削，外足墙外撇，足脊倾斜。浅黄色胎，较致密。口径 12、底径 4.6、通高 3.4 厘米（图 7-93，8）。

18 I H17：65，2 件盏上下叠摞（图 7-93，9）。

18 I H17：65-1，上，敞口，圆唇，弧腹，圈足。内满施透明釉，有涩圈，宽 1.2 厘米，釉下施白色化妆土，外施透明釉至腹部，内有窑粘，外有轮痕。浅黄色胎，较致密。口径 12、底径 4.2、高 4 厘米。

18ⅠH17：65-2，下，敞口，圆唇，弧腹，圈足。内满施透明釉，外施透明釉至腹部，有粘接瓷片，外有轮痕，土沁。圈足足跟旋削，外足墙外撇，足脊倾斜。黄色胎，较致密。口径 12、底径 4.4、高 3.4、通高 5.6 厘米。

18ⅠH17：67，敞口，圆唇，弧腹，圈足，挖足过肩。内满施透明釉，有涩圈，宽 1.3～1.6 厘米，釉下施白色化妆土，外施透明釉至中腹，有流釉、积釉现象，外有轮痕，有窑粘。圈足足跟旋削，外足墙外撇，足脊倾斜。浅黄色胎，较致密。口径 12.2、底径 5、通高 3.4 厘米（图 7-93，10）。

18ⅠH17：68，敞口，圆唇，弧腹，圈足，挖足过肩。内满施透明釉，有涩圈，宽 1.2 厘米，釉下施白色化妆土，外施透明釉至中腹，有流釉、积釉现象，外有轮痕，内外有土沁。圈足足跟旋削，外足墙外撇，足脊倾斜。浅黄色胎，较致密。口径 12、底径 5、通高 3.8 厘米（图 7-93，11）。

18ⅠH17：70，残。敞口，圆唇，弧腹，圈足，挖足过肩。内满施透明釉，有涩圈，宽 1.5 厘米，釉下施白色化妆土，釉面有小开片，外施透明釉至中腹，有流釉、积釉现象，内外有土沁、轮痕。圈足足跟旋削，外足墙外撇，足脊倾斜。浅黄色胎，较致密。口径 12.2、底径 5、通高 3.4 厘米（图 7-94，1）。

18ⅠH17：71，敞口，圆唇，弧腹，圈足，挖足过肩。内满施透明釉，有涩圈，宽 1～1.3 厘米，釉下施白色化妆土，釉面有小开片，外施透明釉至中腹，有流釉、积釉现象，外有轮痕。圈足足跟旋削，外足墙外撇，足脊倾斜。浅黄色胎，较致密。口径 12、底径 4.8、通高 3.6 厘米（图 7-94，2）。

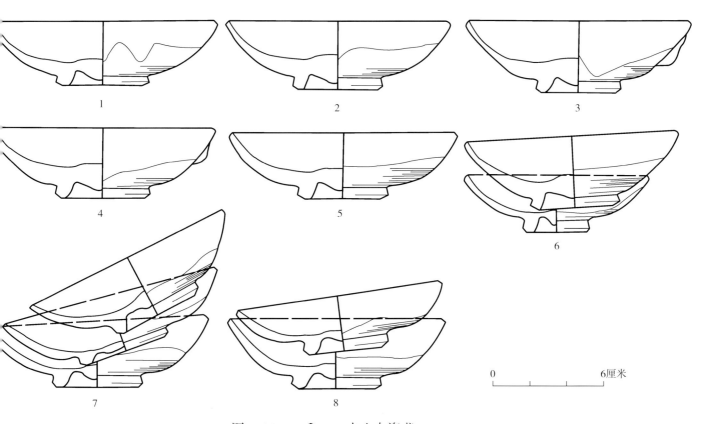

0　　　　　　6厘米

图 7-94　18ⅠH17 出土白瓷盏

1～8. 18ⅠH17：70、71、73、75、78、79、82、83

18Ⅰ H17：73，敞口，圆唇，弧腹，圈足，挖足过肩。内满施透明釉，有涩圈，宽1.1～1.5厘米，釉下施白色化妆土，外施透明釉至中腹，有粘接瓷片，内有窑粘，外有轮痕。圈足足跟旋削，外足墙外撇，足脊倾斜。浅黄色胎，较致密。口径12.2、底径4.6、通高3.8厘米（图7-94，3）。

18Ⅰ H17：75，敞口，圆唇，弧腹，圈足，挖足过肩。内满施透明釉，有涩圈，宽1.3厘米，釉下施白色化妆土，内有窑粘、积釉现象，外施透明釉至中腹，有粘接瓷片，外有轮痕，有土沁。圈足足跟旋削，外足墙外撇，足脊倾斜。浅黄色胎，较致密。口径12、底径5、通高3.7厘米（图7-94，4）。

18Ⅰ H17：77，敞口，圆唇，弧腹，圈足，挖足过肩。整体烧制不规整，内满施透明釉，有涩圈，宽1.2～1.6厘米，釉下施白色化妆土，外施透明釉至腹部，有流釉现象，内有土沁、碳化物，外有轮痕、粘接瓷片。圈足足跟旋削，外足墙外撇，足脊倾斜。浅黄色胎，较致密。口径12.2、底径4.8、通高3.5厘米（彩版7-336）。

18Ⅰ H17：78，敞口，圆唇，弧腹，圈足，挖足过肩。内满施透明釉，有涩圈，宽0.9～1.4厘米，釉下施白色化妆土，内有碳化物，外施透明釉至中腹，外有轮痕，有土沁。圈足足跟旋削，外足墙外撇，足脊倾斜。浅黄色胎，较致密。口径12.2、底径4.8、通高3.5厘米（图7-94，5）。

18Ⅰ H17：79，2件盏上下叠摞，残（图7-94，6）。

18Ⅰ H17：79-1，上，敞口，圆唇，弧腹，圈足。内满施透明釉，有涩圈，宽1.4厘米，釉下施白色化妆土，外施透明釉至腹部，釉面有小开片，内外有窑粘，有轮痕，土沁。圈足足跟旋削，外足墙外撇，足脊倾斜。黄色胎，较致密。口径11.6、底径4.8、高4.2厘米。

18Ⅰ H17：79-2，下，敞口，圆唇，弧腹，圈足，挖足过肩。内满施透明釉，釉下施白色化妆土，外施透明釉至腹部，釉面有小开片，外有轮痕，有土沁，有窑粘。圈足足跟旋削，外足墙外撇，足脊倾斜。砖红色胎，较致密。口径10、底径3.6、高3、通高5.4厘米。

18Ⅰ H17：82，3件盏叠摞，残（图7-94，7）。

18Ⅰ H17：82-1，上，敞口，圆唇，弧腹，圈足。内满施透明釉，有涩圈，宽1.3厘米，釉下施白色化妆土，外施透明釉至腹部，外有轮痕。浅黄色胎，较致密。口径11.6、底径5、高6.6厘米。

18Ⅰ H17：82-2，中，敞口，圆唇，弧腹，圈足。内满施透明釉，釉下施白色化妆土，外施透明釉至腹部，有流釉、积釉现象，外有轮痕、土沁。黄色胎，较致密。口径11.8、底径5、高5.2厘米。

18Ⅰ H17：82-3，下，敞口，圆唇，弧腹，圈足。内满施透明釉，外施透明釉至腹部，外有轮痕、土沁。圈足足跟旋削，外足墙外撇，足脊倾斜。黄色胎，较致密。口径11.8、底径4.8、高3.8、通高9.4厘米。

18Ⅰ H17：83，2件盏叠摞粘连（图7-94，8）。

18Ⅰ H17：83-1，上，敞口，圆唇，弧腹，圈足。内满施透明釉，有涩圈，宽1.3厘米，釉下施白色化妆土，外施透明釉至腹部，内粘有瓷片、窑粘，内外有土沁。圈足足跟旋削，外足墙外撇，足脊倾斜。浅黄色胎，较致密。

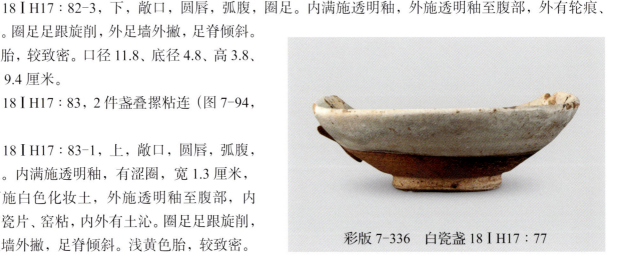

彩版7-336　白瓷盏 18Ⅰ H17：77

口径11、底径4.5、高3.9厘米。

18 I H17：83-2，下，敞口，圆唇，弧腹，圈足，挖足过肩。内满施透明釉，釉下施白色化妆土，外施透明釉至腹部，有积釉现象，内外有土沁，外有轮痕、窑粘、釉粘。圈足足跟旋削，外足墙外撇，足脊倾斜。浅黄色胎，较致密。口径11.6、底径4.8、高3.7、通高5.7厘米。

18 I H17：88，敞口，圆唇，弧腹，圈足，挖足过肩。内满施透明釉，有涩圈，宽1厘米，釉下施白色化妆土，外施透明釉至中腹。有粘接瓷片，内外有土沁，外有轮痕。圈足足跟旋削，外足墙外撇，足脊倾斜。浅黄色胎，较致密。口径11.6、底径5、高3.7厘米（图7-95，1）。

18 I H17：89，2件盏上下叠摞，残（图7-95，2）。

18 I H17：89-1，上，敞口，圆唇，弧腹，圈足。内满施透明釉，有涩圈，宽1厘米，釉下施白色化妆土，外施透明釉至腹部，外有轮痕，有窑粘。浅黄色胎，较致密。口径11.4、底径4.7、高6厘米。

18 I H17：89-2，下，敞口，圆唇，弧腹，圈足。内满施透明釉，釉下施白色化妆土，外施透明釉至腹部，外有轮痕，有窑粘。圈足足跟旋削，外足墙外撇，足脊倾斜。浅黄色胎，较致密。口径11.6、底径4.6、高3.4、通高7厘米。

18 I H17：92，敞口，圆唇，弧腹，圈足，挖足过肩。内满施透明釉，有涩圈，宽1.2厘米，釉下施白色化妆土，内有碳化物，外施透明釉至腹部，有粘接瓷片，外有轮痕，有土沁。圈足足跟旋削，外足墙外撇，足脊倾斜。浅黄色胎，较致密。口径11.8、底径4.6、通高3.5厘米（图7-95，3）。

18 I H17：93，敞口，圆唇，弧腹，圈足，挖足过肩。内满施透明釉，有涩圈，宽1～1.4厘米，釉下施白色化妆土，外施透明釉至中腹，外有轮痕。圈足足跟旋削，外足墙外撇，足脊倾斜。浅黄色胎，较致密。口径11.8、底径4.8、通高3.6厘米（图7-95，4）。

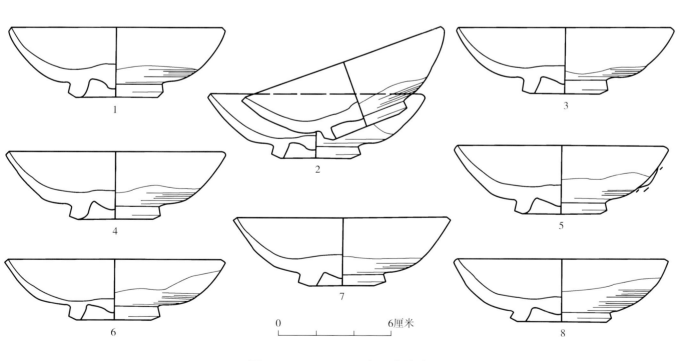

图7-95　18 I H17出土白瓷盏

1～8. 18 I H17：88、89、92、93、95、96、102、105

18ⅠH17：95，敞口，圆唇，弧腹，圈足，挖足过肩。内满施透明釉，有涩圈，宽1.3厘米，釉下施白色化妆土，外施透明釉至中腹，有流釉、积釉现象，有粘接瓷片，内有土沁，外有轮痕。圈足足跟旋削，外足墙外撇，足脊倾斜。浅黄色胎，较致密。口径11.6、底径5、通高3.6厘米（图7-95，5）。

18ⅠH17：96，敞口，圆唇，弧腹，圈足，挖足过肩。内满施透明釉，有涩圈，宽1.5厘米，釉下施白色化妆土，外施透明釉至腹部，有流釉、积釉现象，内有窑粘，外有轮痕。圈足足跟旋削，外足墙外撇，足脊倾斜。浅黄色胎，较致密。口径11.8、底径4.8、通高3.2厘米（图7-95，6）。

18ⅠH17：102，敞口，圆唇，弧腹，圈足，挖足过肩。内满施透明釉，有涩圈，宽0.9～1.6厘米，釉下施白色化妆土，外施透明釉至中腹，有积釉现象，外有窑粘，有轮痕。圈足足跟旋削，外足墙外撇，足脊倾斜。黄色胎，较致密。口径11.6、底径4.6、通高3.6厘米（图7-95，7）。

18ⅠH17：105，敞口，圆唇，弧腹，圈足，挖足过肩。内满施透明釉，釉下施白色化妆土，釉面有小开片，外施透明釉至腹部，有积釉现象，外有轮痕、土沁。圈足足跟旋削，外足墙外撇，足脊倾斜。浅黄色胎，较致密。口径11.6、底径5.4、通高3.3厘米（图7-95，8）。

18ⅠH17：110，2件盏连体叠摞（彩版7-337）。

18ⅠH17：110-1，上，敞口，圆唇，弧腹，圈足。内满施透明釉，有涩圈，宽1.2～1.5厘米，釉下施白色化妆土，釉面有小开片，外施透明釉至腹部，内有釉粘，外有土沁、轮痕。黄色胎，较致密。口径11.7、底径4.3、高5.3厘米。

18ⅠH17：110-2，下，敞口，圆唇，弧腹，圈足，挖足过肩。内满施透明釉，釉下施白色化妆土，釉面有小开片，外施透明釉至腹部，外腹粘有瓷片，外有土沁、轮痕。圈足足跟旋削，外足墙外撇，足脊倾斜。黄色胎，较致密。口径11.8、底径4.8、高3.6、通高6.7厘米。

18ⅠH17：112，敞口，圆唇，弧腹，圈足，挖足过肩。内满施透明釉，有涩圈，宽1.2厘米，釉面有小开片，釉下施白色化妆土，外施透明釉至腹部，内外有土沁，外有轮痕、窑粘。圈足足跟旋削，外足墙外撇，足脊倾斜。黄色胎，较致密。口径12.4、底径5、通高3.7厘米（图7-96，1）。

18ⅠH17：113，微残。敞口，圆唇，弧腹，圈足，挖足过肩。内满施透明釉，有涩圈，宽1.4厘米，釉下施白色化妆土，釉面有小开片，外施透明釉至中腹，有流釉、积釉现象，内外有土沁，外有轮痕、窑粘，外腹粘有白瓷盏腹片。圈足足跟旋削，外足墙外撇，足脊倾斜。黄色胎，较致密。口径12、底径4.6、高3.4、通高4.5厘米（图7-96，2）。

彩版7-337　白瓷盏18ⅠH17：110

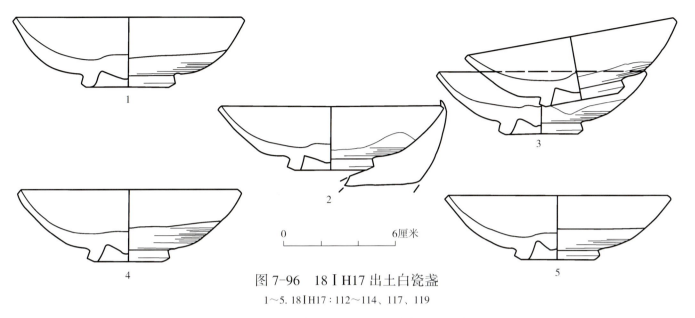

图 7-96　18ⅠH17 出土白瓷盏
1～5. 18ⅠH17：112～114、117、119

18ⅠH17：114，2 件盏上下叠压，残（图 7-96，3；彩版 7-338）。

18ⅠH17：114-1，上，敞口，圆唇，弧腹，圈足。内满施透明釉，有涩圈，宽 1.5 厘米，釉下施白色化妆土，外施透明釉至腹部，釉面有小开片，内有窑粘，外有轮痕，土沁。黄色胎，较致密。口径 11.6、底径 4.7、高 4.7 厘米。

18ⅠH17：114-2，下，敞口，圆唇，弧腹，圈足。内满施透明釉，外施透明釉至腹部，釉面有小开片，有流釉、积釉现象，外有轮痕，土沁。黄色胎，较致密。口径 11.4、底径 4.6、高 3.3、通高 6.1 厘米。

18ⅠH17：117，微残。敞口，圆唇，弧腹，圈足，挖足过肩。内满施透明釉，有涩圈，宽 1.3 厘米，釉下施白色化妆土，外施透明釉至腹部，有流釉、积釉现象，内有土沁，外有轮痕。圈足足跟旋削，外足墙外撇，足脊倾斜。黄色胎，较致密。口径 12、底径 4.4、通高 3.8 厘米（图 7-96，4）。

18ⅠH17：119，微残。敞口，圆唇，弧腹，圈足，挖足过肩。内满施透明釉，有涩圈，宽 1～1.8 厘米，釉下施白色化妆土，外施透明釉至下腹，有流釉、积釉现象，内有土沁，外有轮痕，有窑粘。圈足足跟旋削，外足墙外撇，足脊倾斜。黄色胎，较致密。口径 12.2、底径 4.6、通高 3.4 厘米（图 7-96，5；彩版 7-339）。

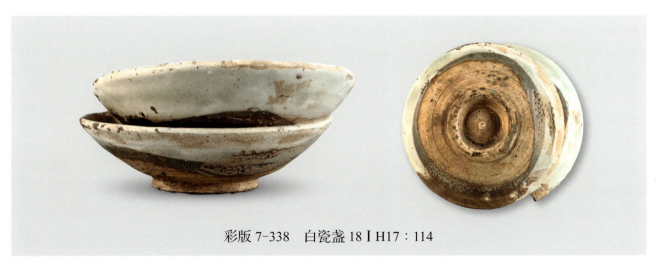

彩版 7-338　白瓷盏 18ⅠH17：114

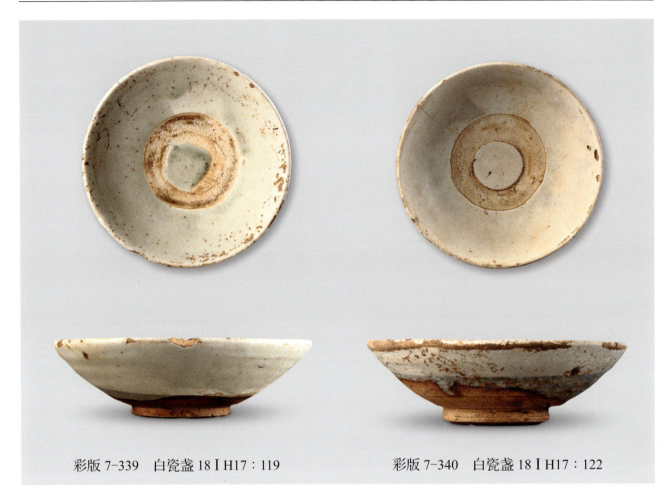

彩版 7-339　白瓷盏 18ⅠH17：119　　　　彩版 7-340　白瓷盏 18ⅠH17：122

　　18ⅠH17：122，敞口，圆唇，弧腹，圈足，挖足过肩。内满施透明釉，有涩圈，宽 1.1～1.5 厘米，釉下施白色化妆土，外施透明釉至腹部，有流釉现象，外有轮痕，土沁。圈足足跟旋削，外足墙外撇，足脊倾斜。黄色胎，较致密。口径 11.6、底径 4.8、通高 3.6 厘米（彩版 7-340）。

　　18ⅠH17：127，敞口，圆唇，弧腹，圈足。内满施透明釉，有涩圈，宽 1.3～1.6 厘米，釉下施白色化妆土，外施透明釉至中腹，外有轮痕，土沁、窑粘。圈足足跟旋削，外足墙外撇，足脊倾斜。黄色胎，较致密。口径 11.2、底径 4.6、通高 3.6 厘米（彩版 7-341）。

　　18ⅠH17：131，微残。敞口，圆唇，弧腹，圈足。内满施透明釉，有涩圈，宽 1.4 厘米，下施白色化妆土，内粘有瓷片，外施透明釉至下腹，有流釉、积釉现象，外有窑粘，有轮痕。圈足足跟旋削，外足墙外撇，足脊倾斜。黄色胎，较粗。口径 11.4、底径 4.8、通高 3.6 厘米（彩版 7-342）。

　　18ⅠH17：133，微残。敞口，圆唇，弧腹，圈足。内满施透明釉，有积釉现象，釉下施白色化妆土，外施透明釉至下腹，有流釉、

彩版 7-341　白瓷盏 18ⅠH17：127

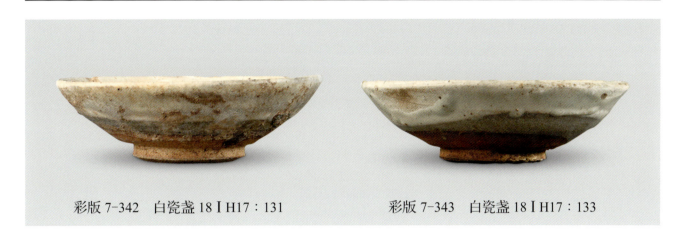

彩版 7-342　白瓷盏 18ⅠH17：131　　　　　　彩版 7-343　白瓷盏 18ⅠH17：133

积釉现象，外有轮痕。圈足足跟旋削，外足墙外撇，足脊倾斜。黄色胎，较致密。口径 11.8、底径 4.8、通高 3.4 厘米（彩版 7-343）。

18ⅠH17：147，2 件盏相贴，上下叠摞，残（图 7-97，1）。

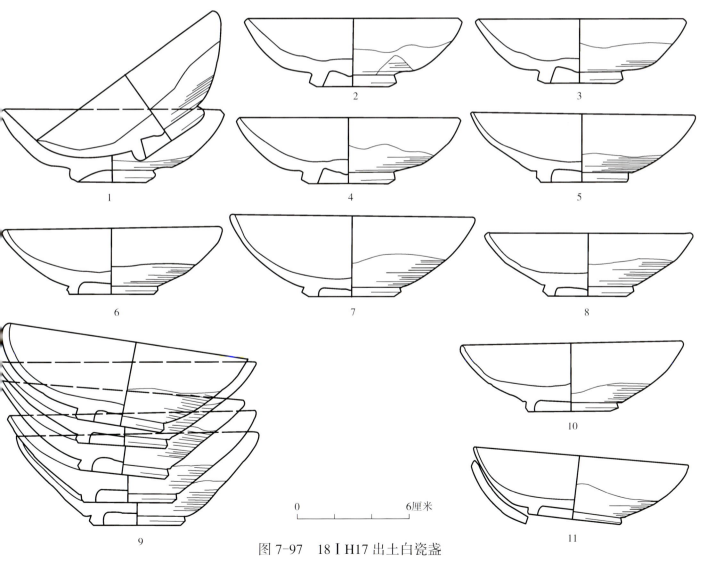

0　　　　　　　　6厘米

图 7-97　18ⅠH17 出土白瓷盏

1～11.18ⅠH17：147、149、156、158、160、162、166、168、170、171、174

18 I H17：147-1，上，盏呈斜立状，下盏平置。敞口，圆唇，弧腹，圈足。内满施透明釉，有涩圈，宽1.1～1.4厘米，釉下施白色化妆土，外施透明釉至腹部，有流釉、积釉现象，内有窑粘，外有轮痕，土沁。黄色胎，较粗糙。圈足足跟旋削，外足墙外撇，足脊倾斜。口径11.8、底径4.3、高8厘米。

18 I H17：147-2，下，敞口，圆唇，弧腹。内满施透明釉，外施透明釉至腹部，外有轮痕、土沁、窑粘。圈足足跟旋削，外足墙外撇，足脊倾斜。黄色胎，较致密。口径12、底径4.6、高3.8、通高9厘米。

18 I H17：148，敞口，圆唇，弧腹，圈足，挖足过肩。内满施透明釉，有涩圈，宽1.3厘米，釉下施白色化妆土，内口沿有一处"二"形状褐彩纹饰，外施透明釉至中腹，有流釉、积釉现象，外有轮痕，有土沁，内有窑粘。圈足足跟旋削，外足墙外撇，足脊倾斜。黄色胎，较粗糙。口径11.6、底径4.8、通高3.6厘米（彩版7-344）。

18 I H17：149，微残。敞口，圆唇，弧腹，圈足，挖足过肩。内满施透明釉，有涩圈，宽1.2厘米，釉下施白色化妆土，有积釉，外施透明釉至腹部，有流釉、积釉现象，外有轮痕，有土沁。圈足足跟旋削，外足墙外撇，足脊倾斜。黄色胎，较粗糙。口径11.6、底径4.6、通高3.6厘米（图7-97，2）。

18 I H17：156，敞口，圆唇，弧腹，圈足，挖足过肩。内满施透明釉，有涩圈，宽1.4～1.8厘米，釉下施白色化妆土，外施透明釉至腹部，有流釉、积釉现象，外有轮痕，土沁，内外有窑粘。圈足足跟旋削，外足墙外撇，足脊倾斜。黄色胎，较致密。口径11.4、底径4.6、通高3.4厘米（图7-97，3）。

18 I H17：158，残。敞口，圆唇，弧腹，圈足，挖足过肩。内满施透明釉，有涩圈，宽1.5～1.9厘米，釉下施白色化妆土，外施透明釉至腹部，有积釉现象，外有轮痕、土沁、窑粘。圈足足跟旋削，外足墙外撇，足脊倾斜。黄色胎，较致密。口径12、底径5、通高3.5厘米（图7-97，4）。

18 I H17：160，微残。敞口，圆唇，弧腹，圈足，挖足过肩。内满施透明釉，有涩圈，宽1.2～1.4厘米，釉下施白色化妆土，外施透明釉至下腹，有积釉现象，外有轮痕，有土沁。圈足足跟旋削，外足墙外撇，足脊倾斜。黄色胎，较致密。口径12.2、底径5、通高3.7厘米（图7-97，5；彩版7-345）。

18 I H17：162，微残。敞口，圆唇，弧腹，圈足，挖足过肩。内满施透明釉，有涩圈，宽1.6厘米，釉下施白色化妆土，外施透明釉至腹部，有积釉现象，外有轮痕，有土沁，有窑粘。圈足足跟旋削，外足墙外撇，足脊倾斜。黄色胎，较粗糙。口径11.8、底径4.9、通高3.6厘米（图7-97，6）。

18 I H17：166，微残。敞口，圆唇，弧腹，圈足。内满施透明釉，有涩圈，宽1～1.4厘米，

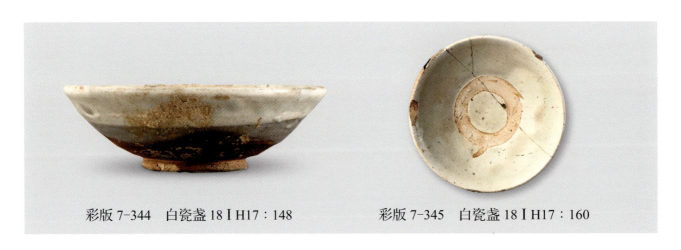

彩版7-344　白瓷盏 18 I H17：148　　　　彩版7-345　白瓷盏 18 I H17：160

釉下施白色化妆土，外施透明釉至中腹，有积釉现象，内外有土沁，有窑粘，外有轮痕。圈足足跟旋削，外足墙外撇，足脊倾斜。黄色胎，较粗糙。口径13.2、底径5.3、通高4.3厘米（图7-97，7）。

18ⅠH17：168，敞口，圆唇，弧腹，圈足。内满施透明釉，有涩圈，宽1.6厘米，釉下施白色化妆土，内腹有一处无釉，外施透明釉至中腹，外有土沁，有积釉，有窑粘。圈足足跟旋削，外足墙外撇，足脊倾斜。黄色胎，较致密。口径11.3、底径4.9、通高3.3厘米（图7-97，8）。

18ⅠH17：170，5件盏上下叠摞，残（图7-97，9；彩版7-346）。

18ⅠH17：170-1，敞口，圆唇，弧腹，圈足，挖足过肩。内满施透明釉，有涩圈，宽1.2厘米，釉面有小开片，釉下施白色化妆土，外施透明釉至腹部，外有轮痕，有土沁。圈足足跟旋削，外足墙外撇，足脊倾斜。浅黄色胎，较致密。口径13、底径4.8、高5.8厘米。

18ⅠH17：170-2，敞口，圆唇，弧腹，圈足。内满施透明釉，有涩圈，宽1.2厘米，釉面有小开片，釉下施白色化妆土，外施透明釉至腹部，外有轮痕，有土沁，有粘接瓷片。口径13.8、底径4.9、高4.6厘米。

18ⅠH17：170-3，敞口，圆唇，弧腹，圈足。内满施透明釉，釉面有小开片，釉下施白色化妆土，外施透明釉至腹部，有粘接瓷片，外有轮痕，有土沁。圈足足跟旋削，外足墙外撇，足脊倾斜。口径13.1、底径4.9、高5.3厘米。

18ⅠH17：170-4，敞口，圆唇，弧腹，圈足，挖足过肩。内满施透明釉，釉面有小开片，釉下施白色化妆土，外施透明釉至腹部，有粘接瓷片，外有轮痕，有土沁。圈足足跟旋削，外足墙外撇，足脊倾斜。口径13.2、底径5.1、高4.9厘米。

彩版7-346　白瓷盏18ⅠH17：170

18ⅠH17：170-5，敞口，圆唇，弧腹，圈足，挖足过肩。内满施透明釉，有涩圈，釉面有小开片，釉下施白色化妆土，外施透明釉至腹部，有粘接瓷片，外有轮痕，有土沁。圈足足跟旋削，外足墙外撇，足脊倾斜。口径13、底径5.1、高4.9、通高10.7厘米。

18ⅠH17：171，残。敞口，圆唇，弧腹，圈足，挖足过肩。内满施透明釉，有涩圈，宽1.1～1.5厘米，釉下施白色化妆土，口沿微变形，外施透明釉至中腹，有流釉、积釉现象，内有土沁，内外有窑粘，外有轮痕。圈足足跟旋削，外足墙外撇，足脊倾斜。黄色胎，较粗糙。口径12.1、底径5、通高3.7厘米（图7-97，10）。

18ⅠH17：174，残。敞口，圆唇，弧腹，圈足，挖足过肩。内满施透明釉，有涩圈，宽1.2厘米，釉下施白色化妆土，外施透明釉至中腹，外有流釉、积釉现象，内有窑粘，内外有土沁，外粘有瓷片。圈足足跟旋削，外足墙外撇，足脊倾斜。黄色胎，较粗糙。口径11.7、底径5.1、通高4厘米（图7-97，11）。

18ⅠH17：175，敞口，圆唇，弧腹，圈足，挖足过肩。内满施透明釉，有涩圈，宽1.4厘米，釉下施白色化妆土，外施透明釉至下腹，有流釉、积釉现象，釉面有小开片，内外有窑粘，土沁，有轮痕。圈足足跟旋削，外足墙外撇，足脊倾斜。黄色胎，较粗糙。口径12.1、底径5.1、通高3.9厘米（图7-98，1）。

18ⅠH17：177，微残。敞口，圆唇，弧腹，圈足，挖足过肩。内满施透明釉，有涩圈，宽1.1厘米，釉下施白色化妆土，外施透明釉至下腹，外有流釉、积釉现象，内外有窑粘，外有轮痕。圈足足跟旋削，外足墙外撇，足脊倾斜。黄色胎，较粗糙。口径11.9、底径5.1、通高3.5厘米（图7-98，2）。

18ⅠH17：178，残。敞口，圆唇，弧腹，圈足，挖足过肩。内满施透明釉，有涩圈，宽1～1.5厘米，釉下施白色化妆土，口沿有变形，外施透明釉至腹部，外有流釉、积釉现象，内外有窑粘，外有土沁，有轮痕。圈足足跟旋削，外足墙外撇，足脊倾斜。黄色胎，较粗糙。口径12.85、底径5.3、通高4.5厘米（图7-98，3）。

3. 白瓷钵

共1个。

18ⅠH17：10，敞口，圆唇，折沿，弧腹，圈足，挖足过肩。内满施透明釉，外有轮痕、土沁。圈足足跟旋削，外足墙外撇，足脊倾斜。黄色胎，较致密。口径13.3、底径6.2、通高6.9厘米（图7-99，1）。

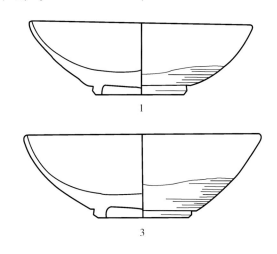

1

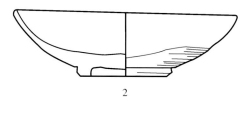

2

3

0　　　　　　　　6厘米

图7-98　18ⅠH17出土白瓷盏

1～3.18ⅠH17：175、177、178

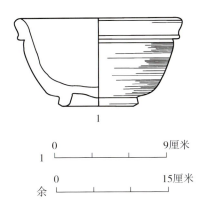

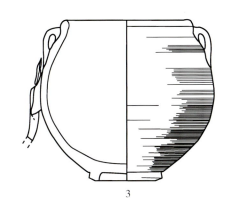

图 7-99　18 I H17 出土白瓷钵、罐
1. 白瓷钵18 I H17：10　2、3. 白瓷罐18 I H17：164、172

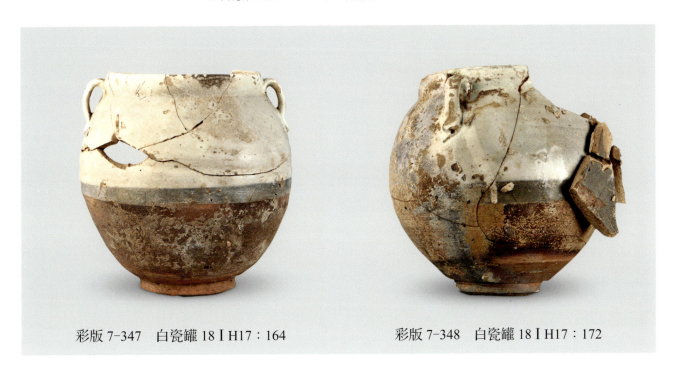

彩版 7-347　白瓷罐 18 I H17：164　　　　彩版 7-348　白瓷罐 18 I H17：172

4. 白瓷罐

共 3 个。

18 I H17：164，残。敛口，圆唇，矮颈，溜肩，颈部至上腹部竖装对称条形系，鼓腹，圈足。内满施透明釉，釉下施白色化妆土，外施透明釉至中腹，有流釉、积釉现象，有少量窑粘，内外有土沁，外有轮痕。圈足足跟旋削，外足墙外撇，足脊倾斜。黄色胎，较致密。口径 15.7、腹径 22.6、底径 10.2、通高 23.1 厘米（图 7-99，2；彩版 7-347）。

18 I H17：172，残。敞口，圆唇，矮颈，溜肩，颈部至上腹部竖装对称条形系，鼓腹，圈足。内施透明釉，外施透明釉至中腹，釉下施白色化妆土，口沿制作不规整，外腹粘有瓷片，内外有土沁，外有轮痕。圈足足跟旋削，外足墙外撇，足脊倾斜。黄色胎，较致密。口径 16.8、腹径 23.4、底径 9.8、通高 21 厘米（图 7-99，3；彩版 7-348）。

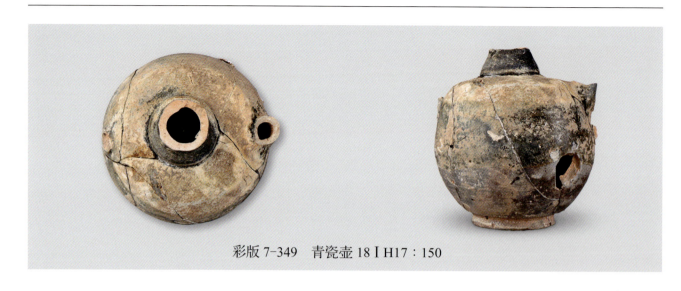

彩版 7-349 青瓷壶 18 I H17∶150

（二）青瓷

青瓷壶

共 1 个。

18 I H17∶150，残。短颈，溜肩，系与壶嘴残缺，鼓腹，圈足。外施青釉至中腹，外腹残缺处有一疑似指痕，外有轮痕，有土沁，有窑粘。圈足足跟旋削，外足墙外撇，足脊倾斜。黄色胎，较致密。腹径 14、底径 6.4、通高 15 厘米（彩版 7-349）。

（三）黄釉瓷

1. 黄釉碗

共 1 件。

18 I H17∶155，残。敞口，圆唇，弧腹，圈足，挖足过肩。内满施黄釉，有涩圈，宽 1.4 厘米，外施黄釉至腹部，釉面有小开片，外有轮痕，土沁。圈足足跟旋削，外足墙外撇，足脊倾斜。黄色胎，较致密。口径 14.8、底径 5.4、通高 5 厘米（彩版 7-350）。

2. 黄釉瓶

共 1 件。

18 I H17∶91，盘口瓶，残。盘口，短颈，颈部与上腹部有一对竖条状对称系，长鼓腹。内施黄釉，外施黄釉至下腹，釉面无光泽，外有土沁，腹部以下残缺。黄色胎，较致密。口径 6.8、腹径 11.2、左残高 16.6、右残高 12.6 厘米（彩版 7-351）。

（四）绿釉瓷

绿釉盆

共 1 件。

18 I H17∶123，残。敞口，方唇，弧腹，平底。内满施透明釉，有涩圈，宽 2.2 ～ 2.9 厘米，釉下施白色化妆土，釉面有小开片，外部呈绿色与褐色相间釉至中腹，呈藤条编织状交错排列，内有土沁，外有轮痕。黄色胎，较致密。口径 29.6、底径 19.4、通高 14.4 厘米（彩版 7-352）。

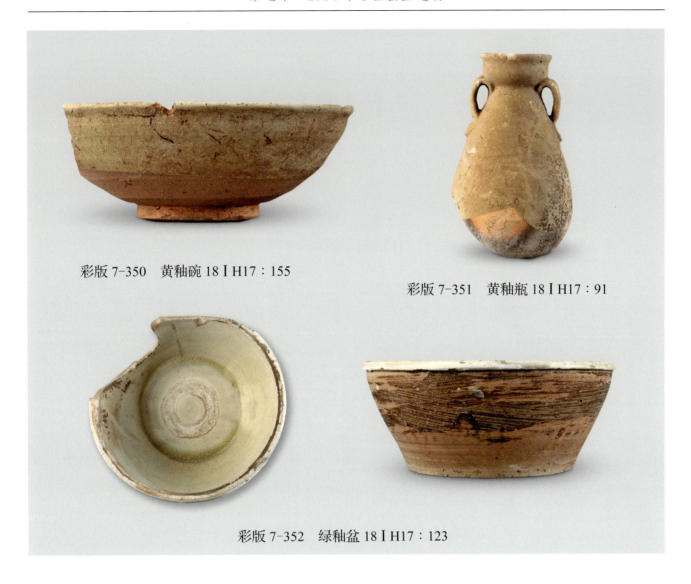

彩版 7-350 黄釉碗 18 I H17：155

彩版 7-351 黄釉瓶 18 I H17：91

彩版 7-352 绿釉盆 18 I H17：123

（五）窑具

1. 盏形支具

共 1 个。

18 I H17：5，敞口，方唇，斜沿，弧腹，腹部微折收，平底内凹。内有土沁，外底有窑粘，底部中心有一孔洞。黄色胎，较粗糙。口径 9、底径 5.1、通高 2.1 厘米（图 7-100，1；彩版 7-353）。

2. 钵形支具

共 3 个。

18 I H17：12，敞口，平唇，微斜沿，弧腹，卧足。内有窑粘，内外有轮痕。黄色胎，较粗糙。口径 8.2、底径 4、通高 4 厘米（图 7-100，2）。

18 I H17：33，敞口，平唇，微斜沿，弧腹，平底内凹。内外有轮痕，内有土沁，外有窑粘，外底有釉粘。黄色胎，较粗糙。口径 9.5、底径 5.3、通高 5.4 厘米（图 7-100，3；彩版 7-354）。

18 I H17：69，敞口，平唇，微折沿，弧腹，平底内凹。内外有轮痕，内有土沁。黄色胎，较粗糙。口径 9、底径 4.2、通高 4.2 厘米（图 7-100，4）。

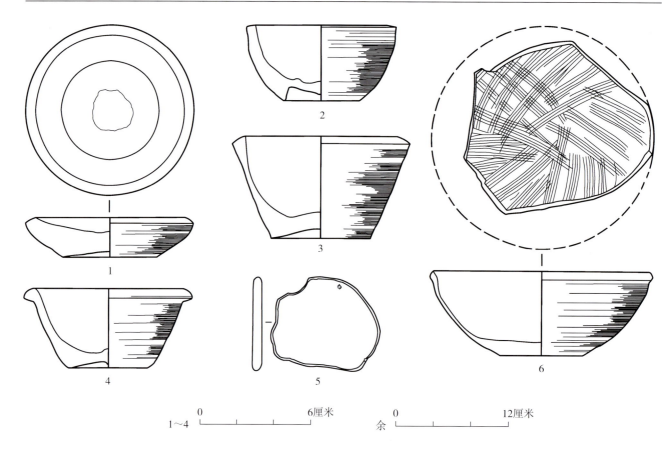

图 7-100　18ⅠH17 出土窑具

1. 盏形支具18ⅠH17：5　2～4. 钵形支具18ⅠH17：12、33、69　5. 垫饼18ⅠH17：165　6. 擂钵18ⅠH17：90

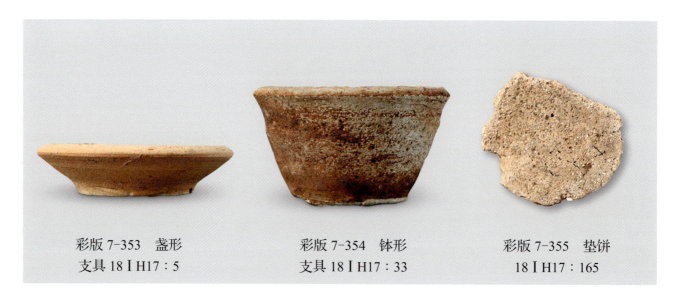

彩版 7-353　盏形
支具 18ⅠH17：5

彩版 7-354　钵形
支具 18ⅠH17：33

彩版 7-355　垫饼
18ⅠH17：165

3. 垫饼

共 1 个。

18ⅠH17：165，残，模制。不规则饼状，两面粗糙，有较多砂石。夹砂黄色胎，较粗糙。直径 11.7、厚 0.8 厘米（图 7-100，5；彩版 7-355）。

彩版7-356　擂钵18ⅠH17∶90

4. 擂钵

共1个。

18ⅠH17∶90，敞口，圆唇，卷沿，弧腹，平底内凹。内有擂钵痕，外有轮痕、有土沁。灰色胎，较致密。口径23.8、底径8.8、通高8.9厘米（图7-100，6；彩版7-356）。

八　18ⅠH18

（一）青黄釉瓷

青黄釉双耳瓶

共1件。

18ⅠH18∶18，残。侈口，圆唇，短颈，颈部与肩部有一对竖条状对称系，一耳残缺，溜肩，鼓腹，圈足。内施青黄釉，外满施青黄釉，釉面有小开片，有脱釉、窑变现象，外有土沁，有积釉。圈足足跟旋削，外足墙外撇，足脊倾斜。灰色胎，较致密。口径6.4、腹径9.6、底径6、通高15厘米（图7-101，1；彩版7-357）。

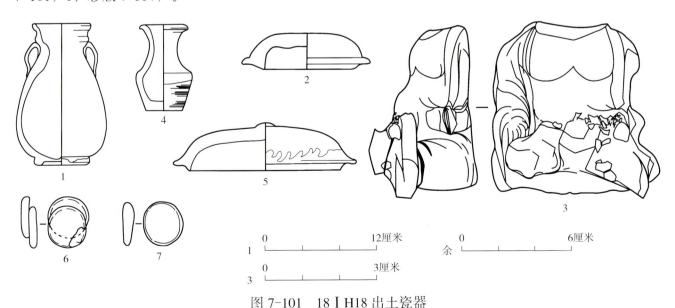

图7-101　18ⅠH18出土瓷器

1. 青黄釉双耳瓶18ⅠH18∶18　2. 黄釉器盖18ⅠH18∶7　3. 酱釉瓷塑18ⅠH18∶5　4. 绿釉瓶18ⅠH18∶17　5. 绿釉器盖18ⅠH18∶23　6、7. 素烧围棋子18ⅠH18∶11、27

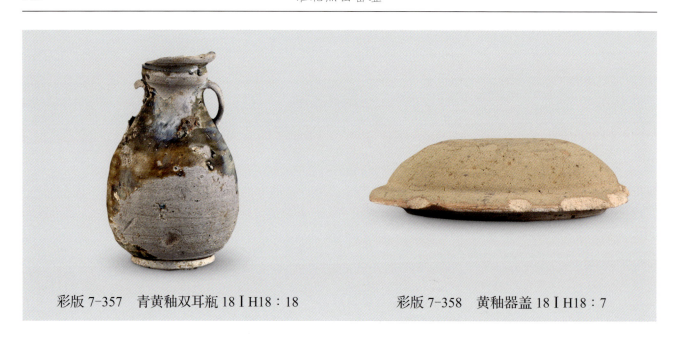

彩版 7-357　青黄釉双耳瓶 18ⅠH18：18　　　　　　　彩版 7-358　黄釉器盖 18ⅠH18：7

（二）黄釉瓷

黄釉器盖

共 1 件。

18ⅠH18：7，黄釉器盖，微残。子母口微敛，平沿，弧顶。内无釉，施白色化妆土，外满施黄釉，釉面无光泽，内外有土沁。黄色胎，较致密。直径 7、通高 1.9 厘米（图 7-101，2；彩版 7-358）。

（三）酱釉瓷

酱釉瓷塑

共 1 件。

18ⅠH18：5，瓷僧塑，残，模制。坐姿。身着僧衣，双腿盘坐，双手各置于腿上，右臂与首部位残缺，周身施酱釉，底部有脱釉现象。灰色胎，较致密。长 4.5、宽 2.9、高 4.7 厘米（图 7-101，3；彩版 7-359）。

（四）绿釉瓷

1. 绿釉瓶

共 1 件。

18ⅠH18：17，微残。敞口，圆唇，斜平沿，束颈，溜肩，弧腹，平底。内施绿釉，外施绿釉至腹部，有窑变现象，釉面有小开片，外有轮痕。黄色胎，较粗糙。口径 2.6、腹径 3、底径 2、通高 4.6 厘米（图 7-101，4；彩版 7-360）。

2. 绿釉器盖

共 1 件。

18ⅠH18：23，残。子母口微敛，斜平沿，弧顶。上有旋纽，内无釉，有土沁，外施绿釉，脱釉严重，釉面有小开片。黄色胎，较致密。直径 9.8、通高 2.5 厘米（图 7-101，5；彩版 7-361）。

彩版 7-359　酱釉瓷僧塑 18ⅠH18：5

彩版 7-360　绿釉瓶 18ⅠH18：17

彩版 7-361　绿釉器盖 18ⅠH18：23

彩版 7-362　素烧围棋子 18ⅠH18：11、12

（五）素烧瓷

素烧围棋子

共 3 枚。

18ⅠH18：11，模制。圆饼状。2 枚棋子呈上下微错位叠压，棋子之间夹有窑粘。黄色胎，较致密。上直径 2.25、厚 0.45、下直径 2.2、厚 0.45 厘米（图 7-101，6；彩版 7-362，上）。

18ⅠH18：12，模制。圆饼状。黄色胎，较致密。直径 1.9、厚 0.4 厘米（彩版 7-362，下）。

18ⅠH18：27，模制。圆饼状。周身满施黄色化妆土，脱落较严重。黄色胎，较致密。直径 2.3、厚 0.4～0.6 厘米（图 7-101，7）。

（六）窑具

1. 盏形支具

共 1 件。

18ⅠH18：9，敛口，方唇，斜沿，弧腹折收，平底内凹。内外有少量土沁，有轮痕，外底有窑粘。黄色胎，较粗糙。口径 8.6、底径 4.6、通高 2.5 厘米（图 7-102，1；彩版 7-363）。

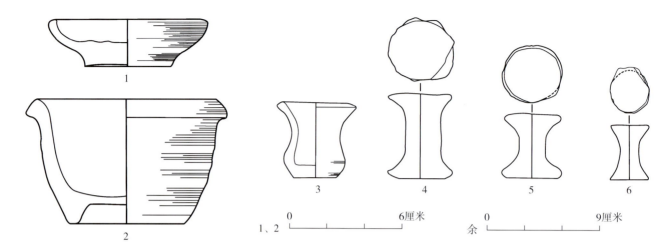

图 7-102　18ⅠH18 出土窑具

1. 盏形支具 18ⅠH18：9　2. 钵形支具 18ⅠH18：14　3. 喇叭形支具 18ⅠH18：25　4～6. 工字形间隔具 18ⅠH18：4、13、19

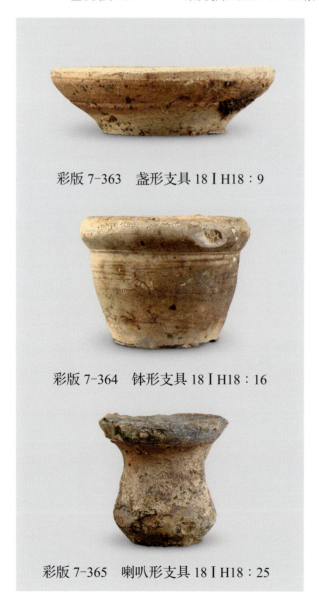

彩版 7-363　盏形支具 18ⅠH18：9

彩版 7-364　钵形支具 18ⅠH18：16

彩版 7-365　喇叭形支具 18ⅠH18：25

2. 钵形支具

共 2 件。

18ⅠH18：14，残。敞口，方唇，斜沿，弧腹，卧足。底部有一孔洞残缺，内外有土沁，有轮痕。黄色胎，较粗糙。口径 10.8、底径 6.4、通高 6.6 厘米（图 7-102，2）。

18ⅠH18：16，残。敞口，圆唇，弧腹，腹部微折收，卧足。外底有疑似烧制时的裂痕，周身施黄色化妆土，内外有轮痕。灰色胎，较粗糙。口径 8.8、底径 5.4、通高 6.45 厘米（彩版 7-364）。

3. 喇叭形支具

共 1 件。

18ⅠH18：25，残。敞口，方唇，斜平沿，短颈，溜肩，鼓腹，平底。外底有线切割痕，周身满施黄色化妆土，脱落较严重。灰色胎，较粗糙。口径 6.35、底径 3.4、通高 6.05 厘米（图 7-102，3；彩版 7-365）。

4. 工字形间隔具

共 12 件。

18ⅠH18：4，残，捏制。"工"状。柄内收，长束腰，上底凹凸不平，下为平底，柄内收，周身施黄色化妆土，脱落较严重。灰色胎，较粗糙。直径 5.2、通高 6.7 厘米（图 7-102，4）。

18ⅠH18：8，微残，捏制。"工"状。柄内收，

彩版 7-366　工字形间隔具 18 I H18：8、22、24

短束腰，上底凹凸不平，下为平底，柄内收，周身施黄色化妆土，脱落较严重。灰色胎，较粗糙。直径 4.2、通高 5.5 厘米（彩版 7-366，左）。

18 I H18：13，捏制。"工"状。柄内收，短束腰，上底凹凸不平，下为平底，柄内收，周身施黄色化妆土，有较多窑粘。灰色胎，较粗糙。直径 4.8、通高 5.14 厘米（图 7-102，5）。

18 I H18：19，微残，捏制。"工"状。

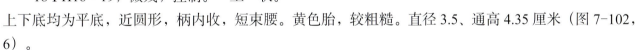

彩版 7-367　垫饼 18 I H18：15

上下底均为平底，近圆形，柄内收，短束腰。黄色胎，较粗糙。直径 3.5、通高 4.35 厘米（图 7-102，6）。

18 I H18：22，残，捏制。"工"状。上下底均为平底，近圆形，柄内收，短束腰。砖红色胎。较粗糙。直径 8.5、高 8 厘米（彩版 7-366，中）。

18 I H18：24，残，捏制。"工"状。上下底凹凸不平，近圆形，柄内收，短束腰，周身满施黄色化妆土，有脱落现象。灰色胎，较粗糙。直径 5.2、通高 5.85 厘米（彩版 7-366，右）。

5. 垫饼

共 1 件。

18 I H18：15，残，圆饼状。周身有裂痕。夹砂黄色胎，较粗糙。直径 12、厚 1.6 厘米（彩版 7-367）。

九　18 I H19

（一）白瓷

白瓷器盖

共 1 件。

18 I H19：15，微残。子母口微敛，斜沿，弧顶。内无釉，外满施透明釉，釉面无光泽，外部与内部都有少量土沁。浅黄色胎，较致密。直径 8.8、通高 2.1 厘米（图 7-103，1）。

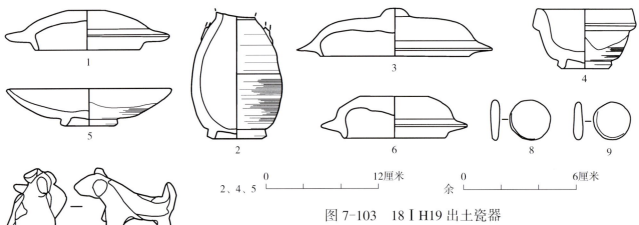

0　　　　　　　　　12厘米　　　　　0　　　　　　　6厘米
2、4、5

余

图 7-103　18 I H19 出土瓷器
1. 白瓷器盖18 I H19：15　2. 青瓷双系瓶18 I H19：12　3. 青瓷器盖18 I H19：12　4. 黄釉钵
18 I H19：7　5. 黑釉碗18 I H19：13　6. 素烧器盖18 I H19：19　7. 素烧瓷狗18 I H19：16　8、9. 素
烧围棋子18 I H19：6、10

彩版 7-368　青瓷双系瓶 18 I H19：22　　　　　　彩版 7-369　青瓷器盖 18 I H19：12

（二）青瓷

1. 青瓷双系瓶

共 1 件。

18 I H19：22，残。溜肩，长弧腹，圈足。内满施青釉，外施青釉至中腹，釉面无光泽，有窑变现象，内外有土沁，外有窑粘、釉粘，有轮痕。圈足足跟旋削，足脊微斜，外足墙微外撇。浅灰色胎，较致密。腹径 9.8、底径 6.4、残高 13.4 厘米（图 7-103，2；彩版 7-368）。

2. 青瓷器盖

共 1 件。

18 I H19：12，微残。子母口微敛，斜沿，弧顶。内无釉，外满施青釉，捉手呈圆形。浅黄色胎，较致密。直径 10.4、通高 2.5 厘米（图 7-103，3；彩版 7-369）。

（三）黄釉瓷

黄釉钵

共1件。

18ⅠH19∶7，敞口，圆唇，口沿下有一凸棱，弧腹，圈足，挖足过肩。内满施黄釉且有一小处未施釉，唇部施白色化妆土，外施黄釉至腹部，有流釉现象，釉下施白色化妆土，釉面有小开片，外有轮痕。圈足足跟旋削，足脊微斜，外足墙微外撇。浅黄色胎，较致密。口径11、底径5.8、通高6.3厘米（图7-103，4；彩版7-370）。

（四）黑釉瓷

黑釉碗

共1件。

18ⅠH19∶13，残。侈口，圆唇，弧腹，圈足，挖足过肩。内满施黑釉，有涩圈，宽1.8～2.1厘米，外施黑釉至上腹部，有流釉、积釉现象，外有土沁，有轮痕，碗有变形。圈足足跟旋削，足脊微斜，外足墙微外撇。浅灰色胎，较致密。口径17.8、底径6.2、通高3.9厘米（图7-103，5；彩版7-371）。

（五）素烧瓷

1. 素烧器盖

共1件。

18ⅠⅡH19∶19，微残。子母口微敛，斜沿，弧顶。内外均无釉，内有土沁。黄色胎，较致密。直径7.8、通高2.2厘米（图7-103，6；彩版7-372）。

2. 素烧瓷塑

共1件。

18ⅠⅡH19∶16，瓷狗，模制。站立状。头微向左倾，双耳下耷，无眼，无唇，狗尾向左转并向前与脖颈相贴，狗右后腿向上翘起。白色胎，较致密。长5.5、宽3.3、高4厘米（图7-103，7；彩版7-373）。

彩版7-370　黄釉钵18ⅠH19∶7

彩版 7-372　素烧器盖 18ⅠH19：19

彩版 7-373　素烧瓷塑 18ⅠH19：16

彩版 7-371　黑釉碗 18ⅠH19：13

彩版 7-374　素烧围棋子 18ⅠH19：2

3. 素烧围棋子

共 5 枚。

18ⅠH19：2，模制。圆饼状。一面有少量土沁，棋子四周有土沁。白色胎，较致密。直径 1.9、厚 0.4 厘米（彩版 7-374）。

18ⅠH19：6，模制。圆饼状，微变形。浅灰色胎，较致密。直径 2.15、厚 0.4～0.5 厘米（图 7-103，8）。

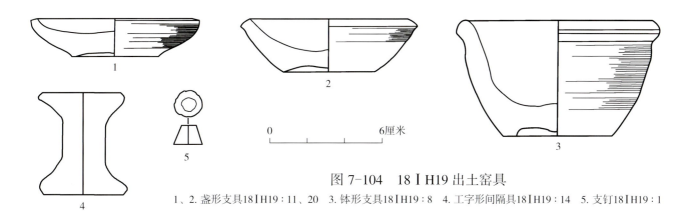

图 7-104　18ⅠH19 出土窑具

1、2. 盏形支具18ⅠH19：11、20　3. 钵形支具18ⅠH19：8　4. 工字形间隔具18ⅠH19：14　5. 支钉18ⅠH19：1

彩版 7-375　钵形支具 18ⅠH19：3

18ⅠH19：10，模制。圆饼状，微变形。一面有窑粘。白色胎，较致密。直径 2、厚 0.5～0.6 厘米（图 7-103，9）。

（六）窑具

1. 盏形支具

共 4 件。

18ⅠH19：11，残。敞口，方唇，斜平沿，弧腹，平底内凹。内外有轮痕、土沁，外底有窑粘，胎体火石红。浅黄色胎，较致密。口径 9、底径 4.6、通高 2 厘米（图 7-104，1）。

18ⅠH19：20，微残。敞口，方唇，斜沿，弧腹，平底内凹。内外有轮痕，有土沁，外底有釉粘。浅黄色胎，较致密。口径 9.4、底径 4.8、通高 2.8 厘米（图 7-104，2）。

2. 钵形支具

共 2 件。

18ⅠH19：3，微残。敞口，方唇，弧腹，平底内凹。内外有轮痕，有少量土沁。浅灰色胎，较致密。口径 8.8、底径 4.6、通高 3.8 厘米（彩版 7-375）。

18ⅠH19：8，微残。敞口，圆唇，卷沿，弧腹，卧足。外腹有白色化妆土不均匀，内外有轮痕、有少量土沁，外底有釉粘。浅胎体火石红，黄色胎，较致密。口径 11、底径 5.8、通高 6.1 厘米（图 7-104，3）。

3. 工字形间隔具

共 2 件。

18ⅠH19：14，微残，捏制。“工”字状。上底与下底平面都呈近圆形，短柄，束腰。周身二分之一有疑似施釉，有脱釉现象，周身有少量土沁、有窑粘，上部有一处疑似划痕。浅灰色胎，较致密。直径 4.7、通高 5.4 厘米（图 7-104，4）。

4. 支钉

共 2 件。

彩版 7-376　支钉 18ⅠH19：17

18ⅠH19：1，白瓷，似梯形，捏制。顶部有釉粘。白色胎，较致密。直径 1.5、通高 1 厘米（图 7-104，5）。

18ⅠH19：17，白瓷，似梯形，捏制。顶部有釉粘，底部与周身有少量土沁。白色胎，较致密。直径 2.1、通高 1.8 厘米（彩版 7-376）。

一〇　18ⅠH20

（一）白瓷

1. 白瓷碗

共 9 件。①层 1 件，②层 2 件，③层 6 件。

18ⅠH20①：8，残。侈口，圆唇，弧腹，圈足。内满施透明釉，有涩圈，宽 1.8～2.1 厘米，外施透明釉至上腹部，釉下施化妆土，有流釉、积釉现象，施釉局部有裂缝、起翘现象，外有轮痕。圈足足跟旋削，足脊微斜，外足墙微外撇。砖红色胎，较致密。口径 11.8、底径 4.8、通高 3.5 厘米（图 7-105，1）。

18ⅠH20②：1，残。敞口，圆唇，弧腹，圈足，挖足过肩。内满施透明釉，有涩圈，宽 1.5 厘米，外施透明釉至上腹部，釉下施化妆土，釉面有小开片。口沿内外粘有瓷片，口沿上有脱落现象，

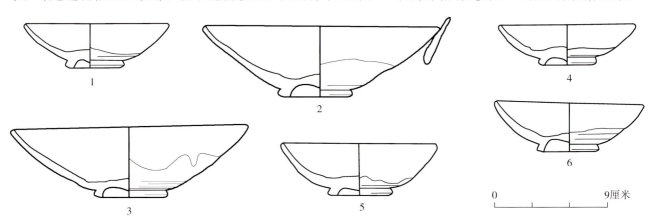

图 7-105　18ⅠH20 出土白瓷碗、盏

1～3. 白瓷碗18ⅠH20①：8、H20②：1、H20③：14　4～6. 白瓷盏18ⅠH20①：2、H20③：8、22

外有轮痕。圈足足跟旋削，足脊微斜，外足墙微外撇。浅灰色胎，较致密。口径 19.2、底径 6、通高 5.6 厘米（图 7-105，2）。

18ⅠH20②：9，2 件（彩版 7-377）。

18ⅠH20②：9-1，上，残。敞口，圆唇，弧腹，圈足。内满施透明釉，有涩圈，宽 0.8 ~ 1.5 厘米，内有窑粘，外有轮痕。圈足足跟旋削，足脊微斜，外足墙微外撇。底部粘有瓷碗一个。浅白色胎，较致密。口径 18、底径 6.4、高 6.4 厘米。

18ⅠH20②：9-2，下，侈口，圆唇，弧腹，圈足。内满施透明釉，有涩圈，外施透明釉至上腹部，釉下施白色化妆土，釉面有小开片，外上腹部粘有瓷片，外有轮痕。圈足足跟旋削，足脊微斜，外足墙微外撇。浅黄色胎，较致密。口径 18.4、底径 6.4、高 5.9、通高 7.6 厘米。

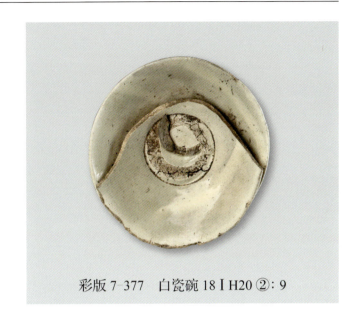

彩版 7-377　白瓷碗 18ⅠH20②：9

18ⅠH20③：14，残。敞口，圆唇，弧腹，圈足，挖足过肩。内满施透明釉，有涩圈，宽 1.6 ~ 2 厘米，外施透明釉至上腹部，釉面有小开片，有流釉、积釉现象，釉下施白色化妆土，外有轮痕。圈足足跟旋削，足脊微斜，外足墙微外撇。浅黄色胎，较致密。口径 19.4、底径 6、通高 5.8 厘米（图 7-105，3）。

2. 白瓷盏

共 7 件。①层 2 件，③层 5 件。

18ⅠH20①：2，残。侈口，圆唇，弧腹，圈足。内满施透明釉，有涩圈，宽 1 ~ 1.9 厘米，施釉不均匀，外施透明釉至上腹部，釉下施白色化妆土，釉面有小开片、积釉现象，外有轮痕。圈足足跟旋削，足脊微斜，外足墙微外撇。浅黄色胎，较致密。口径 11、底径 4.6、通高 3.2 厘米（图 7-105，4）。

18ⅠH20③：8，敞口，圆唇，弧腹，圈足，挖足过肩。内满施透明釉，有涩圈，宽 1.7 厘米，外施透明釉至上腹部，有干裂、脱釉、积釉现象，釉下施白色化妆土，外有轮痕。圈足足跟旋削，足脊微斜，外足墙微外撇。砖红色胎，较致密。口径 12.6、底径 5、通高 4 厘米（图 7-105，5）。

18ⅠH20③：22，残。敞口，圆唇，弧腹，圈足。内满施透明釉，有涩圈，宽 0.8 ~ 1.4 厘米，外施透明釉至腹部，釉下施白色化妆土，外有轮痕。圈足足跟旋削，足脊微斜，外足墙微外撇。浅黄色胎，较致密。口径 12、底径 5.2、通高 4.2 厘米（图 7-105，6）。

（二）白釉褐彩瓷

1. 白釉褐彩碗

共 5 件。②层 1 件，③层 4 件。

18ⅠH20②：10，残。侈口，圆唇，弧腹，圈足，挖足过肩。内满施透明釉，有涩圈，宽 1.9 厘米，外施透明釉至上腹部，釉下施白色化妆土，内腹饰褐彩花纹，釉面有小开片，外有轮痕。圈足足跟旋削，

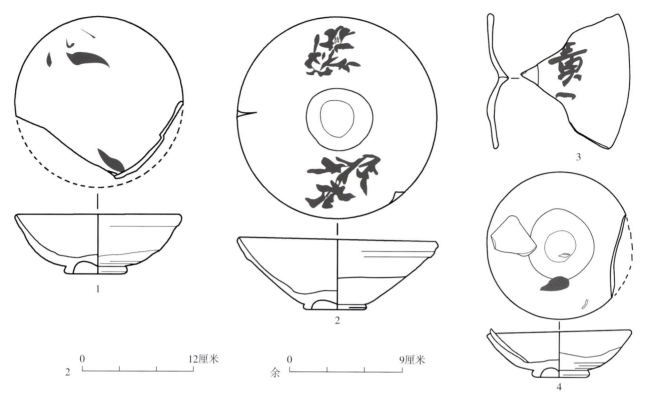

图 7-106　18ⅠH20 出土白釉褐彩碗、盏

1～3. 白釉褐彩碗18ⅠH20②：10、H20③：12、23　4. 白釉褐彩盏18ⅠH20③：3

彩版 7-378　白釉褐彩碗 18ⅠH20 ②：10

足脊微斜，外足墙微外撇。浅白色胎，较致密。口径 13.6、底径 5.2、通高 4.8 厘米（图 7-106，1；彩版 7-378）。

18ⅠH20 ③：12，微残。敞口，圆唇，弧腹，圈足，挖足过肩。内满施透明釉，有涩圈，宽 1.7～2.2 厘米，内饰褐彩折枝花卉平图，外施透明釉至上腹部，釉面有小开片，釉下施白色化妆土至腹部，外有轮痕。圈足足跟旋削，足脊微斜，外足墙微外撇。浅黄色胎，较致密。口径 21.6、底径 6.8、通高 7.8 厘米（图 7-106，2；彩版 7-379）。

18ⅠH20 ③：4，带"一郎"字瓷片，内施透明釉，内饰褐彩字"一郎宅"，釉面有小开片，外施透明釉至腹部，釉下施白色化妆土。浅黄色胎，较致密。残长 8.4、残宽 9.6 厘米（彩版 7-380）。

18ⅠH20 ③：19，带"黄一郎"字残片。敞口，圆唇，弧腹，圈足，挖足过肩。内满

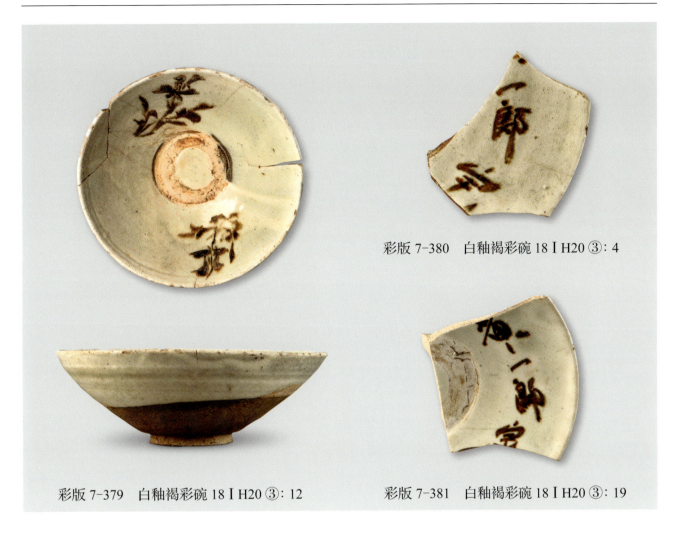

彩版 7-380　白釉褐彩碗 18 I H20 ③：4

彩版 7-379　白釉褐彩碗 18 I H20 ③：12

彩版 7-381　白釉褐彩碗 18 I H20 ③：19

施透明釉，有涩圈，宽 2 厘米，内腹有褐彩"黄一郎"字，外施透明釉至腹部，釉下施白色化妆土，釉面有小开片，外有轮痕，圈足足跟旋削，足脊微斜，外足墙微外撇。浅黄色胎，较致密。口径 18、底径 6.6、通高 5.6 厘米（彩版 7-381）。

18 I H20 ③：23，带字残片。敞口，圆唇，弧腹。内满施透明釉，有涩圈，内腹有褐彩"黄一"字，外上腹部施透明釉，有小气泡，外有轮痕。浅黄色胎，较致密。残长 10.7、残宽 8.7 厘米（图 7-106，3）。

2. 白釉褐彩盏

共 2 件。②层 1 件，③层 1 件。

18 I H20 ③：3，残。敞口，圆唇，弧腹，圈足，挖足过肩。内满施透明釉，有涩圈，宽 1.2～1.7 厘米，外施透明釉至腹部，釉下施有白色化妆土，内腹饰褐彩萱草纹，有瓷片粘接。圈足足跟旋削，足脊微斜，外足墙微外撇。灰色胎，较致密。口径 11.6、底径 4.6、通高 3.8 厘米（图 7-106，4）。

（三）青瓷

1. 青瓷瓶

共 4 件。①层 3 件，③层 1 件。

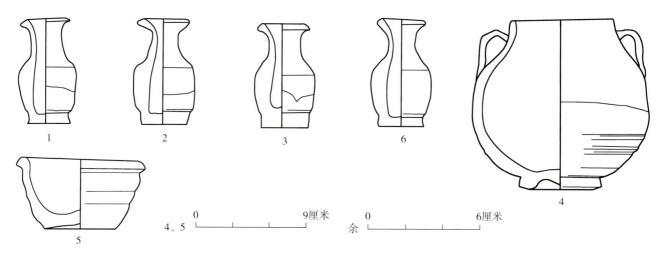

4、5　0　　　　　　9厘米　　　　0　　　　　　6厘米
　　　　余

图 7-107　18ⅠH20 出土瓷器

1～3. 青瓷瓶18ⅠH20①：9、10、18ⅠH20③：7　4. 青瓷罐18ⅠH20②：3　5. 黄釉钵18ⅠH20①：7　6. 素烧瓶18ⅠH20①：4

彩版 7-382　青瓷瓶 18ⅠH20 ①：10　　　　彩版 7-383　青瓷瓶 18ⅠH20 ③：7

　　18ⅠH20①：9，侈口，圆唇，束颈，折肩，弧腹，平底。内施青釉至颈部，外施青釉至上腹部，釉上有气泡小孔、粘接痕迹、凹陷，外有轮痕。浅灰色胎，较致密。口径 2.7、底径 2.3、腹径 3.1、通高 5.5 厘米（图 7-107，1）。

　　18ⅠH20①：10，侈口，圆唇，束颈，折肩，弧腹，平底。内施青釉至颈部，外施青釉至中腹，釉下施化妆土，有气泡小孔，肩部有粘接痕迹，一处凹陷，外有轮痕，外底有打磨痕迹。浅灰色胎，较致密。口径 2.8、底径 2.4、腹径 3.3、通高 5.6 厘米（图 7-107，2；彩版 7-382）。

　　18ⅠH20③：7，微残。侈口，圆唇，直颈，溜肩，弧腹，平底。内满施青釉，外施青釉至腹中部，釉面有小开片，有积釉现象，下腹有一圈凹棱，底部施白色化妆土。浅灰色胎，较致密。口径 2.8、腹径 3.3、底径 2.5、通高 5.5 厘米（图 7-107，3；彩版 7-383）。

　　2. 青瓷罐

　　共 2 件。②层 1 件，③层 1 件。

18ⅠH20②：3，残。敞口，圆唇，短颈，溜肩，颈部和腹部贴有一对竖状条形系，弧腹，圈足。内外皆施青釉口沿至腹部，局部有脱釉、小开片、窑变现象，釉下施白色化妆土，外腹有一处瓷片粘接痕迹，肩部、腹部有气泡小孔，外有轮痕。圈足足跟旋削，足脊微斜，外足墙微外撇。灰色胎，较致密。口径 8.4、底径 6.6、腹径 14.2、通高 13.6 厘米（图 7-107，4；彩版 7-384）。

18ⅠH20③：13，残。侈口，矮颈，溜肩，颈部和腹部贴有一对竖状条形系，鼓腹，圈足，挖足过肩。内满施青釉，口沿上白色化妆土至外口沿，外施青釉至下腹，釉面有小开片，釉下小部分施有白色化妆土，内外有轮痕。圈足足跟旋削，足脊微斜，外足墙微外撇。浅灰色胎，较致密。口径 11.2、底径 6.6、腹径 12.8、通高 9.8 厘米（彩版 7-385）。

3. 青瓷炉

共 1 件。③层 1 件。

18ⅠH20③：2，残。敛口，圆唇，宽斜沿，束直腹折收。内部施青釉至口沿下，外施化妆土至下腹，上腹局部施有青釉，内外有轮痕，外腹有三处疑似粘接痕迹。浅黄色胎，较致密。口径 7.6、底径 3.2、通高 3.7 厘米（彩版 7-386）。

彩版 7-384　青瓷罐 18ⅠH20②：3　　　　彩版 7-385　青瓷罐 18ⅠH20③：13

彩版 7-386　青瓷炉 18ⅠH20③：2

（四）黄釉瓷

黄釉钵

共 1 件。①层 1 件。

18 I H20 ①：7，敞口，圆唇，弧腹，平底内凹。内外满施黄釉，唇部有脱釉现象，内有积釉现象，内外有轮痕，外腹有粘接痕迹，外底心施釉。夹砂浅灰色胎，较致密。口径 10.4、底径 5.7、通高 5.5 厘米（图 7-107，5）。

（五）素烧瓷

素烧瓶

共 3 件。①层 3 件。

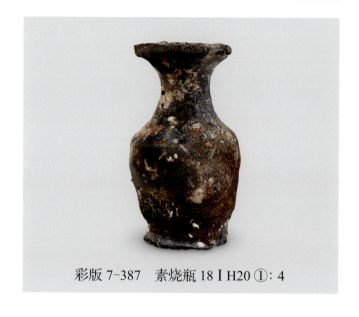

彩版 7-387　　素烧瓶 18 I H20 ①：4

18 I H20 ①：4，小瓷瓶。侈口，圆唇，束颈，折肩，弧腹，平底。外施白色化妆土至下腹，有脱落现象，外有轮痕。浅灰色胎，较致密。口径 2.6、底径 2.4、腹径 3.2、通高 5.7 厘米（图 7-107，6；彩版 7-387）。

（六）窑具

1. 盏形支具

共 9 件。①层 1 件，②层 6 件，③层 2 件。

18 I H20 ①：5，敞口，尖圆唇，斜沿，弧腹，平底内凹。外烧制成浅褐色，足底处不均匀，局部有白色化妆土，内外有轮痕。浅黄色胎，较致密。口径 9.4、底径 4.3、通高 2.3 厘米（图 7-108，1）。

18 I H20 ②：2，残。侈口，圆唇，弧腹微折，平底。外烧制成浅褐色，分布不均匀，内底心与外底心各有一条小裂缝。内有烧制小块黑红色痕迹，外沿上有釉粘接痕迹，内外有轮痕，外底有支钉压制痕迹。夹砂浅砖红色胎，较粗糙。口径 8.6、底径 5、通高 1.7 厘米（图 7-108，2；彩版 7-388）。

18 I H20 ②：5，敞口，尖圆唇，斜沿，弧腹，平底内凹。外烧制成浅黄褐色，口沿内外有釉粘，外底上有粘接痕迹。浅黄色胎，较致密。口径 10、底径 4.8、通高 2.8 厘米（图 7-108，3）。

18 I H20 ②：7，敞口，尖圆唇，弧腹，平底内凹。外烧制成浅灰褐色，内外有轮痕。浅黄色胎，较致密。口径 7.8、底径 4.3、通高 2 厘米（图 7-108，4）。

18 I H20 ②：13，敞口，尖圆唇，斜沿，弧腹，平底内凹。外烧制成浅青黄色，外腹至整个外底施白色化妆土，内外有轮痕。浅黄色胎，较粗糙。口径 9.6、底径 4.8、通高 2.5 厘米（图 7-108，5）。

18 I H20 ②：14，微残。敞口，方唇，斜沿，弧腹，平底内凹。内外有轮痕，外底有窑粘，外有土沁。浅黄色胎，较致密。口径 9、底径 4.7、通高 2.9 厘米（图 7-108，6）。

18 I H20 ③：11，敞口，方唇，斜平沿，弧腹，平底内凹。内外有轮痕，外底施白色化妆土。浅黄色胎，较致密。口径 9.5、底径 4.8、通高 3.3 厘米（图 7-108，7）。

18 I H20 ③：16，侈口，方唇，斜沿，弧腹，平底内凹。内外有轮痕，口沿粘有像铁锈的物质。

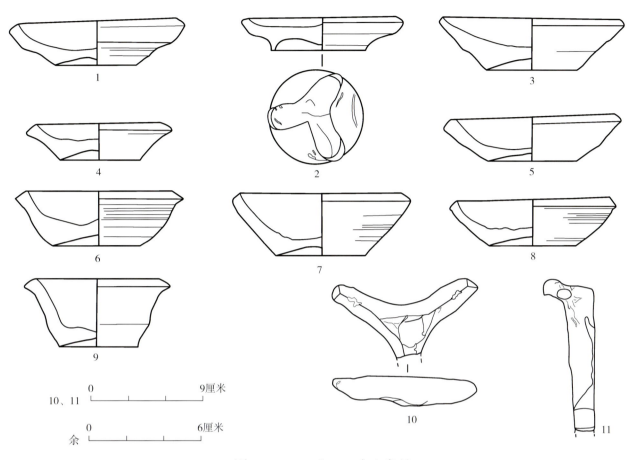

图 7-108　18 I H20 出土窑具

1～8. 盏形支具18 I H20①：5、18 I H20②：2、5、7、13、14、18 I H20③：11、16　9. 钵形支具18 I H20②：8　10. 三叉支托
18 I H20②：12　11. 试火棒18 I H20③：20

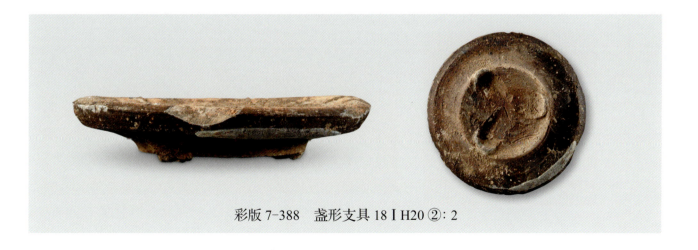

彩版 7-388　盏形支具 18 I H20 ②：2

浅黄色胎，较致密。口径 9、底径 4.6、通高 2.6 厘米（图 7-108，8）。

2. 钵形支具

共 1 件。

18 I H20 ②：8，侈口，尖圆唇，斜沿，弧腹微鼓，平底内凹。内外有轮痕，局部烧制成浅砖红

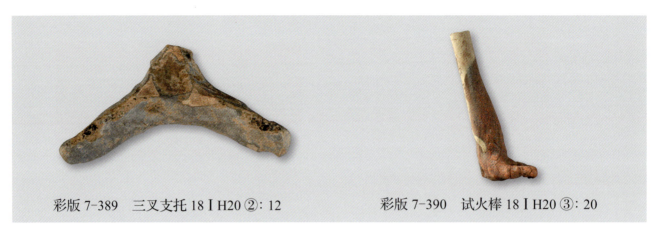

彩版 7-389　三叉支托 18ⅠH20②：12　　　　　　彩版 7-390　试火棒 18ⅠH20③：20

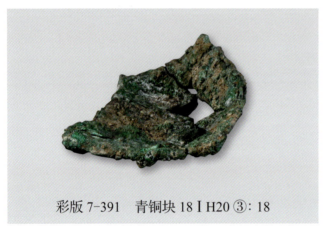

彩版 7-391　青铜块 18ⅠH20③：18

色。浅白色胎，较致密。口径 7.8、底径 4.2、通高 3.6 厘米（图 7-108，9）。

3. 三叉支托

共 1 件。②层 1 件。

18ⅠH20②：12，残，捏制。三叉形。扁平，三叉延伸处各有一条支腿，缺失一条支腿。两条支腿两端有支烧时的釉，有釉粘，其中间有指纹印。浅黄色胎，较致密。长 11.7、残宽 6.3、通高 2.4 厘米（图 7-108，10；彩版 7-389）。

4. 试火棒

共 1 件。③层 1 件。

18ⅠH20③：20，残，模制。锥子型。一端有圈形状，一端呈条形施有黄釉，有流釉、积釉现象。砖红色胎，较致密。残长 11.4、宽 4、厚 1.6 厘米（图 7-108，11；彩版 7-390）。

（七）铜器

青铜块

共 1 件。③层 1 件。

18ⅠH20③：18，铜器残块，有不知名的纹饰，上面覆满绿铜锈。长 3.7、宽 2.6、厚 1.5 厘米（彩版 7-391）。

一一　18ⅠH21

（一）白瓷

1. 白瓷碗

共 15 件。

18ⅠH21：18，残。敞口，圆唇，弧腹，圈足。内满施透明釉，有涩圈，宽 1.6 厘米，外施透明釉至中腹，釉下有白色化妆土，釉面有小开片，外有轮痕。圈足足跟旋削，足脊微斜，外足墙微外撇。灰色胎，较致密。口径13.6、底径5.3、通高4厘米（图7-109，1）。

18ⅠH21：38，残。敞口，圆唇，弧腹，圈足。内满施透明釉，有涩圈，宽1.1～1.6厘米，外施透明釉至下腹，釉面有小开片，釉下施白色化妆土，口沿有窑粘，外有土沁。圈足足跟旋削，足脊微斜，外足墙微外撇。灰色胎，较粗糙。口径18.8、底径6.4、通高5.7厘米（图7-109，2；彩版7-392）。

18ⅠH21：49，残。敞口，圆唇，弧腹，圈足，挖足过肩。内满施透明釉，有涩圈，宽1.9厘米，釉下施白色化妆土，内腹有一处疑似与其他器物贴合痕迹，外施透明釉至腹部，外有土沁，有轮痕。圈足足跟旋削，足脊微斜，外足墙微外撇。灰色胎，较粗糙。口径19.9、底径6.5、通高6.6厘米（图7-109，3）。

18ⅠH21：70，残。敞口，圆唇，弧腹，圈足。内满施透明釉，有涩圈，宽1.5～2.1厘米，釉下施白色化妆土，外施透明釉至上腹部，内有窑粘，外有土沁。圈足足跟旋削，足脊微斜，外足墙微外撇。黄色胎，较粗糙。口径18.9、底径6.6、通高6.6厘米（图7-109，4）。

18ⅠH21：77，残。敞口，圆唇，弧腹，圈足，挖足过肩。内满施透明釉，有涩圈，宽1.9～2.2厘米，釉下施白色化妆土，内有土沁，外施透明釉至下腹，外有轮痕，有窑粘。圈足足跟旋削，足脊微斜，外足墙微外撇。灰色胎，较粗糙。口径19.6、底径6.4、通高6.4厘米（图7-109，5；彩版7-393）。

18ⅠH21：89，残。敞口，圆唇，弧腹，圈足。内满施透明釉，有涩圈，宽1.6厘米，釉下施白色化妆土，外施透明釉至中腹，口沿制作不规整，外有窑粘，有土沁。圈足足跟旋削，足脊微斜，外足墙微外撇。灰色胎，较粗糙。口径20、底径6.3、通高5.6厘米（图7-109，6）。

18ⅠH21：90，2件碗叠压，残（图7-109，7）。

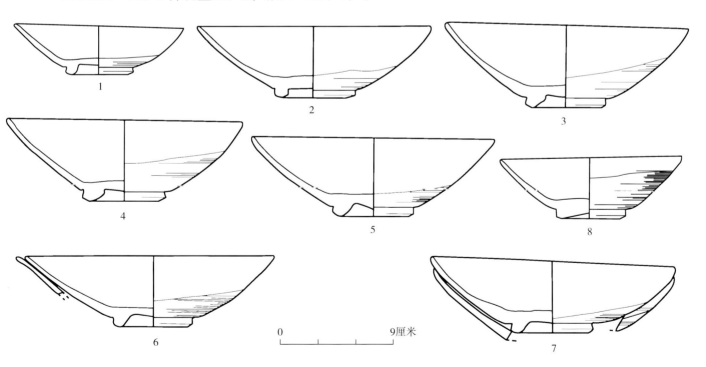

图7-109　18ⅠH21出土白瓷碗

1～8.18ⅠH21：18、38、49、70、77、89、90、112

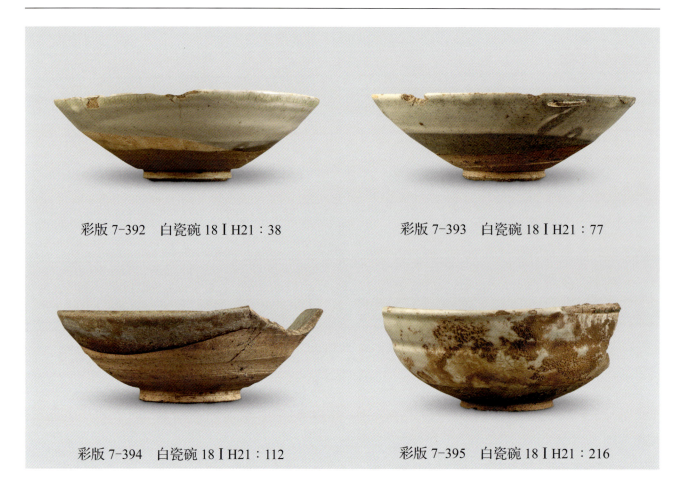

彩版 7-392　白瓷碗 18Ⅰ H21：38　　　　　彩版 7-393　白瓷碗 18Ⅰ H21：77

彩版 7-394　白瓷碗 18Ⅰ H21：112　　　　彩版 7-395　白瓷碗 18Ⅰ H21：216

18Ⅰ H21：90-1，下碗无底。上碗为敞口，圆唇，弧腹，圈足。内满施透明釉，有涩圈，宽 1.6 厘米，釉下施白色化妆土，外施透明釉至下腹，内有土沁。圈足足跟旋削，足脊微斜，外足墙微外撇。黄色胎，较粗糙。口径 20、底径 6.7、高 6.1 厘米。

18Ⅰ H21：90-2，下碗为敞口，圆唇，弧腹。外施透明釉至中腹，釉面有小开片。黄色胎，较粗糙。口径 19.6、残高 5.8、通高 6.7 厘米。

18Ⅰ H21：112，残。敞口，圆唇，弧腹，饼底内凹。内满施透明釉，有涩圈，宽 1.7 ～ 1.8 厘米，外施透明釉至上腹部，有积釉现象，内外有土沁，外有轮痕。黄色胎，致密。口径 14.8、底径 5.7、通高 5 厘米（图 7-109，8；彩版 7-394）。

18Ⅰ H21：216，残。侈口，圆唇，弧腹，圈足，挖足过肩。内满施透明釉，有涩圈，宽 1.8 ～ 2.1 厘米，外施透明釉至下腹，有流釉、积釉现象，釉面有小开片，釉下施白色化妆土，有流土现象，釉面有小开片，底部有化妆土小圆点，内外有釉粘、轮痕，少量土沁。圈足足跟旋削，足脊微斜，外足墙微外撇。灰色胎，较致密。口径 23.2、底径 8.2、通高 8.3 厘米（彩版 7-395）。

2. 白瓷盏

共 14 件。

18Ⅰ H21：79，敞口，圆唇，弧腹，圈足。内满施透明釉，有涩圈，宽 1.3 厘米，釉下施白色化妆土，外施透明釉至上腹部，外有窑粘，有轮痕。圈足足跟旋削，足脊微斜，外足墙微外撇。灰色胎，较粗糙。口径 12、底径 4.6、通高 3.7 厘米（图 7-110，1）。

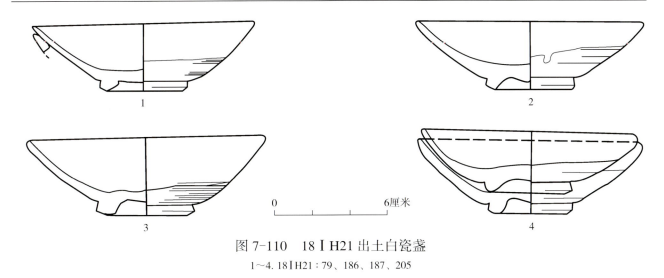

图 7-110　18 I H21 出土白瓷盏

1～4. 18 I H21：79、186、187、205

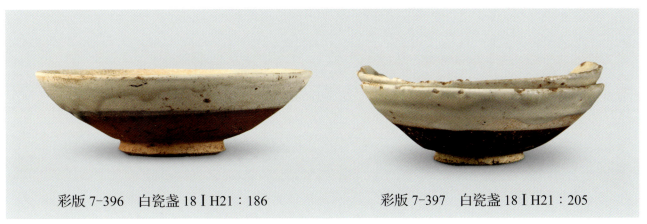

彩版 7-396　白瓷盏 18 I H21：186　　　　　　彩版 7-397　白瓷盏 18 I H21：205

18 I H21：186，敞口，圆唇，弧腹，圈足。内满施透明釉，有涩圈，宽 1.3～1.4 厘米，外施透明釉至腹部，有流釉、积釉现象，釉下施白色化妆土，釉面有小开片，外有轮痕，内外有少量土沁。圈足足跟旋削，足脊微斜，外足墙微外撇。黄色胎，较致密。口径 12.4、底径 4.8、通高 3.7 厘米（图 7-110，2；彩版 7-396）。

18 I H21：187，残。敞口，圆唇，弧腹，圈足，挖足过肩。内满施透明釉，有涩圈，宽 1.5～1.7 厘米，外施透明釉至中下腹，有流釉、积釉现象，釉面有小开片，釉下施白色化妆土，有小开片，外有轮痕，内外有少量土沁。圈足足跟旋削，足脊微斜，外足墙微外撇。黄色胎，较致密。口径 12.8、底径 5.2、通高 4.2 厘米（图 7-110，3）。

18 I H21：205，2 件上下叠摞（图 7-110，4；彩版 7-397）。

18 I H21：205-1，上，敞口，圆唇，弧腹，圈足，挖足过肩。内满施透明釉，有涩圈，宽 1.5～2 厘米，外施透明釉至腹部，釉面有小开片，釉下施白色化妆土有小开片，外有窑粘、轮痕，内外有少量土沁。圈足足跟旋削，足脊微斜，外足墙微外撇。胎体火石红，浅黄色胎，较致密。口径 11.5、底径 4.7、高 3.5 厘米。上部白瓷盏置下部白瓷盏涩圈之上。

18 I H21：205-2，下，敞口，圆唇，弧腹，圈足，挖足过肩。内施透明釉，外施透明釉至上腹部，釉面有小开片，釉下施白色化妆土，外有窑粘、轮痕，少量土沁。圈足足跟旋削，足脊微斜，外足墙微外撇。胎体火石红，浅黄色胎，较致密。口径 12.2、底径 4.6、高 4、通高 4.5 厘米。

18ⅠH21：211，残。敞口，圆唇，弧腹，圈足，挖足过肩。内满施透明釉，有涩圈，宽1.4～1.5厘米，外施透明釉至腹部，有流釉、积釉现象，釉面有小开片，釉下施白色化妆土，外有轮痕，内外有少量土沁。圈足足跟旋削，足脊微斜，外足墙微外撇。黄色胎，较致密。口径11.7、底径5、通高3.6厘米（彩版7-398）。

彩版7-398　白瓷盏18ⅠH21：211

3. 白瓷盘

共7件。

18ⅠH21：165，残。敞口，圆唇，弧腹，平底内收。内施透明釉，外施透明釉至下腹，釉下施白色化妆土，内外有土沁，外有轮痕。黄色胎，较致密。口径10.6、底径5.4、通高2.1厘米（图7-111，1）。

18ⅠH21：168，残。侈口，圆唇，弧腹折收，圈足，挖足过肩。内满施透明釉，有涩圈，宽1.2～1.9厘米，外施透明釉至腹部，釉面有小开片，釉下施白色化妆土，内外有土沁，外有轮痕。圈足足跟旋削，足脊微斜，外足墙微外撇。浅黄色胎，较致密。口径18、底径7.6、通高3.3厘米（图7-111，2；彩版7-399）。

18ⅠH21：184，撇口，圆唇，弧腹折收，圈足。内满施透明釉，有涩圈，宽1.5～1.7厘米，外施透明釉至腹部，施釉不均匀，有流釉、积釉现象，釉下施白色化妆土，釉面有小开片，内有窑粘，外有轮痕，内外有少量土沁。圈足足跟旋削，足脊微斜，外足墙微外撇。黄色胎，较致密。口径17.8、底径6.4、通高3.7厘米（图7-111，3；彩版7-400）。

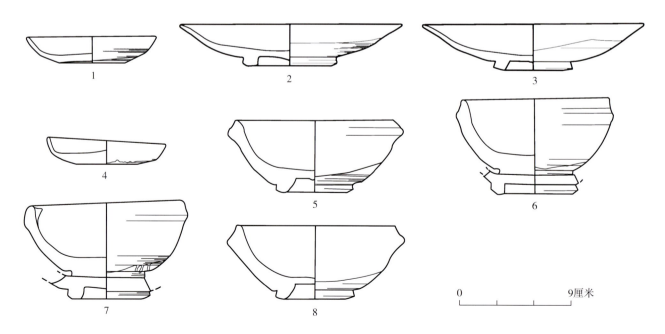

0　　　　　　9厘米

图7-111　18ⅠH21出土白瓷盘、钵

1～4. 白瓷盘18ⅠH21：165、168、184、209　5～8. 白瓷钵18ⅠH21：128、130、153、226

18 I H21：209，敞口，圆唇，弧腹微折，平底。内满施透明釉，外施透明釉至下腹，施釉不均
匀，有流釉、积釉现象，釉面有小开片，釉下施白色化妆土。口沿有窑粘，内外有少量土沁。黄色胎，
较致密。口径 9.7、底径 5、通高 2.2 厘米（图 7-111，4；彩版 7-401）。

4. 白瓷钵

共 6 件。

18 I H21：128，残。敞口，圆唇，口沿下有一凸棱，弧腹，圈足，挖足过肩。内施透明釉，外

彩版 7-399　白瓷盘 18 I H21：168　　　　　　彩版 7-400　白瓷盘 18 I H21：184

施透明釉至腹部，釉面有小开片，釉下施白色化妆土，外有轮痕，外底有釉粘。圈足足跟旋削，足脊微斜，外足墙微外撇。灰色胎，较致密。口径12.5、底径6.2、通高5.8厘米（图7-111，5；彩版7-402）。

18ⅠH21：130，2件碗上下叠摞，残（图7-111，6）。

18ⅠH21：130-1，第一层为碗底。弧腹，圈足。内施透明釉。圈足足跟旋削，足脊微斜，外足墙微外撇。灰色胎，较致密。底径7、通高1.8厘米。

彩版7-401　白瓷盘18ⅠH21：209

18ⅠH21：130-2，碗底上粘有白瓷钵。敞口，圆唇，口沿下有一凸棱，弧腹，圈足。内施透明釉，外施透明釉至下腹有流釉现象，釉面有小开片，釉下施白色化妆土，外有轮痕。圈足有旋削痕迹。灰色胎，致密。口径12、底径6、高6.1、通高7.6厘米。

18ⅠH21：153，分两层，残（图7-111，7；彩版7-403）。

18ⅠH21：153-1，第一层为碗底。圈足，外有土沁。圈足足跟旋削，足脊微斜，外足墙微外撇。

彩版7-402　白瓷钵18ⅠH21：128　　　　　　彩版7-403　白瓷钵18ⅠH21：153

灰色胎，较粗糙。底径 6.7、残高 1.8 厘米。

18 I H21：153-2，碗底上粘有白瓷钵，敞口，圆唇，口沿下有凸棱，弧腹，圈足。内施透明釉，外施透明釉至腹部，有流釉现象，釉面有小开片，外有土沁、轮痕。圈足足跟旋削，足脊微斜，外足墙微外撇。灰色胎，较致密。口径 12.5、底径 6、高 6、通高 7.8 厘米。

18 I H21：226，残。侈口，圆唇，斜沿，口沿下有一凸棱，弧腹，圈足，挖足过肩。除口沿外内满施透明釉，外施透明釉至腹部，釉面有小开片，釉下施白色化妆土，有小开片，内外有少量土沁，外有轮痕。圈足足跟旋削，足脊微斜，外足墙微外撇。灰色胎，较致密。口径 12.8、底径 6.4、通高 5.8 厘米（图 7-111，8）。

5. 白瓷盆

共 1 件。

18 I H21：132，残。敞口，圆唇，卷沿，弧腹，平底。内满施透明釉，有涩圈，宽 2.65 厘米，外施透明釉至口沿下，釉面有小开片，内粘有瓷片，内外有土沁，外有轮痕。灰色胎，较致密。口径 29.4、底径 18.4、通高 12.8 厘米（图 7-112，1；彩版 7-404）。

6. 白瓷水盂

共 2 件。

18 I H21：56，残。一侧敞口，一侧敛口，圆唇，弧腹，饼底。外底有线切割痕，内满施透明釉，釉下施白色化妆土，外施透明釉至下腹，釉面有小开片，外有轮痕，有积釉。黄色胎，较致密。口径 4.3、

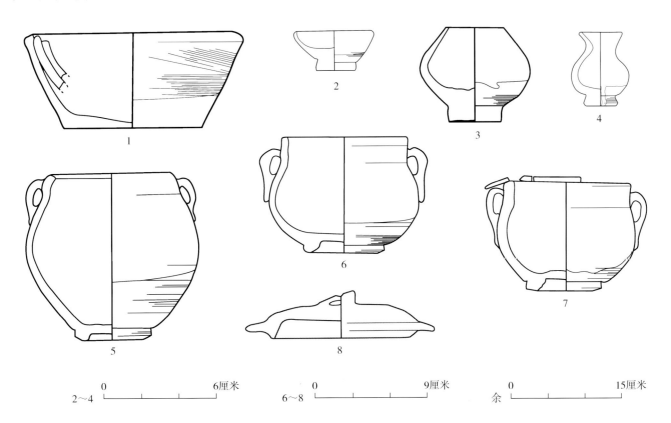

图 7-112　18 I H21 出土白瓷器

1. 白瓷盆 18 I H21：132　2、3. 白瓷水盂 18 I H21：56、161　4. 白瓷瓶 18 I H21：4　5～7. 白瓷罐 18 I H21：68、169、182　8. 白瓷器盖 18 I H21：134

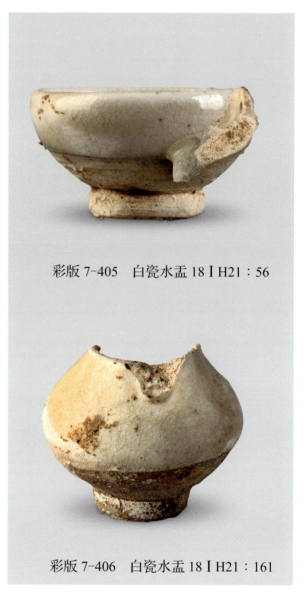

彩版 7-405　白瓷水盂 18ⅠH21：56

彩版 7-406　白瓷水盂 18ⅠH21：161

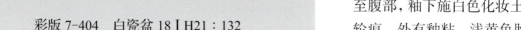

彩版 7-404　白瓷盆 18ⅠH21：132

底径 2、通高 2.1 厘米（图 7-112，2；彩版 7-405）。

　　18ⅠH21：161，残。敛口，圆唇，鼓腹，饼底微内凹。内满施透明釉，外施透明釉至腹部，釉下施白色化妆土，内外有土沁、轮痕，外有釉粘。浅黄色胎，较致密。口径 3.2、腹径 6、底径 2.8、通高 5 厘米（图 7-112，3；彩版 7-406）。

　　7. 白瓷瓶

　　共 1 件。

　　18ⅠH21：4，微残。敞口，圆唇，短颈，溜肩鼓腹，假圈足。内满施透明釉，釉下施白色化妆土，外施透明釉至下腹，釉面无光泽，有流釉、积釉现象，外有少量土沁。圈足足跟旋削，足脊微斜，

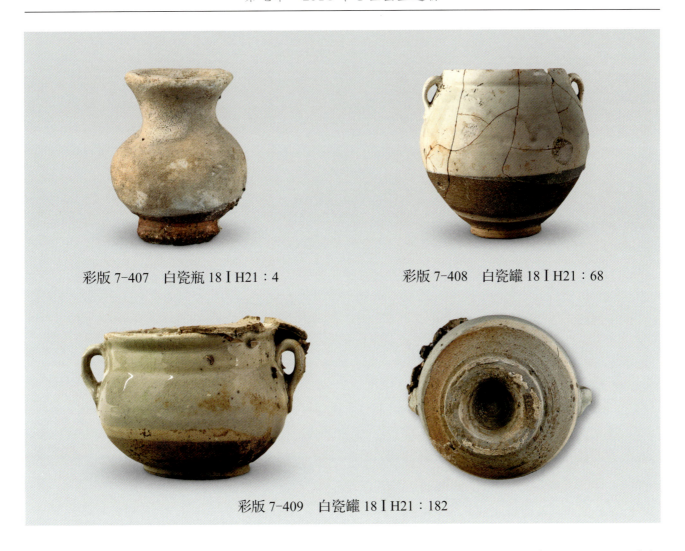

彩版 7-407　白瓷瓶 18 I H21：4　　　　　　彩版 7-408　白瓷罐 18 I H21：68

彩版 7-409　白瓷罐 18 I H21：182

外足墙微外撇。黄色胎，较粗糙。口径 2.4、腹径 3.1、底径 1.9、通高 3.9 厘米（图 7-112，4；彩版 7-407）。

8. 白瓷罐

共 4 件。

18 I H21：68，残，双系罐。敛口，短颈，颈部与腹部有一对竖条状对称系，溜肩，鼓腹，圈足。内施透明釉，釉下施白色化妆土，口沿制作不规整，外施透明釉至中腹，内外有土沁。圈足足跟旋削，足脊微斜，外足墙微外撇。黄色胎，较粗糙。口径 16、腹径 23.2、底径 10.2、通高 22.2 厘米（图 7-112，5；彩版 7-408）。

18 I H21：169，残。敞口，圆唇，矮颈，弧腹斜收，颈部与腹部有一对竖条状对称系，圈足，挖足过肩。内满施透明釉，外施透明釉至腹部，内外有土沁、轮痕。圈足足跟旋削，足脊微斜，外足墙微外撇。黄色胎，致密。口径 10、腹径 12、底径 6.4、通高 9.2 厘米（图 7-112，6）。

18 I H21：182，残。敞口，圆唇，矮颈，颈部与腹部有一对竖条状对称系，弧腹，圈足，挖足过肩。除口沿外内满施透明釉，施釉不均匀，外施透明釉至中下腹，釉面有小开片，釉下施白色化妆土，内外有窑粘、轮痕，少量土沁。圈足足跟旋削，足脊微斜，外足墙微外撇。灰色胎，较致密。口径 10.5、腹径 11、底径 6.5、通高 8.8、高 9.2 厘米（图 7-112，7；彩版 7-409）。

彩版 7-410　白瓷罐 18 Ⅰ H21：223　　　　　　　彩版 7-411　白瓷器盖 18 Ⅰ H21：134

　　18 Ⅰ H21：223，残。敛口，圆唇，矮颈，颈部与腹部有一对竖条状对称系，弧腹，饼底。内满施透明釉，外施透明釉至下腹，有脱釉现象，釉面有小开片，釉下施白色化妆土，内有釉粘，外有窑粘，外有轮痕。灰色胎，较致密。口径 5.2、腹径 6.8、底径 3.6、通高 5.2 厘米（彩版 7-410）。

　　9. 白瓷器盖

　　共 1 件。

　　18 Ⅰ H21：134，残。子母口微敛，平沿，弧顶，顶部有捉手。外施透明釉，釉面有小开片，釉下施白色化妆土，内外有少量土沁，顶部有窑粘。黄色胎，较致密。直径 15.2、通高 3.8 厘米（图 7-112，8；彩版 7-411）。

（二）白釉黑（褐）彩瓷

　　1. 白釉黑（褐）彩碗

　　共 32 件。

　　18 Ⅰ H21：159，"王"字残片，白瓷碗口沿残片。敞口，圆唇，弧腹。内满施透明釉，外施透明釉至上腹部，釉下施白色化妆土，内腹有褐彩"王"字。浅黄色胎，较致密。残长 9.6、残宽 6 厘米（图 7-113，1；彩版 7-412）。

　　18 Ⅰ H21：164，"清净會"碗，残。敞口，圆唇，弧腹，圈足，挖足过肩，底部中心微凸。内满施透明釉，有涩圈，宽 1.8 厘米，内腹有褐彩"清净會"字，外施透明釉至上腹部有积釉现象，釉面有小开片，釉下施白色化妆土，内外有土沁，外有轮痕。圈足足跟旋削，足脊微斜，外足墙微外撇。黄色胎，较致密。口径 20.3、底径 6.9、通高 6 厘米（彩版 7-413）。

　　18 Ⅰ H21：173，"武"字残片，白瓷碗口沿残片。敞口，圆唇，弧腹。内满施透明釉，外施透明釉至上腹部，釉面有小开片，釉下施白色化妆土，内腹有褐彩"武"字。浅黄色胎，较致密。残长 13.7、残宽 7.6 厘米（彩版 7-414）。

　　18 Ⅰ H21：241，碗腹片。侈口，圆唇，弧腹。内外均施透明釉，釉面有小开片，釉下施白色化妆土，内腹饰黑彩萱草纹，内有少量土沁。黄色胎，较致密。残长 6.4、残宽 4.9 厘米（图 7-113，2）。

　　18 Ⅰ H21：247，碗底，弧腹，圈足，挖足过肩。内满施透明釉，有涩圈，宽 1.4～1.9 厘米，

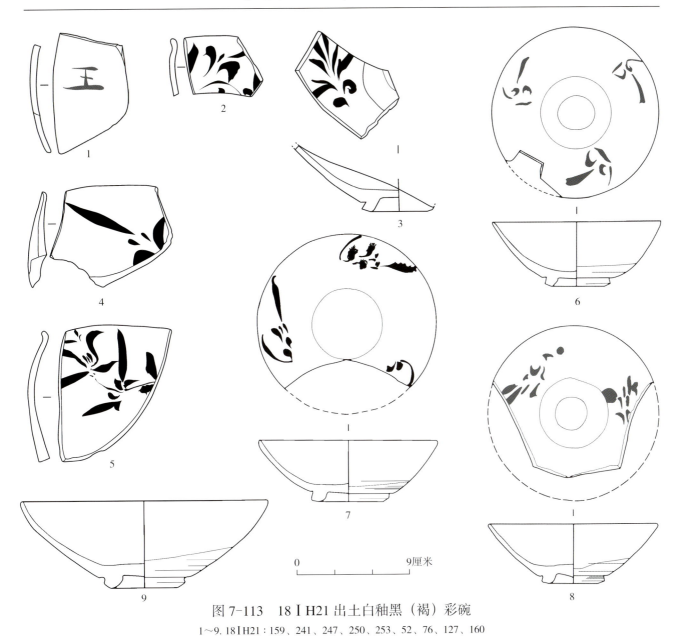

图 7-113　18 I H21 出土白釉黑（褐）彩碗

1～9.18 I H21：159、241、247、250、253、52、76、127、160

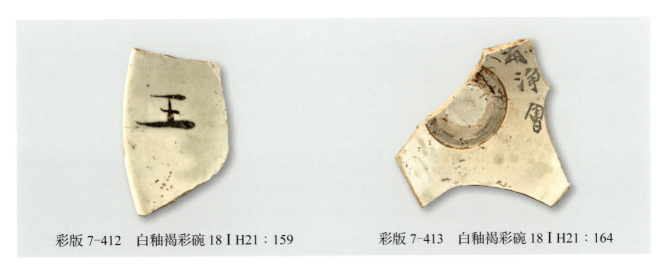

彩版 7-412　白釉褐彩碗 18 I H21：159　　　　彩版 7-413　白釉褐彩碗 18 I H21：164

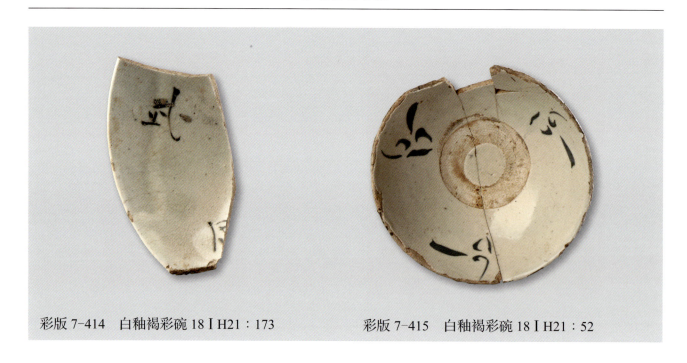

彩版 7-414　白釉褐彩碗 18ⅠH21：173　　　　　彩版 7-415　白釉褐彩碗 18ⅠH21：52

外施透明釉至下腹，釉下施白色化妆土，釉面有小开片，内腹饰黑彩萱草纹，内有少量土沁，外有轮痕。圈足足跟旋削，足脊微斜，外足墙微外撇。黄色胎，较致密。底径5.8、残高5.2厘米（图7-113，3）。

18ⅠH21：250，碗残片。侈口，圆唇，弧腹。内外均施透明釉，釉面有小开片，釉下施白色化妆土，内腹有饰黑彩萱草纹，内有少量土沁。灰色胎，较致密。残长9.9、残宽8厘米（图7-113，4）。

18ⅠH21：253，碗残片。侈口，圆唇，弧腹。内外均施透明釉，釉面有小开片，釉下施白色化妆土，内腹有饰黑彩萱草纹，外有少量土沁。灰色胎，较致密。残长10.8、残宽9.1厘米（图7-113，5）。

18ⅠH21：52，残。敞口，圆唇，弧腹，圈足。内满施透明釉，有涩圈，宽1.5厘米，釉下施白色化妆土，内腹有饰褐彩萱草纹，外施透明釉至中腹，外有土沁，有轮痕。圈足足跟旋削，足脊微斜，外足墙微外撇。黄色胎，较粗糙。口径13.6、底径5.4、通高5.2厘米（图7-113，6；彩版7-415）。

18ⅠH21：76，残。敞口，圆唇，弧腹，圈足。内满施透明釉，有涩圈，宽1.2厘米，釉下施白色化妆土，内腹饰黑彩萱草纹，外施透明釉至中腹，釉面有小开片，外有轮痕。圈足足跟旋削，足脊微斜，外足墙微外撇。灰色胎，较粗糙。口径14.4、底径6.2、通高5厘米（图7-113，7）。

18ⅠH21：127，残。敞口，圆唇，弧腹，圈足，挖足过肩。内满施透明釉，有涩圈，宽1.4～1.7厘米，外施透明釉至腹部，釉面有小开片，釉下施白色化妆土，内外有土沁，内腹有褐彩萱草纹，外有轮痕。圈足足跟旋削，足脊微斜，外足墙微外撇。黄色胎，较致密。口径13.9、底径5.1、通高4.8厘米（图7-113，8）。

18ⅠH21：160，残。敞口，圆唇，弧腹，圈足，挖足过肩。内满施透明釉，有涩圈，宽1.35～1.8厘米，外施透明釉至腹部，内腹有饰褐彩萱草纹，釉面有小开片，外有轮痕。圈足足跟旋削，足脊微斜，外足墙微外撇。灰色胎，较致密。口径20、底径6.4、通高6.9厘米（图7-113，9；彩版7-416）。

18ⅠH21：197，残。敞口，圆唇，弧腹，圈足，挖足过肩。内满施透明釉，有涩圈，宽1.7～2.1厘米，外施透明釉至下腹，有流釉、积釉现象，釉下施白色化妆土，釉面有小开片，内腹饰褐彩萱草纹，

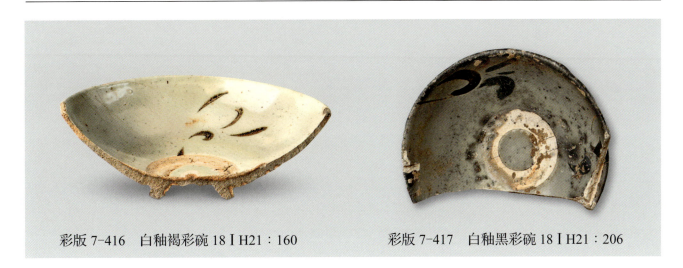

彩版 7-416　白釉褐彩碗 18 I H21：160　　　　彩版 7-417　白釉黑彩碗 18 I H21：206

外有釉粘，内外有轮痕，少量土沁。圈足足跟旋削，足脊微斜，外足墙微外撇。浅黄色胎，较致密。口径 22、底径 7.2、通高 7.4 厘米（图 7-114，1）。

18 I H21：206，残。敞口，圆唇，弧腹，圈足，挖足过肩。内满施透明釉，有涩圈，宽 1.3～1.5 厘米，外施透明釉至腹部，施釉不均匀，有流釉、积釉现象，釉下施白色化妆土，釉面有小开片，内腹饰黑彩萱草纹，口沿下有一口沿残片，外有窑粘，内外有轮痕，少量土沁。圈足足跟旋削，足脊微斜，外足墙微外撇。浅灰色胎，较致密。口径 14.7、底径 5.3、通高 5.2 厘米（图 7-114，2；彩版 7-417）。

18 I H21：218，残。敞口，圆唇，弧腹，圈足，挖足过肩。内满施透明釉，有涩圈，宽 1.3～1.6 厘米，外施透明釉至中下腹，有积釉现象，釉下施白色化妆土，釉面有小开片，内腹饰褐彩萱草纹，内有窑粘，外有釉粘，内外有轮痕，少量土沁。圈足足跟旋削，足脊微斜，外足墙微外撇。黄色胎，较致密。口径 13.8、底径 5.3、通高 4.5 厘米（图 7-114，3）。

18 I H21：227，残。敞口，圆唇，弧腹，圈足，挖足过肩。内满施透明釉，有涩圈，宽 1.2～1.5 厘米，外施透明釉至中下腹，釉面有小开片，釉下施白色化妆土，内腹有饰褐彩萱草纹，内有釉粘，外有轮痕，少量土沁，内外有窑粘。圈足足跟旋削，足脊微斜，外足墙微外撇。黄色胎，较致密。口径 12.8、底径 5.3、通高 4.8 厘米（图 7-114，4）。

18 I H21：228，残。敞口，圆唇，弧腹。内施透明釉，外施透明釉至腹部，釉面有小开片，釉下施白色化妆土，内腹有饰褐彩萱草纹，外有釉粘、轮痕，少量土沁。黄色胎，较致密。残长 7.25、残宽 6.7 厘米（图 7-114，5）。

18 I H21：244，碗残片。敞口，圆唇，弧腹。内满施透明釉，有涩圈，外施透明釉至上腹部，有流釉、积釉现象，釉面有小开片，釉下施白色化妆土，内腹有饰褐彩萱草纹，外有轮痕，内外有少量土沁。黄色胎，较致密。残长 10、残宽 8.4 厘米（图 7-114，6）。

18 I H21：248，残。敞口，圆唇，弧腹，圈足，挖足过肩。内满施透明釉，有涩圈，宽 1.4 厘米，外施透明釉至上腹部，釉面有小开片，釉下施白色化妆土，内腹有饰褐彩萱草纹，内外有轮痕，少量土沁。圈足足跟旋削，足脊微斜，外足墙微外撇。浅灰色胎，较致密。口径 14.6、底径 5.7、通高 4.8 厘米（图 7-114，7）。

18 I H21：256，碗残片。侈口，圆唇，弧腹。内外均施透明釉，釉面有小开片，釉下施白色化妆土，

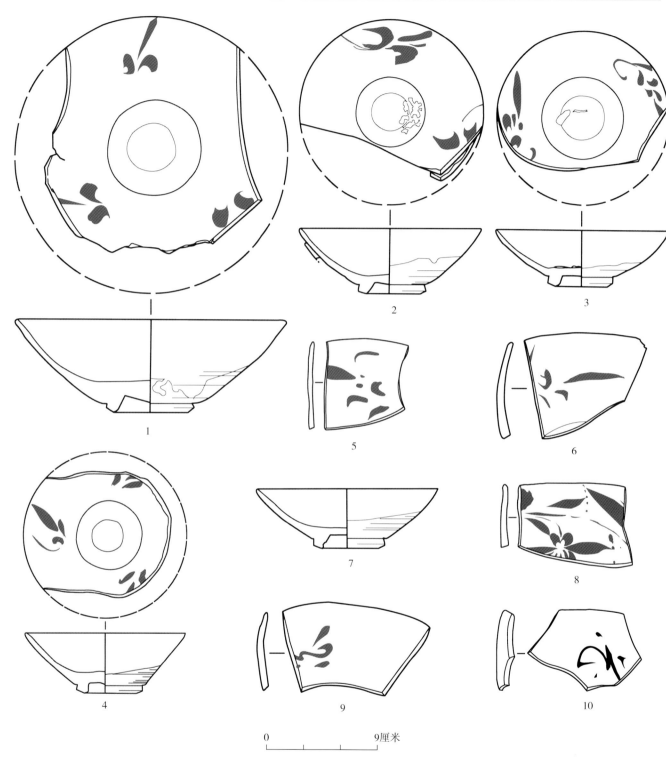

0   9厘米

图 7-114　18Ⅰ H21 出土白釉黑（褐）彩碗

1～10. 18ⅠH21：197、206、218、227、228、244、248、256、261、262

内腹有饰褐彩萱草纹，外有少量土沁。灰色胎，较致密。残长 9.3、残宽 6.7 厘米（图 7-114，8）。

18ⅠH21：261，带字碗残片。敞口，圆唇，弧腹。内施透明釉，外施透明釉至上腹部，釉下施白色化妆土，内腹褐彩"？"字，内有少量土沁，外有轮痕。浅黄色胎，较致密。残长 12、残宽 7.4

厘米（图7-114，9）。

18ⅠH21∶262，碗残片。敞口，圆唇，弧腹。内施透明釉，外施透明釉至上腹部，釉面有小开片，釉下施白色化妆土，内腹黑彩"？"字，外有轮痕，少量土沁。黄色胎，较致密。残长9.2、残宽6.4厘米（图7-114，10）。

2. 白釉黑（褐）彩盏

共3件。

18ⅠH21∶258，残。敞口，圆唇，弧腹，圈足，挖足过肩。内满施透明釉，有涩圈，宽0.9～1.9厘米，外施透明釉至腹部，釉面有小开片，釉下施白色化妆土，内腹有饰黑彩萱草纹饰，内有釉粘，少量土沁，外有轮痕。圈足足跟旋削，足脊微斜，外足墙微外撇。黄色胎，较致密。口径14.4、底径5.4、通高4.2厘米（图7-115，1）。

3. 白釉黑（褐）彩盘

共2件。

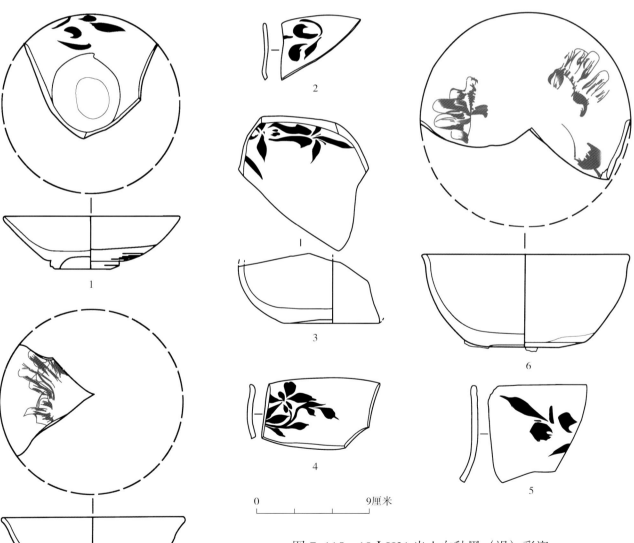

图7-115　18ⅠH21出土白釉黑（褐）彩瓷

1. 白釉黑（褐）彩盏18ⅠH21∶258　2. 白釉黑（褐）彩盘18ⅠH21∶238　3～7. 白釉黑（褐）彩钵18ⅠH21∶230、254、260、201、255

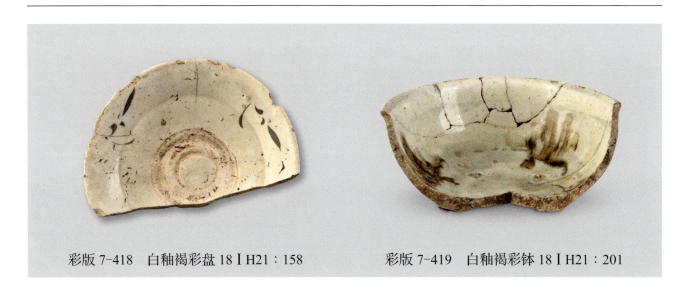

彩版 7-418　白釉褐彩盘 18ⅠH21：158　　　　　彩版 7-419　白釉褐彩钵 18ⅠH21：201

18ⅠH21：238，盘残片，撇口，圆唇，弧腹。内施透明釉，外施透明釉至腹部，釉面有小开片，釉下施白色化妆土，内腹有饰黑彩萱草纹，内有少量土沁，外有轮痕。黄色胎，较致密。残长 6.3、残宽 5.1 厘米（图 7-115，2）。

18ⅠH21：158，残。撇口，圆唇，弧腹折收，圈足。内施透明釉，有涩圈，宽 1.75～2.5 厘米，外施透明釉至腹部，釉面有小开片，釉下施白色化妆土，外有土沁、轮痕，内腹有饰褐彩萱草纹。圈足足跟旋削，足脊微斜，外足墙微外撇。浅黄色胎，较致密。口径 19、底径 6.8、通高 4.2 厘米（彩版 7-418）。

4. 白釉黑（褐）彩钵

共 6 件。

18ⅠH21：230，钵底，弧腹，平底内凹。内满施透明釉，外施透明釉至下腹，有积釉现象，釉面有小开片，釉下施白色化妆土，内腹有饰黑彩萱草纹，外有窑粘、轮痕，少量土沁。黄色胎，较致密。底径 7.8、残高 5.5 厘米（图 7-115，3）。

18ⅠH21：254，钵残片。侈口，圆唇，弧腹。内外均施透明釉，釉下施白色化妆土，内腹饰黑彩萱草纹，外有少量土沁。灰色胎，较致密。残长 9.4、残宽 5.7 厘米（图 7-115，4）。

18ⅠH21：260，钵残片。敞口，圆唇，弧腹。除口沿外内外均施透明釉，有积釉现象，釉面有小开片，釉下施白色化妆土，外腹有饰黑彩萱草纹，外有少量土沁。灰色胎，较致密。残长 8、残宽 7.8 厘米（图 7-115，5）。

18ⅠH21：201，残。侈口，圆唇，弧腹，卧足。内满施透明釉，外施透明釉至下腹，釉面有小开片，釉下施白色化妆土，内腹有饰褐彩萱草纹，内有少量土沁，底部有釉粘、窑粘、一残支钉，外有轮痕。灰色胎，较致密。口径 17、底径 5.8、通高 7.4 厘米（图 7-115，6；彩版 7-419）。

18ⅠH21：255，残。侈口，圆唇，弧腹，卧足。内满施透明釉，外施透明釉至下腹，釉面有小开片，釉下施白色化妆土，内腹有饰褐彩萱草纹，釉下有剔花，外有轮痕，内外有少量土沁。灰色胎，较致密。口径 14.8、底径 5.8、通高 5 厘米（图 7-115，7）。

5. 白釉黑（褐）彩盆

共 2 件。

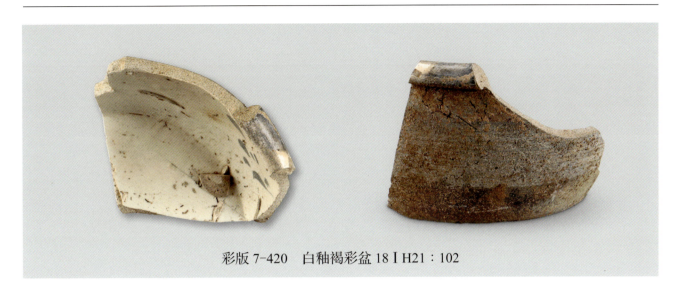

彩版 7-420　白釉褐彩盆 18 I H21：102

18 I H21：102，残。敛口，圆唇，卷沿，弧腹，平底内凹。内满施透明釉，内粘有残片，有窑粘，内腹有饰褐彩萱草纹，外有轮痕，内外有土沁。灰色胎，较致密。口径 20.8、底径 11.5、通高 12.7 厘米（彩版 7-420）。

6. 白釉黑（褐）彩罐

共 7 件。

18 I H21：246，罐残片。侈口，圆唇，矮颈，弧腹。除口沿外内外均施透明釉，釉面有小开片，釉下施白色化妆土，外腹有饰褐彩萱草纹，内外有少量土沁。浅黄色胎，较致密。残长 12.3、残宽 6.3 厘米（图 7-116，1）。

18 I H21：257，罐残片。敛口，圆唇，矮颈，弧腹。除口沿外内外均施透明釉，釉面有小开片，

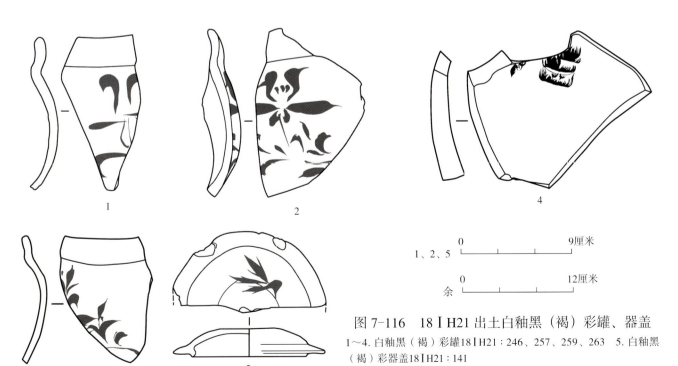

图 7-116　18 I H21 出土白釉黑（褐）彩罐、器盖
1～4. 白釉黑（褐）彩罐 18 I H21：246、257、259、263　5. 白釉黑（褐）彩器盖 18 I H21：141

釉下施白色化妆土，外腹饰褐彩萱草纹，内有少量土沁。黄色胎，较致密。残长13.4、残宽8.8厘米（图7-116，2）。

18ⅠH21：259，罐残片。敞口，圆唇，矮颈，弧腹。除口沿外内外均施透明釉，釉面有小开片，釉下施白色化妆土，外腹釉下饰褐彩萱草纹，内外有少量土沁。黄色胎，较致密。残长13.4、残宽9.8厘米（图7-116，3）。

彩版7-421　白釉褐彩器盖18ⅠH21：141

18ⅠH21：263，带字罐腹片，内施透明釉，釉面有小开片，外施透明釉。内腹有"?"字，内有少量土沁，外有土沁。灰色胎，较致密。残长19.9、残宽16.6厘米（图7-116，4）。

7. 白釉黑（褐）彩器盖

共1件。

18ⅠH21：141，残。子母口微敛，平沿，弧顶，顶部无捉手。内无釉，外施透明釉，内外有土沁，顶部有饰褐彩萱草纹。灰色胎，较致密。直径12.2、通高2.3厘米（图7-116，5；彩版7-421）。

（三）青瓷

1. 青瓷碗

共3件。

18ⅠH21：74，瓷碗带围棋子。瓷碗残，棋子为捏制。棋子置于青瓷碗内底及腹部。青瓷碗残缺较严重，弧腹，圈足。内施白色化妆土，化妆土呈龟裂状，内底及腹部放置棋子12枚，不规格排列，外施青釉，有流釉、积釉现象，外有轮痕，有窑粘。圈足足跟旋削，足脊微斜，外足墙微外撇。灰色胎，较粗糙。棋子12枚，圆饼状，白色胎，较致密。残口径14、底径7.3、通高4.74厘米（图7-117，1；彩版7-422）。

18ⅠH21：85，残。敞口，圆唇，弧腹，圈足。内满施青釉，有涩圈，宽1.2～1.8厘米，外施青釉至下腹，外有土沁，有轮痕。圈足足跟旋削，足脊微斜，外足墙微外撇。黄色胎，较粗糙。口径15.6、底径5.6、通高5.3厘米（图7-117，2）。

18ⅠH21：185，残。敞口，圆唇，弧腹，圈足，挖足过肩。内满施青釉，有涩圈，宽1.5厘米，外施青釉至腹部，内有窑粘，外有少量土沁，内外有轮痕。圈足足跟旋削，足脊微斜，外足墙微外撇。黄色胎，较致密。口径14.2、底径5.7、通高5.2厘米（图7-117，3；彩版7-423）。

2. 青瓷盏

共1件。

18ⅠH21：174，微残。敞口，圆唇，弧腹，圈足，挖足过肩。内满施青釉，有涩圈，宽1.2～1.6厘米，外施青釉至腹部，内外有轮痕，外有窑粘。圈足足跟旋削，足脊微斜，外足墙微外撇。浅黄色胎，较致密。口径10.8、底径4.5、通高3.6厘米（图7-117，4；彩版7-424）。

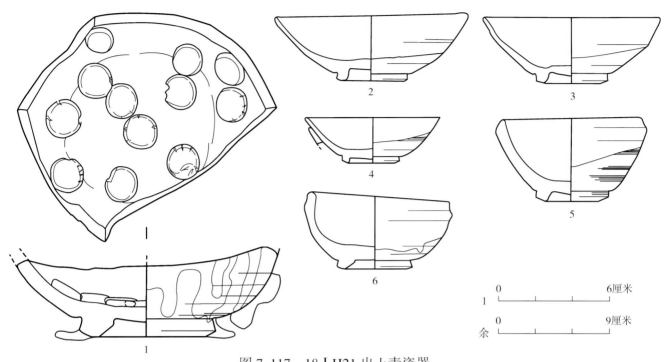

图 7-117　18 I H21 出土青瓷器

1～3. 青瓷碗 18 I H21∶74、85、185　4. 青瓷盏 18 I H21∶174　5、6. 青瓷钵 18 I H21∶106、198

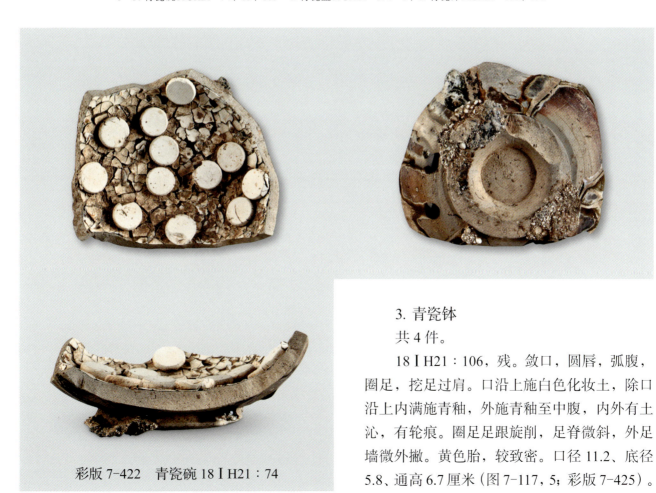

彩版 7-422　青瓷碗 18 I H21∶74

3. 青瓷钵

共 4 件。

18 I H21∶106，残。敛口，圆唇，弧腹，圈足，挖足过肩。口沿上施白色化妆土，除口沿上内满施青釉，外施青釉至中腹，内外有土沁，有轮痕。圈足足跟旋削，足脊微斜，外足墙微外撇。黄色胎，较致密。口径 11.2、底径 5.8、通高 6.7 厘米（图 7-117，5；彩版 7-425）。

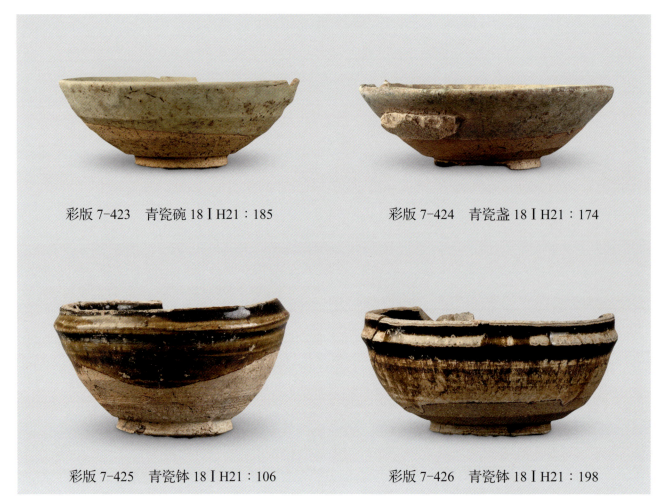

彩版 7-423　青瓷碗 18ⅠH21：185　　　　彩版 7-424　青瓷盏 18ⅠH21：174

彩版 7-425　青瓷钵 18ⅠH21：106　　　　彩版 7-426　青瓷钵 18ⅠH21：198

18ⅠH21：198，残。侈口，圆唇，斜沿，口沿下有一凸棱，弧腹，圈足，挖足过肩。除口沿外内满施青釉，外施青釉至中下腹，有流釉现象，釉面有小开片，外有轮痕，内外有窑粘，少量土沁。圈足足跟旋削，足脊微斜，外足墙微外撇。灰色胎，较致密。口径 11.4、底径 5.8、通高 6.2 厘米（图 7-117，6；彩版 7-426）。

4. 青瓷瓶

共 1 件。

18ⅠH21：183，双系瓷瓶，残。口残，矮径，弧腹，颈部至上腹部竖装对称条形系，圈足，挖足过肩。内满施青釉，外施青釉至下腹，有流釉、积釉现象，釉面有小开片，内外有轮痕，少量土沁。圈足足跟旋削，足脊微斜，外足墙微外撇。浅灰色胎，较致密。腹径 12、底径 7.2、残高 18.2 厘米（图 7-118，1；彩版 7-427）。

彩版 7-427　青瓷瓶 18ⅠH21：183

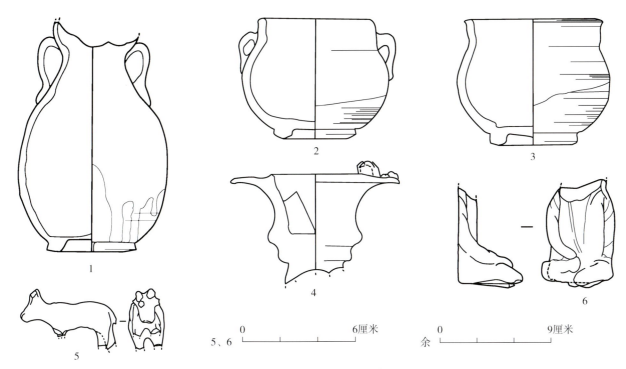

图 7-118　18 I H21 出土青瓷器

1. 青瓷瓶 18 I H21：183　2、3. 青瓷罐 18 I H21：55、172　4. 青瓷炉 18 I H21：181　5、6. 青瓷瓷塑 18 I H21：124、138

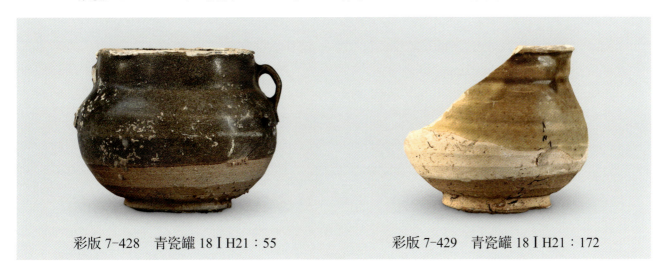

彩版 7-428　青瓷罐 18 I H21：55　　　　　彩版 7-429　青瓷罐 18 I H21：172

5. 青瓷罐

共 3 件。

18 I H21：55，残。敞口，方唇，短颈，双系，溜肩，颈部和腹部贴一对对称竖状条形系，鼓腹，圈足。内施青釉，局部无釉，外施青釉至下腹，釉面有窑变，内外有土沁，外有轮痕。圈足足跟旋削，足脊微斜，外足墙微外撇。灰色胎，较粗糙。口径 9.2、腹径 11.6、底径 6.5、通高 9.6 厘米（图 7-118，2；彩版 7-428）。

18 I H21：172，残。敞口，圆唇，矮颈，弧腹斜收，圈足。内满施青釉，外施青釉至腹部有流釉现象，口沿有脱落现象，釉下施白色化妆土，内外有土沁、轮痕。圈足有旋削痕迹，足脊微斜，外足墙微外撇。黄色胎，较致密。口径 11.2、腹径 12.4、底径 7、通高 10 厘米（图 7-118，3；彩版 7-429）。

6. 青瓷炉

共 2 件。

18ⅠH21：181，残。敞口，宽平沿，束颈，一道凸棱纹束腰，腰残缺。内外均满施青釉，有积釉、脱釉现象，釉面有小开片，釉下施白色化妆土，釉面有小开片，内有因耐火材料做成的填料，外有釉粘，内外有窑粘，少量土沁。灰色胎，较致密。口径 13.5、残高 8.7、通高 9.7 厘米（图 7-118，4）。

7. 青瓷瓷塑

共 3 件。

彩版 7-430　青瓷牛 18ⅠH21：124

18ⅠH21：124，瓷牛，残，模制。站立状。头微向左微倾，双角残缺，双耳外撇，可见左眼睛，阔嘴，额部显较宽平，两角间额顶通高宽，牛尾向左翘起搭在臀部，四肢下部呈锥状直立有残缺，通体施青釉，有脱釉现象。灰色胎，较粗糙。长 5.1、宽 1.9、高 3.2 厘米（图 7-118，5；彩版 7-430）。

18ⅠH21：138，瓷仕女塑，残，模制。坐姿。头部残缺，身穿长衫，双手搭于双膝，盘腿，衣衫纹路略明显。除背部和底部外满施青釉，釉面有小开片，背部有土沁，有釉粘，底部有窑粘。黄色胎，较致密。长 4、宽 3.5、残高 5.7 厘米（图 7-118，6；彩版 7-431）。

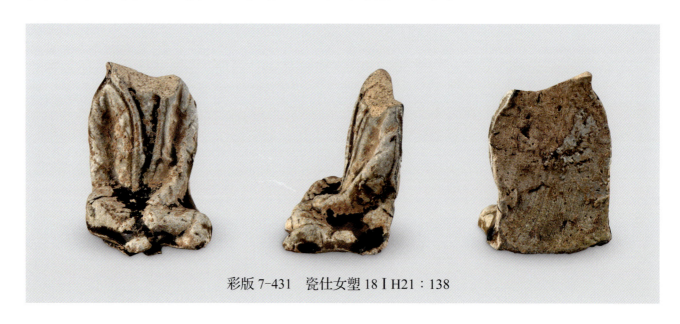

彩版 7-431　瓷仕女塑 18ⅠH21：138

（四）黄釉瓷

1. 黄釉盏

共 3 件。

18ⅠH21：67，敞口，圆唇，弧腹，圈足。内满施黄釉，有涩圈，宽 1.4 厘米，外施黄釉至上腹部，内外有土沁，外有轮痕。圈足足跟旋削，足脊微斜，外足墙微外撇。黄色胎，较粗糙。口径 11.3、底径 5.2、通高 3.7 厘米（图 7-119，1；彩版 7-432）。

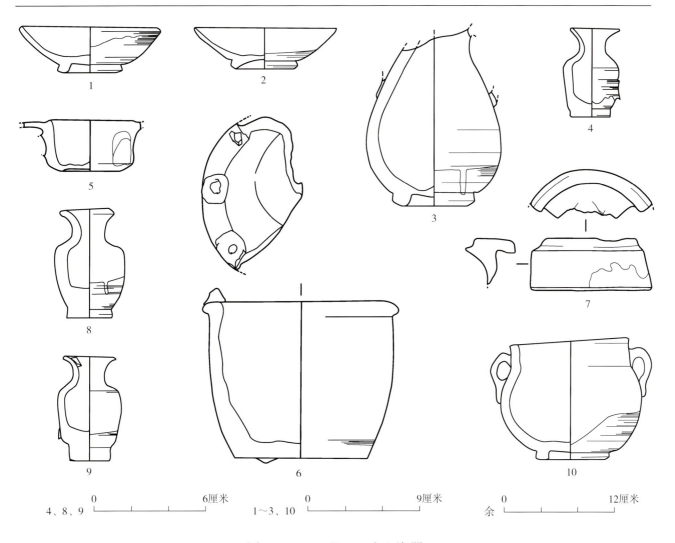

图 7-119　18 I H21 出土瓷器

1、2. 黄釉盏 18 I H21：67、71　3. 黄釉瓶 18 I H21：82　4. 绿釉瓶 18 I H21：170　5. 绿釉炉 18 I H21：180　6. 酱釉盆 18 I H21：151　7. 酱釉洗
18 I H21：99　8、9. 酱釉瓶 18 I H21：39、115　10. 黑釉罐 18 I H21：54

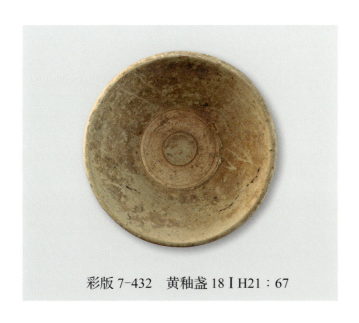

彩版 7-432　黄釉盏 18 I H21：67

18 I H21：71，残。敞口，圆唇，弧腹，圈足。内满施黄釉，有涩圈，宽 1.3 厘米，外施黄釉至上腹部，内外有土沁。圈足足跟旋削，足脊微斜，外足墙微外撇。黄色胎，较致密。口径 11.4、底径 5.2、通高 3.2 厘米（图 7-119，2；彩版 7-433）。

2. 黄釉瓶

共 1 件。

18 I H21：82，残。双系与口部残缺，鼓腹，圈足。内施黄釉，内有轮痕，外施黄釉至下腹，外有轮痕，有流釉、积釉现象。圈足足跟旋削，足脊微斜，外足墙微外撇。黄色胎，较粗糙。

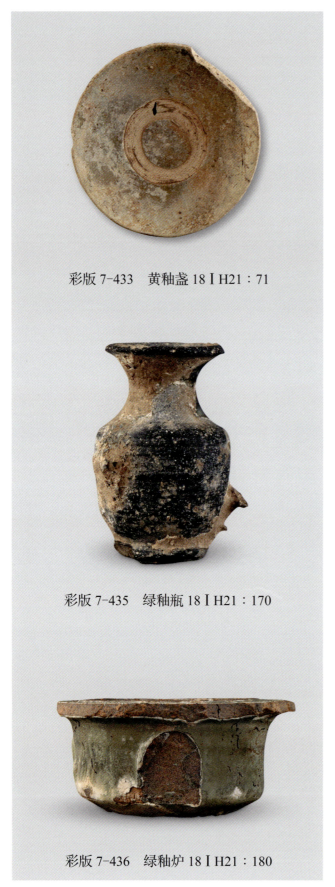

彩版 7-433　黄釉盏 18ⅠH21：71

彩版 7-435　绿釉瓶 18ⅠH21：170

彩版 7-436　绿釉炉 18ⅠH21：180

彩版 7-434　黄釉瓶 18ⅠH21：82

腹径 10.9、底径 6.7、残高 14 厘米（图 7-119，3；彩版 7-434）。

（五）绿釉瓷

1. 绿釉瓶

共 2 件。

18ⅠH21：170，微残。敞口，圆唇，矮径，折肩，弧腹，饼底。内外施绿釉至下腹，有脱釉现象，内外有土沁，外有窑粘。灰色胎，致密。口径 2.7、腹径 3、底径 2.2、通高 4.7厘米（图 7-119，4；彩版 7-435）。

2. 绿釉炉

共 1 件。

18ⅠH21：180，残。敞口，宽平沿，直腹折收，卧足，三足残。内施绿釉至口沿下部，有流釉现象，外满施绿釉，有脱釉现象，釉面有小开片，釉下施白色化妆土，釉面有小开片，内有轮痕，外有窑粘，内外有少量土沁。砖红色胎，较致密。口径 12.4、底径 6.4、通高 5.4 厘米（图 7-119，5；彩版 7-436）。

（六）酱釉瓷

1. 酱釉盆

共 1 件。

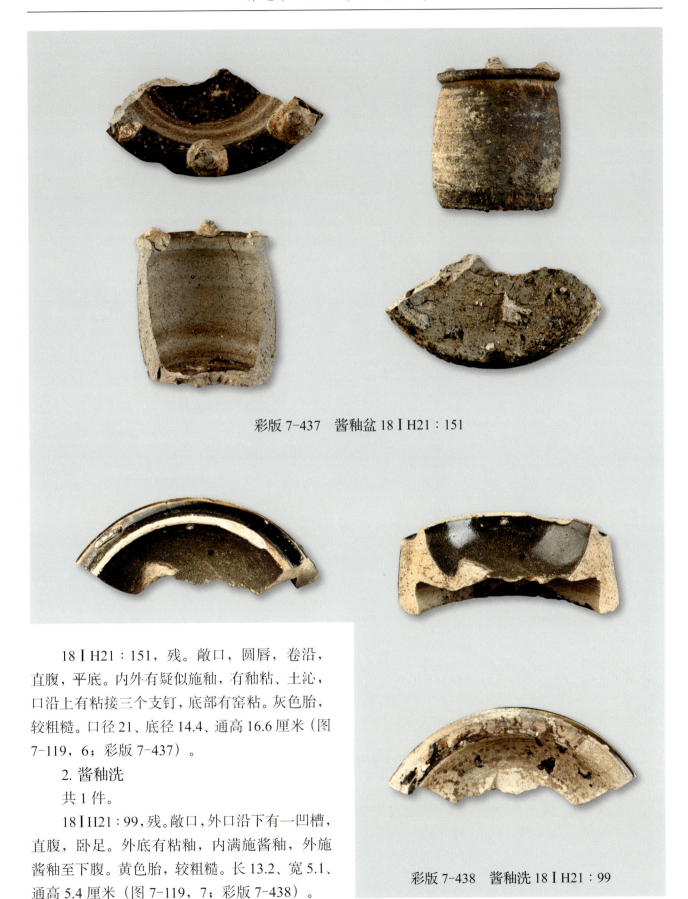

彩版 7-437　酱釉盆 18 I H21：151

　　18 I H21：151，残。敞口，圆唇，卷沿，直腹，平底。内外有疑似施釉，有釉粘、土沁，口沿上有粘接三个支钉，底部有窑粘。灰色胎，较粗糙。口径 21、底径 14.4、通高 16.6 厘米（图 7-119，6；彩版 7-437）。

　　2. 酱釉洗

　　共 1 件。

　　18 I H21：99，残。敞口，外口沿下有一凹槽，直腹，卧足。外底有粘釉，内满施酱釉，外施酱釉至下腹。黄色胎，较粗糙。长 13.2、宽 5.1、通高 5.4 厘米（图 7-119，7；彩版 7-438）。

彩版 7-438　酱釉洗 18 I H21：99

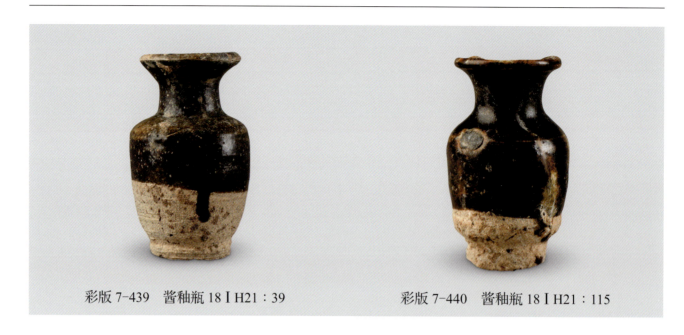

彩版 7-439　酱釉瓶 18 I H21：39　　　　　　彩版 7-440　酱釉瓶 18 I H21：115

3. 酱釉瓶

共 3 件。

18 I H21：39，残。敞口，圆唇，短颈，溜肩，弧腹，平底。外有轮痕，内满施酱釉，外施酱釉至中腹，有流釉现象，外有土沁。灰色胎，较致密。口径 2.9、腹径 3.7、底径 2.4、通高 5.8 厘米（图 7-119，8；彩版 7-439）。

18 I H21：115，微残。侈口，圆唇，矮径，折肩，弧腹，饼底。内满施酱釉，外施酱釉至下腹，内外有土沁，有窑粘。灰色胎，较致密。口径 2.8、腹径 3.4、底径 2.1、通高 5.55 厘米（图 7-119，9；彩版 7-440）。

（七）黑釉瓷

1. 黑釉洗

共 1 件。

18 I H21：100，残。敞口，圆唇，外口沿下有一凹槽，外口沿下有一凸棱呈多边形，直腹，外腹有棱柱装饰，内施黑釉，外施黑釉至下腹，外底有窑粘。灰色胎，较粗糙。长 12.2、宽 5.2、厚 0.4～1.2 厘米（彩版 7-441）。

2. 黑釉罐

共 1 件。

18 I H21：54，残。敞口，方唇，短颈，双系，溜肩，鼓腹，圈足。内满施黑釉，口沿无釉，有残缺，外施黑釉至下腹，圈足有旋削痕迹，足墙外撇，外有轮痕。灰色胎，较粗糙。口径 9.7、腹径 11.5、底径 6、通高 9.7 厘米（图 7-119，10；彩版 7-442）。

（八）窑具

1. 盏形支具

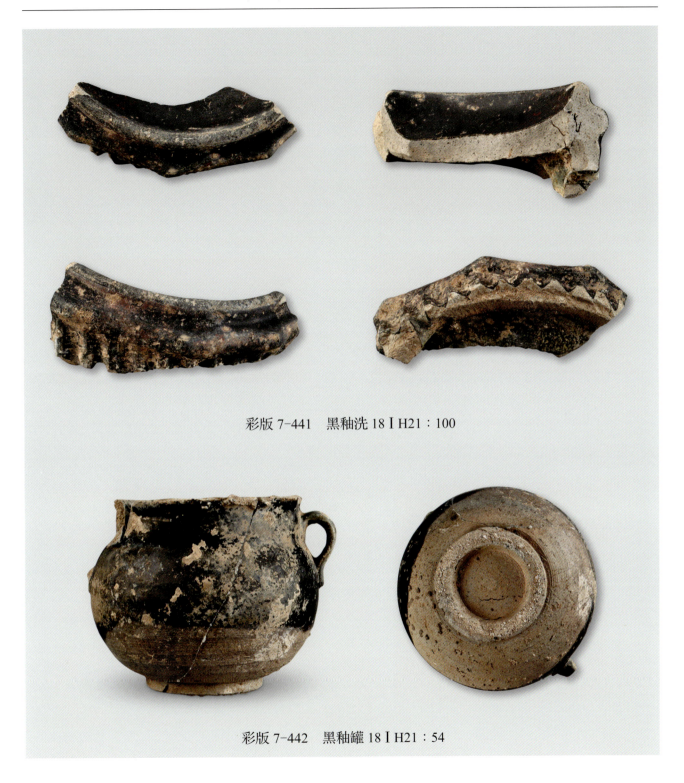

彩版 7-441　黑釉洗 18ⅠH21：100

彩版 7-442　黑釉罐 18ⅠH21：54

共 64 件。

18ⅠH21：1，微残。敞口，方唇，斜平沿，弧腹，腹部微折收，平底内凹。内有土沁，外底有窑粘，口沿微残。黄色胎，较粗糙。口径 9、底径 4.4、通高 2.1 厘米（图 7-120，1）。

18ⅠH21：2，敞口，方唇，斜平沿，弧腹，平底内凹。内有轮痕，有土沁。灰色胎，较粗糙。口径 9.2、底径 4.8、通高 2.3 厘米（图 7-120，2）。

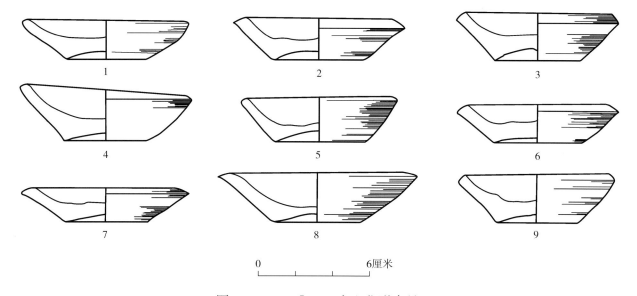

图 7-120　18Ⅰ H21 出土盏形支具

1～9. 18Ⅰ H21：1、2、5、7、11、21、22、28、37

18Ⅰ H21：5，残。敞口，方唇，斜沿，弧腹，平底内凹。内外有轮痕，外有土沁。黄色胎，较粗糙。口径 8.6、底径 4.6、通高 2.5 厘米（图 7-120，3）。

18Ⅰ H21：7，残。敞口，方唇，斜平沿，弧腹，平底内凹。内外有土沁，外底有釉粘。黄色胎，较粗糙。口径 9.3、底径 4.5、通高 3 厘米（图 7-120，4）。

18Ⅰ H21：11，残。敞口，方唇，弧腹，平底内凹。内有土沁，外有轮痕，外底有窑粘，底部有孔洞状残缺。黄色胎，较粗糙。口径 8.4、底径 5、通高 2.4 厘米（图 7-120，5）。

18Ⅰ H21：21，敞口，方唇，斜平沿，弧腹，平底内凹。内外有轮痕，外有土沁，外底有釉粘。黄色胎，较粗糙。口径 8.6、底径 4.8、通高 2.1 厘米（图 7-120，6）。

18Ⅰ H21：22，残。敞口，方唇，斜平沿，弧腹，平底内凹。内底微凸，内有土沁，外底有釉粘。灰色胎，较粗糙。口径 9、底径 4.5、通高 1.8 厘米（图 7-120，7）。

18Ⅰ H21：28，残。敞口，方唇，斜平沿，弧腹，平底内凹。内外有轮痕，内有土沁，外底有窑粘。黄色胎，较粗糙。口径 10.6、底径 4.6、通高 2.6 厘米（图 7-120，8）。

18Ⅰ H21：32，青瓷罐带盏形支具（2 个），残，上为疑似瓷罐与盏形支具相叠压（彩版 7-443）。

18Ⅰ H21：32-1，上，青瓷罐，弧腹，圈足。圈足足跟旋削，足脊微斜，外足墙微外撇。内施青釉，内有窑粘，外有釉粘。灰色胎，较粗糙。底径 9.4、通高 9.8 厘米。

18Ⅰ H21：32-2，下，盏形支具。敞口，方唇，弧腹，平底内凹。内有窑粘，有一处疑似指腹按压痕，外有轮痕，有釉粘。灰色胎，较粗糙。口径 8.2、底径 4、高 2.6、通高 12.4 厘米。

18Ⅰ H21：37，残。敞口，方唇，弧腹，外下腹微折收，平底内凹。内外有轮痕，外有土沁，外底有釉粘。灰色胎，较粗糙。口径 8.4、底径 4.4、通高 2.6 厘米（图 7-120，9）。

18Ⅰ H21：42，残。敞口，方唇，斜平沿，弧腹，卧足。内有土沁，内外有轮痕。黄色胎，较粗糙。口径 9.6、底径 4.4、通高 2.5 厘米（图 7-121，1；彩版 7-444）。

18Ⅰ H21：43，敞口，方唇，斜平沿，弧腹，外下腹折收，平底内凹。内外有土沁。黄色胎，较粗糙。

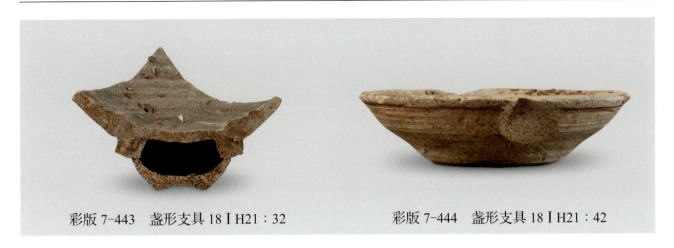

彩版 7-443　盏形支具 18ⅠH21：32　　　　彩版 7-444　盏形支具 18ⅠH21：42

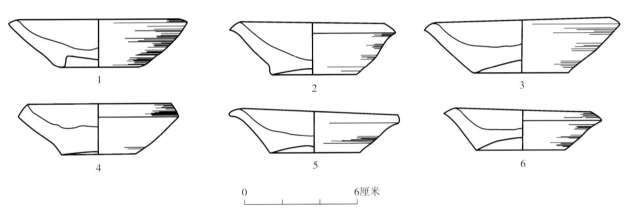

1　2　3

4　5　6

0　　　　　　　6厘米

图 7-121　18ⅠH21 出土盏形支具
1～6. 18ⅠH21：42、43、46、47、57、58

口径 8.85、底径 4.6、通高 2.7 厘米（图 7-121，2）。

18ⅠH21：46，敞口，方唇，斜沿，弧腹，平底内凹。内外有轮痕，外有土沁，外底有粘釉。灰色胎，较粗糙。口径 10.6、底径 5.2、通高 2.9 厘米（图 7-121，3）。

18ⅠH21：47，残。敞口，方唇，斜平沿，弧腹，外下腹微折收，平底内凹。内外有轮痕，外有土沁，外底有粘釉。灰色胎，较粗糙。口径 8.6、底径 4、通高 2.7 厘米（图 7-121，4）。

18ⅠH21：57，残。敞口，方唇，斜沿，弧腹，腹部折收，平底内凹。内有土沁，外有轮痕，有釉粘，外底有窑粘。黄色胎，较粗糙。口径 9.1、底径 4.8、通高 2.3 厘米（图 7-121，5）。

18ⅠH21：58，残。敞口，方唇，弧腹，平底内凹。内外有轮痕，外底有窑粘。黄色胎，较粗糙。口径 8.6、底径 4.8、通高 2.25 厘米（图 7-121，6）。

18ⅠH21：63，残。敞口，方唇，斜平沿，弧腹，平底内凹。内有窑粘，内外有轮痕，外底有少量窑粘。灰色胎，较粗糙。口径 8.3、底径 4、通高 2.05 厘米（图 7-122，1）。

18ⅠH21：66，一边敞口，一边敛口，方唇，斜沿、弧腹，平底内凹。内有窑粘，内外有轮痕，外有土沁。黄色胎，较粗糙。口径 8.8、底径 4.2、通高 2.2 厘米（图 7-122，2）。

18ⅠH21：72，残。敞口，方唇，斜沿，弧腹，腹部内收，平底内凹。内有较多窑粘，外有轮痕。黄色胎，较粗糙。口径 9、底径 4.4、通高 2.8 厘米（图 7-122，3；彩版 7-445）。

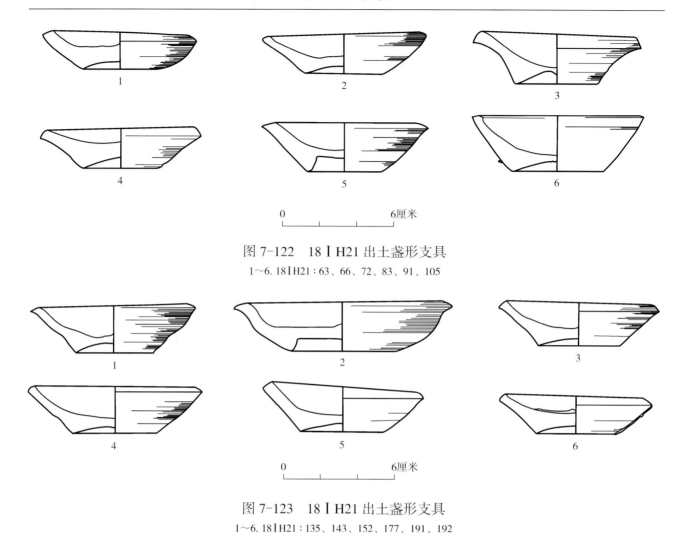

图 7-122　18 I H21 出土盏形支具

1~6. 18 I H21：63、66、72、83、91、105

图 7-123　18 I H21 出土盏形支具

1~6. 18 I H21：135、143、152、177、191、192

18 I H21：83，敞口，方唇，斜平沿，弧腹，平底内凹。内外有轮痕，外有窑粘、有土沁。黄色胎，较粗糙。口径 8.7、底径 4.3、通高 2.2 厘米（图 7-122，4）。

18 I H21：91，残。敞口，方唇，斜平沿，弧腹，卧足。内口沿有少量窑粘，外有轮痕，外底有窑粘。黄色胎，较粗糙。口径 9、底径 4、通高 2.6 厘米（图 7-122，5）。

18 I H21：105，残。敛口，方唇，斜沿，弧腹，平底内凹。有疑似施釉。黄色胎，较粗糙。口径 9.2、底径 5、通高 3 厘米（图 7-122，6）。

18 I H21：135，微残。敞口，方唇，斜沿，弧腹，平底内凹。内外有轮痕，外有土沁，口沿有釉粘。黄色胎，较致密。口径 9、底径 4.3、通高 2.6 厘米（图 7-123，1）。

18 I H21：143，微残。敞口，方唇，斜沿，弧腹，卧足。内外有轮痕，外有土沁，外底有窑粘。黄色胎，较致密。口径 11.6、底径 5.9、通高 2.6 厘米（图 7-123，2；彩版 7-446）。

18 I H21：152，微残。敞口，方唇，斜沿，弧腹，平底内收。内外有土沁、轮痕，内有疑似施釉，外有釉粘。灰色胎，致密。口径 8.6、底径 4.4、通高 2.4 厘米（图 7-123，3）。

18 I H21：177，残。敞口，方唇，斜沿，弧腹，平底内凹。内外有轮痕，少量土沁。黄色胎，较致密。口径 9.4、底径 4.6、通高 2.5 厘米（图 7-123，4）。

18 I H21：191，残。敞口，方唇，斜沿，弧腹，平底内凹。内有少量土沁、窑粘，内外有轮痕，

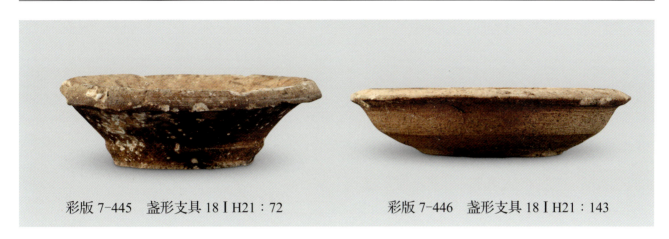

彩版 7-445　盏形支具 18 I H21：72　　　　　彩版 7-446　盏形支具 18 I H21：143

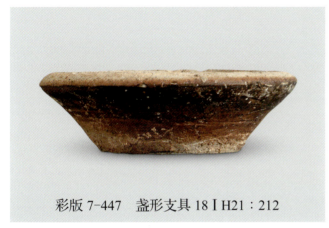

彩版 7-447　盏形支具 18 I H21：212

外底有釉粘。浅黄色胎，较致密。口径 8.6、底径 4.5、通高 2.6 厘米（图 7-123，5）。

18 I H21：192，敞口，方唇，斜沿，弧腹，平底内凹。有疑似施釉，腹部因拉坯不均匀导致的泥浆，内外有釉粘、窑粘、轮痕，少量土沁。浅灰色胎，较致密。口径 8.2、底径 4.2、通高 2.1 厘米（图 7-123，6）。

18 I H21：212，残。敞口，方唇，斜沿，弧腹，平底内凹。外着护胎釉，口沿及底部有釉粘，内外有轮痕，少量土沁。黄色胎，较致密。口径 11.2、底径 6、通高 3.4 厘米（彩版 7-447）。

2. 钵形支具

共 37 件。

18 I H21：6，残。敞口，方唇，斜沿，弧腹，卧足。内有窑粘，内外有轮痕，有少量土沁。黄色胎，较粗糙。口径 12.8、底径 6.4、通高 6.2 厘米（图 7-124，1）。

18 I H21：8，残，钵形支具置于疑似碗底（图 7-124，2）。

18 I H21：8-1，上，钵形支具。敞口，方唇，弧腹。内外有轮痕，外有土沁。灰色胎，较粗糙。口径 13.2、底径 7、高 6.6 厘米。

18 I H21：8-2，下，白瓷碗底，圈足，挖足过肩。圈足有旋削痕迹，外足墙外撇，足脊倾斜。内施青釉，釉下施白色化妆土，外底有粘釉。黄色胎，较粗糙。底径 6、残高 1.8、通高 7.9 厘米。

18 I H21：23，敞口，方唇，斜沿，弧腹，平底内凹。内外有轮痕，外有土沁，外底有粘釉。黄色胎，较粗糙。口径 8.7、底径 4.8、通高 3.75 厘米（图 7-124，3；彩版 7-448）。

18 I H21：30，微残。敞口，方唇，斜平沿，弧腹，平底内凹。内外有轮痕，内有窑粘，外有土沁，外底有釉粘。浅灰色胎，较致密。口径 10.2、底径 5.6、通高 5.6 厘米（图 7-124，4；彩版 7-449）。

18 I H21：31，敞口，方唇，斜平沿，弧腹，卧足。内外有轮痕，内有土沁。灰色胎，较粗糙。口径 10.3、底径 5.6、通高 6.6 厘米（图 7-124，5；彩版 7-450）。

18 I H21：44，敞口，方唇，斜沿，弧腹，平底内凹。内外有轮痕，外有土沁。黄色胎，较粗糙。

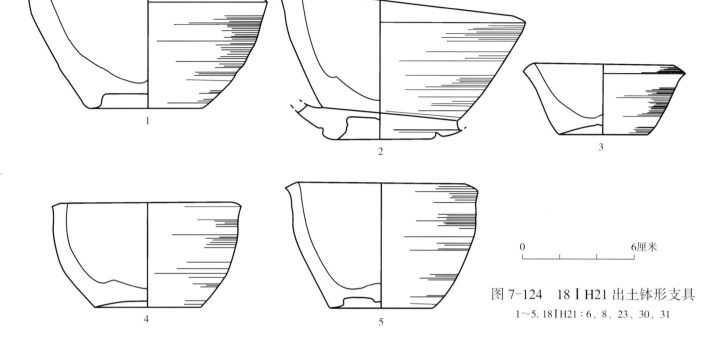

0   6厘米

图 7-124 　18 Ⅰ H21 出土钵形支具
1～5. 18 Ⅰ H21：6、8、23、30、31

彩版 7-448　钵形支具 18 Ⅰ H21：23

口径 12.2、底径 6.2、通高 6.6 厘米（彩版 7-451）。

18 Ⅰ H21：53，残。敞口，方唇，斜平沿，弧腹，卧足。内外有轮痕，外有土沁，外底有粘釉，口沿残缺。黄色胎，较粗糙。口径 11.7、底径 5.7、通高 5.8 厘米。

18 Ⅰ H21：64，敞口，方唇，弧腹，平底内凹。内外有轮痕，内有土沁。黄色胎，较致密。口径 9.4、底径 4.4、通高 4.9 厘米（彩版 7-452）。

18 Ⅰ H21：65，残。敞口，方唇，斜沿，弧腹，卧足。内外有轮痕。黄色胎，较粗糙。

彩版 7-449　钵形支具 18 Ⅰ H21：30

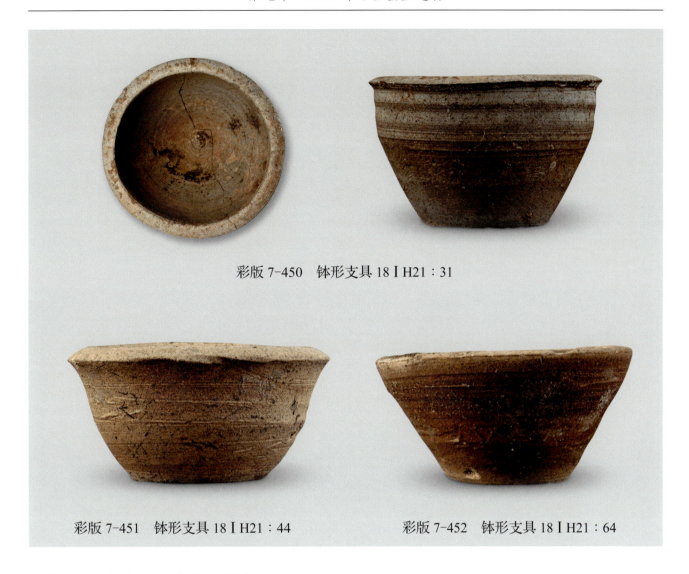

彩版 7-450　钵形支具 18 I H21：31

彩版 7-451　钵形支具 18 I H21：44　　　　　　彩版 7-452　钵形支具 18 I H21：64

口径 12.4、底径 6.4、通高 6.6 厘米。

18 I H21：69，敞口，圆唇，弧腹，卧足。内外有轮痕，内有土沁，外底有釉粘。灰色胎，较粗糙。口径 11、底径 6、通高 7 厘米（图 7-125，1；彩版 7-453）。

18 I H21：86，残。敞口，方唇，斜平沿，弧腹，平底内凹。内有土沁，内外有轮痕，外有窑粘。灰色胎，较粗糙。口径 12、底径 5.8、通高 7 厘米（图 7-125，2；彩版 7-454）。

18 I H21：87，残。敞口，方唇，斜平沿，弧腹，卧足。底部中心有一孔，内外有轮痕，内有土沁。黄色胎，较粗糙。口径 10.8、底径 6、通高 5.6 厘米（图 7-125，3）。

18 I H21：92，残。敞口，方唇，斜平沿，弧腹，腹部折收，平底内凹。下腹及外底施有白色化妆土，内外有轮痕，有土沁。灰色胎，较粗糙。口径 10.2、底径 5.3、通高 6.2 厘米（图 7-125，4；彩版 7-455）。

18 I H21：101，残。敛口，方唇，斜平沿，弧腹，平底内凹。内外有轮痕，有土沁。黄色胎，较粗糙。口径 9.8、底径 5.8、通高 6 厘米（图 7-125，5）。

18 I H21：150，微残。敞口，方唇，斜沿，弧腹，平底内凹。底部中心有一孔，内外有土沁、轮痕，外有釉粘。灰色胎，较致密。口径 9.8、底径 6、通高 5.4 厘米（彩版 7-456）。

18 I H21：155，微残。敞口，圆唇，斜沿，直腹斜收，平底内凹。内外有土沁、轮痕。黄色胎，

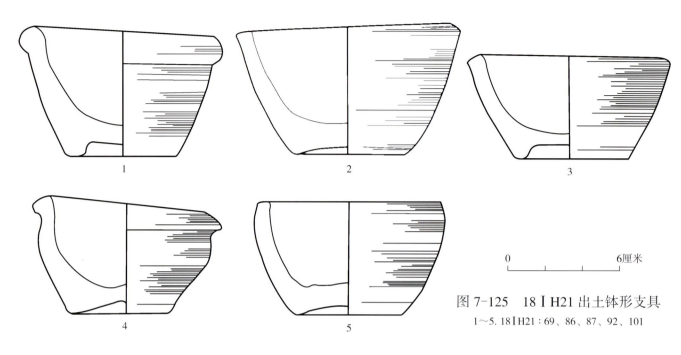

图 7-125　18ⅠH21 出土钵形支具
1～5. 18ⅠH21：69、86、87、92、101

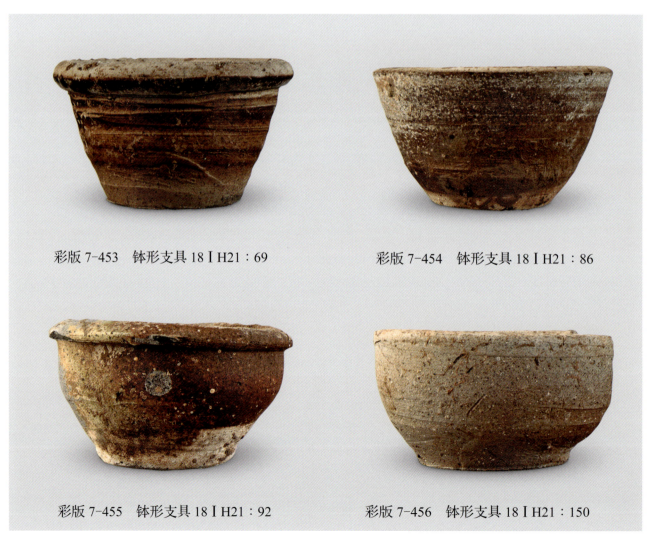

彩版 7-453　钵形支具 18ⅠH21：69

彩版 7-454　钵形支具 18ⅠH21：86

彩版 7-455　钵形支具 18ⅠH21：92

彩版 7-456　钵形支具 18ⅠH21：150

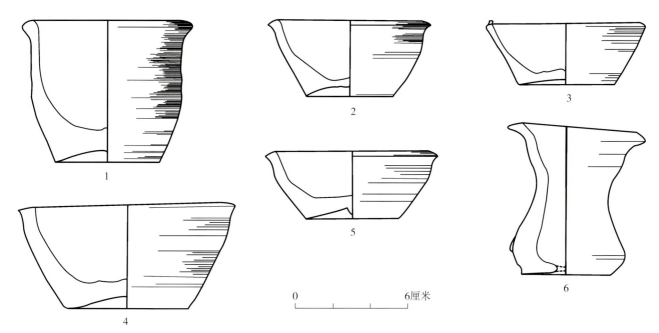

图 7-126　18ⅠH21 出土钵形支具、喇叭形支具

1～5. 钵形支具18ⅠH21：155、162、188、213、221　6. 喇叭形支具18ⅠH21：179

致密。口径 9.1、底径 5.6、通高 7.5 厘米（图 7-126，1；彩版 7-457）。

18ⅠH21：162，残。敞口，方唇，斜沿，弧腹，平底内凹。内外有土沁、轮痕。黄色胎，较致密。口径 8.6、底径 4.7、通高 4.05 厘米（图 7-126，2）。

18ⅠH21：188，敞口，方唇，斜沿，弧腹，平底内凹。口沿上有窑粘，内外有轮痕，少量土沁。黄色胎，较致密。口径 8.6、底径 5.3、通高 3.3 厘米（图 7-126，3）。

18ⅠH21：213，残。敞口，方唇，斜平沿，弧腹，平底内凹。有疑似施釉，底部有釉粘，内外有轮痕、窑粘，少量土沁。胎体火石红，灰色胎，较致密。口径 11.6、底径 6.6、通高 5.6 厘米（图 7-126，4）。

18ⅠH21：221，残。敞口，方唇，斜平沿，弧腹，平底内凹。内外有轮痕，少量土沁，底部有窑粘。浅灰色胎，较粗糙。口径 9.2、底径 5、通高 3.6 厘米（图 7-126，5）。

3. 喇叭形支具

共 4 件。

18ⅠH21：140，微残。侈口，方唇，斜平沿，束颈，弧腹，平底。周身有三分之二疑似施釉，内外有土沁，外有轮痕，有釉粘、窑粘。黄色胎，较致密。口径 6.2、底径 4、通高 6.3 厘米（彩版 7-458）。

18ⅠH21：179，残。侈口，方唇，斜沿，束腰，弧腹，饼底。周身有疑似施釉，有脱

彩版 7-457　钵形支具 18ⅠH21：155

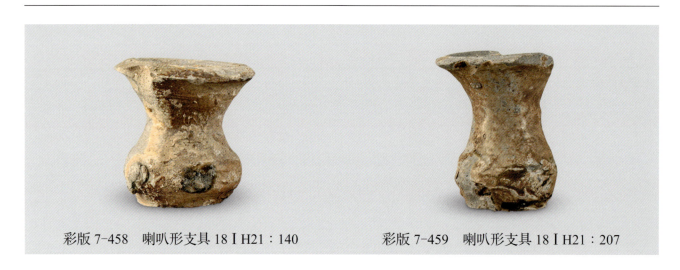

彩版 7-458　喇叭形支具 18ⅠH21∶140　　　　　彩版 7-459　喇叭形支具 18ⅠH21∶207

釉现象，外有釉粘、窑粘，内外有轮痕，少量土沁。黄色胎，较致密。口径 7.5、底径 4.8、通高 8 厘米（图 7-126，6）。

18ⅠH21∶207，残。敞口，方唇，斜沿，束腰，弧腹，平底。周身有疑似施釉，外有釉粘、窑粘，内外有轮痕，少量土沁。灰色胎，较致密。口径 6.2、底径 4、通高 7.2 厘米（彩版 7-459）。

4. 支圈

共 1 件。

18ⅠH21∶126，残，近似圆形。环状，内外有土沁，外有轮痕，有护胎釉，有釉粘，内呈弧状。灰色胎，致密。上口径 19.8、下口径 20.8、厚 3.6 ~ 4 厘米（图 7-127，1）。

5. 垫饼

共 10 件。

18ⅠH21∶111，残，圆饼状。平面近圆形，一面及侧面疑似施釉，有脱釉现象，一面有与其他器物的贴合痕迹，两面都有少量土沁。夹砂灰色胎，较粗糙。直径 17.3、厚 1.2 厘米（图 7-127，2；彩版 7-460）。

18ⅠH21∶123，微残，圆饼状。平面近圆形，两面都有少量土沁。夹砂黄色胎，粗糙。直径 12.8、厚 0.8 ~ 1.4 厘米（图 7-127，3）。

18ⅠH21∶189，微残，圆饼状。平面近圆形，一面有窑粘，侧面有手窝印，另一面有少量土沁，两面均有小砂石。夹砂黄色胎，较粗糙。直径 11.8、厚 1.2 厘米（图 7-127，4）。

6. 擂钵

共 1 件。

18ⅠH21∶131，残。敞口，圆唇，斜沿，口沿下有一凸棱，弧腹，平底。内部布满刻槽，内外有土沁、轮痕，口沿有窑粘。黄色胎，较致密。口径 38.8、底径 16、通高 20.5 厘米（图 7-127，5；彩版 7-461）。

7. 试火棒

共 2 件。

18ⅠH21∶220，残，捏制。锥子形。手柄残，上部有裂缝，周身少量土沁，有泥浆流下，下端残缺有釉粘。浅灰色胎，较致密。残长 10、直径 1.5 厘米（图 7-127，6；彩版 7-462）。

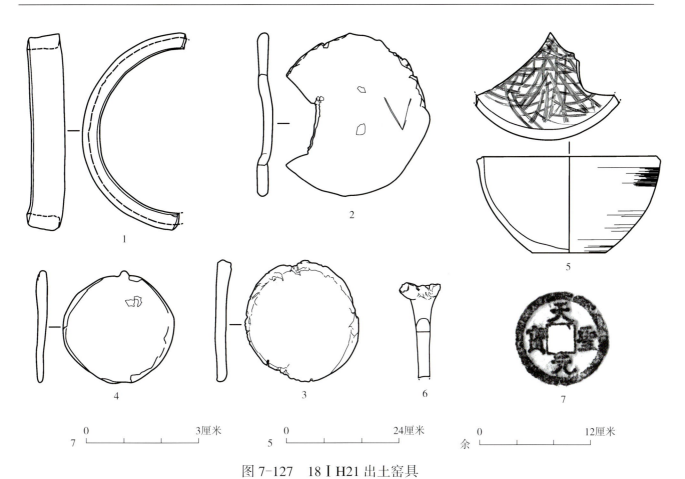

图 7-127　18ⅠH21 出土窑具

1. 支圈18ⅠH21∶126　2～4. 垫饼18ⅠH21∶111、123、189　5. 擂钵18ⅠH21∶131　6. 试火棒18ⅠH21∶220　7. 铜钱18ⅠH21∶14

彩版 7-460　垫饼 18ⅠH21∶111　　　　彩版 7-461　擂钵 18ⅠH21∶131

（九）铜器

铜钱

共 1 枚。

18ⅠH21∶14，天圣元宝，1 枚，楷书。重 3.9 克，直径 2.6、孔径 0.6、厚 0.1 厘米（图 7-127，7）。

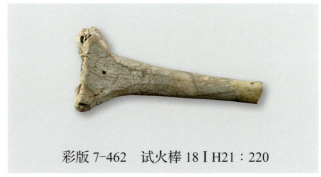

彩版 7-462　试火棒 18ⅠH21∶220

一二　18ⅠH22

（一）白瓷

1. 白瓷碗

共 12 件。

18ⅠH22：29，2 件碗上下叠摞（彩版 7-463）。

18ⅠH22：29-1，上，敞口，圆唇，弧腹，圈足，挖足过肩。内满施透明釉，有涩圈，宽 1.8 厘米，釉下满施白色化妆土，施釉不均匀，有积釉现象，釉面有小开片，内有少量土沁。浅黄色胎，较致密。口径 20、底径 6.6、高 6.6 厘米。

18ⅠH22：29-2，下，敞口，圆唇，弧腹，圈足，挖足过肩。外施透明釉至腹部，釉下施白色化妆土，釉面有小开片，有积釉现象，外有少量土沁，外有轮痕。圈足足跟旋削，足脊微斜，外足墙微外撇。黄色胎，较致密。口径 19.1、底径 6.6、高 6.7、通高 7.7 厘米。

18ⅠH22：34，微残。敞口，圆唇，弧腹，圈足，挖足过肩。内满施透明釉，有涩圈，宽 1.1～1.4 厘米，釉下满施白色化妆土，外施透明釉至上腹部，釉面有小开片，有流釉、积釉现象，内外有少量土沁，内有釉粘，外有粘瓷片、轮痕。圈足足跟旋削，足脊微斜，外足墙微外撇。浅黄色胎，较致密。口径 19.5、底径 6.5、通高 6.1 厘米（图 7-128，1）。

18ⅠH22：72，2 件碗上下叠摞，微残（图 7-128，2；彩版 7-464）。

18ⅠH22：72-1，上，口沿变形。敞口，圆唇，弧腹，圈足，挖足过肩。内满施透明釉，有涩圈，宽 2 厘米，釉下满施白色化妆土，化妆土有小开片，有积釉现象。圈足足跟旋削，足脊微斜，外足墙微外撇。浅灰色胎，较致密。口径 19.4、底径 7、高 5.7 厘米。

18ⅠH22：72-2，下，敞口，圆唇，弧腹，圈足，挖足过肩。外施透明釉至腹部，有积釉现象，外有少量土沁、轮痕、釉粘、窑粘，圈足足跟旋削，足脊微斜，外足墙微外撇。浅灰色胎，较致密。口径 19.8、底径 7、高 6.7、通高 7.6 厘米。

18ⅠH22：89，碗底，弧腹，圈足，挖足过肩。内满施透明釉，有涩圈，宽 1.5 厘米，釉下满施白色化妆土，内腹刻划线纹及曲线纹，外施透明釉至腹部，化妆土有小开片，外有少量土沁，有轮痕，外底有窑粘，圈足足跟旋削，足脊微斜，外足墙微外撇。浅黄色胎，较致密。底径 6.8、残高 4.4 厘米（图

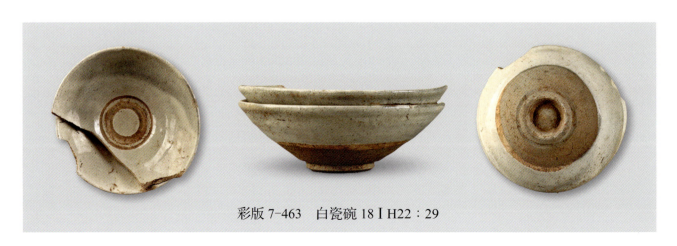

彩版 7-463　白瓷碗 18ⅠH22：29

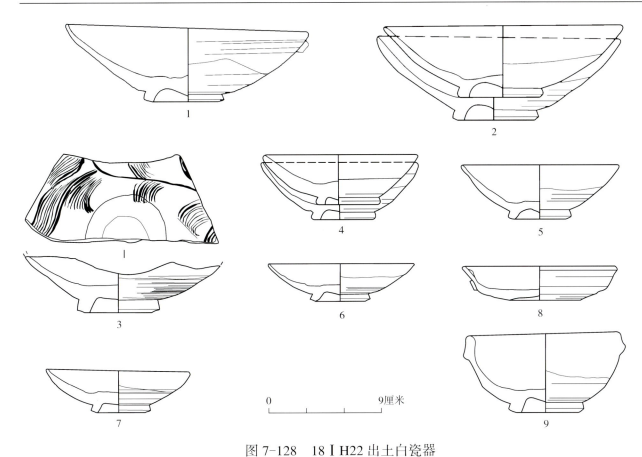

图 7-128　18ⅠH22 出土白瓷器

1～3. 白瓷碗18ⅠH22：34、72、89　4～7. 白瓷盏18ⅠH22：6、16、25、31　8. 白瓷盘18ⅠH22：75　9. 白瓷钵18ⅠH22：67

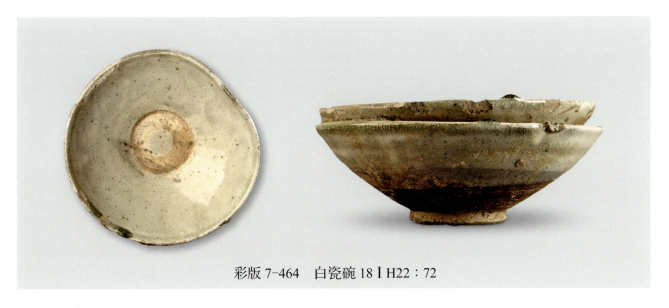

彩版 7-464　白瓷碗 18ⅠH22：72

7-128，3）。

2. 白瓷盏

共 6 件。

18ⅠH22：6，2件盏上下叠摞，残（图 7-128，4；彩版 7-465）。

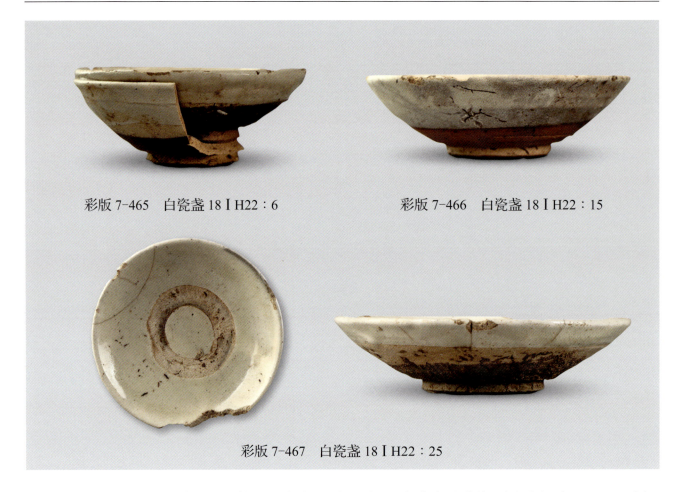

彩版 7-465　白瓷盏 18ⅠH22：6　　　　　　　彩版 7-466　白瓷盏 18ⅠH22：15

彩版 7-467　白瓷盏 18ⅠH22：25

　　18ⅠH22：6-1，上，白瓷盏。敞口，圆唇，弧腹，圈足。内满施透明釉，有涩圈，宽 1.5～2 厘米，外施透明釉至上腹部，有流釉、积釉现象，釉面有小开片，外有土沁、轮痕。浅黄色胎，较致密。口径 12.4、底径 5.2、高 4 厘米。

　　18ⅠH22：6-2，下，白瓷盏。敞口，圆唇，弧腹，圈足，挖足过肩。内满施透明釉，有涩圈，外施透明釉至上腹部，釉下施白色化妆土，有流釉、积釉现象，釉面有小开片，外有土沁、轮痕，圈足足跟旋削，足脊微斜，外足墙微外撇。浅黄色胎，较致密。口径 12.6、底径 5.2、高 4.6、通高 5.2 厘米。

　　18ⅠH22：15，残。敞口，圆唇，弧腹，圈足。内满施透明釉，有涩圈微凹，宽 1.7 厘米，釉下施白色化妆土，外施透明釉至腹部，有积釉现象，外有轮痕，圈足有旋削痕迹，足墙外撇，足脊微斜，底部有一孔洞残缺。黄色胎，较粗糙。口径 11.9、底径 4.8、通高 3.9 厘米（彩版 7-466）。

　　18ⅠH22：16，残。敞口，圆唇，弧腹，圈足。内满施透明釉，有涩圈微凹，宽 1.3～1.6 厘米，釉下施白色化妆土，内腹有点状小坑，外施透明釉至上腹部，有积釉现象，外有轮痕，圈足有旋削痕迹，足墙外撇，足脊倾斜。黄色胎，较粗糙。口径 12.9、底径 5.2、通高 4.3 厘米（图 7-128，5）。

　　18ⅠH22：25，敞口，圆唇，弧腹，圈足，挖足过肩。内满施透明釉，有涩圈，宽 1.3 厘米，外施透明釉至上腹部，釉下施白色化妆土，釉面及化妆土有小开片，有积釉现象，内外有少量土沁，外有轮痕，外底有窑粘，圈足足跟旋削，足脊微斜，外足墙微外撇。浅灰色胎，较致密。口径 11.7、底径 4.8、通高 3 厘米（图 7-128，6；彩版 7-467）。

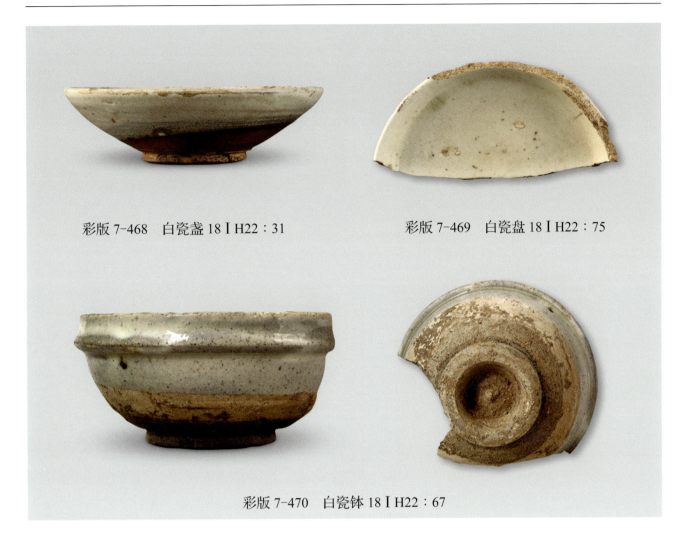

彩版 7-468 白瓷盏 18 I H22：31　　　　　彩版 7-469 白瓷盘 18 I H22：75

彩版 7-470 白瓷钵 18 I H22：67

18 I H22：31，敞口，圆唇，弧腹，圈足。内满施透明釉，有涩圈，宽 1.4 厘米，釉下施白色化妆土，外施透明釉至腹部，有积釉，施釉不均匀现象，内有土沁，外有轮痕，圈足足跟旋削，足脊微斜，外足墙微外撇。浅黄色胎，较致密。口径 11.6、底径 4.8、通高 3.5 厘米（图 7-128，7；彩版 7-468）。

3. 白瓷盘

共 1 件。

18 I H22：75，残。敞口，圆唇，弧腹折收，平底内凹。内满施透明釉，外施透明釉至腹部，内外有窑粘，外有少量土沁，有轮痕。浅黄色胎，较致密。口径 12.6、底径 6、通高 2.7 厘米（图 7-128，8；彩版 7-469）。

4. 白瓷钵

共 1 件。

18 I H22：67，残。侈口，圆唇，口沿下有凸棱，弧腹，圈足，挖足过肩。除口沿外内满施透明釉，外施透明釉至上腹部，釉下施白色化妆土，化妆土有小开片，外有少量土沁、轮痕、釉粘，圈足足跟旋削，足脊微斜，外足墙微外撇。灰色胎，较粗糙。口径 13.2、底径 6.2、通高 6.4 厘米（图 7-128，9；彩版 7-470）。

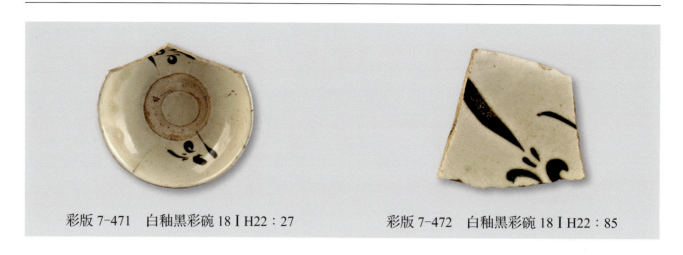

彩版 7-471　白釉黑彩碗 18ⅠH22：27　　　　　彩版 7-472　白釉黑彩碗 18ⅠH22：85

（二）白釉黑（褐）彩瓷

1. 白釉黑（褐）彩碗

共 16 件。

18ⅠH22：27，敞口，圆唇，弧腹，圈足，挖足过肩。内满施透明釉，有涩圈，宽 1 ～ 1.6 厘米，内腹饰一组相对黑彩萱草纹，外施透明釉至腹部，釉下施白色化妆土，化妆土有小开片，内有少量土沁，外有轮痕，圈足足跟旋削，足脊微斜，外足墙微外撇。浅黄色胎，较致密。口径 13.6、底径 5、通高 4.5 厘米（彩版 7-471）。

18ⅠH22：85，碗残片。侈口，圆唇，弧腹。内施透明釉，内腹饰黑彩萱草纹，外施透明釉至腹部，釉下施白色化妆土，化妆土有小开片。黄色胎，较致密。残长 6.4、残宽 6 厘米（彩版 7-472）。

18ⅠH22：88，残。敞口，圆唇，弧腹，圈足，挖足过肩。内满施透明釉，有涩圈，宽 1.8 厘米，内腹饰黑彩萱草纹，外施透明釉至上腹部，釉下施白色化妆土，化妆土有小开片，外有轮痕、釉粘，圈足足跟旋削，足脊微斜，足脊有粘化妆土，外足墙微外撇。浅灰色胎，较致密。口径 20.8、底径 7、通高 7.4 厘米（图 7-129，1）。

18ⅠH22：33，残。弧腹，圈足，挖足过肩。内满施透明釉，有涩圈，宽 1.4 ～ 1.6 厘米，内腹饰黑彩萱草纹，外施透明釉至腹部，釉下施白色化妆土，化妆土有小开片，内外有少量土沁，外有轮痕，圈足足跟旋削，足脊微斜，外足墙微外撇。浅黄色胎，较粗糙。底径 6.4、残高 5.8 厘米（图 7-129，2）。

18ⅠH22：50，2 件碗上下叠摞（彩版 7-473）。

18ⅠH22：50-1，上，残。敞口，圆唇，弧腹，圈足，挖足过肩。内满施透明釉，有涩圈，宽 1.7 ～ 2 厘米，釉下满施白色化妆土，化妆土有小开片，内腹饰褐彩萱草纹。圈足足跟旋削，足脊微斜，外足墙微外撇，内有窑粘。黄色胎，较致密。口径 20、底径 6.4、残高 6 厘米。

18ⅠH22：50-2，下，残。敞口，圆唇，弧腹，圈足，挖足过肩。内腹饰褐彩萱草纹，外施透明釉至腹部，釉下施白色化妆土，有积釉现象。圈足足跟旋削，足脊微斜，外足墙微外撇，外有少量土沁，外有轮痕。黄色胎，较致密。口径 20.2、底径 6.4、高 7.2、通高 8.6 厘米。

18ⅠH22：68，碗残片。敞口，圆唇，弧腹。内施透明釉，内腹饰褐彩萱草纹，外施透明釉，釉面有小开片，内有釉粘。灰色胎，较粗糙。残长 6.5、残宽 4.7 厘米（图 7-129，3）。

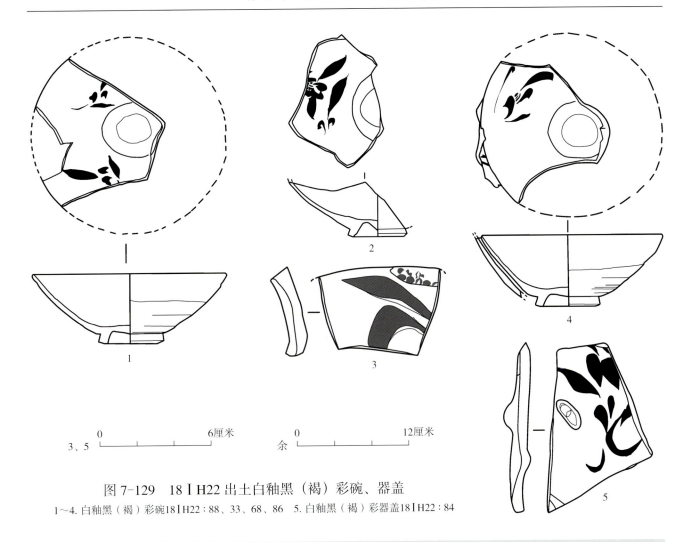

图 7-129　18ⅠH22 出土白釉黑（褐）彩碗、器盖

1～4. 白釉黑（褐）彩碗18ⅠH22：88、33、68、86　5. 白釉黑（褐）彩器盖18ⅠH22：84

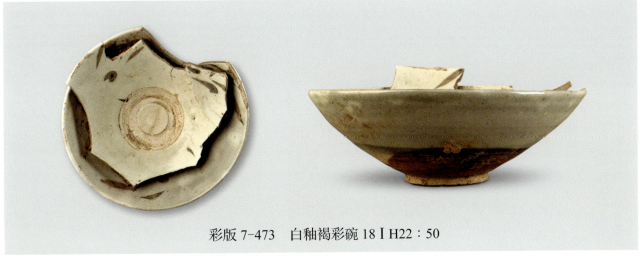

彩版 7-473　白釉褐彩碗 18ⅠH22：50

18ⅠH22：83，碗残片。敞口，圆唇，弧腹。内施透明釉，内腹饰黑彩萱草纹，外施透明釉至上腹部，釉下施白色化妆土，化妆土有小开片。浅黄色胎，较致密。残长 6.8、残宽 6.1 厘米（彩版 7-474）。

18ⅠH22：86，残。敞口，圆唇，弧腹，圈足，挖足过肩。内满施透明釉，有涩圈，宽 1.7 厘米，

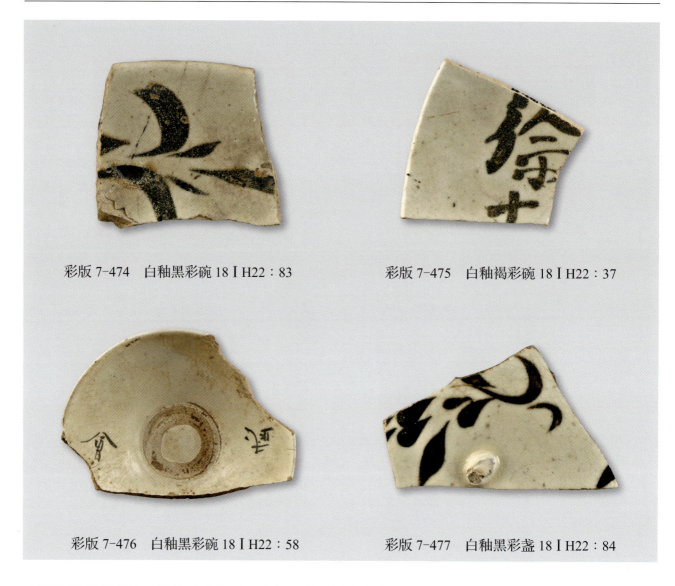

彩版 7-474　白釉黑彩碗 18ⅠH22∶83　　　　彩版 7-475　白釉褐彩碗 18ⅠH22∶37

彩版 7-476　白釉黑彩碗 18ⅠH22∶58　　　　彩版 7-477　白釉黑彩盏 18ⅠH22∶84

内腹饰黑彩萱草纹，外施透明釉至上腹部，釉下施白色化妆土，釉面及化妆土有小开片，内外有少量土沁，外腹粘有残片，外有轮痕，外底有釉粘，圈足足跟旋削，足脊微斜，外足墙微外撇。黄色胎，较致密。口径 19.6、底径 7、通高 8.1 厘米（图 7-129，4）。

18ⅠH22∶37，碗带字残片，残。侈口，圆唇，弧腹。内施透明釉，内腹有褐彩"徐"字，外施透明釉至上腹部，釉下施白色化妆土。黄色胎，较致密。残长 5.9、残宽 6.2 厘米（彩版 7-475）。

18ⅠH22∶58，"武會"带字碗，残。敞口，圆唇，弧腹，圈足，挖足过肩。内满施透明釉，有涩圈，宽 1.1 ～ 1.7 厘米，内腹有黑彩"武會"字，外施透明釉至上腹部，釉下施白色化妆土，釉面及化妆土有小开片，施釉不均匀，内外有少量土沁，外有轮痕，圈足足跟旋削，足脊微斜，外足墙微外撇。黄色胎，较致密。口径 20.4、底径 6.4、通高 6.8 厘米（彩版 7-476）。

2. 白釉黑（褐）彩器盖

共 1 件。

18ⅠH22∶84，盖残片，顶部有捉手，内外施透明釉，外腹有黑彩萱草纹，有积釉现象，釉面有小开片。灰色胎，较粗糙。残长 5.7、残宽 9 厘米（图 7-129，5；彩版 7-477）。

（三）青瓷

1. 青瓷碗

共3件。

18ⅠH22：10，残。敞口，圆唇，弧腹，圈足，挖足过肩。内满施青釉，有涩圈微凹，宽1.5厘米，外腹粘有其他器物碎片，外施青釉至腹部，内外有土沁，有轮痕，外底有窑粘，圈足足跟旋削，足墙外撇，足脊倾斜。黄褐色胎，较粗糙。口径15.6、底径5.6、通高5.4厘米（彩版7-478）。

18ⅠH22：32，微残。敞口，圆唇，弧腹，圈足。内满施青釉，有涩圈，宽1厘米，外施青釉至腹部，有积釉现象，内外有少量土沁，外有轮痕，圈足足跟旋削，足脊微斜，外足墙微外撇。黄色胎，较致密。口径16.4、底径5.8、通高5.6厘米（彩版7-479）。

18ⅠH22：48，敞口，圆唇，弧腹，圈足。内满施青釉，有涩圈，宽1.3～1.8厘米，外施青釉至腹部，有积釉现象，外有轮痕，少量土沁，圈足足跟旋削，足脊微斜，外足墙微外撇。浅黄色胎，较致密。口径14.8、底径6、通高5.1厘米（图7-130，1；彩版7-480）。

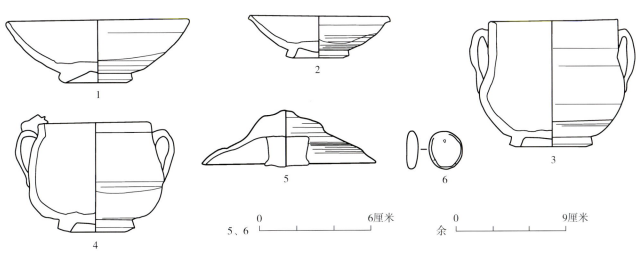

1　2　3　4　5　6

5、6　0　6厘米
余　0　9厘米

图7-130　18ⅠH22出土瓷器

1. 青瓷碗18ⅠH22：48　2. 青瓷盏18ⅠH22：28　3. 青瓷罐18ⅠH22：35　4. 黄釉罐18ⅠH22：63　5. 素烧器盖18ⅠH22：23　6. 素烧围棋子18ⅠH22：53

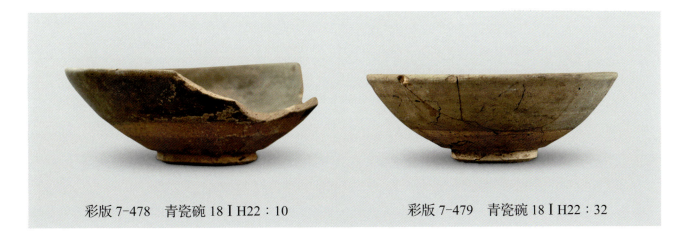

彩版7-478　青瓷碗18ⅠH22：10　　　彩版7-479　青瓷碗18ⅠH22：32

彩版 7-480　青瓷碗 18 I H22：48

彩版 7-481　青瓷盏 18 I H22：28

彩版 7-482　青瓷盏 18 I H22：52

彩版 7-483　青瓷罐 18 I H22：35

2. 青瓷盏

共 2 件。

18 I H22：28，敞口，圆唇，弧腹，圈足，挖足过肩。内满施青釉，有涩圈，宽 1.4 厘米，外施青釉至腹部，有积釉现象，内外有轮痕，少量土沁，圈足足跟旋削，足脊微斜，外足墙微外撇。浅黄色胎，较致密。口径 11.4、底径 5.1、通高 3.4 厘米（图 7-130，2；彩版 7-481）。

18 I H22：52，敞口，圆唇，弧腹，圈足。内满施青釉，有涩圈，宽 1.1 厘米，外施青釉至腹部，有积釉现象，外有轮痕，少量土沁，圈足足跟旋削，足脊微斜，外足墙微内敛。浅黄色胎，较致密。口径 11.8、底径 4.4、通高 3.4 厘米（彩版 7-482）。

3. 青瓷罐

共 2 件。

18 I H22：35，残。敞口，圆唇，矮颈，颈部至腹部贴竖状条形系，弧腹，圈足。除口沿上施白色化妆土外内满施青釉，外施青釉至下腹，有流釉现象，口沿上有窑粘，内外有轮痕，外有少量土沁，外底有窑粘，圈足足跟斜削，外足墙微外撇，足脊微斜。黄色胎，较致密。口径 10.5、腹径 11.9、底径 6.7、通高 10.2 厘米（图 7-130，3；彩版 7-483）。

18 I H22：42，微残。敞口，圆唇，矮颈，颈部至上腹部贴竖状条形系，鼓腹，圈足。除口沿上施白色化妆土外内满施青釉，外施青釉至下腹，施釉不均匀，有流釉现象，内外有轮痕，外有少

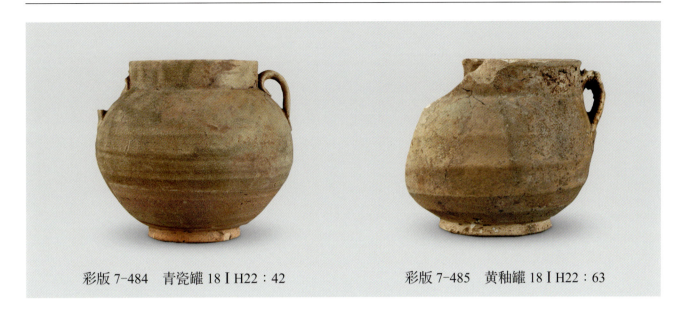

彩版 7-484　青瓷罐 18ⅠH22：42　　　　　彩版 7-485　黄釉罐 18ⅠH22：63

量土沁，圈足足跟斜削，外足墙微外撇，足脊微斜。浅黄色胎，较致密。口径 9.3、腹径 14.6、底径 7、通高 13.1 厘米（彩版 7-484）。

（四）黄釉瓷

黄釉罐

共 1 件。

18ⅠH22：63，残。敞口，圆唇，矮颈，颈部至腹部竖装两条对称条形系，鼓腹，圈足。除口沿上施白色化妆土外内满施黄釉，外施黄釉至下腹，内外有轮痕，少量土沁，外粘有小砂石，圈足足跟斜削，外足墙微外撇，足脊微斜。浅黄色胎，较致密。口径 9.2、腹径 11、底径 6.3、通高 9.4 厘米（图 7-130，4；彩版 7-485）。

（五）素烧瓷

1. 素烧器盖

共 1 件。

18ⅠH22：23，微残。敞口，弧腹，弧底，内中心有捉手。内外有轮痕，内有少量土沁、釉粘，外腹因拉坯不均匀导致外有泥浆，底部有削过痕迹。黄色胎，较致密。直径 9.3、通高 3 厘米（图 7-130，5；彩版 7-486）。

2. 素烧围棋子

共 1 枚。

18ⅠH22：53，微残，捏制。圆饼状，周围有裂缝。灰色胎，较致密。直径 2、厚 0.6 厘米（图 7-130，6；彩版 7-487）。

（六）窑具

1. 盏形支具

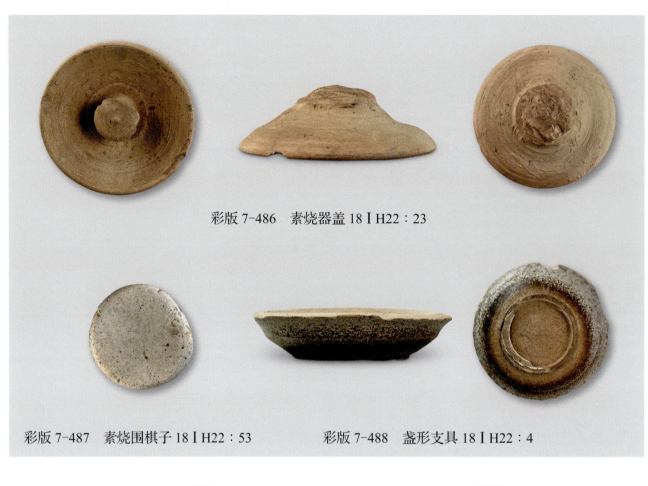

彩版 7-486　素烧器盖 18ⅠH22：23

彩版 7-487　素烧围棋子 18ⅠH22：53　　　　　彩版 7-488　盏形支具 18ⅠH22：4

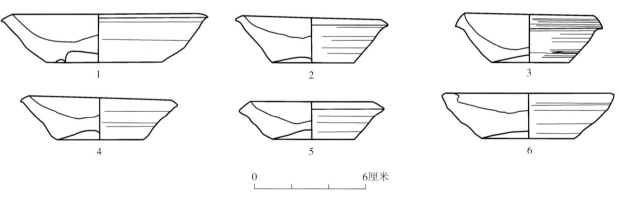

图 7-131　18ⅠH22 出土盏形支具

1～6.18ⅠH22：4、7、11、12、18、19

共 27 件。

18ⅠH22：4，残。敞口，方唇，斜平沿，弧腹，卧足。内底有突起，突起处烧制过程中开裂，外有轮痕，外底有窑粘，外腹施白色化妆土至下腹。黄色胎，较粗糙。口径 11.2、底径 6.2、通高 2.6 厘米（图 7-131，1；彩版 7-488）。

18ⅠH22：7，微残。敞口，方唇，斜平沿，弧腹，平底内凹。内外有轮痕，外底微凸。黄色胎，较粗糙。口径 8.2、底径 4.4、通高 2.5 厘米（图 7-131，2）。

18ⅠH22：11，敛口，方唇，斜沿，弧腹，平底内凹。内外有轮痕，内有土沁。黄色胎，较粗糙。

口径7.9、底径4.2、通高2.6厘米（图7-131，3；彩版7-489）。

18ⅠH22：12，残。敞口，方唇，斜沿，弧腹，平底内凹。内有窑粘，外腹内收，外腹有烧造痕迹，外底有粘釉，内外有轮痕。黄色胎，较粗糙。口径8.5、底径4.6、通高2.3厘米（图7-131，4；彩版7-490）。

18ⅠH22：13，微残。敞口，圆唇，弧腹，平底。内外有轮痕，外底有线切割痕，外底有烧造时使用三叉支托的痕迹，支托尾端分别有一捏痕，其尾端处呈凸起。黄褐色胎，较粗糙。口径10.1、底径5.3、通高3.2厘米（彩版7-491）。

18ⅠH22：14，微残，2件上下叠摞（彩版7-492）。

18ⅠH21：205-1，上，敞口，方唇，斜沿，弧腹，平底内凹。内外有少量土沁，外有轮痕，内腹因拉坯不均匀导致的泥浆。浅灰色胎，较致密。口径8.8、底径4、高2.3厘米。中间粘有残垫饼。

18ⅠH21：205-2，下，弧腹，平底内凹。外有轮痕，有釉粘。浅灰色胎，较致密。底径4、残高2.2、通高4.3厘米。

18ⅠH22：18，残。敞口，方唇，斜平沿，弧腹，外腹折收，平底内凹。内底微凸，外有轮痕，有土沁。灰色胎，较粗糙。口径7.8、底径4.4、通高2厘米（图7-131，5）。

18ⅠH22：19，残。敛口，方唇，斜沿，弧腹，平底内凹。内有土沁，内外有轮痕，外底有窑粘。黄色胎，较粗糙。口径9.2、底径5、通高2.4厘米（图7-131，6；彩版7-493）。

18ⅠH22：20，敞口，方唇，斜平沿，弧腹，平底内凹。内底微凸，外有轮痕，有土沁。灰色胎，较粗糙。口径8.6、底径4.7、通高2.5厘米（彩版7-494）。

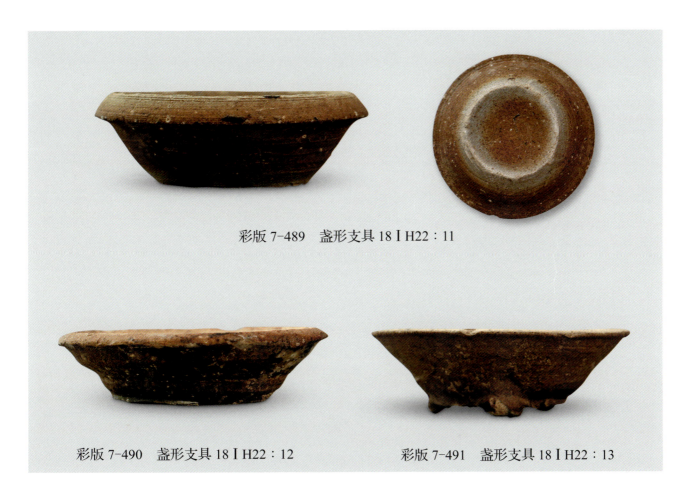

彩版7-489 盏形支具 18ⅠH22：11

彩版7-490 盏形支具 18ⅠH22：12　　　　彩版7-491 盏形支具 18ⅠH22：13

彩版 7-492　盏形支具 18 I H22：14

彩版 7-493　盏形支具 18 I H22：19

彩版 7-494　盏形支具 18 I H22：20

彩版 7-495　盏形支具 18 I H22：39

彩版 7-496　盏形支具 18 I H22：40

　　18 I H22：39，敞口，方唇，斜平沿，弧腹，平底内凹。内外有轮痕，口部因拉坯不均匀导致的泥浆，外腹疑似施釉、窑粘，底部有釉粘。黄色胎，较粗糙。口径8.5、底径4.7、通高2.3厘米（彩版7-495）。

　　18 I H22：40，微残。敞口，方唇，斜平沿，弧腹，平底内凹。内外有轮痕，内有少量土沁，外有护胎釉、釉粘、窑粘。浅灰色胎，较粗糙。口径9.2、底径4.8、通高2厘米（彩版7-496）。

　　18 I H22：44，微残。敞口，方唇，斜平沿，弧腹，平底内凹。内外有轮痕，少量土沁，内有釉粘。浅黄色胎，较致密。口径9.3、底径4.5、通高2.6厘米（彩版7-497）。

　　18 I H22：46，敞口，方唇，斜平沿，弧腹，平底内凹。内外有轮痕，少量土沁，内有窑粘，内外有釉粘。浅灰色胎，较粗糙。口径8.4、底径4.4、通高2.6厘米（彩版7-498）。

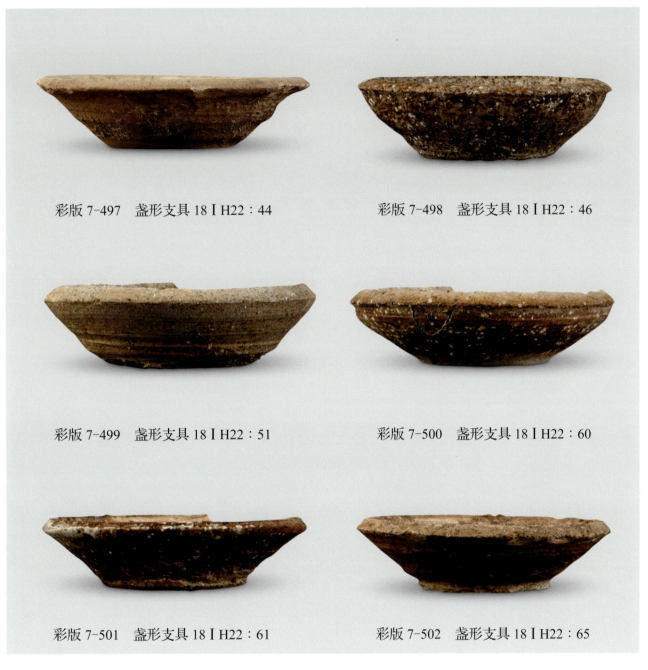

彩版 7-497　盏形支具 18 I H22：44　　　　　　彩版 7-498　盏形支具 18 I H22：46

彩版 7-499　盏形支具 18 I H22：51　　　　　　彩版 7-500　盏形支具 18 I H22：60

彩版 7-501　盏形支具 18 I H22：61　　　　　　彩版 7-502　盏形支具 18 I H22：65

18 I H22：51，残。敛口，方唇，斜平沿，弧腹，平底内凹。内外有轮痕，外有少量土沁、窑粘。浅灰色胎，较粗糙。口径 8.1、底径 4.6、通高 2.6 厘米（彩版 7-499）。

18 I H22：60，残。敛口，方唇，斜平沿，弧腹，平底内凹。内外有轮痕，内有少量土沁，外底有釉粘。黄色胎，较致密。口径 8.2、底径 3.9、通高 2.2 厘米（彩版 7-500）。

18 I H22：61，微残。敞口，方唇，斜沿，弧腹，平底内凹。内外有轮痕，外腹疑似施釉、釉粘。灰色胎，较粗糙。口径 8.2、底径 4.4、通高 2.1 厘米（彩版 7-501）。

18 I H22：65，微残。敞口，方唇，斜平沿，弧腹，平底内凹。内外有轮痕，外腹因拉坯不均匀导致的泥浆，少量土沁，外底有釉粘。浅黄色胎，较粗糙。口径 8.5、底径 4.4、通高 2.3 厘米（彩版 7-502）。

2. 钵形支具

共 10 件。

18Ⅰ H22∶1，微残。敞口，方唇，斜沿，弧腹，平底内凹。内外有轮痕，外有土沁。黄色胎，较粗糙。口径 9.4、底径 4.9、通高 4 厘米（图 7-132，1；彩版 7-503）。

18Ⅰ H22∶5，残。敞口，方唇，斜直沿，弧腹，外腹折收，平底内凹。内有土沁、有釉粘，口沿有刻划痕，外有轮痕。夹砂灰色胎，较粗糙。口径 10.8、底径 6、通高 4.2 厘米（彩版 7-504）。

18Ⅰ H22∶26，微残，口部有变形。敛口，方唇，斜平沿，弧腹，卧足。内外有轮痕，少量土沁，外腹因拉坯不均匀导致的泥浆，底部施有白色化妆土，化妆土不均匀，底部有釉粘。灰色胎，较致密。口径 11.8、底径 5.8、通高 5.3 厘米（彩版 7-505）。

18Ⅰ H22∶54，微残，口部有变形。敛口，方唇，斜平沿，弧腹，平底内凹。内外有轮痕，少量土沁，外腹因拉坯不均匀导致的泥浆，底部有釉粘。黄色胎，较致密。口径 8.2、底径 3.9、通高 3.3 厘米（彩版 7-506）。

18Ⅰ H22∶62，微残。敛口，方唇，斜沿，弧腹，平底内凹。内外有轮痕，少量土沁，外腹因拉坯不均匀导致的泥浆。灰色胎，较致密。口径 10.8、底径 5.6、通高 6 厘米（彩版 7-507）。

18Ⅰ H22∶66，微残。敞口，方唇，斜沿，弧腹，平底内凹。内满施白色化妆土，外施化妆土不均匀，化妆土有小开片，有流土现象，内外有轮痕，少量土沁，内有釉粘，外底有窑粘。浅黄色胎，较致密。

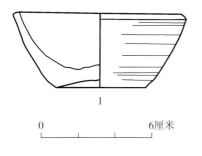
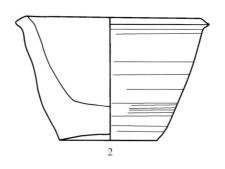
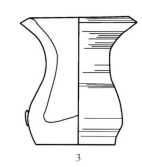

0　　　　　　　　6厘米

图 7-132　18Ⅰ H22 出土窑具
1、2. 钵形支具 18Ⅰ H22∶1、66　3. 喇叭形支具 18Ⅰ H22∶77

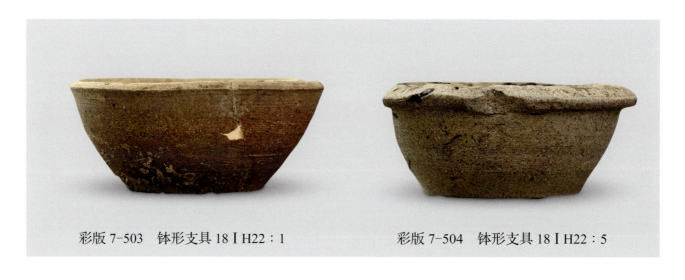

彩版 7-503　钵形支具 18Ⅰ H22∶1　　　　　　彩版 7-504　钵形支具 18Ⅰ H22∶5

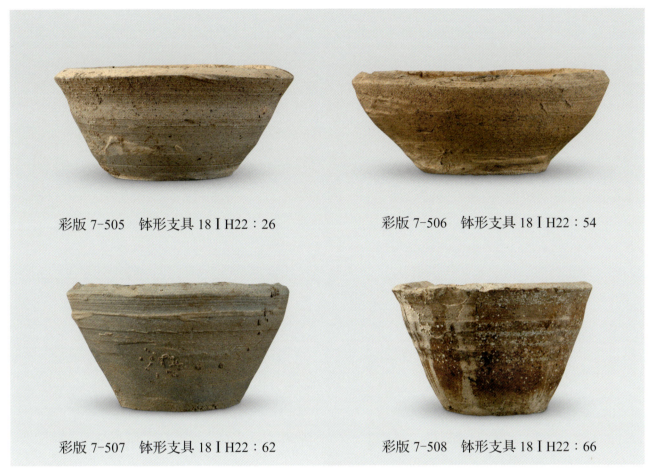

彩版 7-505　钵形支具 18 I H22：26　　　　彩版 7-506　钵形支具 18 I H22：54

彩版 7-507　钵形支具 18 I H22：62　　　　彩版 7-508　钵形支具 18 I H22：66

口径 10.4、底径 5.2、通高 6.6 厘米（图 7-132，2；彩版 7-508）。

18 I H22：30，微残，口部有变形。敛口，方唇，斜沿，弧腹，平底内凹。内外有轮痕、釉粘，少量土沁，外腹因拉坯不均匀导致的泥浆，底部有釉粘。浅灰色胎，较致密。口径 10.6、底径 6.2、通高 5.7 厘米（彩版 7-509）。

3. 喇叭形支具

共 1 件。

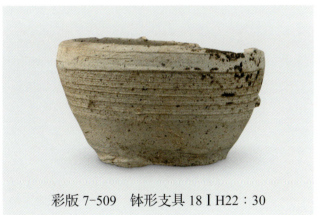

彩版 7-509　钵形支具 18 I H22：30

18 I H22：77，残。侈口，方唇，斜平沿，束颈，弧腹，平底。周身疑似施釉，有脱釉现象，内外有轮痕，外有窑粘。浅灰色胎，较致密。口径 6.3、底径 4.2、通高 6.8 厘米（图 7-132，3；彩版 7-510）。

4. 垫饼

共 2 件。

18 I H22：2，模制。圆饼状，一平面有土沁，一平面夹砂。黄色胎，较粗糙。直径 12.4、厚 1.4 厘米（彩版 7-511）。

彩版 7-510 喇叭形支具 18ⅠH22：77　　　　彩版 7-511 垫饼 18ⅠH22：2

一三　18ⅠH23

（一）白瓷

1. 白瓷瓶

共 1 件。

18ⅠH23：18，微残。侈口，圆唇，长颈，折肩，弧腹斜收，平底。内满施透明釉，外施透明釉至腹部，有脱釉、积釉现象，外有轮痕，少量土沁。灰色胎，较致密。口径 2.7、腹径 3、底径 2.1、通高 5.2 厘米（彩版 7-512）。

2. 白瓷罐

共 1 件。

18ⅠH23：2，残。敛口，圆唇，短颈，溜肩，鼓腹，假圈足。内满施透明釉，釉下施白色化妆土，外施透明釉至下腹，釉面有小开片，有脱釉现象。圈足有旋削痕迹，外足墙微敛。灰色胎，较粗糙。口径 4.2、底径 3.8、通高 5.6 厘米（彩版 7-513）。

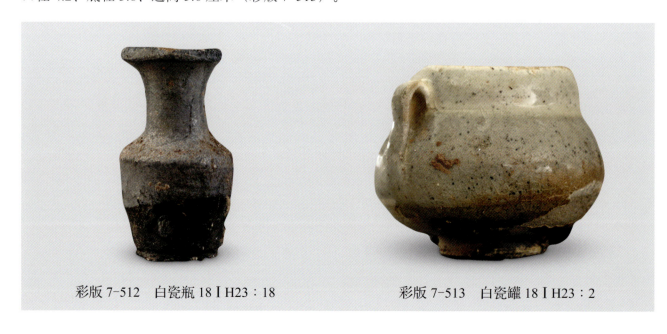

彩版 7-512 白瓷瓶 18ⅠH23：18　　　　彩版 7-513 白瓷罐 18ⅠH23：2

（二）白釉黑（褐）彩瓷

1. 白釉黑（褐）彩碗

共 11 件。

18 I H23：12，残。敞口，圆唇，弧腹，圈足，挖足过肩。内满施透明釉，有涩圈，宽 1.7 厘米，釉下满施白色化妆土，内腹饰黑彩萱草纹，外施透明釉至腹部，化妆土有小开片，内外都有少量土沁、轮痕，外有窑粘。圈足足跟旋削，足脊微斜，外足墙微外撇。灰色胎，较致密。口径 21.4、底径 6.4、通高 6 厘米（彩版 7-514）。

18 I H23：13，微残。敞口，圆唇，弧腹，圈足，挖足过肩。内满施透明釉，有涩圈，宽 1.9～2.3 厘米，釉下满施白色化妆土，内腹饰褐彩萱草纹，外施透明釉至腹部，釉下施白色化妆土，有流釉、积釉现象，釉面有小开片，内外有少量土沁，外有轮痕。圈足足跟旋削，足脊微斜，外足墙微外撇。黄色胎，较致密。口径 14.2、底径 5.4、通高 4 厘米（彩版 7-515）。

18 I H23：14，微残。敞口，圆唇，弧腹，圈足，挖足过肩。内满施透明釉，有涩圈，宽 1.1 厘米，釉下满施白色化妆土，内腹饰一端褐彩梅花纹另一端褐彩萱草纹相对应，外施透明釉至腹部，釉下施白色化妆土，有流釉、积釉现象，釉面有小开片，内外有少量土沁、窑粘，外有轮痕。圈足足跟旋削，足脊微斜，外足墙微外撇。浅黄色胎，较致密。口径 14.4、底径 5.4、通高 4.7 厘米（彩版 7-516）。

18 I H23：26，碗残片。敞口，圆唇，弧腹。

彩版 7-514　白釉黑彩碗 18 I H23：12

彩版 7-515　白釉褐彩碗 18 I H23：13

内施透明釉，外施透明釉至腹部，釉面有小开片，釉下施白色化妆土，有流土现象，内腹饰褐彩梅花纹，外有轮痕，内外有少量土沁。黄色胎，较致密。残长 16.5、残宽 9.4 厘米（图 7-133，1）。

18 I H23：30，残。敞口，圆唇，弧腹，圈足，挖足过肩。内满施透明釉，有涩圈，宽 1.6～1.9 厘米，外施透明釉至腹部，有脱釉现象，釉面有小开片，釉下施白色化妆土，外腹有疑似施釉，内腹饰褐彩萱草纹，外有少量土沁，内外有轮痕。圈足足跟旋削，足脊微斜，外足墙微外撇。黄色胎，

较致密。口径 20、底径 6.4、通高 6.3 厘米（图7-133，2）。

18ⅠH23：31，残。敞口，圆唇，弧腹，圈足，挖足过肩。内满施透明釉，有涩圈，宽 1.4～1.8 厘米，外施透明釉至腹部，有流釉、积釉现象，釉面有小开片，釉下施白色化妆土，内腹饰褐彩萱草纹，内有釉粘，内外有轮痕，少量土沁。圈足足跟旋削，足脊微斜，外足墙微外撇。黄色胎，较致密。口径 21、底径 6.5、通高 6.6 厘米（图7-133，3）。

18ⅠH23：32，碗残片。敞口，圆唇，弧腹。内施透明釉，外施透明釉至腹部，釉面有小开片，釉下施白色化妆土，内腹饰褐彩萱草纹，外有轮痕，内外有少量土沁。黄色胎，较致密。残长 11.4、残宽 7.6 厘米（图7-133，4）。

18ⅠH23：23，"清净"碗底，弧腹，圈足，挖足过肩。内满施透明釉，有涩圈，宽 1.5～1.8 厘米，釉下满施白色化妆土，腹部饰褐彩萱草纹及褐彩"清净"字，外施透明釉至上腹部，内外有轮痕，少量土沁、釉粘，外有窑粘，圈足足跟旋削，足脊微斜，外足墙微外撇。黄色胎，较致密。底径 6.8、残高 3.6 厘米（彩版 7-517）。

2. 白釉黑（褐）彩钵

共 2 件。

18ⅠH23：6，钵粘连 1 个白瓷碗，残（彩版 7-518）。

18ⅠH23：6-1，上，白釉黑彩钵。敛口，圆唇，弧腹，口沿下有一凸棱，圈足。内满施透明釉，釉下施白色化妆土，内腹饰黑彩萱草纹，外施透明釉至下腹，釉面有小开片。圈足足跟旋削，足墙外撇，足脊倾斜。灰色胎，较致密。口径 14、底径 4.6、高 4.8 厘米。

18ⅠH23：6-2，下，白瓷碗，两者呈叠压。敞口，圆唇，弧腹，圈足。内满施透明釉，有涩圈，宽 1.6 厘米，釉下施白色化妆土，外施透明釉至上腹部，外腹有其他器物残缺，外有轮痕，土沁，圈足足跟旋削，足墙外撇，足脊倾斜。灰色胎，较致密。口径 19.2、底径 6.6、高 5.8、通高 6.6 厘米。

18ⅠH23：34，残。侈口，圆唇，弧腹，平底。内满施透明釉，外施透明釉至下腹，有积釉现象，釉面有小开片，釉下施白色化妆土，内腹饰褐彩萱草纹，内外有轮痕，少量土沁。灰色胎，较致密。口径 16.4、底径 7.2、通高 7.5 厘米（图7-133，5）。

3. 白釉黑（褐）彩盆

共 2 件。

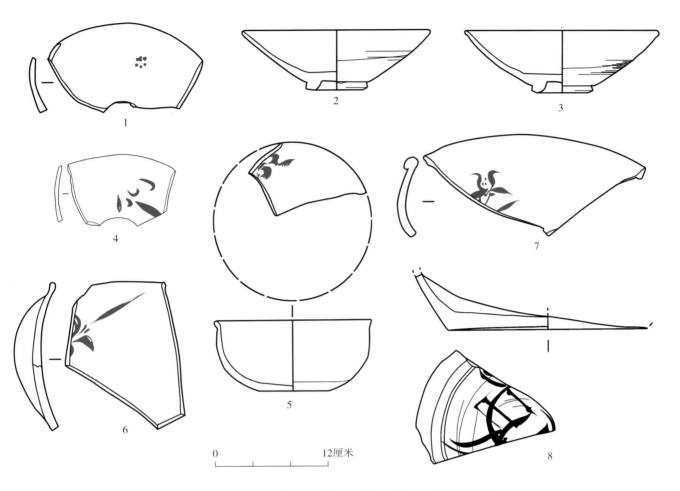

图 7-133 18 I H23 出土白釉黑（褐）彩瓷、青釉黑彩盆

1～4. 白釉黑（褐）彩碗 18 I H23：26、30～32 5. 白釉黑（褐）彩钵 18 I H23：34 6、7. 白釉黑（褐）彩盆 18 I H23：29、33 8. 青釉黑彩盆 18 I H23：36

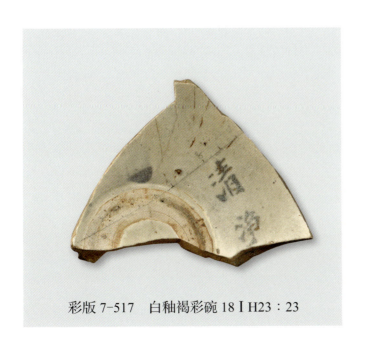

彩版 7-517 白釉褐彩碗 18 I H23：23

18 I H23：29，盆残片。侈口，圆唇，弧腹。内施透明釉，外施透明釉至下腹，有流釉、积釉现象，釉面有小开片，釉下施白色化妆土，内腹饰褐彩萱草纹，外有少量土沁，内外有轮痕。灰色胎，较致密。残长 15.6、残宽 12.6 厘米（图 7-133，6）。

18 I H23：33，盆残片。侈口，卷沿，弧腹。除口沿外内施透明釉，釉面有小开片，釉下施白色化妆土，外着护胎釉，内腹饰褐彩萱草纹，外有轮痕，少量土沁。黄色胎，较致密。残长 23.8、残宽 10.7 厘米（图 7-133，7）。

彩版 7-518　白釉黑彩钵 18ⅠH23：6

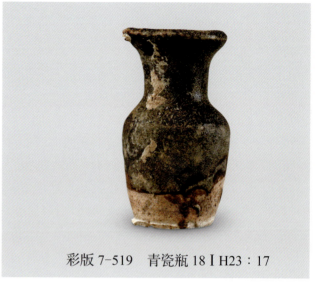

彩版 7-519　青瓷瓶 18ⅠH23：17

（三）青瓷

青瓷瓶

共 1 件。

18ⅠH23：17，微残。侈口有变形，圆唇，矮颈，溜肩，弧腹斜收，平底。内满施青釉，外施青釉至下腹，施釉不均匀，有积釉现象，底部施有白色化妆土，外有轮痕，少量土沁。浅黄色胎，较致密。口径 2.8、腹径 3、底径 2.1、通高 5.1 厘米（彩版 7-519）。

（四）青釉黑彩瓷

青釉黑彩盆

共 1 件。

18ⅠH23：36，盆底，弧腹，平底内凹。内满施青釉，有涩圈，宽 2.3～2.5 厘米，釉面有小开片，釉下施白色化妆土，外施青釉至下腹，外底黑彩"？"字，内外有轮痕，少量土沁。灰色胎，较致密。底径 21.6、通高 5.9 厘米（图 7-133，8）。

（五）素烧瓷

素烧围棋子

共 1 枚。

18ⅠH23：11，捏制。圆饼状，有窑粘。白色胎，较致密。直径 1.8、厚 0.4～0.5 厘米（彩版 7-520）。

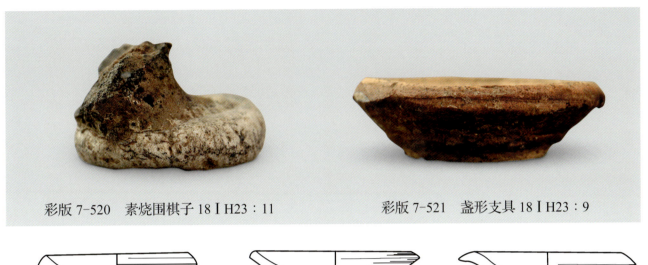

彩版 7-520　素烧围棋子 18ⅠH23：11　　　　　　　彩版 7-521　盏形支具 18ⅠH23：9

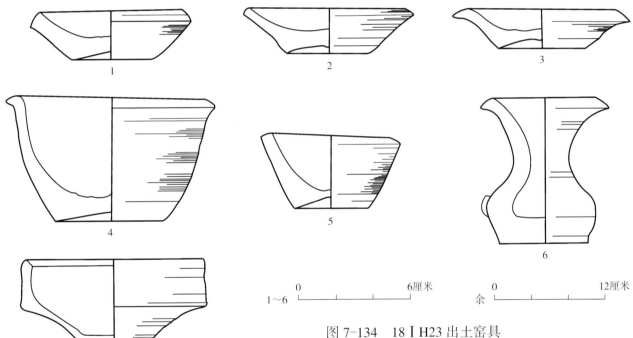

图 7-134　18ⅠH23 出土窑具

1～3. 盏形支具18ⅠH23：9、19、21　4、5. 钵形支具18ⅠH23：16、22　6. 喇叭形支具18ⅠH23：15　7. 匣钵18ⅠH23：1

（六）窑具

1. 盏形支具

共 4 件。

18ⅠH23：9，敞口，方唇，斜平沿，弧腹，平底内凹。外口沿制作不规整，外有土沁，有轮痕。黄色胎，较粗糙。口径 8.6、底径 4.4、通高 2.6 厘米（图 7-134，1；彩版 7-521）。

18ⅠH23：19，微残。敞口，方唇，斜沿，弧腹，平底内凹。内外有轮痕，内有少量土沁，外腹因拉坯不均匀导致的泥浆。浅黄色胎，较致密。口径 9.1、底径 4.3、通高 2.4 厘米（图 7-134，2；彩版 7-522）。

18ⅠH23：21，微残。敞口，方唇，斜沿，弧腹，平底内凹。内外有轮痕，少量土沁，外腹因拉坯不均匀导致的泥浆。浅黄色胎，较粗糙。口径 9.6、底径 4.8、通高 2.1 厘米（图 7-134，3；彩

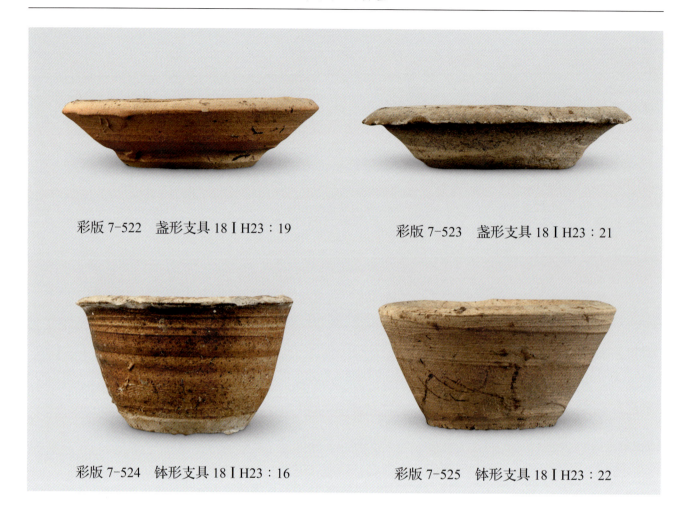

彩版 7-522　盏形支具 18ⅠH23：19

彩版 7-523　盏形支具 18ⅠH23：21

彩版 7-524　钵形支具 18ⅠH23：16

彩版 7-525　钵形支具 18ⅠH23：22

版 7-523）。

2. 钵形支具

共 2 件。

18ⅠH23：16，残。敞口，方唇，斜沿，弧腹，平底内凹。内外有轮痕，少量土沁，外腹有疑似施釉，底部有窑粘。胎体火石红，浅灰色胎，较致密。口径 11.2、底径 5.8、通高 6.7 厘米（图 7-134，4；彩版 7-524）。

18ⅠH23：22，敞口，方唇，斜沿，弧腹，平底内凹。内外有轮痕，少量土沁，外腹有疑似施釉，外底有窑粘。浅黄色胎，较致密。口径 7.4、底径 3.9、通高 4 厘米（图 7-134，5；彩版 7-525）。

3. 喇叭形支具

共 1 件。

18ⅠH23：15，微残。敞口，圆唇，斜沿，束颈，鼓腹斜收，平底。周身疑似施釉，有脱釉现象，内外有轮痕，少量土沁、窑粘。灰色胎，较粗糙。口径 7、底径 5、通高 7.7 厘米（图 7-134，6）。

4. 匣钵

共 1 件。

18ⅠH23：1，残。敛口，斜沿，长束颈，下腹内收，弧腹，平底。内外有轮痕，内有土沁，内外施黄釉，脱釉严重。灰色胎，较粗糙。口径 19、底径 7.2、通高 9 厘米（图 7-134，7）。

一四　18ⅠH25

（一）白瓷

白瓷碗

共1件。

18ⅠH25：4，残。敞口，圆唇，弧腹，圈足，底部中心微凸。内满施透明釉，外施透明釉至腹部，下腹与底部施白色化妆土，内外有窑粘，圈足有旋削痕迹，足脊微斜，外足墙外撇。浅黄色胎，较粗糙。口径10.7、底径4.4、通高4.6厘米（彩版7-526）。

（二）白釉黑（褐）彩瓷

1. 白釉黑（褐）彩碗

共2件。

18ⅠH25：8，残。敞口，圆唇，弧腹，圈足，挖足过肩，底部中心微凸。内施透明釉，有涩圈，宽1.8～2.1厘米，外施透明釉至腹部，内腹饰褐彩萱草纹，釉面有小开片，外有轮痕，圈足有旋削痕迹，足脊微斜，外足墙微外撇。浅黄色胎，较粗糙。口径21.6、底径6.6、通高6.6厘米（图7-135，1；彩版7-527）。

18ⅠH25：10，带字碗残片。敞口，圆唇，弧腹。内施透明釉，外施透明釉至腹部，釉下施白色化妆土，内腹有褐彩"公家"字。浅黄色胎，较致密。残长15.4、残宽10.6厘米（图7-135，2；彩版7-528）。

2. 白釉黑（褐）彩罐

共1件。

18ⅠH25：11，罐底，弧腹，圈足。内底饰满黑彩萱草纹，内施透明釉，釉面有小开片，有釉粘、窑粘，釉下施白色化妆土，外施透明釉，有脱釉现象，内外有轮痕，有少量土沁。圈足足跟旋削，足脊微斜，外足墙微外撇。浅灰色胎，较致密。底径15.2、残高6厘米（图7-135，3）。

彩版7-526　白瓷碗18ⅠH25：4　　　彩版7-527　白釉褐彩碗18ⅠH25：8

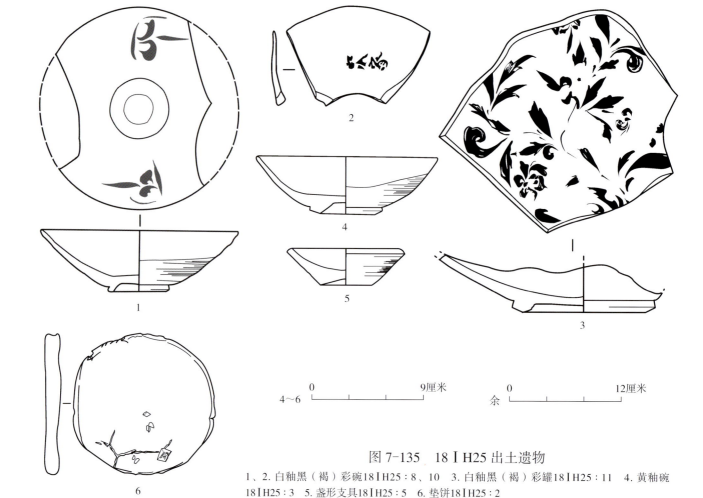

图 7-135　18ⅠH25 出土遗物

1、2. 白釉黑（褐）彩碗 18ⅠH25：8、10　3. 白釉黑（褐）彩罐 18ⅠH25：11　4. 黄釉碗
18ⅠH25：3　5. 盏形支具 18ⅠH25：5　6. 垫饼 18ⅠH25：2

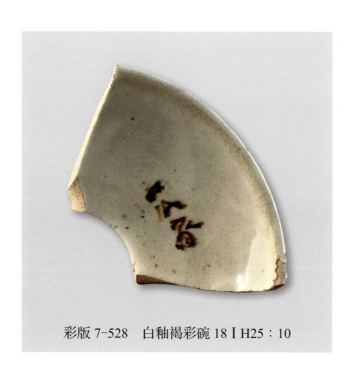

彩版 7-528　白釉褐彩碗 18ⅠH25：10

（三）黄釉瓷

黄釉碗

共 1 件。

18ⅠH25：3，微残。敞口，圆唇，弧腹，圈足，挖足过肩。内施黄釉，有涩圈，宽 1.45～1.9 厘米，外施黄釉至腹部，外有轮痕，有窑粘，圈足足跟旋削，足脊微斜，外足墙微外撇。浅黄色胎，较粗糙。口径 14.7、底径 5.8、通高 4.6 厘米（图 7-135，4；彩版 7-529）。

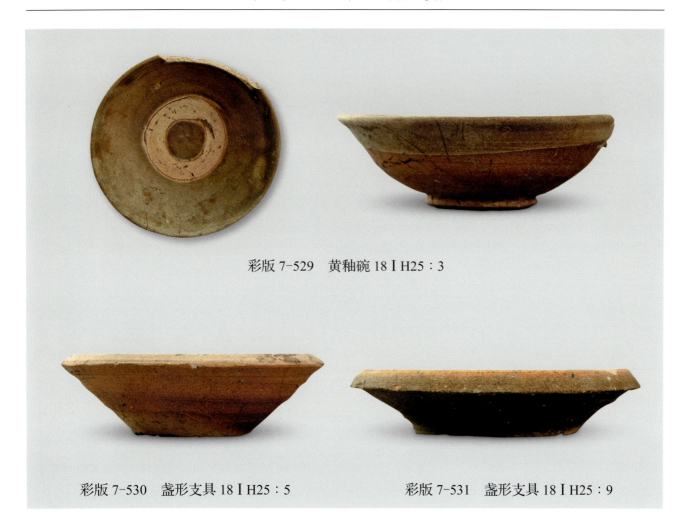

彩版 7-529　黄釉碗 18ⅠH25：3

彩版 7-530　盏形支具 18ⅠH25：5

彩版 7-531　盏形支具 18ⅠH25：9

（四）窑具

1. 盏形支具

共 3 件。

18ⅠH25：5，敞口，方唇，斜沿，弧腹，平底内凹。内外有轮痕，外底有窑粘。黄色胎，较粗糙。口径 9.6、底径 4.2、通高 2.9 厘米（图 7-135，5；彩版 7-530）。

18ⅠH25：9，微残。敞口，方唇，斜平沿，弧腹，平底内凹。外有轮痕、土沁。黄色胎，较粗糙。口径 9、底径 4.9、通高 2 厘米（彩版 7-531）。

2. 钵形支具

共 1 件。

18ⅠH25：1，微残。敞口，圆唇，卷沿，弧腹，卧足。内外有轮痕，下腹与底部施白色化妆土，底部有釉粘。浅黄色胎，较致密。口径 9.8、底径 6.2、通高 4.4 厘米（彩版 7-532）。

3. 垫饼

共 1 件。

18ⅠH25：2，微残，模制。圆饼状。平面近圆形，周身有土沁，有窑粘，局部粘有小瓷片。夹砂浅灰色胎，较粗糙。直径 11.6、厚 1.2 厘米（图 7-135，6；彩版 7-533）。

彩版 7-532　钵形支具 18ⅠH25：1　　　　彩版 7-533　垫饼 18ⅠH25：2

<h2 style="text-align:center">一五　18ⅠH28</h2>

窑具

1. 盏形支具

共 1 件。

18ⅠH28：2，残。敞口，方唇，斜沿，弧腹微斜，平底内凹。内外有轮痕，内外烧制不均匀。浅灰色胎，较粗糙。口径 8.5、底径 5、通高 2.3 厘米（彩版 7-534）。

2. 钵形支具

共 1 件。

18ⅠH28：1，残。敞口，方唇，斜沿，弧腹，平底内凹。内外有轮痕，底部有瓷片粘接痕迹。浅黄色胎，较致密。口径 9.5、底径 5.8、通高 3.6 厘米（彩版 7-535）。

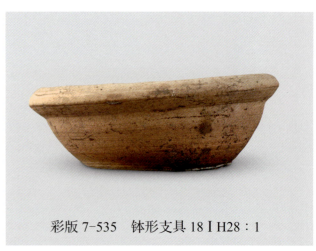

彩版 7-535　钵形支具 18ⅠH28：1

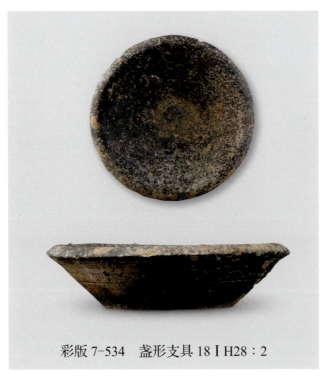

彩版 7-534　盏形支具 18ⅠH28：2

一六　18 I H29

（一）白瓷

1. 白瓷碗

共 2 件。

18 I H29：3，瓷碗带钵形支具（彩版 7-536）。

18 I H29：3-1，上，钵形支具，敞口，方唇，斜沿，弧腹。内外有轮痕，少量土沁。灰色胎，较致密。口径 11.4、底径 5.1、高 6.5 厘米。

18 I H29：3-2，下，白瓷碗，残。敞口，圆唇，弧腹，圈足。内满施透明釉，有涩圈，宽 1.2 厘米，外施透明釉至腹部，釉下施白色化妆土，有小开片，外有轮痕，内外有少量土沁，圈足足跟旋削，足脊微斜，外足墙微外撇。灰色胎，较致密。口径 19.3、底径 6.6、高 6.7、通高 8 厘米。

18 I H29：16，2 件瓷碗叠摞（彩版 7-537）。

18 I H29：16-1，上，微残。敞口，圆唇，弧腹，圈足，挖足过肩。内满施透明釉，有涩圈，宽 1～1.5 厘米，口沿有窑变，外施透明釉至上腹部，釉面有小开片，釉下施白色化妆土有小开片，内有窑粘，外有釉粘、轮痕，内外有少量土沁。圈足足跟旋削，足脊微斜，外足墙微外撇。灰色胎，较致密。口径 18.5、底径 6、高 4.9 厘米。

18 I H29：16-2，下，白瓷碗，残。敞口，圆唇，弧腹，圈足。内满施透明釉，口沿有窑变，外施透明釉至上腹部，釉面有小开片，

彩版 7-536　白瓷碗 18 I H29：3

釉下施白色化妆土，外着护胎釉，外有釉粘、轮痕，少量土沁。圈足足跟旋削，足脊微斜，外足墙微外撇。灰色胎，较致密。口径 18.4、底径 6、高 5.4、通高 6.1 厘米。

2. 白瓷盏

共 9 件。

18 I H29：15，残。敞口，圆唇，弧腹，圈足，挖足过肩。内满施透明釉，外施透明釉至下腹，

彩版 7-538　白瓷盏 18 I H29：15

有流釉、积釉现象，釉下施白色化妆土，釉面有小开片，外有窑粘、轮痕，内外有少量土沁。圈足足跟旋削，足脊微斜，外足墙微外撇。黄色胎，较致密。口径 12.3、底径 4.7、通高 3.7 厘米（图 7-136，1；彩版 7-538）。

18 I H29：20，微残。敞口，圆唇，弧腹，圈足，挖足过肩。内满施透明釉，有涩圈，宽 1.5～1.9 厘米，外施透明釉至下腹，有积釉现象，釉下施白色化妆土，釉面有小开片，外有窑粘，内外有轮痕，少量土沁。圈足足跟旋削，足脊微斜，外足墙微外撇。黄色胎，较致密。口径 11.6、底径 4.9、通高 3.1 厘米（彩版 7-539）。

18 I H29：21，微残。敞口，圆唇，弧腹，圈足，挖足过肩。内满施透明釉，有涩圈，宽 1.1～1.3 厘米，外施透明釉至中下腹，施釉不均匀，有流釉、积釉现象，釉面有小开片，釉下施白色化妆土，内外有窑粘、轮痕，少量土沁。圈足足跟旋削，足脊微斜，

彩版 7-537　白瓷碗 18 I H29：16

外足墙微外撇。黄色胎，较致密。口径 12.2、底径 5.1、通高 4 厘米（图 7-136，2；彩版 7-540）。

18 I H29：26，微残。敞口，圆唇，弧腹，圈足，挖足过肩。内满施透明釉，有涩圈，宽 1.2～1.4 厘米，施釉不均匀，外施透明釉至中下腹，釉面有小开片，釉下施白色化妆土有小开片，外底有窑粘，外有少量土沁，内外有轮痕。圈足足跟旋削，足脊微斜，外足墙微外撇。灰色胎，较致密。口径 12、底径 4.8、通高 3.35 厘米（彩版 7-541）。

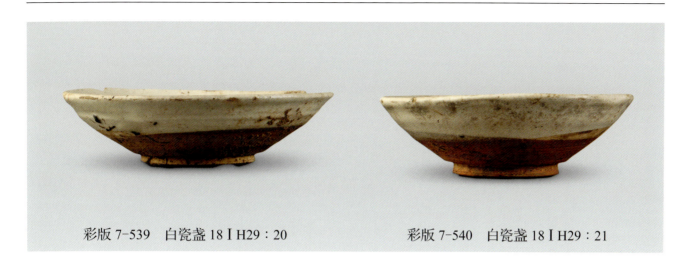

彩版 7-539　白瓷盏 18 I H29：20　　　　　　彩版 7-540　白瓷盏 18 I H29：21

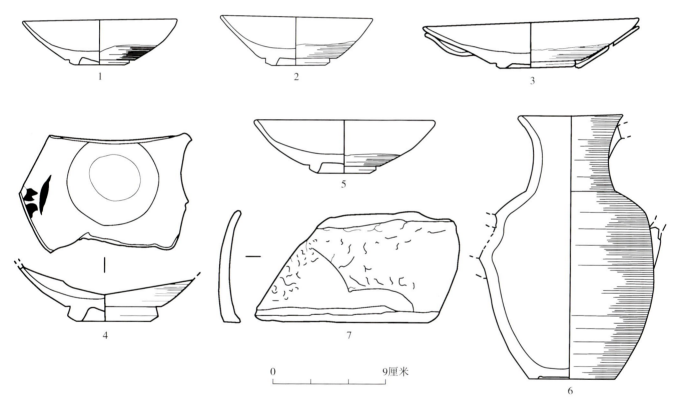

图 7-136　18 I H29 出土白瓷器

1、2. 白瓷盏18 I H29：15、21　3. 白瓷盘18 I H29：25　4. 白釉黑（褐）彩碗18 I H29：39　5. 青瓷碗18 I H29：34　6. 青瓷壶18 I H29：14　7. 素烧枕18 I H29：37

3. 白瓷盘

共 1 件。

18 I H29：25，撇口，圆唇，弧腹折收，圈足，挖足过肩。内满施透明釉，有涩圈，宽 1.3～1.5 厘米，外施透明釉至腹部，釉面有小开片，釉下施白色化妆土。口沿下有白瓷盘口沿残片，外有釉粘、窑粘、轮痕，内外有少量土沁。圈足足跟旋削，足脊微斜，外足墙微外撇。黄色胎，较致密。口径 17.55、底径 6.4、通高 3.5 厘米（图 7-136，3）。

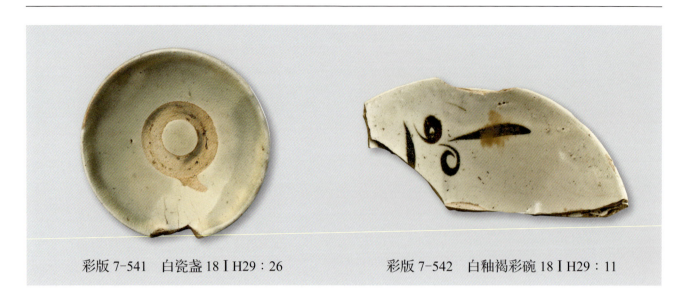

彩版 7-541　白瓷盏 18 I H29：26　　　　　　彩版 7-542　白釉褐彩碗 18 I H29：11

（二）白釉黑（褐）彩瓷

白釉黑（褐）彩碗

共 2 件。

18 I H29：39，碗底，弧腹，圈足，底部中心微凸。内满施透明釉，有涩圈，宽 1.6～2.1 厘米，内腹饰黑彩萱草纹，釉面有小开片，内外有釉粘，外有轮痕，圈足有旋削痕迹，足脊微斜，外足墙微外撇。灰色胎，较致密。底径 7.2、残高 4.3 厘米（图 7-136，4）。

18 I H29：11，2 件碗残片（彩版 7-542）。

18 I H29：11-1，右，敞口，圆唇，弧腹。内满施透明釉，有涩圈，外施透明釉至上腹部，釉面有小开片，釉下施白色化妆土，内腹饰褐彩萱草纹，外有窑粘、轮痕。浅黄色胎，较致密。残长 18.5、残宽 9.6 厘米。

18 I H29：11-2，左，敞口，圆唇，弧腹，外施透明釉至上腹部，釉面有小开片。口沿有窑粘，外有轮痕，少量土沁。浅黄色胎，较致密。残长 18.7、残宽 7.8 厘米。总残长 18.7、总残宽 9.6 厘米。

（三）青瓷

1. 青瓷碗

共 1 件。

18 I H29：34，残。敞口，圆唇，弧腹，圈足，挖足过肩。内满施青釉，有涩圈，宽 1.3～1.4 厘米，外施青釉至腹部，有流釉、积釉现象，外有窑粘，内外有轮痕，少量土沁。圈足足跟旋削，足脊微斜，外足墙微外撇。胎体火石红，灰色胎，较致密。口径 14.6、底径 5.3、通高 4.2 厘米（图 7-136，5；彩版 7-543）。

2. 青瓷壶

共 1 件。

18 I H29：14，残。侈口，圆唇，长领，溜肩，弧腹，卧足。肩部竖装对称系及一长圆形流，一长条形錾，流及錾周边施青釉，有刷釉痕迹，内外有轮痕，少量土沁。黄色胎，较致密。口径 8.4、

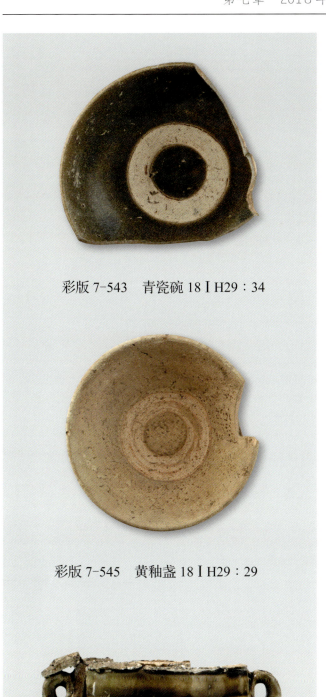

彩版 7-543　青瓷碗 18ⅠH29：34

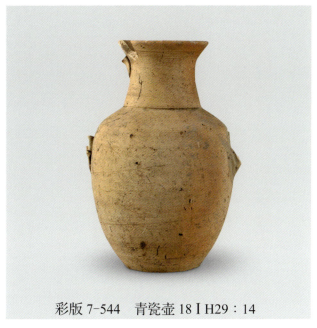

彩版 7-544　青瓷壶 18ⅠH29：14

腹径 13.6、底径 7、通高 21 厘米（图 7-136，6；彩版 7-544）。

（四）黄釉瓷

1. 黄釉盏

共 1 件。

18ⅠH29：29，微残。敞口，圆唇，弧腹，饼底内凹。内满施黄釉，有涩圈，宽 1.2～1.5 厘米，外施黄釉至腹部，有流釉、积釉现象，内外有轮痕，少量土沁。黄色胎，较致密。口径 11.2、底径 5、通高 3.6 厘米（彩版 7-545）。

彩版 7-545　黄釉盏 18ⅠH29：29

2. 黄釉罐

共 1 件。

18ⅠH29：23，残。敛口，圆唇，矮颈，颈部至上腹部竖装两条对称条形系，弧腹，圈足。除口沿外内满施黄釉，外施黄釉至中下腹，有脱釉、流釉现象，口沿有窑粘，外有釉粘、窑粘，内外有轮痕，少量土沁。圈足足跟旋削，足脊微斜，外足墙微外撇。灰色胎，较致密。口径 13.5、腹径 5.9、底径 6.6、通高 9.8 厘米（彩版 7-546）。

彩版 7-546　黄釉罐 18ⅠH29：23

（五）素烧瓷

素烧枕

共 1 件。

18 I H29：37，残，泥片贴筑，一面仅残余一条后腿，施青釉至足部中央，釉下施白色化妆土，有剥离现象，周身少量土沁。黄色胎，较致密。残长 16.3、残宽 8.8、厚 0.6～1.4 厘米（图 7-136，7）。

（六）窑具

1. 盏形支具

共 4 件。

18 I H29：18，微残。敛口，方唇，斜沿，弧腹，平底内凹。内外有轮痕，少量土沁，外底有釉粘。胎体火石红，黄色胎，较致密。口径 8、底径 4、通高 2.05 厘米（彩版 7-547）。

18 I H29：27，微残。敞口，方唇，斜平沿，弧腹，平底内凹。内外有轮痕，少量土沁。黄色胎，较致密。口径 9.1、底径 5.4、通高 2.3 厘米（彩版 7-548）。

18 I H29：30，微残。敛口，方唇，斜沿，弧腹，平底内凹。内有土沁，口沿有窑粘，外有疑似施釉，腹部一圈有窑粘，有因拉坯不均匀导致的泥浆，外底有釉粘，内外有轮痕。黄色胎，较致密。口径 8.2、底径 4.4、通高 2.6 厘米（彩版 7-549）。

2. 钵形支具

共 9 件。

18 I H29：1，残。侈口，方唇，斜平沿，直腹斜收，平底内凹。内外有轮痕，少量土沁。灰色胎，较粗糙。口径 9.7、底径 5.55、通高 6.4 厘米（彩版 7-550）。

18 I H29：8，微残。敞口，圆唇，卷沿，鼓腹微折收，平底内凹。周身有疑似施釉，有脱釉现象，底部有釉粘、窑粘，沾有白色化妆土，内外有轮痕，少量土沁。灰色胎，较致密。口径 10.5、底径 6.4、通高 6.9 厘米（彩版 7-551）。

18 I H29：10，残。敞口，方唇，斜平沿，弧腹，平底内凹。外着护胎釉，内有窑粘、土沁，外有釉粘，少量土沁，内外有轮痕，底部中心有一孔。黄色胎，较致密。口径 10.4、底径 5.9、通高

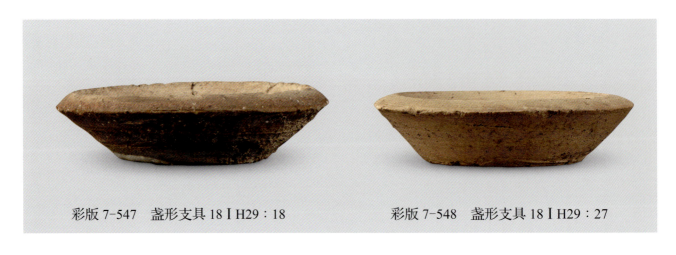

彩版 7-547　盏形支具 18 I H29：18　　　　　彩版 7-548　盏形支具 18 I H29：27

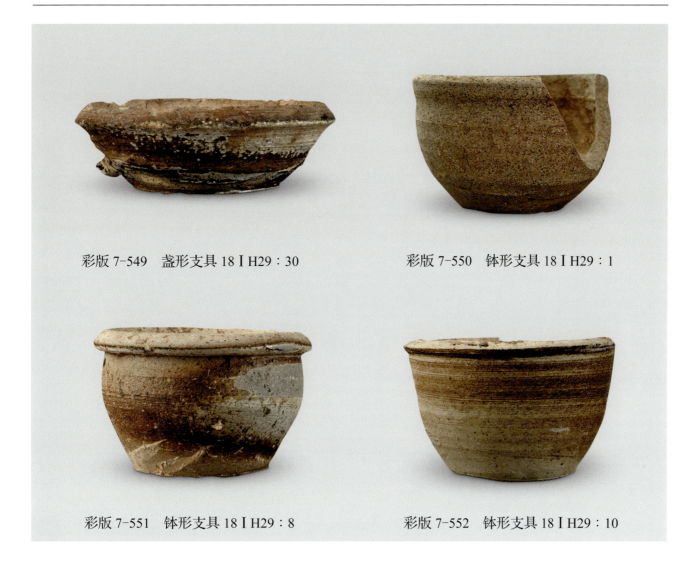

彩版 7-549　盏形支具 18ⅠH29：30　　　　彩版 7-550　钵形支具 18ⅠH29：1

彩版 7-551　钵形支具 18ⅠH29：8　　　　彩版 7-552　钵形支具 18ⅠH29：10

6.6 厘米（彩版 7-552）。

18ⅠH29：19，残。侈口，方唇，斜沿，弧腹，卧足。周身有疑似施釉，口沿有釉粘，内外有轮痕、少量土沁。灰色胎，较粗糙。口径 12.9、底径 6、通高 6.1 厘米（彩版 7-553）。

18ⅠH29：22，微残。敛口，方唇，斜平沿，弧腹，平底内凹。底部有釉粘，内外有轮痕，少量土沁。黄色胎，较致密。口径 8.8、底径 4.8、通高 3.5 厘米（彩版 7-554）。

18ⅠH29：24，残。敛口，方唇，斜沿，弧腹，平底内凹。内有釉粘，外着护胎釉，底部有釉粘、窑粘，内外有轮痕，少量土沁。灰色胎，较致密。口径 11.3、底径 6.6、通高 4.2 厘米（彩版 7-555）。

18ⅠH29：28，残。敞口，方唇，斜沿，弧腹，平底内凹。内外有疑似施釉，内外有轮痕、少量土沁，底部中心有一孔。黄色胎，较致密。口径 8.6、底径 4.6、通高 3.6 厘米（彩版 7-556）。

3. 喇叭形支具

共 6 件。

18ⅠH29：4，微残。敞口，方唇，斜沿，束腰，弧腹，平底。周身有疑似施釉，有脱釉现象，下腹有因拉坯不均匀导致的泥浆，外有釉粘、窑粘，内外有轮痕，少量土沁。黄色胎，较致密。口径 7、底径 4、通高 7.3 厘米（彩版 7-557）。

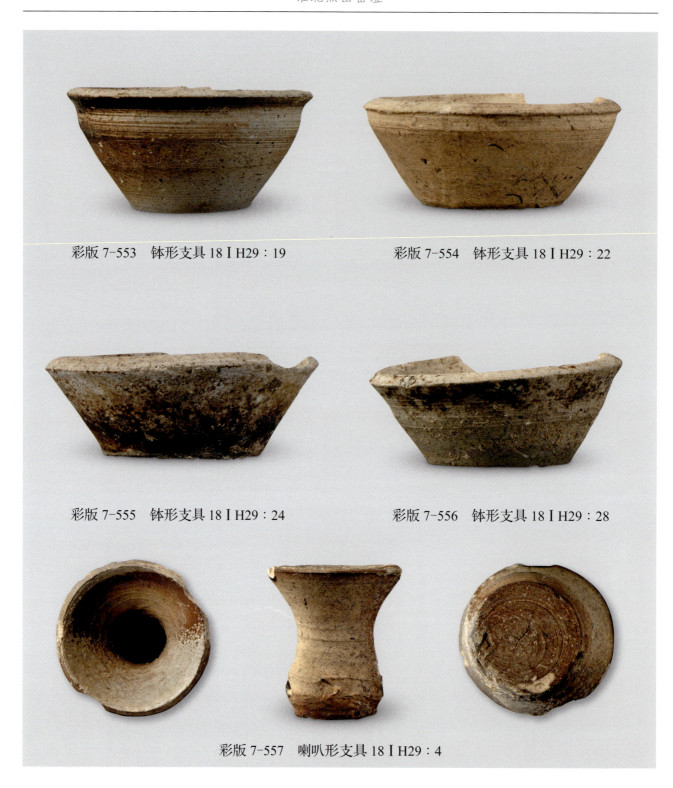

彩版 7-553　钵形支具 18ⅠH29：19　　　　　彩版 7-554　钵形支具 18ⅠH29：22

彩版 7-555　钵形支具 18ⅠH29：24　　　　　彩版 7-556　钵形支具 18ⅠH29：28

彩版 7-557　喇叭形支具 18ⅠH29：4

　　18ⅠH29：7，微残。敞口，方唇，斜沿，束腰，弧腹，平底。周身有疑似施釉，有脱釉现象，下腹有因拉坯不均匀导致的泥浆，外有釉粘、窑粘，内外有轮痕，少量土沁。黄色胎，较致密。口径 6.8、底径 4.4、通高 6.8 厘米（彩版 7-558）。

　　18ⅠH29：36，微残。侈口，方唇，斜沿，束腰，弧腹，平底。周身有疑似施釉，有脱釉现象，外有釉粘、窑粘，内外有轮痕，少量土沁。黄色胎，较致密。口径 7.3、底径 4、通高 7.6 厘米（彩版 7-559）。

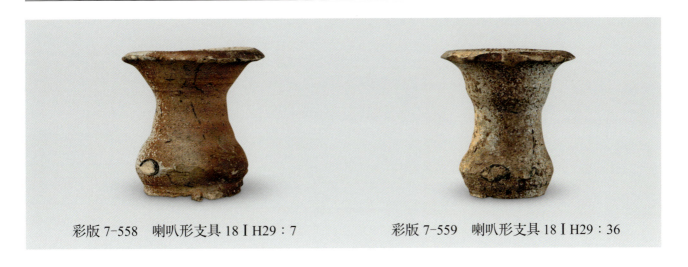

彩版 7-558　喇叭形支具 18ⅠH29：7　　　　彩版 7-559　喇叭形支具 18ⅠH29：36

一七　18ⅠH31

（一）白瓷

1. 白瓷碗

共 6 件。

18ⅠH31：7，残。敞口，圆唇，弧腹，圈足，挖足过肩。内满施透明釉，有涩圈，宽 1.3～1.7 厘米，釉下施白色化妆土，外施透明釉至上腹部，有流釉、积釉现象，外有轮痕，圈足有旋削痕迹，外足墙外撇，足脊倾斜。黄色胎，较致密。口径 12.6、底径 5.1、通高 4.5 厘米（图 7-137，1）。

18ⅠH31：46，2 件叠在一起，残（图 7-137，2）。

18ⅠH31：46-1，上，敞口，圆唇，弧腹，圈足。内满施透明釉，有涩圈，宽 1.4～1.6 厘米，釉下施白色化妆土，外施透明釉至腹部，釉面有小开片，外有土沁，有轮痕。灰色胎，较粗糙。口径 19.2、底径 6.9、高 6.3 厘米。

18ⅠH31：46-2，下，敞口，圆唇，弧腹，圈足。内满施透明釉，有涩圈，釉下施白色化妆土，外施透明釉至腹部，釉面有小开片，外有土沁，有轮痕，圈足有旋削痕迹，外足墙外撇，足脊倾斜。灰色胎，较粗糙。口径 18.5、底径 6.3、高 6.9、通高 7.4 厘米。

18ⅠH31：64，敞口，圆唇，弧腹，圈足。内满施透明釉，有涩圈，宽 1.3～1.5 厘米，釉下施白色化妆土，外施透明釉至上腹部，有流釉现象，内外有轮痕，圈足有旋削痕迹，外足墙外撇，足脊倾斜。黄色胎，较粗糙。口径 19.9、底径 6.2、通高 6.4 厘米（彩版 7-560）。

2. 白瓷盏

共 11 件。

18ⅠH31：9，残。敞口，圆唇，弧腹，圈足，挖足过肩。内满施透明釉，有涩圈，宽 1.3～1.6 厘米，釉下施白色化妆土，外施透明釉至腰部，有流釉、积釉现象，外有轮痕，圈足有旋削痕迹，外足墙外撇，足脊倾斜。黄色胎，较致密。口径 12.2、底径 5、通高 3.7 厘米（图 7-137，3）。

18ⅠH31：20，残。敞口，圆唇，弧腹，圈足，挖足过肩。内满施透明釉，有涩圈，宽 1.4～1.8 厘米，釉下施白色化妆土，外施透明釉至下腹，釉面有小开片，外有轮痕，圈足有旋削痕迹，外足墙外撇，足脊倾斜。黄色胎，较粗糙。口径 11.4、底径 5.4、通高 4 厘米（图 7-137，4）。

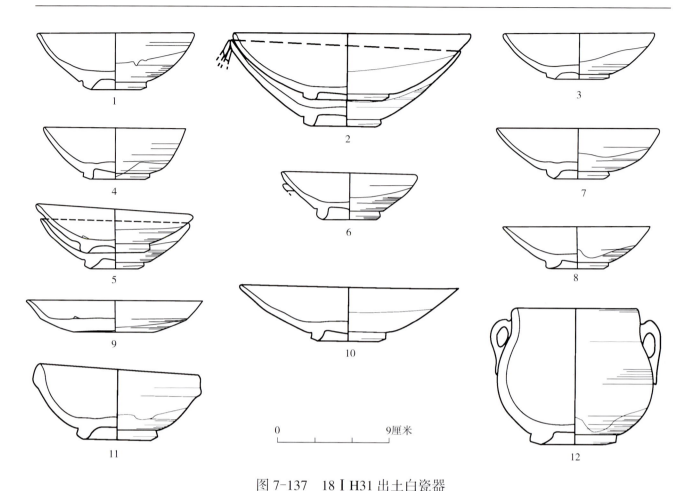

图 7-137　18ⅠH31 出土白瓷器

1、2. 白瓷碗18ⅠH31：7、46　3~8. 白瓷盏18ⅠH31：9、20、34、42、51、61　9、10. 白瓷盘18ⅠH31：11、27　11. 白瓷钵18ⅠH31：33
12. 白瓷罐18ⅠH31：55

彩版 7-560　白瓷碗 18ⅠH31：64

18ⅠH31：34，2件叠压，残（图 7-137，5）。

18ⅠH31：34-1，上，敞口，圆唇，弧腹，圈足。内满施透明釉，有涩圈，宽 1.4 ~ 1.6 厘米，釉下施白色化妆土，外施透明釉至上腹部，釉面有小开片。黄色胎，较致密。口径 12.6、底径 5.6、高 4.1 厘米。

18ⅠH31：34-2，下，敞口，圆唇，弧腹，圈足。内满施透明釉，有涩圈，釉下施白色化妆土，外施透明釉至上腹部，釉面有小开片，外有土沁。圈足有旋削痕迹，外足墙外撇，足脊倾斜。黄色胎，较致密。口径 12、底径 4.8、高 4、通高 5.1 厘米。

18ⅠH31：42，残。敞口，圆唇，弧腹，圈足。

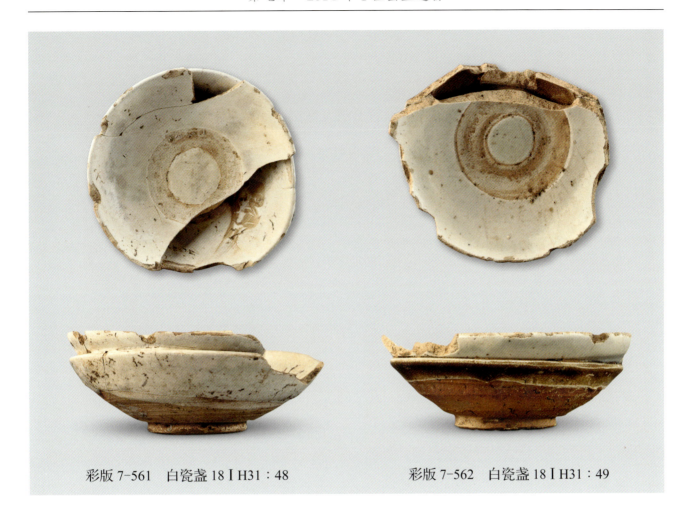

彩版 7-561　白瓷盏 18 I H31：48　　　　　　彩版 7-562　白瓷盏 18 I H31：49

内满施透明釉，有涩圈，宽 1.2 ～ 1.6 厘米，釉下施白色化妆土，外施透明釉至上腹部，外腹粘有其他器物残留口沿，釉面有小开片，外有轮痕，圈足有旋削痕迹，外足墙外撇，足脊倾斜。浅黄色胎，较致密。口径 11、底径 5.1、通高 3.8 厘米（图 7-137，6）。

18 I H31：48，2 件相叠，残（彩版 7-561）。

18 I H31：48-1，上，敞口，圆唇，弧腹，圈足。内满施透明釉，有涩圈，宽 1.1 ～ 1.4 厘米，釉下施白色化妆土，外施透明釉至上腹部，有流釉、积釉现象，外有轮痕。黄色胎，较粗糙。口径 12.4、底径 4.8、高 3.2 厘米。

18 I H31：48-2，下，敞口，圆唇，弧腹，圈足。内满施透明釉，有涩圈，釉下施白色化妆土，外施透明釉至上腹部，有流釉、积釉现象，外有轮痕，圈足有旋削痕迹，外足墙外撇，足脊倾斜。黄色胎，较粗糙。口径 12.8、底径 5.2、高 4.4、通高 5.3 厘米。

18 I H31：49，白瓷盏带青瓷盏，残，2 件相叠（彩版 7-562）。

18 I H31：49-1，上盏，内满施透明釉，有涩圈，宽 1.6 ～ 2 厘米，釉下施白色化妆土，外施透明釉至腹部，釉面有小开片。敞口，圆唇，弧腹，圈足。外有轮痕，圈足有旋削痕迹，外足墙外撇，足脊倾斜。黄色胎，较致密。口径 12、底径 4.4、高 3.2 厘米。

18 I H31：49-2，下盏，内满施透明釉，外施透明釉至上腹部，有流釉现象，釉面有小开片。敞口，圆唇，弧腹，圈足。外有轮痕，圈足有旋削痕迹，足墙外撇，足脊倾斜。黄色胎，较致

彩版 7-564　白瓷盘 18ⅠH31：27

密。口径 10.8、底径 4.8、高 3.3、通高 4.4
厘米。

18ⅠH31：51，敞口，圆唇，弧腹，圈足。
内满施透明釉，有涩圈，宽 1.6 ～ 1.8 厘米，
釉下施白色化妆土，外施透明釉至上腹部，
外有轮痕，圈足有旋削痕迹，外足墙外撇，
足脊倾斜。黄色胎，较粗糙。口径 13.2、底
径 5、通高 4 厘米（图 7-137，7）。

18ⅠH31：61，微残。敞口，圆唇，弧腹，
圈足。内满施透明釉，有涩圈，宽 0.8 ～ 1.2
厘米，釉下施白色化妆土，外施透明釉至上
腹部，釉上有小开片，内外有流釉、积釉现象，
外有轮痕，圈足有旋削痕迹，外足墙外撇，
足脊倾斜。黄色胎，较粗糙。口径 12、底径 5、
通高 3.4 厘米（图 7-137，8）。

3. 白瓷盘
共 2 件。

18ⅠH31：11，残。敞口，圆唇，弧腹，
腹部内收，平底内凹。内满施透明釉，釉下
施白色化妆土，外施透明釉至下腹，内外底
有疑似三叉支托痕迹，外有轮痕。灰色胎，
较粗糙。口径 14.2、底径 6.4、通高 2.6 厘米（图

彩版 7-563　白瓷盘 18ⅠH31：11

7-137，9；彩版 7-563）。

18ⅠH31：27，残。敞口，圆唇，弧腹，圈足。内满施透明釉，有涩圈，宽 1.3 ～ 1.9 厘米，釉
下施白色化妆土，外施透明釉至腹部，釉上有小开片，有流釉、积釉现象。圈足有旋削痕迹，外足
墙外撇，足脊倾斜，外底微凸。黄色胎，较粗糙。口径 17.6、底径 6、通高 4.4 厘米（图 7-137，
10；彩版 7-564）。

4. 白瓷钵

共 1 件。

18 I H31：33，残。敞口，圆唇，弧腹，口沿下有一凸棱，宽圈足。内满施透明釉，釉下施白色化妆土，外施透明釉至腹部，釉上有小开片，外有轮痕，圈足有旋削痕迹，足墙外撇，足脊倾斜。黄色胎，较粗糙。口径 13.6、底径 6.4、通高 6 厘米（图 7-137，11）。

5. 白瓷罐

共 2 件。

18 I H31：55，残。敞口，圆唇，短颈，颈部与腹部有一对竖条状对称系，溜肩，鼓腹，圈足。内施透明釉，外施透明釉至下腹，口沿有土沁，有流釉现象，釉面有小开片。圈足有旋削痕迹，外足墙外撇，足脊倾斜，外底有旋削痕迹，外腹有轮痕。灰色胎，较粗糙。口径 10.2、底径 6.9、腹径 12.5、通高 10.8 厘米（图 7-137，12）。

（二）白釉黑（褐）彩瓷

1. 白釉黑（褐）彩碗

共 6 件。

18 I H31：17，残。敞口，圆唇，弧腹，圈足，挖足过肩。内满施透明釉，有涩圈，宽 1.3～1.5 厘米，内腹饰褐彩萱草纹，釉下施白色化妆土，外施透明釉至下腹，有积釉现象，釉面有小开片，外有轮痕，圈足有旋削痕迹，外足墙外撇，足脊倾斜。黄色胎，较粗糙。口径 14.1、底径 5.6、通高 4.9 厘米（图 7-138，1）。

18 I H31：23，残。敞口，圆唇，弧腹，圈足。内满施透明釉，有涩圈，宽 1.2 厘米，内腹饰黑

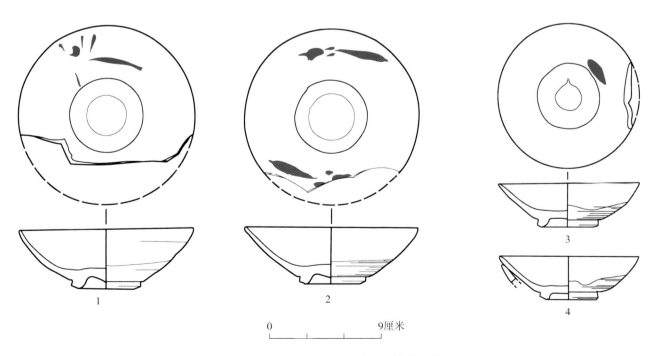

0　　　　　　　9厘米

图 7-138　18 I H31 出土白釉黑（褐）彩瓷

1、2. 白釉黑（褐）彩碗 18 I H31：17、23　　3、4. 白釉黑（褐）彩盏 18 I H31：53、67

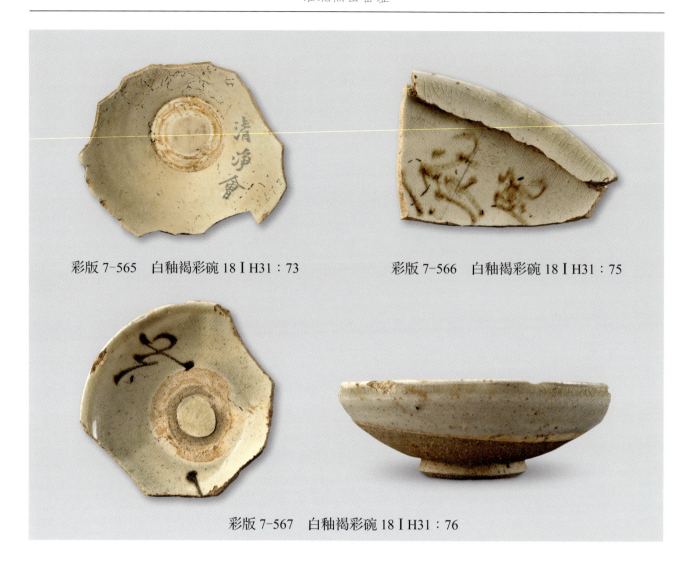

彩版 7-565　白釉褐彩碗 18ⅠH31：73　　　　　　彩版 7-566　白釉褐彩碗 18ⅠH31：75

彩版 7-567　白釉褐彩碗 18ⅠH31：76

彩萱草纹，釉下施白色化妆土，外施透明釉至下腹，釉上有小开片，外有釉粘，有轮痕，圈足有旋削痕迹，足墙外撇，足脊倾斜。黄色胎，较致密。口径 14、底径 5.4、通高 4.6 厘米（图 7-138，2）。

18ⅠH31：73，带字碗"清净會"，残。敞口，圆唇，弧腹，圈足。内满施透明釉，有涩圈，宽 1.8 ～ 2 厘米，釉下施白色化妆土，内腹饰褐彩"清净會"字，外施透明釉至上腹部，外有轮痕，外腹粘有其他器物口沿残片。圈足有旋削痕迹，足墙外撇，足脊倾斜。黄色胎，较粗糙。口径 20.2、底径 6.6、通高 6.6 厘米（彩版 7-565）。

18ⅠH31：75，"夙院"瓷碗残片。敞口，圆唇，弧腹。口沿有其他器物口沿残片，内施透明釉，釉下施白色化妆土，内腹饰褐彩"夙院"字，外施透明釉，釉面有小开片。黄色胎，较粗糙。残长 10.5、残宽 7.4 厘米（彩版 7-566）。

18ⅠH31：76，带字碗，残。敞口，圆唇，弧腹，圈足。内满施透明釉，有涩圈，宽 0.9 ～ 1.9 厘米，釉下施白色化妆土，内腹饰褐彩"？"字，外施透明釉至腹部，外腹有轮痕。圈足有旋削痕迹，外足墙外撇，足脊倾斜。黄色胎，较粗糙。口径 14.8、底径 5.4、通高 4.6 厘米（彩版 7-567）。

18ⅠH31：77，带字碗残片。敞口，圆唇，弧腹。内腹满施透明釉，釉下饰褐彩"？"字，外上腹部施透明釉，内有土沁，外有窑粘和轮痕。浅黄色胎，较致密。残长 9.8、残宽 7.6 厘米（彩版 7-568）。

彩版 7-568　白釉褐彩碗 18 I H31∶77　　　　　彩版 7-569　白釉黑彩盘 18 I H31∶74

2. 白釉黑（褐）彩盏

共 2 件。

18 I H31∶53，残。敞口，圆唇，弧腹，圈足。内满施透明釉，有涩圈，宽 1.4 厘米，釉下施白色化妆土，内腹饰褐彩萱草纹，外施透明釉至上腹部，釉面有小开片，外有轮痕，圈足有旋削痕迹，外足墙外撇，足脊倾斜。黄色胎，较粗糙。口径 11.6、底径 4.9、通高 3.4 厘米（图 7-138，3）。

18 I H31∶67，残。敞口，圆唇，弧腹，圈足。内满施透明釉，有涩圈，宽 1.3～1.8 厘米，釉下施白色化妆土，内腹饰褐彩萱草纹，外施透明釉至腹部，有流釉、积釉现象，外腹粘有其他器物口沿残片，釉面有小开片。圈足有旋削痕迹，外足墙外撇，足脊倾斜，外腹有轮痕。黄色胎，较粗糙。口径 11.1、底径 4.7、通高 3.4 厘米（图 7-138，4）。

3. 白釉黑彩盘

共 1 件。

18 I H31∶74，"會"字瓷盘残片，残。敞口，圆唇，腹部折收。内施透明釉，釉下施白色化妆土，内腹有黑彩"會"字，外施透明釉至上腹部，外有轮痕。灰色胎，较致密。残长 8.6、残宽 5.1 厘米（彩版 7-569）。

（三）青瓷

1. 青瓷碗

共 3 件。

18 I H31∶45，残。敞口，圆唇，弧腹，圈足。内满施青釉，有涩圈，宽 1.9 厘米，口沿上有一处疑似粘有其他瓷器口沿，外施青釉至上腹部，外下腹粘有瓷泥，外上腹部粘有 4 个其他瓷碗口沿残片，外有轮痕，圈足有旋削痕迹，足墙外撇，足脊倾斜。黄色胎，较粗糙。口径 15.8、底径 5.7、通高 5.8 厘米（彩版 7-570）。

2. 青瓷盏

共 3 件。

18 I H31∶50，残。敞口，圆唇，弧腹，圈足。内满施青釉，有涩圈微凹，宽 1～1.2 厘米，外施青釉至上腹部，有流釉现象，外有轮痕，圈足有旋削痕迹，外足墙外撇，足脊倾斜。黄色胎，较粗糙。口径 11.4、底径 5.1、通高 3.4 厘米（图 7-139，1）。

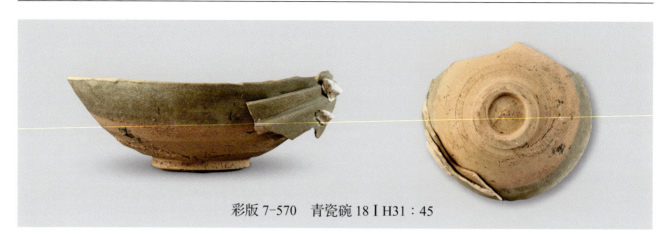

彩版 7-570　青瓷碗 18ⅠH31：45

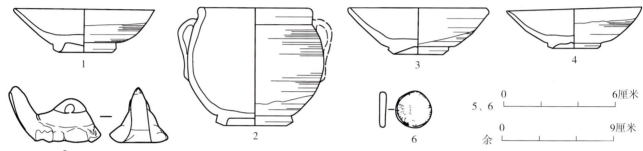

图 7-139　18ⅠH31 出土瓷器

1. 青瓷盏18ⅠH31：50　2. 青瓷罐18ⅠH31：29　3、4. 黄釉盏18ⅠH31：41、70　5. 酱釉瓷塑18ⅠH31：2　6. 素烧围棋子18ⅠH31：40

3. 青瓷罐

共 1 件。

18ⅠH31：29，残。敞口，圆唇，短颈，溜肩，双耳系，鼓腹，圈足。内满施青釉，外施青釉至下腹，有积釉，釉面有开片，外腹有一个疑似指纹痕，内外有轮痕。圈足有旋削痕迹，足脊倾斜，外足墙外撇。灰色胎，较粗糙。口径 9.2、腹径 11.1、底径 6.3、通高 9.4 厘米（图 7-139，2）。

（四）黄釉瓷

黄釉盏

共 3 件。

18ⅠH31：41，残。敞口，圆唇，弧腹，圈足。内满施黄釉，有涩圈，宽 0.9～1.2 厘米，外施黄釉至下腹，有流釉现象，有窑粘，釉面有小开片，外有窑粘，有土沁、轮痕。圈足有旋削痕迹，外足墙外撇，足脊倾斜。黄色胎，较粗糙。口径 11.2、底径 4.8、通高 3.7 厘米（图 7-139，3）。

18ⅠH31：68，微残。敞口，圆唇，弧腹，圈足。内满施黄釉，有涩圈，宽 1.8～2.5 厘米，外施黄釉至上腹部，釉面有小开片，外有轮痕。圈足有旋削痕迹，外足墙外撇，足脊倾斜。黄色胎，较致密。口径 11.8、底径 5.1、通高 3.3 厘米（彩版 7-571）。

18ⅠH31：70，残。敞口，圆唇，弧腹，圈足。内满施黄釉，有涩圈，宽 1.2～1.6 厘米，有积釉现象，外施黄釉至上腹部，内外有轮痕，圈足有旋削痕迹，外足墙外撇，足脊倾斜。砖红色胎，较致密。口径 10.8、底径 4.2、通高 3.3 厘米（图 7-139，4；彩版 7-572）。

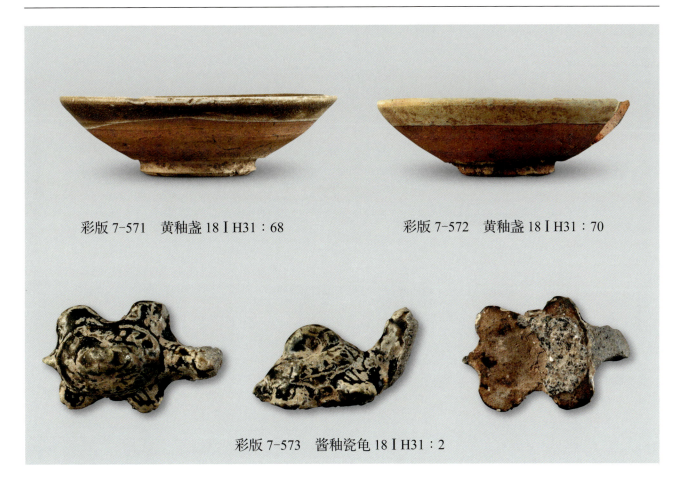

彩版 7-571　黄釉盏 18 I H31：68　　　　　彩版 7-572　黄釉盏 18 I H31：70

彩版 7-573　酱釉瓷龟 18 I H31：2

（五）酱釉瓷

酱釉瓷塑

共 1 件。

18 I H31：2，瓷龟，模制。趴姿。头部仰起，向右微撇，四肢平趴，背部有捉手，腹部内凹，有捏制痕迹，左眼及脖颈部位釉脱落，底部前足有窑粘，除底部满施酱釉。灰色胎，较致密。长 5、宽 3.1、高 2.9 厘米（图 7-139，5；彩版 7-573）。

（六）素烧瓷

素烧围棋子

共 1 枚。

18 I H31：40，模制。圆饼状。侧面有黑色痕迹。黄色胎，较致密。直径 1.9、厚 0.4 厘米（图 7-139，6）。

（七）窑具

1. 盏形支具

共 15 件。

18 I H31：5，残。敞口，方唇，斜平沿，弧腹，平底内凹。外有轮痕，内有土沁。黄色胎，较粗糙。

彩版 7-574　盏形支具 18ⅠH31：5　　　　彩版 7-575　盏形支具 18ⅠH31：8

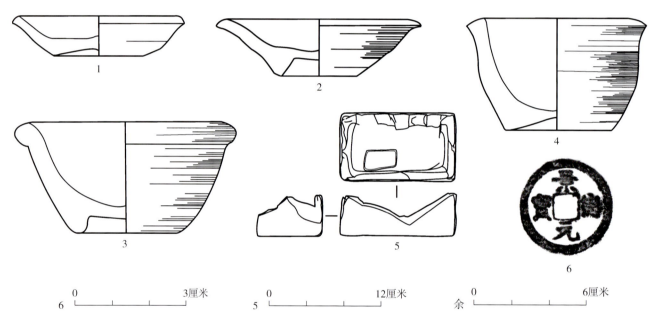

图 7-140　18ⅠH31 出土窑具
1、2.盏形支具 18ⅠH31：8、26　3、4.钵形支具 18ⅠH31：56、57　5.陶工具 18ⅠH31：4　6.铜钱 18ⅠH31：66

口径 8.9、底径 5.2、通高 3.2 厘米（彩版 7-574）。

　　18ⅠH31：8，残。敞口，方唇，斜沿，弧腹，平底内凹。内外有轮痕，内有土沁与少量黑色窑粘，外腹两处疑似捏痕。灰色胎，较粗糙。口径 9.2、底径 4.8、通高 2.1 厘米（图 7-140，1；彩版 7-575）。

　　18ⅠH31：12，残。敞口，方唇，斜沿，平底内凹。内外有轮痕，外有土沁，有釉粘。黄色胎，较粗糙。口径 9、底径 4.7、通高 2.2 厘米（彩版 7-576）。

　　18ⅠH31：15，残。敞口，方唇，斜平沿，弧腹，平底内凹。内外有轮痕。夹砂灰色胎，较粗糙。口径 8.9、底径 4.4、通高 2.25 厘米（彩版 7-577）。

　　18ⅠH31：19，残。敞口，方唇，斜平沿，平底内凹。外有轮痕，外底有釉粘。灰色胎，较粗糙。口径 8.7、底径 4.5、通高 2.1 厘米（彩版 7-578）。

　　18ⅠH31：26，残。敞口，方唇，弧腹，卧足。内外有轮痕，外底有釉粘。黄色胎，较致密。口径 11、底径 4.4、通高 3 厘米（图 7-140，2；彩版 7-579）。

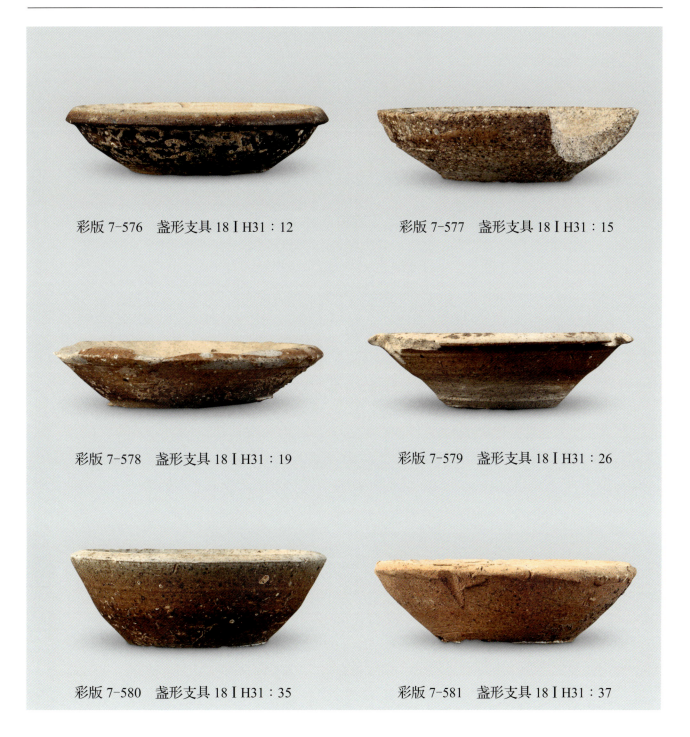

彩版 7-576　盏形支具 18ⅠH31：12　　　　彩版 7-577　盏形支具 18ⅠH31：15

彩版 7-578　盏形支具 18ⅠH31：19　　　　彩版 7-579　盏形支具 18ⅠH31：26

彩版 7-580　盏形支具 18ⅠH31：35　　　　彩版 7-581　盏形支具 18ⅠH31：37

　　18ⅠH31：35，残。敛口，方唇，斜平沿，弧腹，平底内凹。内外有轮痕，外底有釉粘。灰色胎，较粗糙。口径9、底径4.8、通高3.2厘米（彩版 7-580）。

　　18ⅠH31：37，微残。敞口，方唇，斜沿，弧腹，平底内凹。内外有轮痕，外底有釉粘。黄色胎，较粗糙。口径9.2、底径4.6、通高3厘米（彩版 7-581）。

　　18ⅠH31：38，残。敞口，方唇，斜沿，弧腹，外下腹微折收，平底内凹。内外有轮痕，下腹有微凹疑似刻划痕，五处无规律排列，外有釉粘。灰色胎，较粗糙。口径8.2、底径4.1、通高2.5厘米（彩版 7-582）。

18 I H31：43，残。敞口，方唇，斜平沿，弧腹，平底内凹。内外有轮痕，外腹局部施白色化妆土，口沿有釉粘，有脱釉现象。灰色胎，较粗糙。口径9、底径4.5、通高2.8厘米（彩版7-583）。

2. 钵形支具

共12件。

18 I H31：6，残。敞口，方唇，斜沿，弧腹，平底内凹。外有轮痕，内腹有龟裂状黑色窑粘，口沿上有少量流釉现象。黄色胎，较致密。口径10.9、底径5.6、通高5.2厘米（彩版7-584）。

18 I H31：56，微残。敞口，卷沿，弧腹，卧足。内外有轮痕，外底有釉粘。黄色胎，较粗糙。口径12、底径5.6、通高5.8厘米（图7-140，3；彩版7-585）。

18 I H31：57，残。敞口，方唇，斜沿，弧腹，外下腹微折收，平底内凹。底部有孔洞残缺，内有窑粘，外有轮痕。黄色胎，较粗糙。口径9.6、底径5.7、通高5.9厘米（图7-140，4）。

3. 喇叭形支具

共4件。

18 I H31：21，残。敞口，方唇，斜平沿，短颈，鼓腹，平底。内外有轮痕，外底有线切割痕。周身有疑似施釉，有脱釉现象。灰色胎，较粗糙。口径6.75、底径4、通高6.5厘米（彩版7-586）。

18 I H31：36，残。敞口，圆唇，斜沿，短颈，溜肩，腹部折收，平底。口沿部制作不规整，底部有少量窑粘。周身有疑似施釉，有脱釉现象。灰色胎，较粗糙。口径8.2、底径4、通高5.9厘米（彩版7-587）。

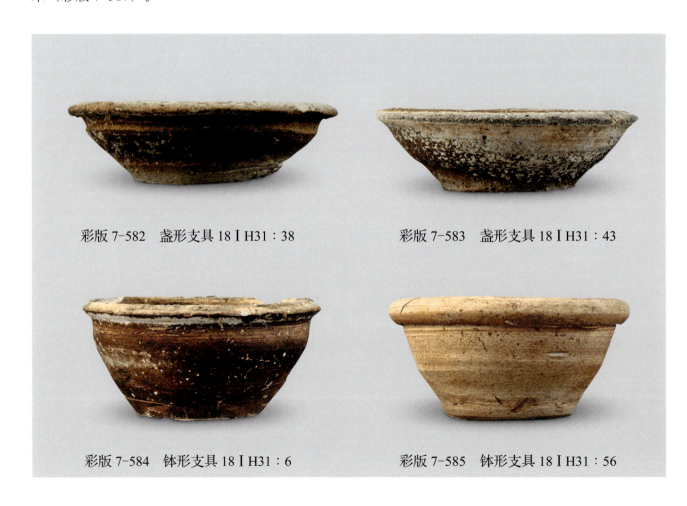

彩版 7-582　盏形支具 18 I H31：38　　　　　彩版 7-583　盏形支具 18 I H31：43

彩版 7-584　钵形支具 18 I H31：6　　　　　彩版 7-585　钵形支具 18 I H31：56

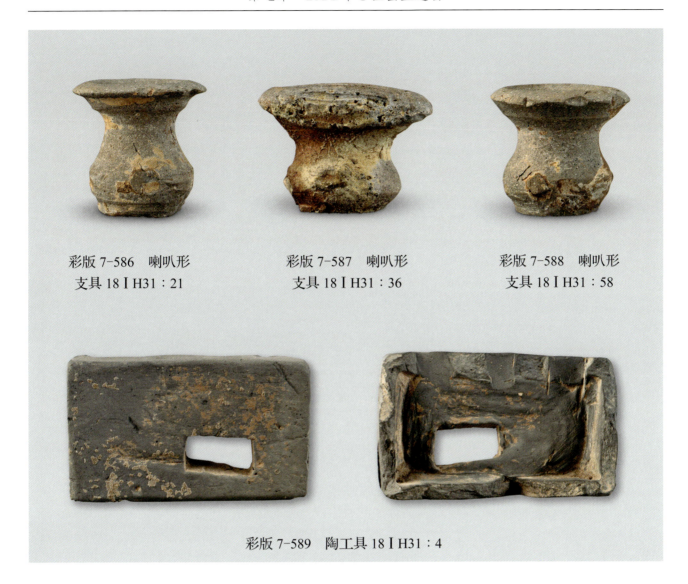

彩版 7-586　喇叭形　　　　　彩版 7-587　喇叭形　　　　　彩版 7-588　喇叭形
支具 18 I H31：21　　　　　　支具 18 I H31：36　　　　　　支具 18 I H31：58

彩版 7-589　陶工具 18 I H31：4

18 I H31：58，残。敞口，方唇，斜平沿，短颈，溜肩，鼓腹，平底。内底有乳突，外口沿下有一微凸轮痕，底部有线切割痕，周身有疑似施釉，有脱釉现象，外腹有两处窑粘。灰色胎，较粗糙。口径 6.2、底径 3.6、通高 5.4 厘米（彩版 7-588）。

4. 陶工具

共 1 件。

18 I H31：4，残，残余部分呈长方形，内有长方形孔，长 3.5、宽 1.8 厘米，侧面有三个小孔洞，孔洞底径均为 1.5 厘米。灰色胎，较致密。长 12.4、宽 7、通高 4.6 厘米（图 7-140，5；彩版 7-589）。

（八）铜器

铜钱

共 1 件。

18 I H31：66，景德元宝，1 枚，楷书。重 3.3 克，直径 2.55、孔径 0.7、厚 0.1 厘米（图 7-140，6）。

一八　18 I H32

（一）黄釉瓷

黄釉球

共 1 件。

18 I H32：8，捏制。圆球状。周身施黄釉，有釉粘、窑粘。灰色胎，较致密。直径 2.1 厘米（彩版 7-590）。

彩版 7-590　黄釉球 18 I H32：8

（二）绿釉瓷

绿釉碗

共 1 件。

18 I H32：9，残。敞口，圆唇，弧腹，圈足，挖足过肩。内满施绿釉，有涩圈，宽 1.3～1.6 厘米，外施绿釉至上腹部，外腹粘有其他器物口沿。圈足有旋削痕迹，外足墙外撇，足脊倾斜，涩圈微凹，外底微凸。黄色胎，较粗糙。口径 14、底径 4.8、通高 4.3 厘米（图 7-141，1；彩版 7-591）。

（三）窑具

1. 盏形支具

共 2 件。

18 I H32：4，敞口，方唇，斜平沿，弧腹，平底内凹。内外有轮痕，外腹有 3 道划痕，外有土沁。黄色胎，较粗糙。口径 9.2、底径 4.7、通高 3.2 厘米（图 7-141，2）。

18 I H32：5，微残。敞口，圆唇，弧腹，下腹折收，平底内凹。外有轮痕，有土沁，外底有釉粘。

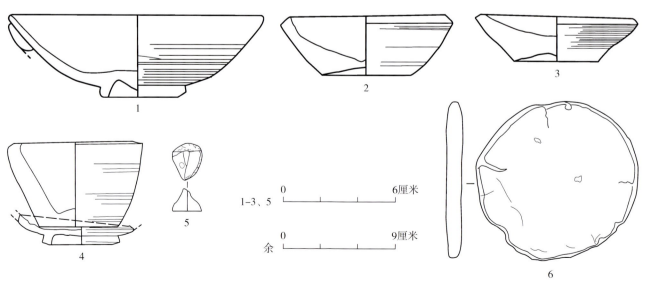

图 7-141　18 I H32 出土遗物

1.绿釉碗18 I H32：9　2、3.盏形支具18 I H32：4、5　4.钵形支具18 I H32：1　5.支钉18 I H32：7　6.垫饼18 I H32：6

黄色胎，较粗糙。口径 8.7、底径 4.5、通高 2.5 厘米（图 7-141，3）。

2. 钵形支具

共 1 件。

18 I H32：1，上下叠摞，上整，下残（图 7-141，4）。

18 I H32：1-1，上，为钵形支具。敛口，平唇，弧腹。内底凸起，内外有轮痕。夹砂灰色胎，较粗糙。口径 11、底径 6.4、高 6.8 厘米。

18 I H32：1-2，下，疑似残缺瓷碗底，弧腹，圈足。内有涩圈，内施透明釉，釉下施白色化妆土，外有轮痕。圈足有旋削痕迹，外足墙外撇，足脊倾斜。黄色胎，较粗糙。底径 6.4、残高 2.4、通高 8.2 厘米。

3. 支钉

共 1 件。

18 I H32：7，捏制。支钉上有捏痕，底部平整，有轮痕，侧面有釉粘。白色胎，较致密。直径 1.6、通高 1.2 厘米（图 7-141，5；彩版 7-592）。

4. 垫饼

共 3 件。

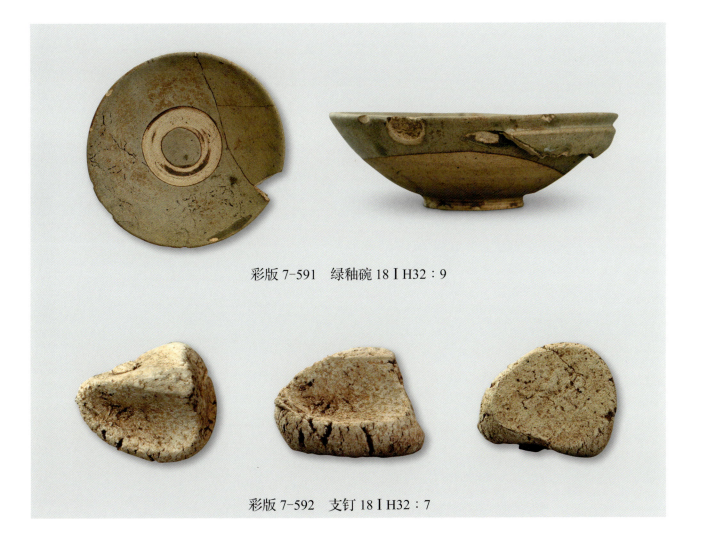

彩版 7-591　绿釉碗 18 I H32：9

彩版 7-592　支钉 18 I H32：7

18Ⅰ H32：6，模制。圆饼状。两面均有白色石子颗粒。夹砂黄色胎，较粗糙。直径12.9、厚1.3厘米（图7-141，6）。

一九　18Ⅰ H33

（一）白釉黑（褐）彩瓷

1. 白釉黑（褐）彩碗

共4件。

18Ⅰ H33：15，微残。敞口，圆唇，弧腹，挖足过肩。内施透明釉，有涩圈，宽1.8～2厘米，内腹饰黑彩萱草纹，外施透明釉至上腹部，釉下施白色化妆土，釉面有小开片，有积釉现象，外有轮痕，有釉粘，圈足足跟旋削，外足墙微外撇，足脊微斜。浅灰色胎，较致密。口径20.8、底径6.4、通高6.8厘米（图7-142，1；彩版7-593）。

18Ⅰ H33：18，残。敞口，圆唇，弧腹，圈足，挖足过肩。内满施透明釉，有涩圈，宽1.7～2厘米，内腹饰褐彩萱草纹，外施透明釉至上腹部，釉下施白色化妆土，釉面有小开片，圈足足跟旋削，

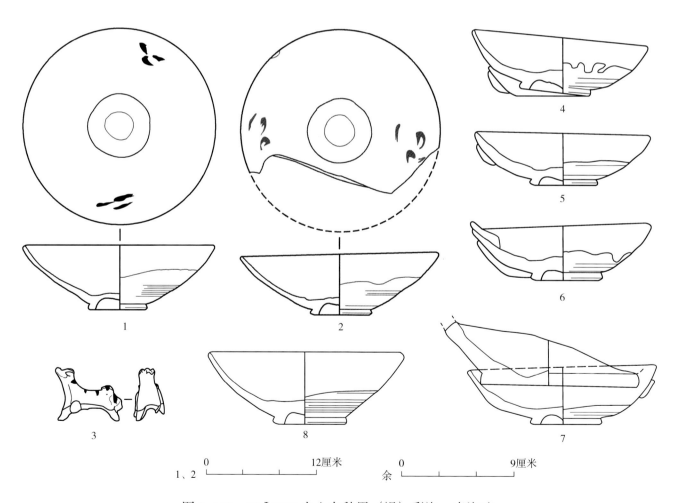

图 7-142　18Ⅰ H33 出土白釉黑（褐）彩瓷、青瓷碗

1、2. 白釉黑（褐）彩碗18Ⅰ H33：15、18　3. 白釉黑（褐）彩瓷塑18Ⅰ H33：7　4～8. 青瓷碗18Ⅰ H33：28、29、33、36、52

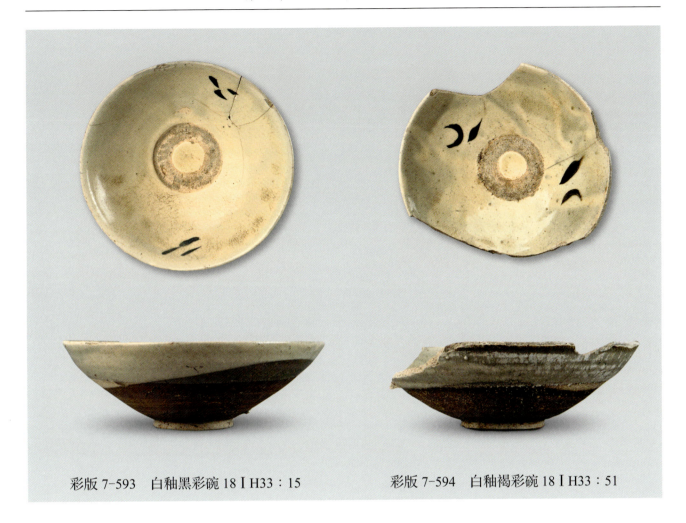

彩版 7-593　白釉黑彩碗 18ⅠH33：15　　　　彩版 7-594　白釉褐彩碗 18ⅠH33：51

外足墙微外撇，足脊微斜。浅灰色胎，较粗糙。口径21.4、底径6.6、通高6.7厘米（图7-142，2）。

18ⅠH33：51，残。敞口，圆唇，弧腹，圈足，挖足过肩。内满施透明釉，有涩圈，宽1.6～2.1厘米，腹部饰褐彩萱草纹，外施透明釉至腹部，釉面有小开片，有脱釉现象。圈足足跟旋削，外足墙微外撇，足脊微斜。内外有土沁、窑粘、轮痕。浅灰色胎，较致密。口径21、底径6.4、通高6.5厘米（彩版7-594）。

2. 白釉黑（褐）彩瓷塑

共1件。

18ⅠH33：7，瓷狗，残，模制。站姿。右耳朵与左前腿皆残缺。四肢岔开，前后腿伸展。颈部至尾部依次有五处黑彩斑点。通体施透明釉至腿部，有窑变现象，釉下四只爪子施白色化妆土。灰色胎，较致密。长5.2、宽2.4、高4.2厘米（图7-142，3；彩版7-595）。

（二）青瓷

1. 青瓷碗

共9件。

18ⅠH33：5，残。敞口，圆唇，弧腹，圈足，挖足过肩。内满施青釉，有涩圈，宽1.8～2厘米，内有瓷片残块粘接，外施青釉至腹部，釉面有小开片，外有轮痕，圈足足跟旋削，外足墙微外撇，

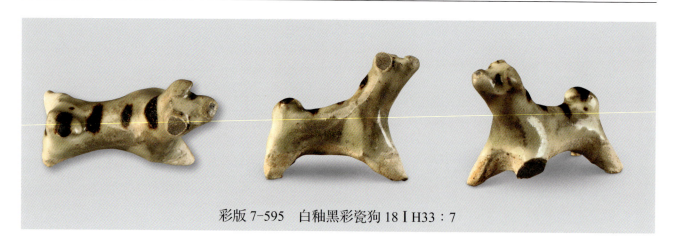

彩版 7-595　　白釉黑彩瓷狗 18ⅠH33∶7

足脊微斜。浅灰色胎，较致密。口径 14.2、底径 5.8、通高 4.2 厘米（彩版 7-596）。

18ⅠH33∶28，残。敞口，圆唇，弧腹，圈足，挖足过肩。内满施青釉，有涩圈，宽 1.4～1.7 厘米，外施青釉至腹部，釉面有小开片，有流釉现象，外腹粘有瓷片，有轮痕，有釉粘，足墙跟有一小孔，圈足足跟旋削，外足墙微外撇，足脊微斜。浅灰色胎，较致密。口径 14.2、底径 5.8、通高 4.6 厘米（图 7-142，4）。

18ⅠH33∶29，残。敞口，圆唇，弧腹，圈足，挖足过肩。内满施青釉，有涩圈，宽 1.4～1.8 厘米，外施青釉至上腹部，釉面有小开片，有积釉现象，外腹粘有瓷片，外有轮痕，有釉粘，圈足足跟旋削，外足墙微外撇，足脊微斜，外足底有化妆土。浅灰色胎，较致密。口径 14.2、底径 5.6、通高 4.2 厘米（图 7-142，5）。

18ⅠH33∶33，残。敞口，圆唇，弧腹，圈足。内满施青釉，有涩圈，宽 1～1.6 厘米，外施青釉至腹部，有粘接瓷片，圈足足跟旋削，外足墙微外撇，足脊微斜。灰色胎，较粗糙。口径 14.4、底径 5.8、通高 4.6 厘米（图 7-142，6）。

18ⅠH33∶36，2 件，残（图 7-142，7）。

18ⅠH33∶36-1，上，罐底。圈足。内满施青釉，有小开片，圈足足跟旋削，外足墙微外撇，足脊微斜。灰色胎，较致密。底径 12.8、残高 5 厘米。

18ⅠH33∶36-2，下，碗。敞口，圆唇，弧腹，圈足，挖足过肩。内满施青釉，外施青釉至腹部，粘有一块残片，圈足足跟旋削，外足墙微外撇，足脊微斜。黄色胎，较粗糙。口径 15.2、底径 5.8、高 4.8、通高 8 厘米。

18ⅠH33∶52，残。敞口，圆唇，弧腹，圈足，挖足过肩。内满施青釉，有涩圈，宽 2.2～2.9 厘米，外施青釉至腹部，釉面有小开片，釉面无光泽，有流釉、积釉现象。圈足足跟旋削，外足墙微外撇，足脊微斜，外有轮痕，少量土沁。浅黄色胎，较致密。口径 16、底径 6、通高 5.8 厘米（图 7-142，8；彩版 7-597）。

2. 青瓷盏

共 20 件。

18ⅠH33∶23，残。敞口，圆唇，弧腹，圈足，挖足过肩。内满施青釉，有涩圈，宽 1.3 厘米，外施青釉至腹部，有流釉现象，外有轮痕，有窑粘，圈足足跟旋削，外足墙微外撇，足脊微斜。浅白色胎，较致密。口径 10、底径 4.6、通高 3.6 厘米（彩版 7-598）。

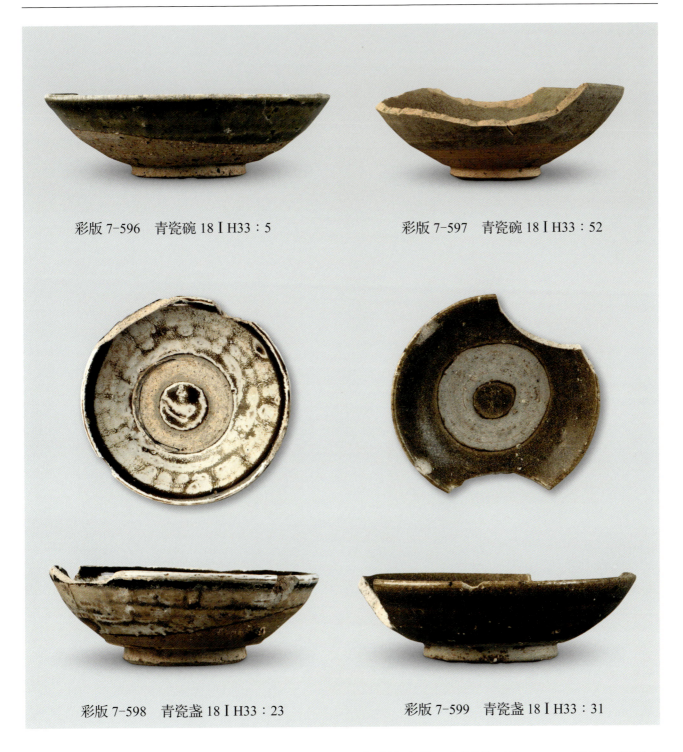

彩版 7-596　青瓷碗 18 I H33：5

彩版 7-597　青瓷碗 18 I H33：52

彩版 7-598　青瓷盏 18 I H33：23

彩版 7-599　青瓷盏 18 I H33：31

18 I H33：31，残。敞口，圆唇，弧腹，圈足。内满施青釉，有涩圈，宽 1.6 ～ 2 厘米，釉面有小开片，外腹施青釉至中腹，外有轮痕，圈足足跟旋削，外足墙微外撇，足脊微斜。白色胎，较致密。口径 10、底径 4.8、通高 2.9 厘米（彩版 7-599）。

18 I H33：35，3 个瓷碗上下叠摞（图 7-143，1）。

18 I H33：35-1，上，青瓷盏。敞口，圆唇，弧腹，圈足。内满施青釉，有涩圈，宽 0.9 ～ 1.4 厘米，外施青釉至腹部，外有釉粘。灰色胎，较致密。口径 9.4、底径 4.6、高 3.6 厘米。

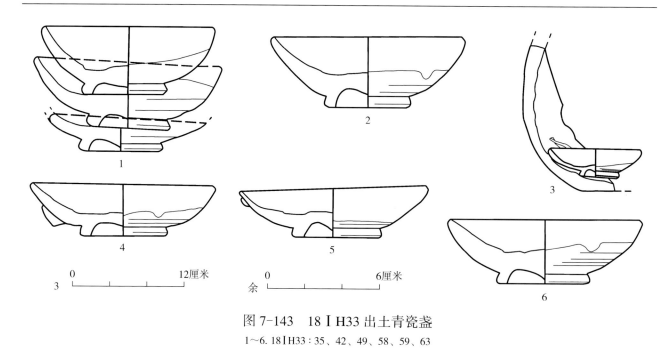

图 7-143　18ⅠH33 出土青瓷盏

1～6.18ⅠH33：35、42、49、58、59、63

　　18ⅠH33：35-2，中，青瓷盏。敞口，圆唇，弧腹，圈足。内施青釉，外施青釉至腹部，有脱釉现象，有流釉现象，外有轮痕。灰色胎，较致密。口径 10.2、底径 4.6、高 3.6 厘米。

　　18ⅠH33：35-3，下，青瓷盏底，弧腹，圈足。圈足足跟旋削，外足墙微外撇，足脊微斜。灰色胎，较致密。底径 4.6、残高 2、通高 6.6 厘米。

　　18ⅠH33：42，残。口沿残，圆唇，弧腹，圈足。内满施青釉，有涩圈，宽 1.3～2 厘米，内腹有少量土沁，外施青釉至腹部，外有轮痕，外底有釉粘，足脊略倾斜，足底微凸，外足墙外撇。灰色胎，较致密。口径 10.4、底径 4.6、通高 3.8 厘米（图 7-143，2）。

　　18ⅠH33：49，青瓷盏粘连白瓷罐（图 7-143，3）。

　　18ⅠH33：49-1，青瓷盏，残。敞口，圆唇，弧腹，圈足，挖足过肩。内满施青釉，有涩圈，宽 1.5～1.8 厘米，外施青釉至腹部，有流釉现象，内外有釉粘，外有轮痕，少量土沁。圈足足跟旋削，外足墙微外撇，足脊微斜。灰色胎，较粗糙。口径 10、底径 4.4、通高 3 厘米。

　　18ⅠH33：49-2，白瓷罐腹片，弧腹，圈足，挖足过肩。内满施透明釉，外施透明釉至腹部，釉下施白色化妆土，有流釉现象，内外有窑粘、釉粘、轮痕，少量土沁。圈足足跟旋削，外足墙微外撇，足脊微斜。浅灰色胎，较致密。残高 15.3、通高 15.3 厘米。

　　18ⅠH33：56，残。敞口，圆唇，弧腹，圈足，挖足过肩。内满施青釉，有涩圈，宽 1.3～2.1 厘米，外施青釉至腹部，有流釉现象，内外有土沁，内有釉粘、窑粘，外有轮痕。圈足足跟旋削，外足墙微外撇，足脊微斜。灰色胎，较致密。口径 10.2、底径 4.8、通高 2.8 厘米（彩版 7-600）。

　　18ⅠH33：58，残。敞口，圆唇，弧腹，圈足，挖足过肩。内满施青釉，有涩圈，宽 1.7～2 厘米，外施青釉至腹部，有流釉现象，内外有土沁、窑粘、轮痕。圈足足跟旋削，外足墙微外撇，足脊微斜。灰色胎，较致密。口径 10、底径 4.7、通高 2.8 厘米（图 7-143，4）。

　　18ⅠH33：59，残。敞口，圆唇，弧腹，圈足，挖足过肩。除口沿外施青釉，有涩圈，宽 1.5～2.3 厘米，外施青釉至下腹，有流釉、窑变现象，釉面有小开片，内外有土沁，外有窑粘、轮痕。圈足足跟旋削，外足墙微外撇，足脊微斜。灰色胎，较致密。口径 10.2、底径 4.8、通高 2.8 厘米（图 7-143，5）。

18 I H33：63，残。敞口，圆唇，弧腹，圈足，挖足过肩。内满施青釉，有涩圈，宽 1.8 厘米，外施青釉至腹部，釉面有小开片，内外有土沁，内有窑粘，外有釉粘、轮痕。圈足足跟旋削，外足墙微外撇，足脊微斜。灰色胎，较致密。口径 10.4、底径 5、通高 3.4 厘米（图 7-143，6）。

18 I H33：64，残。敞口，圆唇，弧腹，圈足，挖足过肩。内满施青釉，有涩圈，宽 1.3～1.6 厘米，外施青釉至腹部，釉面有小开片，有流釉、积釉现象，内外有土沁，内有釉粘，外有窑粘、轮痕。圈足足跟旋削，外足墙微外撇，足脊微斜。浅灰色胎，较致密。口径 9.8、底径 4.6、通高 3.5 厘米（彩版 7-601）。

18 I H33：65，残。敞口，圆唇，弧腹，圈足。内满施青釉，有涩圈，宽 1 厘米，外施青釉至腹部，釉面有小开片，有窑变，积釉现象，内外有土沁，外粘有瓷片、轮痕。圈足足跟旋削，外足墙微外撇，足脊微斜。灰色胎，较致密。口径 9.5、底径 4.5、通高 3.5 厘米（彩版 7-602）。

（三）黄釉瓷

黄釉罐

共 1 件。

18 I H33：16，残。敞口，平唇，矮颈，一耳残缺，溜肩，肩与腹部贴两个竖条状对称系，鼓腹，圈足。内满施黄釉，外施黄釉至下腹，釉面有开裂，流釉现象，外有轮痕，圈足足跟旋削，外足墙微外撇，足脊微斜。浅黄色胎，较致密。口径 9.6、底径 7.8、通高 12、腹径 14.6 厘米（图 7-144，1；彩版 7-603）。

（四）酱釉瓷

酱釉盏

共 1 件。

18 I H33：25，微残。敞口，圆唇，弧腹，圈足。内施酱釉，有涩圈，宽 1.2～1.7 厘米，外施酱釉至腹部，有流釉、窑变现象，有土沁、轮痕。足墙跟有旋削痕迹，足底心有一乳突。

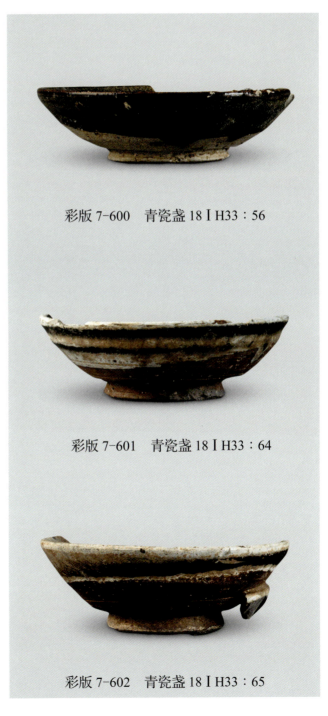

彩版 7-600　　青瓷盏 18 I H33：56

彩版 7-601　　青瓷盏 18 I H33：64

彩版 7-602　　青瓷盏 18 I H33：65

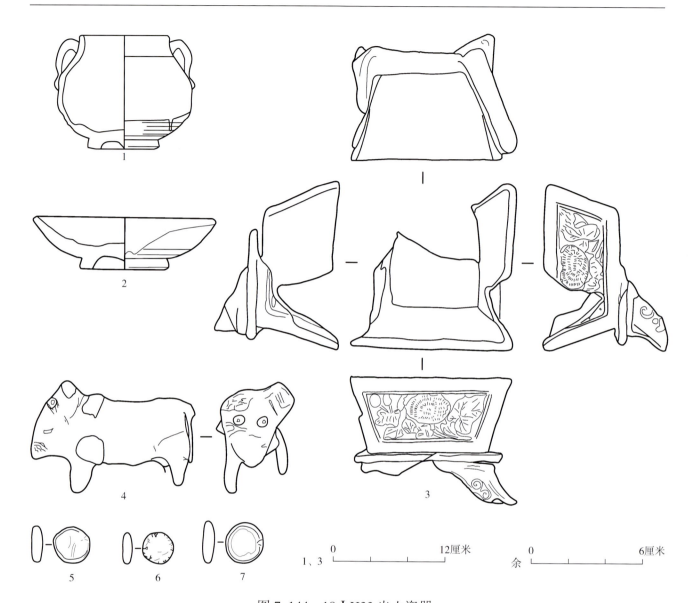

图 7-144　18ⅠH33 出土瓷器

1. 黄釉罐 18ⅠH33∶16　2. 酱釉盏 18ⅠH33∶25　3. 素烧花盆 18ⅠH33∶27　4. 素烧瓷牛 18ⅠH33∶8　5～7. 素烧围棋子 18ⅠH33∶4、17、37

浅灰色胎，较致密。口径 9.9、底径 4.8、通高 2.8 厘米（图 7-144，2）。

（五）素烧瓷

1. 素烧花盆

共 1 件。

18ⅠH33∶27，残。通体残缺严重，正面及侧面四道宽棱包围菊花纹，底部有一足，足上饰云纹。浅黄色胎，较致密。长 17.2、宽 17.2、高 13.4 厘米（图 7-144，3；彩版

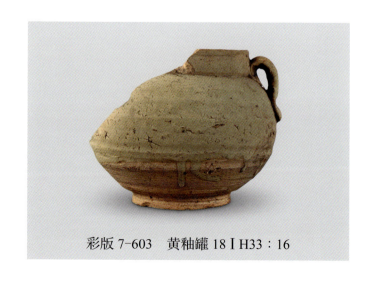

彩版 7-603　黄釉罐 18ⅠH33∶16

7-604）。

2. 素烧瓷塑

共 1 件。

18 I H33：8，瓷牛，残，模制。站姿。两只犄角与左前腿皆残缺。双目圆睁，两角怒张，颈部卡着一物，四肢岔开，前后腿伸展，尾巴紧贴左后腿。通体施白色化妆土至足部，右后腿跟处施有点点绿釉。浅黄色胎，较粗糙。长 8.8、宽 4.2、高 5.9 厘米（图 7-144，4）。

3. 素烧球

共 1 件。

18 I H33：9，揉制。圆形。通体有细小石子。浅黄色胎，较粗糙。直径 2.1 厘米（彩版 7-605）。

4. 素烧围棋子

共 3 枚。

18 I H33：4，模制。饼状。侧面有一道缝隙，通体施白色化妆土。浅黄色胎，较致密。直径 1.9、厚 0.6 厘米（图 7-144，5）。

18 I H33：17，模制。圆形。外轮廓有较多缝隙，通体满施白色化妆土。浅黄色胎，较致密。直径 1.7、厚 0.5 厘米（图 7-144，6）。

18 I H33：37，模制。圆饼形，微内凹。浅黄色胎，较致密。直径 2、厚 0.7 厘米（图 7-144，7）。

彩版 7-604　素烧花盆 18 I H33：27

彩版 7-605　素烧球 18 I H33：9

（六）窑具

1. 盏形支具

共8件。

18ⅠH33：21，微残。敞口，方唇，斜沿，弧腹，平底内凹。内有轮痕，外腹烧制成浅褐色，外有釉粘。浅砖红色胎，较致密。口径9.8、底径4.4、通高2.8厘米（图7-145，1）。

18ⅠH33：30，微残。敞口，方唇，斜平沿，弧腹，卧足。内外有轮痕，外口沿至腹部烧制成浅砖红色，其下施白色化妆土至足脊，足底心有一道缝隙。浅黄色胎，较致密。口径9.5、底径4.5、通高2.7厘米（图7-145，2）。

18ⅠH33：39，残。直口，方唇，斜沿，弧腹，平底内凹。内有轮痕，内外有土沁。黄色胎，较粗糙。口径10.5、底径5、通高3.1厘米（图7-145，3）。

18ⅠH33：40，盏形支具叠摞瓷碗（图7-145，4）。

18ⅠH33：40-1，上，盏形支具内有轮痕，有少量土沁。黄色胎，较致密。口径10.9、底径4.6、高3.7厘米。

18ⅠH33：40-2，下，敞口，圆唇，弧腹，圈足，挖足过肩。外施青釉至腹部，外有轮痕，圈足有旋削痕迹，外足墙外撇，足脊倾斜。黄色胎，较致密。口径10.8、底径4.6、高3.8、通高4.7厘米。

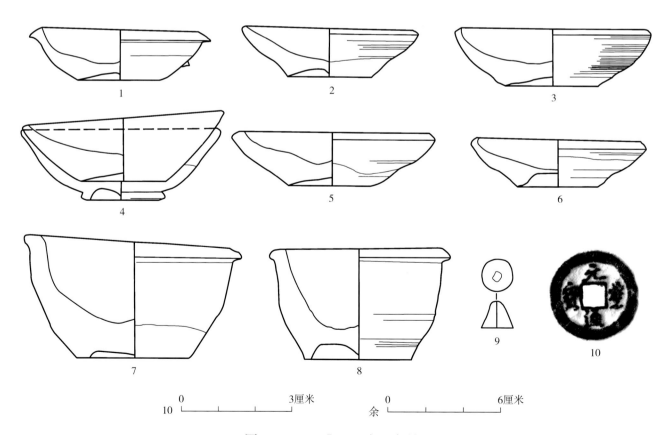

图7-145 18ⅠH33出土窑具

1~6. 盏形支具18ⅠH33：21、30、39、40、44、50 7、8. 钵形支具18ⅠH33：1、3 9. 支钉18ⅠH33：2 10. 铜钱18ⅠH33：24

18 I H33：44，残。敞口，圆唇，弧腹，平底内凹。内有裂痕，内外有轮痕，外有大量土沁，圈足和足底满施化妆土，圈足略倾斜。灰色胎，较粗糙。口径 11、底径 4.4、通高 2.8 厘米（图 7-145，5）。

18 I H33：50，残。敛口，方唇，斜沿，弧腹，卧足。外腹至底部施白色化妆土，内外有轮痕，少量土沁，外有釉粘。浅黄色胎，较致密。口径 9.4、底径 4.3、通高 2.6 厘米（图 7-145，6）。

2. 钵形支具

共 12 件。

18 I H33：1，残。侈口，圆唇，卷沿，弧腹微折，卧足。内有少量釉粘，外口沿至下腹烧制成褐色，下腹局部施有白色化妆土，内外有轮痕，外底上有粘接痕迹。浅黄色胎，较粗糙。口径 11.8、底径 6.2、通高 6.5 厘米（图 7-145，7）。

18 I H33：3，敞口，圆唇，卷沿，弧腹，卧足。内外有轮痕，内底心施有白色化妆土，内外有釉粘，外有土沁。浅黄色胎，较致密。口径 9.7、底径 5.8、通高 5.9 厘米（图 7-145，8）。

18 I H33：10，钵形支具粘连垫饼，残，钵形支具口沿上有粘半个垫饼。垫饼外轮廓有铸造缺陷，一面粘有大量细小石子。浅黄色胎，较粗糙。厚 1.2、残长 4.4 厘米。钵形支具，敞口，圆唇，卷沿，弧腹，平底内凹。内有轮痕，土沁，内有釉粘，外腹有施局部酱釉。浅黄色胎，较粗糙。口径 9.6、底径 5.8、高 5.4 厘米。钵形支具下粘有底部残块，挖足过肩，外底有釉粘，有轮痕。浅灰色胎，较致密。残高 1.2、底径 6、通高 7.6 厘米（彩版 7-606）。

18 I H33：26，整体略微变形。敞口，圆唇，卷沿，弧腹，卧足。口沿有两处釉粘，外沿处烧制成浅褐色，内外有轮痕。浅白色胎，较致密。口径 11.8、底径 6.2、通高 6 厘米（彩版 7-607）。

3. 支钉

共 1 件。

18 I H33：2，残，捏制。锥形。顶部有残缺。浅黄色胎，较致密。直径 1.7、通高 1.4 厘米（图 7-145，9；彩版 7-608）。

4. 垫饼

共 2 件。

18 I H33：12，模制。圆饼状，平面近圆形。外轮廓有较多残缺。正反面有土沁、零星小石子、器物小残片痕迹。浅黄色胎，较粗糙。直径 12、厚 2 厘米（彩版 7-609）。

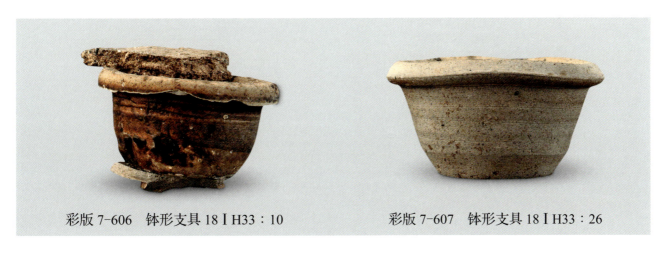

彩版 7-606　钵形支具 18 I H33：10　　　　　彩版 7-607　钵形支具 18 I H33：26

彩版 7-608　支钉 18ⅠH33：2　　　彩版 7-609　垫饼 18ⅠH33：12　　　彩版 7-610　骨篦 18ⅠH33：11

（七）铜器

铜钱

共 1 件。

18ⅠH33：24，元丰通宝，1 枚，行书。重 4.1 克，直径 2.45、孔径 0.5、厚 0.15 厘米（图 7-145，10）。

（八）骨器

骨篦

共 1 件。

18ⅠH33：11，残。篦齿残缺至根部，圆角弧顶，篦齿间疏密有致。浅黄色胎，较致密。长 3、宽 0.5、高 6.2 厘米（彩版 7-610）。

二〇　18ⅠH34

（一）白瓷

白瓷碗

共 1 件。

18ⅠH34：2，残。敞口，圆唇，弧腹，圈足，挖足过肩。内满施透明釉，有涩圈，宽 1.5 厘米。有脱釉现象，外施透明釉至腹部，釉面无光泽，内粘有瓷片，外有轮痕，圈足有旋削痕迹，足脊微斜，外足墙微外撇。灰色胎，较粗糙。口径 21、底径 6、通高 6.5 厘米（图 7-146，1）。

（二）窑具

工字形间隔具

共 1 件。

18ⅠH34：1，微残，模制。"工"字状。上底与下底平面呈近圆形，通体施白色化妆土，化妆土有开片。黄色胎，较粗糙。直径 5.45、通高 5.6 厘米（图 7-146，2）。

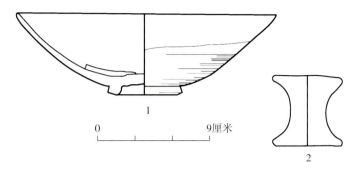

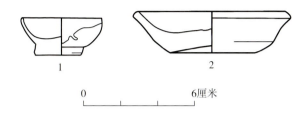

图 7-146　18 I H34 出土遗物
1. 白瓷碗 18 I H34：2　2. 工字形间隔具 18 I H34：1

图 7-147　18 I H35 出土遗物
1. 白瓷水盂 18 I H35：2　2. 盏形支具 18 I H35：1

二一　18 I H35

（一）白瓷

白瓷水盂

共 2 件。

18 I H35：2，敞口，圆唇，弧腹，饼底。内满施透明釉，外施透明釉至腹部，釉面有小开片，釉下施白色化妆土，有流釉现象，外有土沁。黄色胎，较致密。口径 4.4、底径 2.4、通高 2 厘米（图 7-147，1；彩版 7-611）。

18 I H35：3，敞口，圆唇，弧腹，饼底。内满施透明釉，外施透明釉至腹部，有流釉现象，外有土沁，底部有釉粘。黄色胎，较致密。口径 2.9、腹径 6.4、底径 3.8、通高 4.3 厘米（彩版 7-612）。

（二）窑具

盏形支具

共 2 件。

18 I H35：1，微残。敞口，方唇，斜沿，弧腹，平底内凹。内外有土沁、轮痕。黄色胎，较致密。口径 8.6、底径 4.6、通高 2.2 厘米（图 7-147，2）。

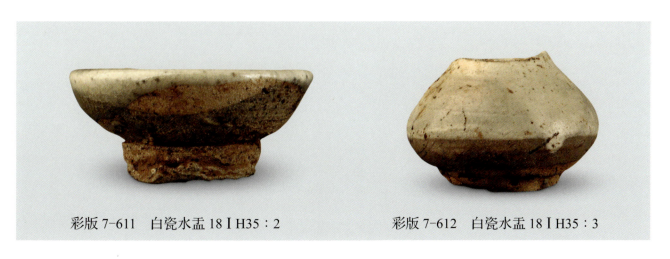

彩版 7-611　白瓷水盂 18 I H35：2　　　　彩版 7-612　白瓷水盂 18 I H35：3

二二 18ⅠH36

（一）青瓷

1. 青瓷碗

共1件。

18ⅠH36：1，残。敞口，圆唇，弧腹，圈足，挖足过肩，底部中心微凸。内施青釉，有涩圈，宽1.7～1.9厘米，外施青釉至腹部，有积釉和流釉现象，外有轮痕，圈足有旋削痕迹，足脊微斜，外足墙微外撇。黄色胎，较致密。口径18.8、底径6.2、通高5.9厘米（图7-148，1）。

2. 青瓷盏

共1件

18ⅠH36：2，微残。敞口，圆唇，弧腹，圈足。内施青釉，有涩圈，宽1.25～1.65厘米，外施青釉至腹部，内有窑粘，外有土沁、轮痕，圈足有旋削痕迹，外足墙微外撇。浅黄色胎，较致密。口径10.4、底径4.8、通高4厘米（图7-148，2）。

3. 青瓷器盖

共1件。

18ⅠH36：4，残。子母口微敛，平沿，弧顶，顶部有提手。顶部施青釉，内外有土沁，内有轮痕。黄色胎，较致密。直径9.15、通高2.5厘米（图7-148，3）。

（二）黄釉瓷

黄釉盏

共1件。

18ⅠH36：5，微残。敞口，圆唇，弧腹，圈足，底部中心微凸。内满施黄釉，有涩圈，宽1.1～1.45厘米，外施黄釉至上腹部，外有土沁、轮痕，挖足过肩，圈足有旋削痕迹，外足墙微外撇。黄色胎，较致密。口径10.1、底径4.6、通高3.4厘米（图7-148，4；彩版7-613）。

（三）窑具

1. 钵形支具

共1件。

18ⅠH36：3，钵形支具粘连青瓷碗底，残，第一层为钵形支具，侈口，圆唇，卷沿，弧腹，底残缺。内外有土沁、轮痕，下腹与底部施白色化妆土。黄色胎，较粗糙。口径10.8、底径6.4、高7厘米。第二层为青瓷碗底，弧腹，圈足，挖足过肩，底部中心微凸，内有涩圈，涩圈宽1.15厘米，除涩圈外内满

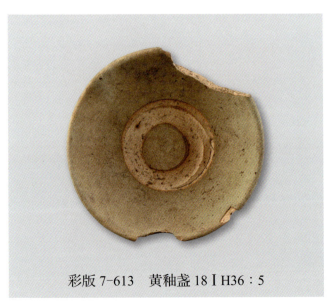

彩版7-613　黄釉盏 18ⅠH36：5

施青釉，外有轮痕，圈足有旋削痕迹，足脊微斜，外足墙微外撇。黄色胎，较致密。底径 6.4、残高 3.6、通高 9 厘米（图 7-148，5；彩版 7-614）。

2. 试釉器

共 1 件。

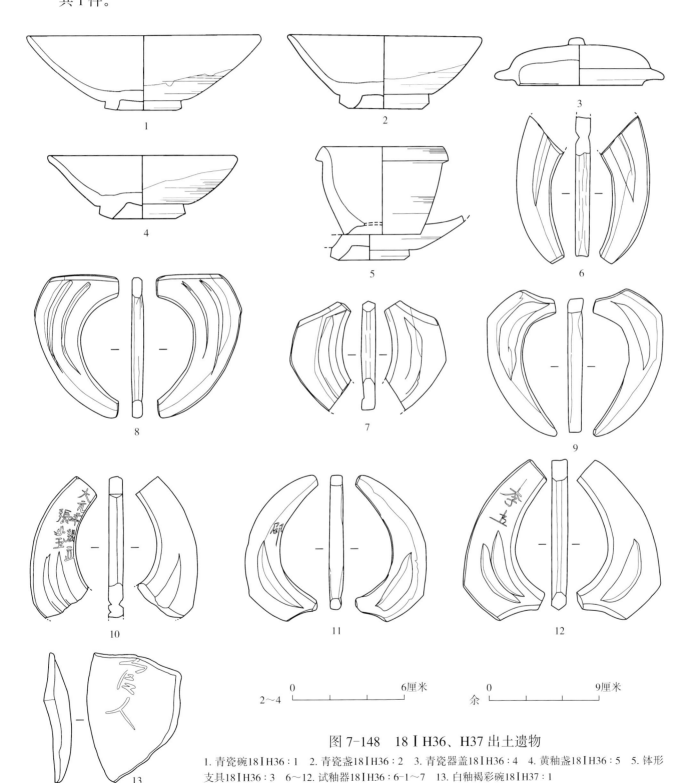

图 7-148　18 I H36、H37 出土遗物

1. 青瓷碗 18 I H36：1　2. 青瓷盏 18 I H36：2　3. 青瓷器盖 18 I H36：4　4. 黄釉盏 18 I H36：5　5. 钵形
支具 18 I H36：3　6~12. 试釉器 18 I H36：6-1~7　13. 白釉褐彩碗 18 I H37：1

彩版 7-614　钵形支具 18ⅠH36：3

彩版 7-615　试釉器 18ⅠH36：6

18ⅠH36：6，共 7 个（图 7-148，6～12；彩版 7-615）。

18ⅠH36：6-1，残，月牙形。一面二分之一处施酱釉至另一面二分之一处，内呈弧状，两面都有一个凹槽。灰色胎，较致密。长 11.7、宽 3.9、厚 1.2 厘米。

18ⅠH36：6-2，残，月牙形。一面二分之一处施青釉至另一面二分之一处，有脱釉，有积釉现象，釉面有小开片，内呈弧状，一面有一个凹槽，另一面有两个凹槽，两面都有土沁。灰色胎，致密。长 8.7、宽 4.9、厚 1.2 厘米。

18ⅠH36：6-3，微残，月牙形。一面四分之一处施黑釉至另一面四分之一处，有脱釉现象，内呈弧状，两面都有两个凹槽，两面都有土沁。灰色胎，致密。长 11.4、宽 6.9、厚 1 厘米。

18ⅠH36：6-4，微残，月牙形。一面三分之一处施青釉至另一面三分之一处，有脱釉现象，釉面有小开片，内呈弧状，两面都有一个凹槽，两面都有土沁。灰色胎，较致密。长 11.6、宽 5.7、厚 1.2 厘米。

18ⅠH36：6-5，残，月牙形。侧面施青釉，有脱釉现象，内呈弧状，一面有一个凹槽，另一面有两个凹槽，有土沁，一面有刻字"大元二年张立？，张少五"。灰色胎，较致密。长11.2、宽5、厚1.2厘米。

18ⅠH36：6-6，微残，月牙形。一面三分之一处施青釉至另一面三分之一处，有脱釉现象，釉面有小开片，内呈弧状，两面都有一个凹槽，有土沁，有釉粘，一面有刻字"邵"。灰色胎，较致密。长11.6、宽5.7、厚1.2厘米。

18ⅠH36：6-7，微残，月牙形。侧面施青釉，有脱釉现象，内呈弧状，一面有一个凹槽，另一面有两个凹槽，两面都有土沁，一面有刻字"李书"。灰色胎，较致密。长12.5、宽6.9、厚1.2厘米。

二三　18ⅠH37

白釉褐彩瓷

白釉褐彩碗

共1件。

18ⅠH37：1，"官人"瓷碗残片。敞口，圆唇，弧腹。内施透明釉，釉下写"官人"字，外施透明釉至上腹部，釉下施白色化妆土，外有轮痕，少量土沁。浅黄色胎，较致密。残长10.3、残宽7.6厘米（图7-148，13）。

二四　18ⅠH38

（一）白瓷

1. 白瓷碗

共5件。

18ⅠH38：8，残。敞口，圆唇，弧腹，挖足过肩。内满施透明釉，有涩圈，宽1.7厘米，外施透明釉至上腹部，釉面有小开片。下腹至足底心有轮痕。足脊上有一道较深划痕，足底心有一乳突。浅黄色胎，较致密。口径20.2、底径6.2、通高6.3厘米（图7-149，1；彩版7-616）。

18ⅠH38：15，残。口沿至腹部有一处残缺。敞口，圆唇，弧腹，圈足，挖足过肩。内满施透明釉，有涩圈，宽1.6～2.2厘米，外施透明釉至腹部，外有轮痕，圈足有旋削痕迹，外足墙微外撇，足脊倾斜，足底心略微凸起。黄色胎，较致密。口径15.7、底径5.8、通高5.7厘米（图7-149，2；彩版7-617）。

18ⅠH38：17，残。敞口，圆唇，弧腹，圈足，挖足过肩。内满施透明釉，有涩圈，宽0.2～1厘米，外施透明釉至下腹，釉面有小开片，外有轮痕，圈足有旋削痕迹，外足墙微外撇，足脊倾斜。浅黄色胎，较致密。口径12、底径5.4、通高6.3厘米（图7-149，3）。

2. 白瓷盏

共1件。

18ⅠH38：1，残。敞口，圆唇，弧腹，圈足，挖足过肩。内满施透明釉，有涩圈，宽1.2厘米，内上腹部有粘接痕迹，内下腹至涩圈粘有瓷片，外施透明釉至腹部，釉下施白色化妆土，有流釉、

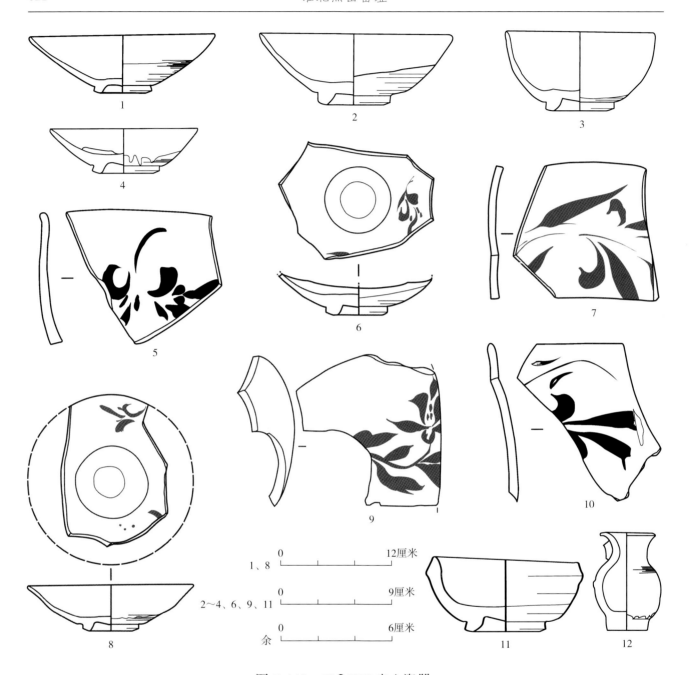

图 7-149　18ⅠH38 出土瓷器

1～3. 白瓷碗18ⅠH38：8、15、17　4. 白瓷盏18ⅠH38：1　5～7. 白釉黑（褐）彩碗18ⅠH38：29、13、23　8. 白釉黑（褐）彩盘18ⅠH38：24
9、10. 白釉黑（褐）彩罐18ⅠH38：21、22　11. 绿釉钵18ⅠH38：10　12. 绿釉瓶18ⅠH38：5

积釉现象，釉面有小开片，外有轮痕，圈足有旋削痕迹，外足墙微外撇，足脊倾斜。浅黄色胎，较致密。口径 12、底径 5.4、通高 3.6 厘米（图 7-149，4；彩版 7-618）。

（二）白釉黑（褐）彩瓷

1. 白釉黑（褐）彩碗

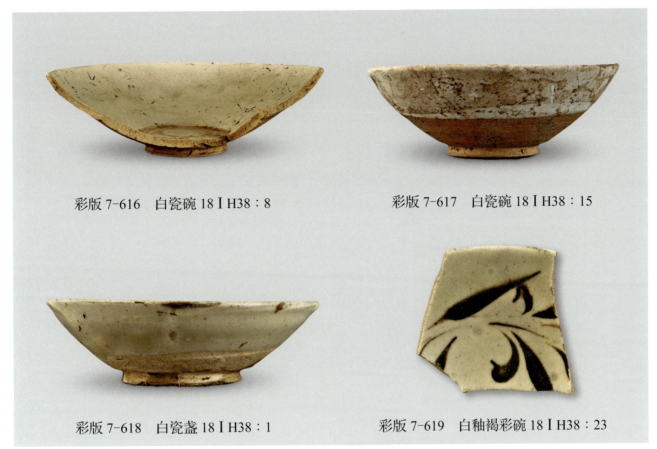

彩版 7-616　白瓷碗 18 I H38：8

彩版 7-617　白瓷碗 18 I H38：15

彩版 7-618　白瓷盏 18 I H38：1

彩版 7-619　白釉褐彩碗 18 I H38：23

共 3 件。

18 I H38：29，碗残片。敞口，圆唇，弧腹。内外均施透明釉，口沿有脱釉现象，内腹饰黑彩萱草纹。灰色胎，较粗糙。残长 8.4、残宽 7.1 厘米（图 7-149，5）。

18 I H38：13，残。弧腹，圈足，挖足过肩。内施透明釉，有涩圈，宽 1.6 厘米。内腹饰褐彩萱草纹，外施透明釉至上腹部，外有轮痕，圈足有旋削痕迹，外足墙微外撇，足脊倾斜，足底心有一乳突。黄色胎，较致密。口径 16.4、底径 6.6、通高 4.4 厘米（图 7-149，6）。

彩版 7-620　白釉褐彩盘 18 I H38：24

18 I H38：23，碗腹片。敞口，圆唇，弧腹。内施透明釉，饰褐彩萱草纹，釉面有小开片，外施透明釉至腹部。浅灰色胎，较粗糙。残长 7.9、残宽 7.3 厘米（图 7-149，7；彩版 7-619）。

2. 白釉黑（褐）彩盘

共 1 件。

18 I H38：24，侈口，圆唇，弧腹，圈足，挖足过肩。内施透明釉，有涩圈，宽 1.7～2.5 厘米，内腹饰褐彩萱草纹，外施透明釉至下腹，釉面有小开片，有积釉现象，外有轮痕，圈足有旋削痕迹，外足墙外撇，足脊倾斜，足底心有一乳突。浅黄色胎，较粗糙。口径 18、底径 6、通高 4.9（图 7-149，8；彩版 7-620）。

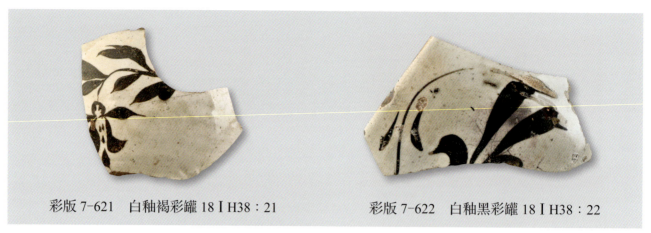

彩版 7-621　白釉褐彩罐 18ⅠH38：21　　　　　彩版 7-622　白釉黑彩罐 18ⅠH38：22

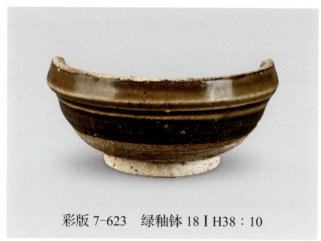

彩版 7-623　绿釉钵 18ⅠH38：10

3. 白釉黑（褐）彩罐

共 2 件。

18ⅠH38：21，罐腹片，内施透明釉，外施透明釉，饰褐彩萱草纹，釉面有小开片。浅黄色胎，较致密。残长 12、残宽 11.6 厘米（图 7-149，9；彩版 7-621）。

18ⅠH38：22，罐腹片，内施透明釉，釉面有小开片，外施透明釉，饰黑彩萱草纹，有窑粘。浅灰色胎，较致密。残长 8.3、残宽 7.7 厘米（图 7-149，10；彩版 7-622）。

（三）绿釉瓷

1. 绿釉钵

共 1 件。

18ⅠH38：10，残。侈口，圆唇，外沿有一道凸棱，弧腹，圈足，挖足过肩。足底心有一乳突。内施绿釉，外施绿釉至上腹部，釉下施化妆土至足底，外有轮痕。圈足有旋削痕迹，足墙外撇，足脊倾斜，足底粘有零星小瓷片。浅黄色胎，较致密。口径 11.7、底径 6.4、通高 5.9 厘米（图 7-149，11；彩版 7-623）。

2. 绿釉瓶

共 1 件。

18ⅠH38：5，残。侈口，圆唇，束颈，溜肩，弧腹折收，饼底。口沿有一小缺口，缺失部粘接在颈部。肩部粘接有三小块小瓷片，内施绿釉，外施绿釉至下腹，有流釉现象。浅黄色胎，较致密。口径 2.9、底径 2.2、通高 5.2 厘米（图 7-149，12；彩版 7-624）。

（四）窑具

1. 盏形支具

共 11 件。

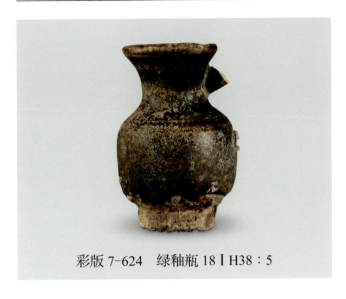

彩版 7-624 绿釉瓶 18ⅠH38：5

18ⅠH38：2，残。敞口，圆唇，弧腹，平底内凹。外烧制成浅黄褐色，内外有轮痕，底部外沿有粘接痕迹。浅白色胎，较致密。口径9、底径4.6、通高2.8厘米（图7-150，1）。

18ⅠH38：3，残。敞口，方唇，斜沿，弧腹，平底内凹。内外有轮痕。浅白色胎，较致密。口径8.8、底径4.5、通高2厘米（图7-150，2）。

18ⅠH38：6，残。敞口，方唇，斜沿，弧腹，平底内凹。内外有轮痕，外腹烧制成褐色，外底有积釉现象。浅黄色胎，较致密。口径9.4、底径4.9、通高2.5厘米（图7-150，3）。

18ⅠH38：9，残。敞口，斜沿，弧腹，平底内凹。内外有轮痕，有土沁，外腹烧制成浅褐色，外底有釉粘。夹砂浅黄色胎，较粗糙。口径9.6、底径4.5、通高2.6厘米（图7-150，4）。

18ⅠH38：12，微残。敞口，方唇，斜平沿，弧腹，平底内凹。内外有轮痕，外烧制成浅褐色。浅白色胎，较致密。口径8.7、底径4.7、通高2厘米（图7-150，5）。

18ⅠH38：14，微残。敞口，方唇，斜平沿，弧腹，平底内凹。内外有轮痕，腹部有一处孔洞，外烧制成浅褐色，外底有釉粘，土沁。浅白色胎，较粗糙。口径8.6、底径4.5、通高2.5厘米（图7-150，6）。

18ⅠH38：26，敞口，方唇，斜沿，弧腹，平底内凹。内腹有一点白色化妆土，外腹火石红，

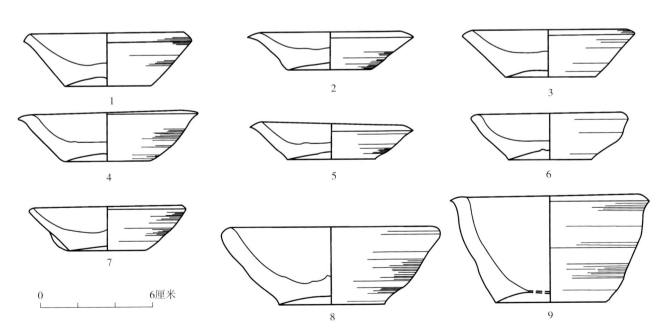

0   6厘米

图 7-150 18ⅠH38 出土窑具

1～8. 盏形支具18ⅠH38：2、3、6、9、12、14、26、28   9. 钵形支具18ⅠH38：16

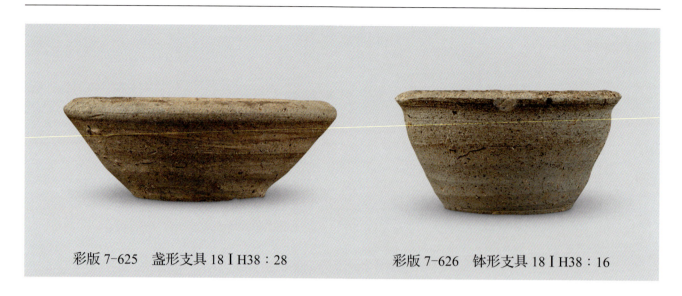

彩版 7-625　盏形支具 18 I H38：28　　　　　彩版 7-626　钵形支具 18 I H38：16

烧制成浅棕色，内外有轮痕，外底有釉粘。浅灰色胎，较致密。口径 8.4、底径 4、通高 2.4 厘米（图 7-150，7）。

18 I H38：28，敞口，方唇，斜沿，弧腹，平底内凹。内底心呈螺旋状向上凸起。内有土沁。内外有轮痕，外足底有一处指纹印，有釉粘。浅黄色胎，较致密。口径 11.6、底径 5.6、通高 4.1 厘米（图 7-150，8；彩版 7-625）。

2. 钵形支具

共 3 件。

18 I H38：16，残。敞口，方唇，斜沿，弧腹，平底内凹。内有土沁，内外有轮痕，底部中心有一残缺。浅灰色胎，较致密。口径 10.8、底径 6、通高 5.7 厘米（图 7-150，9；彩版 7-626）。

二五　18 I H39

（一）白瓷

1. 白瓷碗

共 1 件。

18 I H39：6，残。敞口，圆唇，弧腹，圈足，挖足过肩。内满施透明釉，有涩圈，宽 1.6～1.8 厘米，外施透明釉至上腹部，釉下施化妆土，釉面有小开片，外有窑粘，有轮痕，圈足有旋削痕迹，足墙外撇，足脊倾斜，足底内有一乳凸。浅灰色胎，较致密。口径 18.7、底径 6.3、通高 6.3 厘米（图 7-151，1）。

2. 白瓷盏

共 3 件。

18 I H39：4，残。敞口，圆唇，弧腹，圈足，挖足过肩。内满施透明釉，有涩圈，宽 1.2～1.6 厘米，外施透明釉至中腹，有积釉现象，釉下施白色化妆土，外腹粘有瓷片，圈足有旋削痕迹，足墙外撇，足脊倾斜，足底有一乳凸。浅黄色胎，较致密。口径 11.6、底径 3.8、通高 3.5 厘米（彩版 7-627）。

18 I H39：11，残。敞口，圆唇，弧腹，圈足，挖足过肩。内满施透明釉，有涩圈，宽 1.2～1.9

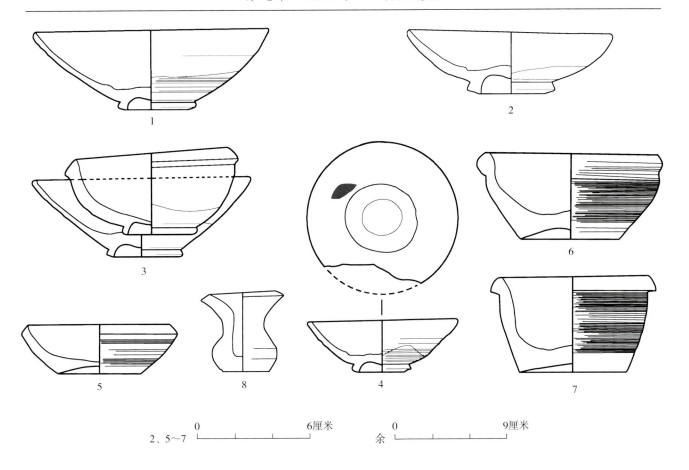

图 7-151　18ⅠH39 出土遗物

1. 白瓷碗18ⅠH39：6　2. 白瓷盏18ⅠH39：11　3. 白瓷钵18ⅠH39：9　4. 白釉褐彩盏18ⅠH39：2　5. 盏形支具18ⅠH39：7　6、7. 钵形支具
18ⅠH39：5、12　8. 喇叭形支具18ⅠH39：3

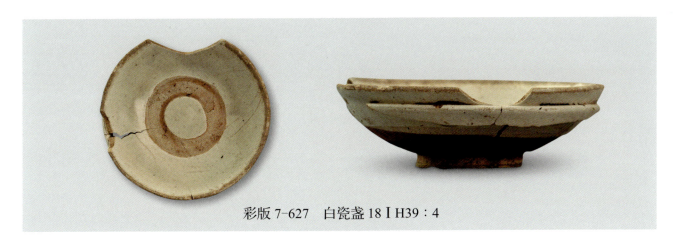

彩版 7-627　白瓷盏 18ⅠH39：4

厘米，外施透明釉至下腹，釉面无光泽，外有轮痕，足底心有一乳凸，圈足有旋削痕迹，足墙外撇，
足脊倾斜。砖红色胎，较致密。口径 11、底径 3.6、通高 3.2 厘米（图 7-151，2）。

3. 白瓷钵

共 1 件。

18ⅠH39：9，瓷碗粘连白瓷钵，2 件，残（图 7-151，3；彩版 7-628）。

彩版 7-628　白瓷钵 18ⅠH39：9

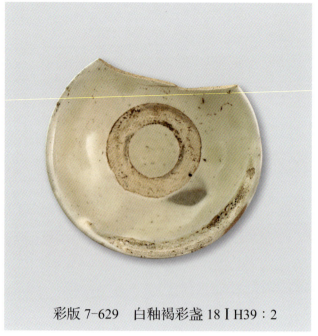

彩版 7-629　白釉褐彩盏 18ⅠH39：2

18ⅠH39：9-1，上，敞口，圆唇，折沿，弧腹，圈足。内满施透明釉，外施透明釉至下腹，釉下施白色化妆土，釉面有小开片，外有轮痕，圈足有旋削痕迹。浅黄色胎，较粗糙。口径 12.4、底径 6.1、高 6.2 厘米。底部粘有白瓷碗。

18ⅠH39：9-2，下，敞口，圆唇，弧腹，圈足，挖足过肩。外施透明釉至上腹部，釉面有小开片，釉下施化妆土，外有轮痕，圈足有旋削痕迹，足墙外撇，足脊倾斜，足底心有一乳凸。浅黄色胎，较粗糙。口径 17.4、底径 6.1、高 6.2、通高 8.8 厘米。

（二）白釉褐彩瓷

白釉褐彩盏

共 1 件。

18ⅠH39：2，残。敞口，圆唇，弧腹，圈足，挖足过肩。内满施透明釉，有涩圈，宽 1.1～1.3 厘米，内腹饰褐萱草纹，外施透明釉至中腹，釉下施白色化妆土，有积釉现象，内有瓷片粘接痕迹，足底有一乳凸，圈足有旋削痕迹，足墙外撇，足脊倾斜。夹砂浅黄色胎，较粗糙。口径 12、底径 3.8、通高 4.1 厘米（图 7-151，4；彩版 7-629）。

（三）窑具

1. 盏形支具

共 1 件。

18 I H39：7，敞口，方唇，斜沿，弧腹，平底内凹。通体火石红，内外有轮痕。浅黄色胎，较致密。口径 7.6、底径 4.4、通高 2.5 厘米（图 7-151，5）。

2. 钵形支具

共 3 件。

18 I H39：5，残。敛口，厚唇，弧腹，平底内凹。内外有轮痕，通体火石红。浅黄色胎，较粗糙。口径 9.5、底径 5.3、通高 4.3 厘米（图 7-151，6）。

彩版 7-630　　喇叭形支具 18 I H39：3

18 I H39：12，残。敞口，圆唇，折沿，弧腹，平底内凹。外腹局部有火石红，颜色不均，内外有轮痕，外有窑粘。浅黄色胎，较致密。口径 8.1、底径 5.8、通高 5 厘米（图 7-151，7）。

3. 喇叭形支具

共 1 件。

18 I H39：3，残。侈口，斜平沿，方唇，束腰，平底。内外满施透明釉，局部有脱釉，下腹有三个粘接痕迹，有一处内凹，内外有轮痕，底部有指纹印。浅灰色胎，较致密。口径 5.2、底径 3.6、通高 6.3 厘米（图 7-151，8；彩版 7-630）。

二六　18 I H42

（一）白瓷

1. 白瓷碗

共 7 件。

18 I H42：7，微残。敞口，圆唇，弧腹，圈足。内满施透明釉，有涩圈，宽 2～2.4 厘米，釉下施白色化妆土，外施透明釉至上腹部，外有轮痕，圈足有旋削痕迹，足墙外撇，足脊倾斜，外底微凸。黄色胎，较粗糙。口径 22、底径 6.75、通高 6.5 厘米（图 7-152，1）。

18 I H42：18，2 件相叠压，残（图 7-152，2）。

18 I H42：18-1，上，白瓷碗。敞口，圆唇，弧腹，圈足。内满施透明釉，有涩圈，宽 1.5～2 厘米，釉下施白色化妆土，釉面有小开片。圈足有旋削痕迹，外足墙外撇，足脊倾斜，外底微凸。灰色胎，较致密。口径 19.1、底径 6.2、高 5.6 厘米。

18 I H42：18-2，下白瓷碗内腹与上白瓷碗外腹相贴，底部残缺。敞口，圆唇，弧腹，外施透明釉至下腹，釉下施白色化妆土，釉面有小开片。灰色胎，较致密。口径 19.25、残高 4.9、通高 5.6 厘米。

18 I H42：29，残。敞口，圆唇，弧腹，圈足。内满施透明釉，有涩圈，宽 1.4～1.9 厘米，釉下施白色化妆土，外施透明釉至腹部，釉面有小开片，外有流釉、积釉现象。圈足有旋削痕迹，外

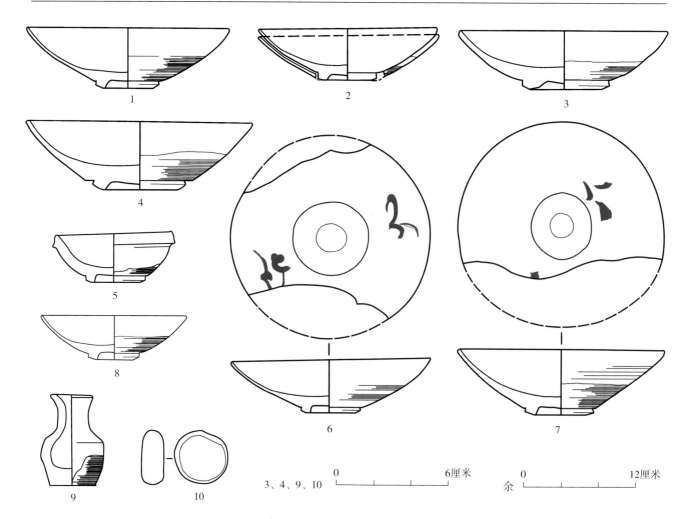

图 7-152 18 I H42 出土瓷器

1、2. 白瓷碗18 I H42：7、18 3、4. 白瓷盏18 I H42：28、31 5. 白瓷钵18 I H42：4 6、7. 白釉褐彩碗18 I H42：11、30 8. 黄釉碗 18 I H42：27 9. 酱釉瓶18 I H42：6 10. 素烧围棋子18 I H42：20

足墙外撇，足脊倾斜。黄色胎，较粗糙。口径 14.3、底径 5.3、通高 4.6 厘米（彩版 7-631）。

2. 白瓷盏

共 2 件。

18 I H42：28，残。敞口，圆唇，弧腹，圈足。内满施透明釉，有涩圈，宽 1.6～1.9 厘米，釉下施白色化妆土，内腹口沿处有与其他器物叠压痕迹，外施透明釉至下腹，外有轮痕，有少量土沁，釉面有小开片。圈足有旋削痕迹，外足墙外撇，足脊倾斜。黄色胎，较粗糙。口径 11.2、底径 4.6、通高 3.1 厘米（图 7-152，3；彩版 7-632）。

18 I H42：31，残。敞口，圆唇，弧腹，圈足。内满施透明釉，有涩圈，宽 1.2～1.9 厘米，外施透明釉至腹部，圈足有旋削痕迹，外足墙外撇，足脊倾斜。浅黄色胎，较致密。口径 12.2、底径 5、通高 3.65 厘米（图 7-152，4）。

3. 白瓷钵

共 1 件。

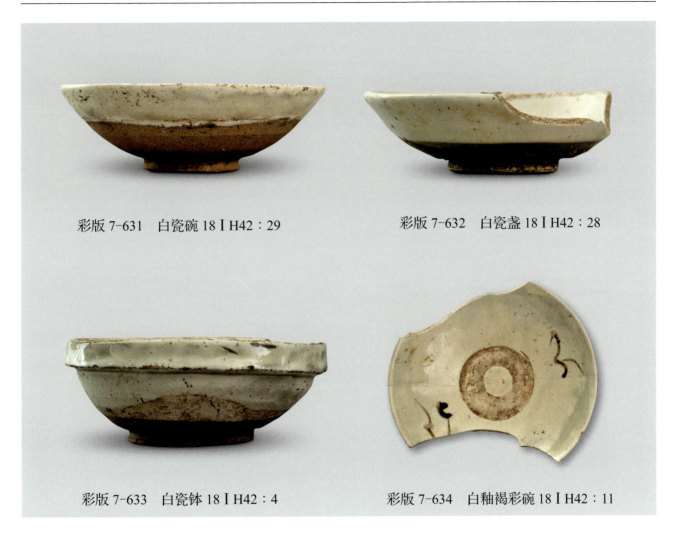

彩版 7-631　白瓷碗 18 I H42：29　　　　　彩版 7-632　白瓷盏 18 I H42：28

彩版 7-633　白瓷钵 18 I H42：4　　　　　彩版 7-634　白釉褐彩碗 18 I H42：11

18 I H42：4，残。敞口，圆唇，弧腹，口沿下有一凸棱，圈足。内满施透明釉，釉下施白色化妆土，外施透明釉至腹部，釉面有小开片。圈足有旋削痕迹，外足墙外撇，足脊倾斜，外底微凸。黄色胎，较粗糙。口径 13.05、底径 6.3、通高 5.4 厘米（图 7-152，5；彩版 7-633）。

（二）白釉褐彩瓷

白釉褐彩碗

共 2 件。

18 I H42：11，残。敞口，圆唇，弧腹，圈足。内满施透明釉，有涩圈，宽 2～2.5 厘米，釉下施白色化妆土，内腹饰褐彩萱草纹，外施透明釉至下腹，釉面有开片，有积釉现象，外有土沁。圈足有旋削痕迹，外足墙外撇，足脊倾斜，外底微凸。黄色胎、较致密。口径 21.5、底径 6.3、通高 5.9 厘米（图 7-152，6；彩版 7-634）。

18 I H42：30，残。敞口，圆唇，弧腹，圈足。内满施透明釉，有涩圈，宽 2.2～2.4 厘米，釉下施白色化妆土，内腹饰褐彩萱草纹，外施透明釉至腹部，内外有少量土沁，外有轮痕，有流釉现象。圈足有旋削痕迹，外足墙外撇，足脊倾斜。黄色胎，较粗糙。口径 21.9、底径 7.3、通高 6.7 厘米（图 7-152，7）。

（三）黄釉瓷

黄釉碗

共 1 件。

18 I H42：27，残。敞口，圆唇，弧腹，圈足。内满施黄釉，有涩圈，宽 1.8 厘米，内有土沁，外施黄釉至上腹部，有流釉、积釉现象。圈足有旋削痕迹，外足墙微外撇，足脊倾斜，外腹与内底外底有轮痕。黄色胎，较致密。口径 15.7、底径 5.6、通高 4.6 厘米（图 7-152，8）。

（四）酱釉瓷

酱釉瓶

共 1 件。

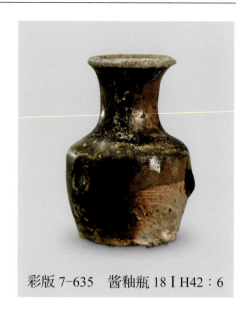

彩版 7-635　　酱釉瓶 18 I H42：6

18 I H42：6，敞口，圆唇，束颈，溜肩，弧腹，平底。内满施酱釉，外施酱釉至上腹部，有积釉，釉面窑变，外有轮痕，外底有窑粘。灰色胎，较致密。口径 2.3、腹径 3.4、底径 2.5、通高 4.85 厘米（图 7-152，9；彩版 7-635）。

（五）素烧瓷

素烧围棋子

共 1 枚。

18 I H42：20，微残，模制。圆饼状。上下平底，侧面有刮削痕迹。灰色胎，较粗糙。直径 2.9、厚 1.2 厘米（图 7-152，10）。

（六）窑具

1. 盏形支具

共 4 件。

18 I H42：2，残。敞口，方唇，斜沿，弧腹，平底内凹。外有轮痕，内有窑粘，外有釉粘。黄色胎，较粗糙。口径 8.8、底径 4.1、通高 2.2 厘米（图 7-153，1）。

18 I H42：22，残。敞口，方唇，斜沿，弧腹，平底内凹。外有轮痕，有少量土沁。黄色胎，较致密。口径 8.95、底径 4.6、通高 2.9 厘米（图 7-153，2）。

18 I H42：25，残。敞口，方唇，斜沿，弧腹，卧足。内腹有斑点，内外有轮痕，外腹有微凹刻划痕，有土沁与少量积釉，底部有一孔残缺，外下腹有一处疑似指压痕。黄色胎，较粗糙。口径 9.35、底径 4.7、通高 3.1 厘米（图 7-153，3）。

2. 钵形支具

共 11 件。

18 I H42：1，敞口，一侧敛口，方唇，弧腹，卧足。圈足有旋削痕迹，足脊倾斜，内底与外底微凹，周身有轮痕，内腹有土沁。黄色胎，较致密。口径 10.9、底径 5.8、通高 5.2 厘米（彩版 7-636）。

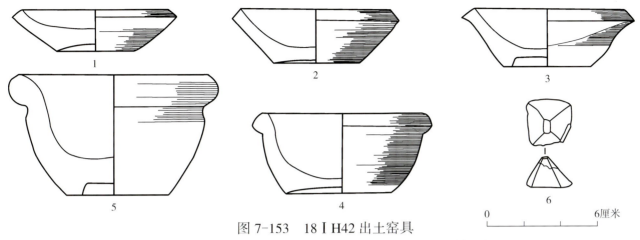

图 7-153　18 I H42 出土窑具
1～3. 盏形支具 18 I H42：2、22、25　　4、5. 钵形支具 18 I H42：3、8　　6. 支钉 18 I H42：21

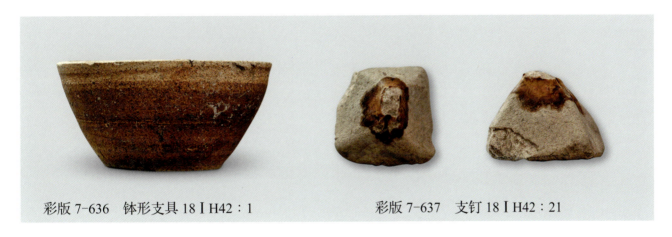

彩版 7-636　钵形支具 18 I H42：1　　　　　彩版 7-637　支钉 18 I H42：21

18 I H42：3，残。敞口，方唇，斜沿，弧腹，外腹折收，平底内凹。内外有轮痕，底部有一孔洞残缺，外底有釉粘。黄色胎，较粗糙。口径 9.6、底径 5.6、通高 4.25 厘米（图 7-153，4）。

18 I H42：8，残。敞口，圆唇，卷沿，腹部折收，弧腹，卧足。底部有一孔洞残缺，内外有轮痕，周身满施白色化妆土，脱落较严重。黄色胎，较粗糙。口径 11.2、底径 5.6、通高 6.4 厘米（图 7-153，5）。

3. 支钉
共 1 件。

18 I H42：21，残，捏制。支钉呈四棱锥状，平底，顶部有粘釉，顶部与底部边缘微残。黄色胎，较致密。长 2.45、宽 2.45、通高 1.6 厘米（图 7-153，6；彩版 7-637）。

二七　18 I H44

黄釉瓷

黄釉碗
共 1 件。

18 I H44：2，残。敞口，圆唇，斜弧腹，圈足。内施黄釉，有涩圈，宽 1.2 ～ 1.3 厘米，外施

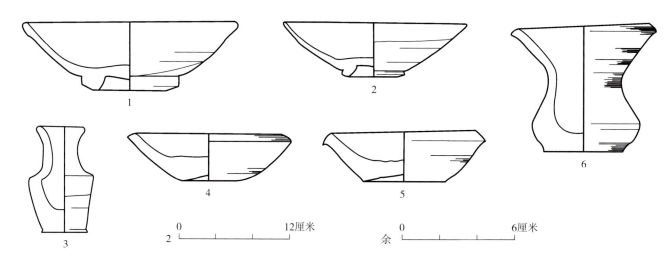

图 7-154　18ⅠH44、H45 出土遗物

1. 黄釉碗18ⅠH44：2　2. 白瓷碗18ⅠH45：1　3. 酱釉瓶18ⅠH45：3　4、5. 盏形支具18ⅠH45：6、7　6. 喇叭形支具18ⅠH45：4

黄釉至下腹，内外有土沁，外有轮痕，圈足有旋削痕迹，外足墙微外撇。黄色胎，较致密。口径 11.6、底径 5.2、通高 3.6 厘米（图 7-154，1）。

二八　18ⅠH45

（一）白瓷

白瓷碗

共 1 件。

18ⅠH45：1，残。敞口，圆唇，斜弧腹，圈足，挖足过肩，底部中心微凸。内施透明釉，有涩圈，宽 2～2.5 厘米，外施透明釉至上腹部，釉面有小开片，内外有土沁，外有轮痕，圈足有旋削痕迹，足脊微斜，外足墙微外撇。黄色胎，较粗糙。口径 19.9、底径 6.9、通高 5.8 厘米（图 7-154，2；彩版 7-638）。

（二）酱釉瓷

酱釉瓶

共 2 件。

18ⅠH45：3，微残。敞口，圆唇，长颈，折肩，弧腹，平底。内满施酱釉，外施酱釉至腹部，内外有土沁，外粘有小砂石。黄色胎，较致密。口径 2.6、腹径 3.4、底径 2.4、通高 5.6 厘米（图 7-154，3；彩版 7-639）。

18ⅠH45：5，敞口，圆唇，矮颈，折肩，

彩版 7-638　白瓷碗 18ⅠH45：1

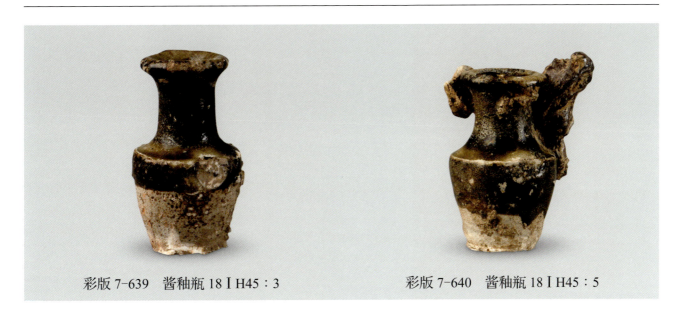

彩版 7-639　酱釉瓶 18ⅠH45：3　　　　　　彩版 7-640　酱釉瓶 18ⅠH45：5

弧腹，平底。内满施酱釉，外施酱釉至腹部，有流釉现象，下腹至底部施白色化妆土，内外有土沁，外有釉粘，有窑粘。灰色胎，较致密。口径 2.8、腹径 3.6、底径 2.2、通高 5.2 厘米（彩版 7-640）。

（三）窑具

1. 盏形支具

共 3 件。

18ⅠH45：6，微残。敞口，方唇，斜沿，弧腹，平底内凹。内外有土沁、轮痕。浅黄色胎，较致密。口径 8.9、底径 3、通高 2.6 厘米（图 7-154，4）。

18ⅠH45：7，微残。敞口，方唇，斜沿，弧腹，平底内凹。内外有土沁，有轮痕。浅黄色胎，较致密。口径 8.8、底径 4.4、通高 2.7 厘米（图 7-154，5）。

2. 喇叭形支具

共 1 件。

18ⅠH45：4，残。侈口，方唇，束颈，平底。内外有土沁，外有轮痕，底部因拉坯不均匀有导致的泥浆。黄色胎，较致密。口径 7.8、底径 4.2、通高 6.8 厘米（图 7-154，6）。

二九　18ⅠT0203 现代坑

（一）白瓷

白瓷碗

共 1 件。

18ⅠT0203 现代坑：2，残。敞口，圆唇，斜弧腹，圈足，挖足过肩，底部中心微凸。内满施透明釉，有涩圈，宽 1.35～1.5 厘米，外施透明釉至腹部，釉下施白色化妆土，内外有土沁，外有轮痕，圈足有旋削痕迹，足脊微斜，外足墙微外撇。黄色胎，较致密。口径 12、底径 4.8、通高 3.8 厘米（图 7-155，1）。

（二）窑具

喇叭形支具

共 1 件。

T0203 现代坑：1，残。侈口，方唇，束颈，平底。内外有土沁，有轮痕。周身有疑似施釉，有脱釉现象，口部有窑粘。灰色胎，较致密。口径 7.6、底径 4.5、通高 7.3 厘米（图 7-155，2）。

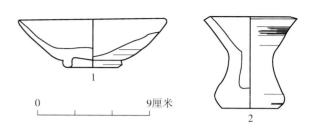

图 7-155　18Ⅰ T0203 现代坑出土遗物

1. 白瓷碗18ⅠT0203现代坑：2　2. 喇叭形支具18ⅠT0203现代坑：1

三〇　18Ⅰ TG2H4

（一）白瓷

白瓷盏

共 2 件。

18Ⅰ TG2H4：5，残。敞口，圆唇，弧腹，圈足，挖足过肩，底部中心微凸。内满施透明釉，有涩圈，宽 1.55 ~ 1.85 厘米，外施透明釉至腹部，釉下施白色化妆土，外有土沁，有轮痕，有窑粘，圈足有旋削痕迹，足脊微斜，外足墙微外撇。浅黄色胎，较致密。口径 11.9、底径 4.8、通高 4.2 厘米（图 7-156，1）。

（二）黄釉瓷

黄釉罐

共 1 件。

18Ⅰ TG2H4：2，残。敞口，圆唇，矮颈，颈部至腹部竖装条形系弧腹，圈足。内满施黄釉，外

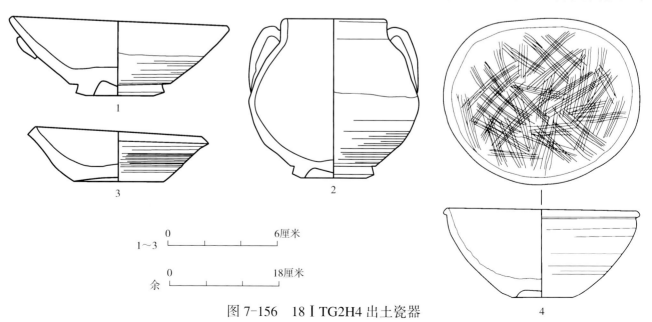

图 7-156　18Ⅰ TG2H4 出土瓷器

1. 白瓷盏18ⅠTG2H4：5　2. 黄釉罐18ⅠTG2H4：2　3. 盏形支具18ⅠTG2H4：4　4. 擂钵18ⅠTG2H4：1

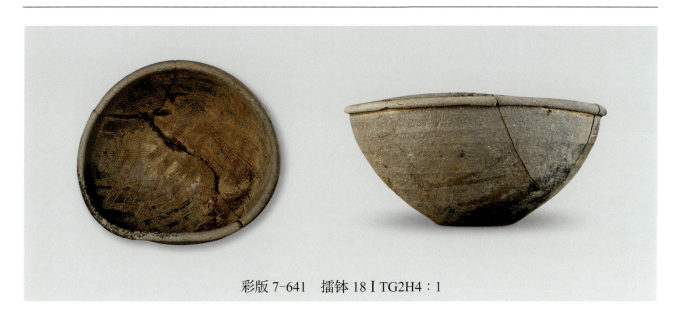

彩版 7-641　　擂钵 18ⅠTG2H4：1

施黄釉至腹部，内外有土沁，有轮痕，底部足跟旋削，外足墙微外撇，足脊微斜。黄色胎，较致密。口径 7.6、腹径 13.8、底径 6.6、通高 12.8 厘米（图 7-156，2）。

（三）窑具

1. 盏形支具

共 1 件。

18ⅠTG2H4：4，微残。敞口，方唇，斜平沿，弧腹，平底内凹。外有轮痕，有釉粘、窑粘。灰色胎，较致密。口径 9.7、底径 4.8、通高 2.9 厘米（图 7-156，3）。

2. 擂钵

共 1 件。

18ⅠTG2H4：1，微残。敞口，圆唇，卷沿，弧腹，卧足。内外施透明釉，有严重脱釉现象，内部布满刻槽，口部有变形，内外有土沁，外有窑粘，有轮痕。灰色胎，较致密。口径最长 31.8、最短 26.4、底径 9.8、通高 15.4 厘米（图 7-156，4；彩版 7-641）。

第四节　灰沟、灶、墓葬出土遗物

一　灰沟

（一）青瓷

青瓷瓶

共 1 件。

18ⅠG16：1，微残。盂口，圆唇，矮颈，溜肩，弧腹，颈部至腹部竖装条形系，饼底。内满施青釉，外施青釉至底部，有脱釉和窑变现象，内外有土沁，外有轮痕，有窑粘。灰色胎，较致密。口径 4、腹径 6、底径 3.2、通高 8.2 厘米（彩版 7-642）。

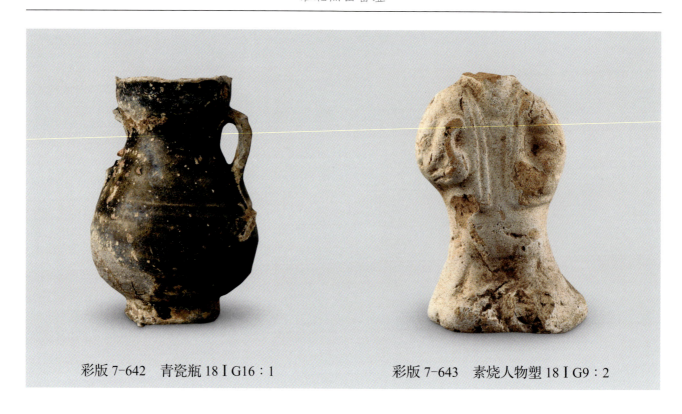

彩版 7-642　青瓷瓶 18ⅠG16：1　　　　彩版 7-643　素烧人物塑 18ⅠG9：2

（二）素烧瓷

素烧人物塑

共 1 件。

18ⅠG9：2，残，模制。站姿，背部平直。头部残，右手持一鸟，衣较长，周身施白色化妆土，施土不均匀。浅红色胎，较致密。长 3.3、宽 1.8、残高 5.7 厘米（图 7-157，1；彩版 7-643）。

（三）窑具

瓷泥

共 1 件。

18ⅠG7：1，微残，捏制。长方形，周身疑似施釉，有脱釉现象，侧面因拉坯不均匀导致的泥浆。有五指手窝印。灰色胎，较粗糙。长 8.2、宽 6.2、高 6.5 厘米（图 7-157，2；彩版 7-644）。

（四）铜器

铜钱

共 2 枚。

18ⅠG9：1，明道元宝，1 枚，篆书。重 4.1 克，直径 2.6、孔径 0.7、厚 0.1 厘米（图 7-157，8）。

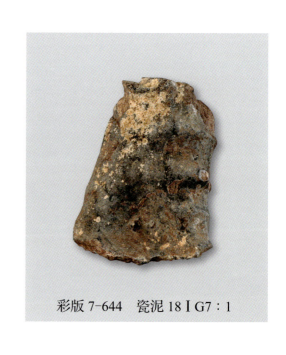

彩版 7-644　瓷泥 18ⅠG7：1

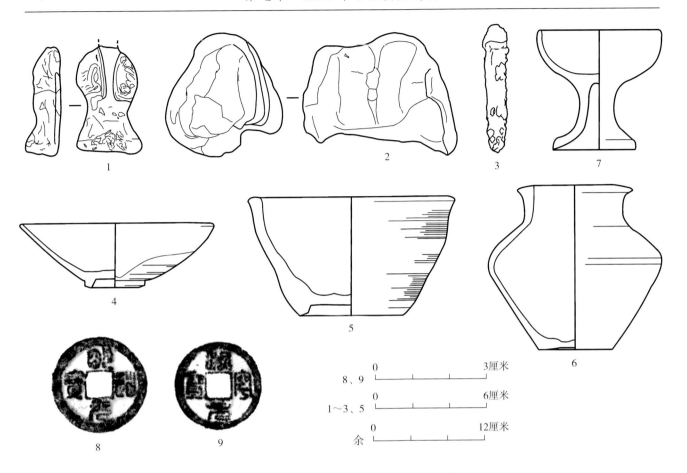

图 7-157　灰沟、灶、墓葬出土遗物

1. 素烧人物俑 18ⅠG9：2　2. 瓷泥 18ⅠG7：1　3. 铁钉 18ⅠG2：1　4. 白瓷碗 18ⅠZ1：2　5. 钵形支具 18ⅠZ1：1　6. 陶罐 18M1：1　7. 陶豆 18M1：2　8、9. 铜钱 18ⅠG9：1、G15：1

18ⅠG15：1，熙宁元宝，1 枚，篆书。重 3.7 克，直径 2.4、孔径 0.65、厚 0.1 厘米（图 7-157，9）。

（五）铁器

铁钉

共 1 枚。

18ⅠG2：1，铸造。锈蚀。一头圆，一头尖。长 6.8、宽 1.4、厚 1.2 厘米（图 7-157，3）。

二　18 Ⅰ Z1

（一）白瓷

白瓷碗

共 1 件。

18ⅠZ1：2，微残。敞口，圆唇，斜弧腹，圈足，挖足过肩。内施透明釉，有涩圈，宽 2.2 厘米，外施透明釉至腹部，有积釉现象，釉面无光泽，内外有土沁，外有轮痕，圈足有旋削痕迹，足脊微斜，外足墙微外撇。浅黄色胎，较致密。口径 20.8、底径 6.4、通高 6.8 厘米（图 7-157，4）。

（二）窑具

1. 钵形支具

共 1 件。

18ⅠZ1：1，残。敞口，圆唇，斜沿，弧腹折收，卧足。内外有轮痕，有土沁。黄色胎，较致密。口径 11.2、底径 5.6、通高 6.3 厘米（图 7-157，5）。

三　18M1

陶器

1. 陶罐

共 2 件。

18M1：1，残。直口，方唇，宽斜沿，矮径，溜肩，弧腹，平底微内收。内外有划痕。灰陶，胎较致密。口径 12.4、腹径 18.8、底径 8、通高 17.4 厘米（图 7-157，6）。

2. 陶豆

共 1 件。

18M1：2，残。敞口，圆唇，弧腹，肩下腹斜收，盘下喇叭形圈足。内外有划痕。灰陶，胎较致密。口径 13.4、底径 8.8、通高 12.7 厘米（图 7-157，7）。

第八章 2018 年 II 区出土遗物

第一节 地层出土遗物

（一）白瓷

白瓷枕

共 2 件。

T0202 ①：30，枕片，呈长方体，泥片贴筑。背面施透明釉，有裂纹现象，正面周围刻槽纹，有少量土沁。浅灰色胎，较致密。残长 10、残宽 9.1、厚 0.5 厘米（彩版 8-1）。

T0202 ①：33，枕片，呈长方体，泥片贴筑。通体施透明釉，釉面有小开片，有积釉现象。正面、右侧面及上面都有釉粘，左侧面有釉粘、窑粘。浅灰色胎，较致密。长 9.2、宽 9.2、残高 4.6 厘米（彩版 8-2）。

（二）素烧瓷

1. 素烧枕

共 10 件。

T0202 ①：34，枕片，呈长方体，泥片贴筑。正面两道宽棱包围菊花纹，有釉粘，下面有两道宽棱包围菊花纹，背部有划痕。浅黄色胎，较致密。残长 8、残宽 9.6、残高 7.1 厘米（彩版 8-3）。

T0202 ①：35，枕片，呈长方体，泥片贴筑。正面三道宽棱包围菊花纹，侧面有三道宽棱包围菊花纹，背面有轮痕。黄色胎，较致密。残长 9.4、残宽 11.4、残高 4.4 厘米（彩版 8-4）。

彩版 8-1　白瓷枕 T0202 ①：30　　　　彩版 8-2　白瓷枕 T0202 ①：33

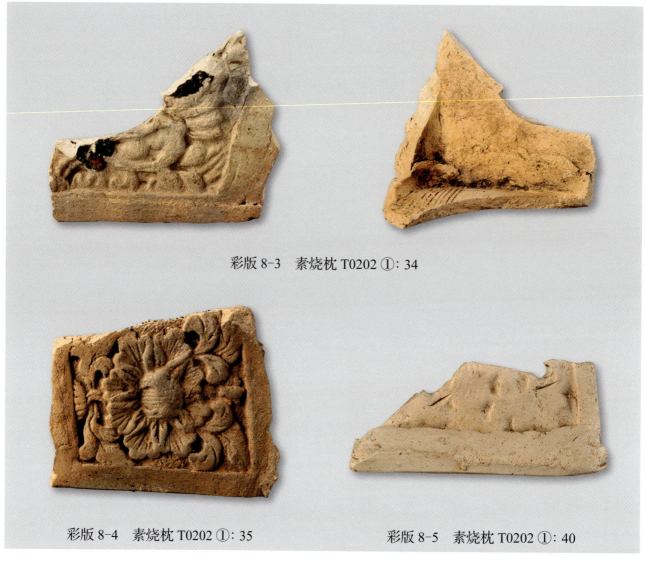

彩版 8-3　素烧枕 T0202 ①: 34

彩版 8-4　素烧枕 T0202 ①: 35

彩版 8-5　素烧枕 T0202 ①: 40

　　T0202 ①: 40，枕片，呈长方体，泥片贴筑。正面三道宽棱包围菊花纹，左上角及左下角各有一个小孔，侧面有两条宽棱，下面有两道宽棱包围菊花纹，背部有指纹印、划痕。浅黄色胎，较致密。残长 9、残宽 10.2、残高 3.8 厘米（彩版 8-5）。

　　T0202 ①: 41，枕片，呈长方体，泥片贴筑。正面两道宽棱包围菊花纹，背面有轮痕。黄色胎，较致密。残长 16.8、残宽 9、厚 0.8 厘米（彩版 8-6）。

　　T0202 ①: 42，枕片，呈长方体，泥片贴筑。正面三道宽棱包围菊花纹，侧面有两道宽棱包围菊花纹，背面有轮痕。浅黄色胎，较致密。

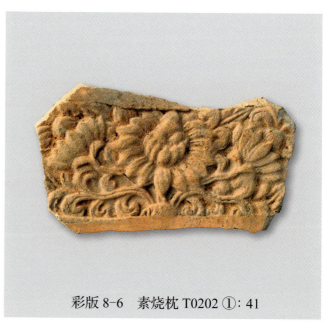

彩版 8-6　素烧枕 T0202 ①: 41

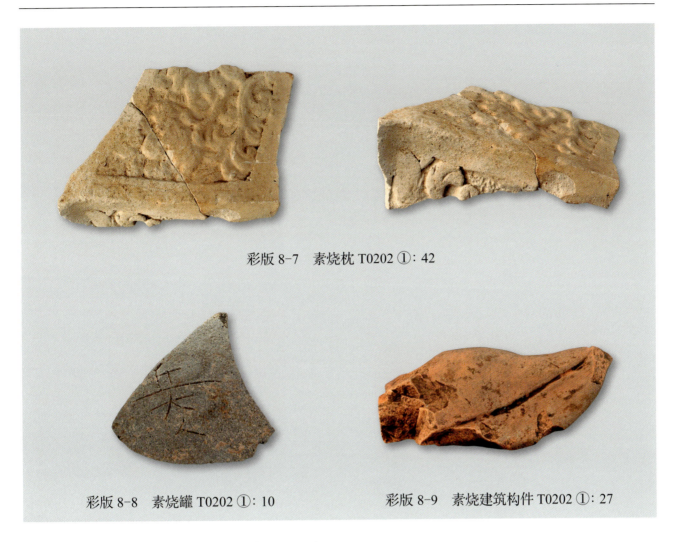

彩版 8-7　素烧枕 T0202 ①：42

彩版 8-8　素烧罐 T0202 ①：10　　　　　彩版 8-9　素烧建筑构件 T0202 ①：27

残长 11.3、残宽 8.7、残高 4.4 厘米（彩版 8-7）。

2. 素烧罐

共 1 件。

T0202 ①：10，罐残片，瓷罐腹部残片。弧腹，内外有轮痕，有土沁，外有釉粘，有刻字"丘大人"。浅灰色胎，较致密。残长 8.9、残宽 8.5 厘米（图 8-1，1；彩版 8-8）。

3. 素烧建筑构件

共 1 件。

T0202 ①：27，残，模制。平面呈三角形。周围有一圈凹弦纹，中间鼓，背部凹陷。红陶，胎较致密。残长 9.1、残宽 9、残高 4.1 厘米（彩版 8-9）。

（三）窑具

1. 窑柱

共 1 个。

T0202 ①：26，残。圆柱状。上方刻花瓣纹，周身有摩擦痕迹。灰色胎，较粗糙。直径 6、残高 7.5 厘米（彩版 8-10）。

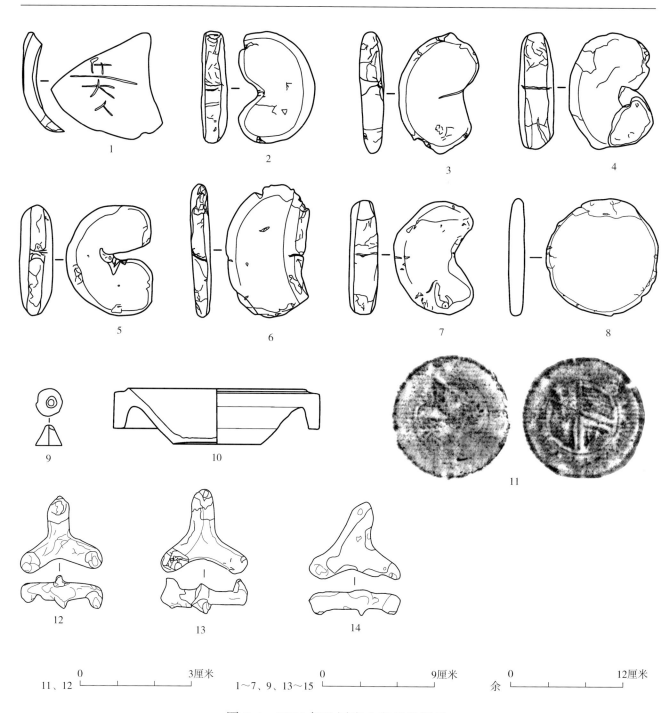

图 8-1　2018 年地层出土窑具及铜元

1. 素烧罐T0202①：10　2～7. 腰形垫饼T0202①：2、4、9、13、15、18　8. 圆形垫饼T0202①：3　9. 支钉T0202①：8　10. 匣钵T0202①：21
11. 铜元T0102①：2　12～14. 三叉支托T0202①：5、7、24

2. 三叉支托

共 8 件。

T0202 ①：1，两个粘在一起可分两层（彩版 8-11）。

T0202 ①：1-1，上，残，捏制。三叉形，扁平。三足残，两足上有窑粘。浅黄色胎，较致密。长 5.6、宽 4.9、通高 1.6 厘米。

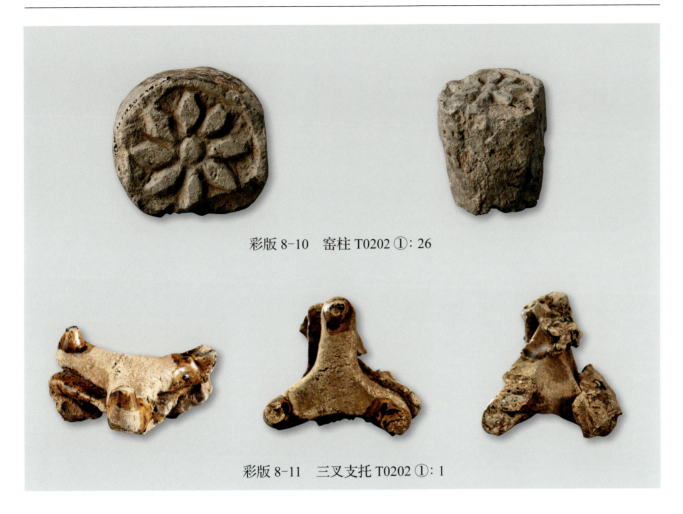

彩版 8-10　窑柱 T0202 ①: 26

彩版 8-11　三叉支托 T0202 ①: 1

T0202 ①: 1-2，下，微残，捏制。三叉形，扁平。三叉延伸处各有一条支腿，一足残，两足微残，其上施有三彩釉。浅黄色胎，较致密。长 5.9、宽 5.6、高 1.9、通高 7 厘米。

T0202 ①: 5，残，捏制。三叉形，扁平。三叉延伸处各有一条支腿，三足残，两足微残，其上施有三彩釉，一足上有窑粘，通体有土沁。浅黄色胎，较致密。长 6.6、宽 6.1、通高 2.6 厘米（图 8-1，12）。

T0202 ①: 7，残，捏制。三叉形，扁平。三叉延伸处各有一条支腿，两足残，其上施有三彩釉，施釉不均匀，两足上有窑粘。砖红色胎，较致密。长 7.1、宽 6.7、通高 2.8 厘米（图 8-1，13）。

T0202 ①: 24，残，捏制。三叉形，扁平。三叉延伸处各有一条支腿，支腿顶端下面各有一足，一足残。侧面施三彩釉，施釉不均匀。周身有裂缝。砖红色胎，较致密。长 7.3、宽 6.1、残高 2 厘米（图 8-1，14）。

3. 垫饼

共 13 个。

（1）腰形垫饼

12 件。

T0202 ①: 1，微残，平面近腰形。两面都有窑粘，整体有土沁。夹砂黄色胎，较粗糙。长 9.3、宽 6.3、厚 1.8 ～ 2.3 厘米（彩版 8-12）。

彩版 8-12　腰形垫饼 T0202 ①：1

　　T0202 ①：2，微残，平面近腰形。一面有支烧形成的痕迹，整体有土沁。夹砂黄色胎，粗糙。长 8.8、宽 6.1、厚 1.4～2.1 厘米（图 8-1，2）。

　　T0202 ①：4，微残，平面近腰形。一面有窑粘，整体有土沁。夹砂黄色胎，粗糙。长 9.6、宽 6.4、厚 1.4～1.9 厘米（图 8-1，3）。

　　T0202 ①：9，微残，平面近腰形。两面及侧面有釉粘，整体有土沁。夹砂黄色胎，粗糙。长 9.2、宽 6.8、厚 1.9～2.8 厘米（图 8-1，4）。

　　T0202 ①：12，微残，平面近腰形。两面都有窑粘，整体有土沁。夹砂黄色胎，粗糙。长 8.4、宽 6.7、厚 1.6～2.8 厘米（彩版 8-13）。

　　T0202 ①：13，微残，平面近腰形。整体有土沁。夹砂黄色胎，粗糙。长 8.7、宽 7、厚 1.2～2.7 厘米（图 8-1，5）。

　　T0202 ①：15，微残，平面近腰形。一面有支烧形成的痕迹，一面有窑粘，整体有土沁。夹砂黄色胎，粗糙。长 10.5、宽 6.8、厚 1～1.6 厘米（图 8-1，6）。

　　T0202 ①：16，微残，平面近腰形。一面有支烧形成的痕迹，整体有土沁。夹砂黄色胎，粗糙。长 8.8、宽 6.5、厚 1.2～2.3 厘米（彩版 8-14）。

　　T0202 ①：18，微残，平面近腰形。一面有窑粘，整体有土沁。夹砂黄色胎，粗糙。长 9、宽 6.4、厚 1.9～2.3 厘米（图 8-1，7）。

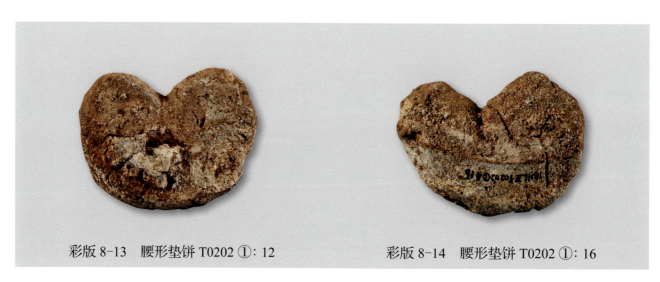

彩版 8-13　腰形垫饼 T0202 ①：12　　　　　　　彩版 8-14　腰形垫饼 T0202 ①：16

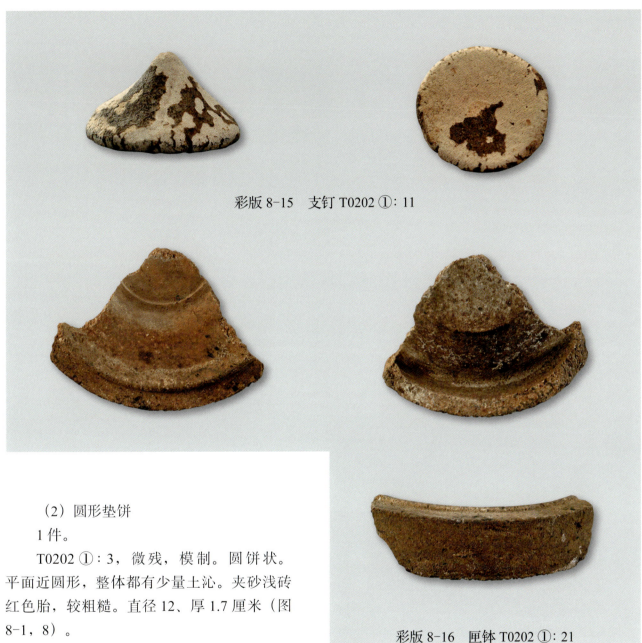

彩版 8-15 支钉 T0202 ①: 11

彩版 8-16 匣钵 T0202 ①: 21

（2）圆形垫饼

1 件。

T0202 ①: 3，微残，模制。圆饼状。平面近圆形，整体都有少量土沁。夹砂浅砖红色胎，较粗糙。直径 12、厚 1.7 厘米（图 8-1，8）。

4. 支钉

共 2 件。

T0202 ①: 8，微残，白瓷，捏制。近似梯形。平底，底部呈近圆形，顶部有三彩釉粘。白色胎，较致密。直径 2.2、通高 1.6 厘米（图 8-1，9）。

T0202 ①: 11，微残，白瓷，捏制。近似锥形。平底，底部呈圆形，周身有土沁。白色胎，较致密。直径 2.3、通高 1.9 厘米（彩版 8-15）。

5. 匣钵

共 1 件。

T0202 ①: 21，残。呈 M 状。子母口，圆唇，平沿，斜腹，平底。内外有轮痕。夹砂黄色胎，较粗糙。口径 22.4、底径 9.6、通高 5.9 厘米（图 8-1，10；彩版 8-16）。

（四）铜器

铜元

共 1 枚。

T0202 ①：2，铜元，1 枚，正面字迹锈蚀严重，无法辨识字体。重 10.2 克，直径 3.3、厚 0.15 厘米（图 8-1，11；彩版 8-17）。

彩版 8-17　铜元 T0202 ①：2

第二节　探沟出土遗物

一　18 Ⅱ TG1

（一）白瓷

1. 白瓷碗

共 1 件。18 Ⅱ TG1 ①层 1 件。

18 Ⅱ TG1 ①：4，残。敞口，圆唇，弧腹，饼底内凹。内满施透明釉，外施透明釉至腹部，釉下施白色化妆土，化妆土有小开片，有流釉、积釉现象，内外都有少量土沁，内有三个支钉、一个支钉痕，外粘有瓷片、轮痕，底部两个支钉、两个支钉痕。黄色胎，较粗糙。口径 15.2、底径 7、通高 4.8 厘米（彩版 8-18）。

2. 白瓷罐

共 1 件。18 Ⅱ TG1 ②层 1 件。

18 Ⅱ TG1 ②：5，罐残片。敞口，圆唇，弧腹。内外施透明釉，釉面有小开片，外有剔刻花卉纹、连体回纹。浅灰色胎，较致密。残长 8、残宽 6.95 厘米（彩版 8-19）。

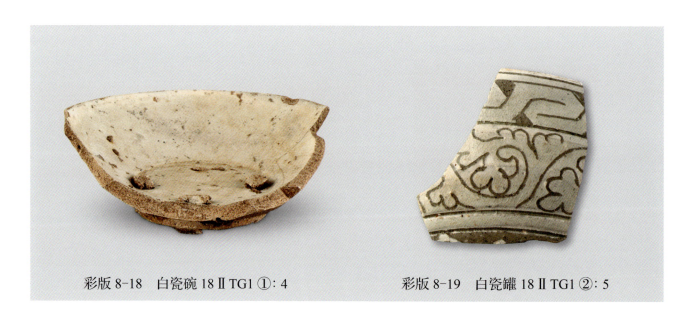

彩版 8-18　白瓷碗 18 Ⅱ TG1 ①：4　　　　彩版 8-19　白瓷罐 18 Ⅱ TG1 ②：5

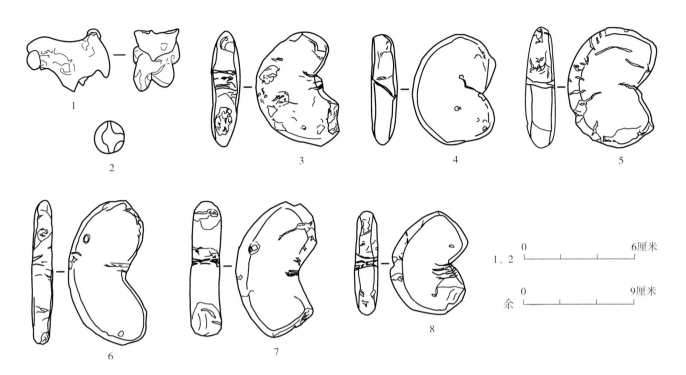

图 8-2　18Ⅱ TG1 出土遗物

1. 白瓷瓷塑18ⅡTG1①：5　2. 素烧球18ⅡTG1②：3　3～8.腰形垫饼18ⅡTG1①：1、8、13、14、17、2

3. 白瓷瓷塑

共 1 件。18ⅡTG1 ①层 1 件。

18ⅡTG1 ①：5，瓷动物塑，残，模制。站立。耳朵竖立，眼睛及嘴无，下巴微大，颈部较粗，尾巴及四足残。施透明釉至腹部，釉下施白色化妆土，化妆土有小开片，有脱釉现象。黄色胎，较致密。残长 4.5、宽 2.4、残高 3.3 厘米（图 8-2，1）。

（二）青瓷

青瓷瓷塑

共 1 件。18ⅡTG1 ①层 1 件。

18ⅡTG1 ①：6，瓷狗，残，模制。站立。头无，尾巴上翘，两前腿粗后腿细，青釉施至腿部及下腹。浅黄色胎，较致密。残长 4.7、宽 3、残高 2.9 厘米（彩版 8-20）。

（三）素烧瓷

1. 素烧罐

共 1 件。18ⅡTG1 ①层 1 件。

18ⅡTG1 ①：7，罐腹片。侈口，圆唇，弧腹。内外有轮痕，外刻"杨"字，疑似施釉，有脱釉现象。浅黄色胎，较粗糙。残长 10.8、残宽 10.3 厘米（彩版 8-21）。

2. 素烧球

共 1 件。18ⅡTG1 ②层 1 件。

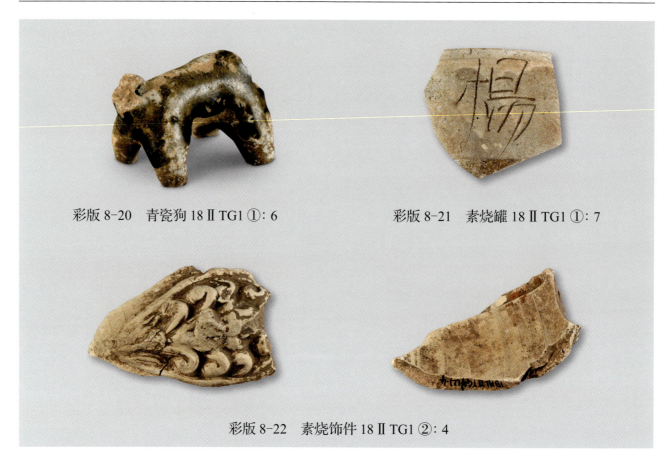

彩版 8-20 青瓷狗 18 Ⅱ TG1 ①: 6　　　　彩版 8-21 素烧罐 18 Ⅱ TG1 ①: 7

彩版 8-22 素烧饰件 18 Ⅱ TG1 ②: 4

18 Ⅱ TG1 ②: 3，揉制。圆球形。三分之一施黄釉。灰色胎，致密。直径 1.6 厘米（图 8-2，2）。

3. 素烧饰件

共 1 件。18 Ⅱ TG1 ②层 1 件。

18 Ⅱ TG1 ②: 4，模制。长方形。正面饰花草纹，内有轮痕。浅黄色胎，较致密。残长 8.7、残宽 5.4、高 3.6 厘米（彩版 8-22）。

（四）窑具

腰形垫饼

共 15 件。18 Ⅱ TG1 ①层 13 件，18 Ⅱ TG1 ②层 2 件。

18 Ⅱ TG1 ①: 1，平面近腰形。一面及侧面疑似施釉，有裂缝。夹砂黄色胎，较粗糙。长 9.1、宽 6.7、厚 1.8 ～ 2.1 厘米（图 8-2，3）。

18 Ⅱ TG1 ①: 8，平面近腰形。周身有条形裂痕，粘有小砂石，裂缝。夹砂黄色胎，较粗糙。长 8.7、宽 6.6、厚 1.6 ～ 2.1 厘米（图 8-2，4）。

18 Ⅱ TG1 ①: 9，平面近腰形。一面疑似施釉，有窑粘，侧面有裂缝，另一面有釉粘。夹砂黄色胎，较粗糙。长 8.4、宽 5.7、厚 1.3 ～ 1.9 厘米（彩版 8-23）。

18 Ⅱ TG1 ①: 13，平面近腰形。周身有条形裂痕，裂缝。夹砂黄色胎，较粗糙。长 9.5、宽 7.1、厚 1.6 ～ 2.4 厘米（图 8-2，5）。

18 Ⅱ TG1 ①: 14，平面近腰形。一面疑似施釉，有支烧痕迹，侧面有裂缝，另一面有釉粘，小砂石。

彩版 8-23　腰形垫饼 18ⅡTG1①：9

彩版 8-24　白瓷碗 18ⅡTG4扩③：17

夹砂黄色胎，较粗糙。长 11.4、宽 6.3、厚 1.7 厘米（图 8-2，6）。

18ⅡTG1①：17，微残，捏制。腰形状。平面近腰形。一面有支烧痕迹，周身有裂缝，条形裂痕，粘有小砂石，另一面有窑粘。夹砂砖红色胎，较粗糙。长 10.7、宽 6.5、厚 2.3 厘米（图 8-2，7）。

18ⅡTG1②：2，残，捏制。腰形状。平面近腰形。整体有土沁。夹砂黄色胎，粗糙。长 8.2、宽 6.2、厚 1.3～1.9 厘米（图 8-2，8）。

二　18ⅡTG4扩

（一）白瓷

白瓷碗

共 23 件。18ⅡTG4扩③层 1 件，18ⅡTG4扩④层 1 件，18ⅡTG4扩⑤层 16 件，18ⅡTG4扩⑥层 1 件，18ⅡTG4扩⑨层 3 件，18ⅡTG4扩⑪层 1 件。

18ⅡTG4扩③：17，残。敞口，圆唇，弧腹，饼底内凹。内满施透明釉，外施透明釉至中下腹，有流釉、积釉现象，釉面有小开片，釉下施白色化妆土，有流土现象，内底有两个支钉，内有少量土沁，外有轮痕，土沁。浅黄色胎，较致密。口径 15.2、底径 6.9、通高 5 厘米（彩版 8-24）。

18ⅡTG4扩④：2，残。敞口，圆唇，弧腹，圈足。内满施透明釉，有烧裂现象，外施透明釉至下腹，釉下施白色化妆土，化妆土有小开片，内有一个支钉、四个支钉痕，外有轮痕，底部有釉粘。圈足有旋削痕迹，足脊微斜，外足墙微外撇。夹砂浅黄色胎，较粗糙。口径 18.4、底径 8.2、通高 6 厘米（图 8-3，1）。

18ⅡTG4扩⑤：28，残。敞口，圆唇，弧腹，假圈足。内外满施透明釉。腹部有土沁，内有两个支钉、一个支钉痕，足脊有一个支钉、一个支钉痕，外腹粘有瓷片。外足墙微外撇，足墙跟有旋削痕迹。夹砂浅黄色胎，较致密。口径 14.8、底径 7.1、高 4.8、通高 5 厘米（彩版 8-25）。

18ⅡTG4扩⑤：32，残。敞口，圆唇，弧腹，圈足。内满施透明釉，外施透明釉至下腹，釉下

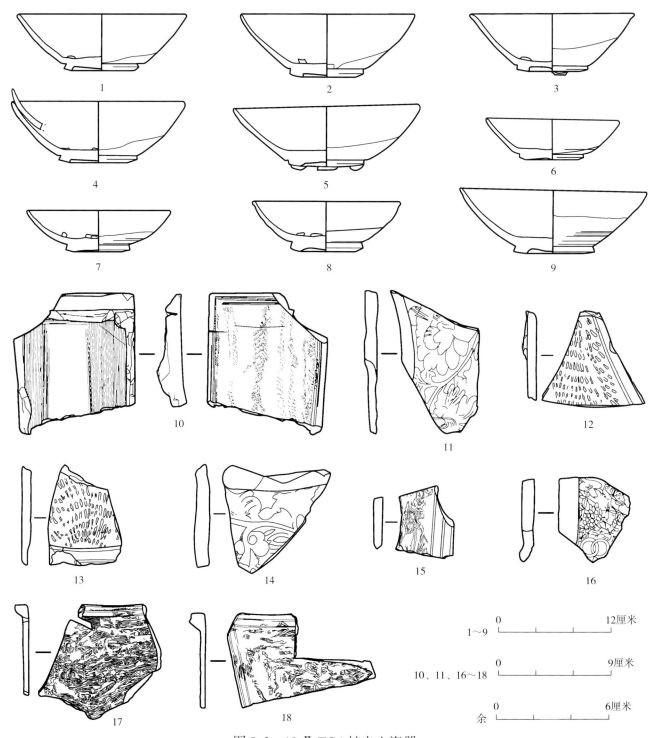

图 8-3　18 Ⅱ TG4 扩出土瓷器

1～9. 白瓷碗18ⅡTG4扩④：2、TG4扩⑤：32、37、39、40、48、TG4扩⑥：1、TG4扩⑨：2、7　10～18. 素烧枕18ⅡTG4扩②：18

施白色化妆土，有流釉现象，内有两个支钉、三个支钉痕。外足墙微外撇，足墙跟有旋削痕迹。浅灰色胎，较粗糙。口径 18.8、底径 7.7、通高 6.7 厘米（图 8-3，2）。

18 Ⅱ TG4 扩⑤：33，残。敞口，圆唇，弧腹，圈足。内满施透明釉，外施透明釉至下腹，釉下施白色化妆土，有流釉、积釉现象，内有七个支钉痕，足脊上有五道支钉痕。外足墙微外撇，足墙

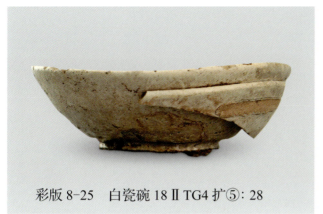

彩版 8-25　白瓷碗 18 Ⅱ TG4 扩⑤：28

跟有旋削痕迹。浅灰色胎，较粗糙。口径
20.2、底径 8.6、通高 6.5 厘米（彩版 8-26）。

18 Ⅱ TG4 扩⑤：37，残。侈口，圆唇，弧腹，
圈足。内满施透明釉，外施透明釉至腹部，
釉下施白色化妆土，釉面有小开片，内有一
个支钉、三个支钉痕，足脊上有四个支钉痕，
外有轮痕。外足墙微外撇，足墙跟旋削。浅
灰色胎，较粗糙。口径 17.6、底径 7.5、高 6.1、
通高 6.5 厘米（图 8-3，3）。

18 Ⅱ TG4 扩⑤：39，残。敞口，圆唇，弧腹，
圈足。内满施透明釉，外施透明釉至腹部，
釉下施白色化妆土，釉面有小开片，内有四
个支钉，口沿有瓷片粘接，外有轮痕。外足
墙微外撇，足墙跟旋削。浅灰色胎，较粗糙。
口径 18.8、底径 8.4、高 6.5、通高 7.8 厘米（图
8-3，4）。

18 Ⅱ TG4 扩⑤：40，残。敞口，圆唇，弧腹，
圈足。内满施透明釉，外施透明釉至腹部，
釉面无光泽，内有土沁，外有轮痕，足脊有
三个支钉。外足墙微外撇，足墙跟旋削。浅
黄色胎，较粗糙。口径 20、底径 8、高 6.6、
通高 7 厘米（图 8-3，5）。

彩版 8-26　白瓷碗 18 Ⅱ TG4 扩⑤：33

18 Ⅱ TG4 扩⑤：48，微残。敞口，圆唇，弧腹，假圈足。内满施透明釉，外施透明釉至下腹，
釉面无光泽。外足墙微外撇，足墙跟旋削。浅黄色胎，较致密。口径 14.4、底径 6.8、通高 4.4 厘米（图
8-3，6）。

18 Ⅱ TG4 扩⑤：56，残。侈口，圆唇，弧腹，圈足。内满施透明釉，外施透明釉至腹部，釉下
施白色化妆土，釉面有小开片，内有三个支钉，外有轮痕。外足墙微外撇，足墙跟旋削。浅灰色胎，

较粗糙。口径 20.4、底径 8.4、通高 6.1 厘米（彩版 8-27）。

18 Ⅱ TG4 扩⑥：1，残。敞口，圆唇，弧腹，假圈足。内满施透明釉，外施透明釉至腹部，釉下施白色化妆土，釉面有小开片，内有四个支钉，外有轮痕。外足墙微外撇，足墙跟旋削，足脊斜削。浅黄色胎，较粗糙。口径 15.6、底径 7、通高 4.4 厘米（图 8-3，7）。

18 Ⅱ TG4 扩⑨：2，残。敞口，圆唇，弧腹，圈足。内满施透明釉，外施透明釉至腹部，釉下施白色化妆土，釉面有小开片，内有四个支钉，足脊上有四个支钉痕。外足墙微外撇，足墙跟旋削。浅黄色胎，较粗糙。口径 16、底径 7.8、通高 5.3 厘米（图 8-3，8）。

18 Ⅱ TG4 扩⑨：7，残。敞口，圆唇，弧腹，圈足。内满施透明釉，外施透明釉至上腹部，外有轮痕。外足墙微外撇，足墙跟旋削。浅黄色胎，较粗糙。口径 20、底径 8.6、通高 6.9 厘米（图 8-3，9）。

（二）青瓷

青瓷垫砖

共 1 件。18 Ⅱ TG4 扩⑤层 1 件。

18 Ⅱ TG4 扩⑤：11，青瓷罐底带垫砖（彩版 8-28）。

18 Ⅱ TG4 扩⑤：11-1，青瓷罐底，弧腹。内满施青釉，外满施青釉，釉面有小开片，内有轮痕，内底心有粘接物，足底粘有窑砖残块一个。浅灰色胎，较粗糙。底径 10.4、残高 22 厘米。

18 Ⅱ TG4 扩⑤：11-2，窑砖残块，上施有青釉。浅灰色胎，较致密。残长 17.1、残宽 9.1、残高 3.6、通高 25.8 厘米。

（三）黄釉瓷

黄釉印花砖

共 1 件。18 Ⅱ TG4 扩⑩层 1 件。

18 Ⅱ TG4 扩⑩：1，残，模制。上面有施黄釉，有印花纹饰，粘有窑具残块，侧面粘有瓷片，底部粘有窑具残块。浅砖红色胎，较粗糙。残长 12.6、残宽 17.2、残高 8.6 厘米（彩版 8-29）。

彩版 8-27　白瓷碗 18 Ⅱ TG4 扩⑤：56

彩版 8-28　青瓷垫砖 18 Ⅱ TG4 扩⑤：11

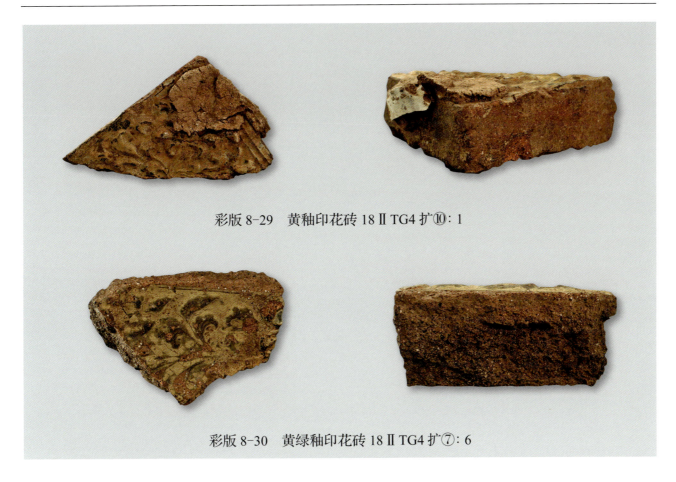

彩版 8-29　黄釉印花砖 18 II TG4 扩⑩：1

彩版 8-30　黄绿釉印花砖 18 II TG4 扩⑦：6

（四）黄绿釉瓷

黄绿釉印花砖

共 1 件。18 II TG4 扩⑦层 1 件。

18 II TG4 扩⑦：6，印花砖，残，模制。上面施黄釉，无光泽，有印花纹饰。浅黄色胎，较粗糙。残长 9、残宽 12.7、残高 5.6 厘米（彩版 8-30）。

（五）素烧瓷

1. 素烧枕

共 2 件。18 II TG4 扩①层 1 件，18 II TG4 扩②层 1 件。

18 II TG4 扩①：5，枕片，枕侧面模印花纹。砖红色胎，较致密。残长 7.8、残宽 6.7、厚 0.4 ～ 1.2 厘米（彩版 8-31）。

18 II TG4 扩②：18，枕片 9 片（图 8-3，10 ～ 18）。

18 II TG4 扩②：18-1，划花枕，仅存残片，模制。枕面微凹，用两道凹弦纹刻方形，内有戳印纹。砖红色胎，较粗糙。残长 11.2、残宽 9.8、厚 0.5 ～ 2.1 厘米。

18 II TG4 扩②：18-2，印花枕，仅存残片。模印连枝牡丹花纹。浅黄色胎，较粗糙。残长 11.4、残宽 7.1、厚 0.6 ～ 1.2 厘米。

18 II TG4 扩②：18-3，划花枕，仅存残片，模制。枕面微凹，有戳印纹。浅黄色胎，较粗糙。

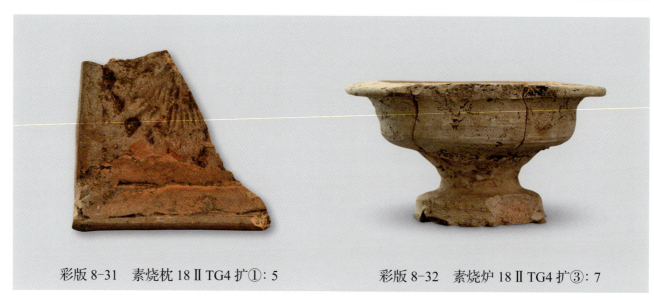

彩版 8-31 素烧枕 18ⅡTG4扩①：5　　　　彩版 8-32 素烧炉 18ⅡTG4扩③：7

残长 5.2、残宽 5.5、厚 0.5 ～ 0.9 厘米。

18ⅡTG4扩②：18-4，划花枕，仅存残片，模制。有戳印纹。浅红色胎。残长 5.3、残宽 4、厚 0.3 ～ 0.6 厘米。

18ⅡTG4扩②：18-5，印花枕，仅存残片。模印连枝花纹。浅红色胎，较粗糙。残长 5.8、残宽 5.9、厚 0.9 厘米。

18ⅡTG4扩②：18-6，印花枕，仅存残片。模印花卉纹。浅红色胎，较粗糙。残长 6.8、残宽 5.7、厚 0.5 ～ 2.1 厘米。

彩版 8-33 素烧球 18ⅡTG4扩⑤：4

18ⅡTG4扩②：18-7，绞胎枕，仅存残片。以红、黄两种胎土揉在一起贴面，印凹弦纹两道。黄色胎，较粗糙。残长 3.8、残宽 3.2、厚 0.5 厘米。

18ⅡTG4扩②：18-8，绞胎枕，仅存残片。枕面微凹，以红、黄两种胎土揉在一起贴面。黄色胎，较粗糙。残长 10、残宽 9.1、厚 0.5 ～ 1.2 厘米。

18ⅡTG4扩②：18-9，绞胎枕，仅存残片。枕面微凹，以红、黄两种胎土揉在一起贴面，印凹弦纹两道。黄色胎，较粗糙。残长 12、残宽 7.5、厚 0.5 ～ 1.5 厘米。

2. 素烧炉

共 1 件。18ⅡTG4扩③层 1 件。

18ⅡTG4扩③：7，微残。敞口，宽平沿，直腹，束腰，饼底。口沿有釉粘，腹部有因拉坯不均匀导致的泥浆，内外有轮痕，少量土沁。浅砖红色胎，较致密。口径 11、底径 5.7、通高 5.9 厘米（彩版 8-32）。

3. 素烧球

共 1 件。18ⅡTG4扩⑤层 1 件。

18ⅡTG4扩⑤：4，揉制。球形，局部有一些土沁。浅灰色胎，较致密。直径 1.4 厘米（彩版 8-33）。

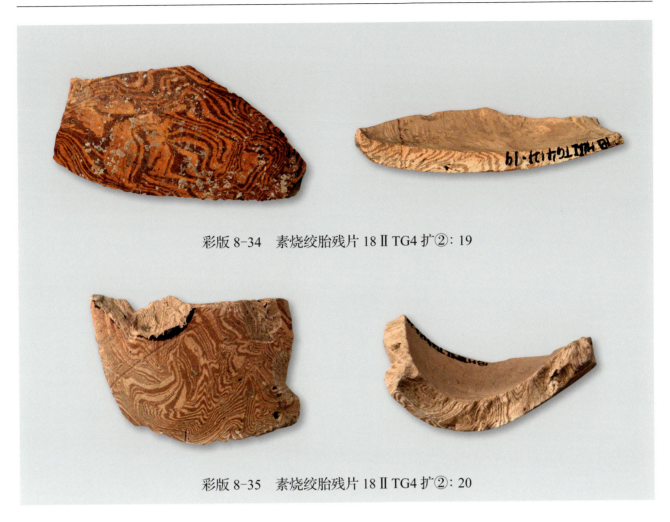

彩版 8-34　素烧绞胎残片 18ⅡTG4 扩②: 19

彩版 8-35　素烧绞胎残片 18ⅡTG4 扩②: 20

4. 素烧绞胎残片

共 3 件。18ⅡTG4 扩②层 2 件，18ⅡTG4 扩③层 1 件。

18ⅡTG4 扩②: 19，绞胎，内有轮痕，外施黄釉，釉面有小开片，有少量土沁，两面均施绞胎纹。浅砖红色胎，较致密。长 6.8、宽 3.9 厘米（彩版 8-34）。

18ⅡTG4 扩②: 20，外施绞胎纹，有釉粘，两面均有轮痕。浅砖红色胎，较致密。长 5.2、宽 4.4 厘米（彩版 8-35）。

18ⅡTG4 扩③: 11，侈口，圆唇。两面均施黄釉，釉面有小开片，两面均施绞胎纹，另一面有少量土沁，有指纹印。浅黄色胎，较致密。长 6.7、宽 4.2 厘米（彩版 8-36）。

彩版 8-36　素烧绞胎残片 18ⅡTG4 扩③: 11

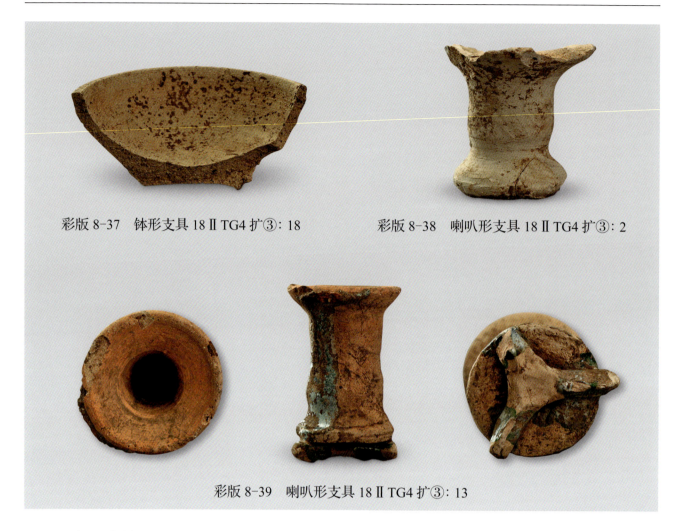

彩版 8-37　钵形支具 18ⅡTG4 扩③: 18　　　　　彩版 8-38　喇叭形支具 18ⅡTG4 扩③: 2

彩版 8-39　喇叭形支具 18ⅡTG4 扩③: 13

（六）窑具

1. 钵形支具

共 1 件。18ⅡTG4 扩③ 1 件。

18ⅡTG4 扩③: 18，残。敞口，方唇，斜平沿，弧腹，平底。腹部有因拉坯不均匀导致的泥浆，底部有两个支钉，内外有轮痕，少量土沁。黄色胎，较粗糙。口径 13.4、底径 6.4、通高 5.7 厘米（彩版 8-37）。

2. 喇叭形支具

共 4 个。18ⅡTG4 扩② 1 件，18ⅡTG4 扩③ 3 件。

18ⅡTG4 扩②: 13，模制。敞口，斜沿，圆唇，上腹部内收，下腹微鼓内收，平底。器身内外和底部均有轮制留下的弦纹和涡纹痕。白色胎，较粗糙。口径 6、底径 4.6、通高 7.4 厘米（图 8-4，1）。

18ⅡTG4 扩③: 2，残。侈口，圆唇，束腰，弧腹，平底。腹部有因拉坯不均匀导致的泥浆，腹至底部有三彩釉粘，内外有轮痕，少量土沁。浅黄色胎，较致密。口径 7、底径 8.6、高 5.4、通高 8.2 厘米（彩版 8-38）。

18ⅡTG4 扩③: 13，2 件，喇叭形支具带支托（彩版 8-39）。

18ⅡTG4扩③：13-1，喇叭形支具，微残。侈口，圆唇，束腰，饼底。腹部有因拉坯不均匀导致的泥浆，有指纹印，口沿有釉粘，口沿下有窑粘，外有三彩釉，内外有轮痕，少量土沁。黄色胎，较致密。口径 7、底径 5.8、高 9.2 厘米。

18ⅡTG4扩③：13-2，支托，残，捏制。一腿残，捏制，三叉形。三叉延伸处各有一条支腿，腿上有凸棱，其上施有三彩釉，通体有指纹印，少量土沁。黄色胎，较致密。长 5.8、宽 5.6、高 1.5、通高 10.6 厘米。

18ⅡTG4扩③：16，微残。敞口，圆唇，束腰，弧腹，平底微内凹。口沿至底部有三彩釉粘，内外有轮痕、窑粘，少量土沁。黄色胎，较致密。口径 7、底径 4.9、高 6.4、通高 6.6 厘米（图 8-4，2）。

3. 三叉支托

共 8 件。

（1）素烧三叉支托

6 件。18ⅡTG4扩①层 1 件，18ⅡTG4扩②层 3 件，18ⅡTG4扩③层 1 件，18ⅡTG4扩④层 1 件。

18ⅡTG4扩①：7，捏制。三叉形，扁平。残一足，三叉延伸处各有一条支腿，中部和折角处手捏痕迹明显。砖红色胎，较致密。长 6.8、宽 4.9、通高 1.2 厘米（图 8-4，3）。

18ⅡTG4扩②：15，捏制。三叉形，扁平。三叉延伸处各有一条支腿，足端下折成锥状，折角处和背面手捏痕明显。红色胎，较粗糙。长 7.9、宽 5.5、通高 2.6 厘米（图 8-4，4）。

18ⅡTG4扩②：17，捏制。三叉形，扁平。三叉延伸处各有一条支腿，足端下折成锥状，折角处和背面手捏痕明显。灰色胎，较粗糙。长 6、宽 5.2、通高 2 厘米（彩版 8-40）。

18ⅡTG4扩③：14，微残，捏制。三叉形，扁平。三叉延伸处各有一条支腿，腿上有凸棱，通

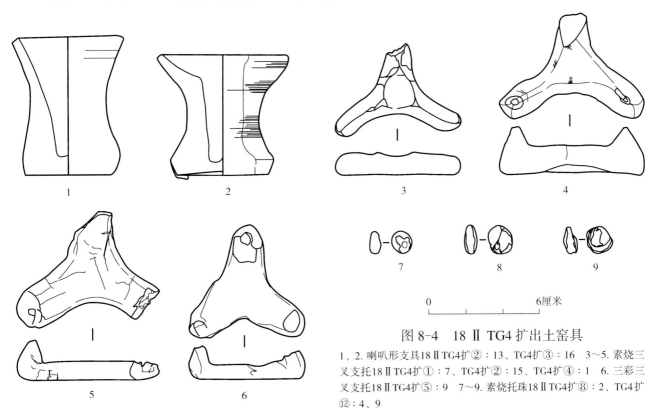

图 8-4 18Ⅱ TG4 扩出土窑具

1、2. 喇叭形支具 18ⅡTG4扩②：13、TG4扩③：16 3～5. 素烧三叉支托 18ⅡTG4扩①：7、TG4扩②：15、TG4扩④：1 6. 三彩三叉支托 18ⅡTG4扩⑤：9 7～9. 素烧托珠 18ⅡTG4扩⑧：2、TG4扩⑫：4、9

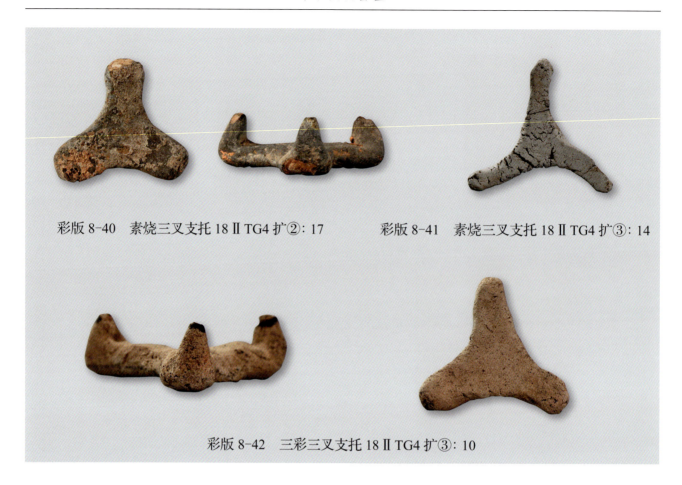

彩版 8-40　素烧三叉支托 18 Ⅱ TG4 扩②：17　　　　彩版 8-41　素烧三叉支托 18 Ⅱ TG4 扩③：14

彩版 8-42　三彩三叉支托 18 Ⅱ TG4 扩③：10

体有指纹印，裂缝，少量土沁。灰白色胎，较致密。长 8.2、宽 7.2、通高 1.4 厘米（彩版 8-41）。

　　18 Ⅱ TG4 扩④：1，残，捏制。三叉形，扁平。三叉有延伸，两足残，面上有烧裂现象。砖红色胎，较致密。长 7.6、宽 6.1、通高 2.2 厘米（图 8-4，5）。

　　（2）三彩三叉支托

　　3 件。18 Ⅱ TG4 扩③层 1 件，18 Ⅱ TG4 扩⑤层 1 件。

　　18 Ⅱ TG4 扩③：10，微残，捏制。三叉形，扁平。三足微残，三叉延伸处各有一条支腿，其上施有三彩釉粘，有指纹印，有少量土沁。黄色胎，较致密。长 5.85、宽 5、通高 1.7 厘米（彩版 8-42）。

　　18 Ⅱ TG4 扩⑤：9，微残，捏制。三叉形，扁平。三叉延伸处各有一条支腿，其上施有三彩釉。浅黄色胎，较致密。长 6.2、宽 6、通高 1.8 厘米（图 8-4，6）。

　　4. 瓷泥支垫

　　共 3 件。18 Ⅱ TG4 扩①层 2 件，18 Ⅱ TG4 扩⑤层 1 件。

　　18 Ⅱ TG4 扩①：8，残，模制。边缘较厚，中间突出一圆形小垫饼，中间垫饼与边缘之间有凹槽，背面较平。有开裂现象。夹砂黄色胎，较致密。长 9.6、宽 8.3、厚 0.8 ～ 1.8 厘米（彩版 8-43）。

　　18 Ⅱ TG4 扩⑤：51，残，模制。一面中心处有一道通透的裂缝，另一面有支烧痕迹比较明显，外圈有较多小缝隙。浅黄色胎，较致密。长 10.1、宽 9.8、厚 0.3 ～ 2.3 厘米（彩版 8-44）。

　　5. 素烧托珠

　　共 11 个。18 Ⅱ TG4 扩⑧层 1 件，18 Ⅱ TG4 扩 ⑫ 层 10 件。

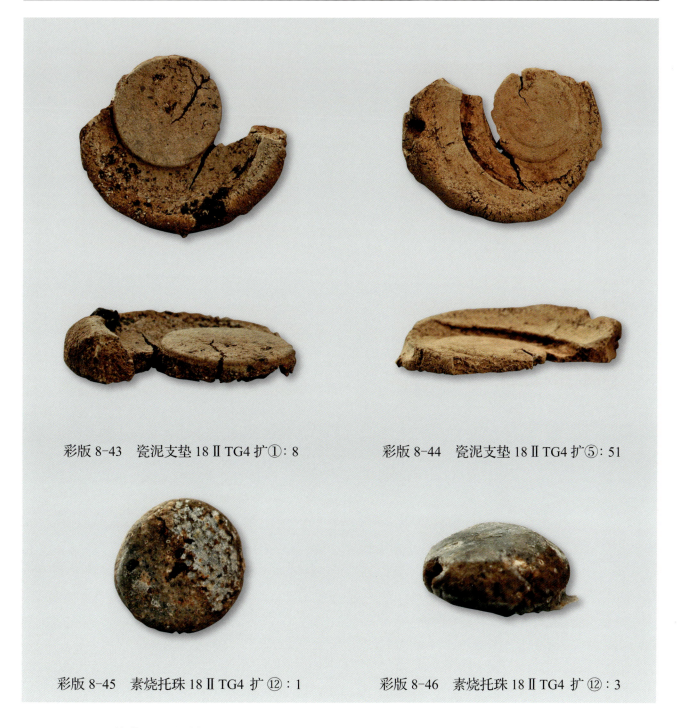

彩版 8-43　瓷泥支垫 18Ⅱ TG4 扩①: 8　　　　　　彩版 8-44　瓷泥支垫 18Ⅱ TG4 扩⑤: 51

彩版 8-45　素烧托珠 18Ⅱ TG4 扩⑫: 1　　　　　　彩版 8-46　素烧托珠 18Ⅱ TG4 扩⑫: 3

18Ⅱ TG4 扩⑧: 2，捏制。扁形，豆状。上有釉粘。浅灰色胎，较致密。直径 1.1、厚 0.6 厘米（图 8-4，7）。

18Ⅱ TG4 扩⑫: 1，捏制。扁形，与围棋子相似。中间有不规则小孔。浅灰色胎，较致密。直径 1.3、厚 0.5 厘米（彩版 8-45）。

18Ⅱ TG4 扩⑫: 3，捏制。扁形，不规则豆状。正背面皆覆盖有青灰釉粘。浅灰色胎，较致密。直径 1.2、厚 0.6 厘米（彩版 8-46）。

18Ⅱ TG4 扩⑫: 4，捏制。扁形，不规则豆状。正背面覆盖有青灰釉粘，外圈有几处小裂隙。

彩版 8-47 素烧托珠 18 Ⅱ TG4 扩 ⑫：6

浅灰色胎，较致密。直径 1.3、厚 0.7 厘米（图 8-4，8）。

18 Ⅱ TG4 扩 ⑫：6，捏制。扁形，不规则豆状。正背面覆盖有窑粘。浅灰色胎，较致密。直径 1.2、厚 1 厘米（彩版 8-47）。

18 Ⅱ TG4 扩 ⑫：9，捏制。扁形，不规则豆状。正背面有窑粘。浅灰色胎，较致密。直径 1.4、厚 0.8 厘米（图 8-4，9）。

6. 垫饼

共 79 个。

（1）腰形垫饼

74 件。18 Ⅱ TG4 扩 ①层 10 件，18 Ⅱ TG4 扩 ②层 12 件，18 Ⅱ TG4 扩 ③层 12 件，18 Ⅱ TG4 扩 ④层 3 件，18 Ⅱ TG4 扩 ⑤层 28 件，18 Ⅱ TG4 扩 ⑥层 1 件，18 Ⅱ TG4 扩 ⑦层 5 件，18 Ⅱ TG4 扩 ⑨层 3 件。

18 Ⅱ TG4 扩 ①：2，平面近腰形。一面呈斜坡状，另一面较平，有支烧痕迹火烧痕，边缘开裂。夹砂黄色胎，较粗糙。长 10.4、宽 7.7、厚 1.2～1.7 厘米（图 8-5，1）。

18 Ⅱ TG4 扩 ①：3，平面近腰形。一面呈斜坡状，背面较平，有支烧痕迹，边缘开裂，两面均粘结青釉斑痕。夹砂黄色胎，较粗糙。长 9.95、宽 7.3、厚 1.2～1.9 厘米（彩版 8-48）。

18 Ⅱ TG4 扩 ①：6，微残，平面近腰形。一面呈斜坡状，另一面较平，边缘开裂。两面均粘结青釉斑痕，背面粘结有手捏造小托珠。夹砂黄色胎，较粗糙。长 8.6、宽 6.3、厚 1.4 厘米（图 8-5，2）。

18 Ⅱ TG4 扩 ①：10，微残，捏制。平面近腰形。一面有支烧痕迹，另一面较平。夹砂黄色胎，较粗糙。长 8.5、宽 5.9、厚 1.5 厘米（图 8-5，3）。

18 Ⅱ TG4 扩 ①：12，微残，捏制。平面近腰形。正面呈斜坡状，背面较平，有支烧痕迹，边缘开裂。夹砂黄色胎，较粗糙。长 8.8、宽 6.1、厚 1.1～1.5 厘米（图 8-5，4）。

18 Ⅱ TG4 扩 ②：2，微残，捏制。平面近腰形。一面有釉粘，有施化妆土，化妆土有脱落现象，一面有施一道化妆土，有土沁，边缘有裂痕。夹砂浅黄色胎，较粗糙。长 10.4、宽 7.1、厚 1.5～1.9 厘米（彩版 8-49）。

18 Ⅱ TG4 扩 ②：5，微残，捏制。平面近腰形。一面有土沁，一面有缺口，边缘有裂痕和缺口，有一处指捏痕。夹砂浅黄色胎，较粗糙。长 10.3、宽 5.8、厚 1～1.7 厘米（图 8-5，5）。

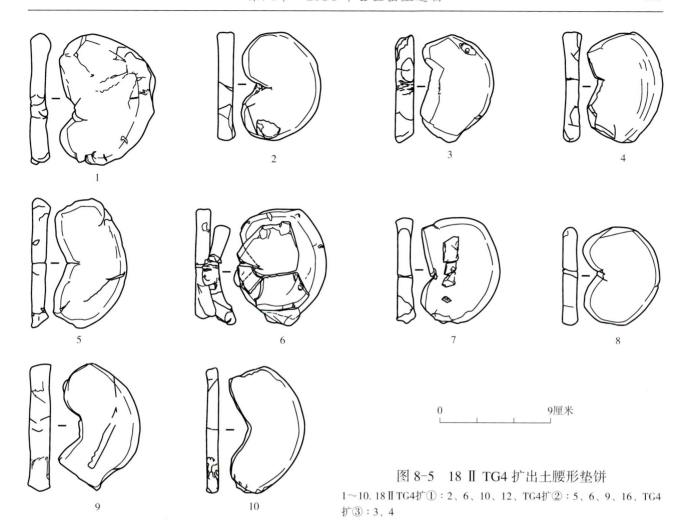

图 8-5　18 II TG4 扩出土腰形垫饼

1～10. 18 II TG4 扩①：2、6、10、12，TG4 扩②：5、6、9、16，TG4 扩③：3、4

彩版 8-48　腰形垫饼 18 II TG4 扩①：3　　　　　　彩版 8-49　腰形垫饼 18 II TG4 扩②：2

18 II TG4 扩②：6，微残，捏制。平面近腰形。正面呈斜坡状，凹凸不平，背面平整，一面粘一残裂垫饼，有支烧痕迹，边缘有开裂。黄色胎，较粗糙。长 9.3、宽 7.3、厚 1～3.3 厘米（图 8-5，6）。

18 II TG4 扩②：7，微残，捏制。平面近腰形。正面呈斜坡状，凹凸不平，背面平整，一面粘一残裂垫饼，有支烧痕迹，边缘有开裂。长 8.8、宽 6.2、厚 1.4～1.9 厘米（彩版 8-50）。

18 II TG4 扩②：9，微残，捏制。平面近腰形。正面呈斜坡状，背面较平，有窑粘现象，一面有支烧痕迹。黄色胎，较粗糙。长 8.4、宽 6.3、厚 1 ～ 1.5 厘米（图 8-5，7）。

18ⅡTG4 扩②：16，微残，捏制。平面近腰形。正面呈斜坡状，背面平整，有支烧痕迹，边缘开裂。夹砂黄色胎，较粗糙。长 7.8、宽 6.2、厚 1.2 厘米（图 8-5，8）。

18ⅡTG4 扩③：3，平面近腰形。一面有窑粘，边缘至侧面有疑似施釉，有脱釉现象，侧面有缺口，另一面有少量土沁，两面均有小砂石。夹砂黄色胎，较粗糙。长 10.1、宽 6.6、厚 1.5 ～ 1.8 厘米（图 8-5，9）。

18ⅡTG4 扩③：4，平面近腰形。一面有少量土沁，划痕，侧面有裂缝。夹砂黄色胎，较粗糙。长 10、宽 6、厚 0.9 ～ 1.2 厘米（图 8-5，10）。

18ⅡTG4 扩③：6，微残，捏制。平面近腰形。一面有支烧形成的痕迹、窑粘，侧面及另一面均有少量土沁，两面均有小砂石。黄色胎，较致密。长 9.5、宽 6.6、厚 1.4 ～ 2.1 厘米（图 8-6，1）。

18ⅡTG4 扩③：8，微残，捏制。平面近腰形。一面有釉粘、窑粘，一面至侧面有少量土沁，侧面有缺口，另一面有小砂石，裂缝。黄色胎，较致密。长 9.2、宽 6.5、厚 1.6 厘米（图 8-6，2）。

18ⅡTG4 扩③：20，平面近腰形。侧面疑似手窝印，有缺口，少量土沁，侧面至另一面边缘有疑似施釉，另一面有支烧形成的痕迹，两面均有小砂石，少量土沁。夹砂黄色胎，较粗糙。长 10.9、宽 6.6、厚 1.2 ～ 1.5 厘米（图 8-6，3）。

18ⅡTG4 扩③：21，微残，平面近腰形。一面有少量土沁，侧面、边缘有疑似施釉，手窝印，另一面有土沁。黄色胎，较致密。长 8.8、宽 6.8、厚 1.1 ～ 1.9 厘米（彩版 8-51）。

18ⅡTG4 扩④：3，微残，平面近腰形。两面有疑似指窝痕迹，指纹印，整体有土沁。夹砂黄色胎，较粗糙。长 11、宽 6.3、厚 1.4 ～ 1.8 厘米（彩版 8-52）。

18ⅡTG4 扩④：4，微残，平面近腰形。一面有釉粘，整体有土沁。内侧有指窝印，夹砂黄色胎，

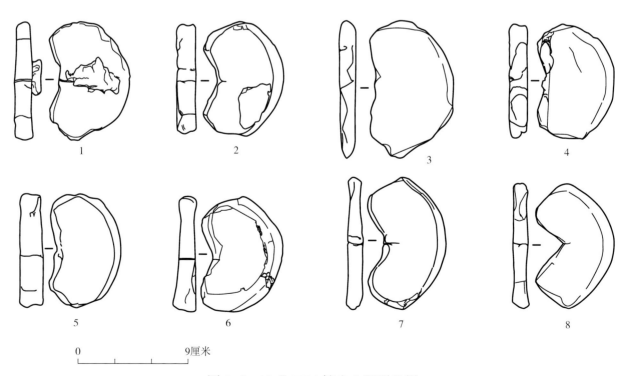

图 8-6　18ⅡTG4 扩出土腰形垫饼

1 ～ 8. 18ⅡTG4 扩③：6、8、20、TG4 扩④：4、TG4⑤：6、8、13、15

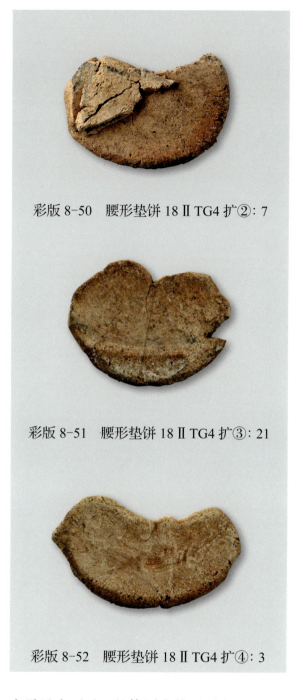

彩版 8-50　腰形垫饼 18 Ⅱ TG4 扩②：7

彩版 8-51　腰形垫饼 18 Ⅱ TG4 扩③：21

彩版 8-52　腰形垫饼 18 Ⅱ TG4 扩④：3

较粗糙。长 9.1、宽 6.2、厚 1.4～1.6 厘米（图 8-6，4）。

18 Ⅱ TG4 扩⑤：6，捏制。平面近腰形。一面有一处釉粘，另一面有较多土沁，整体厚度外圈到内圈由厚到薄。浅黄色胎，较致密。长 9、宽 5.8、厚 1.7～1.9 厘米（图 8-6，5）。

18 Ⅱ TG4 扩⑤：8，捏制。平面近腰形。正面中心处完好，其余部位皆有脱落，内凹凸不平，有零星的小石子，整体厚度外圈到内圈由厚到薄。浅黄色胎，较致密。长 9.2、宽 6.6、厚 1.1～1.8 厘米（图 8-6，6）。

18 Ⅱ TG4 扩⑤：13，捏制。平面近腰形。外圈有较多细小缝隙，有土沁，整体厚度外圈到内圈由厚到薄。浅黄色胎，较粗糙。长 10.5、宽 6.2、厚 0.8～1.6 厘米（图 8-6，7）。

18 Ⅱ TG4 扩⑤：15，捏制。平面近腰形。两面有较多细小石子，一面有土沁。整体厚度外圈到内圈由厚到薄。浅黄色胎，较粗糙。长 9.9、宽 6.3、厚 1～1.5 厘米（图 8-6，8）。

18 Ⅱ TG4 扩⑤：42，捏制。平面近腰形。两面凹凸不平，一面有土沁，整体厚度外圈到内圈由厚到薄。浅黄色胎，较粗糙。长 11.4、宽 6.1、厚 1.3～1.6 厘米（图 8-7，1）。

18 Ⅱ TG4 扩⑤：47，微残，平面近腰形。两面凹凸不平，内圈有两处磕碰，背面有零星小石子，有窑粘，整体厚度外圈到内圈由厚到薄。浅灰色胎，较致密。长 9.2、宽 6.8、厚 0.7～2 厘米（图 8-7，2）。

18 Ⅱ TG4 扩⑤：57，捏制。平面近腰形。两面有零星小石子，整体厚度外圈到内圈由厚到薄。浅灰色胎，较致密。长 11.3、宽 5.8、厚 0.8～1.5 厘米（图 8-7，3）。

18 Ⅱ TG4 扩⑦：3，捏制。平面近腰形。外圈有较多的缝隙，侧面微残，整体厚度外圈到内圈由厚到薄。浅黄色胎，较致密。长 10.2、宽 5.2、厚 1.1～1.4 厘米（图 8-7，4）。

18 Ⅱ TG4 扩⑦：4，捏制。平面近腰形。两面皆粘有细小石子，内圈有两道釉粘，整体厚度外圈到内圈由厚到薄。浅黄色胎，较粗糙。长 9.5、宽 6.6、厚 1.9～2.3 厘米（图 8-7，5）。

18 Ⅱ TG4 扩⑦：5，捏制。平面近腰形。一面有釉粘，有一处磕碰，内圈有一处滴釉，整体厚度外圈到内圈由厚到薄。浅黄色胎，较粗糙。长 10.7、宽 6、厚 1.2～2 厘米（图 8-7，6）。

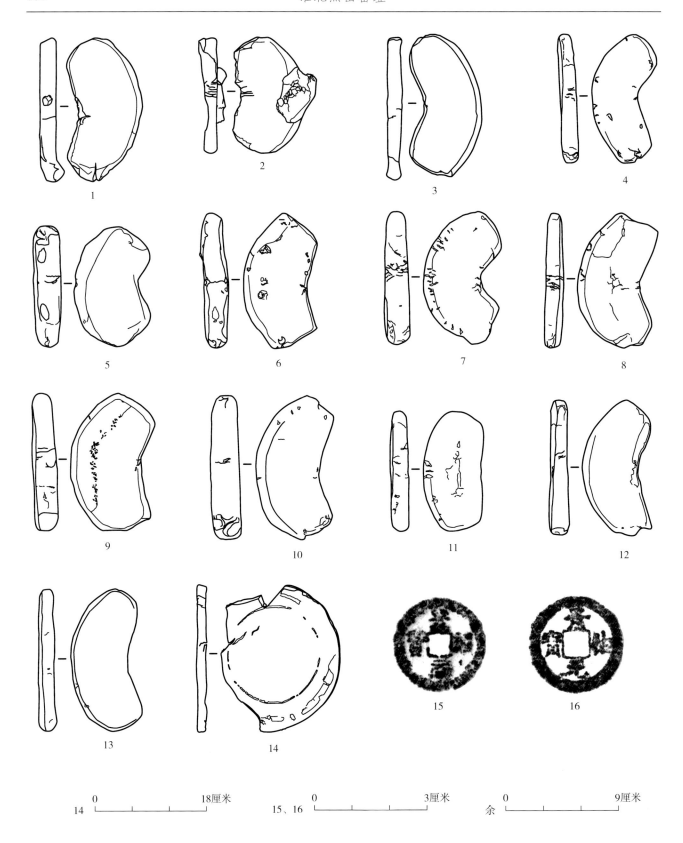

图 8-7　18 Ⅱ TG4 扩出土垫饼、铜钱

1～13. 腰形垫饼18ⅡTG4扩⑤：42、47、57、TG4扩⑦：3～5、TG4扩⑨：1、5、6、8、11～13　14. 圆形垫饼18ⅡTG4扩⑤：44　15、16. 铜钱18ⅡTG4扩⑤：45、TG4扩⑨：14

18ⅡTG4扩⑨∶1，捏制。平面近腰形。外圈有较多的缝隙，整体厚度外圈到内圈由厚到薄。浅黄色胎，较致密。长10.5、宽6.3、厚1.8～2.1厘米（图8-7，7）。

18ⅡTG4扩⑨∶5，捏制。平面近腰形。外圈有较多的缝隙，一面有釉粘，整体厚度外圈到内圈由厚到薄。浅黄色胎，较致密。长10.7、宽6.5、厚1.1～1.5厘米（图8-7，8）。

18ⅡTG4扩⑨∶6，捏制。平面近腰形。一面外围有釉粘，有土沁，整体厚度外圈到内圈由厚到薄。浅灰色胎，较致密。长10.9、宽6.8、厚1.7～1.9厘米（图8-7，9）。

18ⅡTG4扩⑨∶8，捏制。平面近腰形。两面有较多细小石子，整体厚度外圈到内圈由厚到薄。浅黄色胎，较粗糙。长11.4、宽6.3、厚2.4厘米（图8-7，10）。

18ⅡTG4扩⑨∶11，捏制。平面近腰形。两面有细小石子，外圈较粗糙，整体厚度外圈到内圈由厚到薄。浅黄色胎，较粗糙。长9.5、宽4.5、厚1.3～1.5厘米（图8-7，11）。

18ⅡTG4扩⑨∶12，捏制。平面近腰形。两面有较多细小石子，内圈有釉粘，侧面有残缺，整体厚度外圈到内圈由厚到薄。浅黄色胎，较粗糙。长10.7、宽5.6、厚1.4～1.6厘米（图8-7，12）。

18ⅡTG4扩⑨∶13，捏制。平面近腰形。两背面有较多细小石子，整体厚度外圈到内圈由厚到薄。浅黄色胎，较粗糙。长11.3、宽5.8、厚1.2～1.5厘米（图8-7，13）。

（2）圆形垫饼

共5件。18ⅡTG4扩⑤层5件。

18ⅡTG4扩⑤∶5，残，模制。一面有釉粘，侧面、边缘有疑似施釉，中心部位有土沁，另一面靠外圈侧有一圈白色瓷片残块粘接，整体厚度外圈到内圈由厚到薄。浅灰色胎，较粗糙。长21、厚1.3～1.4厘米（彩版8-53）。

18ⅡTG4扩⑤∶17，残，模制。一面外圈侧有一圈细小石子，局部施有釉，中心有土沁。背面中心部位粘有瓷片，有滴釉现象。浅灰色胎，较粗糙。长23.1、厚1.4～1.6

彩版8-53　圆形垫饼18ⅡTG4扩⑤∶5

厘米（彩版8-54）。

18Ⅱ TG4扩⑤：35，白瓷碗底带垫饼，2件，残（彩版8-55）。

18Ⅱ TG4扩⑤：35-1，白瓷碗底，弧腹，假圈足。内满施透明釉，中心处有五道支钉痕，有刻划的螺旋纹，外施透明釉至腹部，有流釉现象，内足墙微外撇，足墙跟有旋削痕迹。夹砂浅黄色胎，较粗糙。底径8、高5.6厘米。

18Ⅱ TG4扩⑤：35-2，垫饼，残缺不全，有裂痕，外圈有手指按压痕迹，整体厚度外圈到内圈由厚到薄。浅黄色胎，较粗糙。长10.2、厚0.8～1.7厘米。

18Ⅱ TG4扩⑤：44，残，模制。圆形。正面凹凸不平，外援处有一道缝隙，周身有釉粘，背面外援与内圈各有一圈釉粘。浅灰色胎，较粗糙。直径23.3、厚1.1～1.6厘米（图8-7，14）。

7. 垫圈

共1个。18Ⅱ TG4扩②层1件。

18Ⅱ TG4扩②：12，模制。平面圆环形。正面较平，背面呈斜坡状，结合处及边缘手捏痕明显。红色胎，较粗糙。直径7.1、孔径2.2、厚0.5～1.4厘米（彩版8-56）。

彩版8-54　圆形垫饼 18Ⅱ TG4扩⑤：17

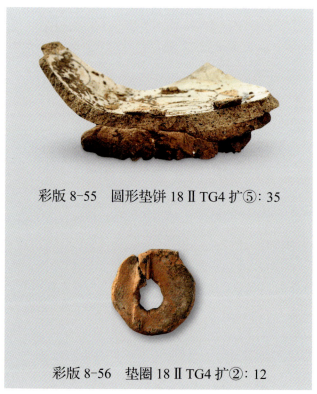

彩版8-55　圆形垫饼 18Ⅱ TG4扩⑤：35

彩版8-56　垫圈 18Ⅱ TG4扩②：12

（七）铜器

铜钱

共2枚。18ⅡTG4扩⑤层1件，18ⅡTG4扩⑨层1件。

18ⅡTG4扩⑤：45，景祐元宝，1枚，楷书。重4.4克，直径2.6、孔径0.6、厚0.1厘米（图8-7，15）。

18ⅡTG4扩⑨：14，景德元宝，1枚，楷书。重3.8克，直径2.5、孔径0.5、厚0.1厘米（图8-7，16）。

第三节 窑炉出土遗物

一 18ⅡY1

素烧瓷

1. 素烧枕

共2件。18ⅡY1④层2件。

18ⅡY1④：1，龙纹枕片，泥片贴筑，平面近矩形。正面有四道宽棱包围龙纹，龙纹正上方有一小孔，左右侧面有两道宽棱包围菊花纹，下侧面有两道弦纹，反面有轮痕，指印。黄色胎，较致密。长12、宽10.8、高3厘米（彩版8-57）。

18ⅡY1④：2，菊花枕片，泥片贴筑，平面近矩形。正面有四道宽棱包围菊花纹，菊花纹正上方有一小孔，上侧面和右侧面有两道弦纹，反面有轮痕，指印。黄色胎，较致密。长11.8、宽10.8、高3.7厘米（彩版8-58）。

2. 垫块

共1件。Y1①层1件。

18ⅡY1①：1，残，捏制。平面近椭圆形。中心微内凹，下粘有瓷片，垫块。浅砖红色胎，较粗糙。残长6.5、残宽5.6、厚3.1厘米（图8-8，1）。

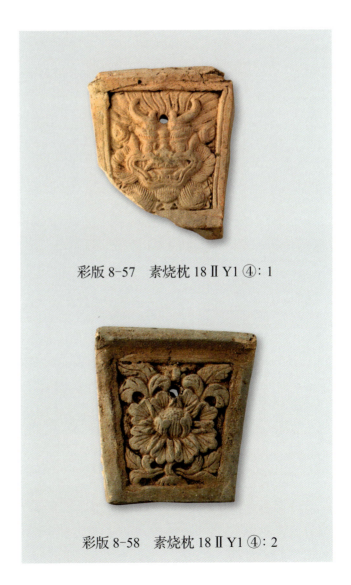

彩版8-57 素烧枕 18ⅡY1④：1

彩版8-58 素烧枕 18ⅡY1④：2

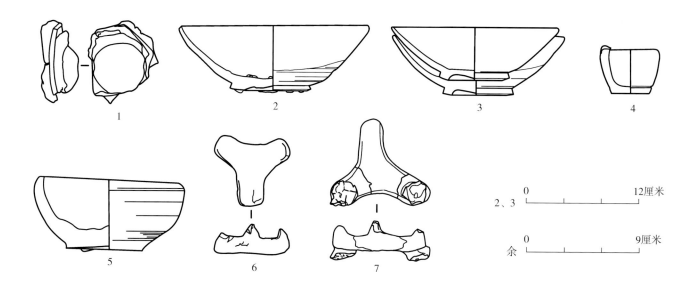

图 8-8　窑炉出土遗物

1. 垫块18ⅡY1①：1　2、3.白瓷碗18ⅡY4③：2、4　4.黄釉鸟食罐18ⅡY4②：2　5.钵形支具18ⅡY4③：5　6.素烧三叉支托18ⅡY4③：6
7.三彩三叉支托18ⅡY4①：1

二　18Ⅱ Y4

（一）白瓷

白瓷碗

共4件。18ⅡY4③层4件。

18ⅡY4③：2，残。敞口，圆唇，弧腹，玉璧底。内满施透明釉，外施透明釉至腹部，釉下施白色化妆土，釉面无光泽，外沿斜削，内有五个支钉，内外有少量土沁，外有轮痕，足脊有五个支钉。砖红色胎，较粗糙。口径20.6、底径8.8、通高7.2厘米（图8-8，2）。

18ⅡY4③：4，2件（图8-8，3）。

18ⅡY4③：4-1，上，残。敞口，圆唇，弧腹，圈足。内满施透明釉，外施透明釉至腹部，釉下施白色化妆土。夹砂浅黄色胎，较粗糙。口径18、底径7.6、高5.6厘米。

18ⅡY4③：4-2，下，残。敞口，圆唇，弧腹，圈足。内满施透明釉，外施透明釉至腹部，釉下施白色化妆土，化妆土有小开片，有脱釉现象，外有轮痕，足脊有五个支钉痕。圈足足跟旋削，足脊微斜，外足墙微外撇。夹砂浅黄色胎，较粗糙。口径18.4、底径7.6、高6.3、通高7.2厘米。

（二）青瓷

青瓷砖

共1件。18ⅡY4②层1件。

18ⅡY4②：3，微残，模制。正方形。正面及侧面施青釉，有积釉、脱釉现象，背部有土沁。浅灰色胎，较致密。长24.4、宽24.2、高4厘米（彩版8-59）。

（三）黄釉瓷

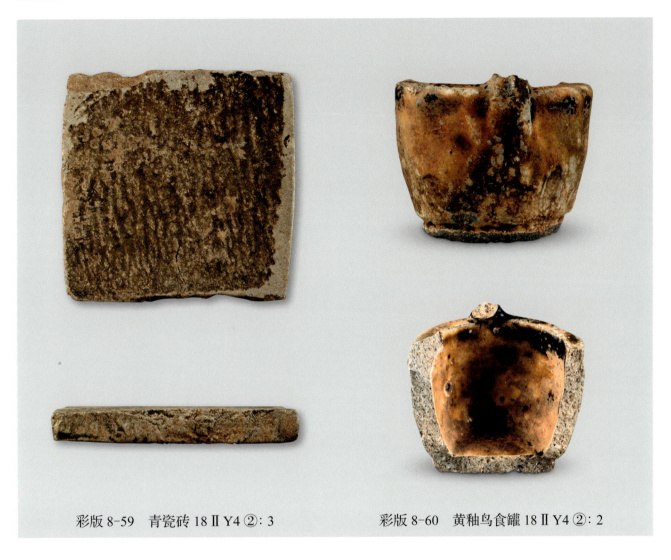

彩版 8-59　青瓷砖 18ⅡY4②：3　　　　　　彩版 8-60　黄釉鸟食罐 18ⅡY4②：2

黄釉鸟食罐

共 1 件。18ⅡY4②层 1 件。

18ⅡY4②：2，残。敛口，平唇，弧腹，平底。内外满施黄釉，有脱釉现象，釉面有小开片。浅灰色胎，较致密。口径 4.8、底径 3.1、通高 3.8（图 8-8，4；彩版 8-60）。

（四）素烧瓷

素烧围棋子

共 1 枚。

18ⅡY4②：1，模制。一面有划痕。砖红色胎，较致密。直径 2.5、厚 0.6 厘米（彩版 8-61）。

（五）窑具

1. 钵形支具

共 1 件。18ⅡY4③层 1 件。

18ⅡY4③：5，敛口，圆唇，平沿，弧腹，平底。内外都有轮痕，少量土沁，外有少量部分疑似施釉，

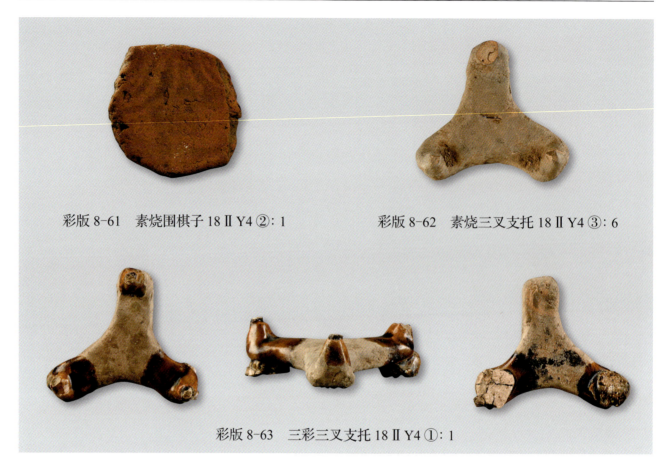

彩版 8-61　素烧围棋子 18ⅡY4②：1　　　　　　彩版 8-62　素烧三叉支托 18ⅡY4③：6

彩版 8-63　三彩三叉支托 18ⅡY4①：1

腹部因拉坯不均匀导致的泥浆，底部有一个支钉。黄色胎，较致密。口径 12.2、底径 6.2、通高 5.9 厘米（图 8-8，5）。

2. 三叉支托

共 4 件。18ⅡY4①层 3 件，18ⅡY4③层 1 件。

（1）素烧三叉支托

共 1 件。18ⅡY4③层 1 件。

18ⅡY4③：6，微残，捏制。三叉形，扁平。三叉延伸处各有一条支腿，支腿顶端下面各有一足，一足微残。浅砖红色胎，较致密。长 6.1、宽 5.6、通高 2.4 厘米（图 8-8，6；彩版 8-62）。

（2）三彩三叉支托

共 3 件。18ⅡY4①层 3 件。

18ⅡY4①：1，微残，捏制。三叉形，扁平。三叉延伸处各有一条支腿。一足微残，其上施有三彩釉，施釉不均匀，两足上有窑粘，上有土沁，下有疑似指纹痕迹。浅砖红色胎，较致密。长 7.9、宽 6.9、高 3.2 厘米（图 8-8，7；彩版 8-63）。

3. 垫饼

共 1 件。18ⅡY4③层 1 件。

18ⅡY4③：3，捏制。平面近腰形。两面及侧面都有少量三彩釉粘，小砂石，一面有条纹痕迹，侧面有裂缝，另一面有窑粘。黄色胎，较粗糙。长 8.3、宽 7.1、厚 1.4～1.9 厘米（彩版 8-64）。

彩版8-64 垫饼18ⅡY4③：3

第四节 灰坑出土遗物

一 18ⅡH1

（一）白瓷

1. 白瓷碗

共28件。①层5件，③层2件，④层1件，⑤层3件，⑥层2件，⑦层1件，⑧层2件，⑨层3件，⑩层6件，⑪层1件，⑫层2件。

18ⅡH1①：3，残。敞口，圆唇，弧腹，圈足。内满施透明釉，外施透明釉至中下腹，有积釉现象，釉面有小开片，釉下施白色化妆土，外有轮痕，内底与足脊均有四个支钉，内外有釉粘。圈足足跟旋削，足脊微斜，外足墙微外撇。灰色胎，较粗糙。口径15、底径7.2、高5、通高5.4厘米（彩版8-65）。

18ⅡH1①：40，2件上下叠摞（图8-9，1）。

18ⅡH1①：40-1，上，残。敞口，圆唇，弧腹，饼底内凹。内满施透明釉，外施釉至腹部，釉下施白色化妆土，化妆土上有小气泡，施釉不均匀，釉面有小开片，内有窑粘，外有轮痕。黄色胎，较粗糙。口径19.9、底径7.8、高6厘米。

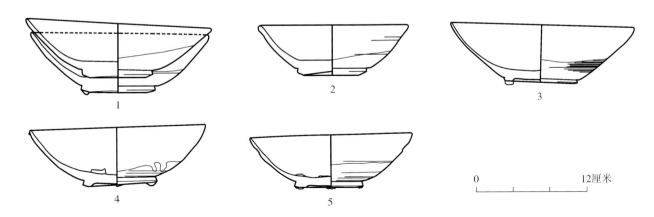

图8-9 18ⅡH1出土白瓷碗

1~5. 18ⅡH1①：40、44、H1③：5、H1④：1、H1⑤：2

彩版 8-65　白瓷碗 18 II H1 ①: 3

18 II H1 ①: 40-2，下，残。敞口，圆唇，弧腹，饼底内凹。内满施透明釉，外施釉至腹部，釉面有小开片，釉下施白色化妆土，外有窑粘、轮痕，足脊有一个支钉、三个支钉痕。黄色胎，较粗糙。口径 19、底径 8、高 6.4、通高 8 厘米。

18 II H1 ①: 44，微残。敞口，圆唇，弧腹，饼底内凹。内满施透明釉，外施透明釉至中下腹，有流釉、积釉现象，釉面有小开片，釉下施白色化妆土，化妆土有小开片，内有少量土沁，外有轮痕，底部有釉粘。黄色胎，较粗糙。口径 16、底径 7.4、通高 5.4 厘米（图 8-9，2）。

18 II H1 ③: 5，残。敞口，圆唇，弧腹，圈足。内满施透明釉，外施釉至腹部，釉面无光泽，釉下施白色化妆土，内外有土沁，外有轮痕，足脊有一个支钉。圈足有旋削痕迹，足脊微斜，外足墙微外撇。浅黄色胎，较粗糙。口径 20、底径 7.8、通高 6.4 厘米（图 8-9，3）。

18 II H1 ④: 1，残，口沿有变形。敞口，圆唇，弧腹，玉璧底。内满施透明釉，外施透明釉至腹部，釉面有小开片，有流釉、积釉、脱釉现象，外沿旋削，内有一个支钉、三个支钉痕，有窑粘，外有轮痕，足脊有两个支钉。夹砂浅灰色胎，较粗糙。口径 19、底径 8、通高 6.5 厘米（图 8-9，4）。

18 II H1 ⑤: 2，残。敞口，圆唇，弧腹，圈足。内满施透明釉，外施透明釉至腹部，釉面有小开片，有流釉、积釉现象。圈足足跟旋削，足脊微斜，外足墙微外撇，内有三个支钉，有窑粘，外有轮痕，足脊有四个支钉。浅灰色胎，较粗糙。口径 17.4、底径 7.4、通高 5.9 厘米（图 8-9，5）。

18 II H1 ⑤: 4，残。敞口，圆唇，弧腹，圈足。内满施透明釉，外施透明釉至腹部，釉下满施白色化妆土，釉面有小开片，有流釉、积釉现象，内有五个支钉，外有轮痕。圈足足跟旋削，足脊微斜，外足墙微外撇。浅灰色胎，较粗糙。口径 19.2、底径 7.2、通高 6.1 厘米（图 8-10，1）。

18 II H1 ⑥: 2，残，口沿有变形。敞口，圆唇，弧腹，圈足。内满施透明釉，外施透明釉至上腹部，釉下施白色化妆土至腹部，化妆土有小开片，有流釉、积釉现象，内有五个支钉痕，有窑粘，有釉粘，外有轮痕，足脊有三个支钉痕。圈足足跟旋削，足脊微斜，外足墙微外撇。浅灰色胎，较粗糙。口径 19.8、底径 8.4、通高 6.7 厘米（彩版 8-66）。

18 II H1 ⑦: 2，残。敞口，圆唇，弧腹，圈足。内满施透明釉，外施透明釉至腹部，釉下施白色化妆土，化妆土有小开片。圈足足跟旋削，足脊微斜，外足墙微外撇，内外有窑粘，有五个支钉，外有轮痕，足脊有两个支钉。黄色胎，较粗糙。口径 19.6、底径 8、通高 8.2 厘米（图 8-10，2）。

18 II H1 ⑧: 2，残。敞口，圆唇，弧腹，圈足。内满施透明釉，外施透明釉至腹部，釉下施白色化妆土，化妆土有小开片。圈足足跟旋削，足脊微斜，外足墙微外撇，内有三个支钉、两个支钉痕，有釉粘，外粘有瓷片，有轮痕，足脊有三个支钉。夹砂浅灰色胎，较粗糙。口径 19.2、底径 7.4、通高 6.2 厘米（图 8-10，3）。

18 Ⅱ H1 ⑨：1，残。敞口，圆唇，弧腹，圈足。内满施透明釉，外施透明釉至腹部，釉下施白色化妆土，施釉不均匀，釉面无光泽，内有两个支钉、两个支钉痕，外有轮痕，少量土沁，足脊有三个支钉、两个支钉痕。圈足足跟旋削，足脊微斜，外足墙微外撇。夹砂浅黄色胎，较粗糙。口径 19.4、底径 7.6、通高 6.2 厘米（图 8-10，4）。

18 Ⅱ H1 ⑨：2，残。侈口，圆唇，弧腹，圈足。内满施透明釉，外施透明釉至上腹部，釉下施白色化妆土至腹部，化妆土有小开片，内有釉粘，外有轮痕，足脊有一个支钉、三个支钉痕。圈足足跟旋削，足脊微斜，外足墙微外撇。夹砂浅灰色胎，较粗糙。口径 18.6、底径 7.6、通高 6.2 厘米（彩版 8-67）。

18 Ⅱ H1 ⑩：1，残。敞口，圆唇，弧腹，玉璧底。内满施透明釉，外施透明釉至腹部，施釉不均匀，釉面无光泽，外沿斜削，内少量土沁，四个支钉痕。浅黄色胎，较致密。口径 19.6、底径 8.6、通高 5.8 厘米（图 8-10，5）。

18 Ⅱ H1 ⑩：6，残。敞口，圆唇，弧腹，圈足。内满施透明釉，外施透明釉至上腹部，釉下施白色化妆土至腹部，釉面有小开片，

彩版 8-66　白瓷碗 18 Ⅱ H1 ⑥：2

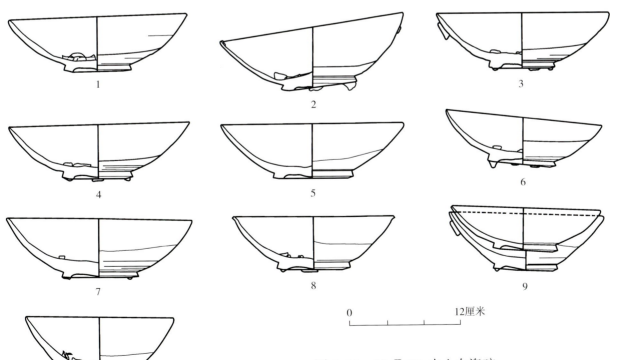

图 8-10　18 Ⅱ H1 出土白瓷碗

1～10. 18 Ⅱ H1⑤：4、H1⑦：2、H1⑧：2、H1⑨：1、H1⑩：1、6、7、H1⑪：1、2、18 Ⅱ H1⑫：6

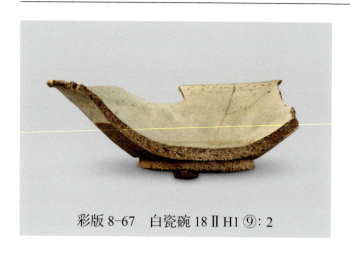

彩版 8-67　白瓷碗 18ⅡH1 ⑨：2

有积釉现象，内有四个支钉，外有轮痕，足脊有三个支钉、一个支钉痕。圈足足跟斜削，足脊微斜，外足墙微外撇。浅黄色胎，较致密。口径 17、底径 7.4、通高 6.2 厘米（图 8-10，6）。

18ⅡH1 ⑩：7，残。敞口，圆唇，弧腹，圈足。内满施透明釉，外施透明釉至上腹部，釉下有白色化妆土，釉面无光泽，内有一个支钉、四个支钉痕，有土沁，外有轮痕，足脊有两个支钉、两个支钉痕。圈足足跟旋削，足脊微斜，外足墙微外撇。黄色胎，较粗糙。口径 20、底径 8.2、通高 6.6 厘米（图 8-10，7）。

18ⅡH1⑪：1，残。侈口，圆唇，弧腹，圈足。内满施透明釉，外施透明釉至上腹部，釉下施白色化妆土至腹部，化妆土有小开片，内有三个支钉、三个支钉痕，外有轮痕，足脊有两个支钉、一个支钉痕。圈足足跟旋削，足脊微斜，外足墙微外撇。夹砂浅灰色胎，较粗糙。口径 17.4、底径 7.8、通高 5.9 厘米（图 8-10，8）。

18ⅡH1⑪：2，2 件碗上下粘连（图 8-10，9）。

18ⅡH1⑪：2-1，上碗，微残。敞口，圆唇，弧腹，圈足。内满施透明釉，釉下施白色化妆土至下腹，化妆土有小开片。圈足足跟旋削，外足墙微外撇。浅灰色胎，较粗糙。口径 16.2、底径 7、高 5 厘米。

18ⅡH1⑪：2-2，下碗，残。敞口，圆唇，弧腹，圈足。外施透明釉至上腹部，釉下施白色化妆土至腹部，化妆土有小开片，外粘有瓷片，有轮痕，足脊有一个支钉、三个支钉痕。圈足足跟旋削，足脊微斜，外足墙微外撇。浅灰色胎，较粗糙。口径 16.8、底径 7、高 6.3、通高 7 厘米。

18ⅡH1⑫：6，残。敞口，圆唇，弧腹，饼底内凹。内满施透明釉，外施透明釉至腹部，釉下满施白色化妆土，内有四个支钉，有窑粘，足脊有三个支钉。浅灰色胎，较粗糙。口径 16、底径 7.2、通高 7 厘米（图 8-10，10）。

2. 白瓷盘

共 1 件。⑧层 1 件。

18ⅡH1 ⑧：1，残。敞口，圆唇，斜平沿，弧腹，卧足。内满施透明釉，外施透明釉至足脊，釉下施白色化妆土，化妆土有小开片。口沿饰剔花连枝草叶纹，外腹饰划花几字纹、斜线纹，内有窑粘，外有轮痕。夹砂浅灰色胎，较粗糙。口径 16.8、底径 12、通高 3.9 厘米（彩版 8-68）。

3. 白瓷罐

共 5 件。②层 3 件，④层 1 件，⑥层 1 件。

18ⅡH1 ②：14，罐残片，罐口沿残片。敞口，平沿，弧腹，内有刻画花卉纹，内外有轮痕。黄色胎，较致密。残长 10.2、残宽 4.9 厘米（图 8-11，1）。

18ⅡH1 ②：11，罐残片。敞口，圆唇，长颈，弧腹。内外施透明釉，釉面有小开片，外腹划花有菱形纹和线条纹。灰色胎，较致密。残长 6.75、残宽 7.35 厘米（彩版 8-69）。

18ⅡH1 ②：12，罐残片，弧腹。内外施透明釉，釉面有小开片，外腹划花有菱形纹，外有轮痕。灰色胎，较致密。残长 6.1、残宽 5.2 厘米（彩版 8-70）。

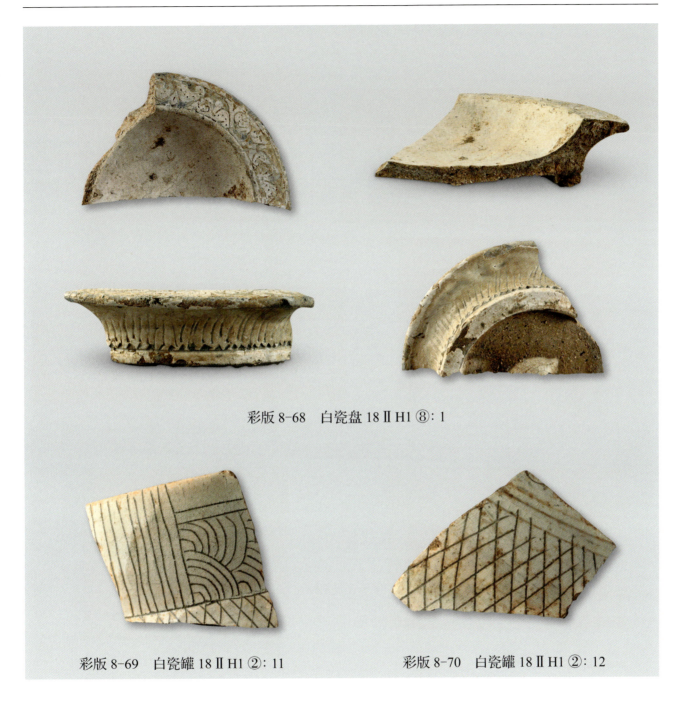

彩版 8-68　白瓷盘 18 II H1 ⑧：1

彩版 8-69　白瓷罐 18 II H1 ②：11

彩版 8-70　白瓷罐 18 II H1 ②：12

18 II H1 ④：21，罐腹片，内外施透明釉，外划花曲线纹及花卉纹。浅灰色胎，较致密。残长 8.3、残宽 7.2 厘米（彩版 8-71）。

18 II H1 ⑥：3，罐底，弧腹，圈足。内外满施透明釉，外腹划花菱形纹，下方有两条凹棱，外有窑粘，底部有三个支钉，底部因拉坯不均匀导致的泥浆。浅灰色胎，较致密。底径 8.8、残高 7.7 厘米（图 8-11，2）。

4. 白瓷炉

共 1 件。①层 1 件。

18 II H1 ①：10，微残。敞口，圆唇，宽平沿，鼓腹，束腰，饼底。口沿仅施透明釉，釉面有小

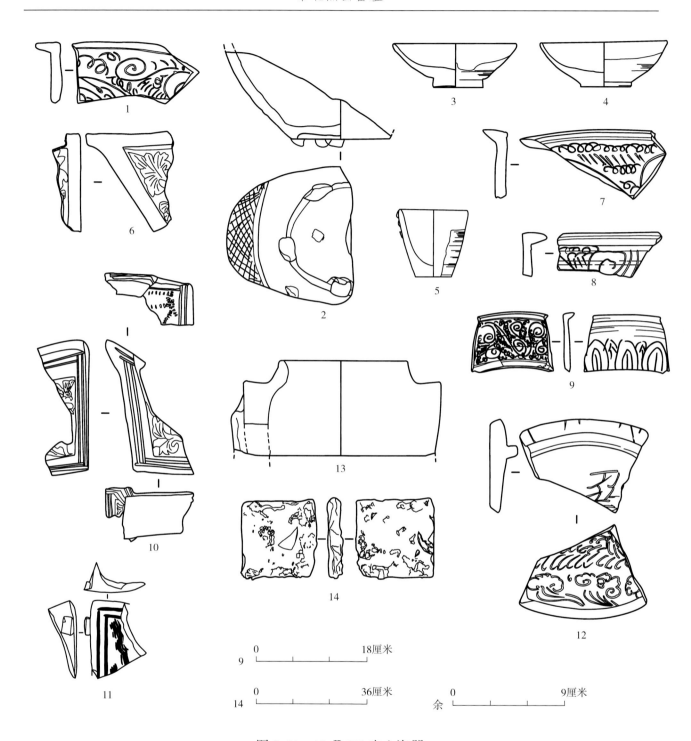

图 8-11　18ⅡH1 出土瓷器

1、2. 白瓷罐18ⅡH1②：14、H1⑥：3　3. 青瓷盏18ⅡH1①：18　4. 黄釉盏18ⅡH1②：9　5. 酱釉鸟食罐18ⅡH1①：38　6. 三彩枕18ⅡH1②：17　7~9. 素烧盆18ⅡH1①：1-1~3　10、11. 素烧枕18ⅡH1②：18、18ⅡH1④：20　12. 素烧器座18ⅡH1①：45　13. 筒瓦18ⅡH1②：19　14. 砖18ⅡH1⑫：3

开片，釉下施白色化妆土，有小开片，外有窑粘，内外有轮痕。浅灰色胎，较粗糙。口径 8.2、底径 4.8、通高 6 厘米（彩版 8-72）。

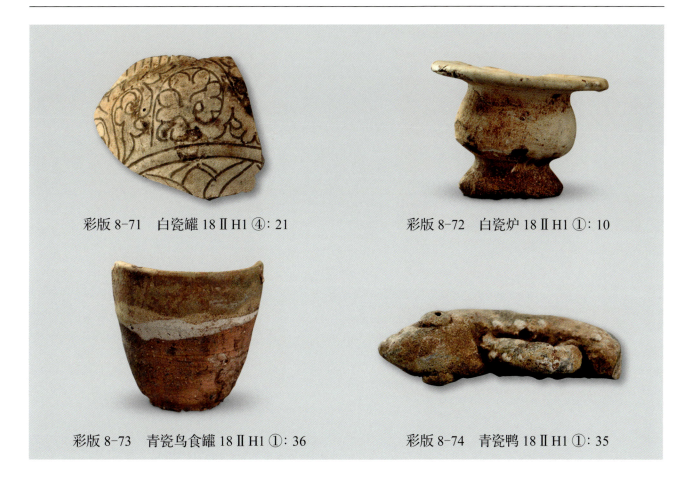

彩版 8-71　白瓷罐 18 Ⅱ H1 ④：21　　　　　彩版 8-72　白瓷炉 18 Ⅱ H1 ①：10

彩版 8-73　青瓷鸟食罐 18 Ⅱ H1 ①：36　　　彩版 8-74　青瓷鸭 18 Ⅱ H1 ①：35

（二）青瓷

1. 青瓷盏

共 2 件。①层 2 件。

18 Ⅱ H1 ①：18，微残。敞口，圆唇，弧腹，饼底。内满施青釉，外施青釉至腹部，有流釉、积釉、脱釉现象，釉面有小开片，釉下施白色化妆土，有流化妆土现象，内外有轮痕、窑粘。灰色胎，较粗糙。口径 10、底径 4、通高 3.5 厘米（图 8-11，3）。

2. 青瓷鸟食罐

共 1 件。①层 1 件。

18 Ⅱ H1 ①：36，残。敞口，圆唇，直腹微弧，平底。内满施青釉，外施青釉至上腹部，有流釉、积釉现象，釉下施白色化妆土，外有轮痕，内外有窑粘。黄色胎，较致密。口径 6.4、底径 3.5、通高 6.8 厘米（彩版 8-73）。

3. 青瓷瓷塑

共 1 件。①层 1 件。

18 Ⅱ H1 ①：35，瓷鸭，微残，模制。嘴巴扁平，微张，眼睛微凸，背部有纽，尾巴向上翘起。通体施青釉，有脱釉现象。黄色胎，较致密。长 6.1、宽 1.7、高 2.7 厘米（彩版 8-74）。

4. 青瓷印花砖

共 1 件。④层 1 件。

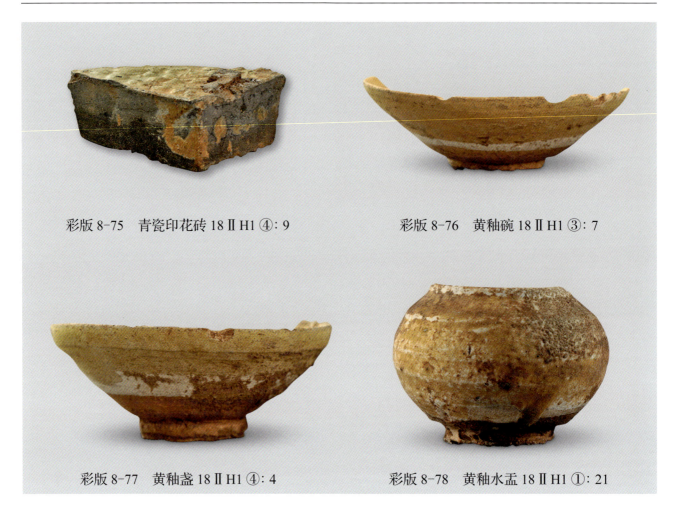

彩版 8-75　青瓷印花砖 18Ⅱ H1 ④: 9　　　　　　彩版 8-76　黄釉碗 18Ⅱ H1 ③: 7

彩版 8-77　黄釉盏 18Ⅱ H1 ④: 4　　　　　　　彩版 8-78　黄釉水盂 18Ⅱ H1 ①: 21

18Ⅱ H1 ④: 9，残，模制。正方形。上面满施青釉，饰印花花纹、一道凸棱纹，有流釉现象，上面粘有残块，周身粘有小砂石。灰色胎，较粗糙。残长 12、残宽 14.6、高 6.8 厘米（彩版 8-75）。

（三）黄釉瓷

1. 黄釉碗

共 1 件。③层 1 件。

18Ⅱ H1 ③: 7，残。敞口，圆唇，弧腹，圈足。内满施黄釉，外施黄釉至腹部，釉面无光泽，釉下施白色化妆土，内外有土沁，外有轮痕，足脊有三个支钉。圈足足跟旋削，足脊微斜，外足墙微外撇。浅黄色胎，较粗糙。口径 20、底径 7.7、通高 6.7 厘米（彩版 8-76）。

2. 黄釉盏

共 3 件。①层 1 件，②层 1 件，④层 1 件。

18Ⅱ H1 ②: 9，残。敞口，圆唇，弧腹，饼底。内施黄釉，外施黄釉至上腹部，釉下施白色化妆土，内外有土沁，外有轮痕。灰色胎，粗糙。口径 10.2、底径 4、通高 3.7 厘米（图 8-11，4）。

18Ⅱ H1 ④: 4，残。敞口，圆唇，弧腹，饼底。内满施黄釉，外施黄釉至上腹部，釉下施白色化妆土，有流釉现象，内外有轮痕，少量土沁。夹砂浅砖红色胎，较粗糙。口径 11、底径 4、通高 4.6 厘米（彩版 8-77）。

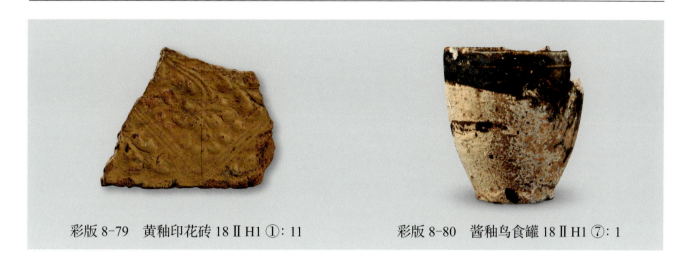

彩版 8-79　黄釉印花砖 18 II H1 ①：11　　　　　　　彩版 8-80　酱釉鸟食罐 18 II H1 ⑦：1

3. 黄釉水盂

共 1 件。①层 1 件。

18 II H1 ①：21，残。敞口，圆唇，弧腹，饼底。内满施黄釉，外施黄釉至下腹，有流釉、积釉现象，釉下施白色化妆土，内外有轮痕，有窑粘，有少量土沁。黄色胎，较致密。口径 4、腹径 6、底径 3、通高 4.3 厘米（彩版 8-78）。

4. 黄釉印花砖

共 1 个。①层 1 件。

18 II H1 ①：11，残，模制。平面近不规则梯形。一面施黄釉，一面有三组印花花卉，中间用三条条形纹分开。一面有窑粘，另一面有釉粘，通体少量土沁。砖红色胎，较致密。残长 16、残宽 13、厚 5.4 厘米（彩版 8-79）。

（四）酱釉瓷

酱釉鸟食罐

共 2 件。①层 1 件，⑦层 1 件。

18 II H1 ①：38，微残，变形。敞口，圆唇，弧腹，平底。内满施酱釉，外施酱釉至上腹部，有流釉、积釉现象，外有轮痕，有釉粘，有少量土沁，内外有窑粘。灰色胎，较致密。口径 5.6、底径 2.9、通高 5.4 厘米（图 8-11，5）。

18 II H1 ⑦：1，残。敞口，圆唇，弧腹，平底。内满施酱釉，外施酱釉至上腹部，施釉不均匀，内外有窑粘，外有釉粘，有轮痕，腹部疑似施釉，腹部因拉坯不均匀导致的泥浆。浅灰色胎，较致密。口径 5.4、底径 2.6、通高 5.5 厘米（彩版 8-80）。

（五）绿釉瓷

绿釉垫砖

共 1 件。⑧层 1 件。

18 II H1 ⑧：5，残，模制。长方形。正面及侧面施绿釉，施釉不均匀，粘有两个支钉、半个垫块，垫块上有手指印。浅砖红色胎，较粗糙。残长 17.4、残宽 11.5、高 5 厘米（彩版 8-81）。

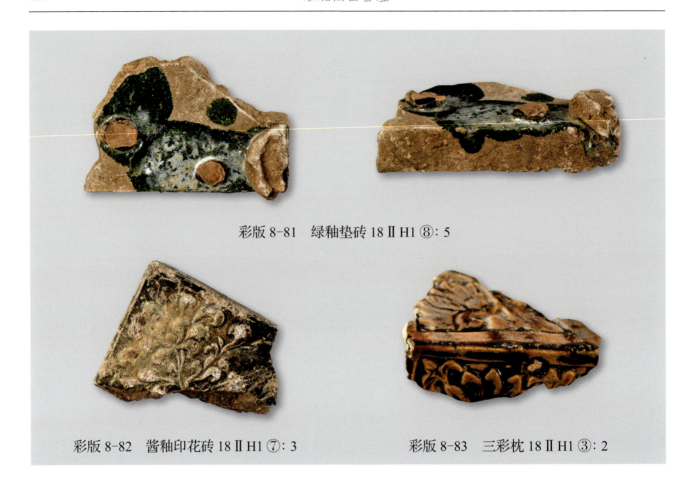

彩版 8-81　绿釉垫砖 18ⅡH1 ⑧:5

彩版 8-82　酱釉印花砖 18ⅡH1 ⑦:3　　　　　彩版 8-83　三彩枕 18ⅡH1 ③:2

（六）黑釉瓷

酱釉印花砖

共 1 件。⑦层 1 件。

18ⅡH1 ⑦:3，残，模制。正方形。上面满施青酱釉，饰印花花纹、三道凸棱纹。上面粘有小砂石、窑粘，下面有少量土沁。灰色胎，较粗糙。残长 11.8、残宽 14.2、高 5.4 厘米（彩版 8-82）。

（七）三彩釉瓷

1. 三彩枕

共 5 件。②层 2 件，③层 3 件。

18ⅡH1 ②:17，枕片，呈长方体，泥片贴筑。外施三彩釉，釉面有小开片，正面及侧面都有两道宽棱包围菊花纹，内有轮痕，外有土沁。灰色胎，较致密。残长 7.1、残宽 7.9、残高 2.3 厘米（图 8-11，6）。

18ⅡH1 ③:2，枕片，呈长方体，泥片贴筑。外施三彩釉，正面及侧面都有两道宽棱包围菊花纹，侧面有釉粘。黄色胎，较致密。残长 6.3、残宽 3.4、残高 9.1 厘米（彩版 8-83）。

2. 三彩瓷塑

共 1 件。⑧层 1 件。

18ⅡH1 ⑧:4，三彩狮子爪，残，模制。满施三彩釉，施釉不均匀。五爪上有圆弧形，有疑似指甲印痕迹，有窑粘。浅黄色胎，较致密。残长 4.6、残宽 4.6、残高 2.7 厘米（彩版 8-84）。

（八）素烧瓷

1. 素烧盆

共 2 件。①层 1 件，④层 1 件。

18 II H1 ①：1，3 片，盆残片，泥片贴筑（图 8-11，7 ~ 9）。

18 II H1 ①：1-1，一面划花凤尾草，另一面上有一道宽棱，上腹有轮痕，中下划花莲花纹。黄色胎，较致密。残长 13.1、残宽 9.6 厘米。

18 II H1 ①：1-2，一面划花凤尾草，另一面上有一道宽棱，下有轮痕。黄色胎，较致密。残长 11.7、残宽 5.5 厘米。

18 II H1 ①：1-3，一面上有一道宽棱，两面均划花草叶纹。黄色胎，较致密。残长 8.4、残宽 3.6 厘米。

18 II H1 ①：41，陶盆底，弧腹，平底内凹。腹部从上至下依次施竖线纹，外有轮痕，少量土沁。砖红色胎，较致密。底径 41.2、通高 26 厘米（彩版 8-85）。

2. 素烧枕

共 2 件。②层 1 件，④层 1 件。

18 II H1 ②：18，枕片，呈长方体，泥片贴筑。正面及侧面都有两道宽棱包围菊花纹，前后有宽棱，内外有轮痕。黄色胎，较致密。残长 7.15、残宽 10.7、残高 4.2 厘米（图 8-11，10）。

18 II H1 ④：20，枕片，呈长方体，泥片贴筑。通体施透明釉，正面刻上两条凹棱纹包围波浪纹。侧面粘有瓷块，浅灰色胎，较致密。残长 5、残宽 6.2、残高 2.3 厘米（图 8-11，11）。

3. 素烧瓷塑

共 1 件。⑤层 1 件。

18 II H1 ⑤：1，红陶力士像，模制。飞奔状，幅度大。头顶冠，椭圆形脸，脸向右偏，露一耳，眼睛有神，嘴角上扬，胳膊上缠有绸带，右手向左上方举剑，左手放臀后，腰间系腰带，右腿弯曲，脚往前跨，左腿弯曲。砖红色胎，较致密。长 3.9、宽 2.1、通高 4.9 厘米（彩版 8-86）。

4. 素烧鸱吻

共 1 件。②层 1 件。

彩版 8-84　三彩瓷狮爪塑 18 II H1 ⑧：4

彩版 8-85　素烧盆 18 II H1 ①：41

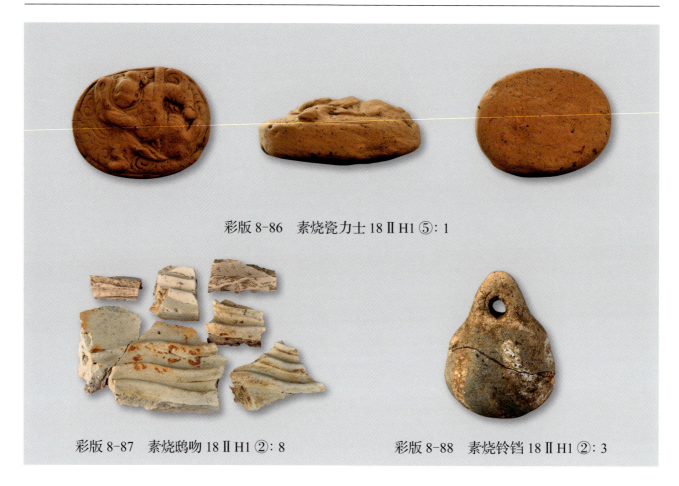

彩版 8-86　素烧瓷力士 18ⅡH1 ⑤: 1

彩版 8-87　素烧鸱吻 18ⅡH1 ②: 8　　　　　　彩版 8-88　素烧铃铛 18ⅡH1 ②: 3

18ⅡH1 ②: 8，鸱吻 7 件，残，泥片贴筑（彩版 8-87）。

18ⅡH1 ②: 8-1，一面平，一面有一道凸棱。黄色胎，较致密。残长 7.3、残宽 4.7、厚 1.7～2.6 厘米。

18ⅡH1 ②: 8-2，一面平，有轮痕，一面有两道凸棱。黄色胎，较致密。残长 14.9、残宽 13.4、厚 1.5～3.2 厘米。

18ⅡH1 ②: 8-3，一面平，一面有一道凸棱。黄色胎，较致密。残长 9.7、残宽 5.5、厚 1.3～2.2 厘米。

18ⅡH1 ②: 8-4，一面平，一面有一道凸棱。黄色胎，较致密。残长 9.5、残宽 9.15、厚 1.8～2.5 厘米。

18ⅡH1 ②: 8-5，一面平，有轮痕，一面有一道凸棱。黄色胎，较致密。残长 13.8、残宽 8.6、厚 1.7～1.9 厘米。

18ⅡH1 ②: 8-6，一面平，有轮痕，一面有三道凸棱。黄色胎，较致密。残长 14.9、残宽 13.4、厚 1.5～3.2 厘米。

18ⅡH1 ②: 8-7，一面平，一面有三道凸棱。黄色胎，较致密。残长 12、残宽 11.2、厚 1.8～2.9 厘米。

5. 素烧铃铛

共 1 件。②层 1 件。

18 Ⅱ H1 ②：3，残，模制。铃体圆球形，内空，下部有长条形口。上部捏有系，中间有一圆形穿孔。铃体以白色化妆土宽弦纹。红陶。残长 3.9、残宽 1.8、通高 5.25 厘米（彩版 8-88）。

6. 素烧器座

共 1 件。①层 1 件。

18 Ⅱ H1 ①：45，素烧器座，轮制。敞口，方唇，器内上刻划云纹和羽纹。器底外腹部有刻划短线，大圈足，足心刻划"鞏"字。黄褐色胎，较致密。残长 7.4、宽 4.3 厘米（图 8-11、12；彩版 8-89）。

7. 筒瓦

共 1 件。②层 1 件。

18 Ⅱ H1 ②：19，残。侈口，圆唇，矮径，直肩，直腹，腹部有孔。内外有土沁。浅黄色胎，致密。口径 10.4、残高 7.5 厘米（图 8-11、13）。

8. 砖

共 1 件。⑫层 1 件。

18 Ⅱ H1 ⑫：3，微残，模制。正方形。通体疑似施釉，有脱釉现象，两面都粘有瓷片，有窑粘，有小砂石，有小石块、釉粘。夹砂浅灰色胎，较粗糙。长 25.6、宽 24.8、高 4.8 厘米（图 8-11、14）。

（九）窑具

1. 钵形支具

共 1 件。①层 2 件。

18 Ⅱ H1 ①：30，残。敞口，方唇，斜沿，弧腹，平底。腹部有因拉坯不均匀导致的泥浆，底部有四个支钉，内外有轮痕，少量土沁。黄色胎，较粗糙。口径 12.4、底径 6.4、高 5.8、通高 6.2 厘米（彩版 8-90）。

彩版 8-89　素烧器座 18 Ⅱ H1 ①：45

2. 喇叭形支具

共 4 件。①层 2 件，②层 1 件，③层 1 件。

18 II H1 ①：43，残。侈口，宽平沿，束腰，平底。内有少量土沁，下腹有因拉坯不均匀导致的泥浆，底部有指窝印，内外有轮痕，有窑粘。浅黄色胎，较致密。口径 7.6、底径 5.5 ～ 6.2、通高 7.4 厘米（图 8-12，1；彩版 8-91）。

18 II H1 ②：10，微残。敞口，圆唇，束颈，饼底。外有轮痕，内外有釉粘，口沿和底部有窑粘。浅砖红色胎，较致密。口径 7、底径 5.5、通高 9.3 厘米（图 8-12，2；彩版 8-92）。

18 II H1 ③：6，微残。敞口，圆唇，束颈，平底。内外有轮痕，口沿有窑粘、釉粘。浅黄色胎，较粗糙。口径 8.2、底径 5.85、通高 7.7 厘米（图 8-12，3）。

3. 三叉支托

共 15 件。

（1）素烧三叉支托

7 件。①层 1 件，④层 6 件。

18 II H1 ①：31，微残，捏制。三叉形，扁平。三叉延伸处各有一条支腿，腿上有凸棱，通体有指纹印，少量土沁。砖红色胎，较致密。长 5.9、宽 5.3、通高 1.4 厘米（彩版 8-93）。

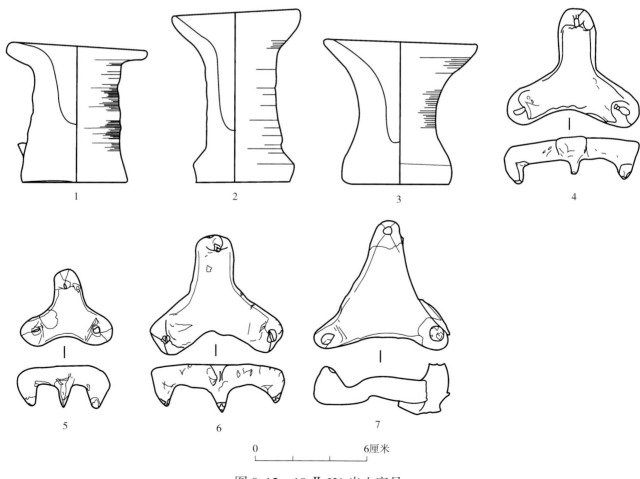

0　　　　　　　　　　6厘米

图 8-12　18 II H1 出土窑具

1～3. 喇叭形支具18 II H1①：43、H1②：10、H1③：6　4～6. 素烧三叉支托18 II H1④：3、6、7　7. 三彩三叉支托18 II H1①：12

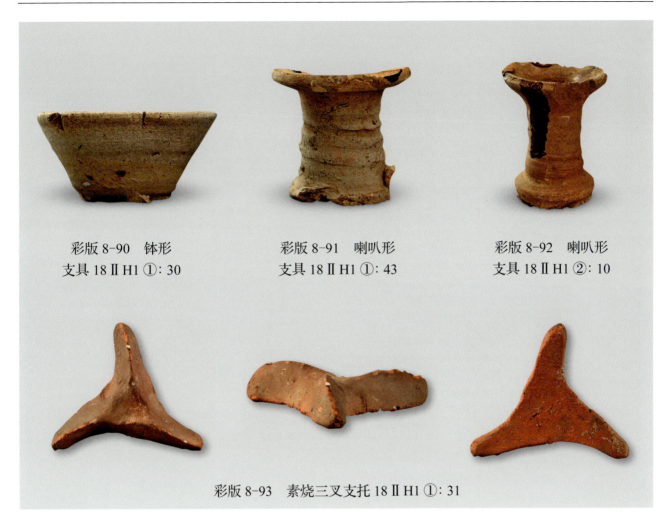

彩版 8-90　钵形
支具 18ⅡH1 ①: 30

彩版 8-91　喇叭形
支具 18ⅡH1 ①: 43

彩版 8-92　喇叭形
支具 18ⅡH1 ②: 10

彩版 8-93　素烧三叉支托 18ⅡH1 ①: 31

　　18ⅡH1 ④: 3，微残，捏制。三叉形，扁平。三叉延伸处各有一条支腿，支腿顶端下面各有一足。周身有裂缝，三足有三彩釉粘。浅砖红色胎，较致密。长7、宽6.2、通高2.5厘米（图8-12，4）。

　　18ⅡH1 ④: 6，捏制。三叉形，扁平。三叉延伸处各有一条支腿，支腿顶端下面各有一足。周身有裂缝、窑粘，三足有三彩釉粘。浅砖红色胎，较致密。长4.9、宽4、通高2.3厘米（图8-12，5）。

　　18ⅡH1 ④: 7，捏制。三叉形，扁平。三叉延伸处各有一条支腿，支腿顶端下面各有一足。周身有裂缝、窑粘，三足有三彩釉粘。砖红色胎，较致密。长7.2、宽6.3、通高2.5厘米（图8-12，6）。

　　（2）三彩三叉支托

　　8件。①层7件，④层1件。

　　18ⅡH1 ①: 12，微残，捏制。三叉形，扁平。三足微残，两足上施有三彩釉，通体有指纹印，少量土沁，底部有窑粘。黄色胎，较致密。长6.8、宽7.3、高2.2、通高2.7厘米（图8-12，7）。

　　18ⅡH1 ①: 23，2个粘连（彩版8-94）。

　　18ⅡH1 ①: 23-1，上，残，捏制。三叉形。三叉延伸处各有一条支腿，一腿残，腿上有凸棱，通体施有三彩釉，施釉不均匀，上有窑粘，少量土沁。黄色胎，较致密。长6.6、宽5.1、通高1.6厘米。

　　18ⅡH1 ①: 23-2，下，微残，捏制。三叉形，扁平。一足残，两足微残，其上施有三彩釉。砖红色胎，较致密。长5.9、宽5.2、通高1.8厘米。

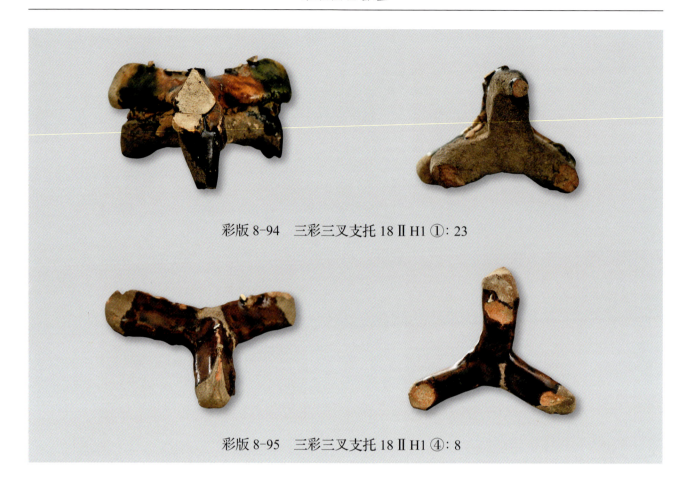

彩版 8-94　　三彩三叉支托 18 Ⅱ H1 ①：23

彩版 8-95　　三彩三叉支托 18 Ⅱ H1 ④：8

18 Ⅱ H1 ④：8，微残，捏制。三叉形，扁平。三叉延伸处各有一条支腿，一腿残，腿上有凸棱，通体施有三彩釉，施釉不均匀，有积釉现象，釉面有小开片。有窑粘。砖红色胎，较致密。长 8.2、宽 7.1、通高 2.2 厘米（彩版 8-95）。

4. 支钉

共 3 件。①层 1 件，②层 1 件，④层 1 件。

18 Ⅱ H1 ①：28，微残，白瓷，捏制。三角形。平底，底部平面呈近圆形。上端有釉粘，周身有指纹印。浅黄色胎，较致密。直径 2、通高 2 厘米（图 8-13，1）。

18 Ⅱ H1 ②：6，微残，白瓷，捏制。呈三角形。平底，底部平面呈近圆形。浅黄色胎，较致密。直径 2.1、通高 1.4 厘米（图 8-13，2）。

18 Ⅱ H1 ④：5，白瓷，捏制。三角形。平底，底部平面呈近圆形。周身疑似有指纹印，顶部有三彩釉粘。浅黄色胎，较致密。直径 2.1、高 1.3 厘米（彩版 8-96）。

5. 素烧托珠

共 8 件。①层 1 件，③层 1 件，④层 4 件，⑫层 1 件，⑯层 1 件。

18 Ⅱ H1 ①：32，捏制。灰瓷。扁形，豆状。一面有釉粘，另一面有窑粘。灰色胎，较致密。直径 1.3、厚 0.5 厘米（图 8-13，3）。

18 Ⅱ H1 ③：1，捏制。灰瓷。扁形，豆状。捏制。周身有土沁。灰色胎，较致密。直径 1.55、厚 0.7 厘米（图 8-13，4）。

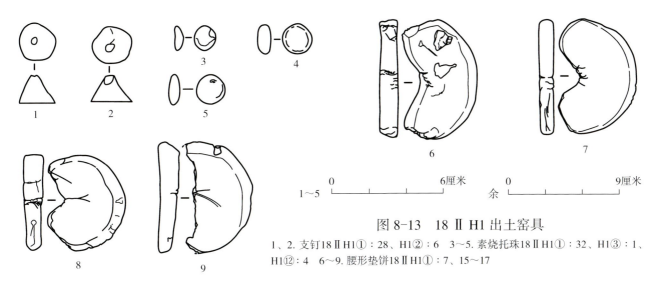

图 8-13　18 Ⅱ H1 出土窑具

1、2. 支钉18ⅡH1①：28、H1②：6　3～5. 素烧托珠18ⅡH1①：32、H1③：1、H1⑫：4　6～9. 腰形垫饼18ⅡH1①：7、15～17

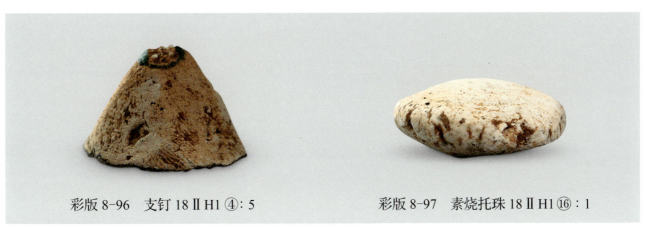

彩版 8-96　支钉 18 Ⅱ H1 ④：5　　　　彩版 8-97　素烧托珠 18 Ⅱ H1 ⑯：1

18ⅡH1⑫：4，灰瓷。捏制。扁形，豆状。周身有少量土沁。灰色胎，较致密。直径1.5、厚0.6厘米（图8-13，5）。

18ⅡH1⑯：1，白瓷。捏制。扁形，豆状。一面有少量土沁，另一面疑似有指纹印，侧面有裂缝。白色胎，较致密。直径1.5、厚0.6厘米（彩版8-97）。

6. 腰形垫饼

共16件。①层13件，②层3件。

18ⅡH1①：6，捏制。平面近腰形。一面有划痕，侧面有缺口，有疑似施釉，两面均有小砂石，裂缝。夹砂黄色胎，较粗糙。长8.6、宽5.8、厚1～2.5厘米（彩版8-98）。

18ⅡH1①：7，捏制。一面有窑粘，边缘至侧面有疑似施釉，两面均有小砂石，裂缝。胎体火石红。夹砂黄色胎，较粗糙。长9.5、宽6.1、厚1.5厘米（图8-13，6）。

18ⅡH1①：15，捏制。平面近腰形。侧面有缺口，两面均有小砂石。夹砂黄色胎，较粗糙。长9.1、宽6.3、厚1.2厘米（图8-13，7）。

18ⅡH1①：16，捏制。平面近腰形。一面有疑似施釉，有脱釉现象，侧面有缺口，两面均有小砂石，裂缝。黄色胎，较粗糙。长7.6、宽6.2、厚1.2～1.5厘米（图8-13，8）。

18ⅡH1①：17，捏制。平面近腰形。一面有支烧形成的痕迹，有窑粘，有裂缝，有疑似施釉，

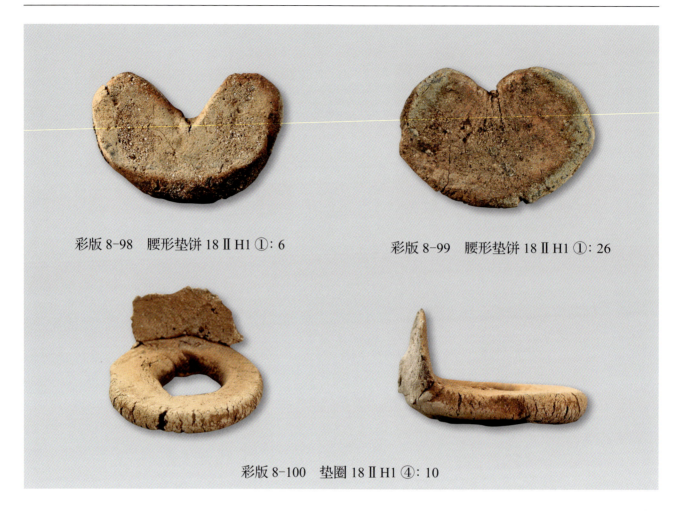

彩版 8-98　腰形垫饼 18 Ⅱ H1 ①：6　　　　　　彩版 8-99　腰形垫饼 18 Ⅱ H1 ①：26

彩版 8-100　垫圈 18 Ⅱ H1 ④：10

侧面有缺口，另一面有釉粘，两面均有小砂石。浅黄色胎，较致密。长 8.8、宽 5.4、厚 1～2.2 厘米（图 8-13，9）。

18 Ⅱ H1 ①：26，捏制。平面近腰形。一面边缘至侧面有疑似施釉，有裂缝，侧面有缺口，少量土沁，另一面有小凹坑，两面均有小砂石，少量土沁。夹砂黄色胎，较粗糙。长 9.3、宽 6.6、厚 1.2～2 厘米（彩版 8-99）。

7. 垫圈

共 5 件。①层 1 件，②层 1 件，④层 2 件，⑫层 1 件。

18 Ⅱ H1 ①：2，残，捏制。环形。侧面疑似指纹印，底部有小砂石。直径 9.4、孔径 4.5、厚 2.4 厘米（图 8-14，1）。

18 Ⅱ H1 ②：7，残。捏制。近似圆形，呈环状。内外有土沁，内呈弧状，一面有釉粘、窑粘，侧面有疑似指窝。黄色胎，较致密。直径 6.7、孔径 2.9、厚 1.3 厘米（图 8-14，2）。

18 Ⅱ H1 ④：2，捏制。圆形，环状。中间有凹槽，周身有疑似指窝印，有窑粘、釉粘，侧面有裂缝。黄色胎，较致密。直径 4.7、孔径 1.6、厚 2 厘米（图 8-14，3）。

18 Ⅱ H1 ④：10，捏制。圆形，环状。垫圈边粘有泥片，裂缝，中间有凹槽。浅黄色胎，较致密。直径 5.4、孔径 2.5、厚 3.1 厘米（彩版 8-100）。

18 Ⅱ H1⑫：2，微残。捏制。圆形，环状。一面有凹槽，周身有裂缝，侧面及另一面疑似施釉。

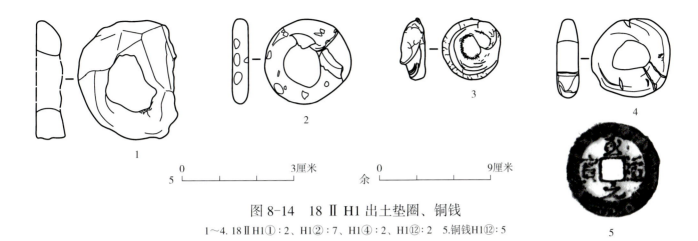

图 8-14　18Ⅱ H1 出土垫圈、铜钱

1～4.18Ⅱ H1①：2、H1②：7、H1④：2、H1⑫：2　5.铜钱H1⑫：5

浅黄色胎，较粗糙。直径 6.4、孔径 3、厚 1.7厘米（图 8-14，4）。

8. 匣钵

共 1 件。⑩层 1 件。

18Ⅱ H1⑩：5，残。敞口，圆唇，直腹斜收，平底。整体有疑似施釉，内外都有轮痕，内底部粘有小砂石，外腹有旋削痕迹。浅灰色胎，较粗糙。口径 23、底径 11.6、通高 33.8厘米（彩版 8-101）。

（一〇）铜器

铜钱

共 1 枚。

18Ⅱ H1⑫：5，至道元宝，1 枚，行书。重 3.6 克，直径 2.5、孔径 0.5、厚 0.1 厘米（图8-14，5）。

彩版 8-101　匣钵 18Ⅱ H1⑩：5

二　18Ⅱ H2

（一）白瓷

白瓷碗

共 7 件。

18Ⅱ H2：26，残。敞口，圆唇，弧腹，圈足，玉璧底。内满施透明釉，外施透明釉至腹部，釉面无光泽，下腹至足底有轮痕，足墙跟旋削。浅黄色胎，较致密。口径 20、底径 8、通高 5.8 厘米（图8-15，1）。

18Ⅱ H2：32，残。敞口，圆唇，弧腹，平底内凹。内满施透明釉，外施透明釉至腹部，釉下施

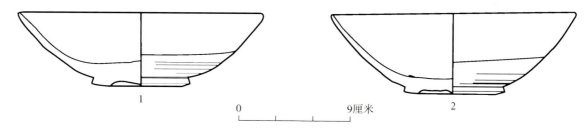

图 8-15　18 Ⅱ H2 出土白瓷碗
1、2. 18 Ⅱ H2：26、40

化妆土。下腹至足底有轮旋，足墙跟旋削，内有两个支钉、三个支钉痕，足脊有四个支钉、一个支钉痕。灰色胎，较粗糙。口径19.6、底径 8、通高 6.5 厘米（彩版 8-102）。

18 Ⅱ H2：40，敞口，圆唇，弧腹，玉璧底。内满施透明釉，外施透明釉至腹部，釉面无光泽，外有轮痕。足墙跟旋削。浅黄色胎，较致密。口径 19.6、底径 8.2、通高 6.6 厘米（图8-15，2）。

（二）酱釉瓷

酱釉壶

共 1 个。

18 Ⅱ H2：46，残，壶把手有缺失。侈口，唇，长颈，溜肩，鼓腹。内施酱釉至口沿，外施酱釉至下腹，外粘有大量小砂石。浅灰色胎，较致密。口径 9.6、腹径 16、残高 22.6 厘米（彩版 8-103）。

（三）素烧瓷

素烧瓷塑

共 1 件。

18 Ⅱ H2：52，蟾蜍，残，模制。卧姿。头残，上身有彩斑，腿蜷着。黄色胎，较致密。残长 5.4、残宽 1.3、残高 4.4 厘米（彩版 8-104）。

（四）窑具

垫饼

共 43 件。

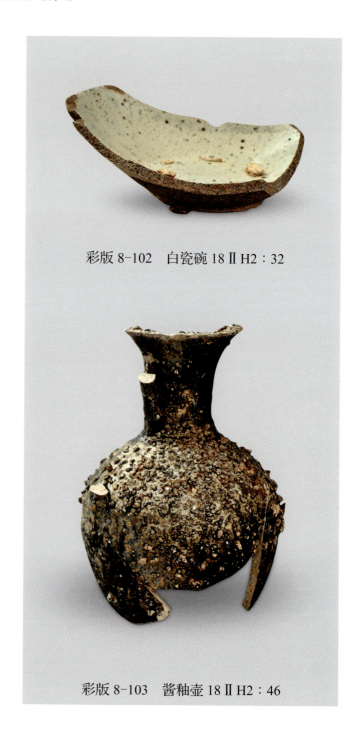

彩版 8-102　白瓷碗 18 Ⅱ H2：32

彩版 8-103　酱釉壶 18 Ⅱ H2：46

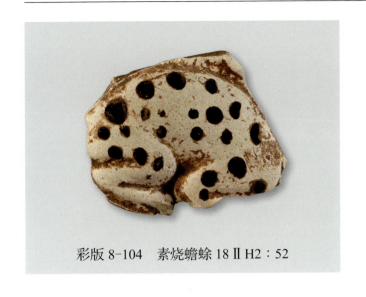

彩版 8-104 素烧蟾蜍 18 Ⅱ H2：52

（1）腰形垫饼

40 件。

18 Ⅱ H2：4，残，捏制。平面近腰形。内外圈厚度由薄到厚。浅灰色胎，较致密。长 10.7、宽 6.2、厚 1.5～1.8 厘米（图 8-16，1）。

18 Ⅱ H2：6，残，捏制。平面近腰形。两面皆有窑粘，一面较多，另一面较少，窑粘处有磕碰。左右两边皆有缺失，厚度内外圈由薄到厚。灰色胎，较致密。长 8.9、宽 6.4、厚 1.8～4.3 厘米（图 8-16，2）。

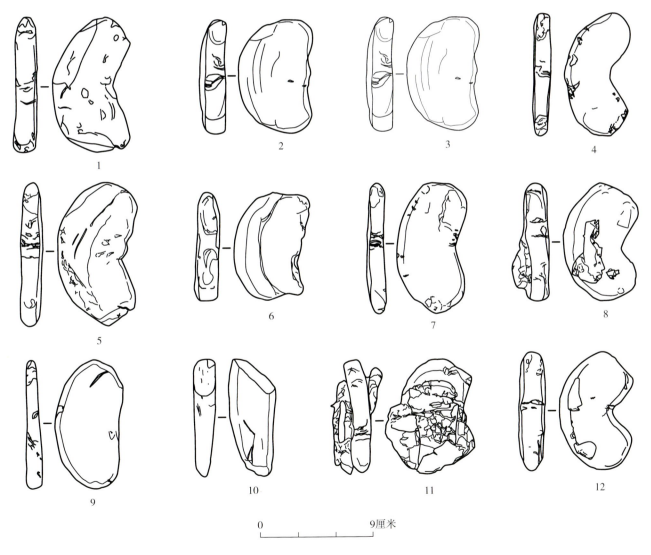

0   9厘米

图 8-16 18 Ⅱ H2 出土腰形垫饼

1～12. 18 Ⅱ H2：4、6、8、10、12、15、16、19、23、25、29、35

18ⅡH2：8，捏制。平面近腰形。两面皆粘有细小石子。左侧有小磕碰，右侧有两道细小裂缝，外圈一周为浅砖红色，内圈中间有铸造时的两道裂缝和凸起。一面靠近外圈有一道较窄的压痕，有点类似手指攥捏而成。浅灰色胎，较粗糙。长9、宽6、厚1.6～2.1厘米（图8-16，3）。

18ⅡH2：10，捏制。平面近腰形。通体皆有夹砂的小石子，外圈上有多个凹陷的小裂缝，外圈到内圈厚度由厚到薄。浅灰色胎，较粗糙。长9.7、宽5.4、厚1.2～1.4厘米（图8-16，4）。

18ⅡH2：12，捏制。平面近腰形。一面有多个细小缝隙，两面有一处缺口，外圈到内圈厚度由厚到薄。夹砂浅灰色胎，较粗糙。长11.3、宽6.3、厚1.4～1.8厘米（图8-16，5）。

18ⅡH2：15，捏制。平面近腰形。两面皆粘有细小石子。一面有一条缝隙直达两侧，另一面有一块缺失。内圈上有两处疑似手指按压的痕迹，厚度外圈到内圈由厚到薄。浅黄色胎，较致密。长8.6、宽6、厚1.6～1.9厘米（图8-16，6）。

18ⅡH2：16，捏制。平面近腰形。两面皆素胎，外圈、内圈上有几道缝隙，厚度基本差距不明显。浅黄色胎，较致密。长10.3、宽5.3、厚1.2～1.5厘米（图8-16，7）。

18ⅡH2：19，捏制。平面近腰形。两面粘有零星的小石子。一面有一道裂缝，内圈有两道缝隙，背面粘有腰形垫饼的残块，外圈到内圈的厚度由厚到薄。浅黄色胎，较致密。长9.3、宽6.1、厚1.7～3厘米（图8-16，8）。

18ⅡH2：20，捏制。平面近腰形。一面粘有零星的小石子、一小块腰形垫饼残块。另一面粘有一大块腰形垫饼残块，其上有较多裂缝，外圈到内圈的厚度由厚到薄。浅黄色胎，较致密。长10.3、宽5.9、厚1.2～3.2厘米（彩版8-105）。

18ⅡH2：23，捏制。平面近腰形。一面靠外圈处有釉，外圈有少许不平，外圈到内圈厚度由厚到薄。浅黄色胎，较致密。长10.2、宽5.5、厚1.3厘米（图8-16，9）。

18ⅡH2：25，捏制。平面近腰形。一面有两道划痕连接在一起。浅灰色胎，较致密。长9.3、宽3.7、厚1.8厘米（图8-16，10）。

18ⅡH2：29，捏制。平面近腰形。一面粘接有腰形垫饼残块、瓷片，内外圈上有许多较小的缝隙。浅黄色胎，较致密。长9.1、宽7.2、厚1.6～4.1厘米（图8-16，11）。

18ⅡH2：33，捏制。平面近腰形。一面粘有零星的小石子，有一处缺损，内圈缺损大半。另一面粘接有腰形垫饼。浅灰色胎，较致密。长8.5、宽7.1、厚1.5厘米。下，一面粘有腰形垫饼一个，另一面外圈局部有绿釉，背面有粘接痕迹。浅灰色胎，较致密。长8.3、宽6.7、厚1.9厘米（彩版8-106）。

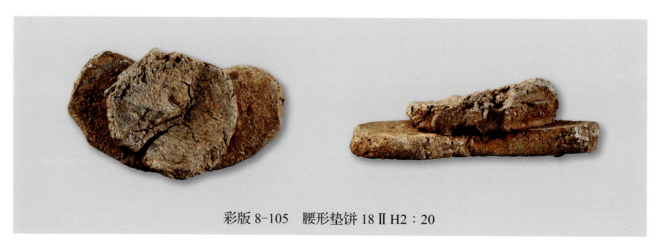

彩版8-105　腰形垫饼18ⅡH2：20

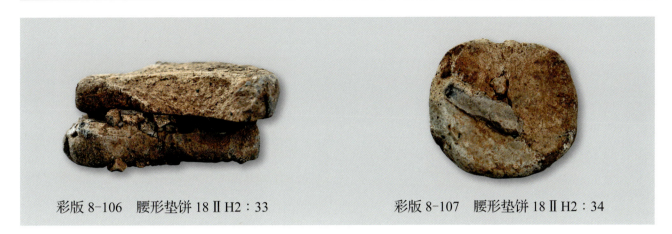

彩版 8-106　腰形垫饼 18 Ⅱ H2：33　　　　　彩版 8-107　腰形垫饼 18 Ⅱ H2：34

18 Ⅱ H2：34，捏制。平面近腰形。一面有一处磕碰。外圈与另一面局部有釉，有粘接痕迹。浅黄色胎，较致密。通体厚度是由厚到薄。长 7.4、宽 6.7、厚 1.2 ～ 2.6 厘米（彩版 8-107）。

18 Ⅱ H2：35，捏制。平面近腰形。一面有两处磕碰，外圈一侧有零星釉粘接，外圈到内圈厚度由厚到薄。浅黄色胎，较致密。长 9.3、宽 6、厚 1.6 ～ 2.1 厘米（图 8-16，12）。

彩版 8-108　圆形垫饼 18 Ⅱ H2：38

（2）圆形垫饼

3 件。

18 Ⅱ H2：38，模制。平面近圆形。正面有碗支烧残留痕迹，外圈残留有一圈绿釉，且上面粘有小块窑具残块一个，有两个缺口。背面上粘有较多细小碎胎颗粒，且中间部位有滴落的酱釉。夹砂浅灰色胎，较致密。直径 22.8、厚 2.4 厘米（彩版 8-108）。

三　18 Ⅱ H3

（一）白瓷

1. 白瓷碗

共 6 件

18 Ⅱ H3：1，残。敞口，圆唇，弧腹，玉璧底。内外满施透明釉，下腹和底部施白色化妆土，釉面有小开片，内有五个支钉痕，外有轮痕。足脊微斜。灰色胎，较致密。口径 17.6、底径 7.1、通高 5.9 厘米（图 8-17，1）。

18 Ⅱ H3：18，残。敞口，圆唇，弧腹，圈足，底部中心微凸。内满施透明釉，外施透明釉至腹部，釉下施白色化妆土，内有一个支钉痕，外有轮痕。圈足足跟旋削，足脊微斜，外足墙微外撇。浅黄色胎，较致密。口径 14.4、底径 6.6、通高 4.4 厘米（图 8-17，2）。

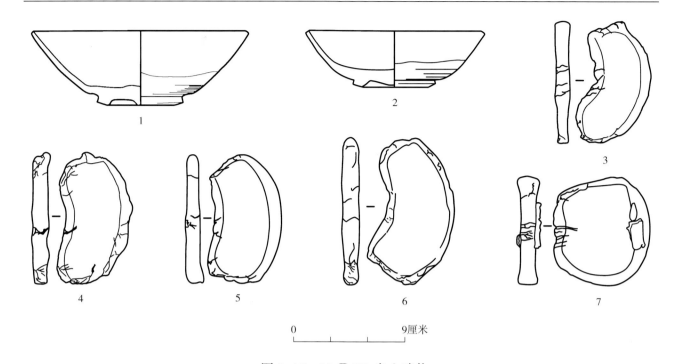

图 8-17　18 Ⅱ H3 出土遗物

1、2. 白瓷碗18 Ⅱ H3：1、18　3～7. 腰形垫饼18 Ⅱ H3：3、5、10、13、14

2. 白瓷罐

共 1 件。

18 Ⅱ H3：21，罐腹片，长颈，弧腹斜收。内外满施透明釉，釉面有小开片，有积釉现象，饰菱形纹、线条纹，外有轮痕。灰色胎，较粗糙。残长 12.65、残宽 10.2 厘米（彩版 8-109）。

（二）窑具

1. 垫饼

共 14 件。

（1）腰形垫饼

13 件。

18 Ⅱ H3：3，微残，平面近腰形。一面有疑似施釉，有脱釉现象，整体有土沁。灰色胎，较粗糙。长 9.7、宽 6、厚 0.9 ～ 1.3 厘米（图 8-17，3）。

18 Ⅱ H3：5，微残，平面近腰形。一面有支烧形成的痕迹，整体有土沁。黄色胎，较粗糙。长 10.4、宽 6.1、厚 1 ～ 1.5 厘米（图 8-17，4）。

18 Ⅱ H3：10，微残，平面近腰形。一面有疑似施釉。夹砂灰色胎，较粗糙。长 10.2、宽 6、厚 1 ～ 1.4 厘米（图 8-17，5）。

18 Ⅱ H3：13，微残，平面近腰形。整体有土沁。黄色胎，较致密。长 11.65、宽 6.9、厚 1 ～ 1.4 厘米（图 8-17，6）。

18 Ⅱ H3：14，微残，平面近腰形。两面都有窑粘，有土沁。夹砂灰色胎，较粗糙。长 8.6、宽 7.8、厚 1.2 ～ 1.8 厘米（图 8-17，7）。

彩版 8-109　白瓷罐 18 Ⅱ H3：21　　　　　　彩版 8-110　圆形垫饼 18 Ⅱ H3：4

彩版 8-111　素烧枕 18 Ⅱ H5：1

（2）圆形垫饼

1 件。

18 Ⅱ H3：4，微残，平面近圆形。一面疑似施釉，两面及侧面有窑粘。夹砂浅黄色胎，较粗糙。直径 5.6、厚 0.5 ～ 1.4 厘米（彩版 8-110）。

四　18 Ⅱ H5

素烧瓷

素烧枕

共 1 件。

18 Ⅱ H5：1，残，呈长方体，泥片贴筑。左正面四道宽棱包围菊花纹，菊花顶部有一圆形小孔，两个侧面有两道宽棱，有轮痕。砖红色胎，较致密。长 9.2、残宽 2.4、残高 8.9 厘米。右正面及侧面都有三道宽棱包围菊花纹，侧面菊花下有一小孔，有轮痕。砖红色胎，较致密。残长 10.8、残宽 4.3、高 11.6 厘米（彩版 8-111）。

五 18ⅡH7

白瓷

白瓷碗

共1个。

18ⅡH7：1，残。敞口，圆唇，弧腹，圈足。内满施透明釉，外施透明釉至腹部，釉面有小开片，釉下施白色化妆土，外有轮痕，足脊有四个支钉痕。圈足有旋削痕迹，足脊微斜，外足墙微外撇。浅黄色胎，较粗糙。口径17.6、底径7.4、高6.4、通高6.6厘米（彩版8-112）。

彩版8-112　白瓷碗 18ⅡH7：1

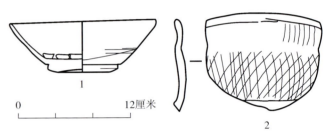

图8-18　18Ⅱ H8 出土白瓷碗
1. 白瓷碗18ⅡH8②：3　2. 白瓷罐18ⅡH8②：6

六 18ⅡH8②

（一）白瓷

1. 白瓷碗

共4件。

18ⅡH8②：3，残。敞口，圆唇，弧腹，饼底内凹。内满施透明釉，外施透明釉至中下腹，有积釉现象，釉面有小开片，釉下施白色化妆土，内有四个支钉，底部有四个支钉痕，外有轮痕，内外有少量土沁。黄色胎，较粗糙。口径15.7、底径7.4、通高5.6厘米（图8-18，1）。

2. 白瓷罐

共1件。

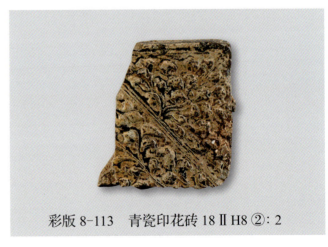

彩版8-113　青瓷印花砖 18ⅡH8②：2

18ⅡH8②：6，罐残片。敞口，圆唇，弧腹。内外均施透明釉，釉面有小开片，釉下施白色化妆土。腹部刻划棱形纹及划线纹。灰色胎，较粗糙。残长12.4、残宽10.4厘米（图8-18，2）。

（二）青瓷

青瓷印花砖

共1件。

18ⅡH8②：2，残，模制。平面近长方形。一面施青釉，有脱釉现象，有两组印花，中间用条形纹分开。一面有窑粘，侧面少量土沁，另一面有疑似施釉。灰色胎，较粗糙。长15.8、宽15.2、高5厘米（彩版8-113）。

第九章 分期与年代

第一节 层位、遗迹研究

一 层位及各遗迹关系

烈山窑址发掘共分为三个区，三区之间存在一定距离，在自然堆积层位上很难统一，因此按照各区独立论证分期年代。其中，Ⅲ区地层比较简单，仅有1个汉代窑炉，揭开表土层后窑炉便暴露出来，根据出土砖、瓦片和18M1出土器物判断，可以作为一个时期的遗迹讨论。下面主要论述Ⅰ区和Ⅱ区层位和遗迹。

（一）Ⅰ区层位及各遗迹关系

Ⅰ区发掘的遗迹相对较多，也复杂一些，考虑到整体堆积趋势是东薄西厚，东部简单西部复杂的特点。下面按照由东向西的探方布局顺序逐一分析。

T0401内遗迹有4个灰坑，相互之间没有关系。其中18ⅠH1叠压在第①层下，18ⅠH3、H9和H10叠压在第②层下，且都打破生土。该探方内地层仅2层，与灰坑属于一个阶段。

T0402内遗迹有18ⅠH7、H11，相互无打破关系，18ⅠH11叠压在第①层下，18ⅠH7叠压在第②层下，均打破生土。2个灰坑分属于2个层位，大致可以分为两个阶段。

T0403内遗迹有18ⅠH6和18ⅠC1，相互无打破关系。18ⅠH6叠压在第②层下，18ⅠC1叠压在第③层下。18ⅠH6和18ⅠC1出土遗物比较接近。第④~⑥层出土遗物极少，可以将这3层与第②、③层算一阶段。

T0404内遗迹有18ⅠY2、Y3和18ⅠH3。其中18ⅠY3叠压在第②层下，18ⅠY2叠压在18ⅠY3之下，并压着生土。18ⅠY2最先建造并使用，生产的产品废弃物主要分布在窑炉两侧，即分布在T0401、T0402、T0403、T0301、T0302和T0303等。18ⅠY2废弃之后，18ⅠY3在它基础之上重新改造修缮，继续使用。因此18ⅠY2和18ⅠY3分属于两个阶段。则18ⅠY3生产过程中的废弃物主要堆积在其西部区域。

T0405内遗迹有18ⅠH4、H5、H8。18ⅠH4叠压在第①层下，打破18ⅠH5，18ⅠH5叠压在第②层下，打破18ⅠH8。根据18ⅠH8出土器物为东汉时期遗物。18ⅠH4和18ⅠH5存在打破关系，包含物比较接近，可作为同时期。因此该探方内遗存分属于两个阶段。

T0301、T0302、T0303位置是2017年发掘的位置。

T0304内遗迹有18ⅠY2和18ⅠY3，主要是操作间位置。18ⅠY3叠压在④层下，18ⅠY2叠压在18ⅠY3之下，并压着生土。根据前文可知，18ⅠY2和18ⅠY3分属于两个阶段。

T0305 内遗迹有 18Ⅰ H5 和 18Ⅰ Z1。18Ⅰ Z1 叠压在第②层下，打破 18Ⅰ H5。18Ⅰ Z1 和 18Ⅰ H5 属于一个阶段。

T0201 内遗迹有 18Ⅰ H20、18Ⅰ G1、18Ⅰ G7 和 18Ⅰ G14。18Ⅰ H20 叠压在第④层下，并打破了 18Ⅰ G7 和 18Ⅰ G14。18Ⅰ G1 叠压在第⑤层下，与 18Ⅰ G7 和 18Ⅰ G14 无打破关系。18Ⅰ G7 和 18Ⅰ G14 叠压在⑥层下。18Ⅰ G1、G7、G14 位置较近，包含物接近，可以归为一个阶段。18Ⅰ H20 在④层下，单独属于一个阶段。

T0202 是 2017 年发掘的位置。

T0203 内遗迹有 18Ⅰ D1、G15、H15～H17、H21、H23、H32。其中 18Ⅰ H15、H16 叠压在第②层下，18Ⅰ H15 打破 18Ⅰ H17、H21，18Ⅰ H16 打破 18Ⅰ H17。18Ⅰ H21、H23 叠压在第④层下，18Ⅰ H21 打破 18Ⅰ H23，被 18Ⅰ H15 打破。18Ⅰ D1 和 18Ⅰ G15、H17、H32 叠压在第⑤层下，18Ⅰ H32 被 18Ⅰ H17、H21 打破。18Ⅰ H15、H16 压在第②层瓷片层下。18Ⅰ H21、H23 是压在第④层瓷片层下，⑤层是属于泥土层夹带少量瓷片，可以和④层作为一个时期。大致可以把 18Ⅰ H15、H16 作为一个阶段，其他遗迹属于另一个阶段。

T0204 内遗迹有 18Ⅰ H12、H21、H22、H34～H36、H40、H41。其中 18Ⅰ H12 叠压在第③层下。18Ⅰ H35 叠压在第⑤层下。18Ⅰ H34、H36 叠压在第⑥层下。18Ⅰ H21 叠压在第⑦层下，打破 18Ⅰ H40、H41，18Ⅰ H40 又打破 18Ⅰ H22。这里需要补充论述一下 T0204 第⑥层和⑦层两个层位。这两层土质比较接近，属于疏松黏土，在土色上略有差异，第⑦层略偏红。两层均比较薄，堆积趋势一致，包含物均比较少且也较相似。推测是同一时间形成的，虽然叠压下的灰坑有打破关系，但包含物比较接近，很难区分，可以与⑥、⑦层作为一个阶段。18Ⅰ H12 叠压的③层包含瓷片较少，打破了④层瓷片层。可以独立分一个阶段。

T0205 内遗迹有 18Ⅰ G3～G6、G10～G13、H13、H26、H27、H30、H33、H37。其中 18Ⅰ G5、G6、G11、G13、H13 叠压在第①层下，无相互打破关系。18Ⅰ G3、G4 和 G12 叠压在第②层下，无相互打破关系。18Ⅰ H26、H27、H30 叠压在第④层下，无相互打破关系。18Ⅰ H33、H37、G10 叠压在第⑤层下。清理的灰沟虽然叠压层位不同，但形状、趋势比较一致，除 18Ⅰ G10 外可以归为一个阶段。第④层较薄，包含物较少，其下灰坑打破⑤层。而第⑤层较厚，包含物略丰富。可以把④层下灰坑和⑤层及其下的灰坑作为一个阶段。

T0104 内遗迹有 18Ⅰ H24、H25、H28、H29、H39、H31、H38、H42。其中 18Ⅰ H24、H29 叠压在第④层下，18Ⅰ H24 打破 18Ⅰ H25、H39，H29 打破 H39。H25、H28、H39 叠压在第⑤层下，18Ⅰ H25 打破 18Ⅰ H28、H39、H42。H31、H38、H42 叠压在第⑥层下。18Ⅰ H38、H42 同时打破 18Ⅰ H31。第⑤、⑥层分布不均，且均较薄，包含物瓷片较少，均包含红烧土、炭屑物，应该属于一个阶段，其下灰坑可以与之归为一个阶段。18Ⅰ H24、H29 在④层瓷片层下，打破第⑤层。包含物也与第⑤、⑥层相近，可与之归为一个阶段。

T0105 内遗迹有 18Ⅰ G2～G6、G9、H14、H18、H19。其中 18Ⅰ G2、G5、G6 和 H14 叠压在第①层下，18Ⅰ H14 打破 18Ⅰ G5。18Ⅰ G3、G4 叠压在第②层下，无相互打破关系。18Ⅰ G9、H18、H19 叠压在第⑤层下，无相互打破关系，这 3 个单位可以作为一个阶段。其余开口于①层和②层作为一个阶段。

（二）Ⅱ区层位及各遗迹关系

Ⅱ区范围内分 2017 年和 2018 年两个年度发掘，其中，2017 年发掘了 17ⅡY1 和 1 条探沟 17ⅡTG4，并在 17ⅡY1 周边清理了几个灰坑。同时，在 17ⅡY1 北约 400 米位置清理了 1 个灰坑，该灰坑是一个单纯的三彩器物坑，以单彩为主。此坑是在挖现代排水沟时发现的，地层关系已经不清楚了，可以作为单独的一处遗迹处理。

2017 年和 2018 年的发掘均在 17ⅡTG4 位置，两次发掘的地层基本是对应的，由于 2018 年发掘相对位置是 17ⅡTG4 两侧，在地层的自然堆积上存在一定不同，但大致地层变化趋势是一致的。在发掘过程中对于 18ⅡH1 的性质认定存在一定变化，2017 年 17ⅡTG4 发掘 3 米宽，仅能体现地层的堆积，未暴露出 18ⅡH1 的边界。2018 年发掘ⅡT0202 时，清理表土和垫土层后便暴露出来 18ⅡH1 的西北部，18ⅡH1 东南部垫土层清理完毕是生土。当时判断 18ⅡH1 开口于①层下。随着发掘范围的扩大和深入，发现 18ⅡH1 的范围较大，其北半部分被现代排水沟破坏了。并且逐渐认识到 18ⅡH1 的形成并不是直接开挖形成的，而是利用了 17ⅡY1 前面操作间的工作区堆积形成，在形成过程中逐渐对 17ⅡY1 操作间产生破坏，因而 18ⅡH1 的形成时间应该是 17ⅡY1 废弃后的时间。所以，把 18ⅡH1 内的层位按照地层堆积分析比较合

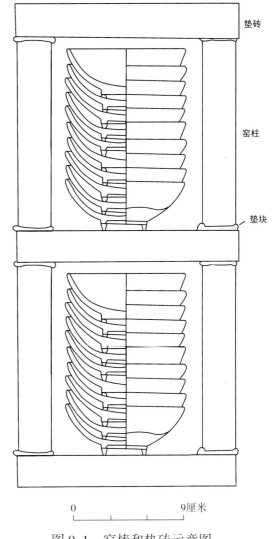

0   9厘米

图 9-1 窑棒和垫砖示意图

理一些，即 18ⅡTG4 扩的地层。通过层位中包含物特点可以看出，除第①层垫土层外，第②～⑦层堆积瓷片和窑具最丰富，并且层位比较厚，瓷器类型和窑具种类基本没有什么变化，推测是一个时期堆积的。另 18ⅡH2 开口于⑤层下，18ⅡH3 开口于⑨层下，18ⅡH2 打破 18ⅡH3，2 个坑堆积的器物基本一致，主要是垫砖、匣钵和白瓷碗，且与上面层位的同类器物相似。因此推测第②～⑨层为同一时期堆积。从第⑩层往下，地层堆积开始变薄，并且分布不均。包含瓷器和窑具相对开始变少，多数层位含泥土量大，并且有炭灰，开始出现较多支钉和少量托珠。另外几个灰坑，如 18ⅡH7 开口于⑮层，18ⅡH8～H11 均开口于⑰层下。可以大致判断第⑩～⑱层属于一个时期。

17ⅡY1 的形成具有较强的辨识性，经历了建造、使用和废弃三个阶段。17ⅡY1 窑床及火膛周边地层相对比较单纯，揭露出垫土层后就暴露了遗迹。而火膛内部和操作间部分则堆积较复杂、较厚，应该属于 17ⅡY1 废弃之后的堆积。所以 17ⅡY1 可以作为独立的一个遗存单位判断。

18ⅡTG1 内分布有 18ⅡY4、Y5 和 3 个灰坑，地层堆积也比较简单（图 9-1）。在清理 18ⅡY4 操作间时，清理出一片废弃堆积，包括石块、垫砖、匣钵片和少量瓷器。18ⅡH4、H6 压在此堆积下面，

并且 18ⅡH4 打破 18ⅡH5，18ⅡH5 又打破 18ⅡY5。18ⅡH6 打破了 18ⅡY4 操作间的工作面，打破生土。18ⅡY4 在建造并使用时，其操作间部分应该是没有遗迹的。根据层位关系和出土物判断，18ⅡY4 和 18ⅡY5 是同一时期的堆积。而 18ⅡH4～H6 以及 18ⅡY4 废弃堆积属于一个阶段的遗物。考虑到 18ⅡY4 生产过程中会产生大量的废弃堆积，并且 17ⅡY1 操作间上就存在大量废弃堆积。可以大致判断 18ⅡY4 的废弃产品全部堆放在 17ⅡY1 的操作间处。则 18ⅡY4 建造使用年代与 17ⅡTG4 产品堆积相一致。而 18ⅡH4～H6 以及 Y4 废弃堆积的相对年代是最晚的。

二　层位及各遗迹阶段研究

根据前文叙述，Ⅲ区内汉代窑址、18ⅠH8 和 18M1 均是战国晚期至汉代遗迹，三者可作为一个阶段。

Ⅰ区地层和遗迹比较丰富，可以根据窑炉建造、使用、废弃、再利用、再废弃的变迁过程来划分阶段。瓷片废弃堆积形成过程中夹杂有泥土层和瓷片层，可以把这种变化分为间歇层和瓷片层的变化阶段（表 9-1）。下面从 T0403 和 T0404 两个探方研究分析。T0403 内第④～⑥层，包含物极少，也没有相关遗迹，属于Ⅰ区制瓷作坊未开始前的层位。18ⅠC1 压在③层下，并且也压在 18ⅠY2、Y3 下，

表 9-1　烈山窑地层对应表

总	T0105	T0205	T0305	T0405	T0104	T0204	T0304	T0404	T0202	T0203	T0201	T0301	T0401	T0402	T0403	T0404	T0405	
①	①	①	①	①	①	①	①	①	①	①	①②	①	①	①	①	①	①	
②	②	②																
③			②	②	②	②	②			②	②						②	瓷片层
④	③	③			③	③	③				③							
⑤	④	④																间歇层
⑥					④	④				③	③	④						
⑦							④	②										瓷片层
⑧	⑤	⑤	③		⑤	⑤	Y2③	Y2③										
⑨		⑥			⑥	⑥	Y2④	Y2④	④	④								
⑩						⑦												间歇层
⑪									⑤	⑤								
⑫									⑥	⑥								
⑬											⑤							
⑭											⑥	②	②	②	②			瓷片层
⑮												③		③				
⑯														④				
⑰														⑤				
⑱														⑥				

可见 C1 的时代最早。18ⅠY2 建造使用后，开始形成废弃堆积。根据窑炉瓷器废弃堆积特点可知，一般会堆积窑炉两侧或者稍远的地方。因此形成了第一次的瓷片堆积层，18ⅠY2 要早于第一次瓷片堆积层。因此可以大致归纳 18ⅠY2、C1 和第一次瓷片堆积层属于一个阶段。

在 18ⅠY2 废弃之后不久，存在了一段停烧期，形成了瓷片间歇层，地层中包含的窑具和瓷片变少。并且在 18ⅠY2 操作间内逐渐堆积填平，形成了 18ⅠY3 复建的基础。18ⅠY3 在此基础上建造并继续烧造瓷器，产生了大量的残次品瓷器。主要堆积在 18ⅠY3 操作间的西端，形成厚厚的瓷片堆积层。再结合形成大量废弃灰坑，可以归纳这段停烧期和瓷片堆积层形成了一个阶段。

在 18ⅠY3 烧造一段时间之后又停烧了，形成了一次第总④层的间歇层。停烧时间比较短暂，又开始继续生产烧造，形成了第总②、③层的瓷片层。这次的间歇层和瓷片堆积层形成一个变化阶段。

Ⅱ区发掘面积相对较小，遗迹也少很多，一条柏油路横穿其上，导致破坏比较严重。均是揭露表土层就暴露出窑址遗存。如果不是施工破坏，17ⅡY1 保存的相对完整，其埋藏环境也比较好。但是，施工中现代排水沟南北宽 3～4 米，导致 17ⅡY1 的火门和操作间均被破坏了。17ⅡY1 火门、操作间及其西部堆放较厚的废弃产品瓷片，而两侧未发现瓷片堆积。考虑到 17ⅡY1 工作区域被废弃瓷片占压，无法正常作业。推断 17ⅡY1 的建造和使用时间要早。而废弃产品瓷片堆积应该是旁边 18ⅡY4 在烧造使用中产生的。在 17ⅡTG4 的堆积中，在第⑱～⑪层的堆积形态是分布不均，层位较薄，包含物较少，炭灰和瓷泥变多。并且 18ⅡH8～H11 叠压第⑰层下，包含物较少。根据前文分析，18ⅡY4 生产的废弃产品瓷片堆放在 17ⅡY1 处。18ⅡY4 两侧及西部地区结合调查和勘探，均未发现瓷片堆积区，即Ⅱ区仅有 17ⅡY1 前的一处瓷片堆积。18ⅡY5 在 18ⅡY4 的西北侧约 1 米，从层位、功用和位置分析，属于同一时期的，共用一处开阔的操作间，其功能可能是烧制釉灰的。综合分析，把 18ⅡY4、Y5 及 17ⅡTG4 第⑪～⑱层作为一个阶段。17ⅡTG4 第②～⑩层，堆积普遍较厚，瓷片和窑具大量分布，三彩器和素烧器开始增多。18ⅡH2 开口于⑤层下，打破了开口于⑨层下的 18ⅡH3。两个坑内窑具和产品相同，可以推断是同一时期遗物。所以把 17ⅡTG4 第②～⑩层作为一个阶段。

三　遗存单位中的特殊遗物

在对小件整理过程中发现有些遗物是可以拼合在一起的，如垫饼ⅠT0203②：24 和ⅠT0203②：75 合并一个。在一些灰坑中会出现不同式的遗物，也有在不同遗迹中出土相同的遗物，如"黄一郎宅"文字的白釉褐彩碗在 H20 出土多件，如ⅠH20③：4、19、23。其字与 Y2 操作间内出土的 18ⅠY2④：27"大黄"的"黄"字体一样，属于同一时期遗物。

白釉褐彩罐腹片ⅠT0204②：19 的"公用"字与青釉黑彩罐腹片ⅠT0304③：10 的"公用"字一样，说明ⅠT0204②与ⅠT0304③属于同一时期。

青釉褐彩碗ⅠT0203②：211 碗底的"祐德观"字与青釉褐彩碗 18ⅠH5：54 碗底的"祐德观"、青釉褐彩碗 17ⅠTG2②：126 碗底"祐德观"字以及青釉褐彩碗 17ⅠTG2②：130 碗片"德观"字一样。说明ⅠT0203②层与 18ⅠH5、17ⅠTG2②层属于同一时期。

素烧划花盆残片 17ⅡY1①：36 刻划"鞏县朱"字与素烧印花瓷枕片 17ⅡH3：4 的"鞏縣李"字近似，说明这两个单位的时代比较相近。

白釉褐彩碗 18ⅠH21：164 上的"清净會"与白釉褐彩碗 18ⅠH23：23 碗底的"清净"以及白

釉褐彩碗 18 Ⅰ H31：73 上的"清净會"字比较相近，说明这几个灰坑时代一致。

试釉器 T0104 ④：144 和试釉器 18 Ⅰ H36：6 形状一样，应属于同一时期遗物。

综上所述，大致把烈山窑遗迹分为以下几组：

第一组：18 Ⅲ Y6、18 Ⅰ H8、18M1。

第二组：17 Ⅱ Y1。

第三组：17 Ⅱ TG4⑪ ～ ⑱层，18 Ⅱ H7 ～ Ⅱ H11、Y4、Y5。

第四组：17 Ⅱ TG4 ②～⑩层，18 Ⅱ H2 ～ Ⅱ H6、17 Ⅱ H1 ～ 17 Ⅱ H3、17 Ⅱ H7。

第五组：18 Ⅰ Y2，T0403 ②～⑥层，18 Ⅰ C1，T0402 ②层，T0401 ②层，T0301 ②，T0201 ⑤、⑥层、18 Ⅰ H6、H7。

第六组：18 Ⅰ Y3、T0104 ④～⑥层；T0105 ⑤层；T0201 ④层；T0203 ③～⑥层；T0204 ④～⑦层；T0205 ⑤、⑥层；T0304 ④层；T0305 ③层；18 Ⅰ Y2 操作间③、④层；18 Ⅰ H24、H25、H28、H29、H31、H38、H42、H12、H18 ～ H21、H23、H17、H32、H35 ～ H36、H40、H41、H22、H26、H27、H30、H33、H37、G9、G10、G15、D1，18M2 ～ M4、17 Ⅰ TG2 ③、④层；17 Ⅰ H4、H5。

第七组：T0104 ②、③层，T0105 ②～④层，T0201 ③层，T0203 ②层，T0204 ②、③层，T0205 ②～④层，T0304 ②、③层，T0305 ②层，T0404 ②层，18 Ⅰ H14 ～ H16、H13、H5、Z1、G2 ～ G6、G11 ～ G13，17 Ⅰ TG2 ②、③层，17 Ⅰ H6。

第二节　遗物类型学研究

一　瓷器产品类型研究

烈山窑址出土的产品种类比较丰富，可复原器物达 4000 余件。按釉色分包括白瓷、白釉黑（褐）彩瓷、青瓷、黄釉瓷、绿釉瓷、酱釉瓷、黑釉瓷等，其中产量最大是白瓷碗和白瓷盏。器类有白瓷碗、白瓷盏、白瓷盘、白瓷钵、白瓷盆、白瓷罐、白瓷壶、白瓷狗、白瓷羊、白瓷器盖、白釉褐彩碗、白釉褐彩盏、白釉褐彩盆、白釉褐彩罐、青瓷碗、青瓷盏、青瓷小瓶、青瓷倒流壶、青瓷器盖、青瓷人俑、青瓷狗、青瓷羊、青黄釉碗、青黄釉炉、黄釉碗、黄釉盏、黄釉罐、黄釉印花砖、酱釉钵、酱釉罐、酱釉执壶、黑釉碗、素烧炉、三彩兽足、素烧印花瓷枕、素烧建筑构件等（彩版 9-1 ～ 4）。

烈山窑的产品虽然种类丰富，但主流产品比较单一。在清理 Ⅰ 区时，产品明显多于窑具。产品主要是白瓷涩圈碗、白瓷涩圈盏、白釉褐彩碗、酱釉碗等。在清理 Ⅱ 区时，窑具出土比较丰富，产品出土所占比偏少，产品主要是黄釉盏、白瓷碗、素烧建筑构件等。烈山窑瓷器上有墨书、刻划或彩绘文字等。可辨识文字有"祐德观""华严寺""公用""宿……""黄一郎宅""北范五公""鞏縣朱"等（彩版 9-5）。值得重视的是 Ⅰ 区出土的白瓷涩圈盏，有的还烧结粘在一起，其规格口径、高和重量基本一致，应该是标准化生产。

在类型学分析时采用了数量比较多的器物进行研究，具体如下。

1. 白瓷碗

在 Ⅰ、Ⅱ 区出土较多，根据口沿变化分四型。

A 型　敞口，卷沿，口径大，足跟处旋削一周。根据口部开口程度和足变化分五式。

Ⅰ式　深腹，大玉环圈足，圈足很浅，外足墙明显高于内足墙。标本 18Ⅱ H11：2（图 9-2，1）。

Ⅱ式　大玉环形圈足，圈足浅，足较窄。标本 18Ⅱ H3：9，有 5 个支钉（图 9-2，2）。

Ⅲ式　腹较斜，宽圈足，圈足变深，足脊旋削一周。标本 18Ⅱ H8②：4（图 9-2，3）。

Ⅳ式　弧腹，腹变深，有涩圈，高圈足变小，挖足过肩，足脊旋削。标本 T0202⑤：9（图 9-2，4）。

Ⅴ式　弧腹，口变敞，腹稍浅，挖足过肩明显，足微外撇。标本 T0203②：247（图 9-2，5）。

B 型　口沿敛，口径大，弧腹。根据口部开口程度和足变化分五式。

Ⅰ式　口敞，腹深，饼底，4 个支钉。标本 18Ⅱ H11：4（图 9-2，6）。

彩版 9-1　瓷器

彩版 9-2　瓷器

Ⅱ式 口更敞，大玉环圈足，足墙宽。标本 18ⅡTG4 扩⑨：7（图 9-2，7）。

Ⅲ式 口较敞，圈足，足墙窄，挖足过肩。标本 18ⅡH1 ④：1（图 9-2，8）。

Ⅳ式 口外侈，高圈足变小，有涩圈，挖足过肩稍明显。标本 T0202 ⑤：8（图 9-2，9）。

Ⅴ式 口沿外撇严重，斜弧腹，有涩圈，

彩版 9-3 瓷器

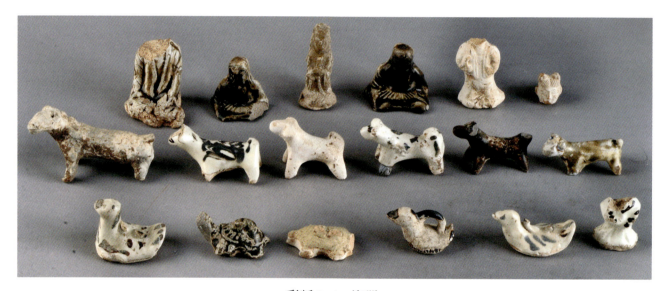

彩版 9-4 瓷器

彩版 9-5 瓷器

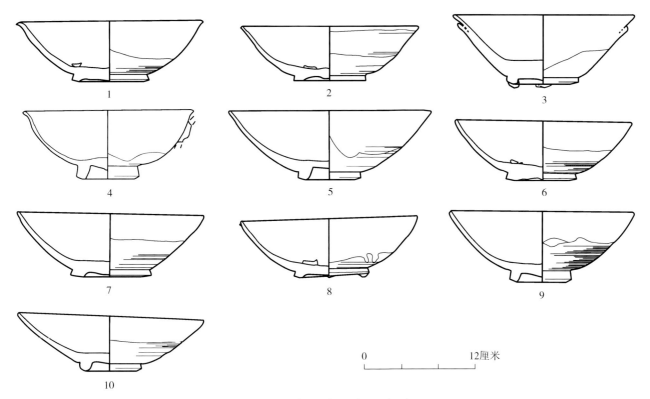

图 9-2　白瓷碗型式图（一）

1. A型 I 式18 II H11：2　2. A型 II 式18 II H3：9　3. A型 III 式18 II H8②：4　4. A型 IV 式T0202⑤：9　5. A型 V 式T0203②：247　6. B型 I 式18 II H11：4　7. B型 II 式18 II TG4扩⑨：7　8. B型 III 式18 II H1④：1　9. B型 IV 式T0202⑤：8　10. B型 V 式T0203②：172

挖足过肩严重。标本 T0203②：172（图 9-2，10）。

C 型　口沿敛，口径略小，根据口部开口程度和足变化分三式。

I 式　口部敞，饼足。标本 18 II TG4扩⑧：42（图 9-3，1）。

II 式　口变敞，腹浅，圈足略大。标本 18 II TG4扩⑪：1（图 9-3，2）。

III 式　口变敞，腹变浅，有涩圈，圈足变小，挖足过肩。标本 18 I H17：76（图 9-3，3）。

D 型　盆形碗，口径较大，略直，腹深，外腹有一圈收缩，圈足较宽，挖足过肩。标本 17 I H6：23（图 9-3，4）。

2. 白瓷涩圈盏

A 型　敛口，弧腹，涩圈，圈足。根据腹深浅和足变化分两式。

I 式　深腹，挖足过肩。标本 18 I H20③：22（图 9-4，1）。

II 式　浅腹，挖足过肩严重。标本 18 I H17：105（图 9-4，2）。

3. 白瓷盘

根据口部和肩部不同分两型。

A 型　折肩盘。根据口部和腹部变化分两式。

I 式　侈口，深腹。标本 18 I H21：167（图 9-4，3）。

II 式　口较外侈，浅腹。标本 T0203②：64（图 9-4，4）。

B 型　平底盘。根据腹部和足变化分三式。

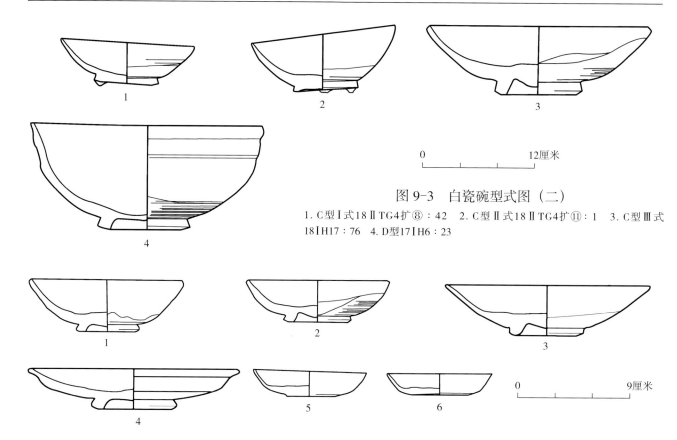

0　　　　　　　　12厘米

图 9-3　白瓷碗型式图（二）

1. C型Ⅰ式18ⅡTG4扩⑧：42　2. C型Ⅱ式18ⅡTG4扩⑪：1　3. C型Ⅲ式
18ⅠH17：76　4. D型17ⅠH6：23

0　　　　　　　　9厘米

图 9-4　白瓷涩圈盏与白瓷盘型式图

1、2. 白瓷涩圈盏A型Ⅰ式18ⅠH20③：22、18ⅠH17：105　3~6. 白瓷盘A型Ⅰ式18ⅠH21：167、A型Ⅱ式T0203②：64、B型Ⅰ式T0401③：4、
B型Ⅱ式T0402②：1

　　Ⅰ式　盘略深，平底，盘底小。标本 T0401 ③：4（图 9-4，5）。

　　Ⅱ式　盘变浅，平底，盘底变大。标本 T0402 ②：1（图 9-4，6）。

4. 白瓷钵

器形比较单一，分两型。

A 型　圈足钵。根据足部变化分两式。

　　Ⅰ式　口沿外凸棱较浅，圈足矮，足跟处无修削痕迹。标本 T0403 ①：25（图 9-5，1）。

　　Ⅱ式　口沿外凸棱较凸，圈足略高，足跟处刮削，挖足过肩较深。标本 T0303 ②：19（图 9-5，2）。

B 型　平底钵。敛口，深腹，平底。标本 17ⅠH6：41（图 9-5，3）。

5. 白瓷罐

根据大小、有无装饰分三型。

A 型　划花网格纹罐，直口，弧腹，平底。标本 17ⅡTG4扩④：48（图 9-6，1）。

B 型　双系大罐，较高，敛口，圆唇，斜肩，弧腹，圈足。标本 18ⅠH17：164（图 9-6，2）。

C 型　双系矮罐，根据口部变化分两个亚型。

Ca 型　直口微敞。根据腹部变化分两式。

　　Ⅰ式　口变小，最大腹径在中间。标本 18ⅠH20②：3（图 9-6，4）。

Ⅱ式　口较大，腹部靠下垂。标本 18 Ⅰ H21：169（图 9-6，3）。

Cb 型　直口较敛。根据腹部变化分两式。

Ⅰ式　口较小，最大腹径在腹部中间。标本 T0202 ⑤：5（图 9-6，5）。

Ⅱ式　口略大，最大腹径靠近肩部。标本 17 Ⅰ H4：125（图 9-6，6）。

6. 白瓷器盖

根据有无捉手分两型。

A 型　无捉手。标本 18 Ⅰ H4：3（图 9-7，1）。

B 型　有捉手，器形大，子母口。标本 T0204 ⑥：6（图 9-7，2）。

7. 青瓷碗

根据口径大小分两型。

A 型　口径中等，在 14 厘米左右。口沿敛，敞口，弧腹，圈足。根据口和足变化分两式。

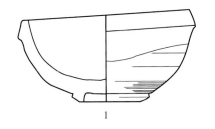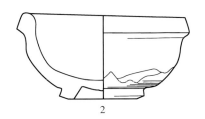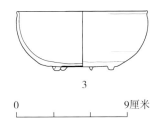

图 9-5　白瓷钵型式图

1. A型Ⅰ式T0403①：25　2. A型Ⅱ式T0303②：19　3. B型17ⅠH6：41

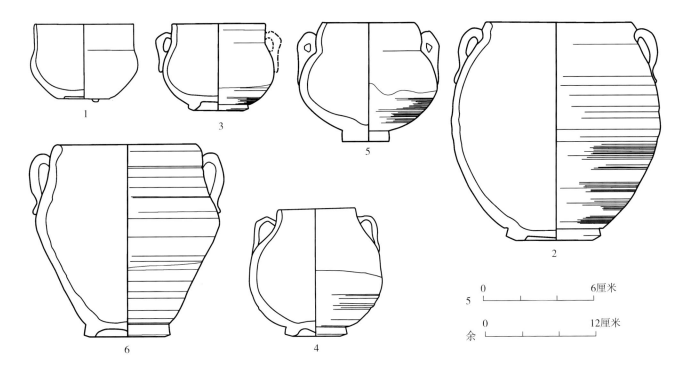

图 9-6　白瓷罐型式图

1. A型17ⅡTG4扩④：48　2. B型18ⅠH17：164　3. Ca型Ⅰ式18ⅠH21：169　4. Ca型Ⅱ式18ⅠH20②：3　5. Cb型Ⅰ式T0202⑤：5　6. Cb型Ⅱ式17ⅠH4：125

图9-7　白瓷器盖型式图
1. A型18ⅠH4：3　2. B型T0204⑥：6

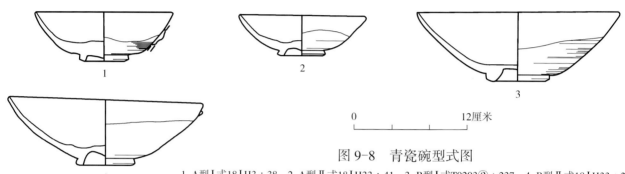

图9-8　青瓷碗型式图
1. A型Ⅰ式18ⅠH3：38　2. A型Ⅱ式18ⅠH33：41　3. B型Ⅰ式T0203②：237　4. B型Ⅱ式18ⅠH33：20

Ⅰ式　敞口，圈足，内外圈足等高。标本18ⅠH3：38（图9-8，1）。

Ⅱ式　口变敞，涩圈变宽，碗内心变小，挖足过肩。标本18ⅠH33：41（图9-8，2）。

B型　大碗，口径大，敛口，弧腹，挖足过肩。根据口和足变化分两式。

Ⅰ式　弧腹，挖足过肩严重。标本T0203②：237（图9-8，3）。

Ⅱ式　上口敞，下口斜收明显。标本18ⅠH33：20（图9-8，4）。

8. 青瓷、黄釉盏

根据有无涩圈变化分三型。

A型　敞口，口沿敛，深腹，窄涩圈。圈足宽，足高外撇，足脊斜削严重。标本T0104④：1（图9-9，1）。

B型　敞口，口沿敛，宽涩圈，根据口部和腹部变化分三式。

Ⅰ式　口敞，腹深，涩圈变宽，中间碗内心变小，圈足。标本18ⅠH33：69（图9-9，3）。

Ⅱ式　口敛，腹变浅，平底内凹。标本18ⅠH3：26（图9-9，4）。

Ⅲ式　口外撇，浅腹，圈足。标本18ⅠH3：2（图9-9，2）。

C型　敛口，无涩圈。

Ⅰ式　浅腹，饼底。标本18ⅡTG4扩⑧：44（图9-9，5）。

Ⅱ式　腹变浅，胎体薄，有釉粘，挖足过肩。标本T0203②：119（图9-9，6）。

Ⅲ式　胎体厚重，挖足过肩较深。标本T0203②：120（图9-9，7）。

9. 青瓷、酱釉小瓶

根据有无折肩分两型。

A型　溜肩。根据口、肩和腹部变化分三式。

Ⅰ式　口小，溜肩，最大腹径靠近肩部。标本T0205⑥：11（图9-10，1）。

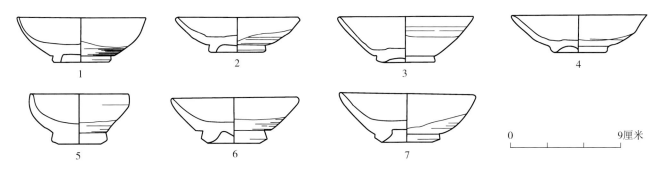

图 9-9　青瓷、黄釉盏型式图

1. A型T0104④：1　2. B型Ⅰ式18ⅠH3：2　3. B型Ⅱ式18ⅠH33：69　4. B型Ⅲ式18ⅠH3：26　5. C型Ⅰ式18ⅡTG4扩⑧：44　6. C型Ⅱ式 T0203②：119　7. C型Ⅲ式T0203②：120

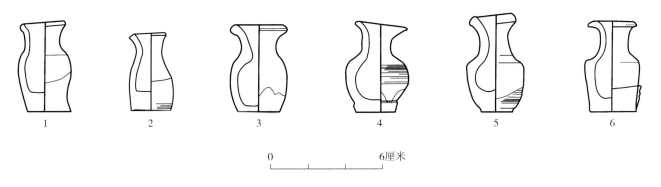

图 9-10　青瓷、酱釉小瓶型式图

1. A型Ⅰ式T0205⑥：11　2. A型Ⅱ式T0204④：6　3. A型Ⅲ式T0301①：8　4. B型Ⅰ式T0204⑥：5　5. B型Ⅱ式T0104④：65　6. B型Ⅲ式 T0203②：229

Ⅱ式　斜肩，最大腹径开始下移。标本 T0204 ④：6（图 9-10，2）。

Ⅲ式　喇叭形变大，肩部变耸。标本 T0301 ①：8（图 9-10，3）。

B 型　折肩，根据肩部变化分三式。

Ⅰ式　鼓肩。标本 T0204 ⑥：5（图 9-10，4）。

Ⅱ式　折肩痕明显。标本 T0104 ④：65（图 9-10，5）。

Ⅲ式　折肩明显近平。标本 T0203 ②：229（图 9-10，6）。

10. 青瓷、黄釉和酱釉罐

根据腹部和装饰变化分三型。

A 型　直筒罐，较高，双系，直口，斜直腹，平底。标本 17ⅡTG4 ③：83（图 9-11，1）。

B 型　根据腹部变化分两式。

Ⅰ式　口敛，斜肩，垂腹鼓，小圈足，较矮，足脊旋削。标本 T0205 ⑥：6（图 9-11，2）。

Ⅱ式　口直，斜肩，垂腹较鼓，宽圈足外撇，足脊旋削，挖足过肩。标本 T0203 ②：53（图 9-11，3）。

C 型　鼓腹罐，较矮，敛口，圈足。根据腹部变化分三式。

Ⅰ式　最大腹径在中部。标本 18ⅠH31：29（图 9-11，4）。

Ⅱ式　最大腹径开始下移。标本 T0203 ②：112（图 9-11，5）。

Ⅲ式　口逐渐外敞变直，最大腹径靠下。标本 T0203 ②：66（图 9-11，6）。

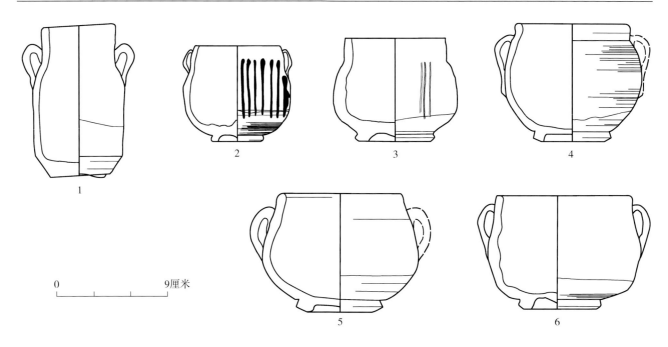

图 9-11　青瓷、黄釉和酱釉罐型式图

1. A型17ⅡTG4③：83　2. B型Ⅰ式T0205⑥：6　3. B型Ⅱ式T0203②：53　4. C型Ⅰ式18ⅠH31：29　5. C型Ⅱ式T0203②：112　6. C型Ⅲ式
T0203②：66

11. 黄釉、酱釉瓶

根据口部变化分两型。

A 型　直口瓶，根据最大腹径变化分四式。

Ⅰ式　口略大，溜肩，最大腹径靠近肩部，下腹内收。标本 17ⅡTG4 ③：81、17ⅠH4：138（图
9-12，1、2）。

Ⅱ式　溜肩，最大腹径在腹中间，比较胖，下腹略内收，平底。标本 T0403 ③：1（图 9-12，3）。

Ⅲ式　颈部变短，溜肩，最大腹径开始下移，下腹内收不明显。标本 17ⅠH4：139（图 9-12，4）。

Ⅳ式　器形变长，最大腹径仍靠近肩部，下腹内收明显。标本 18ⅠH5：79（图 9-12，5）。

B 型　盂口瓶，根据腹部变化分三式。

Ⅰ式　垂腹，最大腹径靠近底部。标本 18ⅠH21：82（图 9-12，6）。

Ⅱ式　腹部略鼓且长，最大腹径在下腹。标本 18ⅠH18：18（图 9-12，7）。

Ⅲ式　腹部微鼓，最大腹径在下腹。标本 18ⅠH17：91（图 9-12，8）。

12. 青瓷、黄釉器盖

A 型　无捉手。标本 T0204 ②：4（图 9-13，1）。

B 型　有捉手。标本 T0104 ④：36（图 9-13，2）。

13. 黑釉碗

口沿微卷，挖足过肩，根据腹部变化分两式。

Ⅰ式　深腹。标本 T0204 ④：29（图 9-14，1）。

Ⅱ式　口外侈，腹变浅。标本 T0203 ②：105（图 9-14，2）。

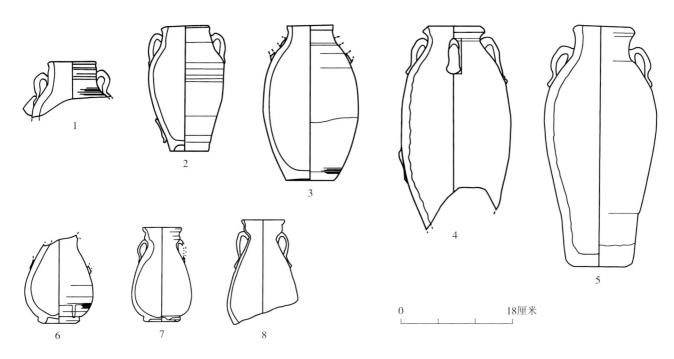

图 9-12　黄釉、酱釉瓶型式图

1、2. A型 I 式17 II TG4③：81、17 I H4：138　3. A型 II 式T0403③：1　4. A型 III 式17 I H4：139　5. A型 IV 式18 I H5：79　6. B型 I 式
18 I H21：82　7. B型 II 式18 I H18：18　8. B型 III 式18 I H17：91

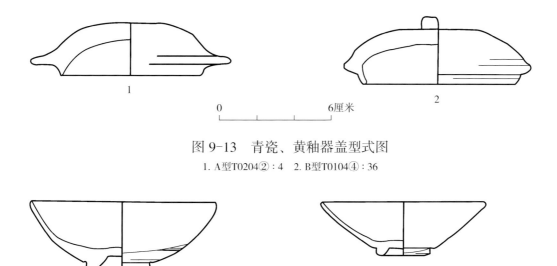

图 9-13　青瓷、黄釉器盖型式图

1. A型T0204②：4　2. B型T0104④：36

图 9-14　黑釉碗型式图

1. I 式T0204④：29　2. II 式T0203②：105

14. 黑釉、酱釉钵

根据口沿凸棱和足部变化分两式。

I 式　口沿外凸棱，足跟有刮削，足脊旋削，底部有釉粘，挖足过肩。标本 T0203 ②：106〔图

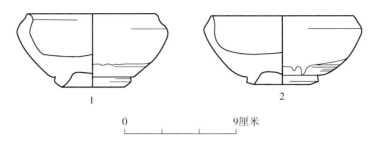

图 9-15　黑釉、酱釉钵型式图

1. Ⅰ式T0203②∶106　2. Ⅱ式T0104①∶28

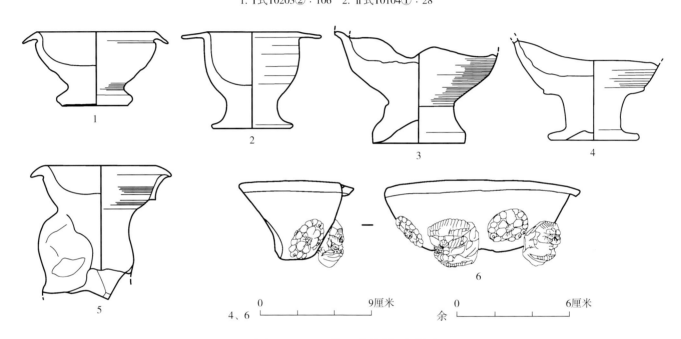

图 9-16　三彩、素烧炉型式图

1. A型17ⅠH7∶13　2. B型17ⅠH7∶14　3. C型17ⅡH3∶5　4. D型17ⅡH3∶3　5. 17ⅡH7∶17　6. 17ⅡTG4④∶84

9-15，1）。

　　Ⅱ式　口沿外凸棱较凸，挖足过肩。标本 T0104 ①∶28（图 9-15，2）。

　　15. 三彩、素烧炉

　　根据足和口沿变化分四型。

　　A 型　器形高，高饼足，绿釉，宽平沿，口较深。标本 17ⅠH7∶13（图 9-16，1）。

　　B 型　器形矮，饼足，黄釉，斜平沿，口较浅。标本 17ⅠH7∶14（图 9-16，2）。

　　C 型　器形大，宽圈足，素胎。标本 17ⅡH3∶5（图 9-16，3）。

　　D 型　宽沿，喇叭形底，素胎。标本 17ⅡH3∶3（图 9-16，4）。

　　还有一些特殊器形。如绿釉狮形炉，底座残，浅盘，斜平沿，柄旁有一狮形头。标本 17ⅡH7∶17（图 9-16，5）。

　　素烧三足炉，残存部分炉身，器形大，有贴塑，宽沿，弧腹。标本 17ⅡTG4④∶84（图 9-16，6）。

　　16. 单彩、素烧小罐或盂

　　均是小型器。

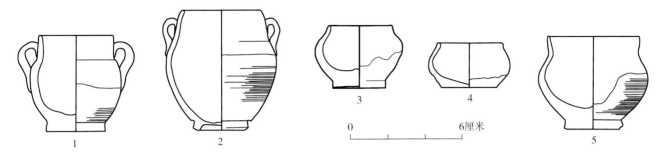

图 9-17　单彩、素烧小罐或盂型式图

1. A型17ⅡH7：32　2. B型17ⅡH7：31　3. C型Ⅰ式17ⅡH7：9　4. C型Ⅱ式17ⅡH7：30　5. D型17ⅡH7：11

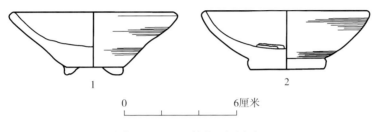

图 9-18　三彩盏型式图

1. A型17ⅡH7：4　2. B型17ⅡH7：2

A 型　器形小，双系，弧腹，饼足。标本 17ⅡH7：32（图 9-17，1）。

B 型　双系，直口微敛，鼓腹，圈足。标本 17ⅡH7：31（图 9-17，2）。

C 型　无系口微敛，较矮，鼓腹。根据高矮分两式。

Ⅰ式　器形略高，饼足。标本 17ⅡH7：9（图 9-17，3）。

Ⅱ式　器形较扁，平底。标本 17ⅡH7：30（图 9-17，4）。

D 型　无系，直口较敞，鼓腹，饼底。标本 17ⅡH7：11（图 9-17，5）。

17. 三彩盏

A 型　黄釉，敛口，浅腹，平底。标本 17ⅡH7：4（图 9-18，1）。

B 型　黄釉，敛口，浅腹，饼底。标本 17ⅡH7：2（图 9-18，2）。

二　窑具类型学研究

烈山窑址出土了数以吨计的各时期陶瓷器残片，其中出土大量的窑具，很好地反映了烈山窑的制瓷和装烧工艺水平。

按其用途的不同分为支垫类、间隔具、匣钵类、试火器、试釉器、制瓷工具、窑炉构件等七大类。胎料可分为耐火土与瓷土两种，耐火土一般用于窑砖，而瓷土多是用于产品和装烧具中。窑具的种类有筒状匣钵、三叉支托、支钉、托珠、盏形支具、钵形支具、喇叭形支具、腰形垫饼、圆形垫饼、垫圈、工字形间隔具、试火棒、试釉器、擂钵、不规则间隔料、支座、碾轮、瓷杵等（彩版 9-6 ～ 8）。有的窑具数量多，且延续时间长，具有类型学研究意义，有的数量少，且使用时间短，在此不做分类研究。

彩版 9-6 盏状支具、钵状支具和喇叭口支具

彩版 9-7 工字形间隔具

彩版 9-8 支钉

（一）支垫类

1. 窑柱

在发掘过程中出土较多，在Ⅰ区和Ⅱ区均有发现，沿用时间比较长。在Ⅰ区内除地层中发现外，主要是作为建筑材料砌筑于窑炉上，尤其是在Y2和Y3的操作间，基本使用窑柱垒砌的。Ⅱ区也是多发现于窑炉之上。在作为窑具其主要功能是配合垫砖使用，主要是用于承托垫砖支撑器物，即四根窑柱支撑垫砖的四角，并结合小垫块粘连稳定窑柱。以这种形式层累加高支烧产品（图9-1）。辅助功能是用于砌筑窑炉的建筑构件，有的作为窑壁、有的用作火膛炉箅。圆柱形，有长短、大小之分，无形制之别。耐火土制作，夹砂较多，较粗。标本17ⅡY1：63、18ⅠY2①：6（图9-19，1、2）。

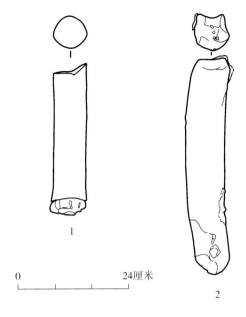

0　　　　　　　　24厘米

图9-19　窑柱图
1、2. 17ⅡY1：63、18ⅠY2①：6

2. 支具

主要是盏形支具、钵形支具、喇叭形支具。

（1）盏形支具

出土较多，主要集中在Ⅰ区。根据腹深浅和足底变化分三型。

A型　平沿、深弧腹。

Ⅰ式　口沿敛、深腹、平底内凹。标本T0403②：4（图9-20，1）。

Ⅱ式　口微外敞，腹较Ⅰ式浅，平底或内凹。标本T0201④：1（图9-20，2）。

Ⅲ式　斜平沿，口沿敛，口较外敞，腹变浅，平底内凹或隐圈足。标本T0203②：88（图9-20，3）。

B型　浅腹，斜平沿。根据腹和足变化分三式。

Ⅰ式　深腹，口敞，平底内凹。标本T0204⑥：15（图9-20，4）。

Ⅱ式　腹变浅，底有釉粘。标本T0202⑤：11（图9-20，5）。

Ⅲ式　口变大，浅腹，变厚重，隐圈足。标本T0305②：17（图9-20，6）。

C型　盘状，腹很浅，根据足和腹部变化分三式。

Ⅰ式　腹略深，浅饼底有凹十字型，有釉粘。标本T0203⑤：10（图9-20，7）。

Ⅱ式　腹变浅，平底。标本T0403②：10（图9-20，8）。

Ⅲ式　腹变极浅，平底内凹。标本T0403①：13（图9-20，9）。

（2）钵形支具

出土量比较大，尤其在Ⅰ区出土较多。根据使用方式、口沿唇部不同分四型。

A型　口沿朝下，平沿、深腹、平底，底有4分支钉痕。根据口沿外敞程度和深浅变化分二式。

Ⅰ式　口沿外侈，斜腹，较深。标本18ⅡH4：1（图9-21，1）。

Ⅱ式　敞口，弧腹，较浅。标本18ⅡH1①：39（图9-21，2）。

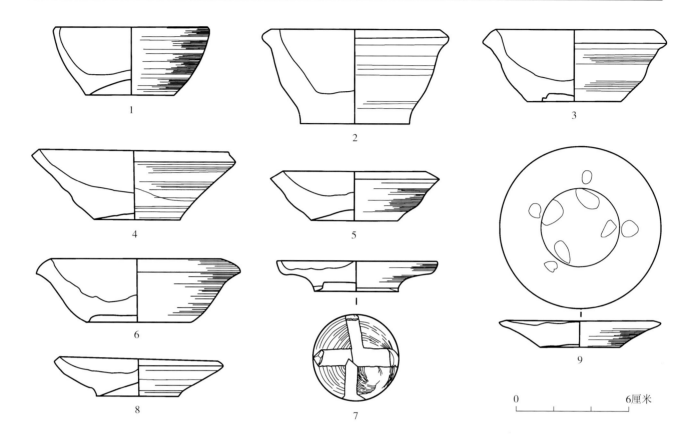

图 9-20　盏形支具型式图

1. A型Ⅰ式T0403②：4　2. A型Ⅱ式T0201④：1　3. A型Ⅲ式T0203②：88　4. B型Ⅰ式T0204⑥：15　5. B型Ⅱ式T0202⑤：11　6. B型Ⅲ式 T0305②：17　7. C型Ⅰ式T0203⑤：10　8. C型Ⅱ式T0403②：10　9. C型Ⅲ式T0403①：13

B　型　口朝上，平沿，深弧腹。根据口沿外敞程度和底足变化分五式。

Ⅰ式　口沿敛，上腹较直，下腹内收明显，平底。标本 18ⅡY4 操作间③：5（图 9-21，3）。

Ⅱ式　口沿微敛，平底内凹，腹部变浅。标本 T0402②：29（图 9-21，4）。

Ⅲ式　口微敛，平底内凹，腹部变浅。标本 T0202⑥：4（图 9-21，5）。

Ⅳ式　口沿敛，口微外敞，隐圈足，腹较Ⅲ式浅。标本 18ⅠH21：6（图 9-21，6）。

Ⅴ式　口外敞，隐圈足。标本 T0404②：8（图 9-21，7）。

C　型　卷沿，圆唇，根据底部和深浅变化分四式。

Ⅰ式　深腹、平底内凹。标本 T0301③：1（图 9-21，8）。

Ⅱ式　腹较Ⅰ式浅，平底内凹或隐圈足。标本 T0104④：25（图 9-21，9）。

Ⅲ式　腹较浅，平底内凹。标本 18ⅡH42：17（图 9-21，10）与 B 型Ⅲ式钵（H42：15）共出。

Ⅳ式　腹浅，隐圈足。标本 T0104④：58（图 9-21，11）。

D　型　器形较小，为小口钵形支具。标本 T0104④：81、T0203②：225（图 9-21，12、13）。

（3）喇叭形支具

根据器底大小不同分三型。

A　型　喇叭形较小，器下无外隆。分两式。多用于三彩器支烧。

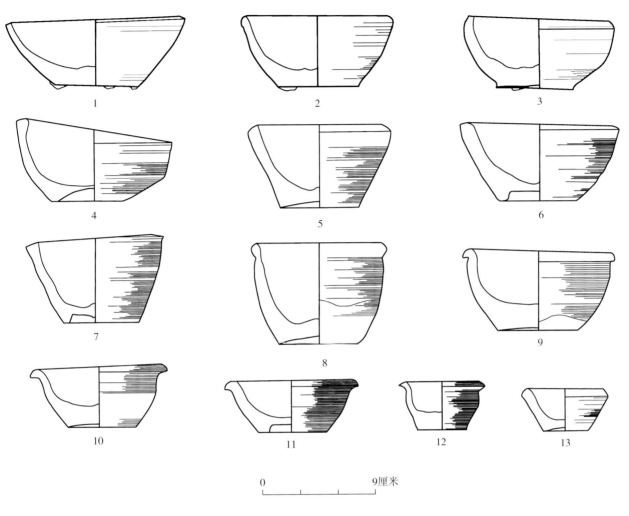

图 9-21　钵形支具型式图

1. A型Ⅰ式18ⅡH4：1　2. A型Ⅱ式18ⅡH1①：39　3. B型Ⅰ式18ⅡY4操作间③：5　4. B型Ⅱ式T0402②：29　5. B型Ⅲ式T0202⑥：4
6. B型Ⅳ式18ⅠH21：6　7. B型Ⅴ式T0404②：8　8. C型Ⅰ式T0301③：1　9. C型Ⅱ式T0104④：25　10. C型Ⅲ式18ⅡH42：17　11. C型Ⅳ式
T0104④：58　12、13. D型T0104④：81、T0203②：225

　　Ⅰ式　器形较高，口小略侈。标本 18ⅡTG4扩③：13（图 9-22，1）。

　　Ⅱ式　器形变高，口外侈。标本 18ⅡH1 ①：34（图 9-22，2）。

　　B 型　喇叭形较大，器下外隆起，器外均有釉粘。根据高矮和口底倾斜角分三式。

　　Ⅰ式　器形较高，口侈，下垂腹鼓，口和底倾斜角较小。标本 T0402 ②：30（图 9-22，3）。

　　Ⅱ式　器形变矮，口较侈，下垂腹较鼓。标本 18ⅠH5：55（图 9-22，4）。

　　Ⅲ式　最矮，口更侈，口腹被挤压变形，倾斜角增大。标本 18ⅠH31：36（图 9-22，5）。

　　C 型　喇叭形变小，器下外隆不大。分两式。

　　Ⅰ式　器形较高，口侈。标本 T0402 ②：17（图 9-22，6）。

　　Ⅱ式　器形变矮，口外侈明显。标本 18ⅠH29：36（图 9-22，7）。

3. 垫具

主要分为圆形垫饼、腰形垫饼和方形垫砖，由粗质胎料制成。

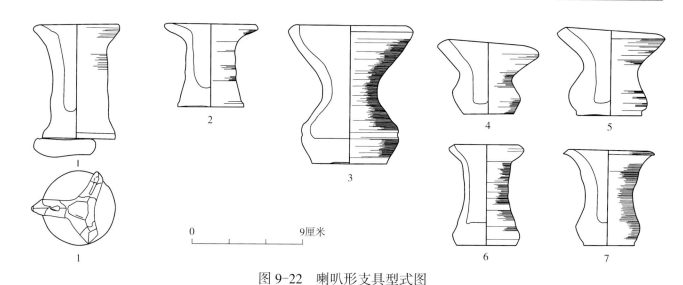

图 9-22　喇叭形支具型式图

1. A型 I 式18 II TG4扩③：13　2. A型 II 式18 II H1①：34　3. B型 I 式T0402②：30　4. B型 II 式18 I H5：55　5. B型 III 式18 I H31：36　6. C型 I 式T0402②：17　7. C型 II 式18 I H29：36

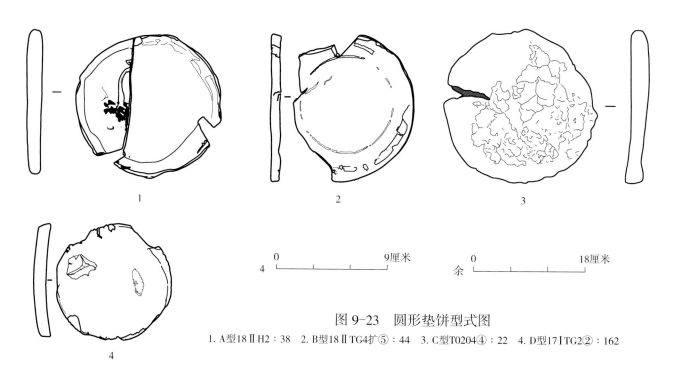

图 9-23　圆形垫饼型式图

1. A型18 II H2：38　2. B型18 II TG4扩⑤：44　3. C型T0204④：22　4. D型17 I TG2②：162

（1）圆形垫饼

根据有无缺口分为三型。

A 型　周边有两个缺口，较厚，周边带釉，较大。标本 18 II H2：38（图 9-23，1）。

B 型　周边有一个缺口，较薄，无釉，较大。标本 18 II TG4 扩⑤：44（图 9-23，2）。

C 型　圆形无缺口，较薄，较大。标本 T0204 ④：22（图 9-23，3）。

D 型　圆形无缺口，较薄，夹砂，较小，10 ～ 13 厘米。标本 17 I TG2 ②：162（图 9-23，4）。

（2）腰形垫饼

出土于 II 区。根据形状弯曲程度不同分两型。

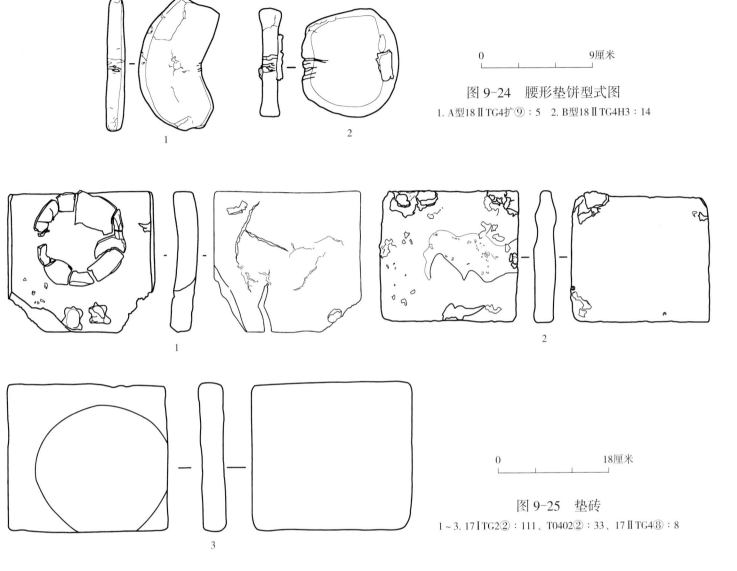

0   9厘米

图9-24 腰形垫饼型式图

1. A型18Ⅱ TG4扩⑨：5 2. B型18Ⅱ TG4H3：14

0   18厘米

图9-25 垫砖

1～3. 17ⅠTG2②：111、T0402②：33、17Ⅱ TG4⑧：8

A型 腰形，有弧度。标本18Ⅱ TG4扩⑨：5（图9-24，1）。

B型 近半圆形。标本18Ⅱ TG4H3：14（图9-24，2）。

（3）垫砖

出土于Ⅰ和Ⅱ区内，正方形，较厚，有施釉和无釉，形制相同，无法分型。标本17ⅠTG2②：111、T0402②：33、17Ⅱ TG4⑧：8（图9-25，1～3）。

（二）间隔具

有三叉支托、支钉、托珠、垫圈、工字形间隔具、填料。

1. 三叉支托

主要出土于Ⅱ区，根据三叉的形状分为三型，主要用于支烧三彩器。

A型 三叉有钉朝下，叉枝扁平。标本18ⅡH1①：23（图9-26，1）。

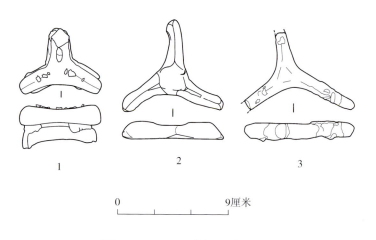

图 9-26　三叉支托型式图
1. A型18ⅡH1①：23　2. B型18ⅡTG4扩③：14　3. C型17ⅡH7：62

彩版 9-9　A 型支钉 18 Ⅱ H1 ⑤：3

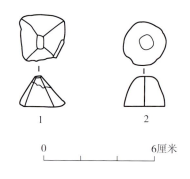
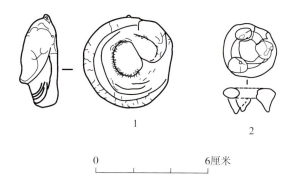

图 9-27　支钉型式图
1. B型T0201③：6　2. C型18ⅠH42：21

图 9-28　垫圈型式图
1. A型18ⅡH1④：2　2. B型18ⅠH5：69

B 型　三叉无钉，叉枝上有脊。标本 18ⅡTG4 扩③：14（图 9-26，2）。

C 型　三叉无钉，叉枝呈圆柱形，叉柱粘有支钉痕。标本 17ⅡH7：62（图 9-26，3）。

2. 支钉

主要出土于Ⅱ区，根据支钉形状、大小不同分三型。

A 型　长条形。标本 18ⅡH1 ⑤：3（彩版 9-9）。

B 型　圆锥形，用于烧三彩器。标本 T0201 ③：6（图 9-27，1）。

C 型　四方锥形，用于烧三彩器。标本 18ⅠH42：21（图 9-27，2）。

3. 垫圈

主要出土于Ⅱ区，Ⅰ区出土少量。

A 型　圆圈形，主要用于三彩器，形状略有不同。标本 18ⅡH1 ④：2（图 9-28，1）。

B 型　圆形带支钉。标本 18ⅠH5：69（图 9-28，2）。

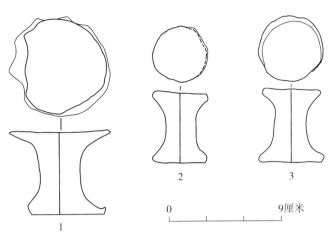

图 9-29 工字形间隔具型式图

1. A型T0204⑥：10 2. B型T0204④：21 3. C型18ⅠH18：24

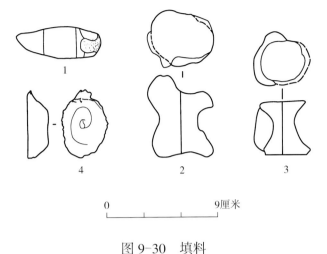

图 9-30 填料

1. 支托T0104④：55 2. 变形工状支具T0305②：2 3. 填工状支具
T0203③：17 4. 填垫块18ⅡTG4扩⑤：49

4. 工字形间隔具

出土数量不多，根据工字形器形及平台的大小分三型。

A 型 器形大、平台直径较大。标本 T0204 ⑥：10（图 9-29，1）。

B 型 器形中等，平台适中。标本 T0204 ④：21（图 9-29，2）。

C 型 器形小、平台直径较小。标本 18ⅠH18：24（图 9-29，3）。

5. 填料

属于窑工利用粗质胎料手捏而成，形制各异，且多带有指纹，用于器物的间隔或支垫。标本
T0104 ④：55、T0305 ②：2、T0203 ③：17、18ⅡTG4扩⑤：49（图 9-30，1～4）。

（三）匣钵类

匣钵

出土较少，Ⅰ区和Ⅱ区均有。根据口沿、腹部和器底及有无气孔分三型。

A 型 直口，深腹，平底。标本 18ⅡH1 ⑩：5（图 9-31，1）。

B 型 直口，深腹，平底，器底有孔。标本 18ⅡTG1 ①：2（图 9-31，2）。

C 型 直口，卷沿，腹相对较浅，平底内凹。标本 18ⅠH21：151（图 9-31，3）。

D 型 漏斗形匣钵。标本 18ⅠH23：1（图 9-31，4）。

（四）制瓷工具

1. 擂钵

根据大小不同分两型。

A 型 器形较大。敞口，圆唇，弧腹，隐圈足。标本 18ⅡH4：1（图 9-32，1）。

B 型 器形较小。敞口，圆唇，弧腹，隐圈足。标本 18ⅠH17：90（图 9-32，2）。

2. 支座

出土于Ⅰ区，出土少。分三型。

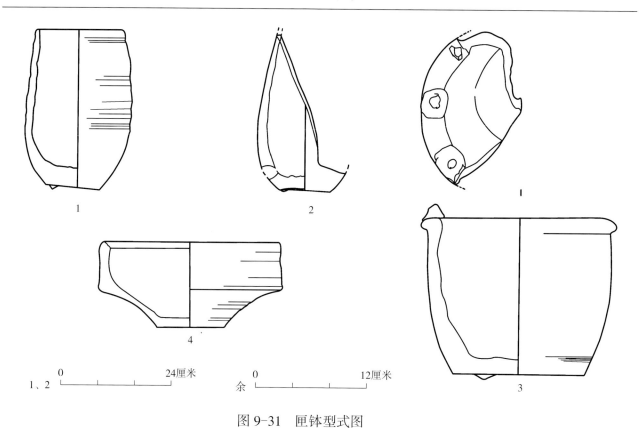

0　　　　　　　　24厘米
1、2

0　　　　　　　12厘米
余

图 9-31　匣钵型式图
1. A型18Ⅱ H1⑩：5　　2. B型18Ⅱ TG1①：2　　3. C型18ⅠH21：151　　4. D型18ⅠH23：1

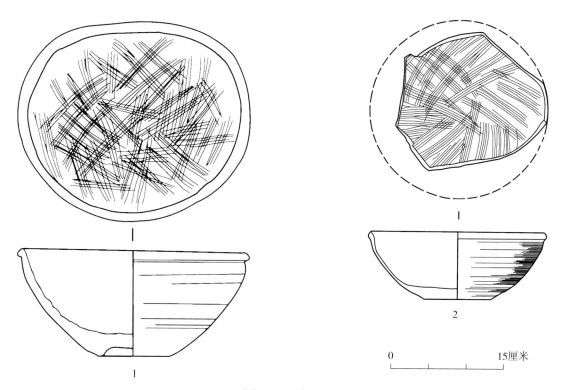

0　　　　　　　15厘米

图 9-32　擂钵型式图
1. A型18Ⅱ H4：1　　2. B型18ⅠH17：90

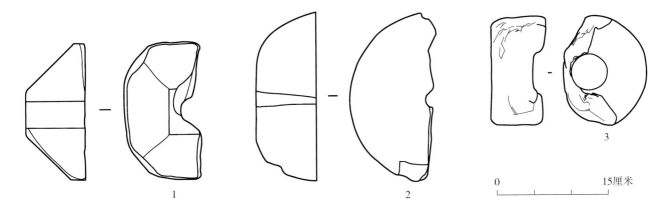

图 9-33　支座型式图

1. A型T0104④：99　　2. B型T0404①：36　　3. C型T0204②：14

A 型　方形基座，四面坡顶，中间有孔。标本 T0104 ④：99（图 9-33，1）。

B 型　穹庐型，四面圆坡，平顶，中间有孔。标本 T0404 ①：36（图 9-33，2）。

C 型　圆柱形，略平顶，中间有臼。标本 T0204 ②：14（图 9-33，3）。

第三节　分期和演变

第一期，主要是灰陶罐、灰陶豆和灰陶片，主要是 18 Ⅲ Y6、18 Ⅰ H8、18M1。18 Ⅲ Y6 主要是生产建筑青砖和板瓦。这时期北方瓷器还没有出现。

第二期，主要是 17 Ⅱ Y1 遗存本体，出土少量遗物，主要是窑柱、垫砖、托珠、垫饼、白瓷饼底碗等。托珠使用量比较大，托珠痕以三个和五个为主。并且出现了满施化妆土的现象。器底以大玉环底和饼底为主。由于 17 Ⅱ Y1 内出土遗物都是叠压在 17 Ⅱ Y1 本体之上的地层，说明 17 Ⅱ Y1 内出土遗物时代均比 17 Ⅱ Y1 晚。所以该期仅指 17 Ⅱ Y1 遗存本体及窑内散落遗物。A 型 Ⅰ 式白瓷碗、C 型 Ⅰ 式白瓷碗和 A 型托珠等。属于烈山窑址创烧时期。

第三期，这一时期遗物开始增多，主要是白瓷碗、青瓷印花砖，并出现白瓷网格纹罐。瓷器胎土是黄褐胎和青灰胎两种。主要窑具为支钉、托珠、垫饼、垫砖、窑柱、匣钵。装烧方式分密闭烧和裸烧，多数属于裸烧，窑柱、垫砖配合支烧。支钉或托珠叠烧器物，主要是碗、盏，装烧量大。腰形垫饼主要是垫大型器具，少量用于支垫碗。匣钵装烧，古代烧瓷主要使用木柴，会产生大量烟尘，器物在窑内直接接触火焰，受窑内烟火熏染，容易出现釉面不匀、沾染烟灰窑渣的情况。所以古时烧瓷会用到匣钵，把瓷坯装在里面，隔绝明焰。器物主要为饼足、玉璧底、宽圈足和圈足。碗内托珠或支钉痕迹有四点到六点，少量可以到七点。其中托珠变少，支钉开始增加，以四点为主，有圆点形和长条形，且有的支痕较大。器物多数施化妆土，有的碗满施化妆土，如 18H11：2。三彩器和低温彩釉器开始出现。瓷器黄釉印花大砖建筑构件开始出现。器形主要有 A 型 Ⅰ 式、Ⅱ 式、Ⅲ 式白瓷碗、B 型 Ⅰ 式白瓷碗、C 型 Ⅰ 式、Ⅱ 式白瓷碗、A 型白瓷罐、A 型支钉、A 型匣钵。遗存单位主要有 18 Ⅱ TG4 扩 ⑪ ～ ⑱ 层，18 Ⅱ H7 ～ Ⅱ H11、Y4、Y5。属于烈山窑址发展时期。

第四期，遗物开始大量出现，白瓷、青瓷、黄釉瓷为主，白瓷饼底碗、白瓷网格纹罐和黄釉印花砖依然存在。出现了三彩炉、盏、枕、小罐、素烧建筑构件等、绞胎瓷钵、黄釉饼底盏、白釉大环形圈足碗；窑具除窑柱、垫砖、支钉外，开始出现钵形支具、腰形垫饼、圆形垫饼、三叉支托、喇叭形支烧。尤其是18ⅡTG4扩⑤层腰形垫饼最多。这一时期支烧技术开始变多，钵形支具、三叉支托和喇叭形支具结合支烧，腰形垫饼和圆形垫饼支烧。瓷器胎土是黄褐胎、青灰胎和低温素胎。依然施化妆土，装饰有划花、剔花、贴塑等。器形主要有 A 型Ⅱ式白瓷碗，B 型Ⅱ式、Ⅲ式白瓷碗，C 型Ⅰ式、Ⅱ式白瓷碗，A 型白瓷罐，C 型Ⅰ式青瓷、黄釉盏，A 型黄釉、青瓷和酱釉罐，A 型黄釉、酱釉瓶，A、B、C、D 型三彩炉，A、B、C、D 型单彩小罐或盂，A、B 型三彩盏。A 型Ⅰ式、Ⅱ式、B 型Ⅰ式钵形支具，A 型Ⅰ式、Ⅱ式喇叭形支具，A 型、B 型圆形垫饼，A 型、B 型腰形垫饼，A 型、B 型、C 型三叉支托，A 型支钉，A 型、B 型垫圈，B 型匣钵，A 型擂钵。遗存单位主要是18ⅡTG4扩②～⑩层、18ⅡH2～ⅡH6、17ⅡH1～17ⅡH3、17ⅡH7。属于烈山窑址繁荣发展时期，多类型瓷器并行发展。

第五期，主要分布在Ⅰ区。出土遗物比较少。主要是白瓷器和酱釉器，窑具主要是窑柱、垫砖、钵形支具等。出现白瓷饼底炉、素烧饼底炉、白瓷水盂、围棋子。依然以白瓷器为主，施化妆土，涩圈叠烧，钵形支具和盏形支具支烧。器形主要有 B 型Ⅳ式白瓷碗，A 型Ⅰ式白瓷盏，B 型Ⅰ式白瓷盘，A 型Ⅰ式白瓷钵，B 型白釉双系罐，A 型Ⅱ式黄釉、酱釉瓶，A 型Ⅰ式黑釉、酱釉钵，B 型Ⅱ式钵形支具，C 型Ⅰ式钵形支具，A 型Ⅰ式盏形支具，C 型Ⅰ式、Ⅱ式盏形支具、B 型Ⅰ式喇叭形支具。遗存单位主要是18ⅠY2，T0403②～⑥层，18ⅠC1，T0402②，T0401②，T0301②，T0201⑤、⑥层、18ⅠH6、H7。属于烈山窑址恢复生产期。

第六期，仍是在Ⅰ区。开始大量生产瓷器，出土遗物更加丰富，包括白瓷、青瓷、酱釉、黄釉、黑釉、素烧瓷等。开始出现白釉黑（褐）彩瓷器并且逐渐流行，出现大量盏形支具、钵形支具，呈现猛增趋势。还有填料。并且出现了精致的试釉器，青灰色瓷胎，胎质细腻。白瓷涩圈盏呈现规模化、标准化生产，大量生产瓷塑、围棋子等文玩用品。普遍涩圈叠烧，器形主要有 A 型Ⅳ式、B 型Ⅳ式、C 型Ⅲ式、D 型白瓷碗，A 型Ⅰ式、Ⅱ式、B 型白瓷涩圈盏，A 型Ⅰ式、Ⅱ式白瓷盘，B 型、Ca 型Ⅰ式、Ⅱ式、Cb 型Ⅰ式、Ⅱ式白瓷罐，A 型Ⅰ式白瓷钵，B 型白瓷器盖，A 型、B 型Ⅰ式、Ⅱ式青瓷、黄釉盏，A 型Ⅰ式、Ⅱ式青瓷碗，B 型Ⅰ式、Ⅱ式、A 型Ⅰ式、Ⅱ式青、酱釉小瓶，B 型Ⅰ式、C 型Ⅰ式青、黄、酱釉罐，A 型Ⅲ式黄、酱釉瓶，B 型Ⅰ式、Ⅱ式、Ⅲ式黄、酱釉瓶，B 型青、黄釉器盖，Ⅰ式黑釉碗，Ⅰ式黑釉、酱釉钵。B 型Ⅲ式、Ⅳ式、Ⅴ式、C 型Ⅲ式、Ⅳ式、D 型钵形支具，A 型Ⅱ式、B 型Ⅰ式、Ⅱ式、C 型Ⅰ式、Ⅱ式盏形支具，A、B、C 型工字形间隔具，B 型Ⅱ式、Ⅲ式、C 型Ⅱ式喇叭形支具，C 型圆形垫饼，B、C 型支钉，C、D 型匣钵，B 型擂钵，A、B 型支座。遗存单位主要是18ⅠY3，T0104④～⑥；T0105⑤；T0201④；T0203③～⑥；T0204④～⑦；T0205⑤、⑥；T0304④；T0305③；18ⅠY2操作间③、④；18ⅠH24、H25、H28、H29、H31、H38、H42、H18、H19、H20、H12、H21、H23、H17、H32、H35、H34、H36、H40、H41、H22、H26、H27、H30、H33、H37、G9、G10、G15、D1，18M2、M3、M4，17ⅠTG2③、④；17ⅠH4、17ⅠH5。属于烈山窑址再度发展时期。

第七期，仍是分布在Ⅰ区。产品数量持续增长，依然是白瓷涩圈盏和碗、盏主流，白釉黑（褐）彩瓷器数量增加，酱釉盘和青瓷盏数量也开始变多了。钵形支具和盏形支具依然很多，垫砖、填料依然使用。涩圈叠烧依然是主流装烧方式。主要器形有 A 型Ⅳ式、Ⅴ式、B 型Ⅳ式、Ⅴ式白瓷碗，

A 型 I 式、II 式白瓷盏，A 型 II 式、B 型白瓷钵，A 型白瓷器盖，B 型III式、C 型 II 式、III式青瓷盏，A 型 I 式、II 式、B 型 I 式、II 式青瓷碗，A 型III式、B 型III式青瓷小瓶，B 型 II 式、C 型 II 式、III式青、黄、酱釉罐，A 型IV式黄、酱釉瓶，A 型青、黄釉器盖，II 式黑釉碗，II 式黑、酱釉钵，D 型钵形支具，B 型 II 式喇叭支具，D 型圆形垫饼，B 型垫圈，C 型支座。遗存单位主要是 T0104 ②、③；T0105 ② ～ ④；T0201 ③；T0203 ②；T0204 ②、③；T0205 ②、③、④；T0304 ②、③；T0305 ②；T0404 ②；18 I H14、H15、H16、H13、H5、Z1、G2 ～ G6、G11 ～ G13；17 I TG2 ②、③；17 I H6。属于烈山窑逐渐衰落时期。

第四节　年代分析

烈山窑属于地方窑口，产品种类总体比较单一，典型瓷器出土也比较少，并且流通到外地的产品考古材料发现也较少。因此可参考对比判断的材料比较少，则可依据的纪年材料就更少了。虽然运河中出土一些烈山窑产品，但多无纪年材料佐证，并且烈山窑址内出土纪年材料极少，因此给烈山窑的年代判断带来了很大困难。因此只能借鉴其他纪年墓的瓷器材料以及相关窑址年代材料作为依据。

第一期的产品主要是陶瓦和墓葬。其中 M1 出土灰陶罐和豆是淮北地区战国晚期至西汉早期墓中经常出现的类型。III Y6 主要出土建筑布纹瓦、大量砖块，以素面为主，少量砖有太阳放射线纹。太阳放射线纹在淮北东汉砖室墓中比较常见。推测第一期时代是战国晚到东汉时期。

烈山窑址内出土有一些纪年材料，如标本 H36：6-5，呈镰刀状，小端平直，大端处一面有两道凹槽，正面刻划两行字"大元二年张立，张少五"。"大元"是忽必烈改国号"大元"王朝后的第二年，即 1272 年。并且出土一些铜钱，有开元通宝（Y2 操②：19）、至道元宝（T0205 ⑥：1）、景德元宝（T0104 ④：26、H31：66）、祥符通宝（T0203 ⑥：4）、天禧通宝（T0201 ⑤：2、T0205 ⑥：10、T0304 ④：3）、天圣元宝（H21：14、Y2 操③：9）、明道元宝（G9：1）、皇宋通宝（T0205 ⑤：12、T0205 ⑥：13）、熙宁元宝（G15：1、T0104 ④：14、T0205 ⑥：19、T0204 ④：31、Y2 操③：3）、元丰通宝（H33：24、T0205 ⑥：9、T0201 ⑤：1）、元祐通宝（T0205 ⑥：18）、绍圣元宝（Y2 操③：10）、元符通宝（T0203 ⑥：1、T0205 ⑤：3）、崇宁重宝（T0104 ④：47）、政和通宝（Y2 操②：7）。这些钱币中最早的是至道元宝，995 年铸造，其次是景德元宝，景德年间（1004 ～ 1007 年）铸造。最晚的是崇宁重宝和政和通宝，崇宁重宝于宋徽宗崇宁年间（1102 ～ 1106 年）铸造，政和通宝是徽宗政和年间（1111 ～ 1117 年）铸造。铜钱时代均是北宋时期，与所在地层时代不符。这是元代时期利用北宋铸钱母范继续铸造使用北宋钱币的结果。则第六期可以参考的仅是 H36：6-5 试釉器和参照纪年墓葬同类器物断代。

青瓷罐 H21：55 与济南元代砖雕壁画墓 M3 中出土黑釉罐（M3：4）比较类似，M3 出土至大通宝（1308 ～ 1311 年），推测年代为元代中期[1]。I 式黑釉碗与山西盂县后元吉元代纪年墓 M1 出土 1 件黑釉碗比较相似，同出 M2 有"太定元年（1324 年）"纪年。B 型IV式涩圈碗与 M2 出土瓷

[1]　济南市文化局、章丘县博物馆：《济南近年发现的元代砖雕壁画墓》，《文物》1992年第2期。

碗 M2：4 相似[1]。黑釉罐 H21：54 与西安潘家庄元墓出土黑釉罐 M184：24 比较相似，该墓年代在元代中期[2]。

综合推测，第六期年代在元代早期。

第五期，这一时期出土铜钱有开元通宝、天禧通宝、元丰通宝、政和通宝。天禧通宝是宋真宗天禧（1017～1021 年）年间铸造，政和通宝是徽宗政和（1111～1117 年）年间铸造。可知该期最早不超过北宋晚期。

A 型 I 式白瓷涩圈盏与河南三门峡市大营镇金代砖室墓出土 M2：6 白釉涩圈盏相似，该墓是金代中后期[3]。酱釉罐 T0203 ②：112 与河南新乡市金墓出土酱釉罐 M1：1 相似，该墓年代是金代晚期[4]。

酱釉罐 H31：29 与河南荥阳城关金代墓出土黑釉罐（M7：5）相似，M7 出土正隆元宝铜钱，正隆元宝于金代海陵王正隆三年（1158 年）铸造，所以 M7 应该晚于 1158 年，属于金代中晚期[5]。荥阳鲁庄金代墓葬出土黑釉罐（M92：1、M101：3）与之相似[6]，A 型 IV 式碗与辽宁朝阳市金代翟氏墓葬 M1 出土 1 件白瓷碗（M1：27）比较相似，该墓葬是金代皇统九年（1149 年）迁葬所建，该墓属于金代前期[7]。花盆 H33：27 与磁州窑出土第三期 Y3 烟：36 白釉花盆比较相似[8]。磁州窑第三期是金代中后期，相当于金海陵王到金宣宗时期。

Y2 内采集的木炭样贝塔实验室测年的结果是 1117～1222 年（68.5%）。

所以，推测第五期年代在金代中晚期。

第七期，C 型 III 式白瓷碗如 H17：76 和 A 型 II 式白瓷涩圈盏分别与山东临淄大武村元墓出土 DWM：2 和 DWM：6 比较相似，大武村元墓有"至正十七年（1357 年）"和"至正二十四年（1364 年）"两则题记[9]。

C 型 II 式黄釉罐与河北磁南开河村出土元代船黑釉罐 4：13 类似[10]。出土瓷碗上散草纹与河南扒村窑出土元代 I 型 2 式散草纹比较相似，属于元代后期[11]。出土黑釉涩圈盘与柳孜运河遗址发掘

[1] 山西省考古研究院、阳泉市文物局、盂县文物管理所：《山西盂县后元吉元代纪年墓发掘简报》，《文物》2020年第7期。

[2] 西安市文物保护考古所：《西安南郊潘家庄元墓发掘简报》，《文物》2010年第9期。

[3] 三门峡市文物考古研究所：《河南三门峡市陕州区大营镇金代砖墓发掘简报》，《文物鉴定与鉴赏》2020年第6期。

[4] 张新斌：《河南新乡市宋金墓》，《考古》1996年第1期。

[5] 郑州市文物工作队、荥阳县文物保管所：《河南荥阳城关发现两座金墓》，《华夏考古》1990年第4期。

[6] 河南省文物考古研究所：《河南荥阳鲁庄墓地唐宋金时期墓葬发掘简报》，《中国国家博物馆馆刊》2020年第3期。

[7] 朝阳博物馆：《辽宁朝阳市金代纪年墓葬的发掘》，《考古》2012年第3期。

[8] 北京大学考古学系、河北省文物研究所、邯郸地区文物保管所：《观台磁州窑址》，文物出版社，1997年，第174页。

[9] 山东省文物考古研究所、北京大学中国考古学研究中心：《山东临淄大武村元墓发掘简报》，《文物》2005年第11期。

[10] 朱金升：《河北磁县南开河村元代木船发掘简报》，《考古》1978年第6期。

[11] 傅瀛莹：《扒村窑白底黑花瓷研究》，中国艺术研究院2006年硕士论文，第49页。

第八期的 B 型Ⅲ式黑釉涩圈盘一致[1]。

白瓷盆 TG1②：122 和枣庄中陈郝窑第六期Ⅴ式白瓷盆（T126②：49）相似，A 型Ⅱ式小瓷瓶与中陈郝窑小瓶（NC1：42）一样，第六期时代是元代[2]。

出土大量白瓷涩圈盏与山东临淄大武村元墓相同，大武村墓年代是元代末期[3]。出土白釉褐彩碗的简单草叶纹和符合元代时期的风格[4]。出土盏形支具与钵形支具在山东淄博磁村窑的元代窑具中都有类似产品[5]。

综合判断，第七期时代在元代晚期。

第四期内出土铜钱有景德元宝和景祐元宝两种钱。景德元宝是 1004～1007 年铸造，景祐元宝在 1034 年铸造，这两种钱整个北宋时期一直使用，可以知道该期最早至少不超过 1034 年。青瓷罐 17ⅠTG4③：81 与江苏苏州古城东南尹山北宋墓出土四系罐（M15：1）比较相似[6]。也与巢湖是原体育场宋墓 M9 出土青釉四系瓶及合肥北宋马绍庭墓出土四系瓶相似，马绍庭墓是政和戊戌年（1113年），属于北宋末期[7]。

Ⅱ区出土三彩瓷枕片的水波纹与河南济源市宋代墓葬 M2 出土 1 件三彩枕（M2：5）纹饰一致[8]。出土三彩支托与河南巩义窑唐代晚期的比较相似[9]。

出土黄釉或青黄釉印花砖与广州南越汉国宫署遗址出土的褐釉印花砖有相似之处，说明这种砖在五代至北宋早期比较流行[10]，并且延续到北宋晚期。开封的祐国寺也使用琉璃花纹砖作为主要建筑构件。琉璃砖釉色主要为绿、褐色，整体呈铁褐色，烧制成数十种砖型，琉璃砖均为模制，规格大致可分为二十余种，如按纹样等来划分则达五十余种。但塔外壁莲盘砖上多模印有阳文，从左向右排为"宿州土主吴靖"字样。该琉璃塔始建于北宋皇祐元年（1049 年）[11]。

2017 年在Ⅱ区 H7 出土素烧印方格枕片与磁州窑出土ⅠA 型Ⅰ式 T5⑧：92 的素烧方格枕片同模样[12]。这件磁州窑枕片属于神宗熙宁年间至哲宗元符年间（1068～1100 年）。

综合判断，第四期属于北宋晚期。

第三期，这一期出土铜钱有至道元宝，该钱最早于 995 年铸造，后世多有流行。瓷碗内底出

[1] 安徽省文物考古研究所、濉溪县文物事业管理局、淮北市博物馆：《柳孜运河遗址第二次考古发掘报告》，科学出版社，2017 年，第 963 页。

[2] 山东大学历史系考古专业、枣庄市博物馆：《山东枣庄中陈郝瓷窑址》，《考古学报》1989 年第 3 期。

[3] 山东省文物考古研究所、北京大学中国考古研究中心：《山东临淄大武村元墓发掘简报》，《文物》2005 年第 11 期。

[4] 付瀛莹：《扒村窑白地黑花瓷研究》，《中国美术馆》2013 年第 8 期。

[5] 刘昕、李宝军、李瑞兴等：《山东淄博磁村窑窑具与装烧工艺初步研究》，《中国国家博物馆馆刊》2018 年第 12 期。

[6] 苏州市考古研究所：《江苏苏州尹山北宋墓（M15）发掘简报》，《文物》2020 年第 5 期。

[7] 程晓伟、向尚：《安徽巢湖市原体育场墓地宋墓 M9 发掘收获》，《东方博物》2019 年第 3 期。合肥市文物管理处：《合肥北宋马绍庭夫妻合葬墓》，《文物》1991 年第 3 期。

[8] 河南省文物考古研究所：《济源市龙潭宋金墓葬发掘简报》，《中国国家博物馆馆刊》2016 年第 2 期。

[9] 河南省文物考古研究所、中国文物研究所：《河南巩义市黄冶窑址发掘简报》，《华夏考古》2007 年第 4 期。

[10] 南越王宫博物馆：《南越国宫署遗址——岭南两千年中心地》，广东人民出版社，2010 年，第 144～146 页。

[11] 张武军：《开封祐国寺塔建筑分析》，《中原文物》2013 年第 3 期。

[12] 北京大学考古系等：《观台磁州窑址》，文物出版社，1997 年，第 333 页。

现圆形泥点形托珠和长条形支钉两种，其中托珠在 10 世纪开始流行并且一直到北宋时期都比较盛行 [1]。白瓷碗胎质比较粗，且含砂，这与萧县白土窑出土同时期白瓷碗有相似之处 [2]。这一时期碗有饼足、玉璧底、宽圈足和圈足，普遍是圈足，并且浅圈足碗也比较多。这种碗类同于柳孜运河遗址出土 Fa 型 I 式白瓷碗，属于北宋早期 [3]。

在 II H1⑪ 选取一个木炭样本送检贝塔实验室，测定年代是 968 ～ 1046 年（占 90.5%），则说明第 ⑪ 层时代应该早于北宋中期以前，综合判断，第三期属于北宋早期。

第二期，这一时期主要是 Y1 和少量堆积在内的遗物。少量的白瓷碗、窑棒和托珠出土。使用的窑具主要是泥点形托珠和窑柱，托珠痕以三个和五个为主，显示唐代晚期的特征。托珠至西周开始使用，在隋唐时期开始普遍使用，并且一直沿用到宋元时期 [4]。该期出土窑柱、垫砖与山东宁阳西太平村古代瓷窑遗址中出土窑柱和垫砖相似，并且支烧方式也一样。宁阳西太平村的窑址时代是唐代晚期至五代时期 [5]。推测这一时期是唐代末期至五代时期。

综上所述，烈山窑址的分期大致如下：

第一期：战国晚西汉早延续到至东汉时期。因为包含有墓葬遗存，所以时代跨度比较大。

第二期：唐代末期至五代时期。属于烈山窑址的创烧时期。

第三期：北宋早期。产品开始丰富起来，为逐渐发展时期。

第四期：北宋晚期。烈山窑的产品进一步繁荣发展；北宋于 1127 年灭亡，南宋在杭州建立南宋政权，这期间宋金战乱不断，直到 1141 年（绍兴十一年）双方签订《绍兴和议》后，宋金双方才归于稳定和平。《绍兴和议》划定：宋金间以西起大散关（今陕西宝鸡西南），东沿淮河之线为界，南方是南宋辖区，北方是金朝辖区，则淮北地区属于金朝统治区。

在第四期和第五期存在缺环，没有发现金代早期的窑址和遗物，具体是金代早期窑址没有发现或者破坏，还是因战乱本来就荒废一段时期，现在还无法下定论。

第五期：金代晚期。属于窑址恢复期，窑火再次在淮北地区燃起。大量瓷器开始生产。

第六期：元代早期。烈山窑进一步发展。

第七期：元代晚期。烈山窑开始走向衰落。

---

[1] 熊海堂：《中国古代的窑具与装烧技术研究（前编）》，《东南文化》1991年第6期。

[2] 安徽省文物考古研究所：《安徽萧县萧窑遗址群2014年田野考古调查简报》，《考古与文物》2018年第12期。蔡波涛：《近年来萧窑考古的新收获》，《文物天地》2020年第3期。

[3] 安徽省文物考古研究所、濉溪县文物事业管理局、淮北市博物馆：《柳孜运河遗址第二次考古发掘报告》，科学出版社，2017年，第915～916页。

[4] 熊海堂：《中国古代的窑具与装烧技术研究（前编）》，《东南文化》1991年第6期。

[5] 刘凤君、宋百川、林玉海、朱英、刘焕明：《山东宁阳西太平村古代瓷窑遗址试掘简报》，《考古与文物》1989年第4期。

第一〇章　相关科技分析与研究

第一节　淮北烈山窑制瓷原料的科学研究

李合　康葆强　陈超 *

引　言

　　2018 年安徽省文物考古研究所对安徽淮北市烈山窑址进行了科学的考古发掘。烈山窑址位于淮北市烈山区烈山镇烈山村，处于濉河的支流雷河岸边，西距雷河 1000 米左右，东靠烈山脚下，一条乡村小路沿窑址边自南向北穿过 [1]。此次淮北烈山窑的发现为研究中国南北窑业技术传播路线以及宋元时期地方社会经济研究提供了极其重要的实物资料。目前关于烈山窑址瓷器 [2] 和周边制瓷原料的分析研究甚少，此次研究拟对烈山窑址周边的制瓷原料进行调查与分析（图 10-1），以期从原料角度科学认识烈山窑的制瓷工艺、产品特征，进而为科学探讨其技术源流提供基础数据。

图 10-1　烈山窑址周边制瓷原料

　　* 李合、康葆强：故宫博物院；陈超：安徽省文物考古研究所。

　　[1]　陈超：《安徽淮北烈山窑遗址》，《大众考古》2018 年第 7 期，第 14、15 页。陈超：《淮北市烈山窑址出土文物浅析》，《文物天地》2019 年第 7 期，第 77～81 页。

　　[2]　马燕莹、陈超、李合、康葆强：《安徽烈山窑址出土白瓷标本的科学分析》，《陶瓷学报》2020 年第 41 卷第 5 期，第729～735 页。

一 研究样品与方法

1. 研究样品

烈山窑址东靠烈山脚下，因此重点对烈山周边的制瓷原料进行调查。此次共采集到制瓷原料 12 种（编号为 LY-1 ～ LY-12），其中 LY-1 ～ LY-3 原料为烈山窑址考古发掘出土的制瓷原料。将采集的制瓷原料进行粉碎处理、放置在瓷板上在高温电炉中于 1200℃ 保温 30 分钟烧成实验样品。

2. 分析仪器

采用能谱仪（EDXRF）对烧制后的原料进行元素组成含量测试，并与相关瓷器标本的胎釉组成进行对比分析。其中能谱仪为美国 EDAX 公司的 EAGLE Ⅲ XXL 大样品室能量色散 X 射线荧光 - 光谱仪。实验测试条件为：测试主、次量元素采用的电压为 25kV，电流 600μA，束斑 0.3mm，测量时间 600s，经标准样品校准校正后得到近似定量分析结果。测试微量元素采用的电压为 40kV，电流 400μA，束斑 0.3mm，测量时间 200s，半定量分析结果。

二 分析结果

1. 烈山窑址出土制瓷原料

在烈山窑址的考古发掘过程中，出土了三类外观颜色不同的原料（LY-1 ～ LY-3，图 10-2），对这三类原料进行了能谱成分分析，结果见表 10-1。

根据表 10-1 可知，窑址出土三类原料的成分非常类似，其中氧化铝的含量介于 25% ～ 29%，氧化硅的含量介于 65% ～ 69%，此外还含有一定量的氧化钾、氧化钛以及氧化铁等成分。根据成分可初步判断这三种原料均为富含高岭土的瓷土原料，仅是外观与颗粒度等方面存在差异。通过与烈山窑出土白瓷胎体对比可知，烈山窑址出土三类原料的元素组成与所测白瓷胎体组成含量非常接近（表 10-1 和图 10-3），即从窑址出土的原料为制胎原料。

图 10-2 烈山窑址出土的制瓷原料

表 10-1　烈山窑址出土制瓷原料的成分含量　wt%

编号	Na$_2$O	MgO	Al$_2$O$_3$	SiO$_2$	K$_2$O	CaO	TiO$_2$	MnO	Fe$_2$O$_3$
LY-1	0.23	1.18	28.96	65.08	1.37	1.05	0.43	0.01	1.44
LY-2	0.59	1.09	26.99	66.05	1.04	2.04	0.44	0.01	1.23
LY-3	0.26	1.19	25.38	68.95	1.47	0.96	0.45	0.01	1.08
白瓷胎体平均值	0.66	0.56	25.70	66.33	1.39	1.43	1.11	0.66	0.56

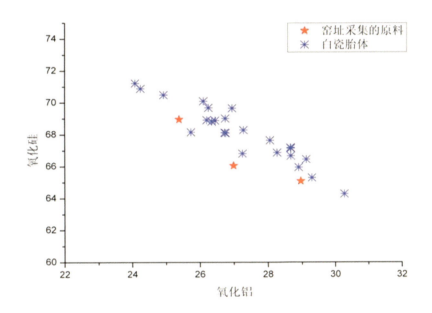

图 10-3　烈山窑出土原料与白瓷胎体的氧化铝和氧化硅含量散点图

通过观察可知，在烈山窑址出土的原料中存在大量的颗粒物（图 10-4），对不同颗粒物的组成进行半定量分析，结果见表 10-2。根据表 10-2 可知，烈山窑址出土制瓷原料中颗粒物大体分为三种：（1）高岭土颗粒，特征为氧化铝含量大于 30%；（2）长石颗粒，特征为氧化铝含量介于 14% ～ 22%；（3）石灰石颗粒，特征为氧化钙含量较高，最高可达 66.6%。由此可知，烈山窑址出土的瓷土原料为一种含有高岭土、长石以及少量石灰石颗粒的混合原料。

图 10-4　烈山窑出土原料中存在的颗粒物

表 10-2　烈山窑址出土制瓷原料中颗粒物的成分含量　wt%

分类	Na₂O	MgO	Al₂O₃	SiO₂	K₂O	CaO	TiO₂	MnO	Fe₂O₃
高岭土颗粒	0.17	0.70	34.25	62.04	0.84	0.22	0.43	0.00	1.07
长石颗粒	0.33	0.69	22.37	74.45	0.67	0.16	0.48	0.00	0.56
	0.00	0.55	22.11	74.06	1.05	0.28	0.48	0.00	1.06
	0.12	1.53	17.19	74.61	1.91	0.72	0.33	0.02	2.76
	0.57	1.76	14.43	74.82	2.27	1.23	0.59	0.05	2.73
石灰石颗粒	0.00	0.69	24.41	55.35	0.91	16.35	0.51	0.01	1.23
	0.00	0.56	10.47	19.44	0.55	66.60	0.23	0.00	1.00

2. 高岭土原料

此次调查在烈山窑址周边采集了 6 个块状原料。此类呈块状，硬度小而易碎，手摸有滑腻感，具有吸水性，初步判断为高岭土类原料（图 10-5）。测试分析结果（表 10-3）表明该类原料氧化铝含量介于 36% ～ 45%，氧化硅含量仅有 50% ～ 60%，这与高岭土理论化学组成非常类似。由此可知，此类原料为高岭土原料。从表 10-3 可知，采集高岭土原料中氧化铁含量存在较大差异，其中 4 个原料氧化铁含量低于 1%，而 2 个原料中氧化铁含量大于 2%。原料中氧化铁含量的高低影响了原料以及烧制后产品的颜色，即氧化铁含量高的原料其颜色较深，且烧制后呈灰褐色，甚至黑色。

化妆土是用经过特别加工的、较细的瓷土或专门选用的高铝低铁原料调成的一种泥浆。窑工将化妆土加施在胎体质地较粗糙或胎色较深瓷器的胎釉之间，以改善瓷器的质量，并起到美化瓷器或

图 10-5　烈山窑址周边采集的高岭土类原料

表 10-3　烈山窑址周边采集块状原料的成分含量 wt%

编号	Na₂O	MgO	Al₂O₃	SiO₂	K₂O	CaO	TiO₂	MnO	Fe₂O₃
LY-4	0.57	1.88	44.59	52.01	0.11	0.11	0.28	0.00	0.21
LY-5	0.12	0.67	36.48	60.60	0.32	0.26	0.42	0.00	0.96
LY-6	0.26	0.55	44.49	51.65	0.06	0.10	1.95	0.00	0.47
LY-7	0.17	0.56	45.18	52.53	0.05	0.14	0.64	0.00	0.54
LY-8	0.21	0.93	38.80	55.90	0.24	0.10	0.92	0.01	2.62
LY-9	0.00	0.52	43.89	50.95	0.05	0.23	0.29	0.09	3.56

图 10-6　烈山窑施加化妆土的白瓷

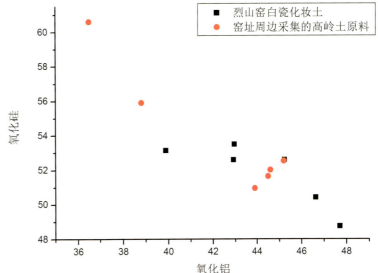

图 10-7　烈山窑白瓷化妆土与高岭土原料的
氧化铝和氧化硅含量散点图

改变瓷器呈色的作用[1]。烈山窑址白瓷胎体颜色较深，呈灰褐色，为改善釉色外观，烈山窑白瓷胎釉之间通常施有一层白色化妆土（图 10-6）。对 6 件烈山窑白瓷标本的化妆土成分进行测试分析，结果见表 10-4。从表 10-4 可知，烈山窑白瓷标本所用化妆土中氧化铝的平均含量为 44.22%，氧化硅平均含量为 51.83%，氧化铁平均含量仅有 0.38%。对比可知，烈山窑白瓷标本所用化妆土的成分与窑址周边的高岭土原料成分基本一致（图 10-7），即烈山窑址周边含铁低的高岭土原料可用于制作化妆土，有效改善了瓷釉的颜色、提高了产品质量。

[1]　秦大树：《瓷器化妆土工艺的产生与发展》，《华夏考古》2018年第1期，第58～74页。

表 10-4　烈山窑白瓷化妆土的成分含量 wt%

编号	Na₂O	MgO	Al₂O₃	SiO₂	K₂O	CaO	TiO₂	MnO	Fe₂O₃
化妆土	0.18	0.71	42.95	53.49	0.83	0.59	0.30	0.01	0.43
	0.00	0.43	45.23	52.58	0.46	0.35	0.28	0.00	0.34
	0.25	0.56	47.70	48.74	1.34	0.46	0.32	0.01	0.30
	0.31	0.59	46.63	50.42	0.63	0.32	0.31	0.01	0.33
	0.29	0.53	39.89	53.14	1.59	1.79	0.29	0.01	0.32
	0.00	0.51	42.91	52.59	1.26	1.36	0.41	0.01	0.54
平均值	0.17	0.55	44.22	51.83	1.02	0.81	0.32	0.01	0.38

3. 长石类原料

此次调查在烈山窑址周边采集了一种灰白色块状原料，质地较硬（LY-10，图10-8）。测试分析表明该原料（LY-10）氧化铝含量仅为16.02%，氧化硅含量高达77.95%，氧化铁则仅有0.14%（表10-5），推测属于低铝、高硅、低铁类的长石原料，与定窑考古出土的制釉岩石YS-2的成分比较接近（见表10-5）[1]。经过理论计算可知，75%的LY-10与25%的草木灰混合后，其元素组成含量与所测烈山窑白瓷釉的组成含量基本一致。由此可知，该灰白色块状长石原料可用来制釉。

图 10-8　烈山窑址出土的制瓷原料 LY-10

表 10-5　烈山窑址周边采集的制釉原料的成分含量与理论计算　wt%

编号	Na₂O	MgO	Al₂O₃	SiO₂	K₂O	CaO	TiO₂	MnO	Fe₂O₃
LY-10	3.13	0.19	16.02	77.95	2.10	0.17	0.09	0.00	0.14
定窑制釉岩石 YS-2	3.81	0.53	14.44	75.95	3.97	0.60	0.03	0.05	0.59
四种草木灰平均值[2]	0.30	4.20	3.30	15.65	2.60	37.80	0.00	0.80	1.50
计算值	2.42	1.19	12.84	62.38	2.23	9.58	0.07	0.20	0.48
烈山窑白瓷釉平均值	1.08	1.34	15.39	67.28	2.52	10.60	0.19	0.08	0.52

[1]　康葆强：《定窑遗址考古出土制釉原料的探析》，《国家博物馆馆刊》2014年第9期。

[2]　Nigle Wood and Li He. A Study of the Techniques used to make Laohudong Guan ware in China in the Southern Song Dynasty. Archaeometry 57, 4（2015）617-635.

4. 天然制釉原料

对烈山窑周边制瓷原料调查时，在山脚下发现了一种沉积黏土原料，烧制后呈黑色的玻璃态（LY-11，图 10-9）。测试结果（见表 10-6）表明该原料中含量 2.35% 氧化镁、13.97% 氧化铝、71.50% 氧化硅、2.39% 氧化钾、7.57% 氧化钙以及 1.41% 氧化铁。由表 10-6 可以看出，该原料的成分与烈山窑白釉、黑釉及青黄釉的成分较为接近；然而该原料中氧化铁含量相对较低，如适当增加氧化铁的含量，那么该原料可直接烧制成黑釉或青黄釉。同时，在烈山窑周边存在块状的铁质原料（LY-12，图 10-10），测试表明该原料中含有 42.6% 氧化铁。由此可知该铁质原料适合作为着色原料烧制黑釉或者用于烧制白地黑花瓷等装饰性产品。

图 10-9　烈山窑沉积的黏土原料 LY-11 和烧制后的样品　　图 10-10　烈山窑周边的铁质原料 LY-12

表 10-6　烈山窑址周边采集的制瓷原料与瓷片釉的成分　wt%

编号	Na₂O	MgO	Al₂O₃	SiO₂	K₂O	CaO	TiO₂	MnO	Fe₂O₃
LY-11	0.34	2.35	13.97	71.50	2.39	7.57	0.24	0.02	1.41
LY-12	0.67	2.29	17.30	33.20	0.23	1.47	0.81	0.31	42.60
白釉 N=25	1.11	1.35	15.10	67.47	2.52	10.68	0.18	0.08	0.52
黑釉 N=6	1.12	2.20	12.85	67.89	2.54	7.06	0.87	0.14	4.32
青黄釉 N=18	0.78	2.58	13.59	64.35	2.37	11.44	0.58	0.13	3.19

三　讨论

根据原料烧制前后外观颜色的变化可知，烈山窑周边的原料大体可分为制胎原料、制釉原料以及着色原料三类。由于我国各地窑址所处的地理位置不同，其原料受地质成因和环境的影响，从而造成了各地制瓷原料在元素组成以及其他特征性能方面存在区（地）域的差异，这直接影响了各地瓷器产品的制作工艺、产品特征及发展走向。安徽淮北烈窑处于淮河以北，从地理位置上属于北方地区。测试分析表明烈山窑瓷胎中氧化铝平均含量高于 22%，即烈山窑址宋元时期白瓷瓷胎元素组成符合北方瓷窑瓷胎的高铝特征。此外，研究表明烈山窑瓷器烧制工艺与定窑、磁州窑同步发生了变化，即烈山窑的瓷器制作工艺亦深受定窑和磁州窑的影响。烈山窑的发现将定窑系和磁州窑系的窑业技术范围扩大到淮河北岸，是这两个窑系最南端存在的窑口。

测试表明烈山窑址出土的瓷土原料为一种含有高岭土、长石以及石灰石颗粒的混合瓷土原料（表10-7）。根据调查与分析表明烈山窑周边制瓷原料种类丰富，有高岭土类原料、长石类原料、钙质原料等不同类型的制瓷原料。上述制瓷原料有可能在漫长的历史过程中不断风化和混合，有可能自然形成含有高岭土、长石以及石灰石颗粒的瓷土原料。这种天然混合配比的瓷土原料可能被烈山窑的窑工用于烧制瓷器。事实上，我国北方诸多窑口可能均采用了这种天然沉积的瓷土原料用于制胎[1]。

研究表明位于安徽淮河以南的繁昌窑于五代时期已开始使用两种原料混合制胎的"二元配方"制瓷技术，以提高瓷器的烧成温度，改善瓷器的质量。繁昌窑是目前已知最早的"二元配方"工艺使用的记录[2]。烈山窑位于"北瓷南传"线路的中间过渡地带，其制瓷工艺也可能深受南北方窑口的多重影响。通过理论计算可知，将烈山窑周边的高岭土原料与长石类原料进行1∶1等比例混合后，其元素组成含量基本与窑址出土瓷土原料以及烈山窑白瓷胎体组成类似。由此，似乎可以推测烈山窑也可能采用了类似繁昌窑或者景德镇窑瓷石与高岭土混合的二元配方制瓷工艺。

然而，基于目前的原料调查以及相关瓷器标本的测试数据，尚无法对烈山窑瓷器的制胎原料是一种混合高岭土与长石的天然制胎原料还是人为的二元配方做出明确地判定。烈山窑瓷器胎体究竟采用了何种制胎技术，这值得今后进一步探索研究。

表 10-7　烈山窑址制胎原料的成分含量与理论计算　wt%

	Na_2O	MgO	Al_2O_3	SiO_2	K_2O	CaO	TiO_2	MnO	Fe_2O_3
高岭土	0.22	0.85	42.24	53.94	0.14	0.16	0.75	0.02	1.39
长石	3.13	0.19	16.02	77.95	2.10	0.17	0.09	0.00	0.14
混合（1∶1）	1.67	0.52	29.13	65.94	1.12	0.16	0.42	0.01	0.77
窑址瓷土	0.36	1.15	27.11	66.69	1.29	1.35	0.44	0.01	1.25

四　结论

本工作通过调查与分析安徽淮北地区烈山窑址制瓷原料与窑址出土瓷器标本的成分，得出以下结论。

---

[1] 马颖、马清林、马泓蛟：《河南巩义窑、河北邢窑出土瓷器的原料来源研究——以北朝和隋唐时期出产的青瓷、白瓷为例》，《文物保护与考古科学》2018年第30卷第5期，第84～97页。鲁晓珂、李伟东、罗宏杰、韩立森、王会民、李强：《邢窑的科学研究》，《中国科学：技术科学》2012年第42卷第10期，第1204～1221页。

[2] 杨玉璋、张居中：《从繁昌窑青白瓷制作看"二元配方"工艺的产生》，《考古与文物》2006年第2期，第89～92页。杨玉璋、张居中、昝义：《安徽繁昌窑青白瓷化学组成的WDXRF分析研究》，《光谱学与光谱分析》2010年第30卷第8期，第2295～2298页。崔名芳、朱建华：《繁昌窑址附近多种瓷土成分分析》，《光谱学与光谱分析》2018年第38卷第11期，第3598～3606页。

（1）烈山窑周边制瓷原料丰富，蕴藏了瓷土、高岭土、长石、钙质原料以及着色原料等，能满足瓷业的生产需求。

（2）烈山窑白瓷采用了化妆土技术，其化妆土原料为当地所产的含铁量很低的纯高岭土类原料。

（3）烈山窑白瓷可能采用了长石配以草木灰或者石灰石的制釉技术。

（4）根据原料调查与分析，推测烈山窑瓷器可能采用了单一天然瓷土原料制胎，但不排除采用高岭土混合长石原料的二元配方技术。

第二节　烈山窑址出土白瓷标本的科学分析

马燕莹、陈超、李合、康葆强 *

一　引　言

隋唐时期，中国北方白瓷的出现打破了青瓷一统天下的格局，形成了我国陶瓷史上南青北白相互争艳的两大体系，并实现了北方烧制瓷器的技术突破，使我国成为世界上最早拥有白瓷的国家[1]。早期烧制白瓷最重要的北方瓷窑有河北邢窑、定窑与河南巩义窑[2]。定窑窑址在河北曲阳，因此有时也被称作"曲阳窑"，盛于宋金时期[3]。磁州窑是我国北方最大的民窑之一，主要窑址分布在北方中原地区的河北、河南、山西诸省，以河北邯郸地区的观台和彭城两地窑场为生产中心[4]。磁州窑的历史，根据目前观台窑址发掘结果和传世文物看，创烧于北宋年间，并于宋金时期达到鼎盛。定窑和磁州窑对我国南北方制瓷业的发展产生了深远的影响。此次淮北地区烈山窑的发现为研究中国南北窑业技术传播路线以及宋元时期地方社会经济研究提供了极其重要的实物资料。目前，关于烈山窑址瓷器的分析研究甚少，本文选取24件烈山窑址宋元时期出土白瓷样品，利用大样品室能量色散X射线荧光光谱仪分析其胎釉元素组成含量，以期揭示烈山窑址白瓷的胎釉组成特征。同时，将其与定窑和观台窑白瓷样品组成含量进行比对，探讨它们之间的制瓷技术关系，以期为中国南北窑业技术传播路线的研究提供参考信息，也为宋元时期社会经济和手工业的研究提供依据。

二　样品描述与分析方法

1. 样品描述

烈山窑址白瓷样品外观与尺寸如图10-11所示，原器物为碗与盘。瓷胎颜色较深，呈灰褐色，

*　马燕莹、李合、康葆强：故宫博物院文保科技部；陈超：安徽省文物考古研究所

[1]　李家治：《中国科学技术史陶瓷卷》，《科学出版社》，1998年。

[2]　马颖、马清林、马泓蛟等：《河南巩义窑、河北邢窑出土瓷器的原料来源研究——以北朝和隋唐时期出产的青瓷、白瓷为例》，《文物保护与考古科学》2018年第30卷第5期，第84～97页。

[3]　叶喆民：《中国陶瓷史》，生活·读书·新知三联书店，2011年。

[4]　李家治：《中国科学技术史陶瓷卷》，科学出版社，1998年。

（a）北宋早期白瓷

（b）北宋晚期白瓷

（c）金元时期白瓷-1

图 10-11 烈山窑址白瓷样品

胎质比较疏松；瓷釉白中泛黄，表面具有光泽，存在污渍、附着物和小孔洞。胎釉之间施有一层白色化妆土。

2. 分析方法

美国 EDAX 公司的 EAGLE Ⅲ XXL 大样品室能量色散 X 射线荧光光谱仪。实验测试条件为：测试主、次量元素采用电压为 25kV，电流 600μA，束斑 0.3mm，测量时间 600s，经标准样品校准校正后得到近似定量分析结果。测试微量元素采用电压为 40kV，电流 400μA，束斑 0.3mm，测量时间 200s，半定量分析结果。

三 结果与讨论

1. 烈山窑址白瓷样品胎体特征及时代变化规律

利用 X 荧光能谱仪分析 24 件白瓷样品瓷胎，结果见表 10-8。

根 据 表 10-8 可 知，烈山窑址白瓷胎中 Al_2O_3 和 SiO_2 含 量 分 别 介 于 20% ～ 29% 和 62% ～ 74%，符合北方瓷窑瓷胎的高铝特征（通常大于 22%）[1]。同时，烈山窑白瓷胎体元素组成变化范围较大，说明当时对原料的选择与处理尚不够精细。从图 10-12 可知，从北宋早期直至金元时期，烈山窑白瓷胎体标本中氧化铝含量有逐渐降低的趋势，而氧化硅含量则有逐渐升高的趋势。此外，烈山窑白瓷胎具有较高的氧化钛和氧化铁含量，这导致其瓷胎颜色较深。因此，在施釉前烈山窑白瓷多使用化妆土遮盖瓷胎表面，使其不影响白色釉色。

2. 烈山窑址白瓷样品釉层特征及时代变化规律

利用 X 荧光能谱仪分析 24 件白瓷样品瓷釉，结果见表 10-9 与图 10-13。

---

[1] 熊樱菲、龚玉武：《化学组成分析辅助判别古陶瓷产地、制作年代及工艺的研究》，《文物保护与考古科学》2008年第20卷（S1），第79～84页。

表 10-8　烈山窑址白瓷样品胎体主次量和微量元素组成

样品分类	编号	质量分数（wt%）								
		Na₂O	MgO	Al₂O₃	SiO₂	K₂O	CaO	TiO₂	MnO	Fe₂O₃
北宋早期白瓷瓷胎	LSB-1	0.62	0.33	24.35	67.61	1.40	1.09	1.90	0.04	1.66
	LSB-2	0.55	0.48	25.80	67.07	1.32	1.09	1.16	0.02	1.50
	LSB-3	0.82	0.58	26.65	66.53	1.62	0.53	1.08	0.02	1.17
	LSB-4	0.84	0.55	28.56	64.14	1.15	1.16	1.08	0.03	1.50
	LSB-15	0.66	0.59	25.04	66.79	1.40	1.64	1.17	0.03	1.69
	LSB-16	0.62	0.63	28.87	63.04	1.12	0.91	0.79	0.01	3.01
北宋晚期白瓷瓷胎	LSB-5	0.75	0.46	20.07	73.09	1.37	1.06	0.93	0.02	1.24
	LSB-7	0.41	0.50	26.78	65.88	1.25	1.02	1.20	0.03	1.92
	LSB-8	0.70	0.52	24.63	66.26	1.53	2.38	0.94	0.04	1.99
	LSB-9	0.79	0.46	26.10	65.47	1.24	1.67	1.13	0.04	2.08
	LSB-12	0.42	0.61	26.04	64.40	1.41	3.12	1.12	0.04	1.83
	LSB-13	0.68	0.52	25.75	67.07	1.52	0.79	1.05	0.02	1.60
	LSB-14	0.51	0.55	25.72	67.43	1.34	0.80	1.00	0.02	1.64
	LSB-22	0.42	0.50	27.20	64.66	1.25	2.06	1.06	0.05	1.79
	LSB-23	0.70	0.70	26.20	65.02	1.45	1.74	1.16	0.03	1.99
	LSB-24	0.94	0.56	26.40	65.22	1.28	1.66	1.17	0.04	1.73
	LSB-25	0.62	0.83	26.91	64.72	1.39	1.68	1.14	0.03	1.70
金元时期白瓷瓷胎	LSB-10	0.69	0.58	23.48	68.22	1.63	1.54	0.95	0.02	1.89
	LSB-11	1.00	0.32	25.17	67.08	1.40	0.98	1.02	0.03	2.01
	LSB-17	0.63	0.78	26.86	64.82	1.54	1.49	1.08	0.03	1.78
	LSB-18	0.66	0.48	22.96	68.87	1.49	1.59	0.99	0.04	1.93
	LSB-19	0.83	0.47	25.88	66.00	1.40	1.23	1.24	0.03	1.91
	LSB-20	0.40	0.74	26.11	64.97	1.28	2.25	1.03	0.04	2.19
	LSB-21	0.68	0.58	25.32	67.46	1.57	0.78	1.14	0.02	1.46

表 10-9 烈山窑址白瓷样品瓷釉主次量和微量元素组成

样品分类	编号	质量分数（wt%）												
		Na$_2$O	MgO	Al$_2$O$_3$	SiO$_2$	K$_2$O	CaO	TiO$_2$	MnO	Fe$_2$O$_3$	Rb$_2$O	SrO	Y$_2$O$_3$	ZrO$_2$
北宋早期白瓷瓷釉	LSB-1	0.88	1.22	13.82	71.19	2.89	8.38	0.17	0.07	0.37	0.0069	0.0197	0.0063	0.0201
	LSB-2	0.51	1.75	14.70	68.43	2.40	10.52	0.17	0.06	0.46	0.0099	0.0168	0.0015	0.0136
	LSB-3	0.67	1.51	15.30	67.01	3.09	10.24	0.33	0.08	0.79	0.0110	0.0163	0.0043	0.0214
	LSB-4	0.60	1.02	13.47	69.83	1.45	11.94	0.15	0.10	0.43	0.0093	0.0218	0.0032	0.0238
	LSB-15	0.69	2.07	14.87	65.91	1.04	13.71	0.14	0.10	0.47	0.0066	0.0232	0.0069	0.0219
	LSB-16	0.54	0.72	13.58	70.83	2.30	10.40	0.15	0.09	0.39	0.0077	0.0163	0.0059	0.0231
北宋晚期白瓷瓷釉	LSB-5	0.51	1.90	16.93	64.08	2.27	12.44	0.20	0.11	0.57	0.0109	0.0147	0.0037	0.0185
	LSB-7	1.82	0.67	14.05	69.81	3.47	8.48	0.16	0.04	0.50	0.0078	0.0296	0.0055	0.0423
	LSB-8	1.07	2.07	15.73	68.66	2.44	8.24	0.23	0.09	0.46	0.0072	0.0562	0.0081	0.0190
	LSB-9	2.58	0.47	13.88	72.15	3.33	6.05	0.17	0.06	0.31	0.0090	0.0209	0.0035	0.0093
	LSB-12	1.63	1.02	14.55	65.87	1.80	13.26	0.20	0.10	0.55	0.0083	0.0187	0.0061	0.0234
	LSB-13	0.51	1.39	14.39	66.20	2.31	13.50	0.15	0.07	0.48	0.0076	0.0211	0.0028	0.0240
	LSB-14	0.62	1.54	14.58	67.11	2.53	11.69	0.16	0.09	0.69	0.0074	0.0219	0.0052	0.0251
	LSB-22	0.66	1.55	15.37	67.21	2.06	11.33	0.16	0.08	0.58	0.0067	0.0163	0.0076	0.0249
	LSB-23	1.17	1.51	15.62	65.73	2.30	11.78	0.17	0.08	0.63	0.0076	0.0159	0.0061	0.0218
	LSB-24	0.78	1.53	17.41	64.74	1.78	12.01	0.14	0.08	0.53	0.0083	0.0198	0.0080	0.0228
	LSB-25	0.40	1.18	16.51	66.47	2.31	11.36	0.16	0.07	0.53	0.0087	0.0161	0.0025	0.0237
金元时期白瓷瓷釉	LSB-10	1.84	1.06	17.83	66.77	3.14	7.26	0.29	0.05	0.75	0.0136	0.0270	0.0053	0.0129
	LSB-11	0.65	1.71	15.14	65.52	1.56	13.61	0.16	0.11	0.55	0.0110	0.0227	0.0064	0.0211
	LSB-17	0.65	2.67	15.45	61.36	1.18	16.82	0.17	0.11	0.57	0.0100	0.0174	0.0044	0.0230
	LSB-18	2.47	0.99	14.44	66.74	3.65	9.91	0.14	0.08	0.58	0.0074	0.0177	0.0062	0.0212
	LSB-19	2.23	0.51	14.23	71.59	3.40	6.50	0.14	0.05	0.34	0.0087	0.0274	0.0029	0.0215
	LSB-20	1.82	1.51	16.17	64.52	4.27	9.85	0.23	0.09	0.54	0.0101	0.0177	0.0034	0.0182
	LSB-21	1.28	0.73	14.29	71.59	3.44	7.00	0.15	0.08	0.44	0.0096	0.0217	0.0045	0.0162

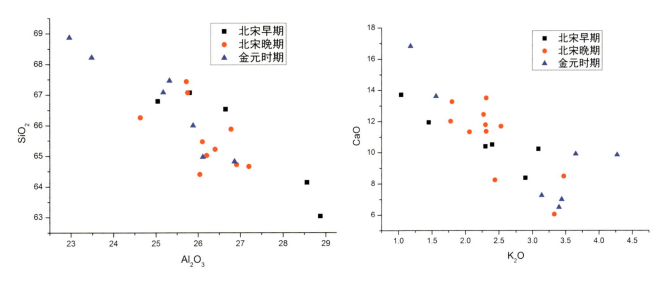

图 10-12　烈山窑址白瓷瓷胎中 Al_2O_3 和 SiO_2
含量分布图

图 10-13　烈山窑址白瓷样品瓷釉中 K_2O
和 CaO 含量分布图

根据表 10-9 数据可知，烈山窑址宋元时期白瓷釉中 K_2O 和 CaO 含量分别介于 1% ～ 4.3% 和 6% ～ 17%，多数标本属于高钙釉。CaO 为陶瓷釉烧结过程中重要的助熔组分[1]。从图 10-13 可知，CaO 含量从北宋至金元时期呈降低趋势，K_2O 呈升高趋势。釉中氧化钙含量的降低，表明其烧成温度有所升高，这符合制釉技术的时代发展规律。

3. 烈山窑址与定窑、观台窑的制瓷技术对比

为了探讨烈山窑址制瓷技术的发展脉络与源流，选取 26 件宋元时期定窑出土白瓷样品与 13 件宋元时期属于磁州窑系的观台窑出土白瓷样品，利用 X 荧光光谱仪分析其胎釉的主次量元素和微量元素，并与上述烈山窑址白瓷样品胎釉组成对比，结果见表 10-10 和表 10-11。

（1）瓷胎特征

根据表 10-8 和表 10-10 可知，烈山窑与定窑、观台窑白瓷瓷胎组成具有较大的差异，其中，烈山窑址瓷胎中 Al_2O_3 含量略低，而 SiO_2 含量略高（图 10-14）。烈山窑与观台窑瓷胎中 Fe_2O_3 和 TiO_2 含量相近，定窑瓷胎中 Fe_2O_3 和 TiO_2 含量很低（图 10-15）。由此可知，安徽烈山窑与定窑、观台窑的制瓷原料存在较大的差异，这是就地选取制瓷原料的必然结果。

（2）瓷釉特征

为了对比烈山窑址与定窑、观台窑白瓷瓷釉的元素组成特征和变化规律，将三个窑址北宋时期白瓷样品瓷釉中 K_2O 和 CaO 的数据制成散点图，如图 10-16 所示。根据图 10-16 可知，定窑和观台窑北宋时期白瓷样品瓷釉中 CaO 含量大多数在 2% ～ 7%，而烈山窑址北宋时期白瓷瓷釉中助熔组分 CaO 含量则高出约 2 ～ 3 倍，最高达 13.71%。同时，三个窑址白瓷瓷釉中 K_2O 含量相近。总体而言，烈山窑瓷釉中助熔组分含量较高，这表明北宋时期 烈山窑址白瓷的烧成温度可能低于定窑和观台窑白瓷。

[1]　马铁成：《陶瓷工艺学》，中国轻工业出版社，2013年。

表 10-10　定窑和观台窑白瓷样品胎体元素平均含量与标准偏差（SD）

样品分类	编号	质量分数（wt%）								
		Na₂O	MgO	Al₂O₃	SiO₂	K₂O	CaO	TiO₂	MnO	Fe₂O₃
定窑 北宋白瓷瓷胎	平均值	0.64	1.11	29.79	63.06	1.46	1.70	0.38	0.02	0.83
	SD	0.28	0.28	2.57	2.42	0.48	0.98	1.10	0.00	0.15
定窑 金元白瓷瓷胎	平均值	0.57	0.79	24.38	68.76	1.81	0.96	0.56	0.02	1.15
	SD	0.16	0.16	1.11	1.19	0.28	0.17	0.04	0.01	0.07
观台窑 北宋白瓷瓷胎	平均值	1.00	0.50	31.53	61.23	1.41	0.45	1.22	0.02	1.64
	SD	0.51	0.10	2.56	2.14	0.47	0.10	0.19	0.01	0.51
观台窑 金元白瓷瓷胎	平均值	0.69	0.46	29.67	63.55	1.39	0.40	1.10	0.03	1.72
	SD	0.17	0.07	4.13	3.31	0.49	0.04	0.18	0.02	0.52

表 10-11　定窑和观台窑白瓷样品釉层元素平均含量与标准偏差（SD）

样品分类	编号	质量分数（wt%）												
		Na₂O	MgO	Al₂O₃	SiO₂	K₂O	CaO	TiO₂	MnO	Fe₂O₃	Rb₂O	SrO	Y₂O₃	ZrO₂
定窑 北宋白瓷瓷釉	平均值	0.47	3.15	15.11	72.01	1.91	5.32	0.13	0.05	0.83	0.0091	0.0093	0.0038	0.0356
	SD	0.29	1.08	1.25	2.00	0.36	1.68	0.09	0.02	0.22	0.0015	0.0025	0.0008	0.0088
定窑 金元白瓷瓷釉	平均值	0.44	2.40	15.13	73.81	2.37	3.61	0.18	0.03	1.04	0.0097	0.0118	0.0042	0.0289
	SD	0.17	0.28	0.95	1.47	0.32	0.45	0.07	0.00	0.16	0.0012	0.0016	0.0014	0.0042
观台窑 北宋白瓷瓷釉	平均值	1.84	1.17	17.45	71.14	2.70	3.81	0.39	0.04	0.40	0.0067	0.0326	0.0049	0.0329
	SD	0.82	0.37	1.34	1.20	0.70	1.95	0.10	0.01	0.19	0.0006	0.0117	0.0010	0.0034
观台窑 金元白瓷瓷釉	平均值	2.98	0.75	18.01	69.97	3.42	2.98	0.45	0.02	0.39	0.0076	0.0548	0.0038	0.0298
	SD	0.98	0.49	1.45	1.43	0.85	1.05	0.15	0.00	0.08	0.0024	0.0227	0.0016	0.0050

通常釉中 SrO 主要来自于钙质原料，即釉中 SrO 与 CaO 含量呈正相关性[1]。图 10-17 则表明烈

[1] FREESTONE I C, LESLIE K A, THIRLWALL M, et al. Strontium isotopes in the investigation of early glass production: Byzantine and early Islamic glass from the near east [J]. Archaeometry, 2003, 45（1）: 19-32；MA H J, HENDERSON J, EVANS J. The exploration of Sr isotopic analysis applied to Chinese glazes: part one [J]. Journal of Archaeological Science, 2014, 50: 551-558.

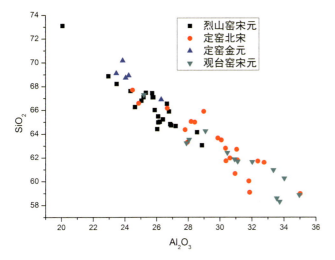

图 10-14　烈山窑址与定窑、观台窑白瓷
瓷胎中 SiO$_2$ 和 Al$_2$O$_3$ 含量分布图

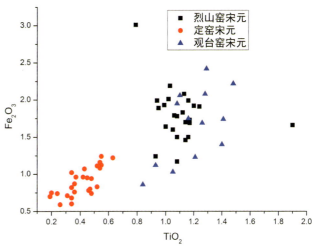

图 10-15　烈山窑址与定窑、观台窑白
瓷瓷胎中 Fe$_2$O$_3$ 和 TiO$_2$ 含量分布图

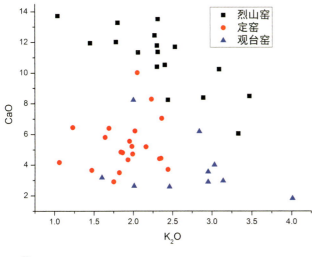

图 10-16　定窑、观台窑与
烈山窑址北宋白瓷瓷釉中
K$_2$O 和 CaO 含量分布图

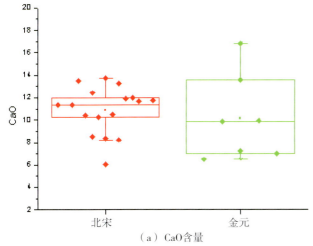

（a）CaO含量

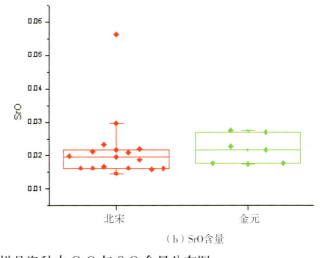

（b）SrO含量

图 10-17　烈山窑址宋元时期白瓷样品瓷釉中 CaO 与 SrO 含量分布图

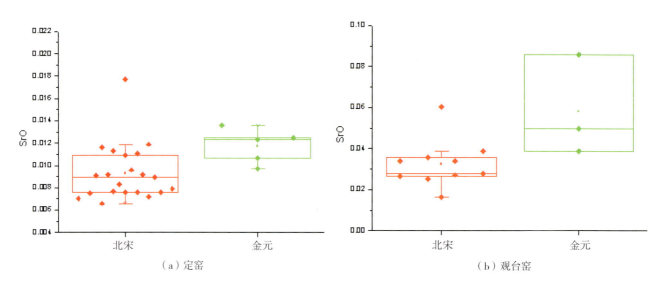

（a）定窑　　　　　　　　　　　　　　　（b）观台窑

图 10-18　定窑与观台窑宋元时期白瓷样品瓷釉中 SrO 含量分布图

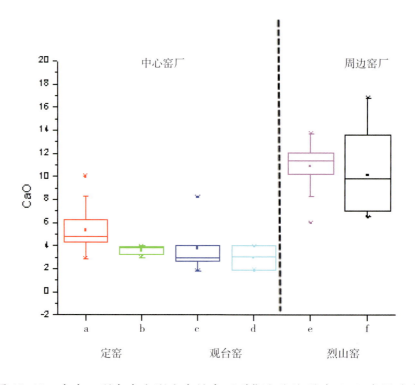

图 10-19　定窑、观台窑和烈山窑址宋元时期白瓷瓷釉中 CaO 含量分布图

（a）定窑北宋时期　（b）定窑金元时期　（c）观台窑北宋时期　（d）观台窑金元时期　（e）烈山窑北宋时期　（f）烈山窑金元时期

山窑址白瓷样品从北宋至金元时期瓷釉中 CaO 含量有降低趋势，而 SrO 含量则略有升高趋势，即 SrO 与 CaO 含量呈负相关性。图 10-18 表明定窑与观台窑北宋至金元时期白瓷瓷釉中 SrO 含量有升高趋势，而 CaO 含量略有降低趋势（图 10-19），即北宋至金元时期定窑和观台窑白瓷瓷釉中 SrO 与 CaO 含量亦呈负相关性。由此推测三个窑址北宋至金元的钙质原料来源可能同步发生改变。这也

说明北宋至金元时期，北方三个白瓷窑址之间存在密切的技术传播与交流。

4. 中心窑场向周边窑场的技术传播规律

虽然烈山窑址与定窑、观台窑的制釉技术同步发生了变化，但从图 10-19 可以看出，烈山窑址宋元时期白瓷瓷釉中 CaO 含量均高于同时期定窑、观台窑白瓷瓷釉中 CaO 含量，这说明相比定窑和观台窑，烈山窑址白瓷瓷釉中助熔组分含量偏高。根据我国北方瓷釉一般的发展规律可知，烈山窑址的制瓷技术发展变化速率相对于定窑和观台窑比较迟缓。这符合并进一步验证了周边窑场与中心窑场之间的制瓷技术演变发展规律[1]。

四 结论

本工作通过分析安徽淮北地区烈山窑址出土宋元时期白瓷样品的胎釉组成，以及与同时期定窑和磁州窑系的观台窑白瓷样品胎釉组成数据进行对比，得出以下结论。

（1）烈山窑址宋元时期白瓷瓷胎组成符合北方瓷胎的高铝特征，并采用了化妆土技术。

（2）烈山窑址宋元时期白瓷瓷釉中 CaO 含量呈降低趋势，而 K_2O 呈升高趋势，符合古代制釉技术的时代发展规律。

（3）烈山窑址与定窑、观台窑烧制白瓷瓷胎原料存在一定差异，均为就地选取制瓷原料。

（4）烈山窑址与定窑、观台窑白瓷瓷釉中的 Ca 元素与 Sr 元素均呈负相关性，推测三个窑址的钙质原料来源可能同步发生改变。这也说明北宋至金元时期，北方三个白瓷窑址之间存在密切的技术传播与交流。

（5）烈山窑址白瓷瓷釉中 CaO 含量均高于同时期定窑、观台窑白瓷瓷釉中 CaO 含量，说明其瓷器产品的演变速度相对迟缓，符合中心窑场与周边窑场瓷器产品的演变发展规律。

（6）本工作仅从胎釉组成配方角度来探讨烈山窑、定窑与磁州窑之间瓷业技术的交流，其结论有待今后进一步验证。

第三节 烈山窑出土陶瓷样品科技分析

桑月侠、吴军明、陈超、张茂林、李其江、王李*

相关测试分析由景德镇陶瓷大学古陶瓷研究所和国家日用及建筑陶瓷工程技术研究中心完成，主要内容包括：采用 EDXRF、SEM、热膨胀仪、分光光度计等现代测试分析手段，对烈山窑址出土北宋早期和元代标本进行了胎釉元素组成、显微结构、热膨胀系数和烧成温度、吸水率、色度值等测试分析。

[1] 李合、翟毅、郭子莉等：《龙泉青瓷胎釉成分特征研究》，《故宫博物院院刊》2019年第7期，第24～32页。
* 桑月侠、吴军明、张茂林、李其江、王李：景德镇陶瓷大学；陈超：安徽省文物考古研究所。

一　样品简介

　　本次测试分析的25件样品均为安徽省文物考古研究所考古发掘样品，时间上涵盖了北宋、金晚期和元代三个时期，具体包括6件白瓷：北宋早期4件（NS-1、NS-2、NS-3、NS-4）、金晚期1件（JZ-5）、元代早期1件（JW-7）；4件元代黑釉瓷（JW-6、JW-8、JW-9、JW-10）；4件元代黄釉瓷（JH-1、JH-2、JH-3、JH-4）；4件元代素面瓷（JS-1、JS-2、JS-3、JS-4）；北宋三彩釉枕（SS-1、SS-2、SS-3）；4件元代青瓷（SQ-1、SQ-2、SQ-3、SQ-4）。如图10-20分别从釉色的外观来选取部分样品照片（A组-白瓷，B组-黑釉瓷，C组-黄釉瓷，D组-素面瓷，E组-三彩釉枕，F组-青瓷），其中白瓷、青瓷数量占比例较大，样品描述见表10-12。

图 10-20　烈山窑部分样品照片

表 10-12　烈山窑分析样品信息详表

编号	釉色	外观特征	数量	时代
A	白釉	黄褐色胎，夹粗砂，釉下施化妆土，釉面有细小开片	6件	北宋
B	黑釉	灰色胎，断面气孔较多，酱色釉，内壁施黑釉，外壁窑变釉	4件	元代
C	黄釉	浅黄色胎，断面粗糙，釉色白中偏黄	4件	金晚至元代
D	素面	土黄色胎，胎质坚硬，釉色白中泛黄	4件	元代
E	三彩	浅黄色胎，釉色较黄，釉脱落	3件	北宋
F	青釉	灰色黄胎较粗，有窑变，釉有轻微脱落	4件	元代

二　科技分析方法

采用美国 EDAX 公司生产的 Eagle-Ⅲ型能量色散 X 射线荧光光谱仪（EDXRF），仪器配置为侧窗铑靶，50WX 射线管下照射时，入射 X 射线束斑直径为 300μm，Si（Li）探测器，测试时 X 光管管压为 50kV，管流为 200μA，真空光路，时间为 25% 左右，对所选 25 个样品的胎、釉化学组成进行了测试分析；采用德国耐驰仪器制造公司生产的 DIL402C 型热膨胀仪，测试了样品的热膨胀曲线，并推算出样品的相应烧成温度；采用水煮法测定了样品的吸水率、显气孔率和体积密度；采用日本日立公司生产的场发射扫描电子显微镜（型号：SU-8010）对出土的代表性样品进行微观形貌观察，采用日本电色工业生产的 NF-333 型便携式分光光度计，测试了样品釉面的色度值。

三　分析结果

1. 化学组成分析

表 10-13 中可以得出，北宋时期白瓷胎体中主要成分有 SiO_2、Al_2O_3、CaO 及 Fe_2O_3，其他成分含量较小，其中 SiO_2 含量约 65%，Al_2O_3 约 26%，硅铝摩尔比为 4.12。金晚期样品中胎的 SiO_2 含量较北宋时期高 5% 左右，而 Al_2O_3 含量显著低于北宋时期含量，硅铝摩尔比升至 6.09，而熔剂性成分尤其是 CaO 的含量变化略大并呈现增加趋势，表明此时胎的成熟温度有所降低；到元代其组成与北宋时期基本一致，硅铝摩尔比为 4.01，表明北宋和元代的制瓷原料更耐高温，胎体在烧制过程中不易变形。宋元时期白瓷胎体所用原料中含 TiO_2 和 Fe_2O_3 的平均含量为 0.59% 和 1.96%，结合图 10-21 箱式图可以看出胎体中 SiO_2 和 Al_2O_3 变化不大，Fe_2O_3 含量变化略大，胎体的颜色逐渐由白色变化到灰色再到褐色。

表 10-13　白瓷胎、釉、化妆土主次量元素组成／%

编号	Na₂O	MgO	Al₂O₃	SiO₂	K₂O	CaO	TiO₂	Fe₂O₃
NS-1-b	0.34	0.86	25.76	62.36	1.37	6.26	0.59	1.47
NS-2-b	0.75	0.96	28.78	63.25	1.37	1.24	0.71	1.94
NS-3-b	0.20	0.85	28.61	64.54	1.34	1.03	0.64	1.79
NS-4-b	0.41	0.70	26.50	65.47	1.37	1.72	0.58	2.23
JZ-5-b	0.27	0.38	19.83	71.75	1.60	2.56	0.48	2.13
JW-7-b	0.58	1.34	25.46	62.93	1.45	4.49	0.56	2.19
NS-1-g	0.02	2.03	15.44	61.88	3.29	15.81	0.08	0.45
NS-2-g	0.03	1.42	14.03	68.59	2.50	11.77	0.07	0.59
NS-3-g	0.38	0.81	13.19	67.78	2.09	14.18	0.07	0.50
NS-4-g	0.49	0.74	20.23	67.50	0.62	8.54	0.14	0.73
JZ-5-g	2.78	0.77	12.97	70.71	4.12	7.20	0.08	0.37
JW-7-g	1.30	0.50	13.55	72.30	3.42	7.48	0.08	0.37
NS-1-m	0.32	0.40	43.16	51.00	2.34	0.56	0.42	0.80
NS-2-m	0.45	0.57	42.89	51.95	0.75	1.08	0.45	0.87
NS-3-m	0.26	1.00	45.04	48.27	2.44	0.82	0.43	0.75
NS-4-m	0.71	0.60	42.10	49.48	3.26	1.89	0.41	0.55
JZ-5-m	1.81	0.42	35.23	55.79	3.62	1.30	0.30	0.54
JW-7-m	1.14	0.07	39.64	53.60	2.82	0.74	0.30	0.69

表 10-14　白瓷胎、釉、化妆土微量元素组成／ug.g⁻¹

编号	MnO	CuO	ZnO	PbO₂	Rb₂O	SrO	Y₂O₃	ZrO₂	P₂O₅
NS-1-b	90	100	140	130	110	120	40	250	620
NS-2-b	130	70	80	0	80	50	60	340	260
NS-3-b	130	130	120	80	110	210	70	330	280
NS-4-b	170	100	80	110	110	210	50	360	340
JZ-5-b	170	100	60	40	100	90	30	220	190
JW-7-b	170	60	60	0	70	70	40	280	380

编号	MnO	CuO	ZnO	PbO₂	Rb₂O	SrO	Y₂O₃	ZrO₂	P₂O₅
NS-1-g	830	200	90	0	130	280	50	260	4280
NS-2-g	600	110	80	90	70	340	50	250	1810
NS-3-g	730	310	100	20	120	240	30	230	2150
NS-4-g	310	70	80	60	110	310	50	280	2600
JZ-5-g	380	230	70	60	160	500	30	160	1160
JW-7-g	510	250	60	40	120	450	40	190	1400
NS-1-m	130	70	90	80	80	190	40	410	550
NS-2-m	190	80	90	70	90	320	50	350	760
NS-3-m	170	160	120	60	100	200	40	280	560
NS-4-m	240	210	100	100	120	290	50	360	620
JZ-5-m	170	80	80	30	130	220	40	260	630
JW-7-m	160	110	80	70	100	340	50	330	980

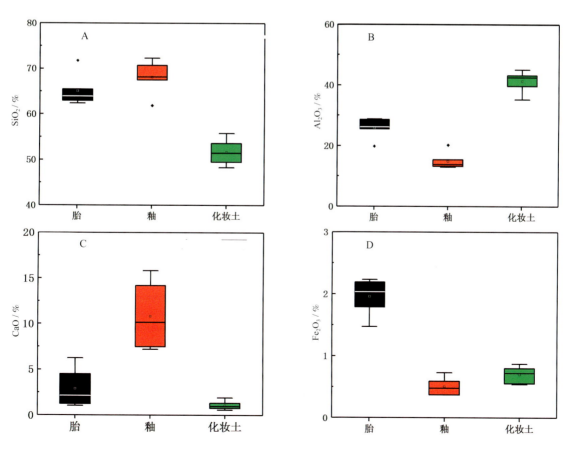

图 10-21　白釉瓷胎、釉、化妆土成分的箱式图

北宋时期白瓷釉层中 SiO_2 的含量约 68%，Al_2O_3 约 15%，硅铝摩尔比为 7.7，其北宋时期的硅铝比元代时期的硅铝比低 2，而 CaO 含量随着时代的变化，高温技术的发展进步，釉中助熔成分越来越少，瓷器的烧成温度越来越高，从大约 12% 降低至 7%，并出现向钙碱釉发展的趋势[1]。结合图 10-21 中的箱式图可以看出釉中 CaO 与 Fe_2O_3 的变化较大，导致釉的成熟温度与呈色发生变化。

从表 10-14 可知，化妆土中 SiO_2 含量为 52%，而 Al_2O_3 含量为 41%，所施化妆土主要为高铝低硅型，其中含有少量熔剂性成分，以 K_2O 为主，铁杂质含量远低于胎体，但仍有 0.5% 左右。表明烈山窑在宋元时期并未大规模开发出高质量的黏土来制作胎体，而仅用少量的化妆土以改善瓷器的外观效果。胎中与化妆土均有少量的 P_2O_5，这可能是在烧成过程中釉中化学组分向胎中扩散所致[2]。所用的化妆土是一种高铝低硅型黏土，从北宋到元代时期，化妆土中 Al_2O_3 逐渐降低，SiO_2 含量略微升高，组成逐渐向胎体靠近，即所用的化妆土熔融温度逐渐变低。

通过表 10-15 可以得出，黑釉瓷胎体中 SiO_2 含量约 62%，Al_2O_3 约 27%，硅铝摩尔比为 3.82，比白瓷胎体中硅铝比降低 0.3，而 CaO 含量为 1.1%，略低于白瓷胎体中 CaO 含量，表明黑釉瓷胎体的烧结温度高于白瓷[3]。通过图 10-22 可以看出，白瓷胎体和黑釉瓷胎体中 SiO_2 和 Al_2O_3 含量变化不大，而 CaO 和 Fe_2O_3 的含量变化略大，白瓷胎体中 Fe_2O_3 含量低于黑釉瓷胎体中的含量；白瓷胎体中 K_2O 的含量为 1.41%，黑釉瓷胎体中 K_2O 的含量为 1.69%，元代黑釉瓷胎体中 K_2O 的含量高于北宋时期的白瓷（样品 JW-9 除外），说明此时胎体原料配方发生了改变，因为在原料加工淘洗的过程中 K_2O 的量是不易改变的[4]。

表 10-15　黑釉瓷胎、釉主次量元素组成 ∕%

编号	Na_2O	MgO	Al_2O_3	SiO_2	K_2O	CaO	TiO_2	Fe_2O_3
JW-6-b	0.41	0.84	27.28	64.38	1.91	1.22	0.62	2.35
JW-8-b	0.36	0.72	28.47	63.29	1.95	1.21	0.63	2.36
JW-9-b	0.17	0.72	26.81	57.78	1.22	0.87	0.84	3.36
JW-10-b	0.03	0.75	25.56	65.82	1.97	1.43	0.62	2.81
JW-6-g	0.03	1.01	9.95	76.98	2.67	5.46	0.31	2.60
JW-8-g	0.33	2.05	12.06	70.55	2.93	6.31	0.43	4.35
JW-9-g	0.81	2.11	12.19	69.86	2.97	6.42	0.40	4.42
JW-10-g	0.52	0.74	11.61	71.70	3.67	4.84	0.40	5.51

[1] 李家治、罗宏杰：《浙江地区古陶瓷工艺发展过程的研究》，《硅酸盐学报》1993年第2期，第143～148页。

[2] M, S, TITE. Determination of the Firing Temperature of Ancient Ceramics by Measurement of Thermal Expansion. *Nature*, 1969, 11:131–143.

[3] 张茂林、汪丽华等：《历代定窑白瓷的EDXRF和XAFS分析》，《光谱学与光谱分析》2017年第37卷第5期，第1540～1545页。王恩元、熊樱菲等：《古陶瓷化妆土与反应层结构的研究》，《中国陶瓷》2018年第54卷第8期，第46～51页。

[4] 故宫博物院：《上林湖后司岙窑址瓷质匣钵的工艺特征研究》，《故宫博物院院刊》2017年第6期，第142～150页。

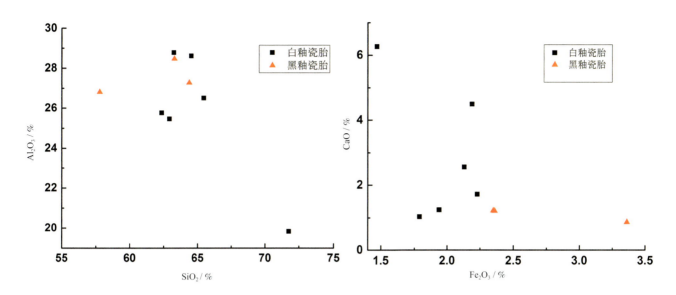

图 10-22　黑釉瓷和白釉瓷胎体中主要成分散点图

表 10-16　黑釉瓷胎、釉微量元素组成 /ug.g⁻¹

编号	MnO	CuO	ZnO	PbO$_2$	Rb$_2$O	SrO	Y$_2$O$_3$	ZrO$_2$	P$_2$O$_5$
JW-6-b	210	0	60	0	120	140	50	360	230
JW-8-b	260	70	100	50	130	110	30	340	340
JW-9-b	390	100	100	0	100	260	40	300	410
JW-10-b	250	120	130	0	130	120	40	250	230
JW-6-g	730	260	130	50	90	280	40	380	1790
JW-8-g	950	200	50	40	90	300	30	220	1770
JW-9-g	740	160	180	100	120	280	40	180	720
JW-10-g	850	160	110	50	130	130	30	250	810

通过表 10-16 可以得出，黑釉瓷釉层中 SiO$_2$ 的含量约 72%，Al$_2$O$_3$ 约 12%，硅铝摩尔比为 10，比白瓷釉中硅铝比增加了 2.3，而 CaO 含量低于白瓷釉层中 CaO 含量；通过图 10-23 可以看出，白瓷釉中和黑釉瓷釉层中 SiO$_2$ 和 Al$_2$O$_3$ 含量变化不大，而 CaO 和 Fe$_2$O$_3$ 的含量变化略大。且金晚期釉层中微量元素 P$_2$O$_5$ 含量较多，并持续到元代时期，并且在黑釉瓷中有同样的规律，表明在宋元时期配釉过程中引入了部分草木灰，这与杨玉璋等对繁昌窑白瓷研究结果相一致 [1]。

[1]　杨玉璋、曾令园等：《安徽繁昌柯家冲窑青白瓷釉化学组成及其值釉工艺来源研究》，《光谱学与光谱分析》2017年第37卷第4期，第1009～1015页。

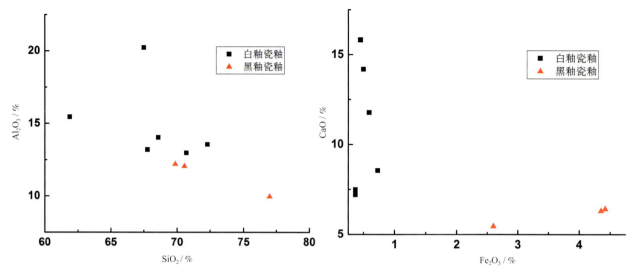

图 10-23　黑釉瓷和白釉瓷釉层中主要成分散点图

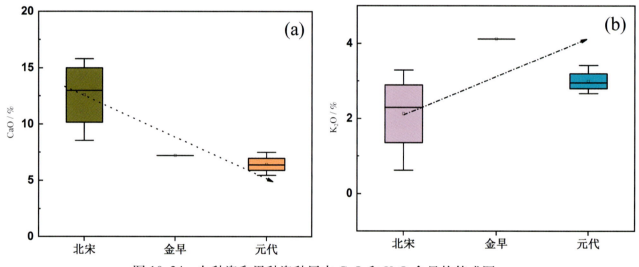

图 10-24　白釉瓷和黑釉瓷釉层中 CaO 和 K$_2$O 含量的箱式图

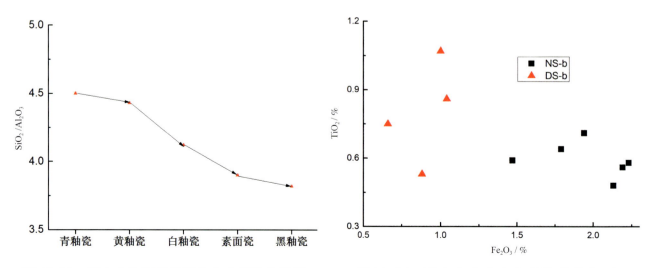

图 10-25　烈山窑陶瓷样品胎体中硅铝比曲线图

图 10-26　烈山窑和定窑白釉瓷胎体中 TiO$_2$
　　　　　和 Fe$_2$O$_3$ 含量的散点图

元代瓷器主要是以黄釉瓷和素面瓷为主，黄釉瓷胎体中 SiO_2 含量约 66%，Al_2O_3 约 25%，硅铝摩尔比为 4.43，比白瓷中硅铝比增加了 0.31，比黑釉瓷胎体中硅铝比增加了 0.61，说明元代黄釉瓷的烧结温度比北宋时期的白瓷和黑釉瓷低，胎体烧结不够致密，坯釉结合性程度不高，所以部分黄釉瓷存在脱落现象。

元代素面瓷样品胎体和其表面化学组成分析表明，表面成分和胎体成分相差较大，最明显的是表面的 P_2O_5 和 CaO 的含量和同一时期黄釉瓷的含量基本一致，可以推断元代素面瓷表面施有一层釉，瓷胎体 SiO_2 含量约 63%，Al_2O_3 约 27%，硅铝摩尔比为 3.9，理论烧结温度高于白瓷低于黄釉瓷和黑釉瓷，所以烧成温度没有达到釉的熔融温度，又长时间埋在地面下，受地下环境的腐蚀作用，使其表面看起来像是素烧瓷。也可以推断烈山窑受北方定窑的影响，窑工们在北宋早期试图烧制白瓷，而没有完全掌握其制造工艺使其烧成温度低，瓷器表面没有完全瓷化，这也为烈山窑在北宋晚期时期烧制大量的白瓷打下基础。

青瓷是烈山窑出土遗物的主要组成部分，青瓷胎体中 SiO_2 含量约 67%，Al_2O_3 约 25%，硅铝摩尔比为 4.5，比白瓷中硅铝比增加了 0.38，比黑釉瓷中硅铝比增加了 0.68，比黄釉瓷增加 0.07，说明青瓷胎体烧结温度和黄釉瓷比较接近，比白瓷和黑釉瓷的烧结温度低。青瓷釉面有脱落，灰色胎较粗，其中 CaO 以及碱性氧化物含量过高，釉的熔融温度低。

烈山窑瓷器釉料的发展具有一定的规律，北宋时期釉层中 CaO 含量为 12%，金代晚期 CaO 含量为 6.5%，氧化钙的含量呈现逐渐降低的趋势（如图 10-24）；而 K_2O 的含量恰恰相反，北宋时期 K_2O 含量为 2.1%，到了元代 K_2O 含量为 3.2%（如图 10-24、25），表明瓷石类原料的用量不断增加，而钙质溶剂型原料不断减少。

根据烈山窑各样品的化学组成，得到各样品的釉式（如表 10-17）。通过表 10-17 中的统计值进行计算，假设 $b=nCaO+mMgO$，可以得出 b 的最小值为 0.625，b 的最大值为 0.921，北宋时期 b 平均值为 0.908，金晚期为 0.625，元代 b 平均值为 0.789，根据罗宏杰对我国钙釉与钙—碱釉的划分标椎，钙釉：$b > 0.76$，钙—碱釉：$0.76 > b > 0.50$，烈山窑在北宋时期完全采用钙釉，从元代开始部分产品釉料配方由钙釉逐渐向钙—碱釉转变 [1]。

根据表 10-13 和表 10-26 中化学组成结果可知，烈山窑白瓷和定窑白瓷胎体中 SiO_2、Al_2O_3 的组成波动范围不同，定窑白瓷胎体中 SiO_2 含量低于烈山窑 SiO_2 含量，而 Al_2O_3 含量要高于烈山窑 Al_2O_3 含量，其定窑胎体中硅铝比低于烈山窑，所以烧成温度高于烈山窑；定窑和烈山窑白瓷胎体中（R_2O 和 RO）的组成波动范围基本一致，根据图 10-26 可知 TiO_2 和 Fe_2O_3 含量有较大的差异，定窑白瓷胎体中 Fe_2O_3 含量明显低于烈山窑白瓷胎体中的含量，在 TiO_2 含量方面定窑白瓷高于烈山窑，这具有明显的地域特征，不同地区原料中所含 Fe_2O_3 和 TiO_2 的量不完全相同，体现了两地制瓷原料的差异。

---

[1]　罗宏杰、李家治：《中国古瓷中钙系釉类型划分标准及其在瓷釉研究中的应用》，《硅酸盐通报》1995年第14卷第2期，第50～53页。

表 10-17 烈山窑部分样品釉的实验式

名称	釉式	名称	釉式
NS-1-g	0.095 K_2O 0.001 Na_2O 0.768 CaO 0.136 MgO 0.413 Al_2O_3 0.008 Fe_2O_3 2.805 SiO_2 a=0.095+0.001=0.096 b=0.768+0.136=0.904	JW-6-g	0.187 K_2O 0.003 Na_2O 0.644 CaO 0.166 MgO 0.646 Al_2O_3 0.108 Fe_2O_3 8.472 SiO_2 a=0.187+0.003=0.19 b=0.644+0.166=0.810
NS-2-g	0.097 K_2O 0.002 Na_2O 0.772 CaO 0.129 MgO 0.506 Al_2O_3 0.014 Fe_2O_3 4.196 SiO_2 a=0.097+0.002=0.099 b=0.772+0.129=0.901	JW-7-g	0.179 K_2O 0.103 Na_2O 0.657 CaO 0.061 MgO 0.655 Al_2O_3 0.011 Fe_2O_3 5.926 SiO_2 a=0.179+0.103=0.282 b=0.657+0.061=0.718
NS-3-g	0.074 K_2O 0.020 Na_2O 0.839 CaO 0.067 MgO 0.430 Al_2O_3 0.010 Fe_2O_3 3.744 SiO_2 a=0.074+0.020=0.094 b=0.839+0.067=0.906	JW-8-g	0.156 K_2O 0.027 Na_2O 0.563 CaO 0.255 MgO 0.593 Al_2O_3 0.136 Fe_2O_3 5.875 SiO_2 a=0.156+0.027=0.183 b=0.563+0.255=0.818
NS-4-g	0.036 K_2O 0.043 Na_2O 0.822 CaO 0.099 MgO 1.072 Al_2O_3 0.025 Fe_2O_3 6.068 SiO_2 a=0.036+0.043=0.079 b=0.822+0.099=0.921	JW-9-g	0.149 K_2O 0.062 Na_2O 0.541 CaO 0.248 MgO 0.566 Al_2O_3 0.132 Fe_2O_3 5.505 SiO_2 a=0.149+0.062=0.211 b=0.248+0.541=0.789
JZ-5-g	0.185 K_2O 0.190 Na_2O 0.544 CaO 0.081 MgO 0.540 Al_2O_3 0.010 Fe_2O 4.987 SiO_2 a=0.185+0.190=0.375 b=0.544+0.081=0.625	JW-10-g	0.256 K_2O 0.055 Na_2O 0.567 CaO 0.122 MgO 0.755 Al_2O_3 0.266 Fe_2O_3 7.846 SiO_2 a=0.256+0.055=0.311 b=0.122+0.567=0.811

表 10-18 元代黄釉瓷胎、釉主次量元素组成 ／%

编号	Na_2O	MgO	Al_2O_3	SiO_2	K_2O	CaO	TiO_2	Fe_2O_3
JH-1-b	0.61	1.08	26.29	64.75	2.03	1.60	0.58	2.04
JH-4-b	1.11	0.77	25.51	66.12	1.66	0.80	0.61	2.41
JH-1-g	0.61	1.50	10.62	67.92	3.21	9.48	0.35	5.30
JH-2-g	0.80	2.42	12.20	62.72	1.95	15.35	0.31	3.24
JH-3-g	0.85	1.78	11.08	65.18	7.13	9.89	0.32	2.77
JH-4-g	0.41	1.29	10.21	69.83	3.62	10.35	0.25	3.05

表 10-19　元代黄釉瓷胎、釉微量元素组成／ug.g^{-1}

编号	MnO	CuO	ZnO	PbO$_2$	Rb$_2$O	SrO	Y$_2$O$_3$	ZrO$_2$	P$_2$O$_5$
JH-1-b	190	100	130	120	140	160	40	350	260
JH-2-b	180	100	140	40	100	100	40	220	180
JH-3-b	270	90	140	120	100	100	50	290	280
JH-4-b	220	60	140	90	100	120	50	290	220
JH-1-g	900	150	160	90	70	200	50	190	3360
JH-2-g	530	220	170	30	90	310	40	220	2980
JH-3-g	630	550	230	0	90	370	50	310	2260
JH-4-g	640	240	60	0	120	300	40	250	2460

表 10-20　元代素面瓷胎、釉主次量元素组成／%

编号	Na$_2$O	MgO	Al$_2$O$_3$	SiO$_2$	K$_2$O	CaO	TiO$_2$	Fe$_2$O$_3$
JS-1-b	0.60	0.53	26.78	63.39	1.78	2.63	0.60	2.69
JS-2-b	0.39	0.79	26.08	65.09	2.17	1.18	0.69	2.60
JS-3-b	0.25	0.75	26.92	65.38	1.71	1.19	0.57	2.23
JS-4-b	0.28	0.71	27.81	65.67	1.76	0.64	0.53	1.61
JS-1-g	0.36	1.92	20.41	61.07	2.54	8.38	0.54	3.77
JS-2-g	0.82	1.91	12.23	65.90	2.40	11.38	0.40	3.97
JS-3-g	0.79	0.76	25.01	57.11	1.93	12.57	0.21	0.61
JS-4-g	0.83	1.09	19.28	61.20	3.01	12.88	0.07	0.63

表 10-21　元代素面瓷胎、釉微量元素组成／ug.g^{-1}

编号	MnO	CuO	ZnO	PbO$_2$	Rb$_2$O	SrO	Y$_2$O$_3$	ZrO$_2$	P$_2$O$_5$
JS-1-b	390	110	150	70	100	150	40	230	410
JS-2-b	250	90	110	70	130	150	40	250	380
JS-3-b	220	100	120	100	100	120	40	340	370
JS-4-b	90	140	50	0	140	150	40	290	320
JS-1-g	830	190	180	10	130	240	40	320	1150
JS-2-g	800	210	180	90	70	320	50	260	3370
JS-3-g	160	100	50	80	140	210	40	260	2070
JS-4-g	420	10	50	30	120	240	60	250	1970

表 10-22　元代青瓷胎、釉主次量元素组成／%

编号	Na$_2$O	MgO	Al$_2$O$_3$	SiO$_2$	K$_2$O	CaO	TiO$_2$	Fe$_2$O$_3$
SQ-1-b	0.50	0.85	25.48	66.25	1.78	0.99	0.65	2.51
SQ-2-b	0.80	0.79	24.40	65.95	1.97	1.95	0.54	2.60
SQ-3-b	0.65	0.90	27.50	64.85	1.87	0.90	0.70	1.61
SQ-4-b	0.46	0.62	21.16	70.86	1.57	1.18	0.70	2.46
SQ-1-g	0.03	2.02	11.32	69.67	1.74	10.65	0.26	3.30
SQ-2-g	0.83	1.97	12.05	64.46	5.93	10.48	0.31	2.97
SQ-3-g	0.03	1.39	13.10	67.55	2.85	13.31	0.13	0.63
SQ-4-g	0.03	2.47	12.14	62.46	3.68	16.08	0.21	1.92

表 10-23　元代青瓷胎、釉微量元素组成／ug.g^{-1}

编号	MnO	CuO	ZnO	PbO$_2$	Rb$_2$O	SrO	Y$_2$O$_3$	ZrO$_2$	P$_2$O$_5$
SQ-1-b	190	100	110	60	110	110	40	290	130
SQ-2-b	130	50	100	80	90	140	50	250	360
SQ-3-b	170	100	80	70	130	150	60	420	120
SQ-4-b	200	70	130	100	110	120	50	420	270
SQ-1-g	770	170	100	60	80	150	40	170	3080
SQ-2-g	720	140	70	60	110	240	40	290	2280
SQ-3-g	450	190	50	30	90	80	20	180	2510
SQ-4-g	850	340	100	90	110	380	40	160	4340

表 10-24　三彩釉枕胎、釉主次量元素组成／%

编号	Na$_2$O	MgO	Al$_2$O$_3$	SiO$_2$	K$_2$O	CaO	TiO$_2$	Fe$_2$O$_3$
SS-1-b	0.23	0.81	23.77	65.63	2.04	3.04	0.58	2.90
SS-2-b	0.73	0.86	24.37	66.79	1.83	1.55	0.60	2.27
SS-3-b	0.03	0.94	23.94	65.61	1.75	2.09	1.73	2.91
SS-1-g	1.31	0.90	7.32	45.77	0.36	4.12	0.82	4.49
SS-2-g	2.51	1.60	11.70	52.28	0.65	1.52	0.56	4.32
SS-3-g	0.91	0.61	14.40	57.37	2.41	1.95	0.51	3.00

表 10-25　三彩釉枕胎、釉微量元素组成 /ug.g⁻¹

编号	MnO	CuO	ZnO	PbO₂	Rb₂O	SrO	Y₂O₃	ZrO₂	P₂O₅
SS-1-b	210	110	110	810	90	90	40	240	450
SS-2-b	170	130	90	420	130	130	60	290	460
SS-3-b	160	50	110	200	90	120	40	230	240
SS-1-g	10	20	20	33.64	30	20	10	0.07	1160
SS-2-g	20	10	30	23.91	20	20	10	0.05	910
SS-3-g	10	30	10	18.08	30	10	20	0.04	700

表 10-26　定窑白瓷胎、釉主次量元素组成 /%[1]

编号	Na₂O	MgO	Al₂O₃	SiO₂	K₂O	CaO	TiO₂	Fe₂O₃
DS-1-b	0.75	1.07	31.03	62.05	1.01	2.15	0.53	0.88
DS-2-b	0.55	0.70	28.22	65.63	1.77	1.00	0.86	1.04
DS-3-b	0.23	0.46	27.34	65.72	2.05	1.51	1.07	1.00
DJ-1-b	0.29	1.13	32.73	59.23	1.67	0.83	0.75	0.66
DS-1-g	0.48	1.97	17.52	72.14	1.97	3.92	0.59	0.75
DS-2-g	0.36	2.09	20.02	68.90	2.40	3.77	–	1.06
DS-3-g	0.28	2.05	18.50	70.06	2.43	3.79	–	0.97
DJ-1-g	0.27	1.62	19.66	71.18	1.63	4.45	0.45	0.61

从釉层化学组成方面进行比较，定窑和烈山窑白瓷在 SiO_2、Al_2O_3 的组成上波动范围比较小，而在碱性氧化物方面差异较大，通过图 10-27 可知定窑白瓷釉层中 MgO 含量大于烈山窑白瓷釉层中 MgO 含量，其 CaO 含量降低，定窑白瓷釉层中 Fe_2O_3 含量高于烈山窑。MgO 和 Fe_2O_3 在釉层中含量的不同，表明两个不同地区在白瓷釉料配方上的差异。MgO 在釉中是强的活性助溶剂，可提高釉溶体的流动性，促进中间层的形成，从而减少釉面龟裂，这也是定窑产品在釉面质量方面高于烈山窑的主要原因，使得定窑成为北宋五大名窑；而 Fe_2O_3 含量在釉中主要起到着色剂的作用，定窑釉层中 Fe_2O_3 含量高于烈山窑，表明定窑烧成气氛还原性高于烈山窑，同时也表明白瓷在烧成过程中的呈色的主要元素不仅仅是变价金属 Fe 离子，还有 Ti 离子的共同作用。

[1]　李国桢、郭演仪：《历代定窑白瓷的研究》，《硅酸盐学报》1983年第3期，第306～313、389页。

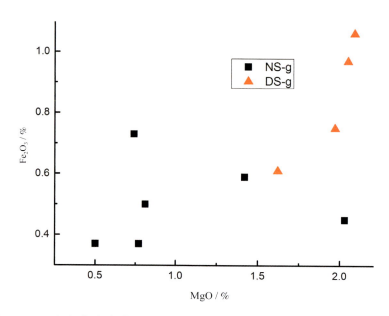

图 10-27　烈山窑和定窑白釉瓷釉层中 MgO 和 Fe_2O_3 含量的散点图

表 10-27　磁州窑黑花彩瓷胎、釉主次量元素组成 /%[1]

编号	Na_2O	MgO	Al_2O_3	SiO_2	K_2O	CaO	TiO_2	Fe_2O_3
SC-1-b	0.49	0.30	29.98	64.28	1.61	0.36	1.23	1.66
SC-2-b	0.44	0.38	32.01	61.02	1.84	0.32	1.82	2.17
SC-3-b	0.32	0.41	29.03	64.22	2.15	0.27	1.28	2.24
YC-1-b	0.45	0.36	29.52	63.56	2.02	0.32	1.69	1.86
YC-2-b	0.42	0.35	30.15	62.63	1.88	0.59	1.26	2.24
SC-1-g	2.24	1.02	18.01	69.69	3.60	4.72	0.31	0.37
SC-2-g	2.14	1.34	18.47	69.39	2.86	4.83	0.34	0.48
SC-3-g	2.01	0.63	16.65	72.29	3.72	4.06	0.24	0.31
YC-1-g	0.65	1.98	14.09	68.54	2.82	6.22	0.81	4.89
YC-2-g	2.41	1.15	18.47	70.31	3.22	3.39	0.22	0.55

　　磁州窑是我国古代北方著名民窑，有着北方制瓷特色，以黑、褐彩瓷的装饰和技艺在我国陶瓷发展史上占据着重要的地位。而烈山窑白釉黑（褐）彩瓷器是受到磁州窑系窑业技术的影响，本文试图从胎釉料组成上找出两个窑口在烧造黑褐彩瓷方面的关联之处。

[1]　陈尧成、郭演仪、刘立忠：《历代磁州窑黑褐色彩瓷的研究》，《硅酸盐通报》1988年第3期，第1～10页。

根据郝良真[1]和郭演仪关于磁州窑的研究，再结合烈山窑的考古发掘进行分析，研究结果表明烈山窑在黑釉瓷的化学组成以及装烧工艺方面与磁州窑有很多相似之处。根据表10-27可知两个窑口的黑褐彩瓷在胎体组成方面差异波动小，除了磁州窑黑褐彩瓷胎体中 Fe_2O_3 含量低于烈山窑，而 TiO_2 含量高于烈山窑黑釉瓷胎体中 TiO_2 含量，这两者在制瓷原料中具有明显的区域特色，磁州窑采用的是含 Ti 和 Fe 量较高的高铝质黏土（ Al_2O_3 的含量在28% ～ 35%）。

而釉层中两个窑口在 SiO_2 和 CaO 含量差异不大，K_2O+Na_2O 含量在5% ～ 7%，根据罗宏杰对我国钙釉与钙碱釉的划分标准，两者都属于钙碱釉。而磁州窑釉层中 Al_2O_3 含量在18% ～ 14%，烈山窑釉层中 Al_2O_3 含量在10% ～ 12%，磁州窑釉层中 Al_2O_3 的含量明显高于烈山窑釉料中的含量，所以磁州窑的黑褐彩瓷色料使用的是铁矿石。

表 10-28　巩义窑唐三彩瓷胎、釉主次量元素组成／%[2]

编号	Na$_2$O	MgO	Al$_2$O$_3$	SiO$_2$	K$_2$O	CaO	TiO$_2$	Fe$_2$O$_3$	PbO
TG-1-b	0.87	0.69	27.7	66.3	1.6	0.78	1.0	1.1	-
TG-2-b	0.75	0.65	27.4	66.5	1.7	0.77	1.1	1.2	-
TG-3-b	0.73	0.73	29.4	63.2	2.0	1.5	1.1	1.4	-
TG-4-b	0.76	0.74	29.7	64.2	1.8	0.68	1.2	1.0	-
TG-1-g	0.55	0.21	6.3	34.2	0.62	0.9	0.23	5.1	51.7
TG-2-g	0.33	0.36	4.5	30.5	0.56	2.4	0.19	5.5	55.4
TG-3-g	0.42	0.44	4.6	26.4	0.59	1.7	0.21	3.8	61.4
TG-4-g	0.59	0.21	8.3	31.8	0.62	0.69	0.26	3.0	54.3

巩义窑属于北方窑系，其制瓷原料具有北方原料特点，均是高铝质黏土，根据表10-28可知巩义窑唐三彩瓷胎体中 Al_2O_3 含量明显高于烈山窑三彩釉枕胎体中 Al_2O_3 含量，硅铝比小于烈山窑胎体中的硅铝比，其胎体烧结温度高于烈山窑胎体烧结温度。胎体烧结温度越高，胎体的致密度越好，提高了陶瓷的物理性能；巩义窑唐三彩瓷胎体中 Fe_2O_3 的含量低于烈山窑三彩釉枕胎体中的含量，具有不同的地域特征。

巩义窑唐三彩和烈山窑三彩釉枕均是采用铅釉，而巩义窑釉层中 PbO 含量高于烈山窑釉层中三彩釉枕中 PbO 含量，其余氧化物含量波动不大，PbO 含量变化关系可以通过分析铅的同位素比值来判断，再根据铅同位素的差异判定铅原料的来源。

巩县窑业是在唐代开始烧造唐三彩，烈山窑北宋时期开始烧制宋三彩，根据邱霞[3]和降幡顺子对

[1]　郝良真：《近代磁州窑》，科学出版社，2010年。

[2]　降幡顺子、玉田芳英、陈枫：《河南省白河窑、黄冶窑、清凉寺窑出土标本的化学特征》，《华夏考古》2014年第3期，第128～135页。

[3]　邱霞：《用现代分析技术研究黄冶窑和白河窑陶瓷的原料来源和烧制技术》，郑州大学，2007年。

巩县窑唐三彩成分测试的结果，结合表10-24北宋三彩釉枕的测试结果进行分析，发现二者在化学组成上有一定的关联，结合出土遗物中三彩釉枕上面有"鞏縣"二字，从而进一步肯定烈山窑受到当时巩县窑业技术的影响。

烈山窑出土的遗物中产品类主要有白瓷、青瓷、黄釉瓷以及三彩釉枕，从其陶瓷类器形特征、装烧工艺、陶瓷釉色种类以及胎釉料化学组成来看，烈山窑主要受定窑、磁州窑以及巩县窑窑业技术的影响[1]。

2. 显微结构分析

如图10-28～36是烈山窑址出土不同时代陶瓷样品的SEM图，图10-36（A）是化妆土层比较明显的NS-1样品，图10-36（B）是体积密度最大的NS-3样品，图10-36（C）是吸水率最小的JW-6样品，图10-36（D）对图10-36（C）中定点point 1的EDS谱图。

从样品表观可以看出，白瓷的胎体表面都施有一层化妆土，其厚度是釉层的一倍，并且厚薄不一，从图A中可以看出所施化妆土的厚度约为0.2毫米（如图中红线部分），而最薄处的厚度大约只有0.1毫米，说明当时在胎体表面施化妆土的技术并不成熟，且在施釉的过程中坯体会吸收一定量的釉料使得釉层变薄[2]。釉中气泡少，但是化妆土和釉结合处不致密，特别是化妆土层孔隙较大，间接说明化妆土的烧成温度高，而在同一时期定窑已经不再使用化妆土来提高釉面效果，在强还原焰下烧成釉色故也白里泛青[3]；通过图10-36B图片可以直观地看出胎体内有大量气孔，并且气孔呈现扁平状，可能是在成型过程中捏练不均匀、成型压力小使得坯体不够致密。胎中颗粒度大，这可能与用人工粉碎不够均匀有关；通过图10-36C图片胎体显微结构可以看出，胎体中有密集的气孔，并且气孔呈扁平状，向

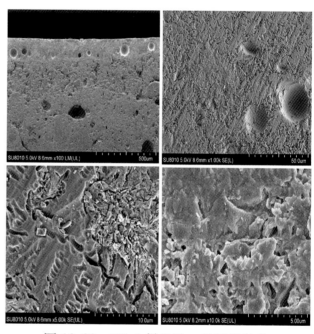

图10-28　NS-1样品胎、釉显微结构

一个方向排列，整个胎体显微结构呈现无定型态[4]，未发现明显的晶体，说明胎体中有大量的玻璃相存在。对比图10-36C图片1号位置能谱分析表明该点的物相组成可能为钙长石晶相或者与钙长石成分相似的玻璃相。

[1] 安徽省文物考古研究所：《安徽淮北烈山窑遗址发掘简报》，《中原文物》2020年第2期，第20～32页。

[2] 胡志强等：《无机材料科学基础教程》，化学工业出版社，2011年。

[3] 李国桢、郭演仪：《历代定窑白瓷的研究》，《硅酸盐学报》1983年第11卷第3期，第306～313页。

[4] 崔剑锋、秦大树、李鑫、周利军：《定窑、邢窑和巩义窑部分白瓷的成分分析及比较研究》，《文物保护与考古科学》2012年第24卷第4期，第1～10页。

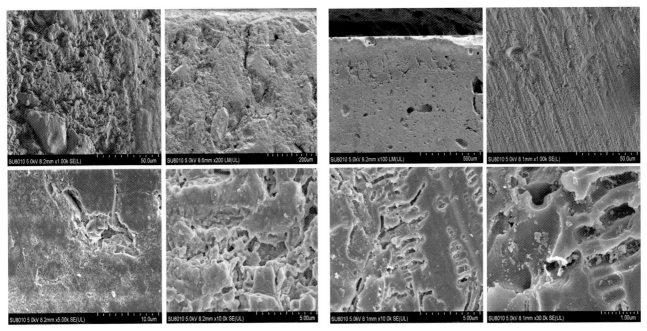

图 10-29　NS-2 样品胎、釉显微结构　　　　　　图 10-30　NS-3 样品胎、釉显微结构

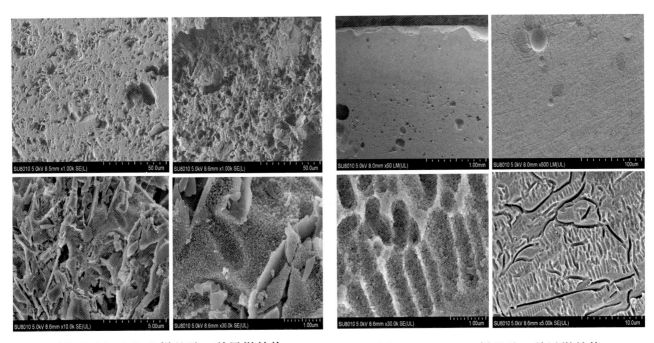

图 10-31　NS-4 样品胎、釉显微结构　　　　　　图 10-32　JW-7 样品胎、釉显微结构

3. 理化性能分析

（1）热膨胀分析

样品的热膨胀曲线如图 10-35 ～ 39 所示，把每个膨胀曲线图拟合到同一坐标轴下如图 10-41 所示，从图中可知：样品的玻璃转变点在 1125℃ ～ 1250℃，从北宋时期到金晚期，坯体的玻璃转变点向低温方向移动，表明坯体的烧成温度逐渐变低，但到元代，玻璃转变点有向高温移动，表明坯体

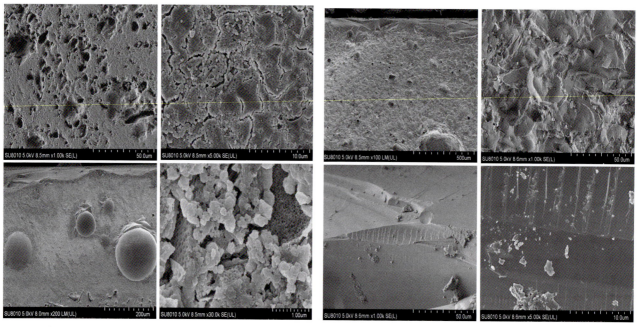

图 10-33　JW-6 样品胎、釉显微结构　　　　　图 10-34　JW-8 样品胎、釉显微结构

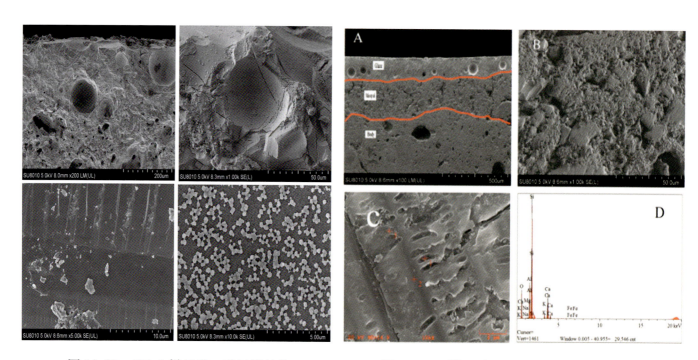

图 10-35　JW-9 样品胎、釉显微结构　　　　　图 10-36　样品胎、釉显微结构及能谱分析

的温度有所升高。其原因是样品胎体中硅铝比从北宋时期 4.12 增加到金晚期 6.09，硅铝比增加了 1.97，其胎体烧成温度有所降低；而样品胎体中硅铝比从金晚期 6.09 降低到元代的 4.01，这和北宋时期胎体中硅铝比几乎相近，其烧成温度有所增高。

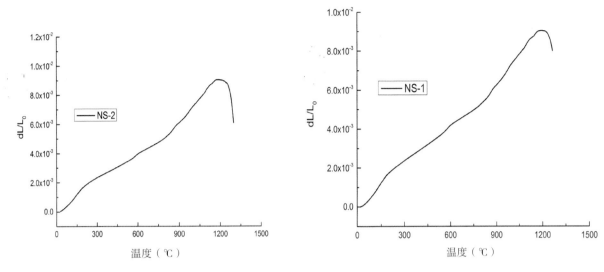

图 10-37　样品 NS-1 和 NS-2 热膨胀曲线

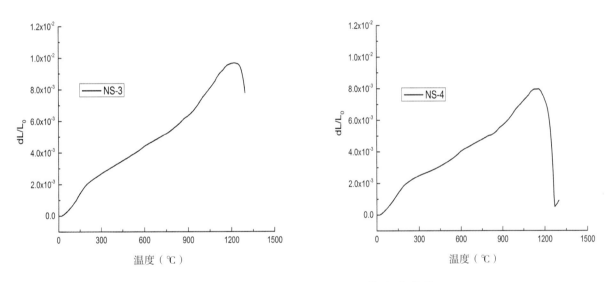

图 10-38　样品 NS-3 和 NS-4 热膨胀曲线

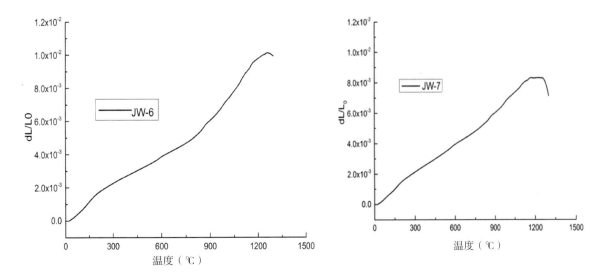

图 10-39　样品 JW-6 和 JW-7 热膨胀曲线

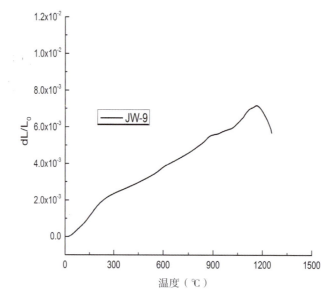

图 10-40　样品 JW-9 热膨胀曲线

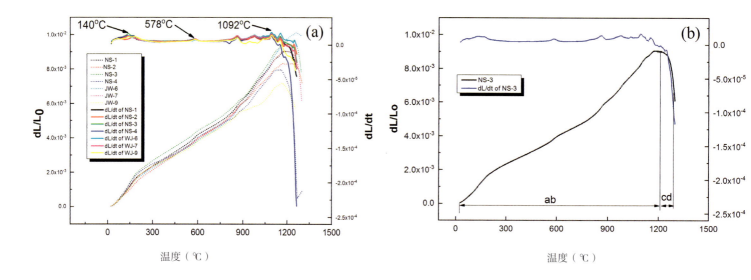

图 10-41　白釉瓷和黑釉瓷热膨胀曲线

从表 10-29 中可以看出样品 NS-3 烧成温度 1220℃ 和体积密度略高于同一时期 NS-1 和 NS-4，吸水率低于 NS-1 和 NS-4，说明样品 NS-3 烧结程度高于 NS-1 和 NS-4，体积密度高说明 NS-3 胎体内含有大量的气孔。样品 NS-6 的实际烧成温度 1258℃，胎体烧结性能好，吸水率低 2.668%；样品 NS-4 的实际烧结温度 1082℃，胎体烧结温度不高，处于欠烧状态，胎体不够致密，样品吸水率偏高，而吸水率的高低与所用原料的类型、烧成温度以及烧成时的窑位是密切相关的[1]。

同一胎体烧结程度越高，吸水率就越低，瓷器的各项物理性能得到提升，这和制胎原料的选择

---

[1]　曹春娥、陈云霞等：《无机材料测试技术》，江西高校出版社，2011 年。

和制胎工艺密切相关[1]。烈山窑出土大部分陶瓷，吸水率高、显气孔率高、体积密度小，实际烧成温度较低、烧结程度不高[2]，胎体不够致密。

表 10-29　胎体的主要物理性能

编号	吸水率（%）	显气孔率（%）	体积密度	烧成温度（℃）
NS-1	5.982	12.584	2.275	1194
NS-2	4.600	9.755	2.121	1225
NS-3	3.855	22.121	5.813	1220
NS-4	8.194	16.332	1.993	1082
JW-6	2.668	6.798	2.549	1258
JW-7	5.527	13.347	2.415	1180
JW-9	8.251	20.217	2.450	1165

（2）色度饱和值的测定

为了更准确地表达化妆土对釉面呈色变化的影响，以及铁和钛含量对胎和釉呈色的影响，对样品胎釉进行了色度分析，测试结果如表 10-30 所示。

表 10-30　样品色度饱和值（L*，a*，b*）

编号	L*	a*	b*
NS-1-g	82.47	−2.6	12.46
NS-2-g	76.13	−2.15	10.67
NS-3-g	80.69	−0.79	17.56
NS-4-g	84.52	−0.59	14.49
JZ-5-g	80.32	−2.27	11.56
JW-6-g	40.86	−2.4	3.6
JW-7-g	71.82	−2.96	14.7
JW-8-g	17.8	−1.01	3.28
JW-9-g	29.02	1.55	5.6
NS-1-b	70.38	−0.96	8.96

[1]　李迎华、王昌燧等：《古代陶瓷测温的模拟实验研究》，《陶瓷学报》2012年第33卷第2期，第215～221页。
[2]　熊樱菲：《中国古代高温铁釉瓷的呈色研究》，《文物保护与考古科学》2012年第24卷z1，第45～51页。

编号	L*	a*	b*
NS-2-b	61.41	0.24	6.82
NS-3-b	79.08	0.94	15.67
NS-4-b	82.81	3.46	15.69
JZ-5-b	81.05	2.56	15.69
JW-6-b	66.83	0.89	10.48
JW-7-b	76.31	0.56	11.76
JW-8-b	56.16	4.49	11.36
JW-9-b	70.95	3.91	11.69

从表10-30可知，从北宋至元代，除个别样品外，釉面的a*值基本保持一致，为-0.2左右，釉面呈浅黄色调，根据标准黑L*的接近于100，标准白的L*接近于0，其中JW-6、JW-8、JW-9样品的L*偏小，明度降低，这是因为胎体和釉层中含有大量的铁元素所致釉面呈现黑色。金晚期和元代白瓷釉面a*值比北宋时期白瓷釉面a*值小，b*值也有所减小，釉面颜色由偏黄向白色转变，因为北宋时期白瓷釉层中Fe_2O_3的含量高于金晚期和元代。北宋时期白瓷胎体L*的值大于金晚期和元代，胎体颜色呈现灰褐色。

烈山窑出土的样品胎釉中含有TiO_2和Fe_2O_3，其中白瓷釉中Fe_2O_3的含量在0.37%～0.73%，若在还原气氛下烧成釉面应呈现青灰色；而黑瓷样品JW-6釉中Fe_2O_3的含量为2.6%，若在纯粹还原气氛下烧成釉面应呈现青色，所以烈山窑中的气氛大多为弱还原气氛（有氧化气氛存在），使得白瓷釉面泛黄而样品JW-6的釉面呈现黑色[1]。

四　结论

（1）烈山窑从北宋到金晚期和元代陶瓷烧成温度经历了由高到低再由低到高的过程。从北宋到金晚期，胎体中硅铝比从4.12升高至6.09，烧成温度降低；由金晚期到元代，胎体中硅铝比降低至4.01与北宋时期硅铝比相似，胎体烧成温度提高。

（2）烈山窑瓷器在北宋时期，釉式中b值等于0.908大于0.76，此时期釉料配方采用钙釉；到了金晚期釉式中b值等于0.625，而元代釉式中b的平均值为0.789，b大于0.5，处于0.76的临界状态，说明烈山窑陶瓷釉料配方从金晚期开始由钙釉向钙—碱釉发展。

（3）烈山窑在宋元时期的白瓷以及部分黑瓷生产中，均采用了一种含铁量低于0.5%、SiO_2含量约52%、Al_2O_3含量约41%的高铝低硅型黏土作为化妆土，提高瓷器表面效果。

（4）根据对样品胎体的理化性能的测试结果判断，烈山窑出土大部分样品吸水率高和显气孔率高，体积密度小，胎体不够致密，总体烧结温度不高，北宋时期大约在1200℃，到了元代白釉瓷与

[1]　李家治、周仁：《气氛对某些瓷坯加热性状的影响》，《矽酸盐》1959年第4期，第158～165页。

黑釉瓷胎体中的硅铝比减少至 4.01 和 3.82，热膨胀曲线上玻璃转变点向高温方向移动，其胎体烧成温度有所增加。

（5）根据色度值判断样品的呈色范围，并结合白瓷釉中 Fe_2O_3 的含量为 0.37% ～ 0.73%，釉面泛黄；而黑瓷样品 JW-6 釉中 Fe_2O_3 的含量为 2.6%，釉面呈现黑色，判断出烈山窑瓷器是在弱还原气氛下烧成。

第四节　烈山窑遗址出土木炭鉴定与分析

王树芝、康葆强 *

2018 年 3 月，安徽省文物考古研究所等单位联合对淮北市烈山窑址进行了考古发掘，发现北区和南区两个区域，北区的时代属于北宋时期，南区属于金元时期[1]。在 6 座窑炉的火膛中均未发现煤渣，发掘者认为烈山窑北宋至金元时期一直采用木材做烧窑燃料[2]。在北宋窑址区的窑炉断面处取样黑色木炭若干送至中国社会科学院考古研究所做木炭种属鉴定，拟搞清木炭对应的木材种类，并确认多块木炭属于单一木材还是混合木材。

一　研究方法

将采集的 26 块大于 2 毫米的木炭样品进行鉴定。首先将每块木炭切横向、径向和弦向三个面，然后在具有反射光源、明暗场、物镜放大倍数为 5 倍、10 倍、20 倍、50 倍扫描电子显微镜的 Nikon LV150 金相显微镜下观察、记载木材特征，根据《中国木材志》[3]、《中国主要木材构造》[4] 等主要书籍对树种木材特征的描述和现代炭化木材的构造特征进行木炭树种的鉴定。最后将木炭样本粘在铝质样品台上，样品表面镀金，在 Quarta 650 扫描电子显微镜下进行拍照。

二　鉴定结果

采集的 26 块大于 2 毫米的木炭，经鉴定，为桑属（*Morus* sp.）。
构造特征如下：
桑属（*Morus* sp.）
桑属的木炭构造特征如下：从横切面上看，生长轮明显，环孔材，宽度不均匀。早材管孔中至略大，密集，连续排列成早材带，宽 2- 数管孔，侵填体充满管孔，致使早材管孔在肉眼下可见。早材至晚材急变。晚材管孔甚小至略小，在生长轮外部呈鸟巢状，与薄壁组织相连排列呈短弦线或波浪形。

* 王树芝：中国社会科学院考古研究所；康葆强：故宫博物院。

[1] 陈超：《安徽淮北烈山窑址》，《大众考古》2018年第7期，第14、15页。

[2] 陈超：《淮北市烈山窑出土文物浅析》，《文物天地》2019年第7期，第81页。

[3] 成俊卿、杨家驹、刘鹏：《中国木材志》，中国林业出版社，1992年。

[4] 腰希申：《中国主要木材构造》，中国林业出版社，1988年，第1～820页。

导管在早材带横切面上为卵圆、椭圆及圆形，单管孔或短径列复管孔（2～3个）。在晚材带横切面上多数为不规则形状，多呈管孔团（有薄壁组织连成弦向带），少数单管孔及短径列复管孔（2～3个），斜列及弦列。轴向薄壁组织在早材带呈环管状及环管束状，在晚材带兼具傍管带状，并具轮界状（图10-42）。从径切面上看，薄壁细胞端壁节状加厚常不明显，具菱形晶体。螺纹加厚仅见于小导管管壁上。单穿孔，管间纹孔式互列，密集，多角形。射线组织异形Ⅲ型，少数异形Ⅱ型。射线－导管间纹孔式类似管间纹孔式（图10-43）。从弦切面上看，木射线非叠生；单列射线数少，高2-12细胞或以上。多列射线宽2-8细胞，多数4-7细胞，高3-70细胞或以上，多数20-45细胞（图10-44）。

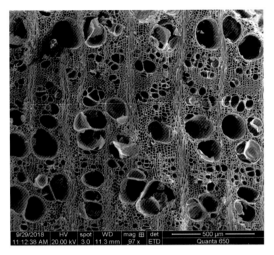

图 10-42　桑属横切面

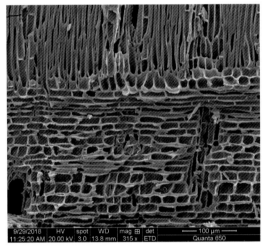

图 10-43　桑属径切面

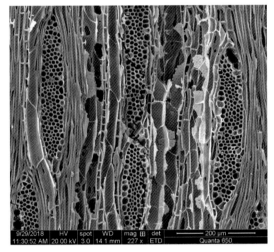

图 10-44　桑属弦切面

三　窑址出土的桑树木炭是燃料遗存

　　我国是栽桑养蚕最早的国家。桑树属于桑科桑属，落叶乔木或灌木，高达15米，胸径50厘米。桑树自古被奉为"东方自然神木"[1]，也称之为"众木之本"[2]。桑树全身是宝。根皮、叶、果及枝条药用，可清肺热、祛风湿、补肝肾；桑叶还可养蚕、缫丝；树皮纤维细柔，可作造纸及纺织原料，20世纪80年代以前使用的柔嫩、防虫、拉力强、不褪色、吸水力强的桑皮纸，古时又称"汉皮纸"，就是以桑树皮为原料造成的；桑椹可生食、制果酱及酿酒。

　　桑树材质坚硬耐久，纹理美观，可作桩柱、农具、乐器、雕刻、装饰、家具等用材，如"桑弧，

[1]　（清）汪灏等编：《广群芳谱》，佩文斋广群芳谱卷第十一，桑麻谱，清康熙刻本，第154页。

[2]　（清）汪灏等编：《广群芳谱》，佩文斋广群芳谱卷第十一，桑麻谱，清康熙刻本，第156页。

音胡，以桑木为弓。"[1] "鼓用黄牛皮，鼓圆径五尺七寸。瑟用桑木，瑟长五尺七寸。"[2]

桑树木质硬，发热值高、耐燃烧，是一种燧木。秦简《日书》《木忌》篇，962简：

木忌：甲乙榆，丙丁枣，戊己桑，庚辛李，壬辰〔癸〕芳〔漆〕。

此五木与古代燧木有关。《论语·阳货》："钻燧取火。"《乡言解颐》："春取榆柳之火，夏取枣杏之火，季夏取桑柘之火，秋取柞（栖）楢之火，冬取槐檀之火。一年之内，钻火各异木，故曰改火也"[3]。

《诗经》记载有桑薪、柞薪、棘薪等，桑薪可做薪柴。

从古代典籍中也可以知道桑树木质硬，发热值高。如《乡言解颐》载："何如丹灶柴桑火，顷刻工夫得大还。"[4]；《五杂组》记载"姑笔之凡炙艾以圆珠，承日得火者为上，钻槐取火，取之而熬药膏者，又以桑火为上，取其刚烈，能助药力。"[5]；"桑火旋分蒸秋灶，松风时和煮茶汤。"[6]现如今，由于硬质木材生产出来的木炭的发热值高、耐燃烧、还原效果佳，桑树木材广泛用于工业炼铜加工企业。

而且，安徽是老蚕区，横跨长江淮河，全省气候温和，雨量适中，日照丰富，适于栽桑养蚕。目前除广泛栽植的湖桑外还有相当数量的地方桑树品种。

遗址周边有丰富的桑树，而且桑木适合做燃料，由此看来，淮北烈山窑出土木炭应是燃料遗存。

[1]　（汉）郑玄注、（唐）孔颖达疏：《礼记疏》，附释音礼记注疏卷第六十二，清嘉庆二十年南昌府学重刊宋本十三经注疏本，第1415页。

[2]　（汉）郑玄注：《易纬通卦验》卷上，清武英殿聚珍版丛书本，第5页。

[3]　（周）尸佼著：《尸子》尸子卷下，清平津馆丛书本，第21页。

[4]　（清）李光庭撰：《乡言解颐》，卷四物部上，清道光刻本，第47页。

[5]　（明）谢肇淛撰：《五杂组》卷十一，明万历四十四年潘膺祉如韦馆刻本，第193页。

[6]　（清）顾嗣立编：《元诗选》，三集卷二，清文渊阁四库全书本，第2240页。

第一一章　结语

第一节　制瓷、装饰和烧制技术研究

一　制瓷技术

烈山窑的制瓷技术主要是轮制、捏制、泥片贴筑和模制三种。

轮制是大宗，并且可以达到标准化生产的水平。出土大量形制和规格一致的白瓷涩圈盏就是最好的例证。在轮制过程中，碗和盏是比较容易制作的。产品中有一种小瓷瓶数量也比较多。器身无模制痕迹，且有的器身能够看出轮制痕迹，并且从底部线切割的痕迹可知也是轮制而成。其高在4～5厘米，腹径仅3厘米左右，内颈口宽不到1厘米。在拉坯轮制过程中比较有难度，且在内腹成型过程中手指是没有办法伸进去的，可能是通过弯曲的辅助工具形成。

捏制的产品主要体现在瓷塑上，包括人俑和动物俑。且在Ⅰ区发现比较多。尤其是瓷狗、瓷羊、瓷龟等。捏制水平参差不齐，有的惟妙惟肖，有的则比较随意。

泥片贴筑主要是瓷枕，而模制也主要运用到瓷枕上的花纹，在模制好的贴片直接制作瓷枕。

二　装饰技术

烈山窑发现的装饰技法比较丰富，三彩、绞胎、琉璃、绿彩、剔花、模印、白釉黑（褐）彩、划花、施化妆土、堆塑等。其中体现磁州窑技术的有施化妆土、划花、白釉黑（褐）彩、模印、堆塑等。

三彩装饰主要是在Ⅱ区内发现，且多以窑具为主。虽然数量不多，但也反映了烧制三彩器具的技术。并在素烧枕片上有"鞏""鞏縣朱"的刻划文字。说明了烧制技术来源于巩县三彩。并且素烧器也比较多，以建筑构件和枕片为主。

绞胎器发现的更少，仅在Ⅱ区内发现，以钵为主。应该是烧制三彩器物时的伴生产品，并不是主要生产的类型。

剔花技术在Ⅱ区内发现，比较少，如标本罐Ⅱ H1 ④：21残片。

1. 施化妆土

烈山窑的白瓷胎土是采用本地的矿料，附近的烈山本身就是瓷土矿，并且在20世纪七八十年代仍然生产日用瓷器。烈山窑产品胎比较粗，多为黄褐色胎和青灰胎。烧造出来的瓷器不是很美观，为了盖住本身胎色的不足，窑工们采用了磁州窑比较流行的施白色化妆土的技法，然后再施透明釉。化妆土施法分两种，一种是满施化妆土仅存于Ⅱ区，如标本18 Ⅱ TG4H3：1（彩版11-1）。一种是施到器物下腹部，Ⅰ和Ⅱ区均有，如标本18 Ⅱ TG4H7：1、18 Ⅰ H17：16（彩版11-2、3）。施化

彩版 11-1 白瓷碗 18ⅡTG4H3：1

彩版 11-2 白瓷碗 18ⅡTG4H7：1

彩版 11-3 白瓷盏 18ⅠH17：16

彩版 11-4 白釉划花碗 18ⅡTG4⑤：35

彩版 11-5 素胎划花钵 18ⅡH1①：1

彩版 11-6 篦划花碗片 18ⅠH22：89

妆土的技法在Ⅱ区就开始出现了，一直到Ⅰ区的元代一直使用。说明烈山窑在胎土精选上一直没有进步，都是靠化妆土来美化提高瓷器的胎色。

2. 划花

在Ⅰ区和Ⅱ区均有发现，但发现数量较少。Ⅱ区在碗内或是素胎器物上存有划花纹饰，有螺旋纹、卷草纹、花鸟纹等。Ⅰ区则是简单的篦划纹，数量更少。说明烈山窑生产的划花瓷器不是主流产品。但也是受到磁州窑划花技术的影响。标本如18ⅡTG4⑤：35、18ⅡH1①：1（彩版11-4、5）。篦划花纹18ⅠH22：89（彩版11-6），网格纹18ⅡH1⑥：3（彩版11-7）。

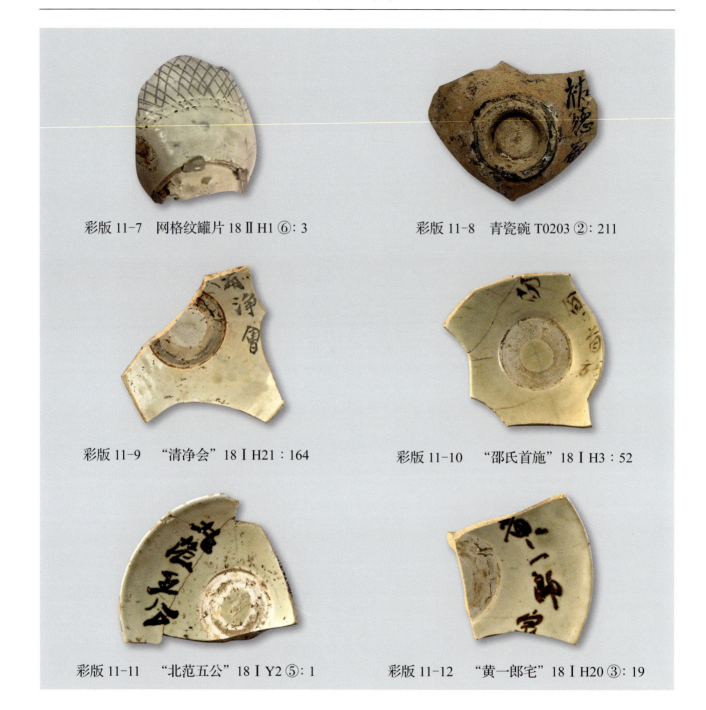

彩版 11-7　网格纹罐片 18ⅡH1 ⑥：3

彩版 11-8　青瓷碗 T0203 ②：211

彩版 11-9　"清净会" 18ⅠH21：164

彩版 11-10　"邵氏首施" 18ⅠH3：52

彩版 11-11　"北范五公" 18ⅠY2 ⑤：1

彩版 11-12　"黄一郎宅" 18ⅠH20 ③：19

3. 白釉黑（褐）彩

　　白釉黑（褐）彩器物在Ⅱ区还没有出现，均在Ⅰ区发现。白釉黑（褐）彩装饰技术是磁州窑系一大特色，同时也是影响全国瓷器生产的一种技术，北到辽宁地区，南到福建等地。烈山窑址作为中间地带自然也逃不脱影响范围。白釉黑彩器物较少，多数是白釉褐彩器，以碗、盏和罐为主，纹饰主要有花卉纹和文字纹两种形式。花卉纹有萱草纹、花草纹和不知名草纹，以萱草纹和变体萱草纹为主。文字就更加丰富，可辨识的标本有 18ⅠT0203 ②：211 "祐德观"、18ⅠH21：164 "清净会"（彩版 11-8、9）、18ⅠH3：52 "邵会首施"（彩版 11-10）、18ⅠY2 ⑤：1 "北范五公"（彩版11-11）、18ⅠH20 ③：19 "黄一郎宅"（彩版 11-12）、18ⅠT0204 ②：19 "公用"（彩版 11-13）

彩版 11-13　"公用" T0204 ②：19

彩版 11-14　白釉褐彩盆 T0104 ④：109

彩版 11-15　白釉褐彩碗 T0104 ④：3

彩版 11-16　白釉褐彩碗 18 I H23：14

彩版 11-17　白釉褐彩瓷片 18 I H21：253

彩版 11-18　模印龙纹和牡丹纹
素胎枕片 18 II Y1 ④：1、2

等，反映的内容比较丰富。大致可以分为供奉寺院用器、官府定制用器、私人家宅定烧用器以及反映私人姓名用器。有的是小动物身上的褐彩斑，起到画龙点睛的作用，形象生动。褐彩瓷器标本如 T0104 ④：109、T0104 ④：3、18 I H23：14、18 I H21：253（彩版 11-14 ～ 17）。

4. 模印

模印工艺在 I 区和 II 区均有发现，主要有以下几类。第一种是 II 区的瓷枕上模印花纹，以方格纹、菊花纹、龙纹为主，如标本 18 II Y1 ④：1、2（彩版 11-18）。多数是素胎，胎体较疏松，应该是烧制彩釉器。第二种是模印印花大砖也是一大特色，发现的不多，并不是量产，推测是定制烧造。第三种是模印一些人物俑、动物俑和其他器具。

三 烧制技术

熊海堂先生把窑具分为四大类：垫烧具、支烧具、匣具和测试具。这也是古代烧制瓷器必不可少的窑具类型，只是在某些窑址中出土种类多与少的问题，在烈山窑址中这四大类均有发现。

1. 匣钵装烧

在Ⅱ区中发现的筒状匣钵主要装烧罐、瓶、碗、盘之类的器物，没有发现的匣钵盖。从匣钵的口沿粘接物可以看到是有匣钵盖存在的。并且在匣钵的底部粘有支钉或是垫饼的痕迹。可以看出匣钵在垒烧的过程中并不是直接叠压在匣钵盖或是垫饼之上的，而是采用支钉间隔。并在元代地层中发现的一个匣钵是在口沿粘有几个支钉。在匣钵底部都有一个手指大小的孔，烧造的时候便于空气流通，减少窑内垂直温差，器物充分与热流相接触，提高窑炉内热效率。如标本Ⅱ H1 ⑩：5、TG1 ①：2、H21：151。漏斗形匣钵发现仅几件，说明使用量不大，且都在Ⅰ区发现，多是一钵一器。磁州窑的匣钵较多，类型丰富。烈山窑的匣钵与之相似较多。

2. 支具支烧

主要是钵形支具、盏形支具等。

钵形支具发现较多，多数发现于Ⅰ区，Ⅱ区仅几件，且形制不同。在Ⅱ区发现的钵形支具主要是口朝下使用，与磁州窑的支顶钵Ⅵ型2式相似。也是顶部有支钉间隔。如标本Ⅱ H1 ①：30；且有的钵中腹部有小孔，如标本Ⅱ H4：1。Ⅰ区发现的钵形支具都是口朝上支烧，支具与碗或盘直接接触支烧，如标本H3：7；有的钵上还盖有小垫饼，如标本H33：10，说明逐层叠烧的。有的钵底还残留有釉质，如标本H5：14、H5：56。还有一种是白瓷钵偶尔会当作支具来使用的，如标本H21：153，且口沿处有叠烧的粘接物。

盏形支具发现最多，集中分布于Ⅰ区。器形上也是略有变化。与磁州窑的盏形支圈比较类似。使用时也是口朝上，直接与产品接触支烧。在盏底多有釉粘痕迹，说明是底部支垫使用。如有时支烧碗或盏，如标本H33：40，有的是支烧大型器物，像罐瓶之类的产品，罐底直接和盏口相接触，这时候就要求制作罐底时底径不能过大，与盏形支具的口径类似，这样两者才能配套使用。如标本H21：32。

3. 支护具

主要是喇叭形支护具和工字形间隔具。

熊海堂先生把喇叭形支具和工字形间隔具分在支烧具内[1]，仅是表现了这两种器具的一种支烧方式，它还有另外一种功能。喇叭形支具在Ⅰ和Ⅱ区均有发现。在Ⅰ区发现喇叭形支具的口沿唇部和底部未发现使用痕迹，但在外口沿的略下侧和垂腹处多发现有釉粘的痕迹。应该是支护产品烧制时留下的。喇叭形支具口与腹的倾斜角在2°至14°之间，并且绝大多数产品是下小上大或中大，推测喇叭形支具在使用时是口朝下，紧贴产品一侧以稳固产品在烧制时不晃动。如标本T0203 ②：213、H29：7、H29：36、H39：3。在Ⅰ区发现的喇叭形支具是支烧用的，一类是单独支烧产品，一类是与三叉支托相结合使用，三叉支托放在倒扣支具的平台上支烧器物。

---

[1] 熊海堂：《中国古代的窑具与装烧技术研究（前编）》，《东南文化》1991年第6期。

工字形间隔具，仅在Ⅰ区有发现，且存在大小之别，最小的高仅3.5厘米，如标本T0104④：140，最高的达12厘米，如标本T0204⑥：10。大型工字形间隔具应该是用于支烧器物用的，平台直接支烧器物。还有一种工字形间隔具的平台未发现使用的痕迹，但在平台的圆周边多发现有釉粘的痕迹，推测这类工字形间隔具是间隔支护的用具，具体使用方法是悬空横放于产品之间，使平台圆周直接接触器物，刚好卡住器物，保护产品的稳定性。

4. 支钉叠烧

烈山窑中发现一些支钉叠烧的现象，主要是用支钉、三叉支托等用具。

这些支钉在磁州窑址中也出现较多，磁州窑中分了四种型式，主要是三角形、圆锥形、乳形钉、圆台形。而烈山窑发现的也有三角形、四角形、圆锥形等支钉以及泥点形托珠。主要集中在Ⅱ区，Ⅰ区发现极少。说明Ⅱ区采用支钉也是主要的支烧方式，而Ⅰ区金元时期基本不用支钉支烧。泥点形托珠有圆形和长条形两种，主要用于碗的支烧，一般是四个到六个支钉。三角形、四角形及圆锥形的支钉是低温素胎料，主要是用于支烧低温彩釉陶，与磁州窑的低温彩釉器略相似。如标本TG4⑤：33、TG4H3：15。泥点支钉叠烧则用于制作较为精细的，如带有划花、剔花等装饰的器物。

三叉支托也主要集中在Ⅱ区分布，且都是低温黄釉或三彩胎料，如标本ⅡH1④：8。主要是支烧低温三彩器和彩釉器。多数是受到河南巩县窑的影响。

5. 垫饼

分为圆形垫饼和腰形垫饼，圆形垫饼在Ⅰ、Ⅱ区内均有发现，出土数量Ⅱ区多于Ⅰ区。使用分为两种，一种是覆烧使用，仅在Ⅱ区内发现，有的可以看到覆烧遗留下的圆形烧痕，有的垫饼上残留了几块覆烧瓷碗残片，如标本TG4⑤：17、TG4⑤：44。有的两面都有烧痕，说明是反复利用的痕迹。另一种是作为仰烧的支具使用，直径比较少，多用于烧制钵形产品或者与钵形支具配套使用。比如有的黑釉钵的口沿唇部残留一周窑粘痕迹，如标本T0203②：17、T0203②：79。

6. 叠烧

叠烧技术是一种器物与器物之间直接垒摞一起烧制的技术，比如涩圈叠烧，其技术是金元时期最流行的支烧技术，它是将器物内底心釉药刮掉一圈来放置上面一件器物的圈足，器底内心有釉，相叠处无釉，成为涩圈。定窑在唐代晚期或五代开始出现涩圈叠烧技术，在金元时期开始流行，而磁州窑也是深受影响，开始流行涩圈叠烧，并且迅速在全国得到普及。烈山窑的涩圈叠烧技术主要是在Ⅰ区发现，主要是盏、碗等。属于裸烧，有的盏外还有火石红的烤痕。涩圈盏的数量比较多，说明这种技术占主流。如标本H17：60、H17：114。有的不是涩圈产品也采用叠烧技术，如白瓷钵的烧制，中间也无间隔具，标本T0203②：25。还有的是钵与碗在一起叠烧，如标本H39：9、H23：6。碗与盏叠烧，如标本T0204⑥：14。

7. 对口套烧

也称"扣烧"，主要应用于盆类或罐类器物，该类器物口沿及唇部较厚，能够承托扣烧器身的重量，防止变形，且口沿无釉，以免两两相扣时器物粘连。盆内放置碗，如标本H21：132；罐内有盏，如标本T0203②：4。

8. 垫砖叠烧

主要是垫砖和窑柱结合在一起使用，四根窑柱和一块垫砖层摞堆烧，可以垒筑若干层，中间排放器物。提高了装烧量，主要在Ⅰ区和Ⅱ区均有发现。说明这种技术一直沿用。如标本H1⑫：3。

9. 测试具

主要是试火器和试釉器。

试火器又称试火锥、试火棒等。出在Ⅰ区，圆锥状，一端带圆圈便于钩挂，一端尖。标本H20③：20、T0203②：132。

试釉器出土较少，出土于Ⅰ区。标本H36：6-5。多数出土于一处灰坑内，少量在地层中出土，呈镰刀状，小端平直，大端处一面有两道凹槽，正面刻划两行文字"大元二年张立，张少五"，另一面有一道凹槽。通体除脊背呈火石红色，脊背处施青釉。

第二节　烈山窑址的重要历史地位

烈山窑址是安徽省瓷窑址考古中一次重要的考古新发现，尤其在北方白瓷向南方传播的过程起到了重要作用，是北方白瓷向南传播路线的中转站。在唐代晚期发生了北方白瓷制瓷技术向南方传播的过程。烈山窑址生产大量白瓷、白釉黑（褐）彩瓷为我们提供了一条明晰的白瓷自北向南传播的瓷业技术线路通道。烈山窑址生产的北宋白瓷器采用了覆烧技术，覆烧技术是定窑创烧的，说明烈山窑受到了北方窑系的影响。金元时期的涩圈支烧技术同样是来自于定窑的支烧方法。尤其是白釉黑（褐）彩瓷器的发现，白釉黑（褐）彩是磁州窑创烧的装饰技术，且覆盖范围尤其广泛，北到内蒙古地区、南到广东地区均有发现[1]，烈山窑同样也受到了磁州窑系的窑业技术的影响。并且在北瓷南传的过程中北方白瓷对安徽境内窑业有着重要的影响，推动了安徽地区白瓷的发展[2]。同时也为我们重新审视安徽在瓷业技术传播过程的历史地位提供了充分的证据。

并且很可能是宿州窑的范围，南宋周辉《清波杂志·定器》中记载金代以仿定瓷为主要特色的宿州窑和泗州窑在萧县窑的南面与东南面，与萧县窑接壤并存。其文载"辉出疆时见房中所用定器，色莹净可爱，近年所用乃宿、泗处所出，非真也"，书中注云：定器为宋时定州所出瓷器，质脉细、色白而滋润者贵，质粗而色黄者价低。宋政和、宣和间窑最好，称为'北定'；其出南渡后者为'南定'。北贵于南[3]。周辉判定的定器很可能就是仿磁州窑烧造的粗白瓷，被认为是定瓷了。出土遗物中发现有"宿"字碗瓷片。宋金时期烈山窑址所在地归宿州管辖。

并且发现的几座窑炉属于北方典型的马蹄形馒头窑。窑炉建造技术较高，窑炉形体及装烧量较大。其中Y4窑室面积近24平方米，火膛又大又深，也有10平方米左右，窑炉总长度达12米。北宋窑炉体量最大、构造特殊这在北宋北方瓷窑系统中应是最大体量的窑炉。依山坡而建，有的窑炉具有一定坡度，便于提高燃烧的抽力。Y2、Y3在位置上部分重合，狭长的操作间也是全国少有！烈山窑址并没有发现炉渣，且在金元窑炉的火门内发现多层木灰烬，说明烈山窑是采用柴烧。根据故宫博物院文保科技部的检查结果得知烈山窑烧造技术比较高超，在北宋初期可以烧高温钙釉印花大砖！烧造采用的窑具丰富多样，装烧技术多样，且很成熟。

烈山窑址也是通济渠沿岸的瓷窑址，是顺大运河流淌的淮北贸易瓷。烈山窑址位于龙岱河东岸，龙岱河通过濉河与大运河相连。安徽大运河遗址考古发掘过程中发现了大量的贸易瓷器。其中就有

[1]　北京大学考古系等：《观台磁州窑址》，文物出版社，1997年。

[2]　周高亮：《"南青北白"制瓷格局对安徽境内古陶瓷的影响》，《中原文物》2017年第3期。

[3]　（宋）周辉撰，刘永翔校注：《清波杂志校注》，中华书局，1994年，第213、214页。

烈山窑生产的产品，烈山窑生产的瓷器通过大运河行销国内。那么烈山窑遗址的发现为大运河瓷器贸易产品来源找到一个重要的坐标点和产地。也为今天构建安徽大运河文化带找到了一处重要的支撑点，为安徽大运河文化带向安徽淮北烈山区辐射提供了重要桥梁纽带。

在发掘过程中也存在诸多问题，比如Ⅱ区内3座窑炉，仅有一处瓷片堆积区，并且判断是Y4的残次品堆积。那么Y1的生产残次品堆放在何处？其他产品类型与Y4的产品异同点是什么？还有Ⅱ区是兼烧三彩、素胎产品区域，在Ⅱ区北部400米远清理的三彩灰坑，说明了烈山窑址中是有专烧三彩器的窑炉，目前尚未找到。烈山窑址的产品主要来源于河北、河南、山东地区，其技术传播的动力是什么还需要深入研究，烈山窑址与宿州窑到底是什么关系？一些未解之谜都需要进一步的发现和研究去解决，所以烈山窑址还有很多的工作要做，很长路要走！

后　记

安徽省地处江淮之间，属于南北文化交流的中间过渡地带。安徽省内有古代瓷窑址多处，较著名的有寿州窑、萧窑、宣州窑、繁昌窑、绩溪窑、泾县窑等。烈山窑址是唐宋元时期皖北的一处民窑，属于新发现的一处古瓷窑址。民窑虽小，但涉及的问题却很丰富，比如三彩瓷器和北方白瓷南传路线、烈山窑与宿州窑关系等。所以，烈山窑资料的公布与研究对中国陶瓷史研究具有重要的意义。

2012 年，由安徽省文物考古研究所主持发掘的柳孜运河遗址中陆续有烈山窑产品出土，但所属窑址位置迟迟未找到。2017 年 10 月淮北市重点工程局项目新湖路建设过程中遇到了一处瓷窑址，出土了与柳孜运河遗址发现的烈山窑同类型产品。这处瓷窑址就是找寻了多年的烈山窑。承蒙所领导的支持和信任，本人有幸主持发掘这座窑址。2018 年 2 月进驻工地，开始了近 10 个月的野外发掘工作。窑址范围内有较多的近现代工厂和民居，对窑址本体破坏比较严重。发掘前对窑址保存状况并不太乐观。但随着窑炉的相继发现，惊喜不断，最终清理出窑炉 6 座、灰坑 40 余个和墓葬 4 座等，数以吨计的瓷片和窑具。这些遗迹和遗物丰富了烈山窑的内涵。发掘末期召开了"淮北烈山窑考古发现暨北瓷南传线路学术研讨会"，得到了与会专家和同行们的一致好评，算是对这次工作的认可。

在发掘过程中，我们积极引入多学科交流，不断邀请文化遗产、文物保护、陶瓷科技等领域的专家到现场指导。同时陶瓷科技考古专家到现场采集标本，对出土产品的胎釉成分、烧成温度和制瓷技术等做科学技术分析检测，并对采集的木炭样做了测年。在提高发掘水平的同时也增强了报告编写研究的科技性。

烈山窑址的发掘跨越了两个年度，2017 年由淮北市文物局做了抢救性的清理工作，清理出 1 座瓷窑炉和大量文物。2018 年又由安徽省文物考古研究所进行正式考古发掘，出土许多遗迹和大量文物。这两批资料如何整理公布？是否分开整理出版？在考古发掘报告的整理之前，我所与淮北市文物局协商后确定，为了保证资料的完整性与科学性，将两个年度的资料统一整理出版。在整理过程中需要统筹两个年度的遗迹和遗物，增加了整理和编写的难度。为了提高资料报道的准确性，在编写体例上尽量把两个年度的资料分开编写，但在关键地层层位中也做到了统一。这样既不影响资料公布的完整性，又不失准确。面对大量的出土遗物，并且同一器形的遗物占比比较多。所以在公布资料的时候，我们兼顾器物的稀缺性和完整性，尽量将包含丰富基础资料信息的遗物和能够反映制瓷工艺和烧制技术的遗物公布出来。

本报告整理和编写得到所部领导的大力支持，尽量把淮北及周边的考古发掘项目安排给我，使我在完成野外考古发掘任务的同时也兼顾报告的室内核对、绘图、描述等整理工作。报告的整理基本都是利用阴雨天和野外发掘空档期等零碎时间完成的。参与报告整理的人员主要如下：

陈超，安徽省文物考古研究所，主要负责 2018 年度的资料整理和编写。统筹报告的编写体例、进度和最后的统稿。

朱永德，淮北市文物局，主要是负责2017年度的资料整理核对。

胡均，淮北市博物馆，主要负责出土器物的拍照。

解华顶，淮北市博物馆，主要负责2017年度的资料整理和编写。

王玲玲，淮北市博物馆，主要负责部分遗物的核对。

另外，为报告整理付出辛勤汗水的技术人员还有：李世浩、柴梦月、平桑娜、闫艳妮、陈凡、莫辉敏、王威、李鹏刚、马广锋、顾芳、韩阳、史泽润等。他们在整理过程中承担了大部分的基础工作。

报告编写过程，主要负责人所承担的撰写任务有：

陈超：第二、四、七、九、一一章。

朱永德：第八章。

胡均：第一章。

解华顶：第三、五章。

王玲玲：第六章。

李合、康葆强、陈超：第一〇章第一节。

马燕莹、陈超、李合、康葆强：第一〇章第二节。

桑月侠、吴军明、陈超、张茂林、李其江、王李：第一〇章第三节。

王树芝、康葆强：第一〇章第四节。

《淮北烈山窑址》是安徽省陶瓷考古的第一本田野考古发掘报告。本报告最终如期出版首先要感谢考古所领导的大力支持和帮助，尤其是宫希成副所长在报告整理过程中的大力帮助！同时还得感谢地方文物部门的配合与支持。感谢在室内整理参与的技术人员。感谢文物出版社责编秦或为报告编辑付出的辛勤努力，感谢中央民族大学黄义军教授为报告翻译了英文提要。最后，感谢为报告出版提供帮助的每一位领导和同仁！

虽然报告中可能还存在些许问题和瑕疵，但希望这本报告能够为安徽陶瓷考古以及中国古陶瓷研究贡献一份力量！

陈　超